René Rhinow/Markus Schefer

Schweizerisches Verfassungsrecht
2., erweiterte Auflage

Die Autoren

RENÉ RHINOW, Prof. Dr. iur., emeritierter Ordinarius für öffentliches Recht, Präsident des Schweizerischen Roten Kreuzes, ehemaliger Ständerat (1987–1999) und Präsident der Verfassungskommission des Ständerates.

MARKUS SCHEFER, Prof. Dr. iur. LL.M., Ordinarius für Staats- und Verwaltungsrecht an der Universität Basel.

Mitwirkende Autoren

Martin Graf, lic. phil. hist., Sekretär der Staatspolitischen Kommissionen der Eidg. Räte, Parlamentsdienste, Bern.

Paul Seger, Dr. iur., Direktor der Völkerrechtsdirektion des EDA und Lehrbeauftragter an der Universität Basel.

Peter Uebersax, PD Dr. iur., Gerichtsschreiber (wissenschaftlicher Berater) am Bundesgericht und Lehrbeauftragter an der Universität Basel, Cheseaux-sur-Lausanne.

René Rhinow/Markus Schefer

Schweizerisches Verfassungsrecht

2., erweiterte Auflage

In Zusammenarbeit mit
Martin Graf, Paul Seger und Peter Uebersax

Helbing Lichtenhahn Verlag

Bibliographische Information der Deutschen Nationalbibliothek

Die Deutsche Nationalbibliothek verzeichnet diese Publikation in der Deutschen Nationalbibliographie; detaillierte bibliographische Daten sind im Internet unter http://d-nb.de abrufbar.

Alle Rechte vorbehalten. Dieses Werk ist weltweit urheberrechtlich geschützt. Insbesondere das Recht, das Werk mittels irgendeines Mediums (grafisch, technisch, elektronisch und/oder digital, einschliesslich Fotokopie und Downloading) teilweise oder ganz zu vervielfältigen, vorzutragen, zu verbreiten, zu bearbeiten, zu übersetzen, zu übertragen oder zu speichern, liegt ausschliesslich beim Verlag. Jede Verwertung in den genannten oder in anderen als den gesetzlich zugelassenen Fällen bedarf deshalb der vorherigen schriftlichen Einwilligung des Verlags.

ISBN 978-3-7190-2600-4
© 2009 by Helbing Lichtenhahn Verlag, Basel
www.helbing.ch

Vorwort

Das vorliegende *Schweizerische Verfassungsrecht* erscheint als 2. Auflage der *Grundzüge* des Schweizerischen Verfassungsrechts, die vom Erstautor 2003 verfasst worden sind. Der neue, kürzere Titel drängte sich auf, da der Text in verschiedener Hinsicht ausgebaut wurde und *Markus Schefer* als Zweitautor vor allem den Dritten Teil *Grundrechte* überarbeitet und nachgeführt hat. Beide Autoren tragen aber die Verantwortung für das ganze Werk gemeinsam. Zudem haben weitere Autoren aktiv an der Bearbeitung mitgewirkt: *Peter Uebersax* (§§ 3, 29, 34 und Sozialverfassung), *Martin Graf* (Demokratie), und *Paul Seger* (Aussenverfassung). Das Werk ist folglich Ergebnis einer fruchtbaren Zusammenarbeit, wobei sich Erst- und Zweitverfasser glücklich schätzen, dass sie ausgewiesene Experten als mitwirkende Autoren gewinnen konnten.

Die *Zielsetzungen* des Werkes bleiben grundsätzlich die gleichen wie bei den *Grundzügen* des Erstverfassers: Es geht darum, die wesentlichen Elemente des Verfassungsrechts auf Bundesebene im Kontext *staats- und verfassungstheoretischer Grundlagen* darzustellen und kritisch zu beleuchten. Es handelt sich um eine Erörterung des schweizerischen *Verfassungsrechts,* denn Bezugspunkt ist nicht primär der (National-)Staat, sondern das geltende Verfassungsrecht des Bundes in seinen nationalen und internationalen Bezügen.

Auf einige wesentliche *Unterschiede* zu herkömmlichen Darstellungen des Staatsrechts, wie sie bereits die *Grundzüge* geprägt haben, sei nachfolgend kurz hingewiesen:

- die Zusammenfassung von Bürgerrecht und Ausländerrecht in einem Abschnitt (*§ 3 Volk und Verfassung*),
- die Behandlung von Verfassungsänderungen und Verfassungsauslegung im Kontext der *Verfassungsverwirklichung* (§ 4),
- die Darstellung von Volksrechten, Bundesversammlung und Bundesrat vor politikwissenschaftlichem Hintergrund und unter dem verbindenden Dach der *Demokratie* (4. Teil), um die grosse Bedeutung der «politischen» Behörden auch für die schweizerische Demokratie zu untermalen,
- der 5. Teil *Rechtsverwirklichung*, eingeleitet durch einen § 26 über den schweizerischen Rechtsstaat und gefolgt von Paragraphen über die Rechtsetzung, den Rechtsschutz im Allgemeinen, die Gerichte des Bundes (mit Einschluss des Bundesgerichts) und das Rechtsschutzsystem sowie die Verfahrensgarantien,
- die Aufnahme von *Teilverfassungen*, die üblicherweise in Lehrbüchern des Staatsrechts nicht behandelt werden: Wirtschaft-, Finanz-, Arbeits- und Sozialverfassung (§§ 31, 33 und 34 sowie 7. Teil), und
- ein eigener Teil über die *Aussenverfassung* (8. Teil), der u.a. die Stellung der Schweiz in der Völkergemeinschaft, ihr Verhältnis zur Europäischen Union, die Verfassungsgrundlagen der Aussenpolitik (mit einer Behandlung der Neutralität) sowie das Verhältnis von Völkerrecht und Landesrecht beleuchtet. Zu-

dem werden die die demokratischen und bundesstaatlichen Aspekte der Aussenbeziehungen hier zur Darstellung gebracht.

Ein besonderes Gewicht wurde durchgängig auf die Auseinandersetzung mit anderen Lehrmeinungen und auf rechtsvergleichende Hinweise gelegt. Ebenso wird der Verfassungsverwirklichung und *Verfassungskonkretisierung* durch Gesetzgebung und höchstrichterliche Praxis ein grosser Stellenwert eingeräumt; das Verfassungsrecht soll als «law in action» erfasst und verstanden werden. Dem entspricht auch das Bemühen, die Institutionen der Bundesverfassung im Rahmen des schweizerischen *politischen Systems* und der politischen *Praxis* darzustellen sowie auf hängige Reformen einzugehen. Schliesslich wird der Stoff *problemorientiert* behandelt, um die Tragweite einzelner Verfassungsnormen besser herausschälen zu können.

Der Stoff wurde nicht nur durchgängig aktualisiert, sondern teilweise auch ausgebaut und vertieft. Dies gilt namentlich für das Ausländerrecht (in § 3), den Bundesstaat «nach der NFA» (Teil 2), den Rechtsschutz (§§ 28 und 29), die Wirtschaftsverfassung (§ 31; neu auch mit einer Darstellung des Bankgeheimnisses), die Arbeitsverfassung (§ 34), die Sozialverfassung (Teil 7) sowie für die Aussenverfassung (Teil 8), bei der nun vertieft auf die Neutralität und die Aussenwirtschaftspolitik eingegangen wird. Nicht systematisch und einlässlich aufgenommen werden – wie bereits in der 1. Auflage – die *Verfassungsgeschichte* sowie die *Staatsrechtspflege*. Für beide Bereiche wird auf die – reichlich vorhandene – einschlägige Literatur verwiesen. Immerhin finden sich an zahlreichen Stellen Hinweise auf die geschichtliche Entwicklung einzelner Normen und Institutionen. Und in den §§ 28 bis 30 werden die grundlegenden Aspekte der Justizverfassung und der neuen Bundesrechtspflege mit Einschluss der verfassungsrechtlichen Verfahrensgarantien behandelt. Auch wird auf die prozessuale Dimension einer Thematik hingewiesen, wenn es für das Verständnis des materiellen Rechts unentbehrlich oder doch sinnvoll erscheint.

* * *

Wir haben vielfältigen Dank auszusprechen: In erster Linie einmal den *mitwirkenden Autoren* lic.phil.hist. *Martin Graf*, Sekretär der Staatspolitischen Kommissionen der Eidgenössischen Räte, Dr. *Paul Seger*, Lehrbeauftragter und Direktor der Völkerrechtsdirektion des EDA, und PD Dr. *Peter Uebersax*, Lehrbeauftragter und langjähriger Gerichtsschreiber am Bundesgericht, die durch ihr fundiertes Wissen und ihre Praxiserfahrung massgeblich zur Bereicherung dieses Werkes beigetragen haben. Unser grosser Dank geht sodann an alle, die – zT. als frühere oder aktuelle Assistierende der Autoren – einzelne Textentwürfe erstellt, Bearbeitungen vorgenommen, Korrekturfahnen gelesen oder am Sachregister mitgewirkt und so dazu beigetragen haben, dass ein Gemeinschaftswerk entstanden ist. Es sind dies in alphabetischer Reihenfolge: Nora Bertschi, BLaw, BA, Dr. Michel Besson, PD Dr. Denise Brühl-Moser, lic.iur. Simone Burckhardt, Advokatin, Mag.iur. Iris Glockengiesser, MES, lic.iur. Tamara La Scalea, lic.iur. Reto Müller, lic.iur Johannes Reich, Advokat, LL.M., lic.iur. Lukas Schaub, lic.iur. Sandra Stämpfli, Dr. Nicole Wälchli, Nuscha Wieczorek, BLaw, und Alexandra Zimmermann, BLaw.

Dem Bundesamt für Justiz, insb. Herrn Fürsprecher Thomas Braunschweig, und dem Eidgenössischen Finanzdepartement, insb. den Herren Dr. Jakob Kilchenmann und Fred Bangerter, danken wir für ihre wertvollen Hinweise in den Bereichen Bundesstaatlichkeit resp. Finanzverfassung.

Es uns zudem ein Anliegen, den im Vorwort zur 1. Auflage ausgesprochenen Dank auch an dieser Stelle gegenüber denjenigen Mitwirkenden zu wiederholen, die an der 2. Auflage nicht mehr massgeblich mitgearbeitet haben: Dr. Ursula Abderhalden Denholm; Dr. Christina Kiss-Peter, Bundesrichterin; Dr. Eva Kornicker Uhlmann; lic.iur. Claudia Mund; Dr. Markus Schott; Dr. Urs Thönen, Dr. Charlotte Gysin Schucan sowie den damaligen *Mitarbeiterinnen und Mitarbeiter am Lehrstuhl Rhinow* Dr. Annette Meyer López; lic.iur. Philip Glass; Dr. David Reich; Ruth Schlegel Gasser sowie (zeitweise) lic.iur. Susanne Baumgartner.

Unser Dank geht auch an die Freiwillige Akademische Gesellschaft, Basel, sowie die Stiftung für Schweizerische Rechtspflege, Solothurn, die mit ihren grosszügigen Beiträgen die Realisierung der Publikation finanziell unterstützt haben.

Dem Verlag Helbing und Lichtenhahn, insbesondere Herrn Dr. Men Haupt, Verlagsleiter und Herrn Max Roth, Rechtsanwalt und Lektor, danken wir für die – wie immer – ausgezeichnete Zusammenarbeit.

Caviano und Basel, 1. Januar 2009

Markus Schefer   René Rhinow

Inhaltsübersicht

Vorwort V
Inhaltsverzeichnis XI
Allgemeine Literaturverzeichnis XLI
Abkürzungsverzeichnis XLIII

Erster Teil
Grundlagen 1

§ 1 Die Bundesverfassung im Allgemeinen 3
§ 2 Prägende Elemente der Bundesverfassung 19
§ 3 Volk und Verfassung 43
§ 4 Verfassungsverwirklichung 91

Zweiter Teil
Bundesstaat 117

§ 5 Die Schweiz als vielfältiger, dreistufiger Bundesstaat 119
§ 6 Kompetenz- und Aufgabenverteilung zwischen Bund und Kantonen . 141
§ 7 Vorrang und Einhaltung des Bundesrechts 153
§ 8 Autonomie der Kantone 163
§ 9 Kooperativer Föderalismus 171
§ 10 Bundesgarantien 187

Dritter Teil
Grundrechte 195

§ 11 Grundrechte im Allgemeinen 197
§ 12 Geltungsbereich und Verwirklichung der Grundrechte 219
§ 13 Einschränkungen von Grundrechten 237
§ 14 Verfassungsrechtlicher Persönlichkeitsschutz 247
§ 15 Bereiche der persönlichen Lebensgestaltung 279
§ 16 Kommunikation 301
§ 17 Niederlassung und Eigentum 335
§ 18 Rechtsgleichheit als umfassende Gewährleistung 351
§ 19 Die Diskriminierungsverbote 361
§ 20 Besondere Gerechtigkeitsgebote 377

Inhaltsübersicht

Vierter Teil
Demokratie 387

§ 21 Die Schweiz als halbdirekte Demokratie 389
§ 22 Initiative und Referendum 415
§ 23 Gewaltengliederung 435
§ 24 Bundesversammlung 443
§ 25 Bundesrat und Bundesverwaltung 477

Fünfter Teil
Rechtsverwirklichung 497

§ 26 Die Schweiz als Rechtsstaat 499
§ 27 Rechtsetzung 511
§ 28 Rechtsschutz im Allgemeinen 539
§ 29 Gerichte des Bundes und Rechtschutzsystem 563
§ 30 Verfahrensgarantien 589

Sechster Teil
Wirtschafts-, Finanz- und Arbeitsverfassung 601

§ 31 Wirtschaftsverfassung 603
§ 32 Wirtschaftsfreiheit 623
§ 33 Finanzverfassung 635
§ 34 Arbeitsverfassung 645

Siebter Teil
Sozialverfassung 663

§ 35 Die Schweiz als Sozialstaat 665
§ 36 Soziale Grundrechte 679

Achter Teil
Aussenverfassung 693

§ 37 Die Schweiz als kooperativer Verfassungsstaat 695
§ 38 Völkerrecht und Landesrecht 719
§ 39 Demokratie und Aussenbeziehungen 733
§ 40 Bundesstaat und Aussenbeziehungen 745

Sachregister 753

Inhaltsverzeichnis

Erster Teil
Grundlagen

§ 1 Die Bundesverfassung im Allgemeinen 3

I. Verfassung und Verfassungsrecht 3
    a. Verfassung als oberster nationaler Erlass 3
    b. Elemente des Verfassungsrechts 4
    c. Ungeschriebenes Verfassungsrecht 5
    d. Verfassungsrecht ausserhalb der Verfassungsurkunde 6
    e. Verfassungsrecht und verfassungswürdiges Recht 6
        1. Verfassung im formellen und im materiellen Sinn 6
        2. Ablehnung eines nur-materiellen Verfassungsrechts 7
    f. Zum Inhalt der Verfassung 8
        1. Allgemeines 8
        2. Demokratie 8
        3. Rechtstaatlichkeit 9
        4. Einheits- oder Bundesstaatlichkeit 9
        5. Staat und Wirtschaft 9
        6. Sozialstaatlichkeit 9
        7. Stellung in der Völkergemeinschaft 10

II. Verfassungsfunktionen und Verfassungsverständnis 10
    a. Verfassungsfunktionen 10
        1. Allgemeines 10
        2. Konstituierung 10
        3. Machtbegrenzung 10
        4. Werthaltigkeit 11
        5. Stabilisierung 11
        6. Programmatik 11
        7. Integration 12
        8. Legalität und Legitimation 12
        9. Information 12
        10. Verhältnis zur internationalen Gemeinschaft 12
    b. Verfassungsverständnis 13

III. Verfassungsnormen 13
    a. Allgemeines 13
    b. Bestimmungen über das politische System 14
    c. Grundrechte 14
    d. «Grundpflichten» 14

  e. Kompetenzen des Bundes (Zuständigkeiten) 15
   1. Allgemeines 15
   2. Die Rechtsnatur von Zuständigkeitsnormen 15
  f. Festlegung von Staatsaufgaben, materiellen Grundsätzen und
   Aufträgen 16
  g. Staatszielbestimmungen und Programmartikel 17
  h. Bestimmungen über die Revision der Bundesverfassung 17
  i. Übergangsbestimmungen 17

§ 2 Prägende Elemente der Bundesverfassung 19

I. Aktualisierte Verfassung mit punktuellen Neuerungen 19
 a. Werdegang und Konzept 19
  1. Zum Werdegang 19
  2. Zum Konzept der Verfassungsreform 21
  3. Von der Nachführung zur Aktualisierung 22
 b. Neues Design 24
  1. Klarheit und Verständlichkeit 24
  2. Gliederung 25
 c. Materielle Neuerungen 28
  1. Allgemeines 28
  2. Neuerungen 28
 d. Kontinuitätswahrende Verfassung mit offenen Fenstern 28

II. Menschenwürde 29
 a. Rechtsgrundlage(n) und geistesgeschichtliche Entwicklung 29
 b. Inhalt 30
 c. Auffanggrundrecht 31
 d. Konstitutionsprinzip 32
 e. Menschenwürde in der biomedizinischen Forschung (Exkurs) 33

III. Verfassungsgestaltende Prinzipien 33
 a. Vom Wesen verfassungsgestaltender Prinzipien 34
 b. Die Schweiz als Bundesstaat, freiheitliche und rechtsstaatliche
  Demokratie und Sozialstaat 34
  1. Allgemeines 34
  2. Föderalismus und Bundesstaat 35
  3. Freiheitliche und rechtsstaatliche Demokratie 35
  4. Sozialstaat 38
 c. Weitere Verfassungsprinzipien 39
  1. Wettbewerbsorientierte Wirtschaftsordnung 39
  2. Subsidiarität 39
  3. Nachhaltigkeit 40
  4. Weltoffener und kooperativer Verfassungsstaat 41

§ 3 Volk und Verfassung 43

I. Volk und Bevölkerung 43
    a. Volk als Element des Staates 43
    b. Volkssouveränität und Bundesverfassung 46
    c. Das Volk in der Bundesverfassung 47
        1. Schweizervolk 47
        2. Volk 48
    d. Die schweizerische Bevölkerung 50
        1. Die Bevölkerung im rechtlichen Sinne 50
        2. Hinweise zur tatsächlichen Bevölkerung 50

II. Schweizerinnen und Schweizer 51
    a. Staatsangehörigkeit und Bürgerrecht 52
        1. Die schweizerische Staatsangehörigkeit 52
        2. Sonderstatus für schweizerische Staatsangehörige 52
        3. Die Verknüpfung von Staatsangehörigkeit und Bürgerrecht .. 53
    b. Prinzipien des Bürgerrechts 55
        1. Allgemeines 55
        2. Einheit von Bundes-, Kantons- und Gemeindebürgerrecht
           (Art. 37 BV) 55
        3. Einheit von Bürgerrecht und politischen Rechten (Art. 37 ff. und
           136 Abs. 1 BV) 56
        4. Rahmenkompetenz des Bundes 56
        5. Erwerb des Bürgerrechts durch Abstammung («ius sanguinis»,
           Art. 38 Abs. 1 BV) 57
        6. Einheitliches Bürgerrecht in der Familie 57
        7. Kein Anspruch auf Einbürgerung 57
        8. Erleichterte Einbürgerung in besonderen Fällen 57
        9. Integration als Voraussetzung der Einbürgerung 58
        10. Zulässigkeit des Doppelbürgerrechts 58
        11. Vermeidung von Staatenlosigkeit 58
        12. Gleichbehandlung der Geschlechter 58
    c. Erwerb des Schweizerischen Bürgerrechts 58
        1. Erwerb von Gesetzes wegen 58
        2. Erwerb durch behördlichen Beschluss (Einbürgerung) 59
        3. Tatsächliche Hinweise 62
    d. Verlust des Schweizerischen Bürgerrechts 62
        1. Verlust von Gesetzes wegen 62
        2. Verlust durch behördlichen Beschluss 63
        3. Nichtigerklärung der Einbürgerung 63
    e. Verfahren und Rechtsschutz 64
        1. Ausgangslage 65
        2. Rechtsmittel gegen Entscheide über die ordentliche Einbürgerung . 65
        3. Verfassungsrechtliche Anforderungen an das Verfahren bei der
           ordentlichen Einbürgerung 66
        4. Würdigung und neuste Entwicklung 67

  f. Stärken und Schwächen des Einbürgerungsrechts 69
  g. Verbot der Ungleichbehandlung fremder Bürger und Bürgerinnen . . . 70
  h. Auslandschweizer und Auslandschweizerinnen 71
III. Ausländer und Ausländerinnen 73
  a. Migration als rechtliche Herausforderung 74
    1. Migration als internationales Phänomen 74
    2. Die schweizerische Entwicklung 75
  b. Staatsvertragsrecht 78
    1. Bilaterale Vereinbarungen 78
    2. Multilaterale Ordnungen 79
  c. Ausländer in der Bundesverfassung 82
    1. Gesetzgebungskompetenz des Bundes 82
    2. Politische Ausweisung 83
    3. Einbürgerungsrecht 84
  d. Verfassungsrechtliche Stellung 84
  e. Ausblick 86
    1. Migration als Chance und als Risiko 86
    2. Menschenwürde als Leitlinie für das Migrationsrecht 87

§ 4 Verfassungsverwirklichung 91

I. Verfassungsverwirklichung als Verfassungsauftrag 91
  a. Verfassung und Wirklichkeit 91
  b. Verantwortung aller Verfassungsorgane 92
  c. Verfassungsrecht und Politik 93
II. Verfassungsänderungen 93
  a. Verfassungsgebung ist Verfassungsänderung 93
  b. Total- und Teilrevision der BV 94
    1. Zur Abgrenzung von Total- und Teilrevision 94
    2. Verfassungskultur der Teilrevisionen 95
    3. Typen der Totalrevision 96
  c. Schranken der Verfassungsänderung 97
    1. Allgemeines 97
    2. Zwingendes Völkerrecht 98
    3. Autonome Schranken? 98
    4. Einheit der Materie 98
    5. Einheit der Form 99
III. Verfassungsauslegung 100
  a. Allgemeines zur Interpretation 101
    1. Was ist Auslegung? 101
    2. Zur Notwendigkeit der Auslegung 101
    3. Methodenfragen sind Verfassungsfragen 102
  b. Ziel der Auslegung 103
  c. Elemente der Auslegung 104

	1. Allgemeines	104
	2. Wortsinn	105
	3. Zweck	106
	4. Geschichte	107
	5. Systematik	108
	6. Lückenfüllung?	110
	d. Zum Auslegungsvorgang	111
IV.	**Verfassungs- und völkerrechtskonforme Auslegung**	112
	a. Verfassungskonforme Auslegung	112
	1. Inhalt und Bedeutung	112
	2. Funktionen	113
	3. Grenzen	114
	b. Völkerrechtskonforme Auslegung	114

Zweiter Teil
Bundesstaat

§ 5 Die Schweiz als vielfältiger, dreistufiger Bundesstaat 119

I.	**Föderalismus und Bundesstaat**	119
	a. Föderalismus	119
	b. Bundesstaat	120
II.	**Föderalistische, plurikulturelle Eidgenossenschaft**	121
	a. Vielfalt und Zusammenhalt	121
	b. Kultur und Sprachenrecht	122
	1. Sprachenrecht	122
	2. Kulturartikel	123
	c. Minderheitenschutz	124
	d. Subsidiaritätsprinzip	125
	1. Begriff	125
	2. Kompetenzzuweisungsregel	125
	3. Kompetenzausübungsregel	127
	4. Das Subsidiaritätsprinzip in der EU (Exkurs)	127
	5. Offene Fragen	128
III.	**Die Schweiz als Bundesstaat**	128
	a. Erneuerte Bundesstaatlichkeit	128
	b. Elemente der Bundesstaatlichkeit	129
	c. Volk und Kantone als konstituierende Grössen	129
	d. Kantone als gleichgestellte und gleichberechtigte Bundesglieder	130
	e. Souveränität und Staatlichkeit der Kantone	130

IV. Die Schweiz als dreistufiger Bundesstaat 132
   a. Allgemeines 132
   b. Gemeindeautonomie 133
   c. Rücksichtnahme des Bundes auf die Gemeinden 134
   d. Besondere Rolle von Städten, Agglomerationen und Berggebieten . . . 134
   e. Umsetzungsfragen 135
   f. Neue Regionalpolitik des Bundes 135
V. Reformen und Herausforderungen des Föderalismus 136
   a. Motive und Probleme 136
   b. Totalrevision der Bundesverfassung 137
   c. Neugestaltung des Finanzausgleichs und der Aufgabenteilung
      zwischen Bund und Kantonen (NFA) 137
   d. Funktionale Zusammenarbeit? 138
VI. Internationalisierung und Bundesstaatlichkeit 139

§ 6 Kompetenz- und Aufgabenverteilung zwischen Bund und
     Kantonen 141

I. Die Begriffe 141
   a. Kompetenzen und Aufgaben 141
   b. Allgemeine Grundsätze der Kompetenzverteilung 142
   c. Konkrete Kompetenzen 143
II. Verfassungsvorbehalt zulasten des Bundes 144
III. «Kompetenz-Kompetenz» des Bundes 145
IV. Subsidiäre Generalkompetenz der Kantone 145
   a. Grundsatz 145
   b. Ausdrückliche Regelung kantonaler Aufgaben durch die Bundes-
      verfassung 146
   c. Aufgabenkataloge der Kantone 147
   d. Verfassungsvorbehalte der Kantone 147
V. Ermittlung und Typen von Bundeskompetenzen 147
   a. Ermittlung von Bundeskompetenzen 147
   b. Typen von Bundeskompetenzen 148
      1. Unterscheidung nach Staatsfunktionen 148
      2. Unterscheidung nach der Rechtswirkung 148
      3. Unterscheidung nach der Regelungsintensität 150
      4. Unterscheidung nach der Regelungsverpflichtung 150
VI. Delegierte Kompetenzen der Kantone 151
   a. Zulässigkeit 151
   b. Gesetzesdelegation 151
   c. Verwaltungsdelegation 151
   d. Rechtsprechungsdelegation 151

§ 7 Vorrang und Einhaltung des Bundesrechts ... 153

I. «Bundesrecht geht kantonalem Recht vor» ... 153
    a. Grundsatz ... 153
    b. Massgebliches Recht ... 154
    c. Voraussetzungen und Inhalt des Vorrangprinzips ... 154
        1. Voraussetzungen ... 154
        2. Inhalt ... 154
    d. Folgen der Verletzung des Grundsatzes ... 155
        1. Nichtigkeit als Regel ... 155
        2. Rechtsschutzverfahren ... 155
        3. Beschwerde beim Bundesgericht ... 155
        4. Klage beim Bundesgericht ... 156

II. Kollisionsfälle ... 156
    a. Kompetenzkonflikte ... 156
        1. Fehlende kantonale Kompetenz ... 156
        2. Fehlende Bundeskompetenz ... 157
    b. Blosser Regelungskonflikt ... 158

III. Sonderfälle ... 158
    a. Unterstellung des Bundes unter das kantonale Recht ... 158
    b. Kantonale Volksinitiativen ... 158
    c. Kantonsverfassungen ... 158
    d. Abgrenzung von kantonalem öffentlichem Recht und Bundeszivilrecht ... 159

IV. Einhaltung des Bundesrechts ... 160
    a. Grundsatz ... 160
    b. Aufsichtsbereich ... 160
    c. Aufsichtsumfang ... 160
    d. Aufsichtsorgane ... 161
    e. Aufsichtsinstrumente ... 161

§ 8 Autonomie der Kantone ... 163

I. Garantie eines substantiellen Föderalismus ... 163

II. Organisations-, Aufgaben- und Finanzautonomie ... 164
    a. Organisationsautonomie ... 164
    b. Aufgabenautonomie ... 166
    c. Finanzautonomie ... 166

III. Umsetzungsautonomie ... 167
    a. Allgemeines ... 167
    b. Vorrang der Umsetzung durch die Kantone ... 168
    c. Verfassungs- oder Gesetzesvorbehalt ... 168
    d. Wahrung der Gestaltungsfreiheit ... 168
    e. Rücksichtnahme auf die finanzielle Belastung ... 168
    f. Verbundaufgaben ... 169

IV. Vertragsautonomie 169
V. Verfassungs- und Gesetzgebungsautonomie 169

§ 9 Kooperativer Föderalismus 171

I. Allgemeines 171
II. Mitwirkung der Kantone an der Willensbildung des Bundes 172
    a. Grundsatz 172
    b. Formelle Mitwirkungsrechte 172
        1. Obligatorisches Referendum 172
        2. Wahl des Ständerates 173
        3. Fakultatives Referendum 173
        4. Standesinitiative 173
    c. Informelle Mitwirkungsrechte 174
III. Zusammenarbeit von Bund und Kantonen 175
    a. Partnerschaftliches Zusammenwirken 175
    b. Kooperation im Rahmen der Aufgabenverflechtung 176
    c. Verbundaufgaben 177
IV. Verträge zwischen Kantonen 177
    a. Allgemeines 177
    b. Arten interkantonaler Vereinbarungen 178
        1. Rechtsgeschäftliche Vereinbarungen 178
        2. Rechtsetzende Verträge 178
    c. Interkantonale Institutionen und Konferenzen 179
        1. Institutionen 179
        2. Regierungskonferenzen 179
        3. Konferenz der Kantonsregierungen 180
    d. Mitwirkung des Bundes an interkantonalen Vereinbarungen 181
    e. Schranken interkantonaler Vereinbarungen 183
    f. Information des Bundes über interkantonale Vereinbarungen 184
    g. Rechtsschutz 184
    h. Offene Fragen 184

§ 10 Bundesgarantien 187

I. Gewährleistung der Kantonsverfassungen 187
    a. Pflicht zur demokratischen Verfassung 187
    b. Pflicht zur Gewährleistung 187
    c. Rechtliche Tragweite des Gewährleistungsbeschlusses 189
        1. Positiver Gewährleistungsbeschluss 189
        2. Negativer Gewährleistungsbeschluss 189
II. Schutz der verfassungsmässigen Ordnung 190

III.	Bestandes- und Gebietsgarantie	191
	a. Bestandesgarantie	191
	b. Gebietsgarantie	193

Dritter Teil
Grundrechte

§ 11 Grundrechte im Allgemeinen ... 197

I.	Grundlagen	197
	a. Funktionen der Grundrechte	197
	b. Zur historischen Entwicklung der Grundrechte	198
	1. Allgemeine Entwicklung	198
	2. Zur schweizerischen Entwicklung	200
	c. Normative Wirkungsrichtungen der Grundrechte	202
	d. Adressaten der Grundrechte und ihr Verhältnis zum Mehrheitsentscheid	203
	e. Typisierungen der Grundrechte	204
	1. Menschenrechte und Bürgerrechte	204
	2. Negative, aktive und soziale Grundrechte	205
	3. Zum Begriff der verfassungsmässigen Rechte	205
	4. Privilegierte Grundrechte	207
II.	Grundrechte der Bundesverfassung	207
	a. Grundrechtskatalog	207
	b. Grundrechte im Kontext	209
	c. Elemente eines allgemeinen Teils der Grundrechte	210
III.	Kantonale Grundrechtsgarantien	210
IV.	Internationale Grundrechtsgewährleistungen	211
	a. Allgemeines	211
	b. Konventionen des Europarates	212
	c. Konventionen der Vereinten Nationen (UNO)	216
V.	Internationaler Strafgerichtshof	217

§ 12 Geltungsbereich und Verwirklichung der Grundrechte ... 219

I.	Geltungsbereich	219
	a. Bestimmung des Geltungsbereiches	219
	1. Allgemeines	219
	2. Normtypen	220

		3. Modalisierung	220
	b.	Sachlicher Geltungsbereich	221
		1. Grosse Bedeutung der Grundrechtskonkretisierung	221
		2. Kerngehaltsgarantie	221
	c.	Persönlicher Geltungsbereich	222
		1. Allgemeines	222
		2. Beginn und Ende des Grundrechtsschutzes	223
		3. Ausländerinnen	224
		4. Minderjährige	225
		5. Juristische Personen	225
	d.	Grundrechtskonkurrenzen	226
	e.	Grundrechtskollisionen	227
II.	**Verwirklichung der Grundrechte**		228
	a.	Normative Schichten der Grundrechte	228
		1. Allgemeines	228
		2. Abwehr- und Leistungsansprüche	230
		3. Konstituierende Funktion	230
		4. Konkretisierung	231
		5. Mittelbare Anwendbarkeit	231
	b.	Grundrechtsbindung von Trägern öffentlicher Funktionen	232
	c.	Drittwirkung	234
		1. Grundsatz	234
		2. Keine unmittelbare Drittwirkung	235
	d.	Staatliche Schutzpflichten	235

§ 13 Einschränkungen von Grundrechten 237

I.	**Allgemeines**		237
	a.	Eingriffsvoraussetzungen	237
	b.	Grundrechtseingriffe	238
	c.	Orientierung an klassischen Grundrechten	239
	d.	Eingriffsrechtfertigung	239
	e.	Grundpflichten	240
II.	**Gesetzliche Grundlage**		240
	a.	Grundsatz	240
	b.	Polizeiliche Generalklausel	242
	c.	Sonderstatusverhältnisse	242
	d.	Öffentlicher Grund	243
III.	**Öffentliche Interessen und Grundrechtsinteressen Dritter**		243
IV.	**Verhältnismässigkeit**		244
V.	**Schranken gemäss EMRK**		246

§ 14 Verfassungsrechtlicher Persönlichkeitsschutz ... 247

I. **Allgemeines** ... 247
   a. Entwicklung und Systematik in der BV ... 247
   b. Zum allgemeinen Geltungsbereich ... 249
   c. Staatliche Schutzpflichten ... 249

II. **Recht auf Leben** ... 251
   a. Zum Geltungsbereich ... 251
   b. Beginn und Ende des Lebens ... 251
   c. Recht auf Beendigung des Lebens ... 252
   d. Verbot der Todesstrafe ... 253

III. **Schutz physischer und psychischer Integrität** ... 253
   a. Garantie körperlicher Unversehrtheit ... 253
   b. Garantie psychischer Unversehrtheit ... 254
   c. Verbot der Folter und anderer unmenschlicher Behandlung ... 255

IV. **Bewegungsfreiheit** ... 256

V. **Persönlichkeitsschutz im Haftvollzug** ... 259

VI. **Selbstbestimmte Entfaltung der Persönlichkeit** ... 260
   a. Im Allgemeinen ... 260
   b. Organentnahme und Obduktion ... 261
   c. Garantie selbstbestimmter Bestattung ... 262

VII. **Schutz der Kinder und Jugendlichen** ... 262
   a. Allgemeines ... 263
   b. Gehalt des Anspruchs von Art. 11 Abs. 1 BV ... 264
   c. Urteilsfähigkeit von Kindern und Jugendlichen ... 266

VIII. **Schutz des Familienlebens** ... 267
   a. Allgemeines ... 267
   b. Insbesondere das Recht auf Familienleben im Ausländerrecht ... 268

IX. **Schutz der Privatsphäre** ... 270
   a. Datenschutz und informationelle Selbstbestimmung ... 270
      1. Allgemeines ... 270
      2. Schutzansprüche ... 272
      3. Aktuelle Problemstellungen des Anspruchs auf informationelle Selbstbestimmung ... 272
      4. Verhältnis zum verfahrensrechtlichen Akteneinsichtsrecht ... 273
   b. Unverletzlichkeit der Wohnung ... 273
   c. Garantie des Brief-, Post- und Fernmeldeverkehrs ... 275

§ 15 Bereiche der persönlichen Lebensgestaltung ... 279

I. **Recht auf Ehe und Familie** ... 279
   a. Die geschützten Grundrechte ... 279

  b. Individualrecht und Institutsgarantie 279
  c. Zum Schutzbereich der Ehefreiheit 280
    1. Abgrenzung zum Recht auf Familienleben 280
    2. Gleichgeschlechtliche Partnerschaften und eheähnliche Lebensgemeinschaften 280
  d. Zum Schutzbereich des Rechts auf Familie 282
  e. Einschränkungen in einzelnen Rechtsbereichen 282
    1. Ehehindernisse 282
    2. Ausländerrechtliche Schranken 283
    3. Strafvollzug 284
    4. Steuer- und Sozialversicherungsrecht 284

II. Glaubens- und Gewissensfreiheit 285
  a. Verankerung und Aktualität 285
    1. Umfassender Schutz der Religionsfreiheit 285
    2. Aktualität 286
  b. Zur Invocatio dei 287
  c. Zum Geltungsbereich 288
    1. Sachlicher Geltungsbereich 288
    2. Persönlicher Geltungsbereich 289
    3. Religionsfreiheit und Schule 289
  d. Neutralitäts- und Schutzpflichten 291
    1. Neutralitäts- und Toleranzpflicht 291
    2. Schutzpflichten 291
  e. Öffentlich-rechtliche Anerkennung von Glaubensgemeinschaften ... 292

III. Sprachenfreiheit im Kontext des Sprachenrechts 294
  a. Zur Sprachenvielfalt in der Schweiz 294
    1. Funktionen 294
    2. Territorialitätsprinzip 295
    3. Amtssprachen 296
    4. Förderungsmassnahmen 296
  b. Zum Geltungsbereich der Sprachenfreiheit 297
  c. Sprachenfreiheit unter Privatpersonen 298
  d. Sprachenfreiheit im Kontakt mit staatlichen Organen 298
    1. Grundsatz 298
    2. Insbesondere im Schulbereich 298
    3. Im Verkehr mit Behörden 299
  e. Schutz der Sprache durch andere Grundrechte 300

§ 16 Kommunikation 301

I. Allgemeines 301
  a. Funktionen der Kommunikationsgrundrechte 301
  b. Übersicht über die einzelnen Gewährleistungen 302
  c. Gemeinsame Aspekte des Geltungsbereichs und des Kerngehalts ... 303

		1. Trägerschaft	303
		2. Zensurverbot	303
	d.	Gemeinsame Aspekte der Einschränkung	304
		1. Besonderer Schutz vor Einschränkung ideeller Äusserungen wegen ihres Inhalts	304
		2. Mittelbare Eingriffe in die Kommunikationsgrundrechte («chilling effect»)	305
	e.	Ausübung auf öffentlichem Grund	305
II.	**Meinungsfreiheit**		307
	a.	Allgemeines	307
	b.	Zum Geltungsbereich	307
III.	**Informationsfreiheit und Öffentlichkeit der Behörden**		308
	a.	Allgemeines	309
	b.	Zum Geltungsbereich	310
	c.	Bundesverfassungsrechtliche Öffentlichkeitsgebote	311
	d.	Empfangsfreiheit bei Radio und Fernsehen	312
IV.	**Medienfreiheit**		313
	a.	Bemerkungen zur Entwicklung der Medienlandschaft	313
	b.	Funktionen der Medien	314
	c.	Schutzbereich	314
	d.	Besonderheiten der Einschränkung der Medienfreiheit	315
		1. Besondere demokratische Funktionen der Medien	315
		2. Zeugnisverweigerungsrecht	315
		3. Weitere gesetzesrechtliche Sonderbestimmungen	316
		4. Einschränkungen durch das UWG	316
	e.	Förderung der Medien	317
V.	**Radio- und Fernsehfreiheit**		317
		1. Rechtliche Ordnung	318
		2. Zum Geltungsbereich	318
		3. Besonderheiten der Radio- und Fernsehfreiheit	319
VI.	**Wissenschafts- und Kunstfreiheit**		320
	a.	Allgemeines	321
	b.	Wissenschaftsfreiheit	321
		1. Allgemeines	321
		2. Forschungsfreiheit	321
		3. Lehrfreiheit	322
		4. Zum persönlichen Geltungsbereich	323
	c.	Kunstfreiheit	323
		1. Zum Geltungsbereich	323
		2. Schrankenaspekte	324
		3. Kultur- und Kunstförderung	325
VII.	**Versammlungsfreiheit**		326
	a.	Zum Geltungsbereich	326

	b. Demonstrationsfreiheit?	328
	c. Schrankenaspekte	329

VIII. Vereinigungsfreiheit 330
    a. Zum Geltungsbereich 331
    b. Verhältnis zu anderen Grundrechten 332
    c. Fragen der Einschränkung 332

§ 17 Niederlassung und Eigentum 335

I. Niederlassungsfreiheit 335
    a. Entwicklung und Bedeutung 335
    b. Zum Geltungsbereich 336
        1. Natürliche Personen 336
        2. Schweizer 336
        3. Ausländer 337
    c. Schrankenaspekte 338
        1. Unzulässige Einschränkungen 338
        2. Residenzpflicht 338

II. Schutz vor Ausweisung, Auslieferung und Ausschaffung 339
    a. Übersicht 339
    b. Verbot der Ausweisung von Schweizern (Art. 25 Abs. 1 BV) 339
    c. Verbot der Ausschaffung oder Auslieferung von Flüchtlingen
       (Art. 25 Abs. 2 BV) 341
    d. Verbot der Ausschaffung bei drohender Folter oder unmenschlicher
       Behandlung (Art. 25 Abs. 3 BV) 341

III. Eigentumsgarantie 343
    a. Verankerung und Funktionen 343
    b. Zum Geltungsbereich der Eigentumsgarantie 344
        1. Schutzobjekt 344
        2. Institutsgarantie 345
        3. Bestandesgarantie 345
        4. Wertgarantie 347

§ 18 Rechtsgleichheit als umfassende Gewährleistung 351

I. Gleichbehandlungs- und Ungleichbehandlungsgebot 351
    a. Allgemeines 351
    b. Rechtsgleichheit als Begründungs- und Differenzierungsgebot 352
    c. Träger 353
    d. Adressaten 353

II. Verwirklichung der Rechtsgleichheit 354
    a. Gleichheit im Gesetz (Rechtsetzung) 354
    b. Gleichheit vor dem Gesetz (Rechtsanwendung) 356

1. Anwendungsfehler	356
2. Keine Verletzung des Gleichheitsgebotes durch unterschiedliche Behörden?	356
3. Gleichbehandlung im Unrecht?	356
c. Rechtsgleichheit im Verfahren	357
III. Rechtsgleichheit und andere Grundrechte	357
a. Allgemeines	357
b. Qualifizierte Rechtsgleichheit im Schutzbereich anderer Grundrechte	358
IV. Grenzen des Gleichheitssatzes	359
a. Vorrang der föderalistischen Vielfalt	359
1. Im interkantonalen Verhältnis	359
2. Im innerkantonalen Verhältnis	359
b. Rechtsgleichheit bei Rechtsänderungen	360
1. Erlasse	360
2. Verwaltungs- und Gerichtspraxis	360

§ 19 Die Diskriminierungsverbote 361

I. Diskriminierungsverbote nach Art. 8 Abs. 2 BV	361
a. Generalklausel und Beispielkatalog von Diskriminierungstatbeständen	361
b. Allgemeine Tragweite des Diskriminierungsverbotes	362
c. Persönlicher Geltungsbereich (Schutzziel)	363
1. Problematik	363
2. Anknüpfungsverbot	363
3. Spezifischer Schutz benachteiligter Gruppen	364
4. Schutz- und Förderungsziel des Diskriminierungsverbotes	364
d. Diskriminierungstatbestände	366
1. Der Katalog von Art. 8 Abs. 2 BV	366
2. Alter	366
3. Lebensform	368
4. Behinderung	368
5. Geschlecht	368
II. Gleichstellung der Geschlechter	369
a. Gleichberechtigung als Grundrecht	370
b. Egalisierungsgebot als Gesetzgebungsauftrag	371
c. Lohngleichheit	372
d. Internationale Gewährleistungen	373
III. Schutz der Menschen mit Behinderung	373

§ 20 Besondere Gerechtigkeitsgebote 377

I. Willkürverbot	377
a. Allgemeines	377

XXV

	b. Schutzbereich	378
	1. Willkür in der Rechtsetzung	378
	2. Willkür in der Rechtsanwendung	378
	3. Rechtsträger	379
	c. Subsidiarität	379
	d. Selbständiger Charakter des Willkürverbots	379
II.	**Treu und Glauben**	380
	a. Grundsatz	380
	b. Insbesondere Vertrauensschutz	381
III.	**Staatshaftung**	382
	a. Allgemeines	382
	b. Ersatz für rechtswidrig zugefügten Schaden	383
	1. Grundsatz	383
	2. Hoheitliches Handeln	383
	3. Privatrechtliches Handeln	384
	4. Widerrechtlichkeit	384
	5. Kausalität	385
	c. Ersatz für rechtmässig zugefügten Schaden	385

Vierter Teil
Demokratie

§ 21 Die Schweiz als halbdirekte Demokratie ... 389

I.	**Wesenselemente**	389
	a. Elemente der Demokratie als Staatsform	389
	b. Systembegründende Faktoren der schweizerischen Demokratie	391
II.	**Hauptmerkmale der schweizerischen Demokratie**	392
	a. Überblick	392
	b. Repräsentative und direktdemokratische Elemente	393
	c. Unabhängigkeit von Parlament und Regierung	394
	d. Sonderfall des schweizerischen Regierungssystems?	395
	e. Freier und offener Meinungsbildungsprozess	396
	f. Responsive Demokratie	396
	g. Halbdirekte Demokratie und Effektivität des Staates	397
III.	**Politische Rechte als Grundrechte**	398
	a. Garantie der politischen Rechte im Allgemeinen	398
	b. Wahl- und Abstimmungsfreiheit	398
	1. Grundsatz	399
	2. Wahlrechtsgleichheit	399
	3. Korrekte Vorbereitung des Urnengangs durch die Behörden	400

	4. Schutz der Meinungsbildung («freie Willensbildung») vor Abstimmungen	402
	5. Korrekte Durchführung einer Wahl oder Abstimmung	405
	6. Ungültigerklärung einer bundesrechtswidrigen kantonalen Volksinitiative?	406
	c. Zum Rechtsschutz	406
IV.	**Petitionsrecht**	406
V.	**Voraussetzungen für die Ausübung der politischen Rechte**	407
	a. Politische Rechte und Bundesstaat	407
	b. Voraussetzungen auf Bundesebene	408
	1. Allgemeines	408
	2. Stimmfähigkeit	409
	3. Ausübungsberechtigung	409
VI.	**Parteien und andere intermediäre Organisationen**	410
	a. Parteien	410
	b. Verbände	412
	c. Non-Governmental Organizations (NGOs)	413

§ 22 Initiative und Referendum ... 415

I.	**Allgemeines**	415
II.	**Volksinitiative**	416
	a. Allgemeines	416
	b. Volksinitiative auf Totalrevision der Bundesverfassung	416
	c. Formulierte Volksinitiative auf Teilrevision der Bundesverfassung	417
	d. Volksinitiative auf Teilrevision in der Form der allgemeinen Anregung	418
	e. Allgemeine Volksinitiative	418
	f. Gültigkeitsvoraussetzungen der Volksinitiativen	419
	1. Allgemeines	419
	2. Einheit der Form	420
	3. Ungültigerklärung	420
	g. Stellungnahme und Gegenentwurf der Bundesversammlung	421
	1. Abstimmungsempfehlung	421
	2. Gegenentwurf	421
	h. Abgelehnte Reformen	422
	i. Funktionen der Volksinitiative	422
III.	**Referendum**	423
	a. Allgemeines	423
	b. Obligatorisches Referendum	424
	1. Allgemeines	424
	2. Volks- und Ständereferendum	424
	3. Volksreferendum	425
	c. Fakultatives Referendum	425
	d. Funktionen des Referendums	427

IV.	Unterschriftenzahlen und Sammelfristen	428
	a. Regelung	428
	b. Abgelehnte Reformen	429
V.	Volksabstimmungen	429
	a. Volksmehr	429
	b. Volks- und Ständemehr	430
	c. Abstimmung über Initiative und Gegenentwurf	431
	d. Vote électronique	431
VI.	Übersicht über die politischen Rechte auf Bundesebene	432
	a. Wahlen	432
	b. Referendumsabstimmungen	432
	c. Unterzeichnung von Volksbegehren	433
	d. Petitionsrecht an die Bundesversammlung	433

§ 23 Gewaltengliederung 435

I.	Gliederung und Zusammenarbeit der Gewalten	435
	a. Allgemeines	435
	b. Gewaltengliederung im schweizerischen Verfassungsrecht	436
	1. Geteilte und kooperierende Gewalten	436
	2. Parlamentssuprematie	437
	3. Bundesversammlung und Bundesgericht	438
	4. Bundesrat und Bundesgericht	439
II.	Unvereinbarkeiten	439
III.	Gewaltengliederung als verfassungsmässiges Recht	440
IV.	Grundprobleme der Gewaltengliederung	441

§ 24 Bundesversammlung 443

I.	Aufgaben und Zuständigkeiten	443
	a. Repräsentation des Volkes und der Kantone	443
	1. Zweikammersystem	443
	2. Gleichwertigkeit und Gleichberechtigung beider Kammern	445
	3. Ausnahmen vom Grundsatz der Gleichstellung: die Vereinigte Bundesversammlung	446
	4. Wahlvoraussetzungen	447
	5. Wahlverfahren	447
	6. Soziale Zusammensetzung der Bundesversammlung	449
	b. Zuständigkeiten der Bundesversammlung	450
	1. Staatsleitung	450
	2. Rechtsetzung	450
	3. Mitwirkung in der Aussenpolitik	451

	4. Finanzen 451

4. Finanzen 451
5. Wahlen 453
6. Oberaufsicht 454
7. Überprüfung der Wirksamkeit 456
8. Planung der Staatstätigkeit 456
9. Einzelakte 458
10. Weitere Zuständigkeiten 458

II. **Organisation** 460
   a. Sessionen 460
   b. Präsidium 461
   c. Büros 461
   d. Kommissionen 462
   e. Fraktionen 464
   f. Parlamentsdienste 465

III. **Verfahren** 465
   a. Grundsatz der getrennten Verhandlung 465
   b. Grundsatz der Öffentlichkeit 466
   c. Verhandlungsfähigkeit, Abstimmungen und Wahlen .. 466
   d. Initiativrecht und Antragsrecht 467
   e. Informationsrechte 469
   f. Aufträge an den Bundesrat 470

IV. **Status der Mitglieder der Bundesversammlung** 472
   a. Grundsatz des freien Mandates 472
   b. Immunität 473
   c. Einkommen und Entschädigung der Ratsmitglieder .. 474

§ 25 Bundesrat und Bundesverwaltung 477

I. **Aufgaben und Zuständigkeiten des Bundesrates** 477
   a. Regierungstätigkeit 477
      1. Regierung als Teil der Staatsleitung 477
      2. Aussenpolitik, Wahrung der äusseren und inneren Sicherheit 478
      3. Information der Öffentlichkeit 479
      4. Repräsentation 480
      5. Leitung und Beaufsichtigung der Bundesverwaltung 480
      6. Weitere Regierungsobliegenheiten 481
   b. Rechtsetzung 481
      1. Vorverfahren der Gesetzgebung 481
      2. Mitwirkung an der parlamentarischen Rechtsetzung 482
      3. Veröffentlichung und Inkraftsetzung 482
      4. Verordnungen 483
   c. Vollzug und Verwaltung 483
   d. Rechtsprechung 483

II. Organisation und Verfahren des Bundesrates ... 483
   a. Vom Parlament gewählte Regierung ... 483
   b. Nicht abberufbare Regierung ... 485
   c. Kollegial- und Departementalprinzip ... 487
      1. Kollegialprinzip ... 487
      2. Departementalsystem ... 488
      3. Verhältnis zwischen Kollegial- und Departementalprinzip ... 488
   d. Präsidium ... 489
   e. Verhandlungen des Bundesrates ... 490
   f. Zur Rechtsstellung der Bundesratsmitglieder ... 491
III. Bundesverwaltung und Bundeskanzlei ... 491
   a. Bundesverwaltung ... 491
   b. Bundeskanzlei ... 493
IV. Regierungsreform ... 494

Fünfter Teil
Rechtsverwirklichung

§ 26 Die Schweiz als Rechtsstaat ... 499

I. Rechtsstaat ... 499
   a. Gehalt ... 499
   b. Formelle und materielle Elemente ... 500
   c. Rechtsstaat und Terrorismus ... 501
II. Verfassungsstaatlichkeit ... 502
III. Grundsätze rechtsstaatlichen Handelns ... 502
   a. Allgemeines ... 502
   b. Grundsatz der Rechtmässigkeit staatlichen Handelns ... 503
      1. Allgemeines ... 503
      2. Verteilung der Regelungsbefugnisse ... 504
      3. Bestimmtheitsgebot ... 505
   c. Öffentliches Interesse und Verhältnismässigkeit ... 506
   d. Treu und Glauben ... 507
   e. Beachtung des Völkerrechts ... 509
IV. Individuelle Verantwortung ... 509
   a. Allgemeines ... 509
   b. Selbstverantwortung ... 509
   c. Mitverantwortung ... 510
   d. Appellnorm ... 510

§ 27 Rechtsetzung ... 511

I. Funktionen und Grenzen der Rechtsetzung ... 511
    a. Allgemeines ... 511
    b. Funktionen der Rechtsetzung ... 512
        1. Allgemeines ... 512
        2. Ordnungsfunktion ... 512
        3. Steuerungsfunktion ... 512
        4. Begrenzungsfunktion ... 512
        5. Legitimations- und Integrationsfunktion ... 512
        6. Konsensfunktion ... 513
    c. Informalisierung, Deregulierung, Selbstregulierung (Exkurs) ... 513
        1. Informalisierung ... 513
        2. Deregulierung ... 513
        3. Selbstregulierung ... 514

II. Erlassformen ... 514
    a. Übersicht ... 514
    b. Bundesgesetze ... 516
        1. Allgemein ... 516
        2. Dringliche Bundesgesetze ... 517
    c. Verordnungen ... 518
        1. Begriff ... 518
        2. Verordnungen der Bundesversammlung ... 518
        3. Verordnungen des Bundesrates ... 519
    d. Bundesbeschluss ... 521
    e. Einfacher Bundesbeschluss ... 522
    f. Weitere nicht rechtsetzende Akte ... 522

III. Verteilung der Regelungsbefugnisse ... 522
    a. Rechtsetzung als Funktion von Parlament und Regierung ... 522
    b. Materieller Gesetzesvorbehalt ... 523
    c. Gesetzesdelegation auf Bundesebene ... 525
    d. Delegation an Private ... 526

IV. Verfahren der Rechtsetzung ... 527
    a. Verfahren der Gesetzgebung ... 528
        1. Einleitung (Initiativphase) ... 528
        2. Vorverfahren (Ausarbeitungsphase) ... 529
        3. Insbesondere Vernehmlassungsverfahren ... 530
        4. Beratung und Verabschiedung (Parlamentarische Phase) ... 531
        5. Referendum ... 532
        6. Publikation und Inkraftsetzung ... 532
    b. Verfahren der Verfassungsgebung ... 532
        1. Grundsatz ... 532
        2. Totalrevision ... 533
        3. Teilrevision ... 534

            c. Verfahren des Erlasses von Verordnungen 535
               1. Verordnungen der Bundesversammlung 535
               2. Verordnungen des Bundesrates 536

§ 28 Rechtsschutz im Allgemeinen 539

I. **Rechtsschutz auf Verfassungsstufe** 539
   a. Allgemeines 539
   b. Verfassungsrechtliche Rechtsschutzbestimmungen 540
      1. Geltendes Recht 540
      2. Justizreform 540

II. **Rechtsweggarantie und massgebendes Recht** 541
    a. Rechtsweggarantie 541
       1. Grundsatz 542
       2. Ausnahmen 545
    b. Eingeschränkte Verfassungsgerichtsbarkeit 548
       1. Allgemeines 548
       2. «Massgeblichkeit» im Sinne von Art. 190 BV 549
       3. Bundesgesetze und Völkerrecht 550
       4. Gespaltener Grundrechtsschutz 550
       5. (Bislang gescheiterte) Reformbestrebungen 551

III. **Grundsatz der richterlichen Unabhängigkeit** 553
     a. Umfassendes Prinzip 553
     b. Grundsatz und Grundrecht 557

IV. **Einheitliches Zivil- und Strafprozessrecht** 558
    a. Allgemeines 559
    b. Umfassende Gesetzgebungskompetenz 560
    c. Das Anwendungsgebot nach Art. 190 BV 561

§ 29 Gerichte des Bundes und Rechtschutzsystem 563

I. **Gerichte und Justizverfassung** 563

II. **Stellung und Zuständigkeiten des Bundesgerichts** 564
    a. Stellung 564
       1. Oberstes Gericht 564
       2. Organisation und Verfahren 565
    b. Zuständigkeiten 566
       1. Allgemeines 566
       2. Verletzung von Bundesrecht 566
       3. Verletzung von Völkerrecht 566
       4. Verletzung kantonalen Rechts 567
       5. Verletzung interkantonalen Rechts 567
       6. Autonomiebeschwerde 567

7. Verletzung von Bestimmungen über die politischen Rechte	568
8. Föderative Streitigkeiten	568
c. Anfechtungsobjekte	569
d. Zugang zum Bundesgericht	570
e. Unzulänglichkeit der Verfassungsregelung	571

III. Weitere richterliche Behörden 572
    a. Richterliche Behörden des Bundes 572
        1. Allgemeines 572
        2. Bundesverwaltungsgerichtsbarkeit 572
        3. Bundesstrafgerichtsbarkeit 572
        4. Unabhängige Beschwerdeinstanz für Radio und Fernsehen . 573
        5. Zusätzliche richterliche Instanzen 573
    b. Richterliche Behörden der Kantone 573

IV. Grundzüge der Bundesrechtspflege 574
    a. Bundesgericht 574
        1. Rechtsmittelordnung 575
        2. Unzulänglichkeiten des Rechtsmittelsystems 579
        3. Organisation des Bundesgerichts 580
        4. Wahl und Rechtsstellung der Mitglieder des Bundesgerichts . 581
        5. Verfahren 583
        6. Besonderheiten im Bereich des Sozialversicherungsrechts . 584
    b. Bundesverwaltungsgericht 584
    c. Bundesstrafgericht 586
    d. Sitz der Gerichte des Bundes 586

§ 30 Verfahrensgarantien 589

I. Allgemeines 589
    a. Zur Bedeutung von Verfahrensrecht und Verfahrensgarantien . 589
    b. Verfahrensgarantien im Grundrechtskatalog 589

II. Allgemeine Verfahrensgarantien 591
    a. Übersicht und Anwendungsbereich 591
    b. Verbot der Rechtsverweigerung und Rechtsverzögerung 591
    c. Anspruch auf rechtliches Gehör 592
    d. Anspruch auf unentgeltliche Rechtspflege 593

III. Garantien im gerichtlichen Verfahren 594
    a. Übersicht und Anwendungsbereich 594
    b. Anspruch auf ein gesetzmässiges, zuständiges, unabhängiges und unparteiisches Gericht 594
        1. Richterliche Behörde 594
        2. Gesetzmässiges Gericht 595
        3. Zuständiges Gericht 595
        4. Unabhängiges Gericht 595
        5. Unparteiisches Gericht 596

c. Garantie des Wohnsitzgerichtsstandes 596
d. Öffentlichkeit des Verfahrens 597
IV. **Garantien bei Freiheitsentzug** 598
V. **Garantien im Strafverfahren** 600

Sechster Teil
Wirtschafts-, Finanz- und Arbeitsverfassung

§ 31 Wirtschaftsverfassung 603

I. **Wirtschaftsverfassung im Überblick** 603
   a. Allgemeines 603
   b. Verfassungsnormen 604
II. **Wirtschaftsrelevante Grundrechte** 604
   a. Wirtschaftsfreiheit 604
   b. Eigentumsgarantie 605
   c. Koalitionsfreiheit 605
   d. Niederlassungsfreiheit 605
III. **Wirtschaftspolitik des Bundes** 605
   a. Allgemeines 605
   b. Einzelne Zuständigkeiten des Bundes (Auswahl) 607
      1. Ausübungsbeschränkungen der privatwirtschaftlichen
         Erwerbstätigkeit 607
      2. Wirtschaftsaufsicht 607
      3. Verwirklichung des Binnenmarktes 609
      4. Wettbewerbspolitik 612
      5. Konsumentenschutz 614
      6. Geld- und Währungspolitik 615
      7. Konjunkturpolitik 617
      8. Aussenwirtschaftspolitik 618
      9. Strukturpolitik 618
      10. Infrastrukturpolitik 619
IV. **Introvertierte Wirtschaftsverfassung** 619
V. **Freiheitliche, wettbewerbsorientierte, sozial- und umweltverpflichtete Wirtschaftsverfassung** 620

§ 32 Wirtschaftsfreiheit 623

I. **Funktionen der Wirtschaftsfreiheit** 623
   a. Allgemeines 623

	b. Individualrechtliche Funktion	623
	c. Ordnungspolitische Funktion	624
	d. Demokratische Funktion	625
	e. Bundesstaatliche Funktion	625
II.	**Zum Geltungsbereich der Wirtschaftsfreiheit**	625
	a. Sachlicher Geltungsbereich	625
	1. Allgemeines	625
	2. Erwerbstätigkeit	626
	3. Berufsfreiheit	627
	4. Gleichbehandlung der Konkurrenten	627
	5. Kein Anspruch auf staatliche Leistungen	628
	6. Benutzung öffentlichen Raumes	628
	b. Persönlicher Geltungsbereich	629
	1. Allgemein	629
	2. Juristische Personen des öffentlichen Rechts	629
III.	**Zu den Schranken der Wirtschaftsfreiheit**	630
	a. Schrankenregelung im Allgemeinen	630
	b. Grundsatz der Wirtschaftsfreiheit	630
	1. Allgemeines	630
	2. Grundsatzkonforme und grundsatzwidrige Massnahmen	631
	c. Förderungsmassnahmen	633
	d. Schema zur Schrankendogmatik der Wirtschaftsfreiheit	633

§ 33 Finanzverfassung 635

I.	**Allgemeines**	635
II.	**Finanzhaushalt des Bundes**	636
	a. Allgemeines	636
	b. Kompetenzen und Verfahren	637
	1. Bundesversammlung	637
	2. Bundesrat	638
	c. Haushaltsgleichgewicht	638
	d. Kein Finanzreferendum	639
III.	**Steuern**	640
	a. Verfassungsrechtliche Grundsätze der Besteuerung	640
	b. Steuern des Bundes und der Kantone	641
	1. Bundessteuern	641
	2. Kantonale Steuern	642
IV.	**Finanzausgleich**	642
	a. Finanzausgleich im weiteren und engeren Sinn	642
	b. Grundsatz	643
	c. Ausgestaltung	643

§ 34 Arbeitsverfassung 645

- **I. Überblick** 646
  - a. Allgemeines 646
  - b. Grundrechte 647
    - 1. Freizügigkeitsrechte 647
    - 2. Gleichstellungsrechte 647
    - 3. Recht auf Mindestlohn? 648
    - 4. Koalitionsfreiheit 649
    - 5. Indirekte Wirkung arbeitsrechtlicher Grundrechtspositionen 649
  - c. Sozialziele 650
  - d. Arbeitsartikel 650
    - 1. Arbeitnehmerschutz 650
    - 2. Übrige Inhalte des Arbeitsartikels 651
  - e. Weitere Bestimmungen der Arbeitsverfassung 652
- **II. Koalitionsfreiheit** 653
  - a. Einleitung 653
  - b. Zum Geltungsbereich der Koalitionsfreiheit 653
  - c. Tarifautonomie 654
  - d. Gesamtarbeitsverträge 654
- **III. Streik und Aussperrung** 656
  - a. Allgemeines 656
  - b. Zulässigkeit von Streik und Aussperrung 657
  - c. Grundrechtsnatur des Streikrechts? 660
  - d. Streikverbot 660
  - e. Rechtswirkungen des rechtmässigen Streiks 661

Siebter Teil
Sozialverfassung

§ 35 Die Schweiz als Sozialstaat 665

- **I. Bekenntnis zur Sozialstaatlichkeit** 666
  - a. Sozialverfassung und Sozialstaatlichkeit 666
  - b. Begriff und Umfang der Sozialpolitik (Exkurs) 668
  - c. Sozialstaatlichkeit in Bund und Kantonen 669
- **II. Sozialzielartikel** 670
  - a. Zum Geltungsbereich 670
  - b. Sozialziele als Staatszielbestimmungen 670
  - c. Fünffacher Vorbehalt 671
- **III. Andere Sozialzielbestimmungen** 672

IV.	Sozialpolitische Zuständigkeiten des Bundes im Allgemeinen	673
V.	Sozialversicherungen und Sozialvorsorge	673
	a. Allgemeines	673
	b. Alters-, Hinterlassenen- und Invalidenvorsorge	675
	c. Sozialhilfe	675

§ 36 Soziale Grundrechte ... 679

I.	Allgemeines	679
II.	Recht auf Hilfe in Notlagen	681
	a. Entstehungsgeschichte	682
	b. Geltungsbereich	682
	1. Allgemeiner Schutzbereich	682
	2. Träger	683
	3. Begriff der Notlage	683
	4. Staatliche Leistungspflicht	683
	5. Kerngehalt und Subsidiaritätsprinzip	684
	c. Weitere Instrumente zur Daseinssicherung	686
III.	Anspruch auf Grundschulunterricht	686
	a. Geltungsbereich	687
	b. Verfassungsrechtliche Anforderungen an den Grundschulunterricht	688
	c. Grundschulunterricht und öffentliche Gesundheit	691

Achter Teil
Aussenverfassung

§ 37 Die Schweiz als kooperativer Verfassungsstaat ... 695

I.	Zur Stellung der Schweiz in der Völkergemeinschaft	696
	a. Vom introvertierten Nationalstaat zum weltoffenen, kooperativen Verfassungsstaat	696
	b. Aussendimensionen der verfassungsgestaltenden Prinzipien	697
	c. Aussenbeziehungen und Verfassungsrecht	698
	d. Konstitutionalisierung von Völkerrechtsnormen	698
II.	Verfassungsgrundlagen der Aussenpolitik	699
	a. Zum Wesen der Aussenpolitik	699
	b. Präambel und Zweckartikel	700
	c. Ziele der Aussenpolitik	700
	1. Allgemeines	700

		2. Friedenspolitik	700
		3. Humanitäre Politik	701
		4. Aussenwirtschaftspolitik	702
		5. Entwicklungspolitik	702
		6. Umweltpolitik	703
		7. Berichterstattung	704
	d.	Neutralität	704
		1. Neutralitätsrecht	704
		2. Zur Neutralität der Schweiz	705
		3. Zur Diskussion über die Neutralität in der Schweiz	707
		4. Veränderungen im neutralitätsrelevanten Umfeld	707
		5. Neutralität und UNO-Mitgliedschaft	708
	e.	Aussenwirtschaftspolitik	709
	f.	Aussendimension von Staatsaufgaben	713
III.	**Verhältnis der Schweiz zur Europäischen Union**		714
	a.	Überblick	714
	b.	Europapolitik des Bundesrates	714
IV.	**Legalitätsprinzip und Aussenpolitik**		716
V.	**Ordensverbot (Exkurs)**		717

§ 38 Völkerrecht und Landesrecht 719

I.	**Allgemeines zur Regelung in der Verfassung**		719
II.	**Begriff und Rechtsquellen des Völkerrechts**		720
	a.	Überblick	720
	b.	Staatsverträge	720
	c.	Insbesondere das zwingende Völkerrecht	721
		1. Allgemeines	721
		2. Erweiterung der völkerrechtlichen Schranken?	723
III.	**Innerstaatliche Geltung des Völkerrechts**		724
	a.	Grundsätze des Monismus und des Dualismus im Allgemeinen	724
	b.	Monismus in der Schweiz	725
IV.	**Innerstaatlicher Rang des Völkerrechts**		726
	a.	Grundsatz des Vorrangs des Völkerrechts	726
	b.	«Massgebendes» Völkerrecht	728
	c.	Unterschiedliche Formulierungen des Vorrangprinzips	729
	d.	Die einzelnen Vorrangregeln	729
		1. Absoluter Vorrang	729
		2. Grundsätzlicher Vorrang	730
		3. Bedingter Vorrang	731
V.	**Anwendbarkeit von Staatsverträgen**		731

§ 39 Demokratie und Aussenbeziehungen 733

I. Führung der Aussenpolitik 733
  a. Allgemeines 733
  b. Bundesrat und Bundesversammlung 734
    1. Bundesrat 734
    2. Bundesversammlung 734
  c. Nichtregierungsorganisationen 736

II. Abschluss von Staatsverträgen 736
  a. Verfahrensstadien 736
    1. Allgemeines 736
    2. Verfahrensstadien im Einzelnen 736
  b. Vertragsabschlusskompetenzen 737
  c. Voranwendung von Staatsverträgen 738

III. Staatsvertragsreferendum 739
  a. Obligatorisches Staatsvertragsreferendum 739
  b. Fakultatives Staatsvertragsreferendum 740
  c. Kein fakultativ-obligatorisches Staatsvertragsreferendum 741

IV. Wahrung der äusseren Sicherheit 742
  a. Allgemeines 742
  b. Bundesversammlung 742
  c. Bundesrat 742

V. Aussenpolitische Generalklausel 743

§ 40 Bundesstaat und Aussenbeziehungen 745

I. Allgemeines 745

II. Aussenpolitische Kompetenz des Bundes 746
  a. Grundsatz 746
  b. Verfassungsauftrag zur Rücksichtnahme und Interessenwahrung . . . 746

III. Mitwirkung der Kantone an der Aussenpolitik des Bundes 747
  a. Verfassungslage 747
  b. Mitwirkungsgesetz 749
  c. Mitwirkung am Vollzug von Staatsverträgen 749

IV. Kompetenzen der Kantone in der Aussenpolitik 749
  a. Vertragsautonomie 749
  b. Informationspflicht 750
  c. Vertragsschlussverfahren 751
  d. Kontakte und Konferenzen 751

Sachregister 753

Allgemeines Literaturverzeichnis

Die nachfolgend aufgeführten Werke werden nur abgekürzt zitiert.

AUBERT JEAN-FRANÇOIS, Bundesstaatsrecht der Schweiz, Basel/Frankfurt a.M., Band I 1991, Band II 1995, integrierte Supplemente (zit. Aubert, Bundesstaatsrecht I/II/Supp.)

AUBERT JEAN-FRANÇOIS et al. (Hrsg.), Kommentar zur Bundesverfassung der Schweizerischen Eidgenossenschaft, Loseblattsammlung, Basel/Bern/Zürich 1987 ff. (zit. Autor, in: Kommentar BV)

AUBERT JEAN-FRANÇOIS/MAHON PASCAl, Petit commentaire de la Constitution fédérale de la Confédération suisse du 18 avril 1999, Zürich/Basel/Genf 2003 (zit. Autor, in: Petit commentaire)

AUER ANDREAS/MALINVERNI GIORGIO/HOTTELIER MICHEL, Droit constitutionnel suisse, Vol. I, L'Etat und Vol. II, Les droits fondamentaux, je 2. Aufl. Bern 2006 (zit. Auer/Malinverni/Hottelier I/II)

BIAGGINI GIOVANNI, Bundesverfassung der Schweizerischen Eidgenossenschaft, Zürich 2007 (zit. Biaggini, BV Kommentar)

EHRENZELLER BERNHARD/MASTRONARDI PHILIPPE/SCHWEIZER RAINER J./VALLENDER KLAUS A. (Hrsg.), Die Schweizerische Bundesverfassung, Kommentar, 2 Bde., 2. Aufl. Zürich/Basel/Genf 2008 (zit. Autor, in: St. Galler Kommentar)

FLEINER FRITZ/GIACOMETTI ZACCARIA, Schweizerisches Bundesstaatsrecht, Zürich 1949, unveränderter Nachdruck Zürich 1965 (zit. Fleiner/Giacometti, Bundesstaatsrecht)

GRISEL ÉTIENNE, Droits fondamentaux: Libertés idéales, Bern 2008 (zit. Grisel, Libertés idéales)

HALLER WALTER/KÖLZ ALFRED/GÄCHTER THOMAS, Allgemeines Staatsrecht, 4. Aufl. Basel 2008 (zit. Haller/Kölz/Gächter, Staatsrecht)

HÄFELIN ULRICH/HALLER WALTER/KELLER HELEN, Schweizerisches Bundesstaatsrecht, 7. Aufl. Zürich 2008 (zit. Häfelin/Haller/Keller)

HÄFELIN ULRICH/MÜLLER GEORG/UHLMANN FELIX, Allgemeines Verwaltungsrecht, 5. Aufl. Zürich 2006 (zit. Häfelin/Müller/Uhlmann, Verwaltungsrecht)

HESSE KONRAD, Grundzüge des Verfassungsrechts der Bundesrepublik Deutschland, 20. Aufl., Heidelberg 1995 (zit. Hesse, Grundzüge)

KIENER REGINA/KÄLIN WALTER, Grundrechte, Bern 2007 (zit. Kiener/Kälin, Grundrechte)

KLÖTI ULRICH/KNOEPFEL PETER/KRIESI HANSPETER/LINDER WOLF/PAPADOPOULOS YANNIS/SCIARINI PASCAL, Handbuch der Schweizer Politik, 4. Aufl. 2006 Zürich (zit. Autor, in: Klöti et. al, Handbuch)

KÖLZ ALFRED, Neuere schweizerische Verfassungsgeschichte, Band I Bern 1992; Band II Bern 2004 (zit. Kölz, Verfassungsgeschichte I/II)

MERTEN DETLEF/PAPIER HANS-JÜRGEN, Handbuch der Grundrechte, Heidelberg/Zürich/St. Gallen 2007 (zit. Autor, in: Merten/Papier, Handbuch)

MÜLLER JÖRG PAUL, Elemente einer schweizerischen Grundrechtstheorie, Bern 1982 (zit. Müller, Elemente)

MÜLLER JÖRG PAUL/SCHEFER MARKUS, Grundrechte in der Schweiz, 4. Aufl. Bern 2008 (zit. Müller/Schefer, Grundrechte)

PETERS ANNE, Einführung in die EMRK, München 2003 (zit. Peters, Einführung)

RHINOW RENÉ, Die Bundesverfassung 2000: eine Einführung, Basel 2000 (zit. Rhinow, BV 2000)

SCHEFER MARKUS, Die Beeinträchtigung von Grundrechten: zur Dogmatik von Art. 36 BV, Bern 2006 (zit. Schefer, Beeinträchtigung)

THÜRER DANIEL/AUBERT JEAN-FRANÇOIS/MÜLLER JÖRG PAUL (Hrsg.), Verfassungsrecht der Schweiz, Zürich 2001 (zit. Autor, in: Verfassungsrecht der Schweiz)

TSCHANNEN PIERRE, Staatsrecht der schweizerischen Eidgenossenschaft, 2. Aufl. Bern 2007 (zit. Tschannen, Staatsrecht)

TSCHANNEN PIERRRE/ZIMMERLI ULRICH, Allgemeines Verwaltungsrecht, 2. Aufl. Bern 2005 (zit. Tschannen/Zimmerli, Verwaltungsrecht)

ZIMMERLI ULRICH (Hrsg.), Die neue Bundesverfassung. Konsequenzen für Praxis und Wissenschaft, Bern 2000 (Berner Tage für die juristische Praxis, Tagung 1999; zit. Autor, in: BTJP)

Abkürzungsverzeichnis

AB NR	Amtliches Bulletin der Bundesversammlung (vor 1967 Stenographisches Bulletin), Nationalrat
AB SR	Amtliches Bulletin der Bundesversammlung (vor 1967 Stenographisches Bulletin), Ständerat
ABl.	Amtsblatt der Europäischen Gemeinschaften
Abs.	Absatz
aBV	alte Bundesverfassung
AHV	Alters- und Hinterlassenenversicherung
AJP	Aktuelle Juristische Praxis
allg.	allgemein
ALV	Arbeitslosenversicherung
aM.	anderer Meinung
AöR	Archiv des öffentlichen Rechts
Art.	Artikel
AS	Amtliche Sammlung des Bundesrechts
AsylG	Asylgesetz vom 26. Juni 1998, SR 142.31
Aufl.	Auflage
AuG	Bundesgesetz vom 16. Dezember 2005 über die Ausländerinnen und Ausländer, SR 142.20
AVE	Allgemeinverbindlicherklärung
BB	Bundesbeschluss
BBl	Bundesblatt der Schweizerischen Eidgenossenschaft
Bd./Bde.	Band/Bände
BE	Bern
betr.	betreffend
BfM	Bundesamt für Migration
BG	Bundesgesetz
BGBl	Bundesgesetzblatt (Deutschland)
BGBM	Bundesgesetz vom 6. Oktober 1995 über den Binnenmarkt (Binnenmarktgesetz), SR 943.02
BGE	Entscheidungen des Schweizerischen Bundesgerichts. Amtliche Sammlung
BGer	Bundesgericht
BGG	Bundesgesetz vom 17. Juni 2005 über das Bundesgericht, SR 173.110
BGMK	Bundesgesetz vom 22. Dezember 1999 über die Mitwirkung der Kantone an der Aussenpolitik des Bundes, SR 138.1
BJM	Basler Juristische Mitteilungen
BL	Basel-Landschaft
BoeB	Bundesgesetz vom 16. Dezember 1994 über das öffentliche Beschaffungswesen, SR 172.056.1
BPG	Bundespersonalgesetz vom 24. März 2000, SR 172.220.1

BPR	Bundesgesetz vom 17. Dezember 1976 über die politischen Rechte, SR 161.1
BS	Basel-Stadt
Bsp.	Beispiel
Bst.	Buchstabe
BStP	Bundesgesetz vom 15. Juni 1934 über die Bundesstrafrechtspflege, SR 312.0
BTJP	Berner Tage für die juristische Praxis
BüG	Bundesgesetz vom 29. September 1952 über Erwerb und Verlust des Schweizer Bürgerrechts (Bürgerrechtsgesetz), SR 141.0
BV	Bundesverfassung der Schweizerischen Eidgenossenschaft vom 18. April 1999, SR 101
BV-CF 2000	Thomas Fleiner et al. (Hrsg.), BV-CF 2000. Die neue schweizerische Bundesverfassung. Föderalismus, Grundrechte, Wirtschaftsrecht und Staatsstruktur, Basel etc. 2000
BVerfGE	Entscheidungen des Deutschen Bundesverfassungsgerichts
BVers	Bundesversammlung
BVG	Bundesgesetz vom 25. Juni 1982 über die berufliche Alters-, Hinterlassenen- und Invalidenvorsorge, SR 831.40
bzw.	beziehungsweise
c.	contra
CHF	Schweizer Franken
CVP	Christliche Volkspartei
DNA	Desoxyribonukleinsäure
ders.	derselbe
dh.	das heisst
dies.	dieselbe(n)
Diss.	Dissertation
DSG	Bundesgesetz vom 19. Juni 1992 über den Datenschutz, SR 235.1
ECOSOC	United Nations Economic and social council (Wirtschafts- und Sozialrat der Vereinten Nationen)
EDA	Eidgenössisches Departement für auswärtige Angelegenheiten
EFTA	European Free Trade Association
EG	Europäische Gemeinschaft(en)
EGMR	Europäischer Gerichtshof für Menschenrechte
EGV	Vertrag zur Gründung der Europäischen Gemeinschaft, in der konsolidierten Fassung vom 1. Februar 2003; 2002/C 325/01
EJPD	Eidgenössisches Justiz- und Polizeidepartement
EKMR	Europäische Kommission für Menschenrechte
EMRK	Konvention zum Schutze der Menschenrechte und Grundfreiheiten vom 4. November 1950 (Europäische Menschenrechtskonvention), SR 0.101
et al.	et alii(-ae, -a), (und andere)
etc.	et cetera
EU	Europäische Union
EuGH	Europäischer Gerichtshof
EuGRZ	Europäische Grundrechte Zeitschrift

EVG	Eidgenössisches Versicherungsgericht
evtl.	eventuell
EWG	Europäische Wirtschaftsgemeinschaft
EWR	Europäischer Wirtschaftsraum
f./ff.	folgende(r, s)/fortfolgende
FamPra	Die Praxis des Familienrechts
FDP	Freisinnig-Demokratische Partei
FHG	Bundesgesetz vom 7. Oktober 2005 über den eidgenössischen Finanzhaushalt (Finanzhaushaltgesetz), SR 611.0
FiLaG	Bundesgesetz vom 3. Oktober 2003 über den Finanz- und Lastenausgleich, SR 613.2
FKG	Bundesgesetz vom 28. Juni 1967 über die eidgenössische Finanzkontrolle (Finanzkontrollgesetz), SR 614.0
FMedG	Bundesgesetz vom 18. Dezember 1998 über die medizinisch unterstützte Fortpflanzung (Fortpflanzungsmedizingesetz), SR. 814.90
FMG	Fernmeldegesetz vom 30. April 1997, SR 784.10
FS	Festschrift
GATS	General Agreement on Trade in Services; SR 0.632.20
GATT	General Agreement on Tariffs and Trade
GAV	Gesamtarbeitsvertrag
GestG	Bundesgesetz vom 24. März 2000 über den Gerichtsstand in Zivilsachen (Gerichtsstandsgesetz), SR 272
GG	Grundgesetz für die Bundesrepublik Deutschland vom 23. Mai 1949
GlG	Bundesgesetz vom 24. März 1995 über die Gleichstellung von Frau und Mann (Gleichstellungsgesetz), SR 151.1
GPK N	Geschäftsprüfungskommission des Nationalrats
GRN	Geschäftsreglement des Nationalrates vom 3. Oktober 2003, SR 171.13
GRS	Geschäftsreglement des Ständerates vom 20. Juni 2003, SR 171.14
H.	Heft
Hrsg., hrsg.	Herausgeber(in), herausgegeben
IAO	Internationale Arbeitsorganisation
ICJ Reports	International Court of Justice. Reports of Judgments, Advisory Opinions and Orders (Amtliche Sammlung der Entscheidungen des Internationalen Gerichtshofs)
idF.	in der Fassung
idR.	in der Regel
ieS.	im engeren Sinne
ILO	International Labour Organization = Internationale Arbeitsorganisation
insb.	insbesondere
IRSG	Bundesgesetz vom 20. März 1981 über internationale Rechtshilfe in Strafsachen (Rechtshilfegesetz), SR 351.1
iS.	Im Sinne
IStGH	Internationaler Strafgerichtshof
iSv.	im Sinne von
IV	Invalidenversicherung

iVm.	in Verbindung mit
iwS.	im weiteren Sinne
JöR	Jahrbuch des öffentlichen Rechts
JU	Jura
KdK	Konferenz der Kantonsregierungen
KG	Bundesgesetz vom 6. Oktober 1995 über Kartelle und andere Wettbewerbsbeschränkungen (Kartellgesetz), SR 251
KRK	Übereinkommen vom 20. November 1989 über die Rechte des Kindes (Kinderrechtskonvention), SR 0.107
KV	Kantonsverfassung
KVG	Bundesgesetz vom 18. März 1994 über die Krankenversicherung, SR 832.10
LeGes	Gesetzgebung heute, Mitteilungsblatt der Schweizerischen Gesellschaft für Gesetzgebung
Lib.	Liberale Partei
maW.	mit anderen Worten
mE.	meines Erachtens
MG	Bundesgesetz vom 3. Februar 1995 über die Armee und die Militärverwaltung (Militärgesetz), SR 510.10
Mia.	Milliarde(n)
MStG	Militärstrafgesetz vom 13. Juni 1927, SR 321.0
mwH.	mit weiteren Hinweisen
MWST	Mehrwertsteuer
NFA	Neugestaltung des Finanzausgleichs und der Aufgaben zwischen Bund und Kantonen
NGO	Non Governmental Organisation
NPM	New Public Management
NR	Nationalrat
Nr.	Nummer
NUTS	Gemeinsame Klassifikation der Gebietseinheiten für die Statistik
NZZ	Neue Zürcher Zeitung
OECD	Organisation for Economic Cooperation and Development
OG	Bundesgesetz über die Organisation der Bundesrechtspflege vom 16. Dezember 1943, SR 173.110, steht nicht mehr in Kraft
ÖJZ	Österreichische Juristen-Zeitung
OR	Schweizerisches Obligationenrecht vom 30. März 1911, SR 220
OSZE	Organisation für Sicherheit und Zusammenarbeit in Europa
ParlG	Bundesgesetz vom 13. Dezember 2002 über die Bundesversammlung (Parlamentsgesetz), SR 171.10
PRG	Bundesgesetz vom 18. März 1988 über Bezüge und Infrastruktur der Mitglieder der eidgenössischen Räte und über die Beiträge an die Fraktionen (Parlamentsressourcengesetz), SR 171.21
PUK	Parlamentarische Untersuchungskommission
RDAF	Revue de Droit Administratif et de Droit Fiscal
RDAT	Rivista de Diritto Amministrativo e Tributario Ticinese
recht	recht: Zeitschrift für juristische Ausbildung und Praxis
resp.	respektive

RöSt	Römer Statut des Internationalen Strafgerichtshofs vom 17. Juli 1998; SR 0.312.1
Rs.	Rechtssache
RTVG	Bundesgesetz vom 24. März 2006 über Radio und Fernsehen, SR 784.40
RVOG	Regierungs- und Verwaltungsorganisationsgesetz vom 21. März 1997, SR 172.010
Rz.	Randziffer(n)
SBB	Schweizerische Bundesbahnen
SchKG	Bundesgesetz vom 11. April 1889 über Schuldbetreibung und Konkurs, SR 281.1
SD NR	Amtliches Bulletin der Bundesversammlung, Separatdruck Nationalrat. Reform der Bundesverfassung, Bern 1998
SD SR	Amtliches Bulletin der Bundesversammlung, Separatdruck Ständerat. Reform der Bundesverfassung, Bern 1998
Sen.	Senior
Ser.	Serie
SG	St. Gallen
SJZ	Schweizerische Juristen-Zeitung
SO	Solothurn
sog.	sogenannt(e)
SPK	Staatspolitische Kommission
SR	Systematische Sammlung des Bundesrechts/Ständerat
StGB	Schweizerisches Strafgesetzbuch vom 21. Dezember 1937, SR 311.0
StHG	Bundesgesetz vom 14. Dezember 1990 über die Harmonisierung der direkten Steuern der Kantone und Gemeinden, SR 642.14
SVP	Schweizerische Volkspartei
SZIER	Schweizerische Zeitschrift für internationales und europäisches Recht
SZS	Schweizerische Zeitschrift für Sozialversicherung und berufliche Vorsorge, Bern
SZW	Schweizerische Zeitschrift für Wirtschaftsrecht
TAK	Triparitite Agglomerationskonferenz
ua.	unter anderem
uam.	und anderes mehr
ÜB	Übergangsbestimmungen
UNCED	United Nations Conference on Environment and Development (Umwelt- und Entwicklungskonferenz der Vereinten Nationen)
UNCTAD	United Nations conference on Trade and Development (Handels- und Entwicklungskonferenz der Vereinten Nationen)
UNHCR	UNO Hochkommissariat für Flüchtlinge
UNO	United Nations Organization
UNO-Pakt I	Internationaler Pakt über wirtschaftliche, soziale und kulturelle Rechte vom 16. Dezember 1966, SR 0.103.1
UNO-Pakt II	Internationaler Pakt über bürgerliche und politische Rechte vom 16. Dezember 1966, SR 0.103.2

USA	United States of America
usw.	und so weiter
uU.	unter Umständen
UWG	Bundesgesetz gegen den unlauteren Wettbewerb vom 19. Dezember 1986, SR 241
v.	versus
va.	vor allem
VE 96	Bundesbeschluss über eine nachgeführte Bundesverfassung. Entwurf des Bundesrates vom 20. November 1996, BBl 1997 I, 1 ff.
VG	Bundesgesetz vom 14. März 1958 über die Verantwortlichkeit des Bundes sowie seiner Behördemitglieder und Beamten (Verantwortlichkeitsgesetz), SR 170.32
vgl.	vergleiche
VO	Verordnung
Vol.	Volume
VPB	Verwaltungspraxis der Bundesbehörden
VS	Wallis
VSH-Bulletin	Vereinigung schweizerischer Hochschuldozenten Bulletin
VStrR	Bundesgesetz vom 22. März 1974 über das Verwaltungsstrafrecht, SR 313.0
VVDStRL	Veröffentlichungen der Vereinigung der Deutschen Staatsrechtslehrer
VwVG	Bundesgesetz vom 20. Dezember 1968 über das Verwaltungsverfahren, SR 172.021
WHO	World Health Organization
WIPO	Weltorganisation für geistiges Eigentum
WTO	World Trade Organization
WVK	Wiener Übereinkommen vom 23. Mai 1969 über das Recht der Verträge (Wiener Vertragsrechtskonvention), SR 0.111
ZaöRV	Zeitschrift für ausländisches öffentliches Recht und Völkerrecht
zB.	zum Beispiel
ZBJV	Zeitschrift des bernischen Juristenvereins
ZBl	Schweizerisches Zentralblatt für Staats- und Verwaltungsrecht (bis 1988: Schweizerisches Zentralblatt für Staats- und Gemeindeverwaltung)
ZG	Zug
ZGB	Schweizerisches Zivilgesetzbuch vom 10. Dezember 1907, SR 210
Ziff.	Ziffer
zit.	zitiert als
ZÖR	(österreichische) Zeitschrift für öffentliches Recht
ZP	Zusatzprotokoll
ZSR	Zeitschrift für schweizerisches Recht
ZStR	Schweizerische Zeitschrift für Strafrecht
zT.	zum Teil
ZZP Int.	Zeitschrift für Zivilprozess International
zZt.	zur Zeit

Erster Teil
Grundlagen

§ 1 Die Bundesverfassung im Allgemeinen

Literatur

AUBERT, in: Verfassungsrecht der Schweiz, § 1; DERS., La Constitution, son contenu, son usage, ZSR 1991, 9 ff. (zit. Constitution); AUER/MALINVERNI/HOTTELIER II, Rz 1314–1452; BIAGGINI, BV Kommentar, Einleitung; BIEBER ROLAND, Der Verfassungsstaat im Gefüge europäischer und insbesondere supranationaler Ordnungsstrukturen, in: Verfassungsrecht der Schweiz, 97 ff.; EHRENZELLER BERNHARD, «Im Bestreben den Bund zu erneuern». Einige Gedanken über «Gott» und die «Welt» in der Präambel des «Bundesbeschlusses über eine neue Bundesverfassung», in: FS Hangartner, 981 ff.; EICHENBERGER KURT, Wesen, Aufgabe und Prinzipien der Bundesverfassung der Schweizerischen Eidgenossenschaft vom 29. Mai 1874, Verfassungsrechtliche Einleitung, Basel/Bern/Zürich 1995 (zit. Kommentar BV); DERS., Sinn und Bedeutung einer Verfassung, ZSR 1991, 143 ff. (zit. Sinn und Bedeutung); HÄBERLE, in: Verfassungsrecht der Schweiz, § 2; DERS., Europäische Verfassungslehre, 5. Aufl. Baden-Baden 2008; DERS., Verfassungslehre als Kulturwissenschaft, 2. Aufl., Berlin 1998 (zit. Verfassungslehre); HESSE, Grundzüge; KÖLZ, in: Verfassungsrecht der Schweiz, § 7; MOHNHAUPT HEINZ/GRIMM DIETER, Verfassung: Zur Geschichte des Begriffs von der Antike bis zur Gegenwart, 2. Aufl. Berlin 2002; MÜLLER JÖRG PAUL, Die demokratische Verfassung: zwischen Verständigung und Revolte, Zürich 2002 (zit. Verfassung); DERS., Demokratische Gerechtigkeit, München 1993; PETERS ANNE, Elemente einer Theorie der Verfassung Europas, Berlin 2001; PREUSS ULRICH K. (Hrsg.), Zum Begriff der Verfassung, Frankfurt a.M. 1994; SALADIN PETER, Die Kunst der Verfassungserneuerung, Schriften zur Verfassungsreform 1968–1996, Basel 1998; SCHINDLER DIETRICH (Sen.), Verfassungsrecht und soziale Struktur, 5. Aufl., Zürich 1970; TSCHANNEN, Staatsrecht, § 2–§ 11; TSCHANNEN, in: Verfassungsrecht der Schweiz, § 9.

I. Verfassung und Verfassungsrecht

a. Verfassung als oberster nationaler Erlass

Die Verfassung im juristischen Sinn stellt das Gefäss der obersten Rechtsnormen eines Staates dar. Sie bildet die *rechtliche Grundordnung* des Staates. 1

> Der Begriff der Verfassung wird nicht nur in den Rechtswissenschaften, sondern auch in *anderen Wissenschaftszweigen* und der *Umgangssprache* verwendet. Wir sprechen etwa davon, «in guter Verfassung» zu sein und meinen damit den *Zustand* eines Menschen (oder einer Sache). Unter der Verfassung eines Landes können zudem dessen effektive Lage, die real herrschenden Macht- und Gesellschaftsverhältnisse verstanden werden. Der Verfassungsbegriff wird hier bloss beschreibend, *empirisch* verwendet. Historisch stand in rechts- und staatsphilosophischer Hinsicht ein solcher beschreibender Verfassungsbegriff bis zur Aufklärung im Vordergrund. 2

> Mit der Verfassung kann überdies das *Grundsätzliche* bestimmter Sozialverhältnisse angesprochen werden: das Ordnende, das Strukturbestimmende, nicht einfach der «Gesamtstatus». So wird etwa in den Sozialwissenschaften von der Wirtschaftsverfassung, der Finanzverfassung oder der Sozialverfassung gespro- 3

chen. Damit sind die grundlegenden Prinzipien der gerade herrschenden *Ordnung* in diesen Bereichen gemeint. Hier ist zwar *auch*, aber *nicht nur* das Recht angesprochen, denn die bestimmenden Regeln können sich auch aus ausserrechtlichen Normsystemen (Sitte, Moral) ergeben.

4 Verfassung im juristischen Sinn ist *Verfassungsrecht*, also eine *normative* Ordnung, die sich aus rechtlichen Regelungen zusammensetzt. Der Begriff *Grundgesetz* (wie die Verfassung der Bundesrepublik Deutschland genannt wird) bringt die Rechtsnatur der Verfassung plastisch zum Ausdruck.

5 Die normative Verfassung steht aber *in vielschichtigen Wechselbezügen zur «faktischen Verfassung»* eines Landes. Einerseits bedarf jede Verfassung für ihre Umsetzung und Verwirklichung der Berücksichtigung der realen gesellschaftlichen, politischen und wirtschaftlichen «Ambiance» (DIETRICH SCHINDLER, 92). Andererseits muss sie Distanz zur soziologischen Wirklichkeit wahren, um nicht blosses Abbild der Realität zu sein und der Steuerungskraft zu entbehren.

6 Die Charakterisierung der Verfassung als oberste Grundordnung eines Staates darf nicht darüber hinweg täuschen, dass Staatsverfassungen heute nicht mehr Inbegriff und ausschliesslicher Nukleus einer einheitlich-autonomen «Hoheitsgewalt» bilden. Verfassungen sind nach unten und oben porös geworden; nach unten, weil sie nur (noch) einen Teil der in einem Staatsverband wesentlichen Steuerungspotenzen verfassen können, und nach oben, weil sie in völkerrechtlichen, verfassungsähnlichen Ordnungen eingebunden sind (vgl. dazu § 37). Staatliche Verfassungen sind heute «nur noch Teilverfassungen, die nicht mehr die Totalität der Machtausübung regeln können» (ANNE PETERS, 55).

b. Elemente des Verfassungsrechts

7 Die Verfassung stellt nicht nur eine rechtliche, sondern auch eine *erlassene, geschriebene* und *erschwert abänderbare* Ordnung dar. IdR. gleicht sie einer *Kodifikation*, indem sie die verfassungswürdigen Normen in einem einzigen Erlass zusammenfügt.

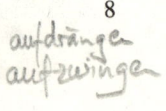

8 Verfassungsrecht wird (heteronom) erzeugt («*erlassen*», nicht vertraglich vereinbart oder von einer Macht oktroyiert) durch die verfassungsgebende und verfassungsändernde Gewalt; diese ist in der Schweiz in der BV selbst konstituiert: Verfassungsänderungen bedürfen der Zustimmung von Volk und Ständen (dazu Rz. 2787 ff.).

9 Es handelt sich um eine *geschriebene* Ordnung, die in den Normtexten der Verfassung zum Ausdruck gelangt. Ausnahmsweise wird aber auch *ungeschriebenes Verfassungsrecht* anerkannt (vgl. nachstehend Rz. 13 ff.).

10 Verfassungsrecht steht über dem Gesetzesrecht, ja bildet die *rechtliche Basis der gesamten staatlichen Rechtsordnung*. Verfassungsbestimmungen werden idR. in einem gegenüber dem Gesetz *qualifizierten Verfahren* erlassen. (In der Schweiz kommt diese Qualifizierung auf Bundesebene im Erfordernis des obligatorischen Doppelreferendums zum Ausdruck, während Bundesgesetze nur

dem einfachen fakultativen Referendum unterstehen). In diesem Sinn kommt den Verfassungsnormen eine erhöhte formelle Geltungskraft zu; sie sind *erschwert abänderbar* und verbürgen auf diese Weise grössere Kontinuität und Stabilität.

Die Verfassung erscheint oft als *Kodifikation*: So sind in der BV alle grundlegenden Verfassungsnormen in einer Urkunde zusammengefasst, und Verfassungsänderungen werden in die Urkunde inkorporiert. Zur Urkunde der BV gehören auch die *Übergangsbestimmungen*, die ihrerseits oft befristet sind, aber nicht durchgängig nur einen «Übergang» regeln (vgl. etwa die UNO-Bestimmung, Art. 197 BV; vgl. zum Übergangsrecht nachstehend Rz. 91 ff.). 11

Nicht alle Verfassungen sind Kodifikationen; in gewissen Ländern bestehen mehrere Verfassungsgesetze nebeneinander (zB. in Österreich). Andere kennen keine Verfassungsurkunde (zB. Israel), und in Grossbritannien setzt sich das Verfassungsrecht aus Gesetzesrecht (statute law), Richterrecht (case law) und Verfassungsbräuchen (constitutional conventions) zusammen. In den USA werden der ehrwürdigen und verehrten Verfassungsurkunde sog. Amendments beigefügt, ohne die Urkunde selbst zu verändern. 12

c. Ungeschriebenes Verfassungsrecht

Beim ungeschriebenen Verfassungsrecht, wie es sich in der Schweiz entwickelt hat, handelt es sich um von der Lehre und vor allem von der bundesgerichtlichen Rechtsprechung anerkannte *Normen mit Verfassungsrang, die in der Verfassungsurkunde nicht zum Ausdruck gelangen* und auch das Verfahren der Verfassungsrechtsetzung nicht durchlaufen haben. 13

Das geltende Verfassungsrecht enthält indessen zurzeit kaum ungeschriebene Normen. Hingegen ist nicht ausgeschlossen, dass im Laufe der Zeit neues ungeschriebenes Verfassungsrecht durch Richterrecht geschaffen («anerkannt») werden kann. 14

So anerkannte das Bundesgericht unter dem Geltungsbereich der BV von 1874 verschiedene ungeschriebene *Grundrechte* (zB. Persönliche Freiheit, Meinungsfreiheit, Versammlungsfreiheit, Sprachenfreiheit, Garantie der Existenzsicherung). Heute sind diese alle im Verfassungstext verankert (vgl. Rz. 975 ff.). 15

Ungeschriebene (stillschweigende) *Bundeskompetenzen* (implied oder inherent powers) mussten sich aus dem Wesen des Bundesstaates oder aus anderen Kompetenzbestimmungen ableiten lassen (dies galt früher etwa für die Kulturförderung, die Entwicklungshilfe oder die innere und äussere Sicherheit; BGE 117 Ia 202). 16

Als ungeschriebene *Verfassungsgrundsätze* galten zB. Treu und Glauben und das Verhältnismässigkeitsprinzip, die heute in Art. 5 BV kodifiziert sind. 17

Auch früher ungeschriebene *organisationsrechtliche Prinzipien* haben Eingang in den Verfassungstext gefunden, wie etwa die Gemeindeautonomie (Art. 50 Abs. 1 BV) oder die derogatorische Kraft des Bundesrechts (Art. 49 Abs. 1 BV). Fraglich kann sein, ob der Grundsatz der Gewaltengliederung als ungeschrieben zu gelten hat (vgl. Rz. 2291 ff.). 18

19 Umstritten war, ob die BV von 1874 Prinzipien der schweizerischen *Aussenpolitik* enthielt. Auch diese Frage dürfte angesichts der im Verfassungstext zum Ausdruck gelangenden aussenpolitischen Ziele obsolet geworden sein (vgl. die Präambel sowie Art. 2 und Art. 54 Abs. 2 BV).

20 Schliesslich wird auch das Verhältnis von *Völkerrecht und Landesrecht* heute in verschiedenen Verfassungsbestimmungen angesprochen (Art. 5 Abs. 4, 139 Abs. 3, 190, 193 Abs. 4, 194 Abs. 2 BV). Auch die heute geltende Bundesverfassung klärt dieses komplexe Verhältnis jedoch nur für den sehr engen Bereich des «zwingenden Völkerrechts» in gewissem Rahmen.

d. Verfassungsrecht ausserhalb der Verfassungsurkunde

21 *Spezialfälle* nicht in der Verfassungsurkunde verankerten Verfassungsrechts stellen sog. Verfassungszusätze, das verfassungssuspendierende Dringlichkeitsrecht und das sog. Notrecht dar.

22 *Verfassungszusätze* werden zwar im Verfahren der Verfassungsrevision erlassen, finden aber keine Aufnahme in die Verfassungsurkunde selbst. Zurzeit ist kein Verfassungszusatz in Kraft. Mit dem obligatorischen Staatsvertragsreferendum bei einem Beitritt zu Organisationen für kollektive Sicherheit oder zu supranationalen Gemeinschaften (Art. 140 Abs. 1 Bst. b BV) können Verfassungszusätze geschaffen werden (vgl. früher der Beitritt zum Völkerbund 1920 und die Genehmigung des EWG-Assoziationsvertrag 1972), sofern nicht gleichzeitig eine formelle Verfassungsänderung vorgenommen wird (wie das beim UNO-Beitritt 2002 der Fall war; vgl. Art. 197 BV).

23 Beim *verfassungssuspendierenden Dringlichkeitsrecht* (Art. 140 Abs. 1 Bst. c, 165 Abs. 3 BV) werden Rechtsänderungen formell nur auf Gesetzesebene vorgenommen; diese lassen sich jedoch nicht auf die Verfassung abstützen. Falls ein solches dringlich erklärtes Bundesgesetz innert Jahresfrist von Volk und Ständen angenommen wird, gilt es mit seinem materiell verfassungsändernden Charakter weiterhin, ohne dass dies in der Verfassungsurkunde ersichtlich ist.

24 Das eigentliche *Notrecht* (wie die Vollmachtenbeschlüsse 1914 und 1939), das vom verfassungsrechtlich vorgesehenen Dringlichkeitsrecht zu unterscheiden ist (vgl. Rz. 2680 ff.), stützt sich nicht auf die Verfassung ab. Es handelt sich um ein ausserordentliches Verfahren, das extrakonstitutionell zur Anwendung gelangt, wenn infolge überraschender kriegerischer Umstände verfassungsrechtliche Normen, insbesondere die Kompetenzordnung, unverzüglich abgeändert werden müssen.

e. Verfassungsrecht und verfassungswürdiges Recht

1. Verfassung im formellen und im materiellen Sinn

25 Herkömmlicherweise wird der Verfassungsbegriff aufgeteilt in die Verfassung im formellen und im materiellen Sinn.

Als *Verfassung im formellen Sinn* wird die im eigentlichen Verfahren der Verfassungsänderung erlassene Verfassung bezeichnet. Es handelt sich maW. um die Verfassung, wie sie oben dargestellt wurde, als Gefäss der (im Regelfall) in einem qualifizierten Prozedere geschaffenen, erschwert abänderbaren, geschriebenen Normen. 26

Die *Verfassung im materiellen Sinn* zeichnet sich demgegenüber durch ihren Inhalt aus; zu ihr gehören die grundlegenden Bestimmungen über den Staat und dessen Verhältnis zu den Bürgerinnen. Dabei ist es vom *Verfassungsverständnis* und den der Verfassung zugeschriebenen Funktionen abhängig, was zum verfassungsnotwendigen und verfassungswürdigen Recht zu zählen ist. 27

Die auf einer überlieferten dogmatischen Konstruktion basierende Unterscheidung führt zum problematischen Ergebnis, dass es einerseits sog. «nur-formelles», andererseits auch «nur-materielles» Verfassungsrecht gäbe. Mit Ersterem sind Verfassungsbestimmungen gemeint, die wegen ihrer mangelnden Grundsätzlichkeit «an sich» nicht in eine Verfassung gehörten (wie etwa der Artikel über Fuss- und Wanderwege, Art. 88 BV). Nur-materielles Verfassungsrecht bilden demgegenüber Normen, die ihrer Bedeutung zufolge «an sich» in die Verfassung aufgenommen werden sollten, aber auf Gesetzesebene angesiedelt sind. Bei Darstellungen dieser Gliederung wird regelmässig das Postulat erhoben, es sei anzustreben, Verfassung im formellen und materiellen Sinn zur Deckung zu bringen. 28

2. Ablehnung eines nur-materiellen Verfassungsrechts

Diese Unterscheidung ist indessen entbehrlich; ja sie stösst sich am geltenden schweizerischen Verfassungsrecht. Das (geschriebene) Verfassungsrecht ist in der Schweiz insofern nur «formell», als es durch die erlassenden Organe resp. das spezifische Verfahren definiert wird, in welchem Verfassungsrecht geschaffen bzw. abgeändert wird. Unbeachtlich ist dabei, ob der Inhalt einzelner Verfassungsbestimmungen als verfassungswürdig qualifiziert wird. *Verfassungsrecht im nur-materiellen Sinn gibt es nach der hier vertretenen Auffassung de constitutione lata nicht.* Gesetzesrecht bleibt auch dann Gesetzesrecht, wenn es für das Gemeinwesen grundlegende Normen enthält, die (rechts- und *verfassungspolitisch*) besser in die Verfassungsurkunde aufgenommen würden. Hingegen können uU. *verfassungsnotwendige*, *verfassungswürdige* und andere Normen auf Verfassungsstufe unterschieden werden. 29

Es gibt also nur *ein* Verfassungsrecht. Das (rechtspolitische) Postulat ist aber zweifellos berechtigt: Verfassungsrecht sollte *verfassungswürdige Normen* enthalten. Insbesondere muss eine rechtsstaatlich-demokratische Verfassung bestimmte materielle Regeln enthalten, welche für eine rechtsstaatliche Demokratie konstituierend sind. Die an sich wünschbare Koinzidenz von Verfassungsrecht und verfassungswürdigem Recht ist aber nicht vollständig realisierbar, ua. weil die *Auffassungen* über das verfassungswürdige («wichtige») Verfassungsrecht *auseinander* gehen (gehören zB. Steuersätze in eine Verfassung?), weil *praktische* oder *politische Gründe* eine bestimmte Regelung auf die Gesetzesstufe verweisen können (Umfang der Normierung, wie etwa das Parlamentsrecht, umstrittene Materien, Wahrung der Flexibilität uam.), und weil mit dem 30

Volksinitiativrecht zuweilen punktuelle Anliegen auf Verfassungsstufe getragen werden, die an sich Gesetzescharakter aufweisen (vgl. Rz. 2196 ff.; Rz. 2158). Zudem findet sich in den Übergangsbestimmungen (Art. 196 BV) oft bloss gesetzeswürdiges Verfassungsrecht.

31 *Verfassungswürdiges* Recht kommt also nicht nur im eigentlichen Verfassungsrecht vor, sondern auch in Gesetzen sowie in Entscheidungen des Bundesgerichts, der Bundesversammlung oder des Bundesrates.

f. Zum Inhalt der Verfassung

1. Allgemeines

32 Die Verfassung als Grundordnung eines rechtsstaatlich-demokratischen Gemeinwesens gibt Antworten auf Grundfragen der eingerichteten Staatlichkeit. Sie fundiert *Grundwerte*, welche Staatsform und Staatsstruktur, das Verständnis von Funktionen und Aufgaben der konstituierten «Staatsgewalten», das Verhältnis von Staat und Gesellschaft sowie die Rechtsstellung und das Zusammenleben der in diesem Staat lebenden Menschen prägen. Sie enthält den *Grundkonsens* über Basiswerte, die der Rechtsgemeinschaft zugrunde liegen und welche Zukunftsoffenheit ermöglichen, Einheitsbildung fördern, gleichzeitig aber auch Differenz in politischen, religiösen und anderen Anschauungen und Lebenshaltungen gewährleisten sowie die Austragung von Konflikten über das anzustrebende Gemeinwohl in friedliche, rechtliche Bahnen lenken. «Die Verfassung ist in ihrem demokratischen Kern sowohl Ergebnis des Grundkonsenses der Rechtsgemeinschaft als auch Voraussetzung seiner permanenten Aktualisierung» (JÖRG PAUL MÜLLER).

33 In diesem Sinn antwortet die Verfassung auf Grundfragen, die sich in ihrer konkreten Ausgestaltung zu eigentlichen *Verfassungsprinzipien* verdichten können. Der Bundesverfassung liegen nach der hier vertretenen Auffassung verfassungsgestaltende Prinzipien zugrunde, die als Antworten auf die nachstehend aufgeführten Problemkreise zu verstehen sind (vgl. Rz. 185).

2. Demokratie

34 Wer fällt die *grundlegenden Entscheidungen* in der politischen Gemeinschaft? Wer ist daran beteiligt? In welchen Verfahren werden sie getroffen? Wer vollzieht sie?

35 Hier geht es um Fragen nach der demokratischen Staatsform (etwa der Präsidialdemokratie oder der parlamentarischen Demokratie), nach der Organisation der Staatsgewalt(en), nach den politischen Organen und ihrem gegenseitigen Verhältnis, dem Verfassungsänderungs- und dem Gesetzgebungsverfahren sowie nach den Volksrechten.

3. Rechtstaatlichkeit

Wie gestaltet sich das Verhältnis zwischen den *Menschen, der Gesellschaft und dem Staat*? Welche Bedeutung kommt dem Recht für den Schutz von Freiheit und Gleichheit der Individuen wie auch für den politischen Gestaltungsprozess zu? 36

> Angesprochen sind etwa die Rechte des Menschen auf *Schutz seiner elementaren Rechtspositionen und Lebenschancen* gegenüber dem Staat und anderen Mächtigkeiten, die rechtliche Einbindung und Bändigung aller mit Hoheitsgewalt ausgestatten Organe mit ihrem mit der Machtausübung verknüpften «Gefährdungspotential» sowie die Begrenzung der Staatsgewalt durch das Recht. 37

4. Einheits- oder Bundesstaatlichkeit

Ist das Gemeinwesen mehr *zentralistisch, föderalistisch* oder in einer (immer häufiger, beispielsweise im Vereinigten Königreich oder in Spanien, in gewissem Rahmen sogar in Frankreich anzutreffenden) Mischform oder sonstigen Art der Dezentralisierung strukturiert? Welches Gewicht und welcher Autonomiegrad kommt dezentralen Gebietskörperschaften zu? 38

> Im Vordergrund des Bundesstaates stehen Aspekte wie das Muster der Kompetenzverteilung zwischen Bund und Gliedstaaten, deren vertikale und horizontale Zusammenarbeit sowie das gegenseitige Verhältnis von zentraler und gliedstaatlichen Rechtsordnungen (dazu hinten Rz. 567 ff.). 39

5. Staat und Wirtschaft

Wie regelt die Verfassung das Verhältnis von *Staat und Wirtschaft*? Legt sie eine bestimmte Wirtschaftsordnung fest oder gewährleistet sie bloss deren Freiheit? Überträgt sie dem Staat wirtschaftspolitische Befugnisse? 40

> Besonders von Bedeutung sind wirtschaftsrelevante Grundrechte wie die Wirtschaftsfreiheit, Eigentumsgarantie oder die Koalitionsfreiheit, die Sorge des Gemeinwesens für die Institution des Wettbewerbes oder günstige Rahmenbedingungen allgemein. 41

6. Sozialstaatlichkeit

Welche Verpflichtungen obliegen dem Gemeinwesen zur Daseinsvorsorge der Menschen in Bereichen wie Bildung, Gesundheit, Verkehr, Energie, Umwelt und Fürsorge? Wie viel «Staatsverantwortung» misst die Verfassung dem Gemeinwesen im Rahmen seiner ordnenden und leistenden Vorkehrungen zu? 42

> Die vergangenen Jahrzehnte waren durch einen kontinuierlichen Ausbau des Sozialstaates gekennzeichnet, indem nicht nur die Zuständigkeiten der öffentlichen Hand in diesen Bereichen zugenommen haben, sondern auch Sozialrechte in Form eigentlicher Leistungsansprüche des Einzelnen begründet wurden. Heute stellt sich die Frage, wie die Zukunft des Sozialstaates sichergestellt werden kann, ob er ausgebaut, umgebaut oder redimensioniert werden soll. 43

7. Stellung in der Völkergemeinschaft

44 Welche Stellung kommt einem Staat in der Völkergemeinschaft zu? Wie kann er seine Interessen wahrnehmen, welche Werte und Ziele verfolgt er? Wie verhält sich das Landesrecht zum internationalen Recht?

45 Verfassungen äussern sich recht spärlich zu diesen Fragen, da die Aussenbeziehungen bis vor kurzem als nicht oder nur punktuell normierbar erachtet wurden. Die BV macht hier eine bemerkenswerte Ausnahme, indem sie eine eigentliche Aussenverfassung enthält (vgl. den 8. Teil dieses Werkes).

II. Verfassungsfunktionen und Verfassungsverständnis

a. Verfassungsfunktionen

1. Allgemeines

46 Verfassungen haben im Gemeinwesen und für das Staatsvolk bestimmte Aufgaben zu erfüllen; die an die Verfassung gerichteten Erwartungen werden *Funktionen* genannt. Je nach der Ausprägung dieser Funktionen einer konkreten Verfassung ergibt sich ein bestimmtes *Verfassungsverständnis*. Mit dem Verfassungsverständnis wird somit das Bild auf einen Nenner gebracht, das eine konkrete Verfassung vermittelt und das den Erwartungen an diese Verfassung entspricht.

47 In der Verfassungslehre werden die Verfassungsfunktionen auf unterschiedliche Weise gegliedert, ohne dass sich dadurch in der Substanz relevante Unterschiede ergäben (vgl. etwa die Übersicht bei JEAN-FRANÇOIS AUBERT, Begriff und Funktionen der Verfassung, in: Verfassungsrecht der Schweiz, Rz. 36 ff.). Die einzelnen Funktionen überschneiden sich zudem teilweise und bringen je einen Aspekt zum Ausdruck.

2. Konstituierung

48 Die Verfassung regelt die Grundlagen und Grundzüge der politischen Ordnung. Sie richtet die staatliche «Hoheitsgewalt» ein und begrenzt diese, bestimmt die zur Ausübung von Staats- und Rechtsfunktionen ermächtigten und verpflichteten Organe (gesetzgebende, rechtsumsetzende und streitentscheidende Behörden), regelt deren gegenseitiges Verhältnis und strukturiert Grundelemente des politischen Entscheidungsprozesses und rechtlicher Verfahren der Meinungs- und Willensbildung. Sie verfasst so die Grundlagen der Demokratie und der Bundesstaatlichkeit. Sie bindet alle staatliche Macht an das Recht und begründet ein Rechtsschutzsystem. Sie konstituiert so das Gemeinwesen als Verfassungsstaat.

3. Machtbegrenzung

49 Die eingerichtete Staatsmacht wird begrenzt, in rechtliche Schranken verwiesen, um Freiheit und Entfaltung der Menschen zu sichern und diese vor Usurpationen

der Machtausübung abzuschirmen. Der Machtbegrenzung dienen va. die Ausprägungen der Rechtsstaatlichkeit wie die Grundrechte, die Unabhängigkeit der Justiz, das Prinzip der Gewaltengliederung, aber auch etwa die Bundesstaatlichkeit.

4. Werthaltigkeit

Die Verfassung enthält grundlegende Werte, auf die sich der Grundkonsens der Rechtsgemeinschaft erstreckt und die für die politische Ordnung und die (ganze) Rechtsordnung bestimmend sind. Diese Werte kommen in den Verfassungsprinzipien und vor allem in den Grundrechten, aber auch in anderen Bestimmungen wie den Bundeskompetenzen und Staatsaufgaben zum Ausdruck. 50

> Die geläufige Bezeichnung der Verfassung als *Wertordnung* erscheint missverständlich: Der Verfassung liegt keine einheitliche Ordnung im Sinne eines Wertsystems zugrunde. Vielmehr enthält sie einen Wertepluralismus, den es bei der Verfassungsverwirklichung zu konkretisieren gilt. 51

5. Stabilisierung

Die Verfassung soll Stabilität, Berechenbarkeit und eine gewisse Dauerhaftigkeit der Institutionen und der Grundlagen des menschlichen Zusammenlebens verbürgen. Deshalb soll sie auch erschwert abänderbar sein. Sie kann der «ruhende Pol» in stürmischen Zeiten bilden, indem sie den auf Konstanz angewiesenen *Regelkonsens* gewährleistet und so die friedliche Austragung von Konflikten und den inhaltlichen Dissens ermöglicht. 52

> In der Verfassungslehre werden statische resp. starre Verfassungen von dynamischen oder flexiblen unterschieden. Dabei kommt es aber einerseits darauf an, ob mehr die rechtlichen Hürden der Verfassungsänderung gemeint sind oder die faktische Kadenz von politisch-substantiellen Verfassungsänderungen. So ist die Bundesverfassung mit ihrem Doppelreferendum relativ starr, in der politischen Praxis indessen sehr flexibel und dynamisch. Anderseits ist zwischen verschiedenen Typen von Verfassungsnormen zu unterscheiden: Aufgabennormen werden bedeutend häufiger abgeändert als Organisationsbestimmungen, welche die Eckwerte des politischen Systems absichern. 53

> Über eine besonders starre Verfassung verfügt die USA. Sie kann nur mit einer 2/3-Mehrheit in beiden Häusern des Kongresses sowie mit einer 3/4-Mehrheit der Gliedstaaten abgeändert (erweitert) werden. Dies hat dazu geführt, dass sie seit 1791 (nach der Aufnahme der ersten zehn Zusatzartikel, der Bill of Rights) nur 17-mal abgeändert worden ist. Sie vermittelt dem politischen Alltagsgeschäft eine enorm hohe Stabilität, erscheint aber zunehmend unfähig, die überfälligen Reformen des Regierungssystems in sich aufzunehmen (siehe SANFORD LEVINSON, Our Undemocratic Constitution, Oxford/New York NY 2006). 54

6. Programmatik

Die Verfassung beinhaltet Bestimmungen, die dem Staat Orientierung vermitteln und Richtung weisen sowie den politischen Organen Ziele setzen oder Aufträge er- 55 teilen. Diese programmatische Funktion weist enge Bezüge auf zur Werthaltigkeit der Verfassung, geht es doch teilweise gerade darum, den Staat und seine Organe, ausnahmsweise auch private Rechtssubjekte, auf gewisse Werte auszurichten. In der Programmatik der Verfassung kommt ein dynamisches Element zum Tragen.

56 Die Bundesverfassung ist reich bestückt mit programmatischen Normen; zu nennen sind beispielsweise die Präambel, der Zweckartikel (Art. 2 BV), die Sozialziele (Art. 41 BV) oder die Ziele der Aussenpolitik (Art. 54 Abs. 2 BV). Programmatischen Gehalt können aber auch die Grundrechte und vor allem Kompetenzbestimmungen aufweisen, mit denen oft Verfassungsaufträge verbunden sind. Programmatische Normen weisen einen geringeren Grad an Normativität auf und sind in aller Regel nicht justiziabel; sie können bei der Verfassungsauslegung eine gewisse Rolle spielen. Das Risiko solcher Normen besteht darin, dass sie uU. Hoffnungen zu wecken vermögen, die sie nicht einlösen können, da deren Umsetzung dem politischen Prozess überlassen ist.

7. Integration

57 Dem Verfassungsrecht wird auch eine integrierende Funktion zugeschrieben; in seiner Aktualisierung wird immer wieder neu staatliche (Handlungs-) Einheit hergestellt, indem der Grundkonsens und das Zusammengehörigkeitsgefühl der Bürger in politischen und rechtlichen Vorgängen erneuert und (oft symbolhaft) bekräftigt wird («Verfassungspatriotismus»; DOLF STERNBERGER).

8. Legalität und Legitimation

58 Die Verfassung bildet die rechtliche Grundlage der gesamten Rechtsordnung. Sie ist Voraussetzung und Schranke allen staatlichen Rechtshandelns (Art. 5 Abs. 1 BV). Sie stellt aber auch die Legitimationsquelle des Staatshandelns dar; nur sie (und uU. übergeordnetes Völkerrecht) vermag die Ausübung hoheitlicher Befugnisse zu rechtfertigen.

9. Information

59 Bei der Schaffung der neuen Bundesverfassung 1999 wurde immer wieder betont, es gehe (auch) darum, den modernen Staat «auszuweisen», den Grundkonsens und die auf ihm beruhenden Grundwerte, seine aktuelle Gestalt, seine Behörden und Aufgaben, seine Beziehungen zur Gesellschaft sichtbar zu machen. Die Bürgerinnen sollen sich mit dem Staat Schweiz identifizieren können, was Lesbarkeit, Übersichtlichkeit und annähernde Vollständigkeit des Verfassungstextes («Verfassungsklarheit und Verfassungswahrheit») bedinge (vgl. Rz. 111 ff.).

10. Verhältnis zur internationalen Gemeinschaft

60 Die Bundesverfassung hat sich zum (ehrgeizigen) Ziel gesetzt, das Verhältnis der Schweiz (vor allem des Bundes, aber auch der Kantone) zur Völkergemeinschaft in (punktuellen) Grundzügen zu regeln. Diese Funktion stellt keine klassische Verfas-

sungsfunktion dar, spiegelt aber die mittlerweile umfassende Einbettung der modernen Nationalstaaten in das internationale Recht sowie in internationale Organisationen und multi- wie bilaterale Vertragswerke wider.

b. Verfassungsverständnis

In der Diskussion über das einer Verfassung zugrunde liegende «Verfassungsverständnis» wird oft unterschieden zwischen der Verfassung als *Organisationsstatut* und der Verfassung als *materiale Grundordnung*. 61

Erstere beschränkt sich auf die Festlegung der politischen Ordnung, legt also die politischen Organe und deren Zuständigkeiten und Verfahren fest (instrumentales Verfassungsverständnis). Letztere verankert zusätzlich die grundlegenden Normen zum Verhältnis zwischen Staat, Gesellschaft und Bürgerinnen (materielles Verfassungsverständnis), enthält also Grundrechte sowie verschiedene normative Ziele und Vorgaben (zB. Wirtschafts-, Sozial-, Verkehrs-, Bildungsordnung etc.). 62

Auch wenn es sich bei diesen beiden Verständnissen nur um idealtypische Modellvorstellungen handelt, die in der Praxis nicht rein verwirklicht sind, so weisen sie heute in ihrer Polarität wenig praktischen Erkenntnisgewinn auf. Rechtsstaatlichdemokratische Verfassungen konstituieren einen Staat, der auf Grundwerten (wie Menschenwürde, Freiheit, sozialer Ausgleich, offener politischer Prozess etc.) basiert und somit immer materiale Ordnungselemente enthält. Dies gilt insbesondere für den modernen ordnungsgestaltenden Sozial-, Leistungs-, Lenkungs- und Gewährleistungsstaat, dessen Verfassung Impulse und Richtlinien für die Staatstätigkeit enthalten muss. 63

> Die sich stellenden Fragen kreisen einerseits um das *Ausmass* von Staatsverantwortung, um die konkrete Zuordnung etwa von individuellen Freiheitsansprüchen und kollektiver Absicherung gegen Lebensschicksale. Anderseits ist immer wieder neu zu bestimmen, wo die Verfassung Festlegungen treffen und wo sie *«in die Zeit hinein offen»* bleiben soll. Insofern ist auch die Bundesverfassung *material*, ohne dass sie aber gesellschaftliche Spiel- und Gestaltungsräume künftigen Generationen verbauen will. 64

III. Verfassungsnormen

a. Allgemeines

Entsprechend den verschiedenen Funktionen der Verfassung können folgende Normtypen unterschieden werden: Bestimmungen über das politische System (Organisationsnormen), Kompetenznormen (Bundeskompetenzen), Grundrechte, Grundpflichten, Staatsziel- und Programmbestimmungen, Bestimmungen über Staatsaufgaben und Verfassungsaufträge sowie Revisionsbestimmungen (nachstehend Bst. b–h). Oft sind in einem Verfassungsartikel oder einer einzelnen Norm verschiedene Typen vermengt. 65

66 Grundsätzlich nehmen alle Normen der Bundesverfassung die *gleiche Ranghöhe* ein. Da indessen nicht alle Normen in sich konsistent erscheinen, sondern zum Teil auch konfligierenden Charakter aufweisen, stellt sich im Rahmen der Verfassungskonkretisierung die Aufgabe, in einem Prozess der wechselseitigen Zuordnung und Abwägung von Verfassungsnormen *praktische Konkordanz* herzustellen (vgl. dazu Rz. 524).

67 Eine Ausnahme gilt für das *zwingende Völkerrecht*, wie Art. 139 Abs. 2, Art. 193 Abs. 4 und 194 Abs. 2 BV ausdrücklich festhalten; dieses ist von einer Abwägung und Relativierung ausgeschlossen und geniesst in jedem Fall, ohne Ausnahme Vorrang gegenüber allen anderen Verfassungsbestimmungen.

b. Bestimmungen über das politische System

68 Bestimmungen über die Organisation des Staates, die Behörden und die Mitwirkung des Volkes an der Meinungs- und Willensbildung werden im Allgemeinen *Organisationsnormen* genannt. Die BV enthält vor allem im 4. Titel (Volk und Stände) und im 5. Titel (Bundesbehörden) Bestimmungen über die Staatsorganisation und die Partizipation des Volkes, mithin über die demokratische Ausgestaltung des Bundes.

69 Organisationsnormen regeln grundsätzlich, *wer* (welches Organ) *wofür* (für welche Aufgabe) *wie* (in welchem Verfahren) *zuständig* ist.

c. Grundrechte

70 Grundrechte sind verfassungsmässig verankerte Individualrechte, die auf der Basis der Menschenwürde elementare Bereiche der menschlichen Existenz, Freiheit, Gleichheit und Partizipation schützen (vgl. Rz. 951 ff.). Die BV gliedert die Grundrechte in Freiheitsrechte, Rechtsgleichheit, soziale Grundrechte, politische Rechte und Verfahrensrechte; sie sind im 1. Kapitel des 2. Titels der BV enthalten.

71 Zu den Grundrechtsbestimmungen gehören auch die Voraussetzungen von Grundrechtsbeschränkungen (Art. 36 BV).

d. «Grundpflichten»

72 Als Grundpflichten erscheinen verfassungsrechtlich verankerte Verhaltenspflichten, die den einzelnen Individuen unmittelbar auferlegt werden.

73 Die Bundesverfassung enthält wenige Grundpflichten (vgl. Art. 6 BV über die individuelle und gesellschaftliche Verantwortung mit seinem fraglichem Gehalt und dazu Rz. 2645 ff.; sowie vereinzelte weitere Bestimmungen, insb. Art. 59 Abs. 1 über die (vor allem militärische) Dienstpflicht; dazu Rz. 1195 ff.).

74 Bei den Grundpflichten handelt es sich im Grunde genommen um verfassungsrechtlich fundierte *Beschränkungen von Grundrechten*, jedenfalls soweit sie kon-

krete, freilich vom Gesetzgeber näher auszuführende Pflichten von Rechtssubjekten begründen.

e. Kompetenzen des Bundes (Zuständigkeiten)

1. Allgemeines

Die Bundesverfassung verankert gemäss der Kompetenzausscheidungsregel von Art. 3 und 42 BV vor allem die *Zuständigkeiten des Bundes*. Sie enthält auch Bestimmungen über den (dreistufigen) Staatsaufbau, über das Zusammenwirken von Bund und Kantonen, das Verhältnis von Bundesrecht und kantonalem Recht sowie über Bundesgarantien. 75

Die Zuständigkeiten des Bundes sind vor allem, aber nicht ausschliesslich, im 2. Kapitel (Zuständigkeiten) und 3. Kapitel (Finanzordnung) des 3. Titels der BV (Bund, Kantone und Gemeinden) verankert. 76

2. Die Rechtsnatur von Zuständigkeitsnormen

Staatsrechtliche Zuständigkeitsnormen enthalten folgende Elemente: 77

– *Zuständigkeit*
Nach der Zuständigkeit können *Verbandskompetenzen* (Zuständigkeiten der Gebietskörperschaften), *Organkompetenzen* (Zuständigkeiten von Behörden) und *personelle Kompetenzen* (Zuständigkeiten bestimmter Personen) unterschieden werden.

– *Befugnis*
Eine Kompetenz ist regelmässig auch eine *Verpflichtung*, nicht nur Berechtigung, zur Wahrnehmung einer bestimmten Aufgabe; wer zuständig ist, trägt die Verantwortung im entsprechenden Zuständigkeitsbereich. Auch bei blossen Kann-Vorschriften besteht die Verpflichtung, zu prüfen, ob von dieser Ermächtigung Gebrauch zu machen ist.

– *Aufgabe*
Die zu erfüllende Aufgabe kann näher bestimmt werden durch einen Gegenstand resp. *Sachbereich* (zB. Umweltschutz, Art. 74 BV), durch den *Rechtsbereich* (zB. Privatrecht, Art. 122 BV), durch einen *Problemkreis* oder durch *Zielangaben* (zB. Nachhaltigkeit, Art. 73 BV).

– *Verantwortungsumfang*
Die Verantwortung kann eine *umfassende* oder eine bloss *fragmentarische* sein (vgl. Rz. 732 ff.).

– *Art der Wahrnehmung*
Kompetenzen können durch Rechtsetzung, Umsetzung und Vollzug von Normen, Rechtsprechung oder durch faktisches Handeln wahrgenommen werden.

f. Festlegung von Staatsaufgaben, materiellen Grundsätzen und Aufträgen

78 Im Rahmen seiner Zuständigkeiten werden dem Bund zu erfüllende *Aufgaben* übertragen. Sie kommen in der BV auf unterschiedliche Weise zum Ausdruck (zB. die wissenschaftliche Forschung zu fördern, Art. 64 Abs. 1 BV; vgl. oben Bst. e).

Zur Unterscheidung von Kompetenz und Aufgabe vgl. Rz. 681 f.

79 Die Verfassung kann auch näher bestimmen, *wie* diese Aufgaben (idR. vom Gesetzgeber) wahrzunehmen sind, also materielle *politische Festlegungen* treffen (vgl. zB. die Grundsätze bei der Fortpflanzungsmedizin und der Gentechnologie, Art. 119 BV).

80 Diese inhaltlichen Vorgaben stellen das vorläufige Ergebnis erster grundsätzlicher Konsensbemühungen auf dem Weg der politischen Entscheidungsfindung dar. Die BV erweist sich hier in besonderem Masse als Instrument der Politik. Diese Normen können von unterschiedlicher Dichte und Umfang sein; sie leiten und kanalisieren den weiteren politischen Prozess, können aber infolge der (diesbezüglich) fehlenden Verfassungsgerichtsbarkeit gegenüber dem Bundesgesetzgeber gerichtlich nicht durchgesetzt werden.

81 Staatsaufgaben werden in der BV oft in *Verfassungsaufträge* gekleidet. Diese verpflichten den Bund (und allenfalls auch die Kantone), eine bestimmte Verantwortung wahrzunehmen, etwa für etwas «zu sorgen» (zB. für die Sicherheit des Landes, Art. 57 BV), etwas «zu unterstützen» oder «zu fördern» (zB. den Sport, Art. 68 Abs. 1 BV), Rücksicht auf etwas zu nehmen etc. Wird speziell der Gesetzgeber aufgerufen, auf bestimmte Ziele hin tätig zu werden (vgl. zB. den Gleichstellungsauftrag in Art. 8 Abs. 3 Satz 2 BV), handelt es sich um einen *Gesetzgebungsauftrag*.

82 Heikle Fragen stellen sich, wenn Gesetzgebungsaufträge nicht erfüllt werden. Sanktionen können vom Bund gegenüber einem säumigen Kanton ergriffen werden, wenn sich der Gesetzgebungsauftrag an die Kantone richtet (vgl. Rz. 784 ff.). Kommt hingegen der Bundesgesetzgeber einem Gesetzgebungsauftrag nicht nach, stellt sich die Frage, ob der entsprechende Regelungsgehalt durch andere Organe, insbesondere durch den Verfassungsrichter, kompensationsweise umgesetzt werden kann oder gar muss. Nach herrschender Lehre und Praxis kann das Bundesgericht nur in Ausnahmefällen «Ersatzvornahmen» treffen.

83 So hat es den nie erfüllten Gesetzgebungsauftrag von Art. 46 Abs. 2 BV (1874), «gegen Doppelbesteuerung die erforderlichen Bestimmungen zu treffen», als verfassungsmässiges Individualrecht interpretiert und zur Vermeidung der Doppelbesteuerung durch die Kantone richterrechtliche Kollisionsregeln entwickelt. Art. 127 Abs. 3 BV übernimmt das Doppelbesteuerungsverbot mit einem allgemeinen, nicht auf den Gesetzgeber beschränkten Verfassungsauftrag.

84 Gesetzgeberische Versuche, dem Verfassungsauftrag in Art. 116 Abs. 3 BV, eine *Mutterschaftsversicherung* einzurichten, (früher dem Gesetzgebungsauftrag gemäss Art. 34^{quinquies} Abs. 4 BV [1874]) nachzukommen, scheiterten zweimal in der Volksabstimmung. Mit einer Änderung des Obligationenrechts

vom 3. Oktober 2003 (iK. 1. Juli 2005) fügte der Bundesgesetzgeber in einem dritten Anlauf einen neuen Art. 329 f OR ein. Danach hat die Arbeitnehmerin nach einer Niederkunft Anspruch auf einen Mutterschaftsurlaub von mindestens 14 Wochen.

g. Staatszielbestimmungen und Programmartikel

Zielbestimmungen und Programmartikel weisen eine geringe normative Dichte auf. Sie widerspiegeln in besonderem Masse den staatsrechtlichen Zeitgeist, stellen vor allem die Kompetenz- und Aufgabennormen mit ihrem richtungweisenden Charakter in einen grösseren Kontext und vermögen bei der Verfassungsverwirklichung Impulse und Orientierung zu vermitteln. Sie tragen mit ihrem hohen Symbolgehalt auch zur Integrationsfunktion der Verfassung bei. 85

Von programmatischer Natur sind insbesondere die Präambel, der Zweckartikel (Art. 2 BV), der Verantwortungsartikel (Art. 6 BV), die Sozialziele (Art. 41 BV), die aussenpolitischen Ziele (Art. 54 Abs. 2 BV), aber auch viele über den Verfassungstext verstreute, oft mit Kompetenz- und Aufgabennormen verbundene Bestimmungen. Auch Grundrechte weisen eine programmatische Schicht auf (vgl. Rz. 1144). 86

Präambeln sind kulturwissenschaftlich mit Prologen, Ouvertüren oder Präludien vergleichbar. Sie sollen den Bürger schon sprachlich für das Folgende «gewinnen», ihn auf die Grundsätze der Verfassung «einstimmen». PETER HÄBERLE zollt der Präambel der BV höchstes Lob; sie dürfe mit ihren bürgernahen, überaus klaren, fast dichterischen Sprachpartien formal und inhaltlich die grösste Aufmerksamkeit der vergleichenden Verfassungslehre beanspruchen. 87

BERNHARD EHRENZELLER (Präambel, 991 ff.) sieht in der Präambel über deren programmatische Bedeutung hinaus auch verpflichtende Handlungsaufträge an die verfassungsmässig zuständigen Organe von Bund und Kantonen und lässt ihr somit normativen Charakter zukommen (kritischer dazu HEINRICH KOLLER, 656, insb. 660). 88

Programmatische Bestimmungen lassen dem Gesetzgeber einen weiten Spielraum bei der Konkretisierung und näheren Ausgestaltung. Aus ihnen können *keine Bundeskompetenzen abgeleitet* werden. 89

h. Bestimmungen über die Revision der Bundesverfassung

Zum notwendigen Bestand der Verfassungsnormen gehören die Bestimmungen, welche die Abänderung der Bundesverfassung regeln (vgl. Rz. 2787 ff.). 90

i. Übergangsbestimmungen

Übergangsbestimmungen sollen, ihrer Bezeichnung entsprechend, den Wechsel vom alten zum neuen Recht sicherstellen. Dies erweist sich dann als notwendig, wenn das neue Recht partiell nicht sofort und uneingeschränkt zur Anwendung ge- 91 langen kann oder soll, etwa weil zuerst Ausführungsbestimmungen zu erlassen oder Gesetze anzupassen sind. Es handelt sich somit um Normen, die festlegen, was bis zur definitiven Anwendung einzelner Verfassungsnormen gilt.

92 Die BV fasst die Übergangsbestimmungen im 2. Kapitel des 6. Titels in zwei Artikeln zusammen.

93 Art. 196 BV (in der Fassung vom 3. März 2002) betrifft die Übergangsbestimmungen gemäss Bundesbeschluss vom 18. Dezember 1998, also anlässlich der Annahme der Verfassung durch die eidgenössischen Räte. Art. 197 BV steht unter einer zweiten Überschrift «Übergangsbestimmungen nach Annahme der Bundesverfassung vom 18. April 1999». Er bildete Gegenstand der Abstimmung von Volk und Ständen über den UNO-Beitritt der Schweiz vom 3. März 2002.

94 Als Kriterium für die Aufnahme von Bestimmungen in Art. 196 BV fungierte bei der Verfassungsreform die zeitlich begrenzte *Geltung* der Bestimmung. Es liegt somit *befristetes oder bedingtes Verfassungsrecht* vor. Insofern handelt es sich nicht um eigentliche «Übergangsbestimmungen». Die Einordnung erfolgte aber nicht konsequent nach dem Kriterium der Befristung.

95 So sind die *Befugnisse* zur Erhebung der direkten Bundessteuer und der Mehrwertsteuer befristet; trotzdem ist in beiden Fällen nicht die gesamte Regelung, sondern lediglich die Befristung in die Übergangsbestimmungen aufgenommen worden, so dass aus der Systematik abgelesen werden könnte, nicht die Steuer selbst, sondern deren Befristung sei als vorläufig zu betrachten (Art. 196 Ziff. 13 und 14).

96 Die Geltungsdauer ist teilweise durch eine *Frist* (zB. Ziff. 4, Kernenergie), teilweise durch eine *Bedingung* begrenzt (zB. Ziff. 5, privatwirtschaftliche Erwerbstätigkeit).

97 Die Aufnahme des Beitritts der Schweiz zur UNO als Übergangsbestimmung nach Art. 197 Ziff. 1 BV wurde einerseits damit gerechtfertigt, dass Volk und Stände im Rahmen des obligatorischen Staatsvertragsreferendums auf diese Weise über einen Verfassungstext abstimmen konnten. Anderseits wurde es möglich, den Bundesrat zu ermächtigen, ein Beitragsgesuch an den Generalsekretär der Vereinten Nationen zu richten. Um eine eigentliche Übergangsbestimmung handelt es sich auch hier nicht. Auch etwa Art. 197 Ziff. 7 BV, wonach die schweizerische Landwirtschaft für die Dauer von fünf Jahren gentechnikfrei bleiben soll, stellt keine Übergangsbestimmung im eigentlichen Sinne dar.

§ 2 Prägende Elemente der Bundesverfassung

I. Aktualisierte Verfassung mit punktuellen Neuerungen

Literatur

AUBERT JEAN-FRANÇOIS, La Constitution: son contenu, son usage, Basel 1991, 9ff.; AUER/MALINVERNI/HOTTELIER II, Rz. 1389–1396; BIAGGINI GIOVANNI, Verfassungsreform in der Schweiz, (österreichische) Zeitschrift für öffentliches Recht 1999, 433 ff.; DERS., in: BV Kommentar, Einleitung; BIEDERMANN DIETER, Die neue Bundesverfassung: Übergangs- und Schlussbestimmungen sowie Anpassungen auf Gesetzesstufe, AJP 1999, 730 (zit. Schlussbestimmungen); DERS., Was bringt die neue Bundesverfassung? Leicht ergänzte Fassung eines Arbeitspapiers des Eidgenössischen Justiz- und Polizeidepartements (Bundesamt für Justiz) vom 18. Dezember 1998, AJP 1999, 743 ff. (zit. Bundesverfassung); EHRENZELLER, in: Verfassungsrecht der Schweiz, § 12; HÄFELIN/HALLER/KELLER, § 4 und § 8; KÄGI-DIENER REGULA, Zweck und Aufgaben der Eidgenossenschaft aus bundesstaatlicher Sicht, ZSR 1998, 493 ff.; KAYSER MARTIN/RICHTER DAGMAR, Die neue schweizerische Bundesverfassung, Zeitschrift für ausländisches öffentliches Recht und Völkerrecht (ZaöRV), 1999, 985 ff.; KOLLER HEINRICH/BIAGGINI GIOVANNI, Die neue schweizerische Bundesverfassung: Neuerungen und Akzentverschiebungen im Überblick, EuGRZ 2000, 337 ff.; MACHERET, in: Verfassungsrecht der Schweiz, § 8; RHINOW RENÉ, Die Bundesverfassung 2000; Eine Einführung, Basel/Genf/München, 2000 (zit. BV 2000); DERS., Politische Funktionen des Rechts, ZSR 2008 I, 181 ff. (zit. Funktionen); DERS., Zur Aktualisierung der Bundesverfassung, oder: Nachführung ist mehr als Nachführung, in: Sitter-Liver Beat (Hrsg.), Herausgeforderte Verfassung. Die Schweiz im globalen Kontext, Freiburg i.Ü. 1999, 563 ff. (zit. Aktualisierung); SALADIN PETER, Die Kunst der Verfassungserneuerung, Schriften zur Verfassungsreform 1968–1996, Basel 1998; TANQUEREL, in: Verfassungsrecht der Schweiz, § 18; TSCHANNEN, Staatsrecht, § 5–7.

a. Werdegang und Konzept

1. Zum Werdegang

Die geltende Bundesverfassung ist am 1. Januar 2000 in Kraft getreten, nachdem sie am 18. April 1999 von Volk und Ständen angenommen worden war. Voraus ging ein langer Reformprozess, eine rund 35-jährige Phase der Initiierung, Vorbereitung und Ausarbeitung verschiedener Verfassungsentwürfe. 98

> Im Jahre 1965 wurden zwei Postulate zur Prüfung der Frage einer Totalrevision der Bundesverfassung von Ständerat Karl Obrecht (FDP, SO) und Nationalrat Peter Dürrenmatt (Lib., BS) eingereicht. Beide Vorstösse sind von den Räten einstimmig überwiesen worden. Anschliessend erfolgte eine Ausgeordnung der möglichen Reformbereiche durch eine Arbeitsgruppe unter alt Bundesrat Friedrich Traugott Wahlen von 1967–1973, die in einem 700 Seiten umfassenden Schlussbericht mit einer positiven Empfehlung zur Totalrevision gipfelte. 99

> Gestützt auf diese Vorarbeiten hat eine grosse Expertenkommission unter der Leitung von Bundesrat Kurt Furgler in drei Jahren einen Verfassungsentwurf 100

ausgearbeitet. Dieser sog. Entwurf 77 oder «Verfassungsentwurf Furgler» wurde 1977 der Öffentlichkeit vorgestellt. In einem ausgedehnten Vernehmlassungsverfahren fand dieser Entwurf grosse Zustimmung, aber auch heftige Kritik, namentlich von Seiten der Kantone und der Wirtschaftsverbände wegen seiner offenen Wirtschaftsverfassung (Relativierung der Wirtschaftsfreiheit) und der nicht mehr abschliessend aufgezählten Bundeskompetenzen. Der Entwurf 77 wurde durch die Verwaltung überarbeitet, mit Varianten versehen und in eine Modell-Studie des EJPD vom 30. Oktober 1985 gegossen.

101 Am 6. November 1985, 20 Jahre nach dem parlamentarischen Startschuss, unterbreitete der Bundesrat der Bundesversammlung einen Bericht über die bisherigen Vorarbeiten. Der Bundesrat wollte die Arbeit an der Totalrevision nicht ohne ausdrückliche Zustimmung der Bundesversammlung fortsetzen, dh. er legte keinen eigenen Verfassungsentwurf vor (was dem «normalen» Prozedere entsprochen hätte), sondern er beantragte der Bundesversammlung, die Durchführung einer Totalrevision der Bundesverfassung zu beschliessen. Er legte den Entwurf 77 sowie die erwähnte Modell-Studie des EJPD als mögliche Diskussionsgrundlagen bei.

102 Die Bundesversammlung beriet diesen Bericht von Ende 1986 bis Juni 1987. Der Ständerat versah den Auftrag an den Bundesrat zur Ausarbeitung einer neuen Verfassung mit einer einschränkenden Zielsetzung. Die Verfassung solle nicht materiell reformiert, sondern vor allem *nachgeführt* und verständlich dargestellt werden. Der Nationalrat schloss sich dieser Begrenzung des Revisionsziels an. «Der ‹Wirklichkeitssinn› der 80er Jahre hatte den ‹Möglichkeitssinn› der 60er und frühen 70er Jahre verdrängt» (BIAGGINI, Verfassungsreform, 439). Danach war wieder einige Jahre «Funkstille».

103 In den Jahren 1993/94 wurden verschiedene parlamentarische Vorstösse überwiesen, insbesondere eine Motion von Ständerätin Josi Meier, die verlangte, die Reformarbeiten so voranzutreiben, dass die Bundesversammlung eine entsprechende Vorlage 1998, im Jubiläumsjahr zur Feier des 150-jährigen Bundesstaates, verabschieden könne. Dieses Ziel ist in der Tat dann auch erreicht worden. Bereits am 26. Juni 1995 stellte der Bundesrat einen ersten Verfassungsentwurf (VE 96) der Öffentlichkeit vor und leitete das Vernehmlassungsverfahren ein, das auch von vielen Bürgern und Bürgerinnen benutzt wurde («Volksdiskussion»). Dem VE 95 wurde erstmals das gewählte Konzept eines *«Baukastensystems»* zugrunde gelegt. Die nachgeführte Bundesverfassung wurde politisch, nicht aber rechtlich verbunden mit Bereichsrevisionen, welche innovative Änderungen in den Bereichen Justiz und Volksrechte zum Gegenstand haben. Der Text der nachgeführten BV wurde mit vier Varianten iSv. «punktuellen Neuerungen» versehen.

104 Nur eineinhalb Jahre später, am 20. November 1996, leitete der Bundesrat den Räten die Botschaft «über eine neue Bundesverfassung» und den Entwurf zu einem Bundesbeschluss «über eine nachgeführte Bundesverfassung» zu. Gleichzeitig unterbreitete er ein Reformpaket Volksrechte und ein Reformpaket Justiz im Sinne rechtlich getrennter Anträge je zur Einleitung eines (Total-)Revisionsverfahrens.

105 Die eidgenössischen Räte nahmen ihre Beratungen sofort auf. Sie behandelten den Entwurf in beiden Kammern zuerst durch (ad hoc-)Verfassungskommissionen, und zwar gleichzeitig, was vom herkömmlichen Verfahren im Zweikam-

mersystem abwich. Die beiden Verfassungskommissionen (unter den Präsidien von Nationalrat Joseph Deiss und Ständerat René Rhinow) legten ihre Entwürfe für den ganzen Text (nach einem Jahr intensiver Arbeit) am 21. November 1997 vor.

Die Räte begannen die Verhandlungen über die neue Bundesverfassung im Plenum Anfang 1998, ebenfalls gleichzeitig («übers Kreuz»). Dabei nahmen sie massgebliche Änderungen vor, sowohl beim Konzept, indem die Nachführungsidee ergänzt wurde durch punktuelle, konsensfähige Neuerungen, als auch durch systematische, materielle und (zT. erhebliche) textliche Veränderungen. 106

Die Schlussabstimmung fand am 18. Dezember 1998 statt, nach einem aufwändigen Differenzbereinigungsverfahren, das erst durch eine Einigungskonferenz abgeschlossen werden konnte. Die Beratungen über die beiden Reformpakete «Volksrechte» und «Justiz» wurden von den Räten gleichzeitig mit der nachgeführten Verfassung in Angriff genommen, aber erst später vom Parlament verabschiedet und in der Volksabstimmung gutgeheissen: die *Justizreform* (vgl. dazu Rz. 2824 ff.) wurde am 12. März 2000, die Reform der *Volksrechte* (vgl. dazu Rz. 2192 ff.) gestützt auf eine parlamentarische Initiative am 9. Februar 2003 von Volk und Ständen angenommen (für weitere Nachweise RENÉ RHINOW, Einführung BV 2000, 1 ff.). 107

Eine kleine *Bundesstaatsreform* (im Rahmen der Neuordnung des Finanzausgleichs und der Aufgabenteilung zwischen Bund und Kantonen [NFA; Rz. 3294 ff.]) wurde im Verfahren der Totalrevision durchgeführt. Die seit langem diskutierte *Staatsleitungsreform* (vgl. Rz. 2583 ff.) blieb bis heute blosses Projekt. 108

2. Zum Konzept der Verfassungsreform

Die Verfassungsreform 1999 bestand aus einer «*nachgeführten*» Verfassung und aus den zwei erwähnten Reformprojekten *Justiz* und *Volksrechte*. Die nachgeführte Verfassung sollte gleichsam das erneuerte, ausgebesserte Fundament darstellen, auf dem eigentliche Reformen in ausgewählten, sachlich umschriebenen Verfassungsbereichen «step by step» verwirklicht werden können. Dieses Konzept versuchte, die Verfassungsreform in Etappen oder «im Baukastensystem» zu realisieren, die «Totalrevision» quasi in einem gestaffelten, organischen Erneuerungsprozess durchzuführen. 109

Insofern waren Nachführung und Reformbereiche von Anfang an miteinander verknüpft und doch nicht verknüpft. Die *Verknüpfung* bestand politisch darin, dass die Nachführung der Verfassung den Boden für echte Reformen bereiten, quasi die Voraussetzungen für diese schaffen sollte. Sie wurde als gleichsam notwendige, aber nicht hinreichende Bedingung zur Staatsreform betrachtet. Nachführung und Reformprojekte waren aber insofern *nicht miteinander verbunden,* als es sich um rechtlich selbständige Revisionen handelte, zu denen auch differenziert Stellung genommen werden konnte. So wurden die neue Bundesverfassung und die (abgespeckte) Justizreform (zeitlich und sachlich) getrennt gutgeheissen, während die Reform der Volksrechte zuerst im Parlament scheiterte und erst Jahre später aufgrund einer parlamentarischen Initiative – ebenfalls in reduzierter Form – angenommen wurde. 110

3. Von der Nachführung zur Aktualisierung

111 Im Zentrum des Reformkonzepts stand der Begriff der Nachführung. Die neue Verfassung sollte «das geltende geschriebene und ungeschriebene Verfassungsrecht nachführen, es verständlich darstellen, systematisch ordnen sowie Dichte und Sprache vereinheitlichen» (Art. 3 BB vom 3. Juni 1987; BBl 1987 II, 963).

112 Der Bundesrat interpretierte diesen vom Parlament 1987 erteilten Auftrag in seiner Botschaft zur nachgeführten Verfassung wie folgt: «Das geltende Verfassungsrecht nachführen heisst, den ganzen Normenkomplex gegenwarts- und wirklichkeitsnah aufbereiten, das Verfassungsrecht als solches identifizieren, festhalten und neu verfasst «vermitteln». Konkret können damit im Wesentlichen folgende Mängel der gegenwärtigen Verfassung behoben werden: Gegenstandslose Normen können aufgehoben und veraltete Bestimmungen zeitgemässer formuliert, auf Gesetzesebene herabgestuft oder gestrichen werden; Lücken können geschlossen, Fehlendes kann ergänzt, Bestehendes angereichert werden; Verfassungsrecht und Verfassungswirklichkeit können einander angenähert, Bundesstaatlichkeit, Rechtsstaatlichkeit und Sozialstaatlichkeit in einer dem heutigen Verständnis entsprechenden Weise dargestellt werden» (Botschaft über ein neue Bundesverfassung vom 20. November 1996, BBl 1997 I, 45).

113 Es ging also darum, die in mancher Hinsicht «mangelhafte» Bundesverfassung von 1874 mit über 140 Teiländerungen zu «überholen», Transparenz, Übersichtlichkeit und Verständlichkeit wieder herzustellen, Bürgernähe anzustreben. Damit sollten namentlich verschiedene Funktionen der Verfassung gestärkt werden; diese soll insbesondere den rechtsstaatlich-demokratischen, liberalen und sozialen, nach aussen «offenen» und nachhaltigen Staat Schweiz darstellen und ausweisen, alle staatliche Macht begrenzen und den (politischen) Prozess der Rechtsverwirklichung (teilweise) inhaltlich und im Ablauf steuern. Vor allem soll die Verfassung als «Faktor der nationalen Integration» die vielfältige Eidgenossenschaft als Willensnation zusammenhalten, aus dem Willen zur Nation auch wieder einen erneuerten «Willen zur Verfassung» schöpfen – und so den «Verfassungspatriotismus» (DOLF STERNBERGER) wieder beleben.

114 Im Grunde genommen wurden damit Anleihen bei der klassischen *Kodifikationsidee* aufgenommen: Das Recht soll zusammenfassend und zusammenhängend systematisch gegliedert sowie in sich kohärent in einem einzigen Rechtstext aufgefangen und positiviert werden. Dabei konnte es nur um Annäherungen an dieses Ziel gehen. (Auch) mit einer Nachführung gelingt es nicht, das geltende, verfassungswürdige Recht vollständig zu konstitutionalisieren.

115 Bei der Verfolgung dieses Zieles ging es darum, das *geltende Recht* zu ermitteln, das *verfassungswürdige*, *verfassungsgeeignete* sowie allfällig *verfassungsresistente* Recht zu bestimmen sowie die inhaltlich definierten Verfassungsnormen *normtextlich-sprachlich* abzubilden und zu gliedern (vgl. dazu RENÉ RHINOW, Einführung, BV 2000, 12 ff.).

116 *Nachführung* heisst in jedem Fall wertende Stellungnahme durch den Verfassungsgeber oder bewusster Verzicht auf eine entsprechende Klärung. So stellte bereits die «Findung» des geltenden Verfassungsrechts kein leichtes Unterfangen dar, jedenfalls in einzelnen Sach- und Problembereichen.

117 Bei der Bestimmung des *verfassungswürdigen* Rechts stellte sich die Frage, welches geltende Recht nach heutiger Anschauung verfassungswürdig und deshalb im Verfassungstext zu verankern sei. So wurden früher auf Gesetzesstufe verankerte Bestimmen zu Verfassungsrecht und auf diese Weise *heraufgestuft*. Teile der alten BV sind entweder ganz *gestrichen* oder aber auf eine tiefere Rechtsebene *herabgestuft* worden.

118 Veränderungen unter dem Gesichtswinkel der Verfassungswürdigkeit verändern insofern geltendes Recht, als sie durch Heraufstufung Stabilisierungen oder aber durch Herabstufung auf die Gesetzesebene (wegen des Wegfalls des obligatorischen Verfassungsreferendums mit Ständemehr) Flexibilisierungen bewirken.

119 Nicht alle Rechtsnormen sind auch *verfassungsgeeignet*. So lässt sich beispielsweise das Verhältnis von Völkerrecht und Landesrecht kaum auf zufrieden stellende Art und Weise im Verfassungsrecht regeln. Zu offen ist die Entwicklung und zu differenziert sind die verschiedenen Kollisionsfälle, als dass entsprechende Regeln – jedenfalls im heutigen Zeitpunkt – in die Verfassung aufgenommen werden könnten. Man liess es deshalb bei der symbolträchtigen Vorrangregelung bewenden, Bund und Kantone hätten das Völkerrecht zu «beachten» (Art. 5 Abs. 4 BV; vgl. dazu § 38). Die Verfassung eignet sich auch nicht für die Aufnahme eines *detaillierten aussenpolitischen Programms* (vgl. immerhin Art. 54 Abs. 2 BV).

120 Unter «*nachführungsresistentem*» Recht sind überlieferte Verfassungstexte der aBV zu verstehen, die möglichst unverändert in eine neue Verfassung übernommen wurden. Dies traf zu bei sog. Traditionsanschlüssen (zB. Art. 1 und Art. 3 BV), bei errungenen Kompromissen im Zusammenhang mit Bundeskompetenzen oder Aufgabenzuweisungen oder bei besonders emotionsgeladenen Begriffen wie der Neutralität (vgl. Art. 173 Abs. 1 Bst. a, Art. 185 Abs. 1 BV), wo eine redaktionelle Streichung im Text auch ohne materiellrechtliche Bedeutung eine ungewollt hohe symbolische Tragweite erhalten hätte.

121 Die Übernahme früher geltenden Rechts in die neue Verfassung stellte eine *komplexe Aufgabe* dar. Was bereits galt, musste oft wertend bestimmt werden. Was verfassungswürdig erschien, war das Ergebnis einer aktuellen Sichtung des Wichtigen und dem Grundkonsens von Staat und Gesellschaft Zugehörigen. Was als verfassungsgeeignet erachtet wurde, musste fallbezogen untersucht werden. Und auch das Nachführungsresistente ergab sich aus dem aktuellen politischen Diskurs darüber, was zum unantastbaren «acquis helvétique» gehört und deshalb auch als solcher zum Ausdruck gebracht werden sollte.

122 Jede Veränderung des Verfassungstextes stellt somit einen Akt *politischer Wertung* dar. Mit diesem sind Verfassungsmodifikationen verbunden oder es werden Spielräume möglicher neuer Deutungen und Konkretisierungen der Verfassung eröffnet. *Nachführung ist deshalb immer mehr als blosse Nachführung.* Es handelte sich bei

der Verfassungsreform 1999 um eine *Aktualisierung,* um eine «mise à jour» des Verfassungsrechts.

123 In den parlamentarischen Beratungen wurden denn auch Reformen von begrenzter Reichweite beschlossen, die klar über eine blosse «Nachführung» hinausgingen. Es handelte sich dabei um Neuerungen, die zwar vom geltenden Recht abwichen, aber auf einen breiten Konsens zählen konnten, bei denen es auch darum ging, «alte Zöpfe abzuschneiden», oder bei denen sich der Weg einer gesonderten Teilrevision der Verfassung kaum rechtfertigen liess.

124 Zusammenfassend: Die neue Bundesverfassung enthält gegenüber der aBV Neuerungen von unterschiedlicher Substanz, beginnend bei formalen Verbesserungen (insb. bezüglich Systematik, Sprache, Vollständigkeit und Dichte) über Anpassungen an die «gelebte Verfassungspraxis» bis hin zu rund 20 eigentlichen Änderungen. Die Grenzen zwischen diesen Kategorien liessen sich aber nicht genau bestimmen, und vor allem lässt sich kaum voraussagen, welche Dynamik einzelne Verfassungsbereiche und Verfassungsbestimmungen in die Zeit hinein zu entfalten vermögen.

b. Neues Design

1. Klarheit und Verständlichkeit

125 Die Bundesverfassung zeichnet sich im Allgemeinen durch einen klaren und verständlichen Text aus, der in sich stimmig erscheint und auch übersichtlich gegliedert ist.

126 Mit den bereits erfolgten und weiter zu erwartenden Teilrevisionen im politischen Alltag wird diese erreichte (relative) Konsistenz verloren gehen. Insbesondere die NFA führte bereits zu ersten systematischen Unstimmigkeiten.

127 Die Sprache ist idR. einfach gehalten, nüchtern, unprätentiös; Symbolisch-Feierliches hält sich in engen Grenzen, Pathetisches findet sich nur in der Präambel. Die Normtexte sind (mit wenigen Ausnahmen) modern gefasst, eingebettet in die schweizerische und europäisch-amerikanische Verfassungstradition wie in das «gemeineuropäische Verfassungsrecht» (PETER HÄBERLE), soweit nicht helvetische Eigenheiten entgegenstehen. Abstraktheit und Detaillierungsgrad des Verfassungstextes sind sinnvoll-differenziert auf die unterschiedlichen Verfassungsfunktionen und Verfassungsbereiche abgestimmt. Dabei ist im Vergleich zur aBV eine – dem Zeitgeist entsprechende – Zunahme programmatisch-symbolhafter Normen nicht zu übersehen. Das neue Verfassungsrecht hat dadurch zweifellos an Lesbarkeit und Bürgernähe gewonnen, auch wenn das Verständnis vieler Norminhalte nach wie vor einiges an «Vorverständnissen» voraussetzt.

128 Der Verfassungstext spiegelt trotz der Bemühungen um *eine kohärente und einheitliche Begriffsverwendung* unterschiedliche *Anforderungen* an die Textualisierung von Verfassungsnormen wider. Solche Anforderungen ergeben sich ua. aus den Bedürfnissen nach Traditionsanschlüssen: einem *materiellen Traditionsanschluss* (der Text soll das bisher geltende Recht richtig zum Ausdruck

bringen), einem *formellen Traditionsanschluss* (Übernahme «alter» Formulierungen, um die Verfassungskontinuität zum Ausdruck zu bringen; zB. Art. 3 BV, Souveränität der Kantone), um in jüngerer Zeit geschlossene Kompromisse nicht zu gefährden (zB. Art. 119/120 BV, Fortpflanzungsmedizin und Gentechnologie) oder gegen den Willen des Parlamentes gutgeheissene Volksinitiativen zu respektieren (zB. Art. 84 BV, Alpenschutzartikel), und einem Anschluss an die *verfassungsrechtliche Tradition* und den Kontext anderer geltender Verfassungen sowie internationaler Abkommen (historische und zeitgemässe Intertextualität).

Beachtet werden mussten zudem die Gleichwertigkeit der drei *Amtssprachen* sowie *geschlechtsneutrale* Formulierungen (Amtsträger werden immer auch als Amtsträgerinnen bezeichnet, so zB. Art. 176 Abs. 2 BV: Bundespräsident oder Bundespräsidentin; demgegenüber wurde beim «General» auf ein weibliches Pendant *bewusst* verzichtet: Art. 168 Abs. 1 BV). 129

Eher knappe, *präzise Formulierungen* (wie etwa bei der Umschreibung der Bundeskompetenzen oder der Zuständigkeiten der Behörden) wechseln ab mit offenen, *politisch-programmatischen Textfassungen* (etwa bei der Präambel, den Zielbestimmungen oder Gesetzgebungsaufträgen). *Stichwortartige Formulierungen* wurden bei Normen gewählt, die in einem überlieferten und weiterzuentwickelnden Konkretisierungsumfeld stehen (vor allem bei den Grundrechten). Demgegenüber steht andernorts die *volkstümliche, nüchterne, bürgernahe Sprache* (etwa bei den politisch-programmatischen Bestimmungen) oder die *juristisch-technische Begriffswahl* (etwa bei der Unterscheidung von Zielen oder Rechtsansprüchen von Grundrechtsträgern (Menschen, Personen, Bürger und Bürgerinnen) im Vordergrund. 130

2. Gliederung

Die Verfassung ist nach der Präambel in *Titel,* diese (ausser dem 1. Titel) in *Kapitel* und diese wiederum teilweise in *Abschnitte* gegliedert, welche einen oder mehrere Artikel umfassen. Alle Artikel werden durch *Überschriften* gekennzeichnet. Später aufgenommene Artikel werden mit Kleinbuchstaben, nicht wie früher mit römischen Zahlen gekennzeichnet (zB. Art. *119a*, nicht mehr 119bis BV). 131

Der *1. Titel (Allgemeine Bestimmungen)* enthält Wesenselemente und Prinzipien der Eidgenossenschaft sowie programmatische Bestimmungen und Traditionsanschlüsse, allerdings in unvollständiger Auflistung und mit einem Schwergewicht auf Bundesstaatlichkeit und Rechtsstaatlichkeit. 132

Die Formulierung «Allgemeine Bestimmungen» macht klar, dass im 1. Titel kein Versuch einer Charakterisierung des Staatswesens in wenigen Sätzen angelegt ist. Die Verfassung kennt weder eine Bestimmung noch ein Kapitel über die «Ontologie» der Schweiz. 133

Der *2. Titel (Grundrechte, Bürgerrechte und Sozialziele)* besticht durch eine klare Untergliederung in drei Kapitel, welche die in der Titelüberschrift erwähnten Sachbereiche wieder aufnehmen. 134

135 Das Kapitel über die Bürgerrechte und die politischen Rechte steht gleichsam im Übergang von den Grundrechten, welche individuelle, subjektive Rechte vermitteln, zu den Sozialzielen, die mit individualistischer Ausrichtung als programmatische, nicht anspruchsbegründende Normen ausgestaltet werden. Die beiden ersten Titel betonen die föderalistischen, freiheitlichen und sozialen sowie, weniger ausgeprägt, die demokratischen Wurzeln der Eidgenossenschaft. Neu finden sich hier auch Elemente des Nachhaltigkeitsprinzips (Art. 2 Abs. 2 BV) und des Grundsatzes des offenen, kooperativen Verfassungsstaates (Präambel und Art. 2 Abs. 4 BV). Beide Titel gelten grundsätzlich für alle Ebenen des Bundesstaates.

136 Der *3. Titel (Bund, Kantone und Gemeinden)* teilt sich in drei Kapitel auf: in allgemeine Bestimmungen zum Verhältnis von Bund und Kantonen (1. Kapitel), in einen eigentlichen Katalog von Zuständigkeiten und Aufgaben des Bundes (2. Kapitel) und in die Finanzordnung (3. Kapitel).

137 Das *1. Kapitel* kann als erstmaliger und origineller Versuch eines «allgemeinen Teils» der schweizerischen Bundesstaatlichkeit angesehen werden. Die vier Abschnitte regeln nacheinander: Das Prinzip der Aufgabenteilung zwischen Bund und Kantonen (1. Abschnitt), die Grundsätze über die Zusammenarbeit von Bund und Kantonen und zwischen Kantonen sowie der Schutz der Autonomie der Kantone (2. Abschnitt), die Stellung der Gemeinden und ein Rücksichtsgebot bezüglich Städte, Agglomerationen und Berggebiete (3. Abschnitt) sowie die Bundesgarantien, mit neuen Regeln über Gebietsveränderungen (4. Abschnitt).

138 Das *2. Kapitel* reiht in insgesamt zehn Abschnitten die einzelnen Bundesaufgaben aneinander.

139 Das *3. Kapitel* über die Finanzordnung fasst die Grundlagen der Haushaltführung des Bundes, der Besteuerungskompetenzen, der Zölle, der Steuerharmonisierung und des Finanzausgleichs zusammen.

140 Im Übergang zwischen Bundesaufgaben und Bundesbehörden statuiert der *4. Titel (Volk und Stände)* zuerst Voraussetzungen und Inhalt der politischen Rechte auf Bundesebene, neu ergänzt durch einen Parteienartikel (1. Kapitel). Dann werden die einzelnen Volksrechte detailliert und vollzählig aufgelistet: die Volksinitiative auf Total- und Teilrevision der Bundesverfassung (wobei diese Bestimmungen teilweise im 6. Titel [1. Kapitel] über die Revision der Verfassung wiederholt werden) sowie die verschiedenen Fälle des obligatorischen und fakultativen Referendums (2. Kapitel).

141 Im *5. Titel (Bundesbehörden)* zeichnet sich die Verfassung durch eine klare Gliederung in vier Kapitel aus:

142 Bestimmungen, die für alle oder doch zwei Behörden gelten, finden sich in den «allgemeinen Bestimmungen» (1. Kapitel). Das 2. Kapitel (Bundesversammlung) und das 3. Kapitel (Bundesrat und Bundesverwaltung) sind nach dem gleichen Prinzip in Organisation, Verfahren und Zuständigkeiten gegliedert, wobei bei der Bundesversammlung diesen drei Teilbereichen je ein Abschnitt zugeteilt wird, während beim Bundesrat Organisation und Verfahren einerseits und Zuständigkeiten anderseits je einen Abschnitt bilden.

Das *4. Kapitel* betrifft hauptsächlich das Bundesgericht, enthält aber auch Bestimmungen über andere Gerichte und die bedeutende Vorschrift über die «Massgeblichkeit» von Völkerrecht und Bundesgesetzen, die für alle rechtsanwendenden Behörden gilt (Art. 190 BV; früher Art. 113 Abs. 3 aBV).

143

Der letzte *(6.) Titel (Revision der Bundesverfassung und Übergangsbestimmungen)* umfasst entsprechend der Überschrift ein Kapitel mit Revisionsbestimmungen und ein längeres, wenn auch gegenüber der alten Verfassung «abgespecktes» Kapitel mit Übergangsbestimmungen, das aus zwei Artikeln (Art. 196 und 197 BV) besteht; je ein Artikel betrifft die «alten» Übergangsbestimmungen von 1998 und diejenigen nach Annahme der Bundesverfassung (vgl. dazu vorne Rz. 91 ff.).

144

Art. 196 BV enthält in 16 Ziffern teilweise recht ausführliche «Übergangsbestimmungen». Die einzelnen Ziffern werden jeweils einem bestimmten Artikel der Verfassung zugeordnet und nach der Reihenfolge dieser Artikel aufgelistet.

145

Art. 197 BV enthält den «UNO-Artikel» und ist nur insofern eine Übergangsbestimmung, als der Beitritt zur UNO als Verfahren geregelt wird. Die Mitgliedschaft in den Vereinten Nationen als solche ist von dauerhafter Natur. Hingegen bedarf ein allfälliger «Austritt» aus der UNO iS. einer Kündigung keiner Revision von Art. 197 BV.

146

Das Übergangsrecht im eigentlichen Sinne, also Fragen des Überganges von der alten zur neuen Verfassung, wird nicht in den Übergangsbestimmungen der BV geregelt, sondern in den *Schlussbestimmungen* (Ziff. II–IV) des Bundesbeschlusses vom 18. Dezember 1998 über eine neue Bundesverfassung.

147

Ziff. II hält zunächst fest, dass die Verfassung vom 29. Mai 1874 *aufgehoben* wird, was aus Gründen der Klarheit und Rechtssicherheit berechtigt erscheint, obwohl beim Inkrafttreten der neuen Verfassung die alte automatisch derogiert wird. Sie enthält zudem eine Liste von Bestimmungen der alten Verfassung, die *auf die Gesetzesebene herabgestuft* werden sollen. Sie gelten bis zum Inkrafttreten der entsprechenden gesetzlichen Bestimmungen vorläufig weiter.

148

Ziff. III bestimmt, wie mit *hängigen Partialrevisionen der alten BV* zu verfahren ist. Es geht dabei um Behördenvorlagen und Volksinitiativen. Die Bestimmung sieht eine formale Anpassung an die neue Bundesverfassung durch die Bundesversammlung ohne Referendumsvorbehalt vor. Diese Anpassungsarbeit ist für zwei Behördenvorlagen und mehrere, in der Folge aber abgelehnte Volksinitiativen geleistet worden. Die im Februar 1999 beschlossenen Verfassungsartikel zur Transplantationsmedizin (Art. 119a BV) und zur sog. Kantonsklausel bei Bundesratswahlen (Art. 175 Abs. 4 BV) wurden in die neue Verfassung integriert.

149

Auch auf *Gesetzesebene* waren verschiedene *Anpassungen* notwendig. Gesetzgebungsaufträge (wie zB. im Bereich der Gleichstellung der Behinderten oder im Bildungsbereich) führten und führen ihrerseits zu gesetzgeberischen Aktivitäten. Auf diese wird jeweils bei der thematischen Darstellung eingegangen.

150

Ziff. IV der Schlussbestimmungen enthielt die *Referendumsklausel,* die mit der Annahme der Verfassung am 18. April 1999 hinfällig geworden ist.

151

c. **Materielle Neuerungen**

1. Allgemeines

152 Die Bundesverfassung enthält das heute verfassungswürdige und verfassungsgeeignete Recht (vgl. dazu vorne Rz. 115 ff.), indem früher ungeschriebenes Recht (insb. Grundrechte, einzelne Bundeskompetenzen und rechtsstaatliche Grundsätze) positiviert, wichtige Teile des (auch) für die Schweiz geltenden internationalen Rechts konstitutionalisiert und damit auch für eine breitere interessierte Öffentlichkeit erschlossen und bewusst gemacht wurden. Zudem bringt die Verfassung im Vergleich zur aBV inhaltliche Bereinigungen und Klarstellungen; sie bekräftigt und ergänzt die wegleitenden *Grundprinzipien* unseres Gemeinwesens (dazu nachstehend Rz. 185 ff.).

2. Neuerungen

153 Die BV beinhaltet auch etliche punktuelle *Neuerungen*, die ohne Totalrevision kaum oder erst später hätten realisiert werden können. So wurden ua. neue Grundrechte geschaffen oder konstitutionalisiert, das Verhältnis von Bund und Kantonen im Allgemeinen aktualisiert und neue Bundeskompetenzen begründet. Vor allem aber ist das Verhältnis zwischen Bundesversammlung und Bundesrat neu geordnet worden (vgl. zu den Neuerungen im Einzelnen RENÉ RHINOW, Einführung *BV 2000*, 43–47 DERS./MARTIN GRAF, Verfassungsreform im Zusammenspiel von Bundesversammlung und Bundesrat, in: Georg Kreis (Hrsg.), Erprobt und Entwicklungsfähig – 10 Jahre neue Bundesverfassung, Zürich 2009, 111 ff.).

154 Der Qualifizierung von Normen als «Neuerungen» haftet insofern etwas Willkürliches an, als je nach Rechtsauffassung einzelne Gehalte oder Teilgehalte schon dem früheren Verfassungsrecht entnommen werden konnten. Auch aus dieser Sicht lassen sich Rechtsänderungen nicht scharf abgrenzen von der (blossen) Aktualisierung.

d. **Kontinuitätswahrende Verfassung mit offenen Fenstern**

155 Die Schweiz ist auch unter dem Geltungsbereich der neuen Verfassung ein freiheitlicher, rechtsstaatlich-demokratischer und sozialer Bundesstaat. Insofern wahrt die Verfassung die Tradition, sichert Kontinuität und schützt Vertrauen in die Stabilität der Verfassungsinstitutionen.

156 Der Ausweis der gegenwärtigen Staatlichkeit, die Bewusstmachung von Aspekten der modernen Schweiz mit ihren Gegensätzlichkeiten und Unsicherheiten, die jeder Verfassungsreform eigen ist, hat aber im Rahmen der Verfassungsreform Gefühle der Überraschung und Ängste hervorgerufen. Insofern war dieser Schritt der Aktualisierung wohl unumgänglich, bevor weitere, substantielle Bereichsreformen gelingen konnten und weiterhin können. «Bereinigt» wurde somit nicht in erster Linie der Verfassungstext, sondern die Verfassungslage in ihren Ambivalenzen.

Doch die Bundesverfassung weist auch *offene Fenster* auf, ragt in die Zukunft hinein (etwa mit dem Gewicht, das sie der Stellung und Förderung von Jugendlichen verleiht sowie mit dem neu aufgenommenen Nachhaltigkeitsprinzip) und betont die Einbettung des Landes in die Völkergemeinschaft. Sie wird damit nicht nur durch ihre Traditionsverbundenheit, ihre Gegenwartsnähe und ihre binnenbezogene Realitätsnähe charakterisiert, sondern auch durch ihre – vorsichtige – *Zukunfts- und Weltoffenheit*.

II. Menschenwürde

Literatur

ENDERS CHRISTOPH, Die Menschenwürde, Tübingen 1997; HABERMAS JÜRGEN, Zur Zukunft der menschlichen Natur, Forschung mit Embryonen und Präimplantations-Diagnostik, Frankfurt a. M. 2001; HÄBERLE PETER, Die Menschenwürde als Grundlage der staatlichen Gemeinschaft, in: Isensee Josef/Kirchhof Paul, Handbuch des Staatsrechts, Bd. II, 3. Aufl. Heidelberg 2004, 317 ff.; HALLER, in: Merten/Papier, Handbuch, § 209; MASTRONARDI PHILIPPE, Menschenwürde als materielle Grundnorm des Rechtsstaates, in: Verfassungsrecht der Schweiz, 233 ff.; DERS., in: St. Galler Kommentar, Art. 7; HERDEGEN MATTHIAS, in: Maunz Theodor/Dürig Günter (Hrsg.), Grundgesetz Kommentar, Art. 1 (2004); MÜLLER JÖRG PAUL, Menschenwürde – Demokratie – Wissenschaft, in: Bundesamt für Bildung und Wissenschaft (Hrsg.), Rapport annuel de la Fondation Marcel Benoist 1999, Bern 1999, 15 ff. (zit. Menschenwürde); MÜLLER/SCHEFER, Grundrechte, 1–4; RUIZ MIGUEL CARLOS, Human Dignity: History of an Idea, JöR 2002, 281 ff.; SCHEFER MARKUS, Die Kerngehalte von Grundrechten, Bern 2001; SEELMANN KURT, Haben Embryonen Anspruch auf Menschenwürde? in: Holderegger Adrian/Pahud de Mortanges René (Hrsg.), Embryonenforschung. Embryonenverbrauch und Stammzellenforschung – Ethische und rechtliche Aspekte. Symposium zum 60. Geburtstag von Giusep Nay, Bundesrichter, Fribourg 2003, 27 ff.

a. Rechtsgrundlage(n) und geistesgeschichtliche Entwicklung

Die Bundesverfassung enthält in Art. 7 BV eine *Menschenwürdeklausel*. Danach ist die Würde des Menschen «zu achten und zu schützen».

> Analoge Garantien zum Schutz der Menschenwürde finden sich im *Völkerrecht*, so ua. in der Präambel der Charta der Vereinten Nationen vom 26. Juni 1945, in der Präambel und in Art. 1 der (programmatischen) Allgemeinen Erklärung der Menschenrechte vom 10. Dezember 1948, in der Präambel und in Art. 13 UNO-Pakt I, in der Präambel sowie in Art. 7 und 10 UNO-Pakt II. Auf *europäischer* Ebene wird die Menschenwürde durch Art. 3 EMRK (negativ) geschützt. Zudem enthält auch die Grundrechtscharta der EU in Art. 1 (in Anlehnung an das deutsche Grundgesetz) eine Garantie der Menschenwürde.

> Menschenwürdeklauseln sind zudem in (vor allem neueren) nationalstaatlichen Verfassungen enthalten, so zB. in der Bundesrepublik Deutschland (Art. 1 Abs. 1 GG), in Portugal (1976/82), Griechenland (1975, mit einer Art. 7 BV vergleichbaren Fassung in Art. 2 Abs. 1: «Grundverpflichtung des Staates ist es, die Würde des Menschen zu achten und zu schützen») und Spanien (1978).

161 Auch neuere *Kantonsverfassungen* enthalten Garantien der Menschenwürde (vgl. zB. Art. 1 Abs. 1 Bst. a KV SG, § 5 KV BL, Art. 7 KV JU).

162 Die *aBV* kannte keine eigentliche Menschenwürdeklausel. Immerhin fand sich der Begriff der Menschenwürde in den neueren Verfassungsbestimmungen über die Fortpflanzungsmedizin und die Gentechnologie (Art. 24^{novies} aBV, seit 1992, neu Art. 119 BV) sowie über die Transplantationsmedizin (Art. 119a BV, seit 1999). Das Bundesgericht anerkannte die Menschenwürde als Grundwert und Verfassungsprinzip ohne selbständigen Grundrechtscharakter (vgl. etwa BGE 121 I 367; 115 Ia 234); es verhalf bestimmten Menschenwürdeanliegen im Rahmen der Konkretisierung einzelner Grundrechte, insbesondere der persönlichen Freiheit, zum Durchbruch. Von einem Teil der Lehre wurde der Menschenwürde aber auch ein subjektivrechtlicher Gehalt zugesprochen.

163 Das heutige Verständnis der Menschenwürde geht auf das Zeitalter der Aufklärung, insbesondere auf IMMANUEL KANT zurück. Nach dieser Vorstellung liegt der Zweck des Menschen in ihm selbst als autonomer Persönlichkeit, nicht in der Zugehörigkeit zu einer Gemeinschaft (wie etwa dem Staat, einer Religionsgemeinschaft, einer Volksgruppe usw.). Daher kommt allen Menschen eine gleichermassen und permanent zustehende Würde im Sinne des Respekts, der Wertschätzung und der Achtung der Individualität und Einzigartigkeit jedes Menschen zu. Niemand soll als blosses Objekt des Rechts behandelt werden, sondern immer auch als Subjekt, als «Selbstzweck» im Sinne KANTS.

164 In früheren Epochen wurde die Würde eines Menschen zT. an die Innehabung bestimmter Ämter, der Zugehörigkeit zu einer bestimmten Gesellschaftsschicht geknüpft. Religiöse Vorstellungen gingen davon aus, dass dem Menschen Würde als Ebenbild Gottes, nicht aber als Mensch an sich zukomme. Erst die mit der Aufklärung verbundene Säkularisierung hat den Menschen als autonomes Wesen in den Mittelpunkt gestellt und ihm wegen seines Menschseins Würde zuerkannt.

165 Der Gedanke der allen Menschen als autonome Wesen zukommenden Würde hat insbesondere nach den Exzessen des zweiten Weltkriegs einen starken Aufschwung genommen und Eingang in das nationale und internationale Recht gefunden.

b. Inhalt

166 Die Gewährleistung der Menschenwürde als «offene» Minimalgarantie schützt jedes Individuum in seiner Selbstachtung und damit vor Erniedrigung und unmenschlicher Behandlung. Ein solches «Minimalverständnis» vermeidet die Gefahr, über die Deutung der verfassungsrechtlichen Menschenwürdeklausel zu einer (metaphysischen oder religiösen) Wesensbestimmung des Menschen vorzustossen und damit gerade mit der in der Würde elementar angelegten Einzigartigkeit jedes Menschen in Konflikt zu geraten.

167 Problematisch erscheint in diesem Zusammenhang die Argumentation in BGE 127 I 6, 25, wo eine medikamentöse Zwangsbehandlung ua. mit dem Rückgriff auf die Menschenwürde gerechtfertigt wird. Diese Sichtweise verkennt, dass die Garantie der Menschenwürde gerade verhindern will, dass unter Berufung

auf ein bestimmtes Menschenbild ein Eingriff in die Grundrechte und die Würde des Einzelnen begründet werden kann.

Art. 7 BV kann auch als gemeinsame Klammer aller weltanschaulichen Grundpositionen einer pluralistischen Gesellschaft angesehen werden. 168

> Die Menschenwürde stellt – in verfassungsrechtlicher Hinsicht – keinen «Unterfall» des in Art. 120 BV verwendeten Begriffs der «Würde der Kreatur» dar. Ausgehend vom Verständnis der Menschenwürde als moralischem Recht, nicht erniedrigt und herabgewürdigt zu werden, kommt der Würde der Kreatur eine eigenständige Bedeutung zu, da nur Menschen (und eventuell Schimpansen) zur Selbstachtung fähig sind und über ein entsprechendes Selbstverständnis verfügen. 169

Die Menschenwürdeklausel in Art. 7 BV verzichtet auf das Pathos entsprechender Gewährleistungen in anderen Verfassungen. Sie wird nicht als «unverletzlich» oder «unantastbar» erklärt, sondern als verletzliches, schutzbedürftiges Gut ausgewiesen. Die Verfassung verpflichtet direkt und unmittelbar zur Achtung und zum Schutz der Menschenwürde. 170

c. Auffanggrundrecht

Die Garantie der Menschenwürde leitet in Art. 7 BV das Kapitel über die Grundrechte ein. Während nach alter Rechtslage, jedenfalls nach Auffassung des Bundesgerichts, die Menschenwürde nicht zu den ungeschriebenen Grundrechten gezählt wurde, stellt sie nun ein eigentliches verfassungsmässiges, anspruchsbegründendes und justiziables *Individualrecht* dar. Dieser Schluss muss aus dem Werdegang der Verfassungsrevision und dem Willen des Verfassungsgebers gezogen werden. 171

Als solches schützt Art. 7 BV auch das individuelle Recht auf ein schickliches Begräbnis (BGE 125 I 300, 306), das in der alten Verfassung explizit aufgeführt war (Art. 53 Abs. 2 aBV). Dabei stellen sich Fragen des Verhältnisses zu anderen Grundrechten, namentlich zum Recht auf Leben, zur persönlichen Freiheit (Art. 10 BV) und zum Diskriminierungsverbot (Art. 8 Abs. 2 BV). Wegleitend muss sein, dass die Menschenwürde einerseits als Grundrecht und Grundwert *primär* erscheint: Sie ist grundlegender Ausgangspunkt und Leitstern für die Konkretisierung aller Grundrechte. 172

> So sind immer auch Aspekte der Menschenwürde betroffen, wenn einem Angeschuldigten das rechtliche Gehör verweigert oder eine Patientin gegen ihren Willen medikamentös behandelt wird. In beiden Fällen stehen zwar die Garantien des rechtlichen Gehörs bzw. der persönlichen Freiheit im Vordergrund, beiden Grundrechten liegt aber die Vorstellung zugrunde, dass ein Mensch nicht instrumentalisiert, nicht als blosses Objekt behandelt wird. 173

Anderseits ist die Menschenwürde *subsidiär*, indem sie dort ihre direkt-anspruchbegründende Funktion erhält, wo der Geltungsbereich anderer Grundrechte nicht auszureichen vermag. In diesem Sinne kann die Menschenwürdegarantie (auch!) als Auffanggrundrecht qualifiziert werden. Insofern stellt Art. 7 BV mehr als «blosse» Nachführung dar. Damit wird diese Gewährleistung aber nicht zu einer 174 «allgemeinen Handlungsfreiheit»; dies verbietet schon die skizzierte Minimalkonzeption der Menschenwürde als moralisches Recht zum Schutz vor Erniedrigung und Entwürdigung.

175 Dabei erweist sich die in der deutschen Doktrin behandelte Frage, ob es eines solchen Auffanggrundrechts überhaupt bedarf, als wenig zielführend. Als «Sicherheitsnetz» steht es bereit, im Bedarfsfall den elementaren Schutz menschlicher Würde zu garantieren. Ob (und gar wie oft) es wirklich «gebraucht» werden wird, kann dabei aus heutiger Sicht offen bleiben.

d. Konstitutionsprinzip

Literatur

MÜLLER JÖRG PAUL, Wandel des Souveränitätsbegriffs im Lichte der Grundrechte – dargestellt am Beispiel von Entwicklungen des internationalen Menschenrechtsschutzes auf die schweizerische Rechtsordnung, in: Rhinow René/Breitenmoser Stephan/Ehrenzeller Bernhard (Hrsg.), Fragen des internationalen und nationalen Menschenrechtsschutzes (Bibliothek zur Zeitschrift für Schweizerisches Recht/Beiheft 25), Basel/Frankfurt a.M. 1997.

176 Die Menschenwürde ist aber nicht «nur» Grundrecht; sie stellt das oberste Staatsziel, die grundlegende Legitimationsbasis des freiheitlichen und demokratischen Staates sowie die Grundidee «politischer Humanität» (OTFRIED HÖFFE) schlechthin dar. Letztlich dient die ganze «Konstruktion Staat» der Verwirklichung der Menschenwürde. Die tradierten (und neu zu anerkennenden) Verfassungsprinzipien (vgl. nachstehend Rz. 185 ff.) sind Ausprägungen der Menschenwürde: freiheitliche und rechtsstaatliche Demokratie, Sozialstaat, Bundesstaat, Nachhaltigkeit, Subsidiarität, wettbewerbsorientierte Wirtschaftsordnung, offener und kooperativer Verfassungsstaat – sie alle sind am Leitstern der Menschenwürde ausgerichtet, und diese strahlt ihrerseits auf die anderen Verfassungsprinzipien aus. Auch die Volkssouveränität hat in der Menschenwürde «ihren ‹letzten› und ersten (!) Grund» (PETER HÄBERLE).

177 Besonders deutlich kommt die Parallelität und Verschränkung von Menschenwürde und Volkssouveränität in Art. 1 der Verfassung Portugals zum Ausdruck («Portugal ist eine souveräne Republik, die sich auf die Grundsätze der Menschenwürde und des Volkswillens gründet...»).

178 Das Verständnis der Menschenwürde als oberster Legitimationsgrundlage des Staates führt auch zur These von JÖRG PAUL MÜLLER hin, der (belastete und umstrittene) Begriff staatlicher Souveränität sei so zu fassen, dass als souverän dasjenige Gemeinwesen gilt, «welches faktisch Menschenrechte jedenfalls insoweit sicherzustellen vermag, als menschenrechtliche Kerngehalte der universalen Völkerrechtsverfassung betroffen sind» (JÖRG PAUL MÜLLER, 45, 62).

179 In der (vorwiegend deutschen) Lehre wird die alternative Frage gestellt, ob der Menschenwürde Grundrechts- *oder* Prinzipiencharakter zukomme. Wie oben ausgeführt wurde, ist Art. 7 BV als Grundrecht zu verstehen. Doch schliesst diese Qualifikation nicht aus, in der Menschenwürdeklausel – trotz ihres verfassungssystematischen Standorts – auch ein oberstes Konstitutionsprinzip des Staates überhaupt zu erblicken.

e. Menschenwürde in der biomedizinischen Forschung (Exkurs)

Bei der Forschung am Menschen, insbesondere auch an menschlichen Stammzellen und Embryonen, stellen sich gegenwärtig heikle und schwerwiegende Fragen, welche die Menschenwürde in ihrem Kern betreffen. Gemäss Art. 119 BV hat der Gesetzgeber Vorschriften über den Umgang mit menschlichem Keim- und Erbgut zu erlassen. Er hat dabei ua. für den Schutz der Menschenwürde zu sorgen. Mit einem neuen Art. 118a BV soll zudem eine verfassungsrechtliche Grundlage für ein umfassendes Humanforschungsgesetz geschaffen werden (siehe die Botschaft in BBl 2007, 6713 ff.; Geschäftsnummer 07.072); auch hier stellen sich elementare Fragen des Schutzes menschlicher Würde. — 180

Einmal ist umstritten, in welchem Entwicklungsstadium einem Individuum menschliche Würde zukommt. So fragt sich, ob es genügt, dass sich Embryonen zum lebenden Menschen entwickeln könnten (Potentialität), um sie unter den Schutz der Menschenwürde zu stellen. Falls dies bejaht wird, ist zu klären, wie sich dieser Schutz praktisch auswirkt: Gilt er absolut oder lässt er eine Abwägung (zB. mit der Wissenschaftsfreiheit) zu? — 181

Weiter ist zu prüfen, in welchem Verhältnis die Menschenwürde zum Recht auf Leben nach Art. 10 BV steht. Greift der Schutz der Menschenwürde bereits in einem früheren Entwicklungsstadium oder ist er an den Schutzbereich des Rechts auf Leben gekoppelt? — 182

Problematisch erscheint auch, inwiefern bereits durch frühzeitige «Manipulationen» in die freie Lebensgestaltung und Autonomie zukünftiger Generationen eingegriffen und damit gegen das Instrumentalisierungsverbot, das der Menschenwürde inhärent ist, verstossen wird. Wo wird die Grenze zur Eugenik überschritten, indem bereits im Embryonalstadium zwischen einer lebenswerten und einer nicht lebenswerten Existemz unterschieden wird? Solche Fragen stellen sich etwa im Zusammenhang mit einer allfälligen Zulassung der Präimplantationsdiagnostik (dazu die Gutachten einsehbar unter http://www.bag.admin.ch/themen/medizin/03878/03882/index.html?lang=de). — 183

> Nachdem die Forschung an embryonalen Stammzellen im Stammzellenforschungsgesetz geregelt wurde (StFG; SR 810.31), bereitet der Bundesrat gegenwärtig einen Entwurf für ein umfassendes Humanforschungsgesetz vor; die Botschaft dazu ist auf Frühjahr 2009 geplant. — 184

III. Verfassungsgestaltende Prinzipien

Literatur

EICHENBERGER KURT, Vom Umgang mit Strukturprinzipien des Verfassungsstaates, in: Burmeister Joachim (Hrsg.), Verfassungsstaatlichkeit: FS Klaus Stern zum 65. Geburtstag München 1997, 457 ff. (zit. Strukturprinzipien); DERS., Wesen, Aufgabe und Prinzipien der Bundesverfassung der Schweizerischen Eidgenossenschaft vom 29. Mai 1874, Kommentar BV, Verfassungsrechtliche Einleitung, Basel/Bern/Zürich 1995 (zit. Kommentar BV); KNAPP

BLAISE, Les principes constitutionnels et leurs relations, in: Häfelin Ulrich (Hrsg.), FS Hans Nef, Zürich 1981, 167 ff.; KOLLER HEINRICH, Die Aufnahme staatsgestaltender Grundsätze in die neue Bundesverfassung, in: Flückiger Max et al. (Hrsg.), Solothurner Festgabe zum Schweizerischen Juristentag 1998, Solothurn 1998, 15 ff.; MASTRONARDI PHILIPPE A., Strukturprinzipien in der Bundesverfassung?, Beihefte ZSR Nr. 7, Basel 1988; RHINOW RENÉ, Grundprobleme der schweizerischen Demokratie, ZSR 1984 II, 116 ff.; WIEDERKEHR RENÉ, Fairness als Verfassungsgrundsatz, Bern 2006.

a. Vom Wesen verfassungsgestaltender Prinzipien

185 Verfassungsgestaltende Prinzipien (oder Strukturprinzipien) können als Leitwerte der Verfassung verstanden werden, welche die Idee der Menschenwürde auf einer tieferen und konkreteren Ebene auffächern und einzelne Aufbauprinzipien oder Strukturmerkmale des durch die Verfassung konstituierten Staates zum Ausdruck bringen. «Die Bundesverfassung und damit ihr Staat erhalten durch die Grundentscheidungen gleichsam das Gesicht und die identifizierende Gestalt» (KURT EICHENBERGER, Rz. 89).

186 Diese Prinzipien werden einerseits aus den Verfassungsnormen «herausdestilliert», sind also von diesen abhängig. Sie bilden demzufolge keine «über» der Bundesverfassung schwebenden Normen. Sie spiegeln vielmehr das Grundlegende und Grundsätzliche wider, das in den einzelnen Bestimmungen bestimmter Verfassungsbereiche prinzipiell angelegt ist und reduzieren deren Vielfalt auf wesentliche Leitgedanken.

187 Auf der anderen Seite vermögen diese Prinzipien dem geltenden Verfassungsrecht Halt und Orientierung zu vermitteln; sie stellen durch ihre ordnende Funktion «Systembezüge» her und fliessen in die Auslegung und Konkretisierung der einzelnen Verfassungsbestimmungen ein.

188 Verfassungsgestaltende Prinzipien stehen so auf einer «mittleren» Ebene der der BV inhärenten, werthaltigen und zielorientierten Grundsätze: zwischen der Menschenwürde als oberstem Konstitutionsprinzip und den in einzelnen Verfassungsnormen enthaltenen Ziel-, Zweck- und Programmbestimmungen der BV (wie etwa Art. 2 oder 41 BV).

b. Die Schweiz als Bundesstaat, freiheitliche und rechtsstaatliche Demokratie und Sozialstaat

1. Allgemeines

189 Nach traditioneller Auffassung wird die Bundesverfassung von *vier tragenden Grundwerten* geprägt, die als «identitätsstiftende Kernstücke» (BBl 1997 I, 14) das Fundament der Eidgenossenschaft bilden: Bundesstaatlichkeit, Freiheit und Rechtsstaatlichkeit, halbdirekte Demokratie und Sozialstaatlichkeit. Diese Grundwerte werden auch als Grundsatzentscheidungen oder Prinzipien bezeichnet, welche in ihrer Gesamtheit das «Wesen» der Schweiz oder doch wesentliche Aspekte

der staatlichen Ordnung und des politischen Gemeinwesens zu bestimmen vermögen.

Die Verfassung verzichtet zu Recht darauf, diese Prinzipien als solche in einer Art «Wesensbestimmung» oder Ontologie des Staates zum Ausdruck zu bringen. Wie nachfolgend zu zeigen sein wird, lässt sie sich auch nicht auf vier von der Verfassungstheorie entwickelte «klassische» Prinzipien reduzieren. 190

 Föderalismus und Bundesstaat

Die Verfassung verankert einen modernen gelebten Föderalismus, der die Dreistufigkeit des Bundesstaates sowie die Partnerschaft und Kooperation zwischen Bund und Kantonen, nicht nur die Teilung der Kompetenzen hervorhebt (vgl. § 9; Art. 42–49 BV). 191

Der schweizerische Föderalismus kann *nicht auf die Bundesstaatlichkeit beschränkt* werden. Die BV unterstreicht, dass die Schweiz ein kunstvolles Gebilde darstellt, das auf der immer neu herzustellenden und fruchtbar zu machenden *Integration verschiedener Minderheiten und Sprach- und Kulturgemeinschaften* gründet, so etwa: 192

- mit der Bekräftigung des Willens von Schweizervolk und Kantonen in der Präambel, «in gegenseitiger Rücksichtnahme und Achtung ihre *Vielfalt in der Einheit* zu leben»,

- mit der Verpflichtung im Zweckartikel (Art. 2 BV) und im Kulturartikel (Art. 69 Abs. 3 BV), den inneren *Zusammenhalt* und die kulturelle und sprachliche *Vielfalt* des Landes zu fördern,

- mit der Hervorhebung der vier Landessprachen in den allgemeinen Bestimmungen (Art. 4 BV),

- mit dem Gebot, das Einvernehmen zwischen Sprachgemeinschaften zu wahren, sprachliche Minderheiten zu schützen und Verständigung wie Austausch zwischen den Sprachgemeinschaften zu fördern (Art. 70 Abs. 2 und 3 BV),

- sowie mit der Verpflichtung der Bundesversammlung, bei der Wahl des Bundesrates darauf Rücksicht zu nehmen, dass die Landesgegenden und Sprachregionen (Art. 175 Abs. 4 BV) angemessen vertreten sind.

 Freiheitliche und rechtsstaatliche Demokratie

Unter dem (unscharfen) Begriff des *Rechtsstaates* wird primär die Verpflichtung des Staates auf das Recht in all seinen Erscheinungsformen verstanden, die Eindämmung jeglicher staatlicher Macht im Interesse des Freiheitsschutzes. Der Rechtsstaat soll staatliches Handeln begrenzen, aber auch gewährleisten, um damit eine «Friedensordnung durch Recht» (Eberhard Schmidt-Assmann) zu sichern. 193

Die Verfassung bekennt sich mehrfach zur *Rechtsstaatlichkeit* (vgl. dazu § 2⁶) verankert verschiedene *rechtsstaatliche Grundsätze* in Art. 5 BV.

195 – Art. 5 BV enthält die umfassenden Prinzipien der Recht- und Gesetzmässigkeit (Abs. 1) und des öffentlichen Interesses und der Verhältnismässigkeit allen staatlichen Handelns (Abs. 2) sowie das Gebot von Treu und Glauben, das sich an Staat und Private richtet (Abs. 3) und als Grundrecht in Art. 9 BV wieder aufgenommen wird. Absatz 4 sieht den grundsätzlichen Vorrang des Völkerrechts vor dem gesamten Landesrecht vor.

196 – Ein ausführlicher *Grundrechtskatalog* garantiert Menschenwürde, Rechtsgleichheit, Freiheitsrechte, soziale Garantien sowie Verfahrensrechte und enthält Bestimmungen über die Verwirklichung und Schranken der Grundrechte (Art. 7–36 BV).

197 – Im Bereich der Rechtsetzung werden die *Erlassformen* (Art. 163 BV) und die Handlungsformen der Bundesversammlung definiert sowie das Legalitätsprinzip im Sinne eines *materiellen Gesetzesvorbehalts* geregelt (Art. 164 BV). Dieser schützt gleichzeitig auch das Referendumsrecht des Volkes.

198 Das *Demokratieprinzip* bringt zum Ausdruck, dass der Staat auf dem Grundsatz der Volkssouveränität beruht (indem alle Staatsgewalt vom Volk ausgeht) und die Bürgerinnen an der Willensbildung im Staat mitwirken, damit diese «mitgestalten» können und Beschlüsse auch mitzuverantworten haben. Das Demokratieprinzip betrifft die Organisation und Strukturierung einer menschenwürdigen Herrschaftsordnung, die Gewährleistung eines partizipativen, offenen, pluralistischen und responsiven Prozesses der Entscheidfindung zum Zweck der demokratischen Legitimation der Staatsgewalt.

199 Die spezifisch schweizerische *Demokratie* kommt in der BV in ihren *repräsentativen* Komponenten wie in ihren *direktdemokratischen* Elementen deutlich zum Ausdruck (vgl. dazu § 21):

200 – Gemäss Präambel und Art. 2 BV sollen die Demokratie gestärkt und die Volksrechte geschützt werden; die politischen Rechte werden im Grundrechtsteil gewährleistet (Art. 34 BV) und in einem eigenen (4.) Titel der Verfassung übersichtlich aufgelistet.

201 – Obwohl die Behördenorganisation auf dem (Grund-)Prinzip der Gewaltengliederung beruht – ohne allerdings einer bestimmten doktrinären Teilungs- oder gar Trennungslehre zu folgen –, wird dieses nicht ausdrücklich normiert. Doch die *«Behördendemokratie»*, das Zusammenspiel der Bundesorgane im Rahmen des «decision making», wird einlässlich und klar geregelt.

202 – Die Verfassung nimmt sich in Ansätzen auch dem demokratischen *Meinungs- und Willensbildungsprozess* ausserhalb der Verfassungsorgane an, indem die Funktion der Parteien (Art. 137 BV) und das Vernehmlassungsverfahren (Art. 147 BV) angesprochen sowie die freie Willensbildung grundrechtlich geschützt werden (Art. 34 Abs. 2 BV).

203 Rechtsstaatlichkeit und Demokratie sind eng aufeinander bezogen und einander zugeordnet. Es handelt sich um gleichrangige, ineinander verschränkte Verfassungsprinzipien, die sich gegenseitig «voraussetzen», aber gleichwohl eigenständige Zielwerte verkörpern. Alle Verfassungsprinzipien, gerade auch Rechtsstaatlichkeit

und Demokratie, sind auf den obersten Zielwert der Menschenwürde ausgerichtet; sie stehen im Dienste politischer Humanität. Es erscheint deshalb zweckmässig, bei der Behandlung von einzelnen Verfassungsaspekten und «Prinzipelementen» jeweils beide, aufeinander angewiesenen «Pole» im Blickwinkel zu behalten.

Besonders anschaulich und eindrücklich wird die elementare Verwobenheit von Rechtsstaat und Demokratie in Dokumenten der OSZE, die eigentliche «Grundpfeiler gemeineuropäischen Verfassungsrechts» bilden, ersichtlich. Immer wieder wird betont und bekräftigt, dass die Demokratie ein wesentlicher Bestandteil des Rechtsstaates ist (vgl. etwa das Dokument des Kopenhagener Treffens) und dass die Demokratie «Verantwortlichkeit gegenüber der Wählerschaft, Bindung der staatlichen Gewalt an das Recht sowie eine unparteiische Rechtspflege» erfordert (so die Charta von Paris für ein neues Europa). 204

Eine rechtsstaatliche Demokratie verpflichtet sämtliche Entscheidungsträger, die Grundrechte zu wahren. Insofern bildet der Rechtsstaat *Voraussetzung und Korrektiv* der Demokratie. Er ist Voraussetzung, weil Freiheitsrechte (insbesondere die Meinungsfreiheit) für den demokratischen Prozess unabdingbar sind. Er wirkt als Korrektiv, weil die Grundrechte (insbesondere Willkür- und Diskriminierungsverbot) auch gegenüber demokratischen Mehrheiten angerufen werden können. 205

Der politische Alltag der Schweiz wird immer wieder durch das Spannungsverhältnis von Demokratie und Rechtsstaat geprägt. Im historisch gewachsenen Bewusstsein des Volkes steht das Demokratieprinzip oft über rechtsstaatlichen Grundsätzen, die als Einschränkung der Entscheidungsfreiheit des Volkes aufgefasst werden. Dabei wird einerseits die Idee der demokratischen Staatsform idR. auf deren direktdemokratische Instrumente verkürzt und ausser Acht gelassen, dass auch diese der grundrechtlichen Alimentierung bedürfen. Auf der anderen Seite wird das Verhältnis von Demokratie und Rechtsstaat auf eine Zuständigkeitsebene verlagert, auf welcher sich Parlament und Volk eines zunehmenden Vorrangs der dritten Gewalt, namentlich des Bundesgerichts, gegenüberstehen (vgl. auch RENÉ RHINOW, Funktionen, 181 ff.). 206

Die konkreten Auseinandersetzungen werden vor allem (und immer wieder) anlässlich von Bestrebungen geführt, die zur Einführung resp. Erweiterung der *Verfassungsgerichtsbarkeit* gegenüber Bundesgesetzen führen sollen. Diese wurden bislang erfolgreich mit sog. «demokratischen» Argumenten bekämpft (vgl. Rz. 2867 ff.). 207

Das Spannungsfeld zwischen Demokratie und Rechtsstaat scheint zB. auch deutlich auf, wenn der Rechtsschutz gegen diskriminierende *Einbürgerungsentscheide* ausgebaut werden soll. Die Befürworter berufen sich auf rechtsstaatliche Überlegungen (Schutz vor Willkür und Diskriminierung, Rechtsweggarantie). Die Gegner befürchten einen Abbau der Demokratie, weil in vielen Kantonen die Einbürgerungskompetenz beim Volk liegt. In der Tat sind Auswirkungen auf die Zuständigkeitsordnung nicht auszuschliessen. Denn eine verfassungsgerichtliche Überprüfung ist letztlich nur möglich, wenn die Gründe eines angefochtenen Entscheides erkennbar sind. Das kann bei Volksentscheiden Probleme stellen (vgl. zur Problematik bei Einbürgerungsentscheiden Rz. 346 ff.). 208

209 Eine ähnliche Problematik stellt sich zwar auch bei der Anfechtung kantonaler Erlasse im Rahmen der *abstrakten Normenkontrolle*. Auch hier muss der Kontrollinstanz uU. eine Begründung eines Volksentscheides mitgeteilt werden. Dennoch unterscheidet sich die Rechtslage: Während bei der abstrakten Normenkontrolle ein Rechtssetzungsakt überprüft wird, bei dem die Begründungspflicht lediglich in allgemeiner Weise und einzig im Hinblick auf das Kontrollverfahren greift, stellen Einbürgerungsentscheide *individuelle Staatsakte* dar, bei denen eine umfassende verfassungsrechtliche Begründungspflicht im Rahmen des Anspruchs auf rechtliches Gehör im konkreten Anwendungsfall – bereits unabhängig von einem Rechtsmittel – gilt.

4. Sozialstaat

210 Die Bundesverfassung als moderne, realitätsgebundene Verfassung widerspiegelt mehrfach den Grundsatz der Sozialstaatlichkeit, legt aber auch Gewicht auf dessen Grenzen (vgl. dazu § 35).

211 – Ein klares Bekenntnis zur Sozialverpflichtung des Gemeinwesens wird in der Präambel (im Passus, dass sich die Stärke des Volkes am *Wohl der Schwachen* messe) und im Zweckartikel (Art. 2 BV, wonach der Eidgenossenschaft aufgegeben wird, die gemeinsame *Wohlfahrt* zu fördern und «für eine möglichst grosse *Chancengleichheit* unter den Bürgerinnen und Bürgern» zu sorgen) abgelegt.

212 – Der Grundrechtsteil enthält verschiedene *soziale Grundrechte:* das individuelle Recht auf Hilfe in Notlagen (Art. 12 BV), den Anspruch auf unentgeltlichen Grundschulunterricht (Art. 19 BV) sowie den Anspruch auf unentgeltliche Rechtspflege und auf einen unentgeltlichen Rechtsbeistand (Art. 29 Abs. 3 BV).

213 – Eine bedeutende Stellung im Verfassungsganzen nehmen die *Sozialziele* (Art. 41 BV) ein, die sich an den UNO-Pakt I sowie an die soziale Programmatik neuerer Kantonsverfassungen anlehnen. Obwohl sie weder individuelle Rechtsansprüche vermitteln noch (neue) Bundeskompetenzen begründen, bringen sie doch zum Ausdruck, dass sich Bund und Kantone um die tatsächlichen Voraussetzungen, um die Existenzsicherung und um das «Wohl der Schwachen» zu kümmern haben.

214 – Im Rahmen der Grundsätze der Wirtschaftsordnung (Art. 94 Abs. 2 BV) wird Bund und Kantonen zusätzlich aufgegeben, (zusammen mit der privaten Wirtschaft) zur *Wohlfahrt* und zur wirtschaftlichen Sicherheit der Bevölkerung beizutragen.

215 – Schliesslich enthält der Aufgabenkatalog des Bundes (vor allem unter dem Titel *Wohnen, Arbeit, soziale Sicherheit und Gesundheit)* zahlreiche, mit sozialer Programmatik angereicherte Bundeskompetenzen: die besondere Berücksichtigung von Familien, Betagten, Bedürftigen und Behinderten bei der Wohnbauförderung; Mieterschutz; Alters- und Hinterlassenenvorsorge und -versicherung (mit einer ausdrücklichen Verankerung des Drei-Säulen-Konzeptes); berufliche Vorsorge; Arbeitsversicherung; Mutterschaftsversicherung; Kranken- und Unfallversicherung; Gesundheitsvorsorge; Gentechnologie (mit einem ausdrücklichen Klonverbot, Art. 119 Abs. 2 Bst. a BV,

sowie das Zusatzprotokoll über das Verbot des Klonens menschlicher Lebewesen vom 12. Januar 1998, SR 0.810.21); Fortpflanzungsmedizin und Organtransplantation (Art. 119–120 BV).

Auch für das Sozialstaatsprinzip gilt, dass es zu anderen Verfassungsprinzipien, insbesondere zur Rechtsstaatlichkeit, in einem sowohl *korrelativen* wie (teilweise) *ambivalenten* Verhältnis steht. 216

c. Weitere Verfassungsprinzipien

Es drängt sich uE. auf, neben den dargestellten «klassischen» Grundentscheidungen weitere verfassungsgestaltende Prinzipien zu anerkennen, die sich aus dem geltenden schweizerischen Verfassungsrecht herauskristallisieren lassen und die Bundesverfassung prägen: die wettbewerbsorientierte Wirtschaftsordnung, das Subsidiaritätsprinzip, das Nachhaltigkeitsprinzip sowie der weltoffene und kooperative Verfassungsstaat. 217

1. Wettbewerbsorientierte Wirtschaftsordnung

Unbestritten ist, dass die schweizerische Wirtschaftsordnung nicht auf einem förmlichen «Systementscheid» oder einer Grundentscheidung zugunsten eines ökonomischen Wirtschaftsmodells beruht. Trotzdem ergibt eine Gesamtsicht der wirtschaftsrelevanten Verfassungsnormen, dass die Verfassung im Grundsatz eine freiheitlich-wettbewerbsorientierte (sowie sozial- und umweltverpflichtete) Ordnung konstituiert (vgl. Rz. 3165 ff.). 218

Die wettbewerbsorientierte Wirtschaftsordnung wird sowohl grundrechtlich (Art. 26, 27 BV) als auch institutionell abgesichert, indem sich Bund und Kantone an den Grundsatz der Wirtschaftsfreiheit zu halten, die Interessen der Gesamtwirtschaft zu wahren sowie für günstige Rahmenbedingungen und für einen einheitlichen schweizerischen Wirtschaftsraum zu sorgen haben (Art. 94 Abs. 1–3, 95 Abs. 2 BV). Ausdrücklich wird festgehalten, dass staatliche Massnahmen, die sich gegen den Wettbewerb richten, einer Grundlage in der Verfassung bedürfen (Art. 94 Abs. 4 BV). 219

2. Subsidiarität

Literatur

EICHENBERGER KURT, Zur Problematik der Aufgabenverteilung zwischen Staat und Privaten, ZBl 1990, 517 ff., 533 ff.; BIAGGINI, BV Kommentar, Art. 5a; HÖFFE OTFRIED, Vernunft und Recht. Bausteine zu einem interkulturellen Rechtsdiskurs, Frankfurt a.M. 1996, 220 ff.; KOLLER HEINRICH, Subsidiarität als Verfassungsprinzip, in: FS Hangartner, 675 ff.; PERNTHALER PETER, Allgemeine Staatslehre und Verfassungslehre, 2. Aufl. Wien/New York 1996, 190 f., 290; RICHLI PAUL, Zweck und Aufgaben der Eidgenossenschaft im Lichte des Subsidiaritätsprinzips. Referat zum Schweizerischen Juristentag 1998, H. 2, Basel 1998, auch in: ZSR 1998 II, 139 ff.; SCHWEIZER/MÜLLER,, in: St. Galler Kommentar, Art. 5a.

220 Der Grundsatz der Subsidiarität im Verhältnis von Staat und Gesellschaft sowie von Bund und Kantonen durchzieht die BV in vielen Bereichen; er war auch wegleitend in den Debatten der Eidg. Räte im Rahmen der Verfassungsreform 1999, sowie im Rahmen der Neugestaltung des Finanzausgleichs und der Aufgabenteilung zwischen Bund und Kantonen (NFA; vgl. dazu insb. Rz. 665).

221 Beim Subsidiaritätsprinzip handelt es sich um eine Erscheinung, die ursprünglich vor allem der katholischen Soziallehre (Quadragesimo Anno von 1931) entspringt. Der Grundsatz bezieht sich einerseits auf das Verhältnis zwischen Staat und Individuum: Der Staat soll nur diejenigen Aufgaben übernehmen, die der Private nicht wahrnehmen kann. Anderseits betrifft er das Verhältnis zwischen Gebietskörperschaften im Bundesstaat: Was die tiefere Ebene besser erfüllen kann, soll nicht der höheren übertragen werden.

222 Im gegenseitigen Verhältnis von *Staat, Gesellschaft und Individuum* findet der Grundsatz besonderen Ausdruck im sog. «Verantwortlichkeitsartikel» (Art. 6 BV; vgl. Rz. 2645 ff.), der jede Person «verpflichtet», *Verantwortung* für sich selber *wahrzunehmen* und nach Kräften zur Bewältigung der Aufgaben in Staat und Gesellschaft beizutragen, in der Klausel, dass nur ein Recht auf *Hilfe in Notlage* besitzt, wer «nicht in der Lage ist, für sich zu sorgen» (Art. 12 BV; vgl. Rz. 3447 ff.) sowie in der entsprechenden Vorschrift, dass das Gemeinwesen die Sozialziele «*in Ergänzung zu persönlicher Verantwortung* und privater Initiative» verfolgt (Art. 41 Abs. 1 Ingress BV; vgl. Rz. 3396 ff.).

223 Auch die schweizerische *Bundesstaatlichkeit* wird vom Subsidiaritätsprinzip geprägt, obwohl der Begriff selbst erst in die schweizerische politische Praxis Eingang fand, als er in der Europäischen Union zum symbolkräftigen Leitgrundsatz wurde (vgl. Rz. 595 ff.).

224 Mit der NFA wurde das Subsidiaritätsprinzip expressis verbis in die BV aufgenommen (Art. 5a BV). Inhalt und Tragweite des Subsidiaritätsprinzips auf Verfassungsstufe bedürfen freilich wegen seiner hochgradigen Unschärfe und mangelnder Normativität noch klärender Vertiefungen (dazu bisher etwa RAINER J. SCHWEIZER/ LUCIEN MÜLLER, in: St. Galler Kommentar, Art. 5a).

225 In der Totalrevision der BV 1999 wurde bewusst darauf verzichtet, Verfassungsprinzipien im Verfassungstext aufzuführen, weil sich diese nicht zur textlichen Verankerung in der Verfassung eignen. Mit dem Subsidiaritätsprinzip ist dieser Grundsatz einseitig durchbrochen worden (vgl. Rz. 595 ff.).

3. Nachhaltigkeit

Literatur

BIAGGINI, BV Kommentar, Art. 73; FLÜCKIGER ALEXANDRE, Le développement durable en droit constitutionnel suisse, URP 2006, 471 ff.; GRIFFEL ALAIN, Die Grundprinzipien des schweizerischen Umweltrechts, Zürich 2001; KELLER HELEN/VON ARB CHRISTINE, Nachhaltige Entwicklung im Völkerrecht: Begriff – Entwicklung – Qualifikation, URP 2006, 439 ff.; LANG WINFRIED/HOHMANN HARALD/EPINEY ASTRID, Das Konzept der Nachhaltigen Entwicklung: völker- und europarechtliche Aspekte, Bern/Zürich 1999; PETITPIERRE-SAUVAIN ANNE, Ökologische Grundlagen der schweizerischen Verfassungsordnung, in: Verfassungsrecht der Schweiz, 579 ff.; MAHON, in: Petit commentaire, Art. 73; VALLENDER, in:

St. Galler Kommentar, Art. 73; WAGNER PFEIFER BEATRICE, Umweltrecht I, 3. Aufl. (erscheint demnächst).

Die Verfassung bekennt sich wiederholt zum umfassenden, nicht nur ökologisch verstandenen Nachhaltigkeitsprinzip. 226

> Eine Entwicklung ist dann nachhaltig, wenn sie die heutigen Bedürfnisse zu decken vermag, ohne den künftigen Generationen die Möglichkeit zur Deckung der eigenen Bedürfnisse zu verbauen. Nachhaltigkeit besteht aus drei Schlüsselfaktoren, nämlich dem Schutz der natürlichen Umwelt, der wirtschaftlichen Effizienz und der gesellschaftlichen Solidarität. Anzustreben ist ein Gleichgewicht zwischen der wirtschaftlichen Entwicklung, dem Zustand der Umwelt und den sozialen Verhältnissen. Der Bundesrat hat die nachhaltige Entwicklung 1997 zum Ziel seiner Regierungspolitik bestimmt. 227

Das Nachhaltigkeitsprinzip kommt in der BV in verschiedener Hinsicht zum Ausdruck. 228

– So werden in der Präambel die «Verantwortung gegenüber der *Schöpfung*» und die «Verantwortung gegenüber den *künftigen Generationen*» hervorgehoben; im Zweckartikel und ihm Rahmen der aussenpolitischen Ziele werden eine Förderung der *«nachhaltigen Entwicklung»* (Art. 2 Abs. 2 BV) und der Einsatz «für die *dauerhafte Erhaltung der natürlichen Lebensgrundlagen*» gefordert (Art. 2 Abs. 4, 54 Abs. 2 BV). 229

– Im Bereich von *Umwelt und Raumplanung* sticht Art. 73 BV hervor, der mit Nachhaltigkeit überschrieben ist; der Nachhaltigkeit verpflichtet sind aber auch die Art. 75 BV (Grundsätze der Raumplanung), Art. 76 BV (Wasser), Art. 77 BV (Wald), Art. 78 BV (Natur- und Heimatschutz), Art. 79 BV (Artenvielfalt bei Tieren), sodann der Energiebereich Art. 89 BV und die Landwirtschaft Art. 104 BV. 230

– Bei der Haushaltführung wird der Bund verpflichtet, seine Ausgaben und Einnahmen auf Dauer im Gleichgewicht zu halten und einen allfälligen Fehlbetrag abzutragen (Art. 126 BV). 231

Die BV enthält *kein Grundrecht «auf eine natürliche Umwelt»*. Ein solcher Leistungsanspruch, der vor Gerichten direkt geltend gemacht werden könnte, würde nicht nur einen diffusen Geltungsbereich aufweisen, sondern wäre kaum justiziabel und müsste zu einer gewichtigen Einbusse an demokratischen Entscheidungsspielräumen führen. Zudem wäre fraglich, in welchem Ausmass ein derartiges Recht gegen private Beeinträchtigungen angerufen werden könnte (Art. 35 Abs. 3 BV). 232

> Denkbar ist hingegen, dass aus einzelnen Grundrechten (wie etwa Art. 10 BV) *staatliche Schutzpflichten* abgeleitet werden können, die in besonderen nachhaltigkeitsrelevanten Verfassungsbestimmungen (wie Art. 74 BV) eine zusätzliche Legitimation erfahren können. 233

4. Weltoffener und kooperativer Verfassungsstaat

Die Verfassung legt auch ein besonderes Gewicht auf die *Einbettung der Schweiz in die Völkergemeinschaft* (vgl. Rz. 3488 ff.). 234

235　Wie ein roter Faden zieht sich diese Offenheit – trotz der selbstverordneten «europapolitischen Neutralität» des schweizerischen Verfassungsrechts – durch praktisch alle Verfassungsbereiche hindurch. Beispielhaft seien erwähnt:

- die Anerkennung des grundsätzlichen *Vorrangs des Völkerrechts* (Art. 5 Abs. 4, 190; BV) und der absolute Vorrang des zwingenden Völkerrechts (Art. 139 Abs. 3, 193 Abs. 4, 194 Abs. 2 BV);
- die ausführliche Regelung der Zuständigkeiten und vor allem der Zusammenarbeit von Bund und Kantonen in der *Aussenpolitik;*
- die Verpflichtung des Landes, «*Unabhängigkeit* und *Frieden* in *Solidarität* und *Offenheit* gegenüber der Welt zu stärken» (Präambel) und sich «für eine friedliche und gerechte internationale Ordnung» einzusetzen (Art. 2 Abs. 4 BV);
- der *Katalog aussenpolitischer Ziele,* in denen dem Bund aufgetragen wird, zur Linderung von Not und Armut in der Welt, zur Achtung der Menschenrechte und zur Förderung der Demokratie, zu einem friedlichen Zusammenleben der Völker und zur Erhaltung der natürlichen Lebensgrundlagen beizutragen (Art. 54 Abs. 2 BV);
- die «Verarbeitung» *internationaler Menschenrechtsgarantien* im Grundrechtskatalog (zB. bei der Redaktionsfreiheit, Art. 17 Abs. 3 BV, oder beim Schutz vor Ausweisung oder Ausschaffung, Art. 25 BV);
- die Anerkennung des Anspruchs auf *Grundschulunterricht* für *alle* Kinder (Art. 19 und 62 Abs. 2 BV) und die Erleichterung der *Einbürgerung staatenloser Kinder* (Art. 38 Abs. 3 BV);
- die Begrenzung der Kompetenz des Bundes, «Massnahmen zum Schutz der *inländischen Wirtschaft*» zu treffen, auf «besondere Fälle» (Art. 101 Abs. 2 BV); sowie
- die Beteiligung der *Bundesversammlung* an der Gestaltung der Aussenpolitik (Art. 166 BV).

§ 3 Volk und Verfassung

I. Volk und Bevölkerung

Literatur

AUBERT JEAN-FRANÇOIS, in: Petit commentaire, Art. 1; DERS., in: Verfassungsrecht der Schweiz, § 1; AUER/MALINVERNI/HOTTELIER I, 117 ff.; BECCHI PAOLO/ORSI GIUSEPPE/ SEELMANN KURT/SMID STEFAN/STEINVORTH ULRICH (Hrsg.), Nationen und Gerechtigkeit, Frankfurt a. M./Berlin/Bern/Brüssel/New York/Oxford/Wien 2007; BIAGGINI GIOVANNI, Das «Problem» des fehlenden europäischen Volkes, Verfassungstheoretische und -vergleichende Überlegungen zur europäischen Demokratie- und Verfassungsdiskussion, in: Bovay Benoît/ Nguyen Minh Son (Hrsg.), Mélanges Pierre Moor, Bern 2005, 3 ff.; DERS., BV Kommentar, Art. 1; BORGHI MARCO, Langues nationales et langues officielles, in: Verfassungsrecht der Schweiz, 593 ff.; BOSSHART-PFLUGER CATHERINE/JUNG JOSEPH/METZGER FRANZISKA, (Hrsg.), Nation und Nationalismus in Europa, FS für Urs Altermatt, Frauenfeld/Stuttgart/ Wien 2002; GREBER ANTON, Die strukturellen Grundlagen des Schweizerischen Bundesstaates, in: BV – CF 2000, 7 ff.; HAFNER FELIX/SCHWEIZER RAINER J., in: St. Galler Kommentar, Rz. 3 ff. zu Art. 1 BV; HÄFELIN/HALLER/KELLER, 52 ff., 930 ff.; HALLER/KÖLZ/GÄCHTER, Staatsrecht, 9 ff.; HANGARTNER YVO/KLEY ANDREAS, Die demokratischen Rechte in Bund und Kantonen der Schweizerischen Eidgenossenschaft, Zürich 2000; LEIBFRIED STEPHAN/ ZÜRN MICHAEL (Hrsg.), Transformationen des Staates?, Frankfurt a.M. 2006; LINDER WOLF, Grundzüge des politischen Systems, in: Verfassungsrecht der Schweiz, 995 ff.; MAHON PASCAL, in: Petit commentaire, préambule; PETERS ANNE, Privatisierung, Globalisierung und die Resistenz des Verfassungsstaates, in: Mastronardi Philippe/Taubert Denis (Hrsg.), Staats- und Verfassungstheorie im Spannungsfeld der Disziplinen, ARSP Beiheft Nr. 105, 2006, 100 ff.; POLEDNA THOMAS, Wahlrecht im Bund, in: Verfassungsrecht der Schweiz, 363 ff.; SÄGESSER THOMAS (Hrsg.), Die Bundesbehörden: Bundesversammlung, Bundesrat, Bundesgericht: Kommentar, Beiträge und Materialien zum 5. Titel der schweizerischen Bundesverfassung, Bern 2000; SALADIN PETER, Wozu noch Staaten?, Bern/München/Wien 1995; TANQUEREL THIERRY, Les fondements démocratiques de la Constitution, in: Verfassungsrecht der Schweiz, 301 ff.; TSCHANNEN, Staatsrecht, 201 ff.; ZIMMERLI ULRICH, Bundesversammlung, in: Verfassungsrecht der Schweiz, 1027 ff.

a. Volk als Element des Staates

Der *Begriff des Staatsvolkes* ist mehrdeutig und steht in Wechselbeziehung zu ähnlichen Bezeichnungen wie derjenigen der Nation oder der Staatsangehörigen. Im Völkerrecht wird unter dem Staatsvolk die Gesamtheit der Staatsangehörigen (Bürger) eines Staates verstanden. Diese Konzeption besticht durch ihre Einfachheit, blendet jedoch die Komplexität der tatsächlichen Verhältnisse aus. Denn das Staatsvolk lässt sich nicht losgelöst von den beiden anderen Wesenselementen des Staates, der Staatsgewalt und dem Staatsgebiet, bestimmen: In einem weiten Verständnis zählt zum Staatsvolk, *über wen die Staatsgewalt sich erstreckt,* was wiederum massgeblich vom *Staatsgebiet* (Territorium) abhängt, an welches die Staatsgewalt gemeinhin gebunden ist. 236

237 Staatstheoretisch kommen dem Volk im demokratischen Verfassungsstaat fünf wesentliche Funktionen zu:

- Es bildet eines der drei klassischen konstituierenden Elemente des Staates (neben dem Staatsgebiet und der Staatsgewalt).

- Es ist Träger der Volkssouveränität.

- Es ist Träger der verfassungsgebenden Gewalt (in der Schweiz gemeinsam mit den «Ständen» [Kantonen]).

- Es bildet eine vom Parlament (jedenfalls von dessen «Volkskammer») und allenfalls weiteren Staatsorganen repräsentierte Gesamtheit.

- Es kann – wie namentlich in der Schweiz – Träger von Partizipationsrechten sein.

238 Als ethnische oder soziologische Einheit wird das Staatsvolk als auf dem Staatsgebiet lebende *politische Willens- und Schicksalsgemeinschaft* oder als *Nation* verstanden, die auf Kriterien wie Sprache, Kultur, Religion, Rasse, historischer Entwicklung usw. beruht. In juristischer Sicht umfasst das Staatsvolk iwS. (dessen völkerrechtlichem Verständnis entsprechend) die *Gesamtheit der Staatsangehörigen* und ieS. *die Gesamtheit der Inhaber der politischen Rechte*, dh. derjenigen Menschen, die zur politischen Willensbildung berufen sind.

239 Im Denken des 19. Jahrhunderts wurden dem Staatsvolk im Wesentlichen die auf dem Staatsgebiet auf Dauer lebenden Menschen zugerechnet. Dieses Verständnis des Staatsvolkes als weitgehend statische *nationale Einheit* hat vor allem in Europa zur Schaffung der Nationalstaaten geführt. Es kommt in der klassischen Formel zum Ausdruck, wonach der Staat «die mit ursprünglicher Herrschermacht ausgerüstete Verbandseinheit sesshafter Menschen» darstellt (GEORG JELLINEK, Allgemeine Staatslehre, Berlin 1914, 180 f.). Jüngere Begriffsumschreibungen nehmen etwas deutlicher auf die *Wechselwirkung* der drei grundlegenden Staatselemente Bezug. In diesem Sinne wird das Staatsvolk etwa als «die Gesamtheit der Menschen, die aufgrund ihrer Staatsbürgerschaft der Staatsgewalt auf dem betreffenden Staatsgebiet dauernd unterworfen sind» definiert (PIERRE TSCHANNEN, 2). Staatsgebiet und Staatsgewalt bestimmen dabei das Staatsvolk entscheidend mit. Das Staatsvolk hat aber auch eine *integrative Funktion*. Es beruht auf dem gemeinsamen Willen, eine rechtlich organisierte Entscheidungs- und Wirkungseinheit zu schaffen, bzw. auf der fortdauernden Bereitschaft, sich als Einheit und Organisation zu verstehen. Ein Staat ist demnach immer auch eine «*Körperschaft*», dh. eine Vielzahl sich zu einer Einheit zusammenschliessender Menschen; er übernimmt insofern die Funktion einer *öffentlich-rechtlichen Gebietskörperschaft*, die auf einem gemeinschaftlichen Zusammenhalt beruht. «Der Staat ist eine an ein Gebiet gebundene Gemeinschaft, deren Organe gegenüber ihren Mitgliedern eine ausschliessliche oder mindestens eigene oder ursprüngliche Herrschaftsgewalt besitzen» (JEAN-FRANÇOIS AUBERT, Rz. 12 zu Art. 1).

240 In Zeiten weltweiter Migrationsbewegungen, der – vorerst hauptsächlich noch wirtschaftlich geprägten, zunehmend aber auch sozial und ökologisch ausgerichteten – integralen Globalisierung sowie des international wachsenden Ko-

operations- und Integrationsdruckes verliert der Nationalstaat zunehmend an Konturen. Der *internationalen Zusammenarbeit* und *völkerrechtlichen Regelwerken* kommt eine immer grössere Bedeutung zu. Zwar sind die Staaten noch vorwiegend national definiert; auch ist der Volksbezug bei der Festlegung der Staaten auch heute noch von grosser Bedeutung, wie nicht zuletzt die Rückkehr zu den Nationalstaaten in Osteuropa gezeigt hat und wie ebenfalls die nationalistischen Bewegungen in vielen anderen Ländern belegen. Dennoch gibt es eine mehr oder weniger stetige Entwicklung zu übernationalen Grossräumen und internationaler Zusammenarbeit. Das führt unweigerlich auch dazu, dass der *Begriff des Staatsvolkes* einem *Wandel* unterliegt, indem insb. eine Ablösung vom streng territorialen Bezug stattfindet. Gleichzeitig ist die ausschliessliche Anknüpfung an die Staatsbürgerschaft zu hinterfragen. Das früher vorwiegend statische Verständnis des Staatsvolkes wird dadurch *dynamisch*.

Der *Begriff* des *Staatsvolks* bleibt in diesem Sinne *vielschichtig*. Namentlich erweisen sich die Kriterien der *Staatsangehörigkeit* sowie der *Trägerschaft der politischen Rechte* als *nicht eindeutig*. 241

Die in einem Land ansässigen *ausländischen Personen* gehören zum Staatsvolk, wenn einzig auf die Staatsgewalt abgestellt wird. In diesem Fall fragt sich sogar, ob dies nicht auch für Ausländerinnen auf Durchreise oder sogar für Menschen im Ausland gelten müsste, auf die entgegen dem Territorialitätsgrundsatz Landesrecht anwendbar ist (etwa aufgrund des Ubiquitäts- oder des aktiven oder passiven Personalitätsprinzips). Ebenso können ausländische Personen zur politischen Willens- und Schicksalsgemeinschaft zählen, wenn sie entsprechend integriert sind. Soweit Ausländerinnen mit den politischen Rechten versehen werden, zählen sie sogar zur Gesamtheit der Inhaber derselben. In diesem Sinne ist die Zurechnung von Ausländern zum Staatsvolk demnach selbst dann nicht klar, wenn sie auf dem Staatsgebiet leben und der Staatsgewalt unterworfen sind. 242

Zur Gesamtheit der Staatsangehörigen gehören im eigenen Land oder im Ausland lebende *Doppelbürger* sowie *im Ausland ansässige Staatsangehörige*. Sie können, uU. sogar in mehreren Staaten, über die politischen Rechte verfügen. Wieweit sie auch Bestandteil des Staatsvolkes sind, ist nicht eindeutig. 243

Mit dem Staatsvolk, insb. im Verständnis des Nationalstaates, verbunden sind *nationale Selbstwertgefühle*, die nicht nur eine Herausforderung für internationale Integrationsbestrebungen darstellen. Eine Überhöhung dieses «völkischen» Elements bringt auch die Gefahr diskriminierender und menschenverachtender Entwicklungen mit sich, wie namentlich die Zeit des zweiten Weltkrieges gezeigt hat. Auch heute noch neigen nationalistische Bewegungen mitunter zu Extremismus. Dennoch bleibt der Volksbezug für den Staat als solchen sowie für das Selbstverständnis desselben kennzeichnend und unverzichtbar. Umso wichtiger erweist es sich daher, bei den Behörden und in der Bevölkerung das *Verständnis für die Achtung des Verfassungs- und Rechtsstaates und insb. für die Würde aller Menschen* zu fördern. Überdies ist darauf zu achten, bei der (politischen) Lösung überstaatlicher Probleme, die angesichts der fortschreitenden internationalen Verflechtung am Zunehmen sind, einen *Ausgleich* zu finden zwischen den berechtigten *nationalen Anliegen* und den *internationalen bzw. globalen Interessen*. 244

b. Volkssouveränität und Bundesverfassung

245 Die Bundesverfassung beruht auf dem Prinzip der sog. *Volkssouveränität*. Auch in der Schweiz geht in diesem Sinne «alle Staatsgewalt ... vom Volke aus». Kennzeichnend dafür weist Art. 148 Abs. 1 BV die «oberste Gewalt im Bund» der Bundesversammlung lediglich «unter Vorbehalt der Rechte von Volk und Ständen» zu.

246 Der Grundsatz der Volkssouveränität geht zurück auf die *Garantie der Menschenwürde* und bildet die *Grundlage des Demokratieprinzips*. Er besagt zunächst, dass Träger aller Staatsgewalt das Volk ist. In der besonderen schweizerischen Ausprägung der Volkssouveränität ist das Volk aber mehr: Es übt die Staatsgewalt durch seine Mitwirkung an der demokratischen Willensbildung auch selbst aus. Das Volk wird damit dank des direktdemokratischen Instrumentariums zum «Staatsorgan».

247 Die Volkssouveränität greift im Übrigen selbst dort, wo den *Kantonen* als an sich dem Schweizervolk gleichgestellte Säule der Schweizerischen Eidgenossenschaft (vgl. Art. 1 BV) Staatsgewalt zukommt, nehmen die Kantone diese doch zwingend ebenfalls auf demokratischer Grundlage (vgl. Art. 51 Abs. 1 Satz 1 BV) und damit durch das Volk oder durch vom Volk gewählte Organe wahr.

248 Auch die Volkssouveränität ist *nicht absolut* zu verstehen. Die Beziehung zwischen Volk und (anderen) Staatsorganen steht unter dem Einfluss der übrigen Grundprinzipien der Verfassung (insb. Föderalismus, Rechtsstaatlichkeit und Sozialstaatlichkeit), womit die Verfassung der Volkssouveränität sowohl organisationsrechtlich als auch inhaltlich Grenzen setzt.

249 Solche Schranken bilden etwa die austarierten Kompetenzordnungen zwischen den verschiedenen Staatsorganen oder die Grundrechte. Die Tragweite der Volkssouveränität wird insoweit verfassungsrechtlich geregelt; doch bleibt unklar, *welches Volk* bei der Volkssouveränität angesprochen ist.

250 Soll die auf die Volkssouveränität zurückgeführte Legitimation der Staatsgewalt umfassend greifen, ist es unausweichlich, eine *Fiktion* zu akzeptieren; andernfalls bestünden unerklärbare und gefährliche Legitimationslücken. Entweder wird davon ausgegangen, das *Stimmvolk* vertrete auch die anderen Angehörigen des Staatsvolkes, ähnlich wie die Mehrheit ja nicht nur gegen, sondern auch für die Minderheit entscheidet. Oder das Volk wird in einem weiteren Sinne verstanden, dh. es wird unterstellt, dass auch die Nicht-Stimmberechtigten Träger der Staatsgewalt sind und diese den staatlichen Organen unter Einschluss des Stimm- und Wahlvolkes zumindest in einem hypothetischen Akt *übertragen*. Ein solcher Übertragungsakt könnte darin erblickt werden, dass sie sich freiwillig der Staatsgewalt bzw. der Verfassung, welche diese regelt, unterstellen.

251 Medien- und umgangssprachlich erfreut sich der Begriff des Volkes als *«Souverän»* grosser *Beliebtheit*. Nach jeder Volksabstimmung geht das Wort um, der «Souverän» habe entschieden, und zwar unabhängig von der konkreten Stimmbeteiligung und von der Deutlichkeit des jeweiligen Abstimmungsergebnisses sowie davon, was die Nicht-Stimmberechtigten vom Resultat halten. Die Volkssouveränität erscheint in diesem Sinne als in der Schweiz tief verankerte und

akzeptierte Grösse: Auch wenn sie in der Bundesverfassung nicht ausdrücklich genannt wird, entspricht sie doch der Verfassungswirklichkeit und dem weit verbreiteten verfassungsrechtlichen Grundverständnis der schweizerischen Demokratie. Dennoch zeigt sich die Relativität und in gewissem Sinne auch die Problematik der Volkssouveränität gerade in den Wahlen und Abstimmungen. Häufig entscheidet nämlich eine klare Minderheit der Wohnbevölkerung über den Ausgang: Bei einer durchschnittlichen Stimmbeteiligung von 30–40% der Aktivbürgerschaft und bei knappem Ausgang bestimmen rund 10–15% der Bevölkerung über das Ergebnis einer Abstimmung (rund 80% der Wohnbevölkerung verfügt über die schweizerische Staatsangehörigkeit, wovon wiederum etwa 80% stimmberechtigt sind); bei Wahlen erzielt eine Partei, die 30% der Stimmen erhält, je nach Wahlbeteiligung einen Stimmenanteil von etwas mehr oder gar weniger als 10% der Gesamtbevölkerung resp. der Stimmberechtigten. Auch dies belegt die Notwendigkeit einer Fiktion, um solche Volksentscheide für die Gesamtheit der Bevölkerung zu legitimieren.

c. Das Volk in der Bundesverfassung

1. Schweizervolk

Der schweizerische Bundesstaat vereinigt verschiedene Sprachgruppen und Kulturen. Ein schweizerisches Volk im traditionellen (ethno-linguistisch-kulturellen) Sinn gibt es nicht. Die früheren Bundesverfassungen sprachen denn auch von den «Völkerschaften» der souveränen Kantone und kannten das Wort «Schweizervolk» nicht. Mit der neuen Bundesverfassung trat insofern ein gewisser Wandel ein. In der Einleitung der Präambel sowie in Art. 1 BV findet sich der Begriff des *Schweizervolks*. In beiden Fällen wird dieser gemeinhin in einem engen Sinne verstanden, als Gesamtheit der schweizerischen Stimmberechtigten oder als Gesamtheit der schweizerischen Staatsangehörigen bzw. als Summe aller entsprechenden Kantonsvölker.

252

> In der Präambel («Das Schweizervolk und die Kantone ... geben sich folgende Verfassung»; vergleichbar die italienische Version der BV: «il Popolo svizzero et i Cantoni»; leicht anders die französische Fassung: «le peuple et les cantons suisses») erfolgt dies getreu der Kompetenzordnung des obligatorischen Referendums bei der Verfassungsrevision (vgl. Art. 140 Abs. 1 Bst. a BV), im Sinne der Gesamtheit der schweizerischen Stimmberechtigten. Bei Art. 1 BV («Das Schweizervolk und die Kantone ... bilden die Schweizerische Eidgenossenschaft»; analog die französische und italienische Version der BV: «le peuple suisse et les cantons» bzw. «il Popolo svizzero e i Cantoni») ist demgegenüber die Gesamtheit der schweizerischen Staatsangehörigen gemeint.

253

Obwohl die geltende im Unterschied zu den früheren Bundesverfassungen darauf verzichtet, die «Völkerschaften» der Kantone in Art. 1 BV ausdrücklich zu nennen, ändert dies nichts daran, dass sich das Schweizervolk letztlich aus einer *Aufrechnung der kantonalen Völker* zusammensetzt. Die Bundesverfassung unterstreicht mit der Erwähnung des Schweizervolkes aber die *Funktion des Gesamtvolkes als selbständige Legitimationsgrundlage* der Eidgenossenschaft (vgl. Rz. 622 f.).

254

255 Schon unter den früheren Bundesverfassungen wurden im Übrigen unter dem Volk nicht nur die Kantonsvölker, sondern den Vorstellungen der Volkssouveränität entsprechend auch das *Bundesvolk* verstanden, obwohl dieses nicht ausdrücklich genannt war.

256 Auch wenn insofern weitgehend Einigkeit zu bestehen scheint, bleiben *Fragen offen*. So schliesst die Anknüpfung an die Staatsangehörigkeit an sich die Auslandschweizer mit ein, womit jedoch eine gewisse territoriale Unschärfe des Begriffs der Schweizerischen Eidgenossenschaft einhergeht. Weiter erscheint das begriffliche Verständnis im Hinblick auf die hier ansässigen ausländischen Staatsangehörigen eher eng. Sollte das Schweizervolk nicht die Gesamtheit der Menschen umfassen, die mit der Schweizerischen Eidgenossenschaft in einem engen Verhältnis stehen? Dann gehörten zweifellos auch die Auslandschweizer, sinnvollerweise aber ebenfalls die hier auf Dauer lebenden, integrierten ausländischen Staatsangehörigen dazu (die möglicherweise sogar über die politischen Rechte in kommunalen Angelegenheiten verfügen). Teilweise wird das Schweizervolk gemäss Art. 1 BV denn auch durchaus folgerichtig in einem weiteren Sinne als *schweizerische Wohnbevölkerung* verstanden.

257 Ein kennzeichnendes Merkmal des Schweizervolkes ist seine geografische, ethnische, kulturelle und sprachliche *Vielseitigkeit*. Es ist historisch gewachsen und zusammengewachsen. Zum Ausdruck kommt dies im genossenschaftlichen Selbstverständnis der Schweizerinnen und Schweizer («*Eidgenossenschaft*»). Die Schweiz wird denn auch vornehmlich als «Willensnation», als «geschichtlich-politisch-rechtliche Schicksals- und Willensgemeinschaft» oder auch als «Verfassungsnation» bezeichnet. Allerdings gab es 1848 bei der Entstehung des Bundesstaates noch kein «Schweizervolk» im eigentlichen Sinne; historisch-genetisch bildeten die «Völkerschaften der Kantone» den Bund, weshalb es sich damals rechtfertigte, das Bundesvolk einzig als eine Summe der Kantonsvölker zu verstehen. Wenn die Bundesverfassung demgegenüber heute das *Schweizervolk* erwähnt, lehnt sie sich an die Definition des Begriffs der Nation nach ERNEST RENAN (Qu'est-ce qu'une nation? Paris 1882) als ein durch «eine gemeinsame geschichtliche Erfahrung» verbundene und durch den «freien Willensentscheid für die gemeinsame politische Gestaltung der Zukunft» (HALLER/KÖLZ/GÄCHTER, 6) geprägtes Volk an.

258 Dieses Volk stellt Einheit und Vielfalt zugleich dar: Einheit im Sinne der Volkssouveränität und des «Staatsvolkes», Vielfalt im Sinne eines mehrfach aufgefächerten, segmentierten, gegliederten, pluralistischen oder «gesellschaftlichen» Volkes. Die Schweiz ist «Willensnation» und daher auch «Verfassungsnation», weil sich im Willen zur Verfassung die Bereitschaft ausdrückt, «Einheit» trotz und wegen der Pluralität in vielfältigen Integrationsvorgängen immer wieder neu herzustellen.

2. *Volk*

259 An verschiedenen Stellen verwendet die Bundesverfassung den *Begriff des Volkes*, allerdings nicht immer im gleichen Sinne. Das Volk ist also nicht einheitlich zu ver-

stehen, sondern begrifflich *mehrdeutig*. Bei seinem Verständnis ist wesentlich auf den *jeweiligen Kontext* abzustellen.

Eine *weite Bedeutung* kommt dem Wort Volk im letzten Satz der Präambel sowie in Art. 2 Abs. 1 BV zu. Wenn sich die Stärke des Volkes am Wohl der Schwachen messen und die Schweizerische Eidgenossenschaft die Freiheit und die Rechte des Volkes schützen soll, kann dies nicht auf ein enges Verständnis des Volkes beschränkt bleiben. Vielmehr geht es um *alle Menschen*, für welche die Schweiz Verantwortung zu übernehmen hat bzw. welche sich zusammen als Volk verstehen. Diese Auslegung entspricht auch am ehesten der programmatischen Ausrichtung der Präambel und von Art. 2 BV. 260

Ebenso eindeutig meint Volk in einem *engen Sinne* die Gesamtheit der *Stimm- und Wahlberechtigten*, wo die Bundesverfassung den Begriff im Zusammenhang mit den politischen Rechten verwendet (vgl. namentlich den 4. Titel der Bundesverfassung mit der Bezeichnung «Volk und Stände»). Dies gilt insb. bei den Bestimmungen über die Initiative und das Referendum sowie über das Volksmehr (vgl. Art. 53 Abs. 2, Art. 136 Abs. 2, Art. 138–142, Art. 165 sowie Art. 193–195 BV). Fraglich erscheint hingegen, ob mit der in Art. 137 BV vorgesehenen Mitwirkung der politischen Parteien an der Meinungs- und Willensbildung des Volkes nicht mehr als lediglich die Gesamtheit der Stimmberechtigten gemeint ist; den politischen Parteien muss in diesem Sinne wohl doch auch aus verfassungsrechtlicher Sicht eine weitergehende Funktion zugebilligt werden. 261

In Art. 142 Abs. 3 BV, wo festgelegt wird, dass das Ergebnis der Volksabstimmung im Kanton als dessen Standesstimme gilt, kommt die *enge Verknüpfung von Bundesvolk und Kantonsvölkern* deutlich zum Ausdruck. Daraus ergibt sich, dass das Bundesvolk in diesem Zusammenhang durch eine reine Zusammenzählung aller Kantonsvölker ermittelt wird. Auch in Art. 51 Abs. 1 BV erscheint der Begriff des Volkes im Sinne des kantonalen Stimmvolkes. 262

Auslegungsbedürftig ist die Verwendung des Wortes «Volk» in Art. 148 und 149 BV. Dass die Bundesversammlung die oberste Gewalt des Bundes unter Vorbehalt der Rechte von Volk und Ständen ausübt (vgl. Art. 148 Abs. 1 BV), legt es aus demokratischer bzw. organisationsrechtlicher Sicht nahe, das Volk in diesem Zusammenhang als *Gesamtheit der Stimm- und Wahlberechtigten* im Bund zu verstehen. Demgegenüber besteht nach Art. 149 Abs. 1 BV der Nationalrat aus 200 Abgeordneten des Volkes, welche in einem vorgegebenen Verfahren vom Volk gewählt werden (Art. 149 Abs. 2 BV). Obwohl die Sitze auf die Kantone verteilt werden, gilt als Grundsatz, dass die Mitglieder des Nationalrates die *Gesamtbevölkerung* und nicht lediglich ein Kantonsvolk repräsentieren. Zudem werden nach Art. 149 Abs. 4 BV die Sitze nach der *Bevölkerungszahl* auf die Kantone verteilt. Nach Art. 16 BPR wird dafür auf das Ergebnis der Zählung der *Wohnbevölkerung* abgestellt. Diese hat wiederum ihre Grundlage im Bundesgesetz vom 22. Juni 2007 über die eidgenössische Volkszählung (Volkszählungsgesetz; SR 431.112). Im Unterschied zu früher ist nunmehr vermehrt die Verwendung von vorhandenen Daten sowie von Register- und Stichprobenerhebungen vorgesehen. Zur zu bestimmenden Bevölkerung zählt auch die ausländische Wohnbevölkerung. Dabei kam es bisher nicht auf den jeweiligen Anwesenheitsstatus an (vgl. die Verordnung des Bundesrates vom 13. Januar 1999 über die eidgenössische Volkszählung 2000; SR 263

431.112.1; AS 1999 921). Nicht mit gerechnet wurden bis anhin hingegen die Auslandschweizer. Formelles Wahlrecht und Repräsentation entsprechen sich somit nicht, was hier *unterschiedliche Verständnisse* des Begriffs Volk zulässt.

d. Die schweizerische Bevölkerung

1. Die Bevölkerung im rechtlichen Sinne

264 Vom verfassungsrechtlich vorgegebenen Begriff des Schweizervolkes bzw. des Volkes zu unterscheiden ist derjenige der *Bevölkerung*, wenn es dabei auch zu Überschneidungen kommen kann. Bei der Bevölkerung handelt es sich grundsätzlich um eine *faktische Grösse*, die durch statistische Erhebung festgestellt wird, was Art. 65 Abs. 1 BV ausdrücklich vorsieht.

265 Die Bevölkerung umfasst alle im jeweils fraglichen *Staatsgebiet* lebenden *Menschen*, wobei die statistische Erhebung wegen entsprechender Ungenauigkeiten (zB. nicht gemeldete Personen) von der genauen tatsächlichen Situation abweichen kann.

266 Symptomatisch ist die Regel von Art. 149 Abs. 4 BV, wonach die Nationalratssitze nach der (faktischen) Bevölkerungszahl auf die Kantone verteilt werden. Soweit der Bund und die Kantone im Rahmen ihrer Sicherheitspolitik für den Schutz der Bevölkerung zu sorgen haben (Art. 57 Abs. 1 BV) und die Armee diese zu verteidigen hat (Art. 58 Abs. 2 BV), sind damit ebenfalls alle in der Schweiz bzw. im betreffenden Kanton lebenden Menschen gemeint, unbesehen ihrer Nationalität, Herkunft oder ihres rechtlichen Status. Dasselbe gilt für die Zielsetzung an die Landwirtschaftspolitik des Bundes, die Versorgung der Bevölkerung sicherzustellen (Art. 104 Abs. 1 Bst. a BV).

267 Der Begriff der *Bevölkerung* nähert sich dabei demjenigen des *Volkes im weitesten Sinne* an, wie er etwa in der Präambel oder in Art. 2 BV erscheint. Bei einzelnen Sozialversicherungen sieht die BV sodann die Möglichkeit vor, Unterscheidungen nach Bevölkerungsgruppen durch rechtlich definierte Kriterien vorzunehmen (vgl. Art. 116 Abs. 4 und Art. 117 Abs. 2 BV), wobei auch hier zunächst von einem weiten Begriff der Bevölkerung auszugehen ist.

268 Die Bundesverfassung verwendet das Wort «Bevölkerung» indessen auch in einem anderen Sinne: Nach Art. 53 Abs. 2 und 3 BV bedürfen Änderungen im Bestand der Kantone bzw. Gebietsveränderungen zwischen Kantonen unter anderem der Zustimmung der *«betroffenen Bevölkerung»*. Gemeint ist hier nicht die gesamte Bevölkerung, sondern das jeweilige Stimmvolk des von der Veränderung erfassten Territoriums.

2. Hinweise zur tatsächlichen Bevölkerung

269 Die *Bevölkerungsstruktur* der Schweiz erweist sich aufgrund deren besonderen geografischen und demografischen Situation, namentlich in sprachlicher und religiöser Hinsicht sowie im Hinblick auf die Nationalität der Menschen, als äusserst *vielseitig*.

Folgende Eckdaten sind für die *Bevölkerung* in der Schweiz kennzeichnend (Quelle: Statistisches Jahrbuch der Schweiz sowie http://www.statistik.admin.ch): Ende 2007 betrug die (ständige) Wohnbevölkerung ungefähr 7,5 Millionen, wovon knapp 6 Millionen (80%) schweizerische und etwas mehr als 1,5 Millionen (20,5%) ausländische Staatsangehörige waren. Bei geschätzten 9% der Bevölkerung handelt es sich um eingebürgerte Personen. Der Anteil der Frauen belief sich auf etwa 51%, derjenige der Männer auf 49%. Rund 5,5 Millionen (knapp unter 75%) Menschen lebten in Agglomerationen und 2 Millionen (knapp über 25%) auf dem Land. Fast zwei Drittel der Bevölkerung ist deutschsprachig, ein Fünftel frankophon, rund 6,5% italophon und 0,5% spricht Rätoromanisch. Die rätoromanische Sprache scheint in der Schweiz stark gefährdet. Der Anteil der gesprochenen Nicht-Landessprachen durch ausländische Bevölkerungsteile beträgt etwa 10%.

270

Fast fünf Millionen Schweizerinnen und Schweizer sind stimm- und wahlberechtigt (rund zwei Drittel der Gesamt- und vier Fünftel der schweizerischen Bevölkerung).

271

Nicht zur schweizerischen Bevölkerung gehören die *Auslandschweizer*; diese sind aber, je nach Zusammenhang, zum von der Bundesverfassung erfassten Volk (etwa zum Stimmvolk; vgl. nachstehend Rz. 361 ff.) zu zählen. Ende 2007 lebten rund 650 000 Schweizerinnen im Ausland, wovon etwa 60% im EU-Raum. Ca. 70% der Auslandschweizer sind Doppelbürger. Die Zahl der Auslandschweizer entspricht knapp einem Neuntel aller schweizerischen Staatsangehörigen bzw. einem vergleichbaren Anteil an der inländischen Gesamtbevölkerung von ungefähr einem Zwölftel. Jährlich wandern zZt. rund 40 000 Schweizerinnen und Schweizer aus und ungefähr 30 000 kehren in die Schweiz zurück, was einen leichten Auswanderungsüberschuss ergibt; die Entwicklung ist aber schwankend und über längere Zeiträume weitgehend ausgeglichen.

272

Demgegenüber gibt es bei den ausländischen Personen regelmässig einen Zuwanderungsüberschuss, seit dem Inkrafttreten der Freizügigkeitsordnung mit der EU/EFTA (dazu Rz. 379) vor allem aus solchen Staaten. Pro Jahr übersiedeln (durchschnittlich) ca. 100 000 ausländische Personen in die Schweiz, und nur etwas mehr als 50 000 verlassen sie. Die aktuelle *Bevölkerungsentwicklung* zeichnet sich denn auch durch ein stetiges geringes Wachstum vor allem durch diese Zuwanderung und durch den gleichzeitigen Geburtenüberschuss bei den ausländischen Staatsangehörigen aus. Das bedeutet auch, dass der Ausländerbestand und der Ausländeranteil stetig graduell zunehmen. Zugleich wächst die Bevölkerung im städtischen Raum und verschiebt sich der Altersaufbau: Der Anteil der Jungen nimmt ab, derjenige der mittleren bis älteren Jahrgänge jedoch zu, wobei die Einwanderung die Alterung bremst.

273

II. Schweizerinnen und Schweizer

Literatur

AREND MICHEL, Einbürgerung von Ausländern in der Schweiz, Basel 1991; D'AMATO GIANNI, Vom Ausländer zum Bürger, Der Streit um die politische Integration von Einwanderern in Deutschland, Frankreich und der Schweiz, Münster 2002; ARGAST REGULA, Staatsbürgerschaft und Nation – Ausschliessung und Integration in der Schweiz 1848–1933,

Göttingen 2007; AUER/MALINVERNI/HOTTELIER I, Rz. 344 ff.; EHRENZELLER BERNHARD, Schweizer Bürger werden, Aktuelle Rechtsfragen des Einbürgerungsverfahrens in der Schweiz, in: Kopetz Hedwig et al. (Hrsg.), FS für Wolfgang Mantl zum 65. Geburtstag, Wien/Köln/Graz 2004, 239 ff.; BIAGGINI, BV Kommentar, Art. 37 und 38; GÖKSU TARKAN/ SCYBOZ PIERRE, Politische Rechte der Ausländer und Auslandschweizer, in: Recht im Umbruch, Sondernummer «10 Jahre FZR», Freiburg 2002, 19 ff.; GUTZWILLER CÉLINE, Droit de la nationalité et fédéralisme en Suisse, Zürich/Basel/Genf 2008; HAFNER FELIX/BUSER DENISE, in: St. Galler Kommentar, Art. 37 und 38; HÄFELIN/HALLER/KELLER, Rz. 1306 ff.; HALLER/KÖLZ/GÄCHTER, Staatsrecht, 304; HANGARTNER YVO, Grundsätzliche Fragen des Einbürgerungsrechts, AJP 2001, 949 ff.; DERS., Das Stimmrecht der Auslandschweizer, in: Zen-Ruffinen Piermarco/Auer Andreas, De la Constitution: études en l'honneur de Jean-François Aubert, Basel/Frankfurt a.M. 1996, 241 ff.; HARTMANN KARL/MERZ LAURENT, § 12 Einbürgerung: Erwerb und Verlust des Schweizer Bürgerrechts, in: Uebersax/Rubin/ Hugi Yar/Geiser (Hrsg.), Ausländerrecht, 2. Aufl., Basel 2009, 589 ff.; HEYRANI NOBARI ALI, An examination of the concept of nationality in Europe, Lausanne 2005; JAAG TOBIAS, Aktuelle Entwicklungen im Einbürgerungsrecht, ZBl 106/2005, 113 ff.; KREIS GEORG/KURY PATRICK, Die schweizerischen Einbürgerungsnormen im Wandel der Zeit, Bern 1996; MAHON PASCAL, Die Aktivbürgerschaft im schweizerischen Staatsrecht, in: Verfassungsrecht der Schweiz, 335 ff.; DERS., in: Petit commentaire, Art. 37 und 38; MAUERHOFER KATHARINA, Mehrfache Staatsangehörigkeit – Bedeutung und Auswirkungen aus Sicht des schweizerischen Rechts, Basel/Genf/München 2004; SANDOZ SUZETTE, L'ATF 132 I 68 ou l'interdiction des associations bourgeoisiales, Jusletter vom 6. November 2006; SCHAFFHAUSER RENÉ, Bürgerrechte, in: Verfassungsrecht der Schweiz, 317 ff.; STUDER BRIGITTE/ARLETTAZ GÉRALD/ARGAST REGULA, Das Schweizer Bürgerrecht, Erwerb, Verlust, Entzug von 1848 bis zur Gegenwart, Zürich 2008; TSCHANNEN, Staatsrecht, § 13.

a. Staatsangehörigkeit und Bürgerrecht

1. Die schweizerische Staatsangehörigkeit

274 Schweizer und Schweizerinnen kennzeichnen sich durch ihre *Staatsangehörigkeit:* Sie besitzen das *schweizerische Bürgerrecht*. Dieses drückt in erster Linie einen *Status* aus. Das Bürgerrecht kann aber auch als *Eigenschaft* mit einer *Doppelfunktion* verstanden werden: Es vermittelt allen ein Persönlichkeitsrecht, an welches Rechte und Pflichten geknüpft sind, und es verschafft denjenigen Bürgern, welche die weiteren Voraussetzungen des Stimm- und Wahlrechts erfüllen, die Funktion eines staatlichen Organs.

275 «Die Bedeutung der Staatsangehörigkeit besteht ... darin, dass sie die jedem Staate zugehörige Gruppe von Menschen kennzeichnet» (WALTHER BURCKHARDT, Die Organisation der Rechtsgemeinschaft, 2. Aufl., Zürich 1944, 338). Völkerrechtlich gehört es denn auch zur *Souveränität* eines Staates, die *Staatsangehörigkeit* zu regeln. Er bestimmt somit durch sein Recht, wem die Staatsangehörigkeit zukommt, wie diese erworben oder verloren wird und welche Rechte und Pflichten damit verbunden sind.

2. Sonderstatus für schweizerische Staatsangehörige

276 Schweizer haben *besondere*, teilweise verfassungsrechtlich verankerte *Rechte und Pflichten*.

Einer Schweizer Bürgerin werden im Rahmen ihrer Staatsbürgerschaft *politische Rechte auf Bundesebene* (Art. 36, 139 BV), die *Niederlassungsfreiheit* (Art. 24 BV), das *Ausweisungsverbot* aus der Schweiz (Art. 25 Abs. 1 BV), das *Recht auf Ausstellung von Ausweisschriften* wie Pass, Identitätskarte und Heimatschein (Art. 1 Abs. 1 des Bundesgesetzes über die Ausweise für Schweizer Staatsangehörige vom 22. Juni 2001, Ausweisgesetz, AwG; SR 143.1) sowie *diplomatischer Schutz* im Ausland zugesprochen (vgl. das Reglement des schweizerischen diplomatischen und konsularischen Dienstes vom 24. November 1967, insb. Art. 16 ff.; SR 191.1). Eine *Auslieferung* von Schweizern an ausländische Behörden ist *nur mit Einverständnis* der Betroffenen möglich (Art. 25 Abs. 1 BV). Vereinzelt verfügen Schweizerinnen auch bei anderen Grundrechten wie insb. bei der Wirtschaftsfreiheit über einen weitergehenden Schutz als Ausländer (vgl. Rz. 3215).

277

Im Gegenzug stehen den Rechten auch spezielle, an die Staatsangehörigkeit anknüpfende *Pflichten* gegenüber. Dazu gehören insb. die Militärdienstpflicht der Schweizer Männer (Art. 59 Abs. 1 BV) sowie das Verbot, in einer fremden Armee Militärdienst zu leisten (Art. 94 MStG).

278

Auf *kantonaler und kommunaler* Ebene gibt es weitere Bürgerrechte (so etwa den sog. kommunalen «Bürgernutzen»: etwa das Recht auf einen «Bürgerbatzen» oder dasjenige, Holz oder einen Gratis-Weihnachtsbaum aus dem Bestand der Bürgergemeinde zu beziehen) und Bürgerpflichten (wie etwa die Feuerwehrpflicht, die Stimmpflicht oder die Pflicht, an der Auswertung von Wahlen oder Abstimmungen teilzunehmen).

279

Bürgerrechte und -pflichten werden nicht immer integral allen Bürgern zugewiesen, sondern können *auch selektiv* verlegt werden. So gilt die Militärdienstpflicht nur für Männer. Vom grundrechtlichen Auslieferungsschutz profitieren demgegenüber alle Schweizerinnen und Schweizer, nicht aber von den politischen Rechten, von denen insb. die Minderjährigen ausgeschlossen sind. Aus historischer Sicht waren es va. die Frauen, denen die Bürgerrechte lange Zeit nur beschränkt zustanden. Namentlich erhielten sie die politischen Rechte auf Bundesebene erst im Jahre 1971 (vgl. Rz. 980).

280

3. Die Verknüpfung von Staatsangehörigkeit und Bürgerrecht

Die Bundesverfassung verbindet die *Staatsangehörigkeit* mit dem *Bürgerrecht*. Diese Verknüpfung ist aber an sich *nicht zwingend*.

281

Bürger waren in einem historischen Sinne die in einem Staatsgebiet lebenden *freien Menschen*, wobei der aktive und aufgeklärte Bürger eine wesentliche Grundlage und Voraussetzung der Demokratisierung der Staaten bildete. Mit der allgemeinen Anerkennung der Freiheitsrechte wurden gewissermassen alle Menschen zu «Bürgern iwS.» («Bourgeois»). Spezielle, meist politische, Vorrechte blieben aber den *«Bürgern ieS.»* («Citoyens») vorbehalten, dh. solchen Menschen, die anknüpfend an die Angehörigkeit zu einem bestimmten Gemeinwesen einen besonderen Status erhielten. Insb. im Nationalstaatsgedanken des 19. Jahrhunderts kam solchen Rechten, die den Staatsangehörigen vorbehalten blieben, eine besondere Bedeutung zu.

282

Im *Verständnis des Individuums* widerspiegelt sich insofern die Differenzierung von Staat und Gesellschaft. Der einzelne Mensch ist nicht nur freie Privatperson

283

(«Bourgeois»), sondern auch mit speziellen Rechten und Pflichten versehener Staatsangehöriger («Citoyen»). Dies führt zu einer *Doppelrolle*, die besonderen inneren Spannungen ausgesetzt ist. Im privaten Bereich verfolgt der Mensch gestützt auf die ihm zustehende Privatautonomie weitgehend seine eigenen persönlichen Interessen, im öffentlichen Bereich darf und soll er zwar auch seine privaten Anliegen einbringen, er hat aber mit dem Ziel einer wenigstens angenäherten Gerechtigkeitsordnung die gesamtgesellschaftlichen öffentlichen Interessen bzw. das *Gemeinwohl* im Blick zu behalten.

284 Dass die Gewährung von Bürgerrechten bzw. die Auferlegung von Bürgerpflichten nicht von der Staatsangehörigkeit abzuhängen braucht, zeigt sich etwa am Beispiel der Erteilung der politischen Rechte an ausländische Staatsangehörige auf kommunaler Ebene in einzelnen Kantonen (vgl. Rz. 800 ff.) oder bei verschiedenen Grundpflichten wie beim obligatorischen Grundschulunterricht oder bei der Steuerpflicht (dazu Rz. 1195 ff.).

285 Die *Verknüpfung der Bürgerrechte mit der Nationalität* kommt in der Bundesverfassung vor allem dadurch zum Ausdruck, dass die politischen Rechte auf Bundesebene die schweizerische Staatsangehörigkeit voraussetzen (Art. 136 BV; dazu Rz. 2113 ff.). Die Bundesverfassung regelt denn auch das Bürgerrecht im 2. Kapitel zusammen mit den politischen Rechten.

286 Diese Anknüpfung der politischen Rechte an das Bürgerrecht ist eine Reminiszenz aus der Zeit des 19. Jahrhunderts bzw. *des* damals verbreiteten *Nationalstaatsgedankens*. Verfassungsrechtlich waren in jener Zeit nicht nur die politischen Rechte, sondern häufiger als heute auch weitere Rechte wie einzelne Grundrechte den Staatsangehörigen vorbehalten. Das lässt sich etwa am Wortlaut von Art. 4 aBV belegen, der das Rechtsgleichheitsgebot ursprünglich den Schweizern vorbehielt («Alle Schweizer sind vor dem Gesetze gleich») und es der Rechtsprechung überliess, die Grundrechtsträgerschaft auf ausländische Personen auszudehnen (was freilich bereits mit BGE 14, 493, geschah; vgl. die umfassenden Hinweise in BGE 93 I 1, 3, E. 1a). Mit der Schaffung des Bundesstaates («Nationalisierung») schwand gleichzeitig die Bedeutung des kantonalen und kommunalen Bürgerrechts (vgl. Art. 37 Abs. 2 BV; dazu Rz. 291 und 357 ff.).

287 Seit der *Internationalisierung* der Lebensverhältnisse und des Rechts im 20. Jahrhundert verlor jedoch auch die Anknüpfung an die (schweizerische) Staatsangehörigkeit an Bedeutung, und die *Zahl* der entsprechenden Sonderrechte und -pflichten *nahm ab*. Inzwischen werden verschiedene Pflichten, insb. auf Gesetzesstufe, ausländischen Personen gleichermassen auferlegt wie Schweizern, so etwa die Pflicht zur Übernahme bestimmter Aufgaben wie der Vormundschaft (vgl. Art. 382 ZGB; in Revision, vgl. neu Art. 400 gemäss dem Entwurf des Bundesrates vom 28. Juni 2006 zur Änderung des Schweizerischen Zivilgesetzbuches [Erwachsenenschutz, Personenrecht und Kindesrecht], BBl 2006, 7001, 7151) oder seit längerem die Zeugnispflicht in Gerichtsverfahren. Selbst der Ausschluss ausländischer Personen von der Niederlassungsfreiheit (vgl. Art. 24 BV) wird künftig durch den grundsätzlichen gesetzlichen Anspruch von Ausländern mit Aufenthalts- oder Niederlassungsbewilligung auf freie Wahl des Wohnortes innerhalb eines Kantons sowie auf Wechsel des Wohnortes in einen anderen Kanton relativiert (vgl. Art. 36 f. AuG).

Gleichzeitig führt die Internationalisierung zu einer Tendenz der *Ablösung von der individuellen Zuordnung bzw. Zugehörigkeit* jedes Menschen zu einem einzigen Staat. Die Zahl der Fälle mehrfacher Staatsangehörigkeit nimmt zu. Daneben entwickeln sich übernationale Bürgerrechte oder ähnliche Statusformen wie etwa das Unionsbürgerrecht der EU. Solche Sonderbürgerrechte sind zwar mit noch unvollkommenen Rechtspositionen verbunden; sie könnten aber die Grundlage für künftige weitergehende neue Statusrechte bilden, welche die alten Staatsangehörigkeitsrechte früher oder später ablösen bzw. in der Bedeutung zurückdrängen, ähnlich wie dies im 19. Jahrhundert im Verhältnis zwischen dem eidgenössischen und den kantonalen Bürgerrechten geschehen ist.

288

Umgangssprachlich wird der Begriff der Bürger und Bürgerinnen auch heute noch iwS. aller der Obrigkeit gegenüber stehenden («freien») Individuen («Bourgeois»), unabhängig ihrer Nationalität, verwendet. So gilt namentlich der Umgang des Staates und seiner Verwaltung mit den «Bürgerinnen» unter Einschluss der Ausländerinnen als Gradmesser für seinen Zustand (etwa wenn von der Verwaltung mehr «Bürgernähe» verlangt wird). Dieses Verständnis widerspiegelt sich ferner beim Gebrauch des Wortes der sog. «Bürgerpflichten», womit umgangssprachlich regelmässig solche mit gemeint sind, die auch ausländische Staatsangehörige treffen (etwa die in Rz. 284 und 286 bereits erwähnten verfassungsrechtlichen und gesetzlichen Pflichten).

289

Selbst die *Bundesverfassung* ist in ihrer begrifflichen Ausdrucksweise *nicht einheitlich*: Die Bürgerrechte sind zwar den Schweizern und Schweizerinnen vorbehalten (Art. 37 BV), und bei den Grundrechten und Grundpflichten (dazu Rz. 993) findet der Begriff der Bürger und Bürgerinnen bzw. derjenige der Bürgerpflichten keine Verwendung. Nach Art. 2 Abs. 3 BV hat die Schweizerische Eidgenossenschaft aber unter anderem zum Zweck, für eine möglichst grosse Chancengleichheit unter den «Bürgerinnen und Bürgern» zu sorgen. Hier schlägt das umgangssprachliche weite Verständnis durch, wobei der französische Text im Unterschied zum deutschen und italienischen die verfassungsrechtlich fragwürdige Begriffsverwendung vermeidet.

290

b. Prinzipien des Bürgerrechts

1. Allgemeines

Das Bürgerrecht ist in der Bundesverfassung nur *marginal* geregelt. Eine wesentliche Rolle kommt daher dem Bürgerrechtsgesetz (BüG) zu, das eine wechselhafte Entwicklung hinter sich hat (zur Geschichte des Einbürgerungsrechts vgl. Rz. 377 f.). Kennzeichnend für das Bürgerrecht sind folgende Grundsätze:

291

2. Einheit von Bundes-, Kantons- und Gemeindebürgerrecht (Art. 37 BV)

Eine Schweizerin bzw. ein Schweizer besitzt *drei Bürgerrechte*, nämlich das Gemeindebürgerrecht, das Kantonsbürgerrecht und das Schweizerbürgerrecht. Diese bilden eine untrennbare Einheit, dh. die Zugehörigkeit zu nur einem Gemeinwesen ist nicht möglich. Der dreistufige schweizerische Föderalismus schlägt sich also in der Ausgestaltung des Bürgerrechts nieder, was eine schweizerische Besonderheit

292

ist. Auch wenn die Bundesverfassung die Existenz von Gemeinden an sich nicht garantiert, sondern den Kantonen anheim stellt (vgl. Art. 50 BV; dazu Rz. 639 ff.), sind diese doch gehalten, den Erwerb eines Gemeindebürgerrechts zu ermöglichen und zu regeln.

293   Die rechtliche *Bedeutung des Kantons- und Gemeindebürgerrechts* ist, abgesehen von der Regelung des Bürgerrechtserwerbs, beschränkt. Den eigenen Bürgern dürfen einzig die politischen Rechte in Bürgergemeinden und Korporationen sowie die Beteiligung am Vermögen dieser Körperschaften vorbehalten werden (Art. 37 Abs. 2 zweiter Satz BV; dazu Rz. 357ff.). Neuzuzügern mit auswärtigem Bürgerrecht kann für die Ausübung der politischen Rechte in kantonalen und kommunalen Angelegenheiten eine Karenzfrist von bis zu drei Monaten ab Wohnsitznahme auferlegt werden (Art. 39 Abs. 4 BV; vgl. Rz. 808). Schliesslich dürfen die Kantone ihren Auslandschweizern die Ausübung der politischen Rechte auf kantonaler und kommunaler Ebene gestatten (Art. 40 Abs. 2 BV e contrario; vgl. Rz. 296).

294   Verschiedene Kantone namentlich der welschen Schweiz (zB. Genf, Neuenburg und Waadt) kennen *keine separaten Bürgergemeinden*, sondern betrauen die Einwohnergemeinden mit der Aufgabe der Erteilung des kommunalen Bürgerrechts. Dabei kann es regelmässig dazu kommen, dass Personen über die Aufnahme ins Bürgerrecht mitentscheiden, die selbst gar nicht darüber verfügen; dies kann sogar für ausländische Personen gelten, soweit diesen (wie etwa im Kanton Waadt) die politischen Rechte auf Gemeindeebene zustehen.

295   Eine Ausnahme von der Einheit der drei Bürgerrechte stellt das *Ehrenbürgerrecht* dar. Dieses kann von einem Kanton oder einer Gemeinde auch an einen Ausländer erteilt werden, ohne dass damit die Wirkungen einer Einbürgerung, dh. insb. die Erteilung der schweizerischen Staatsangehörigkeit, verbunden sind (vgl. Art. 16 BüG).

3.   *Einheit von Bürgerrecht und politischen Rechten (Art. 37 ff. und 136 Abs. 1 BV)*

296   Auf *Bundesebene* setzen die politischen Rechte die *schweizerische Staatsangehörigkeit* voraus (dazu Rz. 285 und 2113 ff.). Die Kantone können für die entsprechenden Rechte auf kantonaler und kommunaler Stufe andere Regelungen treffen (dazu Rz. 2119 f.). Durch den zunehmenden Ausbau der politischen Rechte für ausländische Personen verliert der Grundsatz der Einheit von Bürgerrecht und politischen Rechten jedoch an Bedeutung, auch wenn er auf der Ebene des Bundes noch uneingeschränkt gilt.

4.   *Rahmenkompetenz des Bundes*

297   Der *Bund* erlässt *Mindestvorschriften über die Einbürgerung* (Art. 38 Abs. 2 BV), womit er verhindern kann, dass die örtlichen Behörden eine Einbürgerungspolitik betreiben, die den gesamtschweizerischen Interessen abträglich ist. Die Kantone können ergänzend legiferieren, insb. zusätzliche Einbürgerungsvoraussetzungen

verlangen. Die Kantone regeln auch die Voraussetzungen des Erwerbs des kantonalen und kommunalen Bürgerrechts durch Schweizer.

5. *Erwerb des Bürgerrechts durch Abstammung («ius sanguinis», Art. 38 Abs. 1 BV)*

Das *Bürgerrecht* wird sozusagen «vererbt», dh. Kinder erhalten *durch Abstammung* das gleiche Bürgerrecht und dabei insb. die schweizerische Staatsangehörigkeit wie ihre Eltern. 298

> Im Gegensatz dazu steht das namentlich in den USA (zurückgehend auf die früher damit bezweckte Förderung der Einwanderung) geltende *«ius soli»*, bei dem der Ort der Geburt die Staatsangehörigkeit bestimmt. Die Einführung eines solchen auf das ius soli gestützten Erwerbs durch Geburt in der Schweiz, wie es für die dritte Ausländergeneration diskutiert, im Jahre 2004 in einer Volksabstimmung aber abgelehnt wurde (vgl. BBl 2003, 6601, und BBl 2004, 6641, sowie BBl 2002, 1911), ist in der Bundesverfassung nicht vorgesehen und bedarf daher der Verfassungsrevision. 299

6. *Einheitliches Bürgerrecht in der Familie*

Familienangehörige sollen, soweit möglich, über das *gleiche Bürgerrecht* verfügen, weshalb die Verfassung den Bund ermächtigt, nebst dem Erwerb des Bürgerrechts durch Abstammung auch denjenigen durch Heirat und Adoption zu regeln (vgl. Art. 38 Abs. 1 BV). 300

7. *Kein Anspruch auf Einbürgerung*

Es besteht grundsätzlich *kein Recht auf Einbürgerung*. Die Kantone können allerdings im Rahmen ihrer Zuständigkeiten ein solches Recht gewähren. 301

8. *Erleichterte Einbürgerung in besonderen Fällen*

Das *Gesetz* kann *erleichterte Einbürgerungen* vorsehen, die sich auf die in der Verfassung genannten Kriterien der Abstammung, Heirat oder Adoption stützen. Solche im Vergleich mit anderen Ausländern erleichterte Voraussetzungen des Erwerbs des Bürgerrechts gelten va. für die Ehegatten und Kinder von Schweizern und Schweizerinnen. 302

> Eine erleichterte Einbürgerung in anderen Fällen bedarf der Verfassungsrevision. Eine entsprechende Vorlage, die eine solche Erleichterung für Ausländer der zweiten Generation vorsah, scheiterte 2004 in einer Volksabstimmung (vgl. BBl 2003, 6599 und BBl 2004, 6641, sowie BBl 2002, 1911). 303

9. Integration als Voraussetzung der Einbürgerung

304 Eingebürgert wird grundsätzlich nur, wer auch «in die schweizerischen Verhältnisse eingegliedert ist» (Art. 14 Bst. a BüG). Damit bildet *eine enge Beziehung zur Schweiz* Voraussetzung der Einbürgerung.

10. Zulässigkeit des Doppelbürgerrechts

305 Seit 1992 anerkennt die Schweiz die *Möglichkeit des Doppelbürgerrechts*, dh. dass nach schweizerischem Recht bei einer Einbürgerung eine andere Staatsangehörigkeit beibehalten werden darf. Ob auch der andere Staat das Doppelbürgerrecht zulässt, hängt von dessen Recht ab.

11. Vermeidung von Staatenlosigkeit

306 *Staatenlosigkeit* soll durch erleichterte Einbürgerung (insb. von Kindern, vgl. Art. 38 Abs. 3 BV) oder dem Ausschluss des Verlusts des Bürgerrechts bei drohender Staatenlosigkeit *vermieden werden*.

12. Gleichbehandlung der Geschlechter

307 Die *Geschlechter* sollen für die Frage des Bürgerrechts, namentlich für die Weitergabe durch Abstammung, *gleich gestellt* sein.

c. Erwerb des Schweizerischen Bürgerrechts

1. Erwerb von Gesetzes wegen

308 Das Schweizer Bürgerrecht wird in folgenden Fällen unmittelbar *gestützt auf das Gesetz* erworben:

309 – Durch *Abstammung* (Art. 1 BüG):

Ein eheliches Kind erhält das Schweizer Bürgerrecht, wenn ein Elternteil ebenfalls Schweizer Bürger ist. Das Gleiche gilt für das Kind einer Schweizer Bürgerin, die mit dem Vater nicht verheiratet ist.

Ein unmündiges ausländisches Kind eines schweizerischen Vaters, der mit der Mutter nicht verheiratet ist, erwirbt das Schweizer Bürgerrecht – gleich wie wenn es mit der Geburt erworben worden wäre – durch die Begründung des Kindesverhältnisses zum Vater. Hat das unmündige (ausländische) Kind bereits eigene Kinder, so erwerben diese ebenfalls das Schweizer Bürgerrecht.

Ein Kind, das während einer sog. «Scheinehe» (Ausländerrechtsehe; fiktive Ehe ohne gemeinsamen Ehewillen) einer Ausländerin mit einem Schweizer geboren ist, galt bisher von Gesetzes wegen (vgl. Art. 255 ZGB) als dessen Kind und erhält das Schweizer Bürgerrecht (BGE 122 II 289, 293 f.). Nach der neuen Bestimmung von Art. 109 Abs. 3 ZGB entfällt diese Vaterschaftsvermutung bei einer Ausländerrechtsehe, ohne dass – im Unterschied zur früheren sog. «Bürgerrechtsehe» (vgl. Art. 57b BüG; AS 1991, 1034, 1043) – zugunsten des Kindes die Beibehaltung des Bürgerrechts vorgesehen wird. Diese neue Regelung entspricht kaum dem Kindeswohl, und ihre Vereinbarkeit mit der Kinderrechtskonvention (Übereinkommen vom 20. November 1989 über die Rechte des Kindes, KRK; SR 0.107) erscheint fraglich.

- Durch *Adoption* (Art. 7 BüG, Art. 267a ZGB): 310

   Wird ein unmündiges ausländisches Kind von einem Schweizer Bürger adoptiert, so erwirbt es das Kantons- und Gemeindebürgerrecht des Adoptierenden und damit das Schweizer Bürgerrecht.

- Bei einem *Findelkind* (Art. 6 BüG): 311

   Das Findelkind wird Bürger des Kantons, in welchem es ausgesetzt bzw. gefunden wurde, und damit Schweizer Bürger. Der Kanton bestimmt dabei, welches Gemeindebürgerrecht es erhält. Die so erworbenen Bürgerrechte erlöschen, wenn die Abstammung des Kindes festgestellt wird, sofern es noch unmündig ist und nicht staatenlos wird.

2. *Erwerb durch behördlichen Beschluss (Einbürgerung)*

Beim Erwerb durch *behördlichen Beschluss* werden grundsätzlich die ordentliche 312 Einbürgerung, die erleichterte Einbürgerung und die Wiedereinbürgerung unterschieden. Die um die Schweizer Staatsbürgerschaft ersuchende Person muss dabei bestimmte Voraussetzungen erfüllen und ein Verfahren durchlaufen, welches die Einbürgerung zum Ziel hat, also den Entscheid, dass sie ins Gemeinde-, Kantons- und Staatsbürgerecht aufgenommen wird.

   Für dieses Verfahren erlaubt das Gesetz heute nur noch Gebühren, welche die 313 eigentlichen Verfahrenskosten decken (vgl. Art. 38 BüG). Die früher üblichen – teilweise hohen – *Einbürgerungstaxen*, welche die Kantone und Gemeinden erheben konnten, sind *nicht mehr zulässig*.

- *Ordentliche Einbürgerung* (Art. 12–15 BüG): 314

   Das Verfahren der ordentlichen Einbürgerung unterteilt sich in zwei Abschnitte. In einem ersten Schritt prüft der Bund die Mindestvoraussetzungen. Sind diese erfüllt, erteilt der Bund, dh. das Bundesamt für Migration, die sog. *Einbürgerungsbewilligung.* Diese ist Gültigkeitsvoraussetzung, damit in einem zweiten Schritt der betreffende Kanton und die Gemeinde aufgrund der eigenen (uU. zusätzlichen) Voraussetzungen die eigentliche Einbürgerung vornehmen können. 315

   Vor Erteilung der Einbürgerungsbewilligung wird geprüft, ob der Bewerber 316 zur Einbürgerung geeignet ist. Zunächst muss der Bewerber eine bestimmte Anzahl von Wohnsitzjahren in der Schweiz vorweisen (sog. *«formelle Einbürgerungsvoraussetzung»*):

   - Er muss insgesamt zwölf Jahre in der Schweiz wohnhaft gewesen sein, 317 wovon drei in den letzten fünf Jahren vor Einreichung des Gesuches. Dabei genügt es, dass ein Wohnsitz in der Schweiz bestanden hat (Anwesenheit in Übereinstimmung mit den fremdenpolizeilichen Vorschriften; vgl. Art. 36 BüG). Auf den rechtlichen Status kommt es grundsätzlich nicht an.

Die Praxis erachtet das Wohnsitzerfordernis als erfüllt bei bewilligten Aufenthalten sowie bei Asylbewerbern und vorläufig Aufgenommenen, nicht aber bei sonstigen Anwesenheiten, insb. nach erfolgter Wegweisung. In der Bundesversammlung ist allerdings eine Vorlage hängig, wonach nur noch Niedergelassene eingebürgert werden können sollen (Stand Sommer 2008).

– Die Zeit zwischen dem 10. und 20. Lebensjahr, die in der Schweiz verbracht worden ist, wird für die Berechnung der Frist von zwölf Jahren doppelt gezählt.

– Bei einem gemeinsamen Gesuch von Ehegatten sowie im Falle, dass bereits ein Ehegatte eingebürgert worden ist, gelten spezielle Fristen.

318 Weiter wird untersucht, ob die Bewerberin in die schweizerischen Verhältnisse *eingegliedert* ist, mit den schweizerischen Lebensgewohnheiten, Sitten und Gebräuchen vertraut ist, die schweizerische Rechtsordnung beachtet und die innere oder äussere Sicherheit der Schweiz nicht gefährdet (sog. *«materielle Einbürgerungsvoraussetzung»*). Als Kriterien gelten etwa Sprachkenntnisse, die berufliche und soziale Einbettung und der Leumund (betreffend Vorstrafen, Betreibungen usw.). Die Feststellung, ob ein Bewerber integriert ist, erweist sich jedoch als nicht immer einfach und wirft in verfassungsrechtlicher Hinsicht – namentlich im Hinblick auf Art. 13 BV (Schutz der Privatsphäre) – Fragen der Verhältnismässigkeit und insb. der Zumutbarkeit auf (wieweit müssen Einbürgerungswillige ihre privaten Verhältnisse offen legen bzw. wieweit dürfen diese von den sog. «Schweizermachern» überprüft werden?). Letztlich ist entscheidend, dass die Anforderungen fair sind und rechtsstaatlich korrekt erhoben und gehandhabt werden; insb. dürfen keine überhöhten Voraussetzungen verlangt werden, die auch viele Schweizer nicht erfüllen könnten, bzw. es muss für die Einbürgerungswilligen eine realistische Chance bestehen, den Anforderungen gerecht zu werden.

319 Bei Vorliegen der Einbürgerungsbewilligung durch den Bund kommen in einem zweiten Schritt die *Kantone* und – im Rahmen des kantonalen Rechts – die *Gemeinden* zum Zuge. Nach Überprüfung der vom Kanton und den Gemeinden uU. zusätzlich aufgestellten materiellen Voraussetzungen erfolgt die ordentliche Einbürgerung mittels einer kantonalen und einer kommunalen Verfügung. Die Ablehnung einer Einbürgerung ist zu begründen und der Entscheid muss von einem Gericht überprüft werden können (Art. 15b Abs. 1 und Art. 50 BüG, iK. seit 1. Januar 2009, AS 2008, 5911). Faktisch wirkt sich diese Zuständigkeit der unteren Gemeinwesen allerdings häufig als *Einbürgerungshürde* aus (vgl. Rz. 342 ff.).

320 Selbst wenn die formellen und materiellen Anforderungen erfüllt sind, besteht *kein Anspruch auf Einbürgerung*. Dennoch muss der Einbürgerungsentscheid die verfassungsrechtlichen Vorgaben, insb. die Grundrechte beachten. Namentlich darf die Einbürgerung nicht diskriminierend oder willkürlich oder unter Verletzung verfassungsmässiger Verfahrensrechte verweigert werden (dazu Rz. 346 ff.).

321 – *Erleichterte Einbürgerung* (Art. 26–32 BüG):

Die erleichterte Einbürgerung ist im Gegensatz zur ordentlichen Einbürgerung ein *einstufiges* Verfahren, welches sich nur auf Bundesebene abspielt. Die Kantone haben lediglich ein vorheriges Anhörungsrecht (Art. 32 BüG). Auf die Einbürgerung besteht zwar kein Rechtsanspruch, doch ist sie in Anwendung der Grundsätze rechtsstaatlichen Handelns sowie des Gleichheitsgebots zu bewilligen, wenn die Voraussetzungen erfüllt sind. Sind die Voraussetzungen erfüllt, wird einem Gesuch um erleichterte Einbürgerung praxisgemäss stattgegeben.

322

Der Personenkreis, welcher sich um eine erleichterte Einbürgerung bemühen kann, ist beschränkt auf:

323

– den Ehegatten eines in der Schweiz lebenden Schweizer Bürgers (grundsätzlich nach drei Ehejahren und fünf Jahren Aufenthalt in der Schweiz; Art. 27 BüG) und den Ehegatten eines Auslandschweizers (nach sechs Ehejahren; Art. 28 BüG); stirbt der schweizerische Ehepartner während des Einbürgerungsverfahrens, fallen zwar die Voraussetzungen der Einbürgerung dahin, für Härtefälle bleiben angepasste Lösungen aber möglich (BGE 129 II 401),

– den Ausländer, der gutgläubig während fünf Jahren annahm, er sei Schweizer, und der von den kantonalen und kommunalen Behörden tatsächlich als solcher behandelt worden ist (Art. 29 BüG),

– sowie ein staatenloses unmündiges Kind (Art. 30 BüG), das Kind eines eingebürgerten Elternteils (Art. 31a BüG) und das Kind eines Elternteils, der das Schweizer Bürgerrecht verloren hat (Art. 31b BüG).

Die erleichterte Einbürgerung setzt allgemein voraus, dass der Bewerber in die schweizerischen Verhältnisse integriert ist, die schweizerische Rechtsordnung beachtet und die innere oder äussere Sicherheit der Schweiz nicht gefährdet (Art. 26 BüG). Hinzu kommen die spezifischen Voraussetzungen nach den einzelnen Fallkategorien mit insb. deutlich kürzeren Fristen als bei der ordentlichen Einbürgerung (vgl. Art. 27–31b BüG).

324

Entgegen landläufigen Meinungen gibt es in der Schweiz keine besonderen Einbürgerungserleichterungen für sog. wichtige Persönlichkeiten wie Spitzensportler, Wirtschaftsführer, Mäzene und berühmte Kulturschaffende.

325

– *Wiedereinbürgerung* (Art. 18–25 BüG):

326

Wiedereingebürgert werden kann, wer entweder in der zweiten Generation von Auslandschweizern aus entschuldbaren Gründen sein Schweizer Bürgerrecht verwirkt hat oder aus dem Schweizer Bürgerrecht entlassen worden ist und seit einem Jahr in der Schweiz wohnt. Zusätzlich darf der Bewerber die innere oder äussere Sicherheit der Schweiz nicht gefährden und muss mit der Schweiz verbunden sein und die schweizerische Rechtsordnung beachten.

327

Durch die Wiedereinbürgerung wird das Kantons- und Gemeindebürgerrecht erworben, das der Gesuchsteller zuletzt besessen hat. Die Zuständigkeit liegt beim Bundesamt für Migration. Der betroffene Kanton wird vorher angehört. Auch auf die Wiedereinbürgerung besteht kein Rechtsanspruch; erneut sind jedoch die Grundsätze rechtsstaatlichen Handelns sowie das Gleichheitsgebot zu beachten. Sind die Voraussetzungen erfüllt, wird einem Gesuch um Wiedereinbürgerung ebenfalls praxisgemäss stattgegeben.

328

3. Tatsächliche Hinweise

329 Die *Voraussetzungen* für eine Einbürgerung, namentlich für die ordentliche Einbürgerung, erweisen sich in der Praxis und im internationalen Vergleich als recht *streng*. Jedenfalls macht die ausländische Bevölkerung von der Möglichkeit der Einbürgerung eher zurückhaltend Gebrauch.

330 Pro Jahr lassen sich zurzeit zwischen 40 000 und 50 000 ausländische Personen in der Schweiz einbürgern (die Zahl schwankt von Jahr zu Jahr, ist tendenziell aber eher leicht steigend). Schätzungen gehen dabei davon aus, dass beinahe die Hälfte der hiesigen ausländischen Bevölkerung (etwa 600 000 Menschen) die formellen Voraussetzungen der (ordentlichen oder erleichterten) Einbürgerung an sich erfüllt.

d. Verlust des Schweizerischen Bürgerrechts

1. Verlust von Gesetzes wegen

331 Von Gesetzes wegen kann das Bürgerrecht aus folgenden Gründen *verloren* gehen:

332 – Durch *Aufhebung des Kindesverhältnisses* (Art. 8 BüG):

Wird das Kindesverhältnis zum Elternteil, der dem Kind das Schweizer Bürgerrecht vermittelt hat, aufgehoben, so verliert das Kind das Schweizer Bürgerrecht.

333 – Durch *Adoption* (Art. 8a BüG):

Adoptiert ein Ausländer einen unmündigen Schweizer Bürger, so verliert dieser mit der Adoption das Schweizer Bürgerrecht, wenn er damit die Staatszugehörigkeit des Adoptierenden erwirbt oder diese bereits besitzt. Wenn mit der Adoption auch ein Kindesverhältnis zu einem schweizerischen Elternteil begründet wird oder nach der Adoption ein solches bestehen bleibt, tritt der Verlust nicht ein.

334 – Bei *Geburt im Ausland* (Art. 10 BüG):

Das im Ausland geborene Kind eines schweizerischen Elternteils, das noch eine andere Staatsangehörigkeit besitzt, verwirkt das Schweizer Bürgerrecht mit der Vollendung des 22. Lebensjahres, wenn es nicht bis dahin einer schweizerischen Behörde im Ausland oder Inland gemeldet worden ist oder sich selber gemeldet hat oder schriftlich erklärt, das Schweizer Bürgerrecht beibehalten zu wollen. Verwirkt das Kind das Schweizer Bürgerrecht, so verwirken es auch seine Kinder.

335 Für sämtliche Fälle des Verlustes von Gesetzes wegen gilt jedoch das Prinzip der *Vermeidung der Staatenlosigkeit*. So geht das Schweizer Bürgerrecht beispielsweise nicht verloren, wenn das Kindesverhältnis zum Elternteil aufgehoben wird, der dem Kind die Staatsangehörigkeit vermittelt hat, sofern das Kind dadurch staatenlos würde (Art. 8 BüG).

336 Wer das Schweizer Bürgerrecht von Gesetzes wegen verliert, geht dadurch auch das Kantons- und Gemeindebürgerrechts verlustig (Art. 11 BüG).

2. Verlust durch behördlichen Beschluss

Für den *Verlust* des Schweizer Bürgerrechts *durch behördlichen Beschluss* kommen folgende Gründe in Frage: 337

- *Entlassung* aus dem Bürgerrecht (Art. 42–47 BüG): 338

  Ein Schweizer Bürger wird auf *Begehren* aus dem Bürgerrecht entlassen, wenn er in der Schweiz *keinen Wohnsitz* hat und eine *andere Staatsangehörigkeit* besitzt oder ihm eine solche zugesichert ist. Mit Zustellung der Entlassungsurkunde durch die zuständige Behörde des jeweiligen Heimatkantons tritt der Verlust des Kantons- und Gemeindebürgerrechts und damit des Schweizer Bürgerrechts ein. Veranlasst wird die Zustellung vom Bundesamt für Migration.

  Bei Bürgern mehrerer Kantone entscheidet jeder Heimatkanton über die Entlassung. Die Entlassungsurkunden werden gemeinsam zugestellt.

  In die Entlassung miteinbezogen werden die unmündigen, unter der elterlichen Gewalt des Entlassenen stehenden Kinder, die in der Schweiz ebenfalls keinen Wohnsitz haben und eine andere Staatsangehörigkeit besitzen bzw. eine solche zugesichert bekommen haben. Bei Kindern, die älter sind als 16 Jahre, gilt dies jedoch nur, wenn sie schriftlich zustimmen.

- *Entzug* des Bürgerrechts (Art. 48 BüG): 339

  Das Bundesamt für Migration kann mit Zustimmung der Behörde des Heimatkantons einem Doppelbürger das Schweizer, Kantons- und Gemeindebürgerrecht entziehen, wenn sein Verhalten den Interessen oder dem Ansehen der Schweiz erheblich nachteilig ist.

3. Nichtigerklärung der Einbürgerung

Gemäss Art. 41 BüG kann die Einbürgerung *nichtig erklärt* werden. Auch hierzu braucht es einen behördlichen Entscheid. Nachdem diese Massnahme früher nur selten angewendet wurde, kommt sie in jüngerer Zeit vermehrt zum Zug, wobei die Rechtsprechung ihre Anwendung in der Praxis auch zunehmend erleichtert hat. Für die Nichtigerklärung zuständig ist das Bundesamt für Migration, wobei der Kanton zustimmen muss. In den Fällen der ordentlichen Einbürgerung kann auch der Kanton die Nichtigerklärung aussprechen. 340

Nach der *gesetzlichen Regelung* kann eine Einbürgerung innerhalb von fünf Jahren (künftig evtl. von acht Jahren; vgl. BBl 2008, 1227 und 1289) nichtig erklärt werden, wenn sie durch falsche Angaben oder Verheimlichung erheblicher Tatsachen erschlichen wurde. So gilt insb. eine einzig zwecks erleichterter Einbürgerung eingegangene fiktive Ehe, die nicht auf einem tatsächlichen Ehewillen beruht, als rechtsmissbräuchlich, was zur Nichtigerklärung der Einbürgerung führt (BGE 128 II 97). Besteht auf Grund des Ereignisablaufs die tatsächliche Vermutung, die Einbürgerung sei erschlichen worden, obliegt es dem Betroffenen, die Vermutung durch den Gegenbeweis umzustürzen (BGE 130 II 169, 482). Über wesentliche nachträgliche Änderungen der Sachumstände während des hängigen Einbürgerungsverfahrens sind die Behörden unaufgefordert 341 zu orientieren, wenn die einbürgerungswillige Person weiss oder wissen muss, dass sie einer erleichterten Einbürgerung entgegenstehen (BGE 132 II 113). Die Nichtigkeit erstreckt sich grundsätzlich auf alle Familienglieder, deren Schweizer Bürgerrecht auf der nichtig erklärten Einbürgerung beruht. Drohende Staatenlosigkeit schliesst die Nichtigerklärung bei den an der Erschleichung unbeteiligten Angehörigen aus, nicht aber beim dafür Verantwortlichen (ZBl 105/2004, 454). Art. 41 BüG enthält im Übrigen eine abschliessende Regelung, weshalb der Widerruf einer Einbürgerung aus anderen als den in Art. 41 BüG genannten Gründen unzulässig ist (BGE 120 Ib 193; BVGE 2007/29). Wird eine Einbürgerung nichtig erklärt, heisst dies nicht zwingend, dass die betroffene Person die Schweiz zu verlassen hat; gegebenenfalls kann sich im Anschluss daran die Frage der ausländerrechtlichen Anwesenheit bzw. der (Wieder-)Erteilung einer entsprechenden Bewilligung stellen (vgl. die Urteile des Bundesgerichts 2C_306/2008 [2008] [zur Publikation bestimmt], 2A.221/2005 [2005] sowie 2A.431/2005 [2005]).

e. Verfahren und Rechtsschutz

AUER ANDREAS/VON ARX NICOLAS, Direkte Demokratie ohne Grenzen? Ein Diskussionsbeitrag zur Frage der Verfassungsmässigkeit von Einbürgerungsbeschlüssen durch das Volk, AJP 2000, 923 ff.; BERNHARD ROBERTO, Einbürgerungen durch das Volk oder der Behörden?, Volkswille oder Rechtsstaat, Winterthur 2004; BIANCHI DORIS, Paradigmenwechsel im Einbürgerungsrecht, Vom politischen Einbürgerungsentscheid zum Verwaltungsakt, ZBl 105/2004, 401 ff.; EHRENZELLER BERNHARD, Entwicklungen im Bereich des Bürgerrechts, Jahrbuch für Migrationsrecht 2004/2005, Bern 2005, 13 ff.; DERS., Schweizer Bürger werden, Aktuelle Rechtsfragen des Einbürgerungsverfahrens in der Schweiz, in: Kopetz Hedwig et al. (Hrsg.), FS für Wolfgang Mantl zum 65. Geburtstag, Wien/Köln/Graz 2004, 239 ff.; HANGARTNER YVO, Neupositionierung des Einbürgerungsrechts, AJP 2004, 3 ff.; KIENER REGINA, Rechtsstaatliche Anforderungen an Einbürgerungsverfahren, recht 2000, 213 ff.; PREVITALI ADRIANO, Naturalisations: sur quels critères?, plädoyer 2000, 48 ff.; SCHAER ALEXANDER, Weiterhin kein Recht auf «automatische Einbürgerung», AJP 2007, 1542 ff.; SCHAFFHAUSER RENÉ, Bürgerrechte, in: Verfassungsrecht der Schweiz, 317 ff.; SCHMITHÜSEN BERNHARD, Einbürgerungen vor dem Kadi?, in: Patricia M. Schiess Rütimann (Hrsg.), Schweizerisches Ausländerrecht in Bewegung, Zürich/Basel/Genf 2003, 219 ff.; TÖNDURY ANDREA MARCEL, Existiert ein ungeschriebenes Grundrecht auf Einbürgerung?, in: Patricia M. Schiess Rütimann (Hrsg.), Schweizerisches Ausländerrecht in Bewegung, Zürich/Basel/Genf 2003, 189 ff.; THÜRER DANIEL/FREI MICHAEL, Einbürgerungen im Spannungsfeld zwischen direkter Demokratie und Rechtsstaatlichkeit, ZSR 123/2004 I 205 ff.; TSCHANNEN, Staatsrecht, 213 ff.; UHLMANN FELIX, Beschwerderecht bei Einbürgerungen, Jusletter vom 26. April 2002; WENGER DAVID R., Einbürgerung einrichten, ZBJV 2005, 153 ff.; ZIMMERLI ULRICH, Die vom Volk erlassene Verfassung gilt auch für den Souverän, Jusletter vom 28. Juli 2003.

1. Ausgangslage

342 Die Frage des Verfahrens hat die Gerichte und daran anschliessend die Politik bzw. den Gesetz- und Verfassungsgeber in den letzten Jahren wiederholt beschäftigt. Ausgangspunkt war, dass die Kantone das kantonale Verfahren regelten und dass

gegen letztinstanzliche Verfügungen der Kantone und gegen Entscheide der Verwaltungsbehörden des Bundes gemäss den allgemeinen Bestimmungen über die Bundesrechtspflege Rechtsschutz gewährt wurde.

> Gegen Entscheide des Bundesamtes für Migration kann beim Bundesverwaltungsgericht Beschwerde erhoben werden (Art. 31 ff. VGG). Gegen kantonale Entscheide gab es früher nur ausnahmsweise eine Beschwerdemöglichkeit an ein Gericht. Nur beschränkt anrufbar war und ist auch das Bundesgericht: Da Art. 83 Bst. b BGG gegen Entscheide über die ordentliche Einbürgerung die Beschwerde in öffentlich-rechtlichen Angelegenheiten an das Bundesgericht ausschliesst, steht diese lediglich offen gegen andere auf das Bürgerrechtsgesetz gestützte Verfügungen, insb. gegen solche über erleichterte Einbürgerungen, Wiedereinbürgerungen, den Entzug des Bürgerrechts und die Nichtigerklärung von Einbürgerungen.

343

2. Rechtsmittel gegen Entscheide über die ordentliche Einbürgerung

Lange Zeit galten die Kantone bei der Regelung des Verfahrens *bei den ordentlichen Einbürgerungen* in ihrem Zuständigkeitsbereich als frei. Der Einbürgerungsentscheid wurde dabei regelmässig als *politischer Entscheid im freien Ermessen* verstanden, der nicht begründet werden musste und beliebig in die Zuständigkeit einer politischen Behörde gestellt werden konnte; nebst Exekutiven oder Gemeindeparlamenten wurde die Kompetenz mitunter auch dem Volk durch Entscheid in der Gemeindeversammlung oder an der Urne zugewiesen. Auch der häufige Ausschluss kantonaler Rechtsmittel gegen Einbürgerungsentscheide an ein Gericht entsprach der verbreiteten Vorstellung, es handle sich um politische Entscheide. In einer solchen Betrachtungsweise erscheint sogar fraglich, ob die Rechtsweggarantie nach Art. 29a BV (dazu Rz. 2828 ff.) etwas daran ändern würde. Es gibt allerdings auch Kantone, die seit geraumer Zeit ein Rechtsmittel gegen Einbürgerungsentscheide kennen.

344

> Gegen letztinstanzliche kantonale Entscheide über die ordentliche Einbürgerung kann immerhin die subsidiäre Verfassungsbeschwerde an das Bundesgericht ergriffen werden. Rügen lässt sich damit jedenfalls die Verletzung des Diskriminierungsverbots nach Art. 8 Abs. 2 BV und der Verfahrensrechte gemäss Art. 29 BV (vgl. BGE 129 I 217); gemäss BGE 133 I 185 (der sich auf einen entsprechenden Plenarbeschluss des Bundesgerichts vom 30.4.2007 stützt) bleibt hingegen die Anrufung des Willkürverbots nach Art. 9 BV wie früher bei der staatsrechtlichen Beschwerde ausgeschlossen (vgl. Rz. 1984 ff.).

345

3. Verfassungsrechtliche Anforderungen an das Verfahren bei der ordentlichen Einbürgerung

Nach einer seit 2003 entwickelten *Rechtsprechung* des Bundesgerichts gelten *besondere verfassungsrechtliche Anforderungen* an das Verfahren der ordentlichen Einbürgerung. Danach kann eine solche nicht mehr als politischer Entscheid verstanden werden, sondern stellt einen individuell-konkreten Hoheitsakt dar, der ua. auch einen *Anspruch auf eine Begründung* (als Teilgehalt des Anspruchs auf recht-

346

liches Gehör gemäss Art. 29 Abs. 2 BV) mit sich bringt. Eine Begründung erweist sich jedoch insb. bei einem Volksentscheid an der Urne systembedingt als ausgeschlossen (BGE 129 I 232). Die Rechtsstaatlichkeit des Entscheides verlangt sodann die *Beachtung weiterer Grundrechte* wie insb. des Diskriminierungsverbots (Art. 8 Abs. 2 BV) und der Glaubens- und Gewissensfreiheit (Art. 15 BV; vgl. BGE 129 I 217 betreffend Herkunft aus dem Balkan und Urteil 1D_ 19/2007 [2008] [zur Publikation bestimmt] betreffend Behinderung sowie BGE 134 I 49 und 56 betreffend Tragen eines Kopftuches).

347   Nur ergänzend und nicht abschliessend hat sich das Bundesgericht zur weiteren Frage geäussert, ob die umfassende Informationspflicht der Behörden vor Volksabstimmungen im Falle von Einbürgerungen gegen den *Anspruch auf Schutz der Privatsphäre* der Betroffenen (Art. 13 BV) verstosse (vgl. BGE 129 I 217). Ebenfalls nicht vertieft hat das Bundesgericht die Frage, ob ein *Rechtsmittel* gegen Einbürgerungsentscheide erforderlich ist. Als Konsequenz der bundesgerichtlichen Urteile erscheint ein Rechtsmittel – und zwar ein solches an ein Gericht – aber jedenfalls mit Blick auf Art. 29a BV (dazu Rz. 2828 ff.) unerlässlich.

348   In BGE 130 I 140 beurteilte das Bundesgericht einen (vorläufigen) Erlass als verfassungskonform, der die Zuständigkeit der *Gemeindeversammlung* für Einbürgerungen vorsah, jedoch vorschrieb, eine Abstimmung sei nur bei Vorliegen eines begründeten Gegenantrages durchzuführen. In BGE 131 I 18 stellte es mit analogen Erwägungen in einem konkreten Fall (aus einem anderen Kanton) auf die Antragsbegründung des Gemeinderates (Exekutive) ab, nachdem in der die Einbürgerung ablehnenden Gemeindeversammlung keine Diskussion stattgefunden hatte. In einem weiteren Fall hob das Bundesgericht einen Gemeindeversammlungsbeschluss, der entgegen dem Antrag der Exekutive die Einbürgerung verweigerte, mit der Begründung auf, mangels Gegenantrags sowie eindeutiger ablehnender Voten erweise sich der negative Entscheid als nicht genügend begründet (BGE 132 I 196; vgl. auch die Urteile 1D_8/2007 und 1D_9/2007 [2007] sowie 1D_1/2008 [2008]). Dabei verfolgt das Bundesgericht eine differenzierte Beurteilung jedes einzelnen Einbürgerungsgesuchs: So schützte es etwa die Verweigerung der Einbürgerung des Vaters in der Gemeindeversammlung, weil vor der ablehnenden Entscheidung nichtdiskriminierende Gründe genannt worden waren; hingegen beurteilte es als verfassungswidrig, den Sohn nicht einzubürgern, weil dagegen weder vor noch während der Gemeindeversammlung begründete Einwände erhoben wurden (Urteile 1P.550/2006 und 1P.552/2006 [beide 2007]). Sodann erwog das Bundesgericht bei der Überprüfung eines negativen kantonalen Einbürgerungsentscheids, der von einem kantonalen *Parlament* (Landrat des Kantons Basel-Landschaft) gefällt worden war, aus dem Kommissionsantrag und der anschliessenden Parlamentsdebatte ergebe sich eine genügende Begründung der Einbürgerungsverweigerung und diese erweise sich auch in der Sache nicht als verfassungswidrig, soweit dies überprüft werden könne (BGE 132 I 167). Bei diesem Entscheid erscheint allerdings fragwürdig, die geheimen Protokolle der vorberatenden Kommission als rein interne Dokumente einzustufen und die Einsichtnahme darin zu verweigern, wie dies der Landrat getan hatte und worin das Bundesgericht keinen Verfassungsverstoss sah.

349   Als *Ergebnis der Rechtsprechung* lässt sich festhalten: Unmittelbare Urnenabstimmungen über Einbürgerungsentscheide lassen sich kaum verfassungskonform aus-

gestalten. Entscheide an Gemeindeversammlungen oder in gewählten Legislativorganen erfüllen die verfassungsrechtlichen prozessualen Anforderungen; wenn das Verfahren gewährleistet, dass die Verweigerung der Einbürgerung zulänglich begründet werden kann. Dies bedingt, dass die Entscheidgründe erkennbar sind und die Nichteinbürgerung dadurch auf Verfassungsmässigkeit hin überprüfbar wird. Wenn gegen einen begründeten ablehnenden Entscheid eine Referendumsmöglichkeit offen steht, erscheint allerdings ein nachträglicher Urnenentscheid nicht von vornherein ausgeschlossen; bei einem positiven Einbürgerungsentscheid fehlt es hingegen an einer genügenden Begründung für eine allfällige Ablehnung in einer Referendumsabstimmung. Keine besonderen verfassungsrechtlichen Fragen wirft demgegenüber die Zuständigkeit von Behörden wie kommunalen Exekutivorganen oder gewählten besonderen Einbürgerungskommissionen auf, unterstehen diese doch dem Amtsgeheimnis und lassen sich ihre Entscheide wie andere Verfügungen auch begründen; ihre demokratische Legitimation finden solche Behörden im Umstand, dass sie vom Volk gewählt werden. In inhaltlicher Hinsicht stehen das Diskriminierungsverbot sowie die Glaubens- und Gewissensfreiheit im Vordergrund. Gleichzeitig muss der Schutz der Privatsphäre garantiert bleiben. Letztlich darf die Einbürgerungsverweigerung aber auch nicht willkürlich sein, unabhängig davon, ob dies vom Bundesgericht kontrolliert werden kann oder nicht.

3. Würdigung und neuste Entwicklung

Die Rechtsprechung des Bundesgerichts wurde mitunter – teilweise heftig – als undemokratisch kritisiert. Es trifft zwar zu, dass bei Einbürgerungsentscheiden ein grosser Ermessensspielraum besteht, den verschiedene Gemeinwesen im Rahmen der zulässigen Ermessensausübung unterschiedlich handhaben – und insoweit auch differierende politische Auffassungen einbringen – können. Zu bedenken ist aber, dass bei der Abstimmung über Einbürgerungen die Stimmberechtigten bzw. die Parlamentarier eine *staatliche Organfunktion* wahrnehmen. So wie eine staatliche Exekutivbehörde nicht gegen verfassungsmässige Rechte verstossen darf, selbst wenn sie einen Entscheid fällt, der grundsätzlich in ihrem Ermessen steht, ist dies auch dem Stimmvolk oder einer Legislativbehörde verwehrt. Da es sich bei der Einbürgerung um einen *Akt der Rechtsanwendung im Einzelfall* handelt, gelangen nicht nur die berührten materiellen Verfassungsrechte, sondern auch die entsprechenden prozessualen Grundrechte wie der Anspruch auf rechtliches Gehör zur Anwendung. Die fraglichen Urteile des Bundesgerichts sind daher nicht undemokratisch, sondern legen lediglich das *Verhältnis von Demokratie und Rechtsstaat bei Einbürgerungsentscheiden* fest (dazu ebenfalls Rz. 193 ff.; zum Verhältnis von Recht und Politik bei Einbürgerungen vgl. RENÉ RHINOW, Politische Funktionen des Rechts, in ZSR 127 I, 2008, 181 ff., 194 ff.). Die justizielle Kontrolle kann im Übrigen auch dazu führen, dass ein kommunaler Entscheid, der zu Unrecht die Einbürgerung gewährt, durch ein Gericht wieder aufgehoben wird (vgl. das Urteil des Bundesgerichts 1D_17/2007 [2008]). Zugleich ergibt sich, als Folge des in Art. 37 Abs. 1 BV vorgesehenen Systems des dreiteiligen Bürgerrechts, eine *Schnittfläche zum föderalistischen Strukturprinzip*, entstehen doch die

350

entsprechenden rechtlichen Probleme regelmässig im Kompetenzbereich der unteren Gemeinwesen.

351 Die Anknüpfung am Gemeinde- und Kantonsbürgerrecht für den Zugang zum Schweizer Bürgerrecht ist in diesem Sinne nicht nur mit einer erheblichen rechtsstaatlichen Problematik verbunden, sondern erweist sich auch als *bundesstaatlicher Anachronismus*. Insb. ist die Schlüsselposition der Gemeinden bei der ordentlichen Einbürgerung überholt. Sie fand ihre Bedeutung ursprünglich va. in der Zuständigkeit der Gemeinden für die Unterstützung bei sog. «Armengenössigkeit» (Bedürftigkeit), die vom Gemeindebürgerrecht abhing. Seit dem Wechsel zur Anknüpfung an den Wohnsitz im Jahre 1975 (vgl. Rz. 3378) besteht dieser Zusammenhang nicht mehr. Auch die Kompetenz von Kantonen und Gemeinden, eigene zusätzliche Einbürgerungsvoraussetzungen aufzustellen, erscheint nicht mehr zeitgemäss und sachgerecht. Häufig werden Eigenschaften verlangt, die zur Wahrnehmung der besonderen Rechte und Pflichten von Schweizerinnen objektiv nicht erforderlich sind und über die selbst manche Schweizer nicht verfügen.

352 Die Rechtsprechung des Bundesgerichts hat *verschiedene politische Vorstösse* zum Verfahren bei der ordentlichen Einbürgerung ausgelöst. Am 1. Juni 2008 haben Volk und Stände einen neuen Art. 38 Abs. 4 BV abgelehnt, wonach die Stimmberechtigten jeder Gemeinde frei das Organ hätten bestimmen können, welches das Gemeindebürgerrecht erteilt, und wonach der Entscheid dieses Organs über die Erteilung des Gemeindebürgerrechts endgültig gewesen wäre und somit nicht hätte angefochten werden können. Damit wurde der Weg frei für einen von der Bundesversammlung am 21. Dezember 2007 beschlossenen indirekten Gegenvorschlag über die Teilrevision des Bürgerrechtsgesetzes. Die Gesetzesnovelle, die am 1. Januar 2009 in Kraft getreten ist, richtet sich an der bundesgerichtlichen Rechtsprechung aus und versucht diese weitgehend ins Gesetz zu übertragen (vgl. dazu AS 2008, 5911 f.; BBl 2008, 6151).

353 Danach ist insb. die *Ablehnung* eines Einbürgerungsgesuchs in jedem Fall zu *begründen*. Der Entscheid darüber an einer Gemeindeversammlung bleibt möglich, allerdings muss vor einer allfälligen Ablehnung ein entsprechender begründeter Antrag gestellt werden. Zu beachten ist die *Privatsphäre der Gesuchsteller*; namentlich sind den Stimmberechtigten nur Daten zur Staatsangehörigkeit, zur Wohnsitzdauer und allfällige weitere, für den Entscheid erforderliche Angaben wie solche über die Integration bekannt zu geben (Art. 15a und 15b BüG). Schliesslich setzen die Kantone Gerichtsbehörden ein, die als letzte kantonale Instanzen *Beschwerden* gegen ablehnende Entscheide über die ordentliche Einbürgerung beurteilen (neuer Art. 50 BüG). Letztinstanzlich steht damit gegen Einbürgerungsentscheide auch weiterhin die subsidiäre Verfassungsbeschwerde an das Bundesgericht offen.

f. Stärken und Schwächen des Einbürgerungsrechts

354 Einerseits verlangt das schweizerische Recht *eher restriktive Voraussetzungen* für eine Einbürgerung – trotz der Möglichkeit des Doppelbürgerrechts, der Abschaffung der teilweise hohen früheren Einbürgerungstaxen und der durch die Recht-

sprechung ausgelösten verfahrensrechtlichen Verbesserungen. Auch erscheint die dreifache Zuständigkeit von Bund, Kanton und Gemeinde überholt. Andererseits stellt gerade die Zulässigkeit der *doppelten Staatsangehörigkeit* eine eigentliche Stärke des schweizerischen Rechts dar. Ausserdem gibt es Situationen, in denen das Einbürgerungsrecht bereits heute *besondere Chancen* bietet. Das trifft insb. bei den Erleichterungen zum Erwerb des Schweizer Bürgerrechts zu. Dennoch erscheint es aus Gründen der Menschlichkeit und der Integration (weiterhin; vgl. Rz. 378) angebracht, *weitere Erleichterungen* wie die Verkürzung der Anwesenheitsfristen, namentlich für in der Schweiz geborene ausländische Jugendliche und Kinder (sog. «Ausländer der zweiten und dritten Generation»), in Betracht zu ziehen.

Bei aller vordergründigen Logik mag es daher bedauerlich erscheinen, wenn sich künftig nur noch Niedergelassene einbürgern lassen können sollten, wie es in der Bundesversammlung zZt. (Stand Sommer 2008) diskutiert wird. Jedenfalls wäre eine Ausnahmeklausel für besonders gut integrierte ausländische Personen bzw. für Härtefälle zu erwägen, um die Strenge der Einbürgerungsvoraussetzungen aufzuweichen und zusätzliche Anreize für eine gelungene Integration und den Erwerb der schweizerischen Staatsangehörigkeit zu schaffen. 355

Klar fragwürdig erscheinen hingegen politische Forderungen nach einer *Einbürgerung auf Probe* bzw. nach einer Widerrufsmöglichkeit innert einer mehrjährigen Frist bei nachträglichem Fehlverhalten. Der Erwerb der Staatsangehörigkeit ist grundsätzlich ein endgültiger Akt, der eine besondere Beziehung zur Eidgenossenschaft begründet und nur in ausserordentlichen Ausnahmefällen, insb. wenn der Erwerb mit unredlichen Mitteln erwirkt wurde (vgl. Art. 41 BüG) oder wenn krass treuwidriges Verhalten gegenüber dem Staat selbst vorliegt (vgl. Art. 48 BüG), wieder behördlich beseitigt werden sollte. Nachträgliches sonstiges Fehlverhalten ist mit den entsprechenden spezifischen Massnahmen des Rechts zu sanktionieren, darf aber nicht zu einem Wegfall der Nationalität führen. Nicht nur würden sonst verschiedene Kategorien von Schweizern geschaffen («echte Schweizer» und solche «auf Probe», denen auch die Bürgerrechte und -pflichten nur «auf Probe» zustünden), was aus Gleichheitsgründen äusserst bedenklich wäre, sondern es bestünde eine erhöhte Gefahr der – an sich verpönten – Schaffung von Staatenlosen. Erst recht fragwürdig erscheinen Ideen, den Widerruf von Einbürgerungen auf Familienangehörige auszudehnen, wird damit doch eine Art «Sippenhaft» begründet bzw. besteht die Gefahr, dass der Staat seine eigenen Angehörigen wegen eines Verhaltens verstösst, das sie sich selbst gar nicht zuschulden kommen lassen haben. Im Übrigen setzt das Völkerrecht, wenn auch nicht zwingend der Ausbürgerung, so doch jedenfalls der zwangsweisen Exilierung gewisse Schranken (so etwa in Art. 12 Abs. 4 des UNO-Pakts II; vgl. dazu Rz. 390). Die Wirkung eines Widerrufs würde sich somit in etlichen Fällen im Wesentlichen auf einen Entzug der Bürgerrechte und -pflichten beschränken, nicht aber zwingend dazu führen, dass die Schweiz von den betroffenen Personen auch zu verlassen wäre. Nichts einzuwenden ist demgegenüber gegen eine konsequente Anwendung der Einbürgerungsvoraussetzungen, insb. der Anforderungen an die Integration, sofern diese in fairer und rechtsstaatlich vertretbarer Weise gehandhabt werden. 356

g. Verbot der Ungleichbehandlung fremder Bürger und Bürgerinnen

357   Gemäss Art. 37 Abs. 2 BV *darf niemand wegen seiner Bürgerrechte bevorzugt oder benachteiligt werden*. Damit ist es den Kantonen und Gemeinden untersagt, niedergelassene Schweizer einzig wegen ihres fremden Bürgerrechts anders zu behandeln als ihre eigenen Bürgerinnen (vgl. BGE 122 I 209). Auch die Unterscheidung von geborenen und eingebürgerten Bürgern ist ausgeschlossen.

358   Das *Verbot* gilt *absolut*, dh. dass sich eine Ungleichbehandlung auch nicht – wie beim allgemeinen Rechtsgleichheitsgebot nach Art. 8 Abs. 1 BV – mit ernsthaften sachlichen Gründen rechtfertigen lässt. Als einzige Ausnahme gelten Vorschriften über die politischen Rechte in Bürgergemeinden und Korporationen sowie über die Beteiligung an deren Vermögen, sofern die kantonale Gesetzgebung nichts anderes vorsieht.

359   Die Kantone können somit *besondere Gemeinwesen* wie Bürgergemeinden schaffen bzw. beibehalten, welche Dritte, selbst wenn sie in der entsprechenden Einwohnergemeinde niedergelassen sind, von den Ansprüchen auf das Vermögen (sog. «Bürgernutzen») sowie von der Teilnahme an der Willensbildung ausschliessen können (RDAT 1994 I Nr. 16, 29). Die Bundesverfassung bezweckt damit nicht zuletzt, Vorrechte traditioneller Körperschaften (Korporationen, «Genosssamen») zu schützen, die in verschiedenen Kantonen va. der Innerschweiz teilweise seit Jahrhunderten bestehen und über erhebliche Vermögen verfügen können (vgl. BGE 132 I 68, 71f.). Art. 37 Abs. 2 BV gibt solchen Körperschaften aber nur das Recht, ihre Mitglieder gegenüber Dritten zu bevorzugen. Eine Ungleichbehandlung innerhalb der Korporation wird davon hingegen nicht geschützt, sondern beurteilt sich nach den allgemeingültigen Kriterien von Art. 8 BV. So erweist sich insb. eine Statutenordnung als verfassungswidrig, wonach verheiratete Genossenbürgerinnen das Genossenbürgerrecht im Unterschied zu männlichen Mitgliedern idR. nicht an ihre Nachkommen weitergeben können, weil die Kinder gemäss den entsprechenden privatrechtlichen Bestimmungen Namen und Bürgerrecht des Vaters erhalten (BGE 132 I 68, 73 ff.; vgl. aber BGE 134 I 257, 262f.).

360   Nicht erfasst von Art. 37 Abs. 2 BV wird hingegen die Ungleichbehandlung aufgrund des *Wohnsitzes*. Werden die Einwohner und auswärts Wohnhafte etwa bei der Benutzung von öffentlichen Gebäuden (zB. bei der Benutzung von kommunalen Sporthallen oder Schwimmbädern) oder von öffentlichem Grund bzw. öffentlichen Gewässern (zB. bei der Zuteilung von Schiffsbojen) unterschiedlich behandelt, stellt sich die Frage des allgemeinen Rechtsgleichheitsgebots nach Art. 8 Abs. 1 BV und nicht nach der speziellen Bestimmung von Art. 37 Abs. 2 BV. Analoges gilt für die *Ungleichbehandlung zwischen Ausländern* bzw. von Schweizern und Niedergelassenen einerseits sowie lediglich aufenthaltsberechtigten Ausländern andererseits (ZBl 105/2004, 322 betr. Erteilung von Fischereipatenten).

h. Auslandschweizer und Auslandschweizerinnen

Eine *besondere verfassungsrechtliche Stellung* kommt den Auslandschweizern zu. 361
Der *Bund* hat die *Kompetenz* und den *Verfassungsauftrag*, die Beziehungen der
Auslandschweizerinnen untereinander und zur Schweiz zu fördern, und die verfassungsrechtliche Ermächtigung, entsprechende Organisationen zu unterstützen
(Art. 40 Abs. 1 BV). Überdies ist der Bund zuständig, Vorschriften über die Rechte
und Pflichten der Auslandschweizer zu erlassen, namentlich im Hinblick auf die
Ausübung der politischen Rechte im Bund, auf die Militär- oder Ersatzdienstpflicht, auf die Unterstützung und die Sozialversicherungen (Art. 40 Abs. 2 BV).

> Der Begriff des Auslandschweizers enthält *Unschärfen*. Wieweit Doppelbürger 362
> darunter fallen, ist genauso dem Gesetzgeber überlassen wie die Frage, unter
> welchen Voraussetzungen eine Schweizerin als Auslandschweizerin gilt. Der
> Gesetzgeber hat darauf teilweise auch unterschiedliche Antworten gegeben, da
> etwa für die Frage der Militärdienstpflicht nicht die gleichen Kriterien als sachadäquat erscheinen wie für diejenigen des Stimm- und Wahlrechts oder von
> staatlichen Unterstützungsleistungen.

Wegen des Territorialitätsprinzips unterstehen die Auslandschweizer grundsätzlich 363
dem *Recht des Aufenthalts- bzw. Wohnsitzstaates*. Davon abweichend behält
Art. 40 Abs. 2 BV einzig bestimmte Sachgebiete vor, in denen völkerrechtlich dem
Grundsatz der Nationalität der Vorrang zukommt und dem Heimatstaat eine weitgehende Gesetzgebungskompetenz zuerkannt wird, die den Territorialitätsanspruch
des Wohnsitzstaates relativiert. Gewisse Einschränkungen – etwa Vorschriften eines anderen Staates zur Ausübung des aus seiner Sicht ausländischen (und damit
auch des schweizerischen) Stimm- und Wahlrechts auf seinem Gebiet – sind aber
nicht ausgeschlossen.

> Nach dem Bundesgesetz vom 19. Dezember 1975 über die *politischen Rechte* 364
> *der Auslandschweizer* (SR 161.5) können alle Schweizerinnen und Schweizer,
> die in der Schweiz keinen Wohnsitz haben, bei einer schweizerischen Vertretung im Ausland immatrikuliert sind und die üblichen Voraussetzungen der politischen Rechte erfüllen (vgl. Art. 136 BV), eine ihrer Heimat- oder früheren
> Wohnsitzgemeinden als Stimmgemeinde wählen. Sie haben sich dazu über die
> schweizerische Vertretung bei ihrer Stimmgemeinde zu melden.

> Die politischen Rechte werden *persönlich* in der Stimmgemeinde oder *brieflich* 365
> ausgeübt. Für das passive Wahlrecht beim Nationalrat ist die Eintragung ins
> Stimmregister nicht erforderlich. Für die politischen Rechte in kantonalen und
> kommunalen Angelegenheiten unter Einschluss der Wahl des Ständerates bleibt
> das jeweilige kantonale Recht vorbehalten; es steht also in der Kompetenz der
> Kantone, den Auslandschweizern die politischen Rechte auf kantonaler oder
> kommunaler Stufe zu gewähren.

> Verfassungsrechtliche Fragen wirft das von Auslandschweizerorganisationen 366
> immer wieder vorgetragene und in der Bundesversammlung zurzeit (2008) geprüfte Anliegen auf, dass Auslandschweizer für die Nationalratswahl einen eigenen *Wahlkreis* bilden dürfen, was zu gesicherten Wahlen von Auslandschweizerinnen führen und somit vor allem ihr passives Wahlrecht stärken würde

(siehe Parlamentarische Initiative Sommaruga vom 22.06.2007, 07.460). Art. 40 BV wäre durch eine solche Regelung zwar nicht betroffen; erforderlich würde aber eine Anpassung von Art. 149 Abs. 3 und 4 BV. Dabei stellen sich jedoch grundsätzliche Fragen des Verhältnisses von Demokratie und Föderalismus: Für die eidgenössischen und ohnehin die kantonalen Abstimmungen und die Wahl des Ständerates müssten die Auslandschweizer doch wieder einem Kanton zugewiesen werden. Es wäre mit dem bisherigen Verständnis des schweizerischen bundesstaatlichen Systems kaum vereinbar, den Auslandschweizerinnen sozusagen den Status eines Kantons, in letzter Konsequenz sogar mit einer Vertretung im Ständerat und mit Standesstimme, zu geben, ohne dass sie einen solchen tatsächlich zu bilden vermögen. Für die Nationalratswahl müsste also eine Ausnahme gemacht werden, was zwar eher denkbar, aber doch auch als Systembruch erschiene. Der Nationalrat hat der Parlamentarischen Initiative am 24. September 2008 Folge gegeben.

367 Nach der einschlägigen Bundesgesetzgebung sind Auslandschweizer in Friedenszeiten grundsätzlich *von der Militärdienstpflicht befreit, aber ersatzpflichtig*; sie können freiwillig Dienst leisten. Bei Kriegsmobilmachung kann eine Einrückungspflicht bestehen. Hingegen sind Doppelbürger (ob in der Schweiz wohnhaft oder nicht), die in einem anderen Staat ihre militärischen Pflichten erfüllt oder Ersatzleistungen erbracht haben, in der Schweiz grundsätzlich nicht militärdienstpflichtig. Sodann gewährt der Bund Auslandschweizerinnen, die sich in Notlage befinden, unter bestimmten Voraussetzungen *Unterstützungsleistungen* (Bundesgesetz vom 21. März 1973 über Fürsorgeleistungen an Auslandschweizer; SR 852.1). Dabei kann er ihnen unter Umständen die Heimkehr in die Schweiz nahe legen. Der Bund fördert auch die Ausbildung junger Auslandschweizer, insbes. über Finanzhilfen an Schweizerschulen im Ausland (Bundesgesetz vom 9. Oktober 1987 über die Förderung der Ausbildung junger Auslandschweizerinnen und Auslandschweizer, AAG; SR 418.0). Bei den *Sozialversicherungen* besteht für die Auslandschweizer schliesslich regelmässig die Möglichkeit, sich *freiwillig* zu *versichern*.

368 Ende 2007 lebten rund 650000 Schweizer und Schweizerinnen, wovon ca. 70% Doppelbürger, im Ausland (vgl. vorne Rz. 272). Davon sind knapp 500000 stimm- und wahlberechtigt und rund 110000, also etwas mehr als ein Viertel, in den Stimmregistern für eidgenössische Wahlen und Abstimmungen eingetragen, was etwa 2% aller Stimm- und Wahlberechtigten gleichkommt.

369 Ob *Auslandschweizer im Staat, in dem sie leben*, über *politische Rechte* verfügen, hängt von dessen Rechtsordnung ab.

370 Einige Staaten (zB. Schweden, Dänemark, Niederlande, Belgien) gewähren ausländischen Personen namentlich das aktive und passive Wahlrecht in kommunalen Angelegenheiten und dies teilweise bereits nach relativ kurzer Aufenthaltsdauer (etwa nach drei Jahren in Schweden). In der EU haben alle Angehörigen von EU-Staaten das Recht zur Teilnahme an kommunalen Wahlen in den Mitgliedstaaten, wovon die Schweizer freilich nur dann profitieren, wenn die Mitgliedstaaten dieses Recht auch auf andere Ausländer ausdehnen.

III. Ausländer und Ausländerinnen

Literatur

ACHERMANN ALBERTO/HAUSAMMANN CHRISTINE, Handbuch des Asylrechts, Bern/Stuttgart 1991; AMARELLE CESLA VIRGINIA, Le processus d'harmonisation des droits migratoires nationaux des Etats membres de l'Union européenne. Historique, portée et perspectives en droit communautaire d'asile et d'immigration, Zürich 2005; AUER/MALINVERNI/HOTTELIER I, 412f.; BADE KLAUS J./EMMER PIETER C./LUCASSEN LEO/OLTMER JOCHEN (Hrsg.), Enzyklopädie: Migration in Europa, Zürich 2007; BENESCH SEBASTIAN, Das Freizügigkeitsabkommen zwischen der Schweiz und der Europäischen Gemeinschaft, Tübingen 2007; BERTSCHI MARTIN/GÄCHTER THOMAS, Der Anwesenheitsanspruch aufgrund der Garantie des Privat- und Familienlebens, ZBl 104/2003, 225 ff.; BIANCHI DORIS, Die Integration der ausländischen Bevölkerung, Der Integrationsprozess im Lichte des schweizerischen Verfassungsrechts, Zürich 2003; CARONI MARTINA, Privat- und Familienleben zwischen Menschenrecht und Migration, Berlin 1999; CHETAIL VINCENT, Migration, droits de l'homme et souveraineté, in: Droit international en question, Brüssel 2007, 13 ff.; EPINEY ASTRID/WALDMANN BERNHARD/EGBUNA-JOSS ANDREA/OESCHGER MAGNUS, Die Anerkennung als Flüchtling im europäischen und schweizerischen Recht, Jusletter vom 26. Mai 2008; FELDER DANIEL/KADDOUS CHRISTINE (Hrsg.), Bilaterale Abkommen Schweiz – EU (Erste Analysen), Basel/Genf/München 2001; GATTIKER MARIO, Das Asyl- und Wegweisungsverfahren, Asylgewährung und Wegweisung nach dem Asylgesetz vom 26.6.1998, hrsg. von der Schweizerischen Flüchtlingshilfe, Bern 1999; GRANT PHILIP, La protection de la vie familiale et de la vie privée en droit des étrangers, Basel/Genf/München 2000; HÄFELIN/HALLER/KELLER, Rz. 300, 1311, 1380b und 1496; HAILBRONNER KAY, Kompatibilität des Schweizer Asylverfahrens mit Harmonisierungsbestrebungen im Asylrecht der Europäischen Union, Zürich 2000; HEUSSER PIERRE, Stimm- und Wahlrecht für Ausländerinnen und Ausländer, Zürich 2001; IKEN JAN-GERRIT, Personenfreizügigkeit: Tendenzen und Entwicklungen in den Rechtskreisen der Schweiz und der EU, Diss. Zürich 2002; KADDOUS CHRISTINE/JAMETTI GREINER MONIQUE, Bilaterale Abkommen II Schweiz – EU, Genf/Basel/München/Brüssel/Paris 2006; KÄLIN WALTER, Grundrechte im Kulturkonflikt, Freiheit und Gleichheit in der Einwanderungsgesellschaft, Zürich 2000; DERS., Grundriss des Asylverfahrens, Basel/Frankfurt a.M. 1990; MAHNIG HANS (sous la direction de), Histoire de la politique de migration, d'asile et d'intégration en Suisse depuis 1948, Zürich 2005; MAHON PASCAL, Die Aktivbürgerschaft im schweizerischen Staatsrecht, in: Verfassungsrecht der Schweiz, 335 ff.; MALINVERNI GIORGIO, Le droit des étrangers, in: Verfassungsrecht der Schweiz, 979 ff.; MARTIN-KÜTTEL RAHEL, Zweckbindung der Aufenthaltsbewilligung erwerbstätiger Drittstaatsangehöriger, Zürich/Basel/Genf 2006; MONA MARTINO, Das Recht auf Immigration, Basel 2007; DERS., Le libéralisme et la démocratie face à l'immigration, in: La démocratie comme idée directrice de l'ordre juridique suisse, hrsg. von Pierre Tschannen, Zürich/Basel/Genf 2005, 165 ff.; MOSER JEAN-PIERRE, Accords bilatéraux et mesures d'éloignements au titre de l'ordre public et de la sécurité publique, RDAF 59/2003 I, 84 ff.; MÜLLER-JENTSCH DANIEL (Hrsg.), Avenir Suisse, Die neue Zuwanderung, Zürich 2008; NGUYEN MINH SON, Droit public des étrangers, Bern 2003; DERS., L'accord bilatéral sur la libre circulation des personnes et le droit des étrangers, RDAF 57/2001 I, 133 ff.; PIGUET ETIENNE, Einwanderungsland Schweiz, Bern/Stuttgart/Wien 2006; SAROLÉA SYLVIE, Droit de l'homme et migrations, Brüssel 2006; SCHIESS RÜTIMANN PATRICIA M. (Hrsg.), Schweizerisches Ausländerrecht in Bewegung, Zürich/Basel/Genf 2003; SCHWEIZERISCHES ROTES KREUZ, Departement Migration, Sans-Papiers in der Schweiz, Zürich 2006; SPESCHA MARC, Migrationsabwehr im Fokus der Menschenrechte, Zürich/St. Gallen 2007; DERS., Zukunft «Ausländer», Bern/Stuttgart/Wien 2002; DERS., Handbuch zum Ausländerrecht, Bern/Stuttgart/Wien 1999; SPESCHA MARC/THÜR HANSPETER/ZÜND ANDREAS/BOLZLI PETER, Migrationsrecht, Zürich 2008; THÜRER DANIEL, § 1 Einleitung: Gerechtigkeit im Ausländerrecht?, in: Uebersax Peter et. al. (Hrsg.), Ausländerrecht, Basel/Genf/München 2002, 3ff.; THÜRER DANIEL/WEBER ROLF H./PORTMANN WOLFGANG/KELLERHALS ANDREAS (Hrsg.), Bilaterale Verträge I & II Schweiz – EU, Handbuch, 2. Aufl., Basel/Genf 2009; TSCHANNEN, Staatsrecht, § 13 und 48; UEBERSAX PETER, Migrationsrechtliche Auswirkungen der Bilateralen II, insb. von Schengen und Dublin, AJP 2005, 918ff.; UEBERSAX PETER/RUBIN BEAT/HUGI YAR THOMAS/GEISER THOMAS (Hrsg.), Ausländerrecht, 2. Aufl., Basel 2009; WENGER DAVID R., Das Ausländerstimmrecht in der Schweiz und im europäischen Ausland, ein kommentierter Rechtsvergleich, AJP 2004, 1186ff.; WINDISCH ULI, Immigration, Quelle intégration?, Quels droits politiques?, Lausanne 2000; WISARD NICOLAS, Les renvois et leur exécution en droit des étrangers et en droit l'asile, Basel/Frankfurt a.M. 1997; WURZBURGER ALAIN, La jurisprudence récente du Tribunal fédéral en matière de police des étrangers, RDAF 53/1997 I, 267ff.; ZIMMERLI CHRISTOPH, Arbeits- und bewilligungsrechtliche Auswirkungen des Personenfreizügigkeitsabkommens, Jusletter vom 15. August 2005.

a. Migration als rechtliche Herausforderung

1. Migration als internationales Phänomen

371 Ausländer sind *Menschen, die nicht Bürger eines bestimmten Staates* sind. Das Völkerrecht hält für sie einen Grundbestand von Rechten und Pflichten ausserhalb des Heimatstaates bereit, soweit es einen solchen überhaupt gibt (was bei Staatenlosen nicht der Fall ist). Abgesehen davon gehört es völkerrechtlich zur Souveränität der einzelnen Staaten, die Zulassung von Ausländerinnen in ihr Staatsgebiet, die Rechtsstellung darin und die Entfernung daraus bzw. Fernhaltung davon zu regeln.

372 *Migration*, dh. die Verschiebung von Menschen zwischen den verschiedenen Staaten durch Aus- und Einwanderung, gab es schon seit jeher. Die Ursachen dafür liegen namentlich in der grenzüberschreitenden Wirtschaftstätigkeit, im Wirtschafts- und Sozialgefälle zwischen reichen und armen Ländern, in durch Krieg und Naturkatastrophen begründeten Notlagen, in staatlicher (totalitäre Regimes) oder gesellschaftlicher Verfolgung sowie in der zunehmenden Internationalisierung der persönlichen und familiären Beziehungen. In der heutigen Zeit der praktisch allen zugänglichen schnellen Transportmittel und damit verbunden kurzen Distanzen haben die Migrationsbewegungen ein kaum mehr überschaubares Ausmass angenommen. Migration ist heute ein *weltweites Phänomen*, das nicht mehr nur nationale, sondern auch kontinentale oder sogar globale Probleme aufwirft.

373 Weltweit leben etwa 175 Millionen Menschen ausserhalb ihrer Heimat. Die Zahl der Flüchtlinge wird global auf rund 17 Millionen, diejenige der intern, dh. innerhalb eines Staates durch Krieg und Gewalt (sog. «Binnenvertriebene» oder «internally displaced persons») Vertriebenen auf etwa 25 Millionen geschätzt.

374 Migration stellt äusserst anspruchsvolle *rechtliche Herausforderungen*. Insb. in *völker- und verfassungsrechtlichen* Hinsicht erweist sich der *Migrationsbereich* als *besonders sensibel*.

375 Praktisch alle Staaten dieser Welt stehen Einwanderungsbewegungen – va. dann, wenn sie schubweise erfolgen – skeptisch gegenüber. In den reicheren

Ländern gibt es teilweise besonders erhebliche *Vorbehalte gegenüber der Immigration*. Mit rechtlichen Massnahmen wird versucht, dem Einwanderungsdruck zu begegnen und die Immigration tief zu halten. Gleichzeitig gewähren die gleichen Staaten den zugelassenen Immigranten, meist beruhend auf entsprechenden staatsvertraglichen Vereinbarungen, zunehmend umfangreichere zivile und politische Rechte. Diese beiden Charakteristika widerspiegeln das *Paradoxon der aktuellen Migrationspolitik* der reichen Nationalstaaten: Einerseits eine gewisse (territoriale) Abschottung gegenüber der Einwanderung und andererseits ein wachsender Einbezug der akzeptierten Migrantinnen. Dabei stehen universalistische Werte nationalstaatlichen Interessen gegenüber, ergänzen sich aber auch. Unter diesem Blickwinkel lässt sich besser verstehen, «dass die Einwanderungspolitik noch lange dazu verurteilt sein wird, mit Widersprüchen, Kompromissen und einem permanenten Schwanken zwischen Öffnung und Abschottung zurechtzukommen» (ETIENNE PIGUET, 167 ff.).

2. Die schweizerische Entwicklung

Den geschilderten Zusammenhängen kann sich auch die *Schweiz* nicht entziehen. Genauso wie sich Schweizer im Ausland aufhalten, leben auch ausländische Personen in der Schweiz. Diese ist heute tendenziell ein *Einwanderungsland*. Der Ausländeranteil beträgt über 20 % und ist damit im gesamteuropäischen Vergleich recht hoch. Ein Drittel der hiesigen Bevölkerung ist entweder selbst eingewandert oder hat einen eingewanderten Elternteil. Ein Viertel ist im Ausland geboren. Aus demografischer Sicht bildet die Immigration damit einen wichtigen Bestandteil der neueren Schweizer Geschichte. Das war nicht immer so.

376

Bis weit ins 19. Jahrhundert war die Schweiz vor allem ein *Auswanderungsland* und förderte sogar die Auswanderung durch staatliche Massnahmen. Die Zuständigkeit zum Entscheid über die Zulassung und die Einbürgerung ausländischer Personen lag damals grundsätzlich bei den Kantonen. Der Bund nahm aber über seine Staatsvertragskompetenz Einfluss auf das Migrationsrecht. Bis zur Jahrhundertwende etablierte sich eine von der Schweiz mitgetragene, auf vernetzten bilateralen Niederlassungsverträgen beruhende weitgehende europäische, vom *liberalen* Gedankengut geprägte *Freizügigkeit*. Nebst einer grossen Zahl ausländischer Studierender wurden auch viele ausländische Arbeiter für die damaligen grossen Infrastrukturbauten (wie Eisenbahntunnels) eingesetzt. 1874 erhielt der Bund die Kompetenz, Mindestanforderungen für die Einbürgerung einzuführen, was er mit einem ersten Bürgerrechtsgesetz von 1876 tat, das insb. eine Wohnsitzdauer von zwei Jahren verlangte. Insgesamt verfolgte die Schweiz eine *grosszügige Einbürgerungspraxis*, um den Ausländeranteil (von damals bereits rund 15 %) klein zu halten; dabei galt der Grundsatz der Integration durch Einbürgerung.

377

Um 1900 (nach den – gegen die Italiener gerichteten – sog. «Italienerkrawallen» von 1896) kam es zu grösseren Überfremdungsdiskussionen. In der Folge ging der Bundesrat während des ersten Weltkrigs – den anderen europäischen Staaten folgend – zu einem System der ausländerrechtlichen *Abschliessung* über. Der Kampf gegen die *Überfremdung* begann die schweizerische Migrationspolitik zu bestimmen. Die zunächst auf Notrecht beruhende Ordnung wurde später nach Einführung der entsprechenden verfassungsrechtlichen *Bundeskompetenz*

378

(Art. 69ter aBV) im Jahre 1925 mit dem Erlass des Bundesgesetzes vom 26. Mai 1931 über Aufenthalt und Niederlassung der Ausländer (ANAG) ins ordentliche Recht überführt. Ebenfalls nach dem ersten Weltkrieg wurden die Einbürgerungsvoraussetzungen deutlich verschärft: Die Einbürgerung setzte nun im Sinne eines Paradigmenwechsels die *Assimilation* voraus, dh. im Wesentlichen die Übernahme der schweizerischen unter Aufgabe der ursprünglichen Kultur, und die für die ordentliche Einbürgerung erforderliche Wohnsitzfrist wurde kontinuierlich auf die seit 1952 geltenden zwölf Jahre verlängert. Nach dem zweiten Weltkrieg löste die damalige erhebliche Zuwanderung von Wanderarbeitern (sog. «Gast- oder Fremdarbeiter») va. aus den lateinischen Ländern Südeuropas eine Reihe von politischen Vorstössen aus, insb. mehrere sog. «Überfremdungsinitiativen» in den 70er und 80er Jahren des letzten Jahrhunderts sowie ähnliche weitere Initiativen danach, die aber alle scheiterten. Der Bundesrat sah sich dadurch immerhin veranlasst, *Stabilisierungsmassnahmen* zwecks Begrenzung des ausländischen Bevölkerungsanteils auf dem Verordnungsweg zu erlassen. 1982 wurde ein neues, teilweise liberaleres Ausländergesetz in der Volksabstimmung abgelehnt. Der Ausländeranteil nahm trotz aller Stabilisierungsbemühungen weiterhin zu. Leicht gelockert wurden in der Folge die im Übrigen weiterhin recht strengen Einbürgerungsvoraussetzungen (dazu Rz. 291 ff.). Das Erfordernis der Assimilation wurde durch dasjenige der *Integration*, der Eingliederung in die hiesigen Verhältnisse, abgelöst, und 1992 anerkannte die Schweiz die Zulässigkeit des *Doppelbürgerrechts*. Mehrere Gesetzesänderungen dienten der Gleichstellung der Geschlechter bei der Einbürgerung. Insb. für Ehegatten wurde die geschlechtneutrale Möglichkeit der erleichterten Einbürgerung geschaffen. Einbürgerungserleichterungen für hier geborene und aufgewachsene Ausländer (der sog. zweiten und dritten Generation) scheiterten aber mehrmals in den dafür erforderlichen Volksabstimmungen (zuletzt 2004).

379 Ende der 90er Jahre des 20. Jahrhunderts ging der Bundesrat zu einer *dualen Zulassungspolitik* (sog. *«Zwei-Kreise-Modell»*) über, die zwischen ausländischen Personen aus dem Kreis der EU und EFTA sowie solchen aus anderen Staaten unterscheidet und zT. erhebliche Unterschiede in der Zulassung und Rechtsstellung mit sich bringt. Für Menschen aus dem sog. «ersten Kreis» (EU/EFTA) bestehen weitgehende Zuwanderungsrechte, währenddem solche aus dem sog. «zweiten Kreis» (übrige Welt), auch Drittstaatsangehörige oder Drittausländer genannt, nur selektiv (zB. bei besonderen Fachkenntnissen) zugelassen werden. Seit dem Inkrafttreten des *Freizügigkeitsabkommens (FZA)* zwischen der Schweizerischen Eidgenossenschaft einerseits und der Europäischen Gemeinschaft (EG) und ihren Mitgliedstaaten andererseits am 1. Juni 2002 besteht in diesem Sinne eine neue Phase der *regionalen Freizügigkeit*, die zeitgleich auf die Staaten der EFTA und in der Folge auch auf die später hinzugekommenen neuen EU-Staaten (im Rahmen der sog. Osterweiterung) ausgedehnt wurde. Die entsprechenden Staatsverträge enthalten letztlich die Rechtfertigung für das duale System und der damit verbundenen *selektiven Zulassung*. Schliesslich sehen das *Schengen-Assoziierungsabkommen (SAA)* und die Folgeabkommen (wie der Schengener Grenzkodex) einen weitgehenden Wegfall der Personenkontrollen an den sog. Schengen-Innengrenzen, dh. beim Grenzübertritt zwischen zwei Schengen-Vertragsstaaten, vor.

380 Auch für die Gewährung *staatlichen Asyls* – im Unterschied zum heute verfassungsrechtlich nicht mehr bedeutsamen Kirchenasyl – waren ursprünglich die

Kantone zuständig. Diese waren teilweise bekannt für eine eher grosszügige Aufnahme von Glaubensflüchtlingen (zB. Hugenotten) und politisch Verfolgten (zB. Rousseau, Voltaire), was mit zum Ruf der sog. *«humanitären Tradition»* der Schweiz beitrug. Schon im 19. Jahrhundert übernahm es der Bund, im Wesentlichen gestützt auf seine Zuständigkeit für die Aussenpolitik, über die Gewährung und Verweigerung von Asyl zu entscheiden, obwohl ihm die Bundesverfassung die entsprechende Kompetenz erst seit 1925 (Art. 29ter aBV; Art. 121 BV) ausdrücklich zuweist. Auch die Einführung der Bundeskompetenz änderte jedoch nichts daran, dass die Gewährung von Asyl bis zum zweiten Weltkrieg eine Art verfassungsrechtlich abgestützter *«politischer Gnadenakt»* darstellte, der nur rudimentär und auf unterer Erlassstufe rechtlich geregelt war. Während des zweiten Weltkriegs verfolgte die Schweiz eine eher zwiespältige, wenn auch streng genommen weder völkerrechts- noch verfassungswidrige Flüchtlingspolitik (vgl. Unabhängige Expertenkommission Schweiz – Zweiter Weltkrieg, Die Schweiz und die Flüchtlinge zur Zeit des Nationalsozialismus, Bern 1999; BGE 126 II 145).

In der Folge kam es zu einer *Verrechtlichung des Asylwesens*. 1951 stellte die internationale Gemeinschaft mit der Flüchtlingskonvention einen Minimalstandard im Flüchtlingsbereich auf, der auch von der Schweiz übernommen wurde. Zunächst ersuchten va. Menschen aus dem damaligen (kommunistischen) Ostblock um Asyl. Insb. in den Jahren 1956 (Ungarn) und 1968 (damalige Tschechoslowakei) zeichnete sich die Schweiz durch eine offene, liberale Asylpolitik aus. Dasselbe galt für Flüchtlinge aus dem Tibet. Die Umsetzung dieser Politik erfolgte in enger Zusammenarbeit des Bundes mit den Kantonen, Gemeinden und privaten Hilfsorganisationen auf der Grundlage der Flüchtlingskonvention und von Verordnungsrecht. Zwischen 1970 und 1980 fand dann aber ein *Paradigmenwechsel* statt. Die Flüchtlinge kamen vermehrt aus anderen Kulturkreisen (Südamerika, Asien, Afrika). Der Bund zog das Asylwesen (unter Einschluss des Vollzugs) ganz an sich. Mit dem Asylgesetz vom 5. Oktober 1979 erging erstmals im Asylbereich eine gesetzliche Regelung. Inhaltlich führte dies zu einer restriktiveren Ordnung. Gleichzeitig wandelte sich die Asylgewährung endgültig vom politischen Gnaden- zum *rechtlichen Rechtsanwendungsakt*.

381

Die *Asylfrage* spielt seither in der schweizerischen Migrationspolitik eine *zentrale Rolle*. Kennzeichnend sind dafür die relativ häufigen Revisionen des Asylrechts, woran selbst die Totalrevision des Asylgesetzes im Jahre 1998 nichts änderte (Asylgesetz vom 26. Juni 1998; SR 142.31; AS 1999, 2262). Dabei versucht die Gesetzgebung auf die Zunahme der Asylbewerber zu reagieren, die seit den 80er Jahren des letzten Jahrhunderts va. aus dem Balkan (Türkei, Staaten des ehemaligen Jugoslawien) und Ländern der südlichen Hemisphäre mit Kriegs- oder Bürgerkriegssituationen (Afghanistan, Irak, Afrika) stammen. Darunter mischen sich zunehmend sog. *Wirtschaftsflüchtlinge*, die nicht wegen staatlicher Verfolgung, sondern aus ökonomischen Gründen in die Schweiz zu gelangen versuchen. Gleichzeitig erweist sich der Vollzug der Wegweisungen bei negativen Asylentscheiden als immer schwieriger. Die Politik reagierte auf diese Entwicklungen unter dem Titel der «Missbrauchsbekämpfung» mit weiteren restriktiven Massnahmen wie insb. dem Ausbau der Gründe des Nichteintretens auf Asylgesuche und der Erweiterung der staatlichen Zwangsmittel für die Vollstreckung von Wegweisungsentscheiden. In jüngerer Zeit werden auch

382

neue Lösungsansätze auf staatsvertraglichem Weg gesucht. Dazu zählen die Assoziation der Schweiz zum sog. Dublinabkommen der Europäischen Union (*Dublin-Assoziierungsabkommen, DAA*) mit der Einführung bzw. Übernahme des Erstasylprinzips zwischen den Vertragsstaaten (es wird grundsätzlich nur in einem Staat ein Asylverfahren durchgeführt) sowie diverse Rückübernahmeabkommen mit den umliegenden, aber auch mit verschiedenen entfernteren Staaten.

383 Eine besondere Herausforderung stellt die *Integration* der Immigranten dar, die zunehmend zum Thema der Lehre sowie von Politik und Gesetzgebung wird. Im Allgemeinen erweist sich die Integration der Einwanderinnen als recht erfolgreich, weshalb die Schweiz mitunter nicht nur als Einwanderungs-, sondern auch als *Integrationsland* bezeichnet wird. Dennoch gibt es weiterhin verschiedene Schwachpunkte wie etwa unterschiedliche Integrationserfolge je nach der Herkunft oder dem Anwesenheitsstatus der Immigranten. Um die letzte Jahrhundertwende fand ein gewisses Umdenken statt: War Integration vorher lediglich als Voraussetzung der Einbürgerung ein Thema des Rechts, gelangt sie nunmehr auch als ausländerrechtliches Ziel und eigentliches Rechtsinstitut zur Anwendung. Insb. bildet sie neuerdings ein Kriterium für die Erteilung von ausländerrechtlichen Anwesenheitsbewilligungen nach dem Grundsatz «Fördern und Fordern», dh. dem Zusammenwirken staatlicher Förderungsmassnahmen und individueller Verpflichtungen der ausländischen Personen, etwa zum Besuch von Sprach- oder Integrationskursen. Dieser Prozess der zunehmenden *Verrechtlichung der Integration* ist allerdings noch jung und seine Auswirkungen erscheinen offen.

b. Staatsvertragsrecht

384 Im Migrationsbereich erlangt die *Staatsvertragskompetenz* des Bundes (gestützt auf Art. 54 BV) eine immer grössere Bedeutung, denn das Migrationsrecht wird zwar nicht flächendeckend, aber doch in verschiedener Hinsicht wesentlich und in zunehmendem Mass von völkerrechtlichen Normen und Vereinbarungen mitgestaltet.

1. Bilaterale Vereinbarungen

385 Früher wurde die Rechtsstellung von Ausländern vorrangig mit *bilateralen Staatsverträgen* geregelt. Im Vordergrund standen dabei lange Zeit die sog. *Niederlassungsverträge*, mit denen die Schweiz mit einem anderen Staat vornehmlich Rechte für die jeweiligen Staatsangehörigen auf Gegenseitigkeit einräumte.

386 Die Niederlassungsverträge, die va. mit anderen europäischen Staaten abgeschlossen wurden, sind zumeist auch heute noch in Kraft (zB. Niederlassungs- und Konsularvertrag vom 22. Juli 1868 zwischen der Schweiz und Italien; SR 0.142.114.541). Sie haben jedoch seit dem ersten Weltkrieg *erheblich an Bedeutung verloren*; im gegenseitigen Einvernehmen der beteiligten Staaten verschaffen sie keinen Anspruch mehr auf Zulassung, sondern entfalten nur noch Rechtswirkung, soweit es um die Rechtsstellung bereits zugelassener Ausländerinnen geht. Hauptsächlich finden diese Verträge noch Anwendung, soweit sie die Voraussetzungen der Erteilung von Niederlassungsbewilligungen

festlegen bzw. Ansprüche auf solche nach einer bestimmten ausländerrechtlich bewilligten Anwesenheitsdauer (idR. nach fünf oder zehn Jahren) vermitteln (BGE 132 II 65 E. 2.3; 119 IV 65, 67; 110 Ib 63, 66; 106 Ib 125, 128). Mit dem Freizügigkeitsrecht zwischen der Schweiz und der EG und der EFTA haben die meisten Niederlassungsverträge nochmals an Bedeutung verloren.

Eine gewisse Bedeutung kommt heute den sog. *Rückübernahmeabkommen* und künftig eventuell den sog. *Migrationspartnerschaften* zu. 387

> Mit den *Rückübernahmeabkommen* (zB. Abkommen vom 30. Oktober 2003 zwischen dem Schweizerischen Bundesrat und der Regierung der Republik Armenien über die Rückübernahme von Personen mit unbefugtem Aufenthalt; SR 0.142.111.569) soll sichergestellt werden, dass die einzelnen Staaten ihre eigenen, unrechtmässig eingereisten oder anwesenden Staatsangehörigen bzw. die aus ihrem Staatsgebiet illegal in einen anderen Staat einreisenden Drittausländer wieder zurücknehmen und damit die weitere Verantwortung für diese Menschen übernehmen. Solche Abkommen gewinnen angesichts steigender Zahlen illegal einreisender Asylbewerber oder sog. «Papierloser» bzw. «Schwarzarbeiter» oder «Sans-Papiers» (Menschen, die ohne ausländerrechtliche Bewilligung Arbeit suchen oder ausüben) zunehmend an Wichtigkeit. Ihr Abschluss erweist sich aber oft als schwierig. Gerade Staaten der südlichen Hemisphäre tendieren eher zu umfassenderen Zusammenarbeitsverträgen (mit mitunter erheblichen gesamtwirtschaftlichen Komponenten) als zu einzig die Rückübernahme eigener Staatsangehöriger regelnden Abkommen. An die Stelle der reinen Rückübernahmeabkommen sollen daher zunehmend *Migrationspartnerschaften* treten, welche die Migrationsfrage in einen grösseren zwischenstaatlichen Zusammenarbeitskontext einbetten. Solche Partnerschaften verfügen nunmehr in Art. 100 AuG über eine ausdrückliche gesetzliche Grundlage. Dieses letztlich aussenpolitische Instrument wird sich aber in der Praxis zuerst noch bewähren müssen. 388

2. Multilaterale Ordnungen

Die Rechtsstellung der Ausländer wird zunehmend von *multilateralen Staatsverträgen* (mit)bestimmt. Eine wesentliche Bedeutung kommt dabei *universellen oder regionalen Menschenrechtsvereinbarungen* und *wirtschaftlichen Verträgen* sowie *regionalen Freizügigkeitsabkommen* zu. Auch die Schweiz ist an verschiedenen solchen Übereinkommen beteiligt. 389

> Bei der *EMRK* kommt insb. Art. 3 und Art. 8 ein besonderer ausländerrechtlicher Gehalt zu (dazu die Darstellungen zu Art. 10 Abs. 3 BV in Rz. 1289 ff. bzw. Art. 25 Abs. 3 BV in Rz. 1770 ff. sowie zu Art. 13 BV in Rz. 1358 ff.). Bis heute ist die Schweiz dem 4. Zusatzprotokoll zur EMRK nicht beigetreten, das Freizügigkeitsrechte für In- und Ausländer sowie Ausweisungsverbote für eigene Staatsangehörige und in eingeschränkter Form für Ausländerinnen vorsieht. Immerhin enthalten auch Art. 12 und 13 des von der Schweiz ratifizierten *UNO-Pakts II* ähnliche Garantien. Zur *Bewegungs- und Wohnsitzfreiheit* gemäss Art. 12 Abs. 1 des Pakts hat die Schweiz – soweit nach dem Landesrecht die ausländerrechtlichen Bewilligungen jeweils nur für den Kanton gelten, der sie ausgestellt hat – allerdings einen Vorbehalt angebracht. Art. 12 Abs. 2 des 390

Pakts garantiert die *Auswanderungs- und Ausreisefreiheit*, also das Recht der Ausländer, die Schweiz zu verlassen. Art. 12 Abs. 3 des Pakts regelt die Schranken der in Abs. 1 und 2 gewährten Rechte. Art. 12 Abs. 4 des Pakts gewährleistet das *Recht, in sein eigenes Land einzureisen*, was notwendigerweise auch das *Verbot der Ausweisung* mit sich bringt. Dieses steht – nach heute wohl vorherrschender Auffassung – nicht nur Schweizern, sondern auch Ausländern und Staatenlosen zu, die eine so starke Beziehung zu einem Staat haben, dass sie diesen als ihr eigenes Land bzw. ihre Heimat betrachten, was namentlich für Ausländer der zweiten und weiterer Generationen gelten kann. Geschützt ist freilich nur der «willkürliche Entzug» dieses Rechts, was von der Lehre nicht einhellig verstanden wird: Einesteils soll genügen, dass das Verbot gesetzmässig (auf gesetzlicher Grundlage und im Einklang mit den gesetzlichen Voraussetzungen) ergeht, andernteils wird verlangt, dass das Verbot auch im Einzelfall verhältnismässig ist (zu Art. 12 Abs. 4 des UNO-Pakts II vgl. BGE 122 II 433, 442 ff., sowie UNO-Menschenrechtsauschuss, Stewart v. Canada, Communication Nr. 538/1993). Art. 13 des UNO-Pakts II und Art. 1 des 7. Zusatzprotokolls vom 22. November 1984 zur EMRK (SR 0.101.07) enthalten besondere Verfahrensgarantien bei der Ausweisung von Ausländern: Sie dürfen, wenn sie sich rechtmässig in der Schweiz aufhalten, nur aufgrund einer rechtmässig ergangenen Entscheidung und unter Einhaltung bestimmter Verfahrensrechte (insb. Anhörungsrecht, Recht auf Rechtsmittel) ausgewiesen werden. Lehre und Praxis gehen schliesslich davon aus, dass Art. 13 des UNO-Pakts II (gleich wie Art. 4 des von der Schweiz nicht ratifizierten 4. Zusatzprotokolls zur EMRK) auch die Kollektiv- oder Massenausweisung verbietet.

391 Flüchtlinge besitzen aufgrund des Abkommens vom 28. Juli 1951 über die Rechtsstellung der Flüchtlinge (*Flüchtlingskonvention*; SR 0.142.30) einen menschenrechtlichen *Anspruch auf Prüfung der Flüchtlingseigenschaft*, wenn auch nicht im eigentlichen Sinne auf Gewährung von Asyl. Darüber hinaus gilt der *Grundsatz des «Non-Refoulement»* (dh. der Nicht-Rückschiebung) nach Art. 33 der Flüchtlingskonvention; für Ausländer, denen nicht Flüchtlingseigenschaft zukommt, greift mit analogem Schutzgehalt Art. 3 EMRK. Danach ist die Rückschiebung in ein Land unzulässig, in welchem Leib, Leben oder Freiheit des Flüchtlings bzw. Ausländers aufgrund seiner Rasse, Religion, politischen Anschauung, Nationalität oder sozialen Gruppenzugehörigkeit gefährdet ist. Der Vertragsstaat hat den Flüchtlingsbegriff des Abkommens zu respektieren. Sodann sind die in der Konvention garantierten Verfahrens- und Statusrechte zu beachten. Das Flüchtlingsabkommen enthält auch die Grundlage für eine der wenigen bedeutenden weltweiten internationalen Organisationen im Migrationsbereich, dem UNO-Hochkommissariat für das Flüchtlingswesen (UNHCR). Für *Staatenlose* hält sodann das Übereinkommen vom 28. September 1954 über die Rechtsstellung der Staatenlosen (SR 0.142.40) besondere Rechte bereit.

392 Spezielle Bedeutung erlangt im Migrationsrecht, etwa im Zusammenhang mit Einbürgerungs- oder Bewilligungsentscheiden, das Internationale Übereinkommen vom 21. Dezember 1965 zur *Beseitigung jeder Form von Rassendiskriminierung* (SR 0.104). Frauen und Kindern kommt ein besonderer Schutz aufgrund des Übereinkommens vom 18. Dezember 1979 zur *Beseitigung jeder Form der Diskriminierung der Frau* (SR 0.108) bzw. des Übereinkommens vom 20. November 1989 über die Rechte der Kinder (*Kinderrechtskonvention*,

KRK; SR 0.107) zu, der sich auch in ausländer- oder asylrechtlicher Hinsicht auswirken kann. So verschafft zwar Art. 9 KRK keinen Anspruch auf Anwesenheit; die Bestimmung kann aber zur Auslegung entsprechender anderer grundrechtlicher Garantien beigezogen werden. Auch die *Folterschutzkonvention* (Übereinkommen vom 10. Dezember 1984 gegen Folter und andere grausame, unmenschliche oder erniedrigende Behandlung oder Strafe, SR 0.105) kann in migrationsrechtlichen Fällen anwendbar werden, so etwa wenn bei einer Rückschiebung eine unzulässige Behandlung droht (vgl. den Entscheid des UNO-Ausschusses gegen Folter vom 26.11.2007 iS. Iya vs. Switzerland [CAT/C/39/D/299/2006]).

Nach dem im Rahmen der GATT/WTO-Vereinbarung vom 15. April 1994 bzw. als deren Anhang 1.B geschlossenen *Allgemeinen Abkommen über den Handel mit Dienstleistungen* (*GATS*, General Agreement on Trade in Services; SR 0.632.20) haben bestimmte Personenkategorien – namentlich unentbehrliche Führungskräfte und qualifizierte Spezialisten einer international tätigen Unternehmung – Ansprüche auf Zulassung in der Schweiz zur Ausübung ihrer Erwerbstätigkeit bzw. auf Umsetzung der im Abkommen vorgesehenen Dienstleistungsfreiheit. 393

Besonders weitgehende Rechte, insb. auf Einreise, Anwesenheit, Erwerbstätigkeit und Mobilität, verschafft das *Freizügigkeitsabkommen (FZA)*. Entgegen der umgangssprachlich üblichen Bezeichnung der Vereinbarung als bilaterales Abkommen handelt es sich um einen multilateralen Vertrag, da dieser – aus europarechtlichen Gründen – nicht lediglich zwischen der Schweiz und der EG (genau genommen nicht der EU), sondern zwischen der Schweiz einerseits und der EG und allen ihren Mitgliedstaaten andererseits geschlossen wurde. *Analoge Freizügigkeitsrechte* gelten weitgehend auch für die *Angehörigen der EFTA-Staaten* (Übereinkommen vom 4. Januar 1960 zur Errichtung der Europäischen Freihandels-Assoziation EFTA; SR 0.632.31; bzw. Abkommen vom 21. Juni 2001 zur Änderung des EFTA-Übereinkommens; AS 2003, 2685). Privilegierungen von Ausländern, insb. aufgrund von Freizügigkeitsabkommen auf Gegenrecht, gelten als zulässig und nichtdiskriminierend, soweit die damit verbundenen Vorrechte sich sachlich rechtfertigen lassen (vgl. zB. UNO-Menschenrechtsausschuss, Karakurt v. Austria, 965/2000 [2002]; zum Thema auch MARC SPESCHA, Inländerdiskriminierung im Ausländerrecht?, AJP 2008, 1432ff.). 394

c. Ausländer in der Bundesverfassung

1. Gesetzgebungskompetenz des Bundes

Nach Art. 121 Abs. 1 BV ist die Gesetzgebung über die Ein- und Ausreise, den Aufenthalt und die Niederlassung von Ausländerinnen und Ausländern sowie über die Gewährung von Asyl Sache des Bundes. Es handelt sich um eine *ausschliessliche Gesetzgebungskompetenz* des Bundes. 395

Für das *ordentliche Ausländerrecht* hat der Bund diese Kompetenz lange Zeit lediglich mit dem als *Rahmengesetz* konzipierten Bundesgesetz vom 26. März 1931 über Aufenthalt und Niederlassung der Ausländer (ANAG; BS 1, 121; in 396

Kraft getreten im Jahre 1934) wahrgenommen. Dieses regelte ursprünglich die Rechtsstellung aller Ausländer mit Ausnahme des Asylbereichs. Das *staatsvertragliche Freizügigkeitsrecht mit der EU und der EFTA* geht inzwischen jedoch für die Mehrheit der in der Schweiz lebenden Ausländerinnen vor. Für die sog. «Drittausländer» (ausländische Personen, auf die das Freizügigkeitsrecht nicht anwendbar ist) gilt (seit dem 1. Januar 2008) das Bundesgesetz über die Ausländerinnen und Ausländer vom 16. Dezember 2005 (AuG; SR 142.20), das auch für Angehörige der EU und der EFTA Anwendung findet, wenn es für diese eine günstigere Rechtslage schafft als die Freizügigkeitsordnung. Demgegenüber hat der Bund beim *Asylrecht seit 1979 umfassend legiferiert*. Zurzeit gilt das Asylgesetz vom 26. Juni 1998 (AsylG; SR 142.31); dessen letzte grössere Teilrevision datiert vom 16. Dezember 2005 (AS 2006, 4745).

397 *Quantitativ* lässt sich den Statistiken des Bundes, insb. des Bundesamts für Statistik und des Bundesamts für Migration, beruhend auf den Angaben für Ende 2007, Folgendes entnehmen:

398 Von den in der Schweiz insgesamt lebenden 1,55 Millionen ausländischen Personen unterstanden rund 1,47 Millionen (95%) dem *Ausländerrecht*. Für etwa 850000 dieser Menschen (rund 57%) galten primär die besonderen Bestimmungen der Freizügigkeitsordnung mit der EG und der EFTA. Die übrigen ca. 620000 Menschen (rund 43%) waren Drittausländer und stammten somit aus dem sog. «zweiten Kreis»; für sie gilt, von besonderen staatsvertraglichen Regelungen abgesehen, einzig die inländische Ausländergesetzgebung. Ebenfalls annähernd 850000 Personen, also mehr als die Hälfte der ausländischen Bevölkerung, waren in der Schweiz erwerbstätig. Bei der ordentlichen Zuwanderung lässt sich im Übrigen folgender Trend feststellen: Die Immigranten stammen zunehmend aus dem sog. «ersten Kreis» (EU/EFTA) und sie verfügen, unabhängig davon, woher sie kommen, über eine zunehmend höhere Bildung. Beides entspricht der Logik und der Zielsetzung des dualen Systems.

399 Etwas mehr als 60000 Personen (weniger als 1% der Gesamt- und 5% der ausländischen Wohnbevölkerung) unterstanden dem *Asylrecht*. Davon waren jeweils etwa ein Drittel anerkannte Flüchtlinge und vorläufig Aufgenommene, also Menschen, bei denen eine Verfolgungssituation vorlag bzw. denen eine Ausreise nicht zumutbar war. Bei ungefähr 12000 Personen handelte es sich um Asylbewerber, deren Gesuch (in erster oder zweiter Instanz) noch hängig war. Bei rund 6000 Menschen (knapp 15% der Personen aus dem Asylbereich; ca. 0,4% der gesamten ausländischen Wohnbevölkerung), die sich trotz bereits rechtskräftigem negativem Asylentscheid weiterhin in der Schweiz aufhielten, bestand ein Vollzugsproblem. Die jährlichen Zu- und Abnahmen der Menschen aus dem Asylbereich hängen allerdings stark davon ab, ob in den Heimat- bzw. Herkunftsstaaten Kriegs- oder Bürgerkriegssituationen bestehen.

400 Etwa 25000 ausländische Personen verfügten über eine *Legitimationskarte* des Departements für auswärtige Angelegenheiten mit den entsprechenden Vorrechten und Immunitäten (insb. Personal der diplomatischen Vertretungen sowie von intergouvernementalen Organisationen und ihre Familienmitglieder).

401 Schliesslich schätzten die Behörden die Zahl der *illegal anwesenden* ausländischen Personen (sog. «Papierlose» oder «Sans-Papiers») auf rund 90000. Andere Schätzungen, namentlich von Hilfswerken, gehen von deutlich höheren Zahlen aus.

2. Politische Ausweisung

Gemäss Art. 121 Abs. 2 BV können Ausländerinnen und Ausländer aus der Schweiz ausgewiesen werden, wenn sie die Sicherheit des Landes gefährden. Es handelt sich um die sog. politische (oder auch «politisch-polizeiliche») *Ausweisung*, die sich *direkt auf die Bundesverfassung* stützt und einzig auf innen- oder aussenpolitischen Interessen beruht, also nicht unbedingt ein Fehlverhalten beim Ausländer voraussetzt. 402

Die politische Ausweisung unterscheidet sich von den – grundsätzlich an ein Fehlverhalten des Ausländers anknüpfenden – ordentlichen ausländerrechtlichen Entfernungsmassnahmen (vgl. Art. 64 ff. AuG). Bis anhin ergingen Ausweisungen gemäss Art. 121 Abs. 2 BV direkt gestützt auf die Bundesverfassung, wobei der Bundesrat (in Anwendung von Art. 184 Abs. 3 und evtl. Art. 185 BV) zuständig war. Anwendungsfälle gab es relativ selten. 403

Die Regelung der *Voraussetzungen* und des *Verfahrens* erschien allerdings ungenügend. Ungeklärt war überdies das Verhältnis zur strafrechtlichen Rechtshilfe. Auch der fehlende Rechtsschutz warf Fragen auf. In BGE 129 II 193 hatte sich das Bundesgericht in einem analogen Fall damit zu befassen. Der Bundesrat hatte gestützt auf Art. 184 Abs. 3 BV einem Ausländer eine Einreisesperre auferlegt, die dieser va. unter Berufung auf die EMRK beim Bundesgericht anfocht und dabei geltend machte, wegen Art. 13 EMRK habe er einen Anspruch auf eine wirksame Beschwerde bei einer nationalen Instanz. Das Bundesgericht lässt in seinem Urteil erkennen, dass ein solcher Anspruch wohl besteht, äussert aber – trotz BGE 125 II 417, wo das Bundesgericht in einer ähnlichen Konstellation einen Bundesratsentscheid in Anwendung von Art. 6 EMRK überprüft hat – Zweifel, ob es eine entsprechende Beschwerde behandeln könne; das Bundesgericht liess dies im Ergebnis offen und wies die Beschwerde in der Sache ab. 404

Neu wird für Ausweisungen zur Wahrung der inneren oder der äusseren Sicherheit der Schweiz nunmehr per Gesetz des Bundesamt für Polizei eingesetzt (vgl. Art. 68 AuG), womit sich auch die Möglichkeit der Ergreifung einer Beschwerde an das EJPD eröffnet. Hingegen erscheinen Rechtsmittel an das Bundesverwaltungsgericht sowie an das Bundesgericht weitgehend ausgeschlossen (vgl. Art. 32 Abs. 1 Bst. a VGG und Art. 83 Bst. a und Bst. c Ziff. 4 BGG). Eine Ausnahme gilt immerhin für den Fall, dass das Völkerrecht einen Anspruch auf gerichtliche Beurteilung einräumt; diesfalls genügt freilich die Möglichkeit, an das Bundesverwaltungsgericht zu gelangen. Daneben soll der Bundesrat in politisch sehr bedeutenden Fällen weiterhin selbst über die Kompetenz verfügen, direkt gestützt auf Art. 121 Abs. 2 BV ohne Rechtsmittelmöglichkeit (vgl. Art. 33 VGG e contrario und Art. 83 Bst. c Ziff. 4 BGG) Ausweisungen auszusprechen (so BBl 2002, 3814). Was aber gilt, wenn ein völkerrechtlicher Anspruch auf ein Rechtsmittel oder sogar auf eine gerichtliche Überprüfung besteht, ist unklar; dieser müsste durch eine entsprechende völkerrechtskonforme Auslegung der einschlägigen Verfahrensnormen gewährleistet werden (vgl. dazu Rz. 2943 ff.). 405

Damit mag sich, soweit das Bundesamt für Polizei verfügen wird, die Rechtslage verfahrensrechtlich verbessert haben. Die Voraussetzungen der politischen Ausweisung erscheinen aber immer noch unklar. Auch der gerichtliche Rechtsschutz wird weiterhin nur eingeschränkt garantiert. Schliesslich bleiben in den 406

Fällen, in denen der Bundesrat die Ausweisung direkt anordnet, sämtliche bisherigen Unklarheiten und rechtsstaatlichen Unzulänglichkeiten bestehen.

3. Einbürgerungsrecht

407 Die Bundesverfassung verwendet die Begriffe Ausländerinnen und Ausländer auch in Art. 38 bei der *Bundeskompetenz* zur Regelung des Erwerbs und Verlusts des *Schweizer Bürgerrechts* (vgl. hiezu vorne Rz. 274 ff.).

d. Verfassungsrechtliche Stellung

408 Da die *meisten Grundrechte* der Bundesverfassung als *Menschenrechte* ausgestaltet sind, die alle Menschen unabhängig von deren Nationalität schützen (dazu § 11), stehen die entsprechenden Garantien auch den Ausländerinnen zu (dazu Rz. 993 ff.). *Ausnahmen* bilden einzig die den Schweizern vorbehaltenen Grundrechte («Bürgerrechte») wie die Niederlassungsfreiheit (Art. 24 BV), der Schutz vor Ausweisung (Art. 25 Abs. 1 BV) und die politischen Rechte, soweit diesen Grundrechtscharakter zukommt und sie auf Schweizerinnen beschränkt sind (vgl. Art. 39 iVm. Art. 136 BV und Art. 34 BV; dazu Rz. 2111 ff., 2059 ff. und 2063 ff.). Auch die Wirtschaftsfreiheit steht nach der bundesgerichtlichen Rechtsprechung nicht allen Ausländern zu, sondern lediglich denjenigen, die einen Anspruch auf Anwesenheit in der Schweiz besitzen (dazu Rz. 3215).

409 Bestimmte Grundrechtsgarantien schützen *ausschliesslich Ausländer*. Es handelt sich um den Schutz vor Auslieferung und Ausschaffung gemäss Art. 25 Abs. 2 und 3 BV (vgl. Rz. 1766 ff.).

410 Auch die nicht speziell den Ausländern vorbehaltenen Grundrechte verfügen vereinzelt über *besondere Schutzbereiche*, die va. den Ausländerinnen zugute kommen. Dies gilt etwa für das *Rechtsgleichheitsgebot* und das *Diskriminierungsverbot* (Art. 8 Abs. 1 und 2 BV; Rz. 1823 ff. und 1885 ff.), für das – insb. im Zusammenhang mit den sog. Zwangsmassnahmen im Ausländerrecht (namentlich dem administrativen Freiheitsentzug ausländischer Personen im Hinblick auf deren Wegweisung und Ausschaffung) massgebliche – *Recht auf persönliche Freiheit* (Art. 10 Abs. 2 BV; vgl. dazu Rz. 1297 ff. sowie etwa BGE 130 II 377; 123 I 221; 122 II 299; 122 I 222; Urteil 2C_169/2008 [2008]), die *Ehefreiheit* (Art. 14 BV; Rz. 1412 ff.) sowie für den *Schutz des Privat- und Familienlebens* (Art. 13 BV; Rz. 1363 ff.). Verfassungsrechtliche Fragen wirft auch das *Stimm- und Wahlrecht für Ausländer* auf (Rz. 800 ff.).

> Die einzelnen Aspekte werden bei den jeweiligen Grundrechten im 3. Teil bzw. bei den politischen Rechten im 4. Teil dieses Werkes behandelt.

411 Die Schweiz hat lange Zeit nicht zugelassen, dass Ausländerinnen von der Schweiz aus an *Wahlen und Abstimmungen in ihrem Heimatstaat* teilnahmen. Möglich war dies nur, wenn sie sich vorübergehend dorthin begaben. Diese verfassungsrechtlich fragwürdige Haltung konnte nicht mehr aufrechterhalten werden, als den Ausland-

schweizern die Ausübung der politischen Rechte vom Ausland aus gewährt wurde. Akkreditierte diplomatische Missionen können daher seit 1994 Urnengänge in der Schweiz für Wahlen und Abstimmungen im Heimatstaat voraussetzungslos organisieren; erforderlich ist einzig, dass das EDA idR. drei Monate im Voraus darüber informiert wird (Kreisschreiben des Bundesrats vom 3. Oktober 1994 an die Regierungen der Kantone betreffend Teilnahme von Ausländern in der Schweiz an Wahlen und Abstimmungen ihres Heimatstaates).

Besondere verfassungsrechtliche Anforderungen gelten schliesslich für Regelungen über die *Integration* der ausländischen Bevölkerung. 412

> Einerseits kann Integration als *verfassungsrechtliches Ziel* aus verschiedenen Bestimmungen der Bundesverfassung abgeleitet werden, zB. aus der Förderung der gemeinsamen Wohlfahrt und des inneren Zusammenhalts des Landes (Art. 2 Abs. 2 BV) sowie aus der Sorge für eine möglichst grosse Chancengleichheit (Art. 2 Abs. 3 BV). Auch einige Grundrechte wie das Recht auf Hilfe in Notlagen nach Art. 12 BV oder dasjenige auf Schutz des Familienlebens gemäss Art. 13 BV sowie mehrere Bestimmungen der Arbeits- und Sozialverfassung (namentlich diejenigen über die Sozialversicherungen) verfügen über integrativen Charakter. 413

> Andererseits besteht *verfassungsrechtlich keine Verpflichtung*, sich den schweizerischen Gebräuchen und Lebensweisen anzupassen (vgl. BGE 134 II 1; 119 Ia 178, 196). Auf *Gesetzesstufe* können indes *Anforderungen an die Integration* – etwa als Voraussetzung der Einbürgerung oder der Erteilung ausländerrechtlicher Anwesenheitsbewilligungen (dazu Art. 4, 54 und 96 AuG) – gestellt werden, soweit dies mit dem höherrangigen Recht im Einklang steht (vgl. dazu nun auch das Urteil des Bundesgerichts 2C_149/2008 [2008] E.7.2 [zur Publikation vorgesehen]). Überzeugende gesetzliche Regelungen stehen allerdings (noch) weitgehend aus, weil zwar über Massnahmen zur Förderung der Integration grundsätzlich Einigkeit besteht, die Integration als solche aber nur schwer definierbar bleibt (vgl. nun immerhin den gesetzgeberischen Versuch der näheren begrifflichen Eingrenzung der Integration in Art. 4 Abs. 1 AuG: «Ziel der Integration ist das Zusammenleben der einheimischen und ausländischen Wohnbevölkerung auf der Grundlage der Werte der Bundesverfassung und gegenseitiger Achtung und Toleranz»). Überdies beruht Integration auf einem langen Prozess, der ein ganzes Menschenleben oder sogar generationenüberschreitend andauern kann und der auch die Aufnahmebereitschaft der hiesigen Bevölkerung voraussetzt («Fremd ist der Fremde nur in der Fremde»; KARL VALENTIN). 414

> Bei der Festlegung und Anwendung von *Integrationsanforderungen* ist zu beachten, dass Art. 27 des UNO-Pakts II ein allgemeines *Verbot des Zwangs zur Assimilierung* enthält, dh. der vollständigen Zuwendung zur Mehrheitskultur unter Aufgabe der eigenen kulturellen Identität, so wie dies die Schweiz noch weit bis in die zweite Hälfte des letzten Jahrhunderts als Einbürgerungsvoraussetzung verlangt hatte. Sodann nennt Art. 2 Abs. 2 BV als Staatsziel ua. die Förderung der kulturellen Vielfalt des Landes. Auch verschiedene Grundrechte wie insb. die Religionsfreiheit (Art. 15 BV), die Sprachenfreiheit (Art. 18 BV), die persönliche Freiheit (Art. 10 Abs. 2 BV) sowie das Diskriminierungsverbot (Art. 8 Abs. 2 BV; vgl. etwa BGE 132 I 167; 129 I 217) und das Willkürverbot (Art. 9 BV) setzen überhöhten, diskriminierenden oder unsachlichen Anforderungen an die Integration Schranken. 415

e. Ausblick

1. Migration als Chance und als Risiko

416 Der interkulturelle Austausch, der grenzüberschreitende Wirtschaftsverkehr, die Pflege von internationalen persönlichen und familiären Beziehungen und die Hilfe von Mitmenschen in Not stellen in der modernen vernetzten Welt *positive Errungenschaften* dar. Migration vermag überdies einen Beitrag zum demografischen Ausgleich zu leisten, indem sie namentlich in den hoch entwickelten, geburtenschwachen Ländern den Alterungsprozess verzögert.

417 Migration löst aber auch *Spannungen und Ängste* aus. Menschen aus anderen Kulturkreisen werden als fremdartig und die eigenen Traditionen bedrohend, Wanderarbeiter und Wirtschaftsflüchtlinge – gerade wenn die Konjunktur nachlässt – als Konkurrenten, Asylbewerber nicht als Menschen in Not, sondern als Profiteure wahrgenommen. Daraus ergibt sich ein gefährliches (gesellschaftliches und politisches) Spannungsfeld, in dem das *Recht* einen *Ausgleich* zu schaffen hat.

418 Notwendig sind angesichts weltweiter Menschenströme sowie des zunehmenden Migrationsdrucks einerseits *globale* oder zumindest *regionale bzw. kontinentale Konzepte*. Problemlagen, welche zu Auswanderung führen, soll vermehrt an der Quelle begegnet werden, um damit unnötige Migration zu verhindern. Menschen, denen es gut geht, wandern weniger häufig aus als solche in Not.

419 Anderseits erscheint es als logische Folge der zunehmend *weltweiten Vernetzung*, dass ein *Austausch von Menschen* zwischen den verschiedenen Staaten stattfindet. Die grenzüberschreitende, insb. globalisierte Wirtschaft erfordert auch einen Austausch der Wirtschaftsakteure, konjunkturelle und demografische Entwicklungen verlangen nach erweiterten Rekrutierungsbasen. Abgesehen davon wollen die ebenfalls zunehmend internationalisierten persönlichen und familiären Beziehungen gelebt werden. Dem ist Rechnung zu tragen. Die Frage wird zentral sein, ob sich Europa und die Schweiz gegenüber Drittstaatsangehörigen abzuschotten versuchen oder nicht. Es erschiene als Widerspruch der Globalisierung, die Grenzen für Waren, Dienstleistungen und Kapital auf die Dauer offen, für die Menschen aber geschlossen zu halten. Überdies muss der Gefahr widerstanden werden, die Menschen auf einen rein volkswirtschaftlichen Faktor zu reduzieren («Man hat Arbeitskräfte gerufen, und es kommen Menschen», MAX FRISCH, Vorwort, in: Alexander J. Seiler, Siamo Italiani – Die Italiener, Zürich 1965, 7). Und schliesslich wird zu hinterfragen sein, ob sich das duale System längerfristig rechtfertigen lässt. Einesteils stellt sich dabei die Frage der Gleichbehandlung verschiedener Kategorien ausländischer Personen. Anderteils gibt es bereits heute Bestrebungen zu einer erweiterten selektiven Zulassung von Drittstaatsangehörigen in der EU (neue, am Modell der US-amerikanischen «green card» ausgerichtete «blue card» für nach Qualitätskriterien [z. B. Punktesystem] ausgewählte Fachkräfte), wodurch wohl auch die Schweiz früher oder später unter Zugzwang geriete.

420 Migration sollte daher *nicht nur als Risiko* verstanden, *sondern* muss *auch als Chance* wahrgenommen werden. Damit tut sich nicht nur die Politik schwer. Die

Beispiele häufen sich, bei denen der Gesetzgeber versucht ist, zulasten von Ausländerinnen und Ausländern die Grenze des rechtsstaatlich Zulässigen zumindest zu ritzen, wenn nicht zu überschreiten (zB. Behandlung minderjähriger ausländischer Personen, Sozialhilfeausschluss, Einschränkungen der Zulassung zur Heirat sowie Widerruf von Anwesenheitsbewilligungen, wenn Familienangehörige straffällig werden, also eine Art «Sippenhaft»). Auch aus der jüngeren bundesgerichtlichen Rechtsprechung zum Ausländerrecht schimmert immer wieder – im Unterschied zur früher offeneren Praxis, insb. im Zusammenhang mit Art. 8 EMRK – eine eher *zögerliche Sicht* durch. Selbst die ersten Erfahrungen mit dem Freizügigkeitsabkommen weisen darauf hin, dass das Bundesgericht die Freizügigkeit – sogar auf Kosten der Schweizer (vgl. BGE 130 II 137; 129 II 249) – tendenziell auf das rechtlich Unerlässliche beschränkt, statt darin im Sinne des rechtlich Möglichen und Zulässigen die Chance für eine Öffnung zu sehen. Zudem bestimmt zunehmend der Aspekt der Missbrauchsbekämpfung sowohl die Gesetzgebung als auch die Rechtsprechung. *Rechtsmissbrauch* stellt aber auch im Migrationsbereich die *Ausnahme* dar und darf nicht zum vorherrschenden rechtlichen Ansatz werden.

2. *Menschenwürde als Leitlinie für das Migrationsrecht*

Die Schweiz kann sich ihrer Verantwortung für ausländische Menschen nicht entziehen. Sie vermag die Frage der Migration aber auch nicht alleine zu beantworten. Einzig eine *umfassende internationale Zusammenarbeit* ermöglicht zielstrebige, menschen- und sachgerechte Lösungen. Erforderlich ist daher eine humanitäre Aussenpolitik, die sich auch mit der Migrationsfrage befasst (vgl. etwa BBl 2007, 4749, 4781 und 4798). 421

Staatsvertraglichen Regelungen kommt dabei eine wachsende Bedeutung zu. Das Beispiel der Rückübernahmeabkommen belegt freilich, wie mühsam und lückenhaft bilaterale Lösungen sind. Um zu brauchbaren Ergebnissen zu kommen, wird der Fokus wohl erweitert werden müssen; für bilaterale Regelungen dürften künftig vermehrt *Migrationspartnerschaften* mit anderen Staaten im Vordergrund stehen, die einen umfassenderen, auch wirtschaftliche Aspekte miteinschliessenden Zugang zur Migrationsfrage verfolgen (vgl. Art. 100 AuG). Im Übrigen erscheint ein Alleingang der Schweiz aber zunehmend ungeeignet. Das zeigt sich etwa im Asylrecht, wo sich die Schweiz den entsprechenden Harmonisierungsbestrebungen namentlich der EU auf die Dauer nicht entziehen können wird. Angesichts der globalen Dimension der Migration werden sich wirksame Lösungen längerfristig vermutlich einzig oder jedenfalls doch vorwiegend mit *multilateralen Abkommen* finden lassen. 422

Allerdings erweist sich auch das bestehende *Völkerrecht* als *stückwerkartig und lückenhaft*. Nur ausnahmsweise setzt es der Souveränität der Staaten Schranken. Es vermag die globalen Ordnungsbedürfnisse nicht zu befriedigen. Im Gegenteil begünstigt es lukrativen kriminellen Menschenhandel (Schlepperwesen und Menschenschmuggel), irreguläre Anwesenheit und Schwarzarbeit («Schattenwirtschaft») sowie unsolidarisches Herumschieben unerwünschter Ausländer. Das Völkerrecht ist auch nicht frei von Widersprüchen. So kennt es ein 423

1. Teil: Grundlagen

Recht auf Ausreise; das logische Korrelat, ein allgemeines Recht auf Einreise, fehlt jedoch. Eine *einheitliche globale, völkerrechtlich verankerte Ordnung* erscheint daher umso dringlicher. Zu überwinden bleibt dabei allerdings das Spannungsverhältnis zwischen den globalen Wirkungen einer liberalen Offenheit, den nationalen Interessen und institutionellen Ordnungszielen sowie den individuellen Hoffnungen, Erwartungen und Ansprüchen. Eine gerechte Ordnung der Zulassung und Behandlung ausländischer Personen zu schaffen, bleibt vorerst eine grosse und noch unbewältigte Herausforderung.

424 Zunehmend tauchen dazu immerhin *Lehrmeinungen* auf, die neue Wege vorschlagen: Danach soll an die Stelle der Vermutung der staatlichen Souveränität zur Regelung der Zu- und Einwanderung das Prinzip der Bewegungsfreiheit des Einzelnen, verbunden mit der Begründungspflicht von Mobilitätsschranken, treten. Ein solches *Recht auf Migration* sei im Sinne der globalen Solidarität durch die Verantwortung jedes Staates auch für Menschen zu ergänzen, die nicht seine Bürger sind und teilweise sogar ausserhalb seiner Staatsgewalt leben. Gleichzeitig sollen die legitimen Selbstbestimmungs- und Schutzbedürfnisse der einzelnen Völker über eine angepasste Schrankenregelung (insb. mit Blick auf die kulturellen und ordnungspolitischen Interessen) berücksichtigt werden. Ein Schritt in diese Richtung könnte die Migrationsfrage in neue, *menschenwürdigere* Bahnen lenken.

425 Was – im aktuellen völkerrechtlichen Rahmen – die *landesrechtliche Ordnung* betrifft, so erweist sich diese als *komplex*; es gibt eine grosse Anzahl verschiedener Bestimmungen mit unzähligen Kategorien von Ausländern mit unterschiedlicher Rechtsstellung.

426 Daran ändern auch die jüngsten *Gesetzesnovellen* im Asyl- und Ausländerrecht nur wenig. Zwar sind die Gesetzestexte heute vollständiger und übersichtlicher als früher, die Vielzahl der Rechtsregeln und -positionen wird aber nicht beseitigt, sondern eher noch ausgebaut. Überdies werfen die Revisionsvorlagen neue *verfassungsrechtliche Fragen* auf: So ist zB. beim Ausländergesetz die Vereinbarkeit einzelner Beschränkungen des Familiennachzugs sowie des Ausbaus der Zwangsmassnahmen mit dem Verfassungs- und Völkerrecht umstritten. Analoges gilt beim Asylgesetz etwa für die Regelungen des Nichteintretens bei Papierlosigkeit (dazu BVGE 2007 Nrn. 7 und 8 sowie der Entscheid des UNO-Ausschusses gegen Folter vom 26.11.2007 iS. Iya vs. Switzerland [CAT/C/39/D/299/2006]) oder der Bekanntgabe von Personendaten vor rechtskräftigem Abschluss des Asylverfahrens. Der Gesetzgeber versucht zumindest, an die Grenzen des gerade noch Zulässigen zu gehen, wenn er diese mitunter nicht schon überschreitet. Jedenfalls zeigt sich hier ein *gewisses Manko an der erforderlichen Sensibilität für verfassungs- und völkerrechtliche Garantien*. Bezeichnend ist auch, dass die politische Diskussion über das Zwangsanwendungsgesetz (ZAG; BBl 2008, 2311) va. mit Blick auf renitente, aber nicht zwingend straffällige Ausländer und Asylbewerber und nur sekundär auf gefährliche Kriminelle oder sogar Terroristen geführt wurde. Fragwürdig erscheint schliesslich, dass das Gesetz für die rechtlich schwächsten Ausländerinnen und Ausländer, die illegal Anwesenden oder sog. «Sans-Papiers», keine eigene Regelung enthält, als ob es diese Menschen, die eine soziale Realität darstellen, nicht gebe.

Mit Blick auf globale Ordnungsbedürfnisse und individuelle Gerechtigkeitsanfor- 427
derungen erscheinen sowohl das internationale als auch das nationale Migrationsrecht anachronistisch und wenig funktional. Jedenfalls kommt das Recht aber bereits heute nicht umhin, – auch dort, wo es Missbräuche zu bekämpfen hat –
zumindest die *menschenwürdige Behandlung der Migranten* sicherzustellen. «Die
Art und Weise, wie ein Staat seine Ausländer behandelt, ist ein Gradmesser seiner
rechtsstaatlichen Kultur» (DANIEL THÜRER, Rz. 1.2).

§ 4 Verfassungsverwirklichung

Literatur

AUER/MALINVERNI/HOTTELIER I, Rz. 1389 ff.; HALLER WALTER, Verfassungsvergleichung als Impuls für die Verfassungsgebung, in: Hänni Peter (Hrsg.), Mensch und Staat, FS für Thomas Fleiner zum 65. Geburtstag, Freiburg 2003, 311 ff.; HESSE KONRAD, Grundzüge des Verfassungsrechts der Bundesrepublik Deutschland, 20. Aufl., Heidelberg 1995; KELLER HELEN/LANTER MARKUS/FISCHER ANDREAS, Volksinitiativen und Völkerrecht, ZBl 2008, 121 ff.; MÜLLER JÖRG PAUL, Materiale Schranken der Verfassungsrevision?, in: FS Hans Haug, Bern 1986, 203 ff.; RHINOW RENÉ, Grundrechtstheorie, Grundrechtspolitik und Freiheitspolitik, in: Recht als Prozess und Gefüge: FS für Hans Huber zum 80. Geburtstag, Bern 1981, 427 ff. (zit. Grundrechtstheorie); DERS., Zur Aktualisierung der Bundesverfassung, oder: Nachführung ist mehr als Nachführung, in: Sitter-Liver Beat (Hrsg.), Herausgeforderte Verfassung. Die Schweiz im globalen Kontext, Freiburg i.Ü. 1999, 563 ff. (zit. Aktualisierung); SALADIN PETER, Die Kunst der Verfassungserneuerung, Schriften zur Verfassungsreform 1968–1996, Basel 1998; SCHEFER MARKUS, Die Kerngehalte von Grundrechten, Bern 2001, 167–177.

I. Verfassungsverwirklichung als Verfassungsauftrag

a. Verfassung und Wirklichkeit

Jede Verfassung ist auf Verwirklichung angelegt. Unter Verwirklichung ist dabei nicht ein «Vollzug» im engen Sinne gemeint, sondern die Umsetzung und Aktualisierung der in der Verfassung enthaltenen Wertvorstellungen, die Konkretisierung und Wahrnehmung von Kompetenzen, Verfassungs- und Gesetzgebungsaufträgen sowie der Grundrechte. Die von der Verfassung geschaffenen Institutionen und Verfahren der Rechtsetzung und der streitigen wie nichtstreitigen Rechtsanwendung, der verfassungsrechtlich strukturierte politische Entscheidungsprozess sollen sich im politischen Alltag bewähren und mit Leben gefüllt werden. Die Verfassung soll maW. ihre *Funktionen* (dazu Rz. 46 ff.) erfüllen und auf diese Weise Wirkung entfalten. 428

> Verfassungsverwirklichung ist der auf die Verfassungsumsetzung und -anwendung bezogene Teilbereich der *Rechtsverwirklichung* (vgl. den 5. Teil dieses Werkes). 429

> Unter «Wirklichkeit» kann dabei Verschiedenes verstanden werden. Der Terminus *Verfassungswirklichkeit* sollte ausschliesslich für die von der Verfassung geprägte Wirklichkeit verwendet werden. Weicht die politische oder soziale Wirklichkeit indessen von den verfassungsrechtlich intendierten oder vorgeschriebenen Zielen, Geboten und Verboten ab, handelt es sich gerade nicht um Verfassungswirklichkeit, sondern um eine *verfassungswidrige Wirklichkeit*. Verfassung und Wirklichkeit stellen somit nicht a priori Gegensätze dar. 430

431	Wie nachstehend zu zeigen sein wird, kann der Sinn von Verfassungsnormen erst im Hinblick auf die im Zeitpunkt der Anwendung vorhandene *Sozialwirklichkeit*, auf welche die Normen bezogen sind, ermittelt werden. Deshalb haben auch alle an der Verfassungskonkretisierung beteiligten Organe die Verfassung *auszulegen* (vgl. nachstehend Rz. 434 ff.).

432	Die Umsetzungschancen der Verfassung hängen einerseits von deren normativen Kraft und Fähigkeit ab, regulierend und bestimmend in der Lebenswirklichkeit zu wirken. Dies gelingt umso mehr, als Verfassungsnormen die geistigen und realen «Umweltbedingungen» berücksichtigen und in sich aufnehmen. Zur Verfassungsverwirklichung bedarf es aber auch eines *Willens zur Verfassung* (KONRAD HESSE) der an der Umsetzung beteiligten Verfassungsorgane und politischen Kräfte.

433	Bei der Verfassungsreform 1999 war zudem das Bemühen wegleitend, das «richtige» Mass an Offenheit und Geschlossenheit sowie an Dichte und Detaillierungsgrad der Verfassungsnormen zu finden, um einerseits das hic et nunc Konsensfähige und Konsensbedürftige stabilisierend zu konstitutionalisieren, anderseits aber den politischen Prozess der Gestaltung und Anpassung an veränderte Gerechtigkeitsvorstellungen und Lebenswirklichkeiten offen zu halten.

b. Verantwortung aller Verfassungsorgane

434	In diesen Prozess der Verfassungsverwirklichung sind alle Verfassungsorgane entsprechend ihren von der Verfassung übertragenen Funktionen eingeschaltet. Dabei kommen dem *Gesetzgeber* und ihm nachgeordnet Regierung und Verwaltung gestützt auf das in der BV verankerte Demokratieprinzip eine prioritäre Rolle zu. Ihnen obliegt es, die Politik zu gestalten, in der Verfassung angelegte Ziele und Aufträge unter sich verändernden realen Verhältnissen und Gerechtigkeitsvorstellungen im Lichte der Grundwerte zu verwirklichen. Dieser Verwirklichungsauftrag ist nicht einmalige «Erfüllung», sondern politisches Handeln in der Zeit, mit offenem Horizont und mit mehr oder weniger grossen Gestaltungsspielräumen.

435	Den *Gerichten* kommt bei der Verfassungsverwirklichung eine besondere Rolle zu. Vor allem das Bundesgericht hat im Streitfall offene Verfassungsnormen zu konkretisieren und bei den Grundrechten den Verfassungstext durch Richterrecht zu ergänzen. Das Bundesgericht hat dabei als Verfassungsgericht – im Rahmen seiner Zuständigkeiten – die Funktion eines Hüters der Grundwerte der BV, dh. von Freiheit, Rechtsstaatlichkeit, Bundesstaatlichkeit, Subsidiarität, Demokratie, Sozialstaatlichkeit, wettbewerbsorientierter Wirtschaftsverfassung, Nachhaltigkeit und kooperativer Verfassungsstaatlichkeit (vgl. dazu Rz. 185 ff.).

436	Dem Anliegen der Verfassungsverwirklichung dient auch der Grundsatz der *verfassungskonformen Auslegung* (vgl. dazu nachstehend Rz. 548 ff.).

437	Für die Grundrechte verlangt Art. 35 Abs. 1 BV expressis verbis, dass diese «in der ganzen Rechtsordnung zur Geltung kommen» müssen (vgl. dazu Rz. 1130 ff.). Wer staatliche Aufgaben wahrnimmt, hat zur Verwirklichung der Grundrechte beizutragen (Abs. 2). Dieser Auftrag gilt aber für die BV allgemein, nicht nur für die Grundrechte.

Die anzutreffende Redeweise, die Verfassung strahle in die ganze Rechtsordnung 438
hinein, ist insofern gefährlich, als mit dem Terminus «Strahlen» leicht verdunkelt
wird, dass es strahlende Instanzen braucht, die dem Geltungsanspruch und dem
Geltungsvorrang der Verfassung Nachahmung verschaffen. Richtig ist indessen,
dass sich das infrakonstitutionelle Recht auf weiten Strecken als *konkretisiertes
Verfassungsrecht* erweist.

c. Verfassungsrecht und Politik

Literatur: RHINOW RENÉ, Politische Funktionen des Rechts, in: ZSR 2008 I H. 2, 181 ff.

Ist Verfassungsrecht politisches Recht? Die oft gestellte Frage geht davon aus, 439
Recht und Politik liessen sich kategorial trennen. Dies trifft indessen nicht zu. Beides sind korrelative Grössen, die wechselseitige Funktionen erfüllen. Hingegen
kommt der «politische Anteil» des Rechts in der Verfassung besonders deutlich
zum Ausdruck.

> Die Verfassung ist einmal *Voraussetzung und Grundlage* der Politik, indem sie 440
> Organe und Verfahren der staatlichen Entscheidungsverfahren in den Grundzügen festlegt. Sie ist *Zielvorgabe und Handlungsanweisung* für die Politik, etwa
> mit ihren inhaltlichen und richtungweisenden Vorgaben. Im Rahmen des politischen Prozesses stellt sie aber auch ein (blosses) *Instrument* der Politik dar,
> etwa wenn neue Bundeskompetenzen oder materielle Grundsätze aufgenommen werden, um bestimmte politische Anliegen zu verwirklichen. Schliesslich
> richten Verfassungsnormen der Politik *Schranken* auf und begrenzen diese, zB.
> durch die Grundrechte, die bundesstaatliche Kompetenzausscheidung, rechtsstaatliche Grundsätze (Art. 5 BV) oder durch Rechtsschutzverfahren.

> Verfassungsrecht, wie Recht überhaupt, ist auch *das materielle und formelle Ergebnis* der Politik, das Resultat politischer Auseinandersetzungen. Das Recht 441
> löst die Politik gleichsam ab: Ein neuer Verfassungsartikel ist verbindlicher inhaltlicher Abschluss politischer Bemühungen, «befriedete» Politik. Gleichzeitig findet auch der politische Prozess sein (vorläufiges) Ende; das Fliessende der
> Politik verfestigt sich zum Recht, ändert also seinen Aggregatszustand – um
> aber oft neue politische Prozesse in Gang zu setzen.

> Verfassungsrecht steht solchermassen in engen Bezügen zur Politik, ist aber 442
> deswegen nicht «politisches Recht». Recht ist überhaupt weder «nur-politisch»
> noch völlig «unpolitisch». Verfassungsrecht unterscheidet sich diesbezüglich
> nur graduell (vor allem in seinem demokratiebezogenen Teil), nicht aber prinzipiell von anderen Rechtsnormen.

II. Verfassungsänderungen

a. Verfassungsgebung ist Verfassungsänderung

Ungeachtet der in der Staatstheorie vorgenommenen Unterscheidung zwischen 443
Verfassungsgebung und Verfassungsänderung, die auf die Lehren vom «pouvoir

constituant» zurückgehen (vgl. dazu die Übersicht bei ANNE PETERS, 361 ff.), ist nach schweizerischem Verfassungsrecht Verfassungsgebung und Verfassungsänderung identisch. Der Weg der Totalrevision der Bundesverfassung eröffnet de constitutione lata, auf dem Boden einer normativen Kontinuität, Verfassungsänderungen unterschiedlicher formeller und materieller Tragweite. Bundesversammlung, Volk und Stände sind die *verfassungsgebende Gewalt*, sie üben diese im Rahmen von Total- oder Teilrevisionen der BV aus.

444 Nicht nur die «eigentlichen» Verfassungsrevisionen von 1874 und 1999 bildeten Totalrevisionen, sondern auch die Reformen der Justiz (2000) und der Volksrechte (2003). Auch bei der NFA (vgl. Rz. 665 ff.) wurde das Verfahren der Totalrevision beschritten.

b. Total- und Teilrevision der BV

Literatur

AUBERT JEAN-FRANÇOIS, in: Petit commentaire, Art. 192 ff.; AUER/MALINVERNI/HOTTELIER I, Rz. 1397 ff.; BELLANGER FRANÇOIS, in: Verfassungsrecht der Schweiz, 1247 ff.; BIAGGINI, BV Kommentar, Art. 192 ff.; DERS., Ausgestaltung und Entwicklungsperspektiven des demokratischen Prinzips in der Schweiz, in: Bauer Hartmut u.a. (Hrsg.), Demokratie in Europa, Tübingen 2005, 107 ff.; HALLER/KÖLZ/GÄCHTER, Staatsrecht, 106 ff.; HANGARTNER, in: St. Galler Kommentar, Art. 192 ff.; HÄFELIN/HALLER/KELLER, Rz. 53–74a und 1779–1800; WILDHABER LUZIUS, Fragen des Abstimmungsverfahrens bei der Verfassungsreform, in: FS Yvo Hangartner, St. Gallen 1998, 1056 ff. (zit. Verfassungsreform).

1. Zur Abgrenzung von Total- und Teilrevision

445 Die Bundesverfassung kann jederzeit ganz oder teilweise, entweder im Verfahren der Totalrevision oder der Teilrevision, abgeändert werden (Art. 192 Abs. 1 BV).

446 Die BV legt für die Gesamtänderung ein gegenüber der Teiländerung erschwertes Verfahren fest (vgl. dazu Rz. 2787 ff.), äussert sich aber nicht expressis verbis, wie die Abgrenzung zwischen Total- und Partialrevision vorzunehmen ist.

447 Die Abgrenzung kann *formell* oder *materiell* vorgenommen werden. Im ersten Fall ist wesentlich, ob nur eine oder wenige innerlich zusammenhängende Verfassungsbestimmungen revidiert werden oder aber die ganze Verfassung. Im zweiten Fall spielt eine Rolle, ob Grundwerte der BV abgeändert werden sollen, was im Prozedere der Totalrevision zu erfolgen hätte.

448 Lehre und Praxis stellen auf das Kriterium der *Einheit der Materie* ab, wie es in Art. 194 Abs. 2 BV und Art. 75 Abs. 1 und 2 BPR verankert ist. Das Verfahren der Totalrevision muss eingeschlagen werden, wenn eine Verfassungsänderung die Grenzen einer bestimmten *«Verfassungsmaterie»* übersteigt – oder jedenfalls übersteigen soll. Dies gilt sowohl für eine Aktualisierung der Verfassung, wie sie 1999 vorgenommen wurde, als auch für die Reform eines Verfassungsbereiches, der über die Einheit der Materie hinausreicht.

Ob in Fällen einer *besonders gravierenden Änderung von verfassungsgestalten-* 449
den Prinzipien das Verfahren der Totalrevision trotz Materieneinheit gewählt
werden muss, ist umstritten. Jedenfalls kommt es bei der Totalrevision nicht darauf an, in welchem formell-redaktionellen oder materiell-substantiellen Ausmass die Verfassung im Ergebnis abgeändert wird. Hier sind alle Abstufungen
von der Text-Nachführung ohne eigentliche Neuschöpfungen bis hin zum Umbau des Staates in seinen «Grundfesten» denkbar.

Umstritten ist ebenfalls, ob sog. Paketrevisionen als Total- oder Teilrevisionen 450
zu qualifizieren sind (vgl. dazu Rz. 2076).

Negativ formuliert kann man die demokratisch motivierte Forderung erheben, es 451
gehöre nicht in eine Totalrevision, was *sinnvollerweise im Verfahren der Partialrevision* geändert werden kann. Der Grundsatz der Einheit der Materie gebietet, dass
über «Einheitliches» auch für sich allein entschieden wird – jedenfalls wenn es um
wichtige umstrittene politische Fragen geht. Hierfür spricht eine differenzierte demokratische Abwicklung von Reformen in Parlament und Volk.

Die Materieneinheit kann somit auch den Prüfstein für die Frage bilden, welche 452
Postulate *im Rahmen einer Totalrevision der Bundesverfassung besser nicht* behandelt und erledigt werden sollen, weil sie keiner zusammenhängenden, ganzheitlichen Reform bedürfen, maW. nicht auf die Totalrevision angewiesen sind.
Freilich *bleiben die Grenzen der Materieneinheit diffus,* weil sie nach verschiedenen Kriterien bestimmt werden können (sachlicher Zusammenhang, differenzierte Willensbildung, Verhinderung des Stimmenfangs etc.). Es können deshalb in dieser Optik keine überspannten Anforderungen an den Grundsatz der
Einheit der Materie gestellt werden (vgl. zum Grundsatz der Einheit der Materie
nachstehend Rz. 473 ff. und 2071 ff.; RENÉ RHINOW/MARTIN GRAF, Verfassungsreform im Zusammenspiel von Bundesversammlung und Bundesrat, in:
Georg Kreis (Hrsg.), Erprobt und Entwicklungsfähig – 10 Jahre neue Bundesverfassung, Zürich 2009, 111 ff.).

2. *Verfassungskultur der Teilrevisionen*

Für die Schweiz ist bemerkenswert, dass sich unter dem geltenden Verfassungs- 453
recht eine eigentliche Verfassungskultur der Teilrevisionen entwickelt hat. Die Idee
der Totalrevision hat sich nicht eingebürgert, obwohl sie – nach der Revision von
1874 – mehrfach, aber vergeblich propagiert worden ist. Verfassungsreform war
und ist «Materienreform», also partielle, sachbezogene Revision, «Stückwerktechnologie».

Diese *materiengebundene Reformphilosophie* gründet nicht nur in der pragma- 454
tischen Mentalität des Schweizer Volkes, sondern namentlich auch in *zwei Verfassungsinstitutionen: der Kompetenzverteilungsregel im Bundesstaat* (Art. 3
und 42 Abs. 1 BV), wonach jede neue Bundesaufgabe einer kompetenziellen
Grundlage in der Bundesverfassung bedarf, und der *Volksinitiative auf Teilrevision der Bundesverfassung,* dank welcher politische Anliegen aus dem Volk zu
Verfassungsthemen werden. Ob «von oben» oder «von unten» – Begehren für
politische Reformen müssen im Bund in aller Regel durch das *Nadelöhr der
Verfassungsrevision* gelangen, sei es, dass dem Bund zuerst eine (Bundes-)

Kompetenz in der Verfassung erteilt werden muss, damit er Gesetze erlassen und *Massnahmen* treffen kann, sei es, dass der (Um-)Weg über die Verfassung wegen des fehlenden Gesetzesinitiativrechts gewählt wird.

455 Auf weiten Strecken, namentlich im Aufgabenteil, erweist sich so das geltende Verfassungsrecht als geronnene Politik, Ergebnis erster – freilich oft auch hochabstrakter und wenig substantieller – Konsensfindungen, die sich in Kompetenznormen, Verfassungsaufträgen, Zielbestimmungen und materiellen Grundsatznormen niedergeschlagen haben. Die Bundesverfassung war und ist somit weiterhin ein «Fechtboden, auf welchem politische Kämpfe ausgetragen werden» (GEORG MÜLLER).

3. Typen der Totalrevision

456 Gestützt auf die oben stehenden Überlegungen können die folgenden drei Typen der Totalrevision unterschieden werden:

457 – Bei einer *ersten* Kategorie handelt es sich um Verfassungsrevisionen, welche eigentliche *Umwälzungen* zum Gegenstand haben, ohne die geltenden Revisionsbestimmungen zu verletzen. Grössere Umwälzungen stellen aber idR. Kontinuitätsbrüche dar und führen zu revolutionären Staatsgründungen. Jedenfalls gehören die Totalrevisionen von 1874 und 1999 nicht in diese Kategorie.

458 – Eine *zweite* Gruppe von Totalrevisionen kann als *Aktualisierung* der Verfassung bezeichnet werden. Die geltende Bundesverfassung, welche die aBV «nachführte» und gegenüber dem alten Rechtszustand punktuelle Anpassungen und Reformen von grösserer oder kleinerer Tragweite enthält, ist in der Schweiz eigentlich zum klassischen Fall der Totalrevision geworden. Auch die Totalrevision von 1874 betraf damals nur einzelne, allerdings wichtige Themen.

459 Es ging vor allem um die Ausweitung der Bundeskompetenzen in den Bereichen des Militärwesens und des Privatrechtes, die Aufnahme neuer Freiheitsrechte wie der Glaubens- und Gewissensfreiheit und der Handels- und Gewerbefreiheit, die Einrichtung eines ständigen Bundesgerichtes und die Einführung des fakultativen Gesetzesreferendums. Der Text blieb im Übrigen aber auf weite Strecken praktisch unverändert. Auch die zahlreichen *kantonalen* Verfassungsreformen gehören in diese Kategorie der Aktualisierung.

460 – Einen *dritten* Typus der Totalrevision stellt die *Bereichsreform* oder Paketrevision dar – jedenfalls dann, wenn die Verfassung hierfür kein gesondertes Revisionsverfahren vorsieht. Hier handelt es sich um eingegrenzte, die klassisch verstandene Einheit der Materie aber klar übersteigende Reformbereiche. Es ist heute allerdings umstritten, ob Paketrevisionen Total- oder Teilrevisionen bilden.

c. Schranken der Verfassungsänderung

1. Allgemeines

Verfassungsänderungen unterliegen gewissen Schranken, die vor allem in der Verfassungsurkunde selbst niedergelegt sind, ausnahmsweise aber auch dem ungeschriebenen Verfassungsrecht angehören. 461

Mehr Voraussetzung als Schranke ist die *Verpflichtung, die Revisionsvorschriften der BV* einzuhalten. Total- und Teilrevisionen der BV haben in den Verfahren zu erfolgen, die in der Verfassung vorgesehen sind (Art. 192 ff. BV). 462

Ausdrückliche, *im Verfassungstext verankerte Schranken* sind die Beachtung des zwingenden Völkerrechts (nachstehend Rz. 469 f.) sowie die Erfordernisse der Einheit der Form und der Einheit der Materie (nachstehend Rz. 473 ff.). 463

Als *ungeschriebene Schranken* gelten einmal das Gebot der *Durchführbarkeit* einer Verfassungsänderung, das sich in der Praxis bei Volksinitiativen stellen kann, und das Verbot der *Aufhebung von Verwaltungsakten und Gerichtsurteilen*. 464

> Erweist sich eine Volksinitiative als *faktisch undurchführbar*, weil sie bspw. Anordnungen enthält, die sich ausschliesslich auf die Vergangenheit beziehen, so ist sie von der Bundesversammlung für ungültig zu erklären. Praktische Schwierigkeiten in der Umsetzung einer Initiative vermögen für sich allein aber keine faktische Undurchführbarkeit zu begründen (BBl 1998, 274 f.). 465

> Mit einer Verfassungsänderung können sodann nicht *Wahlakte oder Verfügungen von Regierung und Verwaltung* aufgehoben werden. Das Prinzip der Gewaltengliederung stünde einem solchen Übergriff entgegen. 466

Hingegen enthält die BV weder formell *«unabänderliches Verfassungsrecht»* (wie dies etwa im deutschen Grundgesetz in Art. 79 Abs. 3 der Fall ist) noch eine *zeitliche Schranke*; die BV kann jederzeit abgeändert werden (Art. 192 Abs. 1 BV). Auch können (durch behördliche Vorlagen wie durch Volksinitiativen) *Einzelakte* in die Verfassung aufgenommen werden. Eine Beschränkung der Revision auf *verfassungswürdiges Recht* gibt es ebenfalls nicht (vgl. dazu Rz. 30 und 117 f.; anderer Ansicht ETIENNE GRISEL, Initiative et référendum populaires, 3. Aufl. Bern 2004, 243 f.). Selbst rückwirkende Volksinitiativen sind zulässig (vgl. ZBl 93/1992, 388 ff.). 467

> Umstritten erscheint, ob eine inhärente Verfassungsschranke zu anerkennen sei, welche die *Abänderung von Grundwerten* und verfassungsgestaltenden Prinzipien der BV verbieten würde (zB. der Übergang vom Bundesstaat zum Einheitsstaat, die Abschaffung des Referendums oder eines Grundrechts). Abgesehen von der mangelnden Grundlage im geschriebenen Verfassungsrecht und der ohnehin geringen praktischen Relevanz dieser Problematik *bewähren sich Grundwerte gerade in politischen Basisprozessen*; und im Unterschied zu parlamentarischen Demokratien, wo unabänderliches Verfassungsrecht vor allem dem Parlament die Hände bindet, soll in der Schweiz uE. der Entscheid darüber primär in die Verantwortung des Verfassungsgebers, von Volk und Ständen, als oberster Instanz gelegt werden. 468

2. Zwingendes Völkerrecht

469 Alle Verfassungsänderungen dürfen gemäss Art. 193 Abs. 4 und 194 Abs. 2 BV die zwingenden Bestimmungen des Völkerrechts nicht verletzen (vgl. zum zwingenden Völkerrecht Rz. 3595 ff.). Der Begriff des zwingenden Völkerrechts stellt einen *autonomen Verfassungsbegriff* dar und ist von den schweizerischen Rechtsanwendungsbehörden – freilich im Lichte des Völkerrechts – zu konkretisieren.

470 Umstritten ist, wie mit Volksinitiativen zu verfahren ist, die gegen andere Bestimmungen des Völkerrechts, namentlich gegen von der Schweiz abgeschlossene *Staatsverträge*, verstossen. Handelt es sich um kündbare Abkommen, ist die Initiative als Aufforderung zur Kündigung aufzufassen und daher zulässig. Bei unkündbaren Staatsverträgen ist eine differenzierte Praxis zu entwickeln, die ua. auf die Tragweite der staatsvertraglichen Verpflichtung und die Konsequenzen einer Annahme der Initiative Rücksicht nimmt (vgl. auch Rz. 3602 ff.).

3. Autonome Schranken?

471 In neuerer Zeit zeigt sich zunehmend, dass die materielle Schranke des zwingenden Völkerrechts in der vom Bundesrat vertretenen engen Auslegung nicht verhindern kann, dass unaufgebbare Voraussetzungen der Bundesverfassung in Frage gestellt werden (dazu hinten Rz. 3605 f.). Statt sich allein an völkerrechtlichen Grenzen zu orientieren, ist uE. wieder verstärkt nach jenen Schranken von Mehrheitsentscheiden der Stimmberechtigten zu fragen, die aus der Schweizer Verfassungsordnung selbst fliessen. Dabei muss nach jenen unabdingbaren Geltungsvoraussetzungen der Bundesverfassung gefragt werden, ohne deren Sicherstellung die Legitimität der Verfassungsordnung insgesamt in Frage steht. Diese Fragestellung ist nicht neu; seit 1929 hat sich ihr die Schweizer Staatsrechtslehre gewidmet, sie mit der Hinwendung zum zwingenden Völkerrecht aber scheinbar vergessen; an diese Diskussion ist uE. wieder anzuknüpfen (siehe den Überblick bei SCHEFER, Kerngehalte, 169 f.).

472 Gerade die Verankerung der Schranke des zwingenden Völkerrechts zeigt, dass der Bundesverfassung die Idee materieller Grenzen der Verfassunggebung nicht fremd ist. Der Verfassunggeber selber – und nicht das Völkerrecht – hat entschieden, gewisse elementare Aspekte menschlichen Zusammenlebens der Verfassunggebung zu entziehen; entsprechend erscheint es konsequent, wenn er auch inhaltlich selber umschreibt, welches diese Grenzen sind.

4. Einheit der Materie

473 Das Erfordernis der *Einheit der Materie* gilt bei allen Teilrevisionen der BV (Art. 194 Abs. 2 BV; vgl. auch Art. 139 Abs. 2 (neu) BV bzw. Art. 139 Abs. 3 (alt) BV; gegenwärtig [2008] sind beide Artikel in Kraft, damit die Initiative in Form der allgemeinen Anregung möglich bleibt; siehe Ziff. II des BB vom 19. Juni 2003 – AS 2003 1953). Es ist erfüllt, wenn zwischen den einzelnen Teilen der Vorlage oder der Initiative ein *sachlicher Zusammenhang* besteht (Art. 75 Abs. 2 BPR;

vgl. auch vorne Rz. 448 ff. und vor allem Rz. 2070 ff.). Dadurch soll die freie Willensbildung und die unverfälschte Stimmabgabe (vgl. Art. 34 Abs. 2 BV) gesichert werden.

> Die Auslegung der «Einheit der Materie» ist schwierig und häufig umstritten. In der *Praxis der Bundesversammlung* herrscht denn auch der Grundsatz «in dubio pro Gültigkeit einer Initiative» vor. Umstritten war die Ungültigerklärung der Volksinitiative «für weniger Militärausgaben und mehr Friedenspolitik» im Jahre 1995. Die Bundesversammlung hatte kurz zuvor die Aufhebung des Spielbankenverbots mit einer Zuweisung des Ertrags der Spielbankenabgabe an die AHV verknüpft (BBl 1992 VI, 58). War es zulässig, der erwähnten Volksinitiative die Verknüpfung der Reduktion der Militärausgaben mit dem Einsatz der gesparten Mittel für Friedenspolitik und Sozialversicherung als Verletzung der Einheit der Materie vorzuhalten? Der Entscheid der Bundesversammlung erscheint vertretbar (vgl. dazu insb. Rz. 2071–2074). 474

> Ein Gesetz des Kantons Appenzell AR über die Verwendung der ausserordentlichen Nationalbankgewinne sah eine Verknüpfung der Festlegung des Schlüssels für deren Ausrichtung mit einer grundlegenden Änderung des kantonalen Steuergesetzes vor. Das angerufene Bundesgericht erblickte in dieser Verbindung eine Verletzung der Einheit der Materie und hob die Volksabstimmung über dieses Gesetz auf (BGE 1P.223/2006 E. 3; ZBl 2007, 332). 475

Wenn eine Volksinitiative diese Schranken verletzt, erklärt sie die Bundesversammlung für ganz oder teilweise ungültig (siehe dazu Rz. 2178). Die Bundesversammlung entscheidet endgültig. Ihr Beschluss kann nicht an das Bundesgericht weitergezogen werden. 476

5. *Einheit der Form*

Das Erfordernis der Einheit der Form ist bei Volksinitiativen auf Teilrevision der Verfassung zu beachten (Art. 194 Abs. 3 BV). Eine Initiative muss entweder in der Form der allgemeinen Anregung (Art. 139 Abs. 2 und 4 der geltenden BV; als Allgemeine Volksinitiative gemäss Art. 139a BV Volksrechtsreform; vgl. dazu Rz. 2749) oder in der Form des ausgearbeiteten Entwurfs als formulierte Volksinitiative auf Teilrevision der Bundesverfassung (Art. 139 Abs. 2 und 5 der geltenden BV; Art. 139 BV Volksrechtsreform) gestellt werden (Art. 75 Abs. 3 BPR). Mischformen sind unzulässig. 477

> Für die Unterscheidung ist nicht wesentlich, wie *konkret der Inhalt* der Initiative ausgestaltet ist. Allgemeine Anregungen können relativ bestimmte Anweisungen enthalten, sodass der Gestaltungsspielraum der Bundesversammlung bei der Umsetzung gering erscheint, während in formulierten Initiativen auch programmatische Bestimmungen ihren Platz finden. Wesentliches Abgrenzungskriterium ist, ob der Initiativtext unverändert, «pfannenfertig», in die Verfassung aufgenommen werden kann oder ob das Parlament die Initiative ausformulieren, eventuell konkretisieren und redigieren muss. 478

> Wegen fehlender Einheit der Form ist bislang noch keine Initiative von der Bundesversammlung ungültig erklärt worden. 479

III. Verfassungsauslegung

Literatur

AUER/MALINVERIN/HOTTELIER I, 1876 f.; BIAGGINI GIOVANNI, Methodik in der Rechtsanwendung, in: Schefer Markus/Peters Anne (Hrsg.), Grundprobleme der Auslegung aus Sicht des öffentlichen Rechts, Bern 2004, (zit. Methodik); DERS., «Ratio legis» und richterliche Rechtsfortbildung, in: Die Bedeutung der «ratio legis», Kolloquium der Juristischen Fakultät der Universität Basel, Basel 2001, 51 ff. (zit. ratio legis); DERS., Die Einführung des Frauenstimmrechts im Kanton Appenzell I. Rh. Kraft bundesgerichtlicher Verfassungsinterpretation, recht 1992, 65 ff. (zit. Frauenstimmrecht); DERS., Verfassungsrecht und Richterrecht, Verfassungsrechtliche Grenzen der Rechtsfortbildung im Wege der bundesgerichtlichen Rechtsprechung, Basel 1991 (zit. Verfassungsrecht); DERS./MÜLLER GEORG/MÜLLER JÖRG PAUL/UHLMANN FELIX (Hrsg.), Demokratie – Regierungsreform – Verfassungsfortbildung: Symposium für René Rhinow zum 65. Geburtstag, Basel 2009, 109–146; HÄFELIN/HALLER/KELLER, 75 ff.; HALLER WALTER, Verfassungsfortbildung durch Richterrecht, ZSR 2005 I 5 ff.; HALLER/KÖLZ/GÄCHTER, Staatsrecht, 27 und 116; HAUSHEER HEINZ/JAUN MANUEL, Die Einleitungsartikel des ZGB, Art. 1–10 ZGB, Bern 2003; KAUFMANN ARTHUR, Das Verfahren der Rechtsgewinnung, eine rationale Analyse, München 1999; KRAMER ERNST A., Juristische Methodenlehre, 2. Aufl. Bern 2005 (zit. Methodenlehre); DERS., Funktionen allgemeiner Rechtsgrundsätze – Versuch einer Strukturierung, in: Koziol Helmut/Rummel Peter C Im Dienste der Gerechtigkeit (FS für Franz Bydlinski), Wien 2002, 197 ff. (zit. Funktionen); HUWILER BRUNO, Privatrecht und Methode, recht, Studienheft 5, 1998; MOOR PIERRE, Herméneutique et droit administratif, La question du pouvoir, Jusletter 18. Februar 2002; MÜLLER FRIEDRICH/CHRISTENSEN RALPH, Juristische Methodik, Band 1, 8. Auflage Berlin 2002; MÜLLER GEORG, Methodik in der Rechtsetzung, in: Schefer Markus/Peters Anne (Hrsg.), Grundprobleme der Auslegung aus Sicht des öffentlichen Rechts, Bern 2003, (im Druck); MÜLLER JÖRG PAUL, Anforderungen an eine juristische Methodenlehre in der rechtsstaatlichen Demokratie, in: Schefer Markus/Peters Anne (Hrsg.), Grundprobleme der Auslegung aus Sicht des öffentlichen Rechts, Bern 2004 (zit. Anforderungen); DERS., Herausforderungen der demokratischen Verfassung an die juristische Methodenlehre, in: Hänni Peter (Hrsg.), Mensch und Staat, FS Thomas Fleiner zum 65. Geburtstag, Freiburg 2003, 381 ff. (zit. Herausforderungen); DERS., Kunst des juristischen Urteils: Impulse von Kant und Savigny, recht 2003, 125 ff. (zit. Impulse); DERS., Verfassung und Gesetz: zur Aktualität von Art. 1 Abs. 2 ZGB, recht 2000, Sondernummer für Wolfgang Wiegand, 119 ff. (zit. Aktualität); DERS., Jurisprudenz – eine Wissenschaft?, VSH-Bulletin Nr. 4 2000, 7 ff. (zit. Jurisprudenz); DERS., Menschenwürde – Demokratie – Wissenschaft, in: Bundesamt für Bildung und Wissenschaft (Hrsg.), Rapport annuel de la Fondation Marcel Benoist 1999, Bern 1999, 15 ff. (zit. Jurisprudenz); OGOREK REGINA, Der Wortlaut des Gesetzes – Auslegungsgrenze oder Freibrief?, in: Forstmoser Peter/Ogorek Regina/Schluep, Walter R., Rechtsanwendung in Theorie und Praxis. Symposium zum 70. Geburtstag von Arthur Meier-Hayoz, Basel 1993, 21 ff.; RHINOW RENÉ, Rechtsetzung und Methodik, Rechtstheoretische Untersuchungen zum gegenseitigen Verhältnis von Rechtsetzung und Rechtsanwendung, Basel 1979 (zit. Rechtsetzung); DERS., Vom Ermessen im Verwaltungsrecht, recht 1983, 41 ff. (zit. Ermessen); RÜTHERS BERND, Rechtstheorie: Begriff, Geltung und Anwendung des Rechts, München 1999; TSCHANNEN PIERRE, Verfassungsauslegung in: Verfassungsrecht der Schweiz, 149 ff. (zit. Verfassungsauslegung); DERS., Die Auslegung der neuen Bundesverfassung, in: BTJP, 223 ff. (zit. Auslegung); WALTER HANS PETER, Der Richterkönig. Eine landläufig verkannte Rechtsfigur, in: Gauch Peter (et al.) (Hrsg.), Rechtsfiguren: k(l)eine FS Pierre Tercier zu seinem sechzigsten Geburtstag, Zürich 2003, 15 ff. (zit. Richterkönig); DERS., Zeitgemässe richterliche Rechtsfortbildung, recht 2003, 2 ff. (zit. Rechtsfortbildung).

a. Allgemeines zur Interpretation

1. Was ist Auslegung?

Unter Auslegung verstehen wir die *Ermittlung des Sinngehalts von Normen im Hinblick auf die Anwendung des Rechts*. Anzuwenden ist das hic et nunc geltende Recht, also ist dieses durch Auslegung der für den Anwendungsfall massgeblichen Rechtssätze zu bestimmen. In diesem Sinn ist auch die Verfassung auszulegen – durch alle Organe, die mit der Umsetzung und Konkretisierung von Verfassungsnormen betraut sind. «Verfassungsanwender» sind deshalb der Rechtssätze erlassende Gesetz- und Verordnungsgeber ebenso wie die das Recht im Einzelfall konkretisierende Verwaltung und der streitentscheidende Richter.   480

> Es kann im Folgenden nicht darum gehen, die schwierige und in der Lehre auch umstrittene Methodik der Interpretation des Rechts im Allgemeinen darzustellen. Das Schwergewicht wird auf die *Verfassungsauslegung* gelegt, die freilich in grundsätzlicher Hinsicht nach derselben Methode erfolgt wie die Interpretation infrakonstitutionellen Rechts (BGE 131 I 74, 80).   481

Jeder Akt der Rechtsanwendung setzt insofern Auslegung voraus, als sich der *Rechtsanwender an geltendes Recht zu halten* hat und deshalb zuerst dieses feststellen muss (Art. 5 BV). Der geläufige Satz, Auslegung sei nur in «Problemfällen», nicht aber bei «klarem Wortlaut» nötig, trifft nicht zu. Hingegen kann der Interpretationsvorgang uU. keine oder wenig Probleme stellen.   482

2. Zur Notwendigkeit der Auslegung

Die *Notwendigkeit* der Auslegung ergibt sich aus verschiedenen, miteinander verbundenen Faktoren.   483

> Recht wird in sprachliche Texte gefasst (Rechtssätze, Richterrecht), die – wie Sprache allgemein – durch grössere oder geringere Unschärfe und Mehrdeutigkeit gekennzeichnet sind. In der Schweiz kommt hinzu, dass die Bundeserlasse in den drei Amtssprachen publiziert werden, die alle gleichwertig erscheinen (vgl. nachstehend Rz. 502), aber infolge der Übersetzung textliche Divergenzen aufweisen können. Zur textlichen Ungenauigkeit tritt die Unvollständigkeit jeder Regelung hinzu; der Rechtsetzer ist nicht in der Lage, alle Anwendungsfälle quasi «vorauszusehen» und seinen Normen zugrundezulegen. Er bezieht sich auf einen Ausschnitt der Wirklichkeit, die er kennt und auf die er seine Regelung ausrichtet. Der Anwendungsakt erfolgt aber regelmässig «zeitverschoben»; er befindet sich in einem (uU. bedeutend) anderen Umfeld als der Gesetzgeber. Es besteht zudem Nichtidentität zwischen Rechtsetzer und Rechtsanwender; dies bedeutet, dass sich der Anwender mit Normtexten auseinandersetzen muss, an die er «von aussen», vor einem Verständnishorizont und im Rahmen einer Sozialwirklichkeit herantritt, die sich von derjenigen abheben kann, auf die sich der Gesetzgeber bezogen hat.   484

> Schliesslich erlässt der demokratische Gesetzgeber seine Normen «bruchstückhaft», problemorientiert, sach- und materienbezogen, punktuell, in den letzten Jahrzehnten in einem zunehmend grösseren Umfang und einem gesteigerten   485

Rhythmus. Er kann *keine in sich geschlossene Normenordnung* schaffen, sodass im Auslegungsvorgang oft mehrere, primär nicht kongruente Normen (etwa ältere und jüngere Gesetze, Verfassungs- und andere Normen etc.) zueinander in Beziehung zu setzen und auf ihre Geltung im konkreten Fall zu befragen sind.

486 Bei der Auslegung der *Bundesverfassung* stellen sich die angeführten Gründe für den Auslegungsbedarf exemplarisch: Die einzelnen Verfassungsbestimmungen sind teilweise textlich offen und hochgradig unbestimmt (wie etwa die Grundrechte und programmatische Normen), können aus verschiedenen Epochen stammen (einzelne Bestimmungen weisen trotz der Totalrevision 1999 auf frühere Zeiten zurück; zB. Art. 105 BV, Alkohol); sie stellen kein einheitliches, widerspruchsfreies Normensystem dar (vgl. dazu vorne Rz. 445 ff.). Die Verfassung ist – ohne Rücksicht auf die Totalrevision 1999 und deren Bemühen um einheitliche Systematik, Dichte und Stil der Verfassungsnormen – in den letzten 10 Jahren durch Partialrevisionen vielfach «durchlöchert» worden. Es kommt hinzu, dass nach überlieferter Anschauung alle Verfassungsnormen dieselbe *Ranghöhe* und Stufe aufweisen, sodass sie Widersprüche oder Konflikte zwischen einzelnen Bestimmungen auf dem Weg der Interpretation zu lösen sind.

487 *Verfassungsauslegung* ist demzufolge Ermittlung der für eine Anwendungssituation (Rechtsetzung oder Konkretisierung im Einzelfall) relevanten und auf die Sozialwirklichkeit im Zeitpunkt der Interpretation bezogenen Verfassungsgehalte. Anders formuliert: Der Anwender will durch Auslegung «herausfinden» und festlegen, was von Verfassung wegen in «seiner» Situation gilt, was die Verfassung hier und jetzt vorschreibt, gebietet oder verbietet.

3. Methodenfragen sind Verfassungsfragen

488 In der herkömmlichen Auslegungsmethodik wird idR. ausgeblendet, dass Methodenfragen in erster Linie Verfassungsfragen sind (vgl. RENE RHINOW, Rechtsetzung und Methodik, 181 ff.; JÖRG PAUL MÜLLER, Herausforderungen, 382 ff.; BERND RÜTHERS, Rechtstheorie, Rz. 649 ff., 696 ff.); sie *leiten den Anwendungsvorgang*.

489 Art. 5 Abs. 1 und Art. 164 Abs. 1 BV (sowie weitere Verfassungvorschriften) gebieten die *Bindung an das Gesetz*. Die auf dem Prinzip der *Gewaltengliederung* beruhende BV teilt den anwendenden Organen, namentlich der Verwaltung und dem Richter, bestimmte rechtskonkretisierende Befugnisse zu, die als *funktionell-rechtliche Aufträge und Schranken* zu beachten sind. Der Grundsatz von *Treu und Glauben* (Art. 5 Abs. 3 und 9 BV) prägt die Interpretation allgemein, nicht nur bei der Auslegung von (Staats-) Verträgen. Aus dem *Verbot der Rechtsverweigerung* (Art. 29 Abs. 1 BV; vgl. Rz. 3035) und dem *Willkürverbot* (Art. 9 BV) ergibt sich die Verpflichtung von Verwaltung und Gericht, Entscheidungen auch dann zu treffen, wenn sie rechtsschöpferisch tätig sein müssen. Sog. Analogie oder Umkehrschlusserwägungen müssen sich auf das *Rechtsgleichheitsgebot* (Art. 8 BV) abstützen.

b. Ziel der Auslegung

Aus dieser Umschreibung ergibt sich auch das Ziel der (Verfassungs-)Auslegung: 490
Es geht um die Ermittlung des aktuell gültigen, situations- und wirklichkeitsbezogenen (Verfassungs-)Rechts. Die Verbindung von Normtexten mit der realen Gegenwart ist entscheidend, weil sich der Sinn einer Norm erst in der Bezugnahme auf die Wirklichkeit ergeben kann, nicht von dieser abstrahiert, gleichsam «zeitlos und wirklichkeitsblind».

> Der frühere Streit um eine *entstehungszeitliche* oder *geltungszeitliche* Auslegungsmethode darf als überholt bezeichnet werden. Zu ermitteln ist immer das *aktuell* geltende Recht, das ohne Realitätsbezüge nicht verstanden werden kann. Dies schliesst nicht aus, dass dem erklärten Willen des (historischen) Gesetzgebers uU. ein grosses Gewicht bei der Sinnfindung zukommen kann. 491

> Indem der Anwender auf diese Weise Normtexte in die Gegenwart «verlängert» oder «zu Ende denkt» (KONRAD HESSE), überschreitet er die reine Rechts«findung»; er gestaltet das Recht auf mehr oder weniger schöpferische Weise mit. Jeder Anwendungsakt enthält kognitive und volitive, erkennende und wertende Anteile. Der Norminhalt findet so erst in der Auslegung seine Vollendung. Bei der Grundrechtsinterpretation ist diese schöpferische Dimension (vor allem des Verfassungsrichters) offensichtlich. In diesem Sinne wird das Recht immer *fortgebildet*, nicht nur bei der sog. Lückenfüllung. 492

Die Auslegung richtet sich (theoretisch) immer auf die (ganze) Rechtsordnung, 493
nicht nur auf einzelne Normen und schon gar nicht auf einzelne Begriffe (Grundsatz der *integralen Auslegung*). «Grundlage und Schranke staatlichen Handelns ist das Recht» (Art. 5 Abs. 1 BV), nicht nur ein Ausschnitt davon. Deshalb kommt dem Grundsatz der Auslegung im Lichte übergeordneten und höherstufigen Rechts (völkerrechts-, bundesrechts-, verfassungs-, und gesetzeskonforme Auslegung) eine so grosse Bedeutung zu. Bei der Verfassungsauslegung ist die *ganze Verfassung*, mit Einschluss des relevanten Völkerrechts, mit einzubeziehen.

Zum Auslegungsziel gehört schliesslich auch, zu einem *praktikablen, vernünftigen* 494
und «menschengerechten», umsetzbaren, nachvollziehbaren, der Rechtsgemeinschaft verständlichen und *verallgemeinerungsfähigen Ergebnis* zu gelangen. Auch diese Gebote lassen sich uE. der Bundesverfassung entnehmen, etwa dem Gebot der Menschenwürde (Art. 7 BV), den Grundsätzen des öffentlichen Interesses, der Verhältnismässigkeit und von Treu und Glauben (Art. 5 Abs. 2 und 3 sowie Art. 9 BV) und dem Rechtsgleichheitsgebot und Willkürverbot (Art. 8 und 9 BV).

> Ziel der Auslegung kann es indessen *nicht* sein, den Sinn einer Norm ein für allemal «festzulegen». Ein Richterspruch und eine Verfügung der Verwaltung, aber auch eine umsetzende Verordnung konkretisieren vorgegebenes Recht in einer bestimmten Situation und unter gewissen zeitlichen und erkenntnismässigen Rahmenbedingungen (Kenntnis von Fakten, Einschätzung der weiteren Entwicklung der Sozialwirklichkeit, Zusammensetzung des Entscheidungsorgans, Zeitdruck etc.). Resultat des Rechtsanwendungsvorgangs ist folglich *nicht ein «einzig richtiges Ergebnis»*. Unter bestimmten Bedingungen kann später dank besserer Erkenntnis oder infolge veränderter Rechtslage und Umstände eine an- 495

dere Interpretation vorgenommen werden; Restriktionen ergeben sich freilich ua. aus der Rechtsbeständigkeit resp. Rechtskraft von Verfügungen und Urteilen sowie aufgrund der Zulässigkeitsvoraussetzungen einer Praxisänderung.

496 Unter Auslegung können sowohl die für die Sinnermittlung wegleitenden und relevanten Gesichtspunkte, die *Topoi*, verstanden werden, die jeder Interpret unabhängig von seiner Stellung im Rechtssystem zu berücksichtigen hat, als auch der eigentliche *Auslegungsvorgang*, das Verfahren der Sinnermittlung, das je nach Funktion des Rechtsanwenders differieren kann. Die nachfolgende Darstellung versucht, die beiden Aspekte getrennt zur Darstellung zu bringen, obwohl die Übergänge fliessend sind.

c. Elemente der Auslegung

1. Allgemeines

497 Bei der Auslegung werden verschiedene Topoi herangezogen, welche der Interpretation dienen sollen: das *grammatische, systematische, historische* und *teleologische*, zuweilen ergänzt durch das *soziologische*. Von einem Teil der (meist älteren) Lehre und teilweise auch vom Bundesgericht werden diese Elemente als «Methoden» oder «Auslegungsregeln» (BGE 133 I 77) bezeichnet; es handelt sich aber nicht um verschiedene Methoden, sondern um *grundsätzlich* gleichwertige Argumente, Gesichtspunkte und Faktoren, die bei der Sinnermittlung heranzuziehen sind, unter sich aber je nach Situation, vor allem je nach *Normfunktion,* ein unterschiedliches Gewicht aufweisen können. Dies gilt auch für die Verfassungsauslegung (BGE 128 I 327, 330).

498 Es gibt demnach auch keine vorgegebene Rangordnung zwischen diesen Elementen. Das Bundesgericht spricht von einem *«Methodenpluralismus»* (BGE 134 V 131, 134; 127 III 415, 416; 124 II 372, 376), was in der Sache richtig, in der Wortwahl aber unglücklich erscheint. In BGE 128 I 330 führt das Gericht aus, dass «bei verfassungsmässigen Rechten ... unter Berücksichtigung sich wandelnder Bedingungen und Vorstellungen vermehrt eine Konkretisierung vorgenommen wird»; demgegenüber sei der Auslegungsspielraum bei organisatorischen Bestimmungen enger begrenzt und gelte es, «vermehrt den historischen Elementen Rechnung zu tragen».

499 Die *Offenheit* vieler Verfassungsnormen bringt eine geringe Normdichte mit sich. Aus der Funktion der Grundrechte etwa, elementare menschliche Lebensbereiche und Entfaltungsmöglichkeiten gegenüber staatlicher und gesellschaftlicher Machtausübung abzuschirmen, ergibt sich eine besondere Verantwortung des Rechtsanwenders, vor allem des Verfassungsrichters, den Geltungsbereich der einzelnen Gewährleistungen auf die sich wandelnden Gefährdungen und Bedrohungen auszurichten. Dies wird oft als «Konkretisierung» (im Gegensatz zur gewöhnlichen Auslegung) bezeichnet. Doch liegen in jeder Rechtsanwendung Elemente der Konkretisierung, nicht nur bei den Grundrechten.

500 Auslegung ist nicht reine Wissenschaft, sondern (auch) *Kunst* (JÖRG PAUL MÜLLER, Anforderungen). Sie wird (mit-)geprägt von der Lebenssituation, Erfahrung

und Intuition der am Interpretationsvorgang Beteiligten. Umso wichtiger erscheint das Postulat, dass Interpretation in der rechtsstaatlichen Demokratie als (teilweise) *öffentlicher und vor der Rechtsgemeinschaft begründungspflichtiger Abwägungsprozess* verstanden und durchgeführt wird. In der jüngeren Methodenlehre wird deshalb auch zu Recht *Methodenehrlichkeit* verlangt: der Richter soll zu seinen wertenden Entscheidungsanteilen stehen und sich nicht hinter dem Gesetz «verstecken» (vgl. etwa HANS-PETER WALTER, Zeitgemässe richterliche Rechtsfortbildung, recht 2003, 2 ff., 5).

2. Wortsinn

Jegliche Interpretation knüpft bei *Rechtstexten*, Normtexten oder Urteilserwägungen (beim Richterrecht) an. Es geht also darum, anhand dieser Texte den Sinn der in ihnen enthaltenen Begriffe zu ermitteln. 501

> Massgeblich sind in gleicher Weise alle in den drei *Amtssprachen* des Bundes abgefassten Texte (BGE 125 III 57, 58; 120 II 112, 113), einschliesslich der Titel und Randtitel, soweit sie in der *Amtlichen Sammlung des Bundesrechts* publiziert worden sind (Art. 14 Abs. 1 Publikationsgesetz vom 18. Juni 2004; SR 170.512). Bei textlichen Divergenzen muss im Einzelfall geprüft werden, welcher Wortlaut den Sinngehalt der Norm besser wiedergibt (vgl. etwa BGE 129 I 402; 100 Ib 75, 77). 502

Der Wortlaut kann mehr oder weniger «ergiebig» sein. Gerade bei den Grundrechten der Verfassung ergeben sich aus dem Wortlaut nur Anhaltspunkte für den Geltungsbereich der Norm (zB. «Meinung» oder «Religion»). Bei der Ausarbeitung von Gesetzen wird zudem in unterschiedlichem Ausmass Sorgfalt auf die Begriffsverwendung gelegt. Der Wortlaut kann deshalb nur «Einstieg» in den Auslegungsvorgang sein. 503

> Das *Bundesgericht* stellt darauf ab, ob ein Wortlaut «klar» sei. Ist dies der Fall, ist das Gesetz «nach seinem Wortlaut auszulegen» (zB. BGE 132 III 18, 20; BGE 122 V 362, 364). Ist der Wortlaut aber «nicht ganz klar» und bestehen triftige Gründe dafür, dass er den Rechtssinn der Vorschrift nicht wiedergibt, soll ein Abweichen vom Wortlaut gestattet oder sogar geboten sein (BGE 131 V 242, 246; 128 V 20, 24; 125 II 113, 117; 124 III 266). Ob ein Wortlaut klar ist, ergibt sich aber oft erst aufgrund des Beizugs weiterer Auslegungselemente, namentlich der Ratio legis. 504

Kennzeichen der Bundesverfassung ist ihr praktisch durchgängiger *neuer Normentext*. Dies gilt auch für Bereiche oder Bestimmungen, mit denen das bereits geltende Recht (besser) zum Ausdruck gebracht werden sollte. Auch ist mit der Verfassungsreform grosses Gewicht auf eine *konsistente, einheitliche und verständliche Begrifflichkeit* gelegt worden (vgl. Rz. 125 ff.). Entsprechend der «multiplen» Funktion der Aktualisierung kommt dem Verfassungstext eine unterschiedliche Tragweite zu; er ist teilweise auf (reine) Redaktionsbemühungen, teilweise aber auf kleinere bis grössere Wertungen oder materielle Änderungsintentionen zurückzuführen. 505

506 Insofern nimmt der *Wortlaut* als Auslegungselement – im Allgemeinen – einen grösseren Stellenwert ein als bei der alten Verfassung mit ihrem zum Teil veralteten Sprachgebrauch. Trotzdem ist stets zu fragen, welche Bedeutung dem Wortlaut einer bestimmten Verfassungsnorm zukommt.

507 Dabei gilt es weiterhin zu differenzieren: Bei offenen Normen oder bei Grundrechten etwa «leistet» der Normtext in aller Regel wenig, während dem auf demokratische Konsens- und Kompromissbemühungen zurückgehenden Wortlaut ein stärkeres Gewicht zukommt.

3. Zweck

508 Normen antworten auf bestimmte Regelungsbedürfnisse. Verfassungs- und Gesetzgeber verfolgen (politische) Ziele und Absichten, die sich in Erlassen niederschlagen. Sie lassen sich dabei von Wertvorstellungen leiten, die dem Erlass (oft unausgesprochen) zugrunde liegen. Die Ermittlung des Normzwecks ist deshalb von erstrangiger Bedeutung, denn Normtexten kommt stets eine werthaltige und zweckverwirklichende Funktion zu.

509 Der Normzweck kann aus einer eigentlichen gesetzlichen *Zweckbestimmung* hervorgehen, muss aber idR. durch Beizug anderer Auslegungselemente gefunden werden (Wille des historischen Gesetzgebers, systematische Erwägungen, Sinnerfüllung einer Norm durch die Praxis uam.).

510 Die Ratio legis von *Verfassungsbestimmungen* ist uU. auch mithilfe der Präambel, des eigentlichen Zweckartikels (Art. 2 BV), der Garantie der Menschenwürde (Art. 7 BV), der Sozialziele (Art. 41 BV) sowie einzelner *Verfassungsprinzipien* zu ermitteln.

511 Der Normzweck ist vor allem auf die *Gegenwart* zu beziehen. Der Interpret steht vor der Frage, wie der Normtext mit seinen (ursprünglichen) Wertungen «geltungszeitlich» zu verstehen ist, also mit Blick auf die gegenwärtigen Wertvorstellungen und Wirklichkeiten. Das ist unter dem «Zu Ende denken» einer Norm zu verstehen. Auf diese Weise kann ein gleich bleibender Text eine andere Bedeutung erhalten (sog. *Normwandel*). In der Verfassungsauslegung ist diese fortbildende Weiterentwicklung bei offenen Normen, vor allem bei Grundrechten, teilweise aber auch bei Aufgabennormen, die Regel. Der sog. *Verfassungswandel* stellt somit keine besondere Kategorie der Verfassungsänderung dar, wie dies teilweise postuliert wird. Die Grenzen dieser Rechtsfortbildung ergeben sich vor allem aus den verfassungsrechtlichen (materiell- und funktionellrechtlichen) Vorgaben.

512 So ist eine fortbildende Auslegung von Aufgabennormen vor allem eine Sache des (politischen) Gesetzgebers, während die Konkretisierung von Grundrechten primär dem Verfassungsrichter, in der Schweiz dem Bundesgericht, obliegt.

513 Entgegen der wohl herrschenden Auffassung stellt die sog. geltungszeitliche Auslegung nicht ein Auslegungselement neben anderen dar. Die Ermittlung des *aktuellen Normsinns* und *Normzwecks* gehört zum eigentlichen *Ziel der Auslegung*.

4. Geschichte

Mit dem historischen Auslegungselement wird versucht, Gehalt und Zweck einer 514
Norm anhand von deren Entstehungsgeschichte zu bestimmen. Untersucht wird
einmal die *Regelungsabsicht*, wie sie aus dem Werdegang des Gesetzes hervorgeht
(sog. subjektiv-historische Auslegung), aber auch der *geistes- und dogmengeschichtliche* sowie der *historisch-gesellschaftliche Kontext*, in welchem der Erlass
des Gesetzes vor sich ging (sog. objektiv-historische Auslegung).

Das historische Element ist *ambivalent* zu beurteilen. 515

> Einerseits verlangt die Bindung an das Gesetz, dass ein *klarer Wille des Gesetzgebers beachtet* wird (BGE 131 III 97, 104; 126 II 228, 230). So kommt diesem
> Faktor grosses Gewicht zu, wenn jüngere (Verfassungs-)Normen auszulegen
> sind (BGE 128 V 185, 190; 112 Ia 97, 104), bei denen die historische Ausgangslage auch im Verständnis des Anwenders verlässlich nachvollzogen werden
> kann. Insbesondere beanspruchen in politischen Prozessen gefundene Kompromisse, etwa bei der Schaffung von neuen Bundeskompetenzen, gestützt auf
> Art. 5 Abs. 3 BV (Treu und Glauben) Verbindlichkeitswirkung (ähnlich wie
> Verträge).
>
> Anderseits blickt der Rechtsanwender mit der Brille der Gegenwart, mit seinem
> Verständnishorizont, in die Entstehungsgeschichte zurück. Diese ist zudem oft
> lückenhaft, gibt den erwarteten Aufschluss nur bedingt oder gar nicht, denn die
> sog. *Materialien* (Entwürfe, Botschaften, Protokolle parlamentarischer Verhandlungen uam.) werden in den wenigsten Fällen im Hinblick auf künftige
> Auslegungssituationen geschaffen und sind oft widersprüchlich. Schliesslich
> kann der «historische Gesetzgeber» auch nicht daraufhin befragt werden, wie er
> angesichts zwischenzeitlich allenfalls veränderter Werthaltungen und Sozialwirklichkeiten legiferiert hätte. Das Bundesgericht stellt (fast resignierend) fest,
> die Materialien fielen nur dann ins Gewicht, «wenn sie angesichts einer unklaren gesetzlichen Bestimmung eine klare Antwort geben» (BGE 124 III 350,
> 352; 116 II 525, 527; 114 Ia 191, 196), was aber selten der Fall ist.

Für die Auslegung der geltenden, «jungen» Bundesverfassung ist den Materialien 516
grundsätzlich mehr Gewicht beizumessen. Jedenfalls sind diese optimal verfügbar.
Vor allem ist anhand der Entstehungsgeschichte abzuklären, ob und in welchem
Ausmass der Verfassungsgeber angesichts der «Gemengelage von rechtsetzungstechnischen Eingriffen, kleinen Anpassungen an die gelebte Verfassungswirklichkeit und materiellen Neuerungen» (PIERRE TSCHANNEN, Verfassungsauslegung,
156) von der bislang geltenden Rechtslage abweichen wollte.

> Dies gilt auch für Normen, aus deren Wortlaut eine Änderung nicht unmittelbar 517
> ersichtlich ist, denen der Verfassungsgeber aber einen veränderten Inhalt zugemessen hat (wie etwa beim Willkürverbot, Art. 9 BV; vgl. Rz. 1972 ff.). Umgekehrt kann dem Werdegang uU. entnommen werden, ob die Tragweite einer Bestimmung trotz neuer Textualisierung gerade *nicht* verändert werden sollte (wie
> zB. bei den meisten Bundeskompetenzen).
>
> So hat der Interpret zwei *verschiedene Kategorien von Materialien* vor sich: 518
> diejenigen der Verfassungsreform 1999 einerseits und die früheren Materialien,
> die sich auf die alte BV beziehen und von unterschiedlichem Erkenntnisgewinn
> sind.

519 Für die Auslegung bestimmter Verfassungsnormen, vor allem der Grundrechte, kann auch die *europäisch-angelsächsische Rechtsentwicklung* und die (Verfassungs-)*Rechtsvergleichung* herangezogen werden. Verfassungen sind immer auch ein Stück gelebte Geschichte, eingebettet in einen grösseren ideellen und soziologischen Kontext.

5. Systematik

520 Beim systematischen Auslegungselement geht es darum, eine im Vordergrund der Interpretation stehende Bestimmung in eine Beziehung zu setzen zu anderen Bestimmungen des gleichen Gesetzes oder anderer Erlasse. Die Stellung eines Textes innerhalb des Gesetzes, einer Normengruppe, eines Rechtsgebietes oder der Rechtsordnung insgesamt kann Aufschluss über dessen Sinngehalt und das in der Anwendungssituation geltende Recht vermitteln.

521 Ein modernes Verständnis dieses Elementes nimmt Abstand von formalistischen Vorstellungen, ein Gesetz, die Verfassung oder gar die Rechtsordnung bilde ein «System». Es geht vielmehr darum, *wertende* Zusammenhänge herzustellen, die einzelne Norm in eine Wertungseinheit des Erlasses und in das Gefüge der ganzen Rechtsordnung einzuordnen (*integrale Auslegung*). Das systematische Element öffnet den Blick von der einzelnen Norm auf das relevante Recht schlechthin.

522 Die in der Methodenlehre entwickelten formalen Auslegungsregeln (Analogieschluss, Umkehrschluss, Vorrang der lex specialis, restriktive Auslegung von Ausnahmebestimmungen etc.) haben nur einen begrenzten Erkenntniswert. Auch hier geht es um verfassungsgeleitete Wertungen, nicht um normative «Regeln».

523 Die Eigenart des systematischen Auslegungselementes besteht paradoxerweise darin, dass es sich im Regelfall gerade *nicht um Systematik handelt*. Die Rechtsordnung ist geprägt durch *punktuelle* Normen und Normengruppen, die von unterschiedlichen Rechtsetzern (Bund, Kantone; Verfassungsgeber, Gesetzgeber, Verordnungsgeber etc.) und zu verschiedenen Zeitpunkten erlassen wurden. Bei der systematischen Auslegung geht es also vor allem darum, Einwirkungen von Normen auf andere Normen sowie Wertungs- und Textwidersprüche aufzuspüren und im Sinne einer *angestrebten* Einheit der Rechtsordnung zu *harmonisieren*. In diesem Sinn wäre es sinnvoller, von einem *integrierenden* Auslegungselement zu sprechen.

524 Das von KONRAD HESSE für die Verfassungsauslegung entwickelte Prinzip *praktischer Konkordanz* (HESSE, Grundzüge, Rz. 70 ff.) gilt im Grunde genommen für die ganze Rechtsordnung: Normen sind so zu interpretieren, dass Widersprüche zu anderen Normen vermieden werden und dass alle geschützten Rechtsgüter Wirklichkeit gewinnen. Bei kollidierenden Rechtsgütern müssen optimierende Ergebnisse gesucht werden, damit beide zur Wirksamkeit gelangen können. Dies gilt sowohl im Verhältnis von Normen innerhalb der Verfassung und von Gesetzen wie auch zwischen Normen verschiedener Erlasse gleicher oder unterschiedlicher Stufen.

Dies schliesst nicht aus, dass einer Norm uU. der *Vorrang* gegenüber einer anderen Norm eingeräumt werden muss, etwa im Verhältnis von Bundesrecht und kantonalem Recht (dazu Rz. 743 ff.) oder wenn eine jüngere Bestimmung eine ältere «verdrängt». 525

Von grosser Bedeutung erscheinen die Ausprägungen des allgemeinen Grundsatzes, wonach rechtliche Bestimmungen *im Lichte höherstufiger Normen* auszulegen sind. Dazu zählen die Prinzipien der völkerrechts- und der verfassungskonformen Auslegung (vgl. nachstehend Rz. 548 ff.), aber auch das Gebot der bundesrechtskonformen Auslegung des kantonalen Rechts. Insbesondere müssen die *Einwirkungen des Verfassungsrechts auf alle Rechtsgebiete* in die Auslegung infrakonstitutionellen Rechts, auch des Privatrechts und des Strafrechts, einfliessen. 526

Für die *Verfassungsauslegung* gelten im *Grundsatz* keine anderen Gesichtspunkte: 527

Die Bestimmungen der BV sind *völkerrechtskonform* auszulegen, dh. in Übereinstimmung mit dem zwingenden Völkerrecht und dem übrigen für die Schweiz gültigen internationalen Recht, unabhängig von dessen landesinterner Rangstufe (Art. 5 Abs. 4, Art. 190 BV: Massgeblichkeit des Völkerrechts). Im Vordergrund steht dabei die EMRK; von wachsender Bedeutung sind zudem die von der Schweiz abgeschlossenen Staatsverträge mit der Europäischen Union (vgl. auch nachstehend Rz. 562 ff.). 528

Bei der Verfassungsauslegung wird dem Gesichtspunkt der *«Einheit der Verfassung»* oft ein besonderes Gewicht beigemessen. Richtig ist, dass die BV im Sinne der dargestellten «praktischen Konkordanz» zu konkretisieren ist. 529

> Fragen kann man sich allerdings, ob angesichts der konstituierenden Tragweite der Menschenwürde (Art. 7 BV), des grossen Stellenwerts von *Verfassungsprinzipien* und der Aufnahme *menschenrechtlicher Kerngehalte,* die dem zwingenden Völkerrecht zugehören, noch von einem Grundsatz der Gleichwertigkeit aller Verfassungsnormen («einerlei Verfassungsrecht») gesprochen werden kann. Beim Folterverbot (Art. 10 Abs. 3 BV) zB. gibt es nichts in praktischer Konkordanz «abzuwägen». Soweit zwingendes Völkerrecht im Verfassungsrecht seinen Niederschlag gefunden hat, muss es uE. den übrigen Verfassungsnormen ebenso vorgehen wie das nicht konstitutionalisierte zwingende Völkerrecht. 530

Da die Verfassungsreform 1999 vom recht erfolgreichen Anliegen getragen war, den Verfassungsstoff *systematisch* darzustellen sowie einheitliche und kohärente *Begriffe* zu verwenden, liegt es nahe, dem systematischen Auslegungselement deswegen eine wichtige Rolle beizumessen. 531

> Doch ist Vorsicht geboten. Abgesehen davon, dass mit jeder neuen Verfassungsrevision die Risiken der Inkongruenzen wachsen, ist auch beim totalrevidierten Text 1999 die Begriffswahl nicht durchwegs einheitlich und konsequent erfolgt; Bundeskompetenzen finden sich zB. nicht nur im entsprechenden Kapitel (Art. 54 ff. BV). Andere Zufälligkeiten und Unsicherheiten sind auf das aufwändige Reformverfahren zurückzuführen. Allein aus dem Standort einer Vorschrift können auch künftig kaum wesentliche Erkenntnisse gewonnen werden. 532

533 Schliesslich stellt die grosszügige Aufnahme von *Prinzipien* und *Grundsätzen* in den Verfassungstext die verfassungskonkretisierenden Organe vor das Problem, diesen normative Konturen zu verleihen und ihr Verhältnis zu den übrigen Verfassungsbestimmungen, insbesondere auch zu den Zielnormen und programmatischen Normen auszuloten.

534 Dabei kann teilweise auf die rechtstheoretische Prinzipiendiskussion zurückgegriffen werden. Zu berücksichtigen ist allerdings, dass die Bundesverfassung unterschiedliche «Prinzipien- oder Grundsatztypen» kennt (vgl. etwa die Grundsätze des öffentlichen Interesses und der Verhältnismässigkeit in Art. 5 Abs. 2 BV einerseits und das vielschichtige Nachhaltigkeitsprinzip in Art. 2 Abs. 2 und 4, Art. 73 und 126 Abs. 1 BV anderseits). Prinzipien und Grundsätze sind mit ihrer Textualisierung zum Gegenstand (und zur Herausforderung) der Verfassungsinterpretation geworden.

535 Zum systematischen Element kann auch die immer wichtiger werdende *Verfassungs- und Rechtsvergleichung* gezählt werden. Auch die Schweiz nimmt, wenn auch in begrenztem Rahmen, Teil an der Herausbildung eines «gemeineuropäischen Verfassungsrechts» (PETER HÄBERLE). Der Vergleich mit anderen Ausprägungen rechtsstaatlich-demokratischer Verfassungsstaatlichkeit kann die Konkretisierung des eigenen Verfassungsrechts befruchten und anleiten, sie ist eine «Quelle der Inspiration» (WALTER HALLER).

6. Lückenfüllung?

536 In der Methodenlehre nimmt die Kategorie der *Gesetzeslücke* einen grossen Stellenwert ein. Als Lücke wird im Allgemeinen eine sog. *planwidrige Unvollständigkeit des Gesetzes* bezeichnet: Dem Rechtsanwender fehlt eine Regelung im Gesetz, sodass sich diesem keine Antwort auf eine sich stellende Rechtsfrage entnehmen lässt. Im Zusammenhang mit der Verfassungsauslegung ist eine nähere Auseinandersetzung mit der ohnehin fraglichen Konstruktion von Lücken entbehrlich.

537 Ob eine Lücke vorliegt, *entscheidet* der Interpret auf dem Weg der Auslegung. Eine *ihm* fehlende Anordnung kann auf ein sog. *qualifiziertes Schweigen* des Rechtsetzers zurückzuführen sein, sodass gar keine Lücke vorliegt. Letztlich ist der Lückenbegriff *textbezogen*. Mit der Relativierung der Tragweite des Textes allein zerfliessen auch die Grenzen zwischen Auslegung und Lückenfüllung.

538 Wohl ist es denkbar, dass im Prozess der Verfassungskonkretisierung durch die Praxis Regeln entwickelt werden müssen, weil der *Verfassungstext* zu eng oder unvollständig erscheint. Doch ist hierzu ein Rückgriff auf die vor allem in der privatrechtlichen Methodenlehre verwendete Lückenkonstruktion nicht notwendig.

539 Dem Gebot der integralen Auslegung folgend können Regeln gestützt auf die in der BV selbst enthaltenen *Wertentscheidungen und verfassungsgestaltenden Prinzipien* gebildet werden. So kann etwa Art. 7 BV (Menschenwürde) den Richter ermächtigen, nötigenfalls neue ungeschriebene Grundrechte zu «anerkennen». Textliche Unklarheiten im organisatorischen Bereich lassen sich im Lichte des Demokratieprinzips und des Grundsatzes der Gewaltengliederung durch die Praxis beseitigen. Bei den Bundeskompetenzen sind aufgrund von

Art. 3 und 42 Abs. 1 BV ohnehin keine Lücken «zulässig»; sog. stillschweigende Bundeskompetenzen (vgl. Rz. 720f.) müssen sich auf geschriebene Verfassungsnormen abstützen lassen.

Gerade die richterrechtliche Fortbildung der aBV zeigt die *Problematik der Lückenkonstruktion* auf. Das Bundesgericht hat zB. im Bereich der Grundrechte zwei unterschiedliche methodische Wege beschritten: Es hat einerseits materielle ungeschriebene Grundrechte anerkannt, anderseits aber Verfahrensgrundrechte aus Art. 4 aBV abgeleitet. Beide Wege waren Spielarten der Konkretisierung, die nicht an die Annahme einer Lücke anknüpften. 540

Zuweilen hat das Bundesgericht (unechte) Lücken bei Bundesgesetzen anerkannt, weil sie in ihren konkreten Auswirkungen ohne richterliche «Korrektur» zu schlechthin unhaltbaren Ergebnissen geführt hätten (vgl. nachstehend Rz. 560f.). Im Grunde genommen hat es sich dabei unausgesprochen auf das verfassungsrechtliche Willkürverbot abgestützt. 541

d. Zum Auslegungsvorgang

Auslegung geschieht im Rahmen der Rechtsanwendung. Da das Recht insgesamt daraufhin zu befragen ist, ob es für den situativen Anwendungsfall relevante Vorschriften enthält, stellt sich das Problem, *wie* die massgeblichen Rechtssätze «gefunden» werden können. 542

Dieser «Suchprozess» ist einerseits vom *Vorverständnis* des Interpreten geleitet. Ausgehend von der Anwendungssituation, bei der Streiterledigung vom rechtlich zu beurteilenden Sachverhalt, sucht sich der Anwender die passenden, auszulegenden Normen gestützt auf seine Erfahrung «zusammen». Anderseits lässt sich der in casu relevante Sachverhalt als Ausschnitt aus der Lebenswirklichkeit erst genau definieren, wenn die Normen bekannt und durch Auslegung ihre inhaltliche Vollendung gefunden haben. Der Vorgang der Rechtsanwendung wird so geprägt von einem *«Hin- und Herwandern des Blicks»* (KARL ENGISCH) zwischen Lebenssachverhalt und den Rechtsnormen. 543

In diesem abwägenden Prozess der wechselseitigen Zuordnung von auslegungsbedürftigen und zu integrierenden Normen einerseits und dem herauszuschälenden Sachverhalt liegt die *Kunst* der Rechtsanwendung. Der anschliessende *Syllogismus,* die Subsumtion eines so herausdestillierten Sachverhaltes unter den im Auslegungsvorgang gefundenen und geschaffenen Tatbestand, stellt nicht das eigentliche Problem dar. 544

In der Praxis kommt der *konkretisierenden Vorarbeit* von rechtsanwendenden Organen und der Wissenschaft ein erhebliches Gewicht zu. Der Interpret wird sich vorerst an einer herrschenden Praxis, vor allem der Praxis des Bundesgerichts, aber auch Urteilen anderer, zB. ausländischer Gerichte, orientieren und dogmatische Standpunkte der Lehre beiziehen, die ihn auf seinem Auslegungsgang begleiten. IdR. kann so der Interpret auf Erwägungen zurückgreifen, die er berücksichtigen, beurteilen, übernehmen oder aber auch verwerfen kann. 545

Auslegung ist damit oft nicht originäres Geschäft, sondern *Weiterentwicklung vorgedachter Konkretisierungstätigkeit.* Dieser Aspekt geht in den herkömmli- 546 chen Methodikdarstellungen oft vergessen. Auslegung ist *nicht nur* eine gedankliche Einzelleistung, sondern auch ein *kooperativer*, in Phasen gegliederter *Lernprozess*. Dieser dynamische, aber auch stabilisierende Vorgang stellt den Interpreten in einen Diskurs, der in der Demokratie auch ein *öffentlicher* Prozess sein muss. Denn wo für Andere entschieden wird, bedarf es der Legitimation.

547 Bei der *Verfassungsauslegung* ist dies offensichtlich, wenn auch wissenschaftlich noch nicht ausgelotet. Nicht nur der Gesetzgeber, auch Bundesgericht und Verwaltungsinstanzen sind in einen «offenen Kreis der Verfassungsinterpreten» (PETER HÄBERLE) eingeschaltet, haben die Wege ihrer Entscheidfindung weitmöglichst offenzulegen und die Ergebnisse rational zu begründen. Nur so stellen sie sich einer dialogisch angelegten Kritik, die für eine Demokratie konstituierend erscheint.

IV. Verfassungs- und völkerrechtskonforme Auslegung

a. Verfassungskonforme Auslegung

1. Inhalt und Bedeutung

548 Dem Grundsatz integraler Auslegung entsprechend ist *infrakonstitutionelles Recht im Lichte des Verfassungsrechts auszulegen* (BGE 128 V 20, 24 f.; 125 I 369, 374). Die Anwendung von Gesetzen und Verordnungen des Bundes wie der Kantone hat so zu erfolgen, dass die Normen der Bundesverfassung, vor allem ihre Wertentscheidungen, optimal zur Wirkung gelangen können.

549 Das Gebot der verfassungskonformen Auslegung gilt für *alle Bereiche des Rechts*, also für öffentliches Recht, Privatrecht und Strafrecht. Es ist Bestandteil des sog. systematischen (besser: integrierenden; vgl. vorne Rz. 520 ff.) Auslegungselements.

550 Von besonderer (aber nicht ausschliesslicher) Relevanz erscheint die verfassungskonforme Auslegung bei *unbestimmten Begriffen*, Ermessenstatbeständen und Generalklauseln (zB. bei «Kann-Vorschriften» oder wenn ein staatliches Handeln von einem «Bedürfnis» oder vom Vorliegen «triftiger Gründe» abhängig gemacht wird; vgl. zB. BGE 97 I 293, 299). Hier muss die Auslegung zu einem Ergebnis führen, welches dem Verfassungsrecht am besten entspricht.

551 Zusätzlich kommt nach HÄFELIN/HALLER/KELLER, Rz. 155, und dem Bundesgericht (BGE 131 II 697) die verfassungskonforme Auslegung erst dann zum Zug, wenn verschiedene Auslegungselemente zu einem unterschiedlichen Ergebnis führen. Nach der hier vertretenen Auffassung sind jedoch die *Verfassungsgehalte von Anfang an in den Auslegungsvorgang* einzubeziehen, nicht erst zur Entscheidung über mehrere «mögliche» Auslegungsergebnisse.

552 Einen besonders wichtigen Anwendungsfall der verfassungskonformen Auslegung stellt die *grundrechtskonforme Auslegung* dar. Gemäss Art. 35 Abs. 1 BV müssen die Grundrechte in der ganzen Rechtsordnung zur Geltung kommen, und nach Abs. 2 sind alle Träger von staatlichen Aufgaben an die Grundrechte gebunden und verpflichtet, zur Grundrechtsverwirklichung beizutragen. Hier hat das Gebot der

grundrechtskonformen Auslegung nicht nur seine verfassungsrechtliche Abstützung gefunden; es richtet sich klarerweise auch an die Rechtsanwender, insbesondere an die *Justiz*.

> Grundrechtsgehalte sind deshalb auch vom *Zivil- und Strafrichter* bei der Auslegung offener Normbestandteile des Zivil- resp. Strafrechts in Anschlag zu bringen. Von besonderer Bedeutung erscheinen etwa Art. 27 f. ZGB (Persönlichkeitsschutz) und Art. 173 ff. StGB (Ehrverletzungsdelikte). 553

Die grundrechtskonforme Auslegung von *Staatsverträgen* muss im Einklang mit 554
dem Völkervertragsrecht geschehen. Entsprechend lässt das BGer die grundrechtskonforme Auslegung nur zu, wenn entweder die Vertragspartei des fraglichen Abkommens jene Konventionen ratifiziert hat, an welchen das BGer den in Frage stehenden Vertrag misst (üblicherweise die EMRK sowie den UNO-Pakt II), oder wenn der fragliche Vertrag eine «ordre-public»-Klausel enthält. Hierbei handelt es sich um eine Klausel, welche es einem Vertragsstaat erlaubt, Vertragsklauseln nicht anzuwenden, wenn andernfalls eine Verletzung fundamentaler Prinzipien der eigenen Rechtsordnung die Folge wäre (vgl. BGE 131 III 182, 185; 129 III 250, 255; 126 II 324, 327 sowie die Praxis des EGMR zu Art. 3 EMRK; Soering c. Grossbritannien, Ser. A, Nr. 161).

2. Funktionen

Gelegentlich werden dem Grundsatz der verfassungskonformen Auslegung zwei 555
Funktionen zugewiesen: eine *harmonisierende* und eine *normerhaltende* Funktion. Erstere sei Ausfluss des Vorrangs der Verfassung und der Einheit der Rechtsordnung. Letztere ermögliche es dem Gericht, im Rahmen eines Normkontrollverfahrens eine Norm nicht aufzuheben, wenn ihr «nach anerkannten Auslegungsregeln ein Sinn beigemessen werden kann, der sie mit den angerufenen Verfassungsgarantien vereinbar erscheinen lässt» (BGE 133 I 286, 295f.; 122 I 18, 20). Das Bundesgericht hat diese Praxis bei der Behandlung Staatsrechtlicher Beschwerden gegen kantonale Erlasse entwickelt.

Es fragt sich allerdings, ob es bei der verfassungskonformen Auslegung um 556
Normerhaltung gehen kann. Die hier angesprochene Problematik ergibt sich vielmehr aus der besonderen Auslegungssituation bei der *abstrakten Überprüfung von Normen auf ihre Verfassungsmässigkeit* hin.

> Das Problem der abstrakten Normenkontrolle besteht darin, dass die Rechtmässigkeit der Norm ohne konkrete Anwendungsfälle beurteilt werden muss. Dem Richter obliegt deshalb die uU. schwierige Aufgabe, mögliche Anwendungssituationen mit ihrem Wirklichkeitsbezug gedanklich vorwegzunehmen. 557

Dabei stellt sich dem Gericht eine doppelte Aufgabe: Es hat einmal zu beurteilen, 558
ob die fragliche Norm *künftig* so ausgelegt werden *kann*, dass das Ergebnis im Rahmen der Verfassung verbleibt. Dann hat es auch in Rechnung zu stellen, ob angesichts der *konkreten Vollzugssituation* die verfassungskonforme Anwendung nicht nur möglich, sondern auch realistisch und *wahrscheinlich* erscheint (vgl. BGE 130

1. Teil: Grundlagen

I 82, 86; 125 I 65, 67; 125 I 369, 374; 106 Ia 136, 138). Fehlt es an einer dieser Voraussetzungen, so ist die Norm aufzuheben und nicht zu «erhalten».

559 Es gehört zur Eigenheit der abstrakten Normenkontrolle, dass sich trotz präventiver Überprüfung in späteren Anwendungssituationen eine Verfassungswidrigkeit ergeben kann. Die Bescheinigung der Verfassungskonformität eines Erlasses ist demnach immer nur eine vorläufige, bedingte. Deshalb kann in einem späteren Anwendungsfall trotzdem geltend gemacht werden, die Norm verstosse gegen die BV (BGE 125 I 222, 235; 118 Ia 305, 309 f.). Leider verschliesst sich das Bundesgericht bei den durch die Bundesversammlung gewährleisteten Kantonsverfassungen dieser Einsicht immer noch (vgl. Rz. 925 f.).

3. Grenzen

560 Die verfassungskonforme Auslegung stösst dort an ihre funktionell-rechtlichen Grenzen, wo eine Norm nach ihrem ermittelten Sinngehalt eindeutig die Verfassung verletzt (BGE 131 II 697, 703; 128 V 20, 24; 123 I 112, 116 f.). Eine Auslegung im Lichte des Verfassungsrechts kann nicht dazu führen, dass Normen aufrechterhalten werden, obwohl sie gegen die Verfassung verstossen. Insbesondere ist es dem Richter in einem solchen Fall verwehrt, eine verfassungswidrige Norm richterrechtlich zu «berichtigen», ihr also einen Sinn beizumessen, der vom Sinngehalt des Gesetzes nicht gedeckt wird.

561 Dass Bundesgesetze gemäss Art. 190 BV für alle rechtsanwendenden Organe «massgeblich», also anzuwenden sind (vgl. dazu Rz. 2857 ff.), stellt keine Einschränkung des Gebots der verfassungskonformen Auslegung dar (BGE 129 II 249, 263; 123 II 9, 11; 111 Ia 292, 297). Im Gegenteil gebietet dieses Anwendungsgebot bei Bundesgesetzen, dass die im Rahmen der verfassungskonformen Auslegung liegenden Möglichkeiten ausgeschöpft werden. Die Frage stellt sich sogar, ob Art. 190 BV in der Praxis nicht dazu geführt hat, dass Bundesgesetze in recht «grosszügigem» Umfang verfassungskonform interpretiert worden sind, auch wenn dies nicht unter dieser Bezeichnung erfolgt ist (vielmehr etwa unter Annahme einer – unechten – Lücke oder von Verfassungsgrundsätzen (wie das Gebot der Gleichbehandlung im Unrecht, das Rückwirkungsverbot oder der Vertrauensschutz; vgl. etwa BGE 101 V 184, 190; 122 V 85, 98; 61 II 95, 98 und RENÉ RHINOW, Überprüfung der Verfassungsmässigkeit von Bundesgesetzen – ja oder nein?, in: Schriftenreihe des Schweizerischen Anwaltsverbandes, Bd. 3, Zürich, 1988, 35 ff.).

b. Völkerrechtskonforme Auslegung

562 Das gesamte Landesrecht ist im Lichte des für die Schweiz gültigen Völkerrechts, namentlich auch des Staatsvertragsrechts, auszulegen (vgl. etwa BGE 125 II 417, 424; 123 IV 236, 248; 118 IV 221, 224; VPB 1995 Nr. 25). Zum Landesrecht gehört auch das Verfassungsrecht des Bundes und der Kantone. Dieses Gebot ergibt sich aus Art. 5 Abs. 4 BV, dem Grundsatz der integralen Auslegung und der Einheit der Rechtsordnung sowie auch aus Art. 27 der Wiener Vertragsrechtskonvention.

Da die Bundesverfassung auch für die Schweiz geltendes Völkerrecht konstitutionalisiert, namentlich im Grundrechtsbereich, drängt es sich auf, die Auslegung und Konkretisierung der *Grundrechte* im Lichte internationaler Verbürgungen und der hierzu entwickelten Lehre und Praxis vorzunehmen. Dies gilt vor allem auch bei Staatsvertragsbestimmungen, die nicht direkt anwendbar sind, aber auf dem Weg der richterlichen Konkretisierung «nationaler» Grundrechtsgewährleistungen zur Entfaltung gelangen. 563

Von besonderer Bedeutung erweist sich die *EMRK-konforme Auslegung*, und dies sowohl bei der Konkretisierung der Grundrechte der BV (vgl. etwa BGE 122 II 464, 466) als auch bei der Anwendung von Gesetzen (vgl. etwa BGE 128 IV 201, 205; BGE 118 IV 221, 224). 564

Eine völkerrechtskonforme Auslegung ist unstatthaft, wenn der Sinngehalt einer landesrechtlichen Norm eindeutig gegen Völkerrecht verstösst (vgl. etwa BGE 125 II 417, 424). Dann liegt ein Normenkonflikt vor, der nach den für das Verhältnis von Landesrecht und Völkerrecht geltenden Kollisionsregeln zu lösen ist (vgl. dazu Rz. 3615 ff.). 565

Ein Konflikt zwischen einer Norm des nationalen Rechts und verbindlichen staatsvertraglichen Regelungen ist «unter Rückgriff auf die allgemein anerkannten Grundsätze des Völkerrechts zu lösen ..., die für die Schweiz als Völkergewohnheitsrecht verbindlich sind und zugleich geltendes Staatsvertragsrecht darstellen» (BGE 125 II 417, 424). 566

Zweiter Teil
Bundesstaat

§ 5 Die Schweiz als vielfältiger, dreistufiger Bundesstaat

Literatur

ABDEHALDEN URSULA, Die Kompetenzen von Bund und Kantonen in der Aussenpolitik, in: Hänni Peter (Hrsg.), Schweizerischer Föderalismus und europäische Integration, Zürich 2000, 49 ff.; AEMISEGGER HEINZ/JOMINI ANDRÉ, Der Föderalismus in der Rechtsprechung des Bundesgerichts, im Tagungsband der 1. Nationalen Föderalismuskonferenz, Fribourg/ Freiburg 2005, 173 ff.; AUER/MALINVERNI/HOTTELIER II, Rz. 39–322; BIAGGINI GIOVANNI, Föderalismus im Wandel – das Beispiel des schweizerischen Bundesstaates, in: (österreichische) Zeitschrift für öffentliches Recht (ZÖR) 2002, 359 ff.; BORGHI, in: Verfassungsrecht der Schweiz, § 37; FLEINER/MISIC, in: Verfassungsrecht der Schweiz, § 27; HÄFELIN/HALLER/KELLER, § 32–34; HÄNNI PETER (Hrsg.), Schweizerischer Föderalismus und europäische Integration – die Rolle der Kantone in einem sich wandelnden internationalen Kontext, Zürich 2000; IMBODEN MAX, Die staatsrechtliche Problematik des schweizerischen Föderalismus, ZSR 1955, 309 ff.; JAAG, in: Verfassungsrecht der Schweiz, § 30; KLEY ANDREAS, Bundeskompetenzen mit ursprünglich derogatorischer Wirkung aus historischer Perspektive, recht 1999, 189 ff.; KNAPP, in: Verfassungsrecht der Schweiz, § 29 (zit. Kompetenzverteilung); KOLLER HEINRICH, Subsidiarität als Verfassungsprinzip, in: FS Yvo Hangartner, St. Gallen 1998, 675 ff.; KÖLZ ALFRED, Bundestreue als Verfassungsprinzip?, ZBl 1980, 168 ff.; MÜLLER JÖRG PAUL, Wandel des Souveränitätsbegriffs im Lichte der Grundrechte – dargestellt am Beispiel von Einwirkungen des internationalen Menschenrechtsschutzes auf die schweizerische Rechtsordnung, in: Rhinow René/Breitenmoser Stephan/Ehrenzeller Bernhard, Fragen des internationalen Menschenrechtsschutzes, Basel 1997, 45 ff. (zit. Wandel); PERNTHALER PETER, Allgemeine Staatslehre und Verfassungslehre, 2. Aufl., Wien/ New York 1996, 14 ff.; RHINOW RENÉ, Bundesstaatsreform und Demokratie. Der schweizerische Föderalismus aus politischer Sicht, in: Frey René L. (Hrsg.), Föderalismus – zukunftstauglich?!, Zürich 2005, 63 ff.; DERS., Die Zukunft Europas im Spannungsfeld von Integration und Föderalismus, in: Recht, Staat und Politik am Ende des zweiten Jahrtausends: FS zum 60. Geburtstag von Bundesrat Arnold Koller, Bern 1993, 769 ff.; SCHODER CHARLOTTE, Vom Minderheitenschutz zum Schutz verwundbarer Gruppen, Zürich 1999; SCHWEIZER RAINER J., Die neue Bundesverfassung: die revidierte Bundesstaatsverfassung, AJP 1999, 666 ff. (zit. Bundesstaatsverfassung); DERS., in: Verfassungsrecht der Schweiz, § 10 (zit. Homogenität); TSCHANNEN, Staatsrecht, § 15–17.

I. Föderalismus und Bundesstaat

a. Föderalismus

Föderalismus nennt man jenes Gliederungsprinzip, nach dem eine Organisation 567
oder politische Gemeinschaft in Teilsysteme oder Untereinheiten (Glieder) unterteilt, diesen grösstmögliche Autonomie und ein substantieller Handlungsspielraum eingeräumt sowie die Möglichkeit verliehen wird, am Willensbildungsprozess der oberen Einheit teilzunehmen. So erlaubt der Föderalismus den Zusammenschluss von autonomen Gruppen zu einer grösseren, durch gemeinsame Ziele verbundenen Einheit. Föderalistisch können nicht nur Staaten, sondern auch andere gesellschaft-

liche Organisationen sein. Dem Föderalismus gegenüber steht der *Zentralismus*, der den Staat als unteilbare Einheit, ohne eigenständige Landesteile, aber mit einem zentral gelenkten Staatsapparat auffasst.

568 Dem Föderalismus kommen im staatlichen Bereich vor allem folgende Funktionen zu: Er ermöglicht *«Einheit in der Vielfalt»* und schafft die Voraussetzung für eine friedliche Koexistenz verschiedener «Völker», Sprachen, Kulturen, Religionsgemeinschaften und «Mentalitäten» in einem Staatswesen. So kann es gelingen, eine historisch gewachsene Vielfalt zu erhalten. Er stellt eine elementare Voraussetzung für die Bewahrung von Kultur und Identität von *Minderheiten* dar, indem er einzelnen Volksgruppen und Landesteilen Autonomie einräumt und Mitwirkungsrechte verleiht. Im föderalistischen Staat wird die Staatsgewalt zwischen Bund und Gliedstaaten aufgeteilt, sodass zur horizontalen Gewaltenteilung eine *vertikale* hinzutritt. Und schliesslich schafft der Föderalismus überschaubare Räume und damit bessere Chancen für eine bürgernahe Staatstätigkeit.

569 Risiken des Föderalismus können sein: Einbrüche in die integrale Geltung des Rechtsgleichheitsgebots (vgl. etwa BGE 91 I 480, 491, wo klar festgehalten wird, dass unterschiedliches kantonales Recht dem Gleichheitssatz vorgeht), Abweichungen vom Demokratieprinzip (weil eine Mehrheit der Gliedstaaten einem Volkmehr vorgehen kann), die potentielle Überforderung von kleineren Gliedstaaten, aber auch die Macht grosser Gliedstaaten auf Bundesebene, das tendenziell zunehmende Auseinanderfallen von politischen Räumen und Lebensräumen, unklare Verantwortlichkeiten wegen sich überlappender Zuständigkeiten, die eingeschränkte Transparenz sowie die «Kosten» von langwierigen Konsensverfahren und Doppelspurigkeiten mit Ineffizienzfolgen.

b. **Bundesstaat**

570 Beim Bundesstaat handelt es sich um eine föderalistische Staatsform, die typologisch zwischen Einheitsstaat und Staatenbund einzuordnen ist. Die unter dem Oberbegriff des Bundesstaates zusammengefassten Staatenverbindungen sind jedoch in der Staatenwirklichkeit so vielfältig, dass es schwierig ist, den Bundesstaat abstrakt und ohne Ansehen eines konkreten Staatswesens zu definieren.

571 Vom *Staatenbund* unterscheidet er sich dadurch, dass er nicht durch einen völkerrechtlichen Vertrag, sondern durch eine Verfassung zusammengehalten wird. Beschlüsse über Änderungen dieser Verfassung werden nicht – wie im Staatenbund – einstimmig gefällt, sondern mittels Mehrheitsbeschluss. Zudem besteht in einem Bundesstaat kein oder nur ein sehr beschränktes Austrittsrecht der Gliedstaaten.

572 Vor 1798 und von 1815–1848 war die Schweiz als Staatenbund organisiert. Die Meinungen gehen auseinander, ob die Schweiz zwischen 1803 und 1815 Staatenbund oder Bundesstaat war. Seit 1848 ist sie ein Bundesstaat.

573 Schwieriger erweist sich die Abgrenzung des Bundesstaates vom *Einheitsstaat*, in dem grundsätzlich die Staatsgewalt von Organen des Zentralstaates wahrgenommen wird. Zwar teilt auch der Einheitsstaat sein Territorium idR. in untergeordnete Einheiten auf, doch kommt diesen vor allem die Bedeutung von Ver-

waltungseinheiten zu. Dezentralisierte Einheitsstaaten räumen den Gliedstaaten indessen auch wesentliche Kompetenzen ein, sodass nicht das Ausmass der gliedstaatlichen Kompetenzen, sondern die Beteiligung der Gliedstaaten an der Willensbildung des Bundes als Unterscheidungskriterium herangezogen wird.

Am Beispiel der *Europäischen Union* lässt sich erkennen, dass politische Gemeinwesen und internationale Organisationen nicht in die Dichotomie von Bundesstaat und Staatenbund gepresst werden dürfen. Auch wenn sich die EU mit der Intensivierung der europäischen Integration einem Bundesstaat annähert und gewisse bundesstaatliche Elemente enthält, stellt sie keinen eigentlichen Bundesstaat dar. 574

In vielen Staaten ist gegenwärtig eine *Tendenz zu föderalen, dezentralen oder regionalen Ordnungen* feststellbar, so etwa in Belgien, Italien, Spanien, Grossbritannien und Frankreich. 575

II. Föderalistische, plurikulturelle Eidgenossenschaft

a. Vielfalt und Zusammenhalt

Die Schweiz als vielfältiges «Land der Minderheiten» ist nicht nur bundesstaatlich strukturiert. Sie ist ein spezifisch föderalistisches Gebilde, das durch ein Spannungsfeld von Autonomie seiner Teile und deren permanenter Integration durch einen überlieferten (eid)genossenschaftlichen Grundzug und das Prinzip der Subsidiarität gezeichnet wird. Ihre Pluralität bildet sich nicht nur auf der Ebene der staatlichen Körperschaften ab, sondern betrifft auch Sprach-, Kultur- und Religionsgemeinschaften, Städte, Agglomerationen und Landgebiete, Mittelland, Berg- und Grenzgebiete. 576

Von grosser Bedeutung für die «Schweiz als paradigmatischer Fall politischer Integration» (KARL DEUTSCH) erscheint, dass sich diese vielfältigen Gebilde mehrfach überlappen; Sprachgemeinschaften und Kantonsgrenzen decken sich nicht, und auch die Sprachregionen bilden in sich keine homogenen Gebilde. Jedem Kanton sind historisch-kulturelle Besonderheiten eigen. Der schweizerische Föderalismus beruht auf einer «amour de la complexité» (DENIS DE ROUGEMONT). 577

Die Bundesverfassung legt grosses Gewicht auf den Willen und die Notwendigkeit, diese «Vielfalt in der Einheit» (so die Präambel), die «kulturelle Vielfalt des Landes» (Art. 2 Abs. 2 BV) zu leben, zu erneuern und zu fördern, dabei aber auch zum «inneren Zusammenhalt» Sorge zu tragen. Diese Bekenntnisse zur Vielfalt in Präambel und Zweckartikel können in juristischer Hinsicht vor allem auch als Auslegungsrichtlinie dienen. 578

Die Schweiz wird als *Willensnation* gekennzeichnet, weil ihr Zusammenhalt nicht auf einer gemeinsamen Kultur beruht, sondern auf einer langen gemeinsamen Geschichte (die Kantone existierten mit Ausnahme des Kantons Jura (1978) vor der Gründung des Bundesstaates) sowie dem sich immer wieder aktualisierenden Willen, eine «Nation», und das heisst in der Schweiz: einen gemeinsamen *Bund*, zu bilden. Doch ist es nicht in erster Linie das «Plébiscite de 579 tous les jours» (Ernest Renan), sondern die *Verfassung* mit ihren Institutionen («Nationalrat», «Nationalbank», «Nationalstrassen», aber auch «Bundesversammlung», «Bundesrat», «Bundesgericht», «Bundesverwaltung» etc.) und demokratischen Prozeduren, welche zur nationalen Integration beiträgt und die Schweiz als Nation und gemeinsamen Bund im Bewusstsein des Volkes hält.

580 Vor diesem Hintergrund ist es auch naheliegend, dass die Bundesverfassung der Kultur und dem Sprachenrecht eine besondere Bedeutung beimisst.

b. Kultur und Sprachenrecht

1. Sprachenrecht

Literatur

BURRI THOMAS/MACLAREN MALCOLM, Neuere Entwicklungen und andauernde Herausforderungen in der Sprachenpolitik, in: Jusletter 5. November 2007; BORGHI MARCO, Landessprachen und Amtssprachen, in: Verfassungsrecht der Schweiz, § 37; KÄGI-DIENER REGULA, in: St. Galler Kommentar, Art. 70; RASCHÈR ANDREA/FISCHER YVES, Kultur und Wirtschaft im Gleichgewicht: Die UNESCO-Konvention über den Schutz und die Förderung der Vielfalt kultureller Ausdrucksformen, AJP 2006, 813 ff.; RICHTER DAGMAR, Sprachenordnung und Minderheitenschutz im schweizerischen Bundesstaat, München 2005; SALVODELLI MARCO, Die Amtssprachenregelung nach dem neuen Sprachengesetz des Bundes: ihre Bedeutung für das öffentliche Prozessrecht, ZBl 2008, 478 ff.; WYSS MARTIN PHILIPP, Das Sprachenrecht in der Schweiz nach der Revision von Art. 116 BV, ZSR 1997 I, 141 ff.

581 Die *Sprachenregelung* erfolgt an drei Stellen: In Art. 4 BV, im Rahmen des 1. Titels «Allgemeinen Bestimmungen», werden Deutsch, Französisch, Italienisch und Rätoromanisch als die vier Landessprachen bezeichnet. Im (2.) Kapitel (des 3. Titels der BV) über die *Zuständigkeiten des Bundes* wird den Sprachen ein eigener Artikel gewidmet (Art. 70 BV). Neben der Festlegung der Amtssprachen des Bundes (Deutsch, Französisch und Italienisch, im Verkehr mit Personen rätoromanischer Sprache auch das Rätoromanische; Abs. 1) und der Förderung der Verständigung und des Austausches zwischen den Sprachgemeinschaften (Abs. 3) wird in Abs. 2 auch das *Territorialitätsprinzip* verankert: Gemäss Art. 70 Abs. 2 BV bestimmen die Kantone ihre Amtssprachen. Sie haben dabei aber sowohl auf die herkömmliche sprachliche Zusammensetzung der Gebiete zu achten als auch auf die angestammten sprachlichen Minderheiten Rücksicht zu nehmen. Das Grundrecht der *Sprachenfreiheit* (Art. 18 BV) kann durch das Territorialitätsprinzip eingeschränkt werden, wobei solche Beschränkungen die Rechte sprachlicher Minderheiten ebenso respektieren müssen wie den Schutz bedrohter Sprachen. Wenn ein Zielkonflikt vorliegt – was in vielen praktischen Fällen vorkommt – sind die einander gegenüberstehenden Interessen abzuwägen.

582 Die schweizerische Wohnbevölkerung teilt sich gemäss letzter Volkszählung von 2000 wie folgt auf die Hauptsprachen auf: Deutsch 63,7 %, Französisch 20,4 %, Italienisch 6,5 %, Rätoromanisch 0,5 % und Sonstige 9 %. Von den Schweizer Bürgerinnen und Bürgern sprechen als Erstsprache 72,5 % Deutsch, 21 % Französisch, 4,3 % Italienisch und 0,6 % Rätoromanisch (einsehbar unter

http://www.bfs.admin.ch/bfs/portal/de/index/dienstleistungen/forumschule/them/02/03b.html).

Mit dem neuen Bundesgesetz über die Landesprachen und die Verständigung zwischen den Sprachgemeinschaften (Sprachengesetz vom 5. Oktober 2007, SpG) wird versucht, Art. 70 BV zu konkretisieren und auf neue sprachpolitische Herausforderungen, wie Probleme der Minderheitssprachen, die verständigungspolitische Bedeutung der Sprachenpolitik für die mehrsprachige Schweiz, die wachsende Beliebtheit des Englischen sowie die starke Präsenz der Sprachen der Migrantinnen, zu reagieren. Das Gesetz sieht ua. eine Reihe konkreter Massnahmen zur Förderung der individuellen und gesellschaftlichen Mehrsprachigkeit vor und regelt die Unterstützung der mehrsprachigen Kantone bei der Erfüllung ihrer besonderen Aufgaben nach Art. 70 Abs. 4 BV (BBl 2006, 9035). Es ist vorgesehen, das verabschiedete Gesetz auf den 1. Januar 2010 in Kraft zu setzen. 583

> Kontrovers beurteilt wurde die Frage, ob als erste Fremdsprache in der Primarschule Englisch oder eine der Landessprachen gewählt werden soll. In dem im März 2004 von der Konferenz der kantonalen Erziehungsdirektoren (EDK) beschlossenen Modell «3/5» wird das frühe Erlernen von Fremdsprachen auf Primarschulstufe propagiert. Danach soll die Einführung einer ersten Fremdsprache im 3. und einer zweiten im 5. Schuljahr erfolgen, wobei die Kantone autonom festlegen, welche Sprache als Erste unterrichtet wird. Bis Ende der obligatorischen Schulzeit sollen in beiden Sprachen vergleichbare Kompetenzen erreicht werden. Das neue Sprachengesetz folgt diesem Modell, indem sich Bund und Kantone für einen Fremdsprachenunterricht einsetzen, «der nach der obligatorischen Schulpflicht Sprachkompetenzen in mindestens einer zweiten Landessprache und einer weiteren Fremdsprache gewährleistet». 584

2. Kulturartikel

Im Kulturartikel (Art. 69 BV) erfolgt der Schutz der Vielfalt in erster Linie durch eine Beschränkung der Bundeskompetenzen auf Förderungsaufgaben sowie durch eine prinzipielle Zuständigkeit der Kantone im Kulturbereich. Zusätzlich wird der Bund verpflichtet, bei der Erfüllung seiner Aufgaben auf die kulturelle und sprachliche Vielfalt des Landes Rücksicht zu nehmen. 585

> Artikel 69 BV soll durch ein neues Kulturförderungsgesetz (KFG; Botschaft vom 8.6.07, BBl 2007, 4819) und durch ein totalrevidiertes Bundesgesetz über die Stiftung Pro Helvetia (Pro-Helvetia-Gesetz; PHG; Botschaft vom 8.6.07, BBl 2007, 4857) umgesetzt werden. Beim Kulturförderungsgesetz handelt es sich um ein Rahmengesetz, das eng mit dem Pro-Helvetia-Gesetz und mit dem ebenfalls neuen Bundesgesetz über die Museen und Sammlungen des Bundes (Museums- und Sammlungsgesetz, MSG; Botschaft vom 21.9.2007, BBl 2007, 6829) verflochten ist. Alle drei Vorlagen stehen zZt. (Winter 2008/09) in der parlamentarischen Beratung. 586

c. Minderheitenschutz

587 Prüfstein aller Bekenntnisse zur Vielfalt bilden Instrumente und Verfahren eines effektiven Minderheitenschutzes. Zwar enthält die geltende Verfassung keine entsprechende spezifische Regelung, sie nimmt das Anliegen aber an zahlreichen Stellen auf.

588 Zunächst erfüllen Föderalismus und *Bundesstaatlichkeit,* vor allem mit den Geboten der Subsidiarität und Solidarität, mit dem Schutz kantonaler Autonomie und mit den Mitwirkungsmöglichkeiten der Stände auf Bundesebene, wesentliche Anliegen des Minderheitenschutzes.

589 Die Mitwirkung der Kantone an der Willensbildung auf Bundesebene (Art. 45 und Art. 55 BV) ist ebenso ein Instrument des Minderheitenschutzes wie die Kompetenz der Kantone zur Umsetzung des Bundesrechts (Art. 46 BV) oder das Ständemehr (Art. 140 BV).

590 Den *Grundrechten* kommt im Zusammenhang mit dem Minderheitenschutz eine grundlegende Bedeutung zu. Beinahe jedes Grundrecht enthält einen minderheitenschützenden Aspekt. Nach DANIEL THÜRER gehört es zu den prominentesten Wirkungen des modernen Menschenrechtsschutzes, insb. der EMRK, Angehörige von Minderheiten, mit Einschluss von Ausländern, spezifisch in Schutz nehmen.

591 Hervorzuheben sind das Rechtsgleichheitsgebot (Art. 8 BV; insbesondere das Diskriminierungsverbot [Abs. 2] mit seinem Verbot herabwürdigender und ausgrenzender Behandlung *von gefährdeten Gruppen)* und das Willkürverbot (Art. 9 BV), die persönliche Freiheit (Art. 10 BV), der Schutz der Privatsphäre (Art. 13 BV), die Glaubens- und Gewissensfreiheit (Art. 15 BV), die Meinungs- und Informationsfreiheit (Art. 16 BV) sowie die Medienfreiheit (Art. 17 BV), die Sprachenfreiheit (Art. 18 BV), die Versammlungsfreiheit (Art. 22 BV) und die Vereinigungsfreiheit (Art. 23 BV).

592 Zudem nehmen Mechanismen der «Durchproportionalisierung» von Staatsorganen und der Herstellung *breit abgestützter Mehrheiten* sowie die *Volksrechte* wichtige Funktionen für den Schutz von Minderheiten wahr.

593 So dienen die politischen Rechte (Art. 136ff. BV), darunter vor allem die Volksinitiative auf Teilrevision der Bundesverfassung (Art. 139 BV), der politischen Artikulationsfähigkeit sowohl von grossen Gruppen als auch minoritärer Gemeinschaften. Die Erfahrung zeigt, dass dieses Instrument von Minderheiten dazu benutzt werden kann, auf ihre Anliegen aufmerksam zu machen. Auf diesem Weg werden politische Entwicklungen oft auch dann gefördert, wenn die angestrebte Verfassungsänderung in einer ersten Phase nicht gelingt.

594 Die Schweiz ist am 21. Oktober 1998 dem *Rahmenübereinkommen des Europarates zum Schutz nationaler Minderheiten* beigetreten (in Kraft seit dem 1. Februar 1999). Dieses besteht als rechtsverbindliches multilaterales Instrument im Wesentlichen aus programmatischen Bestimmungen zum Schutz nationaler Minderheiten. Angesichts der vielfältigen Situation in Europa enthält es aber keine Definition der «nationalen Minderheit», sodass die Nationalstaaten einen breiten Ermessensspielraum besitzen. Dies ist der beabsichtigten Schutzidee wenig dienlich.

d. Subsidiaritätsprinzip

1. Begriff

Gemäss Art. 5a BV ist bei der Zuweisung und Erfüllung staatlicher Aufgaben der Grundsatz der Subsidiarität zu beachten. Auch Art. 43a iVm. Art. 46 Abs. 3 und Art. 47 Abs. 2 BV sind Ausfluss des das schweizerische Föderalismusverständnis prägenden Subsidiaritätsprinzips. 595

> Das Subsidiaritätsprinzip geht davon aus, dass die Aufgabenerfüllung im kleineren Raum so nah wie möglich bei den Bürgern stattfinden soll. Was die untere bundesstaatliche Ebene besser erfüllen kann, soll die grössere nicht an sich ziehen. Damit soll erreicht werden, dass die Bedürfnisse der Bürgerinnen bestmöglich erfüllt werden können. 596

Mit dem Subsidiaritätsprinzip verbindet sich auch die Hoffnung, dass die mit der NFA angestrebte Entflechtung der Aufgaben von Dauer ist und nicht innert kürzester Zeit wieder untergraben wird. Trotz seiner Stellung im 1. Titel der BV beschränkt sich das vorgeschlagene Subsidiaritätsprinzip auf das Verhältnis zwischen den verschiedenen *Ebenen des Gemeinwesens* und soll nicht auf das Verhältnis zwischen Staat und Privaten ausgedehnt werden. Es bezieht sich indessen auf alle Staatsebenen unter Einschluss der *Gemeinden*, was als Eingriff in die Autonomie der Kantone angesehen werden kann. 597

Das Prinzip kann als Kompetenzzuweisungs- und als Kompetenzausübungsregel dienen. 598

2. *Kompetenzzuweisungsregel*

Nach Art. 43a Abs. 1 BV übernimmt der Bund «die Aufgaben, welche die Kraft der Kantone übersteigen oder einer einheitlichen Regelung bedürfen». Es ist offensichtlich, dass diese Formulierung das Prinzip nicht wesentlich zu konkretisieren vermag. 599

> Es bleibt weiterhin die – letztlich politische – Frage offen, was es bedeutet, «die» Kraft «der» Kantone seien nicht ausreichend oder eine Aufgabe bedürfe einer einheitlichen Regelung (vgl. Rz. 687). 600

> Zudem ist auch die Grundidee des Subsidiaritätsprinzips mit dieser Formulierung nur teilweise getroffen, ist es doch denkbar, dass eine Aufgabe aus anderen Gründen als wegen fehlender Ressourcen der Kantone oder wegen einer als notwendig erkannten Rechtsvereinheitlichung vom Bund wahrgenommen werden soll. 601

Art. 43a Abs. 1 BV steht in eine gewissen Spannung zu Art. 42 Abs. 1 BV. Einerseits erweckt Art. 43a Abs. 1 den Eindruck eines materialen Kriteriums der Kompetenzzuweisung. Doch bleibt es dem Verfassungsgeber unbenommen, dem Bund eine Aufgabe zuzuweisen, die den Kriterien von Art. 43a Abs. 1 nicht genügen. Gerade hier erweist sich, dass das Subsidiaritätsprinzip wohl Idee und Richtlinie, 602 nicht aber «harte» Schranke einer Kompetenzbegründung im Verfahren der Verfassungsrevision sein kann.

603 Weiter stellt sich die Frage, ob Art. 43a Abs. 1 BV auch als Grundlage für die Begründung einer neuen Bundeskompetenz dienen könnte. Kann dieser Norm uU. auch ein Zentralisierungsgebot entnommen werden? Bei der Entstehung von Art. 42 Abs. 2 alt BV hatte der Ständerat ursprünglich folgende Formulierung beschlossen: «Er [der Bund] übernimmt *nur* die Aufgaben...». In der Differenzbereinigung (Einigungskonferenz) wurde die Fassung des Nationalrates, die auf das Wort «nur» verzichtet hatte, vorgezogen, ohne dass damit eine klare inhaltliche Änderung intendiert wurde. Im neuen Art. 43a Abs. 1 BV ist die «Nur-Formulierung» wieder eingefügt worden. Art. 43a Abs. 1 BV darf deshalb nicht im Sinne der Begründung einer neuen Bundeskompetenz verstanden werden.

604 Das Problem könnte sich etwa bei den omnilateralen Konkordaten stellen, an denen sich alle Kantone beteiligen und die mithin eine landesweite Rechtsvereinheitlichung ohne Mitwirkung des Bundes bewirken. Die Existenz solcher Konkordate verweist per se auf ein Bedürfnis nach einer einheitlichen Regelung, wofür nach Art. 43a Abs. 1 BV eigentlich der Bund zuständig wäre. Die rechtliche Zulässigkeit omnilateraler Konkordate wird durch die geltende Verfassung zwar nicht in Frage gestellt, was sich auch aus Art. 48a BV ergibt. Das Subsidiaritätsprinzip kann aber als politische Reflexionsaufforderung funktionieren. Es bedarf danach einer besonders stichhaltigen Begründung, eine erwünschte oder notwendige Rechtsvereinheitlichung durch ein omnilaterales Konkordat statt durch die Begründung einer Bundeskompetenz und den Erlass bundesrechtlicher Vorschriften – und damit auch auf einem demokratieverträglicheren Weg – vorzunehmen resp. fortdauern zu lassen (vgl. auch Art. 48 Abs. 1 BV mit der Betonung der *regionalen* Aufgabenwahrnehmung).

605 Demgegenüber wurde anlässlich der NFA (Vgl. Rz. 665 ff.) die Meinung vertreten, dass erst dann, wenn die interkantonale Zusammenarbeit – auch die omnilaterale – übermässige Koordinationskosten verursacht, eine Bundesregelung an ihre Stelle treten sollte.

606 Mit Art. 43a Abs. 1 BV wird nach dem klaren Willen des Verfassungsgebers keine eigenständige Bundeskompetenz begründet. Art. 42 BV geht in diesem Sinne Art. 43a Abs. 1 vor. Das in diesem Artikel enthaltene «Übernahmegebot» hat bloss Prinzipiencharakter und stellt keine Ermächtigung des Gesetzgebers dar, Aufgaben zu regeln, die sich nicht auf eine eigentliche Zuständigkeitsnorm der Verfassung stützen können.

607 In Art. 43a BV wird ferner das Prinzip der *fiskalischen Äquivalenz* verfassungsrechtlich verankert. Danach trägt dasjenige Gemeinwesen die Kosten für eine staatliche Leistung, in welchem deren Nutzen anfällt (Abs. 2). Dementsprechend soll das Gemeinwesen, das die Kosten einer staatlichen Leistung trägt, auch über diese Leistungen bestimmen können (Abs. 3). Es handelt sich hier ebenfalls um normativ schwache, nicht justiziable Leitlinien, die kaum verfassungswürdig erscheinen.

3. Kompetenzausübungsregel

Das Subsidiaritätsprinzip kann nicht nur als eine Kompetenzzuweisungsregel verstanden werden, sondern kann auch als Kompetenzausübungsregel fungieren: Es legt dem Bund nahe, von seinen Zuständigkeiten in einer zurückhaltenden Art Gebrauch zu machen, sodass die Eigenständigkeit der Kantone möglichst weitgehend erhalten bleibt (Grundsatz *der schonenden Kompetenzausübung*). 608

Nach Art. 46 Abs. 3 hat der Bund den Kantonen möglichst grosse Gestaltungsfreiheit zu belassen (entspricht Art. 46 Abs. 2 der alten Fassung); und gemäss Art. 47 BV wahrt der Bund grundsätzlich die Eigenständigkeit der Kantone (Abs. 1) und belässt ihnen «ausreichend» eigene Aufgaben und Finanzierungsquellen (Abs. 2). 609

> Mit der NFA wurden zusätzliche Grundsätze für die Erfüllung staatlicher Aufgaben in Art. 43a BV verankert: Leistungen der Grundversorgung haben allen Personen in vergleichbarer Weise offen zu stehen (Abs. 4) und staatliche Aufgaben müssen bedarfsgerecht und wirtschaftlich erfüllt werden (Abs. 5). Diese in ihrer Tragweite unklaren Verpflichtungen richten sich an die Behörden von Bund und Kantonen; sie haben trotz ihres Standortes in der Bundesverfassung keinen direkten Bezug zur Aufgabenverteilung von Bund und Kantonen. Die Bundesverfassung lässt offen, was unter dem Wortlaut «Leistungen der Grundversorgung» zu verstehen ist, und die Begriffe «bedarfsgerecht» und «wirtschaftlich» sind politisch konkretisierungsbedürftig und nicht justiziabel (vgl. dazu RHINOW, 77 ff.). 610

4. Das Subsidiaritätsprinzip in der EU (Exkurs)

Der Grundsatz der Subsidiarität gewann durch seine explizite Nennung im Vertrag zur Gründung der Europäischen Union auf europäischer Ebene besondere Bedeutung (Art. 5). Auch die Präambel des Vertrages über die Europäische Union erwähnt das Subsidiaritätsprinzip. Art. 1, nach welchem die Entscheidungen der Union möglichst bürgernah getroffen werden sollen, wird ebenfalls als Bekenntnis zur Geltung des Subsidiaritätsprinzips interpretiert. 611

> Auch der gescheiterte Entwurf des Europäischen Konvents zu einer Verfassung der Europäischen Union (vgl. CONVENT 850/03, Rz. 991) erwähnt den Grundsatz der Subsidiarität als eines der Grundprinzipien der Union (Art. 1–9 des Entwurfs) und liefert gleichzeitig eine Definition des Grundsatzes: 612

> *(Abs. 3): «Nach dem Subsidiaritätsprinzip wird die Union in den Bereichen, die nicht in ihre ausschliessliche Zuständigkeit fallen, nur tätig, sofern und soweit die Ziele der in Betracht gezogenen Massnahmen von den Mitgliedstaaten weder auf zentraler noch auf regionaler oder lokaler Ebene ausreichend erreicht werden können, sondern vielmehr wegen ihres Umfangs oder ihrer Wirkungen auf Unionsebene besser erreicht werden können.»* 613

> In Anlage II (Protokoll über die Anwendung der Grundsätze der Subsidiarität und der Verhältnismässigkeit) zum Entwurf für eine Europäische Verfassung wurden zudem verbindliche Verfahren festgelegt, die dem Subsidiaritätsprinzip zur Durchsetzung verhelfen sollen. Dabei kommt besonders den nationalen Parlamenten eine wichtige Rolle zu. 614

615 Das Prinzip bezieht sich auf das Verhältnis der EU zu den Mitgliedstaaten. Da die EU grundsätzlich keinen Einfluss auf die innerstaatliche Kompetenzverteilung nimmt, bleibt es weiterhin den Mitgliedstaaten überlassen, ob und wie weit sie das Subsidiaritätsprinzip auch innerstaatlich anwenden.

5. Offene Fragen

616 Das Subsidiaritätsprinzip ist im Grundsatz, als allgemeine Leitidee in einem föderalistischen Staat, unbestritten. Doch es lässt viele Fragen offen: Was bedeutet die stereotype Wendung, «etwas besser erfüllen zu können»? Wer setzt den Massstab? Wer sagt, ob die tiefere Ebene eine Aufgabe gut, gerade noch genügend oder eben nicht mehr richtig zu lösen vermag? Mit der NFA wurde gemäss bundesrätlicher Botschaft einerseits die wohl nicht erfüllbare Erwartung geweckt, «das Prinzip der klaren Aufgabenzuweisung» wieder «zu einem tragenden Prinzip des schweizerischen Föderalismus» werden zu lassen; anderseits aber wird es (zu recht) als nicht justiziabel erklärt (BBl 2002, 2458).

617 Solche Fragen lassen es als geraten erscheinen, vom Subsidiaritätsprinzip in rechtlicher Hinsicht nicht allzu viel zu erwarten. Es handelt sich um einen nicht justiziablen Grundsatz. Als *Leitsatz*, der zur Reflexion über Bedarf und Notwendigkeit einer Bundeslösung aufruft, hat das Prinzip durchaus seine Berechtigung. Es ist jedoch nicht als eigentliches *Kriterium* der Kompetenzzuteilung oder als Quelle eines operationalisierbaren Verfahrens verwendbar. Ein solches Verständnis wäre auch insofern irreführend, als es nicht das einzige Kriterium für die Kompetenzausscheidung sein kann, andere zu berücksichtigende Gesichtspunkte in der Verfassung aber nicht aufgeführt sind.

III. Die Schweiz als Bundesstaat

a. Erneuerte Bundesstaatlichkeit

618 Die geltende Bundesverfassung beruht auf einem *modernen Verständnis des Föderalismus*, das vor allem die Zusammenarbeit zwischen Bund und Kantonen sowie zwischen den Kantonen in den Vordergrund rückt. Während früher die Abgrenzung der Kompetenzen von Bund und Kantonen betont wurde, liegt heute das Schwergewicht auf der Partnerschaft innerhalb des Bundesstaates.

619 Durch die Totalrevision der Bundesverfassung hat die Bundesstaatlichkeit an Festigkeit und Klarheit gewonnen. Die Stellung der Kantone wurde insgesamt gestärkt. Die Verfassungsreform reiht sich damit in eine (auch) von Jean-François Aubert festgestellte Entwicklung, welche durch eine Bedeutungszunahme der Kantone gekennzeichnet ist, und gibt der Bundesstaatlichkeit damit zusätzliches Gewicht. Mit der NFA erfolgt eine Neugestaltung des Finanzausgleichs und der Aufgabenverteilung zwischen Bund und Kantonen, womit die Föderalismusreform weiter vorangetrieben wurde.

b. Elemente der Bundesstaatlichkeit

Der schweizerische Bundesstaat wird vor allem durch folgende Elemente charakterisiert:

- *dreistufiger Staatsaufbau* (Bund, Kantone und Gemeinden);
- Regelung der Kompetenz- und Aufgabenteilung zwischen Bund und Kantonen im Sinne der *subsidiären Generalkompetenz der Kantone*;
- Eigenstaatlichkeit und *Autonomie* (Eigenständigkeit) der Kantone, aufgeteilt in eine Organisations-, Aufgaben-, Finanz-, Umsetzungs- und Vertragsautonomie;
- Mitwirkung der Gliedstaaten auf der Ebene des Bundes *(partizipativer Föderalismus)*;
- vielfältiges und solidarisches Zusammenwirken zwischen Bund und Kantonen im Sinne eines *partnerschaftlichen Föderalismus*;
- Horizontaler und vertikaler *Finanzausgleich*;
- *Gleichstellung* und Gleichbehandlung der Kantone;
- Garantie des *Vorrangs des Bundesrechts*;
- *Garantie* des Bundes für Bestand, Gebiet und verfassungsmässige Ordnung der Kantone.

Interessanterweise finden sich die *Begriffe* «Bundesstaat» und «Föderalismus» nicht im Verfassungstext.

c. Volk und Kantone als konstituierende Grössen

Der schweizerische Bundesstaat beruht auf zwei Legitimationssäulen, den Gliedstaaten und dem Volk. Die Präambel und Art. 1 BV nennen als konstituierende Elemente «das Schweizervolk und die Kantone ...». Beide bilden zusammen die höchste verfassungsändernde Gewalt. Eine Revision der Bundesverfassung bedarf der Zustimmung sowohl des Volkes wie der Kantone (Stände). «Souverän» sind somit sowohl die Kantone (und ihre «Völkerschaften») als auch das (Gesamt-)Volk (Volkssouveränität).

> Damit unterscheidet sich der geltende Art. 1 BV von demjenigen der Bundesverfassung von 1874, in der nur die Kantone bzw. «die Völkerschaften der dreiundzwanzig souveränen Kantone» als konstituierende Elemente genannt wurden. Mit dieser Änderung wurde der modernen Verfassungsrealität Rechnung getragen (vgl. zum Begriff des Schweizervolkes und der kantonalen Völkerschaften (vgl. Rz. 252 ff.).

d. Kantone als gleichgestellte und gleichberechtigte Bundesglieder

624 In Art. 1 BV kommt auch der Grundsatz der Gleichstellung und Gleichbehandlung der Kantone zum Ausdruck. Die normative Gleichheit darf allerdings nicht darüber hinwegtäuschen, dass zwischen den Kantonen grosse Disparitäten bestehen und ihre Einflussmöglichkeiten auf Bundesebene unterschiedlich ausgestaltet sind.

625 So weist der flächenmässig grösste Kanton (Graubünden) ein Territorium von rund 7105 km², der kleinste (Basel-Stadt) ein solches von 37 km² auf. Der Kanton Zürich zählt 1,3 Mio. Einwohner, Appenzell Innerrhoden 15 500. Mit dem Finanz- und Lastenausgleich gemäss Art. 135 BV sollen ua. die Unterschiede betreffend finanzielle Leistungsfähigkeit zwischen den Kantonen verringert und übermässige finanzielle Lasten der Kantone aufgrund ihrer geografisch-topografischen oder soziodemografischen Bedingungen ausgeglichen werden.

626 Die *Auflistung* der Kantone in Art. 1 BV, welche neben dem Volk die Eidgenossenschaft bilden, entspricht in ihrer Reihenfolge derjenigen der Verfassung von 1874 und damit auch derjenigen des Bundesvertrages von 1815.

627 Die drei alten Vorortskantone Zürich, Bern und Luzern werden damit weiterhin vor den übrigen Bundesgliedern genannt, welche nach der zeitlichen Reihenfolge ihres Eintrittes in den Bund aufgeführt sind. Diese Reihenfolge stellt einen Traditionsanschluss dar; normative Gehalte sind damit nicht verbunden.

628 Zu beachten ist schliesslich, dass die früher «Halbkantone» genannten Kantone Ob- und Nidwalden, Basel-Stadt und Basel-Landschaft sowie Appenzell Ausserrhoden und Appenzell Innerrhoden nicht mit ihrem Pendant zu je einem Kanton zusammengefasst sind, sondern eigene Kantone bilden. Dies entspricht der Wirklichkeit. Die Konjunktion «und», mit der die Halbkantone in Art. 1 verbunden werden, weist auf die historische Zugehörigkeit dieser Kantone hin. Ansonsten behandelt die geltende Verfassung die sechs Kantone grundsätzlich gleich wie alle anderen, wobei nur in den einschlägigen Bestimmungen (Zahl der Ständeräte, Gewicht der Standesstimme) eine spezielle einschränkende Regelung getroffen wird. Insofern gibt es nach der geltenden Verfassung keine «Halbkantone» mehr, sondern nur «*Kantone mit halber Standesstimme*».

629 Damit ist auch die früher umstrittene Frage entschieden, ob für ein fakultatives Referendum von acht Kantonen (Art. 141 Abs. 1 BV) die genannten Kantone mit halber Standesstimme als halbe oder als ganze Stimme zählen; nach geltendem Recht gelten sie als ganze Stimme.

e. Souveränität und Staatlichkeit der Kantone

630 Nach Art. 3 BV sind die Kantone souverän, soweit ihre Souveränität nicht durch die Bundesverfassung beschränkt ist, und sie üben alle Rechte aus, die nicht dem Bund übertragen sind. Der Inhalt dieser Bestimmung wurde im Rahmen der Reform 1999 fast wörtlich aus der Bundesverfassung von 1874 übernommen. Mit dieser «Grundnorm» (ULRICH ZIMMERLI) sollte bei der Verfassungsreform die Wah-

rung der Verfassungskontinuität im föderalistischen Bereich herausgestrichen werden. In erster Linie handelt es sich um einen Traditionsanschluss, mit dem auch auf ein historisch gewachsenes und neu belebtes Selbstbewusstsein der Kantone Rücksicht genommen wird.

> Art. 3 BV kommt in diesem Sinn vor allem programmatisch-symbolische Bedeutung zu. Die substantiellen Normen über die Bundesstaatlichkeit, insbesondere auch die allgemeinen Regeln über die Kompetenzverteilung zwischen Bund und Kantonen, finden sich im 3. Titel der Verfassung (Art. 42 ff. BV). Nach BIAGGINI, 380, ist die Etikettierung der Kantone als souverän «in erster Linie als historische Reminiszenz und Trostpflaster für den 1848 mehr oder weniger freiwillig erlittenen, unwiderruflichen Souveränitätsverlust zu verstehen». 631

Bei der ausdrücklichen Nennung der kantonalen Souveränität an prominenter Stelle der Verfassung geht es darum, der Stellung der Kantone im Bundesstaat ein besonderes Gewicht zu verleihen. 632

> Ein Staat ist nach klassischer Anschauung souverän, wenn der eigene Herrscherwille rechtlich allseitig entfaltet werden kann. Dieser Begriff «Souveränität» kann heute aber nur noch in Anführungszeichen verwendet werden. Souveränität im Sinne einer unbedingten, unabhängigen Entscheidungsgewalt ist in den aktuellen weltpolitischen und europapolitischen Zusammenhängen, in der «Weltgesellschaft» mit ihren vielfachen sozialen, ökologischen, wirtschaftlichen und technologischen Interdependenzen, vor allem aber auch angesichts des «Wandels des Souveränitätsbegriffs im Lichte der Grundrechte» (JÖRG PAUL MÜLLER) ein nur noch höchst beschränkt realisierbares Konzept. Es kann also heute berechtigterweise die Frage aufgeworfen werden, ob der Begriff überhaupt noch eine Daseinsberechtigung hat. Wenn nun schon Staaten nicht mehr eigentlich souverän sind, so können es die Kantone noch viel weniger sein. 633

Unbestrittenermassen sind die Kantone nicht «souverän» im Sinne des Völkerrechts. Den Kantonen fehlt auch eine Letztentscheidungsbefugnis innerhalb der Schweiz, da sie (nur) Aufgaben erfüllen können, die nicht – vom (Bundes-)Verfassungsgeber – dem Bund übertragen worden sind. 634

Im realen Bundesstaat schweizerischer Prägung kann die Kategorie «Souveränität», wenn überhaupt, nur noch im Sinne einer zwischen Bund und Kantonen *«geteilten Souveränität»* verwendet werden: 635

> Die Kantone verfügen über eine eigene Staatsorganisation, eigene Hoheitsbefugnisse und eine relativ grosse Eigenständigkeit. Insofern sind sie auch Staaten. Sie wirken an der Bildung des Bundeswillens mit. Allerdings kommt dem Bund innerhalb des Bundesstaates die Rolle zu, in seiner Verfassung die Aufgabenverteilung zwischen Bund und Kantonen festzulegen; das Recht des Bundes geht dem kantonalen Recht vor, und gegen aussen vertritt der Bund und nicht die Kantone die Schweiz. So gesehen ist die Souveränität in der Schweiz zwischen Bund und Kantonen geteilt. Die Kantone sind in dem Ausmass souverän, als es die Bundesverfassung festlegt. 636

Die Kantone können deshalb vor allem insofern als «souverän» bezeichnet werden, als sie (Glied-)*Staaten* darstellen, alle nicht dem Bund zugewiesenen Aufgaben in 637 eigener Verantwortung wahrnehmen können, über Gebietshoheit verfügen sowie über substantielle Autonomie verfügen.

638 Mit der solchermassen aufgeteilten Souveränität lässt sich aber der schweizerische Bundesstaat nicht in eine bestimmte Theorie über die Rechtsnatur des Bundesstaats einordnen (vgl. HALLER/KÖLZ/GÄCHTER 140 ff.). Das schweizerische pragmatisch entwickelte Modell bedarf vielmehr einer eigenständigen theoretischen Erfassung.

IV. Die Schweiz als dreistufiger Bundesstaat

Literatur

AUBERT, in: Petit commentaire, Art. 50 BV; BIAGGINI, BV Kommentar, Art. 50 BV; DERS., Föderalismus im Wandel – das Beispiel des schweizerischen Bundesstaates, in: (österreichische) Zeitschrift für öffentliches Recht (ZÖR) 2002, 359 ff.; BRAAKER CHRISTA, Die Gemeindeautonomie, in: BV – CF 2000, 225 ff.; KÄGI-DIENER, in: St. Galler Kommentar, Art. 50 BV; FREY RENÉ L., Starke Zentren – Starke Alpen, Zürich 2008; DERS., Föderalismus – zukunftstauglich?!, Zürich 2005; KÖLZ ALFRED/KUSTER SUSANNE, Der Städteartikel in der neuen Bundesverfassung, ZSR 2002, 137 ff.; SEILER, in: Verfassungsrecht der Schweiz, § 31; THÜRER DANIEL, Bund und Gemeinden, New York/Berlin/Heidelberg 1986 (zit. Bund); DERS., Die Stellung der Städte und Gemeinden im Bundesstaat, recht 1995, 217 ff. (zit. Stellung); UEBERSAX PETER, Erfahrungen und Lehren aus dem «Fall Leukerbad», Beiheft ZSR Nr. 42, Basel 2005; ZIMMERLI ULRICH, Bund – Kantone – Gemeinden, in: DERS., Die neue Bundesverfassung, Bern 2000, 35 ff.

a. Allgemeines

639 Der schweizerische Föderalismus ist dreistufig angelegt. Er umfasst die Ebenen der Gemeinden, der Kantone und des Bundes. In der Bundesverfassung kommt die Dreistufigkeit im Wortlaut des 3. Titels «Bund, Kantone und Gemeinden» sowie in einem den Gemeinden gewidmeten Abschnitt, der aus einem einzigen Artikel (Art. 50 BV) besteht, zum Ausdruck.

640 Das Verhältnis der Gemeinden als unterste Stufe des Bundesstaates zu den Kantonen ist nicht dasselbe wie dasjenige zwischen Kantonen und Bund. Während die Kantone sich historisch betrachtet zum Bund zusammengeschlossen haben und sich der Bund somit aus «souveränen» Kantonen zusammensetzt, gliedert sich der Kanton nicht analog in souveräne Gemeinden. Das kantonale Recht bestimmt Gliederung, Zuständigkeiten und Autonomie der Gemeinden (vgl. BGE 131 I 31). Trotzdem sind die Gemeinden in der Schweiz nicht als blosse Verwaltungseinheiten zu verstehen. Sie sind selbständige *Träger von Staatsgewalt.*

641 Die Rolle der Gemeinden ergibt sich also aus dem kantonalen Recht. Das Bundesrecht beschränkt sich grundsätzlich auf die Regelung der Beziehungen zwischen Bund und Kantonen und erfasst die Ausgestaltung des Verhältnisses zwischen Kantonen und Gemeinden nicht.

642 Mit der Erwähnung der Gemeinden in der Bundesverfassung wird die *grosse Bedeutung der Gemeinden* und ihrer Autonomie für den schweizerischen Bundesstaat

unterstrichen. Die Gliederung der Kantone in Gemeinden sowie die Festlegung ihrer Autonomie fällt aber in die Verantwortung der Kantone. Entsprechend wird die Gemeindeautonomie in vielen Kantonsverfassungen sowie in der bundesgerichtlichen Rechtsprechung gewährleistet. Zentrales Anliegen von Art. 50 BV ist es, die frühere «Gemeindeblindheit» des Bundesrechts zu verlassen und eine Mitverantwortung des Bundes für die Auswirkungen seines Handelns in den Gemeinden und Agglomerationen zu statuieren.

> In der Schweiz gibt es rund 2700 Gemeinden; ihre Zahl hat in den letzten 150 Jahren um gut 15 Prozent abgenommen. *Gemeindefusionen* sind seit einigen Jahren ein gewichtiges Thema; in vielen Kantonen werden Fusionen geprüft oder sogar realisiert. Hingegen ist die Zusammenarbeit zwischen den Gemeinden in unterschiedlichen Rechtsformen (vor allem in Zweckverbänden) seit langem weit verbreitet. Anlass für Fusionen sind der Mangel an geeignetem Personal und die knappen finanziellen Mittel in kleinen Gemeinden, die Verflechtung von Siedlungs- und Wirtschaftsräumern in den Agglomerationen sowie die dichten Geflechte kommunaler Zusammenarbeit mit ihren wachsenden finanziellen Transferleistungen und den defizitären Folgen für die Demokratie. Wichtig wäre es, bei Fusionen nicht nur den Dienstleistungsaspekt, sondern grundsätzlich die politische Identitätsfunktion und die demokratisch abgestützten kommunalen Aufgaben zu reflektieren. Einen weitgehenden Weg hat der Kanton Glarus beschritten: Die Landsgemeinde hat am 7. Mai 2006 und am 25. November 2007 entschieden, dass die Gemeindezahl in den nächsten Jahren von 25 auf die drei Gemeinden Glarus Mitte, Glarus Nord und Glarus Süd mit je 10 000 bis 16 000 Einwohnern reduziert wird. 643

b. Gemeindeautonomie

Mit Art. 50 Abs. 1 BV wird die Existenz und Bedeutung *autonomer* Gemeinden im dreistufigen Bundesstaat ausdrücklich anerkannt und (auch) der *Bund* zur Rücksichtnahme verpflichtet. Die Gemeindeautonomie wird vom Bundesverfassungsrecht gleichsam abstrakt, «nach Massgabe des kantonalen Rechts», gewährleistet (BGE 131 I 91, 94; siehe auch BGE 133 I 128, 130 f.). Diese Bestimmung begründet somit keine neue Bundeskompetenz; es bleibt Sache der Kantone zu bestimmen, ob und in welchem Umfang den Gemeinden Autonomie eingeräumt wird (BGE 128 I 3, 7 ff.; 133 I 128, 131). 644

> Nach der Rechtsprechung des Bundesgerichts ist eine Gemeinde in einem Sachbereich autonom, wenn das kantonale Recht diesen nicht abschliessend ordnet, sondern ihn ganz oder teilweise der Gemeinde zur Regelung überlässt und ihr dabei eine *relativ erhebliche Entscheidungsfreiheit* einräumt. Der Autonomiebereich kann sich auf die Befugnis zum Erlass oder Vollzug eigener kommunaler Vorschriften beziehen oder einen entsprechenden Spielraum bei der Anwendung kantonalen oder eidgenössischen Rechts betreffen (BGE 126 I 133, 136; 128 I 3, 8; 128 I 136, 140). 645

> Am 15. Dezember 2004 ist die Schweiz der *Europäischen Charta der kommunalen Selbstverwaltung* beigetreten (in Kraft seit dem 1.6.2005; SR 0.102, AS 2005 2393). Das Abkommen enthält grundlegende Rechte der Gemeinden, welche die autonome Selbstverwaltung sicherstellen sollen. 646

c. Rücksichtnahme des Bundes auf die Gemeinden

647 Dem *Bund* obliegt gemäss Art. 50 Abs. 2 BV eine ausdrückliche Verpflichtung, bei seinem Handeln (sei es rechtsetzender oder anderer Natur) mögliche *Auswirkungen* auf die Gemeinden zu beachten; hierin liegt auch eine Ausprägung des Subsidiaritätsprinzips. Diese Beachtungspflicht richtet sich an alle Bundesorgane, in erster Linie zwar an Bundesrat und Bundesversammlung, aber auch an Bundesverwaltung und Justiz. Die in Frage kommenden Auswirkungen können sowohl rechtlicher als auch tatsächlicher Natur sein.

d. Besondere Rolle von Städten, Agglomerationen und Berggebieten

648 Art. 50 Abs. 3 BV geht expressis verbis davon aus, dass bei Städten, Agglomerationen und Berggebieten eine «besondere Situation» vorliegt. Der Bund hat auf diese Situation Rücksicht zu nehmen.

649 In der heutigen Schweiz weisen *Städte* – bei aller Unschärfe des «Stadtbegriffs» (dazu BIAGGINI, BV Kommentar, Art. 50, Rz. 10) – und *Agglomerationen* eine grosse gesellschaftliche, volkswirtschaftliche und kulturelle Bedeutung auf; sie sprengen – wie die Berggebiete – oft die Gemeinde- und Kantonsgrenzen und weisen besondere Problemlagen auf. Unter Städten werden idR. Gemeinden verstanden, die durch eine intensive ökonomische, kulturelle, soziale und raumbedeutsame Interessenlage gekennzeichnet sind. Sie haben Schwierigkeiten unterschiedlichster Natur zu bewältigen, deren Lösung von gesamtschweizerischem Interesse ist. Zu denken ist – neben den Verkehrsproblemen – beispielsweise an die verschiedenen A-Probleme (Alter, Armut, Arbeitslosigkeit, Ausländer).

650 Zu den *Städten* zählen idR. Basel, Bern, Genf, Lausanne, Lugano, Luzern, St. Gallen, Winterthur und Zürich. Je nach Definition des Stadtbegriffs kann diese Aufzählung jedoch stark erweitert werden, beispielsweise indem alle Gemeinden mit über 10000 Einwohnern (siehe etwa Anhang 4 der Verordnung über die Verwendung der zweckgebundenen Mineralölsteuer vom 7. November 2007, MinVV, SR 725.116.21, der nach Art. 17b Abs. 2 MinVG, SR 725.116.2, die Definition des Bundesamtes für Statistik zugrunde legt) oder Gemeinden mit historischem Stadtrecht dazugezählt werden.

651 Bei *Agglomerationen* handelt es sich um funktional zusammenhängende Siedlungsgebiete, die sich über die Grenzen von mehreren Gebietskörperschaften, auch Landesgrenzen, erstrecken. Heute ist die dominierende urbane Form in der Schweiz die Agglomeration, mit einer Tendenz zur «Verstädterung» der Schweiz. Von grosser politischer und volkswirtschaftlicher Bedeutung erweisen sich die drei grossen Metropolitanräume Zürich, Genf-Lausanne und Basel, gefolgt von zwei kleineren (Bern, Tessin/Insubrica).

652 Lösungen für die Probleme einer Agglomeration, beispielsweise im Verkehrsbereich, bedürfen einer übergeordneten Sichtweise und Koordination, ohne dass dadurch die Autonomie untergeordneter Einheiten eingeschränkt wird. Dieser Problematik hat der Bund nach Art. 50 Abs. 3 BV Rechnung zu tragen.

Berggebiete zeichnen sich durch eine besondere geographische Situation aus; 653
sie erstrecken sich oft ebenfalls über Kantonsgrenzen hinaus. Deshalb verlangen auch die Probleme der Berggebiete nach einer übergeordneten Sichtweise.

e. **Umsetzungsfragen**

Die Umsetzung von Art. 50 BV erweist sich als nicht einfach, insbesondere auch 654
deshalb nicht, weil mit dieser Bestimmung keine neuen Bundeskompetenzen geschaffen werden.

Einerseits sind es weiterhin die Kantone, die die Gemeindeautonomie festlegen. 655
Andererseits ist nun auch der Bund verpflichtet, die Interessen der Gemeinden,
der Städte und Agglomerationen sowie der Berggebiete zu berücksichtigen.
Schwer zu beantworten ist deshalb die Frage, wie diese Berücksichtigung vonstatten gehen sollte, ohne dass der Bund in die Kompetenzen der Kantone eingreift. Insbesondere stellt sich das Problem, wann und in welcher Form die
Bundesbehörden mit den Behörden der Gemeinden direkte Kontakte pflegen
sollen.

Der Bund betreibt seit 2001 eine (zurückhaltende) Agglomerationspolitik, weil die 656
Agglomerationen zunehmend überfordert sind, ihre anstehenden Probleme allein
zu lösen. Insbesondere entsprechen die funktionalen Räume immer weniger den
politisch – institutionellen Grenzen. Das Schwergewicht wird dabei auf Anreize sowie fachliche Unterstützung und Vernetzung gelegt. Der Bund erliess auch *Richtlinien* zuhanden der Bundesverwaltung über die Zusammenarbeit zwischen dem
Bund, den Kantonen und den Gemeinden. Darin wird der Bund verpflichtet, sicherzustellen, dass die Gemeinden in angemessener Form an Expertenkommissionen
beteiligt sind, wobei jedoch gegenüber den Kantonen Subsidiarität und Transparenz gewahrt werden muss. Direktkontakte sollen nur in Ausnahmefällen, unter
Wahrung der Kompetenzen des Bundes, in erster Linie in tripartitem Rahmen
(Bund, Kantone, Gemeinden) stattfinden (vgl. Art. 86 Abs. 3 Bst. b^{bis} BV sowie
Art. 17a–17d MinVG [SR 725.116.2] und Infrastrukturfondsgesetz [IFG,
SR 725.13]).

Zur Vereinfachung dieser Kontakte und um die besonderen Probleme der Ag- 657
glomerationen zu berücksichtigen, wurde im Jahr 2001 die *Triparitite Agglomerationskonferenz (TAK)* geschaffen, in der Vertreter aller drei Ebenen zusammenkommen. Diese Konferenz befasst sich besonders mit der Problematik der
Agglomerationen und Städte. Sie soll eine gemeinsame Agglomerationspolitik
entwickeln und so der Schwierigkeit Rechnung tragen, dass die Probleme der
Agglomerationen oft Gemeinde- und Kantonsgrenzen überschreitend angegangen werden müssen, um zu befriedigenden Lösungen zu kommen.

f. **Neue Regionalpolitik des Bundes**

Der Regionalismus und die grenzüberschreitende Zusammenarbeit werden in der 658
Bundesverfassung nur kurz angesprochen und nicht explizit normiert. Die Regio-

nen werden nicht als vierte Gliederungsstufe zwischen Bund, Kantonen und Gemeinden anerkannt.

659 Ein gestützt auf Art. 103 BV am 6.10.2006 erlassenes Bundesgesetz über die neue Regionalpolitik (NRP; SR 901.0) enthält Grundsätze für regionalpolitische Aktivitäten von Bund und Kantonen. Während es früher darum ging, Disparitäten zwischen Landesteilen abzubauen, um die Abwanderung aus den Berg- und Randgebieten zu verhindern, ist es das Ziel der NRP, die *Wertschöpfung* und *Wettbewerbsfähigkeit* einzelner Regionen – Berggebiete, weiterer ländlicher Raum und Grenzregionen – zu steigern, um so einen Beitrag zur Schaffung und Erhaltung von Arbeitsplätzen in den geförderten Gebieten zu leisten. Die NRP stellt eine Gemeinschaftsaufgabe von Bund, Kantonen, Gemeinden, regionalen Entwicklungsträgern und Privaten dar.

V. Reformen und Herausforderungen des Föderalismus

Literatur:

BIAGGINI GIOVANNI, «Vertragszwang» im kooperativen Föderalismus (Art. 48a BV), ZBl 2008, 345 ff.; VATTER ADRIAN (Hrsg.), Föderalismusreform. Wirkungsweise und Reformansätze föderativer Institutionen in der Schweiz, Zürich 2006.

a. Motive und Probleme

660 Der schweizerische Föderalismus steht heute vor beträchtlichen Herausforderungen. Obwohl er sich bewährt hat und insofern «unwiderruflich» erscheint, als für die Schweiz keine alternative Staatsform denkbar ist, weist er gewisse *Erosionserscheinungen* (GIOVANNI BIAGGINI) auf.

661 Zu erwähnen sind etwa (vgl. auch BIAGGINI, 374 f.): *Ausserrechtliche Faktoren* wie der Wandel der Staatsaufgaben, die Wirtschafts- und Bevölkerungsentwicklung, die Intensivierung der internationalen Zusammenarbeit (vgl. dazu nachstehend Rz. 671 ff.) und die wachsende Mobilität, die auch zu einem Auseinanderklaffen von politischer Gliederung, Siedlungslandschaft und Lebenswirklichkeiten sowie zur Verstädterung («Stadtland Schweiz») geführt hat.

662 Das *Rechtssystem* weist gewisse nivellierende Tendenzen auf, zB. mit der steten Zunahme der Bundeskompetenzen, der bundesgerichtlichen Konkretisierung der Grundrechte, der Internationalisierung des Rechts (dazu nachstehend Rz. 671 ff.), einer Entwicklung des Verwaltungsrechts, die nicht immer auf kantonale Besonderheiten Rücksicht nimmt, Vereinheitlichungen im Zusammenhang mit dem Ausbau des Sozialstaates sowie die (annähernde) Vollendung eines einheitlichen schweizerischen Wirtschaftsraumes.

663 Der Ruf nach einer Reform des Föderalismus wurde zu Beginn der 90er Jahre des letzten Jahrhunderts vor allem im Zusammenhang mit dem (versuchten) Beitritt der Schweiz zum EWR (1992) erhoben. Ging es damals in erster Linie um eine verbesserte Mitwirkung der Kantone an der Aussen- und Integrationspolitik des Bundes, so brachte die Totalrevision der Bundesverfassung eine Klärung der Kompetenzen

zwischen Bund und Kantonen und eine Stärkung der Stellung der Kantone. Die späteren Reformbestrebungen konzentrierten sich zuerst auf eine Neugestaltung des Finanzausgleichssystems, weiteten sich in der Folge aber mit der NFA auf eine Föderalismusreform schlechthin aus.

b. Totalrevision der Bundesverfassung

Mit der Totalrevision der Bundesverfassung 1999 wurde eine erste Phase der Föderalismusreform abgeschlossen. Sie stand vor allem unter dem Motto des *partnerschaftlichen Föderalismus*, verankerte verschiedene Grundsätze des schweizerischen Föderalismus in einem allgemeinen Kapitel der Verfassung, nahm die Gemeinden, Städte und Agglomerationen in die Bundesverfassung auf und führte einzelne neue Regelungen ein. Sie bewirkte mit der erfolgten Stärkung der Stellung der Kantone auch eine Sensibilisierung für deren Anliegen und Herausforderungen. 664

c. Neugestaltung des Finanzausgleichs und der Aufgabenteilung zwischen Bund und Kantonen (NFA)

Das von Volk und Stände am 28. November 2004 angenommene Reformprojekt über die Neugestaltung des Finanzausgleichs und der Aufgabenteilung zwischen Bund und Kantonen (NFA, BBl 2002, 2303) stellt von seinem Umfang her zweifellos die bedeutungsvollste Föderalismusreform seit der Gründung des Bundesstaates dar. 665

> Die NFA wickelte sich in vier Phasen ab: In einem ersten Schritt wurden die Verfassungsgrundlagen und ein neues Bundesgesetz über den Finanz- und Lastenausgleich (FiLaG) geschaffen. In einer zweiten Phase ging es um die erforderlichen Anpassungen in Spezialgesetzen, während in einem dritten Paket der Ressourcen-, Lasten- und Härteausgleich geregelt und in einem 4. Schritt verschiedene Verordnungen, ua. die Verordnung zum FiLaG (FiLaV), erlassen und das gesamte NFA – Paket (inkl. Art. 48a BV) auf den 1.1.2008 in Kraft gesetzt wurde. 666

Die NFA verfolgte vor allem folgende *Ziele*: 667

- Eine *Steigerung der Wirksamkeit des Finanzausgleichssystems:* Hier ging es um die Verringerung der Unterschiede in der finanziellen Leistungsfähigkeit der Kantone, die Beseitigung von Verzerrungen des Steuerwettbewerbs, die Verringerung kantonaler Steuerbelastungsunterschiede, die Abgeltung nicht beeinflussbarer Belastungen von Zentrums- und Gebirgskantonen und die Sicherstellung der politischen Steuerbarkeit.

- Eine *Klärung der Verantwortlichkeiten zwischen Bund und Kantonen:* Durch die Aufgabenentflechtung sollten Zentralisierungstendenzen der letzten Jahre gebrochen werden. Dank der Klärung der Kompetenzen erhoffte man sich zudem eine optimale Mittelverwendung. Die staats- und finanzpolitische Handlungsfähigkeit von Bund und Kantonen sollte insgesamt erhöht werden und mit dem Ausbau der interkantonalen Zusammenarbeit mit Lastenausgleich wurde durch einen Lastenausgleich versucht, der Problematik sog. externer Effekte (Spillovers) zu begegnen.

– Eine *Stärkung der bundesstaatlichen Zusammenarbeit:* Neue *Zusammenarbeits- und Finanzierungsformen* zwischen Bund und Kantonen sollten die Mängel der kostenorientierten Einzelobjektfinanzierung beheben und die Ziele staatlicher Tätigkeiten über eine Ergebnissteuerung erreichen.

668 *Zur Erreichung dieser Ziele stützte sich die NFA auf vier Grundpfeiler:*

– *Aufgaben- und Finanzierungsentflechtung zwischen Bund und Kantonen: Die Aufgaben sollen in reine Bundesaufgaben, kantonale Aufgaben und gemeinsame Aufgaben geschieden werden.*

– *Neue Zusammenarbeits- und Finanzierungsformen zwischen Bund und Kantonen bei gemeinsamer Aufgabenerfüllung.*

– *Institutionalisierte interkantonale Zusammenarbeit mit Lastenausgleich im Sinne einer verstärkten Kooperation unter den Kantonen.*

– *Neuer Ressourcenausgleich und Lastenausgleich des Bundes (Finanzausgleich im engeren Sinn).*

669 Auf die Einzelheiten der Neuerungen wird im jeweiligen Zusammenhang näher eingegangen. Insgesamt erweckt die Reform aus *verfassungsrechtlicher* Sicht einen gemischten Eindruck. Während namentlich die Aufgaben- und Finanzierungsentflechtung sowie der neue Ressourcen- und Lastenausgleich zu begrüssen sind, führt die überbordende Zunahme föderalistischer und ökonomischer «Maximen» ohne Justiziabilität zu einer normativen Entleerung der Verfassung. Zudem weisen die vermehrte Partizipation der Gliedstaaten auf Bundesebene wie auch die Kooperation untereinander *exekutivstaatliche* Wirkungen auf, welche an die demokratische Substanz der Kantone gehen können. Besonders problematisch erscheint die Zwangskooperation in Form der Allgemeinverbindlicherklärung und der Beteiligungsverpflichtung bei interkantonalen Verträgen (Art. 48a BV).

d. Funktionale Zusammenarbeit?

Literatur

FREY BRUNO S., Ein neuer Föderalismus für Europa: die Idee der FOCJ, Tübingen 1997; DERS./EICHENBERGER REINER, The New Democratic Federalism for Europe. Functional, Overlapping and Competing Jurisdictions, Cheltenham, 1999.

670 Ein von Ökonomen entwickelter Reformvorschlag (Konzept der «Functional Overlapping, and Competing Jurisdictions (FOCJ)») geht dahin, das Staatsgebiet nicht mehr nach Regionen, also geografisch, sondern nach Funktionen zu unterteilen. Wesentliche öffentliche Dienstleistungen werden von privaten oder öffentlichen Unternehmen, die in einem Wettbewerb miteinander stehen, angeboten. Anstatt dass jede Gemeinde selbst tätig wird, entscheiden die Bürger per Abstimmung selber, von welchem Anbieter sie die entsprechende Dienstleistung beziehen wollen.

Es entstehen überlappende, nach Funktion eingeteilte Gebietseinheiten. Die Konkurrenz zwischen den Anbietern soll zu sinkenden Kosten und einer höheren Effizienz führen. Im Gegensatz zu den heutigen funktionalen Einheiten, wie Zweckverbände und Konkordate, sollen die FOCJ nach Auffassung der Autoren den Bürgern demokratische Mitspracherechte sichern, was jedoch nicht überzeugend erscheint. Denn die Demokratie würde sich in viele Teilbereiche aufsplittern und somit intransparent und kaum praktikabel.

IV. Internationalisierung und Bundesstaatlichkeit

Literatur

BAIER CHRISTINA, Bundesstaat und Europäische Integration, Berlin 2006; BAUMANN ROBERT, Der Einfluss des Völkerrechts auf die Gewaltenteilung, Zürich 2002; JAHRBUCH DES FÖDERALISMUS, Föderalismus, Subsidiarität und Regionen in Europa, Baden-Baden 2008; WALDMANN BERNHARD (Hrsg.), 1. Nationale Föderalismuskonferenz: Der kooperative Föderalismus vor neuen Herausforderungen, Basel 2005.

Der Einfluss der Internationalisierung auf die Staatstruktur der Schweiz und dabei 671 insbesondere auch auf die Stellung der Kantone hat in den letzten Jahren stark zugenommen und wird weiter wachsen. Zwar wurden durch die bilateralen, sektoriellen Verträge zwischen der Schweiz und der EG in erster Linie Kompetenzen des Bundes berührt. Doch sowohl bei der Weiterverfolgung des bilateralen Wegs in der Zusammenarbeit mit der EU als auch bei einem allfälligen Beitritt zur EU werden nicht nur Kompetenzen des Bundes, sondern zunehmend auch solche der Kantone auf die internationale Ebene übertragen werden müssen.

> Die EU überlässt die interne Staatsorganisation grundsätzlich den Mitglieds- 672
> staaten, sodass der Föderalismus in Mitgliedstaaten wie Deutschland und Österreich nicht in seinem Wesenskern bedroht erscheint. Jedoch bestimmt die EU viele Aufgabenbereiche, welche die Gliedstaaten ihrer Mitgliedstaaten umzusetzen haben. In der Schweiz müssten die Kantone mit Auswirkungen in den Bereichen Bildung, Kultur, öffentliche Sicherheit, polizeiliche und justizielle Zusammenarbeit, Steuern, Raumplanung, Umweltschutz und Sozialpolitik rechnen.

Dieser wachsende Einfluss des internationalen Rechts auf die schweizerische 673 Rechtsordnung lässt sich nicht umgehen.

> Dies ist auch dann der Fall, wenn die Schweiz nicht Mitglied der Europäischen 674
> Union ist, da sie sich auf die eine oder andere Weise mit ihren Nachbarn in Europa arrangieren muss. Dies ist ohne eine Anpassung der schweizerischen Rechtsordnung an internationale Vorgaben nur schwer vorstellbar.

> Dabei ist aber der Föderalismus durch die europäische Integration nicht in sei- 675
> nem Wesenskern bedroht, da das europäische Recht die interne Staatsorganisation grundsätzlich den Mitgliedstaaten überlässt.

Der Einfluss der Internationalisierung macht sich vor allem in folgenden *Bereichen* 676 *des Föderalismus* bemerkbar:

2. Teil: Bundesstaat

- Es werden *vermehrt internationale Vereinbarungen* abgeschlossen. Dies bewirkt eine Übertragung von Kompetenzen des Bundes und der Kantone auf die internationale Ebene und gleichzeitig eine Stärkung des Einflusses der Regierung gegenüber der Legislative.

- Damit verbunden ist die zunehmende Wahrnehmung der *Bundeskompetenz* in auswärtigen Angelegenheiten. Der Bund handelt somit vermehrt auch in Bereichen, die im *innerstaatlichen Verhältnis* den *Kantonen* zustehen.

- Voraussichtlich werden die internationalen Rechtsakte zunehmen, die durch *Bund und Kantone umgesetzt* und vollzogen werden müssen, wobei auch weiterhin Umsetzung und Vollzug grundsätzlich bei den Kantonen verbleiben werden.

677 Es gilt deshalb, eine *substantielle Autonomie der Kantone* zu wahren, ohne dass *unausweichliche Integrationsschritte* dadurch verunmöglicht werden. Dies betrifft insbesondere die durch die Zusammenarbeit mir der EU betroffenen Kompetenzbereiche Bildung und Kultur, Gesundheitswesen, Infrastruktur, Justiz, öffentliches Beschaffungswesen und Baurecht, polizeiliche Zusammenarbeit, Rechtshilfe und Berufsdiplome. Zudem muss der Bund die den Kantonen zustehenden *Mitwirkungsrechte in der Aussenpolitik* ernst nehmen (vgl. Rz. 3715ff.), so dass die Interessen der Kantone frühzeitig berücksichtigt werden können.

678 In einem Bericht des Bundesrates zu den Auswirkungen verschiedener europapolitischer Instrumente auf den Föderalismus in der Schweiz (vom 15.6.2007; BBl 2007, 5907) kommt dieser zum Schluss, dass der Föderalismus bei der Zusammenarbeit der Schweiz mit der EU eine Herausforderung, aber kein Hindernis darstelle. Allfällige Änderungen an den föderalistischen Mitwirkungsrechten sollen nicht «vorauslaufend», sondern erst dann vorgenommen werden, wenn sie nötig und sinnvoll sind. Diese sehr zurückhaltende Position wurde von der KVK als zu zögerlich kritisiert. Interessant erscheint immerhin, dass der Bundesrat eine Rahmenvereinbarung für die Institutionalisierung der Zusammenarbeit mit den Kantonen anvisiert.

679 Aufgabe der *Kantone* wird es sein, sich untereinander so zu organisieren, dass sie einerseits die ihnen zustehenden *Mitwirkungsrechte effizient zu nutzen* vermögen und dass sie andererseits die auf sie zukommenden wachsenden *Umsetzungs- und Vollzugsaufgaben bestmöglich bewältigen* können.

680 Dabei steht eine Intensivierung der interkantonalen Zusammenarbeit, insbesondere betreffend *interkantonaler Institutionen*, im Vordergrund (vgl. dazu Rz. 879ff.).

§ 6 Kompetenz- und Aufgabenverteilung zwischen Bund und Kantonen

Literatur

AUBERT, in: Petit commentaire, Art. 42–43a; AUER/MALINVERNI/HOTELIER I, Rz 973–1032; BIAGGINI, BV Kommentar, Art. 42–43a; FLEINER/MISIC, in: Verfassungsrecht der Schweiz, § 27; HÄFELIN/HALLER/KELLER, § 37–§ 39; JAAG, in: Verfassungsrecht der Schweiz, § 30; KNAPP, in: Verfassungsrecht der Schweiz, § 29; PFISTERER THOMAS, Von der Kompetenzverteilung zur besseren Erfüllung der Bundesaufgaben, in: FS Hangartner, 713 ff. (zit. Kompetenzverteilung); SCHWEIZER, in: St. Galler Kommentar, Art. 42 und 43; SCHWEIZER/MÜLLER, in: St. Galler Kommentar, Art. 43a; THALMANN URS, Die verfassungsrechtliche Stellung der Kantone, in: Peter Hänni (Hrsg.), Schweizerischer Föderalismus und europäische Integration – die Rolle der Kantone in einem sich wandelnden internationalen Kontext, Zürich 2000, 56 ff.; TSCHANNEN, Staatsrecht, § 19–21.

I. Die Begriffe

a. Kompetenzen und Aufgaben

Unter Kompetenz oder Zuständigkeit wird die Ermächtigung oder uU. auch die Verpflichtung verstanden, eine Aufgabe wahrzunehmen (vgl. Rz. 77 ff.). Die Begriffe «Kompetenz» und «Aufgabe» sind nicht identisch. Die Zuständigkeit allein muss nicht zwingend auch eine Handlungsverpflichtung beinhalten, während die Zuweisung einer Aufgabe die Zuständigkeit miteinschliesst. Die geltende Bundesverfassung versucht, diesen Unterschied in den Art. 42 und Art. 43 BV zum Ausdruck zu bringen. 681

Der Unterschied ist einmal für die Kantone von grosser Bedeutung. Denn diese sind aufgrund ihrer subsidiären Generalkompetenz grundsätzlich für sämtliche Aufgaben zuständig, für die der Bund keine Kompetenz besitzt (oder eine nachträglich derogatorische Bundeskompetenz nicht wahrgenommen hat). Aber sie sind frei, ob sie gestützt auf die Kompetenz auch tätig werden wollen. Gemäss Art. 43 BV bestimmen sie, welche Aufgaben sie «im Rahmen ihrer Zuständigkeiten» erfüllen. Für den Bund ist die Tragweite der Unterscheidung weniger klar, da Kompetenzen und Aufgaben in der Bundesverfassung oft nicht auseinandergehalten werden. Die mit der NFA neu eingeführten *Verbundaufgaben* müssen sich indessen auf entsprechende Kompetenzen von Bund (in Form von Bundesaufgaben) und Kantonen (mindestens als Umsetzungsverpflichtungen gemäss Art. 46 Abs. 1 BV) abstützen können. Der «Verbund»-Charakter ergibt sich gemäss NFA vor allem aus der gemeinsamen Finanzierung durch Bund und Kantone (vgl. Botschaft zu den NFA-Verfassungsänderungen, BBl 2002, 2341). 682

Staatliche Aufgaben sind nicht identisch mit öffentlichen Interessen. Diese weisen darauf hin, dass bestimmte Anliegen für die Allgemeinheit von Vorteil und nutz- 683 bringend sind, somit einem allgemeinen Bedürfnis entsprechen. Nicht jedes öffentliche Interesse begründet jedoch eine staatliche Aufgabe. Eine solche bedarf einer politischen und rechtlichen Zuweisung an ein Gemeinwesen im Sinne einer Erfüllungsverantwortung (vgl. dazu FELIX HAFNER, Staatsaufgaben und öffentliches Interessen – ein (un)geklärtes Verhältnis?, BJM 2004, 281 ff., 297 f.).

684   Im Bericht des Bundesrates zur Auslagerung und Steuerung von Bundesaufgaben (Corporate-Governance-Bericht) vom 13.9.2006 (BBl 2006, 8233, 8252 ff.) werden die Bundesaufgaben in Anlehnung an die politikwissenschaftliche funktionale Betrachtungsweise idealtypisch in *Ministerialaufgaben* (Politikvorbereitung, Dienstleistungen mit vorwiegend hoheitlichem Charakter), Dienstleistungen mit *Monopolcharakter* (va. in Bildung, Forschung und Kultur), Aufgaben der *Wirtschafts- und Sicherheitsaufsicht* (Regulierungsaufgaben wie zB. durch die Finmag) sowie Dienstleistungen *am Markt* (wie Infrastrukturleistungen durch Post und SBB) gegliedert.

685   Als *kantonale* Aufgaben gelten nicht nur die «originär» gestützt auf Art. 43 BV wahrgenommenen Tätigkeiten, sondern auch die im Rahmen von Umsetzung und Vollzug des Bundesrechts übertragenen Aufgaben (Art. 46 Abs. 1 BV).

b. Allgemeine Grundsätze der Kompetenzverteilung

686   Art. 42, Art. 43 und neu Art. 43a BV regeln auf der Basis der «Grundnorm» von Art. 3 BV die Verteilung der Kompetenzen resp. Aufgaben des Bundes und die Zuständigkeiten der Kantone in prinzipieller Hinsicht. Zusammen mit den Art. 44 ff. BV stellen sie allgemeine Grundsätze der schweizerischen Bundesstaatlichkeit dar. In ihnen kommen die drei Teilgehalte der Kompetenzausscheidung zum Ausdruck: der Verfassungsvorbehalt zulasten des Bundes, die Kompetenz-Kompetenz des Bundes und die subsidiäre Generalkompetenz der Kantone (vgl. nachstehend Rz. 694 ff.).

687   Durch die NFA wurde in den Art. 5a BV und 43a Abs. 1 BV das Subsidiaritätsprinzip in der Verfassung verankert. Art. 43a BV ersetzt den früheren Artikel 42 Abs. 2 BV (1999) und enthält Grundsätze für die Zuweisung und Erfüllung staatlicher Aufgaben. Danach soll der Bund nur diejenigen Aufgaben übernehmen, welche die Kraft der Kantone übersteigen oder einer einheitlichen Regelung durch den Bund bedürfen. Offen bleibt allerdings, was unter der Formulierung «Kraft der Kantone» zu verstehen ist (Finanzierbarkeit von Aufgaben? Kraft aller Kantone oder nur der Finanzschwächeren?). Jedenfalls werden Volk und Stände im Rahmen der Verfassungsrevision in ihrem politischen Entscheid dadurch nicht eingeschränkt.

688   In Art. 43a Abs. 2 und 3 BV werden zusätzlich nicht justiziable Prinzipien aufgelistet, welche bei der *Festlegung von staatlichen Aufgaben* beachtet werden sollen: So hat das Gemeinwesen, in dem der Nutzen einer staatlichen Leistung anfällt, auch deren Kosten zu tragen. In einem solchen Fall kann es auch über diese Leistung bestimmen.

Während diese Prinzipien einen gewissen Konnex zur Aufgabenteilung von 689
Bund und Kantonen aufweisen, werden in Art. 43a Abs. 4 und 5 BV allgemeine
Grundsätze für die Aufgabenerfüllung aufgestellt, die keinen diesbezüglichen
Bezug erkennen lassen, sondern in der Bundesverfassung eher unsystematisch
platziert erscheinen. So müssen Leistungen der Grundversorgung allen Personen in vergleichbarer Weise offen stehen (Abs. 4), und staatliche Aufgaben sind
bedarfsgerecht und wirtschaftlich zu erfüllen.

Zurzeit wird die Schaffung eines allgemein gehaltenen *Service-public*-Artikels 690
in der BV diskutiert, welcher die *Grundversorgung* in der Telekommunikation,
dem Postwesen, der Eisenbahn und im Energiebereich regeln und auch eine
neue Bundeskompetenz begründen soll (dazu Bericht des Bundesrates «Grundversorgung in der Infrastruktur (Service public)» vom 23. Juni 2004, BBl 2004,
4569 ff.). Der Begriff des service public weist aber keine rechtlich scharfen
Konturen auf. Nach PIERRE MOOR (Droit administratif, Vl. I, 2. Aufl. Bern
1994) handelt es sich um eine Verwaltungsaufgabe, die der vom Privatsektor
nicht ausreichend gewährleisteten Befriedigung eines gesellschaftlichen Bedürfnisses dienen soll (vgl. dazu auch den Service-public-Bericht des Bundesrates, BBl 2004, 4569). Wesentlich erscheint, dass der Staat aufgrund eines politisch definierten Auftrages eine rechtlich ausgemessene Verantwortung für die
Versorgungserfüllung trägt (vgl. dazu auch den Sammelband Le service public,
édité par THIERRY TANQUEREL ET FRANÇOIS BELLANGER, Zürich/Basel 2006).

c. Konkrete Kompetenzen

Die meisten Bundeskompetenzen sind im 3. Titel der Bundesverfassung (in den 691
entsprechenden Kapiteln über die Zuständigkeiten (Art. 54–125 BV) und die Finanzordnung (Art. 126–135 BV)) enthalten sind. Einzelne finden sich aber auch an
anderen Stellen (beispielsweise Art. 8 Abs. 2 und 4, Art. 38, Art. 39 BV, Übergangsbestimmungen).

Das umfangreiche Kapitel «Zuständigkeiten» innerhalb des dritten Titels umfasst 692
zehn Abschnitte, nämlich:

- Beziehungen zum Ausland
- Sicherheit, Landesverteidigung, Zivilschutz
- Bildung, Forschung und Kultur
- Umwelt und Raumplanung
- Öffentliche Werke und Verkehr
- Energie und Kommunikation
- Wirtschaft
- Wohnen, Arbeit, soziale Sicherheit und Gesundheit
- Aufenthalt und Niederlassung von Ausländerinnen und Ausländern
- Zivilrecht, Strafrecht, Messwesen

Hinzu kommt das 3. Kapitel über die Finanzordnung. 693

II. Verfassungsvorbehalt zulasten des Bundes

694 Dem Bund kommt nur eine Kompetenz zu, wenn und soweit ihm die Bundesverfassung eine solche zuweist (*Prinzip der begrenzten Einzelermächtigung*).

695 Die Bundeskompetenzen umschreiben gewöhnlich einen bestimmten *Sachbereich* (zB.: Eisenbahn, Seilbahn, Schifffahrt, Luft- und Raumfahrt, Radio und Fernsehen) oder einen *Rechtsbereich* (Zivilrecht, Art. 122 BV; Strafrecht, Art. 123 BV). Daneben weist die Verfassung dem Bund auch Kompetenzen zur sachbereichsübergreifenden Regelung spezifischer Probleme zu *(Querschnittskompetenzen),* etwa im Bereich des Umweltschutzes, Art. 74 BV.

696 Gemeinsam ist den Bundeskompetenzen, dass sie *keine Generalklauseln* enthalten, sondern dem Bund relativ eng umschriebene Regelungsbereiche zuweisen. Dadurch soll sichergestellt werden, dass der Bund bei der Ausübung seiner Aufgaben seine Kompetenzen nicht zulasten der Kantone *schleichend ausdehnt*.

697 Art. 2 BV (Zweckartikel), Art. 41 BV (Sozialziele) und Art. 94 Abs. 2 BV (Wirtschaftsartikel) begründen wegen ihrem weiten Sachbereich keine Bundeszuständigkeiten.

698 Eine *Ausnahme* vom Prinzip der begrenzten Einzelermächtigung betrifft die Bundeskompetenz über die *auswärtigen Angelegenheiten* (Art. 54 BV). Diese ist thematisch nicht begrenzt; der Bund kann völkerrechtliche Verträge auch in Sachbereichen abschliessen, die in der Kompetenz der Kantone liegen (vgl. dazu § 40). Aufgrund der zunehmenden Internationalisierung (beinahe) aller politischen Sektoren findet so eine zunehmende Kompetenzverschiebung zugunsten des Bundes statt.

699 Auch in der Zuweisung von Rechtsbereichen wie *Zivilrecht* und *Strafrecht* kann eine Ausnahme vom Prinzip der begrenzten Einzelermächtigung erblickt werden. Vor allem die Abgrenzung der Bundeskompetenz im Zivilrecht zu den (öffentlich-rechtlichen) Kompetenzen der Kantone wirft immer wieder Probleme auf (Art. 6 ZGB; vgl. dazu Rz. 780 ff.).

700 Eine Folge des Verfassungsvorbehalts zugunsten des Bundes besteht darin, dass der Bund neue Aufgaben erst dann wahrnehmen kann, wenn ihm diese aufgrund einer *Verfassungsrevision* zugewiesen worden sind.

701 Bundeskompetenzen werden oft mit Zielnormen, Verfassungsaufträgen oder mit einer inhaltlichen Grundlegung politischer Bereiche verbunden (vgl. Rz. 722 ff.). So dient die Einführung einer neuen oder die Abänderung einer bestehenden Bundeskompetenz oft auch der Festlegung materieller politischer Grundsätze oder Direktiven für den Gesetzgeber.

702 Illustrativ erscheint diesbezüglich der 3. Abschnitt der BV über Bildung, Forschung und Kultur, mit Einschluss der von Volk und Ständen am 21. Mai 2006 angenommenen Bestimmungen über die Bildungslandschaft Schweiz (Art. 61a ff. BV). Die Kantone werden verpflichtet, einheitliche Regelungen in den Eckwerten des Bildungssystems, wie das Schuleintrittsalter, die Dauer der Schulpflicht, Dauer und Ziele der Bildungsstufen, Übergänge zwischen den einzelnen Bildungsstufen und die gesamtschweizerische Anerkennung von Bildungsabschlüssen, aufzustellen. Sind die Kantone nicht in der Lage, die erwähnten Eckwerte selbständig zu harmonisieren, sind auf Bundesebene zwei

neue Instrumente zu deren Durchsetzung vorgesehen: Einerseits kann der Bund auf Antrag interessierter Kantone interkantonale Verträge als allgemeinverbindlich erklären (Art. 48a BV); andererseits ist der Bund befugt, selbst Normen zu erlassen (Art. 62 Abs. 4 und 63a Abs. 5 BV).

III. «Kompetenz-Kompetenz» des Bundes

Aus Art. 42 Abs. 1 BV lässt sich ein zweites Element der Aufgabenteilung zwischen Bund und Kantonen ableiten: Indem die *Bundesverfassung* und nicht die kantonalen Verfassungen über die Kompetenzaufteilung entscheiden, besitzt der Bund auch die Befugnis, die Kompetenzaufteilung selber, dh. in seiner eigenen Verfassung zu regeln. Dem Bund kommt mit anderen Worten die sog. «Kompetenz-Kompetenz» zu. Er und nicht die Kantone entscheidet somit, wer welche Aufgaben wahrnimmt. 703

Die Kantone sind aber beim Erlass einer neuen Kompetenzbestimmung auf Ebene der Bundesverfassung aktiv beteiligt, weil dieser Vorgang im Verfahren der Teilrevision der BV erfolgt (Ständemehr bei Verfassungsabstimmungen, obligatorisches Zustimmungserfordernis beider Kammern der Bundesversammlung, also auch des Ständerates, Vernehmlassungsverfahren bei den Kantonen etc.). 704

Aus der Kompetenz-Kompetenz des Bundes folgt, dass die Kompetenzverteilung zwischen Bund und Kantonen *in allen Kantonen gleich* geregelt ist. Es gibt keine diesbezüglichen Divergenzen zwischen den Kantonen. Hier kommt das grundlegende, den schweizerischen Föderalismus prägende Element der Gleichheit der Kantone zum Ausdruck. In anderen Bundesstaaten finden sich andere, differenzierte Lösungen (zB. in Russland). 705

IV. Subsidiäre Generalkompetenz der Kantone

a. Grundsatz

Ein drittes Element der Aufgabenteilung zwischen Bund und Kantonen betrifft die Frage, *in welchen Bereichen die Kantone zuständig sein sollen*. Es gilt der Grundsatz, dass die Kantone sämtliche Aufgaben wahrnehmen können, für die keine ausschliessliche Bundeskompetenz besteht. Die Zuständigkeiten der Kantone *leiten sich grundsätzlich nicht vom Bund ab*, trotz der Kompetenz-Kompetenz des Bundes (Art. 3 und Art. 44 BV). Stellt sich eine *neue Staatsaufgabe*, liegt sie bei den *Kantonen*. Sie «wachsen» ihnen an. 706

Neue Staatsaufgaben können sich etwa aus der *technischen Entwicklung* ergeben. Dies zeigte sich in neuerer Zeit etwa im Bereich der *Fortpflanzungstechnologie*. Nachdem die entsprechende technische Entwicklung so weit fortgeschritten war, dass die verschiedensten Möglichkeiten künstlicher Fortpflanzung zur routinemässigen Behandlung von Menschen eingesetzt werden konnten, erliessen zahlreiche Kantone entsprechende Gesetze. Im Jahr 1992 erliess der Bund eine Kompetenzbestimmung (Art. 24[novies] aBV, heute *Art. 119 BV),* in welcher 707 der Bund zuständig erklärt wurde, auf diesem Gebiet zu legiferieren. Das neue Fortpflanzungsgesetz des Bundes (FMedG, SR 814.90) trat am *1. Januar 2001* in Kraft.

708 Ein weiteres Beispiel stellt die Forschung am Menschen dar. Durch den wissenschaftlichen Fortschritt kann heute mit einer Tiefe und Intensität am Menschen geforscht werden, die bis vor relativ kurzer Zeit kaum denkbar erschien. Deshalb hat sich die Notwendigkeit einer bundesrechtlich einheitlichen Regelung der damit zusammenhängenden Fragen zugespitzt. Entsprechend wird in der Bundesversammlung gegenwärtig (2008) ein neuer Art. 118a BV diskutiert, der die entsprechende Verfassungsgrundlage schaffen soll (siehe die Botschaft des Bundesrates in BBl 2007, 6713).

709 Daraus ergibt sich, dass die *Kompetenzverteilung* zwischen Bund und Kantonen *lückenlos und abschliessend* ist. Es gibt keine Staatsaufgaben, zu deren Wahrnehmung weder der Bund noch die Kantone zuständig wären.

710 Im Bereich ihrer Kompetenzen sind die *Kantone grundsätzlich frei* in ihrem Entscheid, ob sie die damit verbundenen Staatsaufgaben wahrnehmen wollen oder nicht. Dies bringt *Art. 43 BV* zum Ausdruck.

711 Ausnahmen können sich aufgrund grundrechtlicher Anforderungen ergeben (etwa im Schulbereich gestützt auf den verfassungsrechtlichen Anspruch auf Grundschulunterricht, Art. 19 BV, aber auch ausdrücklich gestützt auf Art. 62 Abs. 2 und BV).

b. Ausdrückliche Regelung kantonaler Aufgaben durch die Bundesverfassung

712 In wenigen Fällen werden kantonale Kompetenzen in der BV besonders erwähnt, obwohl im Bundesverfassungsrecht grundsätzlich nur die Bundeskompetenzen verankert werden müssen.

713 Dabei geht es darum,

– in sensiblen Bereichen (deklaratorisch) festzustellen, dass die (angestammte) kantonale Zuständigkeit weiterhin bestehen bleibt («Beruhigungsfunktion»; zB. Natur- und Heimatschutz, Art. 78 Abs. 1 BV; Schulwesen, Art. 62 Abs. 1 BV; Kultur, Art. 69 Abs. 1 BV);

– die Kantone in ihrem Zuständigkeitsbereich zum Handeln zu verpflichten («Mahnungsfunktion»; zB. Raumplanung, Art. 75 Abs. 1 BV);

– kantonale Kompetenzen einzuschränken («Schrankenfunktion», zB. Wirtschaftsfreiheit, Art. 74 Abs. 4 BV);

– die Kompetenzabgrenzung bei komplexen Regelungsbereichen zu verdeutlichen («Klarstellungsfunktion», zB. Energiepolitik, Art. 89 Abs. 4 BV); und

– die gemeinsame Verantwortung von Bund und Kantonen hervorzuheben (zB. «Sorge für eine hohe Qualität und Durchlässigkeit des Bildungsraumes Schweiz», Art. 61a BV; religiöser Frieden, Art. 72 Abs. 2 BV; Sicherheitspolitik, Art. 57 BV).

c. Aufgabenkataloge der Kantone

Es steht den Kantonen frei, jene Aufgaben, die sie gestützt auf ihre Kompetenzen wahrnehmen wollen, in ihrer jeweiligen Kantonsverfassung zu verankern oder nicht. Eine bundesrechtliche Verpflichtung besteht hierfür nicht. 714

> Die jüngeren Kantonsverfassungen enthalten relativ ausführliche Aufgabenkataloge. Damit sollen die kantonalen Aufgaben in ihren Grundzügen festgehalten, politische Ziele formuliert und Aufträge an den Gesetzgeber erteilt werden. Diese Konstitutionalisierung schafft eine *Legitimitätsgrundlage*, welche den kantonalen Behörden bei der Konkretisierung und Umsetzung der Aufgaben Rückhalt verleiht, die *Steuerungskraft* der Verfassung erhöht und deren Informationsfunktion stärkt (dazu eingehend GERHARD SCHMID, Staatsaufgaben, in: DENISE BUSER [Hrsg.], Neues Handbuch des Staats- und Verwaltungsrechts des Kantons Basel-Stadt, Basel 2008, 29 ff.; VIVIANE SOBOTICH, in: Isabelle Häner/Markus Rüssli/Evi Schwarzenbach [Hrsg.], Kommentar zur Zürcher Kantonsverfassung, Zürich 2008, Vorb. zu Art. 95–121). 715

d. Verfassungsvorbehalte der Kantone

Die Kantone bestimmen ebenfalls frei über den rechtlichen Stellenwert eines Aufgabenkataloges in ihrer Verfassung. Sollen Gesetzgeber und Verwaltung nur jene Aufgaben wahrnehmen dürfen, welche in der Kantonsverfassung abschliessend aufgeführt sind, handelt es sich um einen «kantonalen Verfassungsvorbehalt» (näher GIOVANNI BIAGGINI, Erste Erfahrungen mit der Kantonsverfassung des Kantons Basel-Landschaft von 1984 – Versuch einer Bilanz, in: Kurt Jenny et al. [Hrsg.], Staats- und Verwaltungsrecht des Kantons Basel-Landschaft, Liestal 1998, 60 ff.). 716

> Andernfalls stellt der kantonale Aufgabenkatalog nur eine beispielhafte Aufzählung dar, die rasch veraltet und den Gesetzgeber nicht daran hindert, neue Aufgaben auf Gesetzesstufe zu regeln. Nur wenige Kantonsverfassungen kennen einen entsprechenden Vorbehalt. 717

V. Ermittlung und Typen von Bundeskompetenzen

a. Ermittlung von Bundeskompetenzen

Die Kompetenzbestimmungen der Bundesverfassung sind nach den anerkannten *Auslegungsregeln* zu ermitteln (vgl. vorne Rz. 497 ff.). Dabei kann dem entstehungszeitlichen Auslegungselement bei Bundeskompetenzen uU., namentlich aufgrund der in Volksabstimmungen sanktionierten Verhandlungs- und Kompromissverfahren, ein grösseres Gewicht zukommen als bei anderen Verfassungsnormen. Eine allgemeine Pflicht zur restriktiven Auslegung von Bundeskompetenzen besteht indessen nicht. 718

719 Die in der Bundesverfassung enthaltene Kompetenzaufteilung ist grundsätzlich abschliessender Natur (*Prinzip der Lückenlosigkeit des Kompetenzkataloges*). Die Begründung neuer Kompetenzen hat durch Verfassungsrevision zu erfolgen; eine *Lückenfüllung* ist *ausgeschlossen*. Entsprechend ist auch eine Abstützung von Bundeskompetenzen auf *Gewohnheitsrecht* unzulässig.

720 Demgegenüber wird anerkannt, dass Bundeskompetenzen *stillschweigender Natur* sein können (ungeschriebene Verfassungsnormen). Dabei werden im Anschluss an die amerikanische Verfassungslehre einerseits Kompetenzen kraft Sachzusammenhang (sog. *implied powers*) und Kompetenzen kraft föderativen Staatsaufbaus (sog. *inherent powers*) unterschieden. Erstere liegen vor, wenn eine Bundeskompetenz unausweichlich erscheint, damit eine andere, ausdrückliche Kompetenz wahrgenommen werden kann. Letztere ergeben sich aus der bundesstaatlichen Struktur und werden bejaht, wenn eine Aufgabe sinnvollerweise dem Bund zukommen muss (wie zB. gewisse aussenpolitische Aktivitäten).

721 Nachdem im Rahmen der Totalrevision der Bundesverfassung versucht worden ist, die Aufgaben des Bundes vollständig in die BV aufzunehmen, kommt der Anerkennung ungeschriebener Bundeskompetenzen auf absehbare Zeit keine grosse Bedeutung mehr zu.

b. Typen von Bundeskompetenzen

722 Die Bundeskompetenzen werden nach verschiedenen Gesichtspunkten unterteilt, vor allem nach ihrer *Staatsfunktionen,* nach der *Rechtswirkung* im Verhältnis zu den kantonalen Kompetenzen, nach der *Intensität* der Regelung und nach dem *Grad der Verpflichtung* zum Erlass einer Regelung. Diese Einteilungen werden in der BV durch entsprechend gewählte Formulierungen sichtbar gemacht.

1. Unterscheidung nach Staatsfunktionen

723 Dem Bund kann in einer bestimmten Materie die Befugnis zur Rechtsetzung, Umsetzung und Vollziehung oder Rechtsprechung übertragen sein. Als Regel gilt, dass die Kantone das Bundesrecht umsetzen (Art. 46 Abs. 1 BV). Der Verweis in Art. 46 Abs. 1 BV «nach Massgabe von Verfassung und Gesetz» bringt indessen zum Ausdruck, dass die Umsetzungsbefugnisse auf andere Weise geregelt werden können. Die Kompetenz zum Abschluss von Staatsverträgen im auswärtigen Bereich liegt primär beim Bund (Art. 54 Abs. 1 BV), ausnahmsweise aber auch im Zuständigkeitsbereich der Kantone (Art. 56 Abs. 1 BV).

2. Unterscheidung nach der Rechtswirkung

724 Gesetzgebungskompetenzen des Bundes werden in Bezug auf ihre Rechtswirkung im Verhältnis zu den kantonalen Zuständigkeiten herkömmlicherweise in ausschliessliche, konkurrierende und parallele Kompetenzen unterteilt:

Bei *ausschliesslichen* (oder ursprünglich derogierenden) Bundeskompetenzen geht die kantonale Kompetenz mit der Inkraftsetzung der Bundeszuständigkeit unter; sie tritt definitiv ausser Kraft. Hier verwendet die BV die Ausdrucksweise, eine Angelegenheit sei «... Sache des Bundes». 725

> Bei ausschliesslichen Bundeskompetenzen besteht die Gefahr eines Regelungsvakuums, weshalb solche Kompetenzen in der Bundesverfassung selten sind (vgl. etwa Art. 60 BV betreffend die Organisation, Ausbildung und Ausrüstung der Armee). 726

Bei *konkurrierenden* (oder nachträglich derogierenden) Bundeskompetenzen tritt das kantonale Recht erst mit Erlass der ausführenden Bundesgesetzgebung ausser Kraft, und dies nur soweit, als die Bundesgesetzgebung die Kompetenz ausschöpft. Sie sind in der Bundesverfassung am häufigsten. Solche Bundeskompetenzen werden in der Bundesverfassung mit den Formulierungen «der Bund regelt ...», «der Bund erlässt Vorschriften über ...» oder «der Bund kann Vorschriften erlassen über ...» gekennzeichnet. 727

> Der Versuch einer begrifflich-kategorialen Unterscheidung in ausschliessliche und konkurrierende Bundeskompetenzen ist freilich nicht restlos gelungen. Der Terminus «Sache des Bundes» wird ausnahmsweise auch für konkurrierende Kompetenzen verwendet (so bei Art. 87 BV, wo nur die *Bahnkompetenz* ausschliesslicher Natur ist). 728

Bei *parallelen* Kompetenzen existieren kantonale und Bundeskompetenzen nebeneinander. Die kantonale Kompetenz bleibt bestehen, unabhängig davon, ob der Bund von seiner Kompetenz Gebrauch macht. Für parallele Kompetenzen kennt die BV keine Standardformulierung; idR. wird die Tätigkeit des Bundes direkt genannt (zB. «Der Bund fördert die wissenschaftliche Forschung», Art. 64 Abs. 1 BV). 729

> Weitere Beispiele für eine solche Kompetenz stellen dar: die Befugnis zum Schutz der *öffentlichen Sicherheit* und Ordnung (nach Art. 57 BV sind Bund und Kantone je im Rahmen ihrer jeweiligen Kompetenzen zuständig; sie haben im Bereich der inneren Sicherheit zusammenzuarbeiten); die Sorge für einen *Bildungsraum Schweiz* (Bund und Kantone sorgen im Rahmen ihrer Zuständigkeiten für eine hohe Qualität und Durchlässigkeit, koordinieren ihre Anstrengungen und setzen sich für eine gleichwertige gesellschaftliche Anerkennung der allgemein bildenden und berufsbezogenen Bildungswege ein; Art. 61a BV) sowie die Erhebung von *direkten Steuern* (Art. 128 BV ist beschränkt auf die Kompetenz zur Erhebung direkter Steuern durch den Bund) oder die *Entwicklungszusammenarbeit*. 730

Mit der NFA und den neuen Verfassungsbestimmungen über den «Bildungsraum Schweiz» ist ein neuer Typus einer Bundeskompetenz in die BV eingeführt worden, der als *kompensatorische oder nachträgliche Bundeskompetenz* bezeichnet werden kann. Er erscheint in zwei Anwendungsformen: einerseits der *Allgemeinverbindlicherklärung* von interkantonalen Verträgen resp. der Verpflichtung der Kantone zur Beteiligung an interkantonalen Verträgen in bestimmten Aufgabenbereichen (Art. 48a BV), und andererseits der *subsidiären Gesetzgebungskompetenz*, 731 wenn die Kantone oder Bund und Kantone in bestimmten Bereichen des Bildungswesens auf dem Koordinationsweg keine Harmonisierung zustande gebracht haben (Art. 62 Abs. 4 und Art. 63a Abs. 5 BV). In beiden Fällen kann der Bund erst dann von der verfassungsrechtlich eingeräumten Kompetenz Gebrauch machen, wenn eine bestimmte Anzahl von Kantonen einen entsprechenden Antrag stellt oder wenn diese ein verfassungsrechtlich umschriebenes Ziel nicht erreichen können (zum Ganzen GIOVANNI BIAGGINI, Kooperativer Föderalismus zwischen Freiwilligkeit und Zwang: Die neue schweizerische «Bildungsverfassung» als Experimentierfeld, in: Europäisches Zentrum für Föderalismusforschung [Hrsg.], Jahrbuch des Föderalismus 2007 (Band 8), Subsidiarität und Regionen in Europa, Baden-Baden 2007, 449 ff.).

3. Unterscheidung nach der Regelungsintensität

732 Nach der Intensität der Regelung wird unterschieden zwischen umfassenden Kompetenzen, fragmentarischen Kompetenzen, Grundsatzgesetzgebungskompetenzen und Förderungskompetenzen.

733 Eine *umfassende* Kompetenz ermächtigt zur «flächendeckenden» Regelung eines Sachbereiches, eine *fragmentarische* zur abschliessenden Regelung eines Teilgehaltes eines solchen. Eine Grundsatzgesetzgebungskompetenz verlangt vom Bund, sich in einer bestimmten Materie auf die Regelung der Grundzüge zu beschränken und die Einzelheiten dem kantonalen Recht zu überlassen (typisches Beispiel: Raumplanungskompetenz, Art. 75 Abs. 1 BV).

734 Für die Kompetenz zum Erlass von Grundsätzen verwendet die BV die Ausdrucksweise «der Bund legt Grundsätze fest über ...»; in einem Fall auch «der Bund erlässt Mindestvorschriften über ...» (Art. 38 Abs. 2 BV).

735 Eine *Förderungskompetenz* kann den Erlass gesetzlicher Bestimmungen beinhalten. Förderungskompetenzen werden im Verfassungstext als solche bezeichnet.

4. Unterscheidung nach der Regelungsverpflichtung

736 Der Grad der Verpflichtung des Gesetzgebers zum Erlass einer Regelung kann unterschiedlich ausgestaltet sein. Er lässt sich sprachlich-textlich aber nicht abschliessend abbilden. Durch die Verwendung von «Kann-Formulierungen» anstelle des verpflichtenden «der Bund erlässt Vorschriften...» wird ein grösserer Handlungsspielraum der Behörden signalisiert.

737 Allerdings bedeutet diese Formulierung nicht, dass der Bund eine Regelung nach Belieben unterlassen darf. Wenn das öffentliche Interesse es erfordert, muss er auch bei einer blossen Kann-Formulierung tätig werden. Das bedeutet demnach: Die Kann-Formulierung gibt dem Gesetzgeber die Kompetenz, über die Notwendigkeit einer Regelung je nach in Frage stehendem öffentlichem Interesse zu entscheiden.

VI. Delegierte Kompetenzen der Kantone

a. Zulässigkeit

Die Übertragung von Rechtsetzungs-, Verwaltungs- und Rechtsprechungsfunktionen vom Bund auf die Kantone wird im Allgemeinen als zulässig erachtet, obwohl die Kompetenzausscheidung der Verfassung grundsätzlich als verfassungsrechtlich bindend erscheint. Dies gilt nicht bei ausschliesslichen Bundeskompetenzen und Grundsatzgesetzgebungskompetenzen, die keine Delegation gestatten. Allgemein ist von einem Verbot auszugehen, sofern die vom Verfassungsgeber intendierte Kompetenzordnung ausgehöhlt würde. Bei der Wahrnehmung von delegierten Bundesaufgaben durch die Kantone spricht man vom *übertragenen Wirkungskreis*. 738

b. Gesetzesdelegation

Die Übertragung rechtsetzender Gewalt ermöglicht oder gebietet den Kantonen, im delegierten Bereich eigene Rechtssätze zu erlassen. Dies kann sich aufgrund eines fehlenden Rechtsvereinheitlichungsbedürfnisses oder bei fehlendem politischem Konsens auf Bundesebene aufdrängen. 739

Das kantonale Recht kann eine (das Bundesrecht) *ergänzende* Funktion aufweisen, wobei die Kantone je nach bundesrechtlicher Vorgabe nur (fakultativ) berechtigt oder aber (obligatorisch) verpflichtet sein können, zu legiferieren. Sie können auch ermächtigt werden, eine *vom Bundesrecht abweichende* kantonale Regelung mit derogatorischer Wirkung zu erlassen, so dass das Bundesrecht bloss subsidiär gilt. Umgekehrt kann der Bund seine Regelung unter den Vorbehalt einer Anwendbarkeitserklärung durch die Kantone stellen. Solche der Transparenz und Rechtssicherheit nicht unbedingt förderliche Kompetenzverflechtungen kommen vor allem im Privatrecht vor. 740

c. Verwaltungsdelegation

Die Umsetzung des Bundesrechts obliegt grundsätzlich den Kantonen, wenn und soweit Verfassung und Gesetz keine andere Regelung treffen. Der Vollzug von Bundesrecht schliesst auch den Erlass kantonaler Rechtssätze ein. Soweit die Verfassung selbst den Vollzug durch die Kantone vorsieht, handelt es sich nicht um eine eigentliche Kompetenzdelegation, sondern um eine Kompetenzzuweisung. 741

d. Rechtsprechungsdelegation

Eine Delegation von Rechtsprechungsfunktionen auf Gesetzesstufe ist idR. nicht zulässig (vgl. die Ausnahme im Verwaltungsstrafrecht, in dem die Rechtsprechung weitgehend auf die Kantone übertragen worden ist; Art. 73 ff. des BG vom 22. März 1974 über das Verwaltungsstrafrecht, VStrR, SR 313.0). 742

§ 7 Vorrang und Einhaltung des Bundesrechts

Literatur

AUBERT, in: Petit commentaire, Art. 49; AUER/MALINVERNI/HOTELIER I, Rz 1033–1093; BIAGGINI, BV Kommentar, Art. 49; FORSTER PETER, Eigenständigkeit der Kantone, Vorrang und Einhaltung des Bundesrechts und Bundesgarantien, in: BV – CF 2000, 131 ff.; HÄFELIN/HALLER/KELLER, § 40 und 41; JAAG, in: Verfassungsrecht der Schweiz, § 30 Rz 13–22; KÄLIN WALTER, Überprüfung kantonaler Verfassungsbestimmungen durch das Bundesgericht, recht 1986, 161 ff.; RUCH, in: St. Galler Kommentar, Art. 49; TSCHANNEN, Staatsrecht, § 22 und § 26.

I. «Bundesrecht geht kantonalem Recht vor»

a. Grundsatz *der derogatorischen Kraft des Bundesrechts*

Gemäss Art. 49 Abs. 1 BV geht Bundesrecht entgegenstehendem kantonalem Recht vor. Dieser *Grundsatz der derogatorischen Kraft des Bundesrechts* war in der alten Verfassung nicht explizit enthalten. Er stellt nach HÄFELIN/HALLER/KELLER «eine Konsequenz der bundesstaatlichen Kompetenzordnung» dar (Rz. 1175), wurde traditionell in die Formel «Bundesrecht bricht kantonales Recht» gekleidet und aus Art. 3 aBV und Art. 2 ÜB aBV abgeleitet. Die Norm dient der Klärung des gegenseitigen Verhältnisses der Rechtsordnungen von Bund und Kantonen. Ziel von Art. 49 BV ist die Bewahrung von Einheit und Widerspruchsfreiheit der schweizerischen Rechtsordnungen. Damit dient Art. 49 BV auch der Rechtssicherheit. 743

Art. 49 Abs. 1 BV löst Normkonflikte, das heisst den Widerspruch zwischen zwei Normen. Ein solcher Widerspruch liegt vor, wenn beide Normen den gleichen Gegenstand regeln, die sich dabei stellenden Fragen aber unterschiedlich beantworten. Ursache dieses Widerspruchs ist idR., dass ein Kanton die Bundeskompetenz nicht beachtet. Um die Verletzung einer Kompetenznorm festzustellen, ist deshalb der genaue Umfang der Bundeskompetenz zu ermitteln. 744

> Art. 49 Abs. 1 BV löst indessen nicht nur Normkonflikte, sondern schützt auch die bundesstaatliche Kompetenzordnung. Wird kantonales Recht oder Bundesrecht kompetenzwidrig erlassen, kommt Art. 49 Abs. 1 BV nicht zum Zuge, weil ein Verstoss gegen die verfassungsmässige Kompetenzordnung nach Art. 3 BV vorliegt (so auch BIAGGINI, BV Kommentar, Art. 49 Rz. 7,9 mit Hinweis auf AUBERT). Hier geht es nicht um die Frage, welche von zwei rechtmässig erlassenen Rechtsnormen vorgeht, sondern darum, dass eine der beiden kollidierenden Normen nicht kompetenzgemäss ist. Die derogatorische Kraft des Bundesrechts steht immer unter dem Vorbehalt der Kompetenzmässigkeit. 745

> Falls Bundesrecht kompetenzwidrig erlassen wird (und kein Fall von Art. 190 BV vorliegt), «bricht» kantonales Recht Bundesrecht. Art. 49 Abs. 1 BV betrifft somit vor allem Fälle, in welchen eine blosse Normenkolli- 746

sion ohne Kompetenzkollision vorliegt (so etwa Fälle der «Kompetenzkumulation; zu diesem Begriff etwa BGE 122 I 70, 75).

b. Massgebliches Recht

747 Die Vorrangregeln beziehen sich auf den Erlass von *Rechtssätzen*, nicht auf Anwendungsakte. Massgebend sind die erlassenden *Organe* des Bundes oder der Kantone, nicht der Inhalt der Norm.

748 Wenn der Bund von den Kantonen Rechtsetzung fordert, dann erlassen diese kantonales Recht, nicht Bundesrecht, auch wenn das kantonale Recht vom Bund genehmigt werden muss. Solche Genehmigungserfordernisse bestehen etwa mit Bezug auf Kantonsverfassungen (Art. 51 Abs. 2 und Art. 172 Abs. 2 BV) und auf kantonale Staatsverträge und interkantonale Konkordate, gegen die der Bundesrat oder ein anderer Kanton Einsprache erhoben hat (Art. 172 Abs. 3 BV). Zudem können Bundesgesetze jene kantonalen Erlasse der Genehmigungspflicht des Bundes unterstellen, die Bundesrecht durchführen (Art. 186 Abs. 2 BV. Art. 61b RVOG erweitert seinem Wortlaut nach die Möglichkeit einer Genehmigungspflicht auf sämtliche kantonalen Gesetze und Verordnungen; er ist allerdings verfassungskonform auszulegen).

749 Auch die *Ranghöhe* der Erlasse ist nicht beachtlich. Selbst bundesrechtliche Verordnungen gehen kantonalen Gesetzen vor.

c. Voraussetzungen und Inhalt des Vorrangprinzips

1. Voraussetzungen

750 Das Vorrangprinzip kommt zur Anwendung, wenn sich zwei Rechtsnormen als Folge der Überordnung des Bundesrechts über kantonales Recht widersprechen.

2. Inhalt

751 Das Vorrangprinzip weist eine *doppelte Bedeutung* auf: Die Kantone dürfen Bundesrecht *nicht verletzen*; und der Bund darf *kein kompetenzwidriges Bundesrecht erlassen.*

752 Widersprechen sich Bundesrecht und kantonales Recht aufgrund der Verletzung der Kompetenzordnung, hat letzteres zu weichen. Es fällt «sofort, ohne weiteres und endgültig» weg (WALTHER BURCKHARDT). Kompetenzgemäss erlassenes kantonales Recht, das Bundesrecht widerspricht, ist indessen bloss anfechtbar (vgl. Rz. 81).

753 Das Bundesgericht qualifiziert das Vorrangprinzip als verfassungsmässiges Recht (Grundsatz der *derogatorischen Kraft des Bundesrechts*).

d. Folgen der Verletzung des Grundsatzes

1. Nichtigkeit als Regel

Kompetenzwidriges kantonales Recht, das Bundesrecht widerspricht, ist regelmässig nichtig, dh. auch ohne Rechtsschutzverfahren unmassgeblich und ungültig. Ist das kantonale Recht nach dem Inkrafttreten des Bundesrechts erlassen worden, ist es a priori ungültig (vgl. BGE 133 V 96, 102); älteres kantonales Recht wird mit dem Erlass von widersprechendem Bundesrecht «vernichtet». Gestützt auf ungültiges kantonales Recht ergangene Anwendungsakte sind jedoch grundsätzlich nur *anfechtbar*.

754

> AUER/MALINVERNI/HOTTELIER (I, Rz. 1069 ff.) bezeichnen diese Nichtigkeit jedoch zu Recht als Fiktion, denn bundesrechtswidrige kantonale Regelungen werden vom Bundesgericht nicht rückwirkend für nichtig erklärt, sondern aufgehoben oder im konkreten Fall als nicht anwendbar bezeichnet. PIERRE TSCHANNEN (§ 22, Rz. 29) gibt dagegen zu bedenken, dass den Kantonen für den Erlass kompetenzwidrigen Rechts «schon nur die *Zuständigkeit* ... fehlt – und wem die Zuständigkeit fehlt, der vermag auch keine gültigen Rechtswirkungen hervorzubringen» (kursiv im Original).

755

2. Rechtsschutzverfahren

Der Grundsatz der derogatorischen Kraft des Bundesrechts ist von allen Behörden von Amtes wegen zu beachten. Verwaltungsbehörden wie Gerichte haben die Bundesrechtsmässigkeit vorfrageweise oder in besonderen Rechtsmittelverfahren zu prüfen und ungültigen Normen die Anwendung zu versagen. In der Praxis ist umstritten, wieweit unteren Verwaltungsbehörden das *akzessorische Prüfungsrecht* zusteht.

756

> Im Rahmen der Staatsrechtlichen Beschwerde wurde eine entsprechende Prüfung nur vorgenommen, wenn sie vom Beschwerdeführer verlangt worden ist (BGE 124 I 159, 163, 130 I 279, 283 f.). Auch nach der Justizreform gilt weiterhin die Praxis des Rügeprinzips gemäss Art. 106 Abs. 2 und Art. 117 BGG (BGE 133 III 639, 639 f.). In BGE 131 I 377, 385 betont das Gericht hingegen, dass das Rügeprinzip nach Art. 90 Abs. 1 Bst. b OG dem Bundesgericht nicht verbiete, einen Verstoss gegen die nicht gerügte derogatorische Kraft des Bundesrechts im Rahmen der Urteilsbegründung zum Ausdruck zu bringen und den Kanton auf einen bestehenden Handlungsbedarf aufmerksam zu machen. Gleiches muss auch nach der Justizreform gelten.

757

3. Beschwerde beim Bundesgericht

Das Vorrangprinzip gilt als verfassungsmässiges Individualrecht. Dementsprechend stand früher gegen dessen Verletzung die Staatsrechtliche Beschwerde beim Bundesgericht zur Verfügung (Art. 84 Abs. 1 Bst. a OG), welche sich gegen die kantonale oder kommunale Norm sowie gegen den gestützt darauf erlassenen Anwendungsakt richten konnte. Nach der Justizreform kann die Verletzung des Vor-

758

rangprinzips mit der Einheitsbeschwerde in öffentlich-rechtlichen Angelegenheiten gemäss Art. 82 ff. BGG angefochten werden. Zudem steht die subsidiäre Verfassungsbeschwerde gemäss Art. 113 ff. BGG ans Bundesgericht zur Verfügung. Die Einheitsbeschwerde kann sich gegen kantonale Entscheide in öffentlich-rechtlichen Angelegenheiten oder gegen kantonale Erlasse richten, während die Verfassungsbeschwerde nur gegen die Anfechtung von Einzelakten offen steht (Art. 113 BGG).

759 Im Rahmen der Beschwerde in öffentlich-rechtlichen Angelegenheiten kann generell die Verletzung von Bundesrecht gerügt werden (Art. 95 Bst. a BGG). Die Qualifizierung des Vorrangprinzips als verfassungsmässiges Recht ist deshalb im Rahmen dieser Beschwerde nicht mehr erforderlich; weiterhin von Bedeutung ist sie hingegen bei der subsidiären Verfassungsbeschwerde, da hier nach Art. 116 BGG nur die Rüge der Verletzung von verfassungsmässigen Rechten zulässig ist.

4. Klage beim Bundesgericht

760 Vor dem Inkrafttreten der Justizreform konnten Bund wie Kantone die Verletzung des Grundsatzes auch mittels Staatsrechtlicher Klage beim Bundesgericht geltend machen (Art. 83 Bst. a OG). Nach geltendem Recht können beide Parteien bei einem Kompetenzkonflikt Klage an das Bundesgericht gemäss Art. 120 Abs. 1 Bst. a BGG erheben.

761 Im Klageverfahren wird die bundesstaatliche Kompetenzordnung aufgrund Art. 190 BV freilich mangelhaft geschützt; es bestehen für Bund und Kantone strukturell ungleiche Ausgangslagen.

II. Kollisionsfälle

a. Kompetenzkonflikte

1. Fehlende kantonale Kompetenz

762 Handelt der Kanton ohne Kompetenz und widerspricht seine Regelung Bundesrecht (Kompetenz- und Normenkollision), so ist sein Handeln nichtig. Dies gilt auch dann, wenn der Bund eine ihm zustehende *ursprünglich derogatorische Bundeskompetenz* nicht ausschöpft. Denn hier besitzen die Kantone keine Rechtsetzungszuständigkeiten, unabhängig davon, ob die Materie von einem ausführenden Bundesgesetz geregelt wird oder nicht.

763 Bei einer *nachträglich derogatorischen* Bundeskompetenz bleiben die Kantone jedoch zuständig, wenn und soweit der Bund keine Regelungen erlassen hat.

764 Dabei ist das kantonale Recht nicht völlig unabhängig vom Bundesrecht: In Sachgebieten, welche die Bundesgesetzgebung umfassend und abschliessend geregelt hat, ist eine Rechtsetzung durch die Kantone ausgeschlossen (BGE 130 I 82, 86 ff.). Fehlt es an einer abschliessenden Regelung des Bundesrechts, so dürfen die Kantone nur solche Vorschriften erlassen, die nicht gegen Sinn und

Geist des Bundesrechts verstossen und dessen Zweck nicht beeinträchtigen oder vereiteln (BGE 133 I 286, 291; BGE 130 I 279, 283). Dies bedeutet jedoch nicht, dass das kantonale Recht grundsätzlich mit den Zielen des Bundes übereinstimmen muss. Es gehört zur Autonomie der Gliedstaaten in einem Bundesstaat, dass sie andere Ziele verfolgen können als der Bund.

Besitzt der Bund hingegen nur eine Grundsatzkompetenz, so bleiben die Kantone zur Legiferierung zuständig, soweit es sich nicht um Grundsätze handelt oder wenn der Bund noch keine Grundsatzregelung erlassen hat. 765

Erlässt der Kanton kompetenzwidriges, jedoch *mit dem Bundesrecht inhaltlich übereinstimmendes Recht* (Kompetenzkollision ohne Normenkollision) so ist dieses nach traditioneller Anschauung ebenfalls nichtig. Diese Folge lässt sich allerdings nicht auf den Wortlaut von Art. 49 Abs. 1 BV stützen, sodass in der jüngeren Lehre auch blosse Anfechtbarkeit angenommen wird (vgl. etwa HÄFELIN/HALLER/KELLER, § 40 Rz. 1183–1190a; TSCHANNEN, Staatsrecht, § 21 Rz. 23–27). Ein solcher Kompetenzkonflikt kommt in der Praxis jedoch nur selten vor. 766

Eine Ausnahme gilt bei *kantonalen Grundrechten*; hier geht das Bundesgericht davon aus, dass diesen «keine selbständige Bedeutung» zukomme. Sie werden mit anderen Worten in ihrer Geltung suspendiert mit der Folge, dass sie bei einem späteren Wegfall des Bundesrechts wieder aufleben würden. Dies trifft nicht zu bei Grundrechten, deren Schutzbereich weiter geht als derjenige der Bundesgarantie. Hier handelt es sich um gültiges, selbständiges kantonales (Verfassungs-) Recht (BGE 121 I 196, 200; 119 Ia 53, 55; vgl. Rz. 1036 ff.; differenzierend SCHEFER MARKUS/ZIEGLER ANDREA, Die Grundrechte der Kantonsverfassung Basel-Stadt, in: Buser Denise [Hrsg.], Neues Handbuch des Staats- und Verwaltungsrechts des Kantons Basel-Stadt, Basel 2008, 78 f.). 767

Art. 49 Abs. 1 BV enthält auch ein Gebot der bundesrechtskonformen *Interpretation* des kantonalen Rechts (vgl. Rz. 526 ff.). 768

2. Fehlende Bundeskompetenz

Erlässt der Bund kompetenzwidrige Regelungen, so verstösst er ebenfalls gegen die Zuständigkeitsordnung und die derogatorische Kraft des (kompetenzgemässen) Bundesrechts. Dennoch kann das kompetenzkonforme kantonale Recht nur in Ausnahmefällen Geltung beanspruchen. Aufgrund von Art. 190 BV, der immer noch fehlenden Kontrolle von Bundesgesetzen auf ihre Verfassungsmässigkeit hin (vgl. BGE 131 V 256, 259), verdrängen Bundesgesetze kantonales Recht auch dann, wenn sie ohne verfassungsmässige Grundlage erlassen worden sind. 769

In diesen Fällen erachtet sich das Bundesgericht allerdings als zuständig, die Verfassungswidrigkeit des Bundesrechts festzustellen und den Bundesgesetzgeber einzuladen, die Norm zu ändern 770

Verordnungen der Bundesversammlung (Art. 163 Abs. 1 BV) sowie Verordnungen des Bundesrates werden vom Anwendungsgebot von Art. 190 BV nicht erfasst. 771

b. Blosser Regelungskonflikt

772 Ein blosser Regelungskonflikt liegt vor, wenn sich kantonales Recht und Bundesrecht widersprechen, ohne dass gleichzeitig auch eine Kompetenzkollision gegeben ist. Dieser Fall ist eher selten, da Verstösse gegen Bundesnormen oft auch Kompetenzverstösse bilden.

773 Bundesrechtswidrige kantonale Normen im Rahmen der Kompetenzausscheidung sind nicht nichtig, sondern bloss in einem Rechtsschutzverfahren *anfechtbar*.

III. Sonderfälle

a. Unterstellung des Bundes unter das kantonale Recht

774 Einrichtungen des Bundes sind nicht grundsätzlich dem kantonalen Recht unterstellt. (zB. ein Bahnhof betreffend Bau-, Planungs- und Steuerrecht). Nach heutiger Rechtsauffassung ist zu differenzieren: *Der Bund kann sich ausdrücklich vom kantonalen Recht ausnehmen.* Er kann aber auch de lege lata ausdrücklich unterstellt sein, sodass er das kantonale Recht integral zu beachten hat.

775 Wenn die Frage nicht geregelt worden ist, soll sich der Bund wenn immer möglich an das kantonale Recht halten (sog. *Einordnungsgebot*). Umgekehrt dürfen die Kantone die Bundesaufgaben nicht verhindern oder übermässig erschweren.

b. Kantonale Volksinitiativen

776 Kantonale Volksinitiativen müssen bundesrechtskonform ausgestaltet sein. Den kantonalen Behörden steht es nach der Praxis des Bundesgerichtes von Bundesrechts wegen frei, eine Prüfung der Volksinitiativen auf ihre Übereinstimmung vorzunehmen und diese bei Feststellung der mangelnden Bundesrechtskonformität dem Volk nicht zur Abstimmung vorzulegen. Eine Verpflichtung hierzu besteht – vor allem unter dem Gesichtswinkel von Art. 34 BV – nicht, sofern eine solche sich nicht aus dem kantonalen Recht ergibt (BGE 114 Ia 267, 271 ff.; 128 I 190, 193; 105 Ia 11, 12).

777 Das Bundesgericht begründet seine Praxis damit, dass dem Bürger immer noch die abstrakte und konkrete Normenkontrolle offen stehe.

c. Kantonsverfassungen

778 Im Verhältnis zwischen Bundesverfassung und Kantonsverfassungen gelten an sich die allgemeinen Vorrangregeln. Es besteht aber ein besonderes Verfahren auf Überprüfung der Kantonsverfassung auf ihre Übereinstimmung mit dem Bundesrecht hin (sog. Gewährleistungsverfahren; vgl. Rz. 913 ff.).

Eine besondere Problematik ergibt sich faktisch daraus, dass diese Kontrolle zwar anlässlich einer Änderung der kantonalen Verfassungsnorm(en) im Gewährleistungsverfahren vorgenommen wird, nicht hingegen bei einer späteren Änderung des Bundesrechts, sodass «veraltetes» kantonales Verfassungsrecht auch dann stehen bleibt, wenn es dem Bundesrecht (nicht mehr) entspricht. Vorbehalten bleibt in einem solchen Fall die vorfrageweise Überprüfung in einem Rechtsschutzverfahren vor Bundesgericht (vgl. dazu Rz. 2917 ff.). 779

d. Abgrenzung von kantonalem öffentlichem Recht und Bundeszivilrecht

Literatur

RICHLI PAUL, Bundeszivilrecht vs. kantonales öffentliches Recht – Versuchung zur wechselseitigen Grenzüberschreitung, in: Girsberger Daniel/Luminati Michele (Hrsg.), ZGB – gestern – heute – morgen, FG zum Schweizerischen Juristentag 2007, Zürich/Basel/Genf 2007, 41 ff.

Nach Art. 6 ZGB werden die Kantone «in ihren öffentlich-rechtlichen Befugnissen durch das Bundeszivilrecht nicht beschränkt» (Abs. 1). «Sie können in den Schranken ihrer Hoheit den Verkehr mit gewissen Arten von Sachen beschränken oder untersagen oder die Rechtsgeschäfte über solche Sachen als ungültig bezeichnen» (Abs. 2). 780

Obwohl der Bund gemäss Art. 122 Abs. 1 BV über die Kompetenz im Bereich des gesamten Zivilrechts verfügt, dürfen die Kantone gestützt auf die ihnen zustehenden kantonalen Kompetenzen öffentlich-rechtliche Normen auch in einem vom Bundeszivilrecht erfassten Gebiet erlassen. Zivilrechtliche Regelungen können sie jedoch nur treffen, wenn sich aus dem Bundesrecht ein Vorbehalt ergibt (Art. 5 ZGB). 781

Nach der Praxis des Bundesgerichts ist der Erlass kantonalen öffentlichen Rechts nur unter drei Voraussetzungen zulässig (BGE 132 III 6, 8): 782

– Die Kantone dürfen nur in Bereichen legiferieren, die der Bundesgesetzgeber *nicht abschliessend* regeln wollte.

– Der Anwendungsbereich des Bundeszivilrechts darf nur aus *achtbaren Gründen* des öffentlichen Rechts beschränkt werden.

– Die kantonalen Bestimmungen dürfen *Sinn und Zweck des Bundes(zivil)rechts* nicht entgegenstehen. Insbesondere darf kantonales öffentliches Recht das Bundesrecht *nicht vereiteln.*

Dem kantonalen öffentlichen Rechts kommt unter diesen Bedingungen eine gewisse «*Expansivkraft*» zu. Entgegen dem Wortlaut von Art. 6 Abs. 1 ZGB sind die Kantone indessen im Zivilrechtsbereich trotzdem «beschränkt». 783

IV. Einhaltung des Bundesrechts

Literatur

SEILER HANSJÖRG, in: Verfassungsrecht der Schweiz, § 31; THALMANN URS, Subsidiaritätsprinzip und Kompetenzverteilung, in: BV – CF 2000, 149 ff.; ZIMMERLI ULRICH, Bund – Kantone – Gemeinden, in: BTJP, 35 ff.

a. Grundsatz

784 Gemäss Art. 49 Abs. 2 BV wacht der Bund über die Einhaltung des Bundesrechts durch die Kantone. Diese Norm stellt die verfassungsmässige Grundlage für die verschiedenen Instrumente im Rahmen der *Bundesaufsicht* dar.

785 Ziel dieser Aufsicht ist die Einhaltung sowohl der bundesstaatlichen Kompetenzordnung als auch des gesamten übrigen Bundesrechts. Sie richtet sich gegen die («passive») Verletzung von Bundesrecht wie gegen die Nichterfüllung der vom Bund übertragenen Aufgaben, insbesondere im Rahmen der Umsetzung des Bundesrechts.

b. Aufsichtsbereich

786 Die Bundesaufsicht stellt eine *Verbandsaufsicht* des Bundes über die Kantone dar; sie ist weder Kontrolle über kantonale Organe noch über einzelne Amtsträger.

787 Gegenstand der Kontrolle sind *alle kantonalen Handlungen und Unterlassungen* (nicht nur Rechtssetzungsakte) im autonomen und im übertragenen Wirkungsbereich. Dazu gehören auch Handlungen von Gemeinden und von interkantonalen und interkommunalen Institutionen sowie das gesamte interkantonale Vertragsrecht (vgl. zu Letzterem auch Art. 48 Abs. 3 BV).

788 Letztinstanzliche kantonale *Gerichtsentscheide* können nur auf dem Wege der justizförmigen Kontrolle, nicht durch den Bundesrat aufgehoben werden (aM. war der Bundesrat im berühmten Fextal-Entscheid; ZBl. 75, 1974, 529; in der Lehre ist die Frage umstritten).

c. Aufsichtsumfang

789 Dem Bund steht grundsätzlich nur eine *Rechtskontrolle*, keine Ermessensüberprüfungsbefugnis zu. Dies muss im Allgemeinen auch für den *übertragenen* Wirkungsbereich der Kantone gelten, sofern sich der Bund nicht durch Gesetz eine weitergehende Überprüfungsbefugnis vorbehalten hat. Eine andere Auffassung stösst sich an Art. 46 Abs. 1 und Art. 47 BV.

§ 7 Vorrang und Einhaltung des Bundesrechts

d. Aufsichtsorgane

In erster Linie sorgt der *Bundesrat* für die Einhaltung des Bundesrechts (Art. 182 Abs. 2, Art. 186 Abs. 4 BV); auch die Bundesversammlung kann Massnahmen zur Durchsetzung des Bundesrechts treffen (Art. 173 Abs. 1 Bst. e BV). Ausnahmsweise obliegt der Bundesversammlung (im Rahmen der Gewährleistung von Kantonserfassungen vgl. Rz. 913 ff.) und dem Bundesgericht (zB. im Schuldbetreibungs- und Konkurswesen, Art. 15 SchKG in der bis 31.12.2006 gültigen Fassung) die alleinige Aufsicht. 790

e. Aufsichtsinstrumente

Die Aufsichtsinstanz kann im *konkreten Fall* einschreiten oder eine allgemeine Weisung (*Kreisschreiben*) erlassen. Die Kantone können zudem verpflichtet werden, in einem bestimmten Rhythmus *Berichte* über die Umsetzung von Bundesrecht zu erstatten; dies setzt allerdings eine bundesgesetzliche Grundlage voraus. Dasselbe gilt auch, wenn der Bund *Inspektionen* zu diesem Zweck durchführen will. 791

Ein besonderes Aufsichtsmittel stellt die *Genehmigung kantonaler Erlasse* durch den Bund dar. Mit Ausnahme der Gewährleistung der Kantonsverfassungen und der kantonalen Verträge im Einsprachefall genehmigt der *Bundesrat* die kantonalen Gesetze und Verordnungen, «wo es die Durchführung des Bundesrechts verlangt» (Art. 186 Abs. 2 BV). Die Genehmigungspflicht muss in einem Bundesgesetz oder Bundesbeschluss speziell vorgesehen sein (Art. 61b Abs. 1 RVOG). 792

> Die *positive Genehmigung* wird durch die Departemente, ausnahmsweise durch den Bundesrat selbst, erteilt (Art. 61b Abs. 2 RVOG). Sie wirkt konstitutiv und ist somit Voraussetzung für die Gültigkeit der Erlasse, die trotz Genehmigung *kantonale* Erlasse bleiben und durch die Kantone auch revidiert werden können. Anders als bei der Gewährleistung von Kantonsverfassungen überprüft das Bundesgericht den genehmigten Erlass (BGE 128 II 13, 19; BGE 104 Ia 480, 484). 793

> Eine *Ablehnung der Genehmigung* erfolgt durch den Bundesrat (Art. 61b Abs. 3 BV); dieser stellt die definitive Ungültigkeit des kantonalen Aktes fest. Auch das Bundesgericht ist daran gebunden (vgl. im Einzelnen Art. 27k–27n RVOV, in Kraft seit 1.6.06; AS 2006, 1269 ff.). 794

Zur Durchsetzung von Bundesrecht stehen dem Bundesrat auch die gesetzlich vorgesehenen Möglichkeiten der Behördenbeschwerde sowie das Mittel der *Klage beim Bundesgericht gemäss Art. 120 BGG* zur Verfügung. 795

> Ultima Ratio aller Aufsichtsmassnahmen ist die sog. *Bundesexekution*, die Anordnung von Zwangsmassnahmen gegen einen Kanton, der seine Verpflichtungen gegenüber dem Bund nicht erfüllt und bei dem alle milderen Instrumente nicht zum Ziel führten. Als Mittel der Bundesexekution kommen die Ersatzvornahme und in letzter Hinsicht der Einsatz der Armee in Frage. 796

§ 8 Autonomie der Kantone

Literatur

ABDERHALDEN, in: St. Galler Kommentar, Art. 48 und 48a; AUBERT, in: Petit commentaire, Art. 46–48a; AUER/MALINVERNI/HOTELIER I, Rz. 183–197; BIAGGINI, BV Kommentar, Art. 46–48a; EICHENBERGER KURT, Von der Bedeutung und von den Hauptfunktionen der Kantonsverfassung, in: FS für Hans Huber zum 80. Geburtstag, Recht als Prozess und Gefüge, Bern 1981, 155 ff.; FORSTER PETER, Eigenständigkeit der Kantone, Vorrang und Einhaltung des Bundesrechts und Bundesgarantien, in: BV – CF 2000, 131 ff.; HÄFELIN/HALLER/KELLER, § 33, § 42 und § 43; HÄNNI, in: Verfassungsrecht der Schweiz, § 28; JAAG, in: Verfassungsrecht der Schweiz, § 30 Rz. 13–22; KÄGI-DIENER, in: St. Galler Kommentar, Art. 46 und 47; KNAPP, in: Verfassungsrecht der Schweiz, § 29; SALADIN PETER, Bund und Kantone, Autonomie und Zusammenwirken im schweizerischen Bundesstaat, ZSR 1984, 431 ff.; TSCHANNEN, Staatsrecht, § 23 und § 25.

I. Garantie eines substantiellen Föderalismus

Die geltende Verfassung betont an mehreren Stellen und in unterschiedlichen Zusammenhängen, dass der Bund die Eigenständigkeit der Kantone zu wahren habe. Es gehört zum «Lebenselixier» einer tragkräftigen föderalistischen Ordnung, dass die Gliedstaaten nicht nur über Mitwirkungsrechte auf der höheren Ebene verfügen, sondern dass ihnen substantielle Gestaltungsbefugnisse verbleiben. Nach Art. 46 Abs. 3 (alt Art. 46 Abs. 2) BV belässt der Bund den Kantonen möglichst grosse Gestaltungsfreiheit; er hat auch den kantonalen Besonderheiten Rechnung zu tragen. Art. 47 BV bringt diese Regel in grundsätzlicher Hinsicht zum Ausdruck, indem der Bund die Eigenständigkeit der Kantone zu wahren hat (Abs. 1) und so ein «klare(s) verfassungsrechtliche(s) Bekenntnis zur kantonalen Aufgaben-, Finanz- und Organisationsautonomie» (BBl 1997 I, 213), aber auch zur Umsetzungs- und zur innen- und aussenpolitischen Vertragsautonomie (Art. 48 und 56 BV) abgelegt wird. Nach Art. 47 Abs. 2 BV hat der Bund den Kantonen zudem ausreichend eigene Aufgaben und Finanzierungsquellen zu belassen, dazu beizutragen, dass sie über die notwendigen finanziellen Mittel zur Erfüllung ihrer Aufgaben verfügen, und ihre Organisationsautonomie zu beachten. Der Bund wird in die Pflicht genommen, zu dieser substantiellen Eigenständigkeit Sorge zu tragen. Diese Pflicht verlangt vom Bund auch, Meinungsdifferenzen partnerschaftlich auszutragen und auf die Durchsetzung seiner Vormachtstellung zu verzichten. Allerdings weist Art. 47 BV nur eine beschränkte normative Tragweite auf.

797

II. Organisations-, Aufgaben- und Finanzautonomie

a. Organisationsautonomie

798 Unter Organisationsautonomie versteht man das Recht der Kantone, ihr eigenes politisches System einzurichten, Organe und Verfahren der Gesetzgebung festzulegen, die Volksrechte zu bestimmen und den Kanton in Bezirke und Gemeinden zu gliedern. Die Organisationsautonomie ergibt sich aus Art. 47 Abs. 2 BV sowie allgemein aus der in der Bundesverfassung anerkannten (Verfassungs-)Staatlichkeit der Kantone (Art. 3 BV) sowie – indirekt – aus den Bundesgarantien (Art. 51 ff. BV).

799 Im Einzelnen ermächtig und verpflichtet die Organisationsautonomie die Kantone:

– Eine *demokratische Struktur* zu schaffen, dh. «politische» Organe im Sinne der Gewaltengliederung einzurichten (verfassungsgebende und gesetzgebende Gewalt, Regierung) sowie das Ausmass der Volksrechte zu bestimmen;

– sich eine zur Erfüllung ihrer Aufgaben hinreichende *Verwaltungs- und Gerichtsorganisation* zu geben sowie adäquate Verfahren vorzusehen;

– die Rangordnung kantonaler Rechtsnormen und ihr hierarchisches Verhältnis sowie die politischen Verfahren festzulegen, insbesondere diejenigen zur Verfassungsänderung und zur Gesetzgebung;

– eine territoriale Organisation einzurichten, den Gebietskörperschaften einen adäquaten rechtlichen Status zu verleihen und die Aufgaben zwischen Kantonen und Gemeinden aufzuteilen; sowie

– die rechtlichen Beziehungen zwischen Staat und Kirchen zu gestalten und den Status der Kirchen zu bestimmen.

800 Die Kantone regeln insb. die *politischen Rechte in kantonalen und kommunalen Angelegenheiten* selbständig (Art. 39 Abs. 1 BV). Es steht ihnen deshalb auch frei, den *Ausländern* das Stimm- und Wahlrecht zu gewähren oder die Gemeinden zu ermächtigen, dies in kommunaler Hinsicht zu tun (zur Rechtsstellung der Ausländer eingehend vorne Rz. 371 ff.).

801 Möglich sind *verschiedene Modelle:* Im Kanton Jura etwa besitzen Ausländerinnen, die seit mindestens zehn Jahren Wohnsitz im Kanton haben, das Stimm- und aktive Wahlrecht auf kantonaler Ebene (ausser bei Verfassungsabstimmungen) und in kommunalen Angelegenheiten; das passive Wahlrecht gilt nur für die (kommunalen) Conseils de ville und Conseils généraux (Parlamente), nicht aber für Exekutivorgane. Ebenfalls das Stimm- und aktive Wahlrecht in kantonalen Angelegenheiten stehen im Kanton Neuenburg Ausländern mit einer Aufenthaltsdauer von mindestens fünf Jahren im Kanton zu; in den Gemeinden besteht das aktive Wahlrecht für Ausländerinnen, die seit einem Jahr niedergelassen sind. Im Kanton Waadt verfügen die in einer Gemeinde wohnhaften Ausländer über das Stimm- und (aktive sowie passive) Wahlrecht in kommunalen Belangen, sofern sie seit mindestens zehn Jahren mit Bewilligung in der

Schweiz leben und seit mindestens drei Jahren im Kanton Waadt domiziliert sind. Im Kanton Appenzell Ausserrhoden haben die Gemeinden die Kompetenz, Ausländern, die seit zehn Jahren in der Schweiz und davon seit fünf Jahren im Kanton wohnen und ein entsprechendes Begehren stellen, das Stimm- und Wahlrecht in kommunalen Angelegenheiten zu erteilen. Der Kanton Basel-Stadt hat im Rahmen der Totalrevision der Kantonsverfassung das Stimm- und Wahlrecht auf kantonaler Ebene für Ausländer zwar nicht eingeführt, doch sieht die neue Verfassung die Möglichkeit vor, Ausländern das Gemeindestimmrecht zu gewähren (siehe § 40 Abs. 2 KV BS und dazu STEPHAN WULLSCHLEGER, Bürgerrecht und Volksrechte, in: Denise Buser [Hrsg.], Neues Handbuch des Staats- und Verwaltungsrechts des Kantons Basel-Stadt, Basel 2008, 140).

Mangels passiven Wahlrechts auf kantonaler Ebene stellte sich bisher die Frage noch nicht, ob eine Ausländerin *Ständerätin* werden könnte – die Wahl des Ständerats erfolgt ja nach kantonalem Recht (vgl. Art. 150 Abs. 3 BV; dazu Rz. 844 ff.). Die Bundesverfassung steht dem nicht entgegen. 802

Die Organisationsautonomie der Kantone gilt allerdings nur innerhalb bestimmter *Schranken*. Es ist Aufgabe des Bundes, für eine minimale Harmonie bei den Strukturen innerhalb des Bundesstaates, für eine Durchsetzung fundamentaler Rechtsgrundsätze und für eine hinreichende Erfüllung der Bundesaufgaben zu sorgen. 803

Diese Schranken ergeben sich einmal aus Art. 51 BV: Die Kantone sind verpflichtet, sich eine *demokratische Verfassung* zu geben. 804

Diese muss *vom Volk angenommen* worden sein und revidiert werden können, wenn die Mehrheit der Stimmberechtigten dies verlangt. Alle Kantone haben das *Quorum für Verfassungsinitiativen* deutlich unterhalb der «Mehrheit der Stimmberechtigten» festgesetzt und zudem auch *Volksrechte auf Gesetzesebene* (Volksinitiative, Gesetzesreferendum) eingerichtet, obwohl dies von der Bundesverfassung nicht verlangt wird. Die Verfassung hat ein vom Volk gewähltes *Parlament* vorzusehen und die Gewaltengliederung zu beachten (BGE 130 I 1, 5; 127 I 60, 63; zur Gewaltengliederung vgl. § 23). 805

Das Erfordernis der Revidierbarkeit der Verfassung auf Verlangen der «Mehrheit der Stimmberechtigten» (Totalrevision oder Partialrevision) schliesst eine *Karenzfrist*, innert der die Verfassung nicht geändert werden darf, aus. Ebenso wäre es unzulässig, ein qualifiziertes Volksmehr oder ein zum Volksmehr hinzutretendes «Bezirksmehr» vorzusehen. 806

Inhaltlich dürfen die Verfassungen nicht dem Bundesrecht widersprechen. Zum Bundesrecht gehören neben der Bundesverfassung alle Bundesgesetze, Verordnungen, Verträge zwischen Bund und Kantonen sowie völkerrechtliche Verträge (vgl. dazu Rz. 747 ff.). 807

Das Stimmrecht in kantonalen und kommunalen Angelegenheiten kann ausschliesslich am *politischen Wohnsitz* ausgeübt werden (Art. 39 Abs. 2 und 3 BV); eine Ausnahme gilt nur für die Auslandschweizer. Die Befugnis (nicht Pflicht) der Kantone, das Stimmrecht von Neuzugezogenen in kantonalen und kommunalen Angelegenheiten gemäss Art. 39 Abs. 4 BV – im Sinne einer (eigentlich überholten) «Angewöhnungsphase» – einer sog. *Karenzfrist* zu unterwerfen, ist auf 3 Monate begrenzt. 808

809 Besondere Schranken leiten sich aus dem *Rechtsgleichheitsgebot* und Willkürverbot (Art. 8 und 9 BV) ab. So erklärte das Bundesgericht eine *Quotenregelung* für unzulässig, welche eine proportionale Besetzung der politischen Behörden entsprechend dem Bevölkerungsanteil der Geschlechter verlangt hatte (BGE 123 I 152; vgl. auch BGE 125 I 21).

810 Viele kantonale Verfassungen sind in den letzten Jahrzehnten totalrevidiert worden. Die kantonalen politischen Systeme weisen einerseits eine *grosse Varietät* auf, etwa im Bereich der Volksrechte (so gibt es zB. Kantone mit obligatorischem oder mit fakultativem Gesetzes- und/oder Finanzreferendum sowie noch zwei Landsgemeindekantone (Glarus, Appenzell Innerrhoden). Anderseits gibt es auch *viele Parallelen* (zB. Regierungen als Kollegialorgane, Volkswahl der Regierungen und der Mitglieder des Ständerates etc.).

b. Aufgabenautonomie

811 Die Kantone sind nicht nur frei, welche Aufgaben sie im Rahmen ihrer Zuständigkeiten erfüllen (Art. 43 BV), sondern auch, *wie* sie dies tun wollen. Der Bund hat ihnen möglichst grosse Gestaltungsfreiheit zu belassen (Art. 46 Abs. 3 BV) und generell ihre Eigenständigkeit zu wahren (Art. 47 Abs. 1 BV). Vorbehalten bleiben vom Bund delegierte Aufgaben sowie bundesrechtliche Auflagen bei der Erfüllung kantonaler Aufgaben.

812 Heute sind die Kantone vor allem im Gemeinde-, Schul- und Bildungs-, Gesundheits- und Fürsorgewesen, im Bau- und Planungsrecht, im Strassenverkehr, bei Regalien, der Nutzung der Bodenschätze und der Regelung der Gewässer in einem grösseren Umfang autonom. Sie besitzen die Kirchen-, Kultur-, Sprachen- und Polizeihoheit, die aber alle durch Grundrechte oder parallele Kompetenzen des Bundes eingegrenzt werden.

813 Infolge der grossen Zunahme der Bundeskompetenzen im 20. Jahrhunderts, welche idR. Aufgaben nur in Teilbereichen von den Kantonen auf den Bund übertrugen, ergab sich eine starke Aufgabenverflechtung, die zu mangelnder Transparenz, Ineffizienzen und unklaren Verantwortlichkeiten geführt hat. Ein Ziel der NFA war es, durch Entflechtung diesbezüglich mehr Klarheit zu schaffen (vgl. Rz. 667 ff.).

c. Finanzautonomie

814 Die Finanzautonomie stellt eine grundlegende Voraussetzung für eine reale Aufgabenautonomie dar. Im Vordergrund steht vor allem die Befugnis der Kantone, eigene Steuern zu erheben. Demgegenüber sind die Bundessteuern in der Bundesverfassung abschliessend aufgezählt (Art. 128 ff. BV; vgl. Rz. 3283). In anderen Bundesstaaten fehlen den Gliedstaaten originäre Steuererhebungskompetenzen (zB. in Deutschland oder Österreich).

815 Die Kantone erheben namentlich Einkommens- und Vermögenssteuern für natürliche Personen, Steuern auf Ertrag und Kapital juristischer Personen, Erb-

schafts- und Schenkungssteuern, Handänderungssteuern, Grundstückgewinnsteuern und Motorfahrzeugsteuern.

Die Bundesverfassung verlangt ausdrücklich, dass der Bund den Kantonen ausreichende Finanzierungsquellen zu belassen hat (Art. 47 Abs. 2 BV). Sie verankert zudem Grundsätze über 816

- das Gebot der Rücksichtnahme auf die Belastung durch die kantonalen (und kommunalen) direkten Steuern bei der Festsetzung der Tarife der direkten Bundessteuer (Art. 128 Abs. 2 BV);
- die Garantie von Kantonsanteilen bei der direkten Bundessteuer (Art. 128 Abs. 4 BV) und der Verbrauchssteuer auf «gebrannten Wassern» (Art. 131 Abs. 3 BV);
- die Steuerharmonisierung (Art. 129 BV);
- den Ausschluss kantonaler Besteuerung bei der Mehrwertsteuer, der besonderen Verbrauchssteuern, der Stempelsteuer und der Verrechnungssteuer (Art. 134 BV); sowie
- den im Rahmen der NFA neu geregelten Finanzausgleich (135 BV; vgl. Rz. 3294 ff.).

Im internationalen Vergleich bemerkenswert ist die Tatsache, dass die direkte Bundessteuer von den *Kantonen* veranlagt und eingezogen wird (Art. 128 Abs. 4 Satz 1 BV). 817

III. Umsetzungsautonomie

a. Allgemeines

Literatur

BIAGGINI GIOVANNI, Allgemeine Pflichten und Rechte bei der Umsetzung von Bundesrecht durch die Kantone, in: Mensch und Staat, FG der Rechtswissenschaftlichen Fakultät der Universität Freiburg für Thomas Fleiner zum 65. Geburtstag, Freiburg 2003, 3 ff.

Die Verfassung nimmt sich in besonderem Ausmass der Stellung der Kantone bei der Umsetzung des Bundesrechts an (Art. 46 und 47 BV). Der Terminus «Umsetzung» umfasst sowohl die Konkretisierung von Bundesrecht durch kantonale Gesetzgebung als auch den eigentlichen Vollzug durch Verwaltungstätigkeit. 818

Umsetzung ist politische Gestaltung wie auch blosse Ausführung. Dies umfasst den Erlass formellen und materiellen Rechts, Finanzbeschlüsse, Förderungsmassnahmen, Verwaltungsakte und Vorkehrungen im Bereich der Rechtspflege. 819

Art. 46 und 47 BV enthalten diesbezüglich vier Grundsätze: den Vorrang der Umsetzung durch die Kantone, einen Verfassungs- oder Gesetzesvorbehalt, die Wahrung möglichst grosser Gestaltungsfreiheit und die Rücksichtnahme auf die finanzielle Belastung der Kantone. 820

b. Vorrang der Umsetzung durch die Kantone

821 Die Umsetzung von Bundesrecht soll grundsätzlich durch die *Kantone* erfolgen (Abs. 1: «Die Kantone setzen das Bundesrecht ... um»; in verkürzter Sicht auch *Vollzugsföderalismus* genannt).

822 Obwohl der Wortlaut von Art. 46 Abs. 1 BV nicht eindeutig erscheint, war es im Rahmen der Verfassungsreform 1999 klare Absicht der eidgenössischen Räte, den Grundsatz des Vorrangs der Umsetzung durch die Kantone in der BV zu verankern.

c. Verfassungs- oder Gesetzesvorbehalt

823 Kantonale *Umsetzungspflichten* müssen auf der Stufe der *Verfassung* oder des *Gesetzes* begründet werden (und nicht erst durch Verordnungen der Bundesversammlung oder des Bundesrates). Abs. 1 statuiert in diesem Sinn ein bundesstaatlich motiviertes Legalitätsprinzip, was in Art. 164 Abs. 1 Bst. f BV durch den Gesetzesvorbehalt bekräftigt wird.

824 Auch nach Auffassung des Bundesgerichts hat – unter Vorbehalt einer anders lautenden Verfassungsregelung – der *Bundesgesetzgeber* zu bestimmen, inwieweit die Kantone in einem Gebiet mit dem Vollzug des Bundesrechts betraut werden sollen (BGE 127 II 49).

825 KNAPP geht davon aus, dass auch eine Verordnung des Bundesrates im Rahmen von dessen Aufsichtsbefugnis den Kantonen Einzelheiten über die Umsetzung des Bundesrechts vorschreiben kann.

d. Wahrung der Gestaltungsfreiheit

826 Der Bund hat – in Bekräftigung von Art. 47 BV – den Kantonen bei der Umsetzung von Bundesrecht möglichst grosse *Gestaltungsfreiheit* zu gewähren und den kantonalen Besonderheiten Rechnung zu tragen (46 Abs. 3 BV).

e. Rücksichtnahme auf die finanzielle Belastung

827 Der Bund muss sich der *finanziellen Belastung* bewusst sein, die für die Kantone mit der Umsetzung von Bundesrecht verbunden ist. Er hat deshalb den Kantonen nicht nur «ausreichende Finanzierungsquellen» zu belassen, sondern auch dazu beizutragen, dass sie über die notwendigen finanziellen Mittel verfügen (Art. 47 Abs. 2 BV). Er muss auch für einen angemessenen Finanz- und Lastenausgleich zwischen Bund und Kantonen sowie zwischen den Kantonen sorgen (Art. 135 BV).

828 Die Bestimmungen von Art. 46 und 47 BV werden in Art. 141 Abs. 2 ParlG konkretisiert. Diese Bestimmung verpflichtet den Bundesrat ua., sich in seinen Botschaften zu den Bundeserlassen zu deren Umsetzung zu äussern (Bst. d), insbesondere zu den «personellen und finanziellen Auswirkungen des Erlasses

und seines Vollzugs auf Bund, Kantone und Gemeinden sowie zur Art und Weise der Kostendeckung, zum Einfluss auf die Finanzplanung und zum Verhältnis von Kosten und Nutzen» (Bst. f).

f. Verbundaufgaben

Durch die NFA wurde ein neues Instrument im Rahmen der Umsetzung von Bundesrecht eingeführt, die sog. *Verbundaufgaben*. Es handelt sich um Aufgaben, die auf einer Vereinbarung («Programmvereinbarung») zwischen Bund und Kantonen beruhen, in welchen die von den Kantonen bei der Umsetzung von Bundesrecht zu erreichenden Ziele festgelegt werden. In diesen Programmvereinbarungen gewährt der Bund den Kantonen Geldleistungen, wenn diese bestimmte Aufgaben in einer gemeinsam festgelegten Weise zu erfüllen (Art. 46 Abs. 2 BV; vgl. Rz. 869). 829

Die *Programmvereinbarung* ist eine besondere Form der Subvention. Sie soll dabei dem Gedanken des partnerschaftlichen Zusammenwirkens von Bund und Kantonen bei gemeinsam finanzierten Aufgaben Ausdruck verleihen. Ihr kommt so eine über finanzielle Aspekte hinausgehende *staatsrechtliche Bedeutung* zu. 830

IV. Vertragsautonomie

Die Vertragsautonomie äussert sich im Recht der Kantone, mit anderen Kantonen (Art. 48 BV; vgl. dazu Rz. 870 ff.) und mit ausländischen Partnern (Art. 56 BV) Verträge abzuschliessen. Solche Verträge bedürfen nach geltender Verfassung keiner obligatorischen Genehmigung durch den Bund mehr. 831

Durch die Pflicht der Kantone zur Information des Bundes vor Abschluss der Verträge (Art. 56 Abs. 2 Satz 2 BV) resp. nach Vertragsschluss (Art. 48 Abs. 3 BV) werden die Interessen und Rechte des Bundes sowie der übrigen Kantone ausreichend gewahrt. 832

V. Verfassungs- und Gesetzgebungsautonomie

Zuweilen wird die Verfassungs- und Gesetzgebungsautonomie der Kantone als einzelner Teilgehalt der Kantonsautonomie erwähnt. Diese spiegelt sich jedoch bereits in der Organisations-, Aufgaben-, Finanz- und Umsetzungsautonomie wider und fügt in der Substanz keinen neuen Autonomieaspekt hinzu. 833

§ 9 Kooperativer Föderalismus

Literatur

ABDERHALDEN URSULA, Möglichkeiten und Grenzen der interkantonalen Zusammenarbeit, Diss. Fribourg 1999; DIES, in: St. Galler Kommentar, Art. 48 f.; AUBERT JEAN-FRANÇOIS, in: Petit commentaire, Art. 44–49; AUER/MALINVERNI/HOTTELIER I, Rz. 896 ff., BIAGGINI GIOVANNI, Kooperativer Föderalismus zwischen Freiwilligkeit und Zwang: Die neue schweizersiche «Bildungsverfassung» als Experimentierfeld, in: Jahrbuch des Föderalismus 2007, 449 ff.; DERS., BV Kommentar, Art. 44–49; DERS. Föderalismus im Wandel, ZÖR 2002, 359 ff.; DERS., Asymmetrien im schweizerischen Bundesstaat?, in: Palermo Francesco/Hrbek Rudolf/Zwilling Carolin/Alber Elisabeth (Hrsg.): Auf dem Weg zum asymmetrischem Föderalismus?, Baden-Baden 2007, 54 ff.; BREITENMOSER STEPHAN, in: Verfassungsrecht der Schweiz, § 32; BRUNNER STEPHAN, Möglichkeiten und Grenzen regionaler interkantonaler Zusammenarbeit, Diss. St. Gallen 2000; EHRENZELLER BERNHARD/REISNER ANNEGRET, Die Konstitutionalisierung von «Bologna»: Sonderfall oder Modell der Weiterentwicklung des kooperativen Föderalismus?, ZSR 2008 I, 229 ff.; FLEINER THOMAS/MISIC ALEXANDER, in: Verfassungsrecht der Schweiz, § 27; FREY RENÉ L., Regionalpolitik, Agglomerationspolitik und Gebietsreformen, in: Frey René L. (Hrsg.), Föderalismus – zukunftstauglich?!, Zürich 2005, 127 ff.; HÄFELIN/HALLER/KELLER, § 42 f.; HÄNNI PETER, in: Verfassungsrecht der Schweiz, § 28; JAAG TOBIAS, in: Verfassungsrecht der Schweiz, § 30; KÄGI-DIENER REGULA, in: St. Galler Kommentar, Art. 46 f.; KNAPP BLAISE/SCHWEIZER RAINER J., in: St. Galler Kommentar, Art. 44 f.; KNAPP BLAISE, in: Verfassungsrecht der Schweiz, § 29; MEYER MARKUS, Die interkantonale Konferenz, Diss. Bern 2006; PFISTERER THOMAS, in: Verfassungsrecht der Schweiz, § 33; PIPPIG ANNA, Verfassungsrechtliche Grundlagen des Finanzausgleichs, Diss. Zürich 2002; RHINOW RENÉ, Bundesstaatsreform und Demokratie. Der schweizerische Föderalismus aus politischer Sicht, in: Frey René L. (Hrsg.), Föderalismus – zukunftstauglich?!, Zürich 2005, 63 ff.; TSCHANNEN, Staatsrecht, § 23–25; VATTER ADRIAN, Föderalismusreform, Zürich 2006; WALDMANN BERNHARD, der kooperative Föderalismus, Tagungsband der 1. Nationalen Föderalismuskonferenz, Fribourg/Freiburg 2005, 15 ff.; WIEDERKEHR RENÉ, Funktionale Regionen im Rahmen der Bundesstaatsordnung, ZBl 103 (2002) 617 ff.

I. Allgemeines

Ein Bundesstaat lebt nicht allein von der Gliederung eines Staates in Gliedstaaten und von der Aufteilung seiner Kompetenzen auf unterschiedliche Ebenen, sondern auch vom effizienten Zusammenwirken zwischen Bund und Gliedstaaten und zwischen den Gliedstaaten. Die verschiedenen Formen der Zusammenarbeit innerhalb des Bundesstaates können unter dem Begriff des kooperativen Föderalismus zusammengefasst werden. 834

> Der Begriff des kooperativen Föderalismus entstand in der amerikanischen Staatsrechtslehre: Der amerikanische Föderalismus ging ursprünglich von einer strikten Trennung der Kompetenzbereiche von Bund und Gliedstaaten aus. In diesem «Dual Federalism» war die gleiche Ebene jeweils in einem Bereich sowohl für die Rechtsetzung als auch für Umsetzung und Vollzug eines Erlasses 835

zuständig. Als der Supreme Court es den Gliedstaaten erlaubte, auch in Bereichen von nationalem Interesse zu legiferieren, wo bereits ein Bundesgesetz bestand, wurde diese Entwicklung allgemein begrüsst und festgestellt, dass bisher ein Manko an Kooperation bestanden hatte. Dieses wurde mit dem neuen «Cooperative Federalism» behoben. Während in den USA mit dem kooperativen Föderalismus also eine neue Form des Föderalismus bezeichnet wurde, umschreibt der Begriff in der Schweiz ein wesentliches Element des Föderalismus, das schon immer vorhanden war, das aber in den letzten Jahren wieder stark an Bedeutung gewonnen hat.

836 Die Verfassungsbestimmungen zum kooperativen Föderalismus finden sich einerseits im 4. und 5. Titel der BV, was die Mitwirkung der Kantone auf Bundesebene anbetrifft, andererseits in den Art. 44 ff. der BV.

837 In einem älteren Sprachgebrauch werden die Mitwirkungsrechte der Kantone im Bund nicht zum kooperativen Föderalismus gezählt.

II. Mitwirkung der Kantone an der Willensbildung des Bundes

a. Grundsatz

838 Zur Zusammenarbeit im föderalistischen Staat gehört in erster Linie, dass die Bundesglieder an der Willensbildung im Bund beteiligt sind (vertikaler kooperativer Föderalismus). Art. 45 Abs. 1 BV hält fest, dass die Kantone «nach Massgabe der Bundesverfassung» mitwirken, wobei die Mitwirkung an der Rechtsetzung besonders hervorgehoben wird.

839 Im Folgenden werden *formelle* und *informelle* Mitwirkungsrechte unterschieden. Diese Gliederung sagt indessen nichts aus über die *realen* Einflusschancen, die sich den Kantonen im politischen Entscheidungsprozess eröffnen.

840 Nicht zu den eigentlichen Mitwirkungsrechten gehört die Beteiligung der Kantone an der *Umsetzung von Bundesrecht* (Art. 46 BV; vgl. Rz. 818 ff.).

b. Formelle Mitwirkungsrechte

1. Obligatorisches Referendum

841 Das in Art. 140 Abs. 1 und Art. 142 Abs. 2 BV verankerte *Erfordernis des Ständemehrs* verlangt, dass sich beim obligatorischen Referendum nicht nur die Mehrheit der Stimmenden, sondern auch die Mehrheit der Kantone für eine Vorlage ausspricht. Als Standesstimme gilt das Ergebnis der Volksabstimmung im betreffenden Kanton (Art. 142 Abs. 3 BV). 6 Kantone (Obwalden, Nidwalden, Basel-Stadt, Basel-Landschaft, Appenzell Ausserrhoden und Appenzell Innerrhoden) verfügen dabei nur über eine halbe Standesstimme (Art. 142 Abs. 3 BV), sodass eine Vorlage nur dann als angenommen gilt, wenn sie mindestens 12 Standesstimmen erzielt.

Das obligatorische Referendum mit Ständemehr ist vorgeschrieben bei Verfassungsänderungen, bei verfassungssuspendierenden dringlichen Bundesbeschlüssen und beim obligatorischen Staatsvertragsreferendum (vgl. Rz. 2205 ff.; siehe auch die Auflistung in Art. 140 Abs. 1 BV). 842

Das Ständemehr relativiert die Bedeutung des demokratischen Mehrheitsprinzips aus föderalistischen Gründen. So ist es bislang in 10 Fällen vorgekommen, dass Vorlagen trotz Volksmehr gescheitert sind, weil das Ständemehr verfehlt wurde. Rein rechnerisch würden 9 % der Stimmberechtigten aus 11,5 kleinen Kantonen und Kantonen mit halber Standesstimme ausreichen, damit das Ständemehr nicht erreicht wird (vgl. dazu Rz. 2249 f.). 843

2. *Wahl des Ständerates*

Jeder Kanton wählt zwei «Vertreterinnen» in den Ständerat, die oben erwähnten sechs Kantone mit nur einer halben Standesstimme wiederum nur eine Vertretung (Art. 150 Abs. 3 BV). 844

> Der Ständerat ist vor allem insoweit ein Mittel zur Mitwirkung der Kantone an der Willensbildung des Bundes, als die Kantone selbst bestimmen, wie und mit wem sie die Sitze in diesem Gremium besetzen (Art. 150 Abs. 3 BV). Die gewählten Abgeordneten stimmen jedoch, wie die Mitglieder des Nationalrates, ohne Instruktion (Art. 161 BV). Der Ständerat ist also keine eigentliche Länderkammer wie beispielsweise der deutsche Bundesrat (vgl. Rz. 2304 ff.). 845

In allen Kantonen werden die Mitglieder des Ständerates durch das Volk gewählt. 846

3. *Fakultatives Referendum*

Das fakultative Referendum bei Bundesgesetzen, Bundesbeschlüssen sowie beim fakultativen Staatsvertragsreferendum kann auch von *acht Kantonen* ergriffen werden (Art. 141 Abs. 1 BV). Die Zuständigkeit zur Ergreifung des Referendums in den Kantonen liegt beim Parlament, sofern das kantonale Recht nichts anderes bestimmt (Art. 67 BPR). 847

> Dasselbe gilt bei dringlich erklärten Bundesgesetzen, deren Geltungsdauer über 1 Jahr hinausgeht, sowie bei Bundesbeschlüssen, wenn das Referendum in Verfassung oder Gesetz vorgesehen ist (Art. 141 Abs. 1 Bst. b und c). 848

> Das fakultative Gesetzesreferendum wurde von den Kantonen zum ersten Mal in der Geschichte des Bundesstaates im Herbst 2003 gegen eine Steuervorlage des Bundes (BBl 2003, 4498) ergriffen. Diese Vorlage wurde in der Volksabstimmung vom 16. Mai 2004 abgelehnt (BBl 2004, 3938). 849

4. *Standesinitiative*

Jeder Kanton kann eine Standesinitiative einreichen (Art. 160 Abs. 1 BV). Diese stellt – im Gegensatz zur Volksinitiative – bloss einen Antrag an die Bundesversammlung (ohne Anspruch auf Durchführung einer Volksabstimmung) dar und ist 850 entweder als Entwurf zu einem Erlass der Bundesversammlung oder als Vorschlag zur Ausarbeitung eines Erlasses schriftlich bei dieser einzureichen. Das nicht sehr wirkungsvolle Instrument wird wegen der damit verbundenen Publizität häufig verwendet. In den Kantonen sind es idR. die Parlamente, welche über Standesinitiativen beschliessen.

851 Damit einer Initiative Folge geleistet wird, bedarf sie der Zustimmung der zuständigen Kommissionen beider Räte. Sofern eine Kommission nicht zustimmt, entscheidet der Rat. Stimmt auch der Rat nicht zu, so geht die Initiative in den Zweitrat. Dessen Ablehnung ist endgültig. Die Vertreter des Kantons, der die Initiative eingereicht hat, werden von der Kommission des Erstrates angehört (Art. 116 ParlG).

c. Informelle Mitwirkungsrechte

852 Die Kantone sind gemäss Art. 45 Abs. 2 BV rechtzeitig und umfassend über die Vorhaben des Bundes zu informieren. Zu den «Vorhaben» gehören auch aussenpolitische Entscheide, bei deren Vorbereitung die Kantone mitwirken (Art. 55 BV; vgl. dazu Rz. 3715 ff.). Wenn die Interessen der Kantone betroffen sind, hat der Bund in jedem Fall deren Stellungnahmen einzuholen. Diese Konsultationspflicht wird in Art. 147 BV bekräftigt.

853 Damit hat das im schweizerischen politischen System wichtige *Vernehmlassungsverfahren* eine doppelte verfassungsrechtliche Verankerung gefunden (vgl. dazu Rz. 2764 ff.). Das Vernehmlassungsverfahren ist auch für die Kantone von grosser Bedeutung, doch wehren sich diese zu Recht dagegen, wenn sie auf die gleiche Ebene gestellt werden wie die vielen anderen Vernehmlassungsadressaten (gemäss Art. 147 BV die Parteien und «die interessierten Kreise»).

854 Den Kantonen stehen andere Kanäle der Einflussnahme auf Bundesebene zur Verfügung: Direktorenkonferenzen (dazu Rz. 882 ff.), die Konferenz der Kantonsregierungen (dazu Rz. 887 ff.), die Kontaktnahme der Regierungen mit Bundesräten oder Chefbeamten in der Vorphase der Gesetzgebung sowie die Einwirkung über die eidgenössischen Parlamentarierinnen.

855 Es hat sich eingebürgert, dass kantonale Regierungen vor einer Session «ihre» Mitglieder der eidgenössischen Räte (und zwar des Stände- wie des Nationalrats) über wichtige Anliegen aus der Sicht des Kantons oder der Region informieren. Von dieser Kontaktnahme machen die Regierungen in unterschiedlichem Ausmass Gebrauch. Gewisse Regierungen «besuchen» ihre Volksvertreter regelmässig während der Sessionen in Bern. Die Problematik dieser Einflussnahme besteht einerseits darin, dass die meisten politischen Geschäfte eher parteipolitisch als regionalpolitisch geprägt sind, sodass sich eine «Kantonsmeinung» bei den Parlamentariern schwerlich erzielen lässt. Andererseits kommt die vorsessionale Einwirkung oft zu spät, weil wichtige Weichen faktisch in den Kommissionen oder bereits vom Erstrat gestellt worden sind.

Das früher in Art. 86 Abs. 2 aBV enthaltene Recht von fünf Kantonen, die Bundesversammlung einzuberufen, ist wegen fehlender praktischer Relevanz gestrichen worden (vgl. Art. 151 Abs. 2 BV).

856

Besonders ausgeprägt ist in Art. 55 BV die *Mitwirkung der Kantone an der Aussenpolitik des Bundes* (vgl. hierzu Rz. 3715 ff.). Danach wirken die Kantone an der Vorbereitung aussenpolitischer Entscheide mit, die ihre Zuständigkeiten oder ihre wesentlichen Interessen betreffen (Abs. 1). Der Bund informiert die Kantone rechtzeitig und umfassend und holt ihre Stellungnahmen ein (Abs. 2); die Stellungnahmen der Kantone haben besonderes Gewicht, wenn ihre Zuständigkeiten betroffen sind. Diese Bestimmung wurde im Bundesgesetz vom 22. Dezember 1999 über die Mitwirkung der Kantone an der Aussenpolitik des Bundes (BGMK, SR 138.1) konkretisiert. Damit soll der Entwicklung Rechnung getragen werden, dass die Internationalisierung der Schweiz oft zulasten der Kompetenzen der Kantone geht, da der Bund auch über Bereiche, die im Kompetenzbereich der Kantone liegen, internationale Verträge abschliessen kann (vgl. Rz. 3706 ff.).

857

III. Zusammenarbeit von Bund und Kantonen

a. Partnerschaftliches Zusammenwirken

Die Bundesverfassung betont in besonderem Ausmass die Bedeutung eines dialogischen und kooperativen Föderalismus. Der «Partnerschaftsartikel» (Art. 44 BV) verpflichtet Bund und Kantone zur Zusammenarbeit, zu gegenseitiger Rücksichtnahme und Unterstützung.

858

Im Einzelnen verankert Art. 44 BV folgende Teilgehalte des *Grundsatzes partnerschaftlichen Zusammenwirkens*:

859

- eine allgemeine *Unterstützungs- und Zusammenarbeitspflicht* in der Aufgabenerfüllung im Sinne einer nichtjustiziablen, programmatischen Zielnorm (Abs. 1). Die Zusammenarbeit kann etwa durch interkantonale Vereinbarungen (horizontaler kooperativer Föderalismus), interkantonale (Regierungs-)Konferenzen, gemeinsame Vernehmlassungseingaben oder informales Handeln geschehen;

- die Verpflichtung zu *Amts- und Rechtshilfe* als Konkretisierung des Zusammenarbeitsgebotes (Abs. 2). Unter Amtshilfe wird die im Rahmen der Verwaltungstätigkeit auf Ersuchen einer kantonalen Behörde hin geleistete Hilfe rechtlicher oder tatsächlicher Art ausserhalb der Rechtsprechung verstanden, unter Rechtshilfe die Hilfeleistung bei der Rechtspflege;

- eine allgemeine *Rücksichtnahme- und Beistandspflicht* (Abs. 2); und

- eine *Verhandlungs- und Vermittlungspflicht* bei Streitigkeiten.

Der sich in Art. 44 BV widerspiegelnde Grundsatz der föderalistischen Partnerschaft, der «Courtoisie fédéraliste», wird auch *Bundestreue* genannt.

860

861 Unter Bundestreue versteht man die Unterstützungs- und Zusammenarbeitspflichten innerhalb des Bundesstaates. Der Begriff hat sich in der Schweiz kaum durchgesetzt. Er erscheint wegen seiner «Eindimensionalität» auch zu eng, geht es doch nicht nur um eine Treue gegenüber dem Bund, sondern um ein rücksichtsvolles Verhalten nach allen Richtungen.

862 Der Grundsatz partnerschaftlichen Zusammenwirkens beinhaltet nicht nur, dass Bund und Kantone gegenseitig aufeinander Rücksicht nehmen und im Rahmen ihrer Kompetenzen handeln, sondern auch, dass sie darauf bedacht sein müssen, die beiden Ebenen der Rechtsordnung zu einem sinnstiftenden einheitlichen Ganzen zu verbinden. Das Prinzip partnerschaftlichen Zusammenwirkens verpflichtet die Ebenen eines Bundesstaates in ähnlicher Weise, wie der Grundsatz von Treu und Glauben alle Partner eines Rechtsverhältnisses bindet. Zudem kommt der Grundsatz einem Rechtsmissbrauchsverbot mit Wirkung für Bund und Kantone gleich.

863 Seinen Inhalt erhält der Grundsatz partnerschaftlichen Zusammenwirkens erst durch seine *praktische Ausgestaltung*, durch die politischen Gepflogenheiten und Umgangsformen zwischen den Ebenen des Bundesstaates. So gesehen bilden auch die verschiedenen Formen der Zusammenarbeit innerhalb der Schweiz einen Ausfluss dieses Grundsatzes.

864 Ein Beispiel für diese Zusammenarbeit ist der *«föderalistische Dialog» zwischen Bund und Kantonen*. Er ersetzt heute das im Zusammenhang mit den Verhandlungen und der Abstimmung zum Beitritt der Schweiz zum EWR geschaffene Kontaktgremium Bund-Kantone. Im Rahmen des föderalistischen Dialogs treffen sich Vertreter der Kantonsregierungen und des Bundesrates regelmässig zur Diskussion aktueller Themen. Auch die verschiedenen Konferenzen kantonaler Fachdirektoren und die Konferenz der Kantonsregierungen (KdK) sind Anwendungsbeispiele für den Grundsatz partnerschaftlichen Zusammenwirkens. Sie stellen nämlich nicht nur die Koordination zwischen den Kantonen sicher, sondern auch diejenige zwischen Bund und Kantonen, da sie zum Einen als Ansprechpartner des Bundes fungieren und zum Andern Vertreter des Bundes auch zu den Sitzungen dieser Konferenzen eingeladen werden, um einen guten Informationsfluss sicherzustellen.

b. Kooperation im Rahmen der Aufgabenverflechtung

865 Eine enge Zusammenarbeit bedingt insbesondere auch die Verflechtung der Aufgabenwahrnehmung, wie sie in der Umsetzung des Bundesrechts durch die Kantone zum Ausdruck gelangt. Gleichermassen zwingen der Finanzausgleich und die Ausrichtung von *Bundesbeiträgen* (Art. 135 BV) an die Kantone zum Zusammenwirken, weil mit den Beiträgen bestimmte Ziele oder Auflagen verbunden werden, die von den Kantonen zu erfüllen sind. Als sog. Gemeinschaftsaufgabe erweist sich auch die Regionalpolitik des Bundes (vgl. Rz. 658f. und 3161).

866 Eigentliche *Verträge* zwischen Bund und Kantonen über die Erfüllung gemeinsamer Aufgaben kamen in der Schweiz bislang relativ selten vor.

867 Ausnahmen hierzu bilden etwa: die Vereinbarung vom 14. Dezember 2000 zwischen dem Bund und den Universitätskantonen über die Zusammenarbeit im

universitären Hochschulbereich (SR 414.205), die gemäss Art. 5 des Bundesgesetzes vom 8. Oktober 1999 über die Förderung der Universitäten und über die Zusammenarbeit im Hochschulbereich (Universitätsförderungsgesetz, UFG, SR 414.20) geschaffen wurde und bis Ende 2007 in Kraft stand; oder die Vereinbarung vom 25. November 1997/14. Januar 1998 zwischen der Schweizerischen Eidgenossenschaft und den Kantonen Basel-Stadt und Basel-Landschaft betreffend Zusammenarbeit bei der Wahrung der schweizerischen Interessen auf dem binationalen Flughafen Basel-Mülhausen (Zusammenarbeits-Vereinbarung, SR 748 134.4).

Solche Verträge sind rechtlich zulässig, sofern sie im verfassungsmässigen Zuständigkeitsbereich *beider* bundesstaatlicher Ebenen liegen (parallele Kompetenzen), weder dem Recht des Bundes, noch dem der Kantone zuwiderlaufen und im öffentlichen Interesse aller Vertragsparteien liegen. Rechtsetzende Vereinbarungen sind auf untergeordnete Vollzugsfunktionen begrenzt. Der Bund kann sich nach Art. 48 Abs. 2 BV auch an interkantonalen Verträgen beteiligen (dazu nachstehend Rz. 892 ff.) sowie diese im Rahmen von Art. 48a BV allgemeinverbindlich erklären resp. Kantone verpflichten, sich an bestehenden Verträgen zu beteiligen (vgl. Rz. 896–898). 868

c. Verbundaufgaben

Mit der NFA ist die Möglichkeit geschaffen worden, dass Bund und Kantone sog. Verbundaufgaben gemeinsam bewältigen und entsprechende Programmvereinbarungen abschliessen (vgl. Rz. 829 f.). Gemäss Art. 46 Abs. 2 BV (in der neuen Version der NFA) können Bund und Kantone miteinander vereinbaren, dass die Kantone bei der Umsetzung von Bundesrecht bestimmte Ziele erreichen und zu diesem Zweck Programme ausführen, die der Bund finanziell unterstützt. Es handelt sich dabei um Vereinbarungen über Programme, nicht Einzelobjekte, welche die strategischen Programmziele des Bundes festlegen und die Beitragsleistung des Bundes für die operative Umsetzung durch die Kantone regeln. Diese Subventionen sind ziel- und leistungs-, nicht aufwandorientiert. Rechtlich handelt es sich um öffentlich-rechtliche, idR. subventionsrechtliche Verträge zwischen Bund und Kantonen (vgl. auch Art. 20a des Subventionsgesetzes; SuG, SR 616.1). 869

IV. Verträge zwischen Kantonen

a. Allgemeines

Nach Art. 48 Abs. 1 BV können die Kantone Verträge schliessen sowie gemeinsame Organisationen und Einrichtungen schaffen. Öffentlich-rechtliche Verträge zwischen Kantonen (auch Konkordate, Abkommen oder interkantonale Vereinbarungen genannt) können jedes Thema beschlagen, das in deren Zuständigkeiten fällt. Interkantonale Verträge bilden einen wichtigen Teilgehalt des horizontalen kooperativen Föderalismus; dementsprechend existiert eine Vielzahl von interkantonalen Abkommen. 870

871 Interessant ist der Hinweis in Art. 48 Abs. 1 Satz 2 BV, dass die Kantone *namentlich* «Aufgaben von regionalem Interesse gemeinsam wahrnehmen können». Damit hält der Begriff der Region Einzug in die Verfassung, und man kann im nun verankerten Vorrang der *regionalen* Zusammenarbeit eine gewisse Skepsis gegenüber den gesamtschweizerischen Konkordaten erblicken. Zur neuen Regionalpolitik des Bundes vgl. Rz. 658 f.).

872 Mit der NFA wurde das neue Instrument der interkantonalen *Zusammenarbeit mit Lastenausgleich* eingeführt (Art. 11 FiLaG). Diese bezweckt die Sicherstellung einer Mindestversorgung mit öffentlichen Leistungen (Bst. a), die wirtschaftliche Erfüllung kantonaler Aufgaben im Verbund mit anderen Kantonen (Bst. b) sowie einen gerechten Ausgleich kantonsübergreifender Leistungen bei angemessener Mitsprache und Mitwirkung der betroffenen Kantone (Bst. c). Die gestützt auf Art. 13 FiLaG abgeschlossene interkantonale Rahmenvereinbarung vom 24. Juni 2005 enthält Grundsätze und Verfahren der Zusammenarbeit mit Lastenausgleich, soll Effizienz und Wirksamkeit der interkantonalen Zusammenarbeit sichern und bildet die Grundlage für interkantonale Verträge in denjenigen Aufgabenbereichen, bei welchen der Bund auf Antrag interessierter Kantone interkantonale Verträge allgemeinverbindlich erklären oder die Kantone zur Beteiligung an interkantonalen Verträgen verpflichten kann (Art. 48a Abs. 1 BV; Art. 10, 14 und 15 FiLaG; vgl. Rz. 893–898).

873 *Gesamtschweizerische* interkantonale Verträge sind als problematisch zu beurteilen. Sie führen nicht nur zu einer Demokratieeinbusse sowohl im Bund wie in den Kantonen, sondern erweisen sich auch als erschwert abänderbar. Jedenfalls ist der ordentliche Weg der Bundesgesetzgebung vorzuziehen, wenn eine gesamtschweizerische Rechtsvereinheitlichung im Vordergrund steht.

b. Arten interkantonaler Vereinbarungen

1. Rechtsgeschäftliche Vereinbarungen

874 Rechtsgeschäftliche Vereinbarungen begründen ein konkretes Rechtsverhältnis zwischen den Parteien. Sie umschreiben Rechte und Pflichten bezogen auf einen bestimmten Sachverhalt. IdR. betreffen sie Verwaltungsangelegenheiten oder die gemeinsame Aufgabenerfüllung.

875 Beispiele bilden etwa Vereinbarungen, welche den Schulbesuch kantonsfremder Schüler zwischen Grenzgemeinden regeln.

2. Rechtsetzende Verträge

876 Rechtsetzende Verträge haben eine Rechtsvereinheitlichung zwischen zwei oder mehreren Kantonen zur Folge. Sie stellen generell-abstrakte Regelungen auf, die in den beteiligten Kantonen gelten sollen.

877 Innerhalb dieser Kategorie wird – in Anlehnung an völkerrechtliche Verträge – unterschieden zwischen *unmittelbar* rechtsetzenden Vereinbarungen, die direkt an-

wendbar sind und folglich Bürgerinnen und Behörden der beteiligten Kantone mit der Publikation der Vereinbarung unmittelbar binden, und *mittelbar* rechtsetzenden Vereinbarungen. Diese sind nicht direkt anwendbar, sondern verpflichten die beteiligten Kantone, Bestimmungen zu erlassen, durch welche sie für Bürger und anwendende Behörden Gültigkeit erlangen.

> Unmittelbar und mittelbar anwendbare Bestimmungen können in ein und derselben Vereinbarung enthalten sein. 878

c. Interkantonale Institutionen und Konferenzen

1. Institutionen

Interkantonale Institutionen basieren auf Vereinbarungen, die organisationsrechtliche Normen enthalten und damit die Gründung von interkantonalen Organen bewirken. Eine interkantonale Institution vertraut den Vollzug ihrer Vorschriften einem interkantonalen Organ an. 879

> Vor der NFA wurde es als nicht zulässig erachtet, interkantonalen Institutionen Rechtsetzungskompetenzen zu übertragen. Dies ergab sich aus Art. 51 BV, der die Kantone verpflichtet, den Grundsatz der Gewaltengliederung zu beachten und legislative Kompetenzen dementsprechend prinzipiell dem Gesetzgeber vorzubehalten. 880

Mit Art. 48 Abs. 4 BV ist nun die rechtliche Basis dafür geschaffen worden, dass interkantonalen Organen Rechtsetzungskompetenzen eingeräumt werden können. Durch interkantonalen Vertrag können nicht nur interkantonale Organe geschaffen, sondern diese auch ermächtigt werden, im Rahmen der Vertragsumsetzung *rechtsetzende Bestimmungen zu erlassen*. Der delegierende Vertrag muss einerseits nach dem gleichen Verfahren genehmigt worden sein, das für das Gesetzgebungsverfahren gilt (Bst. a). Damit soll vor allem eine allfällige Referendumspflicht sichergestellt werden. Andererseits muss der Vertrag die inhaltlichen Grundzüge der Bestimmungen festlegen (Bst. b), womit eine Annäherung an das Legalitätsprinzip – in Form des materiellen Gesetzesvorbehalts (vgl. Art. 164 Abs. 1 BV) – zu erreichen versucht wird. Die Kantone haben zudem das interkantonale Recht zu beachten (Art. 48a Abs. 3 BV) – eine in ihren Konsequenzen kaum zu Ende gedachte Anlehnung an den Grundsatz des Vorrangs des Völkerrechts (Art. 5 Abs. 4 BV). 881

2. Regierungskonferenzen

Interkantonale Regierungskonferenzen prägen die schweizerische Bundesstaatlichkeit in zunehmendem Ausmass. Dies gilt insbesondere für die sog. *Fachdirektorenkonferenzen*. In ihnen kommen die Departementsvorsteher der Kantone aus einem bestimmten Fachgebiet zusammen. Ziel ist es, in einem bestimmten Fachgebiet die Zusammenarbeit unter den Kantonen, sowie zwischen Bund und Kantonen zu fördern. 882

883 Zurzeit bestehen folgende Fachdirektorenkonferenzen: Konferenz der Kantonsregierungen (KdK), Schweizerische Bau, Planungs und Umweltschutzdirektorenkonferenz (PBUK), Die Konferenz der kantonalen Direktoren des öffentlichen Verkehrs (KöV), Konferenz kantonaler Energiedirektoren (EnDK), Schweizerische Konferenz der kantonalen Erziehungsdirektoren (EDK), Konferenz der kantonalen Sozialdirektoren und Sozialdirektorinnen (SODK), Schweizerische Konferenz der kantonalen Gesundheitsdirektorinnen und -direktoren (GDK), Konferenz der kantonalen Finanzdirektoren (FDK), Konferenz kantonaler Volkswirtschaftsdirektoren (VDK), Konferenz der kantonalen Landwirtschaftsdirektoren (LDK), Forstdirektorenkonferenz (FoDK), Konferenz der kantonalen Justiz und Polizeidirektorinnen und -direktoren (KKJPD), Konferenz der kantonalen Militär und Zivilschutzdirektorinnen und -direktoren (MZDK), Feuerwehrkoordination Schweiz (FKS), vormals RKKF (am 21.02.2003 geändert), Konferenz der kantonalen Aufsichtsbehörden im Zivilstandswesen (KAZ), Konferenz der kantonalen Vormundschaftsbehörden (VBK), Staatsschreiberkonferenz (SSK).

884 Neben den Fachdirektorenkonferenzen gibt es *regionale Regierungskonferenzen*, in denen in erster Linie Gegenstände von regionaler Bedeutung behandelt werden. Diese Konferenzen beteiligen sich oft auch an der grenzüberschreitenden Zusammenarbeit und an der regionalen Kooperation im europäischen Rahmen.

885 Auf regionaler Ebene bestehen zurzeit insb. folgende Regierungskonferenzen: Konferenz der Kantone der Westschweiz, Regionalkonferenz der Regierungen der Nordwestschweiz, Ostschweizer Regierungskonferenz, Zentralschweizer Regierungskonferenz, Regierungskonferenz der Gebirgskantone, Konferenz der Landwirtschaftsdirektoren der Kantone mit Berggebiet, Espace Mittelland.

886 Aufgrund der wachsenden Anzahl an Direktorenkonferenzen erwies sich in jüngster Zeit die Koordination zwischen diesen Konferenzen und zwischen ihnen und den Kantonsregierungen immer schwieriger. Deshalb wurde zusätzlich eine *Konferenz der Konferenzsekretäre* geschaffen, die die Koordination erleichtern soll. Dies kann jedoch nicht darüber hinwegtäuschen, dass die Schaffung immer neuer Konferenzen alleine, die Koordinationsprobleme zwischen den Kantonen und zwischen Bund und Kantonen nicht zu lösen vermag.

3. Konferenz der Kantonsregierungen

887 In jüngerer Zeit hat vor allem die Konferenz der Kantonsregierungen (KdK) an Bedeutung gewonnen. Diese befasst sich in erster Linie mit bereichsübergreifenden Themen und mit der Aussenpolitik. Insbesondere bei der Totalrevision der Bundesverfassung und der NFA hatte sie einen nicht zu unterschätzenden Einfluss. Heute ist die KdK die wohl *wichtigste interkantonale Regierungskonferenz* und bedeutendes Kontaktorgan zwischen Bund und Kantonen.

888 Die KdK, geschaffen durch die Vereinbarung über die Konferenz der Kantonsregierungen vom 8. Oktober 1993, besteht aus dem Leitenden Ausschuss (Exekutivorgan), der Plenarversammlung (Legislativorgan) und dem Sekretariat. Alle wichtigen Beschlüsse werden grundsätzlich in der Plenarversammlung gefasst. Diese ist beschlussfähig, wenn die Vertreter von mindestens 18 Kantonen

anwesend sind. Ein Beschluss, der mit den Stimmen von mindestens 18 Kantonen gefällt wurde, gilt als Beschluss der Konferenz. Den Kantonen verbleibt jedoch das Recht auf eigene Stellungnahmen, und die dem Beschluss zustimmenden Kantone sind rechtlich nicht an die Beschlüsse gebunden. Um eine solche Bindungswirkung zu erzielen, bedürfte es einer entsprechenden Abstützung der KdK im innerkantonalen Recht.

Der *wachsende Einfluss* von Regierungskonferenzen auf die kantonale und interkantonale Politik, aber auch auf die Bundespolitik, ist nicht unproblematisch. Die Beschlüsse dieser Konferenzen werden ausschliesslich von den Regierungen gefällt. Der Einfluss der kantonalen *Parlamente* wird damit stark eingeschränkt. Zwar fassen weder die Direktorenkonferenzen noch die KdK für die Kantone verbindliche Beschlüsse, doch kommt ihnen unter Umständen eine grosse faktische Bindungswirkung zu. Deshalb wäre es wünschbar, die Beschlüsse der Regierungskonferenzen innerkantonal besser abzusichern, um so die Eigenständigkeit der Kantone und vor allem die demokratische Entscheidungsfreiheit der Kantonsparlamente zu erhalten. 889

Noch verstärkt wird dieses «praktische Legitimationsdefizit» dadurch, dass gegen aussen oft nur schwer ersichtlich ist, wie Beschlüsse innerhalb der KdK zustande kommen. Weil die Plenarversammlung nur ca. dreimal pro Jahr tagt, kommt dem Leitenden Ausschuss ein grosses Gewicht in der Vorbereitung der Entscheidfindung der KdK zu. Dieser kann durch die Vorbereitung der Entscheide, besonders wenn diese auf dem Zirkulationsweg gefasst werden, grossen Einfluss ausüben. Es wird deshalb von Seiten gewisser Kantone postuliert, dass transparentere Strukturen geschaffen werden sollten. 890

Immer wieder wird auch die Frage diskutiert, ob mit der Schaffung der KdK nicht ein Konkurrenzorgan zum *Ständerat* geschaffen wurde, denn in beiden Organen sind alle Kantone gleichmässig vertreten. Bei der KdK und dem Ständerat handelt es sich freilich um zwei grundlegend verschiedene Organe, insbesondere deshalb, weil der Ständerat als Organ des Bundes ohne Weisungen der Kantone beschliesst, während es sich bei der KdK um ein Organ der *Kantonsregierungen* handelt. Trotzdem ist die Kritik nicht von der Hand zu weisen, dass die KdK als Parallelorgan zum Ständerat den Föderalismus komplizierter und undurchschaubarer macht. Eine Verschmelzung der beiden Organe zu einer Ständekammer in der Art des deutschen Bundesrates (in dem die Mitglieder nach Weisung der Länder stimmen), hätte gravierende Auswirkungen auf das politische System insgesamt und erscheint in näherer Zukunft als unrealistisch. Vor allem liesse sich die Gleichwertigkeit der beiden Kammern nicht aufrechterhalten. 891

d. Mitwirkung des Bundes an interkantonalen Vereinbarungen

Literatur

BIAGGINI GIOVANNI, «Vertragszwang» im kooperativen Föderalismus (Art. 48a BV), ZBl 2008, 345 ff.; MÄCHLER AUGUST, Föderalismus in der Krise: Geleitete Zusammenarbeit als Ausweg?, in: ZSR 123 (2004) I, 571 ff.; RHINOW RENÉ, Bundesstaatsreform und Demokratie

– Der schweizerische Föderalismus aus rechtlicher Sicht, in: Frey René L. (Hrsg.), Föderalismus – zukunftstauglich?!, Zürich 2005, 63 ff., insb. 84 ff.

892 Nach Art. 48 Abs. 2 BV kann sich der Bund über seine Aufsichtspflicht hinaus im Rahmen seiner Zuständigkeiten an interkantonalen Vereinbarungen beteiligen. Er kann am Abschluss von Vereinbarungen mitwirken und auch einer interkantonalen Organisation angehören, die eine Materie regelt, in der Bund und Kantone über parallele Kompetenzen verfügen. So können zB. Bund und Kantone im Hochschulbereich Verträge abschliessen und bestimmte Befugnisse an gemeinsame Organe übertragen (Art. 63a Abs. 4 BV).

893 Im Rahmen der NFA ist mit der Allgemeinverbindlicherklärung (AVE) von interkantonalen Verträgen und der Beteiligungsverpflichtung von Kantonen an solchen Abkommen (Art. 48a BV; Art. 10 FiLaG) die Möglichkeit geschaffen worden, dass der Bund die Kantone *zur Zusammenarbeit verpflichten* kann. Dies ist jedoch nur in verfassungsrechtlich umschriebenen Aufgabenbereichen zulässig.

894 Diese Verpflichtung zur Zusammenarbeit ist auf die folgenden Aufgabenbereiche beschränkt: Straf- und Massnahmenvollzug, kantonale Universitäten, Fachhochschulen, Kultureinrichtungen von überregionaler Bedeutung, Abfallbewirtschaftung, Abwasserreinigung, Agglomerationsverkehr, Spitzenmedizin und Spezialkliniken sowie Institutionen zur Eingliederung und Betreuung von Invaliden (Art. 48a Abs. 1 BV). Voraussetzungen und Verfahren werden im BG über den Finanz- und Lastenausgleich (FiLaG) vom 3. Oktober 2003 (SR 613.2) geregelt.

895 Mit der *Allgemeinverbindlicherklärung* kann die Interkantonale Rahmenvereinbarung auf Antrag von mindestens 21 Kantonen für alle Kantone verbindlich erklärt werden; für einen Vertrag in den Aufgabenbereichen von Art. 48a Abs. 1 BV bedarf es dafür eines Antrags von mindestens 18 Kantonen. Die AVE erfolgt in der Form des referendumspflichtigen Bundesbeschlusses und kann für höchstens 25 Jahre angeordnet werden (für die nähere Regelung vgl. Art. 14 FiLaG).

896 Mit der *Beteiligungsverpflichtung* können Kantone zur Beteiligung an einem interkantonalen Vertrag oder an einem definitiv ausgehandelten Vertragsentwurf auf Antrag von mindestens der Hälfte der bereits beteiligten Kantone verpflichtet werden. Die Beteiligungsverpflichtung ergeht in einem Einfachen Bundesbeschluss und kann ebenfalls längstens für 25 Jahre beschlossen werden (vgl. Art. 15 FiLaG).

897 In beiden Fällen hat der Bund keinen formellen Einfluss auf den *Inhalt* der Vereinbarungen, da mit dem Antrag immer schon mind. ein Vereinbarungsentwurf vorliegen muss. Dies schliesst allerdings nicht aus, dass die Kantone, resp. das eine Vereinbarung ausarbeitende Organ, mit dem Bund vorgängig Rücksprache nimmt, um eine allenfalls drohende Ablehnung eines Gesuches um AVE oder einer Beteiligungsverpflichtung zu vermeiden. Die Zuständigkeit von National- und Ständerat, bei der AVE sogar mit Referendumsvorbehalt, dürfte die «Attraktivität» dieser Verpflichtungen allerdings beträchtlich herabmindern.

898 Die neue *Zwangskooperation* macht den schweizerischen Föderalismus zwar bunter, aber nicht unbedingt reicher. Soll mit ihm die regionale Zusammenarbeit gefördert werden, kann ihm Verständnis entgegengebracht werden. Geht es aber um eine gesamtschweizerische Vereinbarung, so werden gravierende

rechtsstaatliche und demokratische Fragen aufgeworfen. So oder so führt dieser Weg zu einem Abbau, nicht zu einer Stärkung der kantonalen Autonomie, und zu einer *Einbusse an «lebendigem Föderalismus»*.

e. Schranken interkantonaler Vereinbarungen

Aus dem Gebot des partnerschaftlichen Zusammenwirkens (Art. 44 BV) folgt, dass es den Kantonen untersagt ist, durch den Abschluss interkantonaler Vereinbarungen den Bund oder andere Kantone in der Ausübung ihrer Kompetenzen in rechtsmissbräuchlicher Weise zu behindern. Insbesondere dürfen nach Art. 48 Abs. 3 BV interkantonale Vereinbarungen nichts dem Bundesrecht und dem Recht anderer Kantone Zuwiderlaufendes enthalten. Die Kantone müssen sich deshalb beim Abschluss interkantonaler Vereinbarungen an rechtsstaatlichen Prinzipien ausrichten, die bundesstaatliche Kompetenzverteilung zwischen Bund und Kantonen und auch zwischen den Kantonen sowie die verfassungsmässigen Rechte der Bürger beachten. Rücksicht zu nehmen ist auch auf die Interessen des Bundes. Die Kantone dürfen durch eine interkantonale Vereinbarung den Bund bei der Erfüllung seiner Aufgaben nicht beeinträchtigen. 899

Es ist den Kantonen zwar erlaubt, Kompetenzen gemeinsam wahrzunehmen; sie dürfen diese aber *nicht vollständig aufgeben*. Sie dürfen auch auf die ihnen in Art. 53 BV garantierten Rechte nicht von sich aus verzichten und diese an einen anderen Kanton oder an eine interkantonale Institution abtreten. 900

Es ist den Kantonen nach herrschender Lehre untersagt, mittels einer Vereinbarung *Kompetenzen an den Bund zu übertragen*. Dies trifft jedenfalls zu, wenn der Bund über keine Kompetenz in der betreffenden Angelegenheit verfügt. Im Bereich paralleler Kompetenzen von Bund und Kantonen kann indessen uE. eine Übertragung unter gewissen Voraussetzungen rechtmässig sein. 901

> Hans Georg Nussbaum (20) geht zutreffend davon aus, dass ein grundsätzliches Verbot der Übertragung von Kompetenzen der Kantone an den Bund mittels Vereinbarung als zu kategorisch abzulehnen sei. Im Bereich paralleler Kompetenzen müsste eine Übertragung schon aufgrund des partnerschaftlichen Verhältnisses zwischen Bund und Kantonen möglich sein. Da in einem Gebiet paralleler Kompetenzen sowohl Bund als auch Kantone über Kompetenzen verfügen, verstösst die Übertragung der Kompetenz mittels Vereinbarung in diesem Fall nicht gegen das Verbot, die verfassungsmässige Kompetenzordnung abzuändern. 902

> Im Gegensatz zur alten BV enthält die geltende BV kein ausdrückliches Verbot sog. *«politischer» Verträge* mehr. Unter politischen Verträgen verstand man eigentliche Sonderbündnisse und alle anderen Verträge, die eine den Bundesstaat bedrohende Machtverschiebung zwischen den Kantonen oder zwischen Bund und Kantonen hervorrufen. Verboten waren nach der alten Bundesverfassung insbesondere Vereinbarungen, die einer interkantonalen Institution umfassende Hoheitsbefugnisse übertragen oder ein derart umfassendes Gebiet regeln, dass die kantonale Souveränität in einem bestimmten Gebiet aufgehoben würde. Solche politischen Verträge wären heute aber nach Art. 48 BV unzulässig. 903

f. Information des Bundes über interkantonale Vereinbarungen

904 Die Kantone sind gemäss Art. 48 Abs. 3 Satz 2 BV verpflichtet, die Verträge dem Bundesrat zur Kenntnis zu bringen. Damit soll sichergestellt werden, dass dieser über die Einhaltung des Bundesrechts wachen, eine allfällige Unzulässigkeit des Vertrages feststellen und bei der Bundesversammlung *Einsprache* erheben kann. Das Einspracherecht steht auch nicht beteiligten Kantonen zu (Art. 186 Abs. 3, 172 Abs. 3 BV).

905 Anders als unter der alten Bundesverfassung bedürfen interkantonale Verträge (wie auch die aussenpolitischen Verträge der Kantone) somit *keiner Genehmigung* durch den Bund mehr. Damit wurde einer früheren Praxis Rechnung getragen, die trotz klarem Widerspruch zum Verfassungstext in vielen Fällen angewandt worden ist.

906 Schon nach altem Recht war die Genehmigung kein Gültigkeitserfordernis für eine Vereinbarung, und auch nach dem neuen Recht prüft der Bund die interkantonale Vereinbarung auf ihre Übereinstimmung mit dem Bundesrecht, da er nur so feststellen kann, ob ein Widerspruch zum Bundesrecht besteht.

g. Rechtsschutz

907 Vor Inkrafttreten der Justizreform konnten Vertragsverletzungen mit staatsrechtlicher Klage beim Bundesgericht geltend gemacht werden (Art. 83 Bst. b OG). Nach geltendem Recht können die beteiligten Kantone bei Verletzungen von interkantonalen Vereinbarungen die Einheitsklage ans Bundesgericht gemäss Art. 120 Abs. 1 Bst. b BGG gegen die Vertragskantone oder interkantonale Organe erheben.

908 Erlasse und Verfügungen interkantonaler Organe sind denjenigen der kantonalen Organe gleichgestellt und können mit der Beschwerde in öffentlich-rechtlichen Angelegenheiten (vgl. Art. 82 Bst. b iVm. Art. 95 BGG) oder mit der subsidiären Verfassungsbeschwerde (vgl. Art. 113 ff. BGG) angefochten werden.

h. Offene Fragen

909 Auch wenn der Abschluss interkantonaler Verträge ein probates Mittel zur gemeinsamen Bewältigung von Staatsaufgaben darstellt, sind die Nachteile und Risiken nicht zu verkennen. Im Vordergrund steht dabei die bereits mehrfach erwähnte *Demokratieproblematik*, bringen doch Staatsverträge zwangsläufig eine Machtverschiebung vom Parlament hin zu Regierung und Verwaltung mit sich. Parlamente und Volk werden letztlich zu Genehmigungsinstanzen degradiert, denen eine Einflussnahme auf den Vertragsinhalt nur in engen Grenzen möglich ist. Die Verweigerung einer Vertragsgenehmigung wird politisch-faktisch umso schwieriger, je dringlicher der Problemlösungsbedarf erscheint und je mehr Partnerkantone beteiligt sind. Aber auch das Volksinitiativrecht büsst an Gewicht ein, weil es – wenn überhaupt – in Bezug auf Vertragsänderungen höchstens die Regierung «in Marsch setzen» oder auf eine Kündigung ausgerichtet sein kann.

Bedenken gegenüber interkantonalen Verträgen erwachsen auch durch ihre gegenüber Gesetzen erschwerte *Abänderbarkeit*, die konsensabhängig ist und oft viel Zeit in Anspruch nimmt, sowie durch die eingeschränkte Kontrolle interkantonaler Organe durch kantonale Parlamente. 910

Auf der anderen Seite erscheinen interkantonale Vereinbarungen als willkommenes Instrument, um neue Aufgaben, insbesondere auch im Umsetzungsbereich, zu bewältigen, ohne dass Zuständigkeiten vom Bund übernommen werden müssen. Dies gilt insbesondere auf regionaler Ebene. Die Kantone sind sich der Problematik der demokratischen Abstützung von interkantonalen Vereinbarungen zunehmend bewusst; es gibt erste Lösungsversuche, um dieses Problem zu entschärfen. 911

> Zu erwähnen ist diesbezüglich insbesondere Art. 4 Abs. 1 der IRV, der die Kantonsregierungen verpflichtet, ihre Parlamente rechtzeitig und umfassend über bestehende und beabsichtigte Vereinbarungen im Bereich der interkantonalen Zusammenarbeit mit Lastenausgleich zu informieren, ferner die Vereinbarung vom 9. März 2001 über die Aushandlung, Ratifikation, Ausführung und Änderung der interkantonalen Verträge und der Vereinbarungen der Kantone mit dem Ausland (AS 2002 559) der Westschweizer Kantone. Hier werden Verfahren zum besseren Einbezug der kantonalen Parlamente beim Abschluss von interkantonalen Vereinbarungen festgelegt. Solche Verfahren können zwar – verglichen mit dem Gesetzgebungsverfahren – nicht die gleiche Legitimation schaffen, sind aber doch ein taugliches Mittel, um das Demokratiedefizit im Rahmen zu halten. 912

§ 10 Bundesgarantien

Literatur

AUBERT JEAN-FRANÇOIS, in: Petit commentaire, Art. 51–53, 172; BIAGGINI, BV Kommentar, Art. 51–53, 172; AUER ANDREAS, Les constitutions cantonales: un source négligée du droit constitutionnel suisse, ZBl 1990, 14 ff.; AUER/MALINVERNI/HOTTELIER I, Rz. 1075 ff.; BLÖCHLIGER HANSJÖRG, Baustelle Föderalismus, Zürich 2005; EICHENBERGER KURT, Von der Bedeutung und von den Hauptfunktionen der Kantonsverfassung, in: FS für Hans Huber zum 80. Geburtstag, Recht als Prozess und Gefüge, Bern 1981, 155 ff.; DERS., Über Möglichkeiten und Grenzen der Totalrevision einer Kantonsverfassung, ZBl 91 (1990), 1 ff.; DERS., Die Sorge für den inneren Frieden als primäre Staatsaufgabe, ZBl 1977, 433 ff.; HÄFELIN/HALLER/KELLER, § 35 f.; JAAG TOBIAS, in: Verfassungsrecht der Schweiz, § 30; KOLLER HEINRICH, Gebietsveränderungen im Bundesstaat, Festschrift Alfred Rötheli, Solothurn 1990, 181 ff.; KÖLZ ALFRED, Die Zulässigkeit von Sperrfristen für kantonale Volksinitiativen, ZBl 102 (2001), 169 ff.; MARTENET VINCENT, L'Autonomie constitutionelle des cantons, Basel/Genf/München 1999; MOHLER MARKUS/GÄTTELIN PATRICK/MÜLLER RETO, Unsicherheit über Sicherheit – von Verfassungsbegriffen bis zur Rechtsanwendung, AJP 2007, 815 ff.; MÜLLER PATRICK, Das gescheiterte Wiedervereinigungsverfahren der Kantone Basel-Landschaft mit Basel-Stadt, Diss. Basel 2004; RUCH ALEXANDER, in: St. Galler Kommentar, Art. 51, 53, 172; SCHWEIZER RAINER J., in: Verfassungsrecht der Schweiz, § 10; DERS./KÜPFER GABRIELA, in: St. Galler Kommentar, Art. 52; SIDLER LISBETH, Gewährleistung von Kantonsverfassungen. Zu einigen Entwicklungen im Bereich der Gewährleistung von Kantonsverfassungen, in: Festschrift Heinrich Koller, Basel 2006, 281 ff.; TÖNDURY ANDREA MARCEL, Bundesstaatliche Einheit und kantonale Demokratie – Die Gewährleistung der Kantonsverfassungen nach Art. 51 BV, Diss. Zürich 2004; DERS., Die kantonale Verfassungsinitiative – Ausfluss des Selbstkonstituierungsrechts des Volkes und Anforderungen des Bundes an die Kantone, ZSR 126 (2007) I, 3 ff.; TSCHANNEN, Staatsrecht, § 18.

I. Gewährleistung der Kantonsverfassungen

a. Pflicht zur demokratischen Verfassung

In Art. 51 Abs. 1 BV werden die Kantone verpflichtet, sich eine (geschriebene) Verfassung zu geben – was heute bedeutet, dass sie künftig nicht auf eine Verfassung verzichten dürfen. Diese muss *demokratisch* ausgestaltet sein, dh. mindestens eine gewaltenteilige, repräsentative Demokratie mit obligatorischem Verfassungsreferendum und einer Volksinitiative auf Verfassungsänderung verankern (vgl. dazu Rz. 803 ff.). 913

> Weitere bundesrechtliche Anforderungen an die kantonale Demokratie ergeben sich ua. aus Art. 8 iVm. Art. 37 Abs. 2 und Art. 34 BV. 914

b. Pflicht zur Gewährleistung

Nach Art. 51 Abs. 2 BV sind die Kantone verpflichtet, für ihre Verfassung und damit auch für jede Verfassungsänderung die Gewährleistung des Bundes einzuholen. 915

916 Mit dieser besonderen Bundeskontrolle sollte im jungen Bundesstaat des 19. Jahrhunderts einerseits die politische Homogenität, anderseits die Einhaltung des Bundesrechts sichergestellt werden.

917 Im Rahmen des Gewährleistungsverfahrens wird geprüft, ob neue Kantonsverfassungen oder deren Partialrevisionen keinen Widerspruch zum *Bundesrecht* aufweisen. Unter «Bundesrecht» ist dabei das *gesamte* Bundesrecht zu verstehen, also die Bundesverfassung, Bundesgesetze, Bundesbeschlüsse und Verordnungen des Bundes, zudem auch Verträge zwischen Bund und Kantonen sowie völkerrechtliche Verträge (etwa die EMRK). Dabei wird insbesondere auch geprüft, ob die Kantonsverfassungen das Gebot minimaler demokratischer Verfahren nach Art. 51 Abs. 1 BV einhalten.

918 Die Gewährleistung wird durch die *Bundesversammlung* auf Antrag des Bundesrates in Form eines einfachen (dh. nicht referendumspflichtigen) Bundesbeschlusses ausgesprochen (Art. 172 Abs. 2 BV). Da der Bundesversammlung nur eine abstrakte *Rechtskontrolle* obliegt, sind ihr politische Erwägungen untersagt – was dem Parlament als einem politischen Organ nicht immer leicht fällt.

919 Ein Beispiel hierfür ist der Entscheid über die Gewährleistung von § 115 Abs. 2 der totalrevidierten Verfassung des Kantons Basel-Landschaft vom 17. Mai 1984 (SR 131.222.2). In dieser Bestimmung verpflichtete sich der Kanton, darauf hinzuwirken, dass auf dem Kantonsgebiet oder in dessen Nachbarschaft keine Atomkraftwerke errichtet würden. Der Ständerat weigerte sich zunächst, diese Bestimmung zu genehmigen, da sie Bundesrecht verletze und gegen den Grundsatz der Bundestreue verstosse (AB SR 1985, 506 ff.). Dies geschah, nachdem der Bundesrat die Gewährleistung trotz Bedenken beantragt (BBl 1985 II, 1162) und sich der Nationalrat für eine Gewährleistung entschieden hatte. Schliesslich erteilte die Bundesversammlung die Gewährleistung der umstrittenen Bestimmung unter Vorbehalt von Art. 24^{quinquies} aBV (BBl 1986 II, 681).

920 Die Gewährleistung darf nur *verweigert* werden, wenn eine eindeutige Bundesrechtswidrigkeit vorliegt. Sofern eine bundesrechtskonforme Auslegung möglich ist, spricht die Bundesversammlung die Gewährleistung aus, allenfalls mit Auflagen.

921 Ein Beispiel für eine verweigerte Gewährleistung ist der ursprüngliche Art. 138 der *jurassischen Verfassung*, der die mögliche Aufnahme des Südjuras in den Kanton Jura vorsah. Diese Bestimmung verstiess nach Ansicht des Bundesrates gegen die Gebietsgarantie von Art. 5 aBV. Die Bundesversammlung schloss sich der Argumentation des Bundesrates an und verweigerte die Gewährleistung (BBl 1977 III, 256).

922 Ein weiteres Beispiel stellt die Weigerung der Bundesversammlung dar, eine Bestimmung der Genfer Kantonsverfassung zu gewährleisten, die vorgesehen hatte, dass Geistliche keinen Einsitz in den neu geschaffenen Rechnungshof haben. Sie erachtete den dadurch bewirkten Eingriff in die Glaubens- und Gewissensfreiheit als nicht gerechtfertigt (Bundesbeschluss über die Gewährleistung der geänderten Verfassung des Kantons Genf vom 15. März 2007, BBl 2007, 2555).

c. Rechtliche Tragweite des Gewährleistungsbeschlusses

1. Positiver Gewährleistungsbeschluss

Ein positiver Gewährleistungsbeschluss stellt die Bundesrechtsmässigkeit der kantonalen Verfassungsnorm im Zeitpunkt der Beschlussfassung fest. Er weist nur eine *deklaratorische* Wirkung auf, sodass die Kantone die fragliche(n) Bestimmung(en) schon vorher in Kraft setzen können.

923

Der Beschluss kann *widerrufen* werden, wenn erst im Nachhinein eine ursprünglich schon bestehende Bundesrechtswidrigkeit festgestellt wird. Eine erst später, infolge einer Änderung von Bundesrecht, auftretende Bundesrechtswidrigkeit, führt indessen nicht zu einem neuen Gewährleistungsverfahren.

924

Das *Bundesgericht* erachtet sich insofern an den Gewährleistungsbeschluss gebunden, als es im Rahmen der *abstrakten* Normenkontrolle auf eine Staatsrechtliche Beschwerde gegen die gewährleistete Verfassungsbestimmung nicht eintrat, und dies, obwohl weder der Wortlaut der BV, noch Art. 190 BV (entsprechend früher Art. 113 Abs. 3 BV [1874]), oder Art. 84 Abs. 1 OG (und entsprechend heute Art. 82 Bst. b BGG) eine solche Haltung nahelegte. Wurde indessen in einem *konkreten Anwendungsfall* mit Staatsrechtlicher Beschwerde gerügt, eine kantonale Verfassungsnorm verstosse gegen Bundesrecht (mit Einschluss des Staatsvertragsrechts), so nahm es eine Prüfung (nur, aber immerhin) vor, sofern das in Frage stehende Bundesrecht erst *nach der Gewährleistung* durch die eidgenössischen Räte in Kraft getreten ist. In diesem Fall konnte die Bundesversammlung die Rechtskontrolle noch nicht vornehmen (BGE 121 I 138, 147; siehe auch BGE 131 I 126, 130, der im Sinne einer gewissen Öffnung verstanden werden kann).

925

> Auch wenn diese Ausweitung der Praxis zu begrüssen ist, so bleibt die Bindung an den Gewährleistungsbeschluss in den anderen Fällen der konkreten Normenkontrolle unbefriedigend. Das Bundesgericht verkennt den Unterschied zwischen einer präventiven, abstrakten (Rechts-)Kontrolle durch ein Parlament, die immer der Gefahr einer gewissen politischen Beeinflussung ausgesetzt ist, und einer rechtsförmlichen Justizkontrolle im Rahmen eines Anwendungsfalles. Zudem erscheint der «Systemwiderspruch», dass kantonale *Gesetze* überprüfbar sind, kantonale Verfassungsbestimmungen aber nicht, unter Rechtsschutzgesichtspunkten als kaum tragbar. Stossend wäre es zudem, wenn, gestützt auf diese Praxis, kantonale Gesetze, die von einer gewährleisteten kantonalen Verfassungsnorm gedeckt sind, vom Bundesgericht nicht überprüft würden. Die inzidente gerichtliche Überprüfung kantonaler Verfassungsnormen auf ihre Bundesrechtmässigkeit hin, bleibt deshalb ein wichtiges Desideratum. Art. 172 Abs. 2 BV steht dem nicht entgegen.

926

2. Negativer Gewährleistungsbeschluss

Wird die Gewährleistung verweigert, so bedeutet dies *Nichtigkeit* der kantonalen Verfassungsnorm(en), und zwar von Anfang an. Alle rechtsanwendenden Behörden sind an diesen Beschluss gebunden, eine Anfechtungsmöglichkeit besteht

927

nicht. Auch ein negativer Gewährleistungsbeschluss kann später (aus besserer Einsicht) widerrufen werden.

928 Es ist den Kantonen überlassen, ob sie die nicht genehmigte Verfassungsnorm mit einem Vermerk der Ungültigkeit stehen lassen oder aus der Verfassung entfernen.

II. Schutz der verfassungsmässigen Ordnung

929 Gemäss Art. 52 Abs. 1 BV hat der Bund die verfassungsmässige Ordnung der Kantone zu schützen. Bundesversammlung und Bundesrat verfügen über parallele Zuständigkeiten, Massnahmen zur Wahrung der inneren Sicherheit zu treffen (Art. 173 Abs. 1 Bst. b; Art. 185 Abs. 2 BV). Dem Bundesrat obliegt zudem die Pflicht, für die «Einhaltung ... der Kantonsverfassungen» zu sorgen und die erforderlichen Massnahmen zu treffen (Art. 186 Abs. 4 BV).

930 Mit dem Schutz der verfassungsmässigen Ordnung der Kantone, sollen deren Staatlichkeit und Autonomie in ihren verschiedenen Ausprägungen (vgl. § 8) geschützt werden. Es geht primär darum, die kantonalen Organe zu unterstützen, wenn diese nicht mehr in der Lage sind, die Ordnung aufrechtzuerhalten. Art. 52 Abs. 2 BV knüpft deshalb, im Sinne des Subsidiaritätsprinzips, ein Eingreifen des Bundes an die doppelte Voraussetzung, dass die verfassungsmässige Ordnung gestört oder bedroht ist und der betroffene Kanton nicht in der Lage ist, sich selbst, oder mit Hilfe anderer Kantone, zu schützen.

931 Die hierfür erforderlichen Massnahmen werden traditionellerweise unter den Begriff der *Bundesintervention* subsumiert. Sie können im Erlass rechtlicher Vorschriften (Art. 173 Abs. 1 Bst. c BV), in der Einsetzung eines vom Bundesrat gewählten Kommissärs, sowie im Einsatz unbewaffneter oder bewaffneter Truppen bestehen. Beim Armeeeinsatz kann es sich um einen Ordnungsdienst (Art. 83 Abs. 1 iVm. Abs. 2 MG) als Aktivdienst (BGE 125 I 227, 244) handeln, bei welchem die Truppen dem Kanton zur Verfügung gestellt werden. Das Truppenaufgebot liegt in der Zuständigkeit der Bundesversammlung (Art. 172 Abs. 1 Bst. d BV); das Recht des Bundesrates, Truppen aufzubieten, wird in Art. 185 Abs. 4 BV eng begrenzt: Ohne Einberufung der Bundesversammlung kann er höchstens 4000 Angehörige der Armee auf eine Dauer von 3 Wochen aufbieten (vgl. Art. 77 Abs. 3 MG). Die Interventionsmassnahmen unterliegen dem Verhältnismässigkeitsprinzip.

932 Seit 1848 haben insgesamt *10 Interventionsfälle* stattgefunden, davon die meisten im 19. Jahrhundert. Die letzte Bundesintervention betraf den Kanton Genf (1932).

III. Bestandes- und Gebietsgarantie

a. Bestandesgarantie

Nach Art. 53 Abs. 1 BV schützt der Bund den Bestand der Kantone. Art. 1 BV zählt die zum Bund gehörenden Kantone einzeln auf; dieser Bestand ist ohne Verfassungsänderung nicht abänderbar. 933

Dies bedeutet dreierlei: 934

- Kantone dürfen nicht aus dem Bundesstaat «austreten» (kein Sezessionsrecht),
- der Bund kann nicht durch neue Gebiete erweitert werden, und
- eine Neugliederung der Kantone ist untersagt (keine Fusion oder Teilung von bestehenden Kantonen, keine Veränderung der Rechtsstellung der Kantone mit halber Standesstimme).

Art. 53 Abs. 2 BV sieht aber vor, dass *Änderungen im Bestand* der Kantone verfassungsrechtlich *zulässig* sind, knüpft diese aber an die Zustimmung der betroffenen Bevölkerung, der betroffenen Kantone und des Verfassungsgebers auf Bundesebene, der Art. 1 BV entsprechend anpassen müsste. 935

Seit der Schaffung des Bundesstaates gab es bisher nur eine Änderung im Bestand der Kantone sowie zwei ernsthafte Versuche dazu. Die *Wiedervereinigung beider Basel* (Ablehnung durch Basel-Landschaft, 1969) scheiterte ebenso wie die Vereinigung der Kantone Genf und Waadt (gescheiterte Volksinitiativen 2002). 936

Gelungen ist die Gründung des *Kantons Jura*: Unter der alten Bundesverfassung war kein Verfahren für Änderungen im Bestand der Kantone vorgesehen. Ein entsprechendes Verfahren musste deshalb mittels Auslegung und Rechtsfortbildung ermittelt werden. Nach gravierenden Unruhen in den sechziger Jahren des vergangenen Jahrhunderts wurde ersichtlich, dass für das Gebiet des Jura, in dem starke Trennungsbestrebungen herrschten, eine Lösung gefunden werden musste. Ausgangspunkt des eigentlichen Trennungsprozederes war eine Änderung der Berner Kantonsverfassung, die das Trennungsverfahren regelte. Diese wurde von der Bundesversammlung unter der Bedingung gewährleistet, dass, im Falle einer Separation des Jura, Art. 1 und Art. 80 aBV geändert würden. Die Berner Regierung setzte daraufhin die Termine für die drei notwendigen Abstimmungen fest. Es waren die folgenden: 937

- Am 23. Juni 1974 entschied sich eine knappe Mehrheit der sieben jurassischen Amtsbezirke für einen eigenen Kanton. Vier Bezirke entschieden sich gegen die Separation. Von diesen wiederum entschieden sich drei (mit Ausnahme von Laufen) in einer zweiten Abstimmung definitiv, beim Kanton Bern zu bleiben. In weiteren Abstimmungen beschloss ebenfalls Laufen, bei Bern zu bleiben, dies aber unter dem Vorbehalt eines Anschlusses an einen Nachbarkanton. Acht Grenzgemeinden aus bei Bern verbleibenden Bezirken, entschieden sich in der Folge für den Kanton Jura, eine aus einem zu Jura gehörenden Bezirk für Bern. Viele Jahre später wurden die nun feststehenden Grenzen des neuen Kantons aufgrund einer Staatsrechtlichen Klage vom Bundesgericht bestätigt (BGE 117 Ia 233). 938

939 – Am 20. März 1977 wurde der von einem Verfassungsrat ausgearbeitete Entwurf zur jurassischen Kantonsverfassung von der jurassischen Bevölkerung gutgeheissen. Die Bundesversammlung gewährleistete die Verfassung mit Bundesbeschluss vom 28. September 1977 unter dem doppelten Vorbehalt von Art. 138 KV, der die Möglichkeit eines Anschlusses des Südjuras vorsah, und einer Änderung von Art. 1 und 80 aBV.

940 – Am 24. September 1978 stimmten Volk und Stände mit grosser Mehrheit der Änderung von Art. 1 und 80 aBV zu. Seit 1. Januar 1979 übt der Kanton Jura alle Hoheitsrechte aus.

941 Die Frage eines *Zusammenschlusses von Kantonen* wird heute vermehrt diskutiert. Die kantonalen Aufgaben sind oft kaum mehr ausschliesslich innerhalb der eigenen Kantonsgrenzen zu erfüllen. Dies trifft vor allem für kleinere Kantone zu.

942 Interkantonale Vereinbarungen können zwar zu Lösungen in grösserem Rahmen führen, bedeuten aber gleichzeitig Demokratiedefizite und machen die Rechtsordnung unübersichtlich. Vor diesem Hintergrund ist es verständlich, Zusammenschlüsse von Kantonen zu erwägen. Erste Vorstösse gab es hierzu in der Westschweiz, wo der Zusammenschluss der Kantone Waadt und Genf initiiert wurde. Auch wenn dieses Bestreben nicht von Erfolg gekrönt war, so zeigt dies doch, dass der Bestand der Kantone heute nicht mehr in Stein gemeisselt ist.

943 Für die europäische Regionalstatistik NUTS haben die Bundesämter für Statistik und Raumplanung 1999 Vorschläge zur Bildung von sieben schweizerischen *Grossregionen* (Région lémanique: VD, VS, GE; Espace Mittelland: BE, FR, SO, NE, JU; Nordwestschweiz: BS, BL, AG; Zürich ZH; Ostschweiz: GL, SH, AR, AI, SG, GR, TG; Zentralschweiz: LU, UR, SZ, OW, NW, ZG; Tessin) entwickelt. Avenir Suisse hat in einer Studie zum Thema «Baustelle Föderalismus» (2005), aufgrund der Analyse der Pendlerströme, sechs «Metropolitanregionen» (Zürich, Basel, Bern, Genf, Lausanne, Tessin) gebildet.

944 Auch wenn Kantonszusammenschlüsse nicht als Heilmittel für alle Probleme des schweizerischen Föderalismus anzusehen sind, wäre eine vorurteilsfreie Diskussion über deren Vorzüge und Probleme, angesichts der zunehmenden Komplexität und Unübersichtlichkeit des schweizerischen Föderalismus, zu begrüssen. Denn kantonale Autonomie setzt zunehmend eine gewisse Grösse eines Gliedstaates voraus (Gebiet, Bevölkerung, Ressourcen, etc.). Dabei muss im Auge behalten werden, dass es sich bei den schweizerischen Kantonen um während Jahrhunderten gewachsene Gebilde handelt, deren traditionelle Integrationsfunktion nicht zu unterschätzen ist. Ob dies angesichts der wachsenden Mobilität und der Tragweite der Aufgaben des Gemeinwesens für die einzelnen Menschen in Zukunft auch so sein wird, erscheint allerdings als fraglich.

945 Nicht beantwortet wird in der geltenden Bundesverfassung die Frage, wie eine *die ganze Schweiz umfassende Bestandesreform* (zB. die Schaffung von wenigen, neuen Kantonen und nicht nur der Zusammenschluss von zwei oder mehreren Kantonen) verfassungsrechtlich zu beurteilen wäre. Es ist umstritten, ob es sich bei einer solchen Reform um eine Teilrevision oder um eine Totalrevision der Bundesverfassung handeln würde. Eine solche Neugliederung des Bundesstaates würde einen derart intensiven Eingriff in Struktur und Tradition des Bundesstaates Schweiz bedeuten, dass uE. das Verfahren der Totalrevision angebracht wäre.

Auf jeden Fall müsste die (kaum realistische) Abschaffung der Kantone und da- 946
mit der Übergang vom Bundesstaat zu einem Einheitsstaat im Verfahren der Totalrevision durchgeführt werden. Hier wird allerdings auch die Meinung vertreten, dies sei unzulässig, weil die Bundesstaatlichkeit eine unüberwindbare
materielle Schranke der Verfassungsrevision darstelle.

b. Gebietsgarantie

Der Bund schützt gemäss Art. 53 Abs. 1 BV ebenfalls das Gebiet der Kantone. 947
Auch diese Garantie will das politische und kulturelle innere Gleichgewicht des
Bundesstaates wahren. Gewährleistet wird das Territorium der einzelnen Kantone
innerhalb der Grenzen, wie sie seit dem 24. September 1978 (Schaffung des Kantons Jura) bestehen. Verpflichtet werden sowohl der Bund, als auch die Kantone,
welche die Grenzen anderer Kantone zu respektieren haben.

Damit werden Gebietsveränderungen zwischen Kantonen oder zwischen Kantonen 948
und dem Ausland grundsätzlich untersagt. Die Verfassung lässt allerdings Gebietsveränderungen zu, wenn die betroffene Bevölkerung, die betroffenen Kantone und
die Bundesversammlung in Form eines Bundesbeschlusses (dh. eines Parlaments-
beschlusses mit Referendumsvorbehalt) zustimmen (Art. 53 Abs. 3 BV). Im Gegensatz zur Bestandsänderung braucht es also bei Gebietsveränderungen keine Revision der Bundesverfassung (und damit kein obligatorisches Doppelreferendum).

> Nicht als Gebietsveränderung gilt eine blosse *Grenzbereinigung* (eine mehr aus 949
> technischen Gründen vorgenommene und bloss ein eng begrenztes Gebiet be-
> treffende Anpassung), die vertraglich zwischen den beteiligten Kantonen ver-
> einbart werden kann (Art. 53 Abs. 4 BV). Derartige Verträge sind dem Bund
> zur Kenntnis zu bringen; auf Einsprache durch den Bundesrat, oder einen Kan-
> ton, unterliegen sie der Genehmigung durch die Bundesversammlung (Art. 172
> Abs. 3 BV).

> Für einen Fall wie den Wechsel der ehemals bernischen Gemeinde *Vellerat* zum 950
> Kanton Jura im Jahre 1996, fällt also zukünftig die Abstimmung von Volk und
> Ständen weg.

Dritter Teil
Grundrechte

§ 11 Grundrechte im Allgemeinen

Literatur

AUER/MALINVERNI/HOTTELIER; GRABENWARTER CHRISTOPH, Europäische Menschenrechtskonvention, 3. Aufl. München/Basel/Wien 2008; KÄLIN WALTER/KÜNZLI JÖRG, Universeller Menschenrechtsschutz, 2. Aufl. Basel 2008; KIENER REGINA/KÄLIN WALTER, Grundrechte, Bern 2007; MERTEN DETLEF/PAPIER HANS-JÜRGEN (Hrsg.), Handbuch der Grundrechte, Band VII/2, Heidelberg/Zürich/St. Gallen 2007; MÜLLER JÖRG PAUL/SCHEFER MARKUS, Grundrechte in der Schweiz, 4. Aufl. Bern 2008; MÜLLER JÖRG PAUL, Allgemeine Bemerkungen zu den Grundrechten, in: Verfassungsrecht der Schweiz, 621 ff.; NOWAK MANFRED, U. N. Covenant on Civil and Political Rights, 2nd ed. Kehl/Strasbourg/Arlington 2005; SCHEFER MARKUS, Die Beeinträchtigung von Grundrechten, Bern 2006; TSCHANNEN, Staatsrecht, § 7; WEBER-DÜRLER BEATRICE, Grundrechtseingriffe, in: BTJP, 131 ff.

I. Grundlagen

a. Funktionen der Grundrechte

«Der Staat ist um des Menschen willen da, nicht der Mensch um des Staates willen.» So lautete der erste Artikel des Entwurfs von Herrenchiemsee, dem zentralen Verfassungsentwurf für das Bonner Grundgesetz. Er brachte die während des Nationalsozialismus leidvoll wiedererlangte Einsicht zum Ausdruck, dass Grund und Ziel des Staates und allen Rechts der Mensch ist; dass der Mensch mit seinen Verletzlichkeiten, Schutzbedürfnissen und seiner Unvollkommenheit, aber auch seinem Drang nach Anerkennung und Erkenntnis letzter Massstab jeder rechtlichen Ordnung ist. Die Grundrechte nehmen diese Einsicht auf und geben ihr konkreten juristischen Gehalt: Sie garantieren jenen Bedürfnissen und Interessen von Menschen Schutz, die für ihre Persönlichkeit von elementarer Bedeutung sind. 951

Grundrechte schützen deshalb zunächst jeden einzelnen Menschen vor Verletzung in den zentralen Voraussetzungen seines Daseins. Sie gewährleisten ihm aber auch jenen Raum, auf welchen er für die Verfolgung seiner Ziele in der Gesellschaft angewiesen ist. 952

Aus der Erkenntnis, dass sich die Gerechtigkeit staatlicher Einwirkung auf den Einzelnen in wesentlichem Masse nach dem Verfahren bemisst, welches sie trägt, gewährleisten die Grundrechte auch minimale Garantien fairer Verfahren. 953

Die Grundrechte nehmen die Eingebundenheit jedes Menschen in einen gesellschaftlichen Rahmen etwa dadurch auf, dass sie nicht nur die Integrität jedes Einzelnen zu garantieren suchen, sondern auch jene der gesellschaftlichen Willens- und Meinungsbildung insgesamt. Insbesondere die Grundrechte freier Kommunikation gewährleisten in diesem Sinne eine möglichst offene, unverzerrte verbale Auseinandersetzung in der Gesellschaft. 954

955 Zusätzlich zu dieser demokratischen Schutzrichtung zielen die Grundrechte auch darauf, jene strukturellen Voraussetzungen zu sichern, welche für die wirtschaftliche Entfaltung des Einzelnen unabdingbar sind. Die wirtschaftlichen Grundrechte wie die Eigentumsgarantie, die Wirtschafts- und die Koalitionsfreiheit sichern zusätzlich zu ihrem persönlichkeitsschützenden Gehalt auch die für deren Verwirklichung erforderliche institutionelle Ordnung.

956 Der grundrechtliche Schutz ist *punktueller Art*; in ihrer Ausrichtung auf die Gewährleistung elementarer Aspekte menschlicher Existenz folgen die Grundrechte keinem System, sondern sind Ausdruck historisch bedingter Verletzungserfahrung. Sie gewährleisten deshalb keinen lückenlosen Schutz.

957 Trotzdem stehen die Grundrechte nicht willkürlich und zusammenhangslos nebeneinander. Sie werden durch die skizzierten gemeinsamen Zielrichtungen gebündelt und bedingen sich in vielfältiger Weise gegenseitig.

958 In inhaltlicher Hinsicht bringen die Grundrechte die elementarsten normativen Grundsätze der Rechtsordnung zum Ausdruck und enthalten Gestaltungsprinzipien für ganze Rechtsbereiche (wie die Wirtschafts-, die Koalitionsfreiheit und die Eigentumsgarantie für die Wirtschaftsordnung oder die Ehefreiheit für das Eherecht). Wie jedes Recht bleiben aber auch sie letztlich auf den einzelnen Menschen ausgerichtet und sind insofern rein instrumentellen Charakters. Dh. auch die Grundrechte gelten nicht um ihrer selbst Willen, sondern um des Menschen Willen und stellen blosse rechtliche Instrumente zu seinem Schutz dar.

959 Im modernen Rechtsstaat sind die Grundrechte zudem dadurch gekennzeichnet,

– dass sie unmittelbar anwendbar sind und idR. keiner vorgängigen Konkretisierung durch den Gesetzgeber bedürfen;

– dass alle staatlichen Organe, auch der Gesetzgeber, an sie gebunden und zu verfassungsmässigem und verfassungskonformem Handeln verpflichtet sind; und

– dass ihr Schutz durch eine unabhängige Verfassungsjustiz sichergestellt ist.

b. Zur historischen Entwicklung der Grundrechte

1. Allgemeine Entwicklung

960 Grundrechte sind Ausprägungen des modernen demokratischen Verfassungsstaates. Die Geschichte einzelner Ideen reicht aber teilweise bis ins Altertum und Mittelalter zurück.

961 Die Bürger der *griechischen* Stadtstaaten besassen politische Rechte und konnten sich an der Willensbildung des Staates beteiligen. Generelle, jedem Menschen zustehende Rechte vermochten sich in der Sklaven haltenden Gesellschaft der Griechen und Römer jedoch nicht zu entwickeln.

962 Die englische *Magna Charta* von 1215 stellt einen mittelalterlichen Freiheitsbrief dar. Sie enthielt im Wesentlichen Zugeständnisse des Königs an weltliche

und geistliche Feudalherren. Sie enthält in materieller Hinsicht etwa mit den Garantien gegen willkürliche Inhaftierung Bestimmungen, die heute über menschenrechtliche Qualität verfügen.

Im Absolutismus des 17. und 18. Jahrhunderts entstand als Gegenreaktion auf die unbeschränkte Machtausübung die Forderung nach allgemeinen Rechten des Individuums. In der Aufklärung entwickelte sich die naturrechtliche Vorstellung, dass jeder Mensch unveräusserliche Rechte habe, welche die Staatsgewalt beschränken. Diesen Menschenrechten wurde vorstaatliche Geltung zugeschrieben; daher hatte sie der staatliche Gesetzgeber zu beachten. 963

In England entwickelte sich ein grundrechtsähnlicher Schutz im Rahmen der Auseinandersetzung zwischen König und Parlament. Dieses rang dem König im Verlaufe der Zeit zunehmend Rechte und Freiheiten ab, die sich später in menschenrechtlichen Garantien niederschlugen. Stationen der Entwicklung waren die Petition of Rights von 1628 (Steuerbewilligungsrecht, Schutz vor willkürlicher Verhaftung), die Habeas Corpus Akte von 1679 (Recht der Gefangenen, binnen dreier Tage dem Richter vorgeführt zu werden), die Bill of Rights von 1689 (Petitionsrecht, Waffentragrecht, Verbot grausamer und ungewöhnlicher Strafen, Meinungsfreiheit für Parlamentarier). Obwohl es sich dabei nicht um eigentliche Grundrechte handelte, haben sie die Formulierung späterer Menschenrechtserklärungen beeinflusst. 964

Die politischen Umwälzungen des 18. Jahrhunderts und Bestrebungen nach Freiheit und Gleichheit haben zu den ersten modernen Grundrechtskatalogen in Nordamerika und Frankreich geführt (Bill of Rights of Virginia 1776, Déclaration des droits de l'homme et du citoyen 1789). 965

In der amerikanischen Unabhängigkeitserklärung vom 4. Juli 1776, deren zentrale Stellen an John Lockes Theorien erinnern, kam der Gedanke der Menschenrechte als etwas Vorgegebenes zum Ausdruck. Die Grundrechte wurden naturrechtlich damit begründet, dass alle Menschen vom Schöpfer mit unveräusserlichen Rechten ausgestattet seien, zu denen Leben, Freiheit und das Streben nach Glückseligkeit gehörten. Eine ausführliche Erklärung der Menschenrechte enthielt die aus demselben Jahr stammende Virginia Bill of Rights, die erstmals die Verankerung von Menschenrechten als positives, auch das Parlament bindendes Verfassungsrecht darstellte. Weitere amerikanische Staaten folgten dem Beispiel Virginias mit ähnlichen, naturrechtlich inspirierten Erklärungen. 966

Auf Unionsebene fanden die Grundrechte mit der Bill of Rights im Jahr 1789 Eingang und traten zwei Jahre später in Kraft. Nachdem die ursprüngliche Unionsverfassung noch weitgehend auf die Gewährleistung verzichtet hatte, beschloss der Erste Kongress auf Antrag von James Madison eine Bedingung der früheren Gegner der Verfassung (den sog. «Anti-Federalists») für ihre Zustimmung einzulösen und verabschiedete mit den ersten zehn Zusatzartikeln (sog. «Amendments») einen recht umfassenden Grundrechtekatalog. Er gilt auch heute noch ohne Veränderung in seinem Text; in der Zwischenzeit sind jedoch einige Bestimmungen hinzugekommen, insbesondere die Garantie der Rechtsgleichheit nach dem Sezessionskrieg im Jahr 1868. 967

968 In Frankreich erfolgte die Proklamation von Menschen- und Bürgerrechten sechs Wochen nach Ausbruch der Revolution, nämlich am 27. August 1789. Gegenüber der amerikanischen Bill of Rights brachte diese Erklärung zwar wenig Neues, doch fand sie in Europa grosse Beachtung. Diese Menschenrechtserklärung stellt in Frankreich noch heute geltendes Verfassungsrecht dar.

969 Die französische Deklaration inspirierte auch die Verfassungsgebung in anderen Ländern, zB. die belgische Verfassung von 1831 oder das deutsche Grundgesetz von 1949, das die Grundrechte präzise umschreibt, systematisch ordnet und unter die Kontrolle des Bundesverfassungsgerichts stellt.

2. Zur schweizerischen Entwicklung

970 Die grundrechtlichen Postulate der französischen Revolution sind in der Schweiz in die helvetische Verfassung (1798–1803) eingeflossen, blieben aber weitgehend ohne direkte Wirkung. Mit der Rückkehr zum Staatenbund in der Mediationszeit lag das Schwergewicht wieder auf den Kantonsverfassungen, die jedoch die Grundrechte nur punktuell und unvollständig gewährleisteten. Erst in den 20er Jahren des 19. Jahrhunderts erlangten die Grundrechte in den Kantonsverfassungen erhöhte Bedeutung, insbesondere die Pressefreiheit, die Petitionsfreiheit, die Persönliche Freiheit, die Handels- und Gewerbefreiheit und die Eigentumsgarantie.

971 Die Bundesverfassung von 1848 garantierte primär jene Grundrechte, welche für die Schaffung eines einheitlichen Bundesstaates unverzichtbar waren. Im Vordergrund stand die Niederlassungsfreiheit. Sie wurde jedoch nur den «Schweizern, welche einer der christlichen Konfessionen angehören» gewährleistet (Art. 41 BV [1848]), dh. insbesondere nicht den Juden. Diese wurden auch vom Schutz der Kultusfreiheit in Art. 44 BV (1874) ausgeschlossen, die nur «den anerkannten christlichen Konfessionen» garantiert wurde, sowie von der Garantie der Gleichbehandlung von Bürgern unterschiedlicher Kantone (Art. 48). Darüber hinaus enthielt die 48er Verfassung etwa die Pressefreiheit (Art. 45), die Vereinsfreiheit (Art. 46), das Postgeheimnis (Art. 33 Ziff. 3) und den freien Warenverkehr und Personentransport (Art. 30).

972 Die Diskriminierung der Juden wurde mit Bezug auf die Niederlassungsfreiheit mit der Verfassungrevision von 1866 aufgehoben; aufgrund des Niederlassungsvertrags mit Frankreich vom 30. Juni 1864 waren die Schweizer Juden gegenüber jenen Frankreichs bezüglich ihrer freien Niederlassung schlechter gestellt worden. Im Rahmen der Totalrevision von 1874 wurden dann auch die Glaubens- und Gewissensfreiheit sowie die Gleichbehandlung von Angehörigen unterschiedlicher Kantone für alle Religionen gewährleistet. Der Grundrechtsschutz blieb aber auch unter 1874er Verfassung punktuell und unvollständig. Neu fanden ua. die Handels- und Gewerbefreiheit und die Ehefreiheit Aufnahme in die Bundesverfassung.

973 In der ersten Hälfte des 20. Jahrhunderts gerieten die Grundrechte in eine Krise, indem sie zunächst durch den Gesetzgeber, dann durch die Regierung und Verwaltung eingeschränkt wurden (siehe etwa die pessimistische Einschätzung von HANS HUBER, Die Garantie der individuellen Verfassungsrechte, ZSR 1936, 193a und 196a). In der Schweiz delegierte die Bundesversammlung umfas-

sende Rechtsetzungskompetenzen an den Bundesrat (Vollmachtenbeschlüsse von 1914 und 1939), das Recht des Bundes wurde damit zu Bundesratsrecht, teilweise zu Notrecht der Bundesversammlung.

Nach dem zweiten Weltkrieg wurden die Grundrechte auf internationaler Ebene zu neuem Leben erweckt, indem sie in Verfassungen und internationalen Konventionen positiviert wurden. Gleichzeitig erfuhren sie durch die Schaffung unabhängiger Verfassungsgerichte eine institutionelle Absicherung. Das Völkerrecht wurde von einem humanitären Entwicklungsschub erfasst und verlieh dem einzelnen Menschen als Rechtsträger grösseres Gewicht. Auf globaler Ebene entstand 1948 die Allgemeine Erklärung der Menschenrechte der UNO; 1966 folgten das Rassendiskriminierungsübereinkommen sowie die UNO-Pakte I und II. In Europa schufen die Staaten des Europarats 1950 die EMRK mit einem europäischen Gerichtshof für Menschenrechte in Strassburg. Mit dem Vertrag von Lissabon aus dem Jahr 2007 soll auch die EU über einen rechtlich bindenden, geschriebenen Grundrechtekatalog verfügen. Die Schweiz ratifizierte 1974 die EMRK, die UNO-Pakte traten erst 1992 in Kraft (vgl. hinten Rz. 1067 ff.). 974

Die schweizerische Gerichtspraxis fand aber schon vorher Wege zur Weiterentwicklung der Grundrechte. Im Anschluss an grundlegende Arbeiten von Zaccaria Giacometti und Hans Huber begann das Bundesgericht im Jahr 1959, verschiedene Grundrechte, die im Text der Bundesverfassung fehlten, als ungeschriebene, aber rechtlich bindende und durchsetzbare Individualrechte zu anerkennen. 975

Zunächst anerkannte das Bundesgericht die Eigentumsgarantie auf ungeschriebener Basis; im Jahr 1969 wurde dieses Grundrecht gemeinsam mit der Bundeskompetenz im Bereich der Raumplanung in den Verfassungstext aufgenommen (Art. 22ter BV [1874]). Später folgten als ungeschriebene Grundrechte die Meinungsfreiheit, die Persönliche Freiheit, die Sprachenfreiheit und im Jahr 1970 die Versammlungsfreiheit. Als letztes ungeschriebenes Grundrecht unter der BV von 1874 anerkannte das Gericht in BGE 121 I 367 im Jahr 1995 ein Recht auf Existenzsicherung, das heute in Art. 12 BV ausdrücklich gewährleistet wird. 976

Entscheidend für die Anerkennung eines ungeschriebenen Grundrechts war für das Bundesgericht, dass das neue Recht eine Voraussetzung für die Ausübung anderer, in der Verfassung ausdrücklich aufgeführter Grundrechte darstellt oder sonst ein unentbehrlicher Bestandteil der demokratischen und rechtsstaatlichen Ordnung des Bundes ist. Darüber hinaus zog es auch in Betracht, wie weit das fragliche Recht einer verbreiteten Verfassungswirklichkeit in den Kantonen entsprach und damit von einem relativ breiten Konsens getragen wurde. 977

Zusätzlich zu den ungeschriebenen Grundrechten entwickelte das Bundesgericht eine umfassende Praxis zu den Grundrechten fairer Verfahren. Es anerkannte diese Rechte als Ausfluss des allgemeinen Gleichheitssatzes nach Art. 4 BV (1874); in ihrer schöpferischen Kraft und Kreativität blieb diese Praxis in keiner Weise hinter jener zu den ungeschriebenen Grundrechten zurück. 978

Auch die Bundesverfassung von 1999 ist grundsätzlich offen für die Anerkennung ungeschriebener Grundrechte. Angesichts des relativ umfassend formulierten 979

Grundrechtekatalogs kämen dafür jedoch nicht jene grundlegenden Garantien in Frage, wie sie das Gericht unter der BV 1874 anerkannt hatte. Zu denken wäre etwa an den Grundsatz «ne bis in idem» oder die Garantie der Rechtsfähigkeit, die zwar in Art. 16 UNO-Pakt II, nicht aber in der BV aufgeführt wird.

980 Weitere wichtige Änderungen betreffen die Einführung des Frauenstimmrechts am 7. Februar 1971, wobei das BGer im März 1990 Appenzell Innerrhoden als letzten Kanton zur Umsetzung zwingen musste (BGE 116 Ia 359), die Aufhebung gewisser Beschränkungen der Niederlassungsfreiheit im Jahre 1975, die Verankerung der Gleichberechtigung der Geschlechter in Art. 4 Abs. 2 BV [1874] im Jahre 1981 sowie die Streichung des sog. Bistumsartikels (Art. 72 Abs. 3 BV idF. vom 18. April 1999), der im Zuge des Kulturkampfes 1874 Eingang in die Verfassung gefunden hatte. Diese wurde am 10. Juni 2001 von Volk und Ständen gutgeheissen.

c. Normative Wirkungsrichtungen der Grundrechte

Literatur

MÜLLER JÖRG PAUL, Elemente einer schweizerischen Grundrechtstheorie, Bern 1982; DERS., Allgemeine Bemerkungen zu den Grundrechten, in: Verfassungsrecht der Schweiz, § 39, Rz. 29–33.

981 Grundrechte verfügen über mehrere normative Wirkungsrichtungen, die je nach in Frage stehendem Recht unterschiedlich ausgeprägt sind (grundlegend J. P. MÜLLER, Elemente, 46ff.; siehe auch hinten Rz. 1130–1146):

982 Im Vordergrund steht die Wirkung der Grundrechte als direkt durchsetzbare Rechte des Einzelnen gegen den Staat. Auf dieser individualrechtlichen Geltungsebene vermitteln sie dem Einzelnen grundsätzlich zwei Typen von Ansprüchen:

983 – Primär gewährleisten sie «*Abwehrrechte*» gegen Übergriffe des Staates in seine Freiheitssphäre; dem Betroffenen vermitteln sie einen direkt durchsetzbaren Anspruch gegen den Staat auf Unterlassen seiner Eingriffshandlung. Der Staat wird damit auf dieser Ebene verpflichtet, sich Eingriffshandlungen zu enthalten.

984 – Angestossen durch die Praxis des deutschen Bundesverfassungsgerichts, hat der EGMR in den letzten Jahren zunehmend durchsetzbare Individualansprüche auf staatliche Schutzmassnahmen entwickelt. Sie verpflichten den Staat, den Einzelnen vor Verletzungen in seinen Grundrechten – etwa von Seiten anderer Menschen – aktiv zu schützen, oder gewisse Verfahren einzurichten, um Grundrechtsverletzungen zu verhindern oder wenigstens aufzuklären (vgl. Rz. 1173ff.). Darüber hinaus vermitteln verschiedene Grundrechte – wie etwa das Recht auf Existenzsicherung nach Art. 12 BV oder auf Grundschulunterricht nach Art. 19 BV – direkt durchsetzbare Ansprüche auf staatliche Leistungen.

985 Auf einer zweiten Ebene sind Grundrechte von allen rechtsanwendenden Organen (Behörden, Gerichte) bei der *Auslegung des einfachen Rechts* im konkreten Einzelfall zu berücksichtigen, etwa im Zivil- oder Strafrecht, aber auch in Bereichen wie

dem Steuerrecht, dem Sozialversicherungsrecht oder dem Bau- und Planungsrecht. Ihre Bedeutung als Auslegungsgesichtspunkte kommt dort am intensivsten zu tragen, wo im einfachen Recht die Konkretisierung von Generalklauseln und unbestimmten Rechtsbegriff den rechtsanwendenden Behörden einen grossen Gestaltungsspielraum offen lassen.

Auf einer dritten Ebene geben die Grundrechte dem Gesetzgeber eine gewisse Richtung vor. In dieser Wirkungsrichtung vermitteln sie dem Einzelnen keinen direkt durchsetzbaren Individualanspruch, büssen dadurch an Verbindlichkeit jedoch nicht ein. Die Rechtsetzenden Organe – dh. der Gesetz- und Verordnunggeber – sind in ihrer legislativen Tätigkeit verpflichtet, jene Regelungen zu erlassen, die für einen wirksamen Grundrechtsschutz erforderlich sind. Sie müssen zunächst die Rechtsordnung so ausgestalten, dass die Einzelnen die Möglichkeit haben, ihre Grundrechte tatsächlich wahrzunehmen. Darüber hinaus müssen sie den Grundrechten in inhaltlicher Hinsicht Rechnung tragen, indem sie die normativen Grundanliegen der einzelnen Grundrechte in das einfache Recht einfliessen lassen. 986

d. Adressaten der Grundrechte und ihr Verhältnis zum Mehrheitsentscheid

Die Grundrechte richten sich an den Staat. Er wird durch sie zu einem Unterlassen, Dulden oder aktiven Eingreifen verpflichtet; nur in seltenen Fällen werden unmittelbar andere Einzelne durch die Grundrechte gebunden (eingehender hinten Rz. 1172). 987

Grundrechte richten sich an sämtliche Organe des Staates. Sowohl die rechtsetzenden Organe als auch die Behörden der Rechtsanwendung als auch die Gerichte sind durch die Grundrechte angesprochen. 988

Damit ist heute insbesondere unbestritten, dass auch der demokratische Gesetzgeber an die Grundrechte gebunden ist. Dies gilt auch dort, wo ein Gesetz dem Referendum untersteht und ein solches vielleicht gar ergriffen worden ist. Grundrechte setzen damit auch dem demokratischen Prozess an sich Grenzen. Es stellt sich deshalb die Frage, wie sich die Einschränkung der Gestaltungsfreiheit demokratisch legitimierter Rechtsetzungsorgane, uU. gar der Stimmbürgerschaft, rechtfertigen lasse. In der U. S.-amerikanischen Diskussion wird diese Problemstellung eingängig als «counter-majoritarian difficulty» bezeichnet (ALEXANDER M. BICKEL, The Least Dangerous Branch, 2nd ed. New Haven/London 1986, 16 ff.). Aus unserer Sicht sind diesbezüglich insbesondere die zwei folgenden Gedanken von Bedeutung: 989

Grundrechte schützen ua. jene Voraussetzungen der demokratischen Willensbildung, ohne die der daraus resultierende Entscheid nicht über die erforderliche Legitimität verfügt. Soweit diese Grundrechtsgehalte in Frage stehen, stellen sie den demokratischen Charakter eines politischen Entscheids sicher und stehen nicht im Widerspruch dazu. 990

991 Demokratische Entscheide werden zudem regelmässig in der Form von Mehrheitsentscheiden gefällt. Sie können von den Einzelnen – jedenfalls den Angehörigen der unterlegenen Minderheit – deshalb nur in beschränktem Masse als Ausdruck ihrer Selbstgesetzgebung verstanden werden und erscheinen deshalb nur prekär demokratisch legitimiert; Mehrheitsentscheide sind entsprechend aus demokratischer Sicht Notlösungen zur Sicherstellung der Entscheidfähigkeit des Gemeinwesens. Das Recht muss ihnen deshalb jene Schranken auferlegen, die erforderlich sind, um die elementaren Aspekte menschlicher Integrität vor Übergriffen der Mehrheit zu schützen. Dies tun die Grundrechte. Sie kompensieren in gewissem Sinne die demokratischen Defizite von Mehrheitsentscheiden, indem sie sicherstellen, dass diese den einzelnen Menschen nur in zumutbarer Weise treffen.

e. **Typisierungen der Grundrechte**

992 Der Begriff der Grundrechte umfasst inhaltlich und strukturell sehr unterschiedliche normative Gehalte. Folgende Typisierungen haben sich in der wissenschaftlichen Diskussion etabliert:

1. Menschenrechte und Bürgerrechte

993 Nach dem *Kreis der Rechtsträger* werden Rechte, die allen Individuen schlechthin zustehen (Menschenrechte; human rights), und Grundrechte von Bürgern und Bürgerinnen, auf die sich nur Staatsangehörige berufen können (zB. politische Rechte Art. 34 BV; in der Schweiz die Niederlassungsfreiheit, Art. 24 BV), unterschieden (vgl. dazu Rz. 1101). Eng damit verknüpft ist jene Sicht, welche die Unterscheidung von Menschen- und Grundrechten in der international-rechtlichen Verbürgung der ersteren und der Garantie durch nationale Verfassungen der letzteren sieht (WALTER KÄLIN/JÖRG KÜNZLI, Universeller Menschenrechtsschutz, 2. Aufl. Basel 2008, 37; vgl. kritisch FRÉDÉRIC SUDRE, Droit européen et international des droits de l'homme, 9e éd. Paris 2008, 13).

994 Für die Diskussion des innerstaatlichen Schutzes kann auf die Unterscheidung zwischen Menschenrechten und Grundrechten in der schweizerischen Rechtsordnung uE. verzichtet werden:

995 Ausser bei der Wahl- und Abstimmungsfreiheit und der Niederlassungsfreiheit werden bei allen anderen Grundrechten auch Ausländer geschützt, unabhängig vom Bürgerrecht; die Bundesverfassung kennt keine «Schweizer»-Grundrechte, wie etwa das Bonner Grundgesetz «Deutschen»-Grundrechte kennt.

996 Auch die Verankerung im internationalen Recht oder im nationalen Verfassungsrecht ist im Allgemeinen nur noch von untergeordneter Bedeutung: Die Bundesverfassung von 1999 hat viele der früher nur in der EMRK oder in UNO-Pakt II verankerten Rechte übernommen, zum Teil fast wörtlich. Zudem ist durch die direkte Anwendbarkeit vieler völkerrechtlich verankerter Grundrechte und ihrer – jedenfalls in prozessualer Hinsicht – weitgehenden Gleichstellung mit den nationalen

Grundrechten die Bedeutung der Unterscheidung von Menschen- und Grundrechten im Rahmen der Rechtsanwendung in weitem Masse verschwunden.

2. Negative, aktive und soziale Grundrechte

Eine traditionelle Typisierung der Grundrechte fragt nach der *Rechtsposition*, die ein Grundrecht dem Einzelnen *gegenüber dem Gemeinwesen* einräumt: 997

- *negative* Rechte, die auf Abwehr staatlicher Beeinträchtigungen gerichtet sind; sie basieren auf dem liberalen Menschenbild des *selbst*verantwortlichen Individuums, das vor staatlichen Eingriffen abzuschirmen ist («Freiheit wovon»); 998

- *aktive* Rechte als Ansprüche auf politische Partizipation in der Demokratie und auf Beteiligung an Verwaltungs- und Gerichtsverfahren. Hier sind *politische Rechte* (Art. 34 BV) und *Rechte fairer Verfahren* (Art. 29 ff.) betroffen; sie widerspiegeln das *mit*verantwortliche, in das Gemeinwesen einbezogene, das mitgestaltende, «mündige» Rechtssubjekt («Freiheit wozu»); 999

- *Gleichheitsrechte* (Art. 8 und 29 Abs. 1 BV), die dem Einzelnen einen Anspruch darauf vermitteln, vom Staat als gleich massgeblich wie jeder andere Einzelne behandelt und nicht diskriminiert zu werden. Diese Rechte knüpfen an Aristoteles' grundlegendes Gerechtigkeitsprinzip der Gleichbehandlung an und geben ihm grundrechtliche Gestalt. Empirische Differenzen zwischen den Menschen selber können keine Ungleichbehandlung rechtfertigen; erst der Kontext, in dem sie sich bewegen, darf – oder muss gar – Anlass zu einer differenzierten rechtlichen Behandlung geben. 1000

- *soziale Grundrechte*; sie gewährleisten staatliche Leistungen, wie etwa auf Ausbildung, Sozialfürsorge oder Altersvorsorge. Das zugrunde liegende Menschenbild ist – idealtypisch – dasjenige des abhängigen, auf staatliche Unterstützung angewiesenen Leistungsempfängers. Soziale Grundrechte unterscheiden sich in wichtigen Punkten von negativ verstandenen Freiheitsrechten; namentlich sind sie idR. auf eine vorgängige Ordnung durch den Gesetzgeber (und auf die Zuteilung von Ressourcen) angewiesen (vgl. dazu § 36). 1001

Diese Typisierung spiegelt die vielfältigen Interessen, Verletzlichkeiten und Bedürfnisse des Menschen und entsprechend die höchst unterschiedlichen Funktionen des Rechts und des Gemeinwesens in seinen demokratischen, liberal-rechtsstaatlichen und sozial-leistungsstaatlichen Dimensionen. Sie darf indessen nicht im Sinne einer kategorialen Unterscheidung verstanden werden; Grundrechten kommen regelmässig mehrere Funktionen und Bedeutungsgehalte zu, sowohl Abwehransprüche, Partizipations- und Gleichheitsrechte als auch Schutz- und Leistungsverpflichtungen des Staates. 1002

3. Zum Begriff der verfassungsmässigen Rechte

Art. 113 Abs. 1 Ziff. 3 der Bundesverfassung von 1874 wies dem Bundesgericht die Aufgabe zu, «über Beschwerden betreffend Verletzung verfassungsmässiger 1003

Rechte der Bürger» zu urteilen; Art. 84 Abs. 1 Bst. a des früheren BG über die Organisation der Bundesrechtspflege vom 16. Dezember 1943 (OG; AS 1992, 288) führte diese Verfassungsbestimmung dahingehend aus, dass «gegen kantonale Erlasse oder Verfügungen (Entscheide) ... beim Bundesgericht Beschwerde geführt werden (kann) wegen Verletzung verfassungsmässiger Rechte der Bürger». Dem Begriff des verfassungsmässigen Rechts kam damit zentrale Bedeutung zu, indem er einer der wichtigsten Rügegründe der damaligen staatsrechtlichen Beschwerde darstellte. Die Verfassungsgerichtsbarkeit durch das Bundesgericht konzentrierte sich danach primär auf die Frage, ob verfassungsmässige Rechte verletzt wurden oder nicht. Das Bundesgericht hat sich deshalb eingehend mit diesem Begriff auseinandergesetzt.

1004 Danach stellen Verfassungsbestimmungen insoweit verfassungsmässige Rechte dar, als sie den Einzelnen gegen staatliche Übergriffe sichern wollen und ihm deshalb einen entsprechenden Anspruch gegen den Staat einräumen. Normen dagegen, die ausschliesslich im Interesse der Allgemeinheit erlassen wurden, waren keine verfassungsmässigen Rechte (dazu WALTER KÄLIN, Das Verfahren der staatsrechtlichen Beschwerde, 2. Aufl. Bern 1994, 52–54).

1005 Die Bundesverfassung von 1999 verwendet den Begriff der verfassungsmässigen Rechte nach wie vor. Inhaltlich hat er keine Änderung erfahren (vgl. GIOVANNI BIAGGINI, in: Niggli/Übersax/Wiprächtiger (Hrsg.), Basler Kommentar Bundesgerichtsgesetz, Basel 2008, Art. 116, Rz. 27), hat an Bedeutung jedoch erheblich eingebüsst:

1006 Im Vordergrund steht die prozessuale Verwendung des Begriffs: Nach Art. 189 Abs. 1 Bst. d BV beurteilt das Bundesgericht «Streitigkeiten wegen Verletzung von kantonalen verfassungsmässigen Rechten»; verfassungsmässige Rechte der Bundesverfassung kennt die BV 1999 nicht mehr. Das Bundesgerichtsgesetz (BGG; SR 173.110), der «Nachfolger» des alten OG, lässt entsprechend bei den drei Einheitsbeschwerden den Rügegrund der «kantonalen verfassungsmässigen Rechte» zu (Art. 95 Bst. c BGG). Im Rahmen der subsidiären Verfassungsbeschwerde dehnt Art. 116 BGG den Begriff aber über seine Beschränkung auf kantonale Rechte in der BV aus und lässt generell die Rüge der Verletzung verfassungsmässiger Rechte zu, also auch solcher der Bundesverfassung. Weil die subsidiäre Verfassungsbeschwerde aber in ihrem Anwendungsbereich bedeutend enger ist als die frühere staatsrechtliche Beschwerde, bleibt die Bedeutung des Begriffs der verfassungsmässigen Rechte trotzdem relativ gering.

1007 Die Bundesverfassung verwendet den Begriff auch in materieller Hinsicht, indem sie in Art. 164 Abs. 1 Bst. b für «die Einschränkung verfassungsmässiger Rechte» ein Gesetz im formellen Sinn verlangt.

1008 Der Begriff der verfassungsmässigen Rechte ist einerseits weiter als jener der Grundrechte: Über die Grundrechte hinaus erfasst er auch etwa derart zentrale Grundsätze wie jene der Gewaltenteilung, der derogatorischen Kraft des Bundesrechts (Art. 49 Abs. 1 BV), der Gemeindeautonomie oder des Verbots der Doppelbesteuerung (Art. 127 Abs. 3 BV).

Er ist anderseits aber auch enger als jener der Grundrechte: Während die verfas- 1009
sungsmässigen Rechte auf justiziable Gehalte beschränkt sind, umfassen die
Grundrechte auch die Gehalte als Auslegungsgesichtspunkte und als Programmbestimmungen für die rechtsetzenden Organe (siehe oben Rz. 981–986).

4. Privilegierte Grundrechte

Eine besondere Kategorie von Grundrechten stellen die sog. *unverjährbaren und* 1010
unverzichtbaren Grundrechte dar. Sie ist in der Rechtsprechung des Bundesgerichts entwickelt worden, um den Rechtsschutz bei besonders schwerwiegenden
Verletzungen von Grundrechten zu verbessern.

> Rechtsakte, die frühere Anordnungen bloss bestätigen oder vollziehen, sind 1011
> grundsätzlich nicht anfechtbar (BGE 118 Ia 209, 212). Bei unverjährbaren
> Grundrechten kann indessen die Verfassungswidrigkeit in jedem prozessualen
> Stadium geltend gemacht werden.

Als besonders schwerwiegende Grundrechtsverletzung gilt ein Eingriff in einen 1012
grundrechtlichen Schutzbereich, der *fundamentale Aspekte der Persönlichkeit oder*
der Menschenwürde betrifft (BGE 118 Ia 209, 214). Anders als in der frühen Praxis
des Bundesgerichts ist heute anerkannt, dass die Qualität als «unverjährbar und unverzichtbar» nicht gewissen ausgewählten Grundrechten als Ganzes zukommt, sondern grundsätzlich jedes Grundrecht über einen entsprechenden, besonders geschützten Gehalt verfügt. Jedenfalls die Kerngehalte und gewisse kerngehaltsnahe
Bereiche von Grundrechten stellen unverjährbare und unverzichtbare Gehalte dar
(vgl. MARKUS SCHEFER, Kerngehalte, 365 ff.).

Ein gewisser Vorrang in der Schutzintensität kommt auch den ideellen Grund- 1013
rechtsgehalten, wie sie etwa im Verfassungsrechtlichen Persönlichkeitsschutz und
den Kommunikationsgrundrechten im Vordergrund stehen, gegenüber wirtschaftlichen Interessen, wie sie primär von der Wirtschaftsfreiheit und der Eigentumsgarantie erfasst werden, zu (JÖRG PAUL MÜLLER, Bemerkungen, 632; entsprechende
Ansätze hat auch das Bundesgericht in seiner Praxis entwickelt (vgl. BGE 126 I
133, 140; 96 I 586, 592; kritisch MAYA HERTIG RANDALL, Der Schutz von Grundrechten und individuellen Freiheiten in der Europäischen Union aus schweizerischer Sicht, ZSR 126 I 2007, 515).

II. Grundrechte der Bundesverfassung

a. Grundrechtskatalog

Die Bundesverfassung enthält im 1. Kapitel («Grundrechte») des 2. Abschnittes ei- 1014
nen relativ übersichtlichen *Katalog* der Grundrechte (Art. 7–36 BV). Dieser Katalog stellt eine der grossen Errungenschaften der Verfassungsrevision von 1999 dar.
Er ist prominent am Anfang der Verfassung positioniert und nimmt die geltenden
Grundrechte auf, ohne diese allerdings in künstliche Typologien zu pressen.

1015 Der Katalog beginnt in Art. 7 BV mit der *Garantie der Menschenwürde,* die Kern und Richtung der anderen Grundrechte und von Staat und Recht überhaupt darstellt. Der Garantie der Menschenwürde kommt eine dreifache Bedeutung zu: Sie ist das elementare *Prinzip der Verfassung,* Schutzziel *der Grundrechte* sowie eigenständiges *Auffanggrundrecht (*vgl. dazu Rz. 158 ff.).

1016 In Art. 8 und 9 BV folgen weitere elementare Grundrechtsgarantien der Gerechtigkeit: die *Rechtsgleichheit* mit Einschluss der Diskriminierungsverbote, das *Willkürverbot* und der *Vertrauensschutz.*

1017 Danach garantiert der Staat dem Einzelnen ein Mindestmass an Gerechtigkeit; seine Organe sollen alle Menschen (relativ) gleich und fair behandeln. Eingebettet in diese Gerechtigkeitsgebote werden zwei *Gesetzgebungsaufträge* (Gleichstellung von Mann und Frau [Art. 8 Abs. 3 BV] und Beseitigung der Benachteiligung von Behinderten [Art. 8 Abs. 4 BV]).

1018 In den Art. 10–28 BV werden die spezifischen *Grundrechte* verankert, beginnend mit dem Recht auf Leben und dem verfassungsrechtlichen Persönlichkeitsschutz und endend mit der Koalitionsfreiheit. Im Anschluss an diese Grundrechte folgen in Art. 29–32 BV zahlreiche Garantien fairer Verfahren vor Gerichts- und Verwaltungsbehörden.

1019 Im Rahmen des Grundrechtskataloges finden sich auch *soziale Grundrechte* (Art. 12, 19 und 29 Abs. 3 BV). Art. 11 BV verankert zudem einen besonderen grundrechtlichen Schutz für Jugendliche und verlangt ihre Förderung.

1020 Art. 34 BV gewährleistet die *politischen Rechte.* Quasi im Übergang von den Verfahrensrechten zu den politischen Rechten wird das *Petitionsrecht* geregelt (Art. 33 BV).

1021 Allgemeine Bestimmungen über die *Verwirklichung* der Grundrechte (Art. 35 BV) und über die *Einschränkung* von Grundrechten (Art. 36 BV) schliessen den Grundrechtskatalog ab.

1022 Weitere verfassungsmässige Rechte finden sich in Art. 37 Abs. 2 BV (Gleichberechtigung von kantonsfremden Schweizer Bürgern und Kantonsbürgern), in Art. 119 Abs. 2 BV (Fortpflanzungsmedizin und Gentechnologie; BGE 128 I 63, 71; 125 I 257), in Art. 119a BV (Transplantationsmedizin), in Art. 127 Abs. 1 BV (Legalitätsprinzip im Steuerrecht) und in Art. 127 Abs. 3 BV (Doppelbesteuerungsverbot).

1023 Die wirtschaftsbezogenen Grundrechte (Wirtschaftsfreiheit und Koalitionsfreiheit) werden in diesem Werk im Rahmen der Wirtschafts- und Arbeitsverfassung (7. Teil), die sozialen Grundrechte im Rahmen der Sozialverfassung (8. Teil), die Verfahrensrechte bei der Darstellung des Rechtsschutzes (4. Teil) und die Garantie der politischen Rechte im Rahmen der Demokratie (5. Teil) behandelt.

1024 Vor der Totalrevision 1999 waren die Grundrechte im Text der Bundesverfassung nur punktuell verankert. Gegenüber den 30 Artikeln des aktuellen Grundrechtskataloges enthielt die alte Bundesverfassung nur zehn geschriebene Grundrechte.

Gerade im Bereich der Grundrechte war der alte Verfassungstext rudimentär und spiegelte das Verfassungsverständnis des 19. Jahrhunderts wider. Die geschriebenen Grundrechte waren nicht nur unvollständig; im Vergleich zu heute fehlte auch ein eigentlicher Katalog: Grundrechtsbestimmungen waren im ersten Abschnitt der Verfassung von 1874 verstreut und wechselten mit Organisations- und Aufgabenbestimmungen ab. 1025

Mit der Verfassungsrevision 1999 wurden neue Gehalte in den Verfassungstext aufgenommen, die zuvor als *ungeschriebene* Grundrechte galten oder im *internationalen* (Staatsvertrags-)Recht verbürgt waren, namentlich in der EMRK und den beiden UNO-Pakten. 1026

Der geltende Grundrechtskatalog stellt *keine für alle Zeiten abschliessende Kodifizierung* dar. Grundrechte können auch weiterhin durch internationales Recht, durch Anerkennung ungeschriebener Grundrechte und durch die schöpferische Konkretisierung bestehender Normtexte weiterentwickelt werden. 1027

Auch nach der Verfassungsrevision 1999 bleibt die Anerkennung neuer ungeschriebener Grundrechte durch die Rechtsprechung zulässig. Aufgrund der internationalen Menschenrechtsverbürgungen und offenen Grundrechtsformulierungen wird sie aber «in naher und mittlerer Zukunft als ausgeschlossen» erachtet (KLEY, 318). Auch *kantonale* Grundrechte, die in der alten BV nicht verankert waren, dürften in der neuen BV weitgehend enthalten sein. 1028

b. Grundrechte im Kontext

Nach der Systematik der Bundesverfassung schliesst der Katalog der Grundrechte unmittelbar an den 1. Titel («Allgemeine Bestimmungen») an. Mit dieser prominenten Stellung wird die Bedeutung der Grundrechte für die Legitimation des Staates und für das Verhältnis von Staat und Gesellschaft deutlich gemacht. 1029

Im Gegensatz zu den «Allgemeinen Bestimmungen» sind die Grundrechte nicht primär allgemeine Prinzipien und Normen, sondern beinhalten vor allem individuell einklagbare Rechtspositionen. Gemeinsam ist aber den «Allgemeinen Bestimmungen» und den Grundrechten ihr *Grundsatzcharakter* für die ganze Verfassung. 1030

Die Nähe zu den *Bürgerrechten* ergibt sich aus deren Grundrechtsähnlichkeit und Grundrechtsbezogenheit (vgl. etwa Art. 25 Abs. 1 BV [Ausweisungsverbot von Schweizerinnen und Schweizern], Art. 24 Abs. 3 des UNO-Paktes II [Recht jedes Kindes, eine Staatsangehörigkeit zu erwerben]; Art. 15 der UNO-Menschenrechtserklärung von 1948 über das Recht jedes Menschen auf Staatsangehörigkeit). 1031

Mit den *Sozialzielen* verbindet die Grundrechte das Anliegen, allen Menschen ein menschenwürdiges Dasein zu ermöglichen und für die Voraussetzungen besorgt zu sein, dass von den Grundrechten auch realiter Gebrauch gemacht werden kann. Im Gegensatz zu den Grundrechten vermitteln die Sozialziele als solche im Allgemeinen keine subjektiven Ansprüche, wie Art. 41 Abs. 4 BV ausdrücklich festhält. Es erscheint jedoch nicht ausgeschlossen, dass sich einzelne Aspekte im Verlauf der gesellschaftlichen und rechtlichen Entwicklung zu Individualansprüchen verdichten. 1032

1033 Die Grundrechte richten sich an die Gemeinwesen *aller Stufen des Bundesstaates*. Verpflichtet sind demgemäss sowohl der Bund als auch die Kantone und Gemeinden.

c. Elemente eines allgemeinen Teils der Grundrechte

1034 Im Grundrechtskatalog sind nicht nur die einzelnen Gewährleistungen verankert. Eine Frucht der Verfassungsrevision 1999 sind allgemeine Regelungen über die Grundrechte, welche quasi einzelne Aspekte eines «allgemeinen Teils» der Grundrechte im Verfassungstext verankern, so etwa:

- durch die (Aus-)Wahl von Normtypen und Normtexten, mit denen Aussagen über die Grundrechtsträgerschaft und die Konkretisierung durch den Verfassungsrichter verbunden werden;

- mit der Bestimmung über die «Verwirklichung der Grundrechte» (Art. 35 BV), die in Abs. 1 die Grundrechte in ihrer *flankierenden* und *programmatischen Funktion* anspricht, in Abs. 2 alle als *Grundrechtsadressaten* bezeichnet, die staatliche Aufgaben wahrnehmen, und in Abs. 3 die Wirkung der Grundrechte unter Privaten verankert; schliesslich

- mit der Aufnahme einer Normierung der zentralen Voraussetzungen gerechtfertigter *Einschränkung* von Grundrechten in Art. 36 BV.

1035 Die Verfassung enthält zudem an anderen Stellen weitere Bestimmungen über die Einschränkung von Grundrechten, zB. bei den Voraussetzungen des *Freiheitsentzuges* (Art. 31 Abs. 1 BV), im Abschnitt über die *Wirtschaft* (Art. 94 ff. BV), in Art. 127 BV über die Grundsätze der *Besteuerung* oder in Art. 164 BV über den obligatorischen *Inhalt von Gesetzen* (insb. Abs. 1 Bst. a–d).

III. Kantonale Grundrechtsgarantien

Literatur

BIAGGINI GIOVANNI, in: Häner Isabelle/Rüssli Markus/Schwarzenbach Evi (Hrsg.), Kommentar zur Zürcher Kantonsverfassung, Zürich 2007, Vorbemerkungen zu Art. 9–18, sowie Art. 9–18; SCHEFER MARKUS/ZIEGLER ANDREA, Die Grundrechte der Kantonsverfassung Basel-Stadt, in: Denise Buser (Hrsg.), Neues Handbuch des Staats- und Verwaltungsrechts des Kantons Basel-Stadt, Basel 2008, 57–126.

1036 Auch die kantonalen Verfassungen enthalten seit jeher grundrechtliche Gewährleistungen. Erst die in den letzten Jahrzehnten geschaffenen Kantonsverfassungen enthalten indessen umfangreiche Grundrechtskataloge.

1037 Kantonalen Grundrechten kommt im konkreten Einzelfall dann praktische Bedeutung zu, wenn ihr Schutz über jenen der BV hinausreicht oder von der BV gar nicht erfasst wird (BGE 121 I 196, 200). Eigenständige kantonale Rechte gelten demnach als selbständige verfassungsmässige Rechte. Ist ein bestimmtes Grundrecht zugleich in der BV enthalten, gilt das kantonale Grundrecht, soweit sein Schutzbereich umfassender ist (sog. *Günstigkeitsprinzip*; vgl. für das Verhältnis zwischen EMRK und BV Art. 53 EMRK). Die Grundrechtsgarantien der BV legen einen *Minimalstandard* fest, den die kantonalen Grundrechte nicht unterschreiten dürfen.

> Die über die Bundesgewährleistungen hinausgehenden kantonalen Grundrechte dürfen aber das Bundesrecht nicht verletzen. In der bisherigen Praxis kommt den kantonalen Grundrechten eine geringe Bedeutung zu, was einerseits mit dem ausgebauten Grundrechtsschutz in der BV, anderseits mit der nur wenig ausgebauten kantonalen Verfassungsjustiz begründet werden kann. 1038

IV. Internationale Grundrechtsgewährleistungen

Literatur

DE BÚRCA GRÁINNE/DE WITTE BRUNO (Hrsg.), Social Rights in Europe, Oxford 2005; GRABENWARTER CHRISTOPH, Europäische Menschenrechtskonvention, 3. Aufl. München/Basel/ Wien 2008; KÄLIN WALTER/KÜNZLI JÖRG, Universeller Menschenrechtsschutz, 2. Aufl. Basel 2008, 36 ff.; MEYER JÜRGEN (Hrsg.), Charta der Grundrechte der Europäischen Union, 2. Aufl. Baden-Baden 2006; NOWAK MANFRED, U. N. Covenant on Civil and Political Rights, 2nd ed. Kehl/Strasbourg/Arlington 2005; SUDRE FRÉDÉRIC, Droit européen et international des droits de l'homme, 9e éd. Paris 2008.

a. Allgemeines

Seit der UNO Menschenrechtserklärung vom 10. Dezember 1948 sind die Menschenrechte in internationalen Pakten mit *unterschiedlichem Verbindlichkeitsgrad* weiterentwickelt worden, auf universeller wie auf regionaler Ebene. 1039

> Auf universeller Ebene stehen die beiden UNO-Pakte aus dem Jahr 1966 im Vordergrund, der erste über wirtschaftliche, soziale und kulturelle Rechte (SR 0.103.1), der zweite über bürgerliche und politische Rechte (UNO-Pakt II, SR 0.103.2). 1040

> Auf regionaler Ebene hat sich insbesondere die Europäische Menschenrechtskonvention aus dem Jahr 1950 (SR 0.101) zu einer Art europäischer Grundrechtsverfassung entwickelt. Mit dem Vertrag von Lissabon wird nun auch die Europäische Grundrechte-Charta für die EU verbindlich (ABl. C 303 S. 1 ff. vom 14. 12. 2007). 1041

Das moderne Völkerrecht, insbesondere auch Art. 55 f. UNO Charta, verpflichtet alle Staaten, Menschenrechte zu beachten. Dabei lassen sich umfassende Verankerungen in Form multilateraler Vertragswerke (wie etwa die EMRK oder die UNO-Pakte) von Verträgen unterscheiden, welche thematisch auf bestimmte Grundrechtsbereiche fokussiert sind (zB. Rassendiskriminierung, Völkermord, Folter, Diskriminierung der Frau etc.). Daneben existieren Resolutionen und Deklarationen von Organen internationaler Organisationen, denen keine volle Rechtsbindung zukommt, die aber als Pressionen im politischen Kontext gedacht sind, einen Beitrag zur Bildung von Völkerrecht darstellen können und als Auslegungshilfe herangezogen werden («soft law»). 1042

1043   Die Menschenrechtsentwicklung durchlief im Wesentlichen drei Phasen, die auch als «Grundrechtsgenerationen» bezeichnet werden: Nach den klassischen liberalen und politischen Rechten folgten wirtschaftliche, soziale und kulturelle Rechte. Heute wird der Kampf um Rechte auf Frieden, intakte Umwelt und Entwicklung geführt (Solidaritäts- oder Gruppenrechte).

1044   Internationale Garantien sind oft dadurch gekennzeichnet, dass sie bloss einen *Mindeststandard* gewährleisten wollen und somit nicht als Argument für eine Beschränkung nationaler Gewährleistungen verwendet werden können (vgl. insb. das Günstigkeitsprinzip von Art. 53 EMRK). Ihnen ist ein punktueller Charakter eigen, der sich aus dem hohen und oft schwierig zu erreichenden Konsens zwischen den Vertragspartnern erklären lässt. Sie verbinden auch unterschiedliche Rechtstraditionen, was zuweilen zu Auslegungsproblemen führen kann (vgl. etwa die Abgrenzung von öffentlichem Recht und Zivilrecht im Lichte von Art. 6 EMRK). Schliesslich stehen sie im Spannungsfeld unterschiedlicher Menschenbilder und Grundrechtsverständnisse im globalen interkulturellen und interreligiösen Kontext.

1045   Für die Grundrechtspraxis der Schweiz sind vor allem die EMRK und die beiden UNO Pakte I und II von zentraler Bedeutung.

1046   Wichtige Menschenrechtsanliegen werden auch im humanitären Völkerrecht aufgenommen, insb. in den sog. *Genfer Konventionen* (Abkommen vom 12. August 1949 über die Behandlung von Kriegsgefangenen [SR 0.518.42], vom 12. August 1949 über den Schutz von Zivilpersonen in Kriegszeiten [SR 0.518.51], Zusatzprotokolle vom 8. Juni 1977 über den Schutz der Opfer internationaler bewaffneter Konflikte [SR 0.518.521] und den Schutz der Opfer nicht internationaler bewaffneter Konflikte [SR 0.518.522]).

b.   Konventionen des Europarates

1047   Die Mitglieder des Europarates, einer 1949 gegründeten internationalen Organisation mit Sitz in Strassburg, verpflichten sich auf die Anerkennung des Grundsatzes der Vorherrschaft des Rechts sowie der Menschenrechte und Grundfreiheiten (vgl. Art. 3 Satz 1 der Satzung des Europarats vom 5. Mai 1949; SR 0.192.030). Die Schweiz ist seit 1963 deren Mitglied. Durch die Mitgliedschaft zahlreicher europäischer, ehemaliger «Ostblock-Staaten» zählt er mittlerweile 47 Mitglieder und erfüllt die Funktion eines gesamteuropäischen Forums. Im Rahmen der Verwirklichung seiner Ziele hat der Europarat zahlreiche Konventionen, Protokolle und Abkommen geschlossen.

1048   Die weitaus wichtigste Konvention des Europarates ist die Konvention zum Schutze der Menschenrechte und Grundfreiheiten vom 4. November 1950 (*EMRK*; SR 0.101), ein multilateraler Staatsvertrag, bestehend aus einem Hauptdokument, dem alle Staaten des Europarates angehören, und 14 Zusatzprotokollen, die nicht von allen Mitgliedern ratifiziert worden sind.

1049   Dieses Vertragswerk verbürgt einen – abgesehen von der Wirtschaftsfreiheit – weitgehend umfassenden Katalog von Grundrechten und insbesondere auch von Verfahrensrechten. Wie die Grundrechte der Bundesverfassung sind sie *unmittelbar anwendbar* (zur unmittelbaren Anwendbarkeit von Staatsverträgen vgl. Rz. 3645–3650). Die garantierten Rechte stellen europäische *Minimalgarantien* dar; sie sind nach Art. 190 BV für das Bundesgericht massgebend.

Das BGer hat die Garantien der EMRK unter der alten Bundesrechtspflege als *verfassungsmässige Rechte* anerkannt, wodurch sie *direkt* als *Prüfungsmassstab* für innerstaatliche Rechtsakte dienen können (BGE 117 I b 371). Dies ist heute bei der subsidiären Verfassungsbeschwerde von Bedeutung, in deren Rahmen auch die Verletzung von Grundrechten der EMRK gerügt werden kann. In den drei Einheitsbeschwerden können sie im Rahmen der Rüge der Verletzung von Völkerrecht nach Art. 95 Bst. b BGG geltend gemacht werden. 1050

In BGE 125 II 417, 425 führte das Bundesgericht aus: Der grundsätzliche Vorrang des (mit dem Landesrecht konfligierenden) Völkerrechts (in casu der Anspruch auf gerichtliche Beurteilung nach Art. 6 Ziff. 1 EMRK) «hat zur Folge, dass eine völkerrechtswidrige Norm des Landesrechts im Einzelfall nicht angewendet werden kann. Diese Konfliktregelung drängt sich umso mehr auf, wenn sich der Vorrang aus einer völkerrechtlichen Norm ableitet, die dem Schutz der Menschenrechte dient. (...) Das Bundesgericht muss daher direkt gestützt auf Art. 6 Ziff. 1 EMRK auf die vorliegende Beschwerde eintreten, um eine Verletzung der Konventionsrechte zu verhindern.» 1051

Seit der Ratifikation der EMRK im Jahre 1974 ist die Schweiz in über 80 Fällen vor Organen des Europarates zur Rechenschaft gezogen worden; in etwa 50 Fällen wurde dabei eine Verletzung der Konventionsrechte festgestellt (zum Stand 2002 vgl. Breitenmoser/Husheer, Europarecht, Bd. 2, 825 ff.). 1052

Als eine Art «Verfassungsgericht» mit einer Zuständigkeit von Portugal bis Russland überwacht der *Europäische Gerichtshof für Menschenrechte* (EGMR) in Strassburg die Einhaltung der EMRK durch die Mitgliedstaaten. Er kann sowohl von Staaten durch Staatenbeschwerde (Art. 33 EMRK) als auch von Einzelpersonen über die Individualbeschwerde (Art. 34 EMRK) angerufen werden, um Konventionsverletzungen *festzustellen*. 1053

Die Bedeutung der Staatenbeschwerde ist dabei sehr gering, während die Flut der Individualbeschwerden mittlerweile Ausmasse angenommen hat, welche das korrekte Funktionieren des Gerichtes in Frage zu stellen drohen (Informationen online unter http://www.echr.coe.int). 1054

Im Jahre 2007 fällte der Gerichtshof 1503 Sachurteile. 1621 Beschwerden erklärte er für zulässig und 27 057 für unzulässig bzw. strich er aus dem Register der hängigen Verfahren. In 1349 Urteilen wurde zumindest eine Verletzung der EMRK festgestellt. Eingereicht wurden 41 716 neue Beschwerden. 1055

Die Urteile des EGMR ergehen an das Ministerkomitee des Europarats, welches nach Art. 46 Abs. 2 EMRK die innerstaatliche Umsetzung der Urteile überwacht. In der Schweiz besorgt der Bundesrat als Regierung die innerstaatliche Umsetzung nach Art. 46 Abs. 1 EMRK. 1056

Die Feststellung einer Konventionsverletzung durch den EGMR ist nach Art. 122 BGG ein *Revisionsgrund*, soweit die Umsetzung nur über den Weg der 1057

Revision möglich ist. Dies bedeutet, dass ein abgeschlossenes Verfahren vor Bundesgericht, welches Gegenstand der Prüfung durch den EGMR war, auf Antrag hin wieder aufgenommen wird. Dabei steht dem BGer die Möglichkeit offen, die Durchführung der Revision an die Vorinstanz zu delegieren. Die kantonalen Instanzen sind verpflichtet, ein Urteil des EGMR als Revisionsgrund anzuerkennen, auch wenn das kantonale Recht keine Revision vorsieht.

1058 Die Schutzbereiche der Grundrechte in der EMRK decken nicht sämtliche Bereiche ab, die von den Grundrechten der Bundesverfassung geschützt werden. Die «Verfassungsgerichtsbarkeit» des EGMR weist demnach einige Lücken auf, in denen ausschliesslich das Bundesgericht zuständig ist. In der EMRK *nicht* enthalten sind:

- der *allgemeine Gleichheitssatz* (Art. 8 Abs. 1 BV): Art. 14 EMRK verbietet nur Diskriminierungen und statuiert keinen allgemeinen Gleichheitssatz; zudem ist diese Bestimmung nur akzessorisch zu einem betroffenen anderen Grundrechte der EMRK. Art. 1, 12. ZP (von der Schweiz nicht ratifiziert) ist zwar nicht akzessorischer Natur, aber nach wie vor auf Diskriminierungen beschränkt. Art. 5 7. ZP (SR 0.101.07) enthält eine in ihrem sachlichen Anwendungsbereich eng beschränkte Garantie über die *Gleichheit der Ehegatten*;

- das *Gleichstellungsgebot* (Art. 8 Abs. 3 BV);

- der Gesetzgebungsauftrag zur *Gleichstellung behinderter Menschen* (Art. 8 Abs. 4 BV);

- der Schutz vor *Willkür* (Art. 9 BV);

- die Wahrung von *Treu und Glauben* (Art. 9 BV);

- der Schutz der Kinder und *Jugendlichen* (Art. 11 BV);

- das Recht auf *Hilfe in Notlagen* (Art. 12 BV);

- die Garantie der *informationellen Selbstbestimmung* (Art. 13 Abs. 2). Art. 8 EMRK wird vom EGMR auch im Sinne einer Garantie des Datenschutzes interpretiert, garantiert diesen jedoch nicht mit der gleichen Stringenz wie die BV;

- der Schutz vor *Ausschaffung oder Auslieferung von Flüchtlingen* (Art. 25 Abs. 2 BV). Art. 1, 7. ZP enthält eine Bestimmungen über die Auslieferung, beinhaltet jedoch kein analoges Verbot. Jedoch enthält Art. 3 EMRK das Folterverbot, welches nach der Praxis des EGMR Auslieferungen in Länder, in denen der ausgelieferten Person Folter drohen, verbietet (vgl. den Entscheid Soering c. Grossbritannien, Ser. A, Nr. 161). Dieses spezielle, nicht auf Flüchtlinge begrenzte Auslieferungsverbot gilt in der Schweiz im Rahmen von Art. 25 Abs. 3 BV (hinten Rz. 1770–1777);

- die *Wirtschaftsfreiheit* (Art. 27 BV);

- die Garantie des *Wohnsitzgerichtsstandes* (Art. 30 Abs. 2);

- das *Petitionsrecht* (Art. 33 BV);

- der *Anspruch auf unentgeltliche Rechtspflege* (Art. 29 Abs. 3 BV). Der im Rahmen von Art. 6 EMRK anerkannte Anspruch auf unentgeltliche Rechtspflege bleibt weit hinter jenem Anspruch zurück, den das Bundesgericht nach Art. 29 Abs. 3 BV anerkennt.

§ 11 Grundrechte im Allgemeinen

Ferner sind einige wichtige Grundrechte der Bundesverfassung in Zusatzprotokol- 1059
len verankert, welche die Schweiz nicht ratifiziert hat und die somit für sie keine
vertragliche Bindungswirkung entfalten:

- die *Menschenwürde* (Art. 7 BV; Art. 1, 4. ZP),

- der Anspruch auf *Grundschulunterricht* (Art. 19 BV); Art. 2, 1. ZP enthält
  ein allgemeines Recht auf Bildung. Die Sorge, man könne diese Garantie
  nicht einhalten, hat die Schweiz bisher von der Ratifikation dieses Protokolls
  abgehalten,

- der Schutz vor *Ausweisung* (Art. 25 Abs. 1 BV; Art. 3, 4. ZP),

- die *Eigentumsgarantie* (Art. 26 BV; Art. 1, 1. ZP), sowie

- die Garantie der *politische Rechte* (Art. 34 BV; Art. 3, 1. ZP).

Künftige Bedeutung und künftiger Gehalt der EMRK werden davon abhängen, 1060
welchen *Stellenwert sie innerhalb der EU* erhalten wird. Nach Art. 6 Abs. 2 des
Vertrags von Lissabon (ABl C 306/1 vom 17. 12. 2007) tritt die EU der EMRK bei.
Dadurch erlangt der EGMR auch die Zuständigkeit zur Beurteilung von Handlungen der EU.

Innerhalb der EU gelten nach Art. 6 Abs. 3 des Lissabonner Vertrags die EMRK- 1061
Grundrechte als allgemeine Rechtsgrundsätze. Sie werden vom EuGH ausgelegt
und angewandt. Dadurch tritt der EuGH noch stärker als bisher in ein gewisses
Konkurrenzverhältnis mit dem EGMR. Dadurch dürfte der Einfluss der EU auf die
Auslegung der EMRK noch zunehmen.

Die Konkurrenzstellung des EuGH ist für die Schweiz nicht unwichtig. Letzt- 1062
lich beruht die Auslegung der sektoriellen Verträge mit der EG und ihren Mitgliedstaaten aufgrund der Übernahmeverpflichtung des rechtlichen Besitzstandes der EG auf Prinzipien, welche von diesem Gericht entwickelt wurden.

Von der EMRK zu unterscheiden ist die *Charta der Grundrechte der Europäischen* 1063
Union, welche am 7. Dezember 2000 in Nizza proklamiert und sieben Jahre später,
am 12. Dezember 2007, in den Vertrag von Lissabon aufgenommen wurde. Nach
Art. 6 Abs. 1 dieses Vertrags erkennt die Union diese Rechte als gleichrangig mit
den Verträgen an. Für das Vereinigte Königreich und Polen wurde eine Ausnahmeregelung geschaffen (2007/C 303/157).

Die Grundrechtecharta (2007/C 303/01) bekräftigt die Grundrechte für die 1064
Ebene der EU. Sie gilt mit ihrem Inkrafttreten für die Organe, Einrichtungen
und sonstigen Stellen der EU sowie für die Mitgliedstaaten bei der Durchführung des EU-Rechts (Art. 51 Abs. 1 EGRC). Für die Schweiz als Nichtmitglied
der EU entfaltet sie durch die Pflicht zur Übernahme von Rechtsentwicklungen
im Rahmen gewisser sektorieller Verträge (etwa dem Schengener Übereinkommen) eine gewisse Wirkung.

Neben der EMRK hat der Europarat zahlreiche *weitere Konventionen* zum Schutz 1065
der Menschenrechte ausgearbeitet. Von besonderer Bedeutung erscheint dabei das
Folterpräventionsübereinkommen von 1987. Es schafft einen Ausschuss, der in den
Mitgliedstaaten – auch in der Schweiz – Haft- und andere Anstalten besucht, die

dem Freiheitsentzug dienen (auch etwa Polizeigefängnisse) und dabei die Einhaltung minimaler Haftbedingungen überprüft. In einem Bericht legt der Ausschuss anschliessend Rechenschaft über den Besuch ab und formuliert insbesondere auch allfällige Kritik (siehe den Bericht zur Schweiz vom 7. Januar 2008, CPT/Inf (2008) 1.

1066 Unterzeichnet aber nicht ratifiziert hat die Schweiz die Europäische Sozialcharta. Sie gewährleistet verschiedene soziale Grundrechte, ist für die Schweiz aber nicht rechtlich bindend. Zur Sozialcharta siehe insbesondere DAVID HARRIS/JOHN DARCY, The European Social Charter, 2nd ed. Ardsley 2001.

c. **Konventionen der Vereinten Nationen (UNO)**

1067 Die Förderung der Grundrechte stellt eines der vorrangigen Ziele der Vereinten Nationen dar (Art. 1 Ziff. 3 UNO-Charta, SR 0.120). Zu diesem Zweck sind 1966 zwei universale Menschenrechtspakte abgeschlossen worden, denen die Schweiz 1992 beigetreten ist.

1068 Der sog. *UNO-Pakt II* über bürgerliche und politische Rechte (SR 0.103.2) schützt namentlich Freiheitsrechte und politischen Rechte. Seine Garantien entsprechen in weitem Masse denjenigen der EMRK.

1069 Die schweizerischen Gerichte sowie alle weiteren staatlichen Instanzen sind zur direkten Anwendung des Paktes verpflichtet. Das Bundesgericht behandelt die Rechte des UNO-Paktes II gleich wie diejenigen der EMRK (BGE 122 I 109, 114); der Einzelne kann sich weitgehend auf diese Normen berufen. Im Unterschied zur EMRK unterliegt der UNO-Pakt II aber keiner vergleichbar wirksamen supranationalen Kontrolle. Die Schweiz hat das im Pakt vorgesehene Individualbeschwerderecht an den UNO-Menschenrechtsausschuss nicht anerkannt.

1070 Der sog. UNO-Pakt I über wirtschaftliche, soziale und kulturelle Rechte (SR 0.103.1) enthält ua. Rechte auf Arbeit und Streik, soziale Sicherheit, Familie, angemessenen Lebensstandard, Gesundheit, Bildung sowie Rechte bezüglich Kultur und Wissenschaft. Der Inhalt des Übereinkommens entspricht in weitem Masse der Sozialcharta des Europarates, welche die Schweiz nicht ratifiziert hat.

1071 Das Bundesgericht hat bisher vor allem den *programmatischen* Charakter des UNO-Paktes I in den Vordergrund gestellt. Dieser bedürfe der Umsetzung durch den Gesetzgeber und begründe grundsätzlich keine klagbaren Rechte des Einzelnen (BGE 122 I 101, 103; 126 I 240, 242; siehe auch BGE 130 I 113, 123; 133 I 156, 166).

1072 Die Prüfung des self-executing-Charakters (vgl. dazu Rz. 3697) ist indessen nicht für einen Vertrag insgesamt, sondern für jede Vertragsbestimmung gesondert vorzunehmen (vgl. auch BGE 125 III 277, 281). Das Gericht lässt etwa offen, ob der Anspruch auf unentgeltlichen Grundschulunterricht nach Art. 13 Abs. 2 Bst. a UNO-Pakt I self-executing ist, weil ein solcher Anspruch jedenfalls nicht über jenen nach Art. 19 BV hinaus ginge (BGE 133 I 156, 167);

§ 11 Grundrechte im Allgemeinen

ebenso offen gelassen hat es die Frage, ob das Streikrecht nach Art. 8 Abs. 1 Bst. d UNO-Pakt I self-executing sei (BGE 125 III 277, 282).

Das Bundesgericht erwägt auch, gewisse Bestimmungen nur in sehr beschränktem Masse als self-executing zu anerkennen: So führt es zum Recht auf allmähliche Einführung der Unentgeltlichkeit des Hochschulunterrichts nach Art. 13 Abs. 2 Bst. c UNO-Pakt II aus: «Ein beschränkter Blickwinkel, der dem Gebot des Unentgeltlichkeitsziels im Sinne einer Willkürschranke grösseres Gewicht verleihen würde und vom einzelnen Betroffenen unmittelbar geltend gemacht werden könnte, lässt sich nur in ganz besonders gelagerten Fällen vorstellen. Eine solche Anrufung könnte im Zusammenhang mit einer Gebührenerhöhung in Frage kommen, die völlig losgelöst von bildungs- und hochschulpolitischen Überlegungen, zB. bloss zur Entlastung des allgemeinen Staatshaushaltes, oder unter vollständiger Missachtung der Vertragsziele, etwa allein zur Beschränkung des universitären Zugangs, erlassen worden wäre» (BGE 133 I 113, 124). 1073

Der UNO-Sozialausschuss äussert sich dezidiert gegen die grundsätzliche Verweigerung des self-executing-Charakters der Normen von UNO-Pakt I. Er hebt hervor, dass die Rechte von Pakt I in vielen Zusammenhängen durchaus justiziabel und self-executing sind (CESCR General Comment 9 [1998] Ziff. 10 und 11). Je nach der in Frage stehenden Verpflichtungsschicht erscheint die Justiziabilität unterschiedlich: Soweit Minimalansprüche und Leistungsansprüche von Menschen betroffen sind, deren Lebensumstände weitgehend vom Staat bestimmt werden (etwa Inhaftierte), dürften die Sozialrechte regelmässig justiziabel sein. Gleiches gilt dort, wo ein Sozialrecht dem Staat verbietet, seine Leistungen abzubauen (dazu KÄLIN/KÜNZLI, Menschenrechtsschutz, 302 f.). 1074

Ferner ist die Schweiz Mitglied *weiterer UNO-Konventionen* mit grundrechtlichen Gehalten. Zu erwähnen sind etwa das internationale Übereinkommen vom 21. Dezember 1965 zur Beseitigung jeder Form von *Rassendiskriminierung* (SR 0.104), das Übereinkommen vom 10. Dezember 1984 gegen *Folter* und andere grausame, unmenschliche oder erniedrigende Behandlung oder Strafe (SR 0.105), das Übereinkommen vom 20. November 1989 über die *Rechte des Kindes* (das unmittelbar anwendbare Bestimmungen enthält, BGE 124 II 361, 368; SR 0.107) oder das Übereinkommen vom 18. Dezember 1979 zur Beseitigung jeder Form von *Diskriminierung der Frau* (SR 0.108) sowie das Fakultativprotokoll dazu (SR 0.108.1). 1075

V. Internationaler Strafgerichtshof

Literatur

TRIFFTERER OTTO (ed.), Commentary on the Rome Statute of the International Criminal Court, 2nd ed. München 2008; CASSESE ANTONIO, International Criminal Law, 2nd ed. Oxford 2008.

Am 1. Juli 2002 ist das sog. Römer Statut (ICC-Statut), die Errichtungsurkunde des Internationalen Strafgerichtshofs (IStGH; SR 0.312.1), in Kraft getreten. Es schaffte einen ständigen Internationalen Strafgerichtshof zur Beurteilung von besonders schweren Verbrechen, welche die internationale Gemeinschaft als Ganzes 1076 betreffen (Völkermord, Verbrechen gegen die Menschlichkeit, Kriegsverbrechen und das Verbrechen der Aggression; vgl. Art. 5 Abs. 1 Bst. a–d, Art. 6–8 sowie Art. 9 ICC-Statut). Heute (18. Dezember 2008) haben 108 Staaten das Römer Statut ratifiziert. Die direkte völkerrechtliche Strafbarkeit dieser Tatbestände soll die entsprechenden Grundrechte auf internationaler Ebene schützen, etwa dort, wo keine wirksame staatliche Strafgewalt besteht, oder wo ein Staat nicht Willens ist, entsprechende Verdächtige strafrechtlich zu verfolgen.

1077   Sowohl die Mitgliedstaaten, der Sicherheitsrat der UNO als auch der Ankläger des Gerichtes haben das Recht, verdächtige Handlungen dem Gerichtshof zu melden (vgl. Art. 13 ICC-Statut).

1078   Durch die Schaffung des IStGH ist die *Durchsetzung der Strafdrohung* bezüglich der genannten Verbrechen nicht mehr ausschliesslich Sache des einzelnen Staates, sondern all jener Staaten, welche das Statut des Gerichtes ratifiziert haben.

1079   Die Zuständigkeit des IStGH ist lediglich subsidiärer Natur. Nach Art. 17 ICC-Statut befindet der Gerichtshof eine Sache als nicht zulässig (dh. verneint der IStGH seine Zuständigkeit), wenn

– in der Sache von einem Staat, der Gerichtsbarkeit darüber hat, Ermittlungen oder eine Strafverfolgung durchgeführt werden, es sei denn, der Staat ist nicht willens oder nicht in der Lage, die Ermittlungen oder die Strafverfolgung ernsthaft durchzuführen (Abs. 1 Bst. a);

– in der Sache von einem Staat, der Gerichtsbarkeit darüber hat, Ermittlungen durchgeführt worden sind und der Staat entschieden hat, die betreffende Person nicht strafrechtlich zu verfolgen, es sei denn, die Entscheidung war das Ergebnis des mangelnden Willens oder des Unvermögens des Staates, eine Strafverfolgung ernsthaft durchzuführen (Abs. 1 Bst. b).

1080   Der mangelnde Wille eines Staates zur Verfolgung einer Strafsache wird vom IStGH nach den Grundsätzen in Art. 17 Abs. 2 ICC-Statut festgestellt.

§ 12 Geltungsbereich und Verwirklichung der Grundrechte

Literatur

AUER/MALINVERNI/HOTTELIER II, Rz. 116–136; BESSON SAMANTHA, Les obligations positives de protection des droits fondamentaux, ZSR 2003 I, 49 ff.; BIAGGINI, BV Kommentar, Art. 35; EGLI PATRICIA, Drittwirkung von Grundrechten, Diss. Zürich 2002; MÜLLER GEORG, in: Merten/Papier, Handbuch, § 204; MÜLLER JÖRG PAUL, Allgemeine Bemerkungen zu den Grundrechten, in: Verfassungsrecht der Schweiz, 621 ff. (zit. Bemerkungen); DERS., Elemente einer schweizerischen Grundrechtstheorie, Bern 1982 (zit. Elemente); HÄFELIN/HALLER/KELLER, Rz. 272–288; KIENER/KÄLIN, Grundrechte, 66–74; MARTIN CÉLINE, Grundrechtskollisionen, Diss. Basel 2007; RHINOW RENÉ, Grundrechtstheorie, Grundrechtspolitik und Freiheitspolitik, in: Recht als Prozess und Gefüge: FS für Hans Huber zum 80. Geburtstag, Bern 1981, 427 ff.; SCHEFER MARKUS, Grundrechtliche Schutzpflichten und die Auslagerung staatlicher Aufgaben, AJP 2002, 1131 ff.; SCHWEIZER RAINER J., in: St. Galler Kommentar, Art. 35.

I. Geltungsbereich

a. Bestimmung des Geltungsbereiches

1. Allgemeines

Der Geltungsbereich (dieser Begriff wird hier synonym mit dem Begriff des «Schutzbereiches» verwendet) eines Grundrechtes umschreibt, welche Personen im Hinblick auf welche Sachverhalte aus dem Grundrecht welche Ansprüche geltend machen können. Der Geltungsbereich ist zu unterscheiden vom Schutzobjekt: Letzteres bezeichnet die geschützten Rechtsgüter, ersterer Inhalt und Tragweite ihres grundrechtlichen Schutzes. 1081

Der Geltungsbereich eines Grundrechtes ist zunächst in persönlicher und sachlicher Hinsicht zu umschreiben, dh. es sind die Träger des Grundrechtes und jene Sachbereiche zu bestimmen, die vom Grundrecht geschützt werden. Strukturell eine gewisse Ähnlichkeit mit dem Schutzbereich weisen die Kerngehalte auf: Auch sie umschreiben einen bestimmten Sachbereich, der besonders geschützt wird. Im Unterschied zum Schutzbereich ist der Kerngehalt jedoch enger umschrieben, und Einschränkungen des Kerngehalts sind in keinem Fall zulässig (eingehender unten Rz. 1092–1100). 1082

Sowohl der sachliche, wie der persönliche Geltungsbereich eines Grundrechtes stehen nicht ein für allemal fest, sondern ergeben sich aus der am Verfassungswortlaut anknüpfenden und an Sinngehalt und Schutzidee orientierten Konkretisierungspraxis. 1083

So hat das Bundesgericht zB. auch die *elektronisch* verbreitete «Telefonziitig» unter den Begriff der «Presse» im Rahmen der früheren Pressefreiheit (heute 1084

Medienfreiheit, Art. 17 BV) subsumiert, weil sie als Medium eine der *gedruckten* Presse vergleichbare Informationsfunktion erfüllt (BGE 104 Ia 377).

2. Normtypen

1085 Die Bundesverfassung verankert die Grundrechte einerseits als vage umschriebene Grundsätze, andererseits als relativ präzise formulierte Regeln (dazu – im Anschluss an RONALD DWORKIN – näher ROBERT ALEXY, Theorie der Grundrechte, 3. Aufl. Frankfurt aM. 1996). Diese beiden – in reiner Form nicht existenten – Normtypen zeigen sich im Verfassungstext etwa folgendermassen:

1086 Weitgehend dem Typus eines Grundsatzes kommen die sehr allgemein gehaltenen Gewährleistungen nahe, wie etwa Art. 18 BV, der nur festhält: «Die Sprachenfreiheit ist gewährleistet», oder etwa Art. 22 BV mit dem Wortlaut: «Die Versammlungsfreiheit ist gewährleistet». Der Verfassungstext selber lässt offen, welche spezifischen Ansprüche aus diesen Grundrechten fliessen; diese sind von Praxis und Wissenschaft zu konkretisieren.

1087 Eher regelhafter Charakter kommt jenen Grundrechtsgarantien zu, die bereits im Normtext einen *konkreten Anspruch* auf ein staatliches Verhalten vermitteln. So hält etwa Art. 16 Abs. 3 BV fest: «Jede Person hat das Recht, Informationen frei zu empfangen, aus allgemein zugänglichen Quellen zu beschaffen und zu verbreiten». Damit engt der Verfassungstext den Spielraum für seine Konkretisierung ein, ohne jedoch die Anwendung auf den konkreten Einzelfall vollumfänglich vorherzubestimmen.

1088 Bei verschiedenen Grundrechten verbindet der Verfassungstext diese beiden Formen, so etwa bei der Vereinigungsfreiheit. So hält Art. 23 Abs. 1 BV fest: «Die Vereinigungsfreiheit ist gewährleistet». Abs. 2 konkretisiert diesen Grundsatz: «Jede Person hat das Recht, Vereinigungen zu bilden, Vereinigungen beizutreten oder anzugehören und sich an den Tätigkeiten von Vereinigungen zu beteiligen.», und Abs. 3 fügt dem hinzu: «Niemand darf gezwungen werden, einer Vereinigung beizutreten oder anzugehören.»

3. Modalisierung

1089 Grundrechtsnormen werden – wie viele andere (Verfassungs-)Normen – gewöhnlich im Indikativ formuliert. Beispiel: «Alle Menschen sind vor dem Gesetz gleich.» (Art. 8 Abs. 1 BV). Linguisten sprechen von der normativen Modalität, weil das «Müssen» im Gegensatz zur deskriptiven Modalität bereits im Indikativ ausgedrückt wird.

1090 Die BV weicht jedoch teilweise von dieser Regel ab und verwendet die Modalverben «muss» oder «darf nicht». Beispiel: «Niemand darf diskriminiert werden ...» (Art. 8 Abs. 2 BV). Wo die Verfassung spezielle Verbote an den Staat adressiert, werden sie im Text durch eine «darf nicht»-Modalisierung verstärkt (vgl. zB. Art. 15 Abs. 4 oder Art. 25 BV). Die Voraussetzungen für Grundrechtseingriffe in Art. 36 BV werden durch die «muss»-Modalisierung eindringlicher gemacht (vgl. auch Art. 5 Abs. 2 BV).

b. Sachlicher Geltungsbereich

1. Grosse Bedeutung der Grundrechtskonkretisierung

Der sachliche Geltungsbereich eines Grundrechtes wird weitgehend durch dessen Schutzobjekt bestimmt (zB. Meinung, Wirtschaft, Eigentum). Dieses wird im Verfassungstext idR. nur stichwortartig angedeutet. Die Spielräume der Konkretisierung von Grundrechten sind deshalb regelmässig ausserordentlich weit. Der Grundrechtskonkretisierung – durch die rechtsanwendenden Behörden, insb. durch die Verfassungsjustiz, aber auch etwa durch das Parlament – kommt dementsprechend eine besonders grosse Bedeutung zu. 1091

2. Kerngehaltsgarantie

Literatur

MÜLLER JÖRG PAUL, Funktion der Garantie eines Kerngehalts in der Verfassung, recht 1993, 33 ff. (zit. Funktion); SCHEFER MARKUS, Die Kerngehalte von Grundrechten, Bern 2001; WIEDERKEHR RENÉ, Die Kerngehaltsgarantie am Beispiel kantonaler Grundrechte: Zugleich ein Beitrag zu den Grundrechten als Staatsaufgaben und zu den Grundrechtsverwirklichungsbestimmungen, Bern 2000.

Die Zulässigkeitsprüfung eines Grundrechtseingriffes erfolgt anhand einer Güterabwägung. In letzter Konsequenz könnte deshalb ein Grundrechtsgehalt bei schwerwiegenden öffentlichen Interessen vollständig unterdrückt werden. Ein gewisser innerster Kern eines Grundrechts ist jedoch keiner Relativierung zugänglich. Dieser Kerngehalt ist unantastbar, er gilt absolut. Er ist im konkreten Einzelfall keiner Güterabwägung zugänglich. 1092

> Die Bestimmung des Kerngehaltes, der unter keinen Umständen eingeschränkt werden kann, ist für jedes Grundrecht gesondert zu ermitteln. Bei verschiedenen Grundrechten formuliert die Bundesverfassung selbst gewisse Kerngehalte, wie etwa das Verbot der Todesstrafe als ein Kerngehalt des Rechts auf Leben, oder das Verbot der Folter und unmenschlicher oder erniedrigender Behandlung bei der Garantie körperlicher und psychischer Integrität. 1093

> Hinweise darauf, was im Einzelnen als Kerngehalt betrachtet werden kann, ergeben sich auch aus dem *Völkerrecht*. So deutet etwa die Notstandsfestigkeit eines Grundrechtes (Art. 15 EMRK und Art. 4 UNO-Pakt II) oder seine Anerkennung als ius cogens (dazu hinten Rz. 3597ff.) darauf hin, dass der entsprechende Grundrechtsgehalt einen Kerngehalt darstellen könnte. 1094

Aus dem absoluten Verbot, grundrechtliche Kerngehalte zu beeinträchtigen, fliessen verschiedene normative Wirkungen: 1095

Der Staat darf auch in Situationen des *Notstands* nicht in Kerngehalte eingreifen. Die Garantien notstandsfester Grundrechte in Art. 15 EMRK und Art. 4 UNO-Pakt II bezeichnen jedoch nicht Kerngehalte schlechthin. Vielmehr schützen sie jene Grundrechte vor Derogation, deren Geltung gerade im Notstand von besonderer 1096

Bedeutung ist. Notstandsfeste Kerngehalte finden sich auch in Grundrechten, die in diesen Katalogen nicht aufgenommen sind.

1097 Die Unantastbarkeit von Kerngehalten gilt umfassend; sie dürfen durch kein positives Recht verletzt werden, unabhängig von der Normstufe des entsprechenden Erlasses. Insbesondere auch der Verfassungsgeber ist im Sinne einer *autonomen Schranke der Verfassungsrevision* daran gebunden.

1098 Wo Kerngehalte betroffen sind, ist auch die traditionelle *Normenhierarchie* etwa zwischen Völkerrecht und Landesrecht nicht vollumfänglich wirksam. Die formale, auf der Rechtsquellenqualität beruhende Hierarchie wird jedenfalls hier zunehmend durch eine materielle Hierarchie abgelöst. So geht das innerstaatliche absolute Verbot der Todesstrafe nach Art. 10 Abs. 1 Satz 2 BV auch etwa einem völkerrechtlichen Auslieferungsvertrag vor, der eine Auslieferung bei drohender Todesstrafe erlaubt.

1099 In ständiger Praxis anerkannt (BGE 118 Ia 209, 214; 118 Ia 282, 293 f., je mH.), im Rechtsalltag aber noch weitgehend brachliegend, sind die *verfahrensrechtlichen Wirkungen* grundrechtlicher Kerngehalte. Die Rüge, ein Kerngehalt oder ein kerngehaltsnaher Bereich sei verletzt, kann grundsätzlich unabhängig von prozessualen Fristen geltend gemacht werden. Urteile erwachsen in dieser Hinsicht nicht in Rechtskraft, Verfügungen sind nicht rechtsbeständig (oder Rechtskraft und Rechtsbeständigkeit können beseitigt werden). Die Verletzung eines Kerngehalts kann deshalb auch als eigenständiger verfassungsrechtlicher Revisionsgrund aufgefasst werden.

1100 Eine weitere Rechtsfolge grundrechtlicher Kerngehalte liegt darin, dass ein *Verzicht*, mit der Rechtsfolge des Untergangs der fraglichen Rechtsposition in materieller und prozessualer Hinsicht, ausgeschlossen ist. Damit ist aber kein Zwang zur Grundrechtsausübung verbunden. So darf ein Obdachloser nicht unter Hinweis auf die Menschenwürde (oder die Garantie der Existenzsicherung nach Art. 12 BV) gezwungen werden, in einem Obdachlosenheim und nicht auf der Strasse zu übernachten. Eine Erklärung des Rechtssuchenden, auf die prozessuale Geltendmachung der Verletzung eines Kerngehalts zu verzichten, entfaltet keine Rechtswirkung. Ändert er seine Ansicht und strengt trotz Verzichtserklärung ein Verfahren an, kann ihm diese nicht entgegengehalten werden.

c. Persönlicher Geltungsbereich

1. Allgemeines

1101 Der persönliche Geltungsbereich bezeichnet die Grundrechtsberechtigten bzw. die Rechtsträger. Er muss für jedes Grundrecht gesondert ermittelt werden. Der Verfassungstext enthält dazu kaum verlässliche, ja teilweise gar irreführende Anhaltspunkte.

1102 Die Bundesverfassung verwendet für die Bezeichnung der Rechtsträger *unterschiedliche Formulierungen*. Als Berechtigte angesprochen werden je nach

Grundrecht «jeder Mensch» oder «jede Person». Die Begriffe machen – entgegen einer ursprünglichen Absicht des Verfassungsgebers – nicht deutlich, ob ein Grundrecht nur natürliche Personen (Menschen) oder auch juristische Personen als Rechtsträger erfassen soll.

So steht die Rechtsgleichheit auch juristischen Personen zu, nicht nur «Menschen», wie es Art. 8 Abs. 1 BV formuliert. Der in Art. 31 BV geregelte Freiheitsentzug betrifft nur natürliche Personen; es müsste demnach von «Menschen» die Rede sein, nicht von «Personen». 1103

Terminologische Unebenheiten lassen sich auch ausserhalb des Grundrechtskataloges feststellen: Die Sozialziele (Art. 41 Abs. 1 Bst. a, b, f, g sowie Abs. 2 BV) sind auf Menschen und nicht, wie der Wortlaut der Bestimmung sagt, auf «Personen» ausgerichtet. Die Garantie von Art. 2 Abs. 3 BV, wonach die Eidgenossenschaft für Chancengleichheit unter den «Bürgerinnen und Bürgern» zu sorgen hat, umfasst alle Menschen, nicht bloss Schweizerinnen und Schweizer – ein bedauerliches redaktionelles Versehen. 1104

Im *italienischen* Text der Bundesverfassung existiert das Problem der verschiedenen Bezeichnungen und ihrer Bedeutung nicht: «alle Menschen» heisst «tutti», «jeder Mensch» wird wie «jede Person» mit «ognuno» übersetzt. Die *französische* Fassung hingegen unterscheidet wieder «tous les êtres humains» (Art. 8 Abs. 1 BV), «tout être humain» und «toute personne». Ebenso der rätoromanische Text: Wir finden dort «tuts umans»/«mintga uman» neben «mintga persuna». 1105

In anderen Formulierungen wird die Grundrechtsgewährleistung mit «Wer ...» (Art. 12 BV) oder «Niemand ...» (Art. 8 Abs. 2 BV) eingeleitet. Die Bezeichnungen für einen *eingeschränkten Kreis* der Träger lauten: «Mann und Frau» (Art. 8 Abs. 3 BV), «Kinder und Jugendliche» (Art. 11 BV), «Flüchtlinge» (Art. 25 Abs. 2 BV), «Schweizerinnen und Schweizer» (Art. 24 f. BV), «Parteien» (Art. 29 Abs. 2 BV) und «Arbeitnehmer/innen, Arbeitgeber/innen sowie ihre Organisationen» (Art. 28 BV). 1106

2. Beginn und Ende des Grundrechtsschutzes

Der Beginn des Grundrechtsschutzes erscheint nach wie vor wenig geklärt. Die Ansichten in der Wissenschaft gehen auseinander, das Bundesgericht hat sich erst in einem obiter dictum dazu geäussert, welches für die Beantwortung einer derart grundlegenden Verfassungsfrage nicht genügend tragfähig ist (siehe BGE 119 Ia 485, 503). Im Rahmen der EMRK lässt der EGMR die Frage offen (Evans v. The United Kingdom [GC], 6339/05 [2007] Ziff. 54), wie auch der UNO-Menschenrechtsausschuss im Rahmen von UNO-Pakt II (siehe etwa General Comment No. 28 [2000] Ziff. 10). 1107

Auch die Rechtsvergleichung vermag keine Klarheit zu verschaffen: So spricht sich das deutsche Bundesverfassungsgericht für einen Grundrechtsschutz während der ganzen Dauer der Schwangerschaft (ab 14 Tagen) aus (siehe BVerfGE 88, 203 [255] [1993]); der U. S. Supreme Court hat dem Embryo die Grundrechtsträgerschaft dagegen ausdrücklich abgesprochen: «The word ‹person›, as 1108 used in the Fourteenth Amendment, does not include the unborn» (Roe v. Wade, 410 U. S. 113, 158 [1973]).

1109 Es erscheint heute verfrüht, die Frage zu beantworten. Dies bedeutet jedoch nicht, dass das ungeborene Leben ohne jeden spezifischen Schutz ist. Offen bleiben kann aber, ob dieser Schutz grundrechtlichen Charakters ist. Für eine Erstreckung des Grundrechtsschutzes auf Ungeborene spricht sich demgegenüber insbesondere RAINER SCHWEIZER aus (siehe SCHWEIZER RAINER J., Verfassungs- und völkerrechtliche Vorgaben für den Umgang mit Embryonen, Föten sowie Zellen und Geweben, Zürich 2002, 45 ff.).

1110 Komplex erscheint auch die Frage nach dem Grundrechtsschutz *nach dem Tod* eines Menschen. Wissenschaft und Praxis haben sie jedoch in weiterem Masse geklärt als jene nach dem Beginn des Grundrechtsschutzes. Es dürfte heute weitgehend unbestritten sein, dass die Grundrechte in gewissem Rahmen auch über den Tod hinaus Schutz gewähren, obwohl der Individualschutz mit dem Tod eines Menschen endet. Der postmortale Grundrechtsschutz stellt eine *Fortwirkung* des früheren Schutzes des damals noch Lebenden dar. Gewisse Entscheidungen, die ein Mensch während seines Lebens über die Behandlung seines Körpers nach dem Tod getroffen hat – etwa über die Art seiner Bestattung oder die Möglichkeit der Vornahme einer Organentnahme – behalten ihren grundrechtlichen Schutz auch dann, wenn der Betroffene verstorben ist (vgl. BGE 129 I 173, 180; 129 I 302, 308). (Vgl. auch Rz. 1318 ff.). Ein selbständiger, spezifisch grundrechtlicher Schutz des Toten ist uE. jedoch abzulehnen (wohl anders mit Bezug auf den Anspruch auf ein schickliches Begräbnis BGE 125 I 300, 305).

3. Ausländerinnen

Literatur

HUG MARKUS, Der Ausländer als Grundrechtsträger, Diss. Zürich 1990; KÄLIN WALTER, Grundrechte im Kulturkonflikt, Zürich 2000; MALINVERNI GIORGIO, Le droit des étrangers, in: Verfassungsrecht der Schweiz, 979 ff.; NGUYEN MINH SON, Droit public des étrangers, Bern 2003; THÜRER DANIEL, Der Status der Ausländer, in: Merten/Papier, Handbuch, § 206.

1111 Grundsätzlich sind die Grundrechte *Menschenrechte*; nicht nur Schweizer und Schweizerinnen, sondern auch alle Ausländer und Ausländerinnen stehen unter ihrem Schutz.

1112 Einzelne Grundrechte machen davon eine Ausnahme: So können sich nur *Schweizer* Bürger und Bürgerinnen auf die politischen Rechte (Art. 34 BV) und auf das absolute Ausweisungs- und Auslieferungsverbot nach Art. 25 Abs. 1 BV berufen, und auch die Niederlassungsfreiheit (Art. 24 BV) steht nur Schweizern zu (so schon der Text von Art. 24 Abs. 1 BV; vgl. auch BGE 131 I 266, 269). Auf die Wirtschaftsfreiheit (Art. 27 BV) können sich nur jene Ausländer berufen, die uneingeschränkt auf dem schweizerischen Arbeitsmarkt zugelassen sind (BGE 125 I 182, 198). Zudem kommt der spezifische Anspruch auf Anwesenheit in der Schweiz nach Art. 13 BV (Schutz des Familienlebens) nur jenen Ausländern zu, die in der Schweiz über einen Verwandten mit gefestigtem Anwesenheitsrecht verfügen (BGE 129 II 193, 211). In jedem Fall kommen den Ausländern aber jene prozessualen Grundrechte zu, die eine korrekte Abwicklung und Beurteilung allfälliger Aufenthalts- und Niederlassungsbegehren sichern (insb. nach AsylG, AuG und FZA). Vgl. auch Rz. 408 ff.

Im Übrigen kann für Ausländer und Ausländerinnen von entscheidender Bedeutung sein, welche *Staatsbürgerschaft* sie besitzen, da je nach Herkunftsstaat anderes Recht anwendbar ist. 1113

> Den Staatsbürgerinnen der *EU-Staaten* stehen seit dem 1. Juni 2002 zusätzlich zu den in der Schweiz garantierten Grundrechten die *Grundfreiheiten* gemäss den sektoriellen Abkommen zwischen der Schweiz, der EG und ihren Mitgliedstaaten zu. Der Mindestgehalt dieser Freiheiten bestimmt sich nach EG-Recht, wie es am 21. Juni 1999 bestand (sog. acquis communautaire). 1114

> Nachdem die EU am 1. Mai 2004 um zehn Mitglieder erweitert worden war, hat die Schweiz den Anwendungsbereich des FZA auch auf diese Staaten ausgedehnt (AS 2006, 995). Ein entsprechendes Protokoll über die Ausdehnung auf die beiden neuen Mitglieder Bulgarien und Rumänien wurde vom Bundesrat unterzeichnet und von den Eidgenössischen Räten genehmigt (BBl 2008, 5323; gemeinsam mit dem Beschluss zur Weiterführung des FZA). Dagegen ist das Referendum zustandegekommen (BBl 2008, 8565 f.). In der Volksabstimmung vom 8. Februar 2009 wurde die Weiterführung und Ausdehnung des FZA mit knapp 60% der Stimmen gutgeheissen. 1115

4. Minderjährige

Minderjährige sind ebenfalls Grundrechtsträger; urteilsfähige Minderjährige sind zudem auch grundrechtsmündig, dh. zur selbständigen Geltendmachung einer Verletzung von Grundrechten, die ihnen um ihrer Persönlichkeit willen zustehen, vor Verwaltungsbehörden und Gerichten berechtigt (Art. 11 Abs. 2 BV; vgl. etwa BGE 120 Ia 369, 371). 1116

5. Juristische Personen

Literatur

BIAGGINI GIOVANNI, Sind öffentliche Unternehmen grundrechtsberechtigt? – Betrachtungen am Beispiel der Wirtschaftsfreiheit, in: von der Crone Hans Caspar (et al.) (Hrsg.), Neuere Tendenzen im Gesellschaftsrecht: FS für Peter Forstmoser zum 60. Geburtstag, Zürich 2003, 623 ff.; HANGARTNER YVO, Verfassungsmässige Rechte juristischer Personen des öffentlichen Rechts, in: FS für Ulrich Häfelin zum 65. Geburtstag, Zürich 1990, 111 ff.; HÄSLER PHILIPP, Geltung der Grundrechte für öffentliche Unternehmen, Diss. Bern 2005; MÜLLER JÖRG PAUL/BALDEGGER MIRJAM, Grundrechte juristischer Personen, in: FS Wolfgang Wiegand, Bern/München 2005, 551–572.

Juristische Personen des Privatrechts sind nach bisher überwiegender Ansicht von Wissenschaft und Praxis grundrechtsberechtigt, soweit das betreffende Recht seiner Natur nach überhaupt einer juristischen Person zustehen kann. Dagegen wird jedoch zu Recht eingewendet, dass es mit der Idee der Grundrechte nicht vereinbar 1117 ist und ihr Schutz verwässert wird, wenn sie vom konkret Menschlichen abstrahiert werden und auf Kunstgebilde wie juristische Personen ausgedehnt werden; zudem wurde diese Ausdehnung bisher nicht mit der nötigen Tiefe diskutiert und begründet (MÜLLER/BALDEGGER, 551 ff.).

1118 Unbestritten ist hingegen, dass Grundrechte wie die Ehefreiheit oder etwa der Anspruch auf Grundschulunterricht schon aufgrund ihres Schutzobjektes, das für juristische Personen keine Relevanz hat, diesen nicht zustehen kann.

1119 Juristische Personen sind nach bundesgerichtlicher Praxis nur unter gewissen Voraussetzungen Rechtsträger der Glaubens- und Gewissensfreiheit (Art. 15 BV). Als Träger der Vereinigungsfreiheit (Art. 23 BV) wurden vom Bundesgericht nur natürliche Personen zugelassen (BGE 100 Ia 277, 286). Die Lehre hat diese Praxis kritisiert (vgl. etwa HÄFELIN/HALLER/KELLER, Rz. 557: «Bei diesem Entscheid dürfte es sich um einen Lapsus handeln»). *Öffentliche Korporationen* sind nur berechtigt, wenn sie privatrechtlich handeln und wie Private betroffen sind oder (insb. als Gemeinden) Autonomie- oder Bestandesschutz geltend machen, *öffentliche Religionsgemeinschaften*, wenn sie sich auf die Religionsfreiheit (Art. 15 BV) berufen.

1120 Noch wenig geklärt ist die Grundrechtsberechtigung öffentlicher Unternehmen (vgl. BIAGGINI, 623). Auch das Bundesgericht hat sich diesbezüglich noch nicht festgelegt (BGE 131 II 13, 27 f.; 127 II 8, 17). Bejaht man auf einer grundsätzlichen Ebene die Grundrechtsträgerschaft juristischer Personen, können wohl auch gewisse öffentliche Unternehmen nicht generell vom Schutz der Grundrechte ausgeschlossen werden.

1121 Im Rahmen der Wirtschaftsfreiheit schlägt BIAGGINI mit Bezug auf die Binnenmarktfunktion eine Gleichstellung öffentlicher Unternehmen mit Privaten vor und postuliert eine «problemlösungsorientierte, nach Rechtsebenen differenzierende, funktionale Betrachtung» (637). HÄFELIN/HALLER/KELLER, Rz. 656, lehnen dagegen eine Ausdehnung der Wirtschaftsfreiheit auf juristische Personen des öffentlichen Rechts ab; Zweifel erheben auch KLAUS A. VALLENDER/PETER HETTICH/JENS LEHNE, Wirtschaftsfreiheit und begrenzte Staatsverantwortung, 4. Aufl. Bern 2006, § 5, Rz. 21 (siehe aus der Diskussion auch PHILIPP HÄSLER, Geltung der Grundrechte für öffentliche Unternehmen, Diss. Bern 2005, 152 ff.; DAVID HOFMANN, La liberté économique suisse face au droit européen, Diss. Genf/Bern 2005, 34–43).

d. Grundrechtskonkurrenzen

1122 Fällt ein Sachverhalt, der nur einen Grundrechtsträger betrifft, in den Geltungsbereich verschiedener Grundrechte, liegt Grundrechtskonkurrenz vor. Grundsätzlich ist dabei die Zulässigkeit des Eingriffes für jedes der betroffenen Grundrechte gesondert zu prüfen. Er ist nur dann rechtmässig, wenn er mit sämtlichen betroffenen Grundrechten vereinbar ist.

1123 Das Problem wird va. relevant, wenn in einer privaten Tätigkeit sowohl eine wirtschaftliche Betätigung, die von der Wirtschaftsfreiheit erfasst wird, als auch ein meinungsbildender oder künstlerischer Ausdruck liegt (commercial speech;

vgl. Rz. 1588). Der Grundrechtsträger geniesst den intensiveren Schutz der Meinungs- resp. Kunstfreiheit, nicht (nur) denjenigen der Wirtschaftsfreiheit.

Nicht entscheidend ist dabei, ob die verschiedenen Grundrechte vom selben Aspekt des Sachverhalts betroffen werden, oder ob je unterschiedliche Aspekte eines Sachverhalts die Geltungsbereiche verschiedener Grundrechte berühren. 1124

Eine Ausnahme von der kumulativen Anwendung verschiedener betroffener Grundrechte liegt dann vor, wenn von zwei betroffenen Grundrechten eines eine Konkretisierung des anderen darstellt. Dies ist beispielsweise bei der Überwachung des Telefonverkehrs einer Person der Fall: Hier ist das Fernmeldegeheimnis nach Art. 13 Abs. 1 BV betroffen, gleichzeitig aber auch die umfassendere Garantie des Privatlebens. Das Fernmeldegeheimnis konkretisiert diese für den Bereich gewisser Formen der Kommunikation. In diesem Fall gelangt das spezifische Grundrecht zur Anwendung (das Fernmeldegeheimnis); die Garantie des Privatlebens ist nicht gesondert zu prüfen. 1125

e. Grundrechtskollisionen

Grundrechtskollisionen liegen vor, wenn die grundrechtlich geschützten Interessen verschiedener Personen aufeinander stossen. Grundsätzlich sind kollidierende Grundrechtsinteressen nach dem *Prinzip der praktischen Konkordanz* in einen möglichst schonenden Ausgleich zu bringen (BGE 129 I 173, 181; 126 III 129, 149). Dabei sollen die konfligierenden Grundrechtsgehalte je zu optimaler Wirksamkeit gelangen (HESSE, Grundzüge, Rz. 318). 1126

Noch wenig geklärt erweist sich die Konstellation der *Kerngehaltskollision*, wenn der Schutz des Grundrechtskerns einer Person zu einem Eingriff in den Kerngehalt eines Grundrechtes einer anderen Person führt (SCHEFER, Kerngehalte, 90 ff.). 1127

> Ein Beispiel ist das Problem des finalen Todesschusses bei Geiselnahmen. Die involvierten Grundrechtsgüter sind auf beiden Seiten dieselben: Auf der einen Seite das Leben der Geisel, das durch den Geiselnehmer unmittelbar bedroht wird, auf der anderen Seite das Leben des Geiselnehmers. Welches der beiden Leben vorgeht, kann abstrakt nicht beurteilt werden. Eine Möglichkeit, den Konflikt zu lösen, besteht darin, dem staatlichen Verletzungsverbot als Unterlassungspflicht grundsätzlich den Vorrang vor seiner Schutzpflicht als positiver Handlungspflicht einzuräumen. Die Unterscheidung zwischen Unterlassungs- und Handlungspflichten des Staates stellt uE. jedoch nicht das einzige Kriterium dar. Im vorliegenden Beispiel bleibt zu bedenken, dass den Staat aus den Grundrechten auf der einen Seite keine absolute Pflicht trifft, Leben durch positive Handlungen zu schützen, auf der anderen Seite aber ein absolutes Verbot, einen Menschen zielgerichtet zu töten. Aus Grundrechtssicht steht hier deshalb keine Kerngehaltskollision in Frage. Das absolute Verbot zielgerichteter Tötung bleibt deshalb auch hier bestehen (anders das deutsche Bundesverfassungsgericht in BVerfGE 115, 118 [151 ff.]). 1128

> Dieses Beispiel zeigt, dass Kerngehaltskollisionen deshalb selten sind, weil die Kengehalte der Grundrechte sehr restriktiv umschrieben sind. Dies äussert sich 1129

auch etwa in der bundesgerichtlichen Praxis zur Erstellung, Speicherung und Verwendung eines DNA-Profils. Dieser Umgang mit einem DNA-Profil stellt nach BGE 128 II 259, 277 «keine Eingriffe in den Kerngehalt des informationellen Selbstbestimmungsrechts dar. Für die Feststellung des DNA-Identifizierungsmusters werden gemäss (Art. 2 Abs. 1 des Bundesgesetzes über die Verwendung von DNA-Profilen im Strafverfahren und zur Identifizierung von unbekannten oder vermissten Personen; DNA-Profil-Gesetz; SR 363; hinzugefügt von den Autoren) nur nicht-codierende Abschnitte der Erbsubstanz DNA analysiert. Damit ist keine zwangsweise Ausforschung des genetischen Programms eines Menschen verbunden.»

II. Verwirklichung der Grundrechte

a. Normative Schichten der Grundrechte

Literatur

BÖCKENFÖRDE ERNST-WOLFANG, Grundrechte als Grundsatznormen, in: DERS., Staat, Verfassung, Demokratie, Frankfurt a.M. 1991, 159–199; MÜLLER JÖRG PAUL, Soziale Grundrechte in der Verfassung?, 2. Aufl. Basel 1981, 186–191.

1. Allgemeines

1130   Grundrechte verpflichten den Staat nicht nur, sich Eingriffen in die geschützten Sphären des Einzelnen zu enthalten, sondern auferlegen dem Gemeinwesen auch die Pflicht, die Einzelnen in gewissem Rahmen vor Eingriffen Dritter zu schützen und die Voraussetzungen zur wirksamen Ausübung der Grundrechte zu schaffen; diese Pflicht trifft sämtliche Organe des Staates.

1131   In der Schweizer Grundrechtsdogmatik hat sich der von JÖRG PAUL MÜLLER vor gut 35 Jahren formulierte Vorschlag mittlerweile weitgehend durchgesetzt, drei normative Schichten der Grundrechte voneinander zu unterscheiden (ZSR 92/1973 II, 687 ff.): eine direkt anspruchsbegründende, eine programmatische und eine flankierende Schicht:

1132   – Eine erste Bedeutung der Grundrechte liegt in ihrer Funktion als subjektive Rechte, welche dem Einzelnen klagbare Ansprüche verleihen *(justiziable Schicht)*: Sie gelten unmittelbar und können von den rechtsanwendenden Behörden direkt im konkreten Einzelfall angewendet werden, ohne dass sie einer Konkretisierung des Gesetzgebers bedürften.

1133   – Von der zweiten, *programmatischen Schicht* der Grundrechte wird primär der Gesetzgeber angesprochen. Er ist verpflichtet, jene Verfahren, Institutionen und materiellen Kriterien zu schaffen, die für eine wirksame Entfaltung der Grundrechte in der Gesellschaft erforderlich sind. Auf dieser Geltungsebene sind die Möglichkeiten gerichtlicher Durchsetzung der Grundrechte regelmässig sehr begrenzt; dies ändert aber nichts daran, dass sie vollumfänglich verbindlich und nicht nur rhetorische Instrumente sind.

- Die dritte, sog. *flankierende bzw. indirekt-justiziable Schicht* der Grundrechte betrifft die Gesetzesauslegung. Den rechtsanwendenden Behörden (Verwaltung und Gerichte) ist aufgetragen, bei der Auslegung des einfachen Rechts den Grundrechten so weit wie möglich Rechnung zu tragen. Dadurch können insbesondere bei der Anwendung von Bundesgesetzen die Folgen des Fehlens einer Verfassungsgerichtsbarkeit (Art. 190 BV) in gewissem Masse gemildert werden.

1134

Grundrechte entfalten damit unterschiedliche normative Wirkungen. Die Normtexte der einzelnen Grundrechte in der Bundesverfassung legen den Schwerpunkt auf subjektive Ansprüche; sie heben die Rechte hervor, die den einzelnen Grundrechtsträgern zukommen und auf die sich diese wegen der Justiziabilität der Ansprüche unmittelbar berufen können. Darüber hinaus stellen sie aber auch Grundsatznormen dar, deren materielle Gehalte von den staatlichen Organen auch ohne Bestehen eines subjektiven Rechtsanspruches so weit als möglich verwirklicht werden müssen. Siehe dazu auch vorne Rz. 985–986.

1135

Insbesondere in der deutschen Lehre wird der subjektiv-rechtliche Aspekt der Grundrechte ihrem Gehalt als «objektiv-rechtliche Wertentscheidungen» gegenübergestellt. Mit dieser Erweiterung ihrer normativen Geltung, wurden die Grundrechte aus dem unmittelbaren Verhältnis zwischen Bürger und Staat herausgelöst und wirken nunmehr «in jeder Richtung und in alle Rechtsbereiche hinein» (BÖCKENFÖRDE, 167). Dadurch können sie immer dann zur Geltung gelangen, wenn ein Schutzbedürfnis besteht, in gewissem Masse unabhängig davon, ob die Bedrohung des Einzelnen unmittelbar einer staatlichen Handlung entspringt, oder ob Kräfte der Zivilgesellschaft dafür verantwortlich sind. Die Doktrin der Schutzpflichten und die Theorie der Drittwirkung sind auf diesem Grundrechtsverständnis entstanden.

1136

Mit dieser «Objektivierung» der Schutzwirkung geht aber auch die Gefahr einher, dass das Grundrecht von den Schutzbedürfnissen konkreter Menschen losgelöst wird. Massgeblich sind dann nicht mehr die individuellen Verletzlichkeiten, sondern allgemeingültige Wertvorstellungen. Diese – als Ausdruck der Grundrechte gedeutet – können in der Folge von den rechtsanwendenden Behörden verbindlich durchgesetzt werden. Dadurch entsteht das Risiko, dass Vorstellungen des guten Lebens direkt gestützt auf Grundrechte gesamtgesellschaftliche Verbindlichkeit beanspruchen und sich der Charakter der Grundrechte als Rechte in Pflichten umzukehren droht.

1137

> In der – mittlerweile überholten – älteren Praxis des deutschen Bundesverwaltungsgerichts kommt diese Umkehrung der Schutzwirkung in der sog. Peep-Show-Entscheidung zum Ausdruck: Das Gericht verbot direkt gestützt auf die Garantie der Menschenwürde (Art. 1 Abs. 1 GG) die Durchführung von Peep-Shows, weil sie mit der Würde der Frau nicht vereinbar seien (BVerwGE 64, 274 [277]; vgl. mit Bezug auf Swinger-Clubs auch BVerwG 6C 16.02 (2002) Ziff. 24). Im Zentrum müssen uE. jedoch auch hier die konkreten Schutzbedürfnisse der Betroffenen sein: Entscheidend ist, ob sich die betroffenen Frauen ohne äusseren Druck freiwillig den Männern entblössen; ist dies der Fall, besteht kein grundrechtliches Schutzbedürfnis.

1138

1139 Diese Gefahr äussert sich ganz besonders in der neueren Rechtsprechung des Bundesgerichts zur Beschwerdelegitimation des Gemeinwesens zur Beschwerde in öffentlich-rechtlichen Angelegenheiten: Das Gericht verleiht der Staatsanwaltschaft die Beschwerdeberechtigung zur Rüge einer Verletzung des Willkürverbots nach Art. 9 BV mit der Begründung, dieses stelle ein «objektives Grundprinzip» dar, das «für staatliche Organe als objektives Recht» gelte und nicht nur den Einzelnen schütze (BGE 134 IV 36, 41 f.). Mit der gleichen Begründung erstreckt das Gericht die Beschwerdelegitimation auch auf eine kantonale Steuerverwaltung zur Willkürrüge (BGE 134 II 124, 133). Diese Praxis hat sich vom konkreten Einzelnen gelöst und kehrt im Einzelfall das Willkürverbot gegen den Rechtsuchenden.

2. Abwehr- und Leistungsansprüche

1140 Grundrechte gewährleisten zunächst «*Abwehrrechte*», welche den Staat zum Unterlassen oder Dulden verpflichten und – spiegelbildlich – dem einzelnen Menschen einen unmittelbar durchsetzbaren Anspruch auf Grundrechtsschutz vermitteln. Art. 35 BV relativiert indessen die Unterscheidung von Abwehr- und Leistungsansprüchen.

1141 Art. 35 BV hält den Staat ausdrücklich zur «Verwirklichung der Grundrechte» an, indem er verlangt, dass die Grundrechte «in der ganzen Rechtsordnung zur Geltung kommen» (Abs. 1) und alle, die staatliche Aufgaben wahrnehmen, verpflichtet, zu ihrer Verwirklichung beizutragen (Abs. 2). Damit sind die Staatsbehörden (und weitere Organe, die hoheitlich handeln) an die Grundrechte gebunden. Diese Bestimmung will ein Leerlaufen des Grundrechtsschutzes verhindern. Sie zielt insbesondere auf die *Sicherung faktischer Voraussetzungen* des Grundrechtsgebrauchs ab (JÖRG PAUL MÜLLER, Bemerkungen, 686; SCHEFER, 253).

1142 Als Bestimmungen über die Grundrechte machen Art. 35 Abs. 1 und 2 BV deutlich, dass es bei den Grundrechten nicht primär auf die Art des staatlichen Tätigwerdens, etwa eines Unterlassens, ankommt, sondern auf Legalität und Legitimität des staatlichen Handelns sowie auf die faktische Umsetzung gewisser fundamentaler Rechte. Davon zu trennen – und erst in einem zweiten Schritt zu beantworten – ist die Frage, welches Mittel zur Grundrechtsverwirklichung im funktionell-rechtlichen Rahmen geeignet erscheint, etwa ob diese durch Enthaltung oder Leistung sicherzustellen ist.

1143 Die Lehre von den *Schutzpflichten* knüpft hier an: Staatliche Organe haben den Grundrechtsschutz sicherzustellen. Dies kann auf unterschiedliche Weise geschehen (vgl. nachstehend Rz. 1173 ff.).

3. Konstituierende Funktion

1144 Art. 35 Abs. 1 BV spricht auch die programmatische Schicht der Grundrechte an und verankert deren konstituierende und überdachende Funktion für die ganze Rechtsordnung. Entsprechend müssen sie «in der ganzen Rechtsordnung zur Geltung kommen». Damit werden *alle staatlichen Organe* in die Pflicht genommen; es geht um *Grundrechtspolitik, Grundrechtskonkretisierung in allen Rechtsbereichen* und *grundrechtskonforme Handhabung und Auslegung aller Rechtsnormen.* Der letztgenannte Aspekt entspricht der flankierenden Funktion der Grundrechte.

In diesem Gebot kommt auch ein Aspekt der *Drittwirkung* zum Tragen (dazu nachstehend Rz. 1166 ff.). Die Gehalte der Grundrechte sollen in die Konkretisierung und Auslegung von (zivil- und strafrechtlichen) Bestimmungen, insb. von Generalklauseln und unbestimmten Rechtsbegriffen, einfliessen. Art. 190 BV, der die Bindung aller rechtsanwendenden Organe an die Bundesgesetze statuiert, steht dieser Pflicht zur verfassungskonformen Auslegung nicht entgegen, sondern gebietet sie vielmehr (vgl. Rz. 548 ff.). 1145

Die *Übergänge* von objektiv- und subjektivrechtlichen Gehalten können *fliessend* sein. So hat das Bundesgericht in seiner Rechtsprechung zum Doppelbesteuerungsverbot (früher Art. 46 Abs. 2 aBV, heute Art. 127 Abs. 3 BV) aus dem an sich objektivrechtlichen Verbot einen subjektivrechtlichen Anspruch abgeleitet. Der Gesetzgeber war seiner Pflicht zur entsprechenden Umsetzung in der einfachen Gesetzgebung nicht nachgekommen (aus der reichen Praxis etwa BGE 133 I 19; 132 I 220). 1146

4. Konkretisierung

Literatur

HUBER HANS, Über die Konkretisierung der Grundrechte, in: Der Staat als Aufgabe, Gedenkschrift für Max Imboden, Basel/Stuttgart 1972, 191–209.

Die Grundrechtsgewährleistungen in der Bundesverfassung zeichnen sich textlich durch eine grosse sprachliche Vagheit aus und stellen offene Normen und Grundsatzbestimmungen dar, die inhaltlicher Eindeutigkeit weithin entbehren (dazu vorne Rz. 1091). Der Rechtsanwendung im Einzelfall bleibt deshalb ein besonders grosser Spielraum offen. Die Auslegung von Grundrechten erscheint entsprechend eher als rechtsschöpferische Konkretisierung (HANS HUBER, 195), die durch den Verfassungstext kaum oder unter Umständen gar nicht geleitet ist. 1147

Es ist insbesondere den Verfassungsgerichten aufgetragen, in schöpferischer Praxis, Schritt für Schritt, die Grundrechte tastend weiterzuentwickeln und sie den sich stets verändernden Schutzbedürfnissen in der Gesellschaft anzupassen. Dabei haben sie sorgfältig darauf zu achten, einerseits den sich ändernden Bedrohungslagen und Schutzbedürfnissen in der Gesellschaft Rechnung zu tragen und andererseits keine breite Kluft zwischen normativem Anspruch der Verfassung und der gelebten Normalität in der Gesellschaft entstehen zu lassen (HERMANN HELLER, Staatslehre, 6. Aufl. Tübingen 1983, 286–290). 1148

5. Mittelbare Anwendbarkeit

Auch wenn Grundrechte grundsätzlich unmittelbar anwendbar sind, so bleibt ihre flächendeckende Verwirklichung in der Gesellschaft auf die einfache Gesetzgebung angewiesen. Die Möglichkeit gerichtlicher Durchsetzung im konkreten Ein- 1149 zelfall vermag ihre Konkretisierung im einfachen Recht nicht zu ersetzen, sondern nur zu ergänzen.

1150 Dies gilt einmal bei den sog. *institutionellen Garantien* (wie der Ehefreiheit oder Eigentumsgarantie), die (auch) einer gesetzlichen Ordnung bedürfen (Eherecht, Sachenrecht), aber auch bei anderen Grundrechten, wie etwa der Radio- und Fernsehfreiheit (Art. 17 und 93 BV), die etwa zum Schutz der Autonomie von Programmveranstaltern auf gesetzliche Regelungen im Radio- und Fernsehgesetz (RTVG; SR 784.40) angewiesen bleibt. Ein wirksamer Schutz des Brief-, Post- und Fernmeldegeheimnisses nach Art. 13 Abs. 1 BV gegen die Überwachung des Brief-, Telefon- und E-Mail-Verkehrs bedarf gesetzlicher Regelungen (siehe BG betreffend die Überwachung des Post- und Fernmeldeverkehrs vom 6. Oktober 2000; BÜPF; SR 780.1). Auch etwa der Schutz von Menschenwürde, Leben und Persönlichkeit ist in vielen Bereichen auf gesetzliche Aktivitäten angewiesen (zB. Datenschutz, Schwangerschaftsabbruch, Fortpflanzungsmedizin, Organtransplantation, Humanforschung uam.).

1151 Auch die «Umsetzung» des Rechtsgleichheitsgebotes bedarf vielfältiger legislatorischer Vorkehrungen (Sozialversicherungseinrichtungen wie AHV, IV etc.). Zur Verwirklichung des Verbots der Diskriminierung von Frauen wurde spezifisch das Gleichstellungsgesetz erlassen (GlG; SR 151.1), zum Verbot der Diskriminierung von Menschen mit Behinderung das Behindertengleichstellungsgesetz (BehiG; SR 151.3).

1152 Grundrechtsverwirklichung ist deshalb nicht nur auf eine unabhängige Verfassungsjustiz angewiesen, sondern auch auf eine (nationale und internationale) *Grundrechtspolitik*. Von daher richtet sich das Grundrechtsverwirklichungsgebot an alle Staatsorgane, vor allem auch an den Gesetzgeber.

b. Grundrechtsbindung von Trägern öffentlicher Funktionen

1153 Gemäss Art. 35 Abs. 2 BV sind alle Personen und Organisationen, die staatliche Aufgaben wahrnehmen, an die Grundrechte gebunden und verpflichtet, zur Verwirklichung der Grundrechte beizutragen. Adressat der Grundrechte ist somit in erster Linie die *Staatsgewalt*. Damit sind alle Organe des Staates, sowie private Personen angesprochen, die staatliche Gewalt ausüben oder öffentliche Funktionen erfüllen.

1154 Fraglich erscheint allerdings, ob der Begriff der «staatlichen Aufgaben» in Art. 35 Abs. 2 BV glücklich gewählt worden ist. Wenn gestützt auf eine gesetzliche Ermächtigung Aufgaben an Private delegiert werden, so verlieren sie in gewissem Masse ihren «Staatscharakter». Art. 178 Abs. 3 BV bezeichnet deshalb Aufgaben, die durch Gesetz auf Dritte, die ausserhalb der Bundesverwaltung stehen, übertragen werden können, zutreffender als «Verwaltungsaufgaben».

1155 Unbestrittenerweise gilt die Grundrechtsbindung für Träger staatlicher Aufgaben, soweit diese dem Einzelnen gegenüber *hoheitlich* auftreten, unabhängig davon, ob sie öffentlich- oder privatrechtlich organisiert sind. Das Gemeinwesen ist auch dann an die Grundrechte gebunden, wenn es im öffentlichen Interesse *privatrechtlich* tätig wird (BGE 127 I 84, 90; GEORG MÜLLER, § 204, Rz. 15).

Dies gilt sowohl in Bereichen, in denen der Staat selbst in Erfüllung öffentlicher Aufgaben privatrechtlich handelt (BGE 109 Ib 146, 155), als auch bei einer Delegation von Verwaltungsbefugnissen an einen Privaten (BGE 103 Ia 544, 551). 1156

Gemäss BGE 118 Ia 46, 57 reicht die Subventionierung eines Vereins durch den Staat für die Bejahung einer Grundrechtsbindung nicht aus. Eine differenzierte Sichtweise ist erforderlich, wenn öffentlich- oder privatrechtliche Akteure eine staatliche Aufgabe in Konkurrenz zu anderen Privaten wahrnehmen. Von wesentlicher Bedeutung ist in solchen Fällen das *Beteiligungsverhältnis* des Staates am Unternehmen, für welches die Grundrechtsbindung in Frage steht. Insbesondere relevant erscheinen die *Einwirkungsmöglichkeiten der staatlichen Organe auf die Willensbildung* des Unternehmens; sind diese ausgeprägt, ist das Unternehmen bei seinem Handeln an die Grundrechte gebunden. 1157

Entscheidend für das *Ausmass der Grundrechtsbindung* ist das Funktionieren des Marktes, in dem die Leistung angeboten wird. Hat ein Unternehmen aufgrund staatlicher Konzession eine Monopolstellung inne (etwa ein Elektrizitätswerk), so bietet es seine Leistung quasi-hoheitlich an: Die Grundrechtsbindung besteht hier ebenfalls, weil der mit der staatlichen Aufgabe betraute Private eine monopolähnliche Position auf dem Markt innehat. Aufgrund der Verschiebung des Machtgefälles beim Vertragsschluss, ist der Einzelne vor potenziellen Verletzungen seiner Grundrechte zu schützen (eingehender dazu SCHEFER, 1131 ff.). 1158

Angesichts der Privatisierung ehemaliger Staatsbetriebe kommt dieser Konstellation und der Frage der Grundrechtsbindung grosse Bedeutung zu: Der Staat soll sich durch den Wandel der Rechtsform nicht seiner Grundrechtsbindung entziehen können. 1159

Spielt im besagten Bereich der Wettbewerb, kann sich die Grundrechtsbindung lediglich auf das Gleichheitsgebot und das Willkürverbot erstrecken. 1160

Bezüglich der *Bindungsintensität* bzw. der Anforderungen an die jeweilige Begründungspflicht, hat das Bundesgericht in BGE 127 I 84, 90 folgende Überlegungen angestellt: «Das Gemeinwesen muss durch entsprechende Gestaltung der Konzession und durch vorbehaltene Interventionsmöglichkeiten dafür sorgen, dass auch der private Konzessionär, *soweit es um die Benützung öffentlicher Sachen geht*, den Grundsatz der Gleichbehandlung sowie das Willkürverbot im gebotenen Masse beachtet. Soweit eine öffentliche Sache ... kommerziell genutzt wird, *kollidiert das Gleichbehandlungsgebot allerdings mit dem Bedürfnis nach unternehmerischer Freiheit*. Je mehr ein Interessent auf die Benützung der (direkt oder indirekt) vom Gemeinwesen betriebenen Einrichtung angewiesen ist, desto höhere Anforderungen sind an die sachliche Begründetheit von potentiell diskriminierenden Zulassungsschranken zu stellen. Je eher dagegen die privaten Interessenten auf andere Anbieter (bzw. auf andere geeignete Werbemöglichkeiten) ausweichen können, desto mehr Freiheit muss dem öffentlichen Unternehmen bei der Wahl seiner Vertragspartner oder der zu erbringenden Leistungen zustehen.» 1161

1162 Zuweilen ist beim Bundesgericht (I. Zivilabteilung) eine gewisse Tendenz zu beobachten, Fragen der Grundrechtsverwirklichung ausschliesslich im Rahmen einer *zivilrechtlichen Betrachtungsweise* zu erwägen, ohne auf die letztlich dasselbe Grundproblem betreffende grundrechtliche Fragestellung im Rahmen von Art. 35 BV mit der nötigen Tiefe einzugehen.

1163 So hat das Gericht etwa in BGE 129 III 35 bei der Beförderung von nicht abonnierten Zeitungen im Rahmen der sog. Wettbewerbsdienste der Post (Dienstleistungen ausserhalb der obligatorisch zu erbringenden Grundversorgung; Art. 9 Postgesetz vom 30. April 1997 [PG; SR 783.0]) eine spezielle Grundrechtsbindung der Post, aus welcher eine Beförderungspflicht abgeleitet werden könnte, verneint. Es hielt fest, die Post sei im Bereich der Wettbewerbsdienste gleich zu behandeln wie ihre private Konkurrenz. Es anerkannte dennoch eine privatrechtliche Kontrahierungspflicht. Die Post habe in casu ihre Dienstleistung öffentlich angeboten, jedoch einen Vertrag mit dem Kläger *ohne sachliche Gründe* abgelehnt.

1164 Damit hat das Gericht im Ergebnis eine Gleichbehandlungsprüfung durchgeführt. Die dabei verwendete Argumentation hätte wohl den Anforderungen der Eignung zur Drittwirkung in Art. 35 Abs. 3 BV genügt, doch beharrte das Gericht darauf, dass der Kontrahierungszwang rein privatrechtlicher Natur sei (vgl. zum Kontrahierungszwang auch nachstehend Rz. 1178).

1165 Bereits früher hatte das Bundesgericht festgehalten, aus Art. 20 Abs. 1 OR («gute Sitten») könne sich durch verfassungskonforme Auslegung ein Kontrahierungszwang ergeben, wenn eine «sachlich nicht gerechtfertigte Verweigerung [...] lebenswichtige Interessen des davon Betroffenen verletzt oder gefährdet» (BGE 80 II 26, 37).

c. Drittwirkung

1. Grundsatz

1166 Nach Art. 35 Abs. 3 BV haben alle Behörden – Gesetzgeber, Regierung und Verwaltung sowie Gerichte – dafür «zu sorgen, dass die Grundrechte, sofern sie sich dazu eignen, auch unter *Privaten* wirksam werden». Damit wird der Gedanke von Abs. 1 wieder aufgenommen, indem der Staat explizit zu einer aktiven Grundrechtsverwirklichung innerhalb der Gesellschaft angehalten wird.

1167 Das Anliegen von Art. 35 Abs. 3 BV ist die Verwirklichung der Grundrechte im «horizontalen» Verhältnis, aber nur, soweit «sie sich dazu eignen». Auslegungsbedürftig ist vor allem die Voraussetzung der «Drittwirkungseignung».

1168 Rechtsverhältnisse unter Privaten werden durch die *Privatrechtsgesetzgebung* gestaltet. Die Grundrechte richten sich als Abwehrrechte (und allenfalls Leistungsrechte) primär gegen den Staat, sie erscheinen jedoch im Lichte der objektiv-rechtlichen Grundrechtsschicht auch als überdachende Gestaltungsprinzipien der gesamten Rechtsordnung und damit auch des Privatrechts.

Insbesondere sind nach Art. 35 Abs. 3 BV *Generalklauseln und unbestimmte* 1169
Rechtsbegriffe von Normen unterhalb der Verfassungsstufe grundrechtskonform
auszulegen.

> Anwendungsbeispiele der mittelbaren Berücksichtigung von Wertungen der 1170
> Grundrechte im einfachen Gesetzesrecht, finden sich vor allem im Persönlichkeitsrecht (Art. 27, 28 ff. ZGB; Art. 49 und Art. 328 OR) sowie bei der Konkretisierung der Begriffe der Sittlichkeit und öffentlichen Ordnung in Art. 19
> Abs. 2 OR. Art. 336 Abs. 1 Bst. b OR bezeichnet eine Kündigung, die aufgrund
> der Ausübung eines verfassungsmässigen Rechts ausgesprochen wird, als missbräuchlich. Vgl. aus der bundesgerichtlichen Rechtsprechung etwa BGE 107 Ia
> 277, 280 f., wo eine indirekte Drittwirkung der Pressefreiheit bejaht, und BGE
> 101 IV 167, 172 oder 129 IV 6, 11, wo der strafrechtliche Tatbestand der Nötigung grundrechtskonform ausgelegt wurde.

2. Keine unmittelbare Drittwirkung

In Wissenschaft und Praxis ist anerkannt, dass Grundrechte im Allgemeinen nicht 1171
unmittelbar, direkt Rechtsansprüche unter Privaten begründen. Grundsätzlich
kommt ihnen keine unmittelbare (oder: direkte) Drittwirkung zu.

> Die Bundesverfassung normiert selbst einige Fälle direkter Drittwirkung: Art. 8 1172
> Abs. 3 (Lohngleichheit), Art. 17 Abs. 3 (Redaktionsgeheimnis) und Art. 28
> Abs. 3 BV (Zulässigkeit des Streiks). Es handelt sich um eine unmittelbare,
> verfassungsrechtlich gebotene Rechtswirkung zwischen Privaten, wie sie auch
> im zwingenden Privatrecht vorkommt.

d. Staatliche Schutzpflichten

Die Deutung der Grundrechte als wertentscheidende Grundsatznormen für die 1173
ganze Rechtsordnung hat in Art. 35 BV ihre verfassungsrechtliche Anerkennung
und Verankerung erfahren. Damit ist auch der Weg freigelegt worden, die aus der
Diskussion um die Drittwirkung der Grundrechte hervorgegangene Lehre von den
staatlichen *Schutzpflichten* weiterzuentwickeln. Schweizerische Lehre und Rechtsprechung haben freilich Schutzpflichten schon seit langem anerkannt, allerdings
nur für ausgewählte Grundrechte, wie die Meinungs- und die Religionsfreiheit. In
neuerer Zeit wurde der Anwendungsbereich der Schutzpflichten erweitert. Grundrechte können den Staat zum *Tätigwerden* verpflichten, um gegen Risiken oder Beeinträchtigungen vorzugehen, die von Dritten verursacht werden.

> Das Bundesgericht beschäftigte sich in verschiedenen Entscheiden mit grund- 1174
> rechtlichen Teilgehalten, die den Staat verpflichten, zum *Schutz vor Eingriffen
> Dritter* tätig zu werden. Hier liegt denn auch das Hauptanwendungsgebiet der
> grundrechtlichen Schutzpflichten. In BGE 126 II 300, 314 hielt das Bundesgericht bezüglich der Beeinträchtigung des Rechts auf Persönliche Freiheit durch
> Schiesslärm am Liestaler Banntag fest, «nach neuerer Auffassung» hätten
> Grundrechte nicht nur eine abwehrende Funktion gegen Beeinträchtigung
> durch den Staat, sondern sie «begründen auch eine staatliche Schutzpflicht gegen Gefährdungen, die von Dritten verursacht werden». Die Verweigerung ei-

nes polizeilichen Einsatzes gegen Wohnungsbesetzer kann gegenüber dem Eigentümer der Wohnung eine Verletzung der Eigentumsgarantie bedeuten (BGE 119 Ia 28).

1175 Die staatliche Schutzpflicht bezieht sich aber nicht nur auf Fälle der «Drittwirkung»; sie erstreckt sich allgemein auf *aktive Vorkehrungen*, die im Einzelfall zur Grundrechtsverwirklichung *erforderlich* erscheinen. Darunter können etwa die Erteilung einer Bewilligung, die Anerkennung staatlicher Leistungspflichten oder die Anordnung von Schutzmassnahmen im Interesse der Grundrechtsausübung fallen. Von elementarer Bedeutung ist dabei das *Schutzbedürfnis* des Grundrechtsträgers.

1176 Einen besonderen Anwendungsfall der Grundrechtsverwirklichung durch staatliches Tätigwerden, stellt der bedingte Anspruch auf *Gebrauch des öffentlichen Raums*, etwa zur Durchführung einer Versammlung und zur Meinungsäusserung (vgl. dazu Rz. 1566 ff.) oder zur Ausübung einer Wirtschaftstätigkeit (vgl. dazu Rz. 3213) dar.

1177 Staatliche Schutzmassnahmen werden ferner immer dann aktuell, wenn fundamentale Grundrechtsgehalte betroffen sind oder die Existenz eines Menschen akut bedroht ist. Entsprechende staatliche Handlungs- und Leistungspflichten ergeben sich etwa aus dem Recht auf Leben, dem verfassungsrechtlichen Persönlichkeitsschutz (BGE 126 II 300) oder dem Privat- und Familienleben (grundlegend EGMR Osman v. The United Kingdom [GC], 23452/94 [1998]).

1178 In einem solchen Fall kann die Weigerung eines Privaten, mit einem Dritten, dem gegenüber ein erhebliches Machtgefälle besteht, einen Vertrag abzuschliessen, einen Kontrahierungszwang auslösen (vgl. etwa BGE 123 II 402; 127 I 84).

1179 Auch die *grundrechtskonforme Auslegung,* sowohl des einfachen Rechts, mit Einschluss von zivil- und strafrechtlichen Bestimmungen, als auch der *Staatsverträge*, fällt unter das Verwirklichungsgebot von Art. 35 BV (vgl. dazu Rz. 552).

1180 Das *Verhältnis der Drittwirkungslehre zur Doktrin der Schutzpflichten* gestaltet sich folgendermassen: Die Drittwirkung stellt einen Sonderfall der Schutzpflichten dar. Bei der direkten Drittwirkung ist der Staat seiner Schutzpflicht dadurch nachgekommen, dass er das Grundrecht als unmittelbar geltenden Rechtsanspruch unter Privaten gewährleistet, bei der indirekten Drittwirkung, indem der Richter (als Organ des Staates) in Ausübung seiner Schutzpflicht eine privatrechtliche Norm grundrechtskonform auslegt.

1181 Die Perspektiven der Lehre der Drittwirkung und jener der Schutzpflichten sind unterschiedlich: Erstere betrachtet das Verhältnis zwischen den Privaten und fragt danach, wie die Grundrechte in diesem Verhältnis zum Tragen kommen. Letztere fokussiert demgegenüber auf den Staat und fragt nach seiner Rolle bei der Ausgestaltung der Beziehungen unter Privaten.

§ 13 Einschränkungen von Grundrechten

Literatur

AUER/MALINVERNI/HOTTELIER II, Rz. 168–254; BIAGGINI, BV Kommentar, Art. 36 BV; BOLZ MARCEL, Das Verhältnis von Schutzobjekt und Schranken der Grundrechte, Diss. Zürich 1990; DREIER HORST, in: Ders. (Hrsg.), Grundgesetz Kommentar, Bd. 1, 2. Aufl. Tübingen 2004, Vorbemerkungen vor Artikel 1 GG, Rz. 119–153; HÄFELIN/HALLER/KELLER, Rz. 302–335; KIENER/KÄLIN, Grundrechte, 75–109; MAHON PASCAL, in: Petit commentaire, Art. 36 BV; MOOR PIERRE, Systématique et illustration du principe de la proportionnalité, in: Autexier Christian (ed.), Les droits individuels et le juge en Europe: mélanges en l'honneur de Michel Fromont, Strassburg 2001, 319 ff.; MÜLLER JÖRG PAUL, in: Verfassungsrecht der Schweiz, § 39; SCHEFER MARKUS, in: Merten/Papier, Handbuch § 208; DERS./LOOSER MARTIN, Die Beeinträchtigung von Grundrechten, ius.full 2/2008, 82 ff.; SCHWEIZER RAINER J., in: St. Galler Kommentar, Art. 36 BV; STEINMANN GEROLD, Kriterien der Einschränkung von Grundrechten in der Praxis der Verfassungsgerichtsbarkeit, EuGRZ 2006, 629 ff.; WEBER-DÜRLER BEATRICE, Grundrechtseingriffe, in: BTJP, 131 ff. (zit. Grundrechtseingriffe); DIES., Ablösung der Freiheitsrechte durch rechtsstaatliche Verfassungsprinzipien?, in: Zen-Ruffinen/Auer (Hrsg.), De la Constitution: études en l'honneur de Jean-François Aubert, Basel 1996, 437 ff. (zit. Ablösung); WYSS MARTIN PHILIPP, Öffentliche Interessen – Interessen der Öffentlichkeit, Bern 2001; ZIMMERLI ULRICH, Der Grundsatz der Verhältnismässigkeit im öffentlichen Recht, ZSR 1978, 1 ff.

I. Allgemeines

a. Eingriffsvoraussetzungen

Die meisten Grundrechte gelten nicht absolut, sondern können unter gewissen Voraussetzungen eingeschränkt werden: Die Freiheit des Einzelnen bricht sich an der Freiheit des anderen und an Gemeinschaftsinteressen. Art. 36 BV verankert – entsprechend der unter der alten Bundesverfassung entwickelten Lehre und Praxis – vier Voraussetzungen, die im Allgemeinen erfüllt sein müssen, damit ein Eingriff in ein Grundrecht gerechtfertigt werden kann: Der Eingriff muss durch Gesetz oder Notstand gedeckt sein, es muss ein verfassungsrechtlich verankertes und das Freiheitsinteresse überwiegendes öffentliches Interesse oder ein Schutzinteresse aufgrund der Betroffenheit von Grundrechten Dritter vorliegen, die Verhältnismässigkeit muss ebenso gewahrt sein wie der Kerngehalt des tangierten Grundrechts. Dabei ist die Achtung des Kerngehaltes im Grunde genommen keine Eingriffsvoraussetzung, sondern eine Eingriffsschranke («Schrankenschranke»). 1182

> Art. 36 BV nimmt die in Art. 5 BV verankerten Grundsätze rechtsstaatlichen Handelns (Rechtsbindung, öffentliches Interesse und Verhältnismässigkeit) wieder auf und reichert sie an, ohne freilich im Text näher auf die Normunterschiede einzugehen. 1183

1184 Die EMRK folgt einer anderen Regelungsstruktur: Sie enthält keine für alle Grundrechte geltende Schrankenregelung, sondern formuliert die Schranken zu jedem Grundrecht spezifisch (siehe insb. die Absätze 2 der Artikel 8–11).

1185 Bei der *praktischen Prüfung der Rechtmässigkeit* von Grundrechtseingriffen empfiehlt sich folgendes Vorgehen in drei Phasen: In einem ersten Schritt ist zu fragen, *welche(s) Grundrecht(e) betroffen* sind (Schutzbereich, evtl. Kerngehalt, Schutzrichtung und Schutzpflichten). Sodann ist zu prüfen, ob ein *Grundrechtseingriff* vorliegt. Sind diese Fragen positiv zu beantworten, geht es darum, die *Zulässigkeit der Einschränkung* anhand der verfassungsrechtlich verankerten Voraussetzungen zu prüfen.

b. Grundrechtseingriffe

1186 Art. 36 BV verwendet den Begriff «Einschränkungen» von Grundrechten. Herkömmlicherweise werden Grundrechte durch hoheitliche und *rechtsförmliche Akte* beschränkt, entweder durch Einzelakte (Verfügungen) oder durch Rechtssätze (Erlasse). Entsprechend ist auch das Rechtsschutzsystem auf eigentliche Rechtsakte ausgerichtet; Anfechtungsobjekte sind im Regelfall Verfügungen, ausnahmsweise Erlasse im Rahmen der abstrakten Normenkontrolle (vgl. etwa Art. 82 Bst. a und b BGG). Einer Verfügung gleichgestellt ist die Verweigerung oder Verzögerung einer Verfügung.

1187 Grundrechte können aber auch durch *andere rechtliche Massnahmen* tangiert werden (Art. 82 Bst. c BGG trägt dem für den Bereich von Wahlen und Abstimmungen ausdrücklich Rechnung, indem die Bestimmung kein spezifisches Anfechtungsobjekt fordert, sondern allein die der politischen Stimmberechtigung in der betreffenden Angelegenheit fordert).

1188 Dies kann bei den sog. *Verwaltungsverordnungen* der Fall sein; diese stellen keine Rechtssätze dar (vgl. Rz. 2686f.), sind nach bundesgerichtlicher Rechtsprechung aber dann anfechtbar, wenn sie Aussenwirkungen entfalten und gestützt auf diese Verwaltungsverordnungen keine Verfügungen erlassen werden, deren Anfechtung möglich und dem Betroffenen zumutbar erscheint (BGE 131 I 166, 179ff.; 128 I 167, 171 mH. auf die Praxis).

1189 Grundrechte können zudem durch *faktische Massnahmen* tangiert werden, wie durch sog. *Realakte* (zB. polizeiliche Eingriffe), durch Zufügung von Nachteilen, die an ein bestimmtes Verhalten geknüpft werden (BGE 124 I 107, 113ff.) und durch indirekte Beeinträchtigung über eine psychologische Motivationskette, dh. durch staatliche Massnahmen, die eine abschreckende Wirkung auf die Ausübung von Grundrechten entfalten (wie etwa durch konsequentes Filmen von Demonstrationsteilnehmern; sog. *chilling effect;* dazu Rz. 1564ff.; BGE 106 Ia 100, 108; 131 IV 154, 159).

1190 Erfolgt der Eingriff in ein Grundrecht durch einen Realakt, so darf es nicht allein von den entsprechenden Verfahrensgesetzen abhängen, ob die Grundrechtsverletzung prozessual geltend gemacht werden kann. Gestützt auf Art. 29a BV, Art. 6 Ziff. 1 und Art. 13 EMRK ist der Rechtsschutz (in kantonalen Belangen primär durch die Kantone) zu garantieren. In Frage kommen insb. der Anspruch auf eine Feststellungsverfügung (der auf Bundesebene insbesondere aus Art. 25 und Art. 25a VwVG abgeleitet wird; dazu ENRICO RIVA, Neue bundesrechtliche Regelung des Rechtsschutzes gegen Realakte, SJZ 2007, 337 ff.), daneben auch der Anspruch auf Schadenersatz oder Genugtuung in einem Staatshaftungsverfahren (in welchem die Rechtmässigkeit des amtlichen Vorgehens abgeklärt werden kann) oder die Aufsichtsbeschwerde (die allerdings den Anforderungen des verfassungsmässigen Rechtsschutzes nicht genügt). Vor allem richtet sich ein Gebot an den Gesetzgeber, entsprechende Verfahren in den Rechtspflegegesetzen vorzusehen (dazu etwa HÄFELIN/MÜLLER/UHLMANN, Rz. 1718b; MÜLLER/SCHEFER, Grundrechte, 911).

c. Orientierung an klassischen Grundrechten

Die Schrankenregelung von Art. 36 BV war seiner ursprünglichen Intention nach auf Freiheitsrechte zugeschnitten; sie bezieht sich ihrem Wortlaut nach jedoch auf alle Grundrechte (dazu SCHEFER, Rz. 8–13). 1191

Bei jedem Grundrecht ist gesondert zu fragen, welche der vier Voraussetzungen zulässiger Einschränkung zum Tragen kommen. Bei den klassischen Grundrechten wie der Meinungsfreiheit, dem verfassungsrechtlichen Persönlichkeitsschutz oder etwa der Glaubens- und Gewissensfreiheit sind grundsätzlich alle Voraussetzungen anwendbar. Bei der Rechtsgleichheit (Art. 8 BV) nimmt die Verhältnismässigkeit besondere Gestalt an. Bei den Verfahrensgarantien (Art. 29 ff. BV) kommen die vier Voraussetzungen nur unter sehr restriktiven Bedingungen zur Anwendung. Besondere Regelungen gelten auch etwa für die sozialen Grundrechte wie den Anspruch auf Grundschulunterricht (Art. 19 BV). Zusätzliche, in Art. 36 BV nicht genannte Voraussetzungen gelten für Einschränkungen der Eigentumsgarantie und der Wirtschaftsfreiheit. 1192

d. Eingriffsrechtfertigung

Art. 36 BV enthält die *Voraussetzungen*, die erfüllt sein müssen, damit *Einschränkungen* der Grundrechte *gerechtfertigt* erscheinen. Es geht also entgegen dem Wortlaut nicht um Einschränkungen der Grundrechte, sondern um deren Legitimation. 1193

Das in Art. 36 BV festgelegte Schrankenregime wird üblicherweise als Schrankentrias, als Schrankenkomplex, der aus drei Elementen besteht, bezeichnet: dem öffentlichen Interesse, dem Erfordernis der gesetzlichen Grundlage und der Verhältnismässigkeit. Doch handelt es sich nicht um eigentliche Schranken: das überwiegende öffentliche Interesse ist primär der *Grund* staatlichen Handelns und als solcher die Voraussetzung dafür, das Grundrechte überhaupt eingeschränkt werden dürfen; die gesetzliche Grundlage dient der demokratischen Legitimation des Eingriffs sowie einem rechtsstaatlichen Bedürfnis der Gleichbehandlung und Berechenbarkeit des Rechts seitens der Rechtsunterworfenen, während die Verhältnismässigkeit und die Kerngehaltsgarantie die Grenze der Beschränkungsmöglichkeiten der Grundrechte (sog. Schrankenschranke) bil- 1194 den: die Verhältnismässigkeit in spezifischer, die Kerngehaltsgarantie in allgemeiner Weise.

e. Grundpflichten

1195 Eine besondere Kategorie von Grundrechtsschranken bilden die verfassungsrechtlichen Grundpflichten (dazu ANDREAS KLEY, Grundpflichten Privater im schweizerischen Verfassungsrecht, Diss. St. Gallen 1989). Sie stellen idR. nicht direkt anwendbare Verpflichtungen dar, sondern programmatische, vom Gesetzgeber zu konkretisierende Normen.

1196 Unter Grundpflichten sind elementare Rechtspflichten von Individuen zu verstehen, die vom Verfassungsgeber als für die Existenz des Staates unabdingbar erachtet werden.

1197 In der Bundesverfassung werden immerhin sowohl ein allgemeiner «Verantwortlichkeitsartikel» als auch einzelne besondere «Pflichtenartikel» verankert. Nach Art. 6 BV («individuelle und gesellschaftliche Verantwortung») hat jede Person «Verantwortung für sich selber» wahrzunehmen und «nach ihren Kräften zur Bewältigung von Aufgaben in Staat und Gesellschaft» beizutragen (vgl. Rz. 2645 ff.). In dieser rechtlich kaum fassbaren Bestimmung kommen die den Grundpflichten zugeschriebenen Orientierungs-, Appell- und Integrationsfunktionen plastisch zum Ausdruck. Als besondere Grundpflichten erscheinen die Militärdienst- und Ersatzabgabepflicht (Art. 59 Abs. 1 und 3 BV), die Zivilschutzpflicht (die allerdings erst vom Gesetzgeber und nur für Männer angeordnet werden kann; Art. 61 Abs. 3 BV), der obligatorische Grundschulunterricht (Art. 62 Abs. 2 BV), die obligatorischen Sozialversicherungen (AHV, Art. 112 BV; BVG, Art. 113 BV; ALV, Art. 114 BV etc.) und – indirekt – die Steuerpflicht (Art. 127 BV).

II. Gesetzliche Grundlage

a. Grundsatz

1198 Das Erfordernis der gesetzlichen Grundlage (Art. 36 Abs. 1 BV) gliedert sich in das Gebot der rechtssatzmässigen Grundlage und das Gebot der Gesetzesform. Das Vorliegen eines generell-abstrakten Rechtssatzes dient der Rechtsgleichheit und der Rechtssicherheit. Nicht in der Verfassung erwähnt ist das Erfordernis des ausreichend *bestimmten* Rechtssatzes, das jedoch ebenfalls Teilgehalt von Abs. 1 bildet.

1199 Das Erfordernis der gesetzlichen Grundlage bei Grundrechtseingriffen ist nicht identisch mit dem Legalitätsprinzip gemäss Art. 5 Abs. 1 BV (vgl. Rz. 58). Dieses gilt für jegliches Staatshandeln, vor allem für die Verwaltungstätigkeit, wenn auch mit unterschiedlichen Voraussetzungen.

1200 *Schwerwiegende Einschränkungen* von Grundrechten müssen im Gesetz selbst, dh. (nach veraltetem Sprachgebrauch) in einem sog. Gesetz im *formellen* Sinn (vgl.

§ 13 Einschränkungen von Grundrechten

dazu Rz. 26) vorgesehen und somit unmittelbar demokratisch legitimiert sein (BGE 131 I 425, 434; 131 I 333, 339). Art. 36 Abs. 1 Satz 2 BV verweist damit auf den für das Bundesrecht massgeblichen zwingenden Gesetzesinhalt in Art. 164 Abs. 1 (insb. Bst. b) BV («materieller Gesetzesvorbehalt»).

> Das Erfordernis einer gesetzlichen Grundlage findet sich auch an anderen Stellen der Bundesverfassung, zB. in Art. 28 Abs. 4 BV (Streikverbot), Art. 30 Abs. 3 BV (Ausnahme vom Öffentlichkeitsprinzip bei Gerichtsverhandlungen), Art. 31 Abs. 1 BV (Freiheitsentzug) usw.

1201

Qualitativ verlangt das Bundesgericht in Anlehnung an den EGMR, dass ein Gesetz *bestimmt genug* sein muss, damit der Bürger sich danach zu richten vermag (BGE 132 I 49, 58; 125 II 417, 429; 123 I 112, 124).

1202

> Dieses Gebot nach Bestimmtheit rechtlicher Normen darf indessen *nicht in absoluter Weise verstanden* werden, da der Gesetzgeber immer wieder gezwungen ist, allgemeine und mehr oder minder vage Begriffe zu verwenden, deren Auslegung und Anwendung der Praxis überlassen werden muss. Der Grad der erforderlichen Bestimmtheit lässt sich nicht abstrakt festlegen; er hängt vielmehr von der Vielfalt der zu ordnenden Sachverhalte, von der Komplexität und der Vorhersehbarkeit der im Einzelfall erforderlichen Entscheidung, von den Normadressaten, von der Schwere des Eingriffs in Verfassungsrechte und von der erst bei der Konkretisierung im Einzelfall möglichen und sachgerechten Entscheidung ab (vgl. etwa BGE 128 I 327, 339).

1203

Bei *leichteren Eingriffen* ist ein Rechtssatz auf Verordnungsstufe ausreichend; dieser muss jedoch im richtigen Verfahren und unter Beachtung der Zulässigkeitsvoraussetzungen der Gesetzesdelegation erlassen worden sein.

1204

> Nach konstanter Rechtsprechung des Bundesgerichts erfordert die Delegation rechtsetzender Befugnisse an Verwaltungsbehörden (*Gesetzesdelegation*) auf Kantonsebene, dass sie nicht durch das kantonale Recht ausgeschlossen und auf ein bestimmtes Gebiet beschränkt ist. Weiter muss sie in einem der Volksabstimmung unterliegenden Gesetz enthalten sein, welches die Grundzüge der Bestimmung selbst regelt, soweit diese die Rechtsstellung der Bürger schwerwiegend berührt (BGE 128 I 113, 122). Durch die Gesetzesdelegation wird der betreffende Regelungsbereich der *parlamentarischen* Inhaltsgebung und dem (obligatorischen oder fakultativen) *Referendum entzogen*, was die demokratische Kontrolle und Verantwortlichkeit beeinträchtigt (vgl. zur Gesetzesdelegation Rz. 2491 ff.).

1205

Bei leichten Grundrechtseingriffen überprüft das Bundesgericht die Auslegung des kantonalen Rechts durch die kantonalen Behörden nur auf *Willkür* hin (vgl. dazu BGE 132 I 21, 24 und Rz. 1988). Bei schweren kantonalen Eingriffen hingegen prüft es frei (sog. volle Kognition), ebenso bei leichten wie schweren Eingriffen, wenn es um die Auslegung einer gesetzlichen Grundlage des Bundesrechts geht (BGE 128 II 259, 269).

1206

b. Polizeiliche Generalklausel

1207 Art. 36 Abs. 1 Satz 3 BV verankert die polizeiliche Generalklausel als *notfallmässige Ersatzgrundlage* für Grundrechtseingriffe in Fällen «ernster, unmittelbarer und nicht anders abwendbarer Gefahr», soweit fundamentale Rechtsgüter betroffen sind (vgl. BGE 132 I 49, 58; 130 I 369, 381; 126 I 112, 118).

1208 In Art. 185 Abs. 3 BV ist die polizeiliche Generalklausel – als Grundlage für das Notverordnungs- und Notverfügungsrecht des Bundesrates – für den Fall einer «eingetretenen oder unmittelbar drohenden schweren Störung der öffentlichen Ordnung oder der inneren ... Sicherheit» vorgesehen. Das Bundesgericht versteht auch die Kompetenzen des Bundesrates im Rahmen von Art. 184 Abs. 3 BV (Beziehungen zum Ausland) in analoger Weise (dazu BGE 129 II 193, 212 ff.)

1209 Für die *Kantone* gilt die polizeiliche Generalklausel weiterhin als ungeschriebenes Verfassungsrecht. Das Bundesgericht hat die dem Bundesrat in Art. 185 Abs. 3 BV übertragene Kompetenz in Übereinstimmung mit seiner Praxis unter der alten Bundesverfassung als «geschriebenen [soweit in der jeweiligen KV enthalten] und *ungeschriebenen Grundsatz*» bezeichnet, der auch für die Kantone gelte (vgl. etwa BGE 128 I 327, 340).

1210 Als Notstandsklausel vermag die polizeiliche Generalklausel den Gesetzgeber nicht von seiner Aufgabe, künftige Massnahmen in Gesetzen festzulegen, zu entbinden. Vorhersehbare, *wiederkehrende Gefahren* dürfen nicht ohne gesetzliche Grundlage mit Hinweis auf die Generalklausel bekämpft werden (vgl. BGE 130 I 369, 381; 126 I 112, 118; 121 I 22, 28; dazu kritisch MARKUS MÜLLER/CHRISTOPH JENNI, Die polizeiliche Generalklausel – Ein Institut mit Reformbedarf, Sicherheit&Recht 1/2008, 4 ff.).

c. Sonderstatusverhältnisse

1211 Personen, die wie Beamte, Strafgefangene, Studierende oder Angehörige der Armee in einer besonderen Beziehung zum Staat stehen, erwachsen aus diesem sog. Sonderstatusverhältnis besondere, *zusätzliche Pflichten*.

> So besteht zB. für Beamte eine besondere Treuepflicht gegenüber dem Staat (vgl. dazu HÄFELIN/MÜLLER/UHLMANN, Rz. 1575–1578).

1212 Auch diese Personen können sich auf die Grundrechte berufen, müssen sich jedoch, wegen ihrer besonderen Stellung, weitergehende Einschränkungen als die übrigen Grundrechtsträger gefallen lassen.

1213 Das Legalitätsprinzip gilt grundsätzlich auch für Sonderstatusverhältnisse, doch sind hier dessen Anforderungen differenziert zu beurteilen. Von Bedeutung erscheint primär, welche Grundrechtseingriffe unabdingbar mit einem bestimmten Sonderstatusverhältnis verbunden sind; die Eingriffe lassen sich im Allgemeinen auf jene Grundlage im Gesetz stützen, welche das Verhältnis begründet.

An das Erfordernis der Bestimmtheit der Norm sind geringere Anforderungen zu stellen. Schwere Eingriffe in Freiheitsrechte, insb. die zwangsweise Begründung des Verhältnisses, bedürfen hingegen einer (sog. formellen) gesetzlichen Grundlage. 1214

d. Öffentlicher Grund

Gemäss Art. 36 Abs. 1 BV kann eine *Bewilligungspflicht* für einen gesteigerten Gemeingebrauch und eine Sondernutzung des öffentlichen Grundes in Ausübung von Grundrechten wie der Meinungs- oder Versammlungsfreiheit nur aufgrund einer rechtssatzmässigen Grundlage eingeführt (oder beibehalten) werden. Das Bundesgericht hält demgegenüber nach wie vor daran fest, aus der Eigentümerstellung des Staates ergebe sich die Befugnis, über den öffentlichen Grund frei zu verfügen (BGE 132 I 97, 100). Damit verkennt das Gericht, dass jeder Grundrechtseingriff durch einen Rechtssatz gerechtfertigt werden muss (näher MÜLLER/SCHEFER, Grundrechte, 428 f.). 1215

Hinter der bundesgerichtlichen Argumentation steht eine auf das öffentliche Sachenrecht beschränkte Sicht der Fragestellung. Spätestens mit der Bundesverfassung von 1999 dürfte kein Zweifel mehr bestehen, dass das Erfordernis einer Bewilligung für die Ausübung von Grundrechten auf öffentlichem Grund nicht nur verwaltungsrechtliche, sondern auch grundrechtliche Probleme stellt und entsprechend die Anforderungen an Einschränkungen der Grundrechte zu beachten sind. (Zu den aus Freiheitsrechten fliessenden Schutzpflichten bei der Benützung von öffentlichem Grund vgl. Rz. 1176.) 1216

III. Öffentliche Interessen und Grundrechtsinteressen Dritter

Einschränkungen von Grundrechten müssen durch ein überwiegendes öffentliches Interesse oder durch den Schutz von Grundrechten Dritter gerechtfertigt sein (Art. 36 Abs. 2 BV). Die von der Rechtsordnung anerkannten öffentlichen Interessen werden vor allem durch die Verfassung bestimmt, sowohl in den Ziel-, Zweck- und Aufgabenbestimmungen wie auch in Grundrechtsnormen selbst (programmatischer Gehalt). Eine *Beschränkung* auf verfassungsrechtlich verankerte Interessen kennt Art. 36 BV jedoch nicht. 1217

Im öffentlichen Interesse liegt einmal der *Polizeigüterschutz*, worunter gemäss bundesgerichtlicher Rechtsprechung der Schutz der öffentlichen Ruhe und Ordnung, der Gesundheit, der Sittlichkeit und von Treu und Glauben im Geschäftsverkehr fallen (vgl. etwa BGE 127 II 91, 100; siehe auch die eingehende Diskussion des öffentlichen Interesses an Beschränkungen der Sterbehilfe in BGE 133 I 58, 71 ff.). Hinzu treten aber auch andere von der *Verfassung* geschützte Interessen wie etwa der Tierschutz, der Umweltschutz, die Raumplanung oder Anliegen der Sozial- und Gesundheitspolitik. Was als eingriffslegitimierendes öffentliches Interesse gilt, muss je nach Grundrecht differenziert beurteilt werden. 1218

1219 Bei Einschränkungen der *Wirtschaftsfreiheit* sind – vorbehältlich bestimmter Ausnahmen – grundsätzlich nur öffentliche Interessen zulässig, die den Grundsatz der Wirtschaftsfreiheit nicht tangieren (vgl. Rz. 3226 ff.; Art. 94 BV). In Grundrechte freier *Kommunikation* darf nur aus polizeilichen Interessen eingegriffen werden, nicht jedoch zum Schutz der Mehrheitsmeinung vor Infragestellung durch eine Minderheit. Die *Ehefreiheit* kann demgegenüber gerade nicht aus polizeilichen Interessen eingeschränkt werden. In die Bewegungsfreiheit, die durch den *verfassungsrechtlichen Persönlichkeitsschutz* garantiert wird, darf nur in den in Art. 5 Ziff. 1 EMRK – nicht aber in den in der Parallelbestimmung von Art. 31 Abs. 1 BV – aufgeführten Fällen eingegriffen werden.

1220 Ob das an sich legitime öffentliche Interesse dem gegenüberstehenden privaten grundrechtlichen Schutzinteresse vorgeht, ob also ein Grundrechtseingriff gerechtfertigt erscheint, ergibt sich erst aus einer *allgemeinen* Güter- und Interessenabwägung. Hierbei muss geprüft werden, ob das zu verwirklichende öffentliche Interesse einen Eingriff in den fraglichen Schutzbereich grundsätzlich zu rechtfertigen vermag (vgl. BGE 132 I 49, 61 f.; 120 Ia 270).

IV. Verhältnismässigkeit

1221 In Art. 36 Abs. 3 BV wird das Erfordernis der Verhältnismässigkeit des Grundrechtseingriffs statuiert; es umfasst die drei Elemente der Geeignetheit, Erforderlichkeit und Zumutbarkeit der Einschränkung. Das Gemeinwesen darf nicht «über den Strang schlagen»; der im öffentlichen Interesse verfolgte Zweck soll mit adäquaten, möglichst milden Mitteln herbeigeführt werden.

1222 Das Erfordernis der *Geeignetheit* ist erfüllt, wenn das anvisierte öffentliche Interesse mit dem staatlichen Eingriff hinreichend geschützt werden kann. Als *erforderlich* erweist sich eine staatliche Handlung dann, wenn kein weniger einschneidendes Mittel zur Verwirklichung des öffentlichen Interesses zur Wahl steht (zweckkonformer mildester Eingriff). Verboten ist ein das unabdingbar Notwendige übertreffendes Vorgehen.

1223 Beide Erfordernisse können im Grunde genommen auch bereits bei der Prüfung des überwiegenden öffentlichen Interesses in Anschlag gebracht werden. Denn an einer nicht geeigneten und unnötigen Massnahme kann in concreto kein legitimes öffentliches Interesse bestehen. Andererseits wird die Massnahme im Hinblick auf das zu verwirklichende Interesse gewählt und nicht umgekehrt; kann mit ihr das Interesse nicht verwirklicht werden, ist sie nicht geeignet – dies sagt jedoch nichts über den Wert des öffentlichen Interesses aus, dessen Verwirklichung das Ziel der Massnahme ist.

1224 Beim Erfordernis der *Zumutbarkeit* (oder Verhältnismässigkeit im engeren Sinn) geht es darum, Eingriffszweck und Eingriffswirkung *im konkreten Fall* gegeneinander abzuwägen. Angestrebtes Ziel und eingesetztes Mittel sollen in einer vernünftigen Relation zueinander stehen, sodass der Eingriff für die Betroffenen zumutbar erscheint. Die negativen Wirkungen bei den Grundrechtsträgern sollen maW. nicht schwerer ins Gewicht fallen als das Interesse der Öffentlichkeit an den fraglichen Massnahmen.

Auch hier kann die Frage aufgeworfen werden, ob die Prüfung der Zumutbarkeit nicht bereits bei der Abwägung zwischen öffentlichem und privatem Interesse vorgenommen werden soll, wie dies HÄFELIN/HALLER/KELLER (Rz. 323) postulieren. Selbst wenn ein eingriffslegitimierendes öffentliches Interesse *grundsätzlich* anerkannt werden muss, kann sich indessen die Frage stellen, ob der Eingriff in *concreto*, gegenüber dem betroffenen Grundrechtsträger, zu rechtfertigen ist und somit zumutbar erscheint. Es geht hier demnach um den Unterschied zwischen dem generellen Eingriffszweck (das zu verwirklichende öffentliche Interesse selbst) und der konkreten Eingriffswirkung (die Verwirklichung dieses öffentlichen Interesses). Beide müssen gegenüber den jeweiligen privaten Interessen überwiegen. 1225

Insbesondere die Zumutbarkeitsprüfung im konkreten Fall, in welcher das Gewicht der angestrebten öffentlichen oder privaten Interessen mit der Intensität des Eingriffs in das Grundrecht des konkret Betroffenen in einen Bezug gesetzt werden muss, ist in besonderem Masse von Wertungen abhängig. Obwohl solche Wertungen in gewissem Masse subjektiv sind, bleiben sie nicht individueller Beliebigkeit überlassen. Entscheidend für die Tragfähigkeit solcher Abwägungen ist, dass sie die ihr zugrunde liegenden Wertungen offen legen und sorgfältig dartun, inwiefern diese in der Verfassung ihre Grundlage finden. 1226

Letztlich kommt es darauf an, die Güter- und Interessenabwägung «abstrakt» und konkret *in all ihren Dimensionen vorzunehmen.* Die Aspekte der Erfordernisse des öffentlichen Interesses und der Verhältnismässigkeit fliessen je nach Fall ineinander über. 1227

Es war daher nicht unproblematisch, den aktuellen Stand von Lehre und Rechtsprechung bei den Voraussetzungen der Grundrechtsbeschränkungen von 1999 praktisch tel quel in den Verfassungstext aufzunehmen. 1228

Bei *Sonderstatusverhältnissen* müssen bei der Güterabwägung im Rahmen der Verhältnismässigkeitsprüfung zusätzliche öffentliche Interessen, die im Zusammenhang mit der besonderen Stellung der betreffenden Person stehen, berücksichtigt werden. 1229

So sind einem Richter politische Meinungsäusserungen zwar nicht untersagt; er hat sie aber aus Gründen der richterlichen Unabhängigkeit, der Wahrung des Ansehens und der Unparteilichkeit der Rechtsprechung bei Ereignissen zu unterlassen, bei denen die Rechtspflegeorgane zum Einschreiten veranlasst werden (BGE 108 Ia 172, 176). 1230

Nach Ansicht des Bundesgerichts darf einem Untersuchungsgefangenen die Weiterleitung eines Briefs, welcher grob ehrverletzende Äusserungen enthält, verweigert werden, wenn dadurch eine Gefährdung der Gefängnisordnung verhindert wird (BGE 119 Ia 71, 78). Zu einem anderen Ergebnis im gleichen Fall gelangte dagegen die EKMR, welche diesen Eingriff in die Rechte des Untersuchungsgefangenen als unzulässig einstufte (vgl. Entscheid Stürm v. Switzerland, 22686/93 [1995]). 1231

V. Schranken gemäss EMRK

1232 Die EMRK enthält keine allgemeine Schrankenregelung; vielmehr sind die Schranken bzw. die Zulässigkeitsvoraussetzungen für einen Eingriff in ein Grundrecht Bestandteil des jeweiligen Schutzartikels (vgl. insbesondere die Absätze 2 der Artikel 8, 9, 10 und 11 EMRK). Das Gericht hat in seiner Praxis die jeweiligen Schranken der Art. 8–11 EMRK zu einem Schrankenregime verdichtet, dass in weiten Teilen mit jenem in Art. 36 BV übereinstimmt (dazu kurz BGE 132 I 181, 185). Dennoch sind einige wichtige Unterschiede festzustellen (vgl. zum Ganzen CHRISTOPH GRABENWARTER, Europäische Menschenrechtskonvention, 3. Aufl. München/Basel/Wien 2008, 110–123):

1233 – Als *Eingriff* genügt nicht jede Einschränkung eines Rechtes, vielmehr muss sie dem Staat *zurechenbar* sein. Dabei zeigt sich eine gewisse Tendenz in der Praxis des Gerichts, an die Zurechenbarkeit keine allzu strengen Anforderungen zu stellen. So stellt auch etwa die Nichtaufnahme einer Soldatenzeitschrift in das Verteilsystem der Militärverwaltung ein staatlicher Eingriff dar (EGMR Vereinigung demokratischer Soldaten Österreichs und Gubi v. Austria, 15153/89 [1994] Ziff. 27).

1234 – Die *gesetzliche Grundlage* kann, soweit die übrigen Voraussetzungen erfüllt sind, in einem *ungeschriebenen* Rechtsakt bestehen. Sie muss jedoch *hinreichend zugänglich* und in ihrer Tragweite *vorhersehbar* sein (diese Voraussetzung wurde vom Bundesgericht explizit übernommen, vgl. Rz. 1202 f.). Das Kriterium der Vorhersehbarkeit war in einem Fall betreffend die Schweiz nicht erfüllt, in welchem die Bundesanwaltschaft Fichen über ihr verdächtige Personen anlegte und sich dabei nur auf eine Bestimmung im BStP stützen konnten, wonach «der Bundesanwaltschaft ... zur einheitlichen Durchführung des Fahndungs- und Informationsdienstes im Interesse der Wahrung der innern und äussern Sicherheit der Eidgenossenschaft das nötige Personal beigegeben» wird (EGMR Amann v. Switzerland [GC], 27798/95 [2000] Ziff. 72–80).

1235 – Der *Eingriff* muss im öffentlichen Interesse liegen und *dringend* erforderlich sowie verhältnismässig sein («in einer demokratischen Gesellschaft notwendig»; Art. 8–11 jeweils Abs. 2 EMRK).

§ 14 Verfassungsrechtlicher Persönlichkeitsschutz

Literatur

BIAGGINI, BV Kommentar, Art. 10, 11 und 13; HALLER WALTER, Menschenwürde, Recht auf Leben und persönliche Freiheit, in: Merten/Papier, Handbuch, § 209 ; HOTTELIER MICHEL, Das Recht auf Leben und auf persönliche Freiheit (Art. 10 BV), Schweizerische Juristische Kartothek Nr. 1389 (2003); KIENER/KÄLIN, Grundrechte, 117–163; MAHON PASCAL, in: Petit commentaire, Art. 10, 11 und 13; MÜLLER/SCHEFER, Grundrechte, 39–217; SCHWEIZER RAINER J., Verfassungsrechtlicher Persönlichkeitsschutz, in: Verfassungsrecht der Schweiz, § 43.

I. Allgemeines

HÄFELIN/HALLER/KELLER, Rz. 336–342; SCHWEIZER RAINER J., in: St. Galler Kommentar, Art. 10, Rz. 1–9.

a. Entwicklung und Systematik in der BV

Bis in die sechziger Jahre war der Persönlichkeitsschutz nur in kantonalen Verfassungen, nicht jedoch auf Bundesebene normiert. In einem Entscheid aus dem Jahre 1963 (BGE 89 I 92, 98) anerkannte das Bundesgericht die «persönliche Freiheit» als ungeschriebenes Grundrecht. Zunächst auf den Schutz der körperlichen Integrität und vor Inhaftierung beschränkt, dehnte das Gericht dieses Grundrecht zunächst auf eine Garantie der psychischen Integrität (BGE 90 I 29, 36) und dann auf alle Freiheiten aus, welche elementare Erscheinungen der Persönlichkeitsentfaltung des Menschen darstellen (BGE 97 I 45, 49). 1236

Die Bundesverfassung nimmt diese Entwicklung auf und ergänzt sie um die Garantien des Persönlichkeitsschutzes der EMRK, insbesondere von Art. 8. In den Artikeln 10 und 13 BV gewährleistet die Verfassung die unter der BV (1874) und der EMRK gewährleisteten Ansprüche auf verfassungsrechtlichen Persönlichkeitsschutz. 1237

Das Verhältnis zwischen diesen beiden Bestimmungen ist nicht einfach zu bestimmen, weil die Traditionslinie unter der alten «Persönlichen Freiheit» in Art. 10 BV aufgenommen wurde und jene unter Art. 8 EMRK in gewissem Sinne einfach mit Art. 13 BV daneben gestellt wurde, ohne dass – etwa im Text oder den Materialien – das Verhältnis geklärt worden wäre. 1238

Nach hier vertretener Ansicht wird der verfassungsrechtliche Persönlichkeitsschutz insgesamt in den Artikeln 10 und 13 BV gewährleistet: 1239

Art. 10 Abs. 2 BV garantiert mit dem «Recht auf persönliche Freiheit» sämtliche elementaren Erscheinungen der Persönlichkeitsentfaltung, analog der alten «Persönlichen Freiheit»; der Verfassungstext selber konkretisiert dies mit dem Schutz 1240 der körperlichen und geistigen Integrität und der Bewegungsfreiheit. Letztere wird ihrerseits in ihren prozessualen Gehalten von Art. 31 BV – im Anschluss an Art. 5 EMRK und Art. 9 UNO-Pakt II – besonders verankert. Der Kerngehalt der Garantien von Art. 10 Abs. 2 BV wird in Art. 10 Abs. 3 BV mit dem Schutz vor Folter und vor grausamer, unmenschlicher oder erniedrigender Behandlung oder Bestrafung formuliert.

1241 Art. 13 BV gewährleistet mit dem Recht auf «Privatleben» einen weiteren Aspekt des Persönlichkeitsschutzes, nämlich das Recht, vom Staat in seinen privaten Angelegenheiten nicht behelligt zu werden. Diese Garantie soll dem Einzelnen jene Privatheit sichern, auf die er für die selbstbestimmte Entfaltung der Persönlichkeit angewiesen ist. Art. 13 BV hebt drei Aspekte dieses Grundrechts besonders hervor: den Schutz der informationellen Selbstbestimmung in Art. 13 Abs. 2 BV, der Wohnung sowie des Brief-, Post- und Fernmeldeverkehrs in Abs. 1.

1242 Die Garantie des Privatlebens nach Art. 8 EMRK ist demgegenüber bedeutend weiter. Dies hängt damit zusammen, dass die EMRK keine allgemeine Bestimmung zum verfassungsrechtlichen Persönlichkeitsschutz kennt, wie sie die Bundesverfassung in Art. 10 Abs. 2 BV verankert.

1243 Der verfassungsrechtliche Persönlichkeitsschutz in den Artikeln 10 und 13 BV stellt insofern ein subsidiäres Grundrecht dar (BGE 133 I 110, 119), als der Schutz menschlicher Persönlichkeit zunächst von den übrigen Grundrechten – etwa den Kommunikationsgrundrechten, der Sprachenfreiheit, aber auch der Wirtschaftsfreiheit oder der Eigentumsgarantie – gewährleistet wird. Finden diese keine Anwendung, ist die Persönlichkeit des Einzelnen aber elementar betroffen, findet der verfassungsrechtliche Persönlichkeitsschutz Anwendung.

1244 Das *Recht auf Leben* wird von Art. 10 Abs. 1 BV ausdrücklich garantiert – anders noch die Situation unter der BV von 1874. Das Recht auf Leben wird zudem von Art. 2 EMRK und Art. 6 UNO-Pakt II gewährleistet. Satz 2 von Art. 10 Abs. 1 BV konkretisiert das Recht auf Leben, indem er ein absolutes Verbot der Todesstrafe verankert.

1245 Die vorliegende Darstellung folgt weitgehend dieser verfassungsrechtlichen Systematik. Zusätzlich nimmt sie das Recht auf Familienleben auf; dieses Grundrecht gehört in materieller Hinsicht eher zu Art. 14 BV, ist aber – im Anschluss an Art. 8 EMRK – in Art. 13 Abs. 1 BV aufgenommen worden. Auch die Garantie eines besonderen Schutzes von Kindern und Jugendlichen wird nachfolgend im Zusammenhang mit dem verfassungsrechtlichen Persönlichkeitsschutz dargestellt; obwohl dieses Grundrecht nicht nur eine Konkretisierung des Persönlichkeitsschutzes, sondern aller Grundrechte darstellt, orientiert sich die vorliegende Darstellung an der systematischen Einordnung von Art. 11 BV im Zusammenhang mit dem Persönlichkeitsschutz.

b. Zum allgemeinen Geltungsbereich

Der verfassungsrechtliche Persönlichkeitsschutz will «alle Freiheiten, die *elementare Erscheinungen der Persönlichkeitsentfaltung* darstellen», schützen und bietet insofern einen umfassenden Grundrechtsschutz (BGE 97 I 45, 49). Er vermittelt aber keine allgemeine Handlungsfreiheit; geschützt ist also «nicht jede noch so nebensächliche Wahl- und Betätigungsmöglichkeit des Menschen» (BGE 101 Ia 336, 346 ff.). 1246

> Nicht geschützt wird etwa, an Geldspielautomaten zu spielen (BGE 120 Ia 126, 145 f.), in der Innenstadt gebührenfrei parkieren zu dürfen (BGE 122 I 279, 288) oder einen beliebigen Teil eines Sees mit einem Motorboot zu befahren (BGE 108 Ia 59, 61). Demgegenüber wird etwa das Betteln auf öffentlichem Grund von diesem Grundrecht erfasst (BGE 134 I 214), unter Umständen auch das Halten von Hunden (BGE 134 I 293, 300). 1247

Bereits in BGE 90 I 29 anerkannte das Bundesgericht, dass der verfassungsrechtliche Persönlichkeitsschutz einen absolut geltenden Kern aufweist, indem es festhielt, er dürfe weder vollständig unterdrückt noch seiner Substanz entleert werden. 1248

Träger der persönlichen Freiheit als Menschenrecht sind alle *natürlichen* Personen. Juristische Personen können sich dagegen grundsätzlich nicht auf dieses Grundrecht berufen. 1249

> Das Bundesgericht hat in BGE 106 Ia 277 einer Personenvereinigung die Rechtsträgerschaft der persönlichen Freiheit zugestanden. RAINER J. SCHWEIZER plädiert für eine differenzierende Betrachtungsweise: Juristischen Personen soll die Trägerschaft der persönlichen Freiheit beim Ehrenschutz und im Zusammenhang mit Art. 13 und Art. 10 Abs. 3 BV zukommen (SCHWEIZER, Art. 10, Rz. 9). 1250

Als besondere *Teilgehalte* des Persönlichkeitsschutzes erscheinen das Recht auf Leben (Ziff. II), der Schutz physischer und psychischer Integrität (Ziff. III), die Bewegungsfreiheit (Ziff. IV), der Persönlichkeitsschutz im Haftvollzug (Ziff. V), die Garantie selbstbestimmter Entfaltung der Persönlichkeit (Ziff. VI), der Schutz von Kindern und Jugendlichen (Ziff. VII), der Schutz des Familienlebens (Ziff. VIII) und der Schutz der Privatsphäre (Ziff. IX). 1251

c. Staatliche Schutzpflichten

Für einen wirkungsvollen Schutz der Persönlichkeit spielen staatliche Schutzpflichten eine grosse Rolle (vgl. allgemein zu den Schutzpflichten Rz. 1173). 1252

So wird vom *Bundesgericht* eine prinzipielle Pflicht des Gesetzgebers, zum Schutz der körperlichen Integrität des Einzelnen tätig zu werden, anerkannt (BGE 126 II 300). Allerdings kommt dem Gesetzgeber bei der Wahl der zu ergreifenden Massnahmen regelmässig ein erheblicher Ermessensspielraum zu. 1253

> Zu weit geht die Formulierung des Gerichts, wonach «die Frage nach der Tragweite der grundrechtlichen Schutzpflicht [...] gleichbedeutend mit der Frage nach der richtigen Anwendung des einschlägigen Gesetzesrechts» sei. 1254

1255 Besondere Pflichten treffen den Staat zum Schutz der Einzelnen vor Tötungen, Folter oder anderer grausamer, unmenschlicher oder erniedrigender Behandlung. Der Staat hat die ihm zumutbaren, geeigneten Massnahmen zu ergreifen, um entsprechende Verletzungen zu verhindern. Er ist zudem verpflichtet, bei entsprechenden Verletzungen die Umstände unverzüglich und von Amtes wegen abzuklären.

1256 Ist eine Person zu Tode gekommen und ist nicht auszuschliessen, dass der Staat dafür eine Verantwortung trägt, sind die Todesumstände eingehend abzuklären (siehe EGMR Scavuzzo-Hager v. Switzerland, 41773/98 [2006] Ziff. 81 ff.). Eine analoge Pflicht trifft ihn, wenn ein Mensch in vertretbarer Weise behauptet, in einer Art. 10 Abs. 3 BV verletzenden Weise misshandelt worden zu sein (BGE 131 I 455, 462).

1257 Die Abklärungen müssen von einer unabhängigen Untersuchungsinstanz geführt werden, sind unverzüglich einzuleiten, zügig und sorgfältig durchzuführen, und die Angehörigen sind in geeigneter Weise in das Verfahren einzubeziehen. Sie und die Öffentlichkeit sind angemessen zu informieren (dazu MÜLLER/SCHEFER, Grundrechte, 56).

1258 Der *Bundesgesetzgeber* ist seiner Pflicht zum Persönlichkeitsschutz etwa durch das StGB, Art. 28 ff. ZGB für das Zivilrecht, das Bundesgesetz vom 7. Oktober 1983 über den Umweltschutz (Umweltschutzgesetz, USG; SR 814.01) und durch die Bundesgesetze in den Bereichen der Fortpflanzungsmedizin und der Krankheitsbekämpfung (FMedG, SR 814.90; sowie allg. SR 818) nachgekommen.

1259 Auch die *rechtsanwendenden Organe* haben die Aufgabe, zum Schutz der Persönlichkeit der Bürgerin tätig zu werden. So ist der Staat im Bereich des polizeilichen Handelns gestützt auf Art. 10 Abs. 1 BV verpflichtet, das Leben einer Person zu schützen, soweit es in seiner tatsächlichen Möglichkeit steht. Verhindern organisatorische Unzulänglichkeiten die Erfüllung dieser Pflicht, so kann den entsprechenden Gesetzgeber die grundrechtliche Pflicht treffen, die polizeilichen Organe mit ausreichenden Mitteln auszurüsten (ZBl 1987, 545).

1260 Im *Ausland und im internationalen Recht* wurden staatliche Schutzpflichten insbesondere auch im Zusammenhang mit potentiellen Gefährdungen durch technische Grossanlagen diskutiert. Dabei zeigen sich die Gerichte im Allgemeinen aber eher zurückhaltend in der Umschreibung entsprechender staatlicher Pflichten (Übersicht bei MÜLLER/SCHEFER, Grundrechte, 53 ff. und 74 ff.)

1261 In *Deutschland* etwa hat es das Bundesverfassungsgericht im Kalkar I-Entscheid (BVerfGE 49, 89) genügen lassen, dass dem Genehmigungsverfahren für den Betrieb einer atomaren Anlage eine Gefahrenanalyse durch unabhängige Experten vorausging und das Bewilligungsverfahren bestimmte Anforderungen erfüllte.

1262 Der EGMR lässt es genügen, dass die Behörden ein Reglement über die Lärmemissionen des Flughafens Heathrow erliessen und damit den Anliegen der Bevölkerung in gewissem Rahmen Rechnung trugen (Hatton v. The United Kingdom [GC], 36022/97 [2003] Ziff. 122 ff.).

II. Recht auf Leben

Literatur

AUER/MALINVERNI/HOTTELIER II, Rz. 281–310; KÄLIN WALTER/KÜNZLI JÖRG, Universeller Menschenrechtsschutz, Basel/Genf/München 2005, 274–299; KIENER/KÄLIN, Grundrechte, 117–124; KOPETZKI CHRISTIAN, in: Korinek/Holoubek (Hrsg.), Österreichisches Bundesverfassungsrecht, Art. 2 (2002); MÜLLER/SCHEFER, Grundrechte, 45–56.

a. Zum Geltungsbereich

Das Recht auf Leben (Art. 10 Abs. 1 BV) ermöglicht erst die Wahrnehmung der anderen Grundrechte; es stellt die *unabdingbare Voraussetzung für die Verwirklichung jedes anderen Grundrechts* eines Menschen dar. Das Recht auf Leben «schützt den Menschen in der ganzen Vielfalt seiner Erscheinungen, unbekümmert darum, wie ausgefallen und einmalig dieses auch immer sein mag. [...] Es gibt [...] kein lebensunwertes menschliches Leben» (BGE 98 Ia 508, 515 ff.). 1263

Inhalt und zugleich Kerngehalt des Rechts auf Leben besteht darin, dass der Tod eines Menschen nie *primäres Ziel* einer staatlichen Handlung sein darf. Die absichtliche Tötung kann höchstens als *Risiko* zur Abwendung des Todes von Dritten in Kauf genommen werden (Notstandssituationen). 1264

> Das Recht auf Leben kann jedoch auch mittelbar verletzt werden, so durch Ausweisung eines Menschen in einen Drittstaat, der diesen mit dem Tode bedroht (BGE 123 II 511), oder durch die Vollstreckung einer Freiheitsstrafe, wenn dies mit Sicherheit oder grösster Wahrscheinlichkeit den Tod des Verurteilten nach sich zöge (Urteil vom 11. Mai 1993, 1P.92/1993; teilweise abgedruckt in plädoyer 5/1993, 60). 1265

b. Beginn und Ende des Lebens

Literatur

HANGARTNER YVO, Schwangerschaftsabbruch und Sterbehilfe, Zürich 2000; SCHWEIZER RAINER J., Verfassungs- und völkerrechtliche Vorgaben für den Umgang mit Embryonen, Föten, sowie Zellen und Geweben, Zürich 2002.

Schwierige Fragen betreffen *Beginn* und *Ende* des *verfassungsrechtlich geschützten Lebens*. Diese weitgehend ungelösten Fragen sind insbesondere im Zusammenhang mit dem Schwangerschaftsabbruch, der Forschung an Embryonen und der Organentnahme nach dem Tod von grosser Bedeutung. 1266

> Das Bundesgericht hat bisher nur in einem obiter dictum und ohne Begründung erwähnt, die Garantie der Menschenwürde komme auch dem Embryo in vitro zu (BGE 119 Ia 460, 503); die Frage scheint aber nach wie vor offen. Auch der EGMR beantwortet sie nicht (Evans v. The United Kingdom [GC], 6339/05 [2007] Ziff. 54 mH.). 1267

1268 Kaum fraglich dürfte heute sein, dass die Verfassung auch vorgeburtliches Leben in gewissem Umfang schützt. Ob dieser Schutz aber grundrechtlicher Natur ist und wie weit er in inhaltlicher und prozessualer Sicht reicht, erscheint nach wie vor ungeklärt (anders HANGARTNER, 44; SCHWEIZER, Art. 10, Rz. 10).

1269 Bei der Frage der Zulässigkeit eines Schwangerschaftsabbruchs etwa sind die Interessen an der Entwicklung des Ungeborenen zu einem lebenden Menschen einerseits mit den kollidierenden grundrechtlichen Interessen der Schwangeren auf selbstbestimmte Persönlichkeitsentfaltung, gegebenenfalls auch auf körperliche oder psychische Integrität oder gar ihrem Recht auf Leben in einen Ausgleich zu bringen. Ob es sich bei den Interessen auf Seiten des Embryos um Interessen des Embryos selbst, um solche der Rechtsgemeinschaft oder um eine Verbindung von beiden handelt, und wie sich ein allfälliges Eigeninteresse des Ungeborenen als grundrechtlich geschützt umschreiben liesse, wurde bislang in der juristischen Auseinandersetzung unter der Bundesverfassung noch wenig erhellt. Das Gesetz hat die Frage dahingehend entschieden, dass ein Schwangerschaftsabbruch innerhalb der ersten 12 Wochen straffrei bleibt (Art. 119 Abs. 2 StGB).

1270 Als Definition des *Todeszeitpunkts* hat das Bundesgericht in BGE 123 I 112 und BGE 98 Ia 508 den Hirntod als haltbar bezeichnet. Das Transplantationsgesetz nennt in Art. 9 ebenfalls den Hirntod als Todeszeitpunkt (BG über die Transplantation von Organen, Geweben und Zellen vom 8. Oktober 2004, SR 810.21); diese Umschreibung beansprucht jedoch nur im Geltungsbereich dieses Gesetzes Gültigkeit.

c. Recht auf Beendigung des Lebens

Literatur

JAAG TOBIAS/RÜSSLI MARKUS, Sterbehilfe in staatlichen Spitälern, Kranken- und Altersheimen, ZBl 2001, 113 ff.; ROUILLER CLAUDE, Le droit à la vie et le droit de mourir dignement, ZBJV 2006, 938 ff.; SCHEFER MARKUS, Die Kerngehalte von Grundrechten, Bern 2001, 408 ff.

1271 Dem Einzelnen kommt gestützt auf sein Recht auf selbstbestimmte Persönlichkeitsentfaltung (vgl. nachfolgend Rz. 1312 ff.) die Befugnis zu, Art und Zeitpunkt der Beendigung seines Lebens selbst zu wählen (BGE 133 I 58, 67; EGMR Pretty v. The United Kingdom, 2346/02 [2002] Ziff. 67). Das Recht auf Leben gewährleistet nach dieser Praxis jedoch keinen entsprechenden Anspruch. Schwierige Fragen stellen sich, wenn der Grundrechtsträger seinem Leben mithilfe anderer Personen ein Ende setzen will, etwa weil er als Schwerstkranker unwiderruflich dem Tod geweiht ist.

1272 Die *aktive Sterbehilfe*, die in einer Verkürzung des Lebens durch einen medizinischen Eingriff, mithin in einer absichtlichen Tötung besteht, stellt einen (aktiven) Eingriff in den Kerngehalt des Rechts auf Leben dar und kann auch durch einen Grundrechtsverzicht des Betroffenen nicht zulässig werden.

1273 Im Falle der *passiven Sterbehilfe* ist der *Kerngehalt* des Rechts auf Leben nicht betroffen, da dem Arzt *keine unbedingte* Lebenserhaltungspflicht auferlegt ist, die er durch seine Untätigkeit verletzen würde. Jedoch kann im Einzelfall eine staatliche Schutzpflicht innerhalb des normalen sachlichen Schutzbereiches eine Pflicht zur Lebenserhaltung begründen (vgl. zum Ganzen SCHEFER, 409).

Straflos ist die *indirekte aktive Sterbehilfe* (Beihilfe zum Selbstmord), sofern keine selbstsüchtigen Motive im Spiel sind (Art. 115 StGB). Den Sterbehilfeorganisationen geht es darum, der Autonomie der Sterbewilligen Nachachtung zu verschaffen und diesen ein würdiges Sterben zu ermöglichen. Nach den ethischen Richtlinien der Akademie der Medizinischen Wissenschaften ist Beihilfe zum Suizid aber nicht Teil des ärztlichen Handelns.

1274

d. Verbot der Todesstrafe

Literatur

HOOD ROGER/HOYLE CAROLYN, The Death Penalty, Oxford/New York NY 2008; SCHABAS WILLIAM A., The Abolition of the Death Penalty in International Law, 3rd ed. Cambridge 2002.

Art. 10 Abs. 1 Satz 2 BV enthält ein ausdrückliches Verbot der Todesstrafe. Es gilt absolut; die Todesstrafe ist unter keinen Umständen zulässig. Die Bundesverfassung geht damit über Art. 2 EMRK und Art. 6 UNO-Pakt II hinaus.

1275

Die Todesstrafe wurde schon anlässlich der Totalrevision von 1874 abgeschafft, fünf Jahre später aber – ausser für politische Delikte – wieder zugelassen (Art. 65 Abs. 1 BV [1874]). Im Rahmen des bürgerlichen Strafrechts wurde sie auf Gesetzesstufe (mit Inkrafttreten des StGB) 1942 abgeschafft. Seit Änderung des MStG im Jahr 1992 ist die Todesstrafe in der Schweiz auch in Krisen- und Kriegszeiten nicht mehr erlaubt (BBl 1991 II, 1462; 1991 IV, 184).

1276

Im internationalen Recht enthält auch das 13. Zusatzprotokoll zur EMRK (SR 0.101.093) ein absolutes Verbot der Todesstrafe. Das von der Schweiz ebenfalls ratifizierte 2. Fakultativprotokoll zu UNO-Pakt II (SR 0.103.22) verbietet die Todesstrafe ebenfalls in Friedens- und in Kriegszeiten, lässt aber – anders als das 13. ZP/EMRK – in engem Rahmen Vorbehalte zu.

1277

III. Schutz physischer und psychischer Integrität

Literatur

AUER/MALINVERNI/HOTTELIER II, Rz. 326–342; HÄFELIN/HALLER/KELLER, Rz. 346–360; MÜLLER/SCHEFER, Grundrechte, 57–81; SCHWEIZER RAINER J., in: St. Galler Kommentar, Art. 10, Rz. 17–22, 29–34.

a. Garantie körperlicher Unversehrtheit

Art. 10 Abs. 2 BV sichert jedem Menschen den Anspruch auf Schutz seiner körperlichen Integrität. Dieser beinhaltet das Recht, *über den eigenen Körper zu bestimmen* und keine Verletzungen seiner körperlichen Integrität hinnehmen zu müssen.

1278

Eingriffe in die körperliche Integrität bedürfen entsprechend einer Einwilligung des Betroffenen; dies auch etwa dann, wenn es sich dabei um medizinische Eingriffe handelt (BGE 133 III 121, 128; 134 II 235, 237).

1279

1280 Das Grundrecht schützt auch vor vergleichsweise harmlosen medizinischen Massnahmen wie Blutentnahmen (BGE 89 I 92; BGE 124 I 80, 81 ff.), Röntgenaufnahmen (BGE 104 Ia 480) oder Wangenschleimhautabstrichen (BGE 128 II 259, 268). Aber auch die Veränderung des äusseren Erscheinungsbildes, etwa durch eine Rasur des Bartes (BGE 112 Ia 161), lässt den Schutz der Persönlichen Freiheit aufleben. Es wird keine eigentliche Körperschädigung oder die Verursachung von Schmerzen vorausgesetzt (BGE 118 Ia 427, 434). Auch heilende Eingriffe in den Körper werden von der Garantie erfasst, wie Impfungen oder Zahnuntersuchungen (BGE 99 Ia 747; BGE 118 Ia 427, 434). An Bedeutung gewinnt der Schutz gegen körperliche Beeinträchtigung auch durch mittelbare Einflüsse wie Lärm oder Strahlenbelastung.

1281 Als öffentliche Interessen zur Rechtfertigung eines Grundrechtseingriffs stehen etwa die Gesundheit der Bevölkerung, das Interesse an der Wahrheitsfindung im Strafprozess und allgemein die Verbrechensbekämpfung oder die Feststellung der Vaterschaft im Vordergrund. Eine Blutentnahme oder die Vornahme eines Wangenschleimhautabstriches beurteilte das Bundesgericht als leichten Eingriff (BGE 134 III 241, 247 mH.); als schweren Eingriff qualifizierte das Gericht die medikamentöse Zwangsbehandlung (BGE 127 I 6).

1282 Zur Wahrung der körperlichen Integrität können staatliche *Schutzmassnahmen* von grosser Bedeutung sein, etwa zur Aufklärung von Misshandlungen durch staatliche Organe (oben Rz. 1255–1259) oder zur Abwendung oder Eindämmung von Umweltimmissionen. So hat beispielsweise der EGMR eine Verletzung solcher Schutzpflichten in einem Fall festgestellt, in welchem es die Behörden unterliessen, die Bevölkerung in der Nähe einer gefährlichen chemischen Fabrik über die Gefahren zu orientieren (Guerra v. Italy [GC], 14967/89 [1998] Ziff. 58 ff.).

b. Garantie psychischer Unversehrtheit

1283 Art. 10 Abs. 2 BV erfasst nicht nur die körperliche, sondern auch die psychische Integrität eines Menschen. Die Verfassung schützt den Einzelnen davor, seelischem Leiden ausgesetzt zu werden, etwa indem eine hochbetagte Frau per Polizei zur Abklärung ihres Geisteszustandes in die psychiatrische Klinik verbracht wird (BGE 124 I 40, 45 f.). Das Leiden muss eine gewisse Intensität erreichen, um den Schutzbereich der Persönlichen Freiheit zu berühren.

1284 Das Bundesgericht anerkannte die psychische Integrität in Erweiterung des Schutzbereichs der damals ungeschriebenen persönlichen Freiheit erstmals in BGE 90 I 29, 36 als «liberté morale». Die bundesgerichtliche Praxis der folgenden Jahre umschrieb den Schutzbereich der geistigen Unversehrtheit äusserst weit und näherte das Freiheitsrecht so einer allgemeinen Handlungsfreiheit an. Diese Rechtsprechung wurde seitens der Lehre kritisiert, weshalb sich das Bundesgericht in der Folge (BGE 101 Ia 336) bemühte, den Schutzbereich schärfer abzugrenzen und einzudämmen.

1285 Der Schutz der psychischen Unversehrtheit wird vor allem bei Personen in *Sonderstatusverhältnissen* wie Häftlingen oder Anstaltsinsassen aktuell (vgl. dazu etwa

BGE 118 Ia 64 oder EGMR McGinley & Egan v. The United Kingdom, 21825/93 [1998] Ziff. 99 f.).

Eine medikamentöse Zwangsbehandlung berührt die geistige – uU. aber auch die körperliche – Unversehrtheit in besonders intensiver Weise. Sie muss im formellen Gesetz verankert sein (BGE 130 I 16, 18; BGE 127 I 6, 18) und muss notwendig sein, um eine mit hoher Wahrscheinlichkeit eintretende schwere Selbst- oder Fremdgefährdung zu verhindern (vgl. BGE 134 III 289, 293 f.; BGE 130 I 16, 21 ff.). Die polizeiliche Generalklausel genügt uE. jedenfalls heute nicht mehr für die Rechtfertigung einer medikamentösen Zwangsbehandlung (anders noch BGE 126 I 112, 117 ff.). 1286

Der Kerngehalt der Garantie geistiger Unversehrtheit verbietet, Menschen ohne ihre freie Zustimmung medizinischen Versuchen zu unterwerfen (so ausdrücklich Art. 7 UNO-Pakt II). Verboten ist ebenfalls absolut, eine Partei in einem Straf-, Zivil- oder Verwaltungsverfahren einem Test mit einem Lügendetektor zu unterwerfen und Narkoanalysen oder Wahrheitsseren einzusetzen; dadurch würde die Willensfreiheit der Betroffenen vollumfänglich unterdrückt. Ob der Einsatz eines Lügendetektors auf Antrag der davon betroffenen Partei zulässig wäre, erscheint heute noch offen (dazu MÜLLER/SCHEFER, Grundrechte, 63 f.) 1287

Staatliche Eingriffe berühren häufig den Schutzbereich der geistigen Unversehrtheit wie auch jenen der körperlichen Integrität. Dies wird etwa bei der Folter oder der unmenschlichen Behandlung deutlich, bei denen die Einwirkung auf den Einzelnen regelmässig sowohl psychische als auch physische Aspekte betrifft. 1288

c. **Verbot der Folter und anderer unmenschlicher Behandlung**

Der schwerwiegendste Anwendungsfall einer Verletzung der körperlichen Integrität stellen Folter und andere unmenschliche Behandlungen dar. Art. 10 Abs. 3 BV verbietet ausdrücklich die *Folter* und jede andere Art *grausamer, unmenschlicher oder erniedrigender Behandlung*. 1289

Dieses Verbot stellt einen Kerngehalt des Rechts auf körperliche und geistige Unversehrtheit dar und gilt absolut, ohne jede Ausnahme. Ebenfalls in den Kernbereich fällt das *Verbot der Körperstrafe* (die BV von 1874 enthielt in Art. 65 Abs. 2 ein ausdrückliches entsprechendes Verbot). 1290

Folter ist das vorsätzliche Zufügen besonders schweren und *grausamen Leids* gegenüber einer Person, die sich im Gewahrsam des Folterers befindet; sie zielt im Allgemeinen auf die körperliche und seelische *Erniedrigung* ab. Das Folterverbot gilt absolut und kann auch im Staatsnotstand nicht aufgehoben werden (Art. 15 Abs. 2 EMRK). Damit ist die Folter auch im Zusammenhang mit gewalttätigem Terrorismus in keinem Fall zulässig (vgl. etwa EGMR Saadi v. Italy [GC], 37201/06 [2008] Ziff. 137). Beweismittel, die durch Folter erlangt wurden, sind in staatlichen Verfahren nicht verwertbar (Art. 15 FoK). 1291

Entsprechende Garantien sind auch in Art. 3 EMRK und Art. 7 und 10 UNO-Pakt II, ferner im Europäischen Übereinkommen zur Verhütung von Folter von 1292

1987 (SR 0.106), in der Schweiz in Kraft seit 1989, und im UNO-Übereinkommen gegen Folter von 1984 (SR 0.105), in der Schweiz in Kraft seit 1987, enthalten.

1293 Das Römer Statut des Internationalen Strafgerichtshofs vom 17. Juli 1998 (SR 0.312.1) führt die systematische Folter von Zivilpersonen als Verbrechen gegen die Menschlichkeit auf (Art. 7 Abs. 1 Bst. f; dazu CHRISTOPHER K. HALL, in: Triffterer Otto [ed.], Commentary on the Rome Statute of the International Criminal Court, 2nd ed. München 2008, Art. 7, Rz. 40 ff. und 106 ff.).

1294 Um einen wirkungsvollen Schutz vor Folter und anderer Misshandlung sicherzustellen, schafft das Europäische Übereinkommen zur Verhütung von Folter und von unmenschlicher oder erniedrigender Behandlung oder Strafe vom 26. November 1987 (SR 0.106) einen Ausschuss, der jederzeit die Haftanstalten der Mitgliedstaaten besuchen und unbeaufsichtigt mit den Insassen sprechen kann. Der Ausschuss hat die Schweiz wiederholt wegen schwerwiegender Mängel bei der Ausschaffung von Ausländern und bei den Haftbedingungen im Polizeigewahrsam gerügt.

1295 Das Fakultativprotokoll vom 18. Dezember 2002 zur UNO-Folterschutzkonvention schafft ein analoges Verfahren und verpflichtet die Mitgliedstaaten zusätzlich, nationale Überwachungsorgane einzusetzen. Es ist am 22. Juni 2006, mit der zwanzigsten Ratifikation, in Kraft getreten; bis heute (Stand 16. Dezember 2008) ist es von 40 Staaten ratifiziert worden. Die Schweiz hat dieses Protokoll am 25. Juni 2004 unterzeichnet.

1296 *«Grausam, unmenschlich oder erniedrigend»* im Sinne von Art. 10 Abs. 3 BV erscheint eine staatliche Handlungsweise, wenn sie dem Betroffenen schwere körperliche oder seelische Schmerzen zufügt oder ihm Gefühle von Furcht, Ohnmacht, Todesangst und Minderwertigkeit verursacht (vgl. EGMR Soering v. The United Kingdom [GC], 140388/88 [1989] Ziff. 80 ff. Für das Vorliegen einer unmenschlichen oder erniedrigenden Behandlung wird – anders als bei der Folter – keine Absicht oder Zielstrebigkeit staatlichen Handelns vorausgesetzt. Entscheidend ist der gesamte Kontext des Einzelfalles, auch etwa das Alter des Betroffenen, sein Geschlecht, der Gesundheitszustand oder die Zugehörigkeit zu einer spezifischen gesellschaftlichen Gruppe (siehe etwa EGMR Saadi v. Italy [GC], 37201/06 [2008] Ziff. 134).

IV. Bewegungsfreiheit

Literatur

AUER/MALINVERNI/HOTTELIER II, Rz. 343–369 ; BAUMANN FELIX, Inhalt und Tragweite der Bewegungsfreiheit (Art. 10 Abs. 2 BV), ZBl 2004, 505 ff.; MÜLLER/SCHEFER, Grundrechte, 82–87; NOWAK MANFRED, U. N. Covenant on Civil and Political Rights, 2nd ed. Kehl/Strasbourg/Arlington VA 2005, Art. 12, Rz. 7–15; PÖSCHL MAGDALENA, in: Korinek/Holoubek (Hrsg.), Österreichisches Bundesverfassungsrecht, Art. 2 4. ZPEMRK (2003); SCHWEIZER RAINER J., in: St. Galler Kommentar, Art. 10, Rz. 23 f.

Die Bewegungsfreiheit nach Art. 10 Abs. 2 BV vermittelt dem Einzelnen das Recht, nicht gegen seinen Willen am Fortgehen gehindert zu werden, etwa durch polizeiliche Anhaltung, Festnahme, Inhaftierung (BGE 113 Ia 177) oder Anstaltseinweisung. Ein Freiheitsentzug von vier bis sechs Stunden stellt einen schwerwiegenden Eingriff in dieses Grundrecht dar (BGE 107 Ia 138). 1297

> Die zulässigen Gründe für eine Festnahme sind in Art. 5 Abs. 1 EMRK abschliessend aufgeführt, wobei für die Anwendbarkeit dieser Bestimmung eine gewisse Intensität der Beschränkung der Bewegungsfreiheit erreicht sein muss. Art. 5 Abs. 5 EMRK garantiert bei Verletzung dieser Norm einen Anspruch auf Schadenersatz. 1298

> Die Bewegungsfreiheit nach Art. 10 Abs. 2 BV schützt auch Menschen, die sich in Haft befinden, vor zusätzlichen Einschränkungen. So ist dieses Grundrecht betroffen, wenn eine Person im Fürsorgerischen Freiheitsentzug noch zusätzlich in einem Sicherheitszimmer untergebracht wird (BGE 134 I 209; vgl. auch BGE 134 I 221). 1299

Die Bewegungsfreiheit wird in der neueren bundesgerichtlichen Praxis auch etwa dahingehend umschrieben, sie schütze den Einzelnen darin, sich nach eigenem Willen räumlich fortzubewegen (siehe etwa BGE 130 I 369, 373). UE. gewährleistet diese «positive» Seite der Bewegungsfreiheit kein Recht auf beliebige Ortsveränderung. In Übereinstimmung mit den übrigen Aspekten des verfassungsrechtlichen Persönlichkeitsschutzes schützt dieser Teilgehalt nur jene Bedürfnisse der freien Fortbewegung, die elementare Aspekte der Persönlichkeitsentfaltung sind. Dies ist immer dann der Fall, wenn die räumliche Ortsveränderung Voraussetzung für die Wahrnehmung anderer Grundrechte darstellt (näher MÜLLER/SCHEFER, Grundrechte, 83 f.). 1300

> So wird ein Journalist in seiner Bewegungsfreiheit eingeschränkt, wenn er daran gehindert wird, mit dem Postauto nach Davos zu fahren, um über eine dort stattfindende öffentliche Demonstration zu berichten (BGE 130 I 369, 373). 1301

> In diesem Sinne hielt das Bundesgericht in BGE 108 Ia 59, 61 fest, der Schutzbereich der Bewegungsfreiheit sei durch das Verbot, ein Gewässer (in casu den Zürichsee) an einer bestimmten Stelle zu befahren, nicht tangiert. In seiner Begründung hielt es fest: 1302

> «Das Bundesgericht hat indessen wiederholt zum Ausdruck gebracht, nicht jeder beliebige Eingriff in das Recht der Persönlichkeit rechtfertige die Berufung auf ein ungeschriebenes verfassungsmässiges Recht; namentlich habe die persönliche Freiheit nicht die Funktion einer allgemeinen Handlungsfreiheit, auf die sich der Einzelne gegenüber jedem staatlichen Akt, der sich auf seine persönliche Lebensgestaltung auswirkt, berufen könnte. Eine Grenzziehung des Schutzbereiches der persönlichen Freiheit ist daher notwendig. Diese kann aber nicht ein für allemal gefunden werden, sondern ist von Fall zu Fall zu suchen. Hierfür sind die Zielrichtung des Freiheitsrechts und die Intensität, mit der die konkret in Frage stehende Massnahme in dieses eingreift, von Bedeutung.» Die persönliche Freiheit garantiere den Beschwerdeführern nicht die Möglichkeit, jeden See an beliebiger Stelle befahren zu dürfen. Es würde durch das Verbot auch keine elementare Erscheinungsform der Persönlichkeitsentfaltung betrof- 1303

fen. Das Fahrverbot beziehe sich sodann nur auf einen kleinen Teil des Zürichsees und bedeute daher *keine intensive Beschränkung*.

1304 In neuerer Zeit sehen das Ausländerrecht, das Strafrecht und Strafprozessrecht sowie verschiedene kantonale Polizeigesetze sog. «Eingrenzungen» oder «Ausgrenzungen» vor. Dadurch wird einem Menschen verboten, ein bestimmtes Gebiet (z.B. eine Stadt) zu verlassen, oder sich auf einem bestimmten Gebiet (etwa einem bestimmten Festplatz, Sportstadion oä.) aufzuhalten. Solche Beschränkungen tangieren die Bewegungsfreiheit dann, wenn sie den Betroffenen in elementaren Aspekten seiner Persönlichkeitsentfaltung treffen oder an der Ausübung anderer Grundrechte hindern (zu weit dagegen BGE 132 I 49, 56, wo das Bundesgericht die Bewegungsfreiheit stets als betroffen erachtet).

1305 Zum *Kerngehalt* der Bewegungsfreiheit gehört, dass eine Beschränkung des Rechts nur unter Einhaltung von minimalen Verfahrensgarantien zulässig ist, auf die nicht verzichtet werden kann. Der Kreis jener Verfahrensgarantien, die unter allen Voraussetzungen eingehalten werden müssen, wird heute noch nicht mit der nötigen Präzision umschrieben. In jedem Fall muss es dem Betroffenen möglich sein, einen Anwalt beizuziehen und seine Familie zu kontaktieren; die Festnahme muss durch triftige Gründe gerechtfertigt erscheinen und der Überprüfung durch eine unabhängige Instanz unterliegen (vgl. Rz. 3083).

1306 In der Praxis ist noch wenig geklärt, ob eine lebenslange Freiheitsstrafe ohne Möglichkeit der bedingten Entlassung mit der Persönlichen Freiheit vereinbar ist oder nicht. Das Bundesgericht erblickt darin nicht per se eine Grundrechtsverletzung (BGE 121 II 296, 302). Das deutsche Bundesverfassungsgericht gelangt insbesondere auch vor dem Hintergrund der Garantie der Menschenwürde (Art. 1 GG) demgegenüber in konstanter Praxis zum Schluss, eine solche Strafe sei unzulässig (BVerfGE 109, 133 [153] mH.). Der EGMR deutet das Problem an, ohne es jedoch zu entscheiden (Léger v. France, 19324/02 [2006] Ziff. 90, im Dezember 2008 bei GC hängig), prüft aber bei der Zulässigkeit von Auslieferungen, ob der Betroffene im Empfängerstaat einer solchen Strafe ausgesetzt würde (Parlanti v. Germany [AD], 45097/04 [2005] Ziff. 12). UE. erscheint fraglich, ob mit einer Inhaftierung einem Menschen jede Möglichkeit genommen werden darf, allenfalls wieder ein Leben in Freiheit führen zu können. Auch das Bundesgericht anerkennt jedenfalls, dass eine Inhaftierung die Persönlichkeit des Betroffenen nicht vernichten darf (BGE 106 Ia 277, 281).

1307 Eine Freiheitsstrafe bedeutet immer einen schwerwiegenden Eingriff in die Persönliche Freiheit, weshalb zur Begründung des Sonderstatusverhältnisses nur ein Gesetz im formellen Sinn, in welchem Voraussetzungen und Höchstdauer der Haft umschrieben sind, dem Erfordernis der gesetzlichen Grundlage genügt. Hingegen können die Haftbedingungen auf Verordnungs- oder Reglementsebene festgelegt werden (BGE 123 IV 29, 36f.; 106 Ia 277, 282).

V. Persönlichkeitsschutz im Haftvollzug

Literatur

AUER/MALINVERNI/HOTTELIER II, Rz. 343–369; COUNCIL OF EUROPE, European Prison Rules, Strasbourg 2006; MÜLLER/SCHEFER, Grundrechte, 114–137; MURDOCH JIM, The treatment of prisoners: European Standards, Strasbourg 2006; RODLEY NIGEL S., The Treatment of Prisoners under International Law, 2nd ed. Oxford/New York NY 1999; SCHERTENLEIB JÜRG, Zur Teilrevision des Asylgesetzes, ASYL 1/2006, 28 f.

Die verfassungsrechtliche Tragweite des Persönlichkeitsschutzes, vor allem der Persönlichen Freiheit ieS., ist vom Bundesgericht massgeblich im Zusammenhang mit der Ausgestaltung der Haftbedingungen entwickelt worden. 1308

> Dabei waren vor allem die drei *Minelli*-Entscheide wegleitend (BGE 99 Ia 262; 102 Ia 279; 118 Ia 64). Neben der Persönlichen Freiheit hat das Gericht andere Grundrechte herangezogen, wie etwa die Meinungsfreiheit oder die Religionsfreiheit. Diese Praxis ist auch bei der Auslegung der Art. 74 ff. StGB über die Ausgestaltung von Freiheitsstrafen und Massnahmen zu berücksichtigen. Nicht direkt rechtlich verbindlich, aber von zentraler Bedeutung zur Konkretisierung der Grundrechte, sind etwa die Empfehlungen des Ministerkomitees des Europarates, die Mindestgrundsätze für die Behandlung von Inhaftierten formulieren; siehe insbesondere die «European Prison Rules» vom 11. Januar 2006, Empfehlung Rec(2006)2. 1309

> Auch die Frage der Folter oder unmenschlichen Behandlung stellt sich in der Praxis oft im Zusammenhang mit *Haftbedingungen*. Der EGMR hat in dieser Beziehung eine reichhaltige Praxis entwickelt, welche Verletzungen von Art. 3 EMRK mit der *Kumulation diverser negativer Faktoren* begründet, wie beispielsweise das Fehlen einer Heizung im Winter, fehlender Zugang zu warmem Wasser, Nachttöpfe in den Zellen anstelle allgemein zugänglicher Toiletten sowie massive Beschränkung der Kommunikation mit der Aussenwelt (vgl. The Greek Case, Yearbook of the European Convention on Human Rights, Vol. 22, 1969). Hierbei darf nicht vergessen gehen, dass der EGMR lediglich einen gesamteuropäischen Minimalstandard setzt, der zudem mit Art. 3 EMRK nur die schwerwiegendsten Verletzungen erfasst. Für die Schweiz kann diese Praxis nur als Kerngehalt gelten. Entsprechendes gilt für die Praxis etwa des UNO-Menschenrechtsausschusses (illustrativ etwa Gorji-Dinka v. Cameroon, 1134/2002 [2005] Ziff. 5.3). 1310

> Gestützt auf den verfassungsrechtlichen Persönlichkeitsschutz ergibt sich demnach im Haftvollzug beispielsweise ein Recht auf einen täglichen einstündigen Spaziergang im Freien, auf persönlichkeitsadäquate Ernährung (etwa vegetarische), auf Kommunikation mit der Aussenwelt mit Briefen, Paketen, Telefon, Büchern, Zeitungen, Radio und Fernsehen sowie auf Besuch von Angehörigen, aber auch etwa auf ärztliche und seelsorgerische Betreuung. Verboten sind etwa alle Arten schikanöser Behandlung und – in der Untersuchungshaft – ein Zwang zur Arbeitsleistung (eingehender MÜLLER/SCHEFER, Grundrechte, 114–137). 1311

VI. Selbstbestimmte Entfaltung der Persönlichkeit

HALLER WALTER, Menschenwürde, Recht auf Leben und persönliche Freiheit, in: Merten/Papier, Handbuch, § 209, Rz. 34–61; HÄFELIN/HALLER/KELLER, Rz. 364–366a; KIENER/KÄLIN, Grundrechte, 128–130; MÜLLER/SCHEFER, Grundrechte, 138–163; SCHWEIZER RAINER J., in: St. Galler Kommentar, Art. 10, Rz. 25–28.

a. Im Allgemeinen

1312 Zum verfassungsrechtlichen Persönlichkeitsschutz gemäss Art. 10 Abs. 2 und Art. 13 BV gehört auch das Recht des Einzelnen, die elementaren Aspekte seiner *Persönlichkeitsentfaltung* frei zu gestalten (statt vieler BGE 111 Ia 231, 233; 123 I 112, 118). Darunter fällt die Freiheit des Einzelnen, eine bestimmte Situation selbst einzuschätzen und *gemäss dieser Bewertung zu handeln* (vgl. statt vieler BGE 133 I 110, 119; 127 I 6). Unzulässig ist staatliches Handeln, das darauf abzielt, die Entscheidungsfreiheit einer Person zu beschneiden oder gar zu brechen.

1313 Teilweise überschneiden sich die Aspekte der Garantie selbstbestimmter Entfaltung der Persönlichkeit mit den anderen Teilgehalten der Persönlichen Freiheit ieS. nach Art. 10 Abs. 2 BV.

1314 Aus dem Recht auf selbstbestimmte Persönlichkeitsentfaltung ergibt sich etwa der Anspruch jedes Menschen, frei zu bestimmen, welche *zwischenmenschlichen Beziehungen* er unterhält (BGE 133 I 110, 119; 134 I 214, 217 mit Bezug auf das Betteln). Zudem gewährleistet es einen Anspruch, «allein gelassen zu werden» (dazu MÜLLER/SCHEFER, Grundrechte, 140). Generell schützt dieser Grundrechtsgehalt nur jene Äusserungen individueller Selbstbestimmung, die für den Betroffenen von elementarer Bedeutung sind; eine allgemeine Handlungsfreiheit ergibt sich daraus nicht (etwa BGE 130 I 269, 373).

1315 Der grundrechtliche Anspruch erstreckt sich etwa auf den Schutz des sozialen Ansehens (BGE 107 Ia 52, 57f.; 124 I 85, 87; 134 I 229, 231f.), auf Fragen der sexuellen Entfaltung (BGE 126 II 425, 429f.; EGMR Dudgeon v. The United Kingdom [GC], 7525/76 [1981] Ziff. 41 ff.), das Recht, Kinder zeugen zu dürfen (BGE 115 Ia 234), die Wahlfreiheit einer Frau über die Vornahme eines Schwangerschaftsabbruchs (vgl. BGE 114 Ia 452, 458; 132 III 359, 370f., wohl auch EGMR Tysiac v. Poland, 5410/03 [2007] Ziff. 103 ff.), den Anspruch auf Kenntnis der eigenen Herkunft (BGE 112 Ia 97, 100f.; 128 I 63, 68f.; 134 III 241, 244ff.) und schützt den Einzelnen auch in seinem Entscheid über die Beendigung seines eigenen Lebens (BGE 133 I 58, 67) und über die Verwendung seines Körpers nach dem Tod (BGE 129 I 302, 308).

1316 Das Bundesgericht führte in BGE 115 Ia 234, 247 aus, der *Wunsch nach Kindern* stelle eine elementare Erscheinung der Persönlichkeitsentfaltung dar und die Beschränkung des Zugangs zu modernen Methoden der künstlichen Fortpflanzungsmedizin berühre das Verfassungsrecht der Persönlichen Freiheit. Ein generelles Verbot der heterologen künstlichen Insemination, der In-Vitro-Fertilisation und des Embryonentransfers würde einen unverhältnismässigen Eingriff in die persönliche Freiheit darstellen. Dieser Aspekt wird nach hier vertretener Konzeption heute im Rahmen des Rechts auf Familie nach Art. 14 BV gewährleistet (siehe Rz. 1432).

Die Veröffentlichung des Namens eines fruchtlos gepfändeten Schuldners, bloss um den Gläubigern den Weg ins Betreibungsamt zu ersparen, erschien im Lichte des Schutzes des sozialen Ansehens als nicht zulässig (BGE 107 Ia 52, 57). Die Garantie sexueller Entfaltung verbietet ua., homosexuelle Kontakte unter Strafe zu stellen (EGMR Dudgeon v. The United Kingdom [GC], 7525/76 [1981] Ziff. 41 ff.). Der Anspruch auf Kenntnis der eigenen Herkunft vermittelt beispielsweise einem erwachsenen Mann Einblick in die Vormundschaftsakten, um darüber Klarheit erlangen zu können, wer sein Vater ist (siehe auch Art. 268c ZGB und Art. 27 FmedG).

1317

Nicht Ausdruck einer elementaren Persönlichkeitsentfaltung sind beispielsweise der Wunsch, einen Geldspielautomaten zu bedienen (BGE 120 Ia 126, 145) oder eine Waffe ohne Bewilligung zu erwerben (BGE 118 Ia 305). Ebenfalls nicht vom Schutzbereich abgedeckt ist das Recht, für das Parkieren in der Innenstadt keine Parkgebühr entrichten zu müssen (BGE 122 I 279).

1318

b. Organentnahme und Obduktion

Literatur

BUNDESAMT FÜR JUSTIZ, Gutachten vom 22. Juni 2004, VPB 68 (2006) Nr. 113; MÜLLER/ SCHEFER, Grundrechte, 157–160; OTT WALTER/GRIEDER THOMAS, Plädoyer für den postmortalen Persönlichkeitsschutz, AJP 2001, 627 ff.; SCHOTT MARKUS, Patientenauswahl und Organallokation, Diss. Basel 2001.

Ein zentraler Bestandteil des Selbstbestimmungsrechts stellt die Freiheit dar, über das Schicksal des eigenen Körpers auch *nach dem Tod* zu befinden (BGE 129 I 302, 308; grundlegend BGE 45 I 119, 132 f.). Dabei geht es nicht um einen Grundrechtsschutz Verstorbener; geschützt ist vielmehr der selbstbestimmte Entscheid des *lebenden* Menschen über die Behandlung seines Körpers nach seinem Tod.

1319

Der verfassungsrechtliche Persönlichkeitsschutz wirkt damit über den Tod hinaus und erfasst neben dem Schutz von Anordnungen zu Begräbnis, Organentnahme oder Autopsie auch den Respekt gegenüber Verstorbenen.

1320

Art. 10 Abs. 2 BV schützt nicht nur den Entscheid des Verstorbenen, sondern erfasst «auch die emotionalen Bindungen der Angehörigen zu einem Verstorbenen». Ihnen steht «das Recht zu, über den Leichnam des Verstorbenen zu bestimmen, die Art und den Ort der Bestattung festzulegen sowie sich gegen ungerechtfertigte Eingriffe in den toten Körper zur Wehr zu setzen» (BGE 129 I 173, 177). Dieses Recht ist gegenüber dem Anspruch auf Selbstbestimmung des Verstorbenen subsidiär.

1321

Das Bundesgericht lässt in BGE 123 I 112 für die Organentnahme nach dem Tod die sog. «Widerspruchslösung» zu, die bei fehlendem Widerspruch des Betroffenen, dh. des Verstorbenen, die Zustimmung zur Organentnahme vermutet.

1322

1323 Das Transplantationsgesetz (BG über die Transplantation von Organen, Geweben und Zellen vom 8. Oktober 2004, TxG; SR 810.21) erlaubt die Entnahme grundsätzlich nur mit der Zustimmung des Betroffenen. Ist sein Wille nicht feststellbar, müssen seine Angehörigen bestimmen; sind keine solchen vorhanden, ist die Entnahme unzulässig (Art. 8 TxG). Damit gibt das Gesetz dem Willen (auch dem nicht begründeten) des Betroffenen und seiner Angehörigen einen absoluten Vorrang vor allfälligen Lebensinteressen eines potenziellen Organempfängers.

1324 Demgegenüber besteht etwa bei der Vornahme einer Obduktion kein solcher absoluter Vorrang: Eine Obduktion darf nach bundesgerichtlicher Praxis auch gegen den Willen des Verstorbenen durchgeführt werden, wenn die Interessen etwa an der Aufklärung einer Straftat oder der Diagnose schwerer ansteckender Krankheiten die Interessen des mittlerweile Verstorbenen auf Selbstbestimmung überwiegen (siehe etwa BGE 98 Ia 508, 524).

c. Garantie selbstbestimmter Bestattung

Literatur

DICKE DETLEV CHR., in: Kommentar BV, Art. 53 (1989), Rz. 10–15; MAHON PASCAL, in: Petit commentaire, Art. 15, Rz. 16 f.; MÜLLER/SCHEFER, Grundrechte, 160–163; RASELLI NICOLÒ, Schickliche Beerdigung für «Andersgläubige», AJP 1996, 1103 ff.

1325 Unter der Bundesverfassung von 1874 garantierte der damalige Art. 53 Abs. 2 BV ein Recht auf ein schickliches Begräbnis. Während diese Bestimmung noch im Zeichen der Säkularisierung des Staates stand, erscheint dieser Anspruch heute als ein Aspekt selbstbestimmter Persönlichkeitsentfaltung. Er ist nicht mehr ausdrücklich im Text der Bundesverfassung enthalten, besteht aber nach dem Willen des Verfassungsgebers nach wie vor (BBl 1997 I, 141; siehe auch BGE 129 I 302, 311).

1326 Die Garantie selbstbestimmter Bestattung schützt zunächst die religiös begründeten Bestattungswünsche (BGE 125 I 300), aber auch andere Wünsche etwa über den Ort und die Art und Weise einer Bestattung (BGE 129 I 173, 180; 45 I 119, 132 f.). Sie verpflichtet den Staat zudem, das Begräbniswesen in einer Art und Weise zu regeln, dass solche Wünsche von genügendem Persönlichkeitsbezug tatsächlich verwirklicht werden können.

VII. Schutz der Kinder und Jugendlichen

Literatur

BIAGGINI GIOVANNI, Wie sind Kinderrechte in der Schweiz geschützt?, in: Gerber Jenni Regula/Hausammann Christina (Hrsg.), Die Rechte des Kindes, Basel/Genf/München 2001, 25 ff.; BIGLER-EGGENBERGER MARGRITH, Das behinderte Kind und das schweizerische Verfassungsrecht, in: Sprecher/Sutter (Hrsg.), Das behinderte Kind im schweizerischen Recht, Zürich/Basel/Genf 2006, 55 ff.; FREEMAN MICHAEL, A Commentary on the United Nations Convention on the Rights of the Child: Article 3: The Best Interests of the Child, Boston/Leiden 2007; FRÜH BEATRICE, Die UNO-Kinderrechtskonvention, Diss. Zürich 2007; KIENER/

KÄLIN, Grundrechte, 379–385; KOLLER HEINRICH/WYSS MARTIN PHILIPP, «Kinder und Jugendliche haben Anspruch auf besonderen Schutz...» – Verfassungsrechtliche Überlegungen zu Art. 11 Abs. 1 BV, in: FS Heinz Hausheer, Bern 2002, 435 ff.; MAHON PASCAL, in: Petit commentaire, Art. 11; MÜLLER/SCHEFER, Grundrechte, 801–815; REUSSER RUTH/LÜSCHER KURT, in: St. Galler Kommentar, Art. 11; WYTTENBACH JUDITH, Grund- und Menschenrechtekonflikte zwischen Eltern, Kind und Staat, Diss. Bern, Basel 2006.

a. Allgemeines

Kinder und Jugendliche werden in der Bundesverfassung an mehreren Stellen ausdrücklich angesprochen, so im Grundrechtskatalog (Art. 11 BV), in Art. 8 Abs. 2 BV (Diskriminierungstatbestand «Alter»), in Art. 41 Abs. 1 Bst. f und g BV (Sozialziele) und in Art. 67 BV (Jugend- und Erwachsenenbildung). 1327

Nach Art. 11 Abs. 1 BV haben Kinder und Jugendliche «Anspruch auf besonderen Schutz ihrer Unversehrtheit und auf Förderung ihrer Entwicklung». Nach Abs. 2 üben sie «ihre Rechte im Rahmen ihrer Urteilsfähigkeit aus». 1328

> Art. 11 BV wurde durch engagiertes Auftreten der Jugendverbände angeregt und in die Verfassung aufgenommen. Er blieb bis zum Schluss der parlamentarischen Beratungen umstritten und fand seine endgültige Fassung erst in der Einigungskonferenz (Sonderdruck Amtl. Bull. NR 1998, 489; Sonderdruck Amtl. Bull. SR 1998, 225). 1329

Grundrechtsträger sind unabhängig von ihrer Nationalität grundsätzlich alle Kinder und Jugendlichen bis zum vollendeten 18. Altersjahr (siehe auch Art. 1 KRK). Das Grundrecht gilt demnach nicht für alle Menschen, sondern nur für solche einer bestimmten Altersgruppe. 1330

> Zu beachten ist, dass die Grundrechtsträgerschaft nichts über die Grundrechtsmündigkeit aussagt. Kinder und Jugendliche können gemäss Art. 11 Abs. 2 BV ihre Rechte im Rahmen ihrer Urteilsfähigkeit ausüben, sind also grundrechtsmündig. Im Einzelfall ist damit die Urteilsfähigkeit abzuklären; Ausnahmen bestehen dort, wo gesetzliche Regelungen – wie sie etwa Art. 303 ZGB für die Glaubens- und Gewissensfreiheit enthält – spezifische Mündigkeitsregeln verankern. 1331

Auf *internationaler* Ebene gilt für die Schweiz die Kinderrechtskonvention (Übereinkommen über die Rechte des Kindes vom 20. November 1989, KRK, SR 0.107). Sie gewährleistet den Kindern ebenfalls besonderen Schutz und auferlegt der Schweiz entsprechende Verpflichtungen. Art. 11 BV nimmt diese auf und gewährleistet sie, soweit sie justiziabel erscheinen, als direkt durchsetzbare Individualrechte. 1332

> Die Kinderrechtskonvention selber gewährleistet nicht nur Handlungsaufträge an die Behörden, sondern auch einige direkt durchsetzbare Ansprüche des Einzelnen. So ist etwa die Garantie nach Art. 12 KRK, wonach Kinder in jenen Angelegenheiten in angemessener Weise anzuhören sind, die sie selber betreffen und zu denen sie sich eine eigene Meinung bilden können, self-executing (BGE 124 II 361; 124 III 90; 126 III 497, 498; zum Erfordernis der Zustimmung eines 1333

13 Jahre alten Mädchens zu einer medizinischen Behandlung BGE 134 II 235). Auch die Gewährleistung von Art. 7 Abs. 1 KRK ist direkt anwendbar, die dem Kind das Recht auf einen Namen von Geburt an gibt, das Recht, eine Staatsangehörigkeit zu erwerben, und soweit möglich das Recht, seine Eltern zu kennen und von ihnen betreut zu werden (BGE 128 I 63, 70 f.; 125 I 257, 262).

1334 Eine weitere besondere Grundrechtsgarantie für Kinder enthält Art. 24 UNO-Pakt II. Diese Bestimmung verankert ein spezifisches Diskriminierungsverbot, das Recht auf Eintrag in ein Register und auf einen Namen sowie auf Staatsangehörigkeit (siehe dazu MRA General Comment 17 [1989]).

1335 Eingang gefunden hat der Jugendschutz auch auf *kantonaler* Verfassungsebene. So umschreibt etwa die Neuenburger Kantonsverfassung (RS 131.233) in Art. 14 Abs. 1: «Tout enfant a le droit d'être protégé et assisté.» § 11 Abs. 1 Bst. f KV/BS (SR 131.222.1) verankert ein «Recht von Kindern und Jugendlichen auf besonderen Schutz ihrer Unversehrtheit und auf Förderung ihrer Entwicklung» und gewährleistet in Abs. 2 Bst. a das direkt anspruchsbegründende «Recht, dass Eltern innert angemessener Frist zu finanziell tragbaren Bedingungen eine staatliche oder private familienergänzende Tagesbetreuungsmöglichkeit für ihre Kinder angeboten wird, die den Bedürfnissen der Kinder entspricht».

b. Gehalt des Anspruchs von Art. 11 Abs. 1 BV

1336 Art. 11 Abs. 1 BV vermittelt Kindern und Jugendlichen einen besonderen grundrechtlichen Schutz ihrer Persönlichkeit. Die Bestimmung konkretisiert damit zunächst den verfassungsrechtlichen Persönlichkeitsschutz, dann aber auch alle weiteren Grundrechte, soweit ihr persönlichkeitsschützender Aspekt betroffen ist.

1337 So dienen die Kommunikationsgrundrechte nicht nur der Sicherstellung eines demokratischen Willensbildungsprozesses, sondern auch der Persönlichkeitsentwicklung (BGE 96 I 586), oder haben etwa die Eigentumsgarantie und die Wirtschaftsfreiheit auch persönlichkeitsschützende Aspekte (etwa BGE 99 Ia 262, 273 resp. BBl 1997 I, 177).

1338 Art. 11 BV ist damit auf die spezifischen Schutzbedürfnisse der Persönlichkeit von Kindern und Jugendlichen zugeschnitten; eine allgemeine Handlungsfreiheit gewährleistet auch dieses Grundrecht nicht (anders ANDREAS KLEY, Der Grundrechtskatalog der nachgeführten Bundesverfassung, ZBJV 1999, 316).

1339 Seinem Wortlaut nach garantiert Art. 11 BV einen grundrechtlichen Anspruch auf *Schutz* und *Förderung*. Damit verfügt diese Bestimmung über drei Geltungsebenen: Sie gewährleistet ein *Abwehrrecht* gegen staatliche Eingriffe, verpflichtet den Staat, gewisse *Schutzmassnahmen* vor Eingriffen von Seiten anderer Menschen zu ergreifen und die Kinder in ihrer Persönlichkeitsentwicklung zu *fördern*.

1340 Die Frage der Justiziabilität von Art. 11 BV erscheint noch wenig geklärt. Das Bundesgericht äussert sich diesbezüglich sehr zurückhaltend (siehe besonders BGE 131 V 9, 16 f.).

Das Bundesgericht äusserte sich in BGE 129 I 12, 32 wie folgt zur Problematik der Justiziabilität: «Die Lehre lehnt es ab [...], aus Art. 11 BV (Schutz der Kinder und Jugendlichen) weitergehende Ansprüche als die sich bereits aus anderen, spezifischeren Grundrechten ergebenden herzuleiten [...]. Auch hat es das Bundesgericht bisher abgelehnt, aus Art. 11 BV einen justiziablen Leistungsanspruch abzuleiten». 1341

UE. ist die Justiziabilität je nach in Frage stehender Geltungsebene unterschiedlich zu beantworten: 1342

Soweit Art. 11 BV in seiner Funktion als Abwehrrecht betroffen ist, erscheint er durchaus justiziabel. Die entsprechenden Gehalte sind regelmässig auch durch andere Grundrechte gewährleistet und werden von Art. 11 BV im Allgemeinen nur verstärkt. 1343

So verbietet Art. 10 Abs. 3 BV wie Art. 3 EMRK erniedrigende Behandlung. Nach der Praxis des EGMR schützt diese Bestimmung Misshandlungen von Kindern in weiterem Masse als von Erwachsenen. So ist sie beispielsweise dadurch betroffen, dass ein Kind von seinem Stiefvater mehrmals mit einem Gartenstock geschlagen wird (EGMR A. v. The United Kingdom, 25599/94 [1998] Ziff. 21–24); bei Erwachsenen würde die Intensität dieser Einwirkung wohl nicht genügen, um den Schutz von Art. 3 EMRK auszulösen. Siehe aus der bundesgerichtlichen Praxis auch Urteil 6S. 361/2002 (2003). 1344

Auch in seiner Geltung als Garantie eines spezifischen Schutzes können gewisse Gehalte von Art. 11 BV justiziabel sein. 1345

So gewährleistet der verfassungsrechtliche Persönlichkeitsschutz einem Inhaftierten verschiedene Ansprüche über die Art seiner Unterbringung (vorne Rz. 1308 ff.). Diese Ansprüche werden für Kinder und Jugendliche von Art. 37 Bst. c KRK und Art. 10 Abs. 2 Bst. b UNO-Pakt II dahingehend spezifiziert, dass sie von Erwachsenen im Freiheitsentzug getrennt unterzubringen sind (dazu BGE 133 I 286, 291 ff. und Art. 6 Abs. 2 JStG). Art. 11 BV garantiert uE. diesen Anspruch ebenfalls, und zwar – wie die entsprechenden völkerrechtlichen Garantien – als direkt gerichtlich durchsetzbares Individualrecht. 1346

Der verfassungsrechtliche Persönlichkeitsschutz verpflichtet den Staat beispielsweise, mit dem Strafrecht Menschen vor Vergewaltigung zu schützen. Besondere Schutzmassnahmen sind nach Praxis des EGMR für minderjährige Mädchen erforderlich (EGMR M. C. v. Bulgaria, 39272/98 [2003] Ziff. 164). 1347

Darüber hinaus ist der Anspruch auf Schutz auch etwa bei der Auslegung und Anwendung des Rechts durch die rechtsanwendenden Behörden zu berücksichtigen. 1348

Nach BGE 129 III 250, 255 gilt der in Art. 11 BV verankerte Vorrang des Kindeswohls in einem umfassenden Sinne. Angestrebt wird namentlich eine altersgerechte Entfaltungsmöglichkeit des Kindes in geistig-psychischer, körperlicher und sozialer Hinsicht, wobei in Beachtung aller konkreten Umstände nach der für das Kind bestmöglichen Lösung zu suchen ist (siehe auch Urteil 1C_219/2007 [2007] E. 2.2). 1349

Bei der Beurteilung, welche Fernsehsendungen die öffentliche Sittlichkeit gefährden und deshalb nach Radio- und Fernsehgesetz unzulässig sind, müssen 1350 insbesondere auch die Schutzbedürfnisse von Kindern zum Tragen gebracht werden; dies ergibt sich aus Art. 11 BV (BGE 133 II 136, 142).

1351 Der Anspruch auf Förderung verpflichtet den Staat, Kinder und Jugendliche in der Entwicklung ihrer Persönlichkeit mit konkreten Massnahmen zu fördern. Dieser Gehalt kommt primär auf programmatischer Ebene zum Tragen und richtet sich vorwiegend an den Gesetzgeber und die rechtsanwendenden Behörden im Rahmen ihrer Ermessensausübung (so auch BGE 126 II 377, 392). Direkt durchsetzbare Individualansprüche auf Förderung ergeben sich gestützt auf Art. 11 BV heute kaum; im Rahmen etwa des Anspruchs auf Grundschulunterricht nach Art. 19 BV sind auch solche Ansprüche in weitem Umfang seit dem 19. Jahrhundert anerkannt.

c. Urteilsfähigkeit von Kindern und Jugendlichen

1352 Gemäss Art. 11 Abs. 2 BV üben Kinder und Jugendliche ihre Rechte im Rahmen ihrer Urteilsfähigkeit aus.

1353 Art. 16 ZGB enthält eine auch für das öffentliche Recht geltende Definition der Urteilsfähigkeit. Demnach ist jede Person urteilsfähig, der es nicht wegen ihres Kindesalters oder infolge von Geisteskrankheit, Geistesschwäche, Trunkenheit oder ähnlichen Zuständen an der Fähigkeit mangelt, vernunftgemäss zu handeln. Die Urteilsfähigkeit einer Person bzw. Kindes hängt damit immer von den konkreten Umständen ab.

1354 Fraglich ist, inwiefern Art. 11 Abs. 2 BV mit der Bestimmung des ZGB einhergeht oder von ihr divergiert.

1355 Zivilrechtlich kann eine Person ihre Rechte geltend machen, wenn sie mündig und urteilsfähig, dh. handlungsfähig ist. Die gleichen Voraussetzungen gelten für die sogenannte prozessuale Handlungsfähigkeit (Prozessfähigkeit). Urteilsfähige Jugendliche können jedoch (für das öffentliche Recht in analoger Weise) gemäss Art. 19 Abs. 2 ZGB Prozesse führen und Verfahrensrechte ausüben, soweit es um Rechte geht, die ihnen um ihrer Persönlichkeit willen zustehen. Gleiches muss auch für Art. 11 Abs. 2 BV gelten.

1356 Urteilsfähige Kinder und Jugendliche können demnach diejenigen «Rechte» geltend machen, für welche ihnen Grundrechtsmündigkeit zukommt und soweit es Rechte betrifft, die ihnen um ihrer Persönlichkeit willen zustehen.

1357 Welche *Altersgrenze* bezüglich der Grundrechtsmündigkeit massgebend ist, muss im Einzelfall festgelegt werden. Hinweise zur Bestimmung der Altersgrenze, die grundrechtsberechtigte Jugendliche von den Erwachsenen unterscheiden, können der Mündigkeitsregelung im ZGB (18 Jahre, Art. 14 ZGB) oder der (beispielsweise) im KVG enthaltenen Kategorie der «jungen Erwachsenen» bis 25 Jahre (Art. 61 Abs. 3 KVG) entnommen werden. Das Bundesgesetz über das Jugendstrafrecht (JStG; SR 311.1) setzt die Altersgrenze für die Strafmündigkeit von sieben auf zehn Jahre hinauf (Art. 3 Abs. 1 JStG). Jugendliche über sechzehn Jahre, die schwere Straftaten begangen haben, können mit Freiheitsentzug bis zu vier Jahren bestraft werden (Art. 25 Abs. 2 JStG).

VIII. Schutz des Familienlebens

Literatur

ACHERMANN ALBERTO/CARONI MARTINA, Homosexuelle und heterosexuelle Konkubinatspaare im schweizerischen Ausländerrecht, SZIER 2001, 125 ff.; AUER/MALINVERNI/HOTTELIER II, Rz. 388–405; BIAGGINI, BV Kommentar, Art. 13, Rz. 6–8; BERTSCHI MARTIN/GÄCHTER THOMAS, Der Anwesenheitsanspruch aufgrund der Garantie des Privat- und Familienlebens, ZBl 2003, 225 ff.; BREITENMOSER STEPHAN, in: St. Galler Kommentar, Art. 13, Rz. 23–28; CARONI MARTINA, Privat- und Familienleben zwischen Menschenrecht und Migration, Diss. Bern/Berlin 1999; GRANT PHILIP, La protection de la vie familiale et de la vie privée en droit des étrangers, Diss. Genève 2000; KIENER/KÄLIN, Grundrechte, 149–154; MAHON PASCAL, in: Petit commentaire, Art. 13, Rz. 7–10; MÜLLER/SCHEFER, Grundrechte, 234–250; WIEDERIN EWALD, in: Korinek/Holoubek (Hrsg.), Österreichisches Bundesverfassungsrecht, Art. 8 EMRK (2002).

a. Allgemeines

Das Recht auf Familienleben bezieht sich auf die Familie im weiteren Sinn, auch ausserhalb der traditionellen Ehe. Geschützt sind etwa Beziehungen zwischen Mann und Frau, Eltern und Kindern sowie zwischen weiteren nahen Verwandten, sofern die Beziehungen tatsächlich gelebt werden und eine gewisse Nähe aufweisen. 1358

Weniger weitgehend geschützt sind die Beziehungen zwischen *gleichgeschlechtlichen Partnern;* sie werden auch in ihrer Beziehung zu ihrem Partner oder ihrer Partnerin nicht von der Garantie des Familienlebens, sondern jener des Privatlebens nach Art. 13 Abs. 1 BV und Art. 8 EMRK geschützt (BGE 126 II 425, 430). Die Konsequenzen dieses Schutzes liegen insbesondere im Bereich des Nachzugs eines ausländischen Partners in die Schweiz (unten Rz. 1363 ff.). 1359

> Die gleichgeschlechtliche Partnerschaft wird zudem durch das Verbot der Diskriminierung wegen der «Lebensform» erfasst (Art. 8 Abs. 2 BV; unten Rz. 1927) und wird auf einfach-rechtlicher Ebene im BG über die eingetragene Partnerschaft gleichgeschlechtlicher Paare vom 18. Juni 2004 (PartG; SR 211.231) eingehend geregelt. 1360

Das Recht auf Familienleben schützt das Zusammenleben vor *äusserer Beeinträchtigung.* Der Staat darf die familiäre Gemeinschaft nicht stören oder die einzelnen Familienmitglieder gar voneinander trennen. Es ist ihm aber auch untersagt, die Familienmitglieder zum Zusammenleben zu zwingen (EGMR Airey v. Ireland, 6289/73 [1979] Ziff. 33; BVerfG, 1 BvR 1620/04 [2008] Ziff. 62 ff.). Kinder sind vor Gewalt in der Familie zu schützen (vgl. etwa EGMR Z. v. The United Kingdom [GC], 29392/95 [2001] Ziff. 69 ff.). 1361

> Die Garantie des Familienlebens wird tangiert etwa bei der Zuteilung des Sorgerechts über die gemeinsamen Kinder oder der Einräumung eines Besuchsrechts im Rahmen einer Ehescheidung oder Trennung, bei der Einweisung eines Jugendlichen in ein Heim oder im Zusammenhang mit der Inhaftierung. 1362

b. Insbesondere das Recht auf Familienleben im Ausländerrecht

1363 Eine ganz besonders grosse Bedeutung kommt dem Recht auf Familienleben im *Ausländerrecht* zu. Art. 13 BV vermittelt gewisse Garantien, die zu einem Anspruch auf *Erteilung einer Anwesenheitsbewilligung* für Ausländer führen können. Da die Bundesverfassung von 1874 keine ausdrückliche Garantie des Familienlebens enthielt, hat sich die Praxis va. anhand von Art. 8 EMRK entwickelt. Art. 13 BV garantiert heute einen mindestens gleich weitreichenden Anspruch. Das Ausländergesetz nimmt diese Praxis auf und verankert in Art. 42 ff. AuG (SR 142.20) entsprechende Ansprüche.

1364 Das Bundesgericht begründete seine Praxis mit BGE 109 Ib 183 (iS. Reneja, daher sog. «Reneja-Praxis») und hat sie mittlerweile fest etabliert. Danach vermittelt der Anspruch auf Achtung des Privat- und Familienlebens zwar grundsätzlich kein Recht auf Anwesenheit im Staatsgebiet; bringt eine ausländerrechtliche Massnahme – wie etwa die Verweigerung einer Aufenthaltsbewilligung, eine Ausweisung, Wegweisung oder Auslieferung – aber die Trennung von Familienmitgliedern mit sich, kann dies zu einem Eingriff ins Familienleben führen. Darauf können sich ausländische Personen berufen, die selber oder deren hier anwesende nahe Verwandte um eine ausländerrechtliche Bewilligung ersuchen, sofern die in der Schweiz lebenden nahen Verwandten über ein gefestigtes Anwesenheitsrecht (Schweizer Bürgerrecht, Niederlassungsbewilligung oder sonstige Bewilligung, auf die ein Anspruch besteht) verfügen und die familiäre Beziehung tatsächlich gelebt wird und intakt ist (vgl. insb. BGE 126 II 377, 382 ff.; vgl. auch etwa BGE 129 II 193, 200; 130 II 1, 5; 131 II 339, 350).

1365 Geschützt sind damit rein ausländische oder gemischt-nationale (schweizerisch-ausländische) Familienverhältnisse. Als nahe Verwandte gelten der Ehepartner und die minderjährigen Kinder (sog. «Kernfamilie»). Andere Verwandtschaftsgrade werden dann geschützt, wenn ein eigentliches Abhängigkeitsverhältnis vorliegt, das im Ergebnis eine Anwesenheit in der Schweiz erfordert oder wenigstens nahe legt (BGE 129 II 11, 13 f.; 120 Ib 257; 115 Ib 1). Ausländer der zweiten Generation können sich auch ohne Abhängigkeitsverhältnis auf den Schutz des Privat- und Familienlebens berufen (vgl. BGE 126 II 377, 384; 122 II 433, 439 f.).

1366 In seiner neueren Praxis folgt das Bundesgericht einer seit langem erhobenen Forderung von Seiten der Wissenschaft und anerkennt unter gewissen Umständen einen Anspruch nach Art. 13 BV auch dann, wenn das in der Schweiz lebende Familienmitglied über keinen gefestigten Rechtsanspruch auf Anwesenheit verfügt, sich aber während langen Jahren in der Schweiz aufgehalten hat, hier über intensive soziale und berufliche Beziehungen verfügt und zu seinem Herkunftsstaat kein Verhältnis mehr besteht (BGE 130 II 281).

1367 Besteht im konkreten Einzelfall ein Anspruch auf Anwesenheit nach Art. 13 BV/ Art. 8 EMRK, so greift eine ausländerrechtliche Massnahme – etwa die Verweigerung einer Aufenthaltsbewilligung, die Weg- oder Ausweisung oder die Auslieferung – in dieses Grundrecht ein. Es ist deshalb zu prüfen, ob diese Grundrechtseinschränkung gerechtfertigt ist oder nicht. Die Voraussetzungen dafür sind in Art. 36 BV resp. Art. 8 Abs. 2 EMRK aufgeführt. Massgebliche Kriterien sind dabei regelmässig die Dauer der Anwesenheit des Ausländers und sein Verhalten (Leumund, insb. eventuelle Straffälligkeit) in der Schweiz sowie die persönlichen und familiären Nachteile der angefochtenen ausländerrechtlichen Massnahme. Solche Nachteile können sowohl die Familienmitglieder mit Aufenthaltsrecht in der Schweiz treffen als auch jene, die um Aufenthalt in der Schweiz nachsuchen. Nachteile sind etwa die Verpflichtung des um Aufenthalt Nachsuchenden, nicht in der Schweiz bei seiner Familie sondern im Ausland leben zu müssen; auf Seiten des in der Schweiz ansässigen Familienmitglieds besteht der Nachteil insbesondere darin, dem anderen Familienmitglied ins Ausland folgen zu müssen, um mit ihm zusammenleben zu können. Entscheidend ist regelmässig, ob dies den Betroffenen *zumutbar* ist. Dabei sind sämtliche Umstände des konkreten Einzelfalles von Bedeutung.

Gestützt auf Art. 13 BV bzw. Art. 8 EMRK können etwa bei bestehenden intakten und tatsächlich gelebten Beziehungen angefochten werden: 1368

- die Verweigerung der Aufenthaltsbewilligung bzw. die Ausweisung eines Ausländers, der mit einer Schweizerin oder einer hier mit Anspruch auf Bewilligung lebenden Ausländerin verheiratet ist (vgl. etwa BGE 118 Ib 145; 116 Ib 353, 355; EGMR Gül v. Switzerland, 23218/94 (1996), sowie Boultif v. Switzerland, 54273/00 (2001), in: VPB 2001 Nr. 138, 1392); 1369

- die Verweigerung der Aufenthaltsbewilligung an die minderjährigen Kinder von Schweizern oder von mit Anspruch auf Bewilligung in der Schweiz ansässigen Ausländern, wobei die Rechtsprechung für die Eingriffsvoraussetzungen einen Unterschied danach macht, ob die Eltern zusammen oder getrennt leben (vgl. BGE 130 II 137, 141; 129 II 249, 252; 129 II 11, 14f.; 249, 252 ff.; 126 II 329, 330 ff.; 125 II 585, 586); 1370

- die Verweigerung der Aufenthaltsbewilligung bzw. die Ausweisung einer Ausländerin, die in der Schweiz ein schweizerisches oder ein mit Anspruch auf Bewilligung lebendes minderjähriges Kind hat (vgl. BGE 127 II 60, 66; 122 II 289; 120 Ib 1, 3 f.); 1371

- die Ausweisung eines Ausländers der zweiten Generation (dh. eines hier geborenen und aufgewachsenen Ausländers; vgl. BGE 122 II 433, 439 f.); 1372

- die Verweigerung der Aufenthaltsbewilligung an ein volljähriges Kind, an einen Elternteil oder an einen sonstigen Verwandten, wenn in der einen oder anderen Richtung ein Abhängigkeitsverhältnis besteht (vgl. BGE 120 Ib 256, 257; 115 Ib 1; EGMR vom 26. März 2002 iS. Mir v. Switzerland, 51268/99 (2002), in: VPB 2002 Nr. 116, 1322); und 1373

- die Verweigerung der Aufenthaltsbewilligung an einen gleichgeschlechtlichen Lebenspartner (BGE 126 II 425). 1374

Mit dem Inkrafttreten des FZA (Abkommen zwischen der Schweizerischen Eidgenossenschaft einerseits und der Europäischen Gemeinschaft und ihren Mitgliedstaaten andererseits über die Freizügigkeit vom 21. Juni 1999, SR 0.142.112.681) und der daran anschliessenden Ergänzung des EFTA-Übereinkommens (Übereinkommen zur Errichtung der Europäischen Freihandelsassoziation vom 4. Januar 1960, Vaduzer Abkommen vom 21. Juni 2001, SR 0.632.31) sind im Verhältnis mit der EU und der EFTA neue Anspruchsgrundlagen auf Anwesenheit in der Schweiz 1375 geschaffen worden: Art. 3 Anhang I FZA und Art. 3 Anhang K/Anlage 1 EFTA-Übereinkommen garantieren den Bürgern der EU und von EFTA-Staaten sowie ihren Angehörigen selbständige Ansprüche auf Anwesenheit, welche die grundrechtlichen Ansprüche überlagern und zum Teil weiter gehen als diese (siehe etwa BGE 129 II 249; 130 II 1; 130 II 113; 131 II 339). Gewährleisten diese Abkommen im konkreten Fall keinen Schutz, kann sich der Betroffene EU- oder EFTA-Angehörige nach wie vor auf die Garantien von Art. 13 BV resp. Art. 8 EMRK berufen. Schweizern steht die Berufung auf das FZA und das EFTA-Übereinkommen zum Nachzug ausländischer Familienangehörigen nur dann offen, wenn sie selber von den Freizügigkeitsrechten aus diesen Verträgen Gebrauch gemacht haben, etwa wenn sie sich gestützt darauf in Deutschland aufgehalten haben und beispielsweise ihre dort geheiratete Ehefrau in die Schweiz nachziehen wollen (EuGH The Queen ./. Immigration Appeal Tribunal & Srinder Singh, Rs. C-370/90 [1992] Ziff. 21; BGE 129 II 249, 260).

IX. Schutz der Privatsphäre

Literatur

AUER/MALINVERNI/HOTTELIER II, Rz. 379–410; BREITENMOSER STEPHAN, in: St. Galler Kommentar, Art. 13; MÜLLER/SCHEFER, Grundrechte, 164–217; WIEDERIN EWALD, in: Korinek/Holoubek (Hrsg.), Österreichisches Bundesverfassungsrecht, Art. 8 EMRK (2002), Rz. 29–70.

a. Datenschutz und informationelle Selbstbestimmung

Literatur

ALBERS MARION, Informationelle Selbstbestimmung, Baden-Baden 2005; EPINEY ASTRID, Datenschutz und «Bilaterale II», SJZ 2006, 121 ff.; MAURER-LAMBROU URS/VOGT NEDIM PETER (Hrsg.), Basler Kommentar Datenschutzgesetz, 2. Aufl. Basel/Genf/München 2006; SCHWEIZER RAINER J., in: St. Galler Kommentar, Art. 13 Abs. 2, Rz. 37–53.

1. Allgemeines

1376 Art. 13 Abs. 2 BV garantiert jeder Person das Recht, selber zu bestimmen, wem und wann sie persönliche Lebenssachverhalte, Gedanken, Ideen oder Emotionen offenbart. Der Verfassungstext, der nur vor *Missbrauch* persönlichkeitsrelevanter Daten schützt, ist zu eng (so auch SCHWEIZER, Rz. 39; BIAGGINI, BV Kommentar, Art. 13, Rz. 11; MÜLLER/SCHEFER, Grundrechte, 167 f.; BGE 128 II 259, 268; 129 I 232, 245).

1377 Dieses *Recht auf informationelle Selbstbestimmung* wurde ursprünglich vom Bundesgericht im Rahmen der aus Art. 4 BV (1874) abgeleiteten Verfahrensgarantien und in Anlehnung an die Rechtsprechung des deutschen Bundesverfassungsgerichts (BVerfGE 65, 1, 41; «Zensus-Urteil») entwickelt (grundlegend in BGE 113 Ia 1; neuer BGE 133 I 77).

Das Grundrecht stellt einen *Teilaspekt des Rechts auf eine persönliche Geheim-* 1378
sphäre dar und setzt den staatlichen Organen Schranken bei der Bearbeitung von
Angaben mit einem Bezug zur Persönlichkeit eines konkreten Menschen. In den
Schutzbereich fällt jegliche staatliche «Verarbeitung» persönlichkeitsnaher Daten,
wie das Erheben, Sammeln, Bearbeiten, Aufbewahren oder Weitergeben solcher
Angaben (BGE 128 II 259, 268; 122 I 360, 362; 118 Ib 277, 281). Das Schutzbedürfnis intensiviert sich mit zunehmender Persönlichkeitsnähe der Informationen.

> So wird die Garantie informationeller Selbstbestimmung auch aktuell, wenn 1379
> persönlichkeitsbezogene Daten von einer Behörde an eine andere weitergege-
> ben werden (zur Weitergabe eines medizinischen Dossiers vom Vertrauensarzt
> an den Spezialisten BGE 131 II 413). Der Vermerk in einem staatlichen Regis-
> ter, eine Person sei homosexuell, betrifft zentrale Aspekte der Persönlichkeit
> (BGE 113 Ia 1).

> Demgegenüber stehen *rein finanzielle* Angaben einer Person unter geringerem 1380
> grundrechtlichem Schutz. In BGE 104 Ia 49, 53 wurde die höchstrichterliche
> Praxis begründet, wonach dem *Bankgeheimnis* (dazu hinten Rz. 3119–3121)
> nicht der Charakter eines verfassungsmässigen Rechts zukommt (seither BGE
> 123 II 153, 160; 124 I 176 nicht publ. Erwägung 4e [abgedruckt in plädoyer
> 1/1999, 79f.]; 125 II 83, 84).

> In BGE 120 Ia 147, 150 wird festgehalten, es sei unzulässig, erkennungsdienst- 1381
> liche Daten gestützt auf eine strafprozessuale Bestimmung, welche die Voraus-
> setzungen der Leibesvisitation eines Angeschuldigten regelt, auch nach Ab-
> schluss des Strafverfahrens aufzubewahren. Das Gericht lässt die Aufbewah-
> rung von Videoaufnahmen von öffentlichem Grund während 100 Tagen nur
> unter restriktiven Voraussetzungen zu (BGE 133 I 77, 82ff.).

> Das Bundesgericht erachtet den Eingriff in die Privatsphäre von Polizisten, die 1382
> Namensschilder tragen müssen, im Lichte der Zumutbarkeit (Verhältnismässig-
> keit ieS.) als gerechtfertigt (BGE 124 I 85, 87).

> Die informationelle Selbstbestimmung ist verletzt, wenn die im Rahmen eines 1383
> Einbürgerungsverfahrens erforderlichen persönlichen Daten des Gesuchstellers
> an alle Stimmberechtigten verteilt würden (BGE 129 I 232, 246). Das Bundes-
> gericht lässt jedoch die Verteilung an alle Teilnehmer einer Gemeindeversamm-
> lung zu; problematisch erscheint dabei der Hinweis des Gerichts, der Gesuch-
> steller willige mit seinem Einbürgerungsgesuch in einen solchen Eingriff ein
> und dieser erscheine auch deshalb als gerechtfertigt (so Urteil 1D_17/2007
> [2008] E. 4.4). Ein staatliches Verfahren muss auch dann sämtlichen grund-
> rechtlichen Anforderungen gerecht werden, wenn es auf Gesuch hin eingeleitet
> wird.

Dem grundrechtlichen Anliegen des Datenschutzes wurde im Sinne von 1384
Art. 35 BV im Verhältnis zu den Bundesorganen ua. durch den Erlass des *Daten-*
schutzgesetzes (DSG; SR 235.1) Rechnung getragen. Kantonale Behörden unterstehen kantonalen Datenschutzgesetzen. Darüber hinaus enthalten zahlreiche Gesetze spezifische Bestimmungen zum Datenschutz.

2. Schutzansprüche

1385 Der Einzelne besitzt als Instrumente zur Gewährleistung des Datenschutzes die Ansprüche auf *Auskunft* (vgl. etwa BGE 125 I 257, 261) sowie *Berichtigung* bzw. *Löschung* (BGE 120 Ia 147, 149; 126 I 7, 12) fehlerhafter oder nicht mehr benötigter Daten. Diese Ansprüche stehen dem Betroffenen zu, ohne dass er ein spezifisches Interesse an ihrer Geltendmachung darlegen müsste.

1386 Dem Auskunftsrecht stehen bisweilen Geheimhaltungsinteressen von Drittpersonen entgegen. In solchen Situationen sind diese Interessen an der Geheimhaltung mit jenen an der Einsicht abzuwägen.

1387 In BGE 128 I 63, 78 (bestätigt in BGE 134 III 241, 246) hat das Bundesgericht entschieden, dass ein mündiges Adoptivkind das unbedingte Recht auf Kenntnis seiner leiblichen Eltern hat, was ihm auch einen Anspruch auf Zugang zu den überdeckten Eintragungen im Zivilstandsregister betreffend die Abstammung vermittelt. Dieser Anspruch steht dem Adoptivkind unabhängig von einer Abwägung mit entgegenstehenden Interessen zu. Zur Kritik an dieser Praxis MÜLLER/SCHEFER, Grundrechte, 151 f.

1388 Neben die Individualansprüche der betroffenen Personen treten durch *Aufsichtsinstanzen* auszuübende Kontrollinstrumente des Datenschutzes. Die Aufsicht bezieht sich auf grundsätzliche und systematische Fehler der Datenbearbeitung und wird durch Datenschutzbeauftragte bzw. durch Datenschutzkommissionen wahrgenommen.

1389 Art. 18 des BG über Massnahmen zur Wahrung der inneren Sicherheit (BWIS; SR 120) gewährleistet nur ein sog. «indirektes» Auskunftsrecht: Danach wird ein Einsichtsgesuch in die vom Geheimdienst erhobenen Angaben vom Eidgenössischen Datenschutz- und Öffentlichkeitsbeauftragten bearbeitet. Dieser «teilt der gesuchstellenden Person in einer stets gleichlautenden Antwort mit, dass in Bezug auf sie entweder keine Daten unrechtmässig bearbeitet würden oder dass er bei Vorhandensein allfälliger Fehler in der Datenbearbeitung eine Empfehlung zu deren Behebung an das Bundesamt gerichtet habe». Damit soll verhindert werden, dass zB. mutmassliche Terroristen Auskunft darüber erhalten können, was der Geheimdienst über sie weiss (resp. nicht weiss). Diese Regelung schiesst aber weit über ihr Ziel hinaus, indem sie auch solche Fälle erfasst, in denen eine solche Gefahr gar nicht besteht. Sie ist in ihrer heutigen Breite uE. mit dem Anspruch auf Auskunft nach Art. 13 Abs. 2 BV nicht vereinbar (vgl. auch den Grundsatzentscheid der ehemaligen Eidgenössischen Datenschutz- und Öffentlichkeitskommission vom 15. Februar/23. Mai 2006 und BEAT RUDIN, «Indirekte Auskunft» nach Art. 18 BWIS, digma 2006, 184 ff.).

3. Aktuelle Problemstellungen des Anspruchs auf informationelle Selbstbestimmung

1390 Das Grundrecht auf informationelle Selbstbestimmung ist in jüngerer Zeit vielfältigen gesetzlichen Konkretisierungen und Einschränkungen unterworfen. So wurde das Datenschutzgesetz des Bundes einer eingehenden Revision unterzogen, die auf eine Stärkung des Schutzes dieses Grundrechts abzielte und am 1. Januar 2008 in Kraft trat (AS 2007, 4983 ff.). In verschiedenen besonderen Sachbereichen wurden neue Regelungen erlassen, wie etwa das BG über genetische Untersuchungen beim Menschen vom 8. Oktober 2004 (GUMG; SR 810.12) oder das DNA-Profil-Gesetz vom 30. Juni 2003 (SR 363). Zudem wurden zahlreiche neue Datenbanken geschaffen, wie etwa eine über Fussball-Hooligans (Art. 24a BWIS), oder die Schweiz trat internationalen Datenbanken wie dem Schengener Informationssystem SIS (dazu Art. 355d StGB) oder der asylrechtlichen Datenbank EURODAC bei (dazu die seit 12. Dezember 2008 in Kraft stehenden neuen Art. 102a bis 102g und Art. 107 AsylG sowie Art. 111i AuG). Die Bundesversammlung hat am 3. Oktober 2008 dem BG über die militärischen Informationssysteme (MiG; Referendumsvorlage in BBl 2008, 8265) zugestimmt. Zahlreiche weitere Gesetze mit engem Bezug zur informationellen Selbstbestimmung stehen noch in der politischen Diskussion, wie insbesondere das Staatsschutz-Gesetz mit Bezug auf die Überwachung privater Orte oder der Abhörung und Durchsuchung von Telefonen und Computern (Art. 18d–18f E-BWIS II, BBl 2007, 5145; der Nationalrat hat am 17. Dezember 2008 Nichteintreten beschlossen).

4. Verhältnis zum verfahrensrechtlichen Akteneinsichtsrecht

Das Akteneinsichtsrecht kann *als prozessualer Anspruch gemäss Art. 29 Abs. 2 BV* nur im Rahmen *hängiger staatlicher Verfahren* geltend gemacht werden. Vom Schutzbereich erfasst sind diesfalls alle Akten, die mit Blick auf den Verfahrensausgang entscheidrelevant sind, wobei eine Persönlichkeitsnähe, wie sie im Rahmen von Art. 13 Abs. 2 BV verlangt wird, nicht vorzuliegen braucht. 1391

> Fehlt die Personenbezogenheit der Daten, in die Einsicht verlangt wird, kann die Ausübung des Rechts im Vorfeld oder nach Abschluss eines Verfahrens vom Vorliegen eines speziellen Interesses abhängig gemacht werden (BGE 122 I 153, 161). Bei der Garantie von Art. 13 Abs. 2 BV ergibt sich das Interesse der betroffenen Person an Einsichtnahme bereits aufgrund der Persönlichkeitsrelevanz der in Frage stehenden Angaben. 1392

> Besonders ist die Situation im erstinstanzlichen Verwaltungsverfahren, da in diesem nicht nur die Akteneinsichtsrechte nach Art. 29 Abs. 2 BV bestehen, sondern auch jene des Datenschutzgesetzes (Art. 2 Abs. 2 Bst. c i.V.m. Art. 8 DSG; dazu BGE 125 II 473). 1393

b. Unverletzlichkeit der Wohnung

Literatur

MÜLLER/SCHEFER, Grundrechte, 183–200; VON GUNTEN JEAN-MARC, Das Grundrecht der Unverletzlichkeit der Wohnung, Zürich 1992; WARNTJEN MAXIMILIAN, Heimliche Zwangsmassnahmen und der Kernbereich privater Lebensgestaltung, Diss. Baden-Baden/Göttingen 2007.

1394 Der Schutz der Wohnung schützt das Privatleben in einer seiner zentralen *räumlichen* Ausprägungen. Er setzt Hausdurchsuchungen, Überwachungsmassnahmen oder anderen behördlichen Kontrollen Schranken. Der Mensch soll über einen Rückzugsort verfügen, an dem er seine persönlichen Belange abgeschirmt von Einblicken oder vom Auskundschaften Dritter und des Staates gestalten kann und der ihm ein gewisses Gefühl von Geborgenheit ermöglicht.

1395 Als *Wohnung* im Sinne dieser Bestimmung gelten dabei alle Räumlichkeiten, die in erkennbarer Weise dem Gebrauch und der Beanspruchung als Privatsphäre dienen, was etwa durch die Art der tatsächlichen Nutzung und durch Markierungen nach aussen hin manifest wird. Von Bedeutung ist zudem, ob der Betroffene eine berechtigte Erwartung in die Privatheit einer Räumlichkeit haben darf.

1396 Neben der Wohnung im engeren Sinne werden damit auch ihre Neben- und Aussenräume, Hof und Garten, aber auch nur zeitweilig bewohnte Räume wie Campingwagen, Hotelzimmer, Wohnboote oder Zelte umfasst. Autos dienen primär der räumlichen Fortbewegung und vermitteln nicht jene Geborgenheit wie eine Wohnung. Nach hier vertretener Ansicht wird die Privatheit des Autos durch die allgemeine Garantie des Privatlebens nach Art. 13 Abs. 1 BV geschützt, nicht durch die spezifische Garantie der Unverletzlichkeit der Wohnung. Wichtigste Konsequenz ist, dass ein Auto auch ohne richterliche Genehmigung durchsucht werden kann, wenn die erforderlichen Verdachtsgründe vorliegen (in dieses Richtung auch der U. S. Supreme Court in New York v. Class, 475 U. S. 106, 114 f. [1986]). Nicht von Relevanz ist die eigentümerrechtliche Beziehung zum fraglichen Objekt; auch Mieter und Pächter geniessen den verfassungsrechtlichen Schutz der Wohnung. Umstritten ist jedoch, ob ein Anspruch nur aus Besitz abgeleitet werden kann; uE. besteht er in diesem Fall nur dann, wenn durch Duldung des Besitzes eine Vertrauensposition entstanden ist (dazu MÜLLER/SCHEFER, Grundrechte, 188).

1397 Nicht geklärt scheint, wie weit auch *Geschäftsräume* vom Schutz der Unverletzlichkeit der Wohnung erfasst werden. Nach hier vertretener Ansicht fallen sie insoweit unter den Schutz dieses Grundrechts, als sie in die Räume einer Privatwohnung integriert sind. Räumlichkeiten dagegen, die ausschliesslich zu geschäftlichen Zwecken benützt werden, fallen uE. unter den Schutz der Wirtschaftsfreiheit. Der EGMR schützt auch solche Räume im Rahmen von Art. 8 EMRK, allerdings mit geringerer Intensität als Privatwohnungen; dies hängt damit zusammen, dass die EMRK keine Wirtschaftsfreiheit enthält, wie sie Art. 27 BV verankert. Eine derart weite Umschreibung des Schutzbereichs von Art. 13 BV ist deshalb nicht erforderlich (anders jedoch MAHON, Rz. 12).

1398 Die Wohnung als Ort der persönlichen Entfaltungsmöglichkeit und der Privatheit des Menschen wird auch durch Normen auf *Gesetzesstufe* geschützt. Art. 186 StGB (Hausfriedensbruch) bestraft das Verweilen oder das Eindringen in die Räumlichkeiten gegen den Willen des Berechtigten. Auch etwa die Bestimmungen über den Besitzesschutz in Art. 926–929 ZGB zielen auf den Schutz des Privatraums.

1399 Besonders intensiv geschützt sind Räume von Betroffenen, die von einem spezifischen Berufsgeheimnis erfasst werden, wie Anwälte, Ärztinnen oder Geistliche.

Solche Räume dürfen nur durchsucht werden, wenn Straftaten der Betroffenen selber in Frage stehen; Unterlagen, die durch das Berufsgeheimnis geschützt werden, dürfen nicht beschlagnahmt werden (siehe BGE 130 II 193, 198; 125 I 46, 50; 106 IV 413, 424).

Noch nicht endgültig geklärt ist die Frage, unter welchen Voraussetzungen Art. 13 Abs. 1 BV für die Durchsuchung einer geschützten Wohnung die Genehmigung eines Gerichts erfordert («Richtervorbehalt»). BIAGGINI, Rz. 9 erachtet einen solchen Vorbehalt als «fraglich», MAHON, Rz. 11 dagegen grundsätzlich als gefordert. UE. ist eine Hausdurchsuchung grundsätzlich nur aufgrund einer gerichtlichen Anordnung zulässig. Ist Gefahr im Verzug, darf die Genehmigung auch im Nachhinein eingeholt werden. Ausnahmen können sich bei gewissen behördlichen Kontroll- und Zugangsrechten ergeben (siehe die Auflistung von rund 120 diesbezüglichen bundesrechtlichen Regelungen im Gutachten des Bundesamtes für Justiz vom 31. Januar 2005, VPB 2007/70 Nr. 46), wie beispielsweise zum Ablesen eines Gas-, Wasser- oder Stromzählers, zur Überprüfung von Hygiene- oder Feuerschutzbestimmungen, oder etwa zur Kontrolle illegal betriebener elektronischer Geräte (dazu etwa EGMR Camenzind v. Switzerland, 21353/93 [1997] Ziff. 46 f.). In diesen Fällen sind Zweck und Umfang der Kontrolle von vornherein eng und präzise umschrieben; entsprechend erscheint die Gefahr einer Verletzung der Persönlichkeit des Bewohners geringer. 1400

Eine besonders weite Kompetenz zur Hausdurchsuchung ohne gerichtliche Anordnung oder Genehmigung verankert Art. 9 Abs. 1 AsylG. Danach dürfen die «zuständigen Behörden» die Unterkünfte – auch private – von Asylsuchenden auf Identitätspapiere, gefährliche Gegenstände, Drogen und Vermögenswerte unklarer Herkunft untersuchen. Diese ohne bundesrätliche Botschaft in das Asylgesetz aufgenommene Bestimmung soll nach den Aussagen des damaligen Departementschefs im Ständerat die restriktiven strafprozessualen Anforderungen zur Durchführung einer Haussuchung umgehen (siehe Bundesrat Blocher in Amtl. Bull. SR 2005, 340). Sie hebt im Ergebnis den Schutz der Wohnung für Asylsuchende weitgehend auf; dies ist uE. mit Art. 13 BV nicht vereinbar. 1401

c. Garantie des Brief-, Post- und Fernmeldeverkehrs

Literatur

JENT-SØRENSEN INGRID/KATZENSTEIN ANNEGRET/KELLER HELEN, Telefonüberwachung – Verfassungsrechtliche Vorgaben und praktische Umsetzung, in: Zäch Roger et al. (Hrsg.), Individuum und Verband, Zürich/Basel/Genf 2006, 551 ff.; MÜLLER/SCHEFER, Grundrechte, 201–217; SCHNEIDER JÜRG, Internet Service Provider im Spannungsfeld zwischen Fernmeldegeheimnis und Mitwirkungspflichten bei der Überwachung des E-Mail-Verkehrs über das Internet, AJP 2005, 179 ff.; TSCHENTSCHER AXEL, Das Grundrecht auf Computerschutz, AJP 2008, 383 ff.

Der Anspruch auf Achtung des Brief-, Post- und Fernmeldeverkehrs schützt die Privatsphäre von Personen im Bereich der Individualkommunikation; nicht in den Schutzbereich fällt jene Kommunikation, die nicht zwischen individualisierten Ein- 1402 zelnen, sondern gegenüber einer nicht näher umgrenzten Allgemeinheit erfolgt. Historisch stehen Post, Telefon oder Telegrafie im Vordergrund, die Anwendung des Grundrechts ist aber nicht auf diese Kommunikationsmittel beschränkt und erstreckt sich auch etwa auf E-mail (BGE 130 III 28, 32; 126 I 50, 65), einen «Pager» (EGMR Taylor-Sabori v. The United Kingdom, 47114/99 [2002] Ziff. 18) oder auf Kommunikation mit einem Kurier (MAHON, Rz. 13).

1403 Die Verfassungsgarantie verbürgt «den am Post-, Telefon- und Telegrafenverkehr beteiligten Personen eine Privat- und Geheimsphäre und schützt damit ihre individuelle Freiheit und Persönlichkeit» (BGE 122 I 182, 187).

1404 Dieser Geheimbereich ist unabhängig davon zu gewähren, ob die Kommunikation durch eine *staatliche* Organisation wie die früheren PTT-Betriebe oder durch *private* Anbieter von Fernmeldedienstleistungen (wie Sunrise ua.) vermittelt wird (BGE 126 I 50, 65). Somit gilt er auch für private Gesellschaften, die im Post- und Fernmeldewesen tätig sind, soweit sie eine öffentliche Aufgabe wahrnehmen (sog. «Leistungsträger»).

1405 Der Anspruch auf Achtung des Briefverkehrs umfasst insbesondere auch die Individualkommunikation in öffentlichen Anstalten, wie etwa die Briefbeförderung in Spitälern, Gefängnissen oder in der Armee (BBl 1997 I, 153).

1406 Überall, wo der Staat infolge einer notwendigen Regulierungszuständigkeit einen *erleichterten Zugriff* auf private Datenflüsse hat, wird das Brief-, Post- und Fernmeldegeheimnis aktuell. Der Schutzbereich erfasst unter dem Gesichtspunkt von Treu und Glauben jedenfalls die berechtigten Erwartungen der Benützerinnen und Benützer auf Respekt ihrer Geheimsphäre.

1407 Auf *Gesetzesebene* sichert Art. 321ter StGB das Post- und Fernmeldegeheimnis. Art. 179^{octies} StGB sieht jedoch eine Ausnahme zugunsten der amtlichen Überwachung vor. Auch das Fernmeldegesetz (FMG) von 1997 (SR 784.10) statuiert in Art. 43 die Pflicht zur Geheimhaltung von Angaben über den Fernmeldeverkehr; Art. 45–45c und Art. 46 FMG konkretisiert diese Regelung. Die Postgesetzgebung enthält demgegenüber nur rudimentäre Bestimmungen (Art. 13 PG und Art. 43 Postverordnung vom 26. November 2003, SR 783.01).

1408 In neuerer Zeit stellt sich zunehmend die Frage, in welchem Rahmen elektronische Informationssysteme gegen staatliche Durchsuchung geschützt sind. Sie können Daten enthalten, deren Kenntnis ausserordentlich tiefe Einblicke in die Persönlichkeit der Benutzer erlauben. Mit der bestehenden Dogmatik können solche Informationssysteme nicht befriedigend erfasst werden: Das Brief-, Post- und Fernmeldegeheimnis erstreckte sich bisher nur auf zwischenmenschliche Kommunikation, während Daten auf elektronischen Informationssystemen regelmässig auch weitere, nicht direkt einer Kommunikation entspringende Angaben enthalten. Der Schutz der Wohnung bietet auch keinen adäquaten Schutz, weil bei elektronischen Informationssystemen das räumlich stabile Element häufig fehlt, etwa bei einem Laptop Computer, einem USB-Stick, einem iPod uä. Das deutsche Bundesverfassungsgericht hat deshalb ein neues «Grundrecht auf Gewährleistung der Vertraulichkeit und Integrität informationstechnische Systeme» anerkannt (BVerfG 1 BvR 370/07 [2008] Ziff. 181 ff. und 201 ff.). Im Rahmen der Bundesverfassung ist uE.

das Brief-, Post- und Fernmeldegeheimnis dahingehend zu erweitern, dass es zusätzlich zur Individualkommunikation auch sämtliche elektronischen Speichermedien schützt, unabhängig davon, ob sie der Kommunikation dienen oder nicht. Entscheidend muss einzig sein, dass der Einzelne auf die Vertraulichkeit seines Speichermediums vertrauen darf (dazu MÜLLER/SCHEFER, Grundrechte, 206 f.; AXEL TSCHENTSCHER, Das Grundrecht auf Computerschutz, AJP 2008, 383 ff. spricht sich demgegenüber in Analogie zum Bundesverfassungsgericht für die Anerkennung eines ungeschriebenen Grundrechts aus).

Die *amtliche Überwachung* des Brief-, Post und Fernmeldeverkehrs oder die Durchsuchung elektronischer Informationssysteme stellt einen schweren Grundrechtseingriff ein und muss verschiedenen verfahrensrechtlichen Garantien genügen (vgl. BGE 122 I 182). UE. muss er grundsätzlich von einem Gericht angeordnet werden (dazu vorne beim Schutz der Wohnung, Rz. 1400). Zudem müssen konkrete Umstände und Erkenntnisse den dringenden Verdacht begründen, dass der Betroffene eine strafbare Handlung ausführt oder begangen hat (wegweisend BGE 109 Ia 273, 287 f.). Zudem sind die Anforderungen von Art. 36 BV einzuhalten. 1409

> Zulässigkeit und Verfahren der Überwachung werden im Bundesgesetz betreffend die Überwachung des Post- und Fernmeldeverkehrs (BÜPF) vom 6.10.2000 (SR 780.1) und der zugehörigen Verordnung geregelt. Diese Bestimmungen wurden leicht verändert in die Schweizerische Strafprozessordnung übernommen (Art. 269 ff. StPO), die im Jahr 2011 in Kraft treten und die heutigen Regelungen im BÜPF – ausser jene über den Vollzug der Überwachung – ablösen soll. 1410

> Der Bundesrat schlägt den Eidgenössischen Räten vor, auch dem Geheimdienst zu erlauben, ausserhalb einer Strafuntersuchung die Individualkommunikation und die elektronischen Informationssysteme von Menschen überwachen zu dürfen, die verdächtigt werden, eine Gefahr für die innere oder äussere Sicherheit der Schweiz darzustellen (Art. 18d-18f E-BWIS II, BBl 2007, 5145 und die Botschaft in BBl 2007, 5097–5101; der Nationalrat hat am 17. Dezember 2008 Nichteintreten beschlossen). 1411

§ 15 Bereiche der persönlichen Lebensgestaltung

I. Recht auf Ehe und Familie

Literatur

AUER/MALINVERNI/HOTTELIER II, Rz. 388–404 und 411–433; BIAGGINI, BV Kommentar, Art. 13 und 14; BREITENMOSER/SCHWEIZER, in: St. Galler Kommentar, Art. 14, Rz. 23–28; CARONI MARTINA, Privat- und Familienleben zwischen Menschenrecht und Migration, Diss. Bern, Berlin 1999; GRANT PHILIPPE, La protection de la vie familiale et de la vie privée en droit des étrangers, Basel 2000; HÄFELIN/HALLER/KELLER, § 13; HANGARTNER YVO, Verfassungsrechtliche Grundlagen einer registrierten Partnerschaft für gleichgeschlechtliche Paare, AJP 2001, 252 ff.; KIENER/KÄLIN, Grundrechte, § 13 und 14; MAHON PASCAL in: Petit commentaire, Art. 13, Rz. 7–10, und Art. 14; MÜLLER/SCHEFER, Grundrechte, 218–250; REUSSER RUTH, in: St. Galler Kommentar, Art. 14; SCHWEIZER RAINER J., in: Merten/Papier, Handbuch, § 213; DERS. in: Verfassungsrecht der Schweiz, § 43, Rz. 23–26; ŠMID NICOLE, Die gleichgeschlechtliche Partnerschaft im Rechtsvergleich, in: Büchler Andrea (Hrsg.), Kommentar Eingetragene Partnerschaft, Bern 2007, 86 ff.; SORROSAL AZUCENA, Soziale Wirksamkeit der Grundrechte, dargestellt am Beispiel der Einelternfamilie, St. Gallen 2002; VILLIGER MARK E., in: Verfassungsrecht der Schweiz, § 40, Rz. 25; ZANGA BRUNO/ GUHL CAMILLUS, Familiennachzug ausländischer Personen, AJP 2001, 403 ff.; ZIEGLER ANDREAS R./BERTSCHI MARTIN/CURCHOD ALEXANDRE/HERZ NADJA/MONTINI MICHEL (Hrsg.), Rechte der Lesben und Schwulen in der Schweiz: Eingetragene Partnerschaft, faktische Lebensgemeinschaft, Rechtsfragen zur Homosexualität, Bern 2007.

a. Die geschützten Grundrechte

Art. 14 BV schützt zwei Grundrechte: Mit dem *Recht auf Ehe* übernimmt die Verfassung die schon unter der BV von 1874 in Art. 54 sowie in Art. 12 EMRK gewährleistete Ehefreiheit. Das *Recht auf Familie* knüpft an die bundesgerichtliche Praxis zur «Persönlichen Freiheit» der Bundesverfassung von 1874 (siehe BGE 115 Ia 234, 249; 119 Ia 460, 477) sowie an das entsprechende Recht in Art. 12 EMRK an. 1412

b. Individualrecht und Institutsgarantie

Das Recht auf Ehe nach Art. 14 BV schützt den konkreten Einzelnen und garantiert die Ehe als *Institut* (BGE 119 II 264, 267). Als Institutsgarantie verpflichtet es den Gesetzgeber, angemessene Regeln über das Verfahren der Eheschliessung sowie deren Ausgestaltung und Auflösung zu erlassen. Er muss dabei den sich gesellschaftlich wandelnden Anschauungen über die Ehe Rechnung tragen; uE. verbietet die Institutsgarantie dem Gesetzgeber nicht, die Ehe auch auf gleichgeschlechtliche Partnerschaften auszudehnen (so auch MÜLLER/SCHEFER, Grundrechte, 230; aA. BGE 126 II 425, 432; SCHWEIZER, § 213, Rz. 25). 1413

1414 Während Generationen war das Bild der Ehe von der Vorstellung einer auf Lebenszeit ausgerichteten Verbindung von Mann und Frau zwecks Gründung einer Familie geprägt. Doch bereits Ende des vergangenen Jahrtausends ist dieses Bild in der Schweiz sowie in weiten Teilen der westlichen Welt ins Wanken geraten. Neben die Ehe im beschriebenen, traditionellen Sinn sind weitere Lebensweisen wie Konkubinatspaare oder gleichgeschlechtliche Partnerschaften in Erscheinung getreten. Das Institut der lebenslangen, monogamen Ehe ist brüchig und die Scheidung zu einem regulären Mittel der Konfliktbewältigung geworden (dazu BEAT FUX, Familiale Lebensformen im Wandel, Neuchâtel 2005).

1415 Auch das Recht auf Familie enthält eine der Institutsgarantie der Ehefreiheit ähnliche Verpflichtung, indem es dem Staat gewisse positive Schutzpflichten auferlegt. So muss er die für eine Familiengründung notwendigen Rechtsnormen erlassen (EGMR Kroon v. The Netherlands, 18535/91 [1994] Ziff. 32) und etwa die für eine Anerkennung der biologischen Vaterschaft erforderlichen Verfahren einrichten (EGMR Mikulić v. Croatia, 53176/99 [2002] Ziff. 64).

c. Zum Schutzbereich der Ehefreiheit

1. Abgrenzung zum Recht auf Familienleben

1416 Die Ehefreiheit nach Art. 14 BV gewährleistet das Recht, unbeeinträchtigt durch staatliche, insb. polizeiliche Einschränkungen eine Ehe einzugehen. Dies wird auf internationaler Ebene ausdrücklich durch Art. 12 EMRK, Art. 23 UNO-Pakt II oder etwa Art. 9 EGRC geschützt. Das Recht auf eheliches Zusammenleben und auf Familienleben fällt demgegenüber in den Schutzbereich von Art. 13 Abs. 1 BV (siehe auch Art. 8 EMRK, Art. 17 UNO-Pakt II, Art. 7 EGRC).

2. Gleichgeschlechtliche Partnerschaften und eheähnliche Lebensgemeinschaften

1417 Nach traditioneller Auffassung schützt die Ehefreiheit nur die «klassische» Ehe zwischen Mann und Frau, verstanden als eine auf Dauer angelegte, umfassende Lebensgemeinschaft zwischen zwei Menschen unterschiedlichen Geschlechts.

1418 *Gleichgeschlechtliche Partnerschaften* fallen nach der Rechtsprechung des Bundesgerichts und des UNO-Menschenrechtsausschusses nicht in den Schutzbereich der Ehefreiheit (BGE 126 II 425, 431 f.; MRA Joslin v. New Zealand, 902/1999 [2002] Ziff. 8.2).

1419 Eingriffe in gleichgeschlechtliche Partnerschaften können nach dieser Praxis uU. die Achtung des Privatlebens (Art. 13 Abs. 1 BV und Art. 8 EMRK) verletzen (vgl. Urteil des Bundesgerichts vom 22.5.1992, in EuGRZ 1993, 562ff.; BGE 126 II 425).

1420 Der EGMR anerkennt zudem, dass die Ehefreiheit auch transsexuelle Paare schützt; die Ehefreiheit knüpft damit nicht allein an biologische Faktoren an (EGMR Goodwin v. The United Kingdom [GC], 28957/95 [2002] Ziff. 98–104).

Der Bundesgesetzgeber hat das Bundesgesetz über die eingetragene Partnerschaft 1421
gleichgeschlechtlicher Paare (Partnerschaftsgesetz, PartG, SR 211.231) verabschiedet; es ist seit 1. Januar 2006 in Kraft. Es ermöglicht gleichgeschlechtlichen Paaren, ihre Partnerschaft registrieren zu lassen. Das Gesetz nähert den Status solcher Partnerschaften jenem der Ehe in verschiedenen Gebieten an, wie etwa im Erbrecht, im Vermögensrecht oder bei den Unterhaltspflichten.

> Die eingetragene Partnerschaft wird beim Zivilstandsamt beurkundet und be- 1422
> gründet eine Lebensgemeinschaft mit gegenseitigen Rechten und Pflichten. Das Gesetz belässt es nicht bei einem Verweis auf die für Ehepaare geltenden Regelungen. Mit der eingetragenen Partnerschaft werden eigenständige Normen geschaffen, die den Besonderheiten gleichgeschlechtlicher Beziehungen – namentlich Kinderlosigkeit und idR. beidseitige Erwerbstätigkeit – Rechnung tragen sollen.

> Die Adoption bleibt nach Art. 28 PartG für gleichgeschlechtliche Paare nach 1423
> wie vor ausgeschlossen. Dies erscheint nicht unproblematisch, da Alleinstehende – unabhängig von ihrer sexuellen Ausrichtung – zur Adoption zugelassen sind (Art. 264b Abs. 1 ZGB; uE. wird die Einzeladoption durch Art. 28 PartG nicht ausgeschlossen; aA. INGEBORG SCHWENZER, in: Büchler (Hrsg.), Eingetragene Partnerschaften, Bern 2007, Art. 28, Rz. 9 und 14). Entsprechend zeigt sich der EGMR in seiner neueren Praxis skeptisch gegenüber einer Schlechterstellung gleichgeschlechtlicher Paare bei der Adoption, ohne sie jedoch klar als unvereinbar mit Art. 8 i.V.m. Art. 14 EMRK zu erklären (siehe E. B. v. France [GC], 43546/02 [2008] Ziff. 70–98).

> Art. 28 PartG schliesst zudem die Verfahren der künstlichen Fortpflanzung für 1424
> eingetragene Paare aus.

> Das Partnerschaftsgesetz stellt einen enormen Fortschritt gegenüber dem frühe- 1425
> ren Rechtszustand gleichgeschlechtlicher Paare dar. Es stellt sich allerdings die Frage, ob eine solche Sonderlösung, die ungute Erinnerungen an die «separate-but-equal»-Praxis des U. S. Supreme Court weckt, nicht im Kern eine Diskriminierung der Homosexuellen darstellt.

> In *Deutschland* ist am 1. August 2001 ein Gesetz zur Beendigung der Diskrimi- 1426
> nierung gleichgeschlechtlicher Gemeinschaften (Lebenspartnerschaftsgesetz; BGBl. I 2001, 266) in Kraft getreten. Gegen dieses Gesetz wurde das Bundesverfassungsgericht angerufen (vgl. BVerfGE 105, 113). Dieses verneinte eine Verletzung des Gebotes des Vorrangs der Ehe vor anderen Partnerschaftsformen (Art. 6 Abs. 1 GG) sowie eine Diskriminierung von Konkubinatspaaren – sie können sich nicht auf das Gesetz berufen (Art. 3 Abs. 3 Satz 1 GG). Aus dem Schutz- und Fördergebot der Ehe in Art. 6 Abs. 1 GG (die BV kennt dazu keine äquivalente Bestimmung) könne kein Gebot hergeleitet werden, andere Lebensformen gegenüber der Ehe zu benachteiligen.

Es erscheint zunehmend schwieriger, den Ausschluss homosexueller Paare von der 1427
Ehefreiheit sachlich zu begründen.

> Die obersten Gerichte der U. S.-Gliedstaaten Massachusetts und Kalifornien 1428
> halten fest, es sei mit der Menschenwürde und der Rechtsgleichheit nicht vereinbar, die Ehe auf heterosexuelle Partnerschaften zu beschränken (Goodridge

v. Department of Public Health, 798 N. E.2d 941 [Mass. 2003] sowie In re Marriage Cases, 183 P.3d 384 [2008]).

1429 In zahlreichen europäischen Ländern und U. S.-amerikanischen Gliedstaaten wurden in den letzten Jahren Partnerschaftsgesetze geschaffen, die teilweise die Ehe auch für gleichgeschlechtliche Paare öffnen (siehe ŠMID, Rz. 11 ff.).

1430 Ebenfalls nicht in den Schutzbereich von Art. 14 BV fällt die *faktische Lebensgemeinschaft von Mann und Frau* (Konkubinat).

1431 Auch das Konkubinat untersteht lediglich der Gewährleistung des Anspruchs auf Achtung des Privatlebens gemäss Art. 13 Abs. 1 BV und Art. 8 EMRK.

d. Zum Schutzbereich des Rechts auf Familie

1432 Das durch Art. 14 BV garantierte Recht auf Familie wurde von den Eidgenössischen Räten erst in die Bundesverfassung von 1999 aufgenommen, ohne dass sie sich damit im Plenum eingehend auseinandergesetzt hätten. Das Recht auf Familie beruht auf zwei Entwicklungssträngen: Es nimmt die bundesgerichtliche Praxis zur Fortpflanzungsmedizin im Rahmen der Persönlichen Freiheit auf (BGE 115 Ia 234 und 119 Ia 460) und lehnt sich an Art. 12 EMRK und Art. 23 UNO-Pakt II an. Es ist nun auch in Art. 9 EGRC enthalten. Das Recht auf Familie garantiert, eine Familie gründen zu dürfen, insb. das Recht, eigene Kinder zeugen oder adoptieren zu dürfen (vgl. BBl 1997 I, 154) sowie das Recht auf Eingehung eines Stief- oder Pflegeelternverhältnisses.

1433 Den publizierten Materialien lässt sich keine Einschränkung auf verheiratete Paare entnehmen. UE. stehen auch unverheiratete Paare unter dem Schutz dieses Grundrechts (vgl. dazu auch AUER/MALINVERNI/HOTTELIER II, Rz. 368; aA. REUSSER, Art. 14, Rz. 26).

1434 Das Recht auf Familie steht auch Inhaftierten zu (mit Bezug auf Art. 8 EMRK EGMR Aliev v. Ukraine, 41220/98 [2003] Ziff. 188). Inhaftierte unterliegen jedoch besonderen Einschränkungen.

1435 Mit Art. 14 BV unvereinbar wäre eine *staatlich angeordnete* Schwangerschaftsverhütung, Abtreibung oder Sterilisation (vgl. aber Art. 7 Abs. 2 und Art. 8 des BG über die Voraussetzungen und Verfahren bei Sterilisation vom 17. Dezember 2004, SR 211.111.1.). Der Bundesgesetzgeber erachtet jedoch das Verbot der Eispende und die Beschränkung der heterologen Insemination auf Ehepaare (vgl. Art. 3 und 4 Fortpflanzungsmedizingesetz FMedG; SR 814.90) im Hinblick auf das Kindeswohl als mit Art. 14 BV vereinbar.

e. Einschränkungen in einzelnen Rechtsbereichen

1. Ehehindernisse

1436 Das Eingehen einer Ehe wird durch die *Ehehindernisse des ZGB* (Art. 95 und 96 ZGB) ausgeschlossen. Diese dienen eugenischen Anliegen (siehe Art. 95 ZGB, so-

weit Blutsverwandte betroffen sind) und der Wahrung des Familienfriedens. An das
Erfordernis der Urteilsfähigkeit der Eheleute (Art. 94 Abs. 1 ZGB) dürfen im Hinblick auf Art. 14 BV keine hohen Anforderungen gestellt werden (vgl. BGE 109 II
273, 276 zu Art. 97 Abs. 1 aZGB).

> Die in den aufgehobenen Art. 104 und 150 aZGB auferlegte Wartefrist des 1437
> schuldigen Ehegatten für eine neue Eheschliessung verstiess gegen das Recht
> auf Ehe in Art. 12 EMRK (EGMR F. v. Switzerland [GC], 11329/85 [1987]
> Ziff. 33–40). Im Zuge der Revision des Eherechts wurde dieses Eheverbot ersatzlos gestrichen (BBl 1996 I, 12 f.).

Das Argument des Familienfriedens als Rechtfertigung von Ehehindernissen verliert in einer Gesellschaft, in der das unverheiratete Zusammenleben mit oder ohne Kinder ohne weiteres toleriert wird, seine Stringenz. Das Ehehindernis zwischen Stiefeltern und Stiefkindern gemäss Art. 95 Abs. 1 Ziff. 2 ZGB wurde deshalb per 1. Januar 2006 aufgehoben (es wurde vom Bundesgericht als vereinbar mit Art. 12 EMRK erachtet, BGE 128 III 113; der EGMR erblickte in einem analogen englischen Verbot dagegen eine Verletzung von Art. 12 EMRK, siehe B. & L. v. The United Kingdom, 36536/02 [2005] Ziff. 34–41). 1438

2. Ausländerrechtliche Schranken

Art. 97a ZGB ermächtigt die Zivilstandsbeamten, auf ein Ehegesuch nicht einzutreten, wenn damit offensichtlich die ausländerrechtlichen Bestimmungen über die Zulassung zu Aufenthalt und Niederlassung in der Schweiz umgangen werden sollen (siehe auch die entsprechende Strafbestimmung in Art. 118 Abs. 2 AuG). Ein Nicht-Eintretensbeschluss stellt eine schwerwiegende Beeinträchtigung der Ehefreiheit dar. Aus grundrechtlicher Sicht erscheint der weite Entscheidspielraum, den diese Bestimmung den Zivilstandsbeamten einräumt, problematisch. 1439

Die Staatspolitische Kommission des Nationalrats hat am 31. Januar 2008 einen Entwurf für einen neuen Art. 98 Abs. 4 ZGB verabschiedet, wonach Verlobte, die nicht Schweizerbürgerinnen oder Schweizerbürger sind, während des Vorbereitungsverfahrens ihren rechtmässigen Aufenthalt in der Schweiz nachweisen müssen (BBl 2008, 2479; zustimmende Stellungnahme des Bundesrates vom 14. März 2008, BBl 2008, 2481). Dadurch sollen Scheinehen verhindert werden. Die Kommission weist zu Recht darauf hin, dass diese Regelung in die Ehefreiheit eingreift und im konkreten Einzelfall sorgfältig auf ihre Verhältnismässigkeit zu prüfen ist (BBl 2008, 2477); der Wortlaut lässt allerdings nur einen engen Spielraum offen. Problematisch erscheint insbesondere, dass hinter dieser Bestimmung die generelle Vermutung steht, ausländische Gesuchsteller ohne gültigen Aufenthalt in der Schweiz würden die Ehe zum Zwecke der Umgehung des Ausländerrechts eingehen wollen (dazu auch MARIE-LAURE PAPAUX VAN DELDEN, Mariages fictifs, Jusletter vom 22. Oktober 2007, Rz. 3). 1440

3. Strafvollzug

1441 Grundsätzlich steht die Ehefreiheit auch Personen im Strafvollzug zu. Jedoch darf das Ehe- und Familienleben zugunsten des rechtskräftigen Vollzugs der Freiheitsstrafe und der Aufrechterhaltung der Anstaltsordnung verhältnismässigen Einschränkungen unterworfen werden.

1442 Kein Verstoss gegen die Ehefreiheit gemäss Art. 14 BV und Art. 12 EMRK lag nach Auffassung des Bundesgerichts in einem Fall vor, in dem einem Ausländer die Durchführung des Strafvollzugs in der Schweiz verweigert und er zur Verbüssung der Haftstrafe nach Süddeutschland ausgeliefert wurde, obwohl er mit einer Schweizerin verheiratet war und mit ihr in der Schweiz lebte. Im konkreten Fall lagen keine besonderen Umstände vor, die diese Trennung unzumutbar erscheinen liessen (Urteil 1A.203/2001 [2002]; vgl. demgegenüber BGE 122 II 485 bezüglich der Verletzung von Art. 8 EMRK). Unzulässig ist demgegenüber ein generelles Verbot für Strafgefangene, eine Ehe einzugehen (Urteil der EKMR in den Entscheiden Hamer v. The United Kingdom, 7114/75 (1977) und Draper v. Grossbritannien 8186/78 (1980), Zusammenfassung in EuGRZ 1982, 531 ff.).

1443 Auch das Recht auf Familie steht Inhaftierten zu. Ein Verbot von Sexualkontakten von Inhaftierten mit dem Partner muss deshalb die Voraussetzungen zulässiger Grundrechtseinschränkung erfüllen (so mit Bezug auf Art. 8 EMRK der EGMR Aliev v. Ukraine, 41220/98 [2003] Ziff. 188). Inhaftierten steht zudem der Zugang zu den Techniken der künstlichen Fortpflanzung offen (EGMR Dickson v. The United Kingdom [GC], 44362/04 [2007] Ziff. 85).

4. Steuer- und Sozialversicherungsrecht

1444 Verheiratete Paare werden uU. im *Steuer- und Sozialversicherungsrecht* schlechter gestellt als unverheiratete.

1445 So dominiert in der Schweiz nach wie vor das System der *gemeinschaftlichen Besteuerung* von Ehegatten. Das Bundesgericht verlangt eine angemessene Entlastung für Ehepaare, um eine möglichst weitgehende Gleichbehandlung von Ehe- und Konkubinatspaaren zu erreichen; dem Steuergesetzgeber wird indes ein grosser Spielraum eingeräumt (vgl. BGE 110 Ia 7; 120 Ia 329; 134 I 248). Nachdem der Bundesgesetzgeber während über 20 Jahren um die Verfassungswidrigkeit seines Steuersystems wusste, sind auf den 1. Januar 2008 *Sofortmassnahmen* (sic) im Bereich der Ehepaarbesteuerung in Kraft getreten (AS 2007, 615 f.).

1446 Das Bundesgericht erachtete weder die Ehefreiheit noch das Recht auf Familienleben als betroffen, wenn Verheiratete durch die Regelungen im Bundesgesetz über die AHV gegenüber Unverheirateten benachteiligt werden (vgl. BGE 120 V 1; 113 V 113).

II. Glaubens- und Gewissensfreiheit

Literatur

AUER/MALINVERNI/HOTTELIER II, Rz. 434–524; BIAGGINI, BV Kommentar, Art. 15; CAVELTI URS JOSEF/KLEY ANDREAS, in: St. Galler Kommentar, Art. 15; EHRENZELLER BERNHARD, in: Merten/Papier, Handbuch, § 212; EVANS CAROLYN, Freedom of Religion under the European Convention on Human Rights, Oxford 2001; EVANS MALCOLM D., Religious Liberty and International Law in Europe, Cambridge 1997, reprint 2008; HÄFELIN/HALLER/KELLER, § 14; HAFNER FELIX, in: Verfassungsrecht der Schweiz, § 44; HILTI MARTIN, Die Gewissensfreiheit in der Schweiz, Diss. Basel, Zürich/St. Gallen 2008; KIENER/KÄLIN, Grundrechte, § 27; LERNER NATAN, Religion, Secular Belief and Human Rights, Leiden/Boston 2006; MAHON PASCAL, in: Petit commentaire, Art. 15; MÜLLER/SCHEFER, Grundrechte, 251–291; PAHUD DE MORTANGES RENÉ (Hrsg.), Religiöse Minderheiten und Recht, Freiburg 1998; RHINOW RENÉ, Religionsfreiheit heute, recht 2002, 45ff.; SAHLFELD KONRAD, Aspekte der Religionsfreiheit, Diss. Luzern, Zürich/Basel/Genf 2004; TAYLOR PAUL M., Freedom of Religion, Cambridge 2005; WYSS MARTIN PHILIPP, Vom Umgang mit dem Transzendenten: Überlegungen und Anmerkungen zur Religionsfreiheit im Spiegel der neueren bundesgerichtlichen Judikatur, recht 1998, 173ff.

a. Verankerung und Aktualität

1. Umfassender Schutz der Religionsfreiheit

Art. 15 BV gewährleistet die Religionsfreiheit unter dem Titel «Glaubens- und Gewissensfreiheit» als Menschenrecht. Zusätzlich nehmen sich andere Verfassungsbestimmungen der Religionsfreiheit an oder sind für sie von Bedeutung: 1447

> So ist nach Art. 8 Abs. 2 BV jede *Diskriminierung* aufgrund der religiösen, weltanschaulichen oder politischen Überzeugung verboten. Art. 62 Abs. 2 BV erklärt den *Grundschulunterricht* in der ganzen Schweiz für obligatorisch; das noch in Art. 27 Abs. 3 BV (1874) ausdrücklich festgehaltene Erfordernis des religiös neutralen Unterrichtes gilt auch unter der Verfassung von 1999. Schliesslich hält Art. 72 BV unter der Marginalie «Kirche und Staat» fest, dass die *Kirchenhoheit* bei den Kantonen liegt (Abs. 1) und dass Bund und Kantone Massnahmen zur Wahrung des religiösen Friedens treffen können (Abs. 2). Eingeleitet wird die Bundesverfassung zudem mit der Anrufung Gottes «Im Namen Gottes des Allmächtigen», einer Invocatio dei, die ergänzt wird durch den Zusatz in der Präambel, dass Volk und Stände sich diese Verfassung «in der Verantwortung gegenüber der Schöpfung» gegeben haben. 1448

> Im internationalen Recht wird die Religionsfreiheit insbesondere in der EMRK (Art. 9, 14) und im UNO-Pakt II (Art. 18, 27) geschützt. Auch Art. 10 EGRC gewährleistet sie. 1449

Die für die Gewährleistung der Religionsfreiheit besonders relevanten Gebiete der Kirchenhoheit, des Schulwesens und des Strafvollzugs sind liegen in der Kompetenz der Kantone. Art. 72 Abs. 1 und Art. 62 Abs. 1 BV halten dies für das Verhältnis von Kirche und Staat sowie für das Schulwesen im Sinne einer Verdeutlichung 1450 fest; diese kantonale Zuständigkeit ergibt sich aber bereits aus der allgemeinen Zuständigkeitsregel von Art. 3 und Art. 42 Abs. 1 BV.

1451 Diese *kantonalen* Zuständigkeiten führen dazu, dass sich vor allem die Kantone mit Fragen beschäftigen müssen, welche die Religionsgemeinschaften allgemein betreffen und die Sicherstellung der Religionsfreiheit in den Schulen und Strafanstalten zum Gegenstand haben.

2. Aktualität

1452 Die Religionsfreiheit ist zwar heute sowohl in der Bundesverfassung als auch im Völkerrecht umfassend verankert. Gerade bei diesem Grundrecht zeigt sich aber in besonderem Masse, dass die grundrechtlichen Versprechen der Toleranz und Anerkennung religiöser Vielfalt nur im Rahmen des bestehenden gesellschaftlichen Konsenses eingelöst werden können. Hier äussert sich die Schwierigkeit, die eigenen, zum Teil als absolut erlebten religiös begründeten Wahrheitsansprüche den konfligierenden Gewissheiten anderer Religionen auszusetzen. Während im 19. und frühen 20. Jahrhundert die Auseinandersetzung über den Primat der eigenen religiösen Wahrheit vorwiegend zwischen Protestanten und Katholiken auch mit Gewalt ausgefochten wurde, stehen heute Konflikte zwischen ansonsten weitgehend säkularisierten Christen einerseits und Muslimen andererseits im Vordergrund.

1453 Die muslimische Bevölkerung stellt heute die drittgrösste religiöse Gruppe in der Schweiz dar: Rund 41,8 % der Gesamtbevölkerung der Schweiz gehörten im Jahre 2000 zur römisch-katholischen Kirche, rund 35,3 % waren protestantisch. 4,3 % der Schweizer Bevölkerung waren muslimischen Glaubens, und rund 11,1 % der Bevölkerung gehörten keiner Religionsgemeinschaft an (Statistisches Jahrbuch der Schweiz 2003, Zürich 2003, 700).

1454 Das kulturell Andersartige wird als religiös motivierte Subversion gedeutet, die an den Werten eines christlich geprägten Gemeinwesens scheitern müsse. Der Absolutheitsanspruch von Religionen wird ganzen Kulturen auferlegt mit der Folge, dass diese miteinander in einem unversöhnlichen Gegensatz, ja geradezu einem Kampf, zu stehen scheinen (besonders illustrativ SAMUEL P. HUNTINGTON, The Clash of Civilizations, London 1997, 45–48). Solche Vereinfachungen und Stereotypisierungen vernachlässigen die Vielfalt individueller Lebensentwürfe, Zugehörigkeiten und Loyalitäten und wenden sich letztlich auch gegen die aufklärerische Einsicht der Autonomie und Vernunft des Einzelnen (vgl. auch die Kritik an Huntington von AMARTYA SEN, Identity and Violence, New York NY 2006, 40 ff.).

1455 Das Grundrecht der Religionsfreiheit steht heute im Brennpunkt der Bewältigung der gesellschaftspolitischen Folgen zunehmender globaler Migration. Um seine spezifisch grundrechtliche Funktion, den politischen Mehrheiten Schranken im Umgang mit ungeliebten, politisch unterrepräsentierten Minderheiten zu setzen (grundlegend ELY JOHN HART, Democracy and Distrust, Cambridge MA 1980), dürfen der Konkretisierung der Religionsfreiheit keine religiösen Wahrheitsansprüche unterlegt werden; gerade die Religionsfreiheit kann nur Menschenrecht – ein dem Menschen um seines Menschseins Willen zustehendes Recht – sein, wenn sie möglichst ohne religiöse Parteinahme konkretisiert wird. Wie schwierig nur schon dieser elementaren Einsicht nachzukommen ist, illustrieren die neuere Praxis, die Diskussionen um die Bundesverfassung von 1999 und in der Folge auch deren Text.

Die Reaktionen auf die Gerichtsentscheide (des Bundesgerichts und des deutschen Bundesverfassungsgerichts) über das *Kruzifix* im Klassenzimmer haben nicht nur in der Schweiz, sondern auch in Deutschland deutlich gezeigt, wie brüchig der gesellschaftliche Konsens über die Geltung der Religionsfreiheit nach wie vor ist (vgl. nachstehend Rz. 1475). 1456

Anlässlich der Verfassungsreform von 1999 entzündeten sich zB. bei der Invocatio dei und bei der ausdrücklichen Massnahmenkompetenz zur Wahrung des religiösen Friedens (Art. 72 Abs. 2 BV) intensive Auseinandersetzungen. Auch der frühere Bistumsartikel – die auf den Kulturkampf zurückreichende und vor allem für die katholische Kirche relevante Bestimmung, dass neue Bistümer nur mit Genehmigung des Bundesrates errichtet werden dürfen (alt Art. 72 Abs. 3 BV) – war im Rahmen der Verfassungsreform heftig umstritten. Seine Aufhebung wurde im Namen der Religionsfreiheit verlangt, doch verzichtete das Parlament angesichts der unerwarteten Opposition aus gewissen reformierten und katholischen Kreisen darauf, dieses Anliegen im Rahmen der Gesamterneuerung der Verfassung zu realisieren. Erst in einer späteren Teilrevision hiessen Volk und Stände die Aufhebung des Bistumsartikels gut (BBl 2001, 4660). 1457

Aber auch «klassische» Themen, wie beispielsweise die Frage der öffentlich-rechtlichen Anerkennung von Kirchen in den Kantonen und damit zusammenhängend deren Autonomie und Finanzierung, prägen heute noch die politische Diskussion (vgl. nachstehend Rz. 1373 ff.). 1458

Inhalt und Grenzen der Religionsfreiheit sind in einem mehrpoligen Spannungsfeld zu bestimmen, das ua. von folgenden Faktoren geprägt wird: vom individuellen und kollektiven Freiheitsschutz; von staatlichen Schutz-, Neutralitäts- und Gleichbehandlungspflichten; von tradierten Vorstellungen und Ablagerungen einer christlichen Vergangenheit des Gemeinwesens; vom unsicheren öffentlichen Umgang mit neueren und ungewohnten, teilweise Ängste auslösenden Glaubensformen, aber auch mit überlieferten Feindbildern, wie sie etwa dem Antisemitismus zugrunde liegen; und schliesslich vom Bedürfnis nach Wahrung und Durchsetzung elementarer Menschenrechts- und Demokratieanliegen auch innerhalb von Glaubensgemeinschaften. 1459

b. Zur Invocatio dei

Die Bundesverfassung wird in der Präambel mit der Anrufung Gottes eingeleitet. Die Invocatio dei stellt eine alte Tradition dar, die sich bis in die ersten Bündnisse unter den alten Eidgenossen zurückverfolgen lässt. Insofern handelt es sich um einen bedeutsamen Traditionsanschluss, der jedoch nicht zum Anlass genommen werden darf, die durch die Bundesverfassung begründete Ordnung als grundsätzlich christlich zu verstehen. 1460

1461 Inhaltlich soll die Präambel daran erinnern, dass die Einsicht des Menschen und die Macht des Staates stets nur bruchstückhaft und fehlbar sind. Im Rahmen der Verfassungsreform wurde hervorgehoben, dass «Gott» angesichts der verschiedenen Religionen und Weltanschauungen nicht nur im christlichen Sinne verstanden werden darf; «der Staat darf keine bestimmte Glaubensüberzeugung für verbindlich erklären, und jede Person kann ‹Gott dem Allmächtigen› einen persönlichen Sinn geben» (BBl 1997 I, 122).

c. Zum Geltungsbereich

1. Sachlicher Geltungsbereich

1462 Die Glaubens- und Gewissensfreiheit in Art. 15 BV umfasst sowohl die *Glaubens- und Gewissensfreiheit* als auch die *Kultusfreiheit*.

1463 Die Religionsfreiheit schützt als Grundrecht in erster Linie vor äusseren Einmischungen in das Recht jedes Menschen, frei über «seine Religion» zu entscheiden, zu glauben oder nicht zu glauben. Sie ist ein Abwehrrecht gegen Zugriffe primär des Staates in die innerste Persönlichkeitssphäre des Individuums (forum internum). Sie erfasst sowohl den Glauben, das Gewissen als auch die Weltanschauung des Betroffenen.

1464 Unter *Glauben* werden Vorstellungen über die Beziehungen zum Göttlichen bzw. zum Transzendenten verstanden. Geschützt sind alle Religionen und Glaubensformen, unabhängig von ihrer quantitativen Verbreitung in der Schweiz, auch sog. «Sekten» (zu Scientology siehe BGE 125 I 369, 374). Der Glaubensfreiheit kommt daher immer auch der Charakter eines Minderheitenschutzes zu.

1465 Als *Gewissen* kann jene innere kritische Instanz bezeichnet werden, die dem Leben und Handeln des Menschen ethische und moralische Massstäbe setzt.

1466 Die ebenfalls geschützte *Weltanschauung* zeichnet sich dadurch aus, dass sie sich auf eine umfassende Weltvorstellung bezieht. Ihr muss für den Bekennenden eine wesentliche identitätsstiftende Funktion zukommen; sie ist für seine Würde und sein Selbstwertgefühl von grundlegender Bedeutung.

1467 Zur Religionsfreiheit gehört auch das Recht, seinen Glauben «nach aussen» zu bekennen und zu praktizieren. Der Einzelne darf selber darüber entscheiden, ob er einer Religionsgemeinschaft beitreten, ihr angehören oder ihr fernbleiben will (Art. 15 Abs. 3 BV). Erfasst werden auch religiös motivierte Ess- und Bekleidungsvorschriften, das Werben für die eigene Religion oder die Kritik an anderen – auch religiösen – Ansichten und Haltungen. Die alte Bundesverfassung bezeichnete diesen Teilgehalt in Art. 50 noch ausdrücklich als Kultusfreiheit; sie wird nun von Art. 15 BV garantiert (BGE 129 I 74, 76) und schützt die freie Teilnahme an kollektiven religiösen Handlungen.

1468 Die Religionsfreiheit schützt – insbesondere für Juden und Muslime – etwa die Teilnahme am Ritus des Schächtens und den Zugang zu koscherem Fleisch (EGMR Cha'are Shalom Ve Tsedek v. France [GC], 27417/95 [2000] Ziff. 80). Das Tierschutzgesetz verbietet jedoch das Schlachten von Säugetieren ohne Betäubung vor Beginn des Blutentzugs (Art. 21 Abs. 1 TSchG vom 16. Dezember 2005, SR 455). Die Zulassung des Imports koscheren Fleisches (Art. 14 TSchG) stellt nur einen unvollkommenen – und von Scheinheiligkeit nicht ganz freien – Ersatz dar; insbesondere wird dadurch den Angehörigen der betroffenen Glaubensgemeinschaften nicht ermöglicht, am Schächten teilzunehmen. Gerade auch angesichts der antisemitischen Hintergründe der Einführung des Schächtverbots im Jahre 1893 sind differenzierende Lösungen notwendig (vgl. auch WALTER KÄLIN, Grundrechte im Kulturkonflikt, Zürich 2000, 197; MÜLLER/SCHEFER, Grundrechte, 288–291).

2. Persönlicher Geltungsbereich

Auf die Religionsfreiheit können sich *alle Menschen* berufen, unabhängig von ihrer Herkunft, ihrem Bürgerrecht oder ihrem Alter. *Kinder* erreichen die religiöse Mündigkeit bereits mit dem 16. Altersjahr (Art. 303 ZGB). Die Eltern sind bei der Ausübung ihres Rechts auf Bestimmung der religiösen Erziehung ihres Kindes bis zum 16. Altersjahr verpflichtet, das Kind «in einer seiner Entwicklung entsprechenden Weise zu leiten» (Art. 14 Abs. 2 KRK). 1469

Juristische Personen sind nach bundesgerichtlicher Rechtsprechung (BGE 126 I 122, 130 ff.;) nur dann Träger dieses Grundrechts, wenn sie selber religiöse Zwecke verfolgen. 1470

3. Religionsfreiheit und Schule

Nach Art. 15 Abs. 4 BV darf niemand gezwungen werden, religiösem Unterricht zu folgen. Dies gilt jedenfalls für die öffentlichen Schulen; in Privatschulen ist ein obligatorischer Religionsunterricht zulässig. 1471

> Nicht verboten ist auch in der öffentlichen Schule der fakultative Religionsunterricht. Dispensierte Kinder dürfen jedoch nicht gezwungen werden, während des Religionsunterrichts im Zimmer zu verbleiben und beispielsweise Mal- oder Bastelarbeiten auszuführen (Urteil des Bundesgerichts vom 19. Januar 1993, in: ZBl 1993, 219). Zulässig ist der Religionsunterricht dann, wenn er religiöse Gehalte von einem neutralen Standpunkt aus vermittelt, ohne die Identifikation mit einer bestimmten Glaubensrichtung fördern (MRA Leirvåg v. Norway, 1155/2003 [2004] Ziff. 14.3.). 1472

Der Unterricht selbst hat religiös neutral zu erfolgen; der Grundschulunterricht untersteht staatlicher Leitung oder Aufsicht (Art. 62 Abs. 2 BV). Verboten sind auch konfessionell getrennte öffentliche Schulen oder die Subventionierung spezifischer religiöser Schulen; unterstützt der Staat religiöse Schulen finanziell, muss er dies für alle Religionen gleichermassen tun (BGE 125 I 347, 357 ff.). 1473

Die Gewährleistung der Religionsfreiheit in den öffentlichen Schulen hat das Bundesgericht und den Europäischen Gerichtshof für Menschenrechte wiederholt beschäftigt: 1474

> Im Kruzifixfall (BGE 116 Ia 252; deutsche Übersetzung in ZBl 1991, 70 ff.) beschloss der Gemeinderat der Tessiner Gemeinde Cadro, in allen Klassenzim- 1475

mern des neuen Primarschulhauses Kruzifixe anzubringen. Das Bundesgericht hiess eine dagegen eingereichte Beschwerde eines Lehrers, der sich auf seine Religionsfreiheit berufen hatte, gut. Die Gemeinde musste deshalb die Kreuze wieder abhängen.

1476 Im Genfer Kopftuchfall (BGE 123 I 296) ging es darum, dass eine Lehrerin zum Islam konvertiert war und nun während des Unterrichts ein Kopftuch trug. Als der Regierungsrat der Lehrerin verbot, das Kopftuch zu tragen, gelangte diese ohne Erfolg ans Bundesgericht und an den EGMR (Dahlab v. Switzerland [AD], 42393/98 [2001]; zum Thema rechtsvergleichend DOMINIC MCGOLDRICK, Human Rights and Religion: The Islamic Headscarf Debate in Europe, Oxford/Portland OR 2006).

1477 Das Bundesgericht hat wiederholt festgehalten, dass im Rahmen des Verhältnismässigen aus religiösen Gründen ein Anspruch auf Dispensation vom Schulunterricht besteht (BGE 114 Ia 129 [Laubhüttenfest]; 117 Ia 311 [Schuldispens an Samstagen]). Im Jahre 2008 änderte es allerdings seine in BGE 119 Ia 178 begründete Praxis, wonach muslimischen Schulkindern uU. ein Anspruch auf Dispensation vom gemischt-geschlechtlichen Schwimmunterricht zukommt (Urteil 2C_149/2008 [2008]).

1478 In einem türkischen Fall erachtete es der EGMR gar als zulässig, einer Lehrbeauftragten in den Wirtschaftswissenschaften an der Universität zu kündigen, weil sie in den Vorlesungen einen Schleier trug (Kurtumulus v. Turkey [AD], 65500/01 [2001]). Ebenfalls zulässig schien dem Strassburger Gericht, muslimischen Studentinnen in der Türkei zu verbieten, ein Kopftuch zu tragen (Leyla Şahin v. Turkey [GC], 44774/98 [2005], Ziff. 114–116).

1479 Wegleitend ist in allen Fällen das Ziel, einen möglichst religionsneutralen Schulunterricht zu gewährleisten und Angehörige von Minderheitsreligionen in ihrer Glaubensbetätigung zu schützen.

1480 Fragen bleiben allerdings bei Kopftuchfällen offen. Im Genfer Entscheid des Bundesgerichts (BGE 123 I 296) ging es nicht direkt um die Gefahr eines Verstosses gegen die konfessionelle Neutralität des Unterrichts, sondern um das Kopftuch als Symbol der Zugehörigkeit zum Islam, also um ein von der Religionsfreiheit geschütztes Bekennen des eigenen Glaubens. Hier wäre zusätzlich zu berücksichtigen gewesen, dass solche Bekenntnisse zu einem Glauben sowohl bei Lehrern wie bei Schülern einen Weg zum Erlernen von Toleranz und wechselseitigem Verständnis zu öffnen vermögen. Die beiden erwähnten Entscheide des EGMR betreffend die Türkei sind in ihrer Präjudizwirkung beschränkt: So weist der Gerichtshof in seinen Begründungen ausdrücklich auf die strenge, verfassungsrechtlich verankerte Laizität des türkischen Staates hin und erachtet vor diesem Hintergrund die strikten Regelungen als zulässig. Die Schweiz kennt keine derart weitgehende Laizität und darf das Tragen von Kopftüchern für Musliminnen in den öffentlichen Bildungseinrichtungen auch nicht derart weitgehend beschränken.

d. Neutralitäts- und Schutzpflichten

1. Neutralitäts- und Toleranzpflicht

Dem Staat obliegt gestützt auf Art. 15 und Art. 8 Abs. 2 BV eine Pflicht zu Neutralität und Toleranz. Er hat sowohl die Glaubensgemeinschaften als auch die einzelnen Menschen mit ihren Glaubensansichten rechtsgleich und ohne Diskriminierung (Art. 8 Abs. 2 BV) zu behandeln. 1481

> Hier öffnet sich ein aktuelles Problemfeld: Die westlichen Staaten haben zwar – nach langen und leidvollen geschichtlichen Erfahrungen sowie in verschiedenen Formen und Intensitätsstufen – den Weg der Säkularisierung beschritten und die Religionsfreiheit als Menschenrecht anerkannt. Doch dauern religiöstradierte Verflechtungen des Staates mit einer herrschenden Religion in vielen Bereichen immer noch mehr oder weniger an. Dies zeigt sich beispielsweise bei der öffentlich-rechtlichen Anerkennung gewisser Kirchen oder bei der Bestimmung von Feiertagen (FLEINER/GIACOMETTI, Bundesstaatsrecht, 327 f.). Auch in diesen Bereichen kommt der Verpflichtung zu Neutralität und Toleranz eine gewisse – wenn auch verminderte – Bedeutung zu. 1482

> Nicht mit der Garantie religiöser Neutralität und religiöser Toleranz vereinbar wäre es beispielsweise, den Bau von Minaretten generell zu verbieten, Kirchtürme dagegen weiterhin zu erlauben (siehe die zustandegekommene Volksinitiative «Gegen den Bau von Minaretten», BBl 2008, 6851 f. und dazu die Botschaft des Bundesrates vom 27. August 2008, BBl 2008, 7603 ff.). 1483

2. Schutzpflichten

Der Staat hat für eine ungestörte Ausübung der Religionsfreiheit und damit auch für den Schutz von Minderheiten zu sorgen. Dies ist vor allem in staatlichen Einrichtungen wie Schulen, Strafanstalten oder Friedhöfen sowie auf öffentlichem Grund von besonderer Bedeutung. 1484

> Dieser Schutzpflicht ist der Bund beispielsweise nachgekommen, indem er auf dem Wege der Gesetzgebung der Religionsfreiheit in bestimmten Fällen auch unter Privaten Geltung verschafft hat. So kann eine Kündigung des Arbeitsvertrages wegen Betätigung der Glaubensfreiheit missbräuchlich sein (Art. 336 Abs. 1 Bst. b OR). 1485

> Das Bundesverfassungsgericht erachtete es als unzulässig, einer muslimischen Verkäuferin in der Parfümabteilung eines Kaufhauses zu kündigen, weil sie ein Kopftuch trug. Dadurch seien keine wesentlichen betrieblichen Störungen oder wirtschaftlichen Nachteile entstanden (Beschluss vom 30. Juli 2003, in: EuGRZ 2003, 515 ff.). 1486

> Eine gewisse Geltung unter Privaten verschafft der Religionsfreiheit auch etwa das Strafgesetzbuch, welches die Störung der Glaubens- und Kultusfreiheit (Art. 261 StGB) sowie die Diskriminierung wegen der Religionszugehörigkeit (Art. 261bis StGB) unter Strafe stellt. 1487

1488 Der Schutzpflicht des Staates können auf Seiten der Individuen positive Ansprüche auf staatliche Leistungen oder auf ein staatliches Tätigwerden entsprechen. Die Auswirkungen der Schutzpflicht lassen sich an ausgewählten Beispielen der bundesgerichtlichen Praxis aufzeigen:

1489 Im Friedhofsreglement der Gemeinde Hünenberg wurde bestimmt, dass auf allen Gräbern – ohne Rücksicht auf die Religion, zu der sich der Tote bekannt hatte – ein Kreuz zu setzen sei. Dies hielt vor der Kerngehaltsgarantie der Religionsfreiheit nicht stand (BGE 101 Ia 392).

1490 In einer anderen Gemeinde wurde dem islamischen Beschwerdeführer zwar die Verlängerung der Totenruhe auf 70 Jahre hin gewährt, nicht jedoch die ewige Totenruhe, wie es Vorschrift des Korans wäre. Das Bundesgericht schützte auf der Grundlage eines restriktiven Verständnisses religiöser Toleranz die Gemeinde (BGE 125 I 300).

1491 Im Fall infoSekta handelte es sich um einem privaten – von zwei Landeskirchen getragenen – Verein in Zürich, der sich zum Ziel gesetzt hatte, die Methoden von Sekten publik zu machen und deren Mitgliedern den Austritt zu erleichtern. Zu diesem Zweck wurde dem Verein ein einmaliger staatlicher Beitrag aus dem Lotteriefonds im Sinne einer Starthilfe zugesprochen. Scientology wehrte sich vor Bundesgericht erfolglos dagegen (BGE 118 Ia 46), obwohl der Staat die religiöse Neutralität mit diesem Vorgehen gleich in doppelter Hinsicht verletzte: Einmal, weil er eine Massnahme gegen spezifische Glaubensrichtungen unterstützte, und darüber hinaus, weil er eine kirchliche Trägerschaft mitfinanzierte.

1492 Im Basler Scientology Fall ging es darum, dass ein Artikel ins kantonale Übertretungsstrafrecht eingefügt wurde, der das Anwerben oder das versuchte Anwerben von Passanten und Passantinnen durch täuschende oder unlautere Methoden unter Strafe stellt. Die Polizei wird mit diesem Artikel ermächtigt, Anwerbende von einzelnen Orten oder grösseren räumlichen Einheiten wegzuweisen, wenn Anzeichen dafür bestehen, dass bei der Anwerbung widerrechtliche, insbesondere täuschende oder sonst unlautere Methoden angewendet oder Passantinnen und Passanten in unzumutbarer Weise belästigt werden. Die beschwerdeführende Scientology hatte keinen Erfolg vor Bundesgericht (BGE 125 I 369).

1493 In den aufgeführten Fällen genügte es für die Verwirklichung der Religionsfreiheit nicht, dass sich der Staat jeglicher Eingriffe enthielt, sondern er musste im Rahmen seiner Schutzpflicht aktiv werden und Leistungen erbringen, damit das Grundrecht überhaupt ausgeübt werden konnte.

1494 Entscheidend ist dabei, dass die Nachteile des Betroffenen oder das Ausmass seiner Gefährdung in einem angemessenen Verhältnis stehen zum Aufwand des Staates für die positiven Schutzmassnahmen.

e. Öffentlich-rechtliche Anerkennung von Glaubensgemeinschaften

1495 Heute sind die christlichen Landeskirchen in fast allen Kantonen (Neuenburg und Genf kennen eine fast vollständige Trennung von Kirche und Staat), die israelitischen Gemeinden in 4 Kantonen öffentlich-rechtlich anerkannt (die Waadt weist ihnen den Status einer «institution d'intérêt public» zu; Loi du 9 janvier 2007 sur la Communauté israélite de Lausanne et du Canton de Vaud, 180.41). Dies bedeutet, dass das staatliche Recht die Grundzüge der kirchlichen Organisation festsetzt.

 Nicht anerkannte Religionsgemeinschaften unterstehen dem Privatrecht und werden normalerweise in der Form eines privatrechtlichen Vereines gegründet. 1496

Durch die öffentlich-rechtliche Anerkennung werden einerseits Hoheitsbefugnisse 1497 auf die Kirchen übertragen, anderseits der Autonomie der Religionsgemeinschaften gewisse Schranken gesetzt. Dies birgt für die betreffende Kirche Risiken, aber auch gewisse Vorteile in sich: eine Privilegierung gegenüber den anderen, nicht anerkannten Religionsgemeinschaften einerseits, eine gewisse Einschränkung ihres Selbstbestimmungsrechtes anderseits.

 Die *Privilegierung* äussert sich namentlich darin, dass die anerkannten Kirchen 1498 über die vom Staat delegierte Kompetenz verfügen, von ihren Mitgliedern Steuern zu erheben. Die Berechtigung dieser Befugnis wird in der Öffentlichkeit diskutiert und teilweise angefochten. Ihre Legitimation schöpft sie traditionellerweise aus der zahlenmässigen und historischen Bedeutung der Landeskirchen sowie aus den von diesen wahrgenommenen sozialen und karitativen Aufgaben. Für die anerkannten Kirchen gilt zudem die sog. *Mitgliederpräsumption*. Das heisst, dass die Kirchenmitgliedschaft mit der Erfüllung der in der jeweiligen Kirchenverfassung statuierten Voraussetzungen automatisch erworben wird. Die Religionsfreiheit garantiert deshalb, dass der Austritt ohne grosse Formalitäten erklärt werden kann (aus der neueren Praxis BGE 134 I 75, 79f. mH.).

 Die Einschränkung des Selbstbestimmungsrechts durch die öffentlich-rechtliche Anerkennung äussert sich darin, dass die Kantone gestützt auf Art. 72 Abs. 1 BV ua. die Organisation der anerkannten Kirchen in gewissem Rahmen regeln dürfen. Die Religionsfreiheit garantiert aber auch den anerkannten Kirchen ein Minimum an organisatorischer Autonomie (dazu BGE 129 I 68 und EGMR Hasan & Chaush v. Bulgaria [GC], 30985/96 [2000] Ziff. 75 ff.). 1499

Die durch die öffentlich-rechtliche Anerkennung vermittelten Privilegien erschei- 1500 nen vor dem Hintergrund der Religionsfreiheit wie auch der Rechtsgleichheit (Art. 8 Abs. 1 BV) und dem Verbot, Menschen aufgrund religiöser Überzeugungen unterschiedlich zu behandeln (Art. 8 Abs. 2 BV), nicht unproblematisch. Dies insbesondere dann, wenn der Glaubensinhalt einer Gemeinschaft den Ausschlag für oder gegen eine öffentlich-rechtliche Anerkennung gibt.

 Es wäre auch – über die heutige Praxis hinaus – zu fragen, ob die Präsumptivmitgliedschaft nicht in einem gewissen Widerspruch zu Art. 15 Abs. 4 BV steht, wonach niemand gezwungen werden darf, einer Religionsgemeinschaft beizutreten. 1501

 Die exklusive Befugnis zur *Erhebung von Steuern* kann heute kaum mehr mit quantitativen und historischen Gründen legitimiert werden. Allenfalls vermag die Wahrnehmung öffentlicher Aufgaben etwa im Bereich der Sozialhilfe eine derartige Privilegierung zu rechtfertigen. 1502

1503 Das Bundesgericht lässt noch immer zu, dass auch juristische Personen verpflichtet werden können, *Kirchensteuern* zu bezahlen (BGE 126 I 122, 129 ff.). Nicht mehr haltbar erscheint, auch jene juristischen Personen der Kirchensteuerpflicht zu unterstellen, die von wenigen Menschen getragen und geprägt werden; die Ein-Mann-AG beispielsweise eines jüdischen oder muslimischen Kaufmanns darf uE. nicht verpflichtet werden, zugunsten der römisch-katholischen und protestantischen Landeskirchen Steuern zu entrichten.

1504 Anerkannte Kirchen müssen rechtsstaatlich-demokratische Mindestanforderungen erfüllen, etwa mit Bezug auf die demokratische Ausgestaltung innerkirchlicher Entscheidverfahren und die Bindung solcher Kirchen an die Grundrechte (siehe FELIX HAFNER, Bischöfliche Personalentscheide und landeskirchliches Recht, Basel 2007). Das legitime – und grundrechtlich geschützte – Anliegen nach kirchlicher Autonomie kann nur in diesem Rahmen Legitimität beanspruchen. Lassen die Glaubenssätze einer religiösen Gemeinschaft eine demokratische Entscheidungsbildung im Inneren und eine Bindung an die Grundrechte nicht zu, ist von einer öffentlich-rechtlichen Anerkennung abzusehen.

III. Sprachenfreiheit im Kontext des Sprachenrechts

Literatur

AUER/MALINVERNI/HOTTELIER II, Rz. 624–669; AUER ANDREAS, D'une liberté non écrite qui n'aurait pas dû l'être: la «liberté de la langue», AJP 1992, 955 ff.; BIAGGINI GIOVANNI, Sprache als Kultur- und Rechtsgut, DVBl 2005, 1096 ff.; DERS., BV Kommentar, Art. 18; BORGHI MARCO, in: Verfassungsrecht der Schweiz, § 38; FLEINER THOMAS, in: Merten/Papier, Handbuch, § 217; HÄFELIN/HALLER/KELLER, § 16; KÄGI-DIENER, in: St. Galler Kommentar, Art. 18; KIENER/KÄLIN, Grundrechte, § 26; MAHON PASCAL, in: Petit commentaire, Art. 18; MORAND CHARLES-ALBERT, Liberté de la langue et principe de territorialité. Variations sur un thème encore méconnu, ZSR 1993, 11 ff.; MÜLLER/SCHEFER, Grundrechte, 292–306; RICHTER DAGMAR, Sprachenordnung und Minderheitenschutz im schweizerischen Bundesstaat, Heidelberg 2005; THÜRER DANIEL, Recht und Sprache: Von Bivio bis Babylon, in: Hilpold/Perathoner (Hrsg.), Die Ladiner, Wien/Bozen/Zürich 2005, 150 ff.

a. Zur Sprachenvielfalt in der Schweiz

1. Funktionen

1505 Die Schweiz ist nicht durch eine gemeinsame kulturelle und sprachliche Entwicklung geprägt. Vielmehr zeichnet sie sich durch ihre Viersprachigkeit resp. ihre vier Landessprachen und die damit verbundene Vielfalt kultureller Herkunft aus. Die Sprachenvielfalt ist entsprechend ein bedeutsames konstituierendes Element des schweizerischen Bundesstaates (BBl 1997 I, 136) und stellt eines der zentralen Charakteristika der Eidgenossenschaft dar (BBl 1991 II, 310). In Art. 4 BV wird denn auch mit der Bezeichnung der vier Landessprachen Deutsch, Französisch, Italienisch und Rätoromanisch im 1. Teil der Verfassung die grosse, identitätsstiftende Bedeutung der Viersprachigkeit der Schweiz und die damit einhergehenden verschiedenen Sprach- und Kulturgemeinschaften hervorgehoben (vgl. auch vorne § 5 II).

Im Jahr 2000 waren nach Angabe des Bundesamtes für Statistik 63,7 % der Bevölkerung deutschsprachig. 20,4 % gaben Französisch, 6,5 % Italienisch und 0,5 % Rätoromanisch als Hauptsprache an. Die restlichen 9 % machen andere Sprachen aus (einsehbar unter http://www.bfs.admin.ch/bfs/portal/de/index/ dienstleistungen/forumschule/them/02/03b.html). 1506

Die Verwendung der Sprache ist einerseits elementare Voraussetzung der Entfaltung der Persönlichkeit und der Verständigung; sie ist unabdingbar für die Bildung einer eigenen Identität und eines Gefühls der Zugehörigkeit zu einer Gemeinschaft. Damit kann die Sprache eine Grundlage der kulturellen und politischen Zusammengehörigkeit von Menschen im öffentlichen Bereich darstellen; Minderheiten definieren sich regelmässig auch über eine gemeinsame Sprache, die sich von der Mehrheitssprache abhebt. Deshalb ist es regelmässig ein existentielles Anliegen von Minderheiten, in ihrer eigenen Sprache kommunizieren und diese pflegen und lebendig erhalten zu können. 1507

2. Territorialitätsprinzip

In Art. 70 Abs. 2 BV ist das sog. Territorialitätsprinzip verankert. Danach sind die Kantone ermächtigt, im Interesse der Friedenswahrung zwischen den Sprachgemeinschaften und zum Schutz minoritärer Landessprachen vor einer existenzgefährdenden Durchmischung auf die herkömmliche sprachliche Zusammensetzung ihrer Gebiete zu achten. 1508

Das Territorialitätsprinzip erfüllt in diesem Sinn einerseits die Funktion der territorialen Sicherung der Landessprachen und gewährleistet damit eine gewisse Sprachenvielfalt. Anderseits kann es einer lebendigen Weiterentwicklung der Sprachenvielfalt aber auch entgegenstehen. Deshalb wird es im Sinne von Art. 70 Abs. 3 BV vermehrt auch als Verpflichtung des Staates zur Förderung der Beziehungen zwischen den Sprachgemeinschaften verstanden (vgl. etwa PASCAL MAHON, in: Petit commentaire, Art. 70, Rz. 13) oder auch im Sinne einer staatlichen Pflicht, positive Schutzmassnahmen zugunsten einer Sprache zu ergreifen (Urteil des Bundesgerichts vom 8. Juli 1999, in: ZBl 2000, 610 ff.). 1509

Das Territorialitätsprinzip umfasst zahlreiche, zT. gegenläufige Teilgehalte: Es soll die Homogenität eines Sprachgebiets sicherstellen, bedrohte Sprachen erhalten, den Sprachfrieden wahren, Minderheitensprachen schützen und etwa Fremdsprachige assimilieren. Diesen Aspekten kommt je nach Konstellation ein unterschiedliches Gewicht zu. 1510

Insbesondere im Zusammenhang mit dem Schutz von Minderheitensprachen zeigt es sich, dass schon die Bestimmung schwierig sein kann, welche Sprache als Mehrheits- und welche als Minderheitensprache zu qualifizieren ist. Entsprechende Probleme ergeben sich etwa dann, wenn Angehörige einer kantonalen Mehrheitssprache betroffen sind, die beispielsweise in einer bestimmten Gemeinde nur eine Minderheit darstellen (vgl. etwa die deutschsprachige Gemeinde St. Martin im romanischen Bündner Oberland; BGE 100 Ia 462). 1511

3. Teil: Grundrechte

3. Amtssprachen

1512 Die Sprachenvielfalt der Schweiz drückt sich zudem in der Anerkennung von drei gleichwertigen Amtssprachen (Deutsch, Französisch und Italienisch) auf Bundesebene aus. Das Rätoromanische ist eine Teilamtssprache, weil es nur im Verkehr mit Personen rätoromanischer Sprache als solche gilt (Art. 70 Abs. 1 BV). Die Kantone bestimmen selbständig über ihre Amtssprachen.

1513 Die Kompetenz der Kantone, ihre Amtssprache selber festzulegen, wird durch das Territorialitätsprinzip eingeschränkt (vgl. Art. 70 Abs. 2 BV). So hat das Bundesgericht eine Bündner Regelung als unzulässig erachtet, wonach kantonale Gerichtsurteile im ganzen Kantonsgebiet in deutscher Sprache ausgefertigt werden müssen und nur im italienischsprachigen Teil des Kantons eine Übersetzung zu erstellen ist. Dadurch wurden die Angehörigen von starken rätoromanischen und italienischsprachigen Minderheiten in ansonsten überwiegend deutschsprachigen Gemeinden in ihrer Sprachenfreiheit verletzt (Urteil vom 8. Juli 1999, in: ZBl 2000, 610ff.).

4. Förderungsmassnahmen

1514 Zur Unterstützung der Viersprachigkeit der Schweiz sieht die Bundesverfassung verschiedene Förderungsmassnahmen des Bundes im Interesse der Verständigung zwischen den Sprachgemeinschaften und der Erhaltung bedrohter, angestammter Minderheitssprachen vor (vgl. Art. 70 Abs. 3–5 BV).

1515 So haben Bund und Kantone sowohl die Verständigung als auch den Austausch zwischen den Sprachgemeinschaften zu fördern (Art. 70 Abs. 3 BV). Dabei fördert der Bund einerseits Massnahmen der mehrsprachigen Kantone Bern, Freiburg, Wallis, Graubünden, Tessin und Jura zur Erfüllung dieser Aufgabe (Art. 70 Abs. 4 BV) und anderseits unterstützt er die Kantone Graubünden und Tessin bei ihren Bestrebungen zur Erhaltung und Förderung der rätoromanischen und der italienischen Sprache (Art. 70 Abs. 5 BV).

1516 Die Eidgenössischen Räte haben aufgrund einer parlamentarischen Initiative ein neues Sprachengesetz des Bundes verabschiedet (BG über die Landessprachen und die Verständigung zwischen den Sprachgemeinschaften vom 5. Oktober 2007; SR 441.1 [noch nicht in Kraft]). Das Gesetz soll den in der Verfassung vorgesehenen Förderauftrag umfassend umsetzen. Es bezweckt, «die Viersprachigkeit als Wesensmerkmal der Schweiz (zu) stärken; den inneren Zusammenhalt des Landes (zu) festigen; die individuelle und institutionelle Mehrsprachigkeit in den Landessprachen (zu) fördern; (und) das Rätoromanische und das Italienische als Landessprachen (zu) erhalten und (zu) fördern» (Art. 2 SpG). Neben zahlreichen Bestimmungen über den Gebrauch der Amtssprachen durch die Bundesbehörden (Art. 4–13) enthält das Gesetz verschiedene Grundlagen für die Gewährung von Finanzhilfen, etwa für ein wissenschaftliches Kompetenzzentrum, die Sprachförderung in der Schule, die Unterstützung von Nachrichtenagenturen, für mehrsprachige Kantone, oder etwa für nicht gewinnorientierte Institutionen, die sich für die Sprachenvielfalt einsetzen.

1517 Das drängende Problem, dass im Verwaltungs- und Verwaltungsjustizverfahren nach wie vor kein Anspruch auf Dolmetscher oder Übersetzung einer Verfügung besteht, wenn eine Partei keiner Amtssprache mächtig ist, löst das Gesetz nicht. Zwar hält Art. 6 Abs. 5 vage fest: «Im Verkehr mit Personen, die keine Amtssprache beherrschen, verwenden die Bundesbehörden nach Möglichkeit eine Sprache, welche diese Personen verstehen», relativiert aber im Absatz 6 sogleich: «Die besonderen Bestimmungen der Bundesrechtspflege bleiben vorbehalten», womit die Beschränkung auf die Amtssprachen nach Art. 37 VwVG nach wie vor Bestand hat. Auch das Problem der Verwendung von Blindenschrift wird nicht angesprochen.

Im Ganzen macht der Gesetzesentwurf einen eher rückwärtsgewandten Eindruck und befasst sich nicht mit den drängenden Problemen, die sich im Rahmen der Sprachenfreiheit heute stellen. Entsprechend lehnte der Bundesrat den Entwurf ab und stellte keine schriftlichen Anträge zuhanden der WBK-N (BBl 2006, 9049). Vgl. zum SpG auch MARCO SALVODELLI, Die Amtssprachenregelung nach dem neuen Sprachengesetz des Bundes: Ihre Bedeutung für das öffentliche Prozessrecht, ZBl 2008, 478 ff. 1518

Ein weiteres Gesetz, das «BG über Finanzhilfen für die Erhaltung und Förderung der rätoromanischen und der italienischen Sprache und Kultur» vom 6. Oktober 1995 (SR 441.3) erlaubt dem Bund, den Kantonen Graubünden und Tessin finanzielle Unterstützung zur Unterstützung des Rätoromanischen und Italienischen zukommen zu lassen. 1519

b. Zum Geltungsbereich der Sprachenfreiheit

Im Rahmen dieses Zusammenspiels von Landes- und Amtssprachen, Territorialitätsprinzip und Sprachenförderung verankert die Bundesverfassung in Art. 18 BV die Sprachenfreiheit. 1520

Die Sprachenfreiheit wurde vom Bundesgericht erstmals im Jahr 1965 als ungeschriebenes Grundrecht anerkannt (vgl. BGE 91 I 480, 485 f.). Auf internationaler Ebene wird sie, wenigstens teilweise, durch Art. 27 UNO-Pakt II und in der Europäischen Charta der Regional- und Minderheitensprachen (sog. Sprachencharta; SR 0.441.2; in der Schweiz in Kraft seit dem 1. April 1998) gewährleistet. 1521

Der Versuch des Bundesrates, die Sprachenfreiheit 1996 (anlässlich der erfolgten Revision von Art. 116 BV [1874] betreffend den Schutz der Amts- und Landessprachen des Bundes) in der Verfassung zu verankern, scheiterte im Parlament. Auch die Verankerung des Territorialitätsprinzips wurde abgelehnt (vgl. dazu BBl 1997 I, 163). 1522

Die Sprachenfreiheit gewährleistet die Freiheit jedes Einzelnen, sich mündlich oder schriftlich der Sprache seiner Wahl zu bedienen. Dies umfasst primär einmal die Muttersprache. Aber auch eine Zweit- oder Drittsprache, die einer Person nahe steht und welcher sie sich vernünftigerweise zu bedienen pflegt, fällt in den Schutzbereich. 1523

Das Bundesgericht geht sogar davon aus, dass die Sprachenfreiheit jede Sprache schützt, derer sich jemand bedienen will (BGE 122 I 236, 238). Als Sprachen sind zudem nicht nur die natürlichen (dh. historisch gewachsenen) Spra- 1524 chen zu verstehen, sondern auch Dialekte, «künstlich» geschaffene Sprachen (zB. das Romantsch Grischun oder Esperanto) sowie alle Zeichen, Laute oder Symbole, welche dem sozialen Austausch in der Gesellschaft dienen, so auch Gebärden oder die Zeichensprache von Gehörlosen und Taubstummen. Von der Sprachenfreiheit nicht erfasst werden Programmiersprachen, da sie keine inneren Denkprozesse oder zwischenmenschliche Kommunikation strukturieren.

1525 Auf die Sprachenfreiheit können sich alle *natürlichen Personen*, ungeachtet ihres Alters, ihrer Nationalität oder ihres aufenthaltsrechtlichen Status berufen. In der Lehre wird die Meinung vertreten, dass sich auch *juristische Personen* auf die Sprachenfreiheit berufen können (vgl. KIENER/KÄLIN, Grundrechte, 259; HÄFELIN/HALLER/KELLER, Rz. 515; AUER/MALINVERNI/HOTTELIER II, Rz. 658; BORGHI, § 38, Rz. 10). Das Bundesgericht erachtet dies als «denkbar» (BGE 116 Ia 345, 346), hat sich aber noch nicht festgelegt. Soweit die wirtschaftliche Tätigkeit einer juristischen Person betroffen ist, ist uE. die Wirtschaftsfreiheit das relevante Grundrecht.

c. Sprachenfreiheit unter Privatpersonen

1526 Unter Privaten garantiert die Sprachenfreiheit den ungehinderten Gebrauch der *Muttersprache* oder einer Zweit- oder Drittsprache sowie das Erlernen *jeder Sprache*. Interventionen oder Einschränkungen im privaten Sektor sind unzulässig, denn der Schutz von privater Sprachwahl und privatem Sprachgebrauch gehört zum Kerngehalt der Sprachenfreiheit.

1527 So wäre es nicht zulässig, Schülern ausserhalb des Schulbetriebs vorzuschreiben, welcher Sprache sie sich im Umgang miteinander bedienen müssen oder nicht bedienen dürfen.

d. Sprachenfreiheit im Kontakt mit staatlichen Organen

1. Grundsatz

1528 Im Verhältnis zum Staat, insb. in der Schule oder im Umgang mit Behörden, unterliegt die Sprachenfreiheit gewissen Einschränkungen, die sich insbesondere auf das in Art. 70 Abs. 2 BV verankerte *Territorialitätsprinzip* abstützen. Dieses schützt «die herkömmliche sprachliche Zusammensetzung der Gebiete». Die Kantone haben zudem Rücksicht auf die «angestammten sprachlichen Minderheiten» zu nehmen. Dabei geht das Territorialitätsprinzip der Sprachenfreiheit nicht eo ipso vor, sondern dessen Teilgehalte sind gemäss Art. 36 Abs. 2 und 3 BV mit dem grundrechtlichen Schutzgehalt abzuwägen.

2. Insbesondere im Schulbereich

1529 Im Unterricht an öffentlichen Schulen müssen sich Schülerinnen und Schüler der *Unterrichtssprache* der Schule ihres Wohnsitzes anpassen.

Aufgrund des Territorialitätsprinzips hat das Bundesgericht zB. eine zürcherische Regelung geschützt, wonach Schüler, die eine französischsprachige Grundschule besuchen, nach zwei Jahren in eine deutschsprachige Schule übertreten müssen (BGE 91 I 480, 492). Unter dem Aspekt der Sprachenfreiheit ist eine Bündner Gemeinde, in der die Mehrheit der Einwohner Deutsch spricht, weder gehalten, selber romanischen Unterricht anzubieten, noch verpflichtet, die Kosten des Schulbesuchs in einer Nachbargemeinde mit romanischer Sprache zu übernehmen (BGE 100 Ia 462, 466). 1530

Seit der Einführung des Sprachenartikels (Art. 116 BV [1874]) im Jahr 1996 und nun auch gestützt auf die Bundesverfassung bewertet das Bundesgericht jedoch die Weigerung der Schulbehörden, einem Kind den Schulunterricht in seiner Muttersprache in einer Nachbargemeinde zu bewilligen, obwohl die Eltern gewillt sind, die vollen Kosten des Unterrichts selber zu tragen, als unverhältnismässigen Eingriff in die Sprachenfreiheit. Dieser kann auch durch das Interesse der Gemeinde am Schutz ihrer Homogenität und an einer Erleichterung der schulischen Organisation nicht gerechtfertigt werden (vgl. BGE 122 I 236; Urteil 2P.112/2001 [2001]). Einen Anspruch auf Übernahme der Kosten durch die Gemeinde anerkennt das Bundesgericht aber noch nicht. 1531

3. Im Verkehr mit Behörden

Die Sprachenfreiheit kann von den Kantonen aufgrund ihrer Amtssprachen beschränkt werden. Wer mit Behörden kommuniziert, muss eine *Amtssprache* verwenden. Die mehrsprachigen Kantone werden bei der Festlegung ihrer Amtssprache(n) zu einer minimalen Sprachenpolitik angehalten; sie bleiben jedoch dem Gebot des Schutzes von sprachlichen Minderheiten verpflichtet. Das gebietsbezogene Prinzip der Amtssprachen steht somit in einem gewissen Gegensatz zur Sprachenfreiheit, die den Gebrauch der Muttersprache garantiert und sprachlichen Minderheiten den Gebrauch ihrer Sprache ermöglicht (BGE 121 I 196, 198). 1532

Keine Missachtung des Schutzes von Minderheitssprachen – und im Ergebnis gerade noch mit der Sprachenfreiheit vereinbar – war für das Bundesgericht die Regelung in der Freiburger Zivilprozessordnung, welche als einzige Gerichtssprache im zweisprachigen Saanebezirk Französisch festlegte, obwohl in diesem Bezirk 23% der Wohnbevölkerung deutscher Muttersprache sind (BGE 106 Ia 299, 304; bestätigt in BGE 121 I 196). Liegt der Anteil der Minderheitssprache in einem Gerichtsbezirk nahezu bei 50%, so fehlt es an der sprachlichen Homogenität und der Ausschluss dieser Sprache vor Gericht würde gegen die Sprachenfreiheit verstossen (BGE 106 Ia 299, 305; vgl. auch das Urteil des Bundesgerichts vom 7.5.1982, EuGRZ 1982, 317). Aus dem Grundrecht der Sprachenfreiheit lässt sich für einen Asylsuchenden kein Anspruch ableiten, das Asylverfahren in einer Amtssprache seiner Wahl durchzuführen (Entscheid der Schweizerischen Asylrekurskommission vom 22. Dezember 2000 iS. E.G., Türkei, publiziert in VPB 2001, Nr. 72). Das Bundesgericht erachtet es nach wie vor als zulässig, einem fremdsprachigen Angeklagten die Übersetzungskosten eines Dolmetschers (bedingt) zu übertragen (BGE 127 I 141). 1533

1534 Die Bundesanwaltschaft muss hingegen Zwangsmassnahmen gegen einen deutschsprachigen Angeschuldigten in Zürich auch dann in deutscher Sprache anordnen, wenn das übrige Verfahren in italienischer Sprachen gehalten wird (Urteil 1S.6/2004 [2005]).

1535 Nicht zulässig ist auch ein Verbot, mit einer Behörde in einer bestimmten Sprache zu verkehren, das allein den Zweck hat, die Verwendung dieser Sprache zu verhindern. So verletzte Namibia Art. 26 UNO-Pakt II, als es allen Beamten verbot, etwa in Telefongesprächen mit Gesuchstellern Afrikaans zu sprechen (MRA Diergaartd v. Namibia, 760/1997 [2000] Ziff. 10.10).

e. Schutz der Sprache durch andere Grundrechte

1536 Der Sprachgebrauch wird über Art. 18 BV hinaus auch von anderen Grundrechten erfasst.

1537 So verbietet Art. 8 Abs. 2 BV *Diskriminierungen* aufgrund der Sprache (vgl. auch § 19). Bei den verfahrensrechtlichen Grundrechten vermittelt Art. 31 Abs. 2 BV dem Einzelnen bei Freiheitsentzug einen Anspruch auf Aufklärung in einer ihm verständlichen Sprache. Im Strafverfahren kommt dem Angeschuldigten ein Anspruch auf Dolmetscher zu (Art. 6 Ziff. 3 Bst. a und e EMRK; Art. 14 Abs. 3 Bst. f UNO-Pakt II). Die allgemeinen Verfahrensgarantien in Art. 29 BV auferlegen den Gerichten die Pflicht, auf fremdsprachige Eingaben einzutreten oder zumindest eine Nachfrist für deren Übersetzung zu gewähren (siehe etwa BGE 128 I 273, 277, wo das Gericht die Verwendung der Sprache unter dem Gesichtspunkt des Verbots des überspitzten Formalismus beurteilt). Einen Anspruch auf Übersetzung einer Verfügung anerkennt die Praxis aber noch nicht (BGE 127 V 219, 226).

1538 Wird einem Unternehmen aufgrund des Territorialitätsprinzips verboten, die Leuchtreklame in einer von ihm gewählten Sprache anbringen zu dürfen, ist auch die *Wirtschaftsfreiheit* (Art. 27 BV) von dieser Anordnung betroffen (BGE 116 Ia 345). Der UNO-Menschenrechtsausschuss beurteilt analoge Fragestellungen im Rahmen der Meinungsfreiheit nach Art. 19 UNO-Pakt II (Ballantyne, Davidson and McIntyre v. Canada, 359+385/1989 [1993]).

§ 16 Kommunikation

Literatur

AUER/MALINVERNI/HOTTELIER II, Rz. 525 ff.; BARRELET DENIS, in: Verfassungsrecht der Schweiz, § 45; DERS., Droit de la communication, Bern 1998; HÄFELIN/HALLER/KELLER, § 15; KIENER/KÄLIN, Grundrechte, § 17 f.; KLEY ANDREAS/TOPHINKE ESTHER, in: St. Galler Kommentar, Art. 16; MAHON PASCAL, in: Petit commentaire, Art. 16; MALINVERNI GIORGIO, Meinungs-, Medien- und Informationsfreiheit, in: Handbuch der Grundrechte, § 216; MÜLLER JÖRG PAUL/LOOSER MARTIN, Zum Verhältnis von Meinungs- und Wirtschaftsfreiheit im Verfassungsrecht des Bundes und in der EMRK, medialex 2000, 13 ff.; MÜLLER/SCHEFER, Grundrechte, 345–436; PEDUZZI ROBERTO, Meinungs- und Medienfreiheit in der Schweiz, Diss. Zürich 2004; NOBEL PETER/WEBER ROLF H., Medienrecht, 3. Aufl. Bern 2007; PASCHKE MARIAN/BERLIT WOLFGANG/MEYER CLAUS (Hrsg.), Hamburger Kommentar Gesamtes Medienrecht, Baden-Baden 2008; STUDER PETER/MAYR VON BALDEGG RUDOLF, Medienrecht für die Praxis, 3. Aufl. Zürich 2006; WEBER ROLF H., Rundfunkrecht, Bern 2008; ZELLER FRANZ, Öffentliches Medienrecht, Bern 2004.

I. Allgemeines

a. Funktionen der Kommunikationsgrundrechte

Die Bundesverfassung gewährleistet in den Art. 16–18 (Meinungs- und Informationsfreiheit, Medienfreiheit, Sprachenfreiheit) sowie in den Art. 20–23 BV (Wissenschaftsfreiheit, Kunstfreiheit, Versammlungsfreiheit und Vereinigungsfreiheit) verschiedene Grundrechte der freien Kommunikation. 1539

> Die *Sprachenfreiheit* (Art. 18 BV) wird im Rahmen der Bereiche persönlicher Lebensgestaltung behandelt (§ 15 III); sie bildet zwar eine wichtige Voraussetzung jeglicher Kommunikation, erscheint jedoch stärker als die anderen Kommunikationsgrundrechte als elementarer Aspekt der Persönlichkeitsentfaltung und Identitätsbildung. 1540

Die Freiheit, mit anderen Menschen zu kommunizieren, entspricht einem existentiellen menschlichen Bedürfnis und ist unabdingbare Voraussetzung für ein demokratisches Gemeinwesen: 1541

In ihrem *persönlichkeitsbezogenen Aspekt* sind die Kommunikationsgrundrechte elementare Voraussetzung für die Entfaltung des einzelnen Menschen in der Gesellschaft. Informationsaustausch, Meinungsbildung und Meinungsäusserung sind aber auch unabdingbar für faire Meinungs- und Willensbildungsprozesse in der Demokratie; deshalb kommt ihnen auch eine wichtige *politische Bedeutung* zu. Sie sind schlechthin konstituierend für eine rechtsstaatliche Demokratie. 1542

> Die Gewährleistung und Chance eines intersubjektiven, freien Meinungsaustausches stellt eine zentrale Bedingung für demokratische Basisprozesse und 1543

für die Ausübung von Partizipationsrechten im Gemeinwesen dar (näher JÖRG
PAUL MÜLLER, Demokratische Gerechtigkeit, München 1993, 28)

1544 Weil die Kommunikationsgrundrechte über zwei unterschiedliche ideelle Ausrichtungen verfügen – Voraussetzung der Persönlichkeitsentfaltung und demokratischer Willensbildung – kommt ihnen eine *besondere Stellung* zu, eine «preferred position» (vgl. BGE 126 I 133, 140); die Behörden haben die Ausübung dieser Grundrechte in gewissem Masse «privilegiert» zu behandeln (vgl. BGE 96 I 586, 592, wo die Meinungsfreiheit zu Recht als «fondement de tout Etat démocratique» qualifiziert wird).

b. Übersicht über die einzelnen Gewährleistungen

1545 Zu den *Kommunikationsgrundrechten* der Bundesverfassung gehören zunächst die *Meinungsfreiheit* als Recht, Meinungen frei zu bilden, zu haben und ungehindert zu äussern und zu verbreiten (Art. 16 Abs. 1 und 2 BV), die *Informationsfreiheit* als Freiheit des Empfangs von Informationen und des Zugangs zu allgemein zugänglichen Informationsquellen (Art. 16 Abs. 1 und 3 BV), sowie die *Medienfreiheit* (Art. 17 BV), die für Presse und andere öffentliche Medien wie Radio, Fernsehen, Internet und Teletext spezifische Garantien verankert.

1546 Im Vergleich mit den internationalen Gewährleistungen (insbesondere Art. 10 EMRK und Art. 19 UNO-Pakt II) gehört es zu den Eigenheiten der schweizerischen Verfassung, dass die *Teilgehalte der Kommunikationsgrundrechte* in verschiedenen separaten Garantien verselbständigt sind.

1547 Zu unterscheiden ist zwischen dem *kommunikativen Auffanggrundrecht der Meinungsfreiheit* (Art. 16 Abs. 1 und 2 BV) und spezifischen Kommunikationsgrundrechten (wie etwa der Informationsfreiheit oder der Medienfreiheit). Die Meinungsfreiheit bietet dann Schutz, wenn schützenswerte Kommunikation betroffen ist, die durch keines der speziellen Grundrechte freier Kommunikation erfasst wird (MÜLLER/SCHEFER, Grundrechte, 437).

1548 Das Bundesgericht hat die Tragweite und Abgrenzungen der verschiedenen verfassungsrechtlichen Grundlagen in BGE 127 I 145, 151 dargestellt und die Funktion der Meinungsfreiheit als *subsidiäres* Auffanggrundrecht gegenüber den speziellen Kommunikationsgrundrechten betont.

1549 Besonderen Schutz finden der künstlerische Ausdruck in der *Kunstfreiheit* (Art. 21 BV) sowie die wissenschaftliche Lehre und Forschung in der *Wissenschaftsfreiheit* (Art. 20 BV).

1550 *Versammlungs- und Vereinigungsfreiheit* gewährleisten die Kommunikation mehrerer Menschen in Gruppen (Art. 22 und 23 BV). Sie haben auch im internationalen Recht eine eigenständige Verankerung gefunden (Art. 11 EMRK; Art. 21 f. UNO-Pakt II).

1551 Eine besondere schweizerische Ausprägung weist schliesslich die Garantie der *politischen Rechte* im Rahmen der Wahl- und Abstimmungsfreiheit auf (Art. 34 BV).

Meinungsäusserungen in Form von Bitten, Vorschlägen, Kritik oder Beschwerden an die Behörden werden vom *Petitionsrecht* erfasst (Art. 33 BV).

> Politische und demokratische Rechte haben im internationalen Recht in geringerem Mass Eingang gefunden. Art. 3 des Zusatzprotokolls Nr. 1 zur EMRK (von der Schweiz nicht ratifiziert) und Art. 25 UNO-Pakt II (mit Vorbehalt der Schweiz) garantieren das Recht auf freie und geheime Wahlen. 1552

Die Rechtsprechung des Bundesgerichts zu den Grundrechten freier Kommunikation orientiert sich in besonderem Masse an der Praxis des Europäischen Gerichtshofs für Menschenrechte zu Art. 10 EMRK. Eine eigenständige inhaltliche oder dogmatische Weiterentwicklung der Kommunikationsgrundrechte im Rahmen der Bundesverfassung erfolgt heute fast nur noch bei der Wahl- und Abstimmungsfreiheit. Angesichts der beschränkten Fähigkeiten des Strassburger Gerichts, über die Entscheidung von Einzelfällen hinaus diesen Grundrechten vertiefte dogmatische Struktur zu verleihen, erscheint diese weitgehende Unselbständigkeit der Schweizer Praxis bedauerlich. 1553

c. Gemeinsame Aspekte des Geltungsbereichs und des Kerngehalts

Wenn auch die Bundesverfassung die einzelnen Kommunikationsgrundrechte gesondert verankert, so weisen sie in ihrem Geltungsbereich und in den Schrankenvoraussetzungen doch in verschiedener Hinsicht gemeinsame Aspekte auf (vgl. insb. die Darstellung bei MÜLLER/SCHEFER, Grundrechte, 347 ff. und nun auch bei KIENER/KÄLIN, Grundrechte, § 17). 1554

1. Trägerschaft

Die Kommunikationsgrundrechte stehen *allen Menschen* zu, auch Ausländern (siehe Art. 19 UNO-Pakt II). Die Bestimmung von Art. 16 EMRK, die besondere Einschränkungen für Ausländer zulassen würde, hat in der Praxis keine Bedeutung erlangt und erscheint überholt. Auch juristische Personen sind Grundrechtsträger. 1555

> Der Bundesratsbeschluss vom 24. Februar 1948 betreffend politische Reden von Ausländern unterstellte politische Reden von Ausländern ohne Niederlassungsbewilligung einer Bewilligungspflicht. Seine Verfassungsmässigkeit erschien höchst fraglich; er wurde im Jahr 1998 aufgehoben. Seine «Nachfolgebestimmung», Art. 13a des BG über Massnahmen zur Wahrung der inneren Sicherheit vom 21. März 1997 (BWIS; SR 120), ist nicht mehr spezifisch auf Ausländer ausgerichtet, erscheint aber ebenfalls grundrechtlich problematisch (MÜLLER/SCHEFER, Grundrechte, 356). 1556

2. Zensurverbot

Art. 17 Abs. 2 BV verbietet die Zensur. Die systematische Einordnung bei der Medienfreiheit trägt der Tatsache Rechnung, dass sich Zensurmassnahmen primär ge- 1557 gen die Medien richten. Das Zensurverbot beschränkt sich aber nicht auf diesen Bereich, sondern gilt für sämtliche Grundrechte freier Kommunikation.

1558 Das Zensurverbot erfasst zunächst die *systematische Vorzensur:* Die systematische Inhaltskontrolle von Meinungsäusserungen vor ihrer Verbreitung wird von Art. 17 Abs. 2 BV absolut verboten. Dieses Verbot stellt einen *Kerngehalt* der Kommunikationsgrundrechte dar und ist deshalb nicht beschränkbar.

1559 Zulässig können hingegen Präventiveingriffe *im Einzelfall* sein, allerdings nur, wenn sie zum Schutz vor einer konkret nachweisbaren, unmittelbar bevorstehenden Gefahr der Verletzung grundlegender Rechtsgüter (wie menschliches Leben oder militärische Sicherheit) unabdingbar erscheinen (MÜLLER/SCHEFER, Grundrechte, 354 f.). In der Praxis kommt diese Art vorgängiger Einschränkung etwa als vorsorgliche Massnahme bei drohenden Persönlichkeitsverletzungen (Art. 28c ff. ZGB), bei der Sicherstellung von Propagandamaterial (Art. 13a BWIS), oder im Recht des unlauteren Wettbewerbs (Art. 14 UWG) vor (vgl. hinten Rz. 1634 ff.).

1560 Das Zensurverbot richtet sich aber auch gegen die *nachträgliche systematische Zensur.* Verboten ist es dem Staat danach, Verfahren einzurichten, die den Kommunikationsfluss in einem bestimmten Gebiet im Nachhinein systematisch überprüfen und allenfalls repressive Massnahmen daran knüpfen (MÜLLER/SCHEFER, Grundrechte, 353 f.).

d. Gemeinsame Aspekte der Einschränkung

1. Besonderer Schutz vor Einschränkung ideeller Äusserungen wegen ihres Inhalts

1561 In Meinungsäusserungen verwirklicht sich nicht nur die Persönlichkeit einzelner Menschen, sondern sie liegen auch im öffentlichen Interesse freier demokratischer Meinungsbildung. Im Mittelpunkt stehen dabei Kritik und Impulse in Angelegenheiten, die das Gemeinwesen betreffen. Äusserungen zu Fragen von gesellschaftlichem Interesse werden von den Grundrechten freier Kommunikation deshalb besonders intensiv geschützt (BGE 131 IV 23, 28).

1562 Werden solche Äusserungen nicht nur wegen der Art und Weise, wie sie gemacht werden, eingeschränkt, sondern wegen ihres Inhalts, erscheint die Gefahr besonders gross, dass damit missliebige Kritik oder unbequeme Aussenseiter zum Schweigen gebracht werden sollen. Der politische Mehrheitsentscheid erscheint aber nur so lange legitim, als er sich der Kritik und Infragestellung offen hält und nicht zur Tyrannei gegenüber der Minderheit verkommt.

1563 Aus diesen Gründen sind Einschränkungen von Äusserungen zu Fragen von gesellschaftlichem Interesse wegen ihres Inhaltes nur unter sehr restriktiven Voraussetzungen zulässig. Nur wenn die Äusserung hochwertige Rechtsgüter in schwerwiegender Weise konkret und unmittelbar gefährdet, erscheint ihre Einschränkung zulässig. Ausnahmen zu diesem Grundsatz ergeben sich etwa bei gewissen rassistischen, pornographischen und ehrverletzenden Äusserungen sowie bei Gewaltdarstellungen (zum Ganzen MÜLLER/SCHEFER, Grundrechte, 378–395).

2. *Mittelbare Eingriffe in die Kommunikationsgrundrechte («chilling effect»)*

Die Kommunikationsgrundrechte können nicht nur durch direkte Eingriffe (wie zB. durch ein Publikationsverbot) beeinträchtigt werden, sondern auch durch staatliche Verhaltensweisen, die sich mittelbar auf die Ausübung der Grundrechte auswirken. 1564

> So lässt zB. ein vage formulierter Straftatbestand die Normadressaten im Unklaren über die rechtliche Sanktionierung ihres Verhaltens, was sie im Ergebnis vom Gebrauch ihrer durch die Grundrechte geschützten Freiheiten abhalten kann. Für diese Abschreckungswirkung wird in der Rechtsprechung des U. S. Supreme Court und des EGMR der Begriff «chilling effect» verwendet (vgl. dazu MÜLLER/SCHEFER, Grundrechte, 375–377). 1565

e. **Ausübung auf öffentlichem Grund**

Literatur

HANGARTNER IVO/KLEY-STRULLER ANDREAS, Demonstrationsfreiheit und Rechte Dritter, ZBl 1995, 101 ff.; SAXER URS, Die Grundrechte und die Benutzung öffentlicher Strassen, Diss. Zürich 1988; UEBERSAX PETER, La liberté de manifestation, RDAF 2006 I, 25 ff.; WYSS MARTIN PHILIPP, Appell und Abschreckung, ZBl 2002, 393 ff.

Grundrechte sind nach ausdrücklicher Anordnung von Art. 35 BV (vgl. dazu § 12) nicht nur Abwehrrechte gegen Eingriffe des Staates, sondern vermitteln in gewissem Rahmen auch Ansprüche auf staatliche Leistungen. So anerkennt das Bundesgericht gestützt auf die Meinungs- und Versammlungsfreiheit einen *bedingten Anspruch* auf Benutzung des öffentlichen Grundes zur Ausübung dieser Grundrechte (BGE 105 Ia 91, 95; 132 I 256, 259 f.). 1566

In diesem Sinne folgt aus der Meinungs- und Versammlungsfreiheit ein *Leistungselement*, indem in gewissen Grenzen öffentlicher Grund zur Verfügung gestellt werden muss, um die Meinungs- und Versammlungsfreiheit tatsächlich ausüben zu können, etwa im Rahmen von Demonstrationen oder anderen Meinungskundgebungen. Ein entsprechender bedingter Anspruch besteht insbesondere auch dann, wenn das anwendbare einfache Recht die Durchführung von Versammlungen auf öffentlichem Grund von einer Bewilligung abhängig macht: Bei der Beurteilung eines Gesuchs um Bewilligung einer Demonstration beispielsweise muss die zuständige Behörde dem ideellen Gehalt der Meinungs- und Versammlungsfreiheit besonders Rechnung tragen (BGE 126 I 133, 140). 1567

Diese Praxis gilt zunächst für die Benützung öffentlicher Strassen und Plätze. Das Bundesgericht erstreckt sie aber auch etwa auf die Durchführung von Versammlungen in öffentlichen Sälen (ZBl 1992, 40). 1568

1569 Darüber hinaus sind die Behörden verpflichtet, eine Versammlung auf öffentlichem Grund beispielsweise vor Gegendemonstrationen zu schützen. «Die Teilnehmer von Kundgebungen sollen diese tatsächlich abhalten können, ohne Gewalttätigkeiten ihrer Gegner befürchten zu müssen; sie sollen vor dem Hintergrund entsprechender Befürchtungen nicht davon abgehalten werden, ihre Meinungen und Ansichten öffentlich kundzutun. (...) Dementsprechend haben die Behörden durch entsprechende Massnahmen bzw. mittels eines entsprechenden Einsatzes von Polizeikräften im Grundsatz dafür zu sorgen, dass der Beschwerdeführer für die beabsichtigte Kundgebung und die Ausübung seiner Meinungs- und Versammlungsfreiheit geschützt wird.» (BGE 132 I 256, 262).

1570 Die Anerkennung einer *Demonstrationsfreiheit* als ungeschriebenes Grundrecht hat das Bundesgericht bis anhin abgelehnt (vgl. nachstehend Rz. 1696 ff.).

1571 Die Statuierung einer Bewilligungspflicht für die Benutzung öffentlichen Grundes – etwa in einem städtischen Polizeireglement – stellt einen Eingriff in den Schutzbereich der Meinungs- bzw. Versammlungsfreiheit dar und muss nach den Regeln über die Einschränkung von Grundrechten (Art. 36 BV) gerechtfertigt werden können.

1572 Nach früherem Grundrechtsverständnis waren Freiheitsrechte *reine Abwehrrechte* (vgl. etwa BGE 98 Ia 362, 367 bezüglich universitärer Räumlichkeiten). Die Benutzung von öffentlichem Grund war denn auch nur im «normalen» Rahmen (im sog. schlichten Gemeingebrauch) gestattet. Bei Nutzungen, die über dieses Mass hinaus gingen (gesteigerter Gemeingebrauch), wie zB. eine Demonstration, lag es im freien Ermessen der Behörden, diese zu bewilligen.

1573 Die Errichtung eines Bewilligungserfordernisses ermöglicht den Behörden, die konfligierenden Benützungsinteressen auf öffentlichem Grund miteinander zu koordinieren und den allfälligen Einsatz von Sicherheitskräften und weitere Vorsorgemassnahmen zu planen. Die Erteilung einer Bewilligung darf aber nicht an den Inhalt einer Veranstaltung geknüpft werden: «Grundsätzlich ist es nicht Sache der Behörde, die von Kundgebungen vermittelten Auffassungen und Anliegen zu bewerten» (BGE 132 I 256, 261).

1574 Art. 36 Abs. 1 BV verlangt für jede Einschränkung von Grundrechten eine *gesetzliche Grundlage* und erwähnt nur die polizeiliche Generalklausel als Ausnahme. Dies gilt heute auch für eine Bewilligungspflicht bezüglich der Benutzung öffentlichen Grundes.

1575 In seiner langjährigen Praxis verlangte das Bundesgericht für die Statuierung einer Bewilligungspflicht keine ausdrückliche *gesetzliche Grundlage*, sondern rechtfertigte eine vorhandene Bewilligungspflicht mit der Aufsicht der kantonalen Behörden über die öffentlichen Sachen (BGE 100 Ia 392, 398). In einem Entscheid aus dem Jahr 1995 hatte das Gericht eine gesetzliche Grundlage als «wünschbar» bezeichnet (BGE 121 I 279, 283). In seiner neueren Praxis knüpft es jedoch wieder an das polizeistaatliche Verständnis des 19. Jahrhunderts an und lässt eine Bewilligungspflicht auch ohne Grundlage im Gesetz zu (BGE 132 I 97, 100; 128 I 295, 300).

Ihm Rahmen der Erfordernisse eines überwiegenden *öffentlichen Interesses* und 1576
der *Verhältnismässigkeit,* welche zur Rechtfertigung eines Eingriffs notwendig
sind, ist Folgendes zu beachten:

- Es besteht grundsätzlich kein Anspruch auf die Benützung von öffentlichem 1577
  Grund an einem *bestimmten Ort.* Den Behörden steht vielmehr ein gewisses
  Ermessen bezüglich der Verwendung des öffentlichen Grundes zu (BGE 124
  I 267, 271 f.). Erscheint die Benützung eines spezifischen Ortes jedoch erforderlich, um das konkrete kommunikative Anliegen zum Ausdruck bringen zu
  können, kann ein entsprechender Anspruch bestehen; so hält das Bundesgericht mit Bezug auf eine Versammlung, die einen Gegenpol zum rechtsradi-
  kalen Aufmarsch auf dem Rütli markieren sollte, fest: «Die Freiheit der Meinungsäusserung kann es mit der damit verbundenen Appellwirkung geradezu
  erfordern, an einem spezifischen Ort eine Kundgebung durchzuführen»
  (BGE 132 I 256, 260).

- Die Behörde hat beim Entscheid über die Bewilligung neben polizeilichen 1578
  Anliegen und der zweckmässigen Nutzung vorhandener öffentlicher Anlagen auch die *Grundrechte Dritter* einzubeziehen (BGE 127 I 164, 170).

- Die Bewilligung kann mit *Auflagen* (wie zB. bei einer Demonstration die 1579
  Vorgabe einer bestimmten Route oder die Verpflichtung zur Einrichtung eines Ordnungsdienstes) verbunden werden.

II. Meinungsfreiheit

a. Allgemeines

Art. 16 Abs. 1 BV garantiert zunächst in allgemeiner Weise sowohl die Meinungs- 1580
als auch die Informationsfreiheit. Die nachfolgenden beiden Absätze konkretisieren diese beiden Grundrechte.

Die Bundesverfassung von 1874 enthielt zunächst einzig die Pressefreiheit 1581
(Art. 55 BV [1874]); 1984 wurde ein Artikel über Radio und Fernsehen eingefügt (Art. 55bis BV [1874]). Die Meinungsfreiheit dagegen war in ihrem Text
nicht verankert; sie wurde vom Bundesgericht im Jahr 1961 als ungeschriebenes Grundrecht der Bundesverfassung anerkannt (BGE 87 I 114, 117).

Die Meinungsfreiheit ist die *allgemeinste Gewährleistung* freier Kommunikation. 1582
Jeder Inhalt und jede Form der Kommunikation findet in ihr Schutz.

Die Meinungsfreiheit ist gegenüber den anderen Kommunikationsgrundrechten 1583
subsidiär, also ein kommunikatives *Auffanggrundrecht,* und kommt erst zum
Zug, wenn kein anderes, besonderes Kommunikationsgrundrecht betroffen ist.

b. Zum Geltungsbereich

Nach Art. 16 Abs. 2 BV verbürgt die Meinungsfreiheit das Recht jeder Person, 1584
«ihre Meinung frei zu bilden und sie ungehindert zu äussern und zu verbreiten».

1585 In analoger Weise umschreibt Art. 19 Abs. 2 UNO-Pakt II die Meinungsfreiheit dahingehend, sie schliesse «die Freiheit ein, ohne Rücksicht auf Staatsgrenzen Informationen und Gedankengut jeder Art in Wort, Schrift oder Druck, durch Kunstwerke oder andere Mittel eigener Wahl sich zu beschaffen, zu empfangen und weiterzugeben».

1586 Der *Begriff der Meinung* ist weit zu verstehen. Darunter fallen reine Informationen, rationale Überzeugungen, Wertungen und Kritik, aber auch Empfindungen sowie etwa emotionale oder künstlerische Äusserungen.

1587 Geschützt sind auch nonverbale Mitteilungen wie Ansteckknöpfe, Warnfeuer und andere symbolische Handlungen mit Meinungsgehalt, wie etwa das Verbrennen einer Fahne. Voraussetzung für den Schutz im Rahmen der Meinungsfreiheit ist, dass die fragliche Handlung primär eine Kommunikation bezweckt, die von den Adressaten auch als solche verstanden wird.

1588 Heikle Abgrenzungsprobleme können sich zur *Wirtschaftsfreiheit* (Art. 27 BV) ergeben. Kommerzielle Äusserungen, die einzig darauf zielen, wirtschaftliche Transaktionen zu veranlassen (wie gewisse Werbung durch Inserate oder Fernsehspots, «commercial speech»), werden im Rahmen der Bundesverfassung durch die Wirtschaftsfreiheit geschützt (BGE 125 I 417, 420ff.). Wenn dem Werbeinhalt indessen auch ein meinungsbildender Gehalt zukommt, bietet zudem die Meinungsfreiheit Schutz. In der Praxis des EGMR werden demgegenüber auch die rein kommerziellen Äusserungen im Rahmen von Art. 10 EMRK geschützt (vgl. etwa Markt Intern Verlag GmbH v. Germany [GC], 10572/83 [1989] Ziff. 26), weil die EMRK kein der Wirtschaftsfreiheit nach Art. 27 BV analoges Grundrecht enthält. Dies bedeutet nicht, dass die Schweiz von ihrer Konzeption abrücken muss; sie ist nur verpflichtet, kommerzielle Äusserungen im Rahmen von Art. 27 BV zumindest gleich umfassend zu schützen wie der EGMR im Rahmen von Art. 10 EMRK.

1589 Der Meinungsäusserung vorgelagert ist die *Meinungsbildung*, die wiederum einen engen Konnex zur Informationsfreiheit besitzt. «Dazwischen» liegt das «Haben» einer Meinung, das rechtlich kaum fassbar erscheint, da erst die (verbale oder nonverbale) Äusserung über vorhandene Meinungen Aufschluss geben kann.

1590 Problematisch und an der Meinungsfreiheit zu messen sind staatlich angeordnete Massnahmen, die darauf abzielen, Meinungen und Haltungen von Menschen in Erfahrung zu bringen, wie etwa die Erforschung von Motiven zur Dienstverweigerung. Entsprechend verzichtet das Zivildienstgesetz (BG über den zivilen Ersatzdienst vom 6. Oktober 1995, ZDG, SR 824.0) in Zukunft darauf.

III. Informationsfreiheit und Öffentlichkeit der Behörden

Literatur

AUER/MALINVERNI/HOTTELIER II, Rz. 560–569; BRUNNER STEPHAN C./MADER LUZIUS (Hrsg.), Öffentlichkeitsgesetz, Bern 2008; HÄNER EGGENBERGER ISABELLE, Öffentlichkeit und Verwaltung, Diss. Zürich 1990; KIENER/KÄLIN, Grundrechte, § 19; MÜLLER/SCHEFER, Grundrechte, 517–542; NUSPLIGER KURT, 10 Jahre Öffentlichkeitsprinzip im Kanton Bern, in: Datenschutzbeauftragter des Kantons Zürich (Hrsg.), Herausforderung Datenschutz, Zürich/Basel/Genf 2005; POLEDNA THOMAS, Staatliche Informationspflichten (Grundversorgung mit elektronischen Daten), in: Koller/Koller (Hrsg.), Recht und Rechtsdaten, Bern 2004; SAXER URS, Justizkommunikation im Rechtsstaat, in: Heer/Urwyler (Hrsg.), Justiz und Öffentlichkeit, Bern 2007; SCHWEIZER RAINER J., Zum Wirken der Eidgenössischen Datenschutzkommission, ZBl 2007, 349ff.; THURNHERR DANIELA, Öffentlichkeit und Geheimhaltung von Umweltinformationen, Diss. Zürich 2003; VORBRODT STELZER SIBYLLE, Informationsfreiheit und Informationszwang im öffentlichen Sektor, Diss. St. Gallen 1995.

a. Allgemeines

Die Informationsfreiheit erfüllt in der rechtsstaatlichen Demokratie mehrere grundlegende *Funktionen*: 1591

Einmal stellt sie eine unabdingbare Voraussetzung für die Ausübung der *anderen Grundrechte freier Kommunikation* dar; diese sind auf den grundsätzlich freien Zugang zu Dokumenten, Fakten und Meinungen der Träger öffentlicher Gewalt angewiesen, um informiert am öffentlichen Diskurs teilnehmen zu können. Zudem ist sie unaufgebbare Voraussetzung für die *persönliche Entfaltung* und die Herausbildung sozialer Kompetenz des Einzelnen. Schliesslich bildet sie eine Grundbedingung für die Demokratie, deren Lebensnerv der freie Fluss der Informationen ist. 1592

Die heutige *«Informationsgesellschaft»* steht vor grossen *Herausforderungen*, die – selektiv – mit folgenden Stichworten angedeutet werden können: 1593

- Zunehmend besteht die Gefahr einer *Zweiteilung der Gesellschaft* in informierte Menschen und jene, denen der Zugang zu wesentlichen Informationen aus unterschiedlichen Gründen (etwa wegen mangelnder Bildung, Sprache oder Ressourcen) und eine unabdingbar gewordene Medienkompetenz (wozu die Medienkunde, -nutzung, -gestaltung und -kritik gehören) fehlt. 1594

- Die Fülle öffentlich zugänglicher Informationen birgt die Gefahr der Unübersichtlichkeit und Ratlosigkeit, von Desinteresse und selektiver Wahrnehmung relevanter Informationen in sich. Die Anforderungen an ihre *Verarbeitung* sind entsprechend hoch. 1595

- Weiterhin von grosser Bedeutung ist das *agenda setting* in den Medien. Dabei bleibt zentral, dass über die hinter einem Medium stehenden gesellschaftlichen Kräfte möglichst grosse Transparenz besteht und der Zugang zu Medien mit beherrschender Macht weit offen bleibt (und nicht beispielsweise durch technische Massnahmen wie besondere Empfangsgeräte udgl. eingeschränkt wird). 1596

- Die tatsächliche *Machtverteilung* in Staat und Gesellschaft und das Funktionieren der demokratischen Entscheidprozesse hängt zentral vom Zugang der unterschiedlichen Entscheidträger zu Informationen ab. Durch die neuen elektronischen Medien sind die Möglichkeiten markant verbessert worden, Informationen schnell und breit zugänglich zu machen. Dadurch ergeben sich gewisse Veränderungen der politischen Kräfte sowohl auf staatlicher als auch auf zivilgesellschaftlicher Ebene. 1597

b. Zum Geltungsbereich

1598 Die Informationsfreiheit garantiert das Recht, «Informationen frei zu empfangen, aus allgemein zugänglichen Quellen zu beschaffen und zu verbreiten» (Art. 16 Abs. 3 BV). Dies bedeutet zunächst, dass Informationen ohne Eingriffe der Behörden empfangen werden dürfen (BGE 132 III 641, 647f.). So greift etwa ein Verbot, im Gefängnis Zeitungen zu abonnieren, in die Informationsfreiheit ein, ebenso etwa eine raumplanungsrechtliche Vorschrift, welche die Installation von Antenneneinrichtungen zum Empfang von Radio- und Fernsehsignalen untersagt (dazu etwa EGMR Khurshid Mustafa & Tarzibachi v. Sweden, 23883/06 [2008] Ziff. 36). Darüber hinaus garantiert die Informationsfreiheit auch, sich aktiv um Zugang zu öffentlichen Informationen zu bemühen (BGE 130 I 369, 384ff.).

1599 Die Informationsfreiheit gewährleistet insbesondere auch den Anspruch auf Zugang zu Informationen von staatlichen Behörden. Nach konstanter bundesgerichtlicher Praxis, die in Art. 16 Abs. 3 BV in den Text der Bundesverfassung aufgenommen wurde, ist dieser Anspruch aber auf «allgemein zugänglich(e) Quellen» beschränkt (BGE 129 I 249, 253).

1600 Mit Bezug auf *amtliche Dokumente* oder Veranstaltungen bedeutet «allgemein zugänglich», dass nur jene Quellen öffentlich und einsehbar sind, die vom Gesetzgeber oder von den Behörden zur Einsicht freigegeben werden (wie zB. öffentliche Register). Die übrigen amtlichen Dokumente gelten grundsätzlich als vertraulich. Auch die Bundesverfassung von 1999 gewährleistet nach bundesgerichtlicher Praxis weiterhin keinen *umfassenden* verfassungsmässigen Anspruch auf Information.

1601 Informieren Behörden aber von sich aus – etwa aufgrund einer Informationspflicht, wie sie im Bund Art. 180 Abs. 2 BV enthält –, sind sie verpflichtet, dies rechtsgleich und willkürfrei zu tun (BGE 104 Ia 377, 378; MRA Gauthier v. Canada, 633/1995 [1999] Ziff. 13.6). Punktuell gewährleistet das prozessuale Grundrecht auf *Akteneinsicht* nach Art. 29 Abs. 2 BV (vgl. Rz. 1391 ff.) einen Anspruch auf Zugang zu gewissen Dokumenten während eines Verfahrens.

1602 Verschiedene Kantone fassen das Öffentlichkeitsprinzip weiter als der Bund. Sieben Kantone verankern heute einen direkt durchsetzbaren Anspruch auf Zugang zu amtlichen Informationen in ihren Kantonsverfassungen; drei Kantone kennen entsprechende gesetzesrechtliche Ansprüche, und in drei weiteren Kantonen sind analoge Gesetzgebungen im Gang. Auf kantonaler Ebene setzt sich damit der Grundsatz der Öffentlichkeit der Verwaltung zunehmend durch.

1603 Der Kanton *Bern* gewährt ein Recht auf Einsicht in amtliche Akten, soweit keine überwiegenden öffentlichen oder privaten Interessen entgegenstehen (Art. 17 Abs. 3 KV BE). Die Kantonsverfassung verpflichtet die Behörden zudem, über ihre Tätigkeit ausreichend zu informieren (Art. 70 KV BE). Die Kantone Solothurn, Waadt, Neuenburg, Freiburg, Zürich und Aargau sind diesem Vorbild gefolgt und verankern in ihren Kantonsverfassungen Ansprüche auf Einsicht in amtliche Akten. § 55 der Basel-Landschaftlichen Verfassung garantiert einen entsprechenden Anspruch nur für den Zuständigkeitsbereich des Landrates und verlangt ansonsten, dass die Gesuchsteller ein Einsichtsinteresse glaubhaft machen. Entwicklungsfähig erscheint § 75 Abs. 2 der Basel-Städtischen Verfassung, der festhält: «Das Recht auf Einsicht in amtliche Akten besteht, soweit nicht überwiegende öffentliche oder private Interessen entgegenstehen.» Trotz dieses an sich klaren Wortlauts wollte der Verfassungsgeber damit keinen Anspruch garantieren, wie er etwa in Art. 17 Abs. 3 der Berner Verfassung enthalten ist. Mit zunehmendem Zeitablauf verliert dieser Wille jedoch an Relevanz für die Konkretisierung dieser Bestimmung; entsprechend wird sich die Möglichkeit eröffnen, auch die Basel-Städtische Kantonsverfassung im Sinne eines direkt durchsetzbaren Individualanspruchs zu verstehen.

Auf Bundesebene konnte sich zwar der Verfassungsgeber nicht dazu durchringen, den Grundsatz der Öffentlichkeit der Verwaltung grundrechtlich zu verankern, aber auf Gesetzesstufe wurde am 1. Januar 2006 mit dem BG über das Öffentlichkeitsprinzip der Verwaltung (BGÖ; SR 152.3) ein entsprechender Grundsatz eingeführt. Dieses Gesetz vermittelt jedem Einzelnen ein direkt durchsetzbares Recht auf Zugang zu amtlichen Dokumenten der Bundesverwaltung und von Organisationen, die gestützt auf Bundesrecht hoheitlich handeln. Der Anspruch besteht, ohne dass der Gesuchsteller ein Einsichtsinteresse geltend machen müsste. Ein solches wird erst relevant, wenn gewisse Geheimhaltungsinteressen bestehen, die gegen die Einsichtsinteressen abgewogen werden müssen. 1604

Im Recht der EG gewährleistet Art. 255 EGV jeder Person mit Wohnsitz in der EU ein Recht auf Zugang zu den Dokumenten des Europäischen Parlaments, des Rates und der Kommission. Dieser Anspruch wird in einer Verordnung aus dem Jahr 2001 konkretisiert (Verordnung [EG] Nr. 1049/EG vom 30. Mai 2001) und in Art. 11 und 42 EGRC als Grundrecht formuliert. Besondere Einsichtsrechte vermittelt die sog. Aarhus-Konvention für Informationen über die Umwelt (dazu THURNHERR, 231 f.). Die Schweiz hat diesen Vertrag unterzeichnet, aber noch nicht ratifiziert. 1605

c. Bundesverfassungsrechtliche Öffentlichkeitsgebote

Neben der Garantie der Informationsfreiheit enthält die Bundesverfassung an verschiedenen Stellen Bestimmungen über die Öffentlichkeit der Behörden. 1606

So wird der *Bundesrat* zur «rechtzeitig(en) und umfassend(en)» Information der Öffentlichkeit verpflichtet, soweit nicht überwiegende öffentliche oder private Interessen entgegenstehen (Art. 180 Abs. 2 BV). 1607

> Es besteht somit eine verfassungsrechtliche Informationspflicht des Bundesrates. Damit bringt die Bundesverfassung selber – und nicht nur das BGÖ – zum Ausdruck, dass der Grundsatz der Öffentlichkeit auch im Bereich der Bundesverwaltung Geltung beansprucht; jedenfalls kann heute für die Bundesverwaltung kaum mehr von einem Grundsatz der «Geheimhaltung mit Öffentlichkeitsvorbehalt» ausgegangen werden. Näher zu bestimmen bleibt der Umfang der bundesrätlichen Informationspflicht (dazu BIAGGINI, BV Kommentar, Art. 180, Rz. 8–13), nicht aber der Grundsatz der Verpflichtung an sich. 1608

1609 Die *Plenarsitzungen von National- und Ständerat sowie der Vereinigten Bundesversammlung* sind öffentlich (Art. 158 BV).

1610 Mit diesem elementaren und alten Grundsatz der Parlamentsöffentlichkeit in eigenartigem Widerspruch steht, dass nach Art. 47 ParlG die Sitzungen der parlamentarischen Kommissionen des Bundes geheim sind. Angesichts der zentralen Bedeutung der Kommissionsarbeit für die Entscheidfindung des Parlaments erscheint dies nicht unproblematisch.

1611 Auch die *Gerichte* müssen gemäss Art. 30 Abs. 3 BV öffentliche Verhandlungen durchführen und ihre Urteile öffentlich verkünden. So dürfen die Gerichte beispielsweise kein allgemeines Verbot der Berichterstattung über ihre Prozesse erlassen.

1612 Parlament wie Gerichte können aber gestützt auf eine Grundlage in einem formellen Gesetz den Zugang der Öffentlichkeit einschränken. So sind bei Gerichten die Instruktions- und Untersuchungsverhandlungen idR. geheim, die Hauptverhandlung jedoch öffentlich (vgl. auch Art. 6 Ziff. 1 EMRK; siehe aber BGE 134 I 286).

1613 Bei der Publikumsöffentlichkeit von Parlamentsdebatten, seltener auch von Gerichtsverhandlungen, können sich reale Platzprobleme stellen, welche den Zutritt der Öffentlichkeit beschränken. Dies gilt angesichts der Zunahme elektronischer Medien teilweise auch im Bundeshaus, etwa während der Bundesratswahlen. Entsprechend gross ist die Bedeutung der Berichterstattung in den Medien.

1614 Im Rahmen von Art. 30 Abs. 3 BV sind die Gerichte verpflichtet, innerhalb vernünftiger Grenzen genügend Raum für die Öffentlichkeit zur Verfügung zu stellen (siehe etwa MRA General Comment No. 32 [2007] Ziff. 28).

d. Empfangsfreiheit bei Radio und Fernsehen

1615 Auch im Bereich von Radio und Fernsehen garantiert die Informationsfreiheit das Recht, Informationen ohne Eingriffe seitens des Staates zu empfangen. Dieser Anspruch umfasst auch den Einsatz der notwendigen Mittel zum Empfang der Programme, wie Antennen oder andere technische Anlagen. Er wird zB. durch Antennenverbote im Bau und Planungsrecht eingeschränkt (vgl. etwa BGE 120 Ib 64). Er ist aber auch etwa für hör- und sehbehinderte Menschen von Bedeutung, die beispielsweise auf Satellitenprogramme mit Untertiteln oder Audio Description angewiesen sind.

1616 Die grundrechtlich garantierte Empfangsfreiheit wird auf *Gesetzesstufe* in Art. 66f. des BG über Radio und Fernsehen (RTVG; SR 784.40) konkretisiert. Danach sind Antennenverbote nur zum Schutz bedeutender Orts- und Landschaftsbilder, geschichtlicher Stätten oder von Natur- und Kunstdenkmälern zulässig, und auch in diesen Bereichen nur in beschränktem Masse.

IV. Medienfreiheit

Literatur

BIAGGINI, BV Kommentar, Art. 17; BLUM ROGER, Die Funktion der Medien im demokratischen Staat aus kommunikationswissenschaftlicher Sicht, in: Cassani/Maag/Niggli (Hrsg.), Medien, Kriminalität, Justiz, Chur/Zürich 2001; BURKERT HERBERT, in: St. Galler Kommentar, Art. 17; HANGARTNER YVO, Unabhängigkeit vom Staat und von staatlichen Unternehmen als Voraussetzung von Medienfreiheit, AJP 2005, 1183 ff.; HOTTELIER MICHEL, La liberté de la presse entre confidentialité et provocation, RTDH 2008, 801 ff.; KELLERMÜLLER HANSPETER, Staatliche Massnahmen gegen Medienkonzentration, Diss. Zürich 2007; KIENER/KÄLIN, Grundrechte, § 20; MAHON PASCAL, in: Petit commentaire, Art. 17; MÜLLER/SCHEFER, Grundrechte, 438–482; NOBEL PETER/WEBER ROLF H., Medienrecht, 3. Aufl., Bern 2007; WEBER ROLF H., Rundfunkrecht, Bern 2008.

a. Bemerkungen zur Entwicklung der Medienlandschaft

Seit der erstmaligen Verankerung der Medienfreiheit in der Bundesverfassung von 1848 (damals noch als Pressefreiheit) hat sich die schweizerische Medienlandschaft stark gewandelt. Insbesondere nach dem zweiten Weltkrieg fand eine Entwicklung statt, welche die Medienstrukturen der Gründerzeit endgültig ablöste. Die traditionellen Printmedien wurden zunehmend durch neue Medien wie Radio und Fernsehen überlagert und in ihrer Bedeutung relativiert. Seit Mitte der 90er Jahre des vorigen Jahrhunderts ist das Internet als weiteres Medium mit tragender Bedeutung hinzugekommen (eingehender MÜLLER/SCHEFER, Grundrechte, 438–441). 1617

> Im Bereich der *Printmedien* haben starke Konzentrationsprozesse die Zahl der Zeitungen markant vermindert, in einigen Regionen sind eigentliche Monopolmedien entstanden. Wenige Grossverlage prägen heute die schweizerische Medienlandschaft und verstärken ihre Stellung, indem sie ihre Aktivitäten auch auf die elektronischen Medien ausweiten. Insbesondere in den grösseren Agglomerationen hat die Vielfalt an Printmedien jedoch durch die Verbreitung von Gratiszeitungen erheblich zugenommen; da diese jedoch nur sehr beschränkt über eigene Redaktionen verfügen und aufgrund ihrer Struktur keine differenzierten Auseinandersetzungen mit komplexen Themen zulassen, vermögen sie einer meinungsmässigen Vorherrschaft einzelner Printmedien nur ein beschränktes Gewicht entgegenzusetzen. 1618

> Inhaltlich haben sich die meisten Zeitungen von ihrer früheren Parteibindung gelöst und sind zu unabhängigen *Forumszeitungen* geworden, die ein grösseres Meinungsspektrum abdecken. Andere Zeitungen hingegen haben sich neu in der Nähe gewisser Parteien positioniert und sind entsprechend ideologisch eindeutig ausgerichtet. 1619

Noch weitgehend ungeklärt sind die Auswirkungen solcher und weiterer Veränderungsprozesse auf die Medienfreiheit. So stellt sich etwa die Frage, ob angesichts von international operierenden Medienkonzernen und den vorhandenen und künftigen Möglichkeiten der Manipulation und Beeinflussung, der freie und demokratische Meinungsbildungsprozess nur durch den Staat, sondern auch durch die Medien selbst gefährdet sein kann. 1620

1621 Dieses Umfeld und die sich verändernden Fragestellungen müssen in die Konkretisierung von verfassungsrechtlichen Normen, insbesondere der Medienfreiheit, mit einfliessen, um Art. 35 BV gerecht zu werden.

b. Funktionen der Medien

1622 Die Medien tragen in elementarer Weise zur öffentlichen Meinungsbildung bei (BGE 104 Ia 377, 379). Sie stellen öffentliche Foren zur Verfügung, in denen sich die unterschiedlichen Meinungen bilden und Gehör verschaffen können und Kritik an staatlicher Machtausübung artikuliert werden kann. In der Terminologie des EGMR kommt ihnen die Funktion eines «public watchdog» zu, eines Wächters der Öffentlichkeit (statt vieler Bladet Tromsø and Stensaas v. Norway [GC], 21980/93 [1999], Ziff. 62).

1623 Die Medienfreiheit eröffnet nicht nur den kapitalkräftigen Unternehmern und Unternehmen den Zugang zum Meinungsmarkt; auch die finanziell Schwächeren können mit einfachen Mitteln (etwa Flugblättern) Meinungen verbreiten und Kritik äussern, oder sich mittels Leserbriefen, eigenen Internet-Seiten oder Blogs an ein breiteres Publikum wenden. Dadurch ermöglicht sie jene Vielfalt an Meinungen und Ansichten, die Voraussetzung für eine breite und unverzerrte Willensbildung im Gemeinwesen ist.

c. Schutzbereich

1624 Die Medienfreiheit erfasst nur jene Äusserungen, die nicht auf den privaten Kreis beschränkt sind, sondern einem nicht individuell vorherbestimmten Publikum zugänglich gemacht werden (BGE 128 IV 53, 65f.). Zudem müssen sie durch technische Mittel entweder gespeichert und anschliessend wiedergegeben, oder in räumlicher Hinsicht übertragen werden. Geschützt werden sowohl periodisch erscheinende Medien (wie etwa eine Zeitung oder ein öffentlicher Blog), als auch nur einmal publizierte, wie etwa ein Buch oder ein Flugblatt.

1625 Für die Frage des Schutzbereichs spielt es keine Rolle, mit welchen technischen Mitteln die Speicherung oder Übertragung erfolgt. So fallen etwa das fotokopierte Flugblatt, die digital gedruckte Zeitung, das terrestrisch, über Kabel oder Satellit verbreitete Radio- oder Fernsehprogramm, oder das über Internet veröffentlichte, allgemein zugängliche Diskussionsforum in den Schutz der Medienfreiheit.

1626 Diese Offenheit gegenüber den technischen Verbreitungs- und Speichermedien bringt schon der Verfassungstext von Art. 17 Abs. 1 BV zum Ausdruck, indem er neben der Presse sowie Radio und Fernsehen allgemein auch «andere() Formen der fernmeldetechnischen Verbreitung von Darbietungen und Informationen» umfasst.

1627 In persönlicher Hinsicht erstreckt sich die Medienfreiheit sowohl auf Schweizer und Ausländer als auch auf natürliche und juristische (BGE 123 IV 236, 244) Personen. Geschützt werden alle an der Erarbeitung, Produktion und Verbreitung eines

Medienerzeugnisses Beteiligten, wie Redaktoren, Berichterstatterinnen, Fotografen, Herausgeberinnen, Verlegerinnen oder Kioskverkäufer.

d. Besonderheiten der Einschränkung der Medienfreiheit

Die Medienfreiheit kann nach den allgemeinen Regeln von Art. 36 BV eingeschränkt werden; grundsätzlich sind diese gleich ausgestaltet wie bei den anderen Grundrechten freier Kommunikation. 1628

1. Besondere demokratische Funktionen der Medien

Bei der Güterabwägung im Rahmen der Verhältnismässigkeit ist bei Einschränkungen der Medienfreiheit ihren besonderen demokratischen Funktionen, wie sie oben skizziert wurden, spezifisch Rechnung zu tragen. Es ist besonders darauf zu achten, ob die Fähigkeit des Mediums, Kritik zu üben, Themen von öffentlichem Interesse anzusprechen und den gesellschaftlichen Willensbildungsprozess zu unterstützen, durch eine Einschränkung beeinträchtigt wird. Diese Interessen am Schutz der Medienfreiheit sind erhöht zu gewichten (zu den verschiedenen entsprechenden Konstellationen eingehend MÜLLER/SCHEFER, Grundrechte, 450–470). 1629

2. Zeugnisverweigerungsrecht

Einen erhöhten Schutz vermittelt die Medienfreiheit auch durch das in Art. 17 Abs. 3 BV als «Redaktionsgeheimnis» verankerte Zeugnisverweigerungsrecht von Journalisten. Wären sie gezwungen, etwa den Strafverfolgungsbehörden ihre Informationsquellen oder selbst recherchiertes Material offen zu legen, könnte ihnen der Zugang zu Informationen erheblich erschwert werden. Eine Verpflichtung zu solchen Offenlegungen greift deshalb in die Medienfreiheit ein und ist nur unter den Voraussetzungen von Art. 36 BV zulässig (grundlegend der EGMR in Goodwin v. The United Kingdom [GC], 17488/90 [1996]). 1630

Auf Gesetzesstufe wird dieses Zeugnisverweigerungsrecht von Art. 28a StGB konkretisiert (dazu BGE 132 I 181 und FRANZ ZELLER, in: Niggli/Wiprächtiger [Hrsg.], Basler Kommentar Strafrecht I, 2. Aufl. Basel 2007, Art. 28a). Danach besteht dann kein Quellenschutz, wenn die Aussage zur Rettung einer Person aus einer unmittelbaren Gefahr für Leib und Leben erforderlich ist. Zudem führt Art. 28a StGB einen Katalog von Straftaten auf, bei denen dann eine Ausnahme vom Quellenschutz besteht, wenn sonst die Tat nicht aufgeklärt werden kann; in diesen Fällen ist abzuwägen, ob der Zwang zum Zeugnis verhältnismässig ist (BGE 132 I 181, 187). 1631

3. Weitere gesetzesrechtliche Sonderbestimmungen

Der besondere Schutz der Kommunikation durch die Medienfreiheit kommt auch in verschiedenen weiteren gesetzlichen Sonderbestimmungen über die Medien zum 1632

Ausdruck. So konzentriert etwa Art. 28 Abs. 1 StGB die Strafbarkeit für Medienäusserungen – in Abweichung von den allgemeinen Regeln der Teilnahme an Straftaten – auf den Autor und zieht den Kreis weiterer Beteiligter, die ausnahmsweise strafrechtlich zur Verantwortung gezogen werden können, sehr eng (eingehend FRANZ ZELLER, in: Niggli/Wiprächtiger [Hrsg.], Basler Kommentar Strafrecht I, 2. Aufl. Basel 2007, Art. 28, Rz. 65–70).

1633 Eine weitere Sonderbestimmung enthält etwa Art. 10 Abs. 4 Bst. a BGÖ, wonach den Bedürfnissen der Medien bei der Einsichtnahme in amtliche Dokumente besonders Rechnung zu tragen ist.

4. Einschränkungen durch das UWG

1634 Seit der Revision des UWG im Jahr 1986 wird nicht mehr nur faires Verhalten zwischen Konkurrenten, sondern auch der Wettbewerb als solcher geschützt (funktionale Betrachtungsweise). Eine Folge daraus ist, dass auch Dritte, die nicht als Konkurrenten auf dem Markt agieren, vom Anwendungsbereich dieses Gesetzes erfasst werden (BGE 120 II 76, 78).

1635 Nach der bundesgerichtlichen Praxis ist Art. 3 Bst. a UWG, wonach unlauter handelt, wer andere, ihre Waren, Werke und Leistungen durch unrichtige, irreführende oder unnötig verletzende Äusserungen herabsetzt, mit seinen zivil- und strafrechtlichen Folgen auch auf Medienschaffende anzuwenden, wenn ihre Äusserungen wirtschafts- und umsatzrelevant sind (BGE 120 II 76, 82; 124 III 72, 77).

1636 Die Anwendung des revidierten UWG führte zu verschiedenen Urteilen, in denen Journalisten für ihre kritischen Äusserungen über bestimmte Produkte zivil- oder strafrechtlich belangt wurden:

1637 In BGE 120 II 76 (Mikrowellen I) schützte das Bundesgericht ein Verbot, das einem Wissenschaftler untersagte, weiterhin zu behaupten, im Mikrowellenherd aufbereitete Speisen führten zu gesundheitlichen Schäden. Ausschlaggebend war für das Bundesgericht insbesondere, dass diese Aussage in Zeitschriften erfolgte, die sich an ein breites, nicht wissenschaftliches Publikum richteten, ohne einen Hinweis darauf, dass diese Aussage wissenschaftlich umstritten ist. Dieses Verhalten qualifizierte das Bundesgericht als unrichtige Äusserung i.S. von Art. 3 Bst. a UWG. Der anschliessend angerufene EGMR verurteilte die Schweiz wegen Verletzung von Art. 10 EMRK (Hertel v. Switzerland, 25181/94 [1998]). Trotzdem hielt das Bundesgericht im Revisionsentscheid BGE 125 III 185 (Mikrowellen II) das Verbot, wenn auch leicht modifiziert, aufrecht. Auf eine erneute Beschwerde an den EGMR trat dieser nicht ein (Hertel v. Switzerland [AD], 53440/99 [2002]).

1638 In BGE 124 III 72 (Contra-Schmerz) billigte das Bundesgericht die Verurteilung der SRG zu Schadenersatz in der Höhe von Fr. 480000.–, weil in der Sendung «Kassensturz» ein Medikament beispielhaft für eine ganze Gruppe von Medikamenten mit möglichen schädlichen Wirkungen genannt wurde. Das Gericht qualifizierte diese Vorgehensweise als unlauter, da der Eindruck erweckt wurde, nur dieses Medikament habe möglicherweise schädliche Auswirkungen, obwohl dies auf andere, nicht genannte Medikamente ebenfalls zutraf. Auf eine in der Folge erhobene Beschwerde an den EGMR trat dieser nicht ein (SRG v. Switzerland [AD], 43524/98 [2001], in: VPB 65.141).

Auch die Bestrafung eines Journalisten der «Weltwoche» erschien dem Bundesgericht zulässig, der im Zusammenhang mit arbeitsrechtlichen Streitigkeiten das Gebaren einer Spinnerei und ihres Besitzers kritisiert hatte. Dadurch, so das Gericht, sei die Wettbewerbsstellung dieses Unternehmens beeinträchtigt worden (Urteil 6S.858/1999 [2001]). 1639

Damit berücksichtigt das Bundesgericht die Grundrechte freier Kommunikation bei der Auslegung des UWG zu wenig. Es gibt im Ergebnis den Interessen an einem unverzerrten Wettbewerb den Vorrang gegenüber den Interessen am öffentlichen Diskurs über Fragen von gesellschaftlichem Interesse, sogar dort, wo nur die *Gefahr* einer Wettbewerbsverzerrung besteht oder wo – wie etwa im Contra-Schmerz Entscheid – die Aufklärung über unbestrittene Mängel bestimmter Produkte in Frage steht. Die Grundidee hinter den Kommunikationsgrundrechten, dass der Übertreibung, dem Irrtum und der Verletzung nicht durch Repression, sondern durch intensivere Kommunikation zu begegnen ist (siehe schon BGE Bd. 2, 192, 197; BGE 39 I 585, 593 f.), kommt in dieser Praxis kaum zum Tragen. 1640

e. Förderung der Medien

Um die Ausübung der Medienfreiheit zu erleichtern und dadurch die Medien in ihrer demokratischen Funktion zu unterstützen, gewährt der Bund abonnierten Printmedien mit kleinen Auflagen sowie abonnierten Mitgliedschaftszeitungen von nicht gewinnorientierten Organisationen einen Sondertarif für die Postzustellung (siehe detailliert den auf 1. Januar 2008 in Kraft getretenen Art. 15 des Postgesetzes vom 30. April 1997, SR 783.0). 1641

Ein besonderer Verfassungsartikel (Art. 93a) zur Medienpolitik, der auch eine gewisse Förderung vorgesehen hätte, wurde wegen seiner Gefahren für die Staatsfreiheit der Medien im Jahr 2004 vom Ständerat zu Recht abgelehnt. 1642

V. Radio- und Fernsehfreiheit

Literatur

AUER/MALINVERNI/HOTTELIER II, Rz. 588–596; DUMERMUTH MARTIN, Die Programmaufsicht bei Radio und Fernsehen in der Schweiz, Diss. Bern, Basel 1992; DERS., Die Revision des Radio- und Fernsehgesetzes und das duale System, ZSR 2006 I, 234 ff.; DERS., Rundfunkrecht, in: Koller Heinrich et al. (Hrsg.), Schweizerisches Bundesverwaltungsrecht (SBVR). Informations- und Kommunikationsrecht, Basel usw. 1996; GROB FRANZISKA, Die Programmautonomie von Radio und Fernsehen in der Schweiz, Diss. Zürich 1994; LERCHE PETER, Aspekte des Schutzbereichs der Rundfunkfreiheit, AfP 2007, 54 ff.; MÄDER PHILIPP, Das Verbot politischer Werbung im Fernsehen, Diss. Zürich 2007; MÜLLER/SCHEFER, Grundrechte, 482–517; THÖNEN URS, Politische Radio- und Fernsehwerbung in der

Schweiz, Diss. Basel 2004; WEBER ROLF H., Neues Schweizer Rundfunkrecht, UFITA 2007, 11 ff.; DERS., Rundfunkrecht, Bern 2008.

1. Rechtliche Ordnung

1643 Radio und Fernsehen sind in den letzten fünfzig Jahren zu einem herausragenden Mittel öffentlicher Kommunikation geworden, mit bestimmendem Einfluss auf den politischen Prozess, der in ihm diskutierten Themen, Ansichten und Personen. Der Verfassunggeber sah sich deshalb im Jahr 1984 veranlasst, dem Bund mit dem damaligen Art. 55bis BV (1874) eine umfassende Gesetzgebungskompetenz in diesem Bereich zuzuweisen und verschiedene Anforderungen an die inhaltliche Ausgestaltung der Radio- und Fernsehordnung zu formulieren. Zuvor konnten sich die bundesrechtlichen Regelungen, insbesondere auch jene zum Programminhalt, nur auf das Fernmelderegal von Art. 36 BV (1874) stützen, das damit überdehnt wurde (dazu JÖRG PAUL MÜLLER/FRANZISKA GROB, in: Jean-François Aubert u.a. (Hrsg.), Kommentar zur Bundesverfassung der schweizerischen Eidgenossenschaft, Basel/Zürich/Bern 1987, Art. 55bis (1995), Rz. 1–15). Die geltende Bundesverfassung übernimmt Art. 55bis BV (1874) weitgehend unverändert in Art. 93 BV. Diese Bestimmung verleiht der Medienfreiheit nach Art. 17 Abs. 1 BV im Bereich von Radio und Fernsehen besonderen Gehalt.

1644 Der Bundesgesetzgeber regelt den Rundfunk in der Schweiz im BG über Radio und Fernsehen vom 24. März 2006 (RTVG; SR 784.40) und konkretisiert dabei die Anforderungen der Radio- und Fernsehfreiheit nach Art. 17 und 93 BV. Die Veranstalter von Radio- und Fernsehprogrammen sind in ihrer Zulassung grundsätzlich frei und müssen sich nur vorgängig melden; eine Konzession benötigt nur, wer finanzielle Unterstützung aus den Empfangsgebühren oder einen gesicherten Verbreitungskanal beansprucht (Art. 38 und 43 RTVG).

2. Zum Geltungsbereich

1645 Die *Radio- und Fernsehfreiheit* als spezifisches Kommunikationsgrundrecht schützt die in diesen Medien vermittelte Information und Meinungsäusserung. Sie gewährleistet die Freiheit, Radio- und Fernsehprogramme veranstalten und inhaltlich gestalten zu dürfen. Angesichts der hohen Kapitalintensität und der nach wie vor bestehenden technischen Schranken rechtfertigt sich die Hoffnung nicht, dass sich in diesen Medien Meinungsvielfalt allein aus der Konkurrenz unterschiedlicher Anbieter einstellen wird; die Medienfreiheit sichert deshalb auch eine gewisse Vielfalt der Meinungen in Radio und Fernsehen. Die Garantien inhaltlicher Gestaltungsfreiheit einerseits und der Meinungsvielfalt anderseits eröffnen ein internes Spannungsfeld, das charakteristisch für die Radio- und Fernsehfreiheit ist.

1646 Auf die Radio- und Fernsehfreiheit berufen können sich *die Veranstalter (auch öffentlich-rechtlich organisierte;* siehe EGMR Österreichischer Rundfunk v. Austria, 35841/02 [2006] Ziff. 46 ff.) und die *Medienschaffenden* selber (BGE 121 II 359, 367; 98 Ia 418, 421; EGMR Monnat v. Switzerland, 73604/01 [2006] Ziff. 30 ff.).

Letztere können allerdings innerhalb eines Medienunternehmens einer Aufgaben- und Funktionsordnung unterliegen.

Dem «Publikum» hingegen, also den Zuhörerinnen und Zuschauern, garantiert die Radio- und Fernsehfreiheit grundsätzlich kein direkt durchsetzbares Recht, ihre Meinung am Rundfunk zu verbreiten (kein «Recht auf Antenne»; BGE 125 II 624, 626). 1647

> Vor Wahlen und Abstimmungen gelten besondere Regeln, die den Parteien einen rechtsgleichen Zugang zu Abstimmungs- und Wahlsendungen verschaffen. Zudem anerkennt das RTVG bei den Regelungen über die Aufsicht der UBI, dass grundrechtliche, durchsetzbare Ansprüche bestehen können (Art. 92, 94, 95 und 97 RTVG). 1648

3. Besonderheiten der Radio- und Fernsehfreiheit

Die Medienfreiheit garantiert, dass in Radio und Fernsehen eine möglichst grosse Vielfalt unterschiedlicher Meinungen der Gesellschaft zum Ausdruck gelangt. Verschiedene verfassungs- und gesetzesrechtliche Gewährleistungen zielen auf die Verwirklichung dieser Garantie: 1649

Art. 93 Abs. 3 BV verankert die *Staatsfreiheit* des Rundfunks, die Unabhängigkeit der Veranstalter und ihre Autonomie in der Gestaltung ihrer Programme. Diese Bestimmung verbietet dem Staat, selber Rundfunkprogramme zu betreiben, mittelbar auf ihre Gestaltung einzuwirken oder sich massgeblich an privaten Veranstaltern in finanzieller oder organisatorischer Weise zu beteiligen. Der Staat muss aber auch geeignete Massnahmen ergreifen, um private Dominanz im Rundfunkwesen zu verhindern. Zudem sind die Veranstalter in der Wahl ihrer Themen, der inhaltlichen Gestaltung ihrer Programme und ihrer Aufmachung frei. 1650

Die Medienfreiheit garantiert das Recht, Radio- und Fernsehprogramme veranstalten zu können. Anders als etwa bei der Presse, können bei diesen Medien gewisse *Zulassungsschranken* jedoch gerechtfertigt erscheinen; so lässt Art. 10 Abs. 1 Satz 2 EMRK ausdrücklich zu, für Radio- und Fernsehunternehmen eine Genehmigung vorzuschreiben. Dabei kann etwa geprüft werden, welches Publikum von einem Veranstalter angesprochen wird, ob er Gewähr bietet, sachgerecht zu berichten, oder ob seine Programme einen gewissen kulturellen Gehalt vermitteln. Die Verweigerung einer Genehmigung greift in die Medienfreiheit ein und muss im Rahmen von Art. 36 BV gerechtfertigt werden. 1651

Art. 92 Abs. 2 BV verankert einen *Leistungsauftrag* für den Rundfunk, der die Vielfalt des Meinungsaustausches in der Gesellschaft zu gewährleisten sucht. So müssen Tatsachen und Ereignisse sachgerecht dargestellt werden, um dem Publikum eine eigenständige Meinungsbildung zu ermöglichen; manipulative Verzerrungen sind verboten. Entscheidend ist, dass der Veranstalter minimale Sorgfaltspflichten einhält. Zudem verpflichtet Abs. 2 die Veranstalter, die Vielfalt der gesellschaftlichen Meinungen angemessen zum Ausdruck zu bringen; diese Ver- 1652 pflichtung trifft nicht die einzelne Sendung, sondern im Allgemeinen genügt, dass sie in einer Mehrzahl vergleichbarer Sendungen erfüllt wird.

1653 Besondere Regeln für Radio und Fernsehen gelten auch im Bereich der *Werbung.* So verbietet Art. 10 Abs. 1 Bst. a und Abs. 2 Bst. a RTVG Werbung für Tabak und rezeptpflichtige Medikamente und zT. auch für Alkohol (der Bundesrat schlägt vor, das Verbot der Alkoholwerbung zu lockern; siehe BBl 2008, 9129). Bst. d dieser Bestimmung enthält zudem ein Verbot politischer Werbung, dh. von Werbung für politische Parteien, für politische Amtsträger oder Kandidaten für solche Ämter sowie für Themen, die Gegenstand von Volksabstimmungen sind.

1654 Mit dieser differenzierten Umschreibung des Verbots politischer Werbung trägt das RTVG der Rechtsprechung des EGMR in weitem Masse Rechnung, der ein entsprechendes Verbot nur zulässt, wenn damit im konkreten Fall verzerrende Einflussnahmen finanzkräftiger politischer Organisationen auf den demokratischen Prozess verhindert werden (VgT v. Switzerland, 24699/94 [2001] Ziff. 75; TV Vest AS & Rogaland Pensjonistparti v. Norway, 21132/05 [2008] Ziff. 70–77]).

VI. Wissenschafts- und Kunstfreiheit

Literatur

AUER/MALINVERNI/HOTTELIER II, Rz. 597–604; AUER ANDREAS, La liberté de l'art ou l'art de libérer la conscience: un essai, in: Institut de droit comparé (éd.), Kunstfreiheit und Unabhängigkeit der Kunstschaffenden, Genève/Zurich/Bâle 2004; Botschaft zum Bundesgesetz über die Forschung an überzähligen Embryonen und embryonalen Stammzellen (Embryonenforschungsgesetz, EFG) vom 20. November 2002, BBl 2003, 1163 ff.; BIAGGINI, BV Kommentar, Art. 20 und 21; BREINING-KAUFMANN CHRISTINE, Akademische Freiheit in Zeiten der Globalisierung – Liberalisierung und Studienreform als neue Herausforderungen für die Wissenschaftsfreiheit, ZSR 2004 I, 307 ff.; BÜCHLER ANDREA/DÖRR BIANKA S., Medizinische Forschung an und mit menschlichen Körpersubstanzen: Verfügungsrechte über den Körper im Spannungsfeld von Persönlichkeitsrechten und Forschungsinteressen, ZSR 2008 I, 381 ff.; HÄFELIN/HALLER/KELLER, § 17; HALLER WALTER, Die Forschungsfreiheit, in: Häfelin Ulrich et al. (Hrsg.), Festschrift zum 70. Geburtstag von Hans Nef, Zürich 1981, 125 ff.; HEMPEL HEINRICH, Die Freiheit der Kunst – Eine Darstellung des schweizerischen, deutschen und amerikanischen Rechts, Zürich 1999; HOLLAND ANDREW, Bundesstaatliche Kunstförderung in der Schweiz, Diss. St. Gallen, Bamberg 2002; KIENER/KÄLIN, Grundrechte, § 23 und 24; KIENER REGINA, in: Verfassungsrecht der Schweiz, § 57; KÖNIG BEAT, Grundlagen der staatlichen Forschungsförderung, Diss. Zürich 2007; MAHON PASCAL, in: Petit commentaire, Art. 20 und 21; MEYER CHRISTOPH/HAFNER FELIX, in: St. Galler Kommentar, Art. 21; MÜLLER/SCHEFER, Grundrechte, 542–571; SCHWANDER VERENA, Das Grundrecht der Wissenschaftsfreiheit, Diss. Bern 2002; DIES., Von der akademischen Freiheit zum Grundrecht der Wissenschaftsfreiheit, ZBl 107 (2006) 285 ff.; SCHWEIZER RAINER J., Wissenschaftsfreiheit und Kunstfreiheit, in: Handbuch der Grundrechte, § 218.; DERS., Der neue Kulturartikel der Bundesverfassung, ZSR 2001 I, 187 ff.; DERS./HAFNER FELIX, in: St. Galler Kommentar, Art. 20; STUDER PETER, Die Kunstfreiheit und ihre Grenzen – Urheberrecht, Persönlichkeitsschutz, unlauterer Wettbewerb, in: Bernhard Ehrenzeller (Hrsg.), Das schwierige Geschäft mit der Kunst, St. Gallen 2003; UHLMANN FELIX/BOGNUDA CRISTINA, Zehn Thesen zur Kunstfreiheit und Kunstförderung, ZSR 2008 I, 363 ff.

a. Allgemeines

Die Wissenschaftsfreiheit (Art. 20 BV) und die Kunstfreiheit (Art. 21 BV) sind eng miteinander verwandt. Unter der Bundesverfassung von 1874 wurden beide Grundrechte ua. als besondere Aspekte der – damals ungeschriebenen – Meinungsfreiheit geschützt (vgl. BGE 119 Ia 460, 500f.). 1655

> Die Nähe von Wissenschaftsfreiheit und Kunstfreiheit zeigt sich auch im deutschen und europäischen Recht: Art. 5 Abs. 3 GG garantiert die Freiheit von «Kunst und Wissenschaft, Forschung und Lehre», und Art. 13 EGRC gewährleistet die «Freiheit der Kunst und der Wissenschaft». Im internationalen Recht nennt Art. 15 Abs. 3 UNO-Pakt I ausdrücklich die «unerlässliche Freiheit» zu wissenschaftlicher Forschung und schöpferischer Tätigkeit, und Art. 19 Abs. 2 UNO-Pakt II erwähnt die Kunstwerke als Mittel der «unbehinderten Meinungsfreiheit». Nicht ausdrücklich aufgeführt im UNO-Pakt II ist die Wissenschaftsfreiheit; in Art. 10 EMRK werden weder die Kunst- noch die Wissenschaftsfreiheit ausdrücklich erwähnt, beide Grundrechte sind aber als Teilgehalte der Meinungsfreiheit geschützt (CHRISTOPH GRABENWARTER, Europäische Menschenrechtskonvention, 3. Aufl. München/Basel/Wien 2008, 257f.). 1656

Die Wissenschafts- und die Kunstfreiheit sind primär *Abwehrrechte*; individuelle Ansprüche auf staatliche Leistungen können aus ihnen nur beschränkt abgeleitet werden. In ihrem programmatischen Gehalt verpflichten sie aber Bund und Kantone in besonderem Masse zur Bereitstellung der nötigen Infrastruktur. Auf Bundesebene geben ua. die Verfassungsbestimmungen über Bildung, Forschung und Kultur im Zuständigkeitskapitel der Bundesverfassung (Art. 61aff., insb. Art. 63a, 64, 66 und 69 BV) Aufschluss über die leistungsrechtlichen Aufgaben des Staates. 1657

b. Wissenschaftsfreiheit

1. Allgemeines

Die Wissenschaftsfreiheit (Art. 20 BV) gewährleistet die Freiheit der wissenschaftlichen Forschung und Lehre sowie die Freiheit, sich Wissen anderer anzueignen, beispielsweise Kenntnisse über Entdeckungen anderer zu erlangen (Lernfreiheit). Damit nimmt die Bundesverfassung die gebräuchliche Unterscheidung von Lehre und Forschung auf. 1658

2. Forschungsfreiheit

Die Freiheit der Forschung gewährleistet, dass Wissenschaftler ungehindert von staatlichen Eingriffen nach Erkenntnissen suchen können. Sie sind frei, Fragen zu stellen, Untersuchungen durchzuführen, ihre Thesen und Ergebnisse zu veröffentlichen und zu diskutieren. Der Schutz erstreckt sich sowohl auf die Methoden, den Gegenstand, als auch die materiellen Aussagen der Forschung. 1659

3. Teil: Grundrechte

1660 Insbesondere in den Naturwissenschaften zeigt sich in den letzten Jahrzehnten ein zunehmendes gesellschaftliches Bedürfnis, der Forschung gewisse Schranken zu auferlegen.

1661 Das Bundesgericht erachtete ein vom St. Galler Grossrat beschlossenes *Forschungsverbot mit Keimzellen* (Samen- und unbefruchtete Eizellen) als einen nicht im öffentlichen Interesse liegenden und unverhältnismässigen Eingriff in die Forschungsfreiheit (BGE 115 Ia 234, 267). Gutgeheissen hat es dagegen ein Forschungsverbot an lebenden Embryonen und Föten oder Teilen davon, und zwar unter Hinweis auf die Möglichkeit der verfassungskonformen Auslegung bei begleitender oder beobachtender Forschung (BGE 119 Ia 460, 503).

1662 Primär in den Bereichen der Fortpflanzungsmedizin und der Gentechnologie setzt die Bundesverfassung selbst in den Artikeln 119, 119a und 120 der Forschung gewisse Schranken, insbesondere zum Schutz der Würde und Gesundheit des Menschen, der Integrität von Embryonen und der Umwelt. Zudem ist in den Eidgenössischen Räten der Entwurf des Bundesrates für einen neuen Art. 118a BV in Beratung, der dem Bund eine umfassende Gesetzgebungskompetenz auf dem Gebiet der Forschung am Menschen verleihen und gewisse Schranken formulieren soll (BBl 2007, 6757).

1663 Auf Gesetzesebene enthalten etwa das BG über die Forschung an embryonalen Stammzellen vom 19. Dezember 2003 (StFG; SR 810.31), das BG über die medizinisch unterstützte Fortpflanzung vom 18. Dezember 1998 (FMedG; SR 810.11), das BG über genetische Untersuchungen beim Menschen vom 8. Oktober 2004 (GUMG; SR 810.12), das BG über die Transplantation von Organen, Geweben und Zellen vom 8. Oktober 2004 (TxG; SR 810.21), oder etwa das BG über die Gentechnik im Ausserhumanbereich vom 21. März 2003 (GTG; SR 814.91) und das Tierschutzgesetz vom 16. Dezember 2005 (TSchG; SR 455) Bestimmungen über die Beschränkung der wissenschaftlichen Forschung. Zudem ist geplant, dass der Bundesrat im Frühjahr 2009 einen Entwurf für ein Humanforschungsgesetz verabschiedet, welches die Forschung am Menschen umfassend regeln soll.

3. *Lehrfreiheit*

1664 Die Freiheit der Lehre gilt für *Lehrende* wie auch für *Lernende*. Für wissenschaftlich Dozierende garantiert die Freiheit der Lehre das freie Unterrichten und die freie Ausübung von Lehraufträgen. Für Lernende schützt sie die freie Wahl eines Studienfachs sowie die freie wissenschaftliche Gestaltung ihres Studiums.

1665 Insbesondere kann die Lernfreiheit durch Unterrichtsprogramme (Lehrpläne), Prüfungsordnungen oder Eignungstests eingeschränkt werden. Aus der Lehr- resp. Lernfreiheit kann auch kein Anspruch auf den gewünschten Studienplatz geltend gemacht werden. Eignungstests oder Zulassungsbeschränkungen zu universitären Einrichtungen (sog. Numerus clausus) erscheinen insbesondere dann zulässig, wenn aufgrund einer aufwendigen Infrastruktur eines Studienfaches die Ausbildungskapazität einer Universität überschritten wird. Zulassungsbeschränkungen dürfen aber keinen willkürlichen Kriterien unterliegen (vgl. BGE 125 I 173, 176 und 178).

Lernende dürfen aufgrund der Freiheit der Lehre nicht dazu verpflichtet werden, politische, philosophische oder ideologische Überzeugungen der Dozierenden zu übernehmen. 1666

4. Zum persönlichen Geltungsbereich

Der erst in Ansätzen geklärte Kreis der *Rechtsträger* der Wissenschaftsfreiheit beurteilt sich, wo eine Analogie sinnvoll ist, nach der Praxis zu den übrigen Kommunikationsgrundrechten. Diese stehen sowohl natürlichen als auch juristischen Personen zu (vgl. vorne Rz. 1580 ff.). Auf die Wissenschaftsfreiheit können sich zunächst die einzelnen Wissenschaftler berufen. Aber auch etwa die Hochschulen oder juristischen Personen des Privatrechts, die Forschungsprojekte finanzieren, stehen in gewissem Rahmen unter dem Schutz dieses Grundrechts; so gewährleistet die Forschungsfreiheit insbesondere den Hochschulen eine gewisse Autonomie von der Staatsverwaltung, damit die Unabhängigkeit der einzelnen Wissenschaftler wirksam etwa vor politischer Einflussnahme geschützt werden kann. 1667

> In neuerer Zeit haben die Bedürfnisse nach Steuerung der Forschung an den Universitäten sowohl von politischer Seite her als auch universitätsintern markant zugenommen. Dies zeigt sich etwa in der Stärkung und «Professionalisierung» universitärer Leitungsgremien (insbesondere Rektorate und Universitätsräte; illustrativ ROLF SOIRON, [Auch] Hochschulen brauchen Bewegungsfreiheit und klare, verantwortliche Führung, in: FS Wolfgang Schürer, Bern 2006, 349 ff.), oder in den politischen Versuchen nach Koordination und «Qualitätssicherung». Letztere haben gar in die Bundesverfassung Eingang gefunden (siehe etwa Art. 63a Abs. 3 BV und gestützt darauf den Vernehmlassungsentwurf für ein BG über die Förderung der Hochschulen und die Koordination im schweizerischen Hochschulbereich [HFKG] vom 12. Sept. 2007). Für die Forschungsfreiheit werden solche Massnahmen dann problematisch, wenn sie eine thematische oder methodische Verengung der Freiheit des Wissenschaftlers zur Folge haben (etwa aufgrund einer «gezielten» «Fokussierung» der Forschungsförderung auf bestimmte Forschungsthemen), oder wenn mit ihnen der Aufbau selbstreferenzieller administrativer Systeme mit ausgeprägtem Eigensinn und entsprechender zeitlicher Belastung der Forschenden – wie etwa bei der «Qualitätssicherung» – verbunden ist. 1668

c. Kunstfreiheit

1. Zum Geltungsbereich

Die Kunstfreiheit (Art. 21 BV) schützt das Kunstschaffen, die Präsentation und Verbreitung von Kunst sowie das Kunstwerk selber. Rechtsträger sind neben den Künstlern auch weitere Personen, die mit der Vermittlung von Kunst beschäftigt sind, wie Galeristen, Agenten, Verleger oder Kinobesitzer (vgl. BBl 1997, 164), 1669 aber auch der durch die Kunst Angesprochene (als Ausprägung der Informationsfreiheit geschützt in BGE 120 Ia 190, 192).

1670 Dieses Grundrecht wendet sich gegen die historisch immer wieder zu beobachtende Verlockung staatlicher Organe, politisch missliebige, aufgrund ihres künstlerischen Charakters aber besonders eindringliche Kritik zum Schweigen zu bringen.

1671 Diese Gefahr wird etwa in einem südkoreanischen Fall des UNO-Menschenrechtsausschusses deutlich, in welchem die Behörden ein künstlerisches Bild der koreanischen Halbinsel einzogen, weil sie den kapitalistischen Süden negativ, den diktatorischen Norden aber positiv darstellte (MRA Hak-Chul Shin v. Republic of Korea, 926/2000 [2004] Ziff. 7.2 f.).

1672 Aber auch in der Schweiz konnte die Bundesversammlung der politischen Verlockung nicht widerstehen und kürzte das Budget der Stiftung «Pro Helvetia», weil sie ein Kunstwerk unterstützt hatte, welches ein Mitglied des Bundesrates äusserst respektlos gezeigt hatte (dazu CHRISTOPH BEAT GRABER, Kunst und Demokratie, medialex 2005, 1).

1673 Welcher Begriff und welches *Verständnis von Kunst* für die Bestimmung des Schutzbereiches massgeblich ist, lässt sich nicht allgemein festgelegen.

1674 Eine präzise Definition des verfassungsrechtlichen Kunstbegriffes erscheint weder notwendig noch sinnvoll (vgl. MÜLLER/SCHEFER, Grundrechte, 556–558; BIAGGINI, BV Kommentar, Art. 21, Rz. 4; MEYER/HAFNER, Art. 21, Rz. 3). Vielmehr ist von einem offenen Kunstbegriff auszugehen, der keinen ästhetischen, inhaltlichen oder geldwerten Kriterien unterliegt und auch ungewöhnliche oder überraschende Ausdrucksformen (wie zB. satirische Aufkleber, pornografische Provokation, Duftereignis, Spraybild etc.) umfassen kann. Sofern einer Handlung der künstlerische Ausdruck versagt wird und diese nicht mehr unter den Kunstbegriff gefasst werden kann, ist sie durch die Meinungsfreiheit als kommunikatives Auffanggrundrecht geschützt.

1675 In der deutschen Lehre wird in neuerer Zeit versucht, den Schutzbereich der Kunstfreiheit dahingehend einzuschränken, dass etwa bei Benützung fremden Eigentums dieses Grundrecht von vornherein keinen Schutz gewährleistet (prominent ERNST-WOLFGANG BÖCKENFÖRDE, Schutzbereich, Eingriff, verfassungsimmanente Schranken: Zur Kritik gegenwärtiger Grundrechtsdogmatik, Der Staat 2003, 175 f.). Solche Ansätze sind im Schweizer Verfassungsrecht zu Recht nicht übernommen worden; sie vereinfachen die grundrechtlichen Fragestellungen nur dem Schein nach und verdecken sie vielmehr (SCHEFER, Beeinträchtigung, 18–21 mH.)

2. Schrankenaspekte

1676 Schranken der Kunstfreiheit ergeben sich insbesondere zum Schutz der Persönlichkeit oder der religiösen Überzeugung anderer Menschen, etwa bei Satiren, Karikaturen oder Kabaretten. Zudem zeigt sich ein gewisses Bedürfnis, der Kunstfreiheit Schranken zu setzen, bei pornographischer Kunst oder bei Gewaltdarstellungen. Illustrative Beispiele zu den Schranken der Kunstfreiheit finden sich in der Rechtsprechung der Strassburger Organe:

Im Fall des «Sprayers von Zürich» (EKMR N. v. Switzerland, 9870/82 [1983], EuGRZ 1984, 259) liessen das Bundesgericht wie auch die EKMR das Interesse des Graffiti-Künstlers an der ungehinderten Verbreitung seiner Kunst hinter das Recht des Sacheigentümers und dessen Eigentumsfreiheit zurücktreten, selbst wenn die Hausfassade durch die Strichfiguren sogar an Wert gewonnen hätte.   1677

Im Entscheid *Müller v. Switzerland,* 10737/84 (1988) (EuGRZ 1988, 543) wurden Kunstwerke mit pornographischen Darstellungen beschlagnahmt und der Künstler aufgrund des StGB mit einer Geldbusse belegt. Der EGMR bestätigte die Konventionsmässigkeit dieser Massnahmen, unter Berücksichtigung der besonderen Umstände, unter denen die Bilder ausgestellt worden waren.   1678

In einem Fall aus dem Jahr 2007 beurteilte der EGMR ein österreichisches Verbot, ein Bild von Otto Muhl auszustellen, auf dem der ehemalige Generalsekretär der FPÖ gemeinsam mit Parteichef Haider, Mutter Theresa und einem Kardinal und weiteren Personen bei sexuellen Handlungen gezeigt wurde. Er erachtete Art. 10 EMRK als verletzt, da es sich klar erkennbar um eine Satire gehandelt hatte (Vereinigung Bildender Künstler v. Austria, 68354/01 [2007] Ziff. 33).   1679

Das Bundesgericht zeigt sich in seiner neueren Praxis eher zurückhaltend im Schutz der Kunstfreiheit: 1680

In einem problematischen Urteil aus dem Jahr 2003 bestätigte das Bundesgericht einen Entscheid des Walliser Kantonsgerichts, der eine widerrechtliche Persönlichkeitsverletzung nach Art. 28 ZGB festgestellt hatte. Ein Künstler hatte einen ehemaligen Geschäftspartner und dessen Freundin ohne deren Einwilligung mit nacktem Oberkörper dargestellt und diese Bilder an einer Ausstellung gezeigt. Das Bundesgericht befand, dass sich dieser Eingriff in die Persönlichkeitsrechte der Kläger nicht mit der Kunstfreiheit rechtfertigen liess (vgl. Urteile 5C.26/2003 [2003] und 5P.40/2003 [2003] und dazu kritisch PETER STUDER, medialex 2003, 178 f.).   1681

Zunehmend zeigt sich auch, dass sich das – den Künstler schützende – Urheberrecht auch gegen ihn selber wenden kann.   1682

So hatte das deutsche Bundesverfassungsgericht ein zivilrechtliches Publikationsverbot für ein Buch zu beurteilen, das ausgesprochen worden war, weil es ohne Genehmigung einige Zitate Brechts verwendet hatte. Das Gericht erblickte darin einen Verstoss gegen die Kunstfreiheit, weil die urheberrechtlichen Nachteile nur von untergeordneter Bedeutung waren (BVerfG 1 BvR 825/98 [2000], NJW 2001, 598 f.).   1683

3. *Kultur- und Kunstförderung*

Art. 69 BV hält in Abs. 1 die Zuständigkeit der Kantone für den Bereich der Kultur fest; dabei handelt es sich um eine deklaratorische Bestimmung. Abs. 2 ermächtigt den Bund, kulturelle Bestrebungen «von gesamtschweizerischem Interesse» zu unterstützen sowie die Kunst (und die trotz des redaktionellen Fehlgriffs darin eingeschlossene Musik) zu fördern. Art. 71 BV bietet zudem eine Grundlage für die Filmförderung.   1684

1685 Die grundrechtlich primäre Schwierigkeit der Kunstförderung liegt darin, dass es für den Staat unabdingbar ist, dabei auch den Inhalt der in Frage kommenden Projekte zu bewerten. Es ist ihm aber verboten, wegen der politischen oder weiteren gesellschaftlichen Bedeutung eines Projekts, eine Förderung zu versagen oder sie gerade deswegen zuzusprechen; der Staat darf insbesondere nicht gewisse unliebsame Kritik dadurch zum Schweigen bringen, dass er entsprechende Anträge ablehnt. Die strengen Anforderungen an Einschränkungen der Kommunikationsgrundrechte wegen des Inhalts einer Äusserung, müssen in gewissem Masse deshalb auch bei der Kunstförderung berücksichtigt werden. Darüber hinaus macht Art. 8 Abs. 2 BV diesen Aspekt dadurch deutlich, dass er Diskriminierungen ua. wegen der weltanschaulichen oder politischen Überzeugung verbietet.

1686 Vor diesem Hintergrund erweckt die grundsätzliche Zielrichtung des Entwurfs für ein neues Pro Helvetia-Gesetz, die Stiftung intensiver politisch zu steuern (siehe den bundesrätlichen Entwurf in BBl 2007, 4879 ff.), Bedenken. Durch eine verstärkte Einflussnahme der Politik auf die Kunstförderung erhöht sich die Gefahr, dass politisch missliebige Kunstprojekte nicht gefördert werden, nicht etwa weil ihre künstlerische Qualität ungenügend wäre, sondern weil die damit geäusserten gesellschaftlichen oder politischen Meinungen den Ansichten der Mehrheit widersprechen.

VII. Versammlungsfreiheit

Literatur

AUER/MALINVERNI/HOTTELIER II, Rz. 670 ff.; BIAGGINI, BV Kommentar, Art. 22; HÄFELIN/ HALLER/KELLER, § 18; HANGARTNER YVO, Meinungsäusserungs- und Versammlungsfreiheit, AJP 1999, 101 ff.; DERS./KLEY ANDREAS, Demonstrationsfreiheit und Rechte Dritter, ZBl 1995, 101 ff.; KIENER/KÄLIN, Grundrechte, § 21; MAHON PASCAL, in: Petit commentaire, Art. 22; MANFRINI PIERRE LOUIS, La liberté de réunion et d'association, in: Verfassungsrecht der Schweiz, § 46; MANN THOMAS/RIPKE STEFAN, Überlegungen zur Existenz und Reichweite eines Gemeinschaftsgrundrechts der Versammlungsfreiheit, EuGRZ 2004, 125 ff.; MÜLLER/SCHEFER, Grundrechte, 571–594; ROHNER CHRISTOPH, in: St. Galler Kommentar, Art. 22; SCHIESS RÜTIMANN PATRICIA M., Von Ausländern mit Wohnsitz in der Schweiz gegründete Vereinigungen – insbesondere «Ausländerorganisationen» – und das auf diese anwendbare Privatrecht, recht 2003, 59 ff.; WYSS MARTIN PHILIPP, Appell und Abschreckung, ZBl 2002, 393 ff.; ZIMMERLI ULRICH, Versammlungsfreiheit, in: Handbuch der Grundrechte, § 219.

a. Zum Geltungsbereich

1687 Die Freiheit, Versammlungen durchführen zu dürfen, wurde in der westlichen Verfassungsentwicklung nur zögerlich als Grundrecht anerkannt. Das damit verbundene Potenzial, politische Bewegungen zu formen und zu organisieren und ihnen dadurch gesellschaftliche Bedeutung zu verschaffen, erschien lange Zeit als Bedrohung der herrschenden Machtverhältnisse. So waren in der Schweiz während der Helvetik und der Restauration politische Versammlungen grundsätzlich verboten, oder jedenfalls weitgehend eingeschränkt (siehe EDUARD HIS, Geschichte des neueren Schweizerischen Staatsrechts, Bd. II, Basel 1929, 395). Die Bundesverfassungen von 1848 und 1874 garantierten dieses Grundrecht nicht ausdrücklich; das Bundesgericht anerkannte es erst im Jahr 1970 als ungeschriebenes Grundrecht der Bundesverfassung, da es (wie die Meinungsfreiheit) für die demokratische Willensbildung unerlässlich erscheint (vgl. BGE 96 I 219, 224). Die Bundesverfassung verankert es nun in Art. 22 BV.

> Im internationalen Recht wird die Versammlungsfreiheit durch Art. 11 EMRK und Art. 21 UNO-Pakt II gewährleistet, und ist auch in Art. 12 EGRC verankert. Zudem hat es der EuGH auf ungeschriebener Grundlage anerkannt (siehe den Entscheid Schmidberger ./. Österreich, Rs. C-112/00 [2003] mit Bezug auf die Blockade einer Autobahn durch eine Versammlung).

1688

Die Versammlungsfreiheit (Art. 22 BV) vermittelt jeder Person «das Recht, Versammlungen zu organisieren, an Versammlungen teilzunehmen oder Versammlungen fernzubleiben» (Abs. 2). Der Staat darf nicht in Versammlungen eingreifen, niemanden zur Teilnahme an solchen Veranstaltungen zwingen, oder einen Menschen hindern, ihnen fern zu bleiben. Grundsätzlich ist ihm zudem verboten, Vorgaben bezüglich des inhaltlichen Ablaufs und der Art der verwendeten Mittel zu machen. Die Versammlungsfreiheit kann das Gemeinwesen auch zu *Leistungen* verpflichten: Auf die Benutzung von öffentlichem Grund und beispielsweise von Gemeindesälen besteht, direkt gestützt auf Art. 22 BV, ein «bedingter Anspruch» (vgl. vorne Rz. 1566 ff.).

1689

Geschützt sind jene Zusammenkünfte, die einen *kommunikativen Zweck* aufweisen, etwa indem sie zur internen Meinungsbildung beitragen, oder gegen Aussen eine Meinung kundtun. Nicht notwendig erscheint, dass sie spezifisch organisiert sind, obwohl dies meist zutreffen dürfte (anders jedoch BGE 127 I 164, 168, vgl. aber BGE 132 I 49, 56 f.). Als Versammlungen gelten zeitlich begrenzte, stehende oder sich bewegende Zusammenkünfte auf privatem oder öffentlichem Grund, im Freien oder in geschlossenen Räumen. Versammlungen auf privatem Grund können im Allgemeinen weniger weitgehenden Beschränkungen unterstellt werden als solche auf öffentlichem Grund.

1690

Die Versammlungsfreiheit als spezifisches Kommunikationsgrundrecht bezieht sich auf friedliche Versammlungen. Eine Versammlung verliert aber den grundrechtlichen Schutz nicht schon dadurch, dass einige Teilnehmer Gewalt ausüben, beispielsweise Sachbeschädigungen begehen oder die Polizeikräfte in körperliche Auseinandersetzungen verwickeln. Eine Versammlung wird grundrechtlich erst dann nicht mehr durch Art. 22 BV geschützt, wenn ihr Zweck in der Begehung von Gewalttaten liegt (MANFRINI, Rz. 13), oder wenn sie in ihrem Verlauf, als Ganze, eine unfriedliche Zielsetzung annimmt (MÜLLER/SCHEFER, Grundrechte, 582–585; BIAGGINI, BV Kommentar, Art. 22, Rz. 10).

1691

Insbesondere auch Demonstrationen werden von der Versammlungsfreiheit geschützt. Demonstrationen, bei denen konkrete Hinweise dafür bestehen, dass elementare Rechtsgüter anlässlich ihrer Durchführung unmittelbar gefährdet würden,

1692

dürfen verboten werden (MÜLLER/SCHEFER, Grundrechte, 584f.; BVerfG 1 BvQ 19/04 [2004], NJW 2004, 2814ff.; vgl. auch BGE 132 I 256, 263ff.; zu wenig strenge Anforderungen stellt etwa BGE 127 I 164, 175f. und dazu WYSS, 402f.).

1693 Anstelle eines strikten Verbotes sind allerdings im Sinne der Verhältnismässigkeit auch andere Massnahmen (wie polizeiliche Schutzvorkehren, eine geänderte Routenwahl, oder spezielle Auflagen bei der Bewilligung) in Betracht zu ziehen. Bei drohenden Gegendemonstrationen ist es «grundsätzlich Aufgabe der Behörden, die Kundgebung des Beschwerdeführers vor der befürchteten Fremdeinwirkung zu schützen: Die Teilnehmer von Kundgebungen sollen diese tatsächlich abhalten können, ohne Gewalttätigkeiten ihrer Gegner befürchten zu müssen; sie sollen vor dem Hintergrund entsprechender Befürchtungen nicht davon abgehalten werden, ihre Meinungen und Ansichten öffentlich kundzutun. Das Recht auf Gegendemonstration darf nicht dazu führen, die Ausübung der Meinungs- und Versammlungsfreiheit zu beeinträchtigen» (BGE 132 I 256, 262).

1694 Zum Geltungsbereich gehören neben politischen Veranstaltungen (zB. Parteiversammlungen oder Demonstrationen) auch *andere Anlässe* (zB. Vorträge, Elternabende, wissenschaftliche Kongresse). Ob auch der nicht physisch vollzogene Meinungsaustausch durch moderne Kommunikationsmittel wie zB. Videokonferenzen oder Chat-Foren im Internet dem Versammlungsbegriff zu unterstellen ist, erscheint heute noch offen (vgl. MANFRINI, Rz. 9, mwH.). Nicht unter dem Schutz der Versammlungsfreiheit stehen im Allgemeinen jene Veranstaltungen, die keine kommunikativen Aspekte aufweisen, wie etwa Tanzveranstaltungen (dazu differenziert TSCHENTSCHER AXEL, Versammlungsfreiheit und Eventkultur, NVwZ 2001, 1245), Fussballspiele, der Menschenauflauf beim Verkehrsunfall oder das blosse «Herumhängen» von Mitgliedern einer Gang (dazu der U. S. Supreme Court im Entscheid City of Chicago v. Morales, 527 U. S. 41, 53 [1999]). Demgegenüber schützt die Versammlungsfreiheit nach Ansicht des Bundesgerichts die Zusammenkunft randständiger Menschen in einem Bahnhof, um Bier zu trinken und einen mehr oder weniger geselligen Austausch zu pflegen (BGE 132 I 49, 56f.). Ungeklärt ist, ob auch Botellones unter dem Schutz der Versammlungsfreiheit stehen.

1695 *Rechtsträger* der Versammlungsfreiheit sind sowohl natürliche Personen, unabhängig von ihrer Nationalität, als auch juristische Personen, soweit sie eine Versammlung durchführen oder organisieren (vgl. BGE 92 I 24, 29).

b. **Demonstrationsfreiheit?**

1696 Demonstrationen sind öffentliche Kundgebungen mit Appellfunktion; sie unterscheiden sich von anderen Versammlungen insbesondere durch die Beanspruchung eines grösseren öffentlichen Raumes. Sie werden gemäss konstanter Praxis des Bundesgerichtes von der Meinungs- und der Versammlungsfreiheit geschützt.

1697 Dieser Ansatz eines «kombinierten» Schutzes durch die Meinungs- und die Versammlungsfreiheit ist zu differenzieren: Wird, wie hier vertreten und vom Bundesgericht anerkannt, die Meinungsfreiheit als kommunikatives Auffanggrundrecht (oben Rz. 1582 f.) verstanden, kommt dieses selbstverständlich dann zur Anwendung, wenn der spezifische, durch die Versammlungsfreiheit gewährleistete Schutz nicht adäquat erscheint.

Hingegen *verneint* das Bundesgericht die Anerkennung einer selbständigen, durch ungeschriebenes Verfassungsrecht gewährleisteten, *Demonstrationsfreiheit*. Es begründet dies damit, dass Demonstrationen keinen «unentbehrliche(n) Teil des demokratischen Willensbildungsprozesses» darstellten (BGE 100 Ia 392, 400; 127 I 164, 167). Damit unterschätzt das Gericht die tragende Bedeutung der Möglichkeit, Demonstrationen auf öffentlichem Grund durchzuführen, für eine lebendige demokratische Auseinandersetzung. Dies zeigt sich insbesondere auch etwa darin, dass autoritäre Regime regelmässig die Durchführung kritischer Demonstrationen zu verhindern suchen; umgekehrt aber auch selbst vom Mittel der Demonstration zu Propagandzwecken Gebrauch machen. 1698

Auch die geltende Bundesverfassung kennt keine ausdrückliche Garantie der Demonstrationsfreiheit. Dies ändert aber nichts daran, dass Demonstrationen unter dem vollen Grundrechtsschutz der Versammlungs- und der Meinungsfreiheit stehen. 1699

c. Schrankenaspekte

Zahlreiche kantonale und kommunale Polizeigesetze oder -reglemente unterstellen Versammlungen auf öffentlichem Grund einer Bewilligungspflicht. Diese stellt selbst einen Eingriff in die Versammlungsfreiheit dar, unabhängig davon, ob im konkreten Einzelfall die Bewilligung erteilt oder verweigert wird. Die Statuierung einer Bewilligungspflicht bedarf deshalb nach Art. 36 Abs. 1 BV (und Art. 11 Abs. 2 EMRK) einer gesetzlichen Grundlage (vgl. vorne Rz. 1566 ff.). 1700

Um Polizeigüter und Grundrechtspositionen Dritter wirksam zu schützen, können uU. *präventive Massnahmen* erforderlich sein. Solche präventiven Massnahmen betreffen insbesondere die Art und Weise der Durchführung einer Versammlung, dürfen aber grundsätzlich nicht den Inhalt der dabei geäusserten Meinungen betreffen. In jedem Fall sind sie nur im Rahmen des Verhältnismässigen zulässig und müssen sich grundsätzlich gegen den Störer richten. Um unvorhersebare, schwere Gefährdungen elementarer Rechtsgüter, wie Leib und Leben, zu schützen, darf – soweit keine anderen wirksamen Massnahmen offen stehen – auf die polizeiliche Generalklausel (Art. 36 Abs. 1 BV) abgestellt werden (MÜLLER/SCHEFER, Grundrechte, 584 f.; weniger streng BGE 103 Ia 310, 315; 132 I 49, 59). 1701

Bei der Bewilligung von Versammlungen auf öffentlichem Grund sind *schützenswerte Interessen von Dritten* (zB. Strassenbenützer, Anlieger, Geschäftsinhaber, Touristen etc.) mit zu berücksichtigen (vgl. in diesem Sinn BGE 127 I 164, 179). 1702

> So schützte das Bundesgericht ein generelles Demonstrationsverbot auf dem Klosterplatz Einsiedeln wegen dessen besonderer Bedeutung und Funktion als störungsfreie Zone für Pilger und andere Klosterbesucher (BGE 124 I 267, 1703

270). Es gewichtete uE. zu wenig stark, dass sich die fragliche Demonstration spezifisch gegen Tierhaltepraktiken dieses Klosters richtete.

1704 Die Versammlungsfreiheit kann durch ein *Vermummungsverbot* eingeschränkt werden, sofern dafür eine ausreichende gesetzliche Grundlage vorliegt und das Verbot verhältnismässig ist. Insbesondere müssen Ausnahmen möglich sein, damit das Verbot verfassungskonform ausgelegt werden kann (vgl. BGE 117 Ia 472).

1705 Die Vermummung an einer Demonstration allein stellt nicht in jedem Fall ein Indiz für Gewaltbereitschaft oder drohende Ausschreitungen dar. Ihr können auch legitime Zwecke, wie datenschutzrechtliche Überlegungen, zugrunde liegen (zB. bei einer AIDS-Demonstration oder einer Demonstration von Homosexuellen), wenn die Teilnehmer aus Angst vor einer Stigmatisierung nicht erkannt werden wollen. Eine Vermummung kann auch der Manifestation des Zwecks der Versammlung dienen (zB. Tragen von Schweinemasken bei einer Demonstration gegen Massenschlachtungen bei Schweinepest; Tragen von Masken an der Fasnacht). Diesfalls wäre ein absolutes Vermummungsverbot unverhältnismässig und verfassungswidrig.

VIII. Vereinigungsfreiheit

Literatur

AUER/MALINVERNI/HOTTELIER II, Rz. 709 ff.; BESSON SAMANTHA, Liberté d'association et égalité de traitement: une dialectique difficile, ZSR 2001 I, 43 ff.; BIAGGINI, BV Kommentar, Art. 23; DERS., Vereinigungsfreiheit und Koalitionsfreiheit, in: Handbuch der Grundrechte, § 223; DERS., Die Vereinigungsfreiheit – Streiflichter auf ein Bundes-Grundrecht der ersten Stunde, Festgabe zum Schweizerischen Juristentag 2006, Zürich 2006, 415 ff.; GARRONE PIERRE, La liberté syndicale, in: Verfassungsrecht der Schweiz, § 50; HÄFELIN/HALLER/KELLER, § 19; KIENER/KÄLIN, Grundrechte, § 22; KUSTER ZÜRCHER SUSANNE, Streik und Aussperrung: Vom Verbot zum Recht, Diss. Zürich 2004; MAHON PASCAL, in: Petit commentaire, Art. 23; MANFRINI PIERRE LOUIS, La liberté de réunion et d'association, Verfassungsrecht der Schweiz, 739 ff.; MÜLLER/SCHEFER, Grundrechte, 594–611; ROHNER CHRISTOPH, in: St. Galler Kommentar, Art. 23; SCHIESS RÜTIMANN PATRICIA M., Von Ausländern mit Wohnsitz in der Schweiz gegründete Vereinigungen – insbesondere «Ausländerorganisationen» – und das auf diese anwendbare Recht, AJP 2003, 59 ff.

a. Zum Geltungsbereich

1706 Die Vereinigungsfreiheit (Art. 23 BV) schützt Personenzusammenschlüsse, die *auf Dauer* gerichtet sind und einen *ideellen Zweck* verfolgen (zB. Sportclubs, politische Parteien, Interessenverbände, wissenschaftliche Gesellschaften, Literaturzirkel, Kunstfördervereine, Wohltätigkeitsorganisationen etc.), und dies *unabhängig* von ihrer *Rechtsform* (zB. Verein, Stiftung, Genossenschaft, einfache Gesellschaft).

1707 Im internationalen Recht enthalten Art. 11 EMRK (im Verbund mit der Versammlungsfreiheit), Art. 8 UNO-Pakt I und Art. 22 UNO-Pakt II eine Gewährleistung der Vereinigungsfreiheit, wie auch Art. 12 EGRC.

Art. 23 Abs. 2 BV hält fest, dass die Bildung von Vereinigungen, der Beitritt und 1708
die Zugehörigkeit zu ihnen, sowie die Beteiligung an ihren Tätigkeiten geschützt
sind *(positive Vereinigungsfreiheit)*. Darunter fällt auch die freie Auflösung einer
Vereinigung.

Art. 23 Abs. 3 BV verbietet den Zwang zum Beitritt oder zur Zugehörigkeit zu ei- 1709
ner Vereinigung *(negative Vereinigungsfreiheit)*.

> So schützt die negative Vereinigungsfreiheit beispielsweise davor, als Student 1710
> einer öffentlich-rechtlichen Zwangskörperschaft angehören zu müssen. Entsprechende Zwangsmitgliedschaften sind nur unter den Voraussetzungen von
> Art. 36 BV zulässig (BGE 124 I 107, 115 ff.). Jede Zwangskörperschaft muss
> parteipolitisch neutral ausgestaltet sein (BGE 110 Ia 36, 41 f.).

> Demgegenüber schützen der EGMR im Rahmen von Art. 11 EMRK und der 1711
> UNO-Menschenrechtsausschuss im Rahmen von Art. 22 UNO-Pakt II im Wesentlichen nur gegen Zwangsmitgliedschaften in privatrechtlichen Vereinigungen; eine Zwangsmitgliedschaft in öffentlich-rechtlichen Körperschaften berührt ihrer Ansicht nach die Vereinigungsfreiheit nicht (EGMR Chassagnou v.
> France [GC], 25088/94 [1999] Ziff. 100 f.; MRA Wallmann v. Austria,
> 1002/2001 [2004] Ziff. 9.5). Diese einschränkende Auslegung der Vereinigungsfreiheit ist der Bundesverfassung fremd.

Hingegen kann aus der Vereinigungsfreiheit kein Anspruch auf Aufnahme in eine 1712
privatrechtliche Vereinigung abgeleitet werden (zum Ausschluss von Vereinsmitgliedern vgl. BGE 85 II 525). Die Weigerung einer Vereinigung, ein neues Mitglied
aufzunehmen, kann jedoch mit anderen Grundrechten, wie etwa einem Diskriminierungsverbot (Art. 8 Abs. 2 BV), kollidieren.

> So hat der U. S. Supreme Court die Weigerung des Rotary Club, Frauen aufzu- 1713
> nehmen, als verfassungswidrig beurteilt, weil die Vereinstätigkeit dieses Clubs
> keine spezifischen Anliegen der Männer betraf (Board of Directors of Rotary
> International v. Rotary Club of Duarte, 481 U. S. 537, 548 [1987]). Wenig überzeugend liess es das gleiche Gericht allerdings zu, dass die nationale Pfadfinderervereinigung Homosexuelle ausschliesst (Boy Scouts of America v. Dale,
> 530 U. S. 640 [2000]). Dazu aus der Schweizer Literatur SAMANTHA BESSON,
> Liberté d'association et égalité de traitement: une dialectique difficile,
> ZSR 2001 I, 43 ff.

Träger der Vereinigungsfreiheit sind natürliche und juristische Personen. 1714

> Die Vereinsfreiheit gemäss Art. 56 BV (1874) stand nach Auffassung des Bun- 1715
> desgerichts nur natürlichen Personen zu (BGE 100 Ia 277, 286 f.). Diese Praxis
> wurde in der Lehre zu Recht kritisiert und ist auch vor Art. 11 EMRK kaum
> haltbar. Die Terminologie von Art. 23 Abs. 2 BV («jede Person») spricht nun
> auch juristische Personen als Rechtsträger an, so dass sich eine Praxisänderung
> aufdrängt (dazu MÜLLER/SCHEFER, Grundrechte, 603).

Auf die Vereinigungsfreiheit können sich auch Ausländervereinigungen berufen. 1716
Jedoch sollen nach überholter Ansicht politische Ausländervereinigungen aus öffentlichen Interessen oder wegen unmittelbarer Gefahr für Polizeigüter weitreichenderen Beschränkungen unterworfen werden können (vgl. VPB 39 Nr. 41). Es

stellt sich jedoch die Frage, weshalb der Schutz von Polizeigütern weiterreichende Massnahmen erfordert, wenn die Gefahr von Ausländern ausgeht, als wenn dieselbe Gefahr von Schweizern geschaffen wird (kritisch auch PATRICIA SCHIESS RÜTIMANN).

b. Verhältnis zu anderen Grundrechten

1717 Mit der *Versammlungsfreiheit* (Art. 22 BV) verbindet die Vereinigungsfreiheit der gemeinsame Grundgedanke der ungehinderten Meinungs- und Willensbildung. Vereinigungen sind im Allgemeinen stärker auf Dauer angelegt als Versammlungen; zudem verfügen sie über eine mehr oder weniger ausgeprägte Organisation, was nach hier vertretener Ansicht für Versammlungen nicht erforderlich ist (oben Rz. 1690).

1718 Vereinigungen mit vorwiegend *religiösem Charakter* werden primär von der Glaubens- und Gewissensfreiheit (Art. 15 BV) geschützt.

1719 Die früher teilweise aus der Vereinsfreiheit abgeleitete *Koalitionsfreiheit* wird nun in Art. 28 BV gewährleistet (vgl. Rz. 3330ff.); sie bietet für Arbeitgeber- und Arbeitnehmerverbände einen besonderen Anknüpfungspunkt.

1720 *Gewinnstrebige Vereinigungen* schliesslich werden vorwiegend im Rahmen der *Wirtschaftsfreiheit* (Art. 27 BV) geschützt.

c. Fragen der Einschränkung

1721 Mit der Vereinigungsfreiheit grundsätzlich unvereinbar sind *präventive Beschränkungen* wie zB. eine Bewilligungspflicht für die Gründung eines Vereins oder eine Meldepflicht (vgl. BGE 96 I 219, 229). Regelungen über Typen von Vereinigungen im Privatrecht (wie einfache Gesellschaft, Verein, Stiftung, GmbH etc.) stellen keine Einschränkung der Vereinigungsfreiheit dar; sie sind lediglich als Ordnungsvorschriften zu betrachten. Sie stellen aber eine in der Praxis wichtige Voraussetzung für die Verwirklichung der Vereinigungsfreiheit in der Gesellschaft dar, indem sie unterschiedliche rechtliche Rahmen zur Organisation von Vereinigungen zur Verfügung stellen.

1722 Art. 56 BV (1874) enthielt im Gegensatz zu Art. 23 BV ein ausdrückliches *Verbot rechtswidriger und staatsgefährlicher Vereine*. Mit dem Verzicht auf diesen Passus hat sich die Rechtslage nicht grundsätzlich verändert: Entsprechende Verbote greifen in die Vereinigungsfreiheit ein und sind nur zulässig, wenn sie die Voraussetzungen zur Einschränkung der Kommunikationsgrundrechte erfüllen. Die Frage der Zulässigkeit eines Verbotes rechtswidriger oder staatsgefährlicher Vereine stellt sich vorwiegend bei politischen Vereinigungen, insbesondere bei Parteien.

1723 Das Bundesgericht zeigt sich wenig sensibel für die Anliegen der Vereinigungsfreiheit bei der Auflösung politischer Vereinigungen, die keine Parteien darstellen. So lässt es die Auflösung eines Vereins, der nach seinen Statuten Häuser besetzen will, um sie Spekulationszwecken zu entziehen, zu. Zu eng erscheint die Einschätzung des Gerichts, es handle sich hier um keine politische Vereinigung (BGE 133 III 593).

Ein aktuelles Verbot einer politischen Vereinigung findet sich in Art. 1 der «Al-Quaida»-Verordnung (SR 122, verlängert bis 31.12.2011). Diese Vereinigung ist zweifellos staatsgefährlicher Natur; problematisch erscheint aber, dass ein derart schwerwiegender Grundrechtseingriff wie das Verbot einer Vereinigung allein aufgrund einer verfassungsunmittelbaren Verordnung des Bundesrates ergeht. Durch die mehrmalige (bisher drei Verlängerungen) Verlängerung wird der Zweck der Befristung in Art. 185 Abs. 3 BV unterlaufen (kritisch auch BIAGGINI, FG Juristentag 2006, 431). 1724

Eine *Partei* darf nicht verboten werden, nur weil sie eine andere Staatsstruktur anstrebt, auch wenn die verfolgten Änderungen radikaler Art sind. Vielmehr kommt es auf die zur Erreichung dieses Zieles angewandten Mittel an, namentlich, ob die Veränderung auf demokratischem Weg, wie über Wahlen und Referenden, oder aber mit Gewalt erreicht werden soll. 1725

So hat das Bundesgericht in BGE 60 I 349 die Auflösung zweier nach militärischem Vorbild aufgebauter Parteiformationen, die in den Augen der Zürcher Behörden für die staatliche Organisation eine Gefahr darstellten, gutgeheissen. 1726

Der EGMR ist mit der Gutheissung eines Parteiverbotes gestützt auf Art. 11 Abs. 2 EMRK eher zurückhaltend (vgl. die Hinweise auf die Praxis bei MÜLLER/SCHEFER, Grundrechte, 604 ff.). Einzig in einem Entscheid aus dem Jahr 2003 erachtete er das Verbot der türkischen Wohlfahrtspartei als zulässig, insbesondere deshalb, weil von ihr eine unmittelbare Gefahr für die demokratische Ordnung der Türkei ausgegangen sei – obwohl diese Gefahr in wesentlichem Masse durch Wahlerfolge begründet war (Refah Partisi v. Turkey [GC], 41340/98 [2003] Ziff. 106 ff.). 1727

Das Bonner Grundgesetz lässt die Auflösung von Parteien nur unter äusserst restriktiven Voraussetzungen zu: Nur das Bundesverfassungsgericht selbst kann eine Auflösung aussprechen (Art. 21 Abs. 2 GG), und nur mit einer 2/3-Mehrheit im zuständigen Senat (§ 15 Abs. 4 BVerfGG). Entsprechend wurde seit dem Inkrafttreten im Jahr 1949 erst in zwei Fällen ein Verbot angeordnet (siehe JÖRN IPSEN, in: Sachs, Kommentar GG, 4. Aufl. München 2007, Art. 21 [Parteien], Rz. 146 ff.). 1728

§ 17 Niederlassung und Eigentum

AUER/MALINVERNI/HOTTELIER II, Rz. 361–414 und 551–558; BIAGGINI, in: Merten/Papier, Handbuch, § 215; BIAGGINI, BV Kommentar, Art. 24–26; BREITENMOSER STEPHAN, in: St. Galler Kommentar, Art. 25; CAVELTI ULRICH, in: St. Galler Kommentar, Art. 24; HÄFELIN/HALLER/KELLER, § 21–22; KIENER/KÄLIN, Grundrechte, § 15, 16 und 28; KLEY ANDREAS, in: Merten/Papier, Handbuch, § 215; MAHON PASCAL, in: Petit commentaire, Art. 24–26; MÜLLER/SCHEFER, Grundrechte, 307–344 und 1007–1043; MÜLLER-TSCHUMI THOMAS/RIVA ENRICO, in: Verfassungsrecht der Schweiz, § 48; VALLENDER KLAUS A., in: St. Galler Kommentar, Art. 26; VALLENDER KLAUS A./HETTICH PETER/LEHNE JENS, Wirtschaftsfreiheit und begrenzte Staatsverantwortung, 4. Aufl. Bern 2006; ZUFFEREY JEAN-BAPTISTE, in: Verfassungsrecht der Schweiz, § 47.

I. Niederlassungsfreiheit

a. Entwicklung und Bedeutung

Die Niederlassungsfreiheit wurde von der Bundesverfassung von 1848 zunächst nur im Verhältnis zwischen den Kantonen und nur für die Bürger christlicher Konfession gewährleistet. In den folgenden Jahrzehnten wurde ihr Schutz jedoch sukzessive ausgedehnt. 1729

Die Gewährleistung der Niederlassungsfreiheit war eine unabdingbare Voraussetzung für die Integration des jungen Bundesstaates (zB. Mobilität und Durchmischung der Bevölkerung, auch in religiöser Hinsicht). Ihre allmähliche Ausdehnung trug massgebend zur Schaffung eines einheitlichen schweizerischen Wirtschaftsraumes bei. 1730

> Im Jahr 1866 hob der Verfassungsgeber die Beschränkung der Niederlassungsfreiheit auf Schweizer Bürger christlicher Konfession auf, um eine Schlechterstellung der Schweizer Juden gegenüber jenen Frankreichs zu verhindern, denen aufgrund eines Staatsvertrags mit Frankreich das Recht auf freie Niederlassung in der Schweiz zukam. Erst unter der Verfassung von 1874 wird die Niederlassungsfreiheit auch innerkantonal angewandt. Jedoch galt hier bis 1975 eine Einschränkung für strafrechtlich Verurteilte und dauernd Unterstützungsbedürftige. Seit der Verfassungsrevision von 1975 (Art. 45 aBV; AS 1978 I 212) ist die Niederlassungsfreiheit allen Schweizern uneingeschränkt im inner- wie im interkantonalen Bereich gewährleistet. 1731

Die Niederlassungsfreiheit schützt mit der freien Wahl des Aufenthaltsortes und des Wohnsitzes auch einen wichtigen Aspekt der individuellen *Persönlichkeitsentfaltung*. 1732

> Durch die wachsende Mobilität verblassten die Unterschiede und jeweiligen Besonderheiten der Bevölkerungen in den verschiedenen Kantonen zunehmend, besonders deutlich etwa mit Bezug auf die Sprache (Dialekt). Den histo- 1733

risch gewachsenen Gebietskörperschaften kommt deshalb heute nicht mehr jene dominante Stellung in der Vermittlung von persönlicher Identität und individuellem Zugehörigkeitsgefühl zu, über die sie bis anhin verfügt hatten.

1734 Eine weitere Folge der erhöhten Mobilität – aber nicht zwingend der Niederlassungsfreiheit – sind heute die kaum mehr in nachhaltiger Art und Weise zu bewältigenden Verkehrsströme, die sich etwa aus dem Auseinanderklaffen von Wohnort und Arbeitsort ergeben können.

b. Zum Geltungsbereich

1. Natürliche Personen

1735 Die Niederlassungsfreiheit schützt nur natürliche, nicht aber juristische Personen. Diese können sich bei der Wahl ihres Sitzes etwa auf die Wirtschaftsfreiheit (bei wirtschaftlicher Tätigkeit) oder auf die Vereinigungsfreiheit (bei ideeller Tätigkeit) berufen.

2. Schweizer

1736 Die Niederlassungsfreiheit schützt das individuelle Recht von *Schweizer Bürgern*, an jedem Ort der Schweiz zu verweilen, dh. sich am Ort ihrer Wahl *vorübergehend aufzuhalten* oder den *Wohnsitz* (Art. 23 Abs. 1 ZGB) *zu wählen* (BGE 93 I 17, 23). Sie verpflichtet die Kantone und Gemeinden, die Niederlassung auf ihrem Gebiet «zu erlauben, und verbietet ihnen gleichzeitig, die Verlegung des einmal gewählten Wohnsitzes in einen anderen Kanton, eine andere Gemeinde oder ins Ausland zu verhindern oder zu erschweren» (BGE 108 Ia 248, 249; neuer BGE 128 I 280, 282).

1737 Art. 24 Abs. 2 BV verankert das Recht für Schweizerinnen, aus dem Land *auszureisen, auszuwandern oder w*ieder *einzureisen* (vgl. etwa BGE 127 I 97; 133 I 27, 28 ff.). Eine Ausweisung aus der Schweiz ohne Zustimmung des Betroffenen ist unzulässig (Art. 25 Abs. 1 BV).

1738 Der Inhalt von Art. 24 Abs. 2 BV war schon unter der Bundesverfassung von 1874 (als ungeschriebener Teilgehalt der Niederlassungsfreiheit) anerkannt. Aus Abs. 2 leitet sich der Anspruch ab, dass die Behörden die erforderlichen Ausweisschriften ausstellen müssen (so im Rahmen von Art. 12 UNO-Pakt II auch MRA El Dernawi v. Libyan Arab Jamahiriya, 1143/2002 [2007] Ziff. 6.2).

1739 Die im Römer Statut des *Internationalen Strafgerichtshofes* (IStGH) vom 17. Juli 1998 (SR 0.312.1) vorgesehene «Überstellung», dh. Überbringung einer strafrechtlich verfolgten oder verurteilten Person an den IStGH (mit Sitz in Den Haag) gilt auch für eigene Staatsangehörige, allerdings nur, wenn die nationalen Instanzen nicht willens oder in der Lage sind, die Straftaten selbst ernsthaft zu verfolgen (sog. Grundsatz der Komplementarität). Damit wird in das Verbot der Ausweisung eigener Staatsangehöriger nach Art. 25 Abs. 1 BV eingegriffen (dazu Müller/Schefer, Grundrechte, 327–329). Durch die komplementäre Ausgestaltung des Römer Statuts soll sichergestellt werden, dass die in der Wirklichkeit immer wieder auftretenden Lücken bei der strafrechtlichen Verfolgung

§ 17 Niederlassung und Eigentum

von schwersten Völkerrechtsverletzungen geschlossen werden können (vgl. auch Rz. 1076 ff.; BBl 2001, 392 sowie Art. 17 Römer Statut [SR 0.312.1]).

2. *Ausländer*

Die bundesgerichtliche Praxis verweigert den *Ausländern* nach wie vor den Schutz der Niederlassungsfreiheit nach Art. 24 BV (BGE 128 I 280, 282). Sie können sich jedoch auf verschiedene Staatsverträge berufen, die ihnen z.T. weitgehende Ansprüche auf freie Niederlassung gewährleisten (vgl. MÜLLER/SCHEFER, Grundrechte, 311–316). 1740

Zudem garantieren auch internationale Menschenrechte gewisse Minimalansprüche auf freie Niederlassung unabhängig von der Staatsbürgerschaft. So enthält Art. 12 Abs. 2 UNO-Pakt II einen – nicht absoluten – Anspruch, die Schweiz verlassen zu dürfen. Zudem kann sich gestützt auf Art. 8 EMRK und Art. 13 Abs. 1 BV ein Recht auf Anwesenheit in der Schweiz ergeben, wenn genügend enge Bindungen zur Schweiz bestehen. Dies ist etwa dann der Fall, wenn ein ausländischer Staatsangehöriger über eine intakte und tatsächlich gelebte Familienbande zu nahen Verwandten in der Schweiz verfügt, die hier ein gefestigtes Anwesenheitsrecht haben (grundlegend BGE 109 Ib 183 ff.; neuer etwa 129 II 193, 211). In Ausnahmefällen kann auch bei Vorliegen ganz besonders enger faktischer Beziehungen zur Schweiz und bei Fehlen entsprechender Bezüge zum Heimatland ein Anspruch auf Aufenthalt bestehen; eine Beziehung zu einer Person mit gefestigtem Aufenthaltsrecht in der Schweiz ist diesfalls nicht erforderlich (BGE 130 II 281, 288 f.) (ausführlicher MÜLLER/SCHEFER, Grundrechte, 243 f.). 1741

Mit dem Inkrafttreten des sektoriellen Vertrages zwischen der Schweiz und der EG sowie ihrer Mitgliedstaaten über die *Personenfreizügigkeit* (SR 0.142.112.681) wird die Niederlassungsfreiheit schrittweise auch für EU-Bürger und ihre Angehörigen eingeführt («freier Personenverkehr»; Art. 10 des Abkommens). Im Jahre 2006 wurde das Abkommen auf die neuen EU-Staaten ausgedehnt (BB vom 17. Dezember 2004, AS 2006, 979, angenommen in der Volksabstimmung vom 25. September 2005, BBl 2005, 6903). Am 8. Februar 2009 wird sich die Schweiz mit einem referendumspflichtigen Beschluss entscheiden können, ob sie das Abkommen verlängern und auf Bulgarien und Rumänien ausdehnen will. 1742

Danach sind alle EU-Bürger berechtigt, sich an jedem beliebigen Ort in der Schweiz niederzulassen und dort zu arbeiten; analoge Ansprüche kommen den Schweizer Bürgern in Bezug auf die EU-Staaten zu. Das Abkommen erstreckt sich auf Arbeitnehmer, selbständig Erwerbende und Personen ohne Erwerbstätigkeit, die über ausreichende finanzielle Mittel verfügen. Es gewährleistet ihren nahen Angehörigen mit rechtmässigem Aufenthalt in der EU (resp. Schweiz) einen Anspruch auf Nachzug in die Schweiz (resp. die EU). Die Schweiz wird mit diesem Abkommen sowohl gegenüber den Vertragsstaaten (Art. 14 des Abkommens, Gemischter Ausschuss) als auch gegenüber einzelnen EU-Bürgerinnen verpflichtet; diese verfügen über ein Beschwerderecht (Art. 11 des Abkommens). Das Freizügigkeitsabkommen gewährleistet damit den EU-Bürgern analoge Ansprüche, wie sie zT. auch aus der Niederlassungsfreiheit fliessen; anders als die grundrechtlichen Garantien sind jene aus dem 1743

FZA jedoch primär auf die Freizügigkeit zum Zwecke der Erwerbstätigkeit ausgerichtet und damit wirtschaftlich motiviert.

1744 Ergänzt wird das Freizügigkeitsrecht durch die gegenseitige Anerkennung von *Berufsdiplomen* (dazu BGE 134 II 341) und die Koordination von *Sozialversicherungen*. Um einen Missbrauch des Abkommens zu verhindern, hat die Schweiz flankierende Massnahmen zum *Schutz vor Lohndumping* erlassen.

1745 Mit der *wohnörtlichen Unterstützungspflicht* gemäss Art. 115 BV (Wohnsitzprinzip) wird die Niederlassungsfreiheit umfassend auch für bedürftige Schweizerinnen und Schweizer garantiert. Die Unterstützungspflicht der Kantone gilt – im Gegensatz zur Niederlassungsfreiheit – für Menschen jeder Nationalität.

c. Schrankenaspekte

1. Unzulässige Einschränkungen

1746 Einschränkungen der Niederlassungsfreiheit aus *polizeilichen Gründen* sind grundsätzlich nicht zulässig; ebenso wenig auf Grund der *Unterstützungsbedürftigkeit* einer Person (vgl. Art. 115 BV).

1747 Es verstösst gegen die Niederlassungsfreiheit, einem psychisch kranken Mann zu verweigern, sich in einer Gemeinde zwecks Wohnsitznahme anzumelden, um dort in einer betreuten Wohngemeinschaft leben zu können (Urteil 2P.49/2007 [2007]). Aber auch rein faktische Hindernisse der Wohnsitznahme, die eine Gemeinde beispielsweise zur Verhinderung des Zuzuges von Sozialhilfebezügern aufstellt, stehen mit der Niederlassungsfreiheit in Widerspruch.

2. Residenzpflicht

1748 Die Niederlassungsfreiheit wird ua. durch – im Allgemeinen kantonale – Vorschriften über die *Wohnsitzpflicht von Arbeitnehmerinnen im öffentlichen Dienst* eingeschränkt (Residenzpflicht). Diese müssen die allgemeinen Voraussetzungen von Art. 36 BV erfüllen.

1749 Nach der älteren bundesgerichtlichen Praxis waren die Anforderungen an die *gesetzliche Grundlage* geringer als bei anderen Sonderstatusverhältnissen, indem eine Einschränkung der Niederlassungsfreiheit zugelassen wurde, wenn das Gesetz die Residenzpflicht *nicht verbot* (vgl. etwa BGE 106 Ia 28). Das Bundesgericht scheint dieser heftig kritisierten Praxis heute nicht mehr zu folgen (vgl. BGE 128 I 280, 283). Die Wohnsitzpflicht von Beamten und anderen Angestellten des Gemeinwesens muss sich aus den konkreten *Anforderungen*, die mit der Anstellung verbunden sind, begründen lassen und muss *verhältnismässig* sein.

1750 Ein öffentliches Interesse an einer Residenzpflicht hat das Bundesgericht etwa dann bejaht, wenn die Art des Dienstes eine erhöhte Präsenz erfordert (BGE 103 Ia 455, 457f.) oder eine gewisse Verbundenheit mit der Bevölkerung für die sachgerechte Aufgabenerfüllung von Bedeutung ist (BGE 108 Ia 248, 250; 116 Ia 382, 384f.; 128 I 34, 40; 128 I 280, 286). Das Bundesgericht misst heute den privaten gegenüber den öffentlichen Interessen einer Wohnsitzpflicht stärkeres Gewicht zu als früher (BGE 116 Ia 382, 386). Rein fiskalische Interessen des Gemeinwesens vermögen keine Wohnsitzpflicht zu begründen (Praxisänderung seit BGE 118 Ia 410, 414).

II. Schutz vor Ausweisung, Auslieferung und Ausschaffung

Literatur

Botschaft über das Römer Statut des Internationalen Strafgerichtshofs, das Bundesgesetz über die Zusammenarbeit mit dem Internationalen Strafgerichtshof und eine Revision des Strafrechts vom 15. November 2000, BBl 2001, 391 ff.; MALINVERNI GIORGIO, in: Verfassungsrecht der Schweiz, § 63; MÜLLER/SCHEFER, Grundrechte, 324–344.

a. Übersicht

Die Garantien von Art. 25 BV stehen in engem Zusammenhang mit der Garantie der Menschenwürde (Art. 7 BV), dem Recht auf Leben (Art. 10 Abs. 1 BV) und dem weiteren verfassungsrechtlichen Persönlichkeitsschutz (Art. 10 Abs. 2 und 3 BV). 1751

Art 25 BV ist in drei Absätze gegliedert, die je einen unterschiedlich engen Kreis von Rechtsträgern ansprechen: 1752

Abs. 1 schützt *Schweizerinnen und Schweizer* vor Ausweisung aus der Schweiz. Ausländer hingegen dürfen unter gewissen Voraussetzungen ausgewiesen, ausgeschafft oder ausgeliefert werden. 1753

> Das Verbot der Ausweisung eigener Staatsangehöriger ist auch in Art. 3 Abs. 1 des ZP Nr. 4 zur EMRK festgehalten, das von der Schweiz allerdings (noch) nicht ratifiziert worden ist. 1754

Abs. 2 schützt *Flüchtlinge* vor Ausschaffung oder Auslieferung in einen Staat, in dem sie verfolgt werden. 1755

> Ein analoges Verbot ergibt sich im internationalen Recht aus Art. 33 FK (Abkommen über die Rechtsstellung der Flüchtlinge vom 28. Juli 1951, SR 0.142.30). 1756

Abs. 3 soll *alle Menschen* vor Ausschaffung bewahren, wenn im betreffenden Staat Folter oder andere grausame und unmenschliche Behandlungen oder Bestrafungen drohen. 1757

> Im internationalen Recht wird dieser Anspruch insbesondere von Art. 3 EMRK und Art. 7 UNO-Pakt II gewährleistet. 1758

b. Verbot der Ausweisung von Schweizern (Art. 25 Abs. 1 BV)

Eine *Ausweisung* liegt vor, wenn der Staat einen Menschen verbindlich verpflichtet, das Staatsgebiet zu verlassen. Sie ist regelmässig mit einem Verbot der Rückkehr in 1759 die Schweiz verbunden. Die Ausweisung von Schweizer Bürgerinnen ist untersagt (Abs. 1, 1. Halbsatz); aus der Schweiz dürfen nur Ausländer ausgewiesen werden (Art. 121 Abs. 2 BV; zu den unterschiedlichen ausländerrechtlichen Formen einer Ausweisung Art. 64 ff. AuG).

1760 Das Verbot, einen Schweizer Bürger oder eine Schweizer Bürgerin auszuweisen, hängt eng mit der Niederlassungsfreiheit zusammen. Art. 24 Abs. 2 BV verbietet, einen Schweizer, der die Schweiz verlassen will, zurückzuhalten, während Art. 25 Abs. 1 BV umgekehrt untersagt, einen Schweizer, der die Schweiz *nicht* verlassen will, auszuweisen.

1761 Art. 25 Abs. 1 Halbsatz 2 BV verbietet die *Auslieferung*, dh. die Überantwortung eines Schweizers gegen seinen Willen an einen anderen Staat zur Strafverfolgung oder zum Strafvollzug. Die Schweiz darf dem Auslieferungsersuchen eines anderen Staates nur nachkommen, wenn der Betroffene dazu seine *schriftliche Zustimmung* abgibt (vgl. Art. 7 IRSG). Bei Ausländern ist die Zustimmung zur Auslieferung hingegen nicht erforderlich.

1762 Das Römer Statut des Internationalen Strafgerichtshofs (ICC) vom 17. Juli 1998 (SR 0.312.1; vgl. vorne Rz. 1739 und Rz. 1076 ff.) unterscheidet zwischen Auslieferung und *Überstellung*. Nach Art. 102 Römer Statut stellt die Auslieferung die «Verbringung einer Person durch einen Staat in einen anderen Staat» dar, währenddem die Überstellung als «Verbringung einer Person durch einen Staat an den Gerichtshof aufgrund [des Römer] Statuts» definiert wird. Gestützt auf Art. 89 Römer Statut können Vertragsstaaten verpflichtet werden, Personen an den internationalen Strafgerichtshof zu überstellen; dies gilt auch für eigene Staatsbürger (Art. 12 Abs. 2 Bst. b des Römer Statuts).

1763 Die Schweiz hat ihr nationales Recht entsprechend dieser Ordnung ausgestaltet und lässt auch die Überstellung von Schweizer Bürgerinnen und Bürgern gegen ihren Willen zu (Art. 16 des Bundesgesetzes über die Zusammenarbeit mit dem Internationalen Strafgerichtshof [ZISG; SR 351.20]). Art. 16 ZISG folgt damit der Differenzierung zwischen Auslieferung und Überstellung von Art. 102 Römer Statut und erachtet die Verbringung an ein supranationales Gericht nicht als Auslieferung. Nach Ansicht des Bundesrates soll damit der Schutzbereich von Art. 25 Abs. 1 BV nicht betroffen sein (vgl. dazu BBl 2001, 485 f.). Die Überstellung sei insbesondere deshalb anders zu beurteilen als die Auslieferung, weil sie die Souveränität der Schweiz nicht in gleichem Masse tangiere wie diese. Selbst wenn man davon ausginge, dass die Überstellung an ein supranationales Gericht in den Schutzbereich von Art. 25 BV eingreife, so könne dieses Recht gemäss Art. 36 BV eingeschränkt werden.

1764 Die Unterscheidung zwischen Auslieferung und Überstellung ist dem Schweizer Verfassungsrecht jedoch fremd. Sie lässt sich im Zusammenhang mit Art. 25 Abs. 1 BV uE. nicht mit dem unterschiedlichen Bezug zur Souveränität begründen, da diese Bestimmung einen grundrechtlichen Individualanspruch garantiert und nicht schweizerische Souveränitätsansprüche schützt. Die Überstellung eines Schweizers an den ICC schränkt Art. 25 Abs. 1 BV ein und muss entsprechend gerechtfertigt werden können (dazu MÜLLER/SCHEFER, Grundrechte, 327 f.).

Bereits ein Bundesbeschluss aus dem Jahr 1995 lässt die Überstellung von Schweizer Bürgern und Bürgerinnen an die Sondergerichte für Ex-Jugoslawien und Ruanda zu, sofern diese nach Abschluss des Verfahrens wieder an die Schweiz rücküberstellt werden (Art. 10 Abs. 2 BB über die Zusammenarbeit mit den Internationalen Gerichten zur Verfolgung von schwerwiegenden Verletzungen des humanitären Völkerrechts vom 21. Dezember 1995; SR 351.20). Im Rahmen der Gerichtsbarkeit des ICC kann die Überlieferung von Schweizern jedoch nicht von der Bedingung der Rücküberstellung abhängig gemacht werden (vgl. Art. 12 Abs. 2 lit. b Römer Statut). 1765

c. Verbot der Ausschaffung oder Auslieferung von Flüchtlingen (Art. 25 Abs. 2 BV)

Art. 25 Abs. 2 BV schützt *Flüchtlinge* davor, aus der Schweiz *ausgeschafft* oder *ausgeliefert* zu werden, wenn sie im Zielstaat einer Verfolgung ausgesetzt sind. Eine Ausschaffung liegt immer dann vor, wenn eine ausländerrechtliche Anordnung, die Schweiz zu verlassen, vollzogen wird (vgl. Art. 69 AuG). 1766

Dieser Grundsatz des «non-refoulement» ist Bestandteil des zwingenden Völkerrechts (vgl. Art. 3 EMRK und Art. 33 UNO-Flüchtlingskonvention). Auf Gesetzesstufe ist er in Art. 45 Abs. 1 AsylG und – spezifisch für die Auslieferung – in Art. 2 Bst. b IRSG verankert. 1767

Flüchtlinge sind nach Art. 3 Abs. 1 AsylG «Personen, die in ihrem Heimatstaat oder im Land, in dem sie zuletzt wohnten, wegen ihrer Rasse, Religion, Nationalität, Zugehörigkeit zu einer bestimmten sozialen Gruppe oder wegen ihrer politischen Anschauungen ernsthaften Nachteilen ausgesetzt sind oder begründete Furcht haben, solchen Nachteilen ausgesetzt zu werden» (vgl. va. auch die Flüchtlingsdefinition in Art. 1A Abs. 2 UNO-Flüchtlingskonvention und Art. 2 lit. c EG-Richtlinie über Mindestnormen, RL 2004/83/EG). Flüchtlinge sind damit stets einer gewissen Verfolgung ausgesetzt. 1768

Das Verbot der Ausschaffung bzw. Auslieferung nach Art. 25 Abs. 2 BV kann unter gewissen, äusserst restriktiven Voraussetzungen eingeschränkt werden; anders als die Garantie von Abs. 3 gilt es nicht absolut. Eine Rückschiebung trotz Gefahr der Verfolgung kommt nur dann in Frage, wenn der betroffene Flüchtling eine konkrete Gefahr für die Sicherheit der Schweiz darstellt oder wenn er gemeingefährlich erscheint, weil er wegen eines besonders schweren Verbrechens rechtskräftig verurteilt worden ist. *Zudem* sind die Anforderungen von Art. 36 BV einzuhalten (näher MÜLLER/SCHEFER, Grundrechte, 336 f.). 1769

d. Verbot der Ausschaffung bei drohender Folter oder unmenschlicher Behandlung (Art. 25 Abs. 3 BV)

Art. 25 Abs. 3 BV verbietet absolut, einen Menschen einem anderen Staat zu überantworten, wenn ihm dort Folter oder unmenschliche Behandlung droht. Damit for- 1770 muliert die Verfassung einen Kerngehalt des Verbots der zwangsweisen Entfernung eines Menschen aus der Schweiz; Einschränkungen sind in keinem Fall zulässig.

1771 Abs. 3 ist eine Konkretisierung der Achtung und des Schutzes der Menschenwürde (Art. 7 BV). Die Garantie ist bereits in Art. 10 Abs. 3 BV enthalten, wird in Art. 25 Abs. 3 BV aber noch ausdrücklich im Verfassungstext verankert. Der Wortlaut von Art. 25 Abs. 3 BV stimmt nicht ganz mit jenem von Art. 10 Abs. 3 BV überein, indem ersterer nur «grausame und unmenschliche» Behandlung erfasst, nicht aber auch «erniedrigende» Behandlung wie Art. 10 Abs. 3 BV. Daraus kann jedoch kein materieller Unterschied der beiden Grundrechte abgeleitet werden.

1772 Das Verbot der Rückschiebung nach Abs. 3 gehört zum völkerrechtlichen ius cogens (BGE 109 Ib 64, 72) und ist in Art. 3 EMRK (vgl. dazu Entscheid des EGMR im Fall *Soering v. The United Kingdom*, 14038/88 [1989], sowie *Chahal v. The United Kingdom*, 22414/93 [1996]) Art. 7 UNO-Pakt II und Art. 3 der UNO-Folterschutzkonvention verankert.

1773 Diese Garantie gilt für *alle Menschen*, nicht nur – wie Abs. 2 – für Flüchtlinge, oder – wie Abs. 1 – für Schweizer. Das Bürgerrecht, der Aufenthaltsstatus in der Schweiz oder eine allfällige strafrechtliche Verurteilung sind ohne Bedeutung. *Ausschaffung* im Sinne von Art. 25 Abs. 3 BV ist in einem weiten Sinne zu verstehen; sie umfasst jede Entfernungsmassnahme, mit Einschluss der Auslieferung (vgl. Art. 2 und insb. Art. 37 Abs. 3 IRSG).

1774 Das Ausschaffungsverbot nach Abs. 3 gelangt dann zur Anwendung, wenn der Betroffene der konkreten Gefahr ausgesetzt würde, gefoltert oder in anderer Weise grausam oder unmenschlich behandelt oder bestraft zu werden. Ob die Misshandlung vom Staat oder von privaten Gruppierungen ausgeht, spielt keine Rolle.

1775 Der EGMR verlangt in seiner Praxis, «(whether) *substantial grounds* have been shown for believing that the person in question would, if extradited, face a *real risk*» (Mamatkulov & Askarov v. Turkey [GC], 46827/99 [2005] Ziff. 67; kursiv hinzugefügt; vgl. auch BGE 129 II 268, 271).

1776 Die drohende Grundrechtsverletzung muss damit schwerer als beim Verbot des non-refoulement nach Abs. 2 wiegen: Abs. 3 ist auf Folter, unmenschliche Behandlung und allenfalls weitere Kerngehalte beschränkt (MÜLLER/SCHEFER, Grundrechte, 344 mH.), während Abs. 2 in weiterem Sinne vor Verfolgung iS. des Flüchtlingsbegriffs schützt.

1777 Besteht in einem Land im Allgemeinen die Gefahr der Folter oder unmenschlicher Behandlung, muss die Schweiz die förmliche Zusicherung dieses Staates einholen, Betroffene nicht zu misshandeln (vgl. BGE 134 IV 156). In der Lehre wird die Tauglichkeit solcher Erklärungen bezweifelt (insb. MARTINA CARONI, Menschenrechtliche Wegweisungsverbote: Neuere Praxis, in: Achermann u. a. (Hrsg.), Jahrbuch für Migrationsrecht 2006/2007, Bern 2007, 56–60).

III. Eigentumsgarantie

Literatur

MÜLLER GEORG, Privateigentum heute, ZSR 1981, 1 ff.; RHINOW RENÉ, Wohlerworbene und vertragliche Rechte im öffentlichen Recht, ZBl 1980, 1 ff.; RIVA ENRICO, Wohlerworbene Rechte – Eigentum – Vertrauen, Bern 2007; DERS., Hauptfragen der materiellen Enteignung, Bern 1990; RUCH ALEXANDER, Die expansive Kraft der materiellen Enteignung, ZBl 2000, 617 ff.

a. Verankerung und Funktionen

Die Eigentumsgarantie wurde im Jahr 1960 vom Bundesgericht als ungeschriebenes Grundrecht der Bundesverfassung von 1874 anerkannt (Urteil vom 11. Mai 1960, publiziert in ZBl 1961, 69 ff.); zuvor war sie nur in den Kantonsverfassungen gewährleistet. Mit der Schaffung einer Bundeskompetenz im Bereich der Raumplanung wurde sie neun Jahre später in den Verfassungstext aufgenommen. Art. 26 BV übernimmt die Garantie, wie sie unter der BV (1874) entwickelt wurde. 1778

Auf *internationaler Ebene* gewährleistet Art. 1 des 1. Zusatzprotokolls EMRK vom 20. März 1952, nicht aber die EMRK selbst, das Recht auf Achtung des Eigentums. 1779

> Die Schweiz hat das 1. ZP zwar unterzeichnet, aber noch nicht ratifiziert (zur Praxis des EGMR dazu vgl. PHILIPP MITTELBERGER, Die Rechtsprechung des ständigen Europäischen Gerichtshofs für Menschenrechte zum Eigentumsschutz, EuGRZ 2001, 364–371). Der Grund dafür liegt insbesondere darin, dass im selben ZP auch das Recht auf Bildung und auf freie und geheime Wahlen verankert wird (Art. 2 f. ZP). Der Anspruch auf geheime Wahlen würde durch öffentliche Abstimmungen an Landsgemeinden, wie sie in Glarus und Appenzell Innerrhoden existieren, oder an Gemeindeversammlungen, allenfalls verletzt. 1780

Das Eigentum ist – im Unterschied etwa zur Menschenwürde, zum Leben oder etwa zur Meinungsäusserung – keine Erscheinung, die dem Menschen aus seiner Natur heraus zukommt, sondern ein von der Rechtsordnung geschaffenes und ausgestaltetes *Institut*. Die Eigentumsgarantie verfügt erst dann über ein Schutzobjekt, wenn das einfache Recht Eigentum anerkennt. 1781

> Inhalt und Umfang des Eigentums werden deshalb in wesentlichem Masse durch die Gesetzgebung, insb. durch das *Sachenrecht* des ZGB oder etwa das Raumplanungsrecht, näher bestimmt. Der Gesetzgeber geniesst dabei einen weiten Gestaltungsspielraum, wird aber durch die Eigentumsgarantie in ihrer Geltung als Institutsgarantie beschränkt (vgl. nachstehend Rz. 1792 ff.). Das Bundesgericht geht in seiner Rechtsprechung davon aus, dass die Eigentumsgarantie und die die sie konkretisierenden Normen der Bundesverfassung (Art. 74–77 BV) gleiche Rangordnung besitzen. Letztere sind also nicht als Einschränkungen der Grundrechtsgewährleistung zu qualifizieren (BGE 105 Ia 330, 336; 117 Ib 243, 246). 1782

1783 Ein Sonderfall stellt diesbezüglich der Schutz von Hochmooren nach Art. 78 Abs. 5 BV dar: Dieses Schutzinteresse geht den konkurrierenden Nutzungsinteressen in jedem Fall vor (BGE 127 II 184, 192).

1784 In der schweizerischen Wirtschaftsordnung verfügt auch das Eigentum über elementare *persönlichkeitsbezogene* Dimensionen. Es stellt jene unverzichtbare materielle Grundlage dar, ohne die eine wirksame Grundrechtsausübung und gleichberechtigte Teilnahme am gesellschaftlichen Leben nicht möglich wäre. Dieser Einsicht folgend – aber ohne ausdrückliche Bezugnahme auf die Eigentumsgarantie – hat das Bundesgericht im Jahr 1995 ein ungeschriebenes Grundrecht auf Existenzsicherung anerkannt, das heute in Art. 12 BV ausdrücklich verankert ist.

1785 Aus *wirtschaftsverfassungsrechtlicher* Sicht ist das Eigentum, und die Eigentumsgarantie, mitkonstituierend für eine freiheitliche und wettbewerbsorientierte Wirtschaftsordnung (vgl. VALLENDER/HETTICH/LEHNE, § 6, Rz. 87 ff.).

1786 Diesen beiden unterschiedlichen Zielrichtungen der Eigentumsgarantie – die persönlichkeitsschützende und die wirtschaftsrechtlichen Ebene – ist bei der Ausgestaltung der Eigentumsordnung und dem Schutz, den die Eigentumsgarantie gewährleistet, Rechnung zu tragen (GEORG MÜLLER, Privateigentum heute, ZSR 1981 II 1 ff.). Wissenschaft und Praxis sind dieser Aufforderung bisher aber nur beschränkt nachgekommen.

b. Zum Geltungsbereich der Eigentumsgarantie

1. Schutzobjekt

1787 Art. 26 BV gewährleistet das private (sachenrechtliche) Eigentum an beweglichen Sachen und an Immobilien sowie weitere vermögenswerte Rechte (wie Immaterialgüterrechte [BGE 126 III 129, 148], obligatorische Rechte, Besitz [BGE 120 Ia 120, 121 f.] und sog. wohlerworbene Rechte des Individuums gegenüber dem Gemeinwesen [BGE 134 I 23, 35 ff.]). Auf die Eigentumsgarantie können sich alle natürlichen und juristischen Personen berufen.

1788 In der Praxis werden Verletzungen der Eigentumsgarantie va. im Zusammenhang mit Beschränkungen des *Grundeigentums* gerügt (insb. bei der Raumplanung, beim Denkmalschutz oder etwa beim Betrieb von Flughäfen).

1789 Auch das Eigentum an Tieren wird durch Art. 26 BV geschützt (vgl. Urteil vom 2. Juli 2003, ZBl 2003, 607, 612). Das Zivil- und das Strafrecht bezeichnen zwar Tiere nicht mehr als Sachen (Art. 641a ZGB, Art. 110 Ziff. 3bis StGB), dennoch bleibt auch nach einfachem Recht weiterhin Eigentum an Tieren möglich (Art. 641a Abs. 2 ZGB).

1790 Wohlerworbene Rechte sind u. a. gewisse vermögenswerte, vertraglich vereinbarte oder gesetzlich zugesicherte Ansprüche etwa im Bereich des Dienstverhältnisses oder der Konzessionen. Entscheidend ist dabei, dass die Unabänderbarkeit der entsprechenden Rechte ausdrücklich auf dem Weg der Gesetzgebung oder aufgrund individueller Zusicherung festgelegt wurde und ihr Umfang präzise feststeht (eingehend RIVA, 69 ff.). Sie fallen unter den Geltungsbereich der Eigentumsgarantie und des Grundrechts auf Vertrauensschutz (Art. 9 BV).

Art. 26 BV enthält drei Teilgehalte: Abs. 1 schützt die *Institutsgarantie* (als Kerngehalt) und die *Bestandesgarantie*, Abs. 2 die *Wertgarantie*. Je nach Gewährleistung sind auch die *Schranken* der Eigentumsgarantie unterschiedlich geregelt. 1791

2. Institutsgarantie

Die Institutsgarantie schützt den Kern des Eigentums als fundamentale Einrichtung der Rechtsordnung. Sie richtet sich in ihrer *subjektiven Dimension* va. an den Gesetzgeber und untersagt ihm, Normen aufzustellen, die das Rechtsinstitut der Eigentumsgarantie aushöhlen oder gar aufheben könnten. Dies bedeutet, dass der Gesetzgeber die wesentlichen, sich aus dem Eigentum ergebenden Nutzungs- und Verfügungsrechte des Einzelnen zu respektieren hat (BGE 119 Ia 348, 353; 128 II 112, 126). 1792

In der Institutsgarantie spiegelt sich auch die *programmatisch-konstitutive Dimension* der Eigentumsgarantie wider (MÜLLER/SCHEFER, Grundrechte, 1039). Es ist Aufgabe des Gesetzgebers, die Substanz des Eigentums nicht nur zu schützen, sondern gestalterisch zu entfalten – vor allem durch eine entsprechende Eigentumspolitik (vgl. etwa Art. 108 BV). 1793

> Rechtsprechung und Lehre anerkennen, dass sich der Einzelne unmittelbar auf die Institutsgarantie berufen kann, wenn eine staatliche Massnahme den Kern des Privateigentums tangiert (subjektive Dimension der Institutsgarantie). Bis anhin hat das Bundesgericht soweit ersichtlich jedoch erst in einem Entscheid eine Verletzung der Institutsgarantie festgestellt. Zu beurteilen war die Besteuerung der kleinen Leibrente einer Frau in bescheidenen finanziellen Verhältnissen zu einem Satz von 55 %; die verbleibende Rente wäre kaum existenzdeckend gewesen (Urteil vom 10. Mai 1985, ASA 55/1987, 439, 443). 1794

> In BGE 106 Ia 342 erachtete das Bundesgericht demgegenüber gar eine Steuerbelastung, die vorübergehend das Einkommen übersteigt, als zulässig, sofern sich die Belastung auf ein oder wenige Steuerjahre beschränkt. 1795

> Nicht mit der Institutsgarantie vereinbar wäre zB. ein uneingeschränktes Vorkaufsrecht des Gemeinwesens im Hinblick auf die Schaffung eines kantonalen Bodenmonopols oder der Entzug von privatem Grundeigentum durch den Staat und deren Ersetzung durch blosse Nutzungsrechte (vgl. MÜLLER/SCHEFER, Grundrechte, 1041). 1796

3. Bestandesgarantie

Als Bestandesgarantie schützt die Eigentumsgarantie konkrete Vermögenswerte des Einzelnen vor staatlichen Eingriffen und gewährleistet deren Nutzung, Verwendung und Veräusserung. Nicht geschützt ist das Vermögen als Gesamtheit (BGE 132 I 201, 205). 1797

1798 Die Eigentumsgarantie schützt nicht nur vor direkten Eingriffen in spezifische, rechtlich anerkannte Interessen, sondern in gewissem Masse auch die tatsächlichen Voraussetzungen zur Ausübung des Eigentums. Tangiert eine staatliche Massnahme das Eigentum nur indirekt und ist diese Reflexwirkung dem Staat zurechenbar sowie genügend intensiv, so gewährleistet die Eigentumsgarantie auch in diesen Fällen Schutz (BGE 126 I 213, 216). Die Massnahme tangiert hier direkt nur sog. «faktische Interessen»; die rechtlich anerkannten Interessen sind nur mittelbar betroffen.

1799 Errichtet der Staat auf einer öffentlichen Strasse einen Fahrradstreifen und wird dadurch der Zugang zum Tanklager, das an die Strasse angrenzt, erschwert, ist das Recht auf Eigentum nur mittelbar betroffen. Trotzdem gewährleistet die Eigentumsgarantie Schutz, weil diese Reflexwirkung dem Staat zurechenbar ist (BGE 126 I 213, 216).

1800 Zwar in einer dem Staat zurechenbarer Weise, aber nicht genügend intensiv wird die Eigentumsgarantie durch die Errichtung einer Fussgängerzone in der Innenstadt betroffen, wodurch der Zugang zu einer dort gelegenen Beratungsfirma eingeschränkt wird (BGE 131 I 12, 16 f.).

1801 Vermögenswerte des Einzelnen dürfen nur *eingeschränkt* werden, sofern die Voraussetzungen von Art. 36 BV erfüllt sind: dh. die Einschränkung muss gestützt auf eine gesetzliche Grundlage erfolgen, im öffentlichen Interesse liegen und verhältnismässig sein (vgl. dazu illustrativ BGE 120 I 270; 132 I 229, 245 ff.).

1802 Je nach Schwere des Eingriffs in die Eigentumsgarantie werden unterschiedliche Anforderungen an die *gesetzliche Grundlage* gestellt. Die Eingriffsschwere spielt auch bei der Entschädigungsfrage (vgl. nachstehend Rz. 1808) eine massgebliche Rolle.

1803 Das Bundesgericht beurteilt einen Eingriff in die Eigentumsgarantie idR. dann als schwer, «wenn Grundeigentum zwangsweise entzogen wird oder wenn durch Verbote oder Gebote der bisherige oder künftige mögliche bestimmungsgemässe Gebrauch des Grundstücks verunmöglicht oder stark erschwert wird» (BGE 131 II 728, 730; vgl. auch MÜLLER/SCHEFER, Grundrechte, 1022, mit weiteren Beispielen).

1804 Grundsätzlich ist *jedes öffentliche Interesse* (zB. Interessen der Raumplanung, des Umweltschutzes, des Natur- und Heimatschutzes, der Sicherheitspolitik etc.), das nicht rein fiskalischer Natur ist oder gegen andere Verfassungsnormen verstösst, geeignet, einen Eingriff in das Eigentum zu rechtfertigen (BGE 106 Ia 94, 96).

1805 In diesem Punkt unterscheidet sich die Eigentumsgarantie von der Wirtschaftsfreiheit, die von den Kantonen nur bei Vorliegen bestimmter öffentlicher Interessen beschränkt werden darf (vgl. § 32).

1806 Indem grundsätzlich alle öffentlichen Interessen zur Einschränkung der Eigentumsgarantie zugelassen werden, verliert dieses Erfordernis weitgehend seine begrenzende Wirkung. In der Lehre wird deshalb etwa vorgeschlagen, nur Interessen mit einem Verfassungsbezug zuzulassen (vgl. etwa VALLENDER/HETTICH/LEHNE, § 6, Rz. 39). Ein solcher unmittelbarer Verfassungsbezug fordert etwas das Bonner Grundgesetz bei den sog. «vorbehaltlos» gewährleisteten

Grundrechten. Die Erfahrungen dazu zeigen aber, dass damit im Rechtsalltag keine Begrenzung der Einschränkungen verbunden ist (vgl. MÜLLER/SCHEFER, Grundrechte, 1025).

Die Bestandesgarantie vermittelt grundsätzlich keinen Anspruch auf positive Leistungen des Gemeinwesens (wie etwa auf die Erschliessung von Grundstücken; BGE 105 Ia 330, 337). Unter Umständen besteht aber eine Pflicht des Gemeinwesens, dem Eigentümer die Ausübung seiner Eigentumsrechte zu ermöglichen, sofern er durch Private rechtswidrig daran gehindert wird (BGE 119 Ia 28, 31). 1807

4. Wertgarantie

Eine Einschränkung, die mit der Bestandesgarantie im Rahmen von Art. 36 BV vereinbar ist, muss zudem an der Wertgarantie geprüft werden. Diese garantiert dem Betroffenen unter gewissen Voraussetzungen, dass er für die Einschränkung seiner Eigentumsrechte materiell entschädigt wird; Art. 26 Abs. 2 BV erwähnt dies ausdrücklich. Diese Bestimmung vermittelt aber nur dann einen Anspruch auf Entschädigung, wenn eine Enteignung oder Eigentumsbeschränkungen, die einer Enteignung gleichkommen, vorliegen. In diesen beiden Fällen muss voll entschädigt werden. Eingriffe in die Eigentumsgarantie, die nicht unter eine dieser beiden Fallgruppen fallen, müssen von den Betroffenen entschädigungslos hingenommen werden (sog. *entschädigungslose öffentlich-rechtliche Eigentumsbeschränkungen*). 1808

Unter «*Enteignung*» versteht die Bundesverfassung die sog. *formelle Enteignung*. Diese liegt vor, wenn Rechte, die unter dem Schutz der Eigentumsgarantie stehen, zwangsweise (durch einen Hoheitsakt) entzogen und auf ein anderes Rechtssubjekt (meist auf das Gemeinwesen) übertragen werden. Der Enteignete hat in diesem Fall Anspruch auf volle Entschädigung, *bevor* ihm sein Eigentum entzogen wird. 1809

Die formelle Enteignung kommt typischerweise dann zum Tragen, wenn das Gemeinwesen zur Verwirklichung eines Werkes von öffentlichem Interesse (zB. Eisenbahn- und Strassenbau, Erstellung elektrischer Anlagen, militärische Anlagen, Verwaltungsgebäude, Bau und Betrieb von Flughäfen etc.) auf private Güter (meist Grundstücke) greifen muss. Die Begründung der Enteignung sowie das entsprechende Verfahren müssen gesetzlich geregelt sein. 1810

> Entsprechend hat der Bund für Enteignungen auf Bundesebene das BG über die Enteignung vom 20. Juni 1930 (SR 711) erlassen; die Kantone verfügen je über ihre eigenen Enteignungsgesetze (siehe z.B. zum Kanton Basel-Stadt das Gesetz über die Enteignung und Impropriation vom 26. Juni 1974, SG 740.100, zum Kanton Basel-Landschaft das Gesetz über die Enteignung vom 19. Juni 1950, SGS 410). 1811

> Auch die Enteignung nachbarrechtlicher Abwehransprüche folgt den Regeln der formellen Enteignung (BGE 132 II 427, 435; kritisch etwa RUCH ALEXANDER, Die expansive Kraft der materiellen Enteignung, ZBl 2000, 628f.). Sind die Immissionen unvermeidbar, schwer, für den betroffenen Eigentümer nicht vorhersehbar und übersteigen sie das in der jeweiligen Landesgegend Übliche und Tolerierbare, so ist der Eigentümer aufgrund einer formellen Enteignung 1812

seiner Nachbarrechte zu entschädigen. In neuerer Zeit hat das Bundesgericht diesbezüglich insbesondere zu den Flughäfen Zürich und Genf eine umfangreiche Praxis entwickelt (siehe etwa 134 II 49 m.H.).

1813 Eigentumsbeschränkungen, die lediglich einer Enteignung gleichkommen, gelten als *materielle Enteignung*. Hier werden keine Eigentumsrechte durch Rechtsakt übertragen. Jedoch werden die Nutzungs- und Verfügungsbefugnisse, die normalerweise aus dem Eigentumsrecht fliessen, durch das Gemeinwesen so stark eingeschränkt, dass sie sich für den Betroffenen ähnlich intensiv auswirken wie eine formelle Enteignung (zB. durch die Auszonung eines Grundstückes aus der Bauzone oder durch die Unterstellung eines Gebäudes unter Denkmalschutz).

1814 Gemäss konstanter Rechtsprechung und stehender Formel des Bundesgerichts liegt eine materielle Enteignung in *zwei Fällen* vor:

1815 Eine materielle Enteignung liegt zunächst dann vor, «wenn einem Eigentümer der bisherige oder ein voraussehbarer künftiger Gebrauch seiner Sache untersagt oder in einer Weise eingeschränkt wird, die besonders schwer wiegt, weil dem Eigentümer eine wesentliche, aus dem Eigentum fliessende Befugnis entzogen wird» (sog. *Substanzgarantie*; BGE 131 II 728, 730; grundlegend BGE 91 I 329, 338). Damit lösen nur ganz besonders schwerwiegende Einschränkungen der Eigentumsgarantie eine Entschädigungspflicht aus materieller Enteignung aus.

1816 Die Anforderungen an die Intensität sind dabei höher als bei der Frage, ob eine Einschränkung der Bestandesgarantie auf einer formell-gesetzlichen Grundlage beruhen müsse oder noch in einer Verordnungsbestimmung verankert sein dürfe (MÜLLER/SCHEFER, Grundrechte, 1021).

1817 Wiegt der Eingriff weniger schwer, so wird gleichwohl eine materielle Enteignung angenommen, falls «ein Einzelner oder einzelne Grundeigentümer so betroffen werden, dass ihr Opfer gegenüber der Allgemeinheit unzumutbar erschiene und es mit der Rechtsgleichheit nicht vereinbar wäre, wenn hierfür keine Entschädigung geleistet würde» (sog. *Sonderopfer*; BGE 131 II 728, 730 und in französischer Sprache BGE 131 II 151, 155). Das Bundesgericht ist jedoch äusserst zurückhaltend mit der Annahme eines entschädigungspflichtigen Sonderopfers (vgl. Urteil 1A.19/2004 (2005), ZBl 2006, 41, 46f.).

1818 In beiden Fällen ist die Möglichkeit einer *zukünftigen besseren Nutzung* der Sache indessen nur zu berücksichtigen, wenn im massgebenden Zeitpunkt (dh. beim Inkrafttreten der Eigentumsbeschränkung) anzunehmen war, sie lasse sich mit hoher Wahrscheinlichkeit in naher Zukunft verwirklichen. Unter die bessere Nutzung eines Grundstücks fällt idR. die Möglichkeit seiner Überbauung (BGE 131 II 728, 730; 131 II 151, 155; 106 Ia 369, 373).

1819 Liegt keine formelle Enteignung vor und erfüllt die Eigentumsbeschränkung die vom Bundesgericht aufgestellten Kriterien zur Annahme einer materiellen Enteignung nicht, so ist die Beschränkung vom Einzelnen *entschädigungslos zu dulden*.

1820 Anwendungsfälle sind etwa die Nichteinzonung eines Grundstückes in die Bauzone (BGE 122 II 326, 329 mit Hinweis auf BGE 118 Ib 38, 40) oder die Beeinträchtigung von Grundstücken durch Fluglärm (BGE 121 II 317, 318; vgl. demgegenüber die Zuerkennung einer enteignungsrechtlichen Entschädigung bei Überflügen in geringer Höhe in BGE 123 II 481, 495).

Auch polizeilich motivierte Eingriffe in das Eigentum sind grundsätzlich entschädigungslos hinzunehmen. Dies kann etwa der Fall sein, wenn ein Bauverbot erlassen wird, weil das Grundwasser durch den Aushub gefährdet würde (BGE 96 I 350, 359). 1821

Eine Ausnahme von diesem Grundsatz ist dann zu machen, wenn die Eigentumsbeschränkung unmittelbar im Zusammenhang mit einem vom Gemeinwesen zu vertretenden Werk steht, wie etwa dem Bau und Betrieb einer Strasse (dazu MÜLLER/ SCHEFER, Grundrechte, 1036). 1822

§ 18 Rechtsgleichheit als umfassende Gewährleistung

Literatur

AUER/MALINVERNI/HOTTELIER, II, Rz. 1007–1073 ; BIAGGINI, BV Kommentar, Art. 8, Rz. 9–17; GRISEL ETIENNE, Égalité: les garanties de la Constitution fédérale du 18 avril 1999, Bern 2000; HÄFELIN/HALLER/KELLER, Rz. 750–773; KIENER/KÄLIN, Grundrechte, 345–355; MAHON PASCAL, in: Petit commentaire, Art. 8, Rz. 6–11; MARTENET VINCENT, Géométrie de l'égalité, Zürich u.a. 2003; MÜLLER/SCHEFER, Grundrechte, 653–678; SCHWEIZER RAINER J., in: St. Galler Kommentar, Art. 8, Rz. 19–42; WEBER-DÜRLER BEATRICE, Gleichheit, in: Merten/Papier, Handbuch, § 210; DIES., Zum Anspruch auf Gleichbehandlung in der Rechtsanwendung, ZBl 2004, 1–36.

I. Gleichbehandlungs- und Ungleichbehandlungsgebot

a. Allgemeines

Nach Art. 8 Abs. 1 BV sind «alle Menschen ... vor dem Gesetz gleich». Damit sagt die Verfassung nicht, dass alle Menschen vor dem Gesetz gleich *sind*, sondern dass sie gleich sein *sollen*, dh. gleich behandelt werden müssen. Es stellt sich deshalb die Frage, unter welchen Voraussetzungen Gleichbehandlung geboten und welcher Massstab auf einen Einzelfall anzulegen ist. Das Bundesgericht drückt dies in konstanter Praxis dahingehend aus, dass Gleiches nach Massgabe seiner Gleichheit gleich, Ungleiches nach Massgabe seiner Ungleichheit ungleich zu behandeln ist (BGE 131 I 91, 103). 1823

Wesentlich an dieser Formel ist der *Verweis auf einen Vergleichsmassstab*. Zwei Sachverhalte sind nicht einfach entweder gleich oder ungleich; Gleichheit und Ungleichheit lassen sich immer nur im Hinblick auf ein Drittes, ein tertium comparationis, beurteilen. So sind beispielsweise ein Ehepaar und ein stabiles Konkubinatspaar im Hinblick auf ihre wirtschaftliche Leistungsfähigkeit gleich, mit Bezug auf das Verfahren einer Trennung jedoch unterschiedlich. 1824

Die Frage nach der Gleichheit einer Behandlung bedarf deshalb stets einer Vergleichsbasis, welche anhand eines bestimmten Massstabes mit dem in Frage stehenden Sachverhalt verglichen wird. Das Problem liegt also bei der «Massgabe», beim anzulegenden Massstab. Es stellt sich die Frage, welche Unterschiede in den zu vergleichenden Sachverhalten derart sind, dass diese rechtlich unterschiedlich behandelt werden müssen. Mit andern Worten ist die *Erheblichkeit* der fraglichen Unterschiede zu beurteilen, anhand eines Massstabes, der ausserhalb der zu beurteilenden Sachverhalte liegt. 1825

> Nach «Massgabe seiner Gleichheit» kann also nicht bedeuten, dass die Gleichheit faktisch in den zu vergleichenden Sachverhalten liegt. Vielmehr ist der anzulegende Massstab, nach welchem Elemente der verglichenen Sachverhalte 1826

als wesentlich oder unwesentlich erachtet werden, eine Wertungsfrage, abhängig vom Gesichtspunkt, unter dem der Vergleich angestellt wird.

1827 Frauen und Männer sind in biologischer Hinsicht nicht gleich, aber unter dem Gesichtspunkt des Menschseins, der Menschenwürde und der Gerechtigkeit grundsätzlich gleich zu behandeln. Wohlhabende und bedürftige Menschen sind im Hinblick auf ihre demokratische Massgeblichkeit gleich und verfügen deshalb über die gleichen politischen Rechte, sind mit Bezug auf ihre wirtschaftliche Leistungsfähigkeit dagegen ungleich und werden vom Steuerrecht entsprechend unterschiedlich behandelt.

1828 Die Anschauungen über die relevanten Gründe für Differenzierungen sind stark von den herrschenden Gerechtigkeitsvorstellungen geprägt, die sich im Laufe der Zeit wandeln können.

1829 So hatte das Bundesgericht in BGE 13, 1, die Nichtzulassung der Frauen zum Anwaltsberuf geschützt; in BGE 49 I 14, 19, änderte es seine Praxis, weil man vernünftigerweise nicht behaupten könne, den Frauen würden «les qualités intellectuelles et morales» zur Ausübung des Anwaltsberufs fehlen.

1830 Je nach dem, welche Behörde handelt, kann diese Vergleichsbasis eine andere sein: *gesetzgebende Organe* müssen die vielfältigsten Sachverhalte unter Gerechtigkeitsgesichtspunkten gruppieren und ordnen und ausgerichtet an der Zielsetzung der Norm differenziert-stimmigen, möglichst konsistenten Regelungen zuführen.

1831 Bei der *Rechtsanwendung* geht es primär darum, das allgemeine – und deshalb bereits in gewissem Rahmen Rechtsgleichheit verbürgende – Gesetz «ohne Ansehen der Person» im Einzelfall anzuwenden. Wo das Gesetz allerdings Gestaltungsspielräume offen lässt und Ermessenstatbestände enthält, stellt sich den anwendenden Behörden eine dem Gesetzgeber vergleichbare Aufgabe der gerechtigkeitsorientierten Regelbildung. Dabei kommt insbesondere der Entwicklung von Präzedenzfällen eine zentrale Rolle zu.

1832 Die Erwägungen des *Bundesgerichts* aus dem Jahr 1880 zu Art. 4 aBV (BGE 6, 174) haben nach wie vor ihre Gültigkeit: «Das Prinzip der Gleichheit vor dem Gesetze fordert ... gleiche Behandlung der Bürger nicht nur unter der Voraussetzung absolut gleicher thatsächlicher Verhältnisse, sondern es verlangt Gleichheit der Behandlung unter der Voraussetzung der Gleichheit aller *erheblichen* thatsächlichen Verhältnisse. Um eine Ungleichheit in der rechtlichen Behandlung der Bürger zu rechtfertigen, muss Verschiedenheit der Verhältnisse nicht in irgend welchen, sondern in solchen thatsächlichen Momenten vorliegen, welche nach anerkannten Grundsätzen der geltenden Rechts- und Staatsordnung für die Normirung gerade des bestimmten Rechtsgebietes, um welches es sich handelt, von Erheblichkeit sein können.»

b. Rechtsgleichheit als Begründungs- und Differenzierungsgebot

1833 Der allgemeine Gleichheitssatz fordert eine *sachliche, stichhaltige Begründung*, wenn bei gleichen Sachverhalten eine differenzierte Regelung getroffen oder bei unterschiedlichen tatsächlichen Verhältnissen keine Unterscheidung vorgenommen wird.

> Die meisten Fälle, die im Zusammenhang mit dem Gebot rechtsgleicher Behandlung vom Bundesgericht entschieden worden sind, befassen sich nicht mit der (fehlenden) Gleichbehandlung «gleicher» Fälle, sondern (nur scheinbar) paradoxerweise mit der Situation, dass eine mangelnde Unterscheidung bei «ungleichen» Sachverhalten zu prüfen war. Diese Konstellation birgt offenbar subtilere Formen der Rechtsungleichheit in sich als die eher offensichtliche Ungleichbehandlung gleicher Tatsachen.

1834

Das Problem der Rechtsgleichheit erweist sich somit als Gebot der *sachlichen Differenzierung*; es handelt sich im Grunde genommen um ein *Gleichbehandlungs- und Ungleichbehandlungsgebot*. Dies bedeutet, dass die Rechtsgleichheit nicht absolut, sondern relativ umgesetzt werden muss.

1835

c. Träger

Der Anspruch auf rechtsgleiche Behandlung steht *jedem Menschen* zu, unabhängig von seiner Nationalität, seinem ausländerrechtlichen Status, seinem Geschlecht oder sonstigen in Art. 8 Abs. 2 BV aufgeführten Merkmal; mit der Rechtsfähigkeit (Art. 16 UNO-Pakt II) ist zwingend der Schutz durch die Rechtsgleichheit verbunden. Da der Gleichheitssatz den Rechtssubjekten in erster Linie eine rechtsgleiche Zuweisung von Rechten und Pflichten gewährleisten soll, können sich neben den natürlichen Personen auch die *juristischen Personen* auf Art. 8 Abs. 1 BV berufen.

1836

> Aus traditionsgebundenen und symbolischen Gründen wurde im Rahmen der Verfassungsreform bei der Redaktion von Art. 8 Abs. 1 BV darauf verzichtet, die Rechtsgleichheit statt nur für «Menschen» allgemeiner für «Personen», dh. auch für juristische Personen, zu garantieren. Der Verfassungstext umschreibt zwar die persönliche Reichweite des Gleichheitssatzes nicht ganz korrekt, bringt dafür den menschenrechtlichen Kern des allgemeinen Gleichheitssatzes sehr deutlich zum Ausdruck.

1837

d. Adressaten

Der Wortlaut von Art. 8 Abs. 1 BV hält fest, dass «vor dem Gesetz» alle Menschen gleich seien. Dieser Wortlaut könnte dahingehend missverstanden werden, dass nur die rechtsanwendenden Behörden vom Gleichheitssatz erfasst werden, nicht aber der Gesetzgeber selber (wie etwa noch unter der Weimarer Verfassung). Unbestritten ist aber, dass nicht nur die rechtsanwendenden Organe, sondern auch der Gesetzgeber selber an den Gleichheitssatz gebunden ist.

1838

> Eine Präzisierung des Adressatenkreises findet sich in Art. 5 Abs. 1 BV, wonach «Grundlage und Schranke [allen] staatlichen Handelns ... das Recht» ist. Hierzu gehört zweifelsohne die Rechtsgleichheit als zentrales Element der Rechtsstaatlichkeit. Somit ist alles staatliche Handeln, auch die Rechtsetzung, über Art. 5 Abs. 1 BV an das Gleichheitsgebot gebunden.

1839

1840 Wegleitend sind auch hier nach wie vor die Erwägungen des Bundesgerichts aus dem Jahr 1880 (BGE 6, 172): «Das Prinzip ... der Gleichheit aller Schweizer vor dem Gesetze ist als grundgesetzliche Norm sowohl für die verwaltende und richterliche, als auch für die gesetzgeberische Thätigkeit der Staatsbehörden massgebend ... Bedeutung und Tragweite des Prinzips der Gleichheit vor dem Gesetze in letzterer Richtung nun bestimmt und beschränkt sich dadurch, dass dasselbe ein Postulat staatlicher Gerechtigkeit ist.»

II. Verwirklichung der Rechtsgleichheit

a. Gleichheit im Gesetz (Rechtsetzung)

1841 Das Gleichbehandlungsgebot richtet sich an alle rechtsetzenden Organe auf allen Stufen des Bundesstaates.

1842 Die rechtsgleiche Ausgestaltung einer Norm ist unerlässlicher Ausgangspunkt einer rechtsgleichen Behandlung der Rechtssubjekte. Ein wesentlicher Grund für das Erfordernis der Regelbildung und der generell-abstrakten Normierung liegt gerade darin, Gerechtigkeit durch Gleichbehandlung «ohne Ansehen der Rechtsadressaten» zu realisieren oder doch zu ermöglichen. Als Erfordernis des Rechtssatzes dient das Legalitätsprinzip dazu, eine rechtsgleiche Behandlung vergleichbarer Fälle sicherzustellen (BGE 128 I 113, 121; 123 I 1, 3).

1843 Delegiert das Gesetz Entscheidungen an den Rechtsanwender, etwa durch Einräumung von Ermessen, muss dieser das Gleichheitsgebot fallweise verwirklichen, durch sorgfältige, schrittweise Entwicklung von Präjudizienketten, um es aus seinem «unfertigen Zustand» (JOSEF ESSER, Grundsatz und Norm, 4. Aufl. Tübingen 1990, 75) in konkret handhabbares Recht zu verdichten.

1844 Der Korrektur einer missglückten Gleichheitsverwirklichung im Rechtssatz durch rechtsanwendende Behörden sind enge Grenzen gesetzt. Eine gleichheitswidrige Norm kann zwar unmittelbar (sofern es sich um eine kantonale Norm handelt; Art. 82 Bst. b BGG) oder vorfragewise angefochten werden; eine richterliche Korrektur kommt aber nur so weit in Frage, als das Gericht die daraus fliessenden Konsequenzen überblicken kann. Zudem sind Bundesgesetze aufgrund von Art. 190 BV für die rechtsanwendenden Organe verbindlich (vgl. Rz. 2609 ff.).

1845 Nach der Rechtsprechung des Bundesgerichts verletzt ein Erlass die Garantie der Rechtsgleichheit nach Art. 8 Abs. 1 BV in zwei Fällen (vgl. etwa BGE 132 I 157, 162 f.; 110 Ia 7, 13):

1846 – Er trifft rechtliche Unterscheidungen, für die ein vernünftiger Grund in den zu regelnden Verhältnissen nicht ersichtlich ist, wenn also ein *sachlicher Grund für die rechtliche Differenzierung fehlt*.

1847 – Er unterlässt Unterscheidungen, die sich aufgrund der Verhältnisse aufdrängen; er *setzt sich über erhebliche tatsächliche Unterschiede hinweg*.

Der unbegründete Unterschied oder die unbegründete Gleichstellung muss sich auf eine *wesentliche* Tatsache beziehen, wobei die Frage, ob für eine rechtliche Unterscheidung ein vernünftiger Grund in den zu regelnden Verhältnissen ersichtlich sei, je nach den herrschenden Anschauungen und Verhältnissen zu verschiedenen Zeiten verschieden beantwortet werden kann. Dem Gesetzgeber gesteht das BGer demnach im Rahmen von Art. 8 Abs. 1 BV (und des Willkürverbots; Art. 9 BV) einen *weiten Spielraum der Gestaltungsfreiheit* zu. Dies rechtfertigt sich aus demokratischen und bei kantonalen Erlassen auch aus föderalistischen Gründen, sowie aufgrund der spezifischen funktionalen Grenzen der Gerichte. 1848

Der Zweck einer Differenzierung innerhalb einer Norm kann uU. darauf beruhen, dass mit dem Erlass ein *bestimmtes Regelungsziel* verfolgt wird. Dieses soll mit einer Steuerung des Verhaltens der Normadressaten erreicht werden. Derartige Ungleichheiten können nur gerechtfertigt werden, wenn dieses *Ziel selbst legitim* erscheint, präzis umschrieben wird und die Ungleichbehandlung hinsichtlich des Regelungszwecks verhältnismässig erscheint. 1849

> Die Rechtsgleichheit ist hingegen dann verletzt, wenn dieses Ziel selbst eine Diskriminierung darstellt, wenn es sich mit dem eingesetzten Mittel nicht erreichen lässt oder der verfolgte Zweck nicht gewichtig genug ist, um die Ungleichbehandlung zu rechtfertigen. 1850

> Profitiert beispielsweise eine Gratispublikation nicht von der indirekten Presseförderung über vergünstigte Post-Taxen, weil sie dem Empfänger nicht aufgrund eines entgeltlichen Abonnementsvertrages laufend mit der Post zugestellt wird (Art. 39 Abs. 2 Bst. a der in der Zwischenzeit aufgehobenen Postverordnung vom 1. September 1967), ist dies nach BGE 120 Ib 142 mit der Rechtsgleichheit vereinbar. Die Verbreitung von Informationen wird dadurch nicht behindert; die beanstandete Ungleichbehandlung will lediglich diejenigen Medien fördern, die – auch wegen des gewählten Vertriebssystems (Abonnement) – die besondere Funktion der Presse in der demokratischen Gesellschaft besser wahrnehmen (Leserbindung, verlegerische Unabhängigkeit über diversifizierte Finanzierung) als eine über einen redaktionellen Teil verfügende, in erster Linie aber auf Inserentenbedürfnisse ausgerichtete Gratispublikation. 1851

Dem Gleichheitssatz steht nicht entgegen, dass gewisse *Schematisierungen* und Typisierungen vorgenommen werden müssen (BGE 100 Ia 322, 328; 121 II 183, 189). Dies gilt beispielsweise in der (Raum-)Planung auf besondere Weise. 1852

Ein Rechtsatz kann und soll auch nicht alle potentiellen Anwendungskonstellationen detailliert regeln; mit *Generalklauseln und Ermessenstatbeständen* werden Entscheidungsbefugnisse an die Verwaltung delegiert. Diese ist dann ihrerseits dem Gebot rechtsgleicher Anwendung unterworfen. 1853

Härteklauseln und Ausnahmebewilligungen ermöglichen, von der Regelordnung des Gesetzes im Einzelfall im Interesse der Sachgerechtigkeit oder der Billigkeit abzuweichen. 1854

b. Gleichheit vor dem Gesetz (Rechtsanwendung)

1. Anwendungsfehler

1855 Das Rechtsgleichheitsgebot verlangt, dass Rechtssätze gegenüber allen Adressaten gleichermassen angewendet werden. Dies betrifft sowohl die Konkretisierung des Gesetzes mittels Einzelakten als auch den Ablauf des Verfahrens, in welchem ein Anwendungsentscheid getroffen wird. Von besonderer Tragweite erscheint der Gleichheitssatz namentlich bei der Ausfüllung von unbestimmten Normtexten und Ermessensbereichen.

1856 Im Rahmen der Rechtsanwendung kann auf unterschiedliche Weise gegen den Gleichheitssatz verstossen werden:

1857 – Das *Gesetz wird korrekt angewendet*, doch dieses selbst verstösst gegen Art. 8 BV (gesetzesinhärenter Gleichheitsverstoss): Hier ist bei der Anfechtung des Anwendungsaktes vorfrageweise geltend zu machen, das Gesetz sei verfassungswidrig (konkrete Normenkontrolle).

1858 – Das Gesetz wird im Widerspruch zur Rechtsgleichheit ausgelegt, obwohl es eine mit dem Gleichheitssatz vereinbare Interpretation zulassen würde. Solche Verstösse gegen die Rechtsgleichheit können dann entstehen, wenn das Gesetz den rechtsanwendenden Behörden Ermessens- oder Beurteilungsspielräume offen lässt. Art. 8 BV wird direkt missachtet, ohne dass eine Gesetzesverletzung vorliegen muss. Geltend zu machen ist eine grundrechtswidrige Gesetzeshandhabung oder Ermessensbetätigung.

1859 – Das Gesetz kann verfassungskonform ausgelegt und angewendet werden, doch es wird *gleichheitswidrig vollzogen*. Dies kann insbesondere dann der Fall sein, wenn ein Gesetz nur selektiv durchgesetzt wird, ohne dass dafür stichhaltige Gründe vorliegen. In diesen Fällen stellt sich die Frage nach der «Gleichbehandlung im Unrecht» (BGE 131 V 9, 20 und hinten Rz. 1862 ff.).

2. Keine Verletzung des Gleichheitsgebotes durch unterschiedliche Behörden?

1860 Nach Auffassung des Bundesgerichts kann eine Missachtung der Rechtsgleichheit nur angenommen werden, wenn die *nämliche Behörde* eine unzulässige Ungleichbehandlung zu verantworten hat (BGE 91 I 169, 171).

1861 Ob diese Annahme in dieser Allgemeinheit vor Art. 8 BV haltbar erscheint, ist in Frage zu stellen. Sie dürfte jedenfalls kaum zutreffen, wenn die rechtsanwendenden Behörden in einem *hierarchischen Verhältnis* zueinander stehen oder wenn es um die Ausrichtung existenzieller Sozialleistungen geht (Urteil 2P.325/1995 [1996]).

3. Gleichbehandlung im Unrecht?

1862 Wenn die Behörde das Gesetz in einem einzigen Fall oder in konstanter Praxis unrichtig anwendet, also zB. eine resp. mehrere Bewilligungen zu Unrecht erteilt hat, stellt sich die Frage, ob andere Rechtsadressaten Anspruch auf die gleiche, wenn auch gesetzeswidrige Behandlung besitzen. Die Praxis des Bundesgerichts basiert auf einer *Güterabwägung im Einzelfall zwischen dem Anspruch auf rechtsgleiche Behandlung und anderen öffentlichen und privaten Interessen*. Zu den öffentlichen Interessen gehört vor allem auch (aber nicht nur) das Legalitätsprinzip. Im Einzelnen differenziert das Gericht folgendermassen (vgl. die Kritik daran von WEBER-DÜRLER, Rechtsanwendung, 19–21).

- Fordern *besonders gewichtige öffentliche oder private Interessen* die Einhaltung des Gesetzes, so wird eine Fortsetzung der gesetzeswidrigen Praxis nicht geduldet und ein Anspruch auf gleiche Behandlung im Unrecht abgelehnt (BGE 127 II 113, 121). 1863

- Stützt sich der vermeintliche Anspruch auf Gleichbehandlung im Unrecht lediglich auf *wenige Fälle*, so wird dieser ebenfalls verneint (BGE 123 II 248, 254). 1864

- Stellt die Abweichung der Behörde vom geltenden Recht eine ständige Praxis dar und gibt die Behörde *ausdrücklich* zu verstehen, dass sie in Zukunft daran festhalten wird, so hat der Betroffene einen Anspruch, entsprechend dieser Praxis behandelt zu werden (BGE 127 I 1, 2 ff.). Dieser Fall steht aber auch unter dem Vorbehalt besonders gewichtiger öffentlicher Interessen und müsste zudem ein aufsichtsrechtliches Einschreiten der vorgesetzten Instanz wegen Rechtsbeugung durch die entsprechende Behörde zur Folge haben. 1865

c. Rechtsgleichheit im Verfahren

Gleichbehandlung vor dem Gesetz erfordert nicht nur eine konsistente Beurteilung vergleichbarer Fälle, sondern auch einen gleichen Zugang zu den entsprechenden Behörden, verstanden als Anspruch auf eine bestimmte Mindestqualität des behördlichen Verfahrens auf dem Weg zur Entscheidung. 1866

Das BGer hatte aus Art. 4 aBV entsprechende Garantien entwickelt, welche sich heute in den Art. 29 bis 32 BV sowie in den entsprechenden Verfahrensgesetzen wieder finden (vgl. § 30). Ihnen ist gemeinsam, dass sie einen allgemeingültigen prozeduralen Mindeststandard festlegen. Entsprechend begründet die blosse Nichtbeachtung dieser Garantien auch dann eine Rechtsverletzung, wenn das Verfahren andernfalls gleich ausgegangen wäre. 1867

III. Rechtsgleichheit und andere Grundrechte

a. Allgemeines

Rechtsgleichheit und andere Grundrechte stehen in einem Verhältnis gegenseitiger Einwirkung. Einerseits stellt die rechtsgleiche Verwirklichung der Grundrechte deren nicht wegzudenkendes Fundament dar. Ohne die Garantie, dass jeder die ihm von der Verfassung zugesicherten Rechte in gleicher Weise wie alle anderen wahrnehmen kann, wäre der Schutz der Grundrechte prekär. Dies bringt etwa Art. 14 EMRK (und entsprechend Art. 2 UNO-Pakte I und II) zum Ausdruck, wonach 1868 «(d)er Genuss der in dieser Konvention anerkannten Rechte und Freiheiten ... ohne Diskriminierung ... zu gewährleisten (ist)».

1869 Anderseits prägen die Grundrechte das Rechtsgleichheitsgebot insofern, als sie der rechtsgleichen Behandlung die Perspektive des Einzelnen mit seinen subjektiven Freiheitsanliegen und seinem Anspruch auf «Differenz» unterlegen. In einer weiteren Optik können sich die Grundrechte an staatlichen Egalisierungsbemühungen reiben; im Schutzbereich der Grundrechte ist es grundsätzlich jedem Individuum überlassen, wie es von seinem Recht Gebrauch machen will.

1870 Dies zeigt sich heute besonders deutlich im Rahmen der Religionsfreiheit. Hier stellt sich aktuell die Frage, wie weit die Religionsfreiheit etwa muslimische Frauen in ihrem Bedürfnis schützt, in der Öffentlichkeit einen Tschador oder eine Burqa zu tragen, und wie weit der Staat aus Gründen der Geschlechtergleichheit befugt ist, dies einzuschränken. Die Durchsetzung der Geschlechtergleichheit darf jedenfalls nicht dazu führen, dass eine Frau daran gehindert wird, aus eigener, selbstverantwortlich gebildeter Überzeugung entsprechende religiös konnotierte Kleidung zu tragen.

1871 Während die sachspezifischen Grundrechte durch einen bestimmten Schutzbereich gekennzeichnet sind, bezieht sich die Rechtsgleichheit als elementares, aber «substanzloses» Querschnittsgrundrecht auf die ganze Rechtsordnung.

b. Qualifizierte Rechtsgleichheit im Schutzbereich anderer Grundrechte

1872 Neben dem allgemeinen Gleichheitssatz (Art. 8 Abs. 1 BV) sind einige besondere Gleichbehandlungsgebote als Teilgehalte spezifischer Grundrechte anerkannt. Typischerweise ist in diesen Fällen – im Gegensatz zum allgemeinen Gleichheitsgebot – die Vergleichsbasis durch das jeweilige Grundrecht festgelegt. Staatliche Handlungen verletzen den jeweiligen Schutzbereich nur dann, wenn sie eine sachliche Unterscheidung nach bestimmten, im anwendbaren Grundrecht liegenden Gesichtspunkten treffen oder unterlassen.

1873 Im Rahmen der *Wirtschaftsfreiheit* (Art. 27 und 94 BV) besteht die Pflicht zur Gleichbehandlung direkter Konkurrenten (vgl. Rz. 3204 ff.). Die Rechtsgleichheit nimmt hier die Rolle eines Instrumentes an, welches die staatliche Wettbewerbsneutralität wahren soll. Grundsätzlich verboten ist jede Gewährung eines Wettbewerbsvorteils an einen Marktteilnehmer im Vergleich zu seinen Mitbewerbern in einem relevanten Markt. Die Vergleichsbasis ist in diesem Fall im relevanten Markt zu sehen (BGE 132 I 97, 100 f.).

1874 Entsprechend hat es das Bundesgericht als zulässig erachtet, dass die St. Galler Behörden den Standplatz für das Riesenrad der Herbstjahresmesse regelmässig an den Anbieter mit dem grössten Riesenrad erteilten, auch wenn dieser dadurch jedes Jahr zum Zuge kam. Dabei gab es zu bedenken, dass ein Riesenrad von 44 m Durchmesser die bedeutend grössere Attraktion darstelle als eines mit einem Durchmesser von lediglich 32 m und dass der Wettbewerb gerade dann verzerrt würde, wenn die Behörden alternierend dem kleineren Riesenrad den Vorzug gäben (BGE 128 I 136).

Die *Medienfreiheit* (Art. 17 BV), bzw. die ihr zugehörige Informationsfreiheit (Art. 16 BV), garantiert das Recht, Informationen zu erlangen, aufzuarbeiten und in medialer Form zu verbreiten. Soweit der Staat Informationen veröffentlicht, hat er jedem, der diese in einem Presseerzeugnis verwenden will, den gleichen Zugang zu verschaffen. In der Praxis geht es etwa um Fragen des Zugangs zu Pressekonferenzen und der Akkreditierung von Journalisten (MRA Gauthier v. Canada, 633/1995 [1999] Ziff. 13.6).

1875

Gestützt auf die *Eigentumsgarantie* (Art. 26 BV) vermögen Eingriffe in einzelne Rechtspositionen dann eine Ersatzpflicht des Staates auszulösen, wenn der Eingriff im Einzelfall – im Vergleich zur Belastung der Allgemeinheit – als unzumutbar erscheint, mithin ein Sonderopfer darstellt (vgl. Rz. 2025).

1876

Besonders intensiven Schutz gewährleistet die Rechtsgleichheit auch dort, wo der Staat Leistungen ausrichtet, welche für die Betroffenen von existenzieller Bedeutung sind, wie etwa bei der Sozialhilfe oder beim Zugang zur Universität. Die Sozialrechte etwa von UNO-Pakt I und die Sozialziele nach Art. 41 BV benennen die Bereiche besonderer Betroffenheit. Ungleichbehandlungen sind hier nur zulässig, wenn sie alle in Art. 36 BV aufgeführten Voraussetzungen erfüllen. Insbesondere müssen sie einen engen Bezug zu dem von der fraglichen Leistung verfolgten Zweck aufweisen.

1877

IV. Grenzen des Gleichheitssatzes

a. Vorrang der föderalistischen Vielfalt

1. Im interkantonalen Verhältnis

Das Gebot der Rechtsgleichheit gilt für alle Handlungen des Bundes, auch wenn das Bundesrecht durch die Kantone umgesetzt wird (BGE 133 I 249, 255). Hingegen erstreckt es sich nicht auf die kantonalen Umsetzungsakte, sofern das Verhältnis zwischen den Kantonen betroffen ist (BGE 120 Ib 332, 337f.).

1878

Die Rechtsgleichheit verbürgt *keine Gleichbehandlung über die kantonalen Grenzen hinweg*. Dies ergibt sich für die Rechtsetzung bereits aus der Garantie der kantonalen Aufgabenautonomie (Art. 43, 46 Abs. 2 und 47 BV; vgl. Rz. 811 ff.), sofern das Bundesrecht keine anders lautenden Vorschriften enthält (Art. 46 Abs. 1 BV); Gleiches gilt auch für die Anwendung kantonaler Gesetze (BGE 91 I 480, 490f.).

1879

2. Im innerkantonalen Verhältnis

Auch innerhalb eines Kantons erachtet es das Bundesgericht als zulässig, dass unterschiedliche Behörden bei der Anwendung der gleichen Normen ihr Ermessen unterschiedlich ausüben, jedenfalls sofern sie nicht der gleichen Aufsicht unterstehen (BGE 121 I 49, 51f.).

1880

b. Rechtsgleichheit bei Rechtsänderungen

1. Erlasse

1881 Das Gleichheitsgebot kann in aller Regel einer Gesetzesänderung *nicht entgegengehalten* werden. Diese verstösst allenfalls gegen das Willkürverbot, wenn die Neuregelung schlechthin unhaltbar erscheint. Hingegen ist es denkbar, dass die Rechtsänderung in der Optik des Vertrauensschutzes (Art. 9 BV) unzulässig ist oder zu Entschädigungsansprüchen zu führen vermag.

2. Verwaltungs- und Gerichtspraxis

1882 Der Änderung einer Praxis von Verwaltungs- und Gerichtsbehörden kann das Gleichheitsgebot nur in engen Grenzen entgegengehalten werden. Als Grundsatz gilt, dass Behörden ihre *Praxis anzupassen* haben, wenn sich dies aufgrund einer besseren Einsicht in den Sinngehalt der zugrunde liegenden Normen, veränderter Umstände und gesellschaftlicher Verhältnisse, gewandelter Rechtsauffassungen oder eines zwischenzeitlich veränderten übergeordneten Rechts aufdrängt.

1883 Die Praxisänderung muss durch *ernsthafte, sachliche Gründe* gerechtfertigt sein und in grundsätzlicher Weise erfolgen. Je konstanter die bisherige Praxis war, desto triftiger müssen die für eine Änderung sprechenden Gründe erscheinen (BGE 129 V 289, 292).

1884 Auch für die Beurteilung der Zulässigkeit von Praxisänderungen ist neben dem Gleichheitsgebot der Grundsatz des Vertrauensschutzes (Art. 9 BV) massgeblich.

§ 19 Die Diskriminierungsverbote

Literatur

AUER/MALINVERNI/HOTTELIER II, Rz. 1074–1129 ; BIAGGINI, BV Kommentar, Art. 8, Rz. 18–37; BIGLER-EGGENBERGER MARGRITH, in: St. Galler Kommentar, Art. 8, Rz. 71–113 ; HÄFELIN/HALLER/KELLER, Bundesstaatsrecht, Rz. 774–796; HANGARTNER YVO, Diskriminierung – ein neuer verfassungsrechtlicher Begriff, ZSR 2003 I, 103 ff. KIENER/KÄLIN, Grundrechte, § 34; KÄLIN WALTER, Grundrechte im Kulturkonflikt, Zürich 2000, 104–117; MAHON PASCAL, in: Petit commentaire, Art. 8, Rz. 12–25; MARTENET VINCENT, Géométrie de l'égalité, Zürich 2003; PETERS ANNE, in: Merten/Papier, Handbuch, § 211; PULVER BERNHARD, L'interdiction de la discrimination: étude de l'article 8 alinéa 2 de la Constitution fédérale du 18 avril 1999, Diss. Neuchâtel, Basel 2003; SCHWEIZER RAINER J., in: St. Galler Kommentar, Art. 8, Rz. 43–70; WALDMANN BERNHARD, Das Diskriminierungsverbot von Art. 8 Abs. 2 BV als besonderer Gleichheitssatz: unter besonderer Berücksichtigung der völkerrechtlichen Diskriminierungsverbote einerseits und der Rechtslage in den USA, in Deutschland, Frankreich sowie im europäischen Gemeinschaftsrecht anderseits, Bern 2003; WEBER-DÜRLER BEATRICE, in: Verfassungsrecht der Schweiz, § 41, Rz. 23–36.

I. Diskriminierungsverbote nach Art. 8 Abs. 2 BV

a. Generalklausel und Beispielkatalog von Diskriminierungstatbeständen

Die Diskriminierungsverbote von Art. 8 Abs. 2 BV gewährleisten einen erhöhten Schutz gegenüber gewissen als besonders problematisch erkannten Ungleichbehandlungen. Einzelne Aspekte der Diskriminierungsverbote waren schon unter der früheren BV in Art. 4 enthalten (Verbot der «Vorrechte des Orts, der Geburt, der Familien oder Personen»), erlangten in der Praxis aber kaum Bedeutung. Auch die grossen internationalen Menschenrechtskataloge der EMRK und der UNO-Pakte verankern detaillierte Diskriminierungsverbote. 1885

> Die EMRK kennt zwar keine allgemeine Garantie der Rechtsgleichheit, schützt aber in Art. 14 EMRK vor Diskriminierungen bezüglich der in der Konvention festgelegten Rechte; das 12. Zusatzprotokoll, das von der Schweiz nicht ratifiziert wurde, garantiert die Diskriminierungsverbote selbständig. Diese Gewährleistungen enthalten einen Katalog von Diskriminierungstatbeständen, ähnlich wie Art. 8 Abs. 2 BV. Auch der UNO-Pakt II schützt vor Diskriminierungen bezüglich der im Pakt garantierten Rechte (Art. 2 Abs. 1). Er enthält darüber hinaus eine Bestimmung zur Gleichbehandlung der Kinder (Art. 24 Abs. 1) und in Art. 26 selbständige Diskriminierungsverbote. Erwähnenswert sind ebenfalls die UNO-Rassendiskriminierungskonvention und das etwa im Personenfreizügigkeitsabkommen (Art. 2) mit der EG verankerte Verbot der Diskriminierung wegen der Staatsangehörigkeit. 1886

Art. 8 Abs. 2 BV wird mit dem Verbot eröffnet: «Niemand darf diskriminiert werden ...» Es folgen beispielhaft – dh. nicht abschliessend – neun Merkmale, 1887 die in der Vergangenheit anerkanntermassen Anlass für Diskriminierungen bildeten.

1888 Ein im Rahmen der Verfassungsreform 1999 im Parlament gestellter Antrag, auf den Katalog zu verzichten, wurde zu Recht abgelehnt: Gerade die einzelnen angeführten Diskriminierungstatbestände geben dem allgemeinen Verbot Sinn, Zielrichtung und Substanz. Ohne diese Aufzählung würde die gegenüber dem allgemeinen Gleichheitssatz unterschiedliche Funktion in der Rechtsordnung kaum zur Geltung kommen. Die nicht abschliessende Aufzählung verweist auf die Gruppenbezogenheit der Diskriminierung, stabilisiert normativ die entsprechenden Anwendungsfälle und weist eine hohe symbolhafte Tragweite auf.

b. Allgemeine Tragweite des Diskriminierungsverbotes

1889 Diskriminieren heisst seinem Wortsinn nach ausgrenzen, herabwürdigen. Im Kontext von Art. 8 Abs. 2 BV bedeutet Diskriminierung demnach die abwertende Andersbehandlung eines oder mehrerer Menschen aufgrund seiner oder ihrer Zugehörigkeit zu einer bestimmten Gruppe. Die Diskriminierungsverbote schützen davor, aufgrund eines besonderen, gruppenspezifischen Kriteriums stigmatisiert zu werden.

1890 Eine Diskriminierung trifft die von ihr Betroffenen in zentralen Aspekten ihrer Identität und stempelt sie zu Mitmenschen zweiter Klasse ab. In diesem Aspekt kommt die Idee der Menschenwürde besonders zum Ausdruck (Art. 7 BV).

1891 Eine unzulässige Diskriminierung wird vermutet, wenn ein Erlass oder eine individuell-konkrete Anordnung an ein in Art. 8 Abs. 2 BV aufgezähltes Kriterium anknüpft. In solchen Situationen sind die fraglichen Ungleichbehandlungen nur zulässig, wenn sie qualifiziert gerechtfertigt werden können (BGE 126 II 377, 393). Welche Anforderungen an diese Rechtfertigung zu stellen sind, ist bei jedem Diskriminierungsverbot gesondert zu beurteilen.

1892 Eine diskriminierende Motivation ist nicht erforderlich. Kann diese Vermutung nicht durch eine je nach Diskriminierungsverbot unterschiedlich ausgestaltete stichhaltige Begründung für die getroffene Unterscheidung widerlegt werden, so ist das Grundrecht verletzt.

1893 Das Diskriminierungsverbot richtet sich hauptsächlich gegen den *Staat*. Unter Dritten, in privaten Beziehungen, kann es dann Wirkung entfalten, wenn ein Anbieter existentieller Güter oder Dienstleistungen eine dominierende Stellung im Markt besitzt, sodass dem Konsumenten ein diskriminierungsfreier Anspruch auf Vertragsschluss zukommen muss (Kontrahierungszwang; vgl. auch § 12 II. b und c).

1894 Der Kontrahierungszwang kann sich auch aus gesetzlichen Bestimmungen privatrechtlicher (Art. 28 ZGB, BGE 82 II 292, 86 II 365, 107 II 277, 129 III 35; Art. 19 und 20 OR, BGE 102 II 211; Art. 41 Abs. 2 OR) wie öffentlich-rechtlicher Natur (zB. Art. 14 Abs. 2 FMG, Art. 2 Abs. 2 PG) ergeben; vgl. auch Rz. 1177 f.

Eine Diskriminierung kann nicht nur dadurch erfolgen, dass die Behörde ohne qua- 1895
lifizierte Begründung an ein entsprechendes Gruppenmerkmal anknüpft. Die Diskriminierungsverbote schützen auch davor, dass Gesetze, die nicht an eines der
Merkmale von Art. 8 Abs. 2 BV anknüpfen, «in ihren tatsächlichen Auswirkungen
Angehörige einer solchen Gruppe besonders stark benachteiligt, ohne dass dies
sachlich begründet wäre» (BGE 126 II 377, 394; vgl. auch BGE 134 I 49, 53).
Diese Benachteiligung wird als *mittelbare* oder *indirekte Diskriminierung* bezeichnet. Entsprechend schützt Art. 8 Abs. 2 BV auch vor Schlechterstellungen, die aufgrund bestehender gesellschaftlicher Nachteile eintreten und erzwingt so auch ein
gesellschaftliches Umdenken. Überlieferte, oft unreflektierte Unterscheidungen
müssen kritisch überdacht, aufgegeben oder neu gerechtfertigt werden.

> Eine indirekte Diskriminierung kann zB. in der Ausgestaltung eines Lohnregle- 1896
> mentes liegen, wenn dieses für typische Frauenberufe besonders niedrige
> Löhne festlegt (vgl. BGE 124 II 409, 424; 124 II 436, 439).

Die mittelbare Benachteiligung muss *erheblich* sein, und an ihre Rechtfertigung 1897
sind umso strengere Anforderungen zu stellen, je intensiver die Schlechterstellung
erscheint.

c. Persönlicher Geltungsbereich (Schutzziel)

1. Problematik

Bei der Diskussion, welchen Schutz die Diskriminierungsverbote gewährleisten, 1898
stehen zwei Sichtweisen im Vordergrund. Zu fragen ist, ob sie alle Menschen gleichermassen oder nur spezifisch gefährdete Gruppen schützen, wer demnach
Rechtsträgerin (oder Grundrechtsberechtigter) ist und sich auf die Diskriminierungsverbote berufen kann. Nach der einen Sichtweise garantieren die Diskriminierungsverbote einen *spezifischen Schutz von gesellschaftlich herabgesetzten Gruppen,* nach der anderen stellen sie *Anknüpfungsverbote* dar.

2. Anknüpfungsverbot

Das Verständnis der Diskriminierungsverbote als *Anknüpfungsverbote* geht davon 1899
aus, dass der Staat keine rechtlichen Differenzierungen aufgrund der Diskriminierungstatbestände treffen darf. Es ist ihm untersagt, an die in Abs. 2 genannten Kriterien anzuknüpfen; gesetzliche Regelungen oder Einzelentscheide dürfen etwa das
Kriterium der «Rasse», des «Geschlechts» oder der «Lebensform» nicht verwenden, um daran Differenzierungen zu knüpfen.

> Wenn beispielsweise die Anknüpfung an das Geschlecht verboten ist, darf eine 1900
> rechtliche Differenzierung dieses Merkmal nicht verwenden, unabhängig davon, ob sie Frauen oder Männer benachteiligt. Ein Nachtarbeitsverbot nur für
> Frauen wäre unzulässig, selbst wenn erwiesen wäre, dass die Frau durch die
> Nachtarbeit besonders schwerwiegend getroffen wird. Alle von der Unterscheidung betroffenen Menschen können nach dieser Sichtweise eine Verletzung des
> Diskriminierungsverbots geltend machen, auch solche, die nicht den diskrimi-

nierten oder zumindest entsprechend gefährdeten Gruppen angehören. Frauen wie Männer sind gleichermassen befugt, sich auf das Kriterium «Geschlecht», Schwarze wie Weisse auf das Kriterium der Rasse zu berufen. Der Schutz ist rechtlich *symmetrisch* ausgestaltet.

1901 Gewisse Diskriminierungsmerkmale wie etwa jenes der «Behinderung» können von vornherein nicht als symmetrisches Verbot verstanden werden. Dies kommt deutlich etwa in Art. 3 Abs. 3 des Bonner Grundgesetzes zum Ausdruck, wo – in Abweichung vom übrigen Text – Menschen mit Behinderung spezifisch vor «Benachteiligung» geschützt werden.

1902 Diskriminierungsverbote schützen in ihrer Dimension als Anknüpfungsverbote davor, dass gesellschaftliches Denken in Stereotypen rechtlich verfestigt und damit in die Zukunft weiter getragen wird. Wie weit ein solcher Schutz erforderlich ist, bleibt für jedes Diskriminierungsverbot gesondert zu beurteilen.

1903 So ist schwer vorstellbar, welche legitimen Interessen eine Anknüpfung etwa an die «Rasse» von Menschen rechtfertigen könnten; rechtliche Regelungen, die an den fragwürdigen Begriff der «Rasse» anknüpfen, tragen vielmehr die Gefahr in sich, das Denken in solchen Begriffen auch in die Zukunft zu tragen.

1904 Demgegenüber ist es unabdingbar, den besonderen Schutzbedürfnissen von Behinderten Rechnung zu tragen und sie auch im gesellschaftlichen Bewusstsein lebendig zu erhalten.

3. *Spezifischer Schutz benachteiligter Gruppen*

1905 Das asymmetrische Verständnis der Diskriminierungsverbote beruht demgegenüber auf der Überlegung, dass Diskriminierungsverbote die Angehörigen besonders benachteiligter und entsprechend verletzlicher Gruppen mit erhöhter Intensität schützen. Geschützt werden danach beispielsweise durch das Verbot der Diskriminierung wegen des Geschlechts die Frauen, nicht die Männer, durch das Verbot der Rassendiskriminierung die Schwarzen, nicht die Weissen. Männer, Weisse u. a. stehen aber nicht schutzlos da, sondern können sich gegen unsachliche Schlechterbehandlung auf den allgemeinen Gleichheitssatz (Art. 8 Abs. 1 BV) berufen. Wie andere Grundrechte auch stellen die Diskriminierungsverbot nach diesem Verständnis Antworten auf historisch und aktuell deutlich gewordene, besondere Schutzbedürfnisse dar.

1906 Prozessual ist somit nur die Frau zur Beschwerde aufgrund des Diskriminierungstatbestands «Geschlecht» legitimiert (Abs. 2), während dem Mann (nur) die Beschwerde aufgrund des allgemeinen Gleichheitssatzes (Abs. 1) offen steht.

4. *Schutz- und Förderungsziel des Diskriminierungsverbotes*

1907 Beide Auffassungen zielen auf die Bekämpfung der Diskriminierung. Die Lehre vom Anknüpfungsverbot will das Ziel auf dem Weg der «blinden» Gleichbehandlung erreichen, während beim Verständnis des spezifischen Schutzes der geschichtlichen und gesellschaftlichen Sonderstellung der benachteiligten Gruppe Rechnung getragen wird.

> Der blosse *Wortlaut* von Abs. 2 spricht eher für die Lehre vom Anknüpfungsverbot. Es ist nicht vom Schutz benachteiligter Menschen (etwa von älteren Personen) die Rede, sondern vom Diskriminierungsverbot *wegen* des Geschlechts, der Rasse oder der Sprache. Der Verfassungsgeber war sich der beiden dargestellten, unterschiedlichen Verständnisse der Diskriminierungsverbote jedoch nicht bewusst; seiner Wortwahl kommt entsprechend geringes Gewicht zu. 1908

Beide Ansätze verfolgen wichtige Schutzziele. Während das Verständnis der Diskriminierungsverbote als Anknüpfungsverbote verhindert, dass gesellschaftliches Denken in Begriffen wie «Rasse», «soziale Stellung» oder «Geschlecht» weiterhin lebendig bleibt und die damit verbundenen Vorurteile und Stereotypen wirksam sind, ist der Ansatz des spezifischen Schutzes präzise auf die historisch erhärteten und gegenwärtig virulenten Schutzbedürfnisse ausgerichtet. 1909

Welche gesellschaftlichen Problemstellungen im Vordergrund stehen – überkommenes Denken in stereotypen Kategorien oder gruppenspezifisch erhöhte Schutzbedürfnisse –, ist je nach Diskriminierungsverbot unterschiedlich zu beurteilen. So werden Behinderte zum Teil gerade deswegen diskriminiert, weil sie mit ihren besonderen Bedürfnissen zu wenig wahrgenommen werden, während das gesellschaftliche Denken in Begriffen der «Rasse» regelmässig gerade die Herabsetzung von Schwarzen bezweckt. 1910

Dieser je merkmalsspezifische Ansatz erlaubt zudem dort begründete Massnahmen zugunsten schutzwürdiger Gruppen («*affirmative action*»), wo dies zur Erzielung tatsächlicher Gleichbehandlung erforderlich erscheint, ohne dass dabei die Gefahr der rechtlichen Verfestigung stereotypen Denkens vernachlässigt würde. Die Grenze der Zulässigkeit solcher Förderungsmassnahmen bilden die Ansprüche der Betroffenen auf grundrechtlichen Schutz. Dieser variiert je nach Diskriminierungsverbot zwischen dem Schutz vor rechtsungleicher Behandlung nach Art. 8 Abs. 1 BV (etwa bei den Nicht-Behinderten) bis zu einem vollen Schutz im Rahmen von Art. 8 Abs. 2 BV (etwa bei der weltanschaulichen Überzeugung). 1911

> Als sachliche Begründung im Rahmen des allgemeinen Gleichheitssatzes gilt etwa der Nachweis, wie die Nachteile der diskriminierten Gruppe durch die getroffenen Massnahmen beseitigt werden sollen. Des weiteren verlangt das BGer, dass der mit der Besserstellung einer Gruppe verbundene Eingriff in die Rechtsposition der Angehörigen anderer berührter Gruppen geeignet und erforderlich ist, um das Ausgleichsziel zu erreichen; die Schlechterstellung der anderen Gruppen muss zudem für deren Angehörige zumutbar sei. Das Bundesgericht prüft, ob der Eingriff, den die affirmative action bewirkt, auf einer genügenden gesetzlichen Grundlage beruht und verhältnismässig im Sinne von Art. 36 BV ist. Die affirmative action kann demnach ein *zulässiges externes Regelungsziel* darstellen, das eine in sich «unsachliche» Unterscheidung zu rechtfertigen vermag (vgl. BGE 131 II 361, 125 I 21, 123 I 152 und vorne Rz. 1849 f.). 1912

d. Diskriminierungstatbestände

1. Der Katalog von Art. 8 Abs. 2 BV

1913 Art. 8 Abs. 2 BV enthält eine Aufzählung von Diskriminierungstatbeständen, die nicht abschliessend ist. Durch gerichtliche Konkretisierung können weitere gefährdete Gruppen unter den Schutz des Diskriminierungsverbotes gestellt werden. Denkbar wären etwa gewisse Gruppen von Ausländern.

1914 Abs. 2 nennt folgende neun Kriterien, aufgrund derer nicht diskriminiert werden darf: *Herkunft* (zB. Kurden), *Rasse* (ein wissenschaftlich unhaltbarer und historisch belasteter Begriff – zB. Juden, Schwarze), *Geschlecht* (Frauen), *Alter* (zB. ältere Arbeitnehmer und Arbeitnehmerinnen, die wegen ihres Alters keine Stelle finden oder entlassen werden), *Sprache* (zB. Rätoromanisch oder Kurdisch Sprechende), *soziale Stellung* (zB. Arbeitslose, ehemalige Häftlinge), *Lebensform* (zB. Homosexuelle), *religiöse, weltanschauliche oder politische Überzeugung* (Andersgläubige, Andersdenkende), körperliche, geistige oder psychische *Behinderung* (zB. an den Rollstuhl gebundene Menschen).

1915 Die in Art. 8 Abs. 2 BV angeführten Gruppenmerkmale sind äusserst vielfältig. Ihnen allen gemeinsam ist, dass sie von den betroffenen Menschen nicht oder *nur schwer aufgegeben* werden können.

1916 Eine erste Gruppe umfasst *«schicksalhafte» Elemente*, die der einzelne Mensch nicht wählen kann, sondern die ihm (idR.) von Geburt an oder durch Fügung zukommen, wie Herkunft, Rasse, Geschlecht und möglicherweise auch Behinderung.

1917 In eine zweite Gruppe lassen sich vornehmlich kulturelle Merkmale einordnen, wie Sprache und religiöse, weltanschauliche oder politische Überzeugung. Ihnen ist gemeinsam, dass eine entsprechende Diskriminierung auch in den Schutzbereich eines spezifischen Grundrechts fällt.

1918 Für die *anderen Kriterien* ist keine überzeugende Klassifizierung ersichtlich. Die skizzierte Vielfalt der Diskriminierungstatbestände legt nahe, zu einzelnen Tatbeständen auch besondere dogmatische Gesichtspunkte zu entwickeln.

1919 Im Folgenden werden vier Gruppenmerkmale darauf hin ausgeleuchtet, welche Erfahrungen zu ihrer Aufnahme in den Katalog von Art. 8 Abs. 2 BV führten und welche Massnahmen zur Behebung festgestellter Nachteile in die Wege geleitet werden.

2. Alter

Literatur

SCHEFER MARKUS/RHINOW RENÉ, Zulässigkeit von Altersgrenzen für politische Ämter aus Sicht der Grundrechte, Jusletter vom 24. Februar 2003 unter http://www.jusletter.ch.

1920 Die Bundesverfassung verbietet eine Diskriminierung wegen des *«Alters»*. Dieser Tatbestand wurde im Rahmen der Verfassungsreform 1999 von der Bundesversammlung eingefügt.

Der Diskriminierungstatbestand «Alter» schützt dem Wortlaut nach die betag- 1921
ten Menschen. Angeregt wurde er aber von Jugendverbänden im Zusammenhang mit der Bestimmung über den Schutz von Kindern und Jugendlichen
(Art. 11 BV). In historischer Auslegung spricht er also primär Kinder und Jugendliche an. Die eidgenössischen Räte hatten aber nicht eine bestimmte Altersgruppe vor Augen, sondern wollten Alt und Jung gleichermassen vor Diskriminierungen schützen. Als Beispiele für Diskriminierungen wurden in der
Debatte etwa Stellenanzeigen mit Altersschranken oder überproportionale Entlassungen von älteren Leuten genannt.

In der bisherigen gesellschaftlichen Erfahrung hat sich die Gefahr der Diskriminie- 1922
rung primär bei älteren Menschen realisiert; bei ihnen besteht entsprechend ein spezifisches Schutzbedürfnis. Kinder und Jugendliche dagegen sind weniger von der
Gefahr der Herabsetzung und Ausgrenzung betroffen; bei ihnen stehen vielmehr
gewisse Schutz- und Förderungsmassnahmen für eine gedeihliche Entwicklung ihrer Persönlichkeit im Vordergrund. Diese werden spezifisch von Art. 11 BV individualrechtlich gewährleistet und von Art. 41 Abs. 1 Bst. g BV programmatisch eingefangen. Ein Schutz Jugendlicher im Rahmen von Art. 8 Abs. 2 BV erübrigt sich
daher. Das Verbot, wegen des «Alters» zu diskriminieren, schützt deshalb nach hier
vertretener Auffassung ältere Menschen.

Mehr als bei anderen Diskriminierungstatbeständen lassen sich unterschiedliche 1923
Behandlungen von Jung und Alt relativ häufig rechtfertigen.

So erscheint beispielsweise ein Pensionierungsalter für Linienverkehrspiloten 1924
von 60 Jahren aus Sicherheitsgründen gerechtfertigt (MRA Love v. Australia,
983/2001 [2003]; BVerfG 2 BvR 2408/06 vom 26. Januar 2007); Analoges gilt
etwa für regelmässige medizinische Untersuchungen für ältere Autofahrer (Urteil 2A.234/2003 [2003]). Auch eine Beschränkung des Amtes eines Notars auf
unter 70-jährige Amtsträger (BGE 124 I 297; 133 I 259, 264 ff.) oder die Einstellung von Direktzahlungen an über 70-jährige Landwirte wird vom Bundesgericht als zulässig erachtet (Urteil 2A.292/2004 [2004]).

Besondere Probleme wirft die Frage der zeitlichen Begrenzung der *Amtsträger-* 1925
schaft älterer Menschen auf. Zumindest in jenen Fällen, in denen eine Altersgrenze
die gesamte Bevölkerung oberhalb dieser Grenze von wichtigen Positionen der gesellschaftlichen Entscheidungsfindung fern hält, sind diese nicht mit dem Diskriminierungsverbot vereinbar.

Dies ist besonders bei Legislativorganen der Fall. In den bis anhin als eher zu- 1926
lässig erachteten Fällen der Besetzung von Ämtern ohne tragende gesellschaftliche Bedeutung, gekoppelt mit hoher körperlicher Beanspruchung oder detaillierten technischen Entscheidungsbefugnissen, stellt sich die Frage, inwiefern
hohes Alter pauschal des Fehlen solcher Eigenschaften beweisen soll. Wenn
möglich und durchführbar soll eine Abwägung im Einzelfall stattfinden, welche
vom entsprechenden Wahlgremium im Rahmen der Evaluation der Kandidatinnen und Kandidaten vorgenommen werden müsste (Bericht des Bundesrates,
BBl 2004, 2113 ff.).

3. Lebensform

1927 Auch der Begriff der «Lebensform» wurde anlässlich der Verfassungsreform 1999 von der Bundesversammlung eingefügt. Dieses Diskriminierungsverbot schützt vor allem Homosexuelle und Fahrende.

1928 Art. 21 EGRC und die baselstädtische Verfassung (§ 8 Abs. 2) enthalten ausdrücklich ein Verbot der Diskriminierung wegen der «sexuellen Orientierung». Auch Art. 26 UNO-Pakt II und Art. 14 EMRK schützen spezifisch Homosexuelle. So erachtet es der EGMR als unzulässig, bei einer Scheidung dem Mann das Sorgerecht über seine Tochter allein deshalb zu verweigern, weil er homosexuell war (Salgueiro da Silva Mouta v. Portugal, 33290/96 [1999]).

1929 In den letzten Jahrzehnten haben sich die gesellschaftlichen Moralvorstellungen den Homosexuellen gegenüber gewandelt. Das Partnerschaftsgesetz (PartG; SR 211.231) ermöglicht ihnen, ihre Partnerschaft registrieren und damit in gewissem Rahmen rechtlich schützen zu lassen. Eine vollständige Gleichstellung mit der Ehe wurde jedoch nicht erreicht; so bleibt etwa die gemeinschaftliche Adoption oder der Zugang zur Fortpflanzungsmedizin ausgeschlossen (Art. 28 PartG). Ob dies auch im Rahmen der EMRK zulässig ist, wird aus der Praxis des EGMR nicht deutlich (vgl. Fretté v. France, 36515/97 [2002] mit E. B. v. France, 43546/02 [2008]) (vgl. auch Rz. 1417ff.).

4. Behinderung

1930 Das Diskriminierungsverbot wegen «körperlicher, geistiger oder psychischer Behinderung» wurde aus der Einsicht geschaffen, dass behinderte Menschen heute Gefahr laufen, «vergessen» und damit ausgegrenzt zu werden (BGE 134 I 105, 108 f. mit äusserst restriktivem Verständnis). Art. 8 Abs. 4 BV verpflichtet die Gesetzgeber von Bund und Kantonen ausdrücklich, Massnahmen zur Beseitigung von Benachteiligungen Behinderter zu ergreifen.

1931 Der Bundesgesetzgeber ist mit dem Behindertengleichstellungsgesetz (SR 151.3) diesem Auftrag etwa im öffentlichen Verkehr, bei öffentlich zugänglichen Bauten, bei grösseren Wohnhäusern und bei gewissen Arbeitsverhältnissen zum Teil nachgekommen.

1932 Eine «Behinderung» iSv. Art. 8 Abs. 2 BV liegt dann vor, wenn die Beeinträchtigung der körperlichen, geistigen oder psychischen Fähigkeiten von Dauer ist und die Lebensführung des Betroffenen in elementaren Aspekten schwer beeinträchtigt (dazu MÜLLER/SCHEFER, Grundrechte, 755–757).

5. Geschlecht

1933 Beim Verbot der Diskriminierung wegen des Geschlechtes stellt sich die Frage des Verhältnisses von Art. 8 Abs. 2 und Abs. 3 BV. Dabei ist davon auszugehen, dass Abs. 3 das Diskriminierungsverbot von Abs. 2 konkretisiert. Ein eigenständiger normativer Gehalt von Abs. 2 gegenüber Abs. 3 kann etwa darin gesehen werden, dass ersterer nicht streng auf Differenzierungen zwischen Mann und Frau beschränkt ist, sondern auch etwa Diskriminierungen von Transsexuellen, Hermaphroditen und Eunuchen mit umfasst (siehe insb. WALDMANN, 608 f.) Bislang ist diese Frage allerdings noch wenig geklärt.

> Eine andere Lehrmeinung erblickt den Unterschied zwischen diesen beiden Bestimmungen darin, dass Abs. 2 eher auf die Verhinderung von Ausgrenzung und Herabsetzung gerichtet sei, Abs. 3 dagegen auf die tatsächliche Gleichstellung von Frauen und Männern in allen Bereichen des Lebens ziele. Tendenziell verlange damit Abs. 3 weitergehende Massnahmen zur Beeinflussung der Geschlechterverhältnisse als Abs. 2. 1934

Diskriminierungen in zivilrechtlichen Arbeitsverhältnissen können ausserhalb des Lohngleichheitsgebotes von Abs. 3 Satz 3 an den Bestimmungen des zivilrechtlichen *Persönlichkeitsschutzes* (Art. 28 ZGB) gemessen werden, vor allem in Verbindung mit Art. 328 OR (Schutzpflicht des Arbeitgebers bezüglich der Persönlichkeit seiner Arbeitnehmer). 1935

> Eine solche Verletzung wird in den klassischen Fällen der direkten Diskriminierung regelmässig anzunehmen sein, wenn ein Arbeitgeber, der Angehörige von geschützten Gruppen aufgrund ihrer Gruppenzugehörigkeit schlechter behandelt als die übrige Belegschaft. Werden hingegen einzelne Personen, auch solche, die historisch privilegierten Gruppen angehören, bevorzugt behandelt, können sich Angehörige der spezifisch geschützten Gruppen aufgrund des Prinzips der Privatautonomie nicht gegen dieses Verhalten des Arbeitgebers wehren (BGE 129 III 276, 282). 1936

Art. 8 Abs. 3 BV konkretisiert den programmatischen Gehalt des Verbots der Diskriminierung, indem er dem Gesetzgeber ausdrücklich einen *Gesetzgebungsauftrag* auferlegt. 1937

> Dieser Gesetzgebungsauftrag richtet sich an die Gesetzgeber aller Stufen, sowohl des Bundes, der Kantone als auch der Gemeinden. Er wurde entsprechend in systematischer Hinsicht nicht bei den Zuständigkeiten des Bundes (3. Titel 2. Kapitel) eingeordnet, wo sich die Gesetzgebungsaufträge für den Bund im Allgemeinen befinden. Die «Anbindung» an das Diskriminierungsverbot entspricht zudem der Lösung, die der Verfassungsgeber schon im Jahre 1981 im Rahmen von Art. 4 Abs. 2 der BV (1874) gewählt hatte. 1938

II. Gleichstellung der Geschlechter

Literatur

AROYO MANUEL, Praxis des Bundesgerichts zur Gleichberechtigung von Mann und Frau (1848–1981), Diss. Basel 2001; BIGLER-EGGENBERGER MARGRITH, Justitias Waage – wagemutige Justitia?: Die Rechtsprechung des Bundesgerichts zur Gleichstellung von Mann und Frau, Basel 2003; TOBLER CHRISTA, Der Diskriminierungsbegriff und seine Auswirkungen auf die Gleichstellung von Mann und Frau, in: Epiney/von Danckelmann (Hrsg.), Gleichstellung von Frauen und Männern in der Schweiz und der EU, Zürich 2004.

a. Gleichberechtigung als Grundrecht

1939 Art. 8 Abs. 3 BV garantiert im 1. Satz die Gleichberechtigung von Mann und Frau als Grundrecht. Dieses konkretisiert und präzisiert das Verbot der Diskriminierung von Frauen; es vermittelt einen unmittelbar durchsetzbaren Anspruch auf Gleichbehandlung in allen Lebensbereichen und richtet sich an alle staatlichen Organe. Schlechterbehandlungen von Frauen gegenüber Männern sind damit grundsätzlich verboten.

1940 Nach der Praxis des Bundesgerichts kann allerdings eine schlechtere Behandlung von Frauen gegenüber Männern gerechtfertigt sein, wenn auf dem Geschlecht beruhende *biologische* oder *funktionale* Unterschiede eine Gleichbehandlung absolut ausschliessen (BGE 129 I 265, 269).

1941 *Biologische* Unterschiede können nur dann eine Differenzierung rechtfertigen, wenn dies unabdingbar und nicht vermeidbar erscheint. Dies kann bezüglich der Mutterschaft der Fall sein. Regelungen jedoch, die Frauen beispielsweise bei der Verheiratung mit Bezug auf das Bürgerrecht oder den Familiennamen schlechter stellen als die Männer, sind unzulässig (BGE 132 I 68, 78).

1942 Unklar ist, was *funktionale* Unterschiede bedeuten sollen. Einigkeit besteht darin, dass diese Formel nicht dazu verwendet werden darf, Unterscheidungen aufgrund einer traditionellen Rollenverteilung zwischen den Geschlechtern zu rechtfertigen. In der bundesgerichtlichen Praxis spielt dieses Kriterium praktisch keine Rolle; es sollte – jedenfalls bei direkten Diskriminierungen – darauf verzichtet werden.

1943 Eine Besserstellung oder Benachteiligung der Ehegatten gegenüber Einzelpersonen oder dem Konkubinat, etwa in steuerrechtlicher Hinsicht, tangiert Art. 8 Abs. 3 nicht (wohl aber uU. Art. 8 Abs. 1 oder Art. 127 BV; grundlegend BGE 110 Ia 7, 11).

1944 Art. 8 Abs. 3 Satz 1 BV wird durch eine verfassungsrechtlich verankerte Ausnahme eingeschränkt: Art. 59 Abs. 1 und 2 und Art. 61 Abs. 3 BV schreiben den obligatorischen *Militär-* und eventuell *Zivilschutzdienst* (sowie den entsprechenden Ersatzdienst) nur für Männer vor. Für Frauen ist er freiwillig (Art. 59 Abs. 2 und Art. 61 Abs. 3 BV). Auch diese Bestimmungen sind im Sinne von Art. 8 Abs. 3 BV auszulegen. Unzulässig erschiene diese Differenzierung, wenn dahinter primär stereotype Vorstellungen über die spezifischen Fähigkeiten von Frauen und Männern stünden.

1945 Die in Art. 116 BV geregelt *Mutterschaftsversicherung* stellt demgegenüber nicht die Frauen, sondern die Männer schlechter; diese können sich dagegen nach hier vertretener Ansicht auf den allgemeinen Gleichheitssatz von Art. 8 Abs. 1 BV berufen. Die Bevorzugung der Frauen könnte zudem auch bei einer Anwendung von Art. 8 Abs. 3 BV mit zwingenden biologischen Gründen gerechtfertigt werden.

b. Egalisierungsgebot als Gesetzgebungsauftrag

In Art. 8 Abs. 3 Satz 2 BV wird der Gesetzgeber beauftragt, für die «rechtliche und tatsächliche Gleichstellung» von Mann und Frau zu sorgen, «vor allem in Familie, Ausbildung und Arbeit». 1946

Dieser Gesetzgebungsauftrag richtet sich an *alle Stufen des Bundesstaates*, an Bund, Kantone und Gemeinden. An der bundesstaatlichen Kompetenzordnung ändert er grundsätzlich nichts; jedes Gemeinwesen muss ihm im Rahmen der ihm zustehenden Sachkompetenzen nachkommen. In den Bereichen Familie und Arbeit ist er in erster Linie für den Bund von Bedeutung, bei der Ausbildung auch für Kantone und Gemeinden. 1947

Die Aufzählung der vom Auftrag erfassten Sachbereiche in Art. 8 Abs. 3 Satz 2 BV ist *nicht abschliessend*; er betrifft sämtliche Bereiche der Rechtsordnung, in welchen die Frauen gegenüber den Männern schlechter gestellt sind. 1948

> In den letzten Jahrzehnten ist die Gesetzgebung des Bundes im Hinblick auf dieses Ziel verschiedentlich angepasst worden (so etwa das Eherecht von 1988, das Bürgerrechtsgesetz von 1992, das Gleichstellungsgesetz von 1995 und das Scheidungsrecht aus dem Jahr 2000). Insbesondere das *Gleichstellungsgesetz* vom 24. März 1995 (SR 151) sieht verschiedene Instrumente vor, um gegen Diskriminierungen in privat- und öffentlich-rechtlichen Arbeitsverhältnissen vorgehen zu können. 1949

Der Gesetzgebungsauftrag verlangt nicht nur, dass bestehende Ungleichheiten in der Rechtsordnung beseitigt werden. Mit der Formulierung, dass das Gesetz für eine «rechtliche und *tatsächliche*» Gleichstellung zu sorgen hat, wird verdeutlicht, dass es mit der Gleichstellung auf Verfassungs- und Gesetzesebene nicht getan ist. Vielmehr sind Massnahmen gefordert, die nicht nur in rechtlicher Hinsicht eine Gleichbehandlung sicherstellen, sondern auch in der gesellschaftlichen Wirklichkeit in tatsächlicher Hinsicht eine Gleichbehandlung bewirken. 1950

> Dabei hat der Gesetzgeber sein Augenmerk insb. auf Situationen zu richten, welche eine mittelbare Diskriminierung begünstigen. Er wird beauftragt, Benachteiligungen von Frauen aufgrund tradierter männlicher Gesellschaftsstrukturen oder immer noch wirksamen gesellschaftlichen Rollenbildern abzuschaffen. Zu diesem Zweck muss er positive Massnahmen ergreifen, welche die tatsächlichen Benachteiligungen kompensieren; darüber hinaus darf er in gewissem Rahmen Frauen gegenüber Männern uU. sogar privilegieren (zur affirmative action vgl. vorne Rz. 1911 f.). 1951

> Schon Art. 4 Abs. 2 Satz 2 BV (1874) wurde als Grundlage für positive Massnahmen zur Gleichstellung verstanden (vgl. etwa BGE 116 Ib 270, 283). In der geltenden Verfassung wurde die Rechtslage mit der Einfügung des Passus «tatsächliche» Gleichstellung geklärt. 1952

> Im Jahr 2000 wurde eine Volksinitiative auf Bundesebene, die u. a. für die eidgenössischen Räte, den Bundesrat und das Bundesgericht fixe Quoten in der Bundesverfassung festlegen wollte, in der Volksabstimmung abgelehnt (BBl 2000, 2990). Im Kreisschreiben an die Kantonsregierungen über die *Ge-* 1953

samterneuerungswahl des Nationalrates vom 21. Oktober 2007, vom 18. Oktober 2006 (BBl 2006, 8722 f.) weist der Bundesrat auf die Untervertretung der Frauen im NR hin: «Seit der Annahme von Artikel 4 Absatz 2 (heute: Art. 8 Abs. 3) der Bundesverfassung am 14. Juni 1981 sind Bund und Kantone bemüht, rechtliche und tatsächliche Diskriminierungen zu beseitigen, von denen die Frauen im familiären, sozialen, wirtschaftlichen und politischen Umfeld betroffen sind. Wir erlauben uns daher, Sie auf ein Defizit bei der Repräsentation von Frauen im Nationalrat hinzuweisen. Bei den letzten Nationalratswahlen 2003 wurde wenig mehr als jeder vierte Sitz durch eine Frau besetzt (26 %). Hier besteht ein offensichtlicher Nachholbedarf, bis das wünschbare Ziel einer ausgeglichenen Repräsentation der Geschlechter erreicht ist.»

1954   In den Nationalratswahlen 2007 wurden von den 200 Sitzen des Nationalrats 57 mit Frauen besetzt, dh. gut 28 %.

c. Lohngleichheit

1955 Nach Art. 8 Abs. 3 Satz 3 BV haben Mann und Frau Anspruch auf gleichen Lohn für gleichwertige Arbeit.

1956   Nach Ansicht des Bundesgerichts und der überwiegenden Lehre stehen Frauen *und Männer* unter dem Schutz dieser Garantie der Lohngleichheit. Sie wird jedoch aufgrund des immer noch bestehenden beträchtlichen Lohngefälles zwischen Arbeitnehmern und Arbeitnehmerinnen vor allem für Frauen relevant.

1957 Erfasst von der Gewährleistung sind öffentliche und private Arbeitgeber. Natürliche und juristische Personen des *Privatrechts* wie auch juristische Personen des öffentlichen Rechts sind in Ausübung ihrer Funktion als Arbeitgeber an das Gleichstellungsgebot gebunden; sie müssen für gleiche oder gleichwertige Arbeit gleiche Löhne entrichten (BGE 130 III 145, 144; 125 III 368, 370).

1958   Art. 8 Abs. 3 Satz 3 BV ist sowohl öffentlich-rechtlicher als auch privatrechtlicher Natur. Seine Verletzung kann in jedem Prozess – auch im Zivilprozess – direkt geltend gemacht werden. Art. 5 Abs. 1 Bst. d GlG gewährleistet einen analogen gesetzesrechtlichen Anspruch.

1959 Die Frage der Gleichwertigkeit einer Arbeit stellt sich nicht nur auf individueller Ebene, sondern auch zwischen ganzen Berufsgruppen. So sind etwa Arbeitslehrerinnen mit Primarlehrern, oder Krankenschwestern mit Polizisten zu vergleichen. Dabei müssen die Kriterien, nach denen die Wertigkeit einer Arbeitstätigkeit beurteilt wird, geschlechtsneutral sein bzw. angewendet werden. So dürfen sich Lohnunterschiede nicht aus geschlechtsspezifischen Anforderungen ergeben, die beispielsweise für die entsprechende Tätigkeit gar nicht erforderlich sind.

1960   Als geschlechtsneutral hat das Bundesgericht die Anforderungen Intelligenz, geistige Fähigkeiten, Matura-Abschluss sowie psychische und zwischenmenschliche Fähigkeiten anerkannt (BGE 125 II 385).

1961   oblematisch erscheint auch, Lohnunterschiede zwischen typischen Frauen- und typischen Männerberufen mit unterschiedlichen Bewertungen durch den Markt zu rechtfertigen (130 III 145, 165; 126 II 217, 226). Dadurch entsteht die Gefahr, dass gesellschaftliche Stereotypen, die in den Markt Eingang gefunden haben, verfassungsrechtlich sanktioniert werden. Auch die Begründung von Lohndifferenzen mit der Sparpolitik der öffentlichen Hand überzeugt nicht (siehe Urteil 2A.91/2007 [2008], zusammengefasst in ZBJV 2008, 522 ff.): Entsprechende Sparbemühungen sind so umzusetzen, dass sie nicht Frauen stärker treffen als Männer.

d. Internationale Gewährleistungen

Internationale Gewährleistungen der Geschlechtergleichheit oder des entsprechenden Diskriminierungsverbotes sind insb. enthalten in Art. 14 EMRK sowie Art. 1 des 12. ZP/EMRK und Art. 5 des 7. ZP/EMRK, Art. 2 Abs. 2 UNO-Pakt I, Art. 2 Abs. 1, 24 Abs. 1 und 26 UNO-Pakt II, im Übereinkommen zur Beseitigung jeder Form von Diskriminierung der Frau (vom 18. Dezember 1979), in den ILO-Konventionen Nr. 100 über die Gleichheit des Entgelts männlicher und weiblicher Arbeitskräfte für gleichwertige Arbeit vom 29. Juni 1951, in Kraft getreten für die Schweiz am 25. Oktober 1973 (SR 0.822.720.0) und im Übereinkommen Nr. 111 über die Diskriminierung in Beschäftigung und Beruf vom 25. Juni 1958, in Kraft getreten für die Schweiz am 13. Juli 1962 (SR 0.822.721.1). Analoge Bestimmungen enthalten auch etwa Art. 23 EGRC und Art. 141 EGV. 1962

III. Schutz der Menschen mit Behinderung

Literatur

BARTLETT PETER/LEWIS OLIVER/THOROLD OLIVER, Mental Disability and The European Convention on Human Rights, Leiden/Boston 2007; DEGENER THERESIA, Antidiskriminierungsrechte für Behinderte: Ein globaler Überblick, ZaöRV 2005, 887–935; KLEIN CAROLINE, La discrimination des personnes handicapées, Diss. Bern 2002; PREVITALI ADRIANO, Handicap e diritto, Diss. Fribourg 1998.

Zusätzlich zum Verbot der Diskriminierung wegen einer Behinderung nach Art. 8 Abs. 2 BV enthält Abs. 4 den *Auftrag* an den Gesetzgeber, Massnahmen zur Beseitigung von Benachteiligungen der Behinderten vorzusehen. Dieser Auftrag wurde im Rahmen der Verfassungsreform 1999 vom Parlament eingefügt; er richtet sich an die rechtsetzenden Organe von Bund und Kantonen. 1963

Art. 111 und 112 BV regeln die Invalidenvorsorge und die Invalidenversicherung. Gemäss Art. 112 Abs. 6 BV fördert der Bund die Eingliederung Invalider und unterstützt Bestrebungen ua. zugunsten Invalider. 1964

Das *Bundesgesetz* vom 13. Dezember 2002 über die Beseitigung von Benachteiligungen von Menschen mit Behinderungen (Behindertengleichstellungsgesetz, BehiG; SR 151.3) konkretisiert in einigen Bereichen (gewisse öffentlich zugängliche Bauten, öffentlicher Verkehr, grössere Mehrfamilienhäuser, mittlere und grosse Unternehmen) die von Art. 8 Abs. 4 BV geforderte Beseitigung der Benachteiligungen. 1965

| 1966 | Der Geltungsbereich des BehiG umfasst

- öffentlich zugängliche Bereiche öffentlicher Bauten und Anlagen, gewisse private Wohngebäude und Gebäude mit mehr als 50 Arbeitsplätzen, für welche jeweils nach Inkrafttreten des Gesetzes eine Bewilligung für den Bau oder für die Erneuerung erteilt wird (Art. 3 Bst. a, Bst. c und Bst. d; aus der neueren Praxis BGE 134 II 249);

- öffentlich zugängliche Einrichtungen des öffentlichen Verkehrs (Bauten, Anlagen, Kommunikationssysteme, Billettbezug) sowie gewisse Fahrzeuge (vgl. Art. 3 Bst. b Ziff. 1–6);

- Dienstleistungen, die grundsätzlich von jedermann beansprucht werden können; dies gilt insb. auch für Dienstleistungen privater Anbieter (Art. 3 Bst. e);

- Aus- und Weiterbildungen, welche insb. die Verwendung behindertenspezifischer Hilfsmittel bzw. den Beizug notwendiger persönlicher Assistenz gewährleisten sowie Dauer und Ausgestaltung des Bildungsangebots inkl. Prüfungen den spezifischen Bedürfnissen behinderter Menschen anpassen müssen (Art. 3 Bst. f iVm. Art. 2 Abs. 5).

1967 Der *Bund* soll als vorbildlicher Arbeitgeber im Sinne einer «affirmative action» gleichwertig qualifizierten Behinderten den Vorzug vor Nichtbehinderten geben, bis ein angemessenes Verhältnis zwischen behinderten und nichtbehinderten Angestellten besteht. Alle Arbeitsverhältnisse nach dem Bundespersonalgesetz (SR 172 220.1) fallen ebenfalls in den Geltungsbereich des Gesetzes (Art. 3 Bst. g).

1968 Betroffenen stehen Beseitigungs- und Unterlassungsklagen (Art. 7 und Art. 8 BehiG) sowie im Falle der Diskriminierung durch private Dienstleister eine Schadenersatzklage (Art. 8 Abs. 3 BehiG) zu. Gewisse Verfahren sind unentgeltlich (Art. 10 BehiG). Anerkannten Behindertenorganisationen wird in wichtigen Verfahren zum öffentlichen Verkehr sowie von Radio und Fernsehen ein Beschwerderecht eingeräumt (Art. 9 BehiG).

1969 Das Gesetz konkretisiert zudem den Begriff eines ausreichenden *Grundschulunterrichts* gemäss Art. 19 BV. Dazu gehört, dass seh- und hörbehinderte Kinder in der Grundschule die Gebärdensprache beziehungsweise die Blindenschrift verwenden können (Art. 20 BehiG).

1970 Weitere entsprechende Massnahmen finden sich in Spezialgesetzen: So verlangt das RTVG in Art. 7 Abs. 3, dass Fernsehveranstalter mit nationalem oder sprachregionalem Programmangebot einen angemessenen Anteil der Sendungen in einer für hör- und sehbehinderte Menschen geeigneten Weise aufbereiten. Art. 16 Abs. 1bis FMG (SR 784.10) garantiert, dass die Dienste der Grundversorgung im Fernmeldewesen von Behinderten in qualitativer, quantitativer und wirtschaftlicher Hinsicht unter vergleichbaren Bedingungen beansprucht werden können wie von Menschen ohne Behinderungen. Verschiedene Anpassungen enthält auch das Berufsbildungsgesetz, etwa mit Bezug auf die Anpassung der Ausbildungsdauer für Menschen mit Behinderung (Art. 18 Abs. 1 BBG; SR 412.10).

Auch in rechtsvergleichender Sicht schützen zahlreiche Gesetze die Behinderten spezifisch, so etwa das deutsche Gesetz zur Gleichstellung behinderter Menschen (BGBl. 2002, 1467 f.), der Disability Discrimination Act des Vereinigten Königreichs (1995, c. 50), der Americans with Disabilites Act (42 U. S. C. § 12101 et seq.) oder etwa das französische Loi pour l'égalité des droits et des chances, la participation et la citoyenneté handicapées (Loi 2005–102 du 11 février 2005, J. O 36 du 12 février 2005, 2353).

1971

§ 20 Besondere Gerechtigkeitsgebote

I. Willkürverbot

Literatur

AUBERT JEAN-FRANÇOIS, in: Merten/Papier, Handbuch, § 228; AUER/MALINVERNI/HOTTELIER II, Rz. 1130–1158; BIAGGINI, BV Kommentar, Art. 9; HÄFELIN/HALLER/KELLER, § 25; HÄFELIN/MÜLLER/UHLMANN, Verwaltungsrecht, Rz. 524 ff.; IMBODEN MAX, Der Schutz vor staatlicher Willkür, in: DERS., Staat und Recht, ausgewählte Schriften und Vorträge, Basel/Stuttgart 1971, 145 ff.; KIENER/KÄLIN, Grundrechte, § 31; MAHON PASCAL, in: Petit commentaire, Art. 9; MOOR PIERRE, De la place de la prohibition de l'arbitraire dans l'ordre juridique – Reflexion sur le droit et la justice, in: FS Hangartner, St. Gallen 1998, 605 ff.; MÜLLER GEORG, Reservate staatlicher Willkür – Grauzonen zwischen Rechtsfreiheit, Rechtsbindung und Rechtskontrolle, in: Recht als Prozess und Gefüge: FS für Hans Huber zum 80. Geburtstag, Bern 1981, 109 ff.; MÜLLER/SCHEFER, Grundrechte, 5–24; ROHNER CHRISTOPH, in: St. Galler Kommentar, Art. 9; DERS., Die Legitimation zur Willkürrüge im Verfahren der subsidiären Verfassungsbeschwerde, AJP 2007, 1269 ff.; ROUILLER CLAUDE, in: Verfassungsrecht der Schweiz, § 42; UHLMANN FELIX, Das Willkürverbot (Art. 9 BV), Bern 2005.

a. Allgemeines

Das Willkürverbot (Art. 9 BV) stellt ein elementares Grundrecht und Gerechtigkeitsgebot dar. Es durchdringt alle Rechts- und Sachgebiete, weist einen Querschnittscharakter auf und gilt *absolut und uneinschränkbar*. Es richtet sich an Rechtsetzer wie Rechtsanwender. Seine Bedeutung ist in der bundesgerichtlichen Rechtsprechung quantitativ und qualitativ ausserordentlich. 1972

Der Anspruch jeder Person, «von den staatlichen Organen ohne Willkür ... behandelt zu werden», hat mit der *Garantie der Rechtsgleichheit* gemeinsam, dass er staatliche Akte verbietet, die sachlich nicht begründbar sind. Willkür bedeutet für die Betroffenen unverständliches, nicht nachvollziehbares, durch keine vernünftigen Argumente getragenes Verhalten der Behörden, das oft mit einem Machtmissbrauch verbunden ist. Erlasse oder Verfügungen sind willkürlich, wenn sie sich nicht auf einen sachlichen Grund abstützen, keinen vernünftigen Sinn und Zweck haben oder höherrangiges Recht krass verletzen. 1973

> Im Unterschied zur Rechtsgleichheit muss es sich bei der Willkür um eine offensichtliche oder stossende Unrichtigkeit handeln, ohne dass ein Bezug auf vergleichbare Fälle notwendig ist. Es geht demnach bei der Willkür nicht darum, ob sich eine *Unterscheidung* sachlich rechtfertigen lässt; vielmehr verlangt das Willkürverbot, dass jeder Akt einer Behörde grundsätzlich einer sachlichen Rechtfertigungs*grundlage* bedarf. 1974

> Zu den erwähnten staatlichen Organen gehört nach bundesgerichtlicher Rechtsprechung auch das *Stimmvolk*. Aufgrund der systembedingten Unmöglichkeit, Abstimmungsergebnisse zu *begründen*, hat es die Einbürgerung von Auslän- 1975

dern an der Urne zu Recht als verfassungswidrig bezeichnet (grundlegend BGE 129 I 217, 230f.; 129 I 232, 241 ff.).

1976 Eine Rechtfertigungsgrundlage wird vom Bundesgericht verneint, wenn ein staatlicher Akt «in stossender Weise dem Gerechtigkeitsgedanken zuwiderläuft» (BGE 134 I 140, 148 mH.; 108 III 41, 42). Als tragendes Prinzip erscheint in der bundesgerichtlichen Rechtsprechung der Gedanke, dass eine Rechtfertigung dann als sachfremd und willkürlich erscheint, wenn sie objektiv in keinem relevanten Zusammenhang zur konkreten Problemstellung und zum Aufgabenbereich des entscheidenden Staatsorgans steht.

b. Schutzbereich

1. Willkür in der Rechtsetzung

1977 Das Bundesgericht erachtet einen *Erlass* dann als willkürlich, wenn er sich zum *Zeitpunkt der richterlichen Überprüfung* nicht auf ernsthafte sachliche Gründe stützen lässt, nicht begründbar ist oder als sinn- und zwecklos erscheint (vgl. etwa BGE 133 I 259, 265).

1978 Das Willkürverbot in der Rechtsetzung bindet alle Erlasse an die grundlegenden Gerechtigkeitsvorstellungen der Rechtsgemeinschaft. Damit wird dem Verfassungsrichter eine grosse Verantwortung aufgebürdet, im Verfahren der Normenkontrolle die elementaren Gerechtigkeitsideen hic et nunc richterrechtlich zu bestimmen.

1979 Das Bundesgericht hebt kantonale Erlasse im Verfahren der abstrakten Normenkontrolle nur auf, wenn sie nicht verfassungs- und konventionskonform ausgelegt werden können (vgl. dazu Rz. 548 ff.).

2. Willkür in der Rechtsanwendung

1980 Willkür in der Rechtsanwendung ist dann gegeben, wenn ein Erlass im Einzelfall *offensichtlich falsch ausgelegt und angewendet* wird. Dies ist insbesondere der Fall, wenn ein Entscheid

– von einer Einschätzung der tatsächlichen Situation ausgeht, die mit der Wirklichkeit in klarem Widerspruch steht (BGE 130 III 87, 89f.; 127 I 38, 41);

– eine Norm oder einen unumstrittenen Rechtsgrundsatz krass verletzt (BGE 133 II 257, 262 [betr. Norm]; 132 I 270, 274 ff. [betr. Rechtsgrundsatz]);

– an einem inneren Widerspruch leidet (BGE 124 I 23);

– oder in stossender Weise dem Gerechtigkeitsgefühl zuwiderläuft (BGE 106 Ia 342, 353).

1981 Willkürlich kann ein Hoheitsakt als solcher sein; auf die subjektive *Einstellung* der an der Entscheidfindung beteiligten Personen kommt es nicht an (UHLMANN, Rz. 21).

3. Rechtsträger

Das Willkürverbot schützt alle natürlichen und juristischen Personen, unabhängig von ihrer Staatsangehörigkeit bzw. ihrem Sitz.

1982

c. Subsidiarität

Das Willkürverbot stellt ein *Auffanggrundrecht* dar (BGE 121 I 22, 24). Es kann angerufen werden, wenn ein bestimmtes privates Verhalten nicht durch den Schutzbereich eines anderen Grundrechts gedeckt wird. Es gewährleistet nach der hier vertretenen Ansicht jedem Menschen einen gerichtlich durchsetzbaren Anspruch auf willkürfreies Staatshandeln.

1983

d. Selbständiger Charakter des Willkürverbots

Das Willkürverbot stellt ein selbständiges, von anderen Gewährleistungen unabhängiges verfassungsmässiges Individualrecht dar. Wer willkürlich behandelt wird, ist in seinen rechtlich geschützten Interessen berührt; er sollte demzufolge gemäss Art. 189 Abs. 1 Bst. a BV beim Bundesgericht Beschwerde ergreifen können; der Einzelne ist nicht nur zur Beschwerde in öffentlich-rechtlichen Angelegenheiten legitimiert, sondern auch zur Beschwerde in Zivilsachen, in Strafsachen und zur subsidiären Verfassungsbeschwerde, obwohl diese drei Beschwerden ein rechtlich geschütztes Interesse des Beschwerdeführers voraussetzen.

1984

> Nach der Praxis des Bundesgerichts kommt der Rüge wegen Willkür in der Rechtsanwendung bei der subsidiären Verfassungsbeschwerde kein selbständiger Charakter zu (BGE 133 I 185, 197 ff.). Das Bundesgericht tritt gestützt auf Art. 115 BGG auf entsprechende Beschwerden nur ein, wenn das Willkürverbot im Zusammenhang mit einem zusätzlichen, weitergehenden Schutz angerufen wird. Der Beschwerdeführer muss darlegen können, dass ein Rechtssatz verletzt wurde, der gerade den Schutz seiner Interessen bezweckt. Der zusätzliche Schutz vor Willkür besteht also nur dann, wenn das Gesetz der beschwerdeführenden Partei einen Rechtsanspruch einräumt oder (auch) zum Schutz ihrer privaten Interessen erlassen worden ist. Im Ergebnis führt diese Praxis zu «Reservaten staatlicher Willkür» (GEORG MÜLLER). Willkür in der Rechtsanwendung im Sinne qualifiziert falschen Handelns der Behörden, krasses und stossendes Unrecht, kann damit nicht in jedem Fall gerichtlich kontrolliert werden. Beispiele für solche Reservate staatlicher Willkür sind Wahlen und Wiederwahlen von Beamten, fakultative Staatsbeiträge, Aufenthaltsbewilligungen für Ausländer, Einbürgerungen, Steuererlasse oder Begnadigungen.

1985

> Das Bundesgericht lässt eine Rüge der Verletzung des Willkürverbotes ohne Vorliegen einer individualschützenden einfachrechtlichen Norm auch dann nicht zu, wenn ein selbständiges Willkürverbot einer Kantonsverfassung angerufen wird (BGE 121 I 267 ff. betr. das Willkürverbot von Art. 11 Abs. 1 KV BE).

1986

1987 Die Lehre kritisiert diese Praxis seit langem und weitgehend einmütig (vgl. den Überblick bei MÜLLER/SCHEFER, Grundrechte, 18–20; zustimmend dagegen ETIENNE GRISEL, Le recours au tribunal fédéral pour inégalité, arbitraire ou discrimination, JDT 2002 III, 35 ff. und CHRISTOPH ROHNER, Die Legitimation zur Willkürrüge im Verfahren der subsidiären Verfassungsbeschwerde, AJP 2007, 1269 ff.).

1988 Das Bundesgericht «beschränkt» sich zuweilen auf eine «blosse» *Willkürkognition*. Kognition bedeutet Überprüfungsbefugnis des Gerichts. Es handelt sich aber bei dieser (eingeschränkten) Kontrolle über die Anwendung von Bundesrecht oder – vor allem – von kantonalem Recht im Grunde genommen nicht um eine Kognitionsfrage, sondern um ein materiellrechtliches Problem: Das Gericht prüft frei (umfassend), ob gegen das Willkürverbot verstossen wurde, ob also eine kantonale Instanz Rechtssätze grob unrichtig, schlechthin unhaltbar ausgelegt und angewandt hat.

II. Treu und Glauben

Literatur

AUBERT JEAN-FRANÇOIS, in: Merten/Papier, Handbuch, § 228; AUER/MALINVERNI/HOTTELIER II, Rz. 1159–1174; CHIARIELLO ELISABETH, Treu und Glauben als Grundrecht nach Art. 9 der schweizerischen Bundesverfassung, Diss. Bern 2004; GÄCHTER THOMAS, Rechtsmissbrauch im öffentlichen Recht, Zürich 2005; HÄFELIN/MÜLLER/UHLMANN, Rz. 622 ff.; KIENER/KÄLIN, Grundrechte, § 32; MÜLLER/SCHEFER, Grundrechte, 25–38; RIVA ENRICO, Wohlerworbene Rechte – Eigentum – Vertrauen, Bern 2007; WEBER-DÜRLER BEATRICE, Vertrauensschutz im öffentlichen Recht, Basel/Frankfurt a. M. 1983; DIES., Neuere Entwicklung des Vertrauensschutzes, ZBl 103 (2002), 281 ff.

a. Grundsatz

1989 Gemäss Art. 9 BV hat jede Person Anspruch darauf, von staatlichen Organen «nach Treu und Glauben behandelt zu werden». Dass sich der Staat (ebenso wie Private) nach Treu und Glauben zu verhalten hat, wird schon in Art. 5 Abs. 3 BV im Rahmen der allgemeinen Grundsätze rechtsstaatlichen Handelns statuiert.

1990 Das Prinzip von Treu und Glauben gilt für alle staatlichen Organe sowie für Privatpersonen. Handeln nach Treu und Glauben bedeutet Loyalität und Vertrauenswürdigkeit in allen rechtlichen Beziehungen, wie auch Voraussehbarkeit und Berechenbarkeit des zwischenmenschlichen wie staatlichen Handelns.

1991 Art. 5 Abs. 3 BV verankert das Prinzip von Treu und Glauben als ein die ganze Rechtsordnung durchdringendes, Behörden wie Private verpflichtendes, *Verhaltensgebot*. Art. 9 BV vermittelt einen grundrechtlichen Anspruch auf Behandlung nach Treu und Glauben durch staatliche Organe. Dieser wurde bereits unter dem Geltungsbereich der Bundesverfassung von 1874 vom Bundesgericht aus Art. 4 BV (1874) abgeleitet (BGE 94 I 513, 520; 125 I 267, 273).

Nach der Praxis des Bundesgerichts verleiht der Grundsatz von Treu und Glauben 1992
«einer Person Anspruch auf Schutz des berechtigten Vertrauens in behördliche Zusicherungen oder sonstiges, bestimmte Erwartungen begründendes Verhalten der Behörden» (BGE 132 II 21, 36ff.; 131 II 627, 636f.; 127 I 31, 36).

> Eine Verletzung dieses Anspruches kann mit den drei Einheitsbeschwerden sowie – gegenüber kantonalen Akten – mit subsidiärer Verfassungsbeschwerde gerügt werden. Im Unterschied zum Willkürverbot wird der selbständige Grundrechtscharakter von Treu und Glauben vom Bundesgericht seit langem anerkannt. 1993

Unter dem Schutz der Garantie von Treu und Glauben steht «jede Person». Die Verpflichtung richtet sich an *alle staatlichen Organe* (BGE 127 I 97, 100; CHIARIELLO, 117f. und 146–151), doch sind in erster Linie Verwaltung und Justiz angesprochen. 1994

> Wie beim Willkürverbot kommt es nicht auf die Motive staatlicher Organe an; das behördliche Verhalten an sich (im objektiven Sinn) ist am Grundsatz von Treu und Glauben zu messen. 1995

Die Garantie von Treu und Glauben kann dazu führen, dass ein Anspruch darauf 1996
entsteht, im Widerspruch zum Gesetz behandelt zu werden; etwa dann, wenn die Behörde eine Auskunft erteilt, die dem Gesetz widerspricht, und sich der Betroffene darauf verlässt. Die Behörde ist an ihre Auskunft gebunden und muss entgegen dem Gesetz handeln. In solchen Situationen steht das Grundrecht von Treu und Glauben in einem gewissen Spannungsverhältnis zum *Legalitätsprinzip*. Es vermag nur in Ausnahmefällen ein vom Gesetz abweichendes Verhalten der Behörden zu begründen. In engen Grenzen kann das Vertrauen in unrichtige behördliche Auskünfte das Interesse an der richtigen Rechtsanwendung überwiegen und somit eine Abweichung vom Gesetz rechtfertigen (vgl. etwa BGE 131 II 627, 637; 129 I 161, 170).

> Von der Lehre werden im Allgemeinen zwei oder, je nach Gliederung, drei Teilgehalte des Grundsatzes von Treu und Glauben gebildet: der Vertrauensschutz sowie die Verbote des Rechtsmissbrauchs und des widersprüchlichen Verhaltens. Die letzten beiden Aspekte fallen uE. jedoch unter Art. 5 Abs. 3 BV, da sie keine verfassungsmässigen Rechte darstellen und auch für Private gelten. 1997

b. Insbesondere Vertrauensschutz

Der Anspruch auf Behandlung nach Treu und Glauben schützt das *berechtigte* Vertrauen von Einzelnen in das Verhalten der Behörden, sofern dieses bestimmte Erwartungen begründet. 1998

> Lehre und Rechtsprechung haben folgende Voraussetzungen entwickelt, damit 1999
> staatliches Verhalten gestützt auf Art. 9 BV Rechtswirkungen zu entfalten vermag (vgl. im Einzelnen die Darstellung bei HÄFELIN/MÜLLER/UHLMANN, Rz. 668ff., AUER/MALINVERNI/HOTTELIER II, Rz. 1166–1172, oder MÜLLER/SCHEFER, Grundrechte, 33–36):

2000 Das staatliche Verhalten muss eine *ausreichende Vertrauensgrundlage* bilden, um beim Privaten bestimmte Erwartungen auszulösen. Als Vertrauensgrundlage kommen insbesondere Verfügungen, Entscheide, verwaltungsrechtliche Verträge, Auskünfte und Zusicherungen, Gerichtsurteile und ausnahmsweise auch Erlasse in Frage.

2001 Das Vertrauen wird zudem nur geschützt, wenn der Betroffene

– von der *Vertrauensgrundlage wusste* und, falls diese fehlerhaft war, den Mangel nicht kannte und auch nicht hätte kennen müssen;

– sein Vertrauen «betätigt» hat, dh. gestützt auf sein Vertrauen *Dispositionen* getroffen hat, die ohne Nachteil nicht rückgängig zu machen sind.

2002 *Unrichtige Auskünfte* von Behörden entfalten nur vertrauensschützende Wirkung, wenn sie inhaltlich bestimmt sind, die auskunfterteilende Behörde zuständig war, die Auskunft vorbehaltlos erteilt wurde, die Fehlerhaftigkeit nicht erkennbar war, gestützt auf die Auskunft nachteilige Dispositionen getroffen wurden und sich die Sach- oder Rechtslage seither nicht geändert hat (vgl. etwa BGer H 149/03 [2004] E2; BGE 127 I 31, 36; 125 I 267, 274).

2003 Auch wenn die Voraussetzungen des Vertrauensschutzes erfüllt sind, ist in einer *Güterabwägung* zu ermitteln, ob nicht öffentliche Interessen an der richtigen Rechtsanwendung dem Vertrauensschutz vorgehen müssen (vgl. etwa BGE 114 Ia 209, 215).

2004 Eine Verletzung des Vertrauensschutzes kann zu unterschiedlichen *Rechtsfolgen* führen. Im Vordergrund steht der *Bestandesschutz,* dh. die Bindung der Behörde an die Vertrauensgrundlage. In gewissen Fällen, insbesondere wenn vermögenswerte Interessen Privater beeinträchtigt worden sind, kann auch ein finanzieller *Ausgleich von Vertrauensschäden* in Frage kommen.

III. Staatshaftung

Literatur

AUBERT JEAN-FRANÇOIS, in: Petit commentaire, Art. 146; BIAGGINI, BV Kommentar, Art. 146; FELLER RETO, Das Prinzip der Einmaligkeit des Rechtsschutzes im Staatshaftungsrecht, Diss. Bern, Zürich/St. Gallen 2007; GROSS JOST, Schweizerisches Staatshaftungsrecht, 2. Aufl., Bern 2001; DERS./JAAG TOBIAS/HÄNNI JULIA, in: St. Galler Kommentar, Art. 146; HÄFELIN/MÜLLER/UHLMANN, Rz. 2215 ff.; HÄNNI PETER, Staatshaftung wegen Untätigkeit der Verwaltung, in: FS Pierre Moor, Bern 2005, 342 ff.; JAAG TOBIAS, Staatshaftung nach dem Entwurf für die Revision und Vereinheitlichung des Haftpflichtrechts, ZSR 2003 II, 3 ff.; DERS., Staats- und Beamtenhaftung, SBVR I/3, 2. Aufl., Basel 2006; MOOR PIERRE, in: Verfassungsrecht der Schweiz, § 16; TSCHANNEN/ZIMMERLI, Verwaltungsrecht, §§ 59 und 60.

a. Allgemeines

2005 Art. 146 BV verpflichtet den Bund, für Schäden zu haften, «die seine Organe in Ausübung amtlicher Funktionen widerrechtlich verursachen».

Für einen Staat, der die Rechtsstaatlichkeit, den Schutz des Individuums und 2006
dessen Eigentums sowie die marktwirtschaftliche Ressourcenverteilung auf
Verfassungsebene garantiert, ist es ein Gebot der Gerechtigkeit, dass die durch
ihn verursachten Schäden ersetzt werden. Dies geschieht einerseits aufgrund
des *Legalitätsprinzips* in Fällen, da ein solcher Schaden *rechtswidrig* verursacht
wird, andererseits aufgrund des *Gleichbehandlungsgebots* in Fällen, da der
Schaden eine unumgängliche Ausnahmeerscheinung *rechtmässigen* staatlichen
Handelns darstellt. Mit der Verfassungsgarantie von Art. 146 BV stellt sich die
Frage, ob aus diesem Artikel ein verfassungsmässiges Individualrecht abgeleitet werden kann.

b. Ersatz für rechtswidrig zugefügten Schaden

1. Grundsatz

Nach Art. 146 BV haftet der Bund für Schäden, die seine Organe in Ausübung *amt-* 2007
licher Tätigkeit widerrechtlich verursachen. Dieser Grundsatz wird auf Gesetzesebene konkretisiert, wobei zwischen hoheitlichen und privatrechtlichen Handlungen der Bundesorgane unterschieden wird. Im ersten Fall findet sich die gesetzliche
Grundlage im Bundesgesetz über die Verantwortlichkeit des Bundes sowie seiner
Behördemitglieder und Beamten vom 14. März 1958 (Verantwortlichkeitsgesetz;
SR 170.32, VG), im letzteren im Bundesgesetz vom 30. März 1911 betreffend die
Ergänzung des Schweizerischen Zivilgesetzbuches (Fünfter Teil: Obligationenrecht; SR 220, OR).

2. Hoheitliches Handeln

Bei der Wahrnehmung einer öffentlichen Aufgabe im Zuständigkeitsbereich des 2008
Bundes, trägt nach Art. 3 Abs. 1 iVm. Art. 3 Abs. 3 VG der Bund das Risiko und
haftet, wenn durch eine *amtliche Tätigkeit* einer Person Schaden entsteht.
Art. 3 VG bestimmt den Geltungsbereich dieses Gesetzes, indem es die Haftung
des Bundes für die *widerrechtliche* Ausübung amtlicher Tätigkeit anordnet, wobei
die Frage, ob das entsprechende Organ *schuldhaft* gehandelt hat – jedenfalls für die
Haftung des Bundes – keine Rolle spielt. Dieser haftet gegenüber dem Geschädigten *ausschliesslich und kausal*. Es handelt sich demnach um eine *Kausalhaftung
des Bundes* für Schäden, welche seine Beamten innerhalb des Geltungsbereiches
des öffentlichen Rechts verursachen. Die schädigende Handlung muss durch die
Stellung bzw. Funktion des Beamten ermöglicht worden sein (vgl. HÄFELIN/MÜLLER/UHLMANN, Rz. 2237 ff.).

Neben dem Verantwortlichkeitsgesetz umschreiben eine Reihe von anderen 2009
Bundesgesetzen spezielle Haftungsregeln, welche den allgemeinen Regeln vorgehen (so etwa das BG über die Haftung von Eisenbahn- und Dampfschifffahrtsunternehmungen und der Schweizerischen Post vom 28. März 1905, EHG,
SR 221.112.742).

3. Privatrechtliches Handeln

2010 Für jene Fälle, welche die obgenannten Kriterien nicht erfüllen, ordnet Art. 11 Abs. 1 VG eine Haftung nach den Bestimmungen des Zivilrechts an. Im Vordergrund steht die allgemeine Haftpflicht nach Art. 41 ff. OR.

2011 Gemäss Art. 61 Abs. 1 OR *können* Bund und Kantone die Haftung für Schäden, welche ihre Angestellten in Ausübung ihrer *amtlichen Verrichtungen* verursachen, durch eine gesetzliche Regelung übernehmen. Der Bund haftet nach Art. 3 VG ohne Rücksicht auf das Verschulden des Beamten. Er übernimmt auch im Bereich seines zivilrechtlichen Handelns die ausschliessliche Haftung (Art. 11 Abs. 2 VG).

2012 Privatrechtlich kann der Bund nur in jenem Bereich handeln, in dem er keine *divergierenden* (öffentlichen) Interessen wahrzunehmen bzw. auszugleichen hat. Dies ist beispielsweise bei der Bewirtschaftung des *Finanzvermögens* des Bundes der Fall, da hier die Erzielung eines Gewinnes im Vordergrund steht. Die Organe des Bundes dürfen auch *Beschaffungen* bis zu einem bestimmten Betrag auf privatrechtlicher Basis tätigen.

2013 Die Grenze zu Beschaffungen, welchen hoheitlicher Charakter zukommen soll, zieht Art. 6 des Bundesgesetzes über das öffentliche Beschaffungswesen (SR 172.056.1, BoeB), indem es Grenzbeträge festlegt (Art. 6 BoeB). Jeder Auftrag, dessen Kosten einen solchen Grenzwert erreichen, untersteht den Regelungen des BoeB. Unter «Beschaffungen» sind laut Art. 1 BoeB Liefer-, Dienstleistungs- und Bauaufträge zu verstehen. Auf kantonaler Ebene gilt die unter Aufsicht des eidgenössischen Volkswirtschaftsdepartements geschlossene Interkantonale Vereinbarung über das öffentliche Beschaffungswesen vom 25. November 1994 (früher SR 172.056.4). Beide Erlasse setzen die Vorschriften des GATT-Übereinkommens vom 15. April 1994 über das öffentliche Beschaffungswesen (SR 0.632.231.422) um.

4. Widerrechtlichkeit

2014 Das BGer folgt in der Auslegung von Art. 3 Abs. 1 VG der anhand von Art. 41 OR entwickelten Theorie der *objektiven Widerrechtlichkeit*, wonach eine Handlung in zwei Fällen widerrechtlich ist (vgl. BGE 123 II 577):

– wird ein *absolut geschütztes Rechtsgut*, wie Leib, Leben, Freiheit, Persönlichkeit oder Eigentum verletzt, ist schon die erfolgte Verletzung an sich widerrechtlich (Erfolgsunrecht; BGE 133 V 14, 19);

– wird hingegen gegen eine Norm verstossen, welche eine *Vermögensposition* schützt, und dadurch ein Vermögensschaden verursacht, so ist die Handlung an sich widerrechtlich (Handlungsunrecht; BGE 133 V 14, 19).

2015 Für das Vorliegen von Widerrechtlichkeit, muss demnach entweder eine Handlung selbst, oder der Erfolg einer Handlung auf Gesetzes- oder Verfassungsstufe verboten sein.

Verletzungen absolut geschützter Rechtsgüter können nach den Kriterien von Art. 36 BV oder durch vorgängige Einwilligung der verletzten Person gerechtfertigt werden (vgl. BGE 123 II 577). Eine Ausnahme bildet hier das Eigentum (vgl. unten Rz. 2024 sowie Art. 26 BV). 2016

Bei der Ausübung von *Ermessen* sind erst der eigentliche Ermessensmissbrauch bzw. die Ermessensüberschreitung oder Ermessensunterschreitung für die Frage der Staatshaftung relevant, da erst diese als Rechtsverletzungen justiziabel sind (BGE 132 II 449, 456). 2017

Wird ein Entscheid im Rechtsmittelverfahren geändert oder aufgehoben, so verlangt das Bundesgericht in einer etwas unklaren Rechtsprechung für die Widerrechtlichkeit, dass in Ausübung der amtlichen Befugnis ein *besonderer Fehler* begangen wurde. 2018

> Ein solcher liegt laut Bundesgericht nicht bereits dann vor, wenn sich die Entscheidung später als unrichtig, gesetzeswidrig oder sogar willkürlich erweist. Haftungsbegründende Widerrechtlichkeit ist vielmehr erst gegeben, wenn der Richter eine für die Ausübung seiner Funktion *wesentliche* Pflicht verletzt hat (vgl. BGE 120 Ib 248, 249; 112 Ib 446). 2019

Neben einer Handlung kann auch ein *Unterlassen* des Staates eine Haftung auslösen. Diese ist dann widerrechtlich, wenn sie eine Pflichtverletzung darstellt (vgl. BGE 133 V 14, 19; 132 II 305, 318f.; 123 II 577; HÄNNI, 342ff.). 2020

> So muss beispielsweise der Konkursrichter ein Konkurserkenntnis den Parteien unverzüglich zustellen. Wartet er dagegen drei Wochen, wird der Staat für den dadurch entstandenen Schaden haftbar (BGE 120 Ib 248). 2020a

Art. 12 VG bestimmt, dass *formell rechtskräftige Rechtsakte* im Rahmen einer Verantwortlichkeitsklage nicht auf ihre Rechtmässigkeit hin überprüft werden können. Diese muss jeweils vor einer Staatshaftungsklage mittels der entsprechenden Beschwerde geltend gemacht werden. Demgegenüber lässt das Bundesgericht eine Überprüfung der Rechtmässigkeit von *Realakten* (beispielsweise polizeiliche Kontrollen) im Rahmen eines Staatshaftungsverfahrens ohne weiteres zu (vgl. BGE 128 I 167, 175). 2021

5. Kausalität

Analog zum Zivilrecht muss zwischen dem schädigenden Ereignis und dem effektiv eingetretenen Schaden ein *adäquater Kausalzusammenhang* gegeben sein. Das Ereignis muss nach dem gewöhnlichen Lauf der Dinge und nach allgemeiner Lebenserfahrung geeignet sein, einen derartigen Schaden herbeizuführen (vgl. JAAG, SBVR, Rz. 143). 2022

c. Ersatz für rechtmässig zugefügten Schaden

Rechtmässig zugefügter Schaden kann aufgrund des Legalitätsprinzips nur ersetzt werden, wenn ein Gesetz oder die Bundesverfassung selbst dies vorsehen. 2023

2024 Art. 26 Abs. 2 BV sieht im Rahmen der Eigentumsgarantie vor, dass rechtmässige Enteignungen und Eigentumsbeschränkungen, die einer Enteignung gleichkommen, voll entschädigt werden müssen (vgl. Rz. 1809 ff.).

2025 Es ist ferner möglich, dass eine Behörde trotz der pflichtgemässen Vornahme einer Verhältnismässigkeitsprüfung die unbillige Benachteiligung einer Person im Einzelfall nicht verhindern kann, da dem privaten Interesse in casu ein sehr gewichtiges öffentliches Interesse entgegensteht. Gestützt auf Art. 8 BV bejaht eine Mehrheit der Lehre eine Entschädigungspflicht des Staates, soweit der Schaden aufgrund des Umstandes, dass eine einzige Person in unzumutbarer Weise betroffen ist, als *Sonderopfer* angesehen werden kann.

Vierter Teil
Demokratie

§ 21 Die Schweiz als halbdirekte Demokratie

Literatur

ABROMEIT HEIDRUN, Interessenvermittlung zwischen Konkurrenz und Konkordanz, Opladen 1993; DIES./STOIBER MICHAEL, Demokratien im Vergleich, Wiesbaden 2006; AUER ANDREAS, Problèmes fondamentaux de la démocratie suisse, ZSR 1984, 1 ff.; DERS. (Hrsg.), Les origines de la démocratie directe en Suisse, Basel/Frankfurt a. M. 1996; AUER/MALINVERNI/HOTTELIER I, Rz. 581 ff.; BIAGGINI, BV Kommentar, Vorbemerkungen zu Art. 136–142; DERS./MÜLLER GEORG/MÜLLER JÖRG PAUL/UHLMANN FELIX (Hrsg.), Demokratie – Regierungsreform – Verfassungsfortbildung: Symposium für René Rhinow zum 65. Geburtstag, Basel 2009, 19–56; HÄFELIN/HALLER/KELLER, Rz. 175 ff.; HALLER/KÖLZ/GÄCHTER, Staatsrecht, 52 ff.; HANGARTNER YVO/KLEY ANDREAS, Die demokratischen Rechte in Bund und Kantonen der Schweizerischen Eidgenossenschaft, Zürich 2000 (zit. Die demokratischen Rechte); LINDER WOLF, Schweizerische Demokratie, 2. Aufl., Bern/Stuttgart/Wien 2005; DERS./STEFFEN ISABELLE, Politische Kultur, in: Klöti et al., Handbuch, 15 ff.; MASTRONARDI PHILIPPE, Der Zweck der Eidgenossenschaft als Demokratie, ZSR 1998, 317 ff.; DERS., in: St. Galler Kommentar, Vorbemerkungen zu Art. 148–173; MÜLLER JÖRG PAUL, Der politische Mensch – menschliche Politik, JöR 1988, 1 ff.; DERS., Die demokratische Verfassung, Zürich 2002 (zit. Verfassung); NEIDHART LEONHARD, Plebiszit und pluralitäre Demokratie, Zürich 1970; DERS., Die politische Schweiz: Fundamente und Institutionen, Zürich 2002; RHINOW RENÉ, Grundprobleme der schweizerischen Demokratie, ZSR 1984, 111 ff.; DERS., Parteienstaatlichkeit? – Krisensymptome des demokratischen Verfassungsstaates, VVDStRL, H. 44, 1986, 83 ff., 111 ff.; DERS., Die schweizerische Demokratie im Wandel, recht 2000, Sondernummer, 129 ff.; DERS./GRAF MARTIN, Verfassungsreform im Zusammenspiel von Bundesversammlung und Bundesrat, in: Kreis Georg (Hrsg.), Erprobt und entwicklungsfähig, Zehn Jahre neue Bundesverfassung, Zürich 2009, 111–131; SCHMIDT MANFRED G., Demokratietheorien, 3. Aufl., Wiesbaden 2006; SCHWARZ DANIEL/LINDER WOLF, Mehrheits- und Koalitionsbildung im schweizerischen Nationalrat 1996–2005, Studie im Auftrag der Parlamentsdienste der Schweizerischen Bundesversammlung, Bern 2006; TANQUEREL THIERRY, Les fondements démocratiques de la Constitution, in: Verfassungsrecht der Schweiz, § 18; TSCHANNEN, Staatsrecht, § 6, Rz. 7 ff.; DERS., Stimmrecht und politische Verständigung, Basel/Frankfurt a. M. 1995; DERS., Schutz der politischen Rechte, in: Merten/Papier, Handbuch, § 220, Rz. 1 ff.

I. Wesenselemente

a. Elemente der Demokratie als Staatsform

Eine moderne Demokratie wird vor allem durch folgende *Kernelemente* gekennzeichnet:

– Sie ist als *Verfassungsstaat* konstituiert, der Rechtsstaatlichkeit (mit Einschluss von Grundrechten wie der Meinungs- und Medienfreiheit, der Vorherrschaft des Rechts und – je nach Staatsform – einer bestimmten Ausprägung des Gewaltengliederungsprinzips) gewährleistet.

- Alle Staatsgewalt «geht vom Volke aus»; oberste Legitimationsquelle aller Entscheidungsgewalt ist das Volk (*Volkssouveränität*).

- Demokratie basiert auf dem *Mehrheitsprinzip*, das jedoch durch den Schutz vielfältiger Minderheiten ergänzt wird.

- Leitung und «Herrschaft» erfolgen grundsätzlich durch staatliche, vom Volk in periodischen, allgemeinen, gleichen, freien und geheimen Wahlen bestellte Organe (keine direkte «Volksherrschaft», *Repräsentationsprinzip*, Parlamentarismus). Damit wird (Regierungs-)Macht zeitlich begrenzt und der Möglichkeit eines Machtwechsels unterworfen.

- Neben der systemimmanenten Volkswahl des Parlamentes können die Wahl anderer Staatsorgane und *Abstimmungen* über Sachentscheide durch das Volk hinzutreten.

- Alle Staatsorgane, namentlich die vom Volk gewählten Behörden, sind diesem gegenüber *verantwortlich* und Rechenschaft schuldig. Verantwortlichkeit realisiert sich in periodischen Wahlen und in responsiven Kommunikationsprozessen zwischen oder ausserhalb von (Wieder-)Wahlen.

- Aus geschichtlicher Erfahrung erweisen sich Strukturen als existentiell, die einerseits das Volk in die Lage versetzen, unliebsame *Regierungen zu ersetzen*, und die anderseits sicherstellen, dass die Macht der Regierung begrenzt und kontrolliert wird, um *Machtmissbrauch zu verhindern*.

2027 Jede Demokratie beruht aber auch einerseits auf einer «konsolidierten Staatlichkeit», anderseits auf *kulturellen und soziologischen Voraussetzungen*, die sie selber nicht garantieren kann. Dazu gehören etwa

- eine lebendige *Zivilgesellschaft* mit intermediären Organisationen und Gruppierungen als Bindeglied zwischen Staat und Volk, vor allem auch politische Parteien;

- staatsbürgerliche «*Tugenden*» («Politische Kultur») und ein minimaler staatstragender Gemeinsinn (*Basiskonsens*);

- *pluralistische* Gesellschaftsstrukturen;

- die Bereitschaft zu *Toleranz* gegenüber anderen, insb. gegenüber minoritären resp. schwächeren Gesellschaftsschichten, Religionen, Kulturen und Sprachgemeinschaften, sowie

- die Akzeptanz von Kompromiss und Konsens als Grundelemente politischer Entscheidungsprozesse.

2028 Eine Demokratie ist schliesslich auf eine wachsame und kritische *Öffentlichkeit* als regulatives Prinzip angewiesen (vgl. etwa JÖRG PAUL MÜLLER, Verfassung, 95 ff.). Diese erscheint als normative Öffentlichkeit einerseits verfassungsrechtlich institutionalisiert (durch Verfassungsorgane und rechtsbildende Entscheidungsverfahren, insb. durch das Parlament), wirkt anderseits in intermediären Strukturen (gesellschaftliche Kräfte, Parteien, Verbände, Medien, usw.) meinungsbildend, kann sich aber auch spontan bilden (zB. bei Demonstrationen).

Demokratie zeichnet sich in den Worten JÖRG PAUL MÜLLERS (Verfassung, 13) «dadurch aus, dass rechtliche Ordnung von unten, von der Gemeinschaft her konstituiert wird und grundsätzlich auf das Einverständnis oder zumindest auf die Einsicht der Betroffenen in die Notwendigkeit gemeinsamer Regeln baut, und darum befolgt wird. Statt soziale Spannungen mit Gewalt zu lösen, werden sie durch kommunikative Prozesse aufgefangen, zu argumentativen Auseinandersetzungen verdichtet und in Entscheidverfahren, die für alle wenigstens einsehbar oder akzeptabel sind, entschärft. Solche Verfahren führen zu verbindlichen Entscheidungen, die Stabilität gewährleisten und auch gegenüber Abweichenden – allenfalls mit kollektiver Anstrengung, aber stets nach dem Grundsatz der Verhältnismässigkeit – durchgesetzt werden».

2029

b. Systembegründende Faktoren der schweizerischen Demokratie

Jedes politische System hängt von Faktoren ab, die zur Ausbildung seiner je eigenen Ausprägung mit beigetragen haben. Das «Nation Building» steht stets im Spannungsfeld von – kurzfristig nicht veränderbaren – Vorgegebenheiten einerseits und durch menschliche Konstruktion – vor dem Hintergrund ideengeschichtlicher, systemvergleichender und geschichtlich geprägter Einflüsse und Wirkkräfte – zu schaffenden Einrichtungen anderseits.

2030

> Für die Schweiz zählen zu solchen systembegründenden Faktoren etwa die geschichtliche Entwicklung des Gemeinwesens «von unten nach oben», das genossenschaftliche Staatsverständnis, verbunden mit dem Fehlen einer monarchischen Vergangenheit, die Abwesenheit grösserer Umwälzungen seit der Gründung des Bundesstaates 1848 sowie ein gewisser mentaler Hang zu Pragmatismus und Inkrementalismus.

2031

> Wesentlich erscheinen auch die *Kleinheit* und geographische Kammerung mit ihrer (relativen) Überschaubarkeit der Verhältnisse, die aber auch Tendenzen zur *Introvertiertheit* und Abschottung gegen aussen sowie vielfältige Rollenkumulationen (Politik und Wirtschaft, früher auch mit der Armee) fördert. Die zentrale und bis gegen Ende des 20. Jahrhunderts verletzliche Lage in Europa («Alpenrepublik») ergab in einem konfligierenden Europa der Grossmächte, vor allem Deutschlands und Frankreichs, auch besondere Sicherheitsbedürfnisse, die zu einer Mentalität der *Abwehr* und zu einem tief verwurzelten Glauben an die Neutralität und die auf der allgemeinen Wehrpflicht beruhende Kraft der eigenen militärischen Landesverteidigung geführt haben. Im Gegensatz dazu fördern die Kleinheit und Heterogenität des Landes in Verbindung mit seiner zentralen Lage in Europa aber zugleich auch die Weltoffenheit: Die schweizerische Bevölkerung ist durchmischter, sprachgewandter und reisegewohnter als diejenige der grösseren europäischen Nationen.

2032

> Die ausgesprochene *Rohstoffarmut* des Landes förderte im 19. Jahrhundert die Entwicklung einer erfolgreichen Exportwirtschaft, die massgeblich – im Verbund mit einer besonders ausgeprägten Arbeitswilligkeit – zu dem im 20. Jahrhundert wachsenden Wohlstand beigetragen hat; im 19. Jahrhundert galt die Schweiz als «Armenhaus» und Auswanderungsland. Es bildete sich zwar auch in der Schweiz eine Grossindustrie und folglich ein Proletariat, dies aber in bedeutend schwächerem Ausmass als in anderen europäischen Staaten. Ein zu grosses Auseinanderklaffen gesellschaftlicher Schichten blieb daher aus. Ein

2033

im internationalen Vergleich starker *Mittelstand* war an stabilen Verhältnissen interessiert.

2034 Schliesslich wird die Schweiz durch eine *sprachlich-kulturelle, konfessionelle und regionale Vielfalt* gekennzeichnet, die einen föderalistischen Staatsaufbau, eine Politik des möglichst breit abgestützten Konsenses («gütliches Einvernehmen») und des Kompromisses sowie Instrumente des Minderheitenschutzes unabdingbar erscheinen lässt. Diese Vielfalt wird mehrheitlich als *Miteinander* und Bereicherung erlebt, erweist sich aber immer wieder auch *als Nebeneinander*, ja zuweilen auch als Belastung: im politischen Bereich etwa angesichts unterschiedlicher politischer Präferenzen (zB. in der Aussenpolitik oder in der Sozialpolitik), im konfessionellen Bereich (in gewissen Kantonen) infolge noch nicht (völlig) überwundener Konflikte zwischen der evangelisch-reformierten Landeskirche und der katholischen Kirche. Die Entwicklung zur sog. Konkordanzdemokratie ist einerseits auf diese zu harmonisierende Vielfalt, anderseits auf die Volksrechte zurückzuführen. Die Schweiz erweist sich so als «paradigmatischer Fall politischer Integration» (KARL DEUTSCH).

II. Hauptmerkmale der schweizerischen Demokratie

a. Überblick

2035 Das politische System der Schweiz zeichnet sich – neben und verbunden mit der Bundesstaatlichkeit – durch folgende *Merkmale* aus, die sie auch von den «klassischen» Demokratiemodellen der Gegenwart (parlamentarisches Regierungssystem, Präsidialsystem, Mischformen zwischen den beiden Systemen) unterscheidet:

- die *repräsentative* Staatsform wird durch *direktdemokratische* (identitäre) Elemente wirkungsvoll ergänzt (vgl. nachstehend Rz. 2037 ff.);
- die Volksrechte wurzeln einerseits in der *Versammlungsdemokratie* (insb. Gemeindeversammlungen, Landsgemeinden), anderseits in der *Urnendemokratie;*
- den Volksrechten kommen *kontrollierende, initiierende, bremsende, legitimierende und das System prägende* Funktionen zu;
- die Bildung von Mehrheiten bei Volks-, Parlaments- und Regierungsentscheiden erfolgt von Entscheid zu Entscheid in wechselnden Konstellationen der politischen Kräfte, die damit alle mehr oder weniger an der Macht teilhaben;
- die *Gewaltengliederung* ist insofern *strikt,* als die Regierung zwischen den periodisch stattfindenden Wahlen nicht abberufen, anderseits das Parlament von der Regierung auch nicht aufgelöst werden kann (vgl. nachstehend Bst. c);
- die Bundesversammlung ist in zwei Kammern gegliedert (*Bikameralismus)*, die je über eine unterschiedliche Legitimationsbasis verfügen, aber (fast) gleichwertig sind;
- der Bundesrat ist als *eingliedrige Kollegialregierung* konzipiert, ohne eigentliches Staatsoberhaupt (der Bundespräsident ist bloss «Primus inter Pares»);

- das Kollegialsystem verbindet sich mit dem *Departementalprinzip*, indem jedes Mitglied des Bundesrates einem Departement vorsteht;

- das *Konkordanzsystem* betont die grosse Bedeutung von Kompromissen, die Einbettung möglichst vieler gesellschaftlicher Kräfte und breit abgestützte Entscheidungen (keine «minimal winning coalitions»);

- die *Verfassungsgerichtsbarkeit* ist auf Bundesebene *eingeschränkt*, weil Bundesgesetze für rechtsanwendende Organe verbindlich sind (vgl. dazu Rz. 2853 ff.).

In der geltenden BV kommen die Grundzüge der schweizerischen Demokratie transparenter zur Geltung als im alten Verfassungstext. Die für die Ausgestaltung des politischen Systems relevanten Bestimmungen werden im *4. Titel* mit den Volksrechten eingeleitet. Im *5. Titel* folgen dann die drei wichtigsten Bundesbehörden: Bundesversammlung, Bundesrat und Bundesgericht. 2036

b. Repräsentative und direktdemokratische Elemente

Markantes Kennzeichen der schweizerischen Demokratie ist es, dass die Bürger und Bürgerinnen nicht nur durch ein Parlament repräsentiert werden, sondern auch in grösserem Ausmass zu Sachfragen Stellung nehmen können. Das repräsentative Element der schweizerischen Demokratie ist zwar älter als das direktdemokratische und nach wie vor von grundlegender Bedeutung. Unbestrittenermassen üben aber die seit 1874 sukzessive eingeführten Volksrechte einen prägenden Einfluss auf das politische System und die Funktionsweise des Staates aus. Repräsentative und direkte Demokratie ergänzen sich, stehen aber auch in einem gewissen Spannungs- und Konkurrenzverhältnis zueinander. 2037

> Das Referendum hatte einen massgeblichen Anteil an der Herausbildung des schweizerischen Konkordanzsystems. Die kompromissfördernde Funktion des Referendums machte aus der Abstimmungsdemokratie teilweise auch eine *Verhandlungsdemokratie*. Das Konkordanzsystem verhalf einer wachsenden Zahl referendumsfähiger Gruppen zur wirkungsvollen Partizipation an der politischen Willensbildung. Es führte dank seiner strukturbildenden Funktion auch dazu, dass sukzessive alle relevanten politischen Kräfte in die Regierung integriert wurden (1959 wurde die sog. *Zauberformel* begründet mit je 2 FDP-, CVP-, SP-Bundesräten; diese dauerte bis 2003, als anstelle der amtierenden CVP-Bundesrätin Ruth Metzler neu Nationalrat Blocher als 2. SVP-Mitglied in den Bundesrat gewählt wurde. Bundesrat Blocher wurde jedoch im Jahr 2007 nicht wiedergewählt; an seiner Stelle gelangte Frau Widmer-Schlumpf in den Bundesrat; sie wurde von der SVP-Fraktion jedoch nicht als eine der «ihren» anerkannt, wie auch SVP-Bundesrat Schmid. Mit dem Eintritt dieser beiden Bundesräte in die neu gegründete BDP war die SVP nicht mehr im Bundesrat vertreten. Seit der Wahl von Ueli Maurer am 12. Dezember 2008 verfügt die SVP wieder über einen Sitz im Bundesrat). 2038

> Die *Volksinitiativen* ermöglichen es insbesondere, dass unterschiedliche gesellschaftliche Gruppierungen sonst eher schlecht vertretene Anliegen in den politischen Entscheidungsprozess einzubringen vermögen. Ihre Bedeutung ist oft in 2039

einer indirekten Wirkung zu sehen: ihre Anliegen oder Teile davon haben nicht selten in einem zweiten Anlauf Erfolg oder werden häufig auch von den Behörden (zB. mittels direkten oder indirekten Gegenvorschlägen) aufgenommen und umgesetzt (vgl. dazu Rz. 2196 ff.).

2040 Von den Volksrechten geht nicht nur ein *«Konkordanzzwang»* aus; sie kanalisieren auch gesellschaftliche Oppositionsbewegungen und lenken sie von der «Strasse» in die Bahnen geregelter Entscheidungsprozesse. Die Volksrechte fördern damit die *Integration und Stabilität* des heterogen zusammengesetzten Bundesstaates. Sie haben darüber hinaus *identitätsstiftenden* Charakter: Die Schweiz definiert sich selbst zu einem guten Teil durch ihre Volksrechte.

2041 Auch in der halbdirekten Schweizer Demokratie wird der *Inhalt der Gesetze* allein durch das *Parlament*, der Inhalt der Verfassungsnormen fast ausschliesslich (mit Ausnahme der selten angenommenen formulierten Volksinitiativen) durch das Parlament festgelegt. Die Möglichkeit der nachträglichen Sanktion in der Volksabstimmung hat aber, wie erwähnt, erhebliche *Vorwirkungen* auf die Inhaltgebung durch Bundesrat und Bundesversammlung.

2042 Die Bedeutung der direktdemokratischen Elemente allgemein ist somit nicht nur in ihrer direkten Wirkung zu sehen, sondern in ihrem *Einfluss auf den politischen Prozess* und auf das politische System, vor allem auch in der Öffnung der dialogischen und responsiven Kommunikation zwischen dem Volk und seinen Repräsentanten.

2043 Dank der Volksrechte wird die *Legitimität* staatlichen Handelns erheblich verstärkt. Die Stimmberechtigten, vor allem aber die Parteien, Verbände und zunehmend die Medien können die Gesetzgebung nicht nur mittelbar, auf dem Weg über die in grösseren Zeitabständen stattfindende Wahl des Parlamentes, beeinflussen, sondern die Gesetzgebung mit dem Referendumsrecht, oft auch «nur» mit dessen Androhung, unmittelbar – wenn auch selektiv – mitbestimmen. Die Volksrechte scheinen einerseits die Stellung des Parlamentes zu schwächen. Anderseits wird dessen Position aber gestärkt, weil seine Beschlüsse mit impliziter oder expliziter Zustimmung des Volkes gefasst werden; damit erhalten diese im Effekt eine höhere Akzeptanz und Legitimität.

2044 Die Möglichkeit der Bürgerinnen, sich auch zwischen den Wahlen zu einzelnen Sachfragen äussern zu können, mindert allerdings ihr Interesse an den *Wahlen*, was sich in einer im Vergleich zu anderen Staaten tiefen Wahlbeteiligung ausdrückt. Diese ist aber keineswegs nur im Zusammenhang mit der direktdemokratischen Beteiligungsmöglichkeit zu sehen, sondern auch erklärbar vor dem Hintergrund eines weiteren wichtigen Merkmals des schweizerischen politischen Systems: der ausgeprägten Gewaltengliederung.

c. **Unabhängigkeit von Parlament und Regierung**

2045 Das gegenseitige Verhältnis von Bundesversammlung und Bundesrat ist – im Vergleich zur parlamentarischen Demokratie – von einer relativ grossen Unabhängigkeit geprägt. Die Bundesversammlung wählt zwar alle vier Jahre den Bundesrat;

dieser ist aber in seiner Sachpolitik weder auf die Unterstützung einer stabilen und konstanten Parlamentsmehrheit angewiesen, noch kann er auf eine solche zählen. Weder kann die Bundesversammlung den Bundesrat während der Amtsdauer von vier Jahren durch Misstrauensantrag abwählen, noch ist dieser befugt, die Bundesversammlung aufzulösen. Anders als in einer parlamentarischen Demokratie steht nicht während einer längeren Zeitdauer eine konstante Regierungsmehrheit einer Opposition gegenüber; vielmehr bilden sich die Mehrheiten im Parlament von Thema zu Thema immer wieder neu. Auch die «Regierungsparteien» und ihre einzelnen Ratsmitglieder fühlen sich weitgehend frei, «ihrer» Regierung in Sachfragen von Fall zu Fall zu folgen oder auch nicht, und machen so Gebrauch vom Recht der *okkasionellen* und *bereichsspezifischen Opposition*.

Parlamentswahlen haben somit in der Schweiz nur mittelbare Auswirkungen auf die Zusammensetzung der Regierung. Diese ist auch keine auf ein politisches Programm verpflichtete Mehrheitsregierung. Vielmehr wird versucht, die wichtigsten politischen Kräfte in die sog. «Konkordanzregierung» zu integrieren. Die Ausgestaltung des Verhältnisses zwischen Parlament und Regierung sowie das Institut des Referendums hatten an der Entwicklung des schweizerischen Konkordanzsystems einen grossen Anteil.

2046

Das Konkordanzsystem ist Ausdruck einer politischen Kultur (vgl. Rz. 2035); es prägt das Verhalten politischer Entscheidungsträger allgemein, ist folglich nicht auf die Zusammensetzung des Bundesrates fokussiert. Dennoch wird immer wieder ein Ausschluss oder freiwilliger Auszug einer der beiden grossen Parteien am linken oder rechten Flügel des politischen Spektrums (SP oder SVP) aus dem Bundesrat diskutiert und primär als Konkordanzproblem perzipiert. Mit einer neuen parteipolitischen Zusammensetzung des Bundesrates allein liesse sich aber keine «Mitte-links»- oder «Mitte-rechts»-Regierungspolitik gegen eine Rechts- oder Linksopposition durchsetzen. Die Erwartungen in eine «klare Führung» oder in eine «schampar unbequeme» (HELMUT HUBACHER 1984) Opposition, wie sie nach der Nichtwiederwahl von Bundesrat Blocher am 12. Dezember 2007 von der SVP angekündigt worden ist, wurden enttäuscht. Die Bedeutung der Regierungsbeteiligung wird einerseits unterschätzt, weil auf Stufe Bundesrat uU. wichtige Vorentscheidungen im politischen Prozess getroffen werden, anderseits überschätzt, weil die definitiven Beschlüsse im Parlament (mit *dessen* Mehrheit) und die wichtigsten Entscheide in Volksabstimmungen fallen. Solange der Regierung das disziplinierende Instrument der Vertrauensfrage fehlt, werden die einzelnen Fraktionen und Ratsmitglieder in einer bestimmten Sachfrage nach ihrer jeweiligen Interessenlage abstimmen. Unabhängig von seiner Zusammensetzung muss der Bundesrat in der Bundesversammlung Mehrheiten finden, die auch in einer allfälligen Volksabstimmung Bestand haben können. Diese Mehrheiten wechseln je nach Thematik von Mitte-rechts bis Mitte-links, wenn man das Links-rechts-Schema als Bezugsrahmen beiziehen will (was für viele Sachfragen nicht unproblematisch erscheint). Der Auszug oder Ausschluss einer grossen Partei aus dem Bundesrat könnte jedenfalls keine völlige Neuausrichtung der schweizerischen Politik bewirken. Eher früher als später wird die vorherige Allparteienregierung wieder hergestellt werden, weil der Ausschluss einer grossen Partei aus dem Bundesrat letztlich konkordanzwidrig und nicht zielführend erscheint.

2047

d. Sonderfall des schweizerischen Regierungssystems?

2048 Das schweizerische Regierungssystem unterscheidet sich somit sowohl vom «parlamentarischen» als auch vom «präsidentiellen» Typus.

2049 Ein Vergleich von schweizerischem und amerikanischem System fördert indessen auch interessante *Gemeinsamkeiten* zu Tage. In beiden Systemen sind beide Gewalten recht unabhängig voneinander. So muss zum Beispiel in beiden Ländern die Regierung für ihre einzelnen Projekte kämpfen, um von Fall zu Fall immer wieder neu eine Mehrheit zu finden. Wie die Regierungsparteien in der Schweiz fühlt sich in den USA diejenige Partei, welche den Präsidenten stellt, nur beschränkt in die Regierungsverantwortung eingebunden und stellt sich bisweilen gegen ihren Präsidenten. Die USA kennen zwar einen starken Präsidenten, aber auch – wie die Schweiz – ein starkes Parlament.

2050 Daneben gibt es jedoch markante *Unterschiede* zwischen den beiden Systemen, während auf der anderen Seite in parlamentarischen Demokratien Europas ähnliche Muster einer *Konsensdemokratie* auszumachen sind, wie wir sie in der Schweiz kennen.

e. Freier und offener Meinungsbildungsprozess

2051 Die Demokratie lebt von rechtsstaatlich fundierten Institutionen (Behörden, Volksrechte) *und* Verfahren freier und fairer Meinungs- und Willensbildung. Dazu gehören *Grundrechte,* welche eine freie und dialogische Kommunikation gewährleisten (wie Meinungs- und Pressefreiheit, Informationsfreiheit, Vereinigungs- und Versammlungsfreiheit etc.), aber auch *Garantien,* die sicherstellen sollen, dass verfassungsrechtlich eingerichtete Volksrechte und andere Formen der Beteiligung am Meinungsbildungsprozess auch tatsächlich wahrgenommen werden können.

2052 Die BV nimmt sich diesem Anliegen mehrfach an, ua.
- durch die Gewährleistung von *Freiheitsrechten*, welche die ungehinderte, freie Kommunikation schützen (vgl. § 16);
- durch den grundrechtlichen Schutz der *politischen Rechte* (nachstehend Rz. 2059 ff.) und des Petitionsrechts (nachstehend Rz. 2107 ff.);
- durch die Regelung der *Parteien* und des *Vernehmlassungsverfahrens* (nachstehend Rz. 2127 ff. und Rz. 2764 ff.), sowie
- durch das *Öffentlichkeitsgebot*, welches sich an die Bundesversammlung (Art. 158 BV) und den Bundesrat (Art. 180 Abs. 2 BV) richtet (vgl. Rz. 1606 ff.).

f. Responsive Demokratie

2053 Die Grundrechte freier Kommunikation stellen Voraussetzungen dafür dar, dass in der Demokratie ein Dialog zwischen der «Regierung» (iS. von «government», dh.

Parlament und Regierung umfassend) und der Bürgerschaft stattfinden kann. Dieser Dialog wiederum ist Bedingung dafür, dass staatliches Handeln «responsiv» ist, dass heisst Antworten auf die Bedürfnisse der Bürgerinnen und Bürger gibt. Gemäss JÖRG PAUL MÜLLER (‹Responsive Government›: Verantwortung als Kommunikationsproblem, ZSR I 1995, 15) ist responsives staatliches Verhalten in der schweizerischen politischen Praxis stark verankert.

> Fast alle grossen Verfassungsentscheide des 20. Jahrhunderts sind in einem mehrmaligen Hin und Her der Anliegen zwischen der Abstimmungsbürgerschaft und den politischen Behörden zustande gekommen. Der responsive Dialog manifestiert sich in der demokratischen Repräsentation (vgl. dazu Rz. 2300).

2054

g. Halbdirekte Demokratie und Effektivität des Staates

In neuster Zeit wird von ökonomischer und politologischer Seite die Frage untersucht, ob die halbdirekte Demokratie die Effektivität staatlichen Handelns stärkt oder schwächt.

2055

> So wird einerseits (zB. von SILVIO BORNER/HANS RENTSCH, Wie viel direkte Demokratie verträgt die Schweiz?, Zürich 1997; RAIMUND GERMANN, Die Europatauglichkeit der direkt-demokratischen Institutionen in der Schweiz, Schweiz. Jb. für politische Wissenschaft, 1991, 257–270) in Frage gestellt, ob die halbdirekte Demokratie den gestiegenen Anforderungen an die staatliche Handlungsfähigkeit heute noch gerecht werden kann. Insbesondere die zunehmende internationale Verflechtung erfordere rascheres Handeln des Staates. Die direktdemokratischen und bundesstaatlichen Entscheidungsprozesse seien demgegenüber viel zu schwerfällig, wirkten stark bremsend und erschwerten die notwendigen Innovationen.

2056

> Andere Autoren (vgl. zB. GEBHARD KIRCHGÄSSNER, Auswirkungen der direkten Demokratie auf die öffentlichen Finanzen, Schweiz. Zeitschrift für Volkswirtschaft und Statistik, 2002, 411–426) haben demgegenüber aufgrund von vergleichenden Studien der Kantone und Gemeinden festgestellt, dass ein weitgehender Ausbau der Volksrechte einhergeht mit einer signifikant geringeren Steuerbelastung und niedrigeren Staatsverschuldung, dass die Volksrechte also die Effektivität staatlichen Handelns nicht hemmen, sondern fördern. Eine auf eine Befragung von über 6000 Personen abgestützte Studie kommt zum noch weiter gehenden, aber anfechtbaren Befund, «dass die Bürger in stärker ausgebauten direkten Demokratien mit ihrem Leben zufriedener sind» (ALOIS STUTZER/BRUNO S. FREY, Stärkere Volksrechte – Zufriedenere Bürger, Schweiz. Zeitschrift für Politikwissenschaft, 2000, H. 3, 1–30).

2057

> Die Studien liefern interessante (Teil-) Ergebnisse aus einer (hauptsächlich ökonomischen) Optik. Es wäre wünschbar, wenn vor allem die Politikwissenschaft diesen Diskurs fortsetzte und dabei nicht nur den «output» des Systems (die «Leistungen» der politischen Organe), sondern auch den «input» (die Interessenberücksichtigung) thematisierte.

2058

III. Politische Rechte als Grundrechte

a. Garantie der politischen Rechte im Allgemeinen

2059 Politische Rechte stellen Rechte der Stimmberechtigten auf *aktive Beteiligung an der staatlichen Willensbildung* dar. Sie betreffen insbesondere die Teilnahme an Wahlen und Abstimmungen. Das Bundesgericht anerkannte bereits unter der aBV die Wahl- und Abstimmungsfreiheit als ungeschriebenes verfassungsmässiges Recht (BGE 125 I 441; 124 I 55).

2060 Der Ausdruck «politische Rechte» ist dem Begriff «Stimm- und Wahlrecht» vorzuziehen, weil die Teilnahmemöglichkeiten der Bürger am politischen Prozess über Wahlen und Abstimmungen hinausgehen (Unterzeichnung von Volksinitiativen, Ergreifen des Gesetzesreferendums, Einreichen von Petitionen). Der Begriff *«Volksrechte»* nimmt auf das Volk als Kollektiv Bezug und blendet den Charakter des Individualrechts aus.

2061 Art. 34 Abs. 1 BV hat *Verweisungscharakter*, indem die Ausübung der von der Rechtsordnung des Bundes und der Kantone eingerichteten politischen Rechte gewährleistet wird. Auf Bundesebene werden diese Rechte (vor allem) in den Art. 138 bis 142 BV geregelt; es sind dies die Teilnahme an den Nationalratswahlen und Bundesabstimmungen sowie die Lancierung und Unterzeichnung von Volksinitiativen und Referenden (Art. 136 Abs. 2 BV; vgl. die Zusammenstellung der politischen Rechte auf Bundesebene in Rz. 2258 ff.).

2062 Jede Stimmberechtigte hat das Recht, bei Erfüllung der verfassungsmässigen Voraussetzungen ihr Stimmrecht realiter auszuüben, insbesondere auch im *Stimmregister* eingetragen zu sein (Art. 4 BPR).

b. Wahl- und Abstimmungsfreiheit

Literatur

BESSON MICHEL, Behördliche Information vor Volksabstimmungen, Bern 2002; DERS., Der Schutz der politischen Rechte auf Bundesebene, in: Festschrift zum 65. Geburtstag von Heinrich Koller, Basel/Genf/München 2006 (zit. Schutz der politischen Rechte), 219 ff.; BIAGGINI, BV Kommentar, Art. 34; BORBÉLY CORNEL, Der Grundsatz der geheimen Abstimmung, Bern 2005; BRAUN NADJA, Stimmgeheimnis, Bern 2006; DECURTIN GION-ANDRI, Die rechtliche Stellung der Behörde im Abstimmungskampf, Freiburg i.Ü. 1992; EGLI PATRICIA, Die Einheit der Materie bei kantonalen Gesetzesvorlagen, ZBl 2006, 397 ff.; HÄFELIN/HALLER/KELLER, Rz. 1387 ff.; HELG FELIX, Die schweizerischen Landsgemeinden, Zürich 2007; HURST ROBERT, Der Grundsatz der Einheit der Materie, Zürich 2002; KLEY ANDREAS, Beeinträchtigungen der Wahl- und Abstimmungsfreiheit durch Dritte, AJP 1996, 286 ff.; LUTZ GEORG/STROHMANN DIRK, Wahl- und Abstimmungsrecht in den Kantonen, Bern 1998; MAHON PASCAL, in: Petit commentaire, Art. 34; MÜLLER/SCHEFER, Grundrechte, 611 ff.; RAMSEYER JEANNE, Zur Problematik der behördlichen Information im Vorfeld von Wahlen und Abstimmungen, Frankfurt a.M. 1992; RICHLI PAUL, Wie weiter mit der Einheit der Materie?, in: Zen-Ruffinen Piermarco/Auer Andreas (Hrsg.), De la Constitution: études en l'honneur de Jean-François Aubert, Basel 1996, 267 ff.; STEINMANN GEROLD, Interventionen des Gemeinwesens im Wahl- und Abstimmungskampf, AJP 1996, 255 ff.; DERS., in:

St. Galler Kommentar, Art. 34 BV; TSCHANNEN PIERRE, Schutz der politischen Rechte, in: Merten/Papier, Handbuch, § 220; DERS., Staatsrecht, § 52; DERS., Stimmrecht und politische Verständigung, Basel/Frankfurt a. M. 1995; WIDMER STEPHAN, Wahl- und Abstimmungsfreiheit, Zürich 1989; ZEN-RUFFINEN PIERMARCO, L'expression fidèle et sûre de la volonté du corps électoral, in: Verfassungsrecht der Schweiz, § 21.

1. Grundsatz

Die Garantie der politischen Rechte in Art. 34 Abs. 2 BV (vgl. auch Art. 25 UNO-Pakt II) umfasst den Anspruch darauf, dass kein Wahl- und Abstimmungsergebnis anerkannt wird, das nicht den freien Willen der Stimmbürgerinnen zuverlässig und unverfälscht zum Ausdruck bringt. Jeder Stimmbürger soll seinen Entscheid gestützt auf einen möglichst freien und umfassenden Prozess der Meinungsbildung treffen und demgemäss mit seiner Stimme zum Ausdruck bringen können (BGE 125 I 441, 443; 124 I 55, 57). 2063

> Dieser Anspruch auf unverfälschte Willenskundgabe stellt eine elementare Voraussetzung dafür dar, dass die politischen Rechte von allen Berechtigten *gleichermassen wahrgenommen* und ihre Ergebnisse als *legitim anerkannt* werden können. «Der Grundsatz der Stimm- und Wahlrechtsgleichheit von Art. 34 Abs. 2 BV dient der Konkretisierung der politischen Gleichheit, die mit der Rechtsgleichheit von Art. 8 Abs. 1 BV eng verknüpft ist» (BGE 129 I 185, 199). 2064

> Das *Wahlverfahren* muss so ausgestaltet sein, dass die freie und unbeeinflusste Äusserung des Wählerwillens gewährleistet ist (Art. 25 Bst. b UNO-Pakt II). Geschützt wird unter anderem auch das Recht der aktiv Wahlberechtigten, weder bei der Bildung noch bei der Äusserung des Wählerwillens unter Druck gesetzt oder unzulässigerweise beeinflusst zu werden (BGE 129 I 185, 192). Art. 25 Bst. c UNO-Pakt II garantiert das Recht auf gleiche Ämterzugänglichkeit. 2065

> Art. 34 BV schützt nach bisheriger Praxis des Bundesgerichts nur diejenigen politischen Rechte, die dem Bürger eine direkte Mitwirkung an der politischen Willensbildung ermöglichen, nicht aber die besonderen Befugnisse, die ihm als Behörde- oder Parlamentsmitglied zustehen (BGE 125 I 21, 37). Zu Recht fordert uE. YVO HANGARTNER (AJP 2004, 1545), dass die politischen Rechte der Parlamentsmitglieder in ihrer Funktion als Volksvertreter durch Art. 34 BV ebenfalls geschützt werden sollten. Über zahlreiche Fragen können die Bürgerinnen nicht selbst, sondern nur durch Vermittlung der von ihnen gewählten Parlamentsmitglieder bestimmen; werden deren Rechte verletzt, so werden indirekt auch die politischen Rechte der Bürgerinnen verletzt. 2066

2. Wahlrechtsgleichheit

Nach der bundesgerichtlichen Praxis sichert die Wahlrechtsgleichheit einerseits allen Wählern desselben Wahlkreises die Zuteilung einer gleichen Anzahl von Stimmen, die Möglichkeit ihrer Abgabe sowie die gleiche Berücksichtigung aller abgegebenen Stimmen bei der Stimmzählung (Zählwertgleichheit). Anderseits gewährleistet sie die Gleichheit der Stimmkraft und erfordert sie die Bildung gleich 2067

...hlkreise bzw. ein in allen Verhältniswahlkreisen möglichst ...rhältnis von Sitzen zur Einwohnerschaft. «Sie garantiert jedem ... Möglichkeit, seine Stimme verwertet und nicht nur gezählt zu ...s- und Stimmgewichtsgleichheit)». Allen Stimmen soll insbesondere auch derselbe Erfolg zukommen (Erfolgswertgleichheit; BGE 129 I 185, 199). Ausnahmen, dh. va. Verschiebungen und Einbrüche in diese Grundsätze sind nach BGer nur gestattet, wenn sie wirklich unvermeidbar sind, zB. wenn im Rahmen der Restmandatsverteilung gewisse Stimmen unverwertet bleiben müssen.

2068   Diese bundesgerichtlichen Leitsätze haben ihre Auswirkungen insb. auf die Wahlkreiseinteilung in den Kantonen und die zulässigen Quorumsbestimmungen; vgl. den Leading Case BGE 129 I 185, Stadt Zürich, mit ausführlichen Hinweisen auf die frühere Praxis und die (zT.) abweichenden Lehrmeinungen und seither insbesondere BGE 131 I 74.

2069   Die Stimmkrafts- und Stimmgewichtsgleichheit kann bei Majorzwahlen nicht gelten, wenn in einem Wahlkreis mehr als ein Sitz zu besetzen ist. Trotzdem sind Majorzwahlen bisher als bundesrechtskonform beurteilt worden. In seiner Botschaft vom 5. März 2004 zur Gewährleistung der Totalrevision der Verfassung des Kantons Graubünden hat der Bundesrat unter Hinweis auf Äusserungen in der Wissenschaft Zweifel an der Verfassungsmässigkeit des Majorzsystems für Parlamentswahlen zum Ausdruck gebracht (BBl 2004, 1115). Die Bundesversammlung bestätigte aber aufgrund des Berichts der SPK SR vom 24. Mai 2004 die Verfassungskonformität von Majorzwahlen (BBl 2004, 3635).

3. *Korrekte Vorbereitung des Urnengangs durch die Behörden*

2070   Zur korrekten Vorbereitung des Urnengangs gehören namentlich die Einhaltung des Grundsatzes der Einheit der Materie und die korrekte Formulierung der Abstimmungsfrage.

2071   Gemäss Art. 139 Abs. 2 und 194 Abs. 2 BV muss eine Teilrevision der BV die *Einheit der Materie* wahren. Für die Kantone gilt dieser Grundsatz nach der Rechtsprechung des Bundesgerichts als Ableitung aus dem Anspruch auf unverfälschte Willenskundgabe (BGE 129 I 366, 369; 125 I 227, 230; siehe schon BGE 90 I 69, 73f.). Art. 75 Abs. 2 BPR verlangt in Konkretisierung dieses Prinzips, dass zwischen den einzelnen Teilen einer Initiative «ein sachlicher Zusammenhang» bestehen muss, nach BGE 123 I 63, 71 sogar ein «enger» sachlicher Zusammenhang.

2072   Dieser Grundsatz verfolgt ein *doppeltes Ziel*: einmal soll ein Stimmenfang bei der Lancierung von Volksinitiativen durch «populäre» Verknüpfung unterschiedlicher Anliegen und Gegenstände verhindert werden (BGE 123 I 63, 72). Zum anderen soll den Stimmberechtigten eine freie Meinungsbildung über einzelne Sachfragen ermöglicht werden, was durch eine unsachliche Verknüpfung von Sachfragen oder Materien nicht gewährleistet ist (BGE 130 I 185, 195).

2073   In der Praxis erweist es sich allerdings oft als schwierig, zu bestimmen, wo ein innerer Konnex gegeben ist oder nicht. Das Bundesgericht betont denn auch die Relativität des Grundsatzes der Einheit der Materie und will ihn fallweise konkretisieren (BGE 129 I 366, 372). Namentlich spielt es eine Rolle, ob *wegleitender Gesichtspunkt* die Legitimität der Verbindung von politischen Anliegen (zB. eine verschiedene Themen umfassende Sparvorlage) oder aber der Anspruch der Stimmenden ist, ihre Stimme möglichst differenziert abgeben zu können. Es besteht indessen kein Anspruch auf eine gesonderte Abstimmung über einzelne, wichtige Bestimmungen einer Vorlage (BGE 129 I 366, 373; 113 Ia 46, 53). Die Einheit der Materie ist verletzt, wenn die fragliche Vorlage der Sache nach ein umfassendes politisches Programm darstellt (BGE 130 I 185, 196).

In der Handhabung des Grundsatzes der Einheit der Materie ist mehrfach zu unterscheiden: Die *Anforderungen* an den Grundsatz *variieren*, je nachdem, ob es um eine Initiative in Form der allgemeinen Anregung (wo ein grösserer Spielraum besteht) oder des ausgearbeiteten Entwurfs geht (BGE 129 I 366, 371) und ob die Verfassungs-, Gesetzes- oder Beschlussesstufe (insb. ein Finanzbeschluss) angesprochen ist. Umstritten ist, ob bei Volksinitiativen strengere Massstäbe gelten sollen als bei einer parlamentarischen Vorlage (so früher das Bundesgericht in BGE 123 I 63, 72; ohne Differenzierung jedoch BGE 130 I 185, 195f.; 129 I 366, 370f.; ablehnend etwa AUBERT, in: Petit commentaire, Art. 194, Rz. 2ff.; HÄFELIN/HALLER/KELLER, Rz. 1389; HANGARTNER, in: St. Galler Kommentar, Art. 194, Rz. 10 und TSCHANNEN, Staatsrecht, § 52, Rz. 47f.). Einerseits werden nach Art. 194 BV Behördenvorlagen und Volksinitiativen einander gleichgestellt. Anderseits besteht bei Volksinitiativen die Gefahr einer «Lockvogelpolitik», wenn «attraktive» Angebote mit anderen Gegenständen verbunden werden, was bei Parlamentsentscheiden kaum der Fall sein dürfte (vgl. dazu oben Rz. 2072 und Rz. 474). Zudem kommt uE. der vom Volk gewählten Bundesversammlung ein anderes verfassungsrechtliches Gewicht zu als den Unterzeichnenden einer Initiave als einer kleinen Minderheit des Volkes.

2074

Für das *kantonale Finanzreferendum* gilt, dass sich eine Vorlage «nicht auf mehrere Gegenstände beziehen darf, es sei denn, dass mehrere Ausgaben sich gegenseitig bedingen oder aber einem gemeinsamen Zweck dienen, der zwischen ihnen eine enge sachliche Verbindung schafft» (Urteil 1P.123/2002 E.3.1, abgedruckt in ZBl 2004, 253ff.). Diesem Vermengungsverbot steht der Grundsatz gegenüber, dass ein Gegenstand nicht künstlich in einzelne, dem Referendum nicht unterstehende Teilstücke aufgeteilt werden darf, um das in der Kantonsverfassung vorgesehene Referendum zu umgehen (vgl. das zit. Urteil, in ZBl 2004, 253ff. mit weiteren Hinweisen). Siehe auch Rz. 2216.

2075

Kontrovers wird die Frage beantwortet, ob sog. «*Paketrevisionen*» der BV (wie die Justizreform vom 12. März 2000, die Änderung der Volksrechte vom 4. Oktober 2002 und die Neugestaltung des Finanzausgleichs vom 3. Oktober 2003) als Totalrevisionen oder als Teilrevisionen der BV zu betrachten sind. Der Bundesrat ist davon ausgegangen, es müsse sich um Totalrevisionen handeln, weil die Einheit der Materie nicht gewahrt sei. Diese Qualifikation hätte Folgen haben können: im Falle einer Uneinigkeit der Räte hätte die Frage der Totalrevision dem Volk vorgelegt werden müssen. Bei dessen Zustimmung wäre eine ausserordentliche Gesamterneuerung von National- und Ständerat durchzuführen gewesen. ANDREAS AUER betrachtet die erwähnten «Paketrevisionen» als Partialrevisionen; das fragwürdige Konzept der materiellen Totalrevision sei

2076

401

mit dem durchsichtigen Zweck entwickelt worden, das Erfordernis der Einheit der Materie zu umgehen (Les institutions de la démocratie directe en Suisse: une lente dégradation, LeGes 2004/3, 44; AUER/MALINVERNI/HOTTELIER I, Rz. 1407). Auch JEAN-FRANÇOIS AUBERT und PIERRE TSCHANNEN finden im Wortlaut der BV keine Grundlage für eine paketweise «Totalrevision»; anders als AUER sind sie aber der pragmatischen Auffassung, dass bei einem weiten Verständnis der Einheit der Materie diese durchaus auch bei diesen «Paketrevisionen» als gewahrt betrachtet werden kann (in: Petit commentaire, Art. 192, Rz. 2f.; Staatsrecht, § 44, Rz. 7f.). Damit werden aber uE. die Grenzen der Einheit der Materie aufgelöst. Die Auffassung einer Paketrevision als Unterfall der Totalrevision verdient deshalb den Vorzug. Besser wäre es, die Paketrevision gesondert in der BV zu regeln (vgl. RHINOW/GRAF, 118f.).

2077 Zu den *Auswirkungen* eines Verstosses gegen den Grundsatz der Einheit der Materie in den Kantonen vgl. BGE 130 I 185 und 129 I 381.

2078 Es besteht ein Anspruch darauf, dass die *Abstimmungsfrage* von den Behörden klar formuliert wird und nicht irreführend, suggestiv oder auch nur missverständlich erscheint (vgl. etwa BGE 121 I 1, 12; 106 Ia 20).

4. *Schutz der Meinungsbildung («freie Willensbildung») vor Abstimmungen*

2079 Die *Information* zu den Gegenständen von Volksabstimmungen gehören zur Verantwortung von Parlament und Regierung, die Stimmberechtigten über die Ziele und Tragweite ihrer Vorlagen aufzuklären und für diese einzutreten (insbesondere nun Urteil 1C_412/2007 [2008] und dazu MÜLLER/SCHEFER, Grundrechte, 624). Entsprechende Erläuterungen haben aber *objektiv* zu sein, sie dürfen die freie Willensbildung im Vorfeld von Wahlen und Abstimmungen nicht verfälschen (BGE 117 Ia 41, 46). Nur bei Wahlen gilt eine eigentliche *Neutralitätspflicht* der Behörden (BGE 113 Ia 291, 295).

2080 Eine *unerlaubte Beeinflussung* liegt etwa vor, wenn in amtlichen Erläuterungen (zB. im sog. «Abstimmungsbüchlein») über den Zweck und die Tragweite einer Vorlage nicht objektiv, sondern falsch informiert wird. Ist eine Vorlage umstritten, so sollen auch die Einwände von Gegnern der Vorlage zur Darstellung gelangen (anders BGE 98 Ia 615, 622; vgl. die Darstellung der bundesgerichtlichen Praxis in BGE 112 Ia 391, 393).

2081 Für den Bund schreibt Art. 11 Abs. 2 BPR vor, dass den Abstimmungsvorlagen «eine kurze, sachliche Erläuterung des Bundesrates» beigegeben wird, «die auch den Auffassungen wesentlicher Minderheiten Rechnung trägt». Bei Volksinitiativen und Referenden teilen die Urheberkomitees ihre Argumente dem Bundesrat mit; dieser hat sie in seinen Abstimmungserläuterungen zu berücksichtigen. Er kann aber ehrverletzende, krass wahrheitswidrige oder zu lange Äusserungen ändern oder zurückweisen. Weil Abstimmungsvorlagen immer Vorlagen der Bundesversammlung sind, lässt sich die Auffassung vertreten, dass nicht der Bundesrat, sondern ein geeignetes Organ der Bundesversammlung (zB. die Präsidien oder die Büros beider Räte) die Verantwortung für die Abstimmungserläuterungen übernehmen sollte. Eine entsprechende Initiative der SPK NR ist aber im Jahre 2004 am Widerstand des Bundesrates und der SPK SR gescheitert.

Das Grundrecht ist ebenfalls verletzt, wenn eine Behörde in den Abstimmungskampf eingreift und dabei «zur Sicherung der Freiheit der Stimmbürger aufgestellte Vorschriften missachtet oder sich sonstwie verwerflicher Mittel bedient» (BGE 117 Ia 41, 46). Es gilt das Gebot der Verhältnismässigkeit; die Behörden haben zurückhaltend und fair zu informieren und keine «Propaganda» zu betreiben. Auf der anderen Seite besteht angesichts der wachsenden «Propagandaflut» von Abstimmungskomitees ein berechtigtes Anliegen von Parlament und Regierung, für ihre Vorlage in geeigneter Form einzustehen. Dies gilt vor allem für die einzelnen Mitglieder der Behörden.

2082

Behördliches Engagement im Vorfeld von Abstimmungen steht stets im *Spannungsfeld* unausweichlicher *Information* und verpönter staatlicher Beeinflussung und *Manipulation.* Wegleitend muss das Anliegen einer offenen, pluralistischen und fairen Auseinandersetzung zwischen Volk und Behörden im Sinne des *responsive government* (vgl. vorne Rz. 2053 ff.) sein.

2083

Dass *gesellschaftliche Akteure* wie Private, Parteien oder Medien im Abstimmungskampf ihre Meinungen kundtun, gehört zum Lebenselixier der Demokratie. «Den Stimmbürgern darf zugetraut werden, zwischen verschiedenen bekundeten Meinungen zu unterscheiden, offensichtliche Übertreibungen zu erkennen und sich aufgrund ihrer eigenen Überlegungen zu entscheiden» (BGE 119 Ia 271, 274). Auch Private haben aber offensichtlich unwahre oder irreführende Angaben zu unterlassen. Sowohl bei Wahlen wie bei Abstimmungen obliegt indessen den Behörden eine Schutzpflicht, offensichtlich falsche Informationen *richtigzustellen* (BGE 113 Ia 291).

2084

Irreführende Einwirkungen von privater Seite sind vor allem dann unzulässig, wenn sich die Stimmberechtigten aus weiteren Quellen kein anderes Bild (mehr) verschaffen können und eine Beeinflussung des Abstimmungsergebnisses durch verwerfliche Mittel «zumindest als sehr wahrscheinlich» erscheint (BGE 119 Ia 271, 274).

2085

Die mit immer grösseren Geldmitteln geführten Wahl- und Abstimmungskämpfe haben zum Ruf nach verschiedenen Reformen geführt, die dem Schutz der freien Meinungsbildung dienen sollen. Im Jahre 2002 sollen nach statistischen Erhebungen rund 45 Mio. Franken allein für Plakate und Inserate bei Abstimmungen aufgewendet worden sein; bei den Wahlen in die Bundesversammlung 2007 haben die Kandidaten nach einer politologischen Studie insgesamt 25 Mio. Franken, dh. umgerechnet 9000 Franken pro Kopf, aufgewendet (www.selects.ch).

2086

Eine *Offenlegung der Finanzierung von Wahl- und Abstimmungskampagnen* könnte es den Stimmberechtigten uU. ermöglichen, die wirtschaftlichen Motive hinter bestimmten Kampagnen zu erkennen. Eine Verpflichtung zum Erlass von entsprechenden gesetzlichen Bestimmungen wurde vom Parlament bislang nicht in die BV aufgenommen. Auch ohne explizite Verfassungsgrundlage wäre eine entsprechende Gesetzgebung möglich; ein entsprechender Versuch scheiterte aber, weil keine befriedigende Lösung der aufgeworfenen Probleme (insb.

2087

Umgehungsmöglichkeiten, bürokratischer Aufwand etc.) gefunden werden konnte (BBl 2003, 3916).

2088 – Der Nationalrat ist im Jahr 2002 auf eine von der SPK NR ausgearbeitete Gesetzesvorlage nicht eingetreten, welche die Schaffung einer *Anrufinstanz für die Lauterkeit der politischen Werbung in Abstimmungskämpfen* vorsah (vgl. den Kommissionsbericht vom 25. Oktober 2001, BBl 2002, 389). Eine Art «Rat von sieben Weisen» hätte auf Beanstandung eines Stimmberechtigten hin feststellen sollen, ob bestimmte Aussagen in Abstimmungskämpfen als irreführend oder tatsachenwidrig zu beurteilen sind oder nicht. Die politische Werbung bleibt nicht nur in der SRG, sondern auch im privaten Radio und Fernsehen weiterhin verboten, obwohl sich der Nationalrat bei der Revision des RTVG vom 24. März 2006 für eine Öffnung aussprach (siehe Art. 10 Abs. 1 Bst. d RTVG und dazu MÜLLER/SCHEFER, Grundrechte, 511–513). Die Ansicht von Ständerat und Bundesrat setzte sich jedoch mit der Beibehaltung des Verbots durch.

2089 – Auf Bundesebene nimmt der Bundesrat nach Art. 180 Abs. 2 BV die Informationsfunktion im Vorfeld von Abstimmungen wahr (vgl. Rz. 2489 ff. und Rz. 1607 ff.). Aufgrund der veränderten Rahmenbedingungen in Medien, Politik und Gesellschaft erscheint eine freie Meinungs- und Willensbildung des Volkes nur gewährleistet, wenn sich auch der Bundesrat als oberste leitende und vollziehende Behörde im Abstimmungskampf für die vom Parlament verabschiedeten Vorlagen engagiert. Dabei hat er sich nach 2001 verwaltungsintern entwickelten Leitlinien an die Grundsätze der *Kontinuität* der Information, der *Transparenz* (auch bezüglich des Einsatzes öffentlicher Mittel), der *Sachlichkeit* im Sinne einer objektiven und vollständigen Information sowie der *Verhältnismässigkeit* zu halten. Das Gleiche gilt auch für die Bundesverwaltung.

2090 Das stärkere *Engagement des Bundesrates und der Bundesverwaltung in Abstimmungskampagnen* der letzten Jahrzehnte hat verschiedene Forderungen provoziert, die dieses Engagement beschränken wollen. Die Abgrenzung zwischen der für die Willensbildung der Stimmberechtigten notwendigen Information durch den Bundesrat einerseits und einer unzulässigen, einseitigen Beeinflussung der Stimmberechtigten durch behördliche Abstimmungspropaganda andererseits ist naturgemäss schwierig.

2091 Eine Volksinitiative «Volkssouveränität statt Behördenpropaganda» wollte die Informationstätigkeit von Bundesrat und Bundesverwaltung vor Volksabstimmungen weitgehend verbieten, was mit dem Informationsauftrag von Art. 180 Abs. 2 BV schwer vereinbar gewesen wäre. Die Initiative wurde am 1. Juni 2008 von Volk und Ständen deutlich abgelehnt (BBl 2008, 6161). Mit ihrem indirekten Gegenvorschlag vom 5. Oktober 2007 präzisierte die Bundesversammlung auf Initiative der SPK NR (BBl 2006, 9259) die Informationsrechte und -pflichten der Behörden mit einem neuen Art. 10a des Bundesgesetzes über die politischen Rechte (AS 2009, I) und verbietet dem Bundesrat ausdrücklich, gegen Vorlagen der Bundesversammlung anzutreten. Der Bundesrat hatte sich in seiner Stellungnahme (BBl 2006, 9279) vorbehalten wollen, eine von der Parlamentsmehrheit abweichende Abstimmungsempfehlung abzugeben.

5. *Korrekte Durchführung einer Wahl oder Abstimmung*

Die Anforderungen an eine korrekte Durchführung des Urnengangs betreffen vor allem die geheime Stimmabgabe, die Geheimhaltung der Unterzeichner von Volksbegehren und die korrekte Ermittlung des Abstimmungsergebnisses.   2092

Der Grundsatz der *geheimen Stimmabgabe* gehört zu den vier Wahlrechtsgrundsätzen jeder Demokratie (allgemeines, gleiches, freies und geheimes Wahlrecht). Das Wahlverfahren muss sicherstellen, dass jeder Stimmberechtigte seine Stimme so abgeben kann, dass sein Wahlverhalten nicht ermittelt werden kann (BGE 98 Ia 602, 610).   2093

> Im Bund wird die Wahrung des Stimmgeheimnisses in Art. 5 Abs. 7 BPR verankert. Nach Art. 8 Abs. 1 BPR muss bei der *brieflichen Stimmabgabe* sowohl das Stimmgeheimnis wie die Kontrolle der Stimmberechtigung gewährleistet sein. Für die elektronische Stimmabgabe stellt Art. 8a Abs. 2 BPR neu dieselben Grundsätze auf.   2094

In der *Versammlungsdemokratie,* namentlich in den Kantonen Glarus und Appenzell Innerrhoden, die die Institution der Landsgemeinde noch kennen, sowie in den Gemeindeversammlungen vieler Gemeinden, ist das Stimmgeheimnis infolge der offenen Stimmabgabe nicht gewährleistet.   2095

> Deswegen hat die Schweiz zu Art. 25 Bst. b UNO-Pakt II (geheime Wahlen) einen Vorbehalt angebracht und das (erste) ZP zur EMRK, das in Art. 3 ein Recht auf freie Wahlen stipuliert, nicht ratifiziert. (Zu den «Unzulänglichkeiten» und Eigenheiten der Landsgemeinde vgl. BGE 121 I 138, 141).   2096

> Der Kanton Appenzell Ausserrrhoden hatte die Landsgemeinde im Jahr 1997 abgeschafft. Eine gültig zustande gekommene kantonale Volksinitiative verlangt nun die Wiedereinführung der Landsgemeinde (zur Zulässigkeit MARKUS SCHEFER/MICHEL BESSON, Rechtsgutachten zur Frage der Gültigkeit der Initiative «Wiedereinführung der Landsgemeinde im Kanton Appenzell Ausserrhoden» vom 3. November 2008, unpubliziert).   2097

Die Namen der *Unterzeichner von Volksbegehren* besitzen einen Anspruch auf Geheimhaltung ihrer Unterschriften. Dies entspricht nach BGE 98 Ib 289, 297 einem «in der Schweiz allgemein anerkannten Grundsatz».   2098

Die *Ermittlung des Abstimmungsergebnisses* aufgrund der abgegebenen Stimmen hat einwandfrei zu erfolgen.   2099

> Ein Anspruch auf *Nachzählung* ist nicht schon deshalb gegeben, wenn ein sehr knappes Resultat vorliegt (so lagen zB. bei den Wahlen in die Exekutive der Stadt Bern vom 28. November 2004 die Resultate von zwei Kandidaten bei jeweils über 20 000 erhaltenen Stimmen zwar bloss 19 Stimmen auseinander, doch müssen auch konkrete Anhaltspunkte für eine fehlerhafte Auszählung oder gesetzwidrige Vorkehrungen vorliegen (BGE 131 I 442; siehe auch HANGARTNER/KLEY, Die demokratischen Rechte, § 48, Rz. 2697).   2100

6. Ungültigerklärung einer bundesrechtswidrigen kantonalen Volksinitiative?

2101 Nach der (problematischen) Rechtsprechung des Bundesgerichts besteht gestützt auf die bundesrechtliche Abstimmungsfreiheit kein Individualanspruch darauf, dass eine ungültige kantonale Volksinitiative dem Volk *nicht* zur Abstimmung vorgelegt wird (BGE 114 Ia 267, 271).

2102 Es ist grundsätzlich Sache des kantonalen Rechts, die Behandlung ungültiger Volksinitiativen zu regeln. Immerhin liesse sich uE. aus der Wahl- und Abstimmungsfreiheit in Verbindung mit Art. 49 BV (Vorrang des Bundesrechts) eine Pflicht kantonaler Behörden ableiten, offensichtlich bundesrechtswidrige Initiativen ungültig zu erklären.

c. Zum Rechtsschutz

2103 Bei einer Verletzung der Wahl- und Abstimmungsfreiheit hebt das Bundesgericht die Wahl oder Abstimmung nur auf, wenn die festgestellten Fehler erheblich und kausal für das Ergebnis sind. Erscheint die Chance einer Beeinflussung des Ergebnisses durch die Unregelmässigkeit als gering, findet keine Kassation statt (BGE 119 Ia 271, 273).

2104 Dabei darf nicht allein auf die Grösse des Stimmenunterschiedes beim Abstimmungsergebnis abgestellt werden. Mit MÜLLER/SCHEFER, Grundrechte, 635 f., ist zu fordern, dass die Stimmendifferenz umso weniger massgeblich sein darf, je schwerer die Verletzung des Grundrechts erscheint. Eine Wiederholung der Wahl oder Abstimmung kann sich auch aufdrängen, um das Vertrauen der Bürgerschaft in den demokratischen Prozess wiederherzustellen.

2105 Mit dem Inkrafttreten der Justizreform auf den 1. Januar 2007 ist das Bundesgericht gemäss Art. 189 Abs. 1 Bst. f BV nicht nur für die Verletzung von Art. 34 BV in kantonalen Angelegenheiten zuständig, sondern auch für die Verletzung von *eidgenössischen* Bestimmungen über die politischen Rechte (Art. 82 Bst. c BGG). Damit wird auf Bundesebene ein der (bereits bestehenden) kantonalen Stimmrechtsbeschwerde entsprechendes Rechtsmittel eingeführt. Vorher endete der Beschwerdeweg beim Bundesrat bzw. Nationalrat.

2106 Gemäss Art. 189 Abs. 4 BV können aber Akte der Bundesversammlung oder des Bundesgerichts nur dann vom Bundesgericht überprüft werden, wenn ein Gesetz dies ausdrücklich vorsieht. Damit bleiben im Bereich der politischen Rechte auf Bundesebene beträchtliche Lücken im Rechtsschutz offen; insb. können die Ungültigerklärung einer Volksinitiative durch die Bundesversammlung oder die Abstimmungserläuterungen des Bundesrates nicht angefochten werden (vgl. BESSON, Schutz der politischen Rechte, 227 ff.).

IV. Petitionsrecht

Literatur

AUER/MALINVERNI/HOTTELIER II, Rz. 1473 ff.; BIAGGINI, BV Kommentar, Art. 33; HÄFELIN/HALLER/KELLER, Rz. 886 ff.; HOTZ REINHOLD, Petitionsfreiheit, in: Verfassungsrecht der Schweiz, § 52; KIENER/KÄLIN, Grundrechte, § 25; MAHON PASCAL, in: Petit commentaire, Art. 33; MUHEIM FRANZ XAVER, Das Petitionsrecht ist gewährleistet, Bern 1981; MÜLLER/SCHEFER, Grundrechte, 641 ff.; STEINMANN GEROLD, in: St. Galler Kommentar, Art. 33.

Die Petition enthält eine Bitte oder einen Vorschlag, eine Anregung oder eine Kritik an eine Behörde. Art. 33 BV hält fest, dass alle Menschen berechtigt sind, mit Petitionen an Behörden zu gelangen, ohne dass ihnen daraus Nachteile erwachsen dürfen (Abs. 1). Die Behörde muss von der Petition Kenntnis nehmen (Abs. 2). 2107

Das Petitionsrecht sichert ein Mindestmass an Kommunikation zwischen dem Einzelnen und den Behörden. Es ist verwandt mit der Meinungs- und Informationsfreiheit. Inhalt der Petition ist ein konkretes Anliegen, nicht eine allgemeine Meinungsäusserung. Adressat ist die Behörde, die die Petition zur Kenntnis nehmen muss. Damit verbunden ist die Pflicht, die Petition an die zuständige Stelle weiterzuleiten. Petitionen an Gerichte, die ein konkretes Verfahren betreffen, sind nach der Rechtsprechung des Bundesgerichts unzulässig (vgl. BGE 119 Ia 53, 57), da sie gegen das Recht auf ein unabhängiges Gericht gemäss Art. 30 BV verstossen. 2108

Das Erfordernis der blossen Kenntnisnahme einer Petition wird in der Lehre als ungenügend kritisiert, doch wurde im Rahmen der Verfassungsreform eine Pflicht der Behörden zur Beantwortung von Petitionen abgelehnt. In der Praxis werden Petitionen aber idR. nicht nur zur Kenntnis genommen, sondern auch geprüft und beantwortet. Auf Bundesebene kann diskutiert werden, ob diese Praxis nicht gewohnheitsrechtlichen Charakter angenommen hat (vom Bundesgericht in Urteil 1P.36/2003 E 2.2 offengelassen). Einige Kantonsverfassungen sehen bereits heute eine Pflicht vor, Petitionen materiell zu behandeln und zu beantworten. Mit dem ParlG vom 13. Dezember 2002 ist das Verfahren der Behandlung von an die *Bundesversammlung* gerichteten Petitionen erstmals in diesem Sinne auf Gesetzesstufe geregelt worden (Art. 126–129). 2109

Das Petitionsrecht steht auch Personen zur Verfügung, denen keine politischen Rechte zustehen (zB. Ausländerinnen). Auf diese Weise können sie am politischen Prozess teilnehmen. 2110

V. Voraussetzungen für die Ausübung der politischen Rechte

a. Politische Rechte und Bundesstaat

Bund und Kantone regeln die politischen Rechte grundsätzlich autonom (Art. 39 Abs. 1 BV). Art. 136 BV enthält ausschliesslich die Voraussetzungen und den Gegenstand der Volksrechte für die Ebene des Bundes. 2111

Die BV beschränkt die kantonale Autonomie allerdings in mehrfacher Hinsicht, namentlich aufgrund des Demokratiegebotes von Art. 51 Abs. 1 BV (vgl. dazu Rz. 803 ff.). 2112

b. Voraussetzungen auf Bundesebene

1. Allgemeines

Literatur

AUBERT JEAN-FRANÇOIS, in: Petit commentaire, Art. 136; AUER/MALINVERNI/HOTTELIER I, Rz. 713 ff.; BIAGGINI, BV Kommentar, Art. 136; HANGARTNER YVO, Bemerkungen zu Urteil 1P.267/2003 betr. Verletzung der Erfolgswertgleichheit im Kanton ZH, AJP 2003, 834 ff.; HÄFELIN/HALLER/KELLER, Rz. 1363 ff.; HANGARTNER YVO/KLEY ANDREAS, Die demokratischen Rechte in Bund und Kantonen der Schweizerischen Eidgenossenschaft, Zürich 2000, § 2, Rz. 53 ff.; HEUSSER PIERRE, Stimm- und Wahlrecht für Ausländerinnen und Ausländer, Diss. Zürich 2001; KLEY ANDREAS, in: St. Galler Kommentar, Art. 136; LOCATI HARZENMOSER TIZIANA, Warum ein Stimmrecht für Ausländerinnen und Ausländer?, in: Schiess Rütimann Patricia M. (Hrsg.), Schweizerisches Ausländerrecht in Bewegung?, Zürich 2003, 165 ff.; MAHON PASCAL, La citoyenneté active en droit public suisse, in: Verfassungsrecht der Schweiz, § 20; PLÜSS KASPAR, Der Ausschluss vom Wahlrecht als Demokratiedefizit, in: Schiess Rütimann Patricia M. (Hrsg.), Schweizerisches Ausländerrecht in Bewegung?, Zürich 2003, 133 ff.; SCHEFER MARKUS/RHINOW RENÉ, Zulässigkeit von Altersgrenzen für politische Ämter aus Sicht der Grundrechte, Jusletter vom 7. April 2003; TSCHANNEN, Staatsrecht, § 48, Rz. 18 ff.

2113 Gemäss Art. 136 BV stehen die politischen Rechte auf *Bundesebene* Schweizerinnen und Schweizern zu, die mehr als 18 Jahre alt sind und nicht wegen Geisteskrankheit oder Geistesschwäche entmündigt sind (Art. 136 Abs. 1 BV).

2114 Abs. 2 konkretisiert diesen Minimalstandard für Abstimmungen, Wahlen, Volksinitiativen und Referenden. Im Gegensatz zu Art. 34 BV, der die politischen Rechte generell gewährleistet und in Abs. 2 speziell die *Art der Ausübung* der politischen Rechte als Grundrecht regelt, ist Art. 136 BV auf die einzelnen politischen Rechte auf *Bundesebene* zugeschnitten. Ein Teil davon, nämlich die Volksinitiative und das Gesetzesreferendum, werden im Anschluss daran, in den Art. 138–142 BV, aufgelistet. Es handelt sich um Rechte, die zu einer *Abstimmung* über ein Gesetz oder über Verfassungsbestimmungen führen. Für das Verfahren der Verfassungsrevision sind zusätzlich die Art. 192–194 BV zu beachten.

2115 Das aktive *Wahlrecht* für den Nationalrat ist bereits in Art. 136 Abs. 2 BV enthalten; für das passive Wahlrecht ist Art. 143 BV heranzuziehen. Die rechtliche Ausgestaltung der Wahl der 46 Abgeordneten des Ständerates ist Sache der Kantone (Art. 150 Abs. 3 BV).

2116 Ein Bericht des Bundesrates vom 21. April 2004 über Altersschranken auf kantonaler und kommunaler Ebene für Mitglieder der Exekutive und der Legislative (BBl 2004, 2113) stellt zu Recht fest, dass die in einigen Gemeinden, aber z.B. auch für die Ständeratsabordnung des Kantons Glarus geltenden oberen Altersschranken für die Wählbarkeit sich mit dem ausdrücklichen Verbot der Diskriminierung wegen des Alters (Art. 8 BV) nicht vereinbaren lassen.

2117 Die Einordnung von Art. 136 BV unter dem Titel «Volk und Stände» betont die *staatliche Funktion* der politischen Rechte. Volk und Stände sowie das Volk sind –

als «Souverän» – Organe des Bundes (und der einzelne Stimmbürger resp. die einzelne Stimmbürgerin somit Teil dieser Organe).

2. Stimmfähigkeit

Stimmfähigkeit setzt das *Schweizer Bürgerrecht* und politische *Mündigkeit* voraus. Diese beginnt mit dem 18. Altersjahr. 2118

> Ausländern steht das Stimmrecht auf Bundesebene aufgrund von Art. 136 Abs. 1 BV, welcher die Schweizer Staatsangehörigkeit als Voraussetzung nennt, nicht zu. Hinter diesem Ausschluss steht die Idee des Nationalstaates, dessen Volk durch das Bürgerrecht in einer sozialen, kulturellen und politischen Beziehung mit dem Staat verbunden ist. Im Gegensatz dazu steht die Theorie der Territorialdemokratie, gemäss welcher all jene, die von einer staatlichen Entscheid betroffen sein können, auch das Recht haben sollen, bei der Entscheidfindung mitzuwirken. Inwieweit die Staatsbürgerschaft als Ausschlussgrund bei der fortschreitenden Durchmischung und Internationalisierung der Wohnbevölkerung in einem Staat zukünftig noch Geltung verlangen kann, wird sich zeigen. Mehrere Kantone haben aufgrund der ihnen zukommenden Organisationsautonomie das Ausländerstimmrecht auf kommunaler und kantonaler Ebene eingeführt (vgl. Rz. 801 f.), so in der Romandie (auf kommunaler und auf kantonaler Ebene in Neuenburg und im Jura, nur auf kommunaler Ebene in der Waadt, in Freiburg und Genf); entsprechende Forderungen in der deutschsprachigen Schweiz und auf Bundesebene sind bisher weitgehend chancenlos geblieben. 2119

Vom Stimmrecht *ausgeschlossen* ist, wer wegen Geisteskrankheit oder Geistesschwäche (vgl. Art. 369 ZGB) entmündigt ist. 2120

3. Ausübungsberechtigung

Die Berechtigung, das Stimmrecht auszuüben, setzt ein *politisches Domizil* und die Eintragung im *Stimmregister* voraus. 2121

Die politischen Rechte werden grundsätzlich am politischen Wohnsitz ausgeübt, nämlich in der Gemeinde, wo der Stimmberechtigte im Sinne des zivilrechtlichen Wohnsitzes (Art. 23 ZGB) wohnt und angemeldet ist, dh. seine Ausweisschriften hinterlegt hat (Art. 3 Abs. 1 BPR). Es gilt der Grundsatz der *Einheit des politischen Wohnsitzes*, dh. die Stimmabgabe ist nur an diesem einen Ort zugelassen. 2122

> Die Stimmabgabe kann persönlich an der Urne oder *brieflich* erfolgen (Art. 8 BPR). Gegenwärtig (2008) erfolgen bis zu 80 Prozent der Stimmabgaben brieflich, wobei allerdings beträchtliche Unterschiede zwischen den Kantonen bestehen. Der Bundesrat kann unter bestimmten Voraussetzungen Versuche zur *elektronischen* Stimmabgabe zulassen (Art. 8a BPR; vgl. Rz. 2253–2257). 2123

> Besondere Regeln gelten für die Stimmabgabe der *Auslandschweizerinnen*; sie können zwischen der persönlichen Stimmabgabe in ihrer Heimat- oder früheren Wohnsitzgemeinde einerseits oder der brieflichen Stimmabgabe aus dem Aus- 2124

land anderseits wählen (vgl. Art. 40 Abs. 2 BV; BG über die politischen Rechte der Auslandschweizer, SR 161.5).

2125 Alle Stimmberechtigten, welche die Anforderungen der Stimmberechtigung erfüllen, sind von Amtes wegen am politischen Wohnsitz in das *Stimmregister* einzutragen (Art. 4 Abs. 1 BPR). Dieses steht allen Stimmberechtigten zur Einsicht offen (Art. 4 Abs. 3 BPR).

2126 Die Voraussetzungen der Ausübungsberechtigung gelten nicht im selben Ausmass für die Wählbarkeit in den Nationalrat, in den Bundesrat und in das Bundesgericht (Art. 143 BV). So ist beispielsweise auch in einem Kanton für den Nationalrat wählbar, wer die Ausübungsberechtigung in einem anderen Kanton besitzt.

VI. Parteien und andere intermediäre Organisationen

Literatur

ARMINGEON KLAUS, Das Parteiensystem der Schweiz im internationalen Vergleich, Neuchâtel 2003; AUBERT JEAN-FRANÇOIS, in: Petit commentaire, Art. 137; BIAGGINI, BV Kommentar, Art. 137; GIUGNI MARCO, Mouvements sociaux, in: Klöti et al., Handbuch, 345 ff.; HALLER/KÖLZ/GÄCHTER, Staatsrecht, 342 ff.; KRIESI HANSPETER, Grundlagen der politischen Willensbildung, in: Verfassungsrecht der Schweiz, § 26; LADNER ANDREAS, Politische Parteien, in: Klöti et al., Handbuch, 317 ff.; LINDER WOLF, Schweizerische Demokratie, 2. Aufl., Bern/Stuttgart/Wien 2005, 81 ff. und 111 ff.; MACH ANDRÉ, Associations d'intérêts, in: Klöti et al., Handbuch, 369 ff.; RHINOW RENÉ, Parteienstaatlichkeit? – Krisensymptome des demokratischen Verfassungsstaates, VVDStRL, H. 44, 1986, 83 ff.; DERS., Funktionen und Probleme der politischen Parteien in der Schweiz, recht 1986, 105 ff.; SCHIESS RÜTIMANN PATRICIA M., Art. 137 BV, die politische Gleichheit und das Parteienregister, ZBl 2006, 505 ff.; SCHMID GERHARD, Politische Parteien, Verfassung und Gesetz: zu den Möglichkeiten und Problemen einer Parteiengesetzgebung in der Schweiz, Basel/Frankfurt a.M. 1981; SCHMID GERHARD/SCHOTT MARKUS, in: St. Galler Kommentar, Art. 137.

a. Parteien

2127 Politische Parteien sind grundsätzlich auf Dauer angelegte Gruppierungen, die sich auf je spezifischer ideologischer Basis (zB. Liberalismus, demokratischer Sozialismus, konservativer Nationalismus, Ökologie) an Wahlen und Abstimmungen beteiligen, um politische Ziele verfolgen und verwirklichen zu können.

2128 Parteien üben in einer Demokratie *unverzichtbare Funktionen* aus:

– sie sind *Bindeglieder* zwischen Zivilgesellschaft und Staat,

– bündeln und verdichten individuelle wie gesellschaftliche Interessen zu *Programmen*,

– versuchen, im Wettbewerb Wählerstimmen zu gewinnen und damit *Einfluss auf die Machtverteilung* und auf die politischen Entscheidungen zu nehmen,

– stellen *Kandidaten* für Volks- und Behördenwahlen auf,

– nehmen zu Sachfragen *öffentlich Stellung* und gewährleisten so einen pluralistischen öffentlichen Meinungsbildungsprozess,

- ermöglichen dadurch auch «gleichgesinnten» *Bürgerinnen* die (indirekte) Einflussnahme auf die Gestaltung der Politik, und

- nehmen auch – in umgekehrter Richtung – politische *Bildungsfunktionen* wahr.

Die schweizerische Parteienordnung kann als *Mehr- oder Vielparteiensystem* gekennzeichnet werden. An der Regierung auf Bundes- wie auf kantonaler Ebene sind idR. mehrere Parteien beteiligt, die aber im Unterschied zur parlamentarischen Demokratie *keine Koalitionsregierung* bilden. Sie nehmen oft gleichzeitig auch oppositionelle Funktionen wahr (vgl. vorne Rz. 2045f.). 2129

Die Parteien auf Bundesebene sind *föderalistisch* strukturiert; den kantonalen Parteien kommt eine grosse Autonomie zu. Rechtlich sind sie trotz ihrer öffentlichen Funktionen als privatrechtliche *Vereine* gemäss Art. 60 ZGB organisiert. 2130

Gemäss Art. 137 BV wirken die politischen Parteien «an der Meinungs- und Willensbildung des Volkes mit». Im Rahmen der Verfassungsreform ging es darum, die Parteien als Teil der verfassungsmässigen Ordnung zu *anerkennen*. Ihre Bedeutung im Rahmen des *Gesetzgebungsverfahrens*, insb. im Vernehmlassungsverfahren (vgl. dazu Rz. 2764ff.), kommt auch in Art. 147 BV zum Ausdruck. 2131

Die späte, erst durch die geltende BV erfolgte verfassungsmässige Verankerung der Parteien mag mit ihrer *Stellung im politischen System* zusammenhängen. Anders als in Staaten, deren politisches Leben vom Zusammenspiel zwischen Regierungs- und Oppositionspartei(en) geprägt ist, kommt ihnen in der schweizerischen Konkordanzdemokratie keine entsprechende systemtragende Funktion zu. Trotzdem nehmen die Parteien auch im politischen System der Schweiz wichtige Funktionen wahr, vor allem bei der Vorbereitung von Wahlen, aber auch beim Gebrauch der Volksrechte. 2132

Nach Art. 76a BPR kann sich eine Partei bei der Bundeskanzlei in ein *Parteienregister* eintragen lassen. 2133

Voraussetzung für die Aufnahme ins Parteienregister ist die Rechtsform eines Vereins (Art. 60ff. ZGB), der vornehmlich politische Zwecke verfolgt, und die Vertretung mit mindestens einem Mitglied im Nationalrat oder je drei Mitgliedern in drei Kantonsparlamenten. Nähere Details werden in der Verordnung der Bundesversammlung über das Parteienregiser vom 13. Dezember 2002 (SR 161.15) geregelt. 2134

Das Parteienregister ist öffentlich; es dient vor allem der vereinfachten Möglichkeit der Parteien, bei den Nationalratswahlen Wahlvorschläge einzureichen. 2135

Die Proporzwahl in den Nationalrat (Art. 149 Abs. 2 BV) ist auf Parteien angewiesen. Art. 24 Abs. 1 BPR schreibt zwar als Regel etwas verschämt vor, dass die Wahlvorschläge (Listen) von einer näher umschriebenen «Mindestzahl Stimmberechtigter» unterzeichnet sein müssen. Doch nach Inkrafttreten der neuen BV wurde ein Passus hinzugefügt, dass die verlangten Unterschriftenquoren für eine Partei nicht gelten, die am Ende des den Wahlen vorangehenden Jahres bei der Bundeskanzlei ordnungsgemäss registriert war, im Kanton einen einzigen Wahlvorschlag einreicht und in der ablaufenden Amtsdauer für den gleichen Wahlkreis im Nationalrat vertreten ist oder bei der letzten Gesamter- 2136 neuerungswahl mindestens 3 Prozent der Stimmen erhielt (Art. 24 Abs. 3 BPR).

2137 In der halbdirekten Demokratie sind finanzstarke *Interessengruppen* und bei Abstimmungskämpfen auch sog. (ad hoc-)Aktionskomitees häufig bedeutender als die politischen Parteien. Diesen fehlen oft die Ressourcen, um sich in Abstimmungskämpfen im gewünschten Mass engagieren zu können. Auch die Medien nehmen aufgrund ihrer Professionalisierung, der Dramatisierung und Personalisierung ihrer Berichterstattung zunehmend Einfluss auf die Meinungsbildung.

2138 Dementsprechend stellt die Frage der Förderung der Parteien durch den Bund, insb. auch der *Parteienfinanzierung*, ein für die Parteien existentielles Thema dar. Art. 137 BV vermag im Lichte seiner Entstehungsgeschichte jedoch nur eine beschränkte Basis für eine Parteienförderung abzugeben, wurde doch die vom Bundesrat vorgeschlagene Verfassungsgrundlage für eine allgemeine Parteienfinanzierung von der Bundesversammlung gestrichen (Art. 127a VE 96).

2139 Die *Rückerstattung von Wahlkampfkosten* (wie zB. Druckkosten und Kosten für den Versand von Wahllisten) durch die Kantone ist verfassungsrechtlich grundsätzlich zulässig, unterliegt jedoch von der Wahl- und Abstimmungsfreiheit geforderten Einschränkungen (vgl. BGE 124 I 55). Insbesondere muss der Chancengleichheit zwischen grossen und kleineren Parteien sowie zwischen bestehenden und neuen Gruppierungen, die sich erstmals an einer Wahl beteiligen, ein grosser Stellenwert zukommen (vgl. auch BGE 125 I 441, 445).

2140 Parlamentarische Vorstösse haben die Frage nach der privaten Parteienfinanzierung und deren Offenlegung in den letzten Jahren wiederholt aufgegriffen und ua. auch eine gesetzliche Regelung der Materie gefordert. Begründet wird dies durch die fehlende Transparenz im Meinungsbildungsprozess vor Wahlen und Abstimmungen, da dem Bürger die Verflechtungen und eventuelle Interessenbindungen zwischen Sponsoren und Parteien nicht bekannt sind. Bis heute konnte sich jedoch keiner dieser Vorschläge durchsetzen, und auch der Bundesrat spricht sich mit dem Argument der fehlenden Realisierbarkeit gegen eine gesetzliche Regelung aus.

2141 Die Parteien leiden heute vor allem unter *Rekrutierungsproblemen* und an einer zunehmenden Überalterung der Parteibasis. Zudem stehen sie im Prozess der Meinungsbildung in wachsender *Konkurrenz* zu Verbänden, Medien und anderen Organisationen (wie NGOs).

2142 *Fraktionen* sind Organe des Parlamentes, welche Mitglieder gleicher (uU. auch verschiedener) Parteien umfassen. Sie werden im Parlamentsrecht geregelt (vgl. Art. 154 BV, Art. 61 und 62 ParlG; dazu Rz. 2416 ff.).

b. Verbände

2143 Wie die Parteien beteiligen sich auch die Verbände am staatlichen Willensbildungs- und Entscheidungsprozess. Während die Parteien den Anspruch erheben, *allgemeine* Interessen der Bürger zu vertreten, und durch ihre Vertreter *unmittelbar* in Parlament und Regierung Einsitz nehmen, versuchen die Verbände, zur Vertretung ihrer *sektoriellen* Interessen Parlament und Regierung zu *beeinflussen*. Traditionell stark sind im Bereich der politischen Willensbildung die zentralen Wirtschaftsverbände und Gewerkschaften.

> Diese Beeinflussung erfolgt durch informelle Kontakte aller Art mit Mitgliedern der Bundesversammlung (in welcher etliche Verbandsvertreter auch unmittelbar Einsitz nehmen), des Bundesrates und vor allem auch mit der Verwaltung. Es geht dabei vor allem darum, auf den Erlass neuen Rechts einzuwirken, im Vorverfahren der Gesetzgebung, aber auch in der parlamentarischen Phase. Darüber hinaus arbeiten Verbände und Verwaltung in vielen Gebieten beim Vollzug der Gesetzgebung zusammen. Als wirksamstes Instrument stehen den Verbänden die Volksrechte zur Verfügung, insb. das Referendum bzw. die Drohung mit dem Referendum (siehe vorne Rz. 2436ff.).

2144

Die Verbände werden in der BV zwar nicht explizit erwähnt, aber indirekt angesprochen, wenn Art. 147 BV die Stellungnahme der «interessierten Kreise» bei der Vorbereitung wichtiger Erlasse und anderer Vorhaben von grosser Tragweite im Rahmen des Vernehmlassungsverfahrens vorsieht (siehe dazu näher Rz. 2764ff.).

2145

> Die Einflussnahme der Verbände bleibt der Öffentlichkeit häufig verborgen, was unter demokratischen Gesichtspunkten problematisch erscheint. Vermehrte Transparenz wird ua. durch das neu auf Gesetzesstufe geregelte Vernehmlassungsverfahren geschaffen (Bundesgesetz über das Vernehmlassungsverfahren vom 18. März 2005, SR. 172.061). In dieselbe Richtung zielen die in Art. 11 ParlG verankerteten Offenlegungspflichten der Mitglieder der Bundesversammlung betreffend Interessenbindungen. Zudem muss gemäss Art. 69 Abs. 2 ParlG ein öffentliches Register der Personen geführt werden, welche «für eine bestimmte Dauer Zutritt zu den nichtöffentlichen Teilen des Parlamentsgebäude wünschen». Gemeint sind damit in erster Linie Lobbyisten, welche sich in der Wandelhalle (englisch «Lobby») mit Ratsmitgliedern treffen.

2146

> Unter Lobbying ist die Einwirkung auf Entscheidungsträger und Entscheidungsprozesse mittels gezielter Information zu verstehen. Die politischen Akteure sollen auf Eigeninteressen in spezifischen Sachbereichen aufmerksam gemacht werden, damit diese Eingang in den politischen Prozess finden. Dieser Informationsfluss ist heute zwar weitverbreitet, aber nicht allgemein akzeptiert. Auf der einen Seite repräsentieren die Verbände und ihre Interessen eine pluralistische Vielfalt der Bürger, vermitteln umfassend Informationen, doch andererseits fehlt bis anhin die oben angesprochene nötige Transparenz in diesem Informationsfluss.

2147

c. Non-Governmental Organizations (NGOs)

Literatur

GREMMELSPACHER GEORG, NGOs und Staaten: Die Partizipation transnationaler nichtstaatlicher Organisationen an staatlichen Entscheidungsprozessen, Basel 2005; WIRZ FELIX, Unbequem oder nützlich? Die Rolle der NGOs im Schweizer Gesetzgebungsverfahren, LeGes 2004/3, 95ff.

2148　Die NGOs (nicht-staatliche Organisationen) oder NRO (Nicht-Regierungsorganisationen) nehmen eine immer wichtigere Stellung in der Interessenvertretung der Zivilgesellschaft ein. Aufgrund der Spezialisierung auf meist einen Themenbereich verfügen sie über ein grosses Sachwissen, welches sie mittels Lobbying und Öffentlichkeitsarbeit in die institutionelle Politik einzubringen versuchen.

2149　Der Begriff der NGOs ist nicht vollständig geklärt. Unbestritten scheint einzig das Merkmal der Nichtstaatlichkeit. Ob zudem eine internationale Ausrichtung und eine ideelle Zwecksetzung gegeben sein müssen, ist umstritten. Der Wirtschafts- und Sozialrat der Vereinten Nationen (ECOSOC) definiert NGOs als unabhängige, internationale Organisationen, welche über eine formalisierte Organisationsstruktur und eine individuelle oder kollektive Mitgliedschaft verfügen. Die Frage, ob NGOs (mindestens partiell) Völkerrechtssubjekte sind, sie mithin Träger von völkerrechtlichen Rechten und Pflichten sein können, ist grundsätzlich zu verneinen. Eine atypische NGO ist das IKRK, welches gestützt auf die Genfer Konvention vom 12. August 1949 Träger von völkerrechtlichen Rechten und Pflichten ist.

2150　International setzen sich die Organisationen für ideelle Ziele wie Umweltschutz, Menschen- und Minderheitenrechte und Anliegen der Dritten Welt ein, wobei die politische Dimension der Tätigkeit einen wichtigen Faktor darstellt. Bei lokalen Gruppierungen werden von der Öffentlichkeit hauptsächlich die praktischen gemeinnützigen Leistungen wahrgenommen.

2151　Die zunehmende Bedeutung von NGOs liegt in den immer komplexer werdenden Problemfeldern, die innerhalb der bestehenden staatlichen Strukturen nicht mehr bewältigt werden können. Im Gegensatz zum Staatsapparat und den traditionellen Parteien haben die NGOs ein Image von grosser Motivation, Integrität, Sachkompetenz und sind von der Gesellschaft gemeinhin akzeptiert. Dadurch ist es ihnen möglich, die Gesellschaft in einem Ausmass zu repräsentieren und mobilisieren, wie es heute keinen politischen Parteien oder Verbänden mehr möglich ist. Die Unterstützung und Partizipation der Zivilgesellschaft verschiebt sich vermehrt auf NGOs und konkurrenziert so die politischen Parteien in ihrer Stammfunktion: Politischer Einfluss muss nicht mehr zwingend institutionalisiert sein.

2152　Die politische Hauptaktivität in der Schweiz auf Bundesebene betrifft das Vernehmlassungsverfahren und das Vorfeld von Wahlen und Abstimmungen. Daneben versuchen die NGOs über Expertenkommissionen des Bundes auf rechtsetzende Prozesse Einfluss zu nehmen. Der Staatsapparat kann auf der anderen Seite vom grossen Sachwissen und der Bürgernähe der NGOs profitieren.

§ 22 Initiative und Referendum

Literatur

AUBERT JEAN-FRANÇOIS, in: Petit commentaire, Art. 138–142; DERS., Considérations sur la réforme des droits populaires, ZSR 1994, 295 ff.; AUER/MALINVERNI/HOTTELIER I, Rz. 1409 ff.; AUER ANDREAS (Hrsg.), Sans délais et sans limites? L'initiative populaire à la croisée des chemins, Basel/Genf/München 2001; BELLANGER FRANÇOIS, Révision totale et partielle de la Constitution fédérale, in: Verfassungsrecht der Schweiz, § 79; BIAGGINI, BV Kommentar, Art. 138–142; EHRENZELLER BERNHARD, Möglichkeiten und Grenzen der direkten Demokratie, BJM 1999, 65 ff.; GRISEL ETIENNE, Les droits populaires au niveau fédéral, in: Verfassungsrecht der Schweiz, § 24; DERS., Initiative et référendum populaire, Traité de la démocratie semi-directe en droit suisse, 3. Aufl., Bern 2004; HÄFELIN/HALLER/KELLER, Rz. 1763 ff.; LINDER WOLF, Schweizerische Demokratie, 2. Aufl., Bern 2005, 247 ff.; DERS., Zur Funktion der Volksrechte im schweizerischen Politiksystem, in: Biaggini Giovanni ua. (Hrsg.), Demokratie – Regierungsreform – Verfassungsfortbildung: Symposium für René Rhinow zum 65. Geburtstag, Basel 2009, 43–52; LOMBARDI ALDO, Volksrechte und Bundesbehörden in der neuen Bundesverfassung, AJP 1999, 706 ff.; DERS./EHRENZELLER BERNHARD/NOBS ROGER, in: St. Galler Kommentar, Art. 138–142; RAUSCH HERIBERT, Volksinitiativen als Motor der Gesetzgebung, ZSR 2008 I, 425 ff.; TSCHANNEN, Staatsrecht, § 44.

I. Allgemeines

Die politischen Rechte oder Volksrechte prägen die schweizerische Demokratie, die deswegen auch halbdirekte Demokratie genannt wird (vgl. § 21). Die *Initiative* ermöglicht es einer Gruppe von Stimmberechtigten, eigene Vorschläge zur Abänderung der Rechtsordnung einzubringen, wobei diese Vorschläge dem Volk obligatorisch zur Abstimmung unterbreitet werden müssen. Mit dem *Referendum* kann das Volk zu Entscheidungen des Parlamentes in einer Volksabstimmung Stellung nehmen, dh. diese gutheissen oder verwerfen. 2153

Obwohl auch das Wahlrecht (Wahl des Parlamentes, in den Kantonen auch der Regierung) ein Volksrecht darstellt, werden im schweizerischen Sprachgebrauch oft nur die Volksinitiative und das Referendum als eigentliche Sachentscheidungsrechte zu den Volksrechten gezählt. 2154

Initiative und Referendum entwickelten sich im 19. Jahrhundert zunächst in den Kantonen. Auf *Bundesebene* enthielt die erste Verfassung von 1848 nur das (obligatorische) Verfassungsreferendum, während das (fakultative) Gesetzesreferendum mit der Totalrevision von 1874 und die Initiative auf Teilrevision der Verfassung 1891 eingeführt wurden. Im 20. und 21. Jahrhundert wurden die Volksrechte Schritt für Schritt ausgebaut (Wahl der Mitglieder des Ständerates in den Kantonen durch das Volk; Staatsvertragsreferendum 1921 und 1977, zudem 2003; Proporzwahl des Nationalrats 1921; Referendum gegen dringliche Bundesbeschlüsse 1949; integrales Erwachsenenstimmrecht 1971). 2155

Die BV enthält im 4. Titel «Volk und Stände» eine systematische Auflistung der einzelnen Volksrechte. Art. 138 und 139 BV regeln die Volksinitiative auf To- 2156 tal- bzw. Partialrevision der BV, Art. 140 und 141 BV das obligatorische und das fakultative Referendum. Damit ergeben sich allerdings gewisse Überschneidungen mit dem 6. Titel (Revision der BV). Die politischen Rechte insgesamt werden an mehreren Stellen der Verfassung geregelt (vgl. insb. Art. 34, 37–40, 51 Abs. 1, 53 Abs. 2 und 3, 136, 138–142, 149 Abs. 2, 165 Abs. 2 und 3, 193 Abs. 1–3, 194, 195 BV). Nachstehend werden in Ziff. VI die politischen Rechte einzeln aufgelistet.

II. Volksinitiative

a. Allgemeines

2157 Mit der Volksinitiative können 100 000 Stimmberechtigte die Änderung der ganzen Verfassung (Totalrevision der Bundesverfassung) sowie die Aufhebung, Änderung oder Annahme von Verfassungsbestimmungen (Teilrevision) verlangen. Volksinitiativen sind keine Begehren *des* Volkes, sondern thematisieren politische Anliegen von Minderheiten, sind also «Anträge aus dem Volk an das Volk» (FRITZ FLEINER).

2158 Die Bundesverfassung sieht *drei Formen* der Volksinitiative vor: die *Initiative auf Totalrevision* der Verfassung und die *formulierte Initiative auf (Partial- resp.) Teilrevision* der Verfassung sowie die *Initiative auf Teilrevision der Verfassung in der Form der allgemeinen Anregung*. Letztere sollte gemäss der von Volk und Ständen am 9. Februar 2003 angenommenen Revision der Volksrechte durch die *Allgemeine Volksinitiative*, die auf eine Teiländerung der Verfassung oder von Gesetzen gerichtet sein kann, ersetzt werden. National- und Ständerat haben der Abschaffung der Allgemeinen Volksinitiative mit einem neuen Artikel 139 BV bereits zugestimmt (BBl 2009, 13 ff.). Volk und Stände werden darüber voraussichtlich in der zweiten Hälfte 2009 abstimmen.

2159 Heute, im Frühjahr 2009, stehen zwei unterschiedliche Versionen des Art. 139 BV in Kraft. Nicht in Kraft stehen dagegen die in der Volksabstimmung angenommen Bestimmungen über die allgemeine Volksinitiative. Im nachfolgenden Text wird nicht auf die heute in Kraft stehenden beiden Art. 139 BV verwiesen, sondern auf den neuen Art. 139 BV, über den voraussichtlich in der zweiten Hälfte 2009 abgestimmt wird. Dieser Verfassungsartikel gibt auch den geltenden Rechtszustand wieder, wie er ohne Inkraftsetzung der Bestimmungen über die allgemeine Volksinitiative besteht, dh. den Rechtszustand vor deren (voraussichtlich nicht stattfindenden) Inkraftsetzung und nach der voraussichtlichen Annahme der neuen Fassung von Art. 139 BV.

b. Volksinitiative auf Totalrevision der Bundesverfassung

2160 Die Volksinitiative auf Totalrevision der Bundesverfassung stellt einen Vorschlag aus der Mitte des Volks dar, die Verfassung als Ganze zu revidieren. Dabei kommt es nicht darauf an, in welchem Ausmass die Verfassung nach Abschluss des Revisionsverfahrens schlussendlich substantiell oder auch nur redaktionell abgeändert wird. Wesentlich erscheint, dass bei der Ausarbeitung einer neuen Verfassungsvorlage der ganze Text «zur Disposition steht». Die Bundesversammlung ist dabei nicht an den Grundsatz der Einheit der Materie gebunden.

> Insofern widerspricht diese Revisionsform auch der in der Schweiz geläufigen «Stückwerktechnologie» bei Rechtsänderungen; vgl. vorne Rz. 417f. Es verwundert deshalb auch nicht, dass seit 1874 erst zwei Volksinitiativen auf Totalrevision der BV (die Initiative für die Einführung des Banknotenmonopols, welche formal als Totalrevisionsinitiative betrachtet wurde, weil 1880 die Partialrevisionsinitiative noch nicht existierte, und die sog. Frontisteninitiative 1934) zustande gekommen sind; beide wurden in der Vorabstimmung vom Volk abgelehnt. Die Totalrevision von 1999 wurde auf Beschluss der Bundesversammlung eingeleitet. Ob es sich bei den sog. Paketrevisionen um Totalrevisionen handelt, ist umstritten; vgl. Rz. 2076. 2161

Schlagen 100 000 Stimmberechtigte eine Totalrevision der Bundesverfassung vor, so ist dieses Begehren dem Volk zur Abstimmung zu unterbreiten (sog. Vorabstimmung; Art. 140 Abs. 2 Bst. a, 193 Abs. 2 BV). Ein Ständemehr ist nicht erforderlich, denn es geht vorerst nur um den *Grundsatzentscheid* über die Durchführung der Revision, noch nicht um die Annahme oder Ablehnung einer konkreten Vorlage. Stimmt das Volk der Einleitung des Totalrevisionsverfahrens zu, sind die Räte neu zu bestellen (Art. 193 Abs. 3 BV). 2162

> Mit der Neuwahl der Bundesversammlung kann das Volk Einfluss auf das die Revision durchführende Organ ausüben. Nach einer Neuwahl der Räte ist auch der *Bundesrat* neu zu wählen (Art. 175 Abs. 2 BV). Damit kann das Volk indirekt sowohl das Parlament wie den Bundesrat «abberufen». 2163

> Interessant erscheint, dass diese Abberufung und Neubestellung des Parlamentes nur bei einer Initiierung der Totalrevision durch das Volk (und wenn die Initiative von bloss einem der beiden Räte ausgeht; dazu Rz. 2793), nicht aber bei einer Einleitung durch die Bundesversammlung stattfindet. 2164

Nach Ausarbeitung einer neuen Verfassung durch die Bundesversammlung bedarf die Vorlage der Zustimmung von Volk und Ständen (obligatorisches Volks- und Ständereferendum, auch Doppelreferendum genannt; Art. 140 Abs. 1 Bst. a, 142, 195 BV). 2165

c. Formulierte Volksinitiative auf Teilrevision der Bundesverfassung

Ebenfalls 100 000 Stimmberechtigte können *in der Form eines ausgearbeiteten Entwurfs* eine Teilrevision der BV verlangen (Art. 139, 194 BV). 2166

> Ein Entwurf gilt als «ausgearbeitet» oder formuliert, wenn er in allen Teilen fertig redigiert ist und tel quel in die Verfassung integriert werden kann, also keiner Konkretisierung oder Perfektionierung durch das Parlament mehr bedarf. Entsprechend sind auch keine Textänderungen am eingereichten Entwurf zulässig. 2167

2168 Der Initiativtext ist, versehen mit einer Empfehlung und allenfalls einem Gegenvorschlag der Bundesversammlung, Volk und Ständen zur Abstimmung zu unterbreiten (Art. 140 Abs. 1 Bst. a, 142 Abs. 2–4, 195 BV).

d. Volksinitiative auf Teilrevision in der Form der allgemeinen Anregung

2169 Gemäss Art. 139 Abs. 2 und 4 BV können 100 000 Stimmberechtigte auch eine Teilrevision der Bundesverfassung in Form der allgemeinen Anregung verlangen. Ist die Bundesversammlung mit der Initiative einverstanden, arbeitet sie einen Verfassungstext im Sinne der Initiative aus. Dieser unterliegt dem obligatorischen Volks- und Ständereferendum (zu den Anforderungen an die Konkretisierung einer Initiative in der Form der allgemeinen Anregung vgl. BGE 121 I 357, 361). Lehnt sie die Initiative ab, kommt es vorerst zu einer Vorabstimmung durch das Volk (ohne Ständemehr). Stimmt das Volk dem Begehren grundsätzlich zu, hat die Bundesversammlung deren Umsetzung an die Hand zu nehmen.

2170 Der Initiativtext kann offen oder enger ausgestaltet sein. Der Charakter der Initiative als allgemeine Anregung bedeutet nicht, dass diese nur abstrakt formuliert sein darf. Es steht im Belieben der Initianten, wie konkret der Inhalt textlich gefasst wird. Ist die Initiative präzise formuliert und enthält sie entsprechend detaillierte Regelungen, so kommt ihre Wirkung derjenigen einer (in den Kantonen gebräuchlichen) formulierten Gesetzesinitiative sehr nahe.

2171 Der rechtsrelevante Unterschied zwischen der formulierten Initiative und der allgemeinen Anregung liegt im *rechtstechnischen Perfektionierungsgrad* des Initiativtextes (vgl. Pierre Tschannen, Die Formen der Volksinitiative und die Einheit der Form, ZBl 2002, 2).

e. Allgemeine Volksinitiative

2172 Mit der Allgemeinen Volksinitiative, wie sie gemäss der am 9. Februar 2003 angenommenen Verfassungsänderung zwar vorgesehen ist, aber aller Voraussicht nach nicht realisiert werden wird (siehe Rz. 2158), hätten 100 000 Stimmberechtigte in Form der *allgemeinen Anregung* die Annahme, Änderung oder Aufhebung von Verfassungs- oder Gesetzesbestimmungen verlangen können (Art. 139a BV, der noch nicht in Kraft steht und voraussichtlich vor Inkrafttreten wieder aus der Verfassung gestrichen wird). Mit diesem neuen Volksrecht sollte einerseits – wie nach geltendem Rechtszustand mit der Initiative in Form der allgemeinen Anregung (Art. 139 Abs. 2 und 4 BV) – ein Begehren auf Teilrevision der Verfassung gestellt werden können. Neu wäre mit dieser Initiative aber auch ermöglicht worden, dass Bestimmungen auf der Stufe des Bundesgesetzes eingeführt, geändert oder aufgehoben werden.

2173 Gegen die Missachtung von Inhalt und Zweck einer Allgemeinen Volksinitiative durch die Bundesversammlung wäre der *Beschwerdeweg* an das Bundesgericht eröffnet worden (Art. 189 Abs. 1bis BV, nicht in Kraft). Damit wäre erstmals ein von der Bundesversammlung beschlossenes Gesetz oder eine Verfassungsänderung einer Prüfung durch das Bundesgericht unterstellt worden. Die Bestimmungen über die Initiative in der Form der allgemeinen Anregung (Art. 139 Abs. 2 und 4 BV) wären beim vollständigen Inkrafttreten der Reform der Volksrechte vom 9. Februar 2003 aufgehoben worden, bleiben nun aber voraussichtlich bestehen.

Die Verfassungsänderung betr. Einführung der Allgemeinen Volksinitiative konnte nach ihrer Annahme durch Volk und Stände nicht in Kraft gesetzt werden, weil die Verfahren zu ihrer Behandlung zuerst im Gesetz hätten präzisiert werden müssen. Der Nationalrat ist in der Wintersession 2006, der Ständerat in der Frühjahrssession 2007 auf den vom Bundesrat unterbreiteten Entwurf einer Ausführungsgesetzgebung (BBl 2006, 5261 ff.) nicht eingetreten. Parallel dazu haben die SPK beider Räte die nötigen Vorarbeiten in die Wege geleitet, um die Allgemeine Volksinitiative wieder aus der Verfassung zu streichen; beide Räte haben dem entsprechenden Beschluss zugestimmt (Rz. 2158). 2174

Diese Kehrtwende wurde damit begründet, dass die Allgemeine Volksinitiative nicht praxistauglich sei. Die Kombination der möglichen Verfahrensabläufe, die sich aus dem Zweikammersystem, der Umsetzung auf zwei Rechtsetzungsstufen mit unterschiedlichen Mehrheitserfordernissen, der Gegenüberstellung von Umsetzungserlass und Gegenentwurf und der bundesgerichtlichen Überprüfung ergeben, führte zu einer ausserordentlich komplexen Regelung und zu einer als übermässig lange empfundenen Dauer des Verfahrens. Im Nachhinein kann die Frage gestellt werden, ob diese Einwände nicht bereits bei der Ausarbeitung der Verfassungsänderung hätten erkannt und in Betracht gezogen werden können. Auf der anderen Seite erscheint es allerdings auch als problematisch, wenn die Bundesversammlung sich bloss vier Jahre nach der Annahme einer Verfassungsänderung und ohne Versuch einer praktikablen Umsetzung weigert, den Willen von Volk und Ständen umzusetzen. 2175

f. Gültigkeitsvoraussetzungen der Volksinitiativen

Literatur

EGLI PATRICIA, Die Einheit der Materie bei kantonalen Gesetzesvorlagen, ZBl 2006, 397 ff.; FERRARI ALBERTO, Die Zuständigkeit und das Verfahren der Ungültigkeitserklärung von Volksbegehren, Zürich 1982; GRISEL ETIENNE, La validité partielle des initiatives populaires, in: Festschrift Kurt Eichenberger, Basel/Frankfurt a.M. 1982, 329 ff.; DERS., La forme des initiatives populaires, in: Zen-Ruffinen/Auer (Hrsg.), De la Constitution: études en l'honneur de Jean-François Aubert, Basel 1996, 213 ff.; ODERMATT LUZIAN, Ungültigkeitserklärung von Volksinitiativen, AJP 1996, 710 ff.; TSCHANNEN PIERRE, Die Formen der Volksinitiative und die Einheit der Form, ZBl 2002, 2 ff.; WILDHABER LUZIUS, Neues zur Gültigkeit von Initiativen, in: Zen-Ruffinen/Auer (Hrsg.), De la Constitution: études en l'honneur de Jean-François Aubert, Basel 1996, 293 ff.

1. Allgemeines

Die Revision der Bundesverfassung unterliegt gewissen, in der BV selbst verankerten Schranken (Art. 193 und 194 BV; vgl. dazu Rz. 461 ff.). Diese lassen sich kaskadenhaft wie folgt darstellen: 2176

- Jede Verfassungsänderung hat die verfassungsrechtlichen Verfahrensbestimmungen einzuhalten, darf nicht einen «unmöglichen» Inhalt aufweisen und hat die *zwingenden Bestimmungen des Völkerrechts* zu beachten (Art. 139 Abs. 3, 193 Abs. 4 und 194 Abs. 4 BV; vgl. dazu Rz. 469 f.).

- Teilrevisionen der BV haben zudem den Grundsatz der *Einheit der Materie* einzuhalten (Art. 139 Abs. 3, 194 Abs. 2 BV; vgl. dazu Rz. 473 ff. vgl. insb. Rz. 2071–2077).

- Die formulierte sowie die unformulierte Volksinitiative müssen zusätzlich die *Einheit der Form* wahren (Art. 139 Abs. 3, 194 Abs. 3 BV).

2. Einheit der Form

2177 Der Grundsatz der Einheit der Form bedeutet, dass eine Volksinitiative entweder als ausformulierter Entwurf oder als allgemeine Anregung redigiert sein muss; Mischformen sind unzulässig. Hingegen können, wie bereits erwähnt, allgemeine Anregungen relativ konkret formuliert sein und Richtlinien zuhanden der Bundesversammlung enthalten, während im ausgearbeiteten Entwurf auch programmatische Bestimmungen stehen dürfen.

3. Ungültigerklärung

2178 Eine Initiative, welche die Einheit der Form, die Einheit der Materie oder zwingende Bestimmungen des Völkerrechts verletzt, wird von der Bundesversammlung «ganz oder teilweise» ungültig erklärt (Art. 139 Abs. 3 BV). Erweist sich somit ein Teil des Volksbegehrens als rechtmässig, wird dieser von der Bundesversammlung behandelt, der andere Teil demgegenüber als ungültig gestrichen.

2179 Die alte BV äusserte sich nicht explizit zur Frage der Teilungültigkeit. Art. 27 Abs. 1 GVG verbot die Teilungültigkeitserklärung, indem die Bundesversammlung innert 30 Monaten darüber Beschluss zu fassen hatte, ob sie der formulierten Volksinitiative, «so wie sie lautet», zustimmt oder nicht.

2180 Die neuere Rechtsprechung des Bundesgerichts beurteilt die vollständige Ungültigkeitserklärung einer *kantonalen* Volksinitiative hingegen als Verstoss gegen den Grundsatz der Verhältnismässigkeit, wenn der an sich gültige Teil der Initiative «nicht von untergeordneter Bedeutung ist, sondern noch ein sinnvolles Ganzes im Sinne der ursprünglichen Stossrichtung ergibt, sodass die Initiative nicht ihres wesentlichen Gehaltes beraubt wird» (BGE 125 I 21, 44). Zudem muss objektiv angenommen werden können, dass das Begehren auch ohne den ungültigen Teil unterzeichnet worden wäre (BGE 119 Ia 154, 165).

2181 Mit der Befugnis zur Teilungültigkeitserklärung hat die Bundesversammlung – wenn auch in sehr eingeschränktem Ausmass – die Möglichkeit, den Initiativtext zu ändern. Dabei müssen die vom Bundesgericht für die kantonalen Initiativen entwickelten Grundsätze sinngemäss auch auf Bundesebene gelten.

2182 Insbesondere darf der ungültig erklärte Teil nicht ein zentrales Anliegen der Initianten betreffen, und der andere Teil muss für sich allein dem Willen der Initianten entsprechen und umsetzbar sein. Im Unterschied zu analogen Fällen in den Kantonen können jedoch entsprechende Entscheide der Bundesversammlung gerichtlich nicht angefochten werden.

Die Bundesversammlung hat bisher *vier Volksinitiativen für ungültig* erklärt: 2183

- Die 1954 eingereichte Volksinitiative «für eine Rüstungspause» (sog. Chevallier-Initiative) verlangte eine Herabsetzung der Militärausgaben um 50% bereits für das Jahr 1955, spätestens aber für 1956. Die Bundesversammlung beurteilte die Umsetzung dieses Anliegens aus zeitlichen Gründen als *offensichtlich undurchführbar* (BBl 1955 II, 1463). 2184

- Die Volksinitiative «gegen Teuerung und Inflation» (BBl 1977 III, 919) sowie die Volksinitiative «für weniger Militärausgaben und mehr Friedenspolitik» (BBl 1995 III, 570) verstiessen *gegen den Grundsatz der Einheit der Materie* (vgl. dazu Rz. 474). 2185

- Die Volksinitiative «für eine vernünftige Asylpolitik» (BBl 1996 I, 1355) verstiess gegen das völkerrechtliche Verbot der Rückschiebung, das *zwingendes Völkerrecht (ius cogens)* darstellt, wenn der zurückgeschobenen Person Tod oder Folterung drohen (vgl. dazu und zur Frage, wie mit Volksinitiativen zu verfahren ist, die in Konflikt stehen zu anderen Bestimmungen des Völkerrechtes: Rz. 469f., Rz. 3595ff.). 2186

g. Stellungnahme und Gegenentwurf der Bundesversammlung

1. *Abstimmungsempfehlung*

Jede Volksinitiative ist gemäss Art. 138 Abs. 2 und Art. 139 Abs. 4 und 5 BV Volk und Ständen zur Abstimmung zu unterbreiten. Die Bundesversammlung hat jedoch das Recht (und die Pflicht), die Volksinitiative zur Annahme oder zur Ablehnung zu empfehlen. 2187

Gemäss Art. 106 ParlG verwirkt sie allerdings dieses Recht, wenn sie nicht innert der gesetzlichen Fristen ihren Beschluss fasst. In diesem Fall bringt der Bundesrat die Volksinitiative ohne Empfehlung zur Abstimmung. 2188

2. *Gegenentwurf*

Literatur

ALBRECHT CHRISTOPH, Gegenvorschläge zu Volksinitiativen: Zulässigkeit, Inhalt, Verfahren, St. Gallen 2003.

Die Bundesversammlung kann der Initiative einen *Gegenentwurf* gegenüberstellen, dies auch dann, wenn sie die Initiative an sich gutheisst (Art. 139 Abs. 5 Satz 3 BV). 2189

Diese Neuerung gilt seit der Reform der Volksrechte vom 9. Februar 2003, welche ein «Doppeltes Ja» der Bundesversammlung zur Volksinitiative und zu ihrem eigenen Gegenentwurf eingeführt hat. Es sind politische Konstellationen denkbar, in welcher die Bundesversammlung einer Volksinitiative zwar grund- 2190 sätzlich zustimmt, dem Volk aber gleichzeitig eine aus ihrer Sicht noch bessere Lösung unterbreiten will.

2191 Nach der früheren Rechtslage konnte die Bundesversammlung dem Volk einen Gegenentwurf nur bei Ablehnung der Volksinitiative unterbreiten (siehe den alten, nicht mehr in Kraft stehenden Art. 139 Abs. 5 BV in der Fassung vom 18. April 1999).

h. Abgelehnte Reformen

2192 Das Reformpaket «Volksrechte» des Bundesrates (Bundesbeschluss über die Reform der Volksrechte», BBl 1997, 635) wollte in zwei weiteren Punkten eine differenziertere Willensäusserung sowohl der Bundesversammlung als auch des Souveräns ermöglichen:

2193 *Ähnlich lautende Volksinitiativen* sollten in demselben Verfahren wie Initiative und Gegenentwurf zur Abstimmung gebracht werden können. Die Räte lehnten einen entsprechenden Antrag des Bundesrates ab, weil eine derartige Kombination von Abstimmungsfragen in Konflikt zum Grundsatz der «freien Willensbildung» und der «unverfälschten Stimmabgabe» (Art. 34 Abs. 2 BV) geraten könnte (BBl 2001, 4829). Falls sich die Volksinitiativen nicht unmittelbar widersprechen, muss es möglich sein, dass beide Initiativen angenommen werden können, was aber gemäss dem Vorschlag des Bundesrates ausgeschlossen worden wäre.

2194 Von grösserer Tragweite war der Vorschlag, dass die Bundesversammlung von sich aus *sowohl einen Haupttext als auch einen Alternativtext* unterbreiten könnte. Bei Erlassen, die dem fakultativen Referendum unterstehen, würde der Haupttext in Kraft treten, falls das Referendum nicht ergriffen wird. Kommt es aber zu einer Referendumsabstimmung sowie im Falle des obligatorischen Referendums würde die Abstimmung nach dem Verfahren bei Initiative und Gegenentwurf durchgeführt. Der Vorschlag ging von der Möglichkeit aus, dass in einer grösseren Vorlage nur ein kleinerer Teil umstritten ist. Während beide Verfassungskommissionen diesen Vorschlag noch unterstützt hatten, wurde er bei der Beratung der Vorlage der SPK (BBl 2001, 4828) nicht wieder aufgegriffen.

2195 Bei der Beratung der Vorlage der SPK wurde auch der vom Bundesrat in seiner gescheiterten Vorlage vorgebrachte Vorschlag erneut diskutiert, ob acht *Kantonen das analoge Initiativrecht* wie 100 000 Stimmberechtigten eingeräumt werden soll. Dieser Vorschlag wurde aber, nachdem ihm der Ständerat zweimal zugestimmt hatte, schlussendlich von beiden Räten abgelehnt (AB 2001, 4831).

i. Funktionen der Volksinitiative

2196 Der Initiative kommen nach WOLF LINDER im schweizerischen politischen System verschiedene Funktionen zu.

Einmal ermöglicht die Initiative Oppositionskräften, Protest und Unzufriedenheit entscheidungswirksam in das System einzuleiten (*Ventilfunktion*). Versucht wird auf diesem Weg, Forderungen gegenüber den Behörden durchzusetzen, was zwar relativ selten unmittelbar, aber doch immer wieder gelingt (zB. Alpenschutzinitiative, Art. 36^{sexies} aBV, Art. 84 BV). Die Zustimmung zu Initiativen bei Volksabstimmungen auf Bundesebene beträgt im Durchschnitt rund 30 Prozent. Seit 1891 sind insgesamt 268 Initiativen zustande gekommen, über 169 Initiativen wurde abgestimmt, bloss 16 sind von Volk und Ständen in der Volksabstimmung angenommen worden (Stand 30. November 2008). 2197

Oft kann der blosse Druck einer Volksinitiative dazu führen, Parlament und Regierung *zu einem Handeln zu veranlassen*, insbesondere einen Gegenvorschlag auszuarbeiten und dem Volk vorzulegen (*Druckfunktion*). Dieser geht zwar regelmässig nicht so weit wie die Initiative selbst, kann aber eine teilweise Realisierung der anbegehrten Ziele bewirken (zB. Art. 4 Abs. 2 aBV). Nach politikwissenschaftlichen Untersuchungen soll rund ein Drittel aller Initiativen zu Änderungen in der Gesetzgebung führen. 2198

Mit der Initiative kann es aber auch darum gehen, neue Tendenzen und Themen auf die politische Traktandenliste zu setzen, um somit Einfluss auf Prioritäten und Präferenzen der politischen Akteure auszuüben (*Mobilisierungsfunktion*; zB. Volksinitiative «Schweiz ohne Armee», 1989). 2199

Schliesslich dient eine Initiative zuweilen auch der Mobilisierung und Selbstinszenierung einer sozialen Bewegung, ja zunehmend auch der Wahlunterstützung einer (auch Bundesrats-)Partei, die sich medienwirksam darstellen will (*Darstellungsfunktion*; zB. Ausländerinitiativen der politischen Rechten). 2200

Längerfristig kompensiert die Initiative gewisse *Innovationsschwächen* der Konkordanzdemokratie, indem sie es Minderheiten ermöglicht, sich wirksam in den politischen Diskurs und in den Entscheidungsprozess einzubringen. Sie trägt damit auch zur *politischen Integration* bei. 2201

III. Referendum

Literatur

MANNHART GOMES CLAUDIA, Das Verwaltungsreferendum in Bund und Kantonen, Bern 2007.

a. Allgemeines

Im Staatsrecht von Bund und Kantonen werden die Formen des *obligatorischen* und des *fakultativen* Referendums unterschieden. Ersteres bedeutet, dass eine Vorlage des Parlamentes ohne weiteres der Abstimmung des Volkes unterbreitet werden muss. Das fakultative Referendum muss durch ein von der Verfassung bestimmtes Organ (sog. Behördenreferendum) oder durch eine bestimmte Zahl von Gliedstaaten, Parlamentariern oder Stimmberechtigten (mit ihren Unterschriften) «ergriffen» werden. 2202

2203 Das Referendum kann suspensiv oder abrogativ ausgestaltet sein. Beim *suspensiven Referendum* tritt eine Parlamentsvorlage erst in Kraft, wenn das Volk zugestimmt hat. Dies ist in der Schweiz die Regel. Beim *abrogativen Referendum* hingegen kann ein Erlass vom Volk nachträglich ganz oder teilweise aufgehoben werden. Auf Bundesebene kommt dem Referendum gegen dringliche Bundesgesetze abrogative Wirkung zu.

2204 Dem Referendum unterstehen in der Schweiz ausschliesslich Rechtsakte des *Parlamentes*, idR. Verfassungsbestimmungen und Gesetze. Daneben können aber auch (wichtige) Einzelakte sowie Grundsatz- und Planungsbeschlüsse dem Referendum offenstehen.

b. Obligatorisches Referendum

1. Allgemeines

2205 Die BV versteht unter obligatorischem Referendum sowohl das reine Volksreferendum als auch das Volks- und Ständereferendum (Doppelreferendum). Hauptanwendungsfall des obligatorischen Referendums auf Bundesebene ist die *Verfassungsänderung*. Von zunehmender Bedeutung erscheint das (obligatorische) Staatsvertragsreferendum.

2206 In Art. 140 BV werden alle Fälle des obligatorischen Referendums aufgeführt, wobei Abs. 1 diejenigen Vorlagen umfasst, welche *Volk und Ständen*, Abs. 2 diejenigen, die nur dem *Volk* vorgelegt werden müssen. Diese Zusammenstellung weist teilweise eine deklaratorische, repetitive, teilweise aber eine *konstitutive* Tragweite auf.

2. Volks- und Ständereferendum

2207 Gemäss Art. 140 Abs. 1 BV sind *Volk und Ständen* zu unterbreiten:

– *Änderungen* der BV (Bst. a);

– der Beitritt zu *Organisationen* für kollektive Sicherheit (zB. UNO) oder zu supranationalen *Gemeinschaften* (zB. EU) (Bst. b);

– *dringlich erklärte Bundesgesetze*, die nicht über eine Verfassungsgrundlage verfügen und deren Geltungsdauer ein Jahr übersteigt (Bst. c; vgl. dazu Rz. 2680).

2208 *Gebietsveränderungen* zwischen Kantonen sind anders als unter der aBV nicht mehr der Abstimmung von Volk und Ständen zu unterbreiten. Gemäss Art. 53 Abs. 3 BV bedürfen sie nur noch der Zustimmung der betroffenen Bevölkerung und der betroffenen Kantone sowie der Genehmigung durch die Bundesversammlung in der Form eines dem fakultativen Referendum unterstehenden Bundesbeschlusses. Änderungen im *Bestand* der Kantone unterstehen indessen nach wie vor der Abstimmung von Volk und Ständen (Art. 53 Abs. 2 BV); doch ist dieser Fall auch durch Bst. a erfasst, da in einem solchen Fall die Verfassung geändert werden müsste (Art. 1 BV).

3. Volksreferendum

Die blosse Zustimmung des *Volkes* gemäss Art. 140 Abs. 2 BV ist in folgenden drei Fällen erforderlich:

- wenn es gilt, *vorfrageweise* abzuklären, ob eine *Totalrevision* an die Hand genommen werden soll (aufgrund einer Volksinitiative [Bst. a] oder bei Uneinigkeit der Räte [Bst. c]);

- wenn die Bundesversammlung eine Volksinitiative in Form der allgemeinen Anregung ablehnt (Bst. b) und

- falls die Allgemeine Volksinitiative wider Erwarten doch noch in Kraft treten sollte: wenn die Bundesversammlung einer Gesetzesvorlage, die eine Allgemeine Volksinitiative umsetzt, einen Gegenentwurf gegenüberstellt (Bst. a[bis]).

c. Fakultatives Referendum

Die BV kennt drei verschiedene Formen des fakultativen Referendums: das fakultative *Gesetzes-, Beschlusses- und Staatsvertragsreferendum*. Bei allen können 50000 Stimmberechtigte (oder acht Kantone) eine Volksabstimmung verlangen.

Die Anwendungsfälle des fakultativen Referendums werden ebenfalls in der BV aufgelistet (Art. 141 BV). Dem fakultativen Referendum sind unterstellt:

1. In erster Linie die *Bundesgesetze* (Abs. 1 Bst. a) und die *dringlich erklärten Bundesgesetze*, deren Geltungsdauer ein Jahr übersteigt (Abs. 1 Bst. b).

2. *Bundesbeschlüsse*, soweit Verfassung oder Gesetz dies vorsehen (Abs. 1 Bst. c).

   Bundesbeschlüsse sind gemäss Art. 163 Abs. 2 BV für nicht rechtsetzende Erlasse der Bundesversammlung bestimmt (vgl. dazu Rz. 2709 ff.). Das neue Parlamentsgesetz sieht vor, dass die Bundesversammlung «Grundsatz- und Planungsbeschlüsse von grosser Tragweite» in der Form des Bundesbeschlusses dem fakultativen Referendum unterstellen kann (Art. 28 Abs. 3).

   Ein weiterer gesetzlich vorgesehener Fall derartiger Bundesbeschlüsse sind gemäss Parlamentsgesetz Einzelakte, «für welche die notwendige gesetzliche Grundlage weder in der Bundesverfassung noch in einem Bundesgesetz besteht» (Art. 29 Abs. 2). Damit kann die frühere gelegentliche Praxis der Bundesversammlung, wichtige Einzelakte dem fakultativen Referendum zu unterstellen (obwohl das frühere GVG von 1962 den «allgemein verbindlichen Bundesbeschluss» gemäss Art. 89 Abs. 2 aBV auf rechtsetzende Erlasse eingeengt hatte), weitergeführt werden. GEORG MÜLLER hat zu Recht kritisiert, dass der missverständliche Wortlaut von Art. 29 Abs. 2 ParlG auch so interpretiert werden könnte, dass die Bundesversammlung Beschlüsse fassen kann, welche gegen die Verfassung verstossen. Die Bestimmung müsste richtigerweise lauten: «Die Bundesversammlung kann wichtige Einzelakte in der Form des Bundesbeschlusses auch dann dem Referendum unterstellen, wenn dies weder in der Bundesverfassung noch in einem Bundesgesetz vorgesehen ist» (GEORG

MÜLLER, Der verfassungswidrige Bundesbeschluss – Nachlese zum Parlamentsgesetz, in : LEGES 2004/2, 159–163).

2216 Art. 141 Abs. 1 Bst. c BV iVm. den neuen Regelungen des Parlamentsgesetzes setzt das Anliegen der Einführung des fakultativen *Verwaltungs- und Finanzreferendums* punktuell um. Nicht das formelle Kriterium des Vorliegens eines Rechtssatzes, sondern das materielle Kriterium der Wichtigkeit eines Rechtsaktes soll dafür massgebend sein, ob eine Frage dem Volk zum Entscheid vorgelegt wird oder nicht. Die Frage, ob ein Einzelakt oder ein Grundsatz- und Planungsbeschluss in diesem Sinne «wichtig» ist oder nicht, wird bei dieser Lösung dem politischen Ermessen der Bundesversammlung übertragen. Die Festlegung von klar abgrenzbaren, generell-abstrakten Kriterien wäre im Bereich der nicht rechtsetzenden Erlasse der Bundesversammlung schwierig.

2217 Ein Versuch, auf Bundesebene ein *allgemeines Finanzreferendum einzuführen*, scheiterte im Nationalrat am 20. März 2008. Danach hätten Verpflichtungskredite (nicht aber Zahlungsrahmen), die *neue* einmalige Ausgaben von mehr als 200 Millionen Franken oder *neue* wiederkehrende Ausgaben ab 20 Millionen Franken vorsehen, dem fakultativen Referendum unterstellt werden sollen. Die Befürworter des Finanzreferendums liessen sich insb. von finanzpolitischen Überlegungen leiten: Wissenschaftliche Untersuchungen hätten ergeben, dass das Finanzreferendum in den Kantonen präventive Wirkung auf die Ausgabendisziplin der Behörden habe. Die Gegner befürchten demgegenüber ein Übergewicht von bremsenden Elementen im direktdemokratischen Instrumentarium. Die Handlungsfähigkeit des Staates könnte gefährdet werden, insb. beim Eingehen von internationalen finanziellen Verpflichtungen. Aus staatsrechtlicher Sicht kritisieren die Gegner uE. zu Recht, dass das neue Volksrecht zahlreiche Abgrenzungsfragen aufwirft: neue oder gebundene, einmalige oder wiederkehrende Ausgaben, Berechnungsweise der massgeblichen Ausgabenhöhe (siehe den ausführlichen Überblick in YVO HANGARTNER/ANDREAS KLEY, Die demokratischen Rechte in Bund und Kantonen der Schweizerischen Eidgenossenschaft, Zürich 2000, § 30, Rz. 1832 ff.)? Die Praxis des Finanzreferendums in den Kantonen zeigt, dass die Anwendung dieser Kriterien häufig zu politisch motivierten Streitigkeiten führt. Während gegenüber den Kantonen das Bundesgericht als letzte Instanz über derartige Streitigkeiten entscheidet, würde bei einer Einführung des Finanzreferendums auf Bundesebene eine entsprechende unabhängige und neutrale Instanz fehlen.

2218 3. *Völkerrechtliche Verträge* in drei Fällen (Art. 141 Abs. 1 Bst. d BV; vgl. dazu unter Rz. 3683 ff.)

– **wenn sie** *unbefristet* **und** *unkündbar* **sind** (Ziff. 1),

– **wenn sie den Beitritt zu einer** *internationalen Organisation* **vorsehen** (Ziff. 2), und

– **wenn sie «*wichtige rechtsetzende Bestimmungen* enthalten oder deren Umsetzung den Erlass von Bundesgesetzen erfordert»** (Ziff. 3).

2219 Der in der Volksabstimmung vom 9. Februar 2003 angenommene «Bundesbeschluss über die Änderung der Volksrechte» hat das fakultative Staatsvertragsreferendum über die beiden ersten Anwendungsfälle hinaus ausgeweitet. Bis dahin musste ein Staatsvertrag «eine multilaterale Rechtsvereinheitlichung herbeiführen», um dem fakultativen Referendum unterstellt zu werden. Damit waren bilaterale und nicht direkt anwendbare Staatsverträge vom Referendum ausgeschlossen, sofern sie befristet und kündbar waren. Damit ist das Referendumsrecht an die innerstaatliche Rechtslage angepasst worden (vgl. Art. 164 BV): In beiden Fällen ist nun in gleicher Weise das Kriterium der Wichtigkeit massgebend dafür, ob der Vertrag resp. der Erlass dem Referendum unterstellt wird oder nicht.

Der durch Art. 141 Abs. 1 Bst. d Ziff. 3 statuierte Grundsatz des Parallelismus zwischen innerstaatlicher und internationaler Rechtsetzung wurde durch die Praxis der Bundesbehörden leicht differenziert. Weiterhin werden bestimmte bilaterale Abkommen, die wiederkehrend in ähnlicher Form mit verschiedenen Staaten abgeschlossen werden (Doppelbesteuerungsabkommen, Freihandelsabkommen uä.) nicht dem Staatsvertragsreferendum unterstellt, obwohl diese Abkommen als «wichtig» im Sinne von Art. 164 BV zu betrachten wären, weil kein Bundesgesetz oder dem Referendum unterstellter Vertrag zum Vertragsabschluss ermächtigt. Der Bundesrat betrachtet diese Abkommen dennoch als nicht «wichtig» im Sinne von Art. 164 BV, wenn sie «von vergleichbarem politischen, rechtlichen und wirtschaftlichen Gewicht sind wie eine Mehrzahl von Abkommen, welche die Schweiz bereits abgeschlossen hat, ohne sie dem fakultativen Staatsvertragsreferendum zu unterstellen» (Stellungnahme des Bundesrates vom 1. September 2004 zur Motion 04.3203 der SPK NR «Fakultatives Staatsvertragsreferendum. Parallelismus von staatsvertraglicher und innerstaatlicher Rechtsetzung»). Die Räte sind dieser zwar pragmatischen, aber rechtlich fragwürdigen Auslegung gefolgt, indem sie die erwähnte Motion im Sinne des Bundesrates abgeändert haben. 2220

Mit dieser Ausweitung des Staatsvertragsreferendums wurde Art. 141 Abs. 2 BV in der Fassung vom 18. April 1999 aufgehoben, wonach die Bundesversammlung weitere völkerrechtliche Verträge dem fakultativen Referendum unterstellen konnte. 2221

d. Funktionen des Referendums

Das Referendum hat das schweizerische politische System nachhaltig geprägt. Nach LINDER übt es vor allem innovationshemmende, aber auch integrierende Wirkungen aus, und dies in mehrfacher Hinsicht: 2222

Dem *Verfassungsreferendum* wird ein grosser Einfluss auf die Staatsentwicklung zugeschrieben, vor allem weil jede neue Bundeskompetenz einer Verfassungsänderung bedarf. 2223

Die Änderungsvorlagen der Bundesversammlung wurden bisher in mehr als einem Viertel der Fälle abgelehnt. 2224

Diese Bremswirkung des *obligatorischen Referendums*, verbunden mit dem oft bescheidenen Innovationsgehalt der Vorlagen selbst, führte zu einer späten Entwicklung vieler Bundesaufgaben im Bereich der Wirtschafts- und Sozialpolitik, zu einer im internationalen Vergleich tiefen Staatsquote, begrenzten Bundeszuständigkeiten 2225 und einer relativ bescheidenen Bundesverwaltung, aber auch zu einer zögerlichen Aussenpolitik.

2226 Das *fakultative Referendum* zwingt einerseits die fallweisen Koalitionen der Konkordanz zur *Annäherung an den Status quo*. Regierung und Parlament tendieren dahin, eine Vorlage möglichst «referendumsresistent» auszugestalten, um eine Referendumsabstimmung unwahrscheinlich zu machen. Denn ein breiter Konsens in der Bundesversammlung und unter den Parteien und Verbänden minimiert das Risiko der Ergreifung eines Referendums.

2227 Nur gegen rund 7 Prozent aller referendumspflichtigen Erlasse wird das Referendum auch wirklich ergriffen. Als Urheber der Referenden erscheinen Gruppen, die ihre Interessen zu wenig berücksichtigt sehen und sich Chancen auf einen für sie positiven Ausgang der Volksabstimmung ausrechnen. In Frage kommen (und kamen bislang) Parteien (auch Regierungsparteien!), Verbände, NGOs und soziale Bewegungen sowie sonstige Interessengruppen.

2228 Anderseits zielt ein Erfolg in der Referendumsabstimmung auf die integrale *Beibehaltung des Status quo*. Wenn das Referendum wegen der ausgefeilten Konkordanzmechanismen auch selten ergriffen wird, so erscheinen dessen Erfolgschancen in einer tatsächlichen Volksabstimmung als gut.

2229 In etwa 52 Prozent aller Referendumsabstimmungen obsiegen die Anhänger des Referendums. Insgesamt war bislang das Referendum, bezogen auf alle referendumspflichtigen Beschlüsse der Bundesversammlung, in rund 4 Prozent der Fälle erfolgreich.

2230 Wichtig erscheinen die *Integrationswirkungen* des Referendums, und zwar nicht nur für die längerfristige Einbindung aller politischen Kräfte, wie sie in der Schweizer Geschichte festzustellen ist, sondern auch bezüglich der einzelnen Entscheidungen. Es erzwingt Kompromisse, lässt Partizipation auch von Minderheitskräften real werden, löst Lernprozesse aus und verteilt die Gewinner- und Verliererrolle auf wechselnde Schultern.

IV. Unterschriftenzahlen und Sammelfristen

a. Regelung

2231 Für die Ausübung der Volksrechte ist es von zentraler Bedeutung, unter welchen Voraussetzungen eine Volksinitiative oder ein fakultatives Referendum ergriffen werden kann. Massgebend dafür ist einerseits die für das Zustandekommen notwendige *Anzahl Unterschriften* sowie anderseits die *Frist für die Sammlung der Unterschriften.*

2232 Seit 1977 werden für eine Volksinitiative 100 000 und für ein fakultatives Referendum 50 000 Unterschriften von Stimmberechtigten verlangt.

2233 Die Unterschriften für eine Volksinitiative müssen innert 18 Monaten, die Unterschriften für ein fakultatives Referendum innert 100 Tagen gesammelt werden. Ein fakultatives Referendum kommt auch auf Verlangen von acht Kantonen zustande (vgl. zu den näheren Modalitäten siehe Art. 67–67b BPR). Art. 141 Abs. 1 BV verwendet den Begriff «Kantone» und nicht «Stände», wodurch klar gestellt wird, dass hier – anders als bei Abstimmungen von Volk und Ständen – die Kantone mit einer halben Standesstimme als ganze Stimme gezählt werden.

> Während die Anzahl nötiger Unterschriften schon immer in der BV verankert war, wurden die Sammelfristen früher nur im Gesetz festgeschrieben; sie sind erst mit der Änderung der BV vom 9. Februar 2003 (unverändert) in die BV aufgenommen worden.

2234

b. Abgelehnte Reformen

> Der Bundesrat wollte mit seinem Entwurf vom 20. November 1996 für eine «Reform der Volksrechte» die notwendigen Unterschriftenzahlen für die Volksinitiative auf 150 000 und für das fakultative Referendum auf 100 000 erhöhen. Das Junktim zwischen dieser Erhöhung der Hürden zur Nutzung der Volksrechte und den vorgeschlagenen Erweiterungen der direktdemokratischen Instrumente (insb. die wohl nicht in Kraft tretende Allgemeine Volksinitiative, vgl. Rz. 2172 ff.; das Finanz- und Verwaltungsreferendum, siehe Rz. 2216) führte im Parlament zum Scheitern der Vorlage (BBl 1996 I, 436, Nichteintreten des Nationalrates am 9. Juni 1999 und des Ständerates am 30. August 1999).

2235

> Der Ständerat gab aber einer parlamentarischen Initiative Folge, welche eine *Beseitigung von Mängeln der Volksrechte* verlangte. Danach sollten die konsensfähigen Vorschläge des Bundesrates wieder aufgenommen werden. Die SPK SR legte dem Rat mit Bericht vom 2. April 2001 den Entwurf eines «Bundesbeschlusses über die Änderung der Volksrechte» vor (BBl 2001, 4803). Volk und Stände haben am 9. Februar 2003 diesem Bundesbeschluss zugestimmt.

2236

> In diesem neuen Anlauf wurden die vorgeschlagenen Neuerungen nicht als Ausbau, sondern als «Verfeinerung des Instrumentariums» gewertet. Folglich konnte auf das Junktim mit der Erhöhung der Unterschriftenzahlen verzichtet werden. Die neue Analyse der SPK war zur Einsicht gelangt, dass trotz der Erhöhung der Anzahl der Stimmberechtigten die Lancierung von Initiativen und Referenden nicht einfacher, sondern aufgrund verschiedener Entwicklungen (insb. die Einführung der brieflichen Stimmabgabe, wodurch das Stimmlokal als Sammelort nicht mehr attraktiv ist) schwieriger oder jedenfalls kostspieliger geworden ist.

2237

V. Volksabstimmungen

a. Volksmehr

Vorlagen der Bundesversammlung, die dem Volk zur Abstimmung unterbreitet werden, sind angenommen, wenn die Mehrheit der Stimmenden sich dafür ausspricht (Art. 142 Abs. 1 BV).

2238

> An Abstimmungen auf Bundesebene nehmen rund 40 Prozent der Stimmberechtigten (mit Schwankungen zwischen 30 und 70 Prozent) teil, also weniger als die

2239

Hälfte. Diese setzt sich jedoch nicht aus einer konstanten «Minderheit» zusammen, sondern aus regelmässigen Urnengängern (rund 26 Prozent), gelegentlich und unregelmässig Teilnehmenden (rund 56 Prozent) und Abstinenten (rund 18 Prozent). Die überwiegende Mehrheit der Stimmberechtigten nimmt also ihr Partizipationsrecht wahr, wenn auch je nach Pflichtbewusstsein, Attraktivität der Vorlage oder subjektiver Betroffenheit in unterschiedlichem Ausmass.

2240 Die eine Abstimmung entscheidende Mehrheit wird im allgemeinen Sprachgebrauch als «Volk» bezeichnet, so wenn etwa gesagt wird, «das Volk» oder «der Souverän» habe entschieden. In Tat und Wahrheit beträgt die letztlich den Ausschlag gebende Mehrheit bei Urnenabstimmungen zwischen 12 und 22 Prozent der Wohnbevölkerung, stellt also eine (kleine) Minderheit des Volkes dar. Die (halbdirekte) Demokratie geht also davon aus, dass der partizipierende Teil des Volkes das Gesamtvolk zu «repräsentieren» vermag.

2241 Nach den Ergebnissen der Abstimmungsforschung nehmen die verschiedenen *Gesellschaftsschichten* aber nicht in gleichem Umfang an den Abstimmungen teil, was zu Problemen der obgenannten Repräsentativität der obsiegenden Mehrheiten führen kann. So beteiligen sich untere soziale, berufliche und Bildungsschichten umso weniger an Abstimmungen, je anspruchsvoller das Verfahren und die zu beurteilenden Themen sind. Keinen Einfluss auf die Stimmbeteiligung hat demgegenüber ein zu erwartendes knappes Abstimmungsergebnis.

2242 Eine Volksabstimmung kostet den Bund rund 7,5 Mio. CHF. Hinzu kommen die bei den Kantonen und Gemeinden anfallenden Kosten.

2243 Die *Legitimität von Mehrheitsentscheidungen* basiert einerseits auf freien und fairen Verfahren der Meinungsbildung, auf deliberativen Auseinandersetzungen, anderseits aber auch auf der Vorläufigkeit und Revidierbarkeit des Entschiedenen, die auch unterlegenen Minderheiten oder nicht am Willensbildungsprozess Partizipierenden die Chance der Neubewertung und Revision offen hält.

b. Volks- und Ständemehr

2244 Wird eine Vorlage der Bundesversammlung Volk und Ständen zur Abstimmung vorgelegt, so braucht es zu deren Annahme sowohl eine Mehrheit der an der Abstimmung teilnehmenden Stimmberechtigten als auch eine Mehrheit der Stände (Art. 142 Abs. 2 BV). Das Ergebnis der Volksabstimmung im einzelnen Kanton gilt als dessen Standesstimme (Art. 142 Abs. 3 BV).

2245 Die BV verwendet den Begriff der «Stände» nur in diesem Zusammenhang; im Übrigen werden die Gliedstaaten Kantone genannt.

2246 Sechs Kantonen kommt nur eine halbe Standesstimme zu: Obwalden und Nidwalden, Basel-Stadt und Basel-Landschaft, Appenzell Innerrhoden und Appenzell Ausserrhoden (Art. 142 Abs. 4 BV). Eigentliche *«Halbkantone»* kennt die geltende BV *nicht* mehr.

2247 Mit der Einrichtung des Doppelreferendums kann es vorkommen, dass *Volks – und Ständemehr auseinanderklaffen,* womit die Vorlage gescheitert ist. Dies ist bisher 11 Mal vorgekommen; acht Vorlagen scheiterten am Ständemehr (inkl. ein sog.

Ständepatt), 3 am Volksmehr. Es kommt also häufiger vor, dass das Veto der Kantone eine Volksmehrheit überstimmt, als umgekehrt.

> Im Doppelreferendum ist eine Spannung zwischen Demokratieprinzip und Föderalismus angelegt. Sollten in Zukunft vermehrt Vorlagen am Ständemehr scheitern, obwohl ein deutliches Volksmehr erreicht wird, könnte die Diskussion über den Stellenwert des Demokratieprinzips aufleben. 2248

> Bei der Ermittlung des Ständemehrs wiegen die Stimmen von Angehörigen kleiner Kantone weit mehr als diejenigen grosser Stände (zB. entspricht diejenige einer Urnerin 31 Zürcherstimmen ...). Daraus ergibt sich eine *theoretische Sperrminorität* (minimaler Stimmenanteil aller Stimmberechtigten, die für das verwerfende Ständemehr in den 11,5 kleinsten Kantonen erforderlich sind) von 9 Prozent der Stimmberechtigten! Die kleinste reale Sperrminorität betrug allerdings 44,6 % der Stimmenden (Anteil Nein-Stimmen bei der am 15. November 1970 mit 13 : 9 Standesstimmen abgelehnten Bundesfinanzordnung; in diesem Fall wurde ein faktisches Volksmehr von 55 % benötigt; vgl. auch die Nachweise bei LINDER, 179). 2249

> Diese infolge der wachsenden Mobilität akzentuierte föderalistische Repräsentation hat uU. bedeutsame Auswirkungen. So bewirkt die konstante ablehnende Haltung von ländlichen Kleinkantonen bei aussenpolitischen Vorlagen, dass diese ein Volksmehr von ca. 53–55 % erreichen müssen, um auch die Hürde des Ständemehrs zu schaffen. 2250

c. Abstimmung über Initiative und Gegenentwurf

Wird einer Initiative ein Gegenentwurf gegenübergestellt, so stimmen Volk und Stände gleichzeitig über beide ab (Art. 139b Abs. 1 BV). Die Stimmberechtigten haben das Recht, beiden Vorlagen zuzustimmen (*System des «doppelten Ja»*). Dabei können sie in der Stichfrage angeben, welcher Vorlage sie den Vorrang geben, falls beide angenommen würden (Abs. 2). Die früher auf Verfassungsstufe geregelten Details sind nun in Art. 76 BPR enthalten. 2251

> Werden beide Vorlagen angenommen, entsteht bei der Beantwortung der Stichfrage uU. ein Gegensatz zwischen Volks- und Ständemehr. Gemäss Art. 139b Abs. 3 BV tritt diejenige Vorlage in Kraft, «bei welcher der prozentuale Anteil der Volksstimmen und der prozentuale Anteil der Standesstimmen in der Stichfrage die grössere Summe ergeben». 2252

d. Vote électronique

Literatur

AUER ANDREAS/VON ARX NICOLAS, La légitimité des procedures de vote: Les défis du e-voting, AJP 2002, 491 ff.; FORSCHUNGSINSTITUT GFS BERN, Das Potential der elektronischen Stimmabgabe, Studie verfasst im Auftrag der Bundeskanzlei, Bern 2005; MURALT MÜLLER HANNAH/AUER ANDREAS/KOLLER THOMAS (Hrsg.), E-Voting: Tagung 2002 für Informatik und Recht, Bern 2003.

Seit dem Jahr 2003 werden in den Kantonen Genf, Neuenburg und Zürich unter Aufsicht des Bundes Pilotversuche zur elektronischen Stimmabgabe, der sog. Vote électronique, durchgeführt. Bis zum 1. März 2008 wurden insgesamt 11 Abstimmungen 2253 versuchsweise per Internet durchgeführt. Die Grundlage dafür wurde 2002 durch die Bundesversammlung mit Art. 8a BPR und Art. 27a–27q VPR geschaffen. Auf Stufe der Kantone hat der Kanton Genf in der Volksabstimmung vom 8. Februar 2009 die Möglichkeit der elektronischen Stimmabgabe in der Kantonsverfassung verankert.

2254   Unter Vote électronique wird in der Schweiz das sog. Remote Electronic Voting verstanden, welches die Stimmabgabe über Internet, SMS und weitere elektronische Datenkommunikationswege vorsieht. Daneben gibt es die Möglichkeiten von elektronischen Wahlmaschinen mit Touchscreens und das Kiosk Voting, welche in der Schweiz aufgrund der brieflichen Stimmabgabe aber nur eine untergeordnete Rolle spielen.

2255   Der Bundesrat hat sich für eine etappenweise Einführung des Vote électronique ausgesprochen. In einem ersten Schritt geht es um die Realisierung von elektronischen Volksabstimmungen, erst später soll die elektronische Stimmabgabe bei Wahlen und als letztes die elektronische Unterzeichnung von eidgenössischen Volksbegehren sowie von Wahlvorschlägen folgen (vgl. BBl 2006, 5459). Die schweizweite Einführung bringt relativ hohe Kosten mit sich, welche zum Grossteil bei Kantonen und Gemeinden anfallen.

2256   Das Internet als Medium birgt beträchtliche Sicherheitsrisiken. Der Bundesrat hält in seinem Bericht fest, dass als Referenzwert für Sicherheit die briefliche Stimmabgabe dient, welcher in den laufenden Pilotversuchen sogar noch übertroffen wurde (BBl 2006, 5459).

2257   Mit dem E-Voting soll die Stimmabgabe der heute mobilen Gesellschaft angepasst werden; vor allem den Auslandschweizern wird diese Möglichkeit zu Gute kommen. Bei der schweizerischen Wohnbevölkerung wird elektronische Stimmabgabe hauptsächlich die jüngere und erwerbstätige Bevölkerungsschicht ansprechen. Eine Erhöhung der Stimmbeteiligung wird sich jedoch aller Voraussicht nicht ergeben, da in erster Linie die briefliche Stimmabgabe verdrängt werden dürfte. Grundsätzlich sollte das elektronische Abstimmungsverfahren möglichst transparent und nachvollziehbar ausgestaltet sein, um sich als gleichwertige Alternative zur brieflichen Stimmabgabe und zum Urnengang etablieren zu können. In Umfragen wurde auch das fehlende Vertrauen in die Sicherheit der elektronischen Systeme als Grund angegeben, weiterhin auf althergebrachte Weise abzustimmen.

VI. Übersicht über die politischen Rechte auf Bundesebene

a.   Wahlen

2258   1. Wahl des Nationalrates: Art. 149 Abs. 2 BV

2. Passives Wahlrecht in Nationalrat, Bundesrat und Bundesgericht: Art. 143 BV

b.   Referendumsabstimmungen

2259   1. Obligatorisches Verfassungsreferendum:

– Art. 140 Abs. 1 Bst. a BV (Verfassungsänderungen; Volk und Stände); Art. 140 Abs. 2 Bst. a BV: (Volksinitiativen auf Totalrevision der Verfassung; Volk)

- Art. 140 Abs. 1 Bst. b BV (Beitritt zu gewissen internationalen Organisationen; Volk und Stände)
- Art. 140 Abs. 1 Bst. c BV iVm. Art. 165 Abs. 3 BV (dringlich erklärte, verfassungsübersteigende Bundesgesetze innerhalb eines Jahres nach Inkrafttreten; Volk und Stände)

2. Fakultatives Gesetzesreferendum: Art. 141 Abs. 1 Bst. a BV (Volk)
3. Fakultatives Referendum bei verfassungskonformen dringlichen Bundesgesetzen: Art. 141 Abs. 1 Bst. b BV, Art. 165 Abs. 2 BV
4. Fakultatives Referendum bei Bundesbeschlüssen: Art. 141 Abs. 1 Bst. c BV, Art. 173 Abs. 1 Bst. h BV
5. Obligatorisch-fakultatives Staatsvertragsreferendum: Art. 141 Abs. 1 Bst. d BV (Volk)
6. Obligatorische Vorabstimmung bei Volksinitiativen auf Totalrevision der BV: Art. 138 Abs. 2 BV, Art. 140 Abs. 2 Bst. a, Art. 193 Abs. 2 und Abs. 3 BV (Volk)
7. Obligatorische Vorabstimmung auf Totalrevision der BV, wenn Räte uneinig: Art. 140 Abs. 2 Bst. c, Art. 193 Abs. 2 BV (Volk)
8. Obligatorische Vorabstimmung bei Volksinitiativen auf Teilrevision der BV (allgemeine Anregung), wenn Bundesversammlung ablehnt: Art. 139 Abs. 4 BV, Art. 140 Abs. 2 Bst. b BV (Volk)

c. Unterzeichnung von Volksbegehren

1. Wahlvorschlag bei Nationalratswahl: Art. 24 f. BPR (zwischen 100 und 400; je nach Anzahl kantonaler NR-Sitze) 2260
2. Volksinitiative auf Totalrevision der BV: Art. 138 Abs. 1 BV (100 000 Unterschriften)
3. Formulierte Volksinitiative auf Teilrevision der BV: Art. 139 Abs. 1 BV (100 000 Unterschriften)
4. Fakultatives Referendum (50 000 Unterschriften):
   - Bundesgesetze: Art. 141 Abs. 1 Bst. a BV
   - verfassungskonforme, dringliche Bundesgesetze: Art. 141 Abs. 1 Bst. b BV
   - Bestimmte Bundesbeschlüsse: Art. 141 Abs. 1 Bst. c BV
   - Gewichtige Staatsverträge iSv. Art. 141 Abs. 1 Bst. d BV

d. Petitionsrecht an die Bundesversammlung

1. Petitionsrecht an die eidgenössischen Räte: Art. 33 BV; Art. 126–128 ParlG. 2261

§ 23 Gewaltengliederung

Literatur

AUER/MALINVERNI/HOTTELIER I, Rz. 1694 ff.; BIAGGINI, BV Kommentar, Vorbemerkungen Art. 143–191c; EICHENBERGER KURT, Gewaltenteilung – schweizerische Sicht, in: Müller/Rhinow/Schmid (Hrsg.), Vom schweizerischen Weg zum modernen Staat, Basel 2002, 315 ff.; GRAF MARTIN, Gewaltenteilung und neue Bundesverfassung, ZBl 2000, 1 ff.; GUT-WINTERBERGER URSULA, Der Anteil von Bundesversammlung, Bundesrat und Bundesverwaltung am Rechtssetzungsverfahren, Zürich 1986; HÄFELIN/HALLER/KELLER, Rz. 1405 ff.; HANGARTNER YVO, Parlament und Regierung, ZBl 1990, 473 ff.; MAHON PASCAL, Le principe de la séparation des pouvoirs, in: Verfassungsrecht der Schweiz, § 65; DERS., in: Petit commentaire, Titre V; MASTRONARDI PHILIPPE, Gewaltenteilung unter NPM, ZBl 1999, 449 ff.; MORAND CHARLES-ALBERT, L'évaluation des effets des mesures étatiques, in: Verfassungsrecht der Schweiz, § 71; MÜLLER GEORG, Staatsleitung und Gewaltenteilung im Bund, in: Parlament 2/05, 16 ff.; RIKLIN ALOIS, Machtteilung, Darmstadt 2006; SEILER HANSJÖRG, Gewaltenteilung, Allgemeine Grundlagen und schweizerische Ausgestaltung, Bern 1994; TSCHANNEN, Staatsrecht, § 27; DERS., Wem gehört die Verfassung? Neuer Streit um die Gewaltenteilung, ZBJV 2007, 793 ff.

I. Gliederung und Zusammenarbeit der Gewalten

a. Allgemeines

Der Bundesverfassung liegt – unausgesprochen resp. ohne explizite Verdeutlichung im Verfassungstext – eine gewaltengliedrige Organisationsstruktur zugrunde. Die Gewaltenteilung stellt ein «die ganze Verfassung durchziehendes Prinzip der Konstituierung, Rationalisierung, Stabilisierung und Begrenzung staatlicher Gewalt» (HESSE, Grundzüge, Rz. 498) im Interesse von rechtsstaatlichem Freiheitsschutz, Demokratie und Föderalismus dar. 2262

> Nach den *herkömmlichen Gewaltenteilungslehren* wird die Ausübung staatlicher Macht in Funktionen, Organe und diesen angehörige Amtsträger aufgeteilt, um auf diese Weise Macht im Interesse des Freiheitsschutzes und der Rationalisierung des staatlichen Entscheidungsprozesses zu brechen, zu bändigen und zu kontrollieren. Dementsprechend werden *funktionell* Gesetzgebung, Vollziehung und Rechtsprechung oder Rechtsetzung und Rechtsanwendung unterschieden und *organisatorisch* verschiedenen Organen zugewiesen (Gesetzgeber/Parlament, Regierung und Verwaltung, Gerichte), wobei in *personeller* Hinsicht Amtsträger nur einer dieser Organe oder Organgruppen angehören sollen. 2263

> Dieses theoretisch-abstrakte Modell ist in keinem Staatswesen umgesetzt worden (in der vorherrschenden parlamentarischen Demokratie schon gar nicht); es trägt auch auf weite Strecken *der aktuellen Staatswirklichkeit nicht (mehr) Rechnung*, weil es letztlich auf den Gesetzgebungsstaat des 19. Jahrhunderts bezogen ist und herkömmlichen wie moderneren Funktionen wie Finanzgewalt, 2264

Wahlen, Aufsicht und Kontrollen, Staatsleitung, Planung, Aussenpolitik und Vertragskompetenzen nicht Rechnung tragen kann. Es ist zudem zu sehr auf die *Teilung,* ja Trennung der Gewalten statt auf deren praktisch-politisches Zusammenwirken ausgerichtet und vermag damit auch zu wenig zu differenzieren zwischen dem Verhältnis von Parlament und Regierung einerseits sowie zwischen diesen «politischen» Behörden und der Justiz anderseits. Insofern trägt auch das tradierte «Regel – Ausnahme – Verständnis» einer (reinen) Gewaltenteilung und deren Durchbrechung(en) nicht viel zum Verständnis der geltenden Behördenorganisation bei.

2265 Für die schweizerische Demokratie blieb seit jeher das Verhältnis der *Volksrechte* (mit Einschluss der Versammlungsdemokratie auf kantonaler wie kommunaler Ebene) zur Gewaltenteilung ungeklärt.

2266 In einem *umfassenderen Sinn* ist die Idee der Auffächerung der Staatsgewalt und die wechselseitige Hemmung und Kontrolle von Organen («checks and balances») freilich ein grundlegendes Konstitutionsprinzip einer rechtsstaatlichen und föderalistischen Demokratie. Es widerspiegelt sich etwa im bundesstaatlichen Staatsaufbau, in der Milizidee, im Zweikammersystem, im Kollegialprinzip bei Leitungsorganen, in der Mitwirkung von gesellschaftlichen Organisationen (Vernehmlassungsverfahren) und parlamentarischen Kommissionen im politischen Entscheidungsprozess.

b. Gewaltengliederung im schweizerischen Verfassungsrecht

1. Geteilte und kooperierende Gewalten

2267 Der Bundesverfassung liegt ein *Modell der geteilten, aber kooperierenden Gewalten* zugrunde. Die Bestimmungen über die Zuständigkeiten von Bundesversammlung und Bundesrat in der BV zeigen anschaulich auf, dass sich die Kompetenzen beider Organe überlagern und von den beiden Institutionen gemeinsam – wenn auch aufgeteilt nach Teilfunktionen – wahrgenommen werden.

2268 Auch wenn die Bundesversammlung in erster Linie für die Gesetzgebung zuständig ist (Art. 163 ff. BV), besitzt sie kein diesbezügliches Monopol, sondern bloss eine Rechtsetzungsprärogative. Daneben kommen ihr Aufgaben zu, die eher exekutiven Charakter aufweisen. Der Bundesrat wiederum ist zwar «oberste leitende und vollziehende Behörde» (Art. 174 BV), doch sind ihm auch wichtige Zuständigkeiten zur Rechtsetzung – als «klassische Aufgabe der Legislative» – zugewiesen (Art. 182 BV: Verordnungsgebung).

2269 Ebenso wichtig wie die Zuweisung von *Entscheidungs*zuständigkeiten sind die in der BV festgeschriebenen Zuständigkeiten zur *Einwirkung* der einen Gewalt auf den Entscheidungsbereich der anderen Gewalt.

2270 Von zentraler Bedeutung ist insb. das Recht des Bundesrates, der Bundesversammlung Entwürfe zu ihren Erlassen zu unterbreiten (Initiativrecht, Art. 181 BV), zu Erlassentwürfen Abänderungsanträge zu stellen und an den Verhandlungen der Bundesversammlung und ihrer Kommissionen teilzunehmen. Diese Einwirkung des Bundesrates auf den klassischen Zuständigkeitsbereich der Bundesversammlung wurde immer als selbstverständlich erachtet.

Umgekehrt bereitete es dem Bundesrat und einem Teil der Lehre mehr Mühe, die in der Praxis ebenso selbstverständliche Einwirkung der Bundesversammlung auf den Zuständigkeitsbereich des Bundesrates anzuerkennen – ein Streit, der insbesondere durch Art. 171 BV im Sinne der Praxis entschieden wurde. Die BV bringt nun zum Ausdruck, dass bestimmte staatliche Funktionen (insb. die Planung und die Aussenpolitik) nicht nur der einen oder der anderen Gewalt zugewiesen werden können, sondern von beiden Gewalten gemeinsam wahrgenommen werden müssen.

2271

2. *Parlamentssuprematie*

Nach Art. 148 Abs. 1 BV ist die Bundesversammlung «oberste Gewalt im Bund», freilich «unter Vorbehalt der Rechte von Volk und Ständen». Damit wird dem Parlament ein Vorrang vor allen anderen Staatsgewalten eingeräumt. Diese Bestimmung bedeutet jedoch nicht, dass den staatlichen Gewalten hierarchisch abgestufte und strikt getrennte Funktionen zukommen, in dem Sinne, dass die Regierung als untergeordnete «Exekutive» bloss das allein vom Parlament als übergeordnete «Legislative» gesetzte Recht vollziehen müsste.

2272

Die von den SPK der eidgenössischen Räte im Jahre 1994 eingesetzte Expertenkommission zur Überprüfung der jeweiligen Kompetenzen von Bundesversammlung und Bundesrat (Expertenkommission Müller) hatte Bundesversammlung und Bundesrat als «gleichwertige Partner» definiert und konsequenterweise die Frage aufgeworfen, ob auf den Begriff der «obersten Gewalt» nicht verzichtet werden sollte (BBl 1996 II, 439, 443). In den Diskussionen über die Neuordnung der Beziehungen zwischen Bundesversammlung und Bundesrat in der neuen Bundesverfassung und im Parlamentsgesetz wurde diese Vorstellung gleich gestellter Organe deutlich zurückgewiesen: «Das Parlament als direktdemokratisch legitimiertes Repräsentationsorgan des Volkes und der Stände wählt die Regierung, sollte mit seiner Gesetzgebung weitgehend die Grundzüge und den Rahmen ihrer Tätigkeit bestimmen und eine wirksame Oberaufsicht über diese Tätigkeit ausüben können» (Zusatzbericht SPK, BBl 1997 III, 255).

2273

Das Gebot der demokratischen Legitimation staatlichen Handelns hat zur Folge, dass wichtige Entscheide dem Parlament vorbehalten bleiben müssen: «Das Parlament stellt demokratische Legitimität insofern her, indem es allen gesellschaftlichen Interessen gemäss ihrem Wähleranteil Möglichkeiten der Mitwirkung eröffnet. Voraussetzung demokratischer Mitwirkung ist in jedem Fall die durch das parlamentarische Verfahren ermöglichte Öffentlichkeit und Transparenz der Rechtsetzungs- und Entscheidungsprozesse» (ebenda, 254).

2274

Die BV sieht kein rechtliches «Gleichgewicht zwischen den beiden Gewalten» vor (so aber der Bundesrat in seiner Stellungnahme vom 22. August 2001 zum Entwurf des ParlG, BBl 2001, 5430). Anders als zB. im System der USA mit seinen ausgewogenen «checks and balances» verfügt die schweizerische Regierung nicht über rechtliche Instrumente, mit welchen sie ihr missliebige Parlamentsentscheide verhindern könnte. Ein eigentliches System der *Gewaltenhemmung* kennt die Schweiz nicht, da die hemmenden Befugnisse vor allem dem Parlament übertragen werden.

2275

2276 Die rechtliche Parlamentssuprematie vermag allerdings nicht zu verhindern, dass in der Praxis die Regierung häufig als effektiv gewichtigeres Organ dasteht – je nach Sachgebiet und je nach Zeitperiode der Geschichte des Bundesstaates in mehr oder minder starkem Ausmass. Das Parlament könnte aber im Rahmen der vom Gesetzgeber festzulegenden Zuständigkeitsordnung immer eingreifen. Die Idee der Machthemmung als eigentliches Ziel der Gewaltenteilung zeigt sich gerade darin: Die Regierung, die im kleinen Kollegium ohne Öffentlichkeit ihrer Entscheidungsprozesse und mit Unterstützung der ihr zur Verfügung stehenden sachkompetenten Verwaltung permanent und unmittelbar handeln kann, ist der potenziellen Gefahr eines Machtmissbrauchs eher ausgesetzt und muss daher dem Parlament letztlich nachgeordnet bleiben. Das Parlament seinerseits untersteht – dank den Volksrechten – der Kontrolle der Aktivbürgerschaft sowie derjenigen der Medien.

3. Bundesversammlung und Bundesgericht

2277 Auch das Verhältnis zwischen Parlament und oberstem Gericht ist in der Schweiz, anders als in anderen Ländern, nicht von vergleichbaren «checks and balances» geprägt. Die Mitglieder des Bundesgerichtes werden von der Bundesversammlung für eine begrenzte Amtsdauer gewählt und müssen sich der Wiederwahl stellen (Art. 168 Abs. 1 BV). Das Bundesgericht untersteht zudem der Oberaufsicht der Bundesversammlung (Art. 169 Abs. 1 BV).

2278 Die Einflussnahme des Bundesgerichts auf die Bundesversammlung ist demgegenüber beschränkt auf «kritische» und mehr oder weniger deutliche Hinweise auf «verfassungsproblematische» oder sonst änderungsbedürftige Gesetzesbestimmungen. Eine abstrakte Normenkontrolle von Bundesgesetzen besteht nicht. Im konkreten Fall kann das Bundesgericht ein Bundesgesetz zwar auf seine Verfassungsmässigkeit überprüfen, muss es aber auch im Falle seiner Verfassungswidrigkeit anwenden. Verletzt ein Bundesgesetz die EMRK, kann ihm das Bundesgericht die Anwendung im konkreten Einzelfall versagen (BGE 125 II 417 ff. und dazu Rz. 2863).

2279 Umgekehrt ist allerdings auch die Bundesversammlung gegenüber dem Bundesgericht zu grosser Zurückhaltung aufgerufen. Der mit der Justizreform in den Verfassungstext aufgenommene Grundsatz der richterlichen Unabhängigkeit (Art. 191c BV) begrenzt die Einflussnahme des Parlamentes: «Die inhaltliche Kontrolle richterlicher Entscheidungen ist ausgeschlossen» (Art. 26 Abs. 4 ParlG). Die parlamentarische Oberaufsicht beschränkt sich auf die Verwaltungsangelegenheiten des Bundesgerichts und – in Form einer Tendenzkontrolle, nicht einer Kontrolle einzelner Gerichtsentscheide – auf die Einhaltung elementarer Verfahrensgrundsätze.

2280 Mit der eigenständigen Stellung des Bundesgerichtes als einer der drei obersten Gewalten schwer zu vereinbaren war der Umstand, dass früher der Bundesrat die Anliegen des Gerichtes vor der Bundesversammlung vertreten hat (Voranschlag, Geschäftsbericht, Stellungnahme zu parlamentarischen Vorstössen, die sich auf die Verwaltung des Bundesgerichts beziehen). Mit dem Parlamentsgesetz vom 13. Dezember 2002 wurde der direkte Geschäftsverkehr zwischen Bundesversammlung und Bundesgericht eingeführt (Art. 162 ParlG). Diese

Geschäfte werden nun durch ein Mitglied des Bundesgerichtes vor den eidgenössischen Räten vertreten.

4. *Bundesrat und Bundesgericht*

Auch im Verhältnis von Bundesrat und Bundesgericht ist die Gewaltenhemmung einseitig ausgestaltet: sie steht ausschliesslich dem Bundesgericht bzw. dem Bundesverwaltungsgericht zu, und zwar im Rahmen seiner justizförmigen Kontrolle (Verwaltungsgerichtsbarkeit, Art. 31 ff. VGG; akzessorisches Prüfungsrecht von bundesrätlichen Verordnungen). 2281

Faktisch nehmen Bundesrat und Bundesversammlung auch Einfluss auf die Justiz, etwa bei der Rechtsetzung im Rechtspflegebereich oder beim Budget. 2282

II. Unvereinbarkeiten

Literatur

BEELER WERNER, Personelle Gewaltentrennung und Unvereinbarkeit in Bund und Kantonen, Zürich 1983; BUFFAT MALEK, Les incompatibilités: étude de droit fédéral et cantonal, Lausanne 1987.

Die wichtigsten Unvereinbarkeitsregelungen für die Bundesbehörden betreffen die *personelle* oder subjektive *Gewaltenteilung*; sie sind in der Verfassung (Art. 144 BV) statuiert. 2283

So dürfen die Mitglieder der obersten Bundesbehörden, Bundesversammlung, Bundesrat und Bundesgericht, nur je einer dieser Behörden angehören (Art. 144 Abs. 1 BV). Den Mitgliedern des Bundesrates und den (vollamtlichen) Mitgliedern des Bundesgerichts ist es zudem untersagt, ein anderes Amt des Bundes oder des Kantons zu bekleiden. Sie dürfen auch keiner anderen Erwerbstätigkeit nachgehen (Abs. 2). 2284

Damit wird bezweckt, Kollisionen zwischen den Interessen des Bundesrates bzw. des Bundesgerichts und den Interessen aus anderen beruflichen Tätigkeiten zu verhindern und dadurch die Unabhängigkeit dieser beiden Behörden zu wahren. 2285

Art. 144 BV regelt die Unvereinbarkeiten nicht abschliessend. Das Gesetz kann weitere Unvereinbarkeiten vorsehen (Abs. 3). 2286

In der geltenden BV nicht mehr enthalten ist die Regelung, wonach vom Bundesrat oder ihm nachgeordneten Amtsstellen gewählte Beamte nicht im Nationalrat sitzen dürfen (vgl. Art. 77 aBV). Dabei ging es nicht um eine Herabstufung der bisherigen Bestimmung auf Gesetzesebene, sondern die Unvereinbarkeit für Bedienstete des Bundes sollte neu geregelt werden. 2287

Gemäss Art. 14 ParlG (Bst. c, e und f) dürfen der Bundesversammlung nicht angehören ua. das *Personal der zentralen und dezentralen Bundesverwaltung*, der Parlamentsdienste und der eidgenössischen Gerichte sowie die *Mitglieder geschäftsleitender Organe von Organisationen ausserhalb der Bundesverwal-* 2288 *tung und Personen, die den Bund in solchen vertreten*, sofern diese Organisationen mit Verwaltungsaufgaben betraut sind und dem Bund eine beherrschende Stellung zukommt. Durch die Änderung von Art. 14 Bst. c ParlG vom 23. März 2007 wurde präzisiert, dass Mitglieder von ausserparlamentarischen Kommissionen mit Entscheidkompetenzen der Bundesversammlung nicht angehören dürfen; umgekehrt können Ratsmitglieder nach wie vor in bloss beratenden Kommissionen mitwirken. Aufgrund der weitgefassten Regelung mussten die Büros der Räte bereits 2006 «Auslegungsgrundsätze» erlassen (BBl 2006, 4043), damit die Ratsmitglieder abschätzen können, welche Tätigkeiten bei bundesnahen Organisationen oder Unternehmungen zu Interessen- und Loyalitätskonflikten mit dem parlamentarischen Mandat führen können.

2289 Die mit dem Parlamentsgesetz erheblich verschärfte personelle Gewaltentrennung ist auf Kritik gestossen. In vielen konkreten Anwendungsfällen ist tatsächlich schwer ersichtlich, inwiefern die freie Mandatsausübung eines Ratsmitglieds durch eine neu unvereinbar gewordene Tätigkeit behindert werden könnte. Zudem wird argumentiert, dass das «Milizparlament» (vgl. zu diesem fragwürdigen Begriff Rz. 2472) auf Synergieeffekte zwischen den parlamentarischen und anderen Tätigkeiten seiner Mitglieder angewiesen sei. Und es sei zudem nicht begründbar, dass ein Ratsmitglied zwar zB. im Verwaltungsrat einer Grossbank, nicht aber im Stiftungsrat des Nationalfonds für Wissenschaft und Forschung Einsitz nehmen darf.

2290 Die Unvereinbarkeitsregelung gilt auch für den Ständerat. Der Ständerat ist ebenfalls eine Bundesbehörde; doch durften ihm früher Bundesbeamte angehören. Ein Chefbeamter kann als Mitglied des National- wie des Ständerates in einen Konflikt zwischen freier Mandatsausübung und Loyalität gegenüber der vorgesetzten Departementsvorsteherin geraten.

III. Gewaltengliederung als verfassungsmässiges Recht

2291 Nach konstanter Praxis des Bundesgerichts enthält das Demokratiegebot von Art. 51 Abs. 1 BV (vormals Art. 6 Abs. 2 Bst. a aBV) auch das Prinzip der Gewaltenteilung, das damit allen Kantonen quasi bundesrechtlich vorgeschrieben wird.

2292 Das Gericht geht davon aus, der Grundsatz werde durch sämtliche Kantonsverfassungen «explizit oder implizit» anerkannt. Sein Inhalt ergebe sich aber aus dem kantonalen Recht (BGE 127 I 145, 148; 134 I 313, 317).

2293 Diese Auffassung erscheint fragwürdig, soweit sie über die Garantie richterlicher Unabhängigkeit hinausgeht. Das Bundesgericht greift damit ohne verfassungsrechtliche Legitimation in die Organisationsautonomie der Kantone ein, denn die Ausgestaltung der Demokratie lässt verschiedene Ausprägungen zu.

2294 Das Bundesgericht anerkennt zudem das Prinzip der «Gewaltentrennung» als verfassungsmässiges Individualrecht des Einzelnen (BGE 134 I 313, 317; 131 I 291, 297; 128 I 116, 329; 127 I 60, 63). Bei der Beurteilung des Grundsatzes prüft das Gericht die Auslegung des kantonalen Verfassungsrechts frei, jene des Gesetzesrechts unter dem Gesichtswinkel der Willkür (BGE 134 I 313, 317; 130 I 5; 128 I 116, 330; 127 I 145, 148).

> Das Gewaltenteilungsprinzip wird vor allem angerufen, um geltend zu machen, ein untergeordnetes Gesetzgebungsorgan (zB. das Parlament; BGE 128 I 331), vor allem aber die kantonale Regierung habe ihre Rechtsetzungskompetenz überschritten, insbesondere Verordnungen erlassen oder auch Verfügungen getroffen, die durch keine Delegationsnorm gedeckt sind (BGE 121 I 26, 28; 125 I 176; vgl. RENÉ RHINOW/HEINRICH KOLLER/CHRISTINA KISS, Öffentliches Prozessrecht und Justizverfassungsrecht des Bundes, Basel 1996, Rz. 1826).

2295

IV. Grundprobleme der Gewaltengliederung

In einer zusammenfassenden Sicht ist festzuhalten, dass der Erkenntniswert eines «hinter» oder «über» dem positiven schweizerischen Verfassungsrecht stehenden, allgemeinen Prinzips der Gewaltengliederung nicht überschätzt werden darf. Das Prinzip ist letztlich auf die *Rechtsetzung zugeschnitten*, stösst aber schon hier auf enge *Grenzen*, da sich diese heute als «pluraler Schöpfungsakt» (KURT EICHENBERGER) erweist und ohne prägende Mitwirkung von Regierung und Verwaltung (vor allem durch das Vorverfahren und die Verordnungsgebung) nicht mehr vorstellbar erscheint.

2296

> Das Prinzip blendet auch aus, dass jede Organisation, auch das Gemeinwesen, auf die Erreichung von Zielen hin angelegt ist, die ihm in der Verfassung vorgegeben werden. Nur diese *Finalität legitimiert die Errichtung von «Herrschaft»*. Das berechtigte und notwendige Anliegen der Eindämmung von Macht im Interesse des Freiheitsschutzes und der Rationalisierung von Entscheidungsprozessen steht in einem Spannungsverhältnis zum Verfassungsgebot, dass die staatlichen Organe insgesamt in der Lage sein müssen, «richtige», dh. an der Verfassung ausgerichtete, demokratisch abgestützte und vom Volk nachvollziehbare und akzeptierbare, effektive und effiziente, rechtzeitige Entscheidungen zu treffen.

2297

Das allgemeine Prinzip der Gewaltengliederung passt zudem nicht auf die schweizerische Traditionslinie der *direkten Demokratie* (Versammlungsdemokratie in der Form der Gemeindeversammlung oder der Landsgemeinde). Das in Sachentscheidungen einbezogene (Stimm-)Volk entzieht sich der Organgliederung und steht insofern «über» den staatlichen Organen (aber nicht über der Verfassung!).

2298

> Dass wichtige Staatsfunktionen nicht ins Prokrustesbett der Gewaltengliederung zu pressen sind, ist bereits dargelegt worden (vorne Ziff. I a). Vor allem bei der Wahrnehmung der Aussenpolitik verteilt die BV die Befugnisse auf Bundesversammlung und Bundesrat nicht nach überlieferten Regeln, sondern nach den Aspekten der *Organeignung* und vor allem der *demokratischen Legitimation*.

2299

§ 24 Bundesversammlung

Literatur

AUBERT JEAN-FRANÇOIS, Die Schweizerische Bundesversammlung von 1848 bis 1998, Basel/Frankfurt a. M. 1998; DERS., in: Petit commentaire, Art. 148–173; AUER/MALINVERNI/HOTTELIER I, Rz. 63–121; BIAGGINI, BV Kommentar, Vorbemerkungen zu Art. 143–191c; DERS., BV Kommentar, Vorbemerkungen zu Art. 148–173; EICHENBERGER KURT, Die oberste Gewalt im Bund, Zürich 1949; HÄFELIN/HALLER/KELLER, § 1438–1616; JEGHER ANNINA, Bundesversammlung und Gesetzgebung, Bern/Stuttgart/Wien 1999; LÜTHI RUTH, Das Parlament, in: Schweizer Politik, 131 ff.; MASTRONARDI PHILIPPE, in: St. Galler Kommentar, Vorbemerkungen zu Art. 143–191c; DERS., in: St. Galler Kommentar, Vorbemerkungen zu Art. 148–173; POLEDNA THOMAS, Wahlrecht im Bund, in: Verfassungsrecht der Schweiz, 363 ff.; RIKLIN ALOIS, Die Funktionen des schweizerischen Parlaments im internationalen Vergleich, Zeitschrift für Parlamentsfragen, 1977, 368 ff.; SÄGESSER THOMAS (Hrsg.), Die Bundesbehörden: Bundesversammlung, Bundesrat, Bundesgericht: Kommentar, Beiträge und Materialien zum 5. Titel der schweizerischen Bundesverfassung, Bern 2000 (zit. Bundesbehörden); SANTSCHY ANTOINE, Le droit parlementaire en Suisse et en Allemagne, Neuchâtel 1982; TSCHANNEN, Staatsrecht, § 30–34; VON WYSS MORITZ, Maximen und Prinzipien des parlamentarischen Verfahrens, Zürich 2000; WIESLI RETO/LINDER WOLF, Repräsentation, Artikulation und Durchsetzung kantonaler Interessen im Ständerat und Nationalrat, Studie im Auftrag der Parlamentsdienste der Schweizerischen Bundesversammlung, Bern 2000; ZIMMERLI ULRICH, Bundesversammlung, in: Verfassungsrecht der Schweiz, 1027 ff.; zahlreiche Beiträge zum Parlamentsgesetz in LeGes 2003/2.

Aufgaben und Zuständigkeiten

a. Repräsentation des Volkes und der Kantone

1. Zweikammersystem

Literatur

AUBERT JEAN-FRANÇOIS, in: Petit commentaire, Art. 148, Rz. 6 ff.; BIAGGINI, BV Kommentar, Art. 148, Rz. 6 ff.; HEGER MATTHIAS, Deutscher Bundesrat und Schweizer Ständerat: Gedanken zu ihrer Entstehung, ihrem aktuellen Erscheinungsbild und ihrer Rechtfertigung, Berlin 1990; HUBER-HOTZ ANNEMARIE, Das Zweikammersystem, Anspruch und Wirklichkeit, in: Parlamentsdienste (Hrsg.), Das Parlament – «Oberste Gewalt des Bundes»?, Bern 1991, 165 ff.; JAAG TOBIAS, Die Zweite Kammer im Bundesstaat, Zürich 1976; MASTRONARDI PHILIPPE, in: St. Galler Kommentar, Art. 148, Rz. 16 ff.; SPENLÉ CHRISTOPH ANDRÉ, Das Kräfteverhältnis der Gliedstaaten im Gesamtgefüge des Bundesstaats unter besonderer Berücksichtigung des Konzepts des schweizerischen Zweikammersystems, Basel 1999; VATTER ADRIAN, Der Ständerat: Wirkungsweise und Reformansätze, in: VATTER ADRIAN (Hrsg.), Föderalismusreform. Wirkungsweise und Reformansätze föderativer Institutionen in der Schweiz, Zürich 2006, 40 ff.

Der schweizerische Parlamentarismus wird vom Zweikammersystem (Bikameralismus) geprägt; die Bundesversammlung besteht aus dem Nationalrat und dem 2300

Ständerat (vgl. Art. 148 Abs. 2, Art. 149, 150 und Art. 156 BV). Die grundlegende Funktion eines Parlamentes ist in der Repräsentation («Vertretung») des Volkes zu sehen. Weil der Bundesstaat auf den beiden Legitimationssäulen des *Volkes* und der *Gliedstaaten* beruht, soll die Bundesversammlung eine *doppelte Repräsentation* gewährleisten:

2301 Der *Nationalrat* besteht aus «200 Abgeordneten des Volkes» (Art. 149 BV). Unter «Volk» ist aus Gründen der demokratischen Legitimation die *Gesamtbevölkerung* der Schweiz (nicht nur die Stimmberechtigten) zu verstehen.

2302 Die 200 Sitze des Nationalrates werden nach der Bevölkerungszahl auf die einzelnen Kantone verteilt, so dass eine einigermassen proportionale Vertretung der schweizerischen Gesamtbevölkerung erreicht wird. Jeder Kanton bildet einen Wahlkreis und hat Anspruch auf mindestens einen Sitz.

2303 Der *Ständerat* umfasst «46 Abgeordnete der Kantone» (Art. 150 BV). Diese werden heute alle in Volkswahlen bestimmt (seit im Jahre 1977 der Kanton Bern als letzter Kanton von der Parlamentswahl zur Volkswahl übergegangen ist).

2304 Die Repräsentation der Kantone durch den *Ständerat* (föderalistische Legitimation) äussert sich darin, dass jeder Kanton unabhängig von seiner Bevölkerungsstärke mit derselben Anzahl von zwei (im Falle der Kantone mit halber Standesstimme mit einer) Abgeordneten im Rat vertreten ist. Der Ständerat sichert damit – zusammen mit dem Ständemehr bei Verfassungsabstimmungen – die Mitwirkung der gleichwertigen Gliedstaaten am bundesstaatlichen Entscheidungsprozess.

2305 Nach welchem Verfahren, zu welchem Zeitpunkt und auf welche Amtsdauer die Mitglieder des Ständerates gewählt werden, bleibt den einzelnen Kantonen überlassen (Art. 150 BV). Der Ständerat kennt anders als der Nationalrat folglich keine Gesamterneuerung und keine Legislaturperiode.

2306 Mit Ausnahme von Appenzell Innerrhoden wählen alle Kantone ihre Abgeordneten gleichzeitig mit den Mitgliedern des Nationalrates, und zwar ebenfalls auf vier Jahre. In der parlamentarischen Praxis lehnt sich der Ständerat zudem an die nationalrätliche Legislaturperiode an. So werden etwa die Mitglieder der Kommissionen für eine mit der Legislaturperiode identische Amtsdauer von vier Jahren gewählt.

2307 Die Repräsentation der Kantone ist freilich eine politische, mittelbare; das sog. Instruktionsverbot (Art. 161 BV), wonach die Ratsmitglieder «ohne Weisungen» stimmen, gilt auch für den Ständerat. Heute werden im «Stöckli», wie der Rat oft genannt wurde, vor allem auch Anliegen der verschiedenen *Regionen*, unterschiedlicher (Sprach-)*Minderheiten*, der Berggebiete und in jüngster Zeit vermehrt auch der Grossagglomerationen geltend gemacht.

2308 Nach der Untersuchung von WIESLI/LINDER sehen sich die Mitglieder des Ständerates – anders als diejenigen des Nationalrates – subjektiv als Vertreter ihrer Kantone. Eigentliche Föderalismusanliegen werden aber im Nationalrat ebenso häufig vorgebracht wie im Ständerat.

2309 Zusammensetzung und *Arbeitsstil des Ständerates* werden ua. dadurch geprägt, dass die Kantone mit einer Ausnahme (Jura) ihre Abordnung im Ständerat nach dem *Majorzverfahren* wählen. Dies führt einerseits dazu, dass im Ständerat grössere (insbesondere parteipolitische) Minderheiten eines Kantons idR. nicht vertreten (oder «untervertreten», wie beispielsweise die SP und die SVP) sind; andererseits kann es aber auch dazu kommen, dass Kandidaten trotz der Zugehörigkeit zu einer Minderheitspartei dank ihrer Persönlichkeit in den Ständerat gewählt werden.

Die politische Zusammensetzung des Ständerates hat wiederholt zu Kritik Anlass gegeben. Am 30. Januar 1992 gelangte zB. im Nationalrat ein ganzes Bukett von Reformvorschlägen zur Diskussion: Abschaffung des Ständerates, «Männerquoten» im Ständerat (je eine Frau und ein Mann aus jedem Kanton mit zwei Ständeratssitzen), Zuteilung eines dritten Ständeratssitzes an die grösseren Kantone (AB NR 1992, 148–157). Die letztgenannte Forderung möchte das Übergewicht der kleinen, idR. ländlich-konservativ orientierten Kantone vermindern. Indem die grösseren Mittellandkantone einen dritten Sitz erhielten, würde in Verbindung mit der Einführung des Proporzwahlrechts die Vertretung der Linken im Ständerat erheblich gestärkt. Die Forderung blieb aber bisher chancenlos, da damit der Grundsatz der Gleichstellung der Kantone als tragende Säule des schweizerischen Bundesstaats in Frage gestellt würde. 2310

Eine andere Kritik geht davon aus, dass die Interessenvertretung der Kantone besser gewährleistet wäre, wenn (weisungsgebundene) Mitglieder der Kantonsregierungen im Ständerat Einsitz nehmen würden (ähnlich dem Modell des deutschen Bundesrates). Eine derartige Abgeordnetenversammlung stellte aber kein Parlament im Sinne der liberalen Errungenschaften des 19. Jahrhunderts dar. Die freie Mandatsausübung durch die Parlamentsmitglieder (vgl. Art. 161 BV) ist auch Voraussetzung für die konsensgeprägte Arbeit im Parlament und vor allem in seinen Kommissionen. Die spezifische Stärke der 2. Kammer als «chambre de réflexion» müsste verloren gehen. Und die Gleichberechtigung der beiden Kammern wäre mit einem solchen Modell nicht aufrechtzuerhalten. 2311

2. *Gleichwertigkeit und Gleichberechtigung beider Kammern*

Die Repräsentation in beiden Abteilungen der Bundesversammlung ist gleichwertig: «beide Kammern sind einander gleichgestellt» (Art. 148 Abs. 2 BV). Die Bundesversammlung kann ihre Zuständigkeiten nur durch *übereinstimmenden Beschluss* beider, *getrennt tagender* Räte ausüben (Art. 156 BV). Die Räte beraten die Geschäfte idR. auch zeitverschoben. Jeder Rat bestellt seine *eigenen Kommissionen*. Die getrennte Beratung bringt einen weiteren Vorteil des Zweikammersystems mit sich: Sie fördert *Qualität und Rationalität* der parlamentarischen Arbeit, insbesondere des Gesetzgebungsverfahrens. 2312

Im Einzelnen äussert sich die Gleichberechtigung beider Kammern vor allem darin, dass ihnen die in Art. 163 ff. BV aufgezählten Kompetenzen der Bundesversammlung gleichermassen zustehen; alle Beschlüsse bedürfen der *Zustimmung beider Räte*. Je einem Viertel der Mitglieder beider Kammern steht das Recht zu, die Einberufung einer ausserordentlichen Session zu verlangen (Art. 151 Abs. 2 BV). Die Bestimmung derjenigen Kammer, welche ein Ge- 2313 schäft als erste zu behandeln hat (sog. *Erstrat*), obliegt den beiden Ratspräsidenten gemeinsam (Art. 84 ParlG).

2314 In der Praxis der beiden Räte kommt es oft vor, dass parteipolitische Auseinandersetzungen eher im Nationalrat ausgetragen werden, während im Ständerat spezifisch juristische und staatspolitische Anliegen (wie etwa Verfassungskonformität von Erlassen, Vollzugstauglichkeit, Qualität der Normierung) mehr Gewicht finden.

2315 Die *Ratskultur* der beiden Räte ist unterschiedlich; einerseits weist der Ständerat eine traditionellere Ratskultur auf als der Nationalrat, was sich etwa beim allmorgendlichen Namensaufruf (die Nationalräte tragen sich dagegen in eine Präsenzliste ein), bei der strengeren Handhabung der Bekleidungsvorschriften und beim Festhalten am Abstimmungsprozedere mit Handerheben (der Nationalrat kennt ein elektronisches System) zeigt. Anderseits finden im Ständerat idR. dialoggeprägtere Debatten statt, was der kleinen Kammer auch den Ruf einer «chambre de réflexion» eingetragen hat, und das Verhältnis der Mitglieder untereinander ist ausgesprochen kollegial. Dies ist auch auf die Kleinheit der 2. Kammer, die geringere Strukturierung der Debatten im SR im Vergleich zum NR und durch den Umstand bedingt, dass die Mitglieder des SR sitzend von ihrem Platz aus votieren, was rhetorische Höhenflüge eher zu bremsen vermag. Dennoch ist nicht zu übersehen, dass sich die wachsende parteipolitische Polarisierung der letzten 10 Jahre auch auf die Ratskultur des Ständerates negativ ausgewirkt hat.

2316 Darüber hinaus bringt das Zweikammersystem den Grundgedanken der *Machtteilung und Machthemmung* zum Ausdruck; neben die Interorgankontrolle durch die Gewaltenteilung tritt die *Intraorgankontrolle* in der Bundesversammlung. Die Mehrheiten sind in den beiden Räten häufig nicht identisch. Die Gleichstellung der Räte zwingt diese unterschiedlichen Mehrheiten, bereits errungene Positionen im *Differenzbereinigungsverfahren* wieder aufzugeben und Kompromisse zu schliessen. Der Bikameralismus fördert so Konsensmechanismen und stärkt das Konkordanzsystem.

3. Ausnahmen vom Grundsatz der Gleichstellung: die Vereinigte Bundesversammlung

2317 Der Grundsatz der Gleichstellung von National- und Ständerat gilt nicht uneingeschränkt. Die beiden Räte verhandeln gemeinsam als Vereinigte Bundesversammlung unter der Leitung des Nationalratspräsidenten, um Wahlen vorzunehmen, Zuständigkeitskonflikte zwischen den obersten Bundesbehörden zu entscheiden und Begnadigungen auszusprechen (Art. 157 BV). Die Vereinigte Bundesversammlung kann sich zudem bei besonderen Anlässen und zur Entgegennahme von Erklärungen des Bundesrates versammeln. Eine zeitlich aufeinander folgende Beratung mit allfälliger Differenzbereinigung wäre bei diesen Geschäften offensichtlich nicht zweckmässig. In der Vereinigten Bundesversammlung hat der Nationalrat wegen seiner Mitgliederzahl grösseres Gewicht als der Ständerat.

2318 Durch die Vereinigte Bundesversammlung werden die Mitglieder des Bundesrates, die Bundeskanzlerin oder der Bundeskanzler, die Mitglieder des Bundesgerichts und der General sowie weitere, durch das Gesetz bestimmte Amtsträger gewählt (Art. 168 BV). Zuständigkeitskonflikte zwischen Bundesrat und Bundesgericht kommen selten vor, da solche regelmässig in einem Meinungsaustausch zwischen diesen bereinigt werden (vgl. Art. 29 Abs. 2 BGG).

4. *Wahlvoraussetzungen*

Die Repräsentationsfunktion des Nationalrates wird durch keine *Unwählbarkeitsbestimmungen* eingeschränkt. Nach Art. 143 BV sind alle Stimmberechtigten in den Nationalrat wählbar. Anders als in anderen Ländern gelten also für das aktive und das passive Wahlrecht keine unterschiedlichen Altersgrenzen. Über die Wählbarkeit in den Ständerat entscheiden die Kantone. 2319

In der geltenden BV nicht mehr enthalten ist die frühere Einschränkung des passiven Wahlrechts auf Personen «weltlichen Standes» (Art. 75 aBV). Der Ausschluss der Geistlichen vom passiven Wahlrecht stellte ein sinnentleertes Relikt aus der Zeit des Kulturkampfes Ende des 19. Jahrhunderts und eine Diskriminierung einer bestimmten Gruppe von Bürgerinnen und Bürgern dar, welche eines demokratischen Staates unwürdig ist. Sie widersprach Art. 25 UNO-Pakt II, dem die Schweiz 1992 beigetreten ist, wonach jeder Staatsbürger und jede Staatsbürgerin das Recht hat zu wählen und gewählt zu werden (SR 0.103.2). 2320

5. *Wahlverfahren*

Literatur

AUBERT JEAN-FRANÇOIS, in: Petit commentaire, Art. 149, Rz. 6 ff.; BIAGGINI, BV Kommentar, Art. 149, Rz. 6 ff.; LANZ CHRISTOPH, in: St. Galler Kommentar, Art. 149, Rz. 4 ff.; LINDER WOLF/HIRTER HANS, Veränderte Proporzchancen und ihre Auswirkungen auf die Parteienvertretung im Schweizerischen Nationalrat, Eine Modellrechnung. Expertise erstellt im Auftrag der SPK der eidgenössischen Räte, Bern 1994; LUTZ GEORG/STROHMANN DIRK, Wahl- und Abstimmungsrecht in den Kantonen, Bern 1998; SÄGESSER THOMAS, Die Unvereinbarkeit zwischen Parlamentsmandat und der Mitgliedschaft in geschäftsleitenden oder beaufsichtigenden Organen bundesnaher Betriebe sowie der Mitgliedschaft in ausserparlamentarischen Kommissionen, Parlament 2/2007, 23 ff.; WERNLI BORIS, Les élections fédérales helvétiques, in: Schweizer Politik, Zürich 1999, 511 ff.

Die Mitglieder des Nationalrates werden in direkter Volkswahl alle vier Jahre gesamthaft «nach dem Grundsatz des Proporzes» gewählt (Art. 149 BV). Ausgeschlossen sind damit indirekte Wahlen (zB. durch kantonale Parlamente oder durch «Wahlmänner») wie auch eine zeitlich gestaffelte Erneuerung (wie zB. im US-Kongress). 2321

Der Grundsatz des Proporzes verlangt ein Wahlverfahren, bei dem die Parlamentsmandate gemäss dem Wähler*anteil* der an der Wahl teilnehmenden *Parteien* (oder anderer Gruppierungen) verteilt werden. Beim *Majorzwahlverfahren*, das für die Nationalratswahlen bis 1918 angewendet wurde, sind hingegen diejenigen *Personen* gewählt, welche die grösste Stimmenzahl erzielt haben (häufig wird sogar eine absolute Mehrheit der Stimmen verlangt). 2322

2323 Während der Wähler bei einer Majorzwahl eine oder mehrere Personen wählt, hat er sich bei der Proporzwahl in erster Linie für eine bestimmte Kandidatenliste (idR. eine Parteiliste) zu entscheiden; die erhaltenen Listenstimmen sind massgebend für die Mandatsverteilung. Der Nationalratsproporz enthält in zweiter Linie aber auch Elemente einer Persönlichkeitswahl. Die Reihenfolge der auf einer Liste gewählten Personen wird nämlich nicht abschliessend durch die nominierende Partei bestimmt (wie zB. bei den Wahlen zum Deutschen Bundestag), sondern durch die Wählerinnen, die zu diesem Zweck einzelne Namen streichen, einen Namen zweimal schreiben (kumulieren; Art. 35 Abs. 3 BPR) oder Namen einer anderen Liste beifügen (panaschieren; Art. 35 Abs. 2 BPR) können. Es gilt das System der Listenwahl (vgl. Art. 37 Abs. 3 BPR).

2324 Eine gewisse Korrektur am Ziel der möglichst spiegelbildlichen Abbildung der schweizerischen Gesamtbevölkerung im Nationalrat ergibt sich durch den Umstand, dass der Nationalrat nicht in einem einzigen gesamtschweizerischen Wahlkreis gewählt wird. Jeder *Kanton* bildet einen Wahlkreis (Art. 149 Abs. 3 BV). Die 200 Nationalratssitze werden auf die Kantone nach ihrer *Bevölkerungszahl* (aufgrund des Ergebnisses der jeweils letzten amtlichen Volkszählung) verteilt; jeder Kanton hat mindestens einen Sitz (Art. 149 Abs. 4 BV; Art. 16 und 17 BPR).

2325 Für die Gesamterneuerungswahlen des Nationalrates 2003 bis 2011 gilt folgende Sitzverteilung (Verordnung über die Sitzverteilung bei der Gesamterneuerung des Nationalrates vom 3. Juli 2002, SR 161.12): Zürich 34, Bern 26, Luzern 10, Uri 1, Schwyz 4, Obwalden 1, Nidwalden 1, Glarus 1, Zug 3, Freiburg 7, Solothurn 7, Basel-Stadt 5, Basel-Landschaft 7, Schaffhausen 2, Appenzell A. Rh. 1, Appenzell I. Rh. 1, St. Gallen 12, Graubünden 5, Aargau 15, Thurgau 6, Tessin 8, Waadt 18, Wallis 7, Neuenburg 5, Genf 11, Jura 2.

2326 Je weniger Sitze in einem Kanton zu verteilen sind, desto grösser muss folglich der Wähleranteil einer Partei sein, um einen Sitz zu erringen. Wo nur ein einziges Mitglied des Nationalrates zu wählen ist, kann keine Proporzwahl stattfinden; es gilt hier, wie dies in den sechs kleinsten Kantonen der Fall ist, das Majorzprinzip.

2327 Auf der anderen Seite genügen im Kanton Zürich mit seinen 34 Sitzen lediglich 3 % Stimmenanteil, damit eine Liste (Partei) im Nationalrat vertreten ist. Folgen sind ein unübersichtliches, kompliziertes Wahlverfahren, eine zersplitterte Parteienlandschaft und eine idR. schwächere persönliche Beziehung der Wähler zu «ihren» Abgeordneten.

2328 Das Ungleichgewicht zwischen (zu) grossen und (zu) kleinen Wahlkreisen könnte korrigiert werden, wenn kleine Wahlkreise zu Wahlkreisverbänden verbunden und grosse Wahlkreise in mehrere Wahlkreise aufgeteilt würden. Eine derartige Regelung würde der Praxis des Bundesgerichtes zur Erfolgswertgleichheit bei kantonalen Proporzwahlen entsprechen (vgl. Rz. 2067 ff.). Solche Überlegungen haben aber auf Bundesebene bisher keine grosse Resonanz gefunden, was darauf hinweist, in welchem Ausmass die Kantone nach wie vor massgebende Bezugsgrössen der Politik sind.

2329 Die *Einzelheiten des Verfahrens* werden im Bundesgesetz über die politischen Rechte geregelt (Art. 16–46):

Die *Gesamterneuerungswahlen* in den Nationalrat finden alle 4 Jahre jeweils am zweitletzten Sonntag im Oktober statt (Art. 19 Abs. 1 BPR); die Legislaturperioden beginnen jeweils zu Beginn der Wintersession (2007, 2011 etc.). Die nach kantonalem Recht einzureichenden *Wahlvorschläge* dürfen höchstens so viele Namen wählbarer Personen enthalten, als im Wahlkreis Nationalräte zu wählen sind (Art. 22 BPR). Jeder Wahlvorschlag muss von einer Mindestzahl Stimmberechtigter (zwischen 100 und 400, je nach Zahl der Nationalratssitze im Kanton) unterzeichnet oder von einer ordnungsgemäss registrierten Partei (dazu Rz. 2127 ff.) eingereicht werden (Art. 24 BPR). Bereinigte (dh. auf ihre Rechtmässigkeit geprüfte, Art. 21–29 BPR) Wahlvorschläge heissen *Listen*; diese werden mit Ordnungsnummern versehen (Art. 30 BPR). Listenverbindungen sind zulässig (Art. 31 BPR).

2330

Eine Partei oder Liste erhält so viele Stimmen, wie ihre Kandidaten erhalten haben, auch wenn diese auf einer anderen Liste figurieren (*System der Einzelstimmenkonkurrenz*). Leere Linien gelten als Zusatzstimmen für die Liste, deren Bezeichnung oder Ordnungsnummer auf dem Wahlzettel angegeben ist (Art. 37 Abs. 1 BPR).

2331

Die *Verteilung der Mandate auf die Listen* erfolgt nach der sog. Methode Hagenbach-Bischoff: Die Zahl der gültigen Parteistimmen aller Listen wird durch die um eins vergrösserte Zahl der zu vergebenden Mandate geteilt. Jeder Liste werden so viele Mandate zugeteilt, als die nächsthöhere ganze Zahl (Verteilungszahl) in ihrer Stimmenzahl enthalten ist (Art. 40 BPR). Sind dann noch nicht alle Mandate vereilt, erfolgt eine Zuteilung nach besonderen Regeln (vgl. Art. 41 BPR). Von jeder Liste sind nach Massgabe der erreichten Mandate diejenigen Kandidaten gewählt, die am meisten Stimmen erhalten haben (Art. 43 BPR).

2332

Die Nationalratswahlen 2007 kosteten den Bund rund 7.5 Mio. CHF. Die Parteien sollen nach einer Studie der WEMF insgesamt 16 Mio. CHF aufgewendet haben.

2333

6. Soziale Zusammensetzung der Bundesversammlung

Literatur

BIAGGINI, BV Kommentar, Art. 149, Rz. 5; BUSER DENISE, Die Zulässigkeit der Quotierung von Parlamentsmandaten, AJP 1994, 330 ff.; DIES./POLEDNA TOMAS, Politische Quoten auf dem Schafott – Reflexionen zum Bundesgerichtsurteil zur «Solothurner Quoteninitiative», AJP 1997, 981 ff.; Berufliche Zusammensetzung des Nationalrates und des Ständerates unter http://www.parlament.ch/D/dokumentation/in-statistiken-tabellen/Seiten/in-st-berufe.aspx (zuletzt besucht am 8. Dezember 2008).

Die Repräsentation des Volkes im Nationalrat erfolgt nicht in der Weise, dass jede einzelne Gruppe gemäss ihrer zahlenmässigen Grösse in der Bundesversammlung vertreten sein kann. Einzelne Bevölkerungsgruppen sind über-, andere untervertreten.

2334

Nach den Nationalratswahlen vom 21. Oktober 2007 waren beispielsweise 71,5 % der Mitglieder des Nationalrates Männer, nur 28,5 % Frauen. 77 % gehörten zur Altersgruppe der 42- bis 61-Jährigen; nur 14 % waren jünger, 9 %

2335

waren älter. Auch einzelne Berufsgruppen sind im Nationalrat besonders gut vertreten (Zusammenstellung der sda gemäss eigenen Angaben der Ratsmitglieder): 22% sind Unternehmer oder Gewerbetreibende, 20,5% Juristinnen oder Juristen, 12% Vertreter der Landwirtschaft, 8,5% Vertreter des Bildungswesens, 7,5% Verbandsvertreter.

2336 Die Vertretung der Interessen der Wählerschaft wird allerdings weniger durch ihr spiegelbildliches Abbild im Parlament gewährleistet, sondern vielmehr durch die Responsivität und das Rollenverhalten der Ratsmitglieder (vgl. dazu Rz. 2459 ff.).

2337 Die soziale Zusammensetzung der Bundesversammlung ist das Resultat einer «freien Willensbildung» (Art. 34 BV) der Wählenden. Die Festschreibung von *Geschlechterquoten* für die Zusammensetzung des Parlamentes müsste auf Verfassungsstufe erfolgen, weil damit das durch Art. 34 BV garantierte aktive und passive Wahlrecht eingeschränkt würde (vgl. dazu BGE 125 I 21, 33; 123 I 152, 172). Ein entsprechender Versuch scheiterte mit der Ablehnung der Volksinitiative «Für eine gerechte Vertretung der Frauen in den Bundesbehörden (Initiative 3. März)» in der Volksabstimmung vom 12. März 2000.

b. Zuständigkeiten der Bundesversammlung

1. *Staatsleitung*

2338 Obwohl in der Bundesverfassung nicht expressis verbis aufgeführt, ist die Bundesversammlung an der Staatsleitung beteiligt; diese steht Bundesrat und Bundesversammlung quasi «zu gesamter Hand» zu. Unter Staatsleitung ist die oberste Führung des Gemeinwesens in grundlegenden, strategischen Angelegenheiten zu verstehen. Diese stellt keine Funktion dar, die zu den anderen Zuständigkeiten hinzutritt; sie kann sich vielmehr in allen anderen Funktionen niederschlagen, vor allem in der Gesetzgebung, Planung, Budgethoheit und Aussenpolitik. Parlament und Regierung nehmen dabei – entsprechend ihrer Eignung – unterschiedliche Rollen wahr.

2339 Die Staatsleitungsfunktion der Bundesversammlung ist Ausfluss ihrer Stellung als «oberste Gewalt im Bund» (Art. 148 Abs. 1 BV). Der Bundesrat erfüllt als «oberste leitende und vollziehende Behörde» (Art. 174 BV) Regierungsobliegenheiten (Art. 6 RVOG) und bestimmt dabei die Ziele und Mittel der Regierungspolitik (Art. 180 BV).

2. *Rechtsetzung*

Literatur: Vgl. die Literatur zu § 27.

2340 Hauptaufgabe der Bundesversammlung ist der Erlass rechtsetzender Bestimmungen, und zwar in Form von Verfassungsnormen, Bundesgesetzen und Verordnungen (der Bundesversammlung). Ein beträchtlicher Teil der Rechtssätze wird allerdings durch den Bundesrat in Form von Verordnungen erlassen (Art. 182 BV). Art. 164 BV stellt aber klar, dass «alle wichtigen rechtsetzenden Bestimmungen» durch die Bundesversammlung in der Form des Bundesgesetzes zu ergehen haben.

Was im Sinne von Art. 164 BV «wichtig» ist, wird durch die Bundesversammlung in ihrer Praxis näher konkretisiert. Bundesrat und Bundesverwaltung sind zudem massgeblich an der Vorbereitung und Ausarbeitung der Gesetze beteiligt (Initiativrecht, Art. 181 BV).

Das System der Erlasse der Bundesversammlung und der materielle Gesetzesvorbehalt bzw. Parlamentsvorbehalt wird in § 27 im Einzelnen dargestellt. 2341

Das Parlamentsgesetz beschränkt sich in Art. 22 nicht darauf, die verfassungsmässigen Gesetzgebungszuständigkeiten der Bundesversammlung zu wiederholen; es definiert auch den *Begriff des Rechtssatzes* (vgl. dazu § 27). Darüber hinaus wird in Art. 22 Abs. 3 ParlG das Recht der zuständigen Kommissionen der Bundesversammlung verankert, auf die Rechtsetzung durch den Bundesrat *einzuwirken*. Die Kommissionen können verlangen, zum Entwurf einer bundesrätlichen Verordnung konsultiert zu werden (zum Verfahren vgl. Art. 151 ParlG). Diese Konsultation ändert nichts an der Zuständigkeit des Bundesrates: Dieser ist nicht an die Meinung des konsultierten Organs gebunden. Der Bundesversammlung steht allerdings das Recht zu, auf dem Wege der Gesetzgebung die delegierte Kompetenz wieder an sich zu ziehen. 2342

3. Mitwirkung in der Aussenpolitik

Literatur: Vgl. die Literatur zu § 39 I b.

Die Mitgestaltung der Aussenpolitik ist zu einer wesentlichen Befugnis der Bundesversammlung geworden. Nach Art. 166 Abs. 1 BV beteiligt sie sich an der Gestaltung der Aussenpolitik und beaufsichtigt die Pflege der Beziehungen zum Ausland. 2343

Die Bundesversammlung ist einmal zuständig für die Genehmigung der *völkerrechtlichen Verträge*, sofern nicht der Bundesrat gemäss Gesetz oder anderem Vertrag zum selbstständigen Vertragsabschluss ermächtigt ist (Art. 166 Abs. 2 BV). 2344

Die Mitwirkung der Bundesversammlung äussert sich auch in der Beratung und Kenntnisnahme von *aussenpolitischen Berichten* des Bundesrates und parlamentarischer Kommissionen und Delegationen, in der Behandlung von *Volksinitiativen und Vorstössen*, im Rahmen des *Budgetrecht*s, der Ziele der Regierungspolitik und des jährlichen Geschäftsberichts, in der Mitwirkung in *internationalen parlamentarischen Versammlungen* (zB. des Europarates und der OSZE) sowie in vielfältigen direkten *Kontakten* mit Parlamenten anderer Staaten. Näheres zur Rolle der Bundesversammlung in der Aussenpolitik unter Rz. 3656 ff. (§ 39 I b 2). 2345

4. Finanzen

Literatur

KOLLER HEINRICH, Der öffentliche Haushalt als Instrument der Staats- und Wirtschaftslenkung, Basel 1983; MASTRONARDI PHILIPPE/SCHEDLER KUNO, New Public Management in Staat und Recht, 2. Aufl., Bern 2004.

2346 Seit 1848 hat sich an der klassischen «Haushaltshoheit» des Parlaments wenig verändert. Die Steuererhebungskompetenzen werden in Form von Bundesgesetzen wahrgenommen (vgl. Art. 126 ff. BV und Rz. 3273 ff.). Die Bundesversammlung beschliesst über die Ausgaben des Bundes und über den Voranschlag; sie nimmt auch die Staatsrechnung ab (Art. 167 BV). Gemäss Art. 25 ParlG werden diese jährlich zu fassenden Beschlüsse in die Form des *einfachen Bundesbeschlusses* gekleidet. Finanzbeschlüsse sind damit – anders als in anderen Ländern, die «Haushaltsgesetze» kennen – der Gesetzgebung untergeordnet.

2347 Der *Voranschlag* enthält die Bewilligung der Aufwände und Investitionsausgaben (Voranschlagskredite) und die Schätzung der Erträge und Investitionseinnahmen des betreffenden Jahres, gegliedert nach Verwaltungseinheiten, Aufwand- und Ertragsarten sowie Ausgaben- und Einnahmenarten im Investitionsbereich (Art. 30 FHG). Eine *Ausgabenbewilligung* stellt die rechtliche Ermächtigung oder Verpflichtung für den Bundesrat dar, die Ausgaben effektiv zu tätigen (vgl. dazu auch Rz. 3255 ff.).

2348 Demgegenüber kommt der Auflistung der Einnahmen im Budget nur Hinweischarakter zu. Ausgaben können aber auch generell im Rahmen eines Bundesgesetzes verbindlich festgeschrieben werden (so zB. die Renten in der Sozialversicherung), auf spezialgesetzlicher Grundlage beruhen (etwa für grosse Vorhaben, gestützt auf einen Bundesbeschluss) oder selbständiger Natur sein, dh. wegen ihrer grossen politischen Tragweite ausserhalb des Voranschlags behandelt und bewilligt werden. Nähere Vorschriften über die verschiedenen Arten von Ausgabenbeschlüssen enthält das FHG (SR 611.0) und das ParlG, das in Art. 142 die Jährlichkeit des Voranschlags festschreibt.

2349 Mit der Abnahme der *Staatsrechnung*, welche die Einnahmen und Ausgaben des vergangenen Jahres enthält, erteilt die Bundesversammlung dem Bundesrat «Décharge»; sie ist ein Akt der Aufsicht über die Wahrnehmung der Verantwortung des Bundesrates für eine Führung des Finanzhaushaltes nach den Grundsätzen der Gesetzmässigkeit, Dringlichkeit, Sparsamkeit sowie eines wirksamen und wirtschaftlichen Einsatzes der Mittel (Art. 12 Abs. 4 FHG).

2350 Unter dem Stichwort *«New Public Management»* oder «wirkungsorientierte Verwaltungsführung» werden seit Mitte der 90er Jahre neue Formen der Steuerung staatlichen Handelns diskutiert und zT. eingeführt, welche insbesondere auch die traditionelle Steuerung durch parlamentarische Budget- und Finanzbeschlüsse erheblich umgestalten. An die Stelle einer detaillierten Input-Steuerung soll eine produkteorientierte Output-Steuerung treten. Ob dabei der Einfluss des Parlamentes gewahrt, vermindert oder ausgebaut wird, hängt vom Detaillierungsgrad der Umschreibung der «Produkte» ab. Der parlamentarische Budgetierungsprozess kann erheblich an Interesse gewinnen, wenn das Parlament gezielt konkrete «Produkte bestellen» kann. Umgekehrt können «Globalbudgets» für ganze Verwaltungsbereiche zu einem Verlust an demokratischer und öffentlicher Kontrolle des Verwaltungshandelns führen.

5. Wahlen

Literatur

AUBERT JEAN-FRANÇOIS, in: Petit commentaire, Art. 168; BIAGGINI, BV Kommentar, Art. 168; EHRENZELLER BERNHARD in: St. Galler Kommentar, Art. 168; FISCHBACHER ALAIN, Richterwahlen durch das Parlament: Chance oder Risiko?, Parlament 1/2005; KIENER REGINA, Richterwahlen zwischen demokratischer Legitimation und parteipolitischer Instrumentalisierung?, Parlament 1/2005.

Die Zuständigkeit der Bundesversammlung zur Wahl der Mitglieder des Bundesrates, der Bundeskanzlerin, der Bundesrichterinnen sowie des Generals (Art. 168 BV) ist seit der Gründung des Bundesstaates unverändert geblieben. Hinzu können weitere Wahlen gemäss gesetzlicher Anordnung kommen. 2351

Zu den Auswirkungen der Wahl der Regierung durch das Parlament vgl. Rz. 2523. 2352

Bei der Schaffung der Bundesgerichte erster Stufe im Rahmen der Justizreform (vgl. Rz. 2968 ff.) stellte sich die Frage, ob Art. 168 BV auch auf die Wahlen in diese Gerichte Anwendung finden sollte. Während der Bundesrat diese Frage verneinte und sich selbst als Wahlorgan vorschlug, stand es für die Bundesversammlung ausser Diskussion, dass sie diese Wahlen vorzunehmen hat. Damit hat sich die Zahl der durch die Bundesversammlung zu besetzenden Ämter vervielfacht. Bei der ersten Wahl des Bundesverwaltungsgerichts am 5. Oktober 2005 hat die Vereinigte Bundesversammlung 72 Personen gewählt. 2353

Die Bundesversammlung kann durch Gesetz ermächtigt werden, die Wahlen anderer Organe bloss zu *bestätigen* (oder nicht zu bestätigen). Damit erhalten die Gewählten eine erhöhte demokratische Legitimation, ohne aber auf die Stufe der Mitglieder der obersten Bundesbehörden gehoben zu werden. 2354

Dieses Instrument der Wahlbestätigung wird bisher nur in zwei Fällen angewendet: für den Generalsekretär der Bundesversammlung (Wahl durch die Koordinationskonferenz der Bundesversammlung) und für den Direktor der Eidgenössischen Finanzkontrolle (Wahl durch den Bundesrat). Das Verfahren wird in Art. 140 ParlG geregelt. Es hätte eine grössere Bedeutung erhalten können, falls die Regierungsreform (vgl. Rz. 2583 ff.) zur Schaffung eines zweiten Regierungskreises geführt hätte. Dessen Mitglieder hätten durch den Bundesrat gewählt und durch das Parlament bestätigt werden sollen. 2355

Die Bundesversammlung wählt den Bundesrat, die Bundeskanzlerin und die Mitglieder des Bundesgerichts auf eine *feste Amtsdauer*, dh. sie kann die gewählten Personen während ihrer Amtsdauer nicht *abberufen*. Hingegen besitzt die Bundesversammlung die Befugnis, unter bestimmten Voraussetzungen die Richter des Bundesstrafgerichts (und des Bundesverwaltungsgerichts) ihres Amtes zu entheben (Art. 10 SGG, SR 173.71). Die feste Amtsdauer des Bundesrates hat nachhaltige Auswirkungen auf das politische System (vgl. Rz. 2528 ff.). 2356

Einen anderen Zweck verfolgt die feste Amtsdauer der Mitglieder des *Bundesgerichts*. Die richterliche Unabhängigkeit verlangt nach einem Schutz vor politischen Pressionen. 2357

| 2358 | Andere Länder sehen aus diesem Grund für ihre obersten Richter eine Wahl auf Lebenszeit bzw. bis zum Erreichen der Altersgrenze vor (zB. österreichischer Verfassungsgerichtshof, US-Supreme Court). Verbreitet ist auch die Wahl auf eine einmalige, relative lange Amtsdauer ohne Wiederwahlmöglichkeit (zB. deutsches Bundesverfassungsgericht: 12 Jahre; italienischer Verfassungsgerichtshof: 9 Jahre). Das – im Rechtsvergleich singuläre – schweizerische System der relativ kurzen Amtsdauer mit Wiederwahlerfordernis gründet letztlich im Demokratieprinzip. Eine Kombination mit einer (bisher nicht bestehenden) Möglichkeit zur Amtsenthebung von Bundesrichtern würde deren persönliche Unabhängigkeit gefährden. |

| 2359 | Im Zusammenhang mit den im Frühjahr 2003 gegen Bundesrichter Schubarth erhobenen Vorwürfen ist die Frage nach der Einführung eines parlamentarischen *Abberufungsverfahrens* gegen Bundesrichter aufgeworfen worden; diese Frage sollte im Interesse der richterlichen Unabhängigkeit verneint werden. In Kombination mit der kurzen Amtsdauer mit Wiederwahlerfordernis würde die Möglichkeit zur Amtsenthebung von Bundesrichtern deren persönliche Unabhängigkeit in Frage stellen. Die Mitglieder des *obersten* Gerichts sind (im Unterschied zu den Richtern der *unteren* Gerichte des Bundes) besonders exponiert und insofern eher politischen Druckversuchen ausgesetzt. |

| 2360 | Die Bundesversammlung kann «die vorläufige Einstellung im Amte» beschliessen, wenn sie die Ermächtigung erteilt, dass gegen ein von ihr gewähltes Behördemitglied eine Strafverfolgung eingeleitet wird wegen strafbarer Handlungen, die sich auf dessen amtliche Tätigkeit oder Stellung beziehen (Art. 14 Abs. 4 Verantwortlichkeitsgesetz). Eine Amtsunfähigerklärung ist zudem aufgrund einer strafrechtlichen Verurteilung wegen eines Verbrechens oder Vergehens möglich (Art. 51 StGB, künftig erfasst durch Art. 67 [Berufsverbot] gemäss Änderung des StGB vom 13. Dezember 2002, BBl 2002, 8266). |

| 2361 | Eine Kompetenz zur Amtsenthebung besteht auch dann, wenn ein Behördemitglied die Voraussetzungen zur Wählbarkeit verliert oder handlungsunfähig wird, insb. aus gesundheitlichen Gründen (Botschaft über eine neue Bundesverfassung vom 20. November 1996, BBl 1997 I, 405). Das Verfahren für die Amtsenthebung von Bundesräten bei Amtsunfähigkeit ist nunmehr in Art. 140a ParlG geregelt worden (Referendumsvorlage in BBl 2008, 8238). |

6. Oberaufsicht

Literatur

AUBERT JEAN-FRANÇOIS, in: Petit commentaire, Art. 169; BIAGGINI, BV Kommentar, Art. 169; FRICK BRUNO, Begleitende und nachträgliche Oberaufsicht, in: Die Bundesbehörden, Bern 2000, 85 ff.; HEUSLER BERNHARD, Oberaufsicht und Kontrolle im schweizerischen Verfassungsrecht, Basel 1993; MASTRONARDI PHILIPPE, Kriterien der demokratischen Verwaltungskontrolle, Basel/Frankfurt a.M. 1991; DERS., in: St. Galler Kommentar, Art. 169; MÜLLER GEORG, Probleme der Abgrenzung der parlamentarischen Oberaufsicht im Bund, ZSR 1992, 389 ff.; RUCH ALEXANDER, Die parlamentarische Kontrolle der mittelbaren Verwaltung im Bund, ZBl 1992, 241 ff.; SEILER HANSJÖRG, Praktische Fragen der parlamentarischen Oberaufsicht über die Justiz, ZBl 2000, 281 ff.; ZIMMERLI ULRICH/LIENHARD ANDREAS, «Privatisierung» und parlamentarische Oberaufsicht, in: WIEGAND WOLFGANG, Rechtliche Probleme der Privatisierung, BTJP 1997, Bern 1998, 167 ff.

Der Oberaufsicht der Bundesversammlung sind einerseits Bundesrat und Bundesverwaltung sowie die eidgenössischen Gerichte, anderseits aber auch alle Träger von Bundesaufgaben unterstellt (Art. 169 BV). 2362

> Die Bundesversammlung übt ihre Oberaufsicht im Wesentlichen über diejenigen Bereiche aus, die der unmittelbaren Aufsicht des Bundesrates unterstellt sind. Bei den verselbständigten bundesnahen Unternehmungen beschränkt sich die Aufgabe des Bundesrates auf die Wahrnehmung der Eignerinteressen des Bundes und seiner Rolle als Gewährleister der der Unternehmung übertragenen öffentlichen Aufgabe; dementsprechend beschränkt sich auch die Oberaufsicht darauf, die Wahrnehmung dieser Eigner- und Gewährleisterinteressen zu überwachen (vgl. dazu Bericht der Finanzdelegation der Eidg. Räte vom 27. Februar 1998, BBl 1998, 3106; Bericht des Bundesrates zur Auslagerung und Steuerung von Bundesaufgaben [Corporate-Governance-Bericht] vom 13. September 2006, BBl 2006, 8233, und diesbezügliche kritische Debatte im Nationalrat am 12. März 2008 und im Ständerat am 23. September 2008). 2363

Oberaufsicht äussert sich in kritischer Beurteilung des Regierungs- und Verwaltungshandelns und in Empfehlungen für das künftige Vorgehen. Sie ist von der eigentlichen *Dienstaufsicht* einer vorgesetzten Instanz gegenüber unterstellten Verwaltungseinheiten zu unterscheiden. Das Organ der Oberaufsicht kann deshalb weder unmittelbar an Stelle der beaufsichtigten Organe tätig werden (zB. eine Verfügung treffen oder einen Wahlakt vornehmen) oder deren Entscheide aufheben, noch ohne Rechtsgrundlage verbindliche Weisungen für die Rechtsanwendung erteilen. Sie ist vor allem Realisierung von Verantwortlichkeit, Herstellung von Transparenz, Entlastung der beaufsichtigten Organe. 2364

> Oberaufsicht bleibt insofern nicht folgenlos. Das Gespräch zwischen den Gewalten fördert Lernprozesse. Oberaufsicht schafft häufig allein schon dadurch Abhilfe, dass diagnostizierte Mängel öffentlich werden. Als ultima ratio kann die Bundesversammlung formellrechtliche Massnahmen (zB. durch Abänderung von Gesetzen oder Einflussnahmen bei der Ausgabenbewilligung) treffen oder sogar bei der nächsten Bundesratswahl politische Sanktionen ergreifen. 2365

Instrumente der Oberaufsicht sind ua. die Untersuchungen und Berichte der Geschäftsprüfungskommissionen und Finanzdelegationen beider Räte, parlamentarische Vorstösse, die den Bundesrat zur Berichterstattung und Rechenschaftsablage verpflichten, die Beratung diverser Berichte, vor allem der jährlichen Geschäftsberichte (Art. 144 ParlG), als ultima ratio die Einsetzung einer sog. PUK (parlamentarische Untersuchungskommission, Art. 163 ff. ParlG). 2366

> Von einem Teil der Lehre und durch den Bundesrat wurde zeitweise nur eine *nachträgliche* Oberaufsicht über abgeschlossenes Verwaltungshandeln als zulässig betrachtet, während eine *mitschreitende* Oberaufsicht über die laufende Verwaltungstätigkeit abgelehnt wurde. Diese Abgrenzung ist künstlich und entspringt einem verengten dogmatischen Verständnis der Gewaltenteilung. Gestützt auf die konstante Praxis wurde im Rahmen der Neuordnung des Parlamentsrechts in der geltenden BV und im Parlamentsgesetz diese Beschränkung der Oberaufsicht ausdrücklich abgelehnt (vgl. zB. den Bericht zum ParlG vom 1. März 2001, BBl 2001, 3540, mit weiteren Verweisen). 2367

2368 Die Oberaufsicht erstreckt sich auch auf die *Justiz*, allerdings mit einer eingeschränkteren «Reichweite» als beim Bundesrat. Kontrollgegenstand ist vor allem die Geschäftsführung des Bundesgerichts, nicht dessen Rechtsprechung; die Einflussnahme auf einzelne Urteile ex ante oder auch ex post sowie auf die Praxis allgemein ist der Bundesversammlung untersagt. Hingegen kann sie aus der Analyse der gerichtlichen Praxis Schlüsse auf einen eventuellen Handlungsbedarf ziehen (zB. Änderung von Gesetzen). Die parlamentarische Kontrolle realisiert sich auch dadurch, dass Bundesrichter alle 6 Jahre der Wiederwahl durch die Bundesversammlung bedürfen. Die Unabhängigkeit der Rechtsprechung könnte aber ernsthaft gefährdet werden, wenn die Wiederwahl als Sanktionsmöglichkeit für eine aus parteipolitischer Sicht nicht genehme Rechtsprechung genutzt wird. Die Mitglieder der Bundesversammlung haben bisher grossmehrheitlich dieser nicht ungefährlichen Versuchung widerstanden.

7. *Überprüfung der Wirksamkeit*

Literatur

AUBERT JEAN-FRANÇOIS, in: Petit commentaire, Art. 170; BIAGGINI, BV Kommentar, Art. 170; BUSSMANN WERNER/KLÖTI ULRICH/KNOEPFEL PETER, Einführung in die Politikevaluation, Basel 1997; BUSSMANN WERNER, Gesetzesevaluation und experimentelle Rechsetzung, ius.full 2006, 42 ff.; DELLEY JEAN-DANIEL, L'évaluation législative – instrument de l'action parlementaire, in: Parlamentsdienste (Hrsg.), Das Parlament – «Oberste Gewalt des Bundes»?, Bern 1991, 337 ff.; MASTRONARDI PHILIPPE, in: St. Galler Kommentar, Art. 170; MORAND CHARLES-ALBERT, L'évaluation des effets des mesures étatiques, in: Verfassungsrecht der Schweiz, 1119 ff.; diverse Beiträge in LEGES 2005/1.

2369 Die Bundesversammlung hat dafür zu sorgen, «dass die Massnahmen des Bundes auf ihre Wirksamkeit überprüft werden» (Art. 170 BV). Diese Aufgabe kann von ihr selbst bzw. von ihren dafür bezeichneten eigenen Organen wahrgenommen werden, oder sie kann andere Organe, insbesondere den Bundesrat, damit beauftragen. Bei der Wirksamkeitsüberprüfung geht es um die Frage: *Erzielt eine getroffene Massnahme (insb. ein Gesetz) die beabsichtigte Wirkung?*

2370 Diese Frage sprengt den Rahmen der Oberaufsicht: die Bundesversammlung stellt die Frage nicht nur den von ihr kontrollierten Behörden, sie muss die Frage auch an sich selbst als gesetzgebendes Organ richten. Das Resultat der Evaluation kann darin bestehen, dass Mängel im Gesetzesvollzug aufgedeckt werden, oder dass auf nötige Gesetzesänderungen hingewiesen wird. Die Evaluationsaufgabe gemäss Art. 170 BV steht somit in engem Zusammenhang mit der Gesetzgebungsfunktion des Parlamentes selbst gemäss Art. 164 BV. Art. 44 ParlG weist daher diese Aufgabe ausdrücklich *allen* Kommissionen zu.

8. *Planung der Staatstätigkeit*

Literatur

AUBERT JEAN-FRANÇOIS, in: Petit commentaire, Art. 173, Rz. 21 ff.; BIAGGINI, BV Kommentar, Art. 173, Rz. 19 ff.; GRAF MARTIN, Mitwirkung der Bundesversammlung an der staatsleitenden Politikgestaltung, insbesondere durch Grundsatz- und Planungsbeschlüsse, in: Bundesbehörden, Bern 2000, 111 ff.; LANZ CHRISTOPH, Politische Planung und Parlament, Bern 1977; DERS./MASTRONARDI PHILIPPE, in: St. Galler Kommentar, Art. 173, Rz. 82 ff.; MÜLLER GEORG, Staatsleitung und Gewaltenteilung im Bund, Parlament 2/2005, 16 ff.

Die Staatstätigkeit kann immer weniger durch die Gesetzgebung allein gesteuert werden. Das eigentliche Gesetzgebungsverfahren steht häufig erst am Ende eines längeren Prozesses, dessen Resultat durch Grundsatzbeschlüsse und Vorentscheidungen geprägt und präjudiziert werden kann. Die Bundesversammlung muss in der Lage sein, sich in geeigneter Weise an wichtigen Planungen der Staatstätigkeit zu beteiligen, weil dabei für sie relevante Vorentscheidungen getroffen werden. Dementsprechend wirkt sie «bei den wichtigen Planungen der Staatstätigkeit mit» (Art. 173 Abs. 1 Bst. g BV). 2371

Wichtige Planungen der Staatstätigkeit sind die *Legislaturplanung* (Art. 146 ParlG) und die *Finanzplanung* (Art. 143 ParlG), aber auch Gesamtkonzepte für die mittel- und längerfristige Gestaltung bestimmter Politikbereiche wie der Sicherheitspolitik, der Verkehrspolitik, usw. Eine «wichtige Planung» kann im weiteren Sinn aber auch in den Vorentscheiden zu bedeutenden Einzelmassnahmen gesehen werden, wie sie die Bundesversammlung häufig in Form der Überweisung von Motionen und Postulaten fällt (siehe dazu Rz. 2452 ff.). 2372

Art. 28 ParlG zählt als *Formen der Mitwirkung* der Bundesversammlung bei den wichtigen Planungen die traditionelle Beratung und Kenntnisnahme bundesrätlicher Berichte, die ebenso herkömmliche Erteilung von Aufträgen (in Form von Motionen oder Postulaten) an den Bundesrat und – was eine wesentliche Neuerung darstellt – die «Grundsatz- und Planungsbeschlüsse» auf. Letztere werden in der Form des einfachen Bundesbeschlusses erlassen; für Grundsatz- und Planungsbeschlüsse von grosser Tragweite kann auch die Form des dem Referendum unterstellten Bundesbeschlusses gewählt werden. 2373

Für die *Legislaturplanung,* die der Bundesrat zu Beginn der Legislaturperiode der Bundesversammlung zu unterbreiten hat, wird die Form des einfachen Bundesbeschlusses vorgeschrieben (Art. 147 ParlG). Diese Form erlaubt eine differenziertere und politisch verbindlichere Beschlussfassung als die früher praktizierte Kenntnisnahme, die mit der Überweisung punktueller Motionen verbunden werden konnte. Die äusserliche Ähnlichkeit mit einem Bundesgesetz – va. was das Verfahren seiner Beratung betrifft – darf aber nicht darüber hinwegtäuschen, dass die Bundesversammlung hier nicht unmittelbar verbindliche Rechtssätze erlässt, sondern *Vor*entscheidungen trifft, von welchen der Bundesrat in begründeten Fällen abweichen darf. 2374

Das schweizerische politische System eignet sich nicht für die parlamentarische Genehmigung eines eigentlichen «Regierungsprogramms», an welches die Bundesversammlung gebunden wäre, da sich je nach Sachbereich wechselnde politische Parlamentsmehrheiten ergeben. Anders als in einer parlamentarischen Demokratie ist die Regierung nicht abhängig von der Unterstützung durch eine konstante Parlamentsmehrheit (Regierungskoalition). Mit der Änderung des ParlG vom 22. Juni 2007 (AS 2007, 5231) wurde daher die Gesamtabstimmung über den Bundesbeschluss über die Legislaturplanung abgeschafft. 2375

Nach der *Legislaturplanung 2007–2011* soll sich die Politik des Bundes nach folgenden fünf Leitlinien richten: den Wirtschaftsstandort Schweiz stärken, die Sicherheit gewährleisten, die gesellschaftliche Kohäsion stärken, die Ressour- 2376 cen nachhaltig nutzen und die Stellung der Schweiz in einer vernetzen Welt festigen. Jeder Leitlinie werden mehrere zu erreichende Ziele und die dafür vorgesehenen Massnahmen zugeordnet. In einem Anhang zur bundesrätlichen Botschaft werden Indikatoren aufgelistet, welche der Überprüfung der Zielerreichung dienen (BB über die Legislaturplanung vom 18. September 2008; BBl 2008, 8543; die Botschaft findet sich in BBl 2008, 753).

9. *Einzelakte*

2377 Die Bundesversammlung «entscheidet auch über Einzelakte, soweit ein Bundesgesetz dies ausdrücklich vorsieht» (Art. 173 Abs. 1 Bst. h BV).

2378 Entgegen einer überholten Vorstellung von Gewaltenteilung ist das Parlament als Legislative nicht auf den Erlass generell-abstrakter Normen beschränkt. Nach der *Wichtigkeit* eines Geschäftes als massgebendes Kriterium für die Ausgestaltung der Zuständigkeitsordnung muss die Bundesversammlung oder gegebenenfalls sogar das Volk auch über politisch bedeutsame Einzelakte entscheiden können. Das Bundesverfassungsrecht kennt zwar seit jeher derartige Einzelakte der Bundesversammlung (früher auch «Verwaltungsakte» genannt). Die geltende BV hat diese Praxis transparent gemacht.

2379 Vor 1962 stand für dem Referendum unterstellte Einzelakte der Bundesversammlung die Form des «allgemeinverbindlichen Bundesbeschlusses» zur Verfügung. Das GVG von 1962 engte diese Erlassform auf rechtsetzende Erlasse ein und schloss damit das Referendum für nicht rechtsetzende Erlasse aus. Diese Einschränkung des Referendumsrechts widersprach jedoch dem Willen des Verfassungsgebers von 1874 (vgl. dazu ALFRED KÖLZ, Reform der Volksrechte im Kanton Solothurn, in: Festschrift 500 Jahre Solothurn, Solothurn 1982, 42).

2380 Die geltende BV hat dieses Problem vorerst für diejenigen Einzelakte der Bundesversammlung gelöst, welche gemäss Art. 141 Abs. 1 Bst. c BV durch Verfassung oder Gesetz vorgesehen werden (zB. die Erteilung von Eisenbahnkonzessionen, die Genehmigung der Rahmenbewilligung für Atomanlagen, die Festlegung der allgemeinen Linienführung der Nationalstrassen oder der Beschluss über den Einsatz der Armee bei den Sicherheitsmassnahmen für das World Economic Forum 2007–2009 usw.).

2381 Art. 29 Abs. 2 ParlG schafft die gesetzliche Grundlage dafür, dass *weitere Einzelakte*, die durch Verfassung und Gesetz nicht speziell vorgesehen sind (siehe zB. den Bundesbeschluss über die Ausrichtung einer Finanzhilfe an das Verkehrshaus der Schweiz, vom 18. Dezember 1998; SR 432.51), in der Form des Bundesbeschlusses dem Referendum unterstellt werden (vgl. Rz. 2215 ff.).

10. *Weitere Zuständigkeiten*

2382 – *Beziehungen zwischen Bund und Kantonen (Art. 172 BV):*

Die Bundesversammlung «sorgt für die Pflege der Beziehungen zwischen Bund und Kantonen» (Abs. 1). Es handelt sich hier nicht um eine selbständige Zuständigkeit, sondern die Bundesversammlung soll bei der Ausübung ihrer Zuständigkeiten die Pflege dieser Beziehungen im Auge behalten. Im Weiteren gewährleistet sie die Kantonsverfassungen (Abs. 2) und genehmigt Verträge der Kantone unter sich oder mit dem Ausland, wenn der Bundesrat oder ein Kanton Einsprache erhebt (Abs. 3).

– *Wahrung der inneren und äusseren Sicherheit* und Notverordnungskompetenz, Anordnung des Aktivdienstes, Durchsetzung des Bundesrechts (Art. 173 Abs. 1 Bst. a–e BV):

2383

Diese Bestimmungen ermächtigen die Bundesversammlung, Massnahmen zu treffen zur Wahrung der äusseren Sicherheit, der Unabhängigkeit oder Neutralität der Schweiz (Bst. a) sowie zur Wahrung der inneren Sicherheit (Bst. b). Bst. c legt fest, dass die Massnahmen gemäss Bst. a und b in der Form von Verordnungen oder einfachen Bundesbeschlüssen getroffen werden können, falls ausserordentliche Umstände es erfordern. Für die Anordnung des *Aktivdienstes* ist die Bundesversammlung zuständig (Bst. d). Sie trifft Massnahmen zur Durchsetzung des Bundesrechts; dh. sie ordnet die sog. «Bundesexekution» gegen einen Kanton an, der nicht mehr fähig oder willens ist, das Bundesrecht anzuwenden (Bst. e).

> Alle diese Bestimmungen finden in *Notsituationen* Anwendung, wenn schnelles Handeln angezeigt ist. Da die Bundesversammlung nicht permanent tagt und der Bundesrat daher für Notmassnahmen idR. besser geeignet ist, begründen Art. 185 Abs. 1–4 und Art. 186 Abs. 4 BV *parallele Kompetenzen* des Bundesrates. Im Falle der Einberufung von Truppen zum Aktivdienst ist die Befugnis des Bundesrates beschränkt auf höchstens 4000 Armeeangehörige und befristet auf höchstens drei Wochen. Im Falle der übrigen parallelen Kompetenzen würden im theoretischen Konfliktfall aufgrund der höheren Stellung der Bundesversammlung deren Massnahmen vorgehen.

– *Gültigkeit zu Stande gekommener Volksinitiativen* (Art. 173 Abs. 1 Bst. f BV):

2384

Die Bundesversammlung entscheidet, ob eine Volksinitiative gültig ist oder nicht. Dabei geht es um die Beurteilung der Kriterien gemäss Art. 139 Abs. 3 idF. vom 18. April 1999 BV (Einheit von Form und Materie, Einhaltung der zwingenden Bestimmungen des Völkerrechts).

– *Rechtspflege* (Art. 173 Abs. 1 Bst. i BV):

2385

Die Bundesversammlung entscheidet über Kompetenzkonflikte zwischen den obersten Bundesbehörden. Daneben kommen ihr weitere Rechtspflegefunktionen zu im Zusammenhang mit der strafrechtlichen Immunität der Magistratspersonen und ihrer eigenen Mitglieder (siehe dazu nachstehend Rz. 2467).

– *Begnadigungen und Amnestie* (Art. 173 Abs. 1 Bst. k BV):

2386

Die Bundesversammlung spricht als Vereinigte Bundesversammlung Begnadigungen aus und entscheidet in getrennter Behandlung durch die Räte über Amnestien. Die Rehabilitierungskommission der Bundesversammlung entscheidet gemäss dem Bundesgesetz vom 20. Juni 2003 über die Aufhebung von Strafurteilen gegen Flüchtlingshelfer zur Zeit des Nationalsozialismus (SR 371). Dabei handelt es sich allerdings weder um eine Begnadigung noch um eine Amnestie, sondern um eine «Rehabilitation sui generis» (BBl 2002, 7781).

– *Subsidiäre Generalklausel:*

2387

Gemäss Art. 173 Abs. 2 BV nimmt die Bundesversammlung zudem all jene Bundeskompetenzen wahr, die *nicht einer anderen Bundesbehörde zugewiesen* sind. Diese Bestimmung darf indessen nicht als generelle Vermutung zugunsten der Zuständigkeit der Bundesversammlung ausgelegt werden. Im konkreten Fall ist das zuständige Organ durch Interpretation der Verfassung zu ermitteln.

2388 – *Kein abschliessender Katalog:*

Art. 173 Abs. 3 BV stellt schliesslich klar, dass die verfassungsmässige Aufzählung der Kompetenzen der Bundesversammlung *keine abschliessende* ist. Das Gesetz kann ihr weitere Befugnisse übertragen.

II. Organisation

a. Sessionen

2389 Nationalrat und Ständerat versammeln sich regelmässig zu Sessionen (Art. 156 Abs. 1 BV).

2390 Während das frühere GVG in Art. 1 den Beginn der vier ordentlichen Sessionen festgelegt hatte, lässt das Parlamentsgesetz die Anordnung der Sessionen offen (Art. 2). In der Praxis tagen die Räte vier Mal im Jahr (Ende November/Dezember, März, Juni, September) für eine Dauer von je 3 Wochen, idR. ein weiteres Mal für eine zusätzliche Woche. Vorschläge für die monatliche Durchführung von idR. einwöchigen Sessionen sind bis anhin von beiden Räten abgelehnt worden.

2391 Dass sich die Räte *regelmässig* zu Sessionen versammeln müssen, mag unter heutigen Umständen selbstverständlich erscheinen. Historisch betrachtet stellt es eine zentrale Errungenschaft der Demokratie dar, dass das Parlament seine Tätigkeit nicht – etwa weil dies seiner Mehrheit oder der Regierung politisch zweckmässig erscheint – für längere Zeit einstellen darf.

2392 Die «*ordentlichen Session*en» und gegebenenfalls zusätzlich erforderliche «*Sondersessionen*» (Art. 2 ParlG) dienen der Behandlung der normalen Geschäfte. Die «*ausserordentliche Session*» gemäss Art. 156 Abs. 2 BV erfüllt zwei andere Funktionen:

2393 Einerseits kann der *Bundesrat* die Einberufung der Räte verlangen, was insbesondere bei zeitlicher Dringlichkeit bestimmter Geschäfte als notwendig erscheinen kann (Beispiele: Generalmobilmachungen 1914 und 1939).

2394 Andererseits stellt die Befugnis auf Einberufung der Räte auch ein Minderheitsrecht eines *Viertels eines der beiden Räte* dar (Beispiele: «Swissair»-Krise im November 2001, Streit um den BVG-Mindestzinssatz im Herbst 2002). Eine Ratsminderheit vermag auf diese Weise einen Beratungsgegenstand auf die Tagesordnung zu setzen.

2395 Allerdings können sowohl der Bundesrat wie auch das Viertel der Mitglieder eines Rates nur die Einberufung der Räte verlangen, nicht aber diese unmittelbar einberufen. Die Einberufung selbst und damit die Festsetzung des Zeitpunktes der ausserordentlichen Session obliegen in jedem Fall den Ratsbüros. Diese können zB. die ausserordentliche Session unmittelbar an eine ordentliche Session anschliessen lassen und damit den von den Initianten gewünschten Effekt der «Ausserordentlichkeit» teilweise vereiteln.

Bis Ende 1999 konnten nur ein Viertel der Mitglieder des Nationalrates, nicht 2396
des Ständerats, zusätzlich aber fünf Kantone von diesem Recht Gebrauch machen. Erst die geltende BV hat das frühere, in der Praxis nie beanspruchte Recht
von fünf Kantonen durch das analoge Recht eines Viertels der Mitglieder des
Ständerates ersetzt.

b. Präsidium

Der Vorsitz in beiden Räten wird von je einer Präsidentin und zwei Vizepräsidenten 2397
ausgeübt (Art. 152 BV). Deren Wahl erfolgt auf die Dauer eines Jahres, ohne Möglichkeit der Wiederwahl.

Mit der geltenden BV wurde das früher nur aus Präsidentin und Vizepräsident 2398
bestehende Präsidium jedes Rates um einen zweiten Vizepräsidenten erweitert.
Vor allem die Erfüllung der Repräsentationsfunktionen des Präsidiums und dessen aussenpolitische Aufgaben sind anspruchsvoller geworden. Durch die Erweiterung des Präsidiums sollte die Ratsleitung gestärkt werden.

Seit 1848 gleich geblieben ist die bloss einjährige Amtsdauer für jedes Prä- 2399
sidialamt. Sie ermöglicht eine jährliche Rotation der Amtsträger (vgl. nachstehend Bst. c). Unter funktionalen Aspekten erscheint diese kurze Amtsdauer
wenig zweckmässig. Sie schwächt die Stellung des Parlamentes gegenüber dem
Bundesrat und verhindert ein wirkungsvolles Engagement in der Zusammenarbeit mit den Parlamenten anderer Staaten. Hingegen kommt die im internationalen Vergleich sonderbare, aber in der schweizerischen Tradition verwurzelte
rigide Rotation den Interessen der Parteien, dieses höchste Amt im Bundesstaat
möglichst gleichmässig unter sich aufzuteilen und möglicht viele verdiente Politiker mit ihm «belohnen» zu können, ebenso entgegen wie regionalen Vertretungsanliegen.

Den Präsidenten obliegt insbesondere die Verhandlungsleitung in den Plenarsitzun- 2400
gen, die Wahrnehmung des «Hausrechts» in den Ratssälen, die Vertretung der Räte
«nach aussen» und die Leitung der Büros. Der Nationalratspräsident (im Verhinderungsfall der Ständeratspräsident) leitet die Vereinigte Bundesversammlung
(Art. 157 Abs. 1 BV).

Im Einzelnen werden die Aufgaben der Präsidien in den Geschäftsreglementen 2401
der beiden Räte (Art. 7 GRN, SR 171.13; Art. 4 GRS, SR 171.14) geregelt.

c. Büros

Beide Räte werden durch Büros geleitet, denen insbesondere die Festlegung der 2402
Sessionsprogramme, die Wahl der Kommissionen und die Zuweisung der Geschäfte an die Kommissionen obliegen (Art. 35 ParlG und Geschäftsreglemente der
Räte).

Das Büro des *Nationalrates* umfasst neben dem dreiköpfigen Präsidium vier auf 2403
vier Jahre gewählte Stimmenzählerinnen und die Fraktionspräsidenten. Der

Brauch will es, dass der (erste) Vizepräsident im Folgejahr zum Präsidenten gewählt wird.

2404 Im *Ständerat* setzt sich das Büro aus dem Präsidium, einer Stimmenzählerin und einem Ersatzstimmenzähler, die beide auch auf ein Jahr gewählt werden, zusammen. Traditionsgemäss rücken die Büromitglieder jedes Jahr eine Stufe auf der «Leiter» nach oben, sodass der Ersatzstimmenzähler vier Jahre später zum Ratspräsidenten gewählt wird. Ausnahmen ergeben sich bei Verzicht eines Büromitgliedes auf die «Beförderung» oder bei Ausscheiden aus dem Rat. Das Geschäftsreglement der Ständerates (GRS) sieht vor, dass dem Büro zusätzlich je ein weiteres Mitglied aus denjenigen Fraktionen der Bundesversammlung angehört, welche im Ständerat mindestens fünf Mitglieder umfassen, aber unter den fünf ordentlichen Büromitgliedern nicht vertreten sind.

2405 Beide Büros zusammen bilden die *Koordinationskonferenz*, die vor allem die Sessionsplanung und Jahresplanung der Räte aufeinander abstimmt und für die Beziehungen zum Bundesrat, zu auswärtigen Parlamenten und zu internationalen Organisationen zuständig ist (Art. 37 ParlG).

d. Kommissionen

Literatur

AUBERT JEAN-FRANÇOIS, in: Petit commentaire, Art. 153; BIAGGINI, BV Kommentar, Art. 153; GRAF MARTIN, Parlamentsreform und Gesetzgebungsverfahren, LeGes 1991, 3 ff.; LÜTHI RUTH, in: St. Galler Kommentar, Art. 153; DIES., Stärkere Parlamente dank ständigen Kommissionen?, Parlament 3/2005, 4 ff.; DIES., Die Legislativkommissionen der Schweizerischen Bundesversammlung, Bern 1997.

2406 Die in den Ratsplena zur Behandlung gelangenden Geschäfte werden in parlamentarischen Kommissionen vorberaten. Diese sind in der geltenden BV neu verankert worden (Art. 153 BV); vorher fanden sie bloss eine gesetzliche Grundlage (Art. 8^{quinquies} GVG).

2407 Die Vorberatung der Ratsgeschäfte in einem kleineren Organ (die Kommissionen des Nationalrates weisen idR. 25, diejenigen des Ständerates 13 Mitglieder auf) ist bereits seit Bestehen der Bundesversammlung für einen rationalen und effizienten Ratsbetrieb unverzichtbar.

2408 Die Kommissionen tagen unter Ausschluss der Öffentlichkeit. Der sachbezogene und lösungsorientierte Dialog hat daher in der Kommission grösseres Gewicht als im Ratsplenum. Vor allem die ständerätlichen Kommissionen zeichnen sich im Allgemeinen durch eine hohe Dialogkultur aus. Die zunehmende parteipolitische Polarisierung führt allerdings dazu, dass insbesondere in den Kommissionen des Nationalrates die Meinungen häufiger zum Voraus gemacht sind und strikt nach Weisung der Fraktionen abgestimmt wird. Persönliche und parteipolitische Profilierungsbedürfnisse in Verbindung mit dem Interesse der Massenmedien führen zudem zu zahlreichen Verletzungen des «Kommissionsgeheimnisses». Aufgrund dieser Entwicklungen wird gelegentlich die Abschaffung der Vertraulichkeit der Kommissionssitzungen und -unterlagen gefordert. Dadurch würden die Kommissionen und damit das Parlament als demokratische Institution in zweierlei Hinsicht entscheidend geschwächt: Erstens würden wichtige Entscheidungsprozesse in vorgelagerte, informelle und nicht demokratisch legitimierte Gremien verlagert; zweitens könnte das Parlament seine heutigen umfassenden Informationsrechte gegenüber Regierung und Verwaltung (Rz. 2444 ff.) kaum mehr durchsetzen.

Seit der Reform des Kommissionensystems im Jahre 1991 (Änderungen des GRN vom 4. Oktober 1991 und des GRS vom 24. September 1991) geschieht die Kommissionsarbeit zum grössten Teil in ständigen, auf einen bestimmten Themenbereich spezialisierten Kommissionen. *Ständige Kommissionen* sind: Finanzkommission; Geschäftsprüfungskommission; Aussenpolitische Kommission; Kommission für Wissenschaft, Bildung und Kultur; Kommission für soziale Sicherheit und Gesundheit; Kommission für Umwelt, Raumplanung und Energie; Sicherheitspolitische Kommission; Kommission für Verkehr und Fernmeldewesen; Kommission für Wirtschaft und Abgaben; Staatspolitische Kommission; Kommission für Rechtsfragen; Kommission für öffentliche Bauten. 2409

Die *Bedeutung* der Kommissionen im politischen Entscheidungsprozess hat in den letzten fünfzehn Jahren stark zugenommen. Da die eigene Gestaltungskraft eines Parlamentes weitgehend von der Stärke des Kommissionensystems abhängt, gewann die Bundesversammlung in den 1990er Jahren an Durchschlagskraft. 2410

Das Parlament ist dank der ständigen Kommissionen in der Lage, die bundesrätlichen Erlassentwürfe kritisch zu überprüfen, die Entwicklung im entsprechenden Sachbereich zu verfolgen, mit dem Bundesrat darüber einen Dialog zu führen und selbst initiativ tätig zu werden. Zu diesem Zweck stehen den Kommissionen umfangreiche Informations- und Untersuchungsbefugnisse zu (Abs. 4; vgl. nachstehend Rz. 2444 ff.). 2411

In Abweichung vom Grundsatz der getrennten Verhandlung beider Räte kann das Gesetz *gemeinsame Kommissionen* beider Räte einsetzen (Art. 153 Abs. 2 BV). Ein Beispiel stellt die *Einigungskonferenz* dar, die eine Verständigungslösung zu suchen hat, wenn nach dreimaliger Beratung eines Erlassentwurfs in beiden Räten Differenzen verblieben sind. Im Übrigen werden gemeinsame Kommissionen vor allem im Bereich der Oberaufsicht (Finanzdelegation, Geschäftsprüfungsdelegation, Parlamentarische Untersuchungskommission) und im Bereich der Parlamentsverwaltung (Koordinationskonferenz, Verwaltungsdelegation), aber auch bei der Redaktion von Erlassen vorgesehen. Die formell auf den 1. August 2003 geschaffene Gerichtskommission (Art. 40*a* ParlG; AS 2003, 2120) ist eine Kommission der *Vereinigten Bundesversammlung* (vgl. Art. 43 Abs. 2 ParlG). Sie ist zuständig für die Vorbereitung der Wahl und Amtsenthebung von Richtern der eidgenössischen Gerichte, mithin für Geschäfte der Vereinigten Bundesversammlung. 2412

Normalerweise üben die Kommissionen bloss eine vorberatende und antragstellende Funktion aus. Gewisse Befugnisse können ihnen indessen zur abschliessenden Entscheidung übertragen werden (Art. 153 Abs. 3 BV). 2413

2414   Diese Delegation steht unter einem dreifachen Vorbehalt: Sie bedarf einer *ausdrücklichen gesetzlichen Grundlage,* muss sich auf *einzelne* Befugnisse erstrecken, und diese dürfen zudem *nicht rechtsetzender* Natur sein.

2415   Der Bereich der Rechtsetzung wurde explizit ausgenommen, weil die Transparenz des Rechtsetzungsprozesses nicht mehr gewährleistet wäre, wenn in den (vertraulichen) Kommissionssitzungen abschliessend Recht gesetzt würde. Das ParlG weist den Kommissionen abschliessende Befugnisse im Bereich der Oberaufsicht (zB. bezüglich der Empfehlungen der Aufsichtskommissionen; Art. 158 ParlG) und im Bereich der Parlamentsverwaltung zu (zB. betreffend personalrechtlicher Kompetenzen im Bereich der Parlamentsdienste; Art. 66 und 70 Abs. 3 ParlG).

e. **Fraktionen**

Literatur

AUBERT JEAN-FRANÇOIS, in: Petit commentaire, Art. 154; BIAGGINI, BV Kommentar, Art. 154; GRAF MARTIN, in: St. Galler Kommentar, Art. 154; MÜNCH PETER, Wesen und Bedeutung der Parlamentsfraktion aus schweizerischer Sicht, AöR 1995, 382 ff.

2416   Fraktionen als Organe der Bundesversammlung umfassen die Parlamentsmitglieder gleicher Parteizugehörigkeit beider Räte, wobei auch Parteilose und Angehörige unterschiedlicher Parteien mit einer ähnlichen politischen Ausrichtung zusammen eine Fraktion bilden können (Art. 61 ParlG). Sie bereiten die Ratsgeschäfte unter parteipolitischen Gesichtspunkten vor.

2417   Mit Art. 154 BV wurden die *Fraktionen* erstmals auf Verfassungsstufe verankert, um ihre Bedeutung für den politischen Willensbildungsprozess zu unterstreichen. Nach Art. 61 Abs. 3 ParlG kann eine Fraktion gebildet werden, wenn ihr aus einem der beiden Räte mindestens fünf Mitglieder beitreten.

2418   Insb. im Nationalrat kommt den Fraktionen eine grosse *Bedeutung* bei der Strukturierung und Vorbereitung der Sitzungen zu. Anders als im Ständerat können im Nationalrat nur Mitglieder einer Fraktion in den Kommissionen Einsitz nehmen, was unter dem Gesichtspunkt der Gleichberechtigung aller Ratsmitglieder problematisch erscheint. Die ständerätlichen «Untergruppen» innerhalb der Fraktionen führen teilweise ein gewisses «Eigenleben», da die Mitglieder des Ständerates im Majorzverfahren und nicht auf einer Parteiliste gewählt werden. Im Ständerat ist es auch (immer noch) verpönt, ausdrücklich im Namen der Partei resp. der Fraktion zu votieren.

2419   Die Fraktionen erhalten *Bundesbeiträge* zur Deckung der Kosten ihrer Sekretariate (Art. 12 Parlamentsressourcengesetz; SR 171.21). Da die Fraktionssekretariate in der Praxis Teil der Parteisekretariate sind, nimmt der Bund auf diese Weise eine indirekte Parteienfinanzierung von ca. 4,8 Mio. Franken jährlich vor.

f. Parlamentsdienste

Literatur

AUBERT JEAN-FRANÇOIS, in: Petit commentaire, Art. 155; BIAGGINI, BV Kommentar, Art. 155; GRAF MARTIN, in: St. Galler Kommentar, Art. 155; LÜTHI RUTH, Dienstleistungen für das Parlament, Parlament 1/2007, 4 ff.

Die Parlamentsdienste unterstützen die Bundesversammlung bei ihrer Arbeit; sie sind funktionell und (seit Inkrafttreten der geltenden BV auch) administrativ der Bundesversammlung unterstellt (Art. 155 BV). Die Parlamentsdienste organisieren Sessionen und Kommissionssitzungen, führen das Sekretariat der Räte und ihrer Kommissionen, sind für die Beratung der Parlamentsmitglieder und -organe sowie deren Dokumentation zuständig (Art. 64 ParlG). 2420

Die Parlamentsdienste werden vom *Generalsekretär der Bundesversammlung* geleitet und von der *Verwaltungsdelegation* (einem Ausschuss der Koordinationskonferenz) beaufsichtigt. 2421

Da die Parlamentsdienste die Unterstützungsbedürfnisse der Bundesversammlung allein nicht vollumfänglich befriedigen können, ist das Parlament auch auf den in der *Bundesverwaltung* angesiedelten Sachverstand angewiesen. Art. 155 Satz 2 BV ermächtigt deshalb die Bundesversammlung, die Dienststellen der Bundesverwaltung beizuziehen; die Einzelheiten dieses Beizugs werden in Art. 68 ParlG geregelt. 2422

> Die Entwicklung von Art. 105 aBV 1874 zum geltenden Art. 155 BV zeigt das gewandelte Verhältnis zwischen Bundesversammlung und Bundesrat auf. Gemäss Art. 105 BV 1874 «besorgt eine Bundeskanzlei, welcher ein Kanzler vorsteht, die Kanzleigeschäfte bei der Bundesversammlung und beim Bundesrat». Tatsächlich sass früher neben dem Präsidenten des Nationalrates, am heutigen Platz des Generalsekretärs der Bundesversammlung, der Bundeskanzler. Die Bundeskanzlei war 1848 als organisatorische Einheit konzipiert worden, als gemeinsame Stabsstelle für Bundesversammlung und Bundesrat. Entgegen dem Wortlaut der alten Verfassung haben sich aber im Laufe der Zeit zwei getrennte Dienste entwickelt: die Parlamentsdienste arbeiten für das Parlament, die Bundeskanzlei für den Bundesrat. Dabei blieben unter der BV 1874 die Dienste des Parlamentes administrativ dem Dienst des Bundesrates zugeordnet. 2423

III. Verfahren

a. Grundsatz der getrennten Verhandlung

Die Verfahrensgrundsätze der *getrennten Verhandlung* sowie des Erfordernisses der *Übereinstimmung der Beschlüsse* beider Räte bilden zentrale Elemente des schweizerischen Zweikammersystems (Art. 156 BV, vgl. dazu vorne Rz. 2300 ff.). Eine gemeinsame Verhandlung findet nur in der Vereinigten Bundesversammlung statt (Art. 157 BV; dazu Rz. 2317 f.). 2424

2425 Art. 157 BV führt die Vereinigte Bundesversammlung als Organ der Bundesversammlung im Abschnitt «Verfahren» ein; diese Bestimmung wäre systematisch besser als Organisationsbestimmung nach Art. 150 BV aufgenommen worden.

b. Grundsatz der Öffentlichkeit

2426 Die Öffentlichkeit der Verhandlungen stellt eines der grundlegenden Kennzeichen eines Parlamentes dar: Dank ihr kann Repräsentation und Responsivität überhaupt erst verwirklicht werden. Das im Parlament vertretene Volk vermag so zu erkennen, wie Entscheide zustande kommen, welche Werte und Interessen (und von wem) vertreten werden. So kann die interessierte Wählerschaft bei den nächsten Wahlen auch die «Leistung» der Volks- und Standesvertreterinnen beurteilen. Nicht öffentlich sind allerdings die Verhandlungen der Kommissionen (vgl. Rz. 2407).

2427 Ausnahmen vom Grundsatz der Öffentlichkeit der Verhandlungen bedürfen gemäss Art. 158 Satz 2 BV einer gesetzlichen Grundlage (vgl. Art. 4 ParlG).

2428 Die Öffentlichkeit der Ratsverhandlungen wird einerseits durch die Publikums- und Pressetribünen, andererseits durch die Publikation der Ratsverhandlungen im «Amtlichen Bulletin» (sowie im Internet: www.parlament.ch) hergestellt.

2429 Umstritten ist, wie weit auch die *Stimmabgabe* der Ratsmitglieder öffentlich nachvollziehbar sein soll. Dies kann entweder auf zeitraubende und umständliche Art durch Abstimmungen mit Namensaufruf oder aber mit einer elektronischen Abstimmungsanlage, wie sie der Nationalrat seit 1995 kennt, geschehen. Bei der Beratung des neuen Parlamentsgesetzes 2002 wollte der Nationalrat im Gesetz verankern, dass in beiden Räten die Stimmabgabe jedes Ratsmitglieds aufgezeichnet und veröffentlicht werden soll. Der Ständerat setzte sich erst in der Einigungskonferenz mit seiner Auffassung durch, wonach diese Frage durch jeden Rat auf seine Weise im Geschäftsreglement geregelt wird (Art. 82 ParlG) – was ihm erlaubt, idR. weiterhin auf traditionelle Weise mit Handerheben abzustimmen. Die Diskussion hat allerdings dazu geführt, dass auch im Ständerat gelegentlich wieder Abstimmungen mit Namensaufruf durchgeführt werden. Die entsprechende Reglementsbestimmung – im 19. Jahrhundert noch in lebendigem Gebrauch – war vorher während Jahrzehnten nie mehr angewendet worden (vgl. dazu MORITZ VON WYSS, Die Namensabstimmung im Ständerat, in: Isabelle Häner (Hrsg.), Beiträge für Alfred Kölz, Zürich/Basel/Genf 2003, 23 ff.).

c. Verhandlungsfähigkeit, Abstimmungen und Wahlen

2430 Beide Räte dürfen nur in Anwesenheit einer Mehrheit ihrer Mitglieder *verhandeln* (Art. 159 Abs. 1 BV). Zum Verfahren der Behandlung von Vorlagen vgl. Rz. 2771).

2431 Diese Anwesenheitsmehrheit ist in der Praxis indessen oft nicht gegeben und muss für die Abstimmungen durch «Zusammenrufen» der sich in der Wandelhalle, im Café oder in Sitzungszimmern befindlichen Mitglieder erst hergestellt werden.

Bei *Abstimmungen* entscheidet «die Mehrheit der Stimmenden» (sog. einfaches Mehr; Art. 159 Abs. 2 BV). 2432

Das sog. absolute Mehr, also die Zustimmung der Mehrheit aller Ratsmitglieder (sofern kein Sitz vakant ist, sind dies 101 Nationalräte bzw. 24 Ständeräte) ist erforderlich bei der Dringlicherklärung von Bundesgesetzen (Art. 159 Abs. 3 Bst. a BV), bei der sog. «Ausgabenbremse» (neue einmalige Ausgaben von mehr als 20 Millionen Franken oder neue wiederkehrende Ausgaben von mehr als 2 Millionen Franken; Art. 159 Abs. 3 Bst. b BV) und bei der «Schuldenbremse» (Erhöhung der Gesamtausgaben bei ausserordentlichem Zahlungsbedarf nach Artikel 126 Absatz 3 und Art. 159 Abs. 3 Bst. c BV). 2433

Im Nationalrat wird seit 1995 idR. mit der elektronischen Abstimmungsanlage abgestimmt; früher (und heute noch, wenn die Technik versagt...) durch Aufstehen. Im Ständerat wird durch Handaufheben abgestimmt. (Betr. Abstimmungen mit Namensaufruf vgl. vorne Rz. 2429). Der Präsident stimmt nicht mit, muss aber bei Stimmengleichheit den Stichentscheid geben (in den Kommissionen stimmt der Kommissionspräsident hingegen mit und gibt den Stichentscheid). 2434

Wahlen erfolgen sowohl in der Vereinigten Bundesversammlung wie in den Räten (Wahl der Mitglieder der Büros) schriftlich und geheim (Art. 130 ParlG). Es gilt das absolute Mehr; leere und ungültige Stimmen werden für seine Berechnung nicht mitgezählt. 2435

d. Initiativrecht und Antragsrecht

Literatur

AUBERT JEAN-FRANÇOIS, in: Petit commentaire, Art. 160; BIAGGINI, BV Kommentar, Art. 160; GRAF MARTIN, Motion und parlamentarische Initiative. Untersuchungen zu ihrer Handhabung und politischen Funktion, in: Parlamentsdienste (Hrsg.), Das Parlament – «Oberste Gewalt des Bundes»?, Bern/Stuttgart 1991, 203 ff.; DERS., in: St. Galler Kommentar, Art. 160; LAMPRECHT ANDREA, Die parlamentarische Initiative im Bunde, Basel 1989; MÜLLER GEORG, Das Parlament als kreativer Gesetzgeber? Möglichkeiten und Grenzen der Motion, der parlamentarischen Initiative und der Abänderung von Regierungsentwürfen, Parlament 3/2007, 4 ff.; SANTSCHY ANTOINE, Le droit d'amendement au sein des deux conseils de l'Assemblée fédérale suisse, ZSR 1986, 503 ff.

Das Initiativrecht (Art. 160 Abs. 1 BV) beinhaltet das Recht jedes Ratsmitglieds (*parlamentarische Initiative*) und jedes Kantons (*Standesinitiative*), der Bundesversammlung einen Erlassentwurf zu unterbreiten bzw. die Erarbeitung eines solchen zu verlangen. Das analoge Verfahrensrecht des Bundesrates wird (systematisch nicht ganz befriedigend) unter den Zuständigkeiten des Bundesrates in Art. 181 BV aufgeführt. 2436

2437 Das parlamentarische Initiativrecht gehört zu den elementaren Errungenschaften der liberalen Umwälzungen in der ersten Hälfte des 19. Jh. und war dementsprechend auch bereits in den BV 1848 und 1874 verankert. In der Praxis wurde es aber nur selten beansprucht; das Parlament übte seine Initiativfunktion weitgehend mit dem Instrument des Motionsrechts (vgl. Rz. 2452) aus. Der Begriff der «parlamentarischen Initiative» hat erst 1970 in die Gesetzgebung Eingang gefunden. Seither hat die Zahl der parlamentarischen Initiativen stark zugenommen (Legislaturperiode 1971–1975: 29 eingereichte Initiativen; 2003–2007: 372). Während der Legislaturperiode 2003–2007 gingen 20 % der Erlasse der Bundesversammlung in der Form des Bundesgesetzes auf parlamentarische Initiativen zurück.

2438 Das Recht jedes Ratsmitglieds und des Bundesrates, die Änderung eines hängigen Erlassentwurfes vorzuschlagen oder Anträge zum Verfahren (Ordnungsanträge) zu stellen, wird als *Antragsrecht* bezeichnet (Art. 160 Abs. 2 BV).

2439 Jedem einzelnen Ratsmitglied werden somit elementare Verfahrensrechte zuerkannt; darin kommt ein *individualistisches Repräsentationsverständnis* des schweizerischen Parlamentarismus zum Ausdruck. In anderen Demokratien können diese Rechte de iure oder de facto häufig nur von einer bestimmten Mindestzahl von Abgeordneten wahrgenommen werden.

2440 Beim Initiativrecht werden auch die *Fraktionen* und *Kommissionen* als Berechtigte aufgeführt, beim Antragsrecht hingegen nicht. Dieses Organrecht kann aber auch unmittelbar aus dem Recht der einzelnen Mitglieder des Organs abgeleitet werden.

2441 Das Antragsrecht wird in der Praxis sehr intensiv wahrgenommen. Beispielsweise sind vor der parlamentarischen Verabschiedung des Bundesgesetz über die Ausländerinnen und Ausländer am 16. Dezember 2005 allein in der Kommission des Nationalrates 278 Anträge eingereicht worden. Bei der ersten Beratung des Gesetzesentwurfes im Nationalrat standen 42 (Abänderungs-)Anträge der Kommissionsmehrheit, 82 Anträge von Kommissionsminderheiten und 133 Anträge von einzelnen Ratsmitgliedern zur Diskussion.

2442 Die Abänderung der Entwürfe des Bundesrates durch das Parlament ist für die erste Hälfte der 1970er Jahre (ERNST ZEHNDER, Die Gesetzesüberprüfung durch die Schweizerische Bundesversammlung, Entlebuch 1988) und für die zweite Hälfte der 1990er Jahre (ANNINA JEGHER, Bundesversammlung und Gesetzgebung, Bern/Stuttgart/Wien 1999) empirisch untersucht worden. Entgegen einer weit verbreiteten Meinung zeigt sich das Bild eines Parlamentes, das sich keineswegs darauf beschränkt, die Entwürfe des Bundesrates «abzusegnen», sondern das die Gesetzgebung kreativ mitgestaltet, und zwar in tendenziell zunehmendem Ausmass.

2443 Die zunehmende «Flut» von Anträgen erweist sich aber auch als Spiegelbild einer Mediengesellschaft, in welcher sich Parlamentarier auf diese Weise zu profilieren suchen. Auch wird dadurch die das Plenum entlastende Funktion der vorberatenden Kommissionen gemindert, wenn Kommissionsberatungen im Plenum «wiederholt» werden.

e. Informationsrechte

Literatur

AUBERT JEAN-FRANÇOIS, in: Petit commentaire, Art. 153, Rz. 12 ff.; BIAGGINI, BV Kommentar, Art. 153, Rz. 20 ff.; KIENER REGINA, Die Informationsrechte der parlamentarischen Kommissionen, Bern 1994; LÜTHI RUTH, in: St. Galler Kommentar, Art. 153, Rz. 12 ff.; MASTRONARDI PHILIPPE, Kriterien der demokratischen Verwaltungskontrolle, Basel 1991; SÄGESSER THOMAS, Parlamentarische Informations- und Konsultationsrechte, AJP 2002, 382 ff.

2444 Gemäss Art. 153 Abs. 4 Satz 1 BV stehen den Kommissionen diejenigen Informationsrechte («Auskunftsrechte, Einsichtsrechte und Untersuchungsbefugnisse») zu, die sie «zur Erfüllung ihrer Aufgaben» benötigen. Das Gesetz regelt den Umfang dieser Rechte, hat dabei aber dem verfassungsunmittelbaren Informationsanspruch gemäss Satz 1 Rechnung zu tragen.

2445 Das schweizerische Bundesverfassungsrecht kennt keinen «Arkanbereich» von Regierung und Verwaltung. Aufgrund der generellen Suprematie der Bundesversammlung (Art. 148 Abs. 1 BV) und des in Art. 153 Abs. 4 BV verankerten verfassungsunmittelbaren Informationsanspruchs muss die Bundesversammlung über Organe verfügen, welchen zur Erfüllung ihrer Aufgaben im Rahmen der Oberaufsicht keine Informationen vorenthalten werden dürfen. Das Gesetz hat die aus je drei Mitgliedern beider Räte zusammengesetzten *Delegationen* der Geschäftsprüfungs- und der Finanzkommissionen (Art. 51 und 53 ParlG) sowie die NEAT-Aufsichtsdelegation (vgl. Alpentransit-Beschluss vom 4. Oktober 1991, SR 742.104) als Delegationen der Aufsichtskommissionen gemäss Art. 169 Abs. 2 BV bezeichnet.

2446 Das Parlamentsgesetz hat die früher (im Bereich der Oberaufsicht) nur bruchstückhaft geregelten parlamentarischen Informationsrechte gesamthaft neu geordnet. Bisher ging die Praxis (jedenfalls ausserhalb des Bereichs der Oberaufsicht) davon aus, das Parlament sei Teil der Öffentlichkeit und ihm könne daher das Amtsgeheimnis entgegengehalten werden. Das Parlamentsgesetz versteht demgegenüber, gestützt auf die neue Rechtsgrundlage in der BV, die Bundesversammlung als Bundesbehörde, der bestimmte Aufgaben zugewiesen sind, was den Anspruch auf die zur Erfüllung dieser Aufgabe notwendigen Informationen begründet.

2447 Dieser Grundsatz führt zu einer stufenweisen Erweiterung der Informationsrechte: Auf der ersten Stufe steht das einzelne Ratsmitglied (Art. 7), es folgen die Kommissionen im Allgemeinen (Art. 150), die Aufsichtskommissionen (Art. 153) und auf der letzten Stufe die Delegationen der Aufsichtskommissionen (Art. 154) sowie die Parlamentarische Untersuchungskommission (Art. 166).

2448 Die Ratsmitglieder haben keinen Anspruch auf Informationen, die der unmittelbaren Entscheidfindung des Bundesratskollegiums dienen, die den Bereich des Staatsschutzes und der Nachrichtendienste betreffen oder die aus Gründen des Persönlichkeitsschutzes vertraulich sind (Art. 7 Abs. 2 ParlG). Die beiden erstgenannten Einschränkungen gelten auch für die Kommissionen (Art. 150 Abs. 2 ParlG); die Delegationen der Aufsichtskommissionen sowie eine PUK haben hingegen im Rahmen ihrer Aufgaben uneingeschränkte Informationsrechte. Die Ratsmitglieder sind ihrerseits an das *Amtsgeheimnis* gebunden (Art. 8 ParlG).

2449 Ob eine bestimmte Information *zur Erfüllung einer Aufgabe notwendig* ist, kann naturgemäss umstritten sein. Im Konfliktfall mit dem Bundesrat entscheiden die Aufsichtskommissionen selbst über die Ausübung ihrer Informationsrechte. Im Konfliktfall zwischen Bundesrat und einzelnem Ratsmitglied bzw. «normaler» Kommission vermittelt und entscheidet das dreiköpfige Ratspräsidium; zu diesem Zweck kann das Präsidium in alle einschlägigen Akten Einsicht nehmen. Ist strittig, ob eine der im Gesetz genannten Einschränkungen der Informationsrechte vorliegt, liegt der definitive Entscheid beim Bundesrat.

f. Aufträge an den Bundesrat

Literatur

AUBERT JEAN-FRANÇOIS, in: Petit commentaire, Art. 171; BIAGGINI, BV Kommentar, Art. 171; MASTRONARDI PHILIPPE, Kriterien der demokratischen Verwaltungskontrolle, Basel/Frankfurt a.M. 1991; DERS., in: St. Galler Kommentar, Art. 171; PFISTER ALOIS, Parlamentarische Vorstösse, in: Altermatt Urs/Garamvölgyi Judit, Aussen- und Innenpolitik, Bern 1980, 405 ff.; SCHMID SAMUEL, Aufträge an den Bundesrat, in: Bundesbehörden, Bern 2000, 95 ff.

2450 Nach Art. 171 Satz 1 BV kommt der Bundesversammlung die Befugnis zu, dem Bundesrat *Aufträge* zu erteilen. Der Auftrag wird als Oberbegriff für die verschiedenen Vorstossformen («Instrumente») verstanden.

2451 Die Formulierung in Art. 171 Satz 2 BV, das Gesetz regle «insbesondere die Instrumente, mit welchen die Bundesversammlung auf den Zuständigkeitsbereich des Bundesrates einwirken kann», ermöglicht auch die Einführung von Vorstossformen, welche sich nicht nur auf den Zuständigkeitsbereich der Bundesversammlung beschränken, sondern mit denen dem Bundesrat in seinem eigenen Zuständigkeitsbereich Weisungen oder Richtlinien erteilt werden können.

2452 Die *Motion* beauftragt den Bundesrat, einen Entwurf zu einem Erlass der Bundesversammlung vorzulegen oder eine Massnahme zu treffen. Ist der Bundesrat für die Massnahme zuständig, so trifft er diese oder unterbreitet der Bundesversammlung den Entwurf eines Erlasses, mit dem die Motion umgesetzt werden kann (Art. 120 ParlG).

2453 Das *Postulat* beauftragt den Bundesrat zu prüfen und Bericht zu erstatten, ob ein Entwurf zu einem Erlass der Bundesversammlung vorzulegen oder eine Massnahme zu treffen sei (Art. 123 ParlG). Mit einer *Interpellation* oder einer *Anfrage* wird der Bundesrat aufgefordert, über Angelegenheiten des Bundes Auskunft zu geben; zu einer Interpellation kann eine Diskussion stattfinden, während die Anfrage bloss schriftlich beantwortet wird (Art. 125 ParlG).

2454 Art. 171 BV bringt eine verfassungsrechtliche Klärung in der langjährigen Auseinandersetzung über die sog. «unechten Motionen» (dh. Motionen im Zuständigkeitsbereich des Bundesrates oder im delegierten Rechtsetzungsbereich). Es wird klargestellt, dass parlamentarische Instrumente zulässig sind, welche sich auf den Zuständigkeitsbereich des Bundesrates beziehen. Solche Instrumente entsprechen einer modernen Konzeption der Gewaltenteilung, wonach nicht Zuständigkeitsbereiche exklusiv ausgeschieden werden, sondern Parlament und Regierung an den Grundfunktionen der jeweils anderen Gewalt mitwirken.

Die alte Streitfrage, wieweit die Bundesversammlung in den Zuständigkeitsbereich des Bundesrates einwirken darf, entzündete sich immer wieder im Zusammenhang mit dem Motionsrecht der einzelnen Ratsmitglieder. Im 19. Jahrhundert war unbestritten, dass die Bundesversammlung dem Bundesrat in praktisch allen Belangen verbindliche Weisungen (also nicht nur Richtlinien) erteilen darf. Erst etwa seit Beginn des 20. Jahrhunderts begann der Bundesrat, sich gegen Weisungen «im Bereich der ausschliesslichen Kompetenz des Bundesrates» zu wehren. Die Bundesversammlung folgte dieser Auffassung zunächst nicht, doch schloss sich der Ständerat 1986 einem Gutachten der Justizabteilung von 1979 an (Justizabteilung: Unzulässigkeit der Motion im delegierten Rechtsetzungsbereich des Bundesrates, VPB 34, 1979, 21 ff.), wonach die Motion nicht nur im «ausschliesslichen», sondern auch im «delegierten» Kompetenzbereich des Bundesrates unzulässig sei. Der Nationalrat stimmte demgegenüber einer entsprechenden Änderung des GVG nicht zu und hielt damit ausdrücklich an der Zulässigkeit der Motion im delegierten Kompetenzbereich fest. Der Ständerat wiederum übernahm die für das GVG vorgesehene Unzulässigkeitsklausel in sein Ratsreglement, doch wurden seither immer wieder «unechte» Motionen überwiesen, oft mit Einwilligung des Bundesrates.

2455

Die Rechtswirkungen der Motion im Zuständigkeitsbereich des Bundesrates waren auch im Rahmen der Ausarbeitung des *Parlamentsgesetzes* vom 13. Dezember 2002 bis in die letzte Phase des Verfahrens (Einigungskonferenz) umstritten. Die Lager waren dieselben geblieben: Auf der einen Seite der Ständerat und der Bundesrat, auf der anderen Seite der sich diesmal am Ende durchsetzende Nationalrat. Die beiden Lager hatten nun allerdings ihre Argumentationen gewechselt. Bundesrat und Ständerat hatten die Position des Nationalrates in der Verfassungsdiskussion übernommen: Eine Motion im Zuständigkeitsbereich des Bundesrates sollte als Richtlinie wirken. Der Nationalrat, der sich schlussendlich durchgesetzt hat, wollte demgegenüber auf den als zu schwammig empfundenen Richtliniencharakter der Motion verzichten.

2456

Eine Motion im Zuständigkeitsbereich des Bundesrates stellt nun einen *verbindlichen Auftrag* dar; bei der Erfüllung dieses Auftrages ist allerdings die Zuständigkeitsordnung zu beachten. Der Bundesrat kann entweder die verlangte Massnahme in eigener Kompetenz ergreifen, zB. eine Änderung einer Verordnung vornehmen. Oder er muss, will er die Massnahme nicht selbst ergreifen, dem Parlament eine Änderung der Zuständigkeitsordnung unterbreiten (zB. eine Änderung der gesetzlichen Delegationsnorm). Das Parlament wird dadurch in die Lage versetzt, die von ihm verlangte Massnahme in eigener Kompetenz zu treffen.

2457

Die Ratsmitglieder, insb. diejenigen des Nationalrates, machen einen intensiven Gebrauch von ihren Vorstossrechten: Im Jahre 2007 zB. wurden in beiden Räten insgesamt 1053 Vorstösse eingereicht (393 Motionen, 157 Postulate, 363 Interpellationen und 140 Anfragen). Im Nationalrat steht seit Beginn der 1980er Jahre nicht mehr genügend Beratungszeit zur Verfügung, um die grosse Zahl der Vorstösse behandeln zu können. Auch stehen die Erfolgschancen der

2458

Vorstösse in einem umgekehrten Verhältnis zu ihrer Anzahl. Mit einer konsequenten Privilegierung der Kommissionsmotionen wird versucht, mehrheitsfähigen Anliegen auf diesem Weg über die Kommissionen zur Realisierung zu verhelfen. Zwar können die Vorstösse ihre Artikulations- und Kommunikationsfunktion nach wie vor erfüllen, um bestimmte Interessen zu artikulieren und mit dem Bundesrat und der Verwaltung sowie über die Medien auch mit der Öffentlichkeit zu kommunizieren (vgl. dazu eingehender die Analyse im Bericht der SPK N vom 1. März 2001 zum ParlG, BBl 2001, 3504–3508). Anderseits dienen Vorstösse oft weniger der politischen Thematik selbst als der persönlichen Profilierung von Parlamentariern in der Mediengesellschaft, um der Wählerschaft gegenüber einen «Leistungsausweis» vorweisen zu können.

IV. Status der Mitglieder der Bundesversammlung

a. Grundsatz des freien Mandates

Literatur

AUBERT JEAN-FRANÇOIS, in: Petit commentaire, Art. 161; BIAGGINI, BV Kommentar, Art. 161; HOMBERGER HANS ULRICH, «Die Mitglieder beider Räte stimmen ohne Instruktionen», Zürich 1973; SCHMID GERHARD, Das freie Mandat der Mitglieder der Bundesversammlung, ZSR 1974, 471 ff.; SCHWARZ DANIEL/LINDER WOLF, Fraktionsgeschlossenheit im schweizerischen Nationalrat 1996–2005, Studie im Auftrag der Parlamentsdienste der Schweizerischen Bundesversammlung, Bern 2007; VON WYSS MORITZ, in: St. Galler Kommentar, Art. 161.

2459 Der moderne Parlamentarismus beruht auf dem Grundsatz des freien Mandates. Die Abgeordneten sind Vertreter des ganzen Volkes (die Mitglieder des Ständerates der kantonalen «Völker»), nicht an Weisungen gebunden und nur ihrem Gewissen verpflichtet.

2460 Der idealtypische Gegensatz von «trustee» (in eigener Verantwortung handelnder Treuhänder) und «delegate» (in Erfüllung eines definierten Auftrages handelnder Delegierter) entspricht allerdings nicht den Realitäten. Ein Parlamentsmitglied wird sich in der Praxis weder den konkreten Interessen seiner Wählerschaft verschliessen noch allein als willfähriger Vollstrecker dieser Interessen handeln können. Die Lehre von der «responsiveness» der Repräsentanten fordert demgegenüber eine permanente dialogische Auseinandersetzung zwischen Parlamentariern und Bevölkerung (vgl. Rz. 2053 ff.).

2461 Im schweizerischen Verfassungsrecht findet der Grundsatz des freien Mandates im sog. *Instruktionsverbot* seinen Ausdruck. Gemäss Art. 161 Abs. 1 BV geben die Mitglieder der Bundesversammlung ihre Stimme ohne Weisungen von irgendwelcher Seite ab.

2462 Demgegenüber stimmten in der früheren Tagsatzung vor 1848 die Gesandten nach Instruktion ihrer Kantone. Das Instruktionsverbot gilt seit Beginn des Bundesstaates auch für die Mitglieder des Ständerates, die insofern keine «Vertreter» der Kantone sind (vgl. dazu vorne Rz. 2307 ff.). Das Weisungsverbot gilt nicht nur für eigentliche Abstimmungen, sondern für die parlamentarische Tätigkeit generell. Eine Ausstandspflicht bei Interessenbindungen besteht nicht; indessen sollen betroffene Abgeordnete bei Interventionen darauf hinweisen (Art. 11 Abs. 3 ParlG). Zur Ausstandspflicht in einem kantonalen Parlament (für kantonale Bedienstete) vgl. BGE 125 I 289, 293; 123 I 97, 105.

Der rechtliche Grundsatz des freien Mandates darf nicht darüber hinwegtäuschen, dass die Mitglieder des Parlamentes einer gegenwärtigen Demokratie ihre Funktionen nicht losgelöst von (faktischen) Bindungen und Verflechtungen ausüben. Dies gilt auch und besonders für die Bundesversammlung wegen ihres «Quasi-Milizcharakters», indem die meisten Mitglieder neben ihrer parlamentarischen Tätigkeit einen (Haupt- oder Neben-)Beruf wahrnehmen, aus dem sich Interessenbindungen und vielfältige «Rücksichtnahmen» ergeben können. 2463

Vor allem werden Parlamentarierinnen von politischen Parteien portiert und in die Fraktionsarbeit eingebunden. Mitglieder des Ständerates haben besonders auf kantonale und regionale Anliegen Rücksicht zu nehmen. Einen eigentlichen *Fraktionszwang* kennt der schweizerische Parlamentarismus indessen nicht, sodass die Abgeordneten gegenüber «ihrer» Partei oder Fraktion eine bedeutend unabhängigere Stellung einnehmen als ihre Kollegen in einer parlamentarischen Demokratie. Trotz zunehmender parteipolitischer Polarisierung hat die Fraktionsgeschlossenheit seit 1996 nur leicht zugenommen, wobei die Unterschiede zwischen den Fraktionen gering sind. Bei immerhin 5% aller 7997 Abstimmungen im Nationalrat in den Jahren 1996–2005 hat eine mangelnde Fraktionsdisziplin zu einem anderen Resultat geführt, als dies bei absoluter Fraktionsdisziplin der Fall gewesen wäre (DANIEL SCHWARZ/WOLF LINDER). 2464

Um Transparenz über die ausserparlamentarischen Verflechtungen und Tätigkeiten der Mitglieder der Bundesversammlung zu gewährleisten, schreibt Art. 161 Abs. 2 BV vor, dass diese ihre *Interessenbindungen* offen zu legen haben. Sie müssen bei Amtsantritt und jeweils zu Jahresbeginn ua. über ihre beruflichen Tätigkeiten und nebenamtlichen Leitungsfunktionen in wirtschaftlichen Unternehmungen und in Interessenorganisationen sowie über ihre Funktionen für ausländische Staaten Auskunft geben; ihre Angaben werden in ein öffentlich einsehbares Register eingetragen (Art. 11 ParlG). 2465

Parlamentarische Initiativen für eine Verschärfung der Offenlegungspflichten (wie etwa betreffend Einkünfte aus Verwaltungsratsmandaten und ähnlichen Gremien oder bezüglich der Interessenbindungen der Ehegatten und Lebenspartner von Parlamentariern) sind in den Jahren 2006 und 2007 abgelehnt worden. 2466

b. Immunität

Literatur

AUBERT JEAN-FRANÇOIS, in: Petit commentaire, Art. 162; BIAGGINI, BV Kommentar, Art. 162; MÜLLER/SCHEFER, Grundrechte, 419–421; VON WYSS MORITZ, in: St. Galler Kommentar, Art. 162.

2467 Mit öffentlichen Aufgaben betraute Personen geniessen besondere Rechte, welche die Ausübung ihrer Funktionen im öffentlichen Interesse sicherstellen sollen. Diese werden etwas unpräzis unter dem Begriff der *Immunität* zusammengefasst, betreffen aber unterschiedliche Gegenstände und Ansprüche (Art. 162 BV).

2468 Ein besonderes Anliegen der Verfassung ist es, die *freie parlamentarische Debatte* sicherzustellen und vor Versuchen einer strafrechtlichen Behinderung abzuschirmen. Deshalb verankert Art. 162 Abs. 1 BV die sog. *absolute Immunität* (Indemnität, Wortprivileg) für die an den Verhandlungen der Räte und ihrer Organe teilnehmenden Personen (Abgeordnete, Mitglieder des Bundesrates, Bundeskanzlerin). Diese dürfen für ihre Wortmeldungen «rechtlich nicht zur Verantwortung gezogen werden». Die freie Meinungsäusserung im Rat und in seinen Organen soll durch die allfällige Androhung gerichtlicher Verfolgung wegen bestimmter Äusserungen nicht beeinträchtigt werden dürfen.

2469 Die «weiteren Arten der Immunität», die das Gesetz gemäss Absatz 2 vorsieht, sind die *relative Immunität* (Strafverfolgungsprivileg) und die *Sessionsteilnahmegarantie* (Art. 17–21 ParlG und analoge Bestimmungen im Verantwortlichkeitsgesetz, im RVOG sowie in den Gerichtsorganisationsgesetzen).

2470 Die relative Immunität schützt Mitglieder der obersten Bundesbehörden vor Strafverfahren wegen strafbarer Handlungen, die im Zusammenhang mit ihrer amtlichen Stellung oder Tätigkeit stehen. Diese Immunität ist *relativ*, weil die Bundesversammlung die Ermächtigung zur Strafverfolgung erteilen kann (womit sie in der Praxis äusserst zurückhaltend ist).

2471 Die Sessionsteilnahmegarantie sieht vor, dass ein Strafverfahren gegen ein Ratsmitglied wegen Verbrechen oder Vergehen, die *nicht* im Zusammenhang mit seinem Amt stehen, während einer Session nur mit seiner eigenen Zustimmung oder mit Ermächtigung seines Rates eingeleitet werden darf. Ebenso sichert das sog. *Wehrprivileg* den Mitgliedern der Bundesversammlung die Teilnahme an den Plenar-, Kommissions- und Fraktionssitzungen (Art. 17 Militärgesetz; SR 510.10).

c. **Einkommen und Entschädigung der Ratsmitglieder**

Literatur

HASLER THOMAS, «Dienen, nicht verdienen, soll das oberste Gebot des Politikers sein», Chur/Zürich 1998; RIKLIN ALOIS/MÖCKLI SILVANO, Milizparlament?, in: Parlamentsdienste (Hrsg.), Das Parlament – «Oberste Gewalt des Bundes»?, Bern 1991, 145; ECO'DIAGNOSTIC, Entschädigung und Infrastruktur der Parlamentsarbeit, Gutachten im Auftrag der Staatspolitischen Kommission des Nationalrates, Genf 2001 (www.parlament.admin.ch/ed-pa-entschaedigung-infrastruktur.pdf).

2472 Die Vorstellung, die Bundesversammlung stelle ein «Milizparlament» dar, ist nach wie vor tief verankert: Ihre Mitglieder üben ihren angestammten Beruf idR. auch während ihrer Amtszeit weiter aus. Damit bleiben sie im mehr oder weniger engen Kontakt mit ihrer Wählerschaft und laufen weniger Gefahr, sich als «classe politique» von ihr abzuheben. Sie können die Erfahrungen aus ihrer Berufstätigkeit unmittelbar in ihre parlamentarische Tätigkeit einbringen und bleiben auch unabhängiger von Partei und Fraktion, als dies in parlamentarischen Demokratien die Regel ist.

Auf der anderen Seite ist das Parlamentsmandat anspruchsvoller geworden und beansprucht einen immer grösseren Teil der Arbeitszeit der Ratsmitglieder. Die ursprüngliche Vorstellung eines ehrenamtlichen Parlamentsmandates, bei dem nur der Spesenaufwand entschädigt wird, entspricht seit längerer Zeit nicht mehr den Realitäten. Zu den «Entschädigungen» ist ein eigentliches (steuerbares) Parlamentariereinkommen getreten. Die Bundesversammlung ist heute ein «*Halbberufsparlament*». 2473

> Die Revision des früheren «Entschädigungsgesetzes» (neu Parlamentsressourcengesetz, SR 171.21) vom 21. Juni 2002 hat diesen Wandel auch in terminologischer Hinsicht nachvollzogen, indem Art. 1 Abs. 1 festhält: «Die Mitglieder der eidgenössischen Räte (Ratsmitglieder) erhalten für ihre parlamentarische Tätigkeit vom Bund ein Einkommen». 2474

> Eine zur Vorbereitung der Gesetzesrevision von 2002 unternommene Untersuchung (Eco'Diagnostic) hat ergeben, dass ein Ratsmitglied durchschnittlich 56 % seiner Gesamtarbeitszeit für die parlamentarische Arbeit aufwendet. 82,6 % der Ratsmitglieder sehen sich veranlasst, ihre berufliche Tätigkeit deswegen zu reduzieren; 47,4 % mussten eine Reduktion des Gesamteinkommens in Kauf nehmen (BBl 2002, 3990). 2475

Die Sicherstellung der zur Erfüllung der parlamentarischen Aufgaben erforderlichen Mittel erweist sich in einer Referendumsdemokratie als uU. heikles Unterfangen. Wenn das Parlament die Einkünfte der eigenen Mitglieder (zuständigkeitskonform) verbessern und an eine vergleichbare Lohnsituation anpassen möchte, liegt der mit populistischen Schlagworten garnierte Vorwurf der «Selbstbedienung» aus der Bundeskasse nahe. 2476

> Nachdem bereits in den Jahren 1962 und 1992 entsprechende Vorlagen in der Volksabstimmung gescheitert sind, wurden 2002 die Taggelder und die frei verfügbare *Jahrespauschale* für Personal- und Sachausgaben von 18 000 auf 30 000 Franken erhöht. Gescheitert ist hingegen der Versuch, jedem Ratsmitglied neu einen zweckgebundenen Kredit von 40 000 Franken für die Anstellung von persönlichen Mitarbeitenden zur Verfügung zu stellen. Nach einer am 20. März 2008 beschlossenen Teuerungsanpassung kann ein Mitglied des Nationalrates mit einem steuerbaren jährlichen Durchschnittseinkommen von ca. 72 000 Franken und mit nicht steuerpflichtigen Spesentschädigungen pro Jahr von ca. 55 000 Franken rechnen. Die entsprechenden Zahlen für den Ständerat liegen etwas höher (82 000 bzw. 60 000 Franken), weil die Mitglieder des Ständerates in einer grösseren Zahl von Kommissionen Einsitz haben. 2477

§ 25 Bundesrat und Bundesverwaltung

Literatur

BIAGGINI, BV Kommentar, Art. 174–187 BV; DERS., in: St. Galler Kommentar, Art. 178–179 und Art. 181 BV; DERS./MASTRONARDI PHILIPPE/KISS CHRISTINA/KOLLER HEINRICH, in: St. Galler Kommentar, Art. 187 BV; DERS./MÜLLER GEORG/MÜLLER JÖRG PAUL/UHLMAN FELIX (Hrsg.), Demokratie – Regierungsform – Verfassungsfortbildung: Symposium für René Rhinow zum 65. Geburtstag, Basel 2009, 59–106; BREITENSTEIN MARTIN, Reform der Kollegialregierung, Basel 1993; BRÜHL-MOSER DENISE, Die schweizerische Staatsleitung, Bern 2007; EHRENZELLER BERNHARD, in: St. Galler Kommentar, Art. 174–177 BV; DERS./MADER LUZIUS, in: St. Galler Kommentar, Art. 180 BV; GERMANN RAIMUND, Öffentliche Verwaltung in der Schweiz, Band 1, Bern 1998; HÄFELIN/HALLER/KELLER, § 55–57; KLÖTI ULRICH, Regierung, in: Schweizer Politik, 159 ff.; KOLLER HEINRICH, Regierung und Verwaltung, in: Verfassungsrecht der Schweiz, 1131 f.; MADER LUZIUS, Bundesrat und Bundesverwaltung, in: Verfassungsrecht der Schweiz, 1047 ff.; MAHON PASCAL, in: Petit commentaire, Art. 174–187 BV; RHINOW RENÉ, Die Regierungsreform im Bund, in: FS Jean-François Aubert, Basel 1996, 87 ff.; RUCH ALEXANDER, in: St. Galler Kommentar, Art. 186 BV; SÄGESSER THOMAS, Regierungs- und Verwaltungsorganisationsgesetz (RVOG) vom 21. März 1997, Stämpflis Handkommentar SHK, Bern 2007; DERS./TSCHANNEN PIERRE, in: St. Galler Kommentar, Art. 182 BV; SALADIN PETER, Probleme des Kollegialitätsprinzips, ZSR 1985, 271 ff.; SAXER URS, in: St. Galler Kommentar, Art. 185 BV; STAUFFER THOMAS, in: St. Galler Kommentar, Art. 183 BV; THÜRER DANIEL/TRUONG BINH/SCHWENDIMANN FELIX, in: St. Galler Kommentar, Art. 184 BV; TSCHANNEN, Staatsrecht, § 36–39; ÜBERWASSER HEINRICH, Das Kollegialprinzip, Basel/Frankfurt a. M. 1989.

I. Aufgaben und Zuständigkeiten des Bundesrates

a. Regierungstätigkeit

1. *Regierung als Teil der Staatsleitung*

Gemäss Art. 174 BV, der ersten Bestimmung des 3. Kapitels über «Bundesrat und Bundesverwaltung», ist der Bundesrat *«die oberste leitende und vollziehende Behörde des Bundes»*. Das Adjektiv «leitend» weist darauf hin, dass der Bundesrat nicht in erster Linie «Exekutive», dh. im wörtlichen Sinn Vollzugsorgan ist, sondern dass ihm ein wesentlicher Teil der Staatsleitung, nämlich die Regierungstätigkeit, zukommt. 2478

> Die geltende Bundesverfassung hat die Reihenfolge der beiden Adjektive gegenüber der alten Bundesverfassung umgetauscht; in Art. 95 aBV wurde der Bundesrat noch als «oberste vollziehende und leitende Behörde» definiert. Diese Umstellung in der geltenden Bundesverfassung entspricht der Verfassungswirklichkeit, indem sie der Staatsleitung den ersten Platz einräumt. 2479

> Es wäre sinnvoll, auf den überholten Begriff der «Exekutive» künftig zu *verzichten*. Er verdeckt die wesentlichen gestaltenden und leitenden Funktionen des Bundesrates und leistet der irreführenden und veralteten Vorstellung einer 2480

Gewaltenteilung Vorschub, die Regierung und Verwaltung primär als Vollzugsorgane sah, die in erster Linie Gesetze ausführen.

2481 Staatsleitung bedeutet die auf das Ganze bezogene richtungweisende Führung, Planung, Koordination, Kontrolle, Repräsentierung und Integrierung der Staatstätigkeit (BERNHARD EHRENZELLER, in: St. Galler Kommentar, Art. 180, Rz. 8). Zur Führungsverantwortung gehört auch die Festlegung der Schwergewichte der Staatstätigkeit, die Bereitstellung der dafür notwendigen Mittel und die laufende Überprüfung von Notwendigkeit und Wirksamkeit der staatlichen Aufgaben.

2482 Analog der Ausübung der «obersten Gewalt» durch die Bundesversammlung begründet die «oberste Leitung» durch den Bundesrat allerdings keine unmittelbaren Entscheidzuständigkeiten; diese werden durch die Zuständigkeitsfestlegung für die Bereiche der Rechtsetzung, Führung der Aussenpolitik, Ausgabenbeschlüsse usw. im Einzelnen festgelegt. Die Verantwortung für die Staatsleitung steht allen Verfassungsorganen in ihrem jeweiligen Zuständigkeitsbereich zu, vor allem der Bundesversammlung und dem Bundesrat «zur gesamten Hand» (ERNST FRIESENHAHN). Sie betrifft überdachend die meisten Funktionen der beiden Organe.

2483 Besonders deutlich zeigt sich dies bei der Gesetzgebung, bei der der Bundesrat nicht nur für den Vollzug der Gesetzgebung zu sorgen, sondern idR. auch für ihre Planung und Ausarbeitung einen unverzichtbaren vorbereitenden, begleitenden und koordinierenden Beitrag zu leisten hat.

2484 Gemäss Art. 180 BV *plant und koordiniert der Bundesrat die staatlichen Tätigkeiten* (Abs. 1). Die Regierungstätigkeit verlangt eigenständiges, initiatives Handeln des Bundesrates im Rahmen von Verfassung und Gesetz, Gestaltungswillen und Gestaltungskraft; sie ist politische Führung. Probleme sollen frühzeitig erkannt, Problemlösungsprozesse in Gang gesetzt und geleitet werden.

2485 Dabei soll der Bundesrat auf die staatliche Einheit und den Zusammenhalt des Landes hinwirken sowie die föderalistische Vielfalt bewahren (Art. 6 Abs. 4 RVOG). Den Regierungsobliegenheiten hat er den Vorrang vor anderen Funktionen einzuräumen (Art. 6 Abs. 2 RVOG).

2. *Aussenpolitik, Wahrung der äusseren und inneren Sicherheit*

2486 Zu den Regierungsobliegenheiten des Bundesrates sind insb. auch seine Zuständigkeiten im Bereich der *Aussenpolitik und der Wahrung der äusseren und inneren Sicherheit* (Art. 184 und 185 BV) zu zählen. Der Bundesrat besorgt die auswärtigen Angelegenheiten unter Wahrung der Mitwirkungsrechte der Bundesversammlung und vertritt die Schweiz nach aussen (Art. 184 Abs. 1 BV; vgl. dazu näher Rz. 3654 f.). Er trifft Massnahmen zur Wahrung der äusseren und inneren Sicherheit (Art. 185 BV; dazu Rz. 3697 ff.).

2487 Diese Funktionen sind früher weitgehend als Domäne des Bundesrates verstanden worden. Die geltende BV zeigt auch hier die Gemeinsamkeit der Staatsleitungsaufgabe von Bundesversammlung und Bundesrat auf.

Art. 185 Abs. 4 BV gibt dem Bundesrat die Kompetenz, in dringlichen Fällen Truppen aufzubieten. Er übt diese Kompetenz subsidiär zur Bundesversammlung aus, welcher gemäss Art. 173 Abs. 1 Bst. d BV die eigentliche Kompetenz zur Anordnung des Aktivdienstes zukommt. Um die Rechte der Bundesversammlung zu wahren, muss die Bundesversammlung einberufen werden, wenn ein vom Bundesrat angeordneter Truppeneinsatz mehr als 4000 Armeeangehörige betrifft oder länger als drei Wochen dauert (vgl. Art. 77 Abs. 3 MG betr. Aktivdienst).

2488

3. Information der Öffentlichkeit

Literatur

BARRELET DENIS, L'État entre le devoir d'information et le désir de cultiver ses relations publiques, in: FS Jean-François Aubert, Basel 1996, 303 ff.; BRUNNER STEPHAN C./MADER LUZIUS (Hrsg.), Öffentlichkeitsgesetz, Bern 2008; HÄNER ISABELLE, Das Öffentlichkeitsprinzip in der Verwaltung im Bund und in den Kantonen – Neuere Entwicklungen, ZBl 2003, 281 ff.; MAHON PASCAL, L'information par les autorités, ZSR 1999, 201 ff.; SCHWEIZER RAINER J., Über die staatliche Geheimhaltung und die Information der Öffentlichkeit unter den Anforderungen der Staatsführung und der Staatskontrolle, in: FS Mario M. Pedrazzini, Bern 1990, 173 ff.; TANQUEREL THIERRY/BELLANGER FRANÇOIS (Hrsg.), L'administration transparente, Genf/Basel/München 2002. Literaturangaben zur behördlichen Information vor Abstimmungskämpfen siehe § 21 III b (Wahl- und Abstimmungsfreiheit).

Ein wichtiges Element der Staatsleitung besteht in der *Information der Öffentlichkeit*. Dies wird in Art. 180 Abs. 2 BV an prominenter Stelle deutlich gemacht. Die Information der Bürgerinnen ist Voraussetzung für deren Mitwirkung an den Entscheidungsprozessen; aus der Perspektive der staatsleitenden Organe ist die Vermittlung ihrer Absichten durch Information der Öffentlichkeit eine Voraussetzung für den Erfolg des eigenen Handelns.

2489

Das Öffentlichkeitsprinzip gilt nicht nur für die Bundesversammlung (Art. 158 BV), sondern in modifizierter Form auch für den Bundesrat. Dieser hat das Recht und die Pflicht, rechtzeitig und umfassend über seine Tätigkeit zu informieren.

2490

> Er sorgt für eine einheitliche, frühzeitige und kontinuierliche Information der Bundesversammlung, der Kantone und der Öffentlichkeit über seine Lagebeurteilungen, Planungen, Entscheide und Vorkehren (Art. 10 Abs. 1 und 2 RVOG).

2491

> Eine einseitige politische *Propaganda* wäre keine «umfassende» Information und ist daher dem Bundesrat nicht gestattet. Die Informationspflicht findet dort ihre Grenzen, wo überwiegende öffentliche oder private Interessen (zB. die Staatssicherheit, der Schutz des behördeninternen Meinungsbildungsprozesses oder der Persönlichkeitsschutz) entgegenstehen (Art. 10 Abs. 3 RVOG). Zum Engagement des Bundesrates und der Bundesverwaltung in Abstimmungskampagnen vgl. Rz. 2090.

2492

> Mit dem Bundesgesetz vom 15. Dezember 2004 über das Öffentlichkeitsprinzip der Verwaltung (Öffentlichkeitsgesetz, BGÖ, SR 152.3; in Kraft seit 1. Juli 2006) ist ein Paradigmenwechsel vom bisherigen «Geheimhaltungsprinzip mit Öffentlichkeitsvorbehalt» zum «Öffentlichkeitsprinzip mit Geheimhaltungsvorbehalt» erfolgt. Mit einem offen gefassten Katalog von Ausnahmen über-

2493

lässt das BGÖ den Bundesbehörden allerdings einen weiten Ermessensspielraum, um gegebenenfalls Dokumente nicht öffentlich zugänglich machen zu müssen. Wieweit das Gesetz über seinen starken Symbolgehalt hinaus auch unmittelbaren praktischen Nutzen haben kann, wird die Praxis zeigen müssen.

4. Repräsentation

2494 Neben der Bundesversammlung nimmt auch der Bundesrat wichtige *Repräsentationsfunktionen* wahr. Während die Bundesversammlung mehr der unmittelbaren Vertretung der verschiedenen gesellschaftlichen Interessen dient, aber als Ganzes wegen der Vielzahl ihrer Mitglieder wenig (an)fassbar bleibt, «verkörpert» vielmehr der Bundesrat mit seinen sieben Mitgliedern im öffentlichen Bewusstsein den Bundesstaat.

2495 Oft gibt erst die Anwesenheit eines Mitgliedes des Bundesrates einem wichtigen gesellschaftlichen, wirtschaftlichen oder politischen Anlass die «wahre Weihe». Die Vereinfachung und Personalisierung der Politik durch die Massenmedien führt allerdings tendenziell zu einer etwas überhöhten Vorstellung von der tatsächlichen staatsrechtlichen Stellung des Bundesrates und seiner Mitglieder.

2496 Die Bedeutung der Repräsentationsfunktion des Bundesrates zeigt sich darin, dass bei seiner Zusammensetzung darauf geachtet wird, dass sich *möglichst alle grösseren Bevölkerungsgruppen durch ihn vertreten* fühlen können: alle bedeutenden parteipolitischen Lager (zur Konkordanz siehe Rz. 2035), Frauen und Männer, Stadt und Land, die verschiedenen Landesgegenden und Sprachregionen. Art. 175 Abs. 4 BV nennt allerdings nur die beiden letztgenannten Wahlkriterien; nach dieser Bestimmung ist bei der Wahl des Bundesrates darauf Rücksicht zu nehmen, dass die Landesgegenden und Sprachregionen angemessen vertreten sind.

2497 Gemäss Art. 175 Abs. 4 BV darf mehr als ein Mitglied des Bundesrates aus demselben Kanton stammen. Die Bestimmung ist an die Stelle der früheren «Kantonsklausel» getreten, welche dies untersagt hatte. Die entsprechende Vorlage wurde von Volk und Ständen am 7. Februar 1999 angenommen (BBl 1999, 2475) – zwei Monate vor der Abstimmung über die neue Bundesverfassung. Die Bundesversammlung hatte für die Aufhebung der «Kantonsklausel» den Weg der separaten Partialrevision gewählt, weil sie befürchtete, dass eine Aufnahme dieser Reform in die Totalrevision letztere hätte gefährden können. Mit Christoph Blocher im Dezember 2003 und mit Ueli Maurer im Dezember 2008 sind erstmals Mitglieder des Bundesrates aus einem Kanton gewählt worden, der bereits im Bundesrat vertreten war, ohne dass dieser Umstand bei der Wahl eine nennenswerte Rolle gespielt hätte.

5. Leitung und Beaufsichtigung der Bundesverwaltung

2498 Zur Regierungstätigkeit gehört auch die *Leitung* der Bundesverwaltung (Art. 178 Abs. 1 BV). Der Bundesrat ist für deren zweckmässige Organisation verantwortlich. Er führt ferner die *Aufsicht* über die gesamte Bundesverwaltung und die anderen Träger von Aufgaben des Bundes (Art. 187 Abs. 1 Bst. a BV).

Während der Bundesrat die eigentliche Bundesverwaltung leitet und beaufsichtigt, steht ihm gegenüber den «anderen Trägern» von Verwaltungsaufgaben nur das Aufsichtsrecht zu. Die *Abgrenzung der Bundesverwaltung* von den anderen Trägern fällt nicht leicht, vor allem weil die Gesetzgebung (Art. 2, 6 ff. RVOG) zwischen der zentralen und dezentralen Bundesverwaltung unterscheidet und dieser die ausserhalb der Bundesverwaltung stehenden Träger von Verwaltungsaufgaben gegenüberstellt. Unter Bundesverwaltung muss mit GIOVANNI BIAGGINI (in: St. Galler Kommentar, Art. 178, Rz. 9) sowohl die zentrale wie die dezentrale Bundesverwaltung verstanden werden. 2499

Der Bundesrat kann seine Leitungsfunktion ua. mit folgenden *Instrumenten* wahrnehmen: Rechtsverordnungen, generelle Weisungen in Form von sog. Verwaltungsverordnungen, einzelfallbezogene Weisungen (Art. 47 Abs. 5 RVOG), Kontrollrechte, das sog. Selbsteintrittsrecht (Art. 47 Abs. 4 RVOG), Leistungsaufträge (Art. 44 RVOG) und Controlling (Art. 21 RVOG). 2500

Ein systeminhärentes Problem, das mit der Verbindung von Kollegial- und Departementalsystem verknüpft ist, besteht darin, dass die einzelnen Departemente von den Mitgliedern des Bundesrates geleitet werden. Diese üben somit eine Doppelrolle als leitende und aufsichtsführende Magistratspersonen wie als vom Regierungsorgan als Kollegium geleitete und beaufsichtigte «Unterstellte» aus. In praktischer Hinsicht erweist sich deshalb die Leitung und Aufsicht des Kollegiums über «seine» Mitglieder als heikel und oft nicht sehr wirkungsvoll. 2501

6. *Weitere Regierungsobliegenheiten*

– Der Bundesrat nimmt Wahlen vor, die nicht einer anderen Behörde vorbehalten sind (Art. 187 Abs. 1 Bst. c BV). 2502

– Ihm obliegt die Vorbereitung und Durchführung der *Finanzbeschlüsse* der Bundesversammlung, insb. des Voranschlages (Art. 183 BV). 2503

– Er hat – wie die Bundesversammlung (vgl. Art. 172 Abs. 1 BV) – die *Beziehungen zu den Kantonen* zu pflegen und mit ihnen zusammenzuarbeiten (Art. 186 Abs. 1 BV). 2504

Die dem Bundesrat in diesem Kontext zugewiesenen verschiedenen Aufsichtsrechte und -pflichten betreffen auch kantonale Angelegenheiten, dienen aber dem Vollzug des Bundesrechts (Art. 186 Abs. 2–4 BV). 2505

b. Rechtsetzung

1. *Vorverfahren der Gesetzgebung*

Die Bundesversammlung nimmt die Gesetzgebungsaufgabe nicht allein wahr; der Bundesrat wirkt dabei in bedeutendem Ausmass mit (vgl. auch Rz. 2716 ff.). Art. 181 BV gewährt dem Bundesrat einmal das *Initiativrecht* in der Bundesversammlung, dh. das Recht, der Bundesversammlung Entwürfe für ihre Erlasse zu unterbreiten. Dieses Verfahrensrecht des Bundesrates hat in der Praxis eine derar- 2506 tige Bedeutung, dass es, wie sein Standort in der Bundesverfassung zeigt, weniger als blosses Verfahrensrecht, sondern mehr als Zuständigkeit des Bundesrates aufgefasst wird.

2507 Auch wenn der Anteil der von Kommissionen der Bundesversammlung auf dem Wege der parlamentarischen Initiative ausgearbeiteten Erlassentwürfe seit den 90er Jahren des 20. Jahrhunderts stark zugenommen hat (vgl. Rz. 2437), wird nach wie vor die grosse Mehrheit der Erlassentwürfe durch den Bundesrat eingebracht – wobei es allerdings in vielen Fällen Anstösse aus dem Parlament (zB. von beiden Räten angenommene Motionen) sind, die den Bundesrat zu einer Initiative veranlasst haben.

2508 In engem Zusammenhang mit der Ausübung des Initiativrechtes durch den Bundesrat steht die *Leitung des Vorverfahrens* der Gesetzgebung (Art. 7 RVOG). Dazu gehören die Einsetzung von Expertenkommissionen und die Durchführung von Vernehmlassungsverfahren in den Kantonen, Parteien und interessierten Kreisen. Im Vorverfahren der Gesetzgebung werden Weichenstellungen vorgenommen und Vorentscheidungen gefällt, die das spätere definitive Resultat der Gesetzgebung wesentlich vorprägen (vgl. dazu Rz. 2753 ff.).

2. *Mitwirkung an der parlamentarischen Rechtsetzung*

2509 Dem Bundesrat steht auch das *Antragsrecht* in der Bundesversammlung zu; dh. er kann zu einem Erlassentwurf Abänderungsanträge stellen (Art. 160 Abs. 2 BV, vgl. Rz. 2438 und Rz. 2747 ff.).

2510 Im Laufe der parlamentarischen Beratung eines bundesrätlichen Entwurfes kann der Bundesrat damit auf neue Situationen reagieren oder mit seinem Antragsrecht dann auf die Gesetzgebung einwirken, wenn sie auf dem Wege der parlamentarischen Initiative erfolgt.

2511 Der Bundesrat hat zB. bei der Beratung der Teilrevision des Asylgesetzes im August 2004 in der Kommission des Zweitrates neue, seine eigene Vorlage wesentlich abändernde (und nicht publizierte) Anträge gestellt, welche das Asylgesetz zulasten der Asylsuchenden erheblich zu verschärfen trachteten. Das Beispiel zeigt die Problematik der Abgrenzung von Initiativ- und Antragsrecht: Wesentliche neue Vorschläge sind uE. auf dem Wege des Initiativrechts und nicht mittels Antrag einzubringen, weil ein Erlassentwurf schriftlich begründet und einem vorgängig durchgeführten Vernehmlassungsverfahren unterzogen werden muss. Diese Erfordernisse gelten nicht bei einem Abänderungsantrag zu einem bereits hängigen Erlassentwurf.

3. *Veröffentlichung und Inkraftsetzung*

2512 In Erlassen der Bundesversammlung wird oft der Bundesrat ermächtigt, den *Zeitpunkt des Inkrafttretens* festzulegen. Dieses Vorgehen drängt sich insbesondere dann auf, wenn vor dem Inkrafttreten eine ausführende Verordnung des Bundesrates zu erlassen ist.

Das Publikationsgesetz vom 18. Juni 2004 (SR 170.512) regelt die Veröffentlichung der Sammlungen des Bundesrechts (Amtliche Sammlung, AS, und Systematische Sammlung, SR) und des Bundesblatts (BBl). 2513

4. Verordnungen

Den quantitativ grösseren Anteil der Rechtsetzung im Bund stellen die *Verordnungen des Bundesrates* dar. Dieser erlässt rechtsetzende Bestimmungen in der Form der Verordnung, soweit er durch Verfassung oder Gesetz dazu ermächtigt ist (Art. 182 Abs. 1 BV). 2514

Besondere Anwendungsfälle bilden die *Vollziehungsverordnungen* (Art. 182 Abs. 2 BV), die *Polizeinotverordnungen* (Art. 185 Abs. 3 BV) und die *Verordnungen zur Wahrung der äusseren Interessen des Landes* (Art. 184 Abs. 3 BV); vgl. dazu Rz. 2691 ff. 2515

c. **Vollzug und Verwaltung**

Der Bundesrat ist zuständig für die *Leitung des Vollzuges* der Gesetzgebung, der weiteren Beschlüsse der Bundesversammlung und der Beschlüsse richterlicher Behörden des Bundes (Art. 182 Abs. 2 BV). Er besorgt den Vollzug nicht selbst, sondern beauftragt damit die Bundesverwaltung, ausgegliederte Verwaltungsbehörden und private Organisationen. 2516

Auch wenn die Vollzugsaufgabe heute nicht mehr die Hauptaufgabe des Bundesrates darstellt, kann insofern von einer «Stammfunktion» gesprochen werden, als alle Verwaltungszuständigkeiten (aber auch nur diese) dem Bundesrat zustehen, sofern sie nicht durch eine besondere Vorschrift einer anderen Behörde zugewiesen sind. 2517

d. **Rechtsprechung**

Rechtsprechung ist Aufgabe der Gerichte, in höchster Instanz des Bundesgerichts. Art. 187 Abs. 1 Bst. d BV erlaubt es, in Abweichung von dieser Regel den Bundesrat durch das Gesetz als Beschwerdeinstanz einzusetzen. 2518

Diese früher umfangreichen Rechtspflegebefugnisse des Bundesrates sind durch den Ausbau der Verwaltungsgerichtsbarkeit bereits stark abgebaut worden und sind durch die Justizreform nahezu vollständig verschwunden (vgl. § 28). 2519

II. Organisation und Verfahren des Bundesrates

a. Vom Parlament gewählte Regierung

Gemäss Art. 175 Abs. 2 BV werden die sieben Mitglieder des Bundesrates von der Bundesversammlung gewählt. Nach jeder Gesamterneuerung des Nationalrates findet eine *Gesamterneuerung des Bundesrates* für eine Amtsdauer von vier Jahren statt. Das Parlament ist also Wahlorgan, nicht das Volk. 2520

2521 *Wählbar* ist jede Schweizer Bürgerin und jeder Schweizer Bürger, der in den Nationalrat wählbar ist (Abs. 3); somit sind neben dem Bürgerrecht nur das Erreichen des 18. Altersjahres und das Fehlen einer Entmündigung wegen Geisteskrankheit oder Geistesschwäche Wählbarkeitsvoraussetzungen (vgl. Art. 136 Abs. 1, 143 BV).

2522 Bei der Wahl ist darauf Rücksicht zu nehmen, dass die *Landesgegenden und Sprachregionen angemessen* vertreten sind (Art. 175 Abs. 4 BV, vgl. dazu Rz. 2496).

2523 Die Parlamentswahl der Regierung stellt ein typisches Charakteristikum des schweizerischen Regierungssystems dar. Dieses ist vom präsidentiellen System, wie es die USA kennen, zu unterscheiden. Dort wird der Präsident indirekt vom Volk gewählt, was ihm eine starke Stellung gegenüber dem Kongress verleiht. In der Schweiz fand die immer wieder auftauchende Forderung nach einer *Volkswahl des Bundesrates* bislang keine Unterstützung. Entsprechende Volksinitiativen wurden in den Jahren 1900 und 1942 abgelehnt. Seit Ende der 1990er Jahre, vor allem auch nach der Nicht-Wiederwahl von Bundesrat Blocher am 12. Dezember 2007, erwog die SVP die Lancierung einer Volksinitiative zu diesem Thema. Eine Volkswahl des Bundesrates hätte eine in dieser Form bisher unbekannte, von den Massenmedien und der Werbung beeinflusste gesamtschweizerische Wahlkampagne zur Folge. Die Tendenzen zu einer Personalisierung und populistischen Vereinfachung der Politik würden gefördert. Mit der Volkswahl erhielte der Bundesrat die gleiche Legitimationsbasis wie die Bundesversammlung und erhielte damit eine stärkere Stellung als bisher. Es erscheint zudem zweifelhaft, ob aus einer Volkswahl eine arbeitsfähige, kollegiale Regierung hervorgehen könnte, welche alle Sprachregionen, Landesteile und grösseren Bevölkerungsgruppen zu vertreten vermag.

2524 Gemäss Art. 175 Abs. 2 BV wird der Bundesrat von der Vereinigten Bundesversammlung nicht als Kollegium, sondern die Mitglieder des Bundesrates werden *einzeln* gewählt. Das Kollegialprinzip und damit die politische Verantwortlichkeit des Regierungs*kollegiums* (vgl. Rz. 2536ff.) werden also nicht bereits durch den Wahlakt konstituiert. Die Wahlen der einzelnen Mitglieder erfolgen zudem nicht *gleichzeitig*, sondern *nacheinander* in der Reihenfolge ihres Amtsalters bzw. bei Neuwahlen in der Reihenfolge des Amtsalters ihrer Vorgängerinnen (Art. 132–133 ParlG).

2525 Dieses Verfahren erlaubt eine optimale Übersicht über den Wahlvorgang. Die Wahlgänge finden allerdings *nicht unabhängig voneinander* statt. Die Wählenden müssen bei ihrem Wahlverhalten in Rechnung stellen, dass sie eine «Retourkutsche» bei einem später zur Wahl gelangenden Mitglied riskieren, wenn sie bei einer vorangehenden Wahl einem Kandidaten ihre Stimme nicht geben. Solche taktische Überlegungen verringern das Risiko einer Nichtwiederwahl eines amtierenden Mitgliedes des Bundesrates (wie sie nach 1872 erstmals wieder 2003 und dann 2007 erfolgt ist).

2526 Der Vorschlag einer *gleichzeitigen* Wahl der einzelnen Mitglieder (analog zB. den Wahlen kantonaler Regierungen durch das Volk) wurde bei der Ausarbeitung des neuen Parlamentsgesetzes abgelehnt (zum Pro und Kontra vgl. BBl 2001, 3514). Das gleiche Schicksal erlitten Vorschläge, wonach die Mitglieder des Bundesrates gesamthaft auf einer nicht veränderbaren Liste zu wählen seien (parlamentarische Initiative Markwalder vom 7. Oktober 2005). Die Einführung einer derartigen Blockwahl der Regierung würde die kaum erfüllbare Erwartung wecken, dass eine auf einer gemeinsamen programmatischen Basis gewählte Regierung während einer Legislaturperiode ihre Politik durchsetzen könnte. Dies ist aber wegen der je nach politischer Thematik wechselnden parlamentarischen Mehrheiten nicht der Fall.

Immer wieder kommt es vor, dass die Bundesversammlung nicht die offiziell nominierten Kandidaten der Fraktionen, sondern andere Persönlichkeiten wählt. Seit der Einführung der alten Zauberformel 1959 (2 FDP, 2 CVP, 2 SP, 1 SVP) wurden bei einem Fünftel der Wahlen (in 9 Fällen) nicht die offiziellen Kandidaturen gewählt, worunter am meisten die SP zu leiden hatte. Seit Mitte der 1990er Jahre legen die Fraktionen oft mehrere Kandidaturen zur Auswahl vor. 2527

b. Nicht abberufbare Regierung

In der Gesamterneuerungswahl des Bundesrates werden dessen Mitglieder auf eine *feste* Amtsdauer von vier Jahren gewählt; eine Abberufung während der Amtsdauer ist nicht möglich. Das schweizerische politische System kennt damit ein wesentliches Element, das den Typus der parlamentarischen Demokratie und damit viele westeuropäische Regierungssysteme kennzeichnet, nicht: das Misstrauensvotum. Die Regierung kann nicht gestürzt werden. Umgekehrt ist der Bundesrat auch nicht ermächtigt, eine sog. Vertrauensfrage zu stellen und bei deren negativem Ausgang die Bundesversammlung aufzulösen. 2528

Das schweizerische Regierungssystem kann damit *nicht* dem Systemtypus «parlamentarische Demokratie» zugeordnet werden. Der typische Gegensatz «Regierung – Opposition», wie er die parlamentarischen Demokratien prägt, ist ihm fremd. 2529

Der Bundesrat verbleibt auch dann im Amt, wenn er mit einer Vorlage in der Bundesversammlung (oder beim Volk) keinen Erfolg erzielt. Er ist nicht auf die (ständige) Gefolgschaft einer Parlamentsmehrheit angewiesen. In der Bundesversammlung bilden sich vielmehr je nach Thema immer wieder *wechselnde Mehrheiten*. Auch «Regierungsparteien» übernehmen von Fall zu Fall die Oppositionsrolle (vgl. dazu Rz. 2045). 2530

Die einzelnen Parlamentarier, die Fraktionen und die Bundesversammlung als Ganze verfügen damit über grössere Handlungsspielräume, als dies in parlamentarischen Demokratien der Fall ist. Der Bundesrat weist seinerseits gegenüber einer Regierung in einer parlamentarischen Demokratie erheblich mehr *Stabilität* auf, insb. unter den Bedingungen einer heterogenen Gesellschaft und entsprechend zersplitterten Parteienlandschaft, in der sich stabile und dauerhafte Mehrheiten nur schwer bilden lassen. Diesem positiven Aspekt des schweizerischen Regierungssystems kann allerdings auch entgegengehalten werden, dass die politischen *Verantwortlichkeiten* schwieriger zuzuordnen sind als in einer parlamentarischen Demokratie. 2531

2532 Die Integration der wichtigsten politischen Kräfte in die Regierung als wesentliches Element des *Konkordanzsystems* unterscheidet sich von einer eigentlichen Koalitionsregierung, auch wenn in internationaler Sicht Mischformen anzutreffen sind. Eine Koalition verbindet in einer parlamentarischen Demokratie idR. verschiedene politische Partner auf der Grundlage eines gemeinsamen Regierungsprogramms, das mit einer Parlamentsmehrheit durchgesetzt werden soll. Konkordanz bedeutet demgegenüber, dass alle wichtigen politischen Kräfte ohne programmatische Bindung am politischen Entscheidungsprozess konstruktiv mitwirken und folglich auch an der Regierung beteiligt werden. Sie hat namentlich zum Zweck, das Risiko des Scheiterns von Regierungsvorlagen in Parlaments- und Volksabstimmungen zu verringern. Das konkrete «Ausmass» der Konkordanz auf Regierungsebene, insb. die parteipolitische Zusammensetzung der Regierung, ist jedoch nicht verfassungsmässig vorgegeben.

2533 Die parteipolitische Zusammensetzung des Bundesrates ist von 1959 bis 2003 gemäss der sog. *«Zauberformel»* (2 FDP, 2 CVP, 2 SP, 1 SVP) konstant geblieben. Grundlage dieser Formel war lange Zeit einerseits die zahlenmässige Stärke der Fraktionen der Bundesversammlung. Andererseits erschienen bisher auch ein gemeinsamer Vorrat an wichtigen politischen Grundkonsensen sowie die Bereitschaft zur Konkordanz, dh. zur konstruktiven Zusammenarbeit, ebenfalls als wichtige Voraussetzungen zur Regierungsbeteiligung. 2003 hat die SVP auf Kosten der CVP einen zweiten Sitz im Bundesrat erhalten – als Folge einer Verschiebung der Kräfteverhältnisse in der Bundesversammlung. Seither hat der Zusammenhalt im Bundesratskollegium spürbar gelitten, was aber weniger mit der veränderten Parteienkonstellation als mit der fortschreitenden medialen Personalisierung sowie mit der Persönlichkeitsstruktur einzelner Mitglieder des Bundesrates, insbesondere des bereits 2007 nicht wiedergewählten Bundesrates Blocher zu tun haben dürfte. Ob sich dies nach der Neuwahl 2007 wieder verändern wird, bleibt abzuwarten. Auf Anfang 2008 trat die Konkordanz insofern in eine neue Phase, als zwar weiterhin alle grossen Parteien im Bundesrat vertreten waren (FDP, SVP, CVP und SP), die beiden Bundesratsmitglieder der SVP von der SVP – Fraktion jedoch nicht resp. nicht mehr als «ihre» Bundesräte anerkannt wurden, worauf sie der neu gegründeten BDP beitraten. In der Bundesratswahl vom 12. Dezember 2008 wurde an Stelle eines zurückgetretenen BDP-Mitgliedes wieder ein Mitglied der SVP in den Bundesrat gewählt.

2534 Das schweizerische Regierungssystem kennt *kein «Impeachment»*. Dieses im amerikanischen Verfassungsrecht bekannte Instrument würde der Bundesversammlung erlauben, ein wegen eines politischen Skandals in den Augen einer grossen Mehrheit politisch untragbar gewordenes Regierungsmitglied aus dem Amt zu entfernen. Entsprechende Anträge wurden im Rahmen der Ausarbeitung der geltenden BV abgelehnt.

2535 Neu wurde hingegen mit Art. 140a ParlG eine Bestimmung über die Feststellung der *Amtsunfähigkeit* eines Mitgliedes des Bundesrates aufgenommen (Referendumsvorlage in BBl 2008, 8238, Inkrafttreten am 2. März 2009). Danach kann die Bundesversammlung auf Antrag des Büros der Vereinigten Bundesversammlung oder des Bundesrates die Amtsunfähigkeit feststellen, wenn eine voraussichtlich längere Zeit dauernde offenkundige Unfähigkeit zur Ausübung des Amtes vorliegt, die ihren Grund in «schwerwiegenden gesundheitlichen Problemen oder Einwirkungen» hat und der betroffene Amtsträger keine rechtsgültige Rücktrittserklärung abgegeben hat. Mit der Feststellung der Amtsunfähigkeit entsteht eine Vakanz im Bundesrat.

c. Kollegial- und Departementalprinzip

1. Kollegialprinzip

Die zwei grundlegenden, miteinander verknüpften Organisationsprinzipien des schweizerischen Bundesrates, das *Kollegial- und das Departementalprinzip*, sind in der Verfassung explizit festgehalten (Art. 177 BV). Wie die Reihenfolge der Absätze von Art. 177 BV zeigt, sollte dabei das Kollegialprinzip Vorrang haben. 2536

Entscheide des Bundesrates ergehen als Beschlüsse des Kollegiums (Art. 177 Abs. 1 BV). Das Kollegialorgan trägt die politische *Gesamtverantwortung* für sämtliche Handlungen der Regierung (Art. 4 RVOG). Der Bundesrat entscheidet als Einheit; seine gleichberechtigten Mitglieder haben sich an die gefassten Beschlüsse zu halten. 2537

> In einer Antwort auf eine Interpellation von SR Inderkum hält der Bundesrat fest, das Kollegium solle «nach aussen hin als Einheit erscheinen»; nach der freien internen Meinungsbildung an den Sitzungen des Bundesrates verpflichte «die Kollegialität die Mitglieder des Kollegiums dazu, sich voll und ganz hinter den Entscheid zu stellen» (05.3817; 21. März 2006). 2538

> Wenn auch der Bundesrat als Einheit entscheidet, so gilt trotzdem bei Abstimmungen das Mehrheitsprinzip. In dieser Verbindung von «Einheitsvorstellung» und Mehrheitsprinzip ist eine *institutionelle Spannung* angelegt, die in der politischen Praxis vor allem deshalb immer wieder zum Ausdruck gelangt, weil oft auch unterlegene Positionen von parteipolitischer Relevanz sind. Diese Spannung hat nach der Veränderung der Zusammensetzung des Bundesrates im Jahre 2003 erheblich zugenommen. Einzelne Mitglieder des Bundesrates fühlen sich teilweise stärker ihrer Partei verpflichtet, als dies früher der Fall war. Konkordanz und Kollegialsystem erfordern aber eine gewisse Distanz der Mitglieder des Bundesrates zu ihrer Partei; diese haben den Dienst für das Kollegium und «für das Land» in den Vordergrund zu rücken. Die Bundesversammlung hat aus diesem Grund immer wieder profilierte Parteipolitiker nicht in den Bundesrat gewählt, auch wenn (oder gerade weil) sie offizielle Kandidaten ihrer Fraktion waren. 2539

Entscheidvorbereitung, Beratung und Abstimmung im Kollegium bleiben vertraulich. Die Mitglieder des Bundesrates sollten abweichende Positionen nach gefälltem Entscheid idR. nicht öffentlich vertreten. 2540

> Das Gebot der Vertraulichkeit der bundesrätlichen Entscheidungsprozesse (Art. 24 RVOG) ist für die Gewährleistung einer kollegialen Beratung und Beschlussfassung unverzichtbar, wird aber in der «öffentlichkeitssüchtigen» Mediengesellschaft oft nicht verstanden oder respektiert. Zudem bestehen Anzeichen dafür, dass auch von Mitgliedern des Bundesrates oder deren «Entourage» 2541

gezielt Indiskretionen an die Öffentlichkeit geraten. Informell sickern immer wieder Details aus den Verhandlungen des Bundesrates in die (engere oder weitere) Öffentlichkeit.

2542 Der Bundesrat kann für bestimmte Geschäfte aus seiner Mitte *Ausschüsse* bilden, die idR. aus drei Mitgliedern bestehen. Diese bereiten Beschlüsse des Kollegiums vor und können Verhandlungen mit aussenstehenden Behörden führen (Art. 23 RVOG).

2. *Departementalsystem*

2543 Jedes Mitglied des Bundesrates steht einem *Departement* vor, das die Geschäfte des Bundesrates vorbereitet und vollzieht (Art. 177 Abs. 2 und Art. 178 Abs. 2 BV), wobei das Kollegium über die Zuteilung der Departemente entscheidet (Art. 35 Abs. 3 RVOG). Den Mitgliedern des Bundesrates kommt also eine Doppelrolle als Kollegiumsmitglieder und Departementsvorsteher zu. Die Vorbereitung und der Vollzug eines Bundesratsgeschäftes gibt dem jeweils *federführenden* (für die Vorbereitung verantwortlichen) Departement notwendigerweise ein grosses Gewicht im Entscheidungsprozess des Bundesrates. Initiative und Sachkompetenz liegen in erster Linie bei den Departementen; sie bestimmen weitgehend den Inhalt und den Zeitpunkt der Bundesratsbeschlüsse.

2544 Im Parlament und in der Öffentlichkeit, insb. in Abstimmungskampagnen, wird die Position des Bundesrates idR. nur durch die zuständige Departementsvorsteherin vertreten. Die Bedeutung des Kollegialsystems wird betont, wenn – wie dies in jüngster Zeit vermehrt geschieht – zwei oder sogar drei Mitglieder des Bundesrates gemeinsam auftreten.

2545 Das sog. *«Mitberichtsverfahren»*, in dem der Antrag eines Departements an den Bundesrat den anderen Departementen zur vorgängigen Stellungnahme vorgelegt wird (Art. 15 RVOG), soll zwar die notwendige Konsensfindung im Kollegialorgan fördern. In der Praxis vermag dieses Verfahren aber das Übergewicht des jeweils federführenden Departementes nur wenig zu mindern.

2546 Gemäss Art. 177 Abs. 3 BV werden den Departementen und den ihnen unterstellten Verwaltungseinheiten *Geschäfte* zur selbstständigen Erledigung *übertragen*. Bei solchermassen delegierten Aufgaben muss der *Rechtsschutz* sichergestellt sein.

2547 3. *Verhältnis zwischen Kollegial- und Departementalprinzip*

Das Kollegialprinzip weist unbestrittene *Chancen*, aber auch beträchtliche *Risiken* auf.

2548 Als relativ kleines Gremium ermöglicht das Kollegialorgan eine Sammlung von unterschiedlichem Wissen, Können und Erfahrung, kann eine Koordination der wichtigen politischen Geschäfte auf höchster Ebene sicherstellen und verfügt über den «Leistungsvorteil der Gruppe». Es vermag einen institutionellen Ausgleich zwischen politischen Interessen, Landesteilen und Parteien zu schaffen, aber auch machtbegrenzend und intraorganisch kontrollierend zu wirken; es gewährleistet so auch Stabilität und Kontinuität. Das Kollegialprinzip ist das einem vielfältigen Land wie der Schweiz adäquate Strukturprinzip. Verbunden mit der festen Amtsdauer von 4 Jahren kommt so dem Bundesrat eine starke Stellung im Gewaltengefüge zu.

Auf der anderen Seite sind die *Nachteile* eines Kollegialorgans nicht zu übersehen. Entscheidungen werden oft auf dem kleinsten gemeinsamen Nenner getroffen. Das Gremium kann zur «Clearingstelle» verkommen, das die Anträge der einzelnen Departemente nur noch «absegnet», nicht zuletzt auch deshalb, weil die Regierungsmitglieder ihre eigenen Anträge durchbringen und nicht infolge Widerstandes gegen Anträge anderer Departemente gefährden wollen («Gibst Du mir die Wurst, so lösch ich Dir den Durst»). Seit 2003 wird im Bundesrat wieder vermehrt opponiert, diskutiert und formell abgestimmt; offen erscheint, ob diese Tendenz nach den Bundesratswahlen 2008 anhält. Das Kollegium erleichtert aber jedenfalls eine geschlossene Führung nicht und für die Departementsvorsteherinnen erweist sich der öffentlich sichtbare und auch medial einträglichere Einsatz für ihre Ressortpolitik als attraktiver als die kaum nach aussen dringende Arbeit für das Kollegium. Eine Verlagerung hin zum Departementalsystem führt zur öffentlichen Wahrnehmung der einzelnen Bundesräte als «Minister» mit «ihren» Politiken und nicht als Mitglieder eines Kollegiums. Es ist denn auch der jeweilige Departementsvorsteher, der Lob oder Kritik für die Entscheide des Kollegialorgans erntet. Die Mitglieder des Bundesrates tun idR. wenig, diese Vorstellung der Öffentlichkeit von ihrer persönlichen Verantwortlichkeit zu korrigieren.

2549

Die eigentliche Krux des gegenwärtigen Systems liegt darin, dass das Kollegium in zu starkem Ausmass *von den Departementsanträgen abhängig* ist und die Anreize für eine Stärkung des Kollegialprinzips zulasten des faktischen Departementsvorrangs zu schwach bis gar nicht ausgebildet sind.

2550

d. Präsidium

Der *Bundespräsident* wird von der Bundesversammlung auf die Dauer eines Jahres gewählt, wobei eine Wiederwahl für das folgende Jahr ausgeschlossen ist (Art. 176 Abs. 2 und 3 BV). Dasselbe gilt für den *Vizepräsidenten des Bundesrates*. Diese Ämter rotieren unter allen Mitgliedern und werden in der Praxis nach dem Anciennitätsprinzip vergeben.

2551

Die Vizepräsidentin wird nach der bisherigen Praxis im folgenden Jahr zur Bundespräsidentin gewählt. Ein neues Ratsmitglied wurde bisher erst dann zum Vizepräsidenten und Präsidenten gewählt werden, wenn alle anderen Mitglieder diese Ämter bereits ausgeübt haben.

2552

Der Bundespräsident übt den Vorsitz im Kollegium aus (Art. 176 Abs. 1 BV). Er ist weder Staatschef noch Regierungspräsident. Es kommt ihm keine Kompetenz zu, den übrigen Mitgliedern des Bundesrates inhaltliche Weisungen zu erteilen; er ist bloss *primus inter pares*.

2553

Aus der Kernaufgabe der Vorbereitung und der Leitung der *Sitzungen des Bundesrates* ergeben sich allerdings recht weitgehende Befugnisse, die aber in der Praxis nur sehr zurückhaltend ausgeübt werden.

2554

2555 So hat der Bundespräsident dafür zu sorgen, dass der Bundesrat seine Aufgaben rechtzeitig und koordiniert an die Hand nimmt, die Verhandlungen vorbereitet werden (wobei er in strittigen Fragen zu schlichten hat) und die Aufsicht über die Bundesverwaltung zweckmässig organisiert und auch tatsächlich ausgeübt wird. Er kann Abklärungen über bestimmte Angelegenheiten anordnen und dem Bundesrat geeignete Massnahmen unterbreiten (Art. 25 RVOG).

2556 Der Bundespräsident ordnet in dringenden Fällen vorsorgliche Massnahmen an und fällt, wenn das Kollegium nicht tagen kann, an dessen Stelle *Präsidialentscheide*. Diese müssen dem Bundesrat nachträglich zur Genehmigung unterbreitet werden (Art. 26 RVOG).

2557 Er *repräsentiert* ferner den Bundesrat im In- und im Ausland (Art. 28 RVOG) und betreut die Beziehungen des Bundes mit den Kantonen «in gemeinsamen Angelegenheiten allgemeiner Art» (Art. 29 RVOG).

e. Verhandlungen des Bundesrates

2558 Das Entscheidungsverfahren im Bundesrat ist teilweise gesetzlich geregelt, beruht aber zum grösseren Teil auf in der Praxis entwickelten Gepflogenheiten und Usanzen.

2559 Nach Art. 13 RVOG trifft der Bundesrat «Entscheide von wesentlicher Bedeutung oder von politischer Tragweite nach gemeinsamer und gleichzeitiger Beratung». Die übrigen Geschäfte können in einem vereinfachten Verfahren behandelt werden. Er kann gültig verhandeln, wenn mindestens vier Mitglieder anwesend sind, und er entscheidet mit Stimmenmehrheit. Ein Beschluss bedarf aber wenigstens der Stimmen von drei Mitgliedern (Art. 19 RVOG). Der Bundeskanzler nimmt an den Verhandlungen mit beratender Stimme, die Vizekanzler im Regelfall und ohne Stimme teil (Art. 18 Abs. 2 und 3 RVOG). Der Bundesrat kann zudem Führungskräfte sowie inner- und ausserhalb der Bundesverwaltung stehende Sachkundige in seine Verhandlungen miteinbeziehen (Art. 18 Abs. 4 RVOG), was aber selten geschieht. Wer an einem Geschäft ein unmittelbares persönliches Interesse hat, muss in den Ausstand treten (Art. 20 Abs. 1 RVOG).

2560 Normalerweise tagt der Bundesrat wöchentlich halbtags im Bundesratszimmer des Bundeshauses. Verhandlungen können auch als Telefonkonferenzen sowie als besondere Aussprachen und *Klausurtagungen* durchgeführt werden (Art. 17 RVOG).

2561 In der *Verhandlungswirklichkeit* werden Konsenslösungen angestrebt, so dass es nur zu Abstimmungen kommt, wenn trotz längerer Beratungen und eventueller Vertagungen keine Einigung erreicht werden kann. Bei einem Grossteil der Geschäfte kommt es zudem nur zu Abstimmungen, wenn formelle Gegenanträge gestellt werden, ansonsten Zustimmung vermutet wird.

f. Zur Rechtsstellung der Bundesratsmitglieder

Es bestehen seit 1997 keine besonderen Vorschriften mehr über den *Wohnsitz* der Mitglieder des Bundesrates; somit gelten die allgemeinen Bestimmungen des ZGB. Sie müssen indessen in kurzer Zeit den Amtssitz Bern erreichen können (Art. 59 RVOG). 2562

> Bezüglich *Immunität* gelten die gleichen Regeln wie für die Mitglieder der Bundesversammlung (vgl. Rz. 2467 ff.). 2563

> Für eine *Strafverfolgung* von Delikten, die sich auf die *amtliche Stellung* beziehen, bedarf es einer Ermächtigung der Bundesversammlung (Art. 14 VG), bei *nichtamtlichen* Delikten der Zustimmung des betroffenen Bundesrates oder des Bundesrates als Kollegium (Art. 61a RVOG). Für die *vermögensrechtliche* Verantwortlichkeit gilt Art. 7 f. VG. 2564

III. Bundesverwaltung und Bundeskanzlei

Literatur

BIAGGINI GIOVANNI, Verfassungsrechtliche Grenzen der Privatisierung, in: Rapports suisses présentés au XVème Congrès international de droit comparé, Zürich 1998, 67 ff.; DERS., Rechtsstaatliche Anforderungen an die Auslagerung und an den ausgelagerten Vollzug staatlicher Aufgaben sowie Rechtsschutz, in: Schaffhauser René/Poledna Tomas (Hrsg.), Auslagerung und Privatisierung von staatlichen und kommunalen Einheiten, St. Gallen 2002, 143 ff.; BLINDENBACHER RAOUL et al. (Hrsg.), Vom Service public zum Service au public, Regierung und Verwaltung auf dem Weg in die Zukunft, Zürich 2000; BOLZ URS, Public Private Partnership (PPP) in der Schweiz, ZBl 2004, 561 ff.; LIENHARD ANDREAS, Staats- und verwaltungsrechtliche Grundlagen für das New Public Management in der Schweiz, Bern 2005; MASTRONARDI PHILIPPE, Staatsrecht und Verwaltungsorganisation, Reflexionen am Beispiel des New Public Managements, AJP 1995, 1541 ff.; DERS./SCHEDLER KUNO, New Public Management in Staat und Recht, Bern/Stuttgart/Wien 1998; SCHWEIZER RAINER J. et al. (Hrsg.), Verwaltung im 21. Jahrhundert, Freiburg 2003 (20. Kolloquium der Schweizerischen Akademie der Geistes- und Sozialwissenschaften 2001); THOM NORBERT/RITZ ADRIAN, Public Management, 4. Aufl., Wiesbaden 2008; WIEGAND WOLFGANG (Hrsg.), Rechtliche Probleme der Privatisierung, BTJP 1997, Bern 1998.

a. Bundesverwaltung

Die Bundesverwaltung hat das Bundesrecht zu verwirklichen, insbesondere Bundesgesetze und Verordnungen umzusetzen und anzuwenden, sowie den Bundesrat in seinen Regierungsobliegenheiten zu unterstützen. 2565

> Erst mit der geltenden Bundesverfassung ist die Bundesverwaltung Gegenstand eines eigenen Verfassungsartikels (Art. 178 BV) geworden. Die Bundesverfassung zeigt damit die in der Praxis grosse Bedeutung der Bundesverwaltung im Bundesstaat auf, ohne allerdings ihre Aufgabe explizit zu benennen. 2566

4. Teil: Demokratie

2567 Zur Bundesverwaltung gehört sowohl die *zentrale* Bundesverwaltung, die dem Bundesrat hierarchisch unterstellt ist, als auch die *dezentrale* Bundesverwaltung (Art. 2 Abs. 3 RVOG), deren Einheiten zwar einem Departement administrativ zugeordnet sind, aber über eine gesetzlich definierte Autonomie verfügen.

2568 Als Beispiele dezentraler Verwaltungseinheiten können ua. der Eidg. Datenschutzbeauftragte, die Eidg. Technischen Hochschulen, die Eidg. Finanzmarktaufsicht und die Unabhängige Beschwerdeinstanz für Radio und Fernsehen genannt werden.

2569 Hinzu kommen zahlreiche (ca. 150, Stand 2007) *ausserparlamentarische Kommissionen* (wie zB. die Eidg. Kommission gegen Rassismus), welche den Bundesrat und die Bundesverwaltung bei der Wahrnehmung ihrer Aufgaben beraten. Mit der von den eidg. Räten am 20. März 2008 angenommenen Änderung des RVOG sind erstmals auf Gesetzesebene allgemeine Grundsätze über die Tätigkeit der ausserparlamentarischen Kommissionen erlassen worden (insb. Art. 57a–57g RVOG; AS 2008, 5941). Sie werden eingesetzt, wenn die Aufgabenerfüllung besonderes Sachwissen erfordert, den frühen Einbezug der Kantone oder weiterer interessierter Kreise verlangt oder durch eine nicht weisungsgebundene Einheit der dezentralen Bundesverwaltung erfolgen soll (Art. 57b RVOG).

2570 Unter *Umsetzung* des Bundesrechts ist mehr zu verstehen als blosser Gesetzesvollzug. Die Verwaltung hat die Aufgabe, im Rahmen der Gesetzgebung selbstständig und aktiv die Interessen des Staates und seiner obersten politischen Behörden wahrzunehmen; sie nimmt damit auch eine die Politik gestaltende Rolle wahr, soweit es der vom Bundesrat und den Departementsvorsteherinnen gesteckte Rahmen erlaubt.

2571 Neue Methoden der «wirkungsorientierten Verwaltungsführung» («New Public Management») sollen diesen Rahmen erweitern, resp. auf andere Art und Weise abstecken. Die vorgesetzten politischen Behörden sollen sich darauf beschränken, der Verwaltung Ziele vorzugeben und Ressourcen zu sprechen. Wie diese Ziele erreicht werden sollen, soll weitgehend der Verwaltung überlassen bleiben. Diese gewinnt damit an Eigenverantwortung und Motivation.

2572 Der Bundesrat leitet die *Bundesverwaltung*; diese ist in sieben Departemente gegliedert, wobei jeder Bundesrat einem Departement vorsteht (Art. 178 Abs. 1 und 2 BV). Verfassungsrechtlich wäre es zulässig, mehr als sieben Departemente zu schaffen.

2573 Die Departemente gliedern sich ihrerseits in Bundesämter, die zu Gruppen zusammengefasst werden können (Art. 2 Abs. 2 RVOG), sowie in ein Generalsekretariat als allgemeine departementale Stabsstelle (Art. 41 Abs. 1 RVOG). Zur Bearbeitung bestimmter, zeitlich befristeter Geschäfte können departementsübergreifende *Projektorganisationen* gebildet werden (Art. 56 RVOG).

2574 Dem Bundesrat steht die *Organisationsautonomie* über die Bundesverwaltung zu. Er verteilt die Departemente auf seine Mitglieder (Art. 35 Abs. 3 RVOG) und legt durch Verordnung die Gliederung in Bundesämter fest (Art. 43 Abs. 2 RVOG).

Verwaltungsaufgaben können durch Gesetz an Organisationen oder Personen *ausserhalb der Bundesverwaltung* übertragen werden (Art. 178 Abs. 3 BV). 2575

> Nicht «ausserhalb der Bundesverwaltung» im Sinne von Art. 178 Abs. 3 BV stehen die *dezentralisierten* Anstalten, Betriebe und Behördenorganisationen, auch nicht die sog. FLAG-Ämter im Rahmen von Leistungsaufträgen und des NPM (FLAG bedeutet «Führung mit Leistungsauftrag und Globalbudget»). Die eigentliche *Privatisierung* von öffentlichen Unternehmungen und Verwaltungseinheiten wird hier ebenfalls nicht erfasst, ist aber als zulässig anzusehen. 2576

Organisationen oder Personen ausserhalb der Bundesverwaltung, welchen Verwaltungsaufgaben übertragen werden, können unterschiedliche öffentlich-rechtliche und privatrechtliche *Rechtsformen* aufweisen: 2577

> In Frage kommen etwa *öffentlich-rechtliche Anstalten* mit eigener Rechtspersönlichkeit (wie die Post), öffentlich-rechtliche oder privatrechtliche *Stiftungen* (wie etwa die Pro Helvetia) sowie privatrechtliche oder spezialgesetzliche *Aktiengesellschaften* (wie die Swisscom und die SBB). 2578

Art. 178 Abs. 3 BV verlangt für die Aufgabenübertragung die Grundlage in einem *Bundesgesetz*, dh. eine bereichsspezifische, genügend bestimmte Ermächtigung. Zusätzlich muss die Auslagerung im *öffentlichen Interesse* liegen und geeignet sein, das mit der Übertragung angestrebte Ziel zu erreichen. Der *Rechtsschutz* muss sichergestellt und die *Funktionstauglichkeit* des aussenstehenden Aufgabenträgers auf Dauer gewährleistet sein. Dieser hat die Grundrechte zu respektieren (Art. 35 Abs. 2 BV) und muss zudem einer staatlichen *Aufsicht* unterstehen (vgl. dazu GIOVANNI BIAGGINI, in: St. Galler Kommentar, Art. 178, Rz. 34). 2579

b. Bundeskanzlei

Die *Bundeskanzlei* erfüllt die Funktion einer allgemeinen Stabsstelle des Bundesrates und wird von einer Bundeskanzlerin geleitet. Diese wird – wie der Bundesrat – von der Vereinigten Bundesversammlung auf vier Jahre gewählt (Art. 168 Abs. 1 BV). Die Bundeskanzlei steht dem Bundesrat und der Bundespräsidentin zur Verfügung (Art. 32 RVOG). 2580

> Zwei Vizekanzler vertreten den Bundeskanzler (Art. 31 Abs. 2 RVOG); sie werden vom Bundesrat gewählt. Ein *Bundesratssprecher* sorgt in Zusammenarbeit mit den Departementen für die Information der Öffentlichkeit. 2581

Neben den eigentlichen *Stabsaufgaben* (wie etwa Planung und Koordination auf Regierungsebene, Sicherstellung der departementsübergreifenden Koordination sowie der Information nach innen und nach aussen; vgl. Art. 32 RVOG) kommen der Bundeskanzlei auch Linienfunktionen zu (Vollzug der Bundesgesetzgebung über die politischen Rechte, Herausgabe der Gesetzessammlungen). 2582

IV. Regierungsreform

2583 *Hauptgrund* für eine Regierungsreform sind die sich ausweitenden und immer komplexer werdenden Regierungsaufgaben. Der Bund hat im Laufe der Zeit zahlreiche neue Kompetenzen erhalten. Die Verwaltung ist erheblich ausgebaut und ihre Leitung damit anspruchsvoller geworden. Die Anforderungen an die Regierung im Bereich der Kommunikation – mit dem Parlament, den Kantonen, den Medien und der Bevölkerung insgesamt – haben sich erhöht. Die politische Konsensfindung ist schwieriger geworden; die Entscheidungsprozesse werden damit langwieriger und komplizierter. Die internationalen Verflechtungen und damit die internationalen Kontakte der Regierungsmitglieder haben stark zugenommen.

2584 Trotz dieser Entwicklung ist die Struktur des für das schweizerische Regierungssystem zentralen Organs des «Bundesrates» seit der Gründung des Bundesstaates unverändert geblieben. Bereits seit dem 19. Jahrhundert ertönt denn auch immer wieder der Ruf nach einer Regierungsreform. Seit 1990 hat das Parlament wiederholt und nachdrücklich dringlichen Handlungsbedarf angemeldet.

2585 *Ziel* der Regierungsreform muss eine *Stärkung der politischen Führung* sein. Die gegenüber dem Parlament politisch verantwortliche Behörde sollte sich nicht von einer mächtigen Verwaltung und insbesondere auch nicht von den Departementen steuern lassen, sondern die Verantwortung für wichtige Fragen der Politikgestaltung nicht nur formal, sondern auch tatsächlich wahrnehmen. Damit dies möglich ist, brauchen die Mitglieder der Regierung mehr Handlungsspielräume zugunsten des Kollegiums; sie dürfen nicht durch ihre alltäglichen Verpflichtungen der Departementsführung weitgehend absorbiert werden. Die geforderte politische Führung ist Aufgabe des Bundesrates, nicht der einzelnen Departemente. Reformvorschläge sind daher daran zu messen, ob sie das Kollegialprinzip stärken und der zunehmenden Departementalisierung entgegenwirken.

2586 Solche Ziele können nur erreicht werden durch eine *personelle Vergrösserung* der Regierung (nicht unbedingt des Bundesratskollegiums) insgesamt und durch eine massgebliche *Stärkung der Leitung* des Kollegiums. Nach etlichem Zögern hatte der Bundesrat am 19. Dezember 2001 seine Vorschläge für eine «Staatsleitungsreform» dem Parlament unterbreitet (BBl 2002, 2095). Nachdem die eidg. Räte diese Vorlage im Jahre 2004 an den Bundesrat zurückgewiesen haben, ist kein Reformwille mehr spürbar, obwohl die Gründe für eine Reform je länger je mehr offen zutage liegen und die Ziele der Reform unvermindert aktuell sein müssten.

2587 Der Bundesrat hatte mit seiner Vorlage im Jahre 2001 die Schaffung einer *«Zwei-Kreise-Regierung»* vorgeschlagen. Dem bisherigen, nach wie vor sieben Mitglieder umfassenden Bundesratskollegium sollte eine zweite Regierungsebene mit sieben «Delegierten Ministern» (oder «Stellvertretenden Bundesräten») beigefügt werden. Im Wesentlichen ging das Modell davon aus, dass das Bundesratskollegium alle wichtigen Entscheidungen trifft, während die Minister den Bundesrat wirksam entlasten sollen, indem sie ihn in ihren Aufgabenbereichen insbesondere vor dem Parlament und in den Kontakten mit dem Ausland vertreten können. Die dazu erforderliche Legitimation gewinnen sie dadurch, dass ihre Wahl durch den Bundesrat vom Parlament bestätigt werden muss.

Der Ständerat hatte sich demgegenüber vergeblich für eine *Erweiterung des Bundesrates auf neun Mitglieder*, verbunden mit einer bescheidenen Stärkung der Stellung des Bundespräsidenten oder der Bundespräsidentin, ausgesprochen (AB SR 2003, 10). Dieses Modell hätte aber gegenüber der «Zwei-Kreise-Regierung» nur eine bescheidene Stärkung der politischen Führungsebene zur Folge gehabt. 2588

Die bundesrätliche Vorlage wurde indessen im Jahre 2004 von der Bundesversammlung an den Bundesrat zurückgewiesen mit dem Auftrag, neue Vorschläge zu unterbreiten (AB NR 2004, 270; AB SR 2004, 219). Ziele sollten eine Stärkung der politischen Führung, eine Entlastung des Bundesrates von Verwaltungsaufgaben und eine Effizienzsteigerung der Verwaltung sein. Der Bundesrat hat in der Folge lediglich Massnahmen zur Erreichung des dritten Zieles ergriffen (vgl. Schlussbericht des Delegierten des Bundesrates für die Bundesverwaltungsreform, Ulrich Fässler, vom 20. Dezember 2007). 2589

Fünfter Teil
Rechtsverwirklichung

§ 26 Die Schweiz als Rechtsstaat

Literatur

AUBERT JEAN-FRANÇOIS, Droits et devoirs de l'homme et du citoyen: une symétrie?, RDAF 1997 I 1 ff.; AUER/MALINVERNI/HOTTELIER II, Rz. 997–1006 ; BIAGGINI, BV Kommentar, Art. 5 ; BÖCKENFÖRDE ERNST-WOLFGANG, Stichwort «Rechtsstaat», in: Ritter Joachim/Gründer Karlfried (Hrsg.), Historisches Wörterbuch der Philosophie, Bd. 8, Basel 1992, 333 ff.; CHIARIELLO ELISABETH, Treu und Glauben als Grundrecht nach Art. 9 der schweizerischen Bundesverfassung, Diss. Bern 2004; GÄCHTER THOMAS, Rechtsmissbrauch im öffentlichen Recht, Zürich/Basel/Genf 2005; HÄFELIN/HALLER/KELLER, Bundesstaatsrecht, Rz. 170–174; HANGARTNER YVO, in: St. Galler Kommentar, Art. 5; KÄGI WERNER, Die Verfassung als rechtliche Grundordnung des Staates, Zürich 1945; DERS., Zur Entwicklung des schweizerischen Rechtsstaates, ZSR 1952, 173 ff.; KIENER/KÄLIN, Grundrechte, 338–344; KLEY ANDREAS, Grundpflichten Privater im schweizerischen Verfassungsrecht, Diss. St. Gallen 1989; DERS., Rechtsstaat und Widerstand, in: Verfassungsrecht der Schweiz, 285 ff.; LIENEMANN WOLFGANG, Stichwort «Rechtsstaat», in: Heun Werner ua. (Hrsg.), Evangelisches Staatslexikon, Stuttgart 2006, 1934 ff.; MAHON PASCAL, in: Petit commentaire, Art. 5; MASTRONARDI PHILIPPE, Menschenwürde als materielle «Grundnorm» des Rechtsstaates, in: Verfassungsrecht der Schweiz, 233 ff.; MOOR PIERRE, Rélexions autour du concept de constitution, ZSR 2008 I, 207 ff.; SCHARPF FRITZ, Die politischen Kosten des Rechtsstaates, Tübingen 1970; SCHMID GERHARD/UHLMANN FELIX, Idee und Ausgestaltung des Rechtsstaates, in: Verfassungsrecht der Schweiz, § 13; SCHMIDT-ASSMANN EBERHARD, in: Isensee Josef/Kirchhof Paul (Hrsg.), Handbuch des Staatsrechts der Bundesrepublik Deutschland, Bd. II, 3. Aufl., Heidelberg 2004, § 26 Der Rechtsstaat; STOLLEIS MICHAEL, Artikel «Rechtsstaat», in: Handwörterbuch zur deutschen Rechtsgeschichte (HRG), 26. Lieferung 1986, 367; WEBER-DÜRLER BEATRICE, Zur neuesten Entwicklung des Verhältnismässigkeitsprinzips, in: FS Pierre Moor, Bern 2005, 593 ff.; WIEDERKEHR RENÉ, Transparenz als Grundsatz rechtsstaatlichen Handelns (Art. 5 BV), ZBl 2007, 521 ff.; THÜRER DANIEL, Humanitäres Völkerrecht und amerikanisches Verfassungsrecht als Schranken im Kampf gegen Terrorismus, ZSR 2006 I, 157 ff.; TOMUSCHAT CHRISTIAN, Internationale Terrorismusbekämpfung als Herausforderung für das Völkerrecht, Die öffentliche Verwaltung 2006, 357 ff.; TSCHANNEN PIERRE, § 6, Rz. 21–31; VON SCHLIEFFEN KATHARINA, Stichwort «Rechtsstaat», in: Heun Werner ua. (Hrsg.), Evangelisches Staatslexikon, 3. Aufl., Stuttgart 2006, 1926 ff.; WYSS MARTIN PHILIPP, Öffentliche Interessen – Interessen der Öffentlichkeit?, Bern 2001.

I. Rechtsstaat

a. Gehalt

Unter Rechtsstaatlichkeit wird die Verpflichtung des Staates in all seinen Erscheinungsformen auf das Recht verstanden. Dabei geht es vor allem 2590

– um die *Legitimation* wie Bändigung der Macht im Interesse einer Friedensordnung und des Freiheitsschutzes durch das Recht, und damit

– um die *Konstituierung* wie *Bindung jeglicher Staatsgewalt* an das Recht.

2591 Oberste Leitwerte des Rechtsstaates sind Freiheit und Würde der menschlichen Person.

b. Formelle und materielle Elemente

2592 Herkömmlicherweise werden *formelle* und *materielle* Elemente der Rechtsstaatlichkeit auseinandergehalten. Zu den ersteren zählen:

- die *Verfassungsstaatlichkeit* (Erfordernis einer rechtlichen Grundordnung des Staates als Gefäss und Ausdruck des gesellschaftlichen Grundkonsenses; nachstehend Rz. 2601 ff.);

- die Verteilung der Regelungsbefugnisse zwischen Parlament und Regierung, insb. das *Legalitätsprinzip*, welches staatliches Handeln an generell-abstrakte Normen bindet, die Unterscheidung von Rechtsetzung und Rechtsanwendung voraussetzt und dadurch Gleichbehandlung der Bürger und Bürgerinnen und Voraussehbarkeit staatlicher Massnahmen anzustreben sucht (vgl. nachstehend Rz. 2608 ff.);

- die *Gewaltengliederung* als Instrument von Machtverteilung, Machtbrechung, Machtkontrolle, Machtausgleich und Kooperation (vgl. § 23);

- der *Rechtsschutz,* insbesondere in Form der Verfassungs- und Verwaltungsgerichtsbarkeit (vgl. § 28).

2593 Recht im Rechtsstaat soll aber auch «recht», dh. «richtig» und gerecht sein. Zu diesem Zweck werden dem Rechtsstaatsprinzip materielle Elemente zugewiesen; zu diesen zählen vor allem

- die *Grundrechte* (insb. Freiheitsrechte, Rechtsgleichheit und Verfahrensrechte; vgl. §§ 11–20 und 30), sowie

- die Anerkennung von *Grundsätzen rechtsstaatlichen Handelns* (vgl. nachstehend Rz. 2605 ff.).

2594 Der Schweizer Staatsrechtler ZACCARIA GIACOMETTI formulierte dies im Jahr 1949 wie folgt: «Individuelle Freiheit garantiert die Bundesverfassung durch Gewährleistung von Freiheitsrechten. Diese sollen den Eigenwert des Einzelnen als Vernunftwesen in der staatlichen Gemeinschaft sicherstellen und damit die staatlicher Wirksamkeit beschränken. Daher stempelt die Bundesverfassung die Eidgenossenschaft zu einem Rechtsstaat im materiellen Sinn.» (FLEINER/GIACOMETTI, Bundesstaatsrecht, 31).

2595 Auch etwa der EU-Vertrag (konsolidierte Fassung vom 9. Mai 2008, ABl 2008/C 115/13) enthält in der Präambel sowie mit Bezug auf die inneren und die internationalen Verhältnisse der EU ein klares Bekenntnis zu Rechtsstaat und Demokratie: So hält Art. 2 EUV fest: «Die Werte, auf die sich die Union gründet, sind die Achtung der Menschenwürde, Freiheit, Demokratie, Gleichheit, Rechtsstaatlichkeit und die Wahrung der Menschenrechte einschließlich der Rechte der Personen, die Minderheiten angehören.» Art. 21 formuliert mit Bezug auf die Aussenpolitik der EU: «Die Union lässt sich bei ihrem Handeln auf internationaler Ebene von den Grundsätzen leiten, die für ihre eigene Entstehung, Entwicklung und Erweiterung maßgebend waren und denen sie auch weltweit zu stärkerer Geltung verhelfen will: Demokratie, Rechtsstaatlichkeit, die universelle Gültigkeit und Unteilbarkeit der Menschenrechte und Grundfreiheiten, die Achtung der Menschenwürde, der Grundsatz der Gleichheit und der Grundsatz der Solidarität sowie die Achtung der Grundsätze der Charta der Vereinten Nationen und des Völkerrechts.»

In engem Verhältnis zum Rechtsstaatsprinzip steht das weniger verrechtlichte, historisch mit der Parlamentssouveränität verknüpfte *«rule of law»* des englischen Rechts (zur historischen Entwicklung und heutigem Gehalt etwa BRADLEY A. W./EWING K. D., Constitutional and Administrative Law, 14th ed. London 2007, 93 ff.; zum Vergleich mit dem Begriff des Rechtsstaats MACCORMICK NEIL, Der Rechtsstaat und die rule of law, JZ 1984, 65 ff.). Das Prinzip hat etwa Eingang in die Präambel der EMRK gefunden: «Being resolved, as the governments of European countries which are like-minded and have a common heritage of political traditions, ideals, freedom and *the rule of law*, to take the first steps for collective enforcement of certain of the rights state in the Universal Declaration.» (5. Absatz der Präambel; englischer Originaltext).

2596

c. Rechtsstaat und Terrorismus

In neuerer Zeit kommt dem Grundsatz des Rechtsstaates in verschiedenen Sachbereichen wieder erhöhte Aktualität zu, insbesondere im Zusammenhang mit der Bekämpfung des internationalen Terrorismus.

2597

So wurde im Zeichen der Terrorismusbekämpfung die Verordnung vom 2. Oktober 2000 über Massnahmen gegenüber Personen und Organisationen mit Verbindungen zu Usama bin Laden, der Gruppierung Al-Qaïda oder den Taliban (SR 946.203) erlassen und mittlerweile drei mal verlängert, obwohl dabei keine drohende schwere Störung der öffentlichen Ordnung erkennbar war (zur Kritik BIAGGINI, BV Kommentar, Art. 185, Rz. 10). Das Bundesgericht sieht sich zudem nicht in der Lage, den im Anhang der Verordnung namentlich aufgeführten Personen einen minimalen Rechtsschutz zu gewährleisten (BGE 133 II 450).

2598

Der Bundesrat verlangte zudem weitere Überwachungsmöglichkeiten für den Inlandgeheimdienst, um den Terrorismus besser bekämpfen zu können (siehe Botschaft und Entwurf BWIS II vom 15. Juni 2007, BBl 2007, 5037 ff.). So soll der Inlandgeheimdienst («Dienst für Analyse und Prävention») den Post- und Fernmeldeverkehr sowie private Wohnungen, Hotelzimmer ua. überwachen, oder etwa Datenverarbeitungssysteme wie Computer ohne Wissen des Betroffenen durchsuchen dürfen. Der Nationalrat ist seiner Rechtskommission gefolgt und hat als Erstrat in der Wintersession 2008 beschlossen, dieses Geschäft an den Bundesrat zurückzuweisen.

2599

Die Rechtsstaatlichkeit stellt eine unverzichtbare Legitimitäts- und Konstitutionsvoraussetzung des Staates dar; es kommt ihm keine Berechtigung zu, sie zu verlassen – auch nicht zur Bekämpfung terroristischer Gefahren (grundlegend der Minderheitsbericht von LORD GARDINER zu den rechtsstaatlichen Anforderungen an die Terrorismusbekämpfung in Nordirland vom März 1972, siehe Cmd 4901, Parker Report, einsehbar unter http://cain.ulst.ac.uk/hmso/parker.htm).

2600

II. Verfassungsstaatlichkeit

2601 Die Verfassungsstaatlichkeit bildet das Fundament des Rechtsstaates. Die Verfassung ist «rechtliche Grundordnung des Staates» (WERNER KÄGI, 39 ff.), oberste nationale Rechtsquelle, Gefäss grundlegender Wertentscheidungen und strukturprägender Grundsätze, Ausdruck des gesellschaftlichen Grundkonsenses, den Staat Schweiz konstituierendes, legitimierendes und limitierendes Fundament, Stabilität gewährleistende wie Flexibilität eröffnende Grösse (vgl. § 1). Die Bundesverfassung ist zudem sowohl Inbegriff erhabener Grundsätzlichkeit als auch Fechtboden der Tagespolitik (dazu § 2).

2602 Die geltende Verfassung hebt die Anliegen der Rechtsstaatlichkeit deutlich hervor; sie umfasst in grösserem Umfang als die aBV grundsätzliches Recht, macht werthaltige Grundnormen anschaulich und weist so einen höheren Verständlichkeitsgrad auf. Damit wurde das Anliegen der Rechtsstaatlichkeit bedeutend gestärkt.

2603 Hervorzuheben sind insbes.: die Aufnahme eigentlicher *rechtsstaatlicher Grundsätze* (Art. 5 BV), der ausführliche und detaillierte *Grundrechtskatalog*, der neue *«allgemeine Teil» der Bundesstaatlichkeit* und die entschlackten und neu gegliederten *Bundeskompetenzen* und Bundesaufgaben, eine aktualisierte Verteilung der Zuständigkeiten von Bundesversammlung und Bundesrat auf der Basis eines *modernen Verständnisses der Gewaltengliederung*, Klärung und Präzisierung der *Handlungs- und Rechtsformen von Parlament und Regierung* sowie die *Optimierung des Rechtsschutzes* auf Verfassungsebene.

2604 Die *Textualisierung* ungeschriebenen Verfassungsrechts und die Hebung verfassungswürdigen Gesetzesrechts auf die Stufe des Verfassungsrechts tragen zu Stabilisierung und Rechtssicherheit bei. Die fortschreitende, «unsichtbare» Konstitutionalisierung des Völkerrechts (dazu ANNE PETERS, Reconstruction constitutionnaliste du droit international: arguments pour et contre, in: Ruiz Fabri Hélène/Jouannet Emanuelle/Tomkievicz Vincent (eds.), Select Proceedings of the European Society of International Law, Vol. 1/2006, Oxford 2008, 361 ff.; OLIVER DIGGELMANN/TILMANN ALTWICKER, ZaöRV 2008, 623 ff.) bringt die Scharnierfunktion der Verfassung zwischen nationalem und internationalem Recht ins Bewusstsein und legt Zeugnis davon ab, dass das «Recht» der Rechtsstaatlichkeit nicht an den nationalen Grenzen Halt machen kann. Im schweizerischen Verfassungsrecht kommt diese Entwicklung in ganz besonderem Masse mit den Grundrechten der EMRK sowie der Anerkennung und Verankerung des zwingenden Völkerrechts als Schranke jeglicher Verfassungsrevision (vgl. Art. 139 Abs. 2 sowie Art. 194 Abs. 2 BV) zum Ausdruck.

III. Grundsätze rechtsstaatlichen Handelns

a. Allgemeines

2605 Art. 5 BV enthält ausdrücklich so benannte resp. im Titel überschriebene «Grundsätze rechtsstaatlichen Handelns». Sie stellen Verfassungsgrundsätze, im Allgemeinen nicht aber verfassungsmässige Rechte oder Grundrechte dar (BGE 130 I 388,

391 f.; 131 I 91, 99). Im Rahmen der ordentlichen Gerichtsbarkeit sind sie jedoch selbständig rügbar (BGE 131 II 13, 44).

Die Grundsätze rechtsstaatlichen Handelns gehörten früher weitgehend dem ungeschriebenen Verfassungsrecht an oder wurden vom Bundesgericht in einer rechtsschöpferischen Praxis aus Art. 4 aBV abgeleitet. 2606

> Bereits die Präambel und Art. 2 BV sprechen die rechtsstaatliche Demokratie mit den Formulierungen an, der Bund der Eidgenossen sei zu erneuern, um «Freiheit und Demokratie», aber auch den «Frieden» zu stärken; die Eidgenossenschaft schütze die Freiheit und die Rechte «des Volkes», sie setze sich ein für eine «friedliche und gerechte internationale Ordnung». 2607

b. Grundsatz der Rechtmässigkeit staatlichen Handelns

1. Allgemeines

Art. 5 Abs. 1 BV umschreibt die *Fundierung des Staates im Recht:* «Grundlage und Schranke staatlichen Handelns ist das Recht»; staatliches Handeln darf «rechtliche Schranken nicht überschreiten» (BGE 130 I 388, 392). Der Terminus «Recht» in Art. 5 Abs. 1 BV umfasst dabei «alles Recht», unabhängig von der Normstufe (Verfassungs-, Gesetzes- und Verordnungsrecht), der Textualisierung (geschriebenes und ungeschriebenes Recht) oder der Herkunft (Landesrecht und internationales Recht). Die Beschränkung auf «Rechtssätze» (so BGE 130 I 388, 392) ist zu eng. 2608

Angesprochen sind hier zunächst die beiden «klassischen» Aspekte des *Legalitätsprinzips,* die Grundsätze des Vorrangs und des Vorbehalts des Gesetzes. Das Legalitätsprinzip bedingt auch die tatsächliche Durchsetzung des Rechts, so dass auch der *Rechtsschutz* Teil des Grundsatzes der Rechtsstaatlichkeit ist (BGE 130 I 388, 392 unter Bezugnahme auf Yvo Hangartner, in: St. Galler Kommentar, Art. 5 Rz. 2, 5 ff. und 13). 2609

> Vorbehältlich einer konstanten gesetzwidrigen Verwaltungspraxis geht der Grundsatz der Gesetzmässigkeit der Verwaltung als Ausfluss des *Legalitätsprinzips* dem Anspruch auf gleichmässige Rechtsanwendung (Art. 8 Abs. 1 BV) vor (BGE 131 V 9, 20). 2610

Das Rechtsstaatsprinzip verlangt die *Voraussehbarkeit staatlicher Massnahmen* und damit die *Publizität* des geltenden Rechts: Rechtswirkungen entfaltet ein Erlass grundsätzlich erst mit der Veröffentlichung in der Amtlichen Sammlung des Bundesrechts (vgl. Art. 8 des Bundesgesetzes über die Sammlung des Bundesrechts und das Bundesblatt, Publikationsgesetz; SR 170.512; vgl. Rz. 2782 ff.). Echte Rückwirkung und positive Vorwirkung von Erlassen verstossen deshalb gegen Art. 5 Abs. 1 BV. 2611

> Der Grundsatz der *jederzeitigen Änderbarkeit des geltenden Rechts* ist Bestandteil einer demokratischen Ordnung, weshalb das *Vertrauen in den Bestand von generell-abstrakten Normen* idR. *keinen Schutz* erfährt (BGE 130 I 26, 61; siehe aber Elisabeth Chiariello, 146 ff.). Die «Beschleunigung der Lebens- 2612

welt» spiegelt sich in einem zunehmenden Mass in Änderungen des positiven Rechts. Diese Tendenz ist im Verwaltungsrecht besonders ausgeprägt. Indessen geht es zu weit, in der zunehmenden Zahl von Rechtsänderungen eine Gefahr für die Glaubwürdigkeit des Rechtsstaates zu sehen. Von herausragender rechtsstaatlicher Bedeutung bleibt aber eine die Voraussehbarkeit garantierende *Transparenz der Rechtsordnung*, wie sie vom Publikationsgesetz verlangt ist. Es ist deshalb *bedenklich*, wenn sich in der Amtlichen Sammlung des Bundesrechts Mitteilungen finden, wonach bestimmte Verordnungen ohne Publikation in Kraft treten werden, die Veröffentlichung immerhin «baldmöglichst» erfolge (so aber etwa die MITTEILUNG DER BUNDESKANZLEI vom 27. Dezember 2006 betreffend im 2006 noch nicht publizierte Erlasse und Änderungen mit Inkrafttreten am 1. Januar 2007, AS 2006, 595).

2613 Massgebend ist das *jeweils geltende* Recht. Bereits beschlossenes künftiges Recht kann mit Blick auf das Demokratieprinzip insoweit Vorwirkung entfalten, als Beurteilungs- und Ermessensspielräume bestehen. Bei der Lückenfüllung soll der Richter künftig anwendbaren Normen Rechnung tragen können (vgl. BGE 125 III 277, 283, zum Streikrecht).

2614 «Recht» appelliert auch – in Anlehnung an das tradierte Begriffspaar «Gesetz und Recht» (vgl. Art. 20 Abs. 3 GG) an «richtiges Recht»: Der Staat ist nicht nur auf das gesetzte Recht, sondern auch und vor allem auf Recht verpflichtet, das sich an elementaren Gerechtigkeitstopoi ausrichtet.

2615 Mit der Wendung «Grundlage und Schranke» wird ein *doppeltes Rechtsverständnis* zum Ausdruck gebracht: Recht ist einerseits *Fundament des Staates,* staatsbildend und machtkonstituierend, auch die staatlichen Aktionen im Dienste der Humanität legitimierend: kein Staat, keine Handlungsbefugnisse ohne rechtliche Verankerung und Alimentierung.

2616 Das solchermassen eingesetzte Handlungs- und Machtpotential ist anderseits wiederum *begrenzt durch das Recht* («Schrankenrecht»), limitiert zum Schutz von Menschenwürde, Freiheit und gesellschaftlicher Pluralität. In dieser Funktion tritt es vor allem bei den Grundrechtseingriffen in Erscheinung.

2617 Die Konstituierung und Eingrenzung aller Träger staatlicher Befugnisse erfolgt aber nicht durch Recht an sich, sondern durch *demokratisch* (und bundesstaatlich) *legitimiertes Recht.* Der in Art. 164 Abs. 1 BV und in anderen Verfassungsbestimmungen enthaltene materielle Gesetzesvorbehalt (vgl. Rz. 2720 ff.), der wichtige rechtsetzende Bestimmungen zwingend in die Zuständigkeit des Gesetzgebers, also von Bundesversammlung und Volk, legt, zeugt vom Bemühen der verfassungsgebenden Organe, Rechtsstaatlichkeit und Demokratie einander zuzuordnen.

2. *Verteilung der Regelungsbefugnisse*

2618 Die Thematik der Verteilung der Regelungsbefugnisse zwischen Parlament und Regierung wurde herkömmlicherweise und wird teilweise immer noch unter der Figur der «Gesetzesdelegation» oder «Delegation von Rechtsetzungskompetenzen» abgehandelt (vgl. zur Gesetzesdelegation an die Regierung auf Bundesebene Rz. 2732 ff.).

In der Praxis des Bundesgerichts ist diese Figur anhand des kantonalen Rechts 2619
entwickelt worden. In der Lehre setzt sich allmählich die Auffassung durch, dass
die Konstruktion der «Gesetzesdelegation» verfehlt erscheint, weil der Gesetzgeber nicht über ein Rechtsetzungsmonopol, sondern nur über eine *Rechtsetzungsprärogative* verfügt (vgl. etwa GEORG MÜLLER, BTJP, Rz. 209, mwH.).

Als Ausfluss der demokratischen Seite des Legalitätsprinzips ergeben sich Schranken 2620
für die *Gesetzesdelegation*. Die Übertragung von Rechtsetzungsbefugnissen
vom Gesetzgeber an die Regierung wird grundsätzlich als *zulässig* erklärt, aber an
folgende *Voraussetzungen* gebunden (vgl. BGE 128 I 113, 122; 118 Ia 305, 310;
118 Ia 245, 247):

- Die Delegation darf nicht durch die (kantonale) Verfassung ausgeschlossen sein.

- Sie muss in einem eigentlichen Gesetz (früher: im sog. formellen Sinn) erfolgen (vgl. BGE 132 I 7, 9), wobei je nach kantonalem Verfassungsrecht auch ein Rechtsakt des Parlaments ohne Referendumsvorbehalt ausreichend sein kann.

- Die Übertragung hat sich auf ein bestimmtes Sachgebiet zu beschränken, das genau umschrieben sein muss.

- Die Grundzüge, dh. die wichtigen Regelungen der delegierten Materie müssen im delegierenden Gesetz selbst enthalten sein. Dies gilt jedenfalls dann, wenn die Rechtsstellung des Einzelnen schwerwiegend betroffen ist. Die Anforderungen an die Normbestimmtheit variieren je nach Materie und Bedeutung der Regelung für die Betroffenen.

Von der eigentlichen Gesetzesdelegation zu unterscheiden sind zwei *verwandte* 2621
Tatbestände:

Einmal können im Gesetz Entscheidungsbefugnisse durch offene Normbestandteile 2622
wie *Ermessen* oder *unbestimmte Gesetzesbegriffe* auf die Verwaltung
übertragen werden. Diese ist – ua. gestützt auf Art. 8 BV – ebenfalls verpflichtet, solche Gestaltungsspielräume im Rahmen des Möglichen durch Regelbildung zu verdichten (vor allem auch durch ermessenskanalisierende, vollzugslenkende Verwaltungsverordnungen).

Zum anderen sind bei der Füllung eigentlicher *Gesetzeslücken* durch die Verwaltung 2623
ergänzende Verordnungsbestimmungen zu erlassen. Oder aber das Gesetz
ist im Einzelfall durch administrative resp. justizielle *Rechtsfortbildung*
modo legislatoris (vgl. Art. 1 ZGB) zu ergänzen (zu den Gesetzeslücken vgl.
ua. ERNST A. KRAMER, Juristische Methodenlehre, 2. Auflage, Bern/München/
Wien 2005, insb. 155 ff.; kritisch RENÉ RHINOW, Rechtsetzung und Methodik,
Basel/Stuttgart 1979, insb. 37 ff.).

3. Bestimmtheitsgebot

Aus dem Legalitätsprinzip fliesst auch der *Grundsatz der Bestimmtheit* von Rechts- 2624
sätzen. Das staatliche Handeln muss im Einzelfall vorhersehbar und rechtsgleich,
Rechte und Pflichten sollen für die Betroffenen erkennbar sein (BGE 131 II 271,

278). «Das Gesetz muss so präzise formuliert sein, dass der Bürger sein Verhalten danach einrichten und die Folgen eines bestimmten Verhaltens mit einem den Umständen entsprechenden Grad an Gewissheit erkennen kann» (BGE 109 Ia 273, 283).

2625 Das Bestimmtheitsgebot gilt freilich nicht absolut. Der erforderliche Grad der Bestimmtheit lässt sich nicht abstrakt umschreiben, sondern ist unter anderem von der «Vielfalt der zu regelnden Sachverhalte, von der Komplexität und der Vorhersehbarkeit der im Einzelfall erforderlichen Entscheidung, von den Normadressaten, von der Schwere des Eingriffs in Verfassungsrechte und der erst bei der Konkretisierung im Einzelfall möglichen und sachgerechten Entscheidung» abhängig (BGE 131 II 271, 278). Unbestimmte Regelungen können ua. dann ausreichen, wenn ein Rechtsverhältnis zwischen Staat und Privaten auf einer freien Aushandlung von Rechten und Pflichten beruht (BGE 129 I 161, 163). Das Rechtsgleichheitsgebot kann auch durch eine gleichmässige Behördenpraxis erfüllt werden (BGE 123 I 1, 4).

2626 Der Grundsatz der Rechtmässigkeit staatlichen Handelns ist Bundesrecht im Sinne von Art. 95 Bst. a BGG und demnach der Beschwerde in öffentlich-rechtlichen Angelegenheiten zugänglich. Das Legalitätsprinzip stellt dagegen *kein verfassungsmässiges Recht* dar (vgl. Art. 98 und 116 BGG; BGE 130 I 388, 392). Die subsidiäre Verfassungsbeschwerde sowie die Beschwerde gegen Entscheide über vorsorgliche Massnahmen betreffend das Legalitätsprinzip sind demnach nur im Zusammenhang mit der Verletzung des Grundsatzes der Gewaltenteilung, der Rechtsgleichheit, des Willkürverbots oder eines spezifischen Grundrechts möglich (BGE 129 I 161, 163; 127 I 60, 67 zum aufgehobenen OG). Als *selbständiges* verfassungsmässiges Recht gilt das Legalitätsprinzip jedoch im *Abgaberecht* und, soweit es nicht schon durch Art. 1 StGB (keine Strafe ohne Gesetz) gewährleistet ist, im *Strafrecht* (BGE 123 I 1, 4).

c. Öffentliches Interesse und Verhältnismässigkeit

2627 In Art. 5 Abs. 2 BV wird alles staatliche Handeln an die Erfordernisse des *öffentlichen Interesses* und der *Verhältnismässigkeit* gebunden. Beide Grundsätze sind einerseits im Rahmen der «allgemeinen» Grundrechtstheorie und andererseits – schon früher – als Grundsätze des allgemeinen Verwaltungsrechts entwickelt worden.

2628 Als allgemeine Grundprinzipien des öffentlichen Rechts dienen die Grundsätze des öffentlichen Interesses und der Verhältnismässigkeit – zusammen mit dem Legalitätsprinzip, der Rechtsgleichheit und dem Grundsatz von Treu und Glauben – der Verwirklichung des Rechtsstaates.

2629 In Art. 5 Abs. 2 BV wird der Staat insgesamt in die Pflicht genommen. Während dies beim Erfordernis des öffentlichen Interesses vollumfänglich gerechtfertigt erscheint (der Staat dient der Gemeinwohlverwirklichung, zu der auch der Schutz der Freiheit des Einzelnen gehört), stellt sich die Frage, ob die Verhältnismässigkeit in allen ihren Bedeutungsgehalten (Geeignetheit, Erforderlichkeit und Zumutbarkeit von Massnahmen) taugliche Handlungsvoraussetzung für sämtliches staatliches Handeln sein kann. Unbestritten ist ihre Geltung für die Aktivitäten mit *Eingriffscharakter*. Indessen bedarf die Anwendung des Verhältnismässigkeitsprinzips im Rahmen der *Leistungsverwaltung* und wohl auch in Bereichen, die nicht diesen zwei «*klassischen*» Sektoren staatlicher Massnahmen zugerechnet werden können.

Im Lichte von Art. 35 Abs. 1 BV ist den zentralen Gehalten der Grundrechte auch bei positiven Leistungen des Staates – etwa bei der Zulassung zu einer öffentlich-rechtlichen Anstalt wie einer Universität – Rechnung zu tragen, was eine Prüfung nach dem Verhältnismässigkeitsprinzip bedingt (vgl. auch BGE 130 I 26, 42 betreffend die Verhältnismässigkeitsprüfung bei Einschränkungen der Zulassung von Leistungserbringern im Rahmen der obligatorischen Krankenversicherung). Auch beim Entzug staatlicher Leistungen sowie bei Nebenbestimmungen und Auflagen von Verfügungen über positive Ansprüche kann das Verhältnismässigkeitprinzip herangezogen werden. 2630

Das *öffentliche Interesse* hat die Anliegen der *Allgemeinheit* im Visier, im Gegensatz zu den Interessen Privater oder nur einzelner Teile der Bevölkerung. Der Staat verfolgt vielfältige Interessen; Kollisionen verschiedener öffentlicher Interessen müssen vor dem Hintergrund beschränkter staatlicher Mittel gegeneinander abgewogen werden. 2631

Das *Verhältnismässigkeitsprinzip* umfasst drei Elemente (BGE 131 I 91, 99 f.): Eine staatliche Handlung oder Massnahme muss geeignet sein, das angestrebte Ziel zu erreichen (*Geeignetheit*, Zwecktauglichkeit). Sie muss erforderlich sein (*Erforderlichkeit*) und ein vernünftiges Verhältnis zwischen dem angestrebten Ziel und der Eingriffswirkung wahren (*Verhältnismässigkeit im engeren Sinn*). 2632

Der Grundsatz der Verhältnismässigkeit stellt *kein verfassungsmässiges Recht* dar, dessen Verletzung im Rahmen der subsidiären Verfassungsbeschwerde selbständig geltend gemacht werden kann (zur früheren staatsrechtlichen Beschwerde BGE 125 I 161, 163; 126 V 368, 375). 2633

d. Treu und Glauben

Der Grundsatz von Treu und Glauben (Art. 5 Abs. 3 BV) stellt ein die ganze Rechtsordnung überdachendes Prinzip dar, das nicht nur für den Staat gilt, sondern auch eine Verhaltensmaxime für Private – gegenüber dem Gemeinwesen und untereinander (Art. 2 ZGB) – darstellt. Es ist deshalb nicht erforderlich, Art. 2 ZGB als «Grundschutznorm» etwa im Sozialversicherungsrecht zu qualifizieren (so aber BGE 131 V 97, 102; in andere Richtung allerdings BGE 132 II 485, 496). Unter staatlichen Organen sind alle Träger öffentlich-rechtlicher Befugnisse zu verstehen, auch entsprechend legitimierte Private. 2634

In Art. 9 BV wird der Grundsatz von Treu und Glauben ebenfalls aufgenommen. Danach besteht ein individueller, verfassungsmässiger Anspruch, von den staatlichen Organen «nach Treu und Glauben behandelt zu werden». Diese grundrechtliche Gewährleistung bezieht sich vor allem auf den *Vertrauensschutz*, also auf den Schutz des berechtigten Vertrauens in behördliche Zusiche- 2635 rungen oder andere Verhaltensweisen von Behörden, die bestimmte Erwartungen auf privater Seite begründen (vgl. § 20).

2636 Der Grundsatz von Art. 5 Abs. 3 BV gilt auch für die Auslegung von Verträgen und anderen Rechtsgeschäften. Dies ist auch dann der Fall, wenn eine der Parteien befugt ist, hoheitliche Befugnisse auszuüben. Bei der Auslegung öffentlich-rechtlicher Verträge ist zudem zu vermuten, dass die Behörde keinen Vertrag abschliessen wollte, der mit den von ihr wahrzunehmenden öffentlichen Interessen im Widerspruch steht. Soweit eine Behörde einen Vertrag eingeht, kommt aber gemäss Bundesgericht der Regel, wonach Verträge nach dem Vertrauensprinzip auszulegen sind, *kein Grundrechtscharakter* zu (vgl. BGE 122 I 328, 334), womit auch eine Berufung auf Treu und Glauben nach Art. 9 BV nicht möglich ist. Somit ist erst eine *willkürliche* Vertragsauslegung verfassungsrechtlich geschützt.

2637 Unter Art. 5 Abs. 3 BV fallen auch die Verbote des Rechtsmissbrauchs und des widersprüchlichen Verhaltens.

2638 Unter *Rechtsmissbrauch* wird die Geltendmachung eines Rechts wider Treu und Glauben bzw. die zweckwidrige Verwendung eines Rechtsinstituts zur Verwirklichung von Interessen, die es nicht schützen will, verstanden (BGE 131 I 166, 177; 127 II 49, 56; 131 I 166, 177; 132 II 485, 496).

2639 Behörden wie Private dürfen zB. keine Prozesse führen, deren Zweck sich in der Hinauszögerung bereits voraussehbarer Rechtsfolgen erschöpft (siehe BGE 118 II 87, 89), noch in illoyaler Weise von sonstigen Rechten Gebrauch machen. Böswillige oder mutwillige Prozessführung kann gemäss den einschlägigen Prozessgesetzen regelmässig disziplinarisch geahndet werden, so etwa aufgrund von Art. 33 Abs. 2 BGG. Rechtsmissbräuchlich ist es auch, aufgrund eines einzigen Verfahrensfehlers den Ausstand des gesamten Gerichtes zu verlangen oder aus dem drohenden Verzögerungsschaden bei einem Bauvorhaben Profit zu schlagen (BGE 123 III 105 f.).

2640 Aus dem Verständnis des Rechtsmissbrauchs als «zweckwidrige» Verwendung eines Rechtes ergibt sich, dass der Normzweck die Möglichkeit des Missbrauchs bestimmter Rechte ausschliessen kann. Dies betrifft namentlich das Recht auf Hilfe in Notlagen (Art. 12 BV), da dieses ein menschenwürdiges Überleben als Minimalanspruch schützt, sodass die Möglichkeit der Rechtsverwirkung entfallen muss (offen gelassen in BGE 134 I 65, 73 und 131 I 166, 177 mit Hinweisen auf die hL., welche mit Recht «praktisch einhellig der Auffassung» ist, dass «für einen Rechtsmissbrauch mit Verwirkungsfolge (...) beim Recht auf Hilfe in Notlagen kein Raum» besteht (vgl. dazu MÜLLER/SCHEFER, Grundrechte, 779 f.).

2641 Das *Verbot widersprüchlichen Verhaltens* wehrt ein venire contra factum proprium ab. Das Vertrauen, das durch eigenes Handeln geschaffen worden ist, darf nicht enttäuscht werden. Die Behörden dürfen einen einmal in einer bestimmten Sache eingenommenen Standpunkt nicht ohne sachlichen Grund ändern. Rechtsänderungen und Praxisänderungen stellen jedoch grundsätzlich kein widersprüchliches Verhalten dar. Widersprüchliches Verhalten von Privaten findet keinen Rechtsschutz.

Ein Privater handelt beispielsweise widersprüchlich, wenn er im Vorfeld einer 2642
Volksabstimmung zu einem erkennbaren Verfahrensmangel schweigt, dann
aber das Ergebnis der Abstimmung unter Berufung auf diesen Verfahrensmangel anficht (BGE 118 Ia 271, 274).

e. Beachtung des Völkerrechts

Art. 5 Abs. 4 BV verpflichtet Bund und Kantone, das Völkerrecht zu *beachten*. 2643
Eine strikte Kollisionsnorm für Konflikte zwischen Völkerrecht und Landesrecht
wird damit nicht aufgestellt, auch wenn der Vorrang des Völkerrechts als *Grundsatz* ausgesprochen wird (vgl. Rz. 3634 ff.; BGE 133 V 367, 387).

Abs. 4 stellt im Grunde genommen einen Anwendungsfall des Rechtsbindungs- 2644
gebots von Abs. 1 dar. Denn für die Schweiz gültiges Völkerrecht ist nach herrschender Lehre und Praxis Bestandteil des (Landes-)Rechts.

IV. Individuelle Verantwortung

a. Allgemeines

Quasi «eingeklemmt» zwischen den rechtsstaatlichen Grundsätzen und dem 2645
Grundrechtskapitel findet sich der – aufgrund der Beratungen in der Bundesversammlung eingefügte – Art. 6 BV über «individuelle und gesellschaftliche Verantwortung».

Der umfangreiche neue Grundrechtskatalog gab in den parlamentarischen Be- 2646
ratungen zur Frage Anlass, ob den vielen Grundrechten der Bürger und Bürgerinnen nicht auch *Grundpflichten* entsprächen und ob diese nicht im Verfassungstext zum Ausdruck zu bringen seien. Dabei wurde nicht an die
Verankerung einer allgemeinen «Rechtsbefolgungspflicht» gedacht, sondern an
die Statuierung einer individuellen Verantwortung als Pendant zum Bild der
Rechte einfordernden, gegenüber dem Staat anspruchsberechtigten Menschen.

Die BV enthält zwar keinen eigentlichen Katalog von sog. Grundpflichten, aber sie 2647
spricht diese Idee der Individualverantwortung in Art. 6 BV an. Dieser setzt sich
aus einem Subsidiaritäts- und einem Partizipationsteil zusammen.

b. Selbstverantwortung

Entsprechend dem Subsidiaritätsprinzip wird in Art. 6 BV die Erstrangigkeit 2648
selbstverantwortlichen Handelns und die entsprechende Nachrangigkeit staatlicher
Interventionen formuliert: «Jede Person nimmt Verantwortung für sich selbst
wahr».

Die Tragweite dieser Aussage ist aber eng begrenzt. Es kann sich bei dieser 2649
«Verpflichtung» höchstens um einen Appell des Verfassungsgebers an die Individuen der Gesellschaft handeln, bei aller Inpflichtnahme des Staates die Eigen-

verantwortlichkeit des Subjekts «nicht zu vergessen». Normative Bedeutung kommt diesem Hinweis jedoch nicht zu.

2650 Der freiheitliche Rechtsstaat überbindet «seinen» Rechtssubjekten keine (diffuse) Verantwortlichkeit, sondern respektiert ihre Freiheit um der Liberalität willen. (Selbst-)Verantwortung kann nur in Freiheit gedeihen. Sollen aber Pflichten auferlegt werden, bedürfen diese einer rechtsstaatlich-demokratischen Verankerung (Grundrechtskonformität, Legalitätsprinzip).

c. Mitverantwortung

2651 Mit dem Passus, dass jede Person «nach ihren Kräften zur Bewältigung der Aufgaben in Staat und Gesellschaft» beiträgt, spricht Art. 6 BV neben der Selbstverantwortung auch die Mitverantwortung für die *öffentlichen Belange* an. Auch hier kann es sich nur um einen Appell ohne substantiell-rechtliche Tragweite handeln. Abgesehen davon, dass es nicht dem Staat obliegen kann, das Mass der individuell verfügbaren «Kräfte» zu bestimmen, erscheint die Gleichsetzung von «Staat und Gesellschaft» als bedenklich. Zwar geht die Demokratie davon aus, dass im Rahmen der «civil society» Bürgerinnen und Bürger bereit sind, aktiv oder passiv von ihren politischen Rechten Gebrauch zu machen und entsprechende Pflichten (zB. durch die Übernahme eines Amtes) zu erfüllen. Ein entsprechender Mahnfinger in der Verfassung ist zwar unschädlich, aber uE. auch überflüssig.

2652 Unverständlich erscheint indessen der Appell zum Engagement in der *Gesellschaft*. Gerade hier hat sich das Gemeinwesen auf die rechtsstaatlich-demokratischen Instrumente zu beschränken. Letztlich wird die mit der Selbstverantwortung angesprochene Subsidiaritätsidee durch die von der Verfassung intendierte gesellschaftliche «Mitverantwortung» wieder in ihr Gegenteil verkehrt.

d. Appellnorm

2653 Art. 6 BV ist ein «gut gemeintes» politisches Signal, weist auf komplementäre, ausserrechtliche Voraussetzungen jeglicher Rechtsgemeinschaft hin, enthält aber keine normativ-substantiellen Gehalte.

§ 27 Rechtsetzung

I. Funktionen und Grenzen der Rechtsetzung

Literatur

BRUNNER URSULA, Rechtsetzung durch Private, Zürich 1992; HERDEGEN MATTHIAS/MORLOK MARTIN, Informalisierung und Entparlamentarisierung politischer Entscheidungen als Gefährdungen der Verfassung? Berichte und Diskussionen der Tagung vom 5. Oktober 2002, VVDStRL 62, 2003, 9 ff. bzw. 39 ff.; LIENHARD ANDREAS, Staats- und verwaltungsrechtliche Grundlagen für das New Public Management in der Schweiz, Bern 2005; MADER LUZIUS, Regulierung, Deregulierung, Selbstregulierung: Anmerkungen aus legitistischer Sicht, ZSR 2004 II, 1 ff.; MARTI ARNOLD, Selbstregulierung anstelle staatlicher Gesetzgebung?, ZBl 2000, 561 ff.; MÜLLER GEORG, Methodik in der Rechtsetzung, in: Peters Anne/Schefer Markus (Hrsg.), Grundprobleme der Auslegung aus Sicht des öffentlichen Rechts, Symposium zum 60. Geburtstag von René Rhinow, Bern 2004, 7 ff.; DERS., Rechtsetzung im Gewährleistungsstaat, in: Geis Max-Emanuel/Lorenz Dieter (Hrsg.), Staat Kirche Verwaltung, FS für Hartmut Maurer zum 70. Geburtstag, München 2001, 227 ff. (zit. Rechtsetzung); DERS., Die Umschreibung des Inhalts der Bundesgesetze und die Delegation von Rechtsetzungsbefugnissen, LeGes 2000/3, 29 ff. (zit. Umschreibung); DERS., Elemente einer Rechtsetzungslehre, 2. Aufl., Zürich 2006 (zit. Elemente); DERS., Rechtsbereinigung – Rechtsverbesserung, ZBl 2003, 561 ff.; RUCH ALEXANDER, Informalisierung und Deregulierung nach schweizerischem Verfassungsrecht, ZBl 2002, 505 ff.; DERS., Regulierungsfragen der Gentechnologie und des Internet, ZSR 2004 II, 371 ff.; VERSCHIEDENE AUTOREN, Private Normen und staatliche Rechtsetzung, LeGes 2006/3.

a. Allgemeines

Die politische Willensbildung in der rechtsstaatlichen Demokratie erfolgt vor allem im Rahmen der Rechtsetzung auf der Stufe der Verfassung und der Gesetzgebung. Rechtsetzung kann mit GEORG MÜLLER (Elemente, Rz. 11) «als vorwegnehmend-distanzierte, generalisierende Regelung oder Programmierung einer Vielzahl gleichgelagerter Fälle, als Schaffung von Ordnungsmustern für wiederholbares künftiges Geschehen oder von Modellen für zwischenmenschliches Verhalten» umschrieben werden. 2654

> Das Recht als (vorläufig) verfestigte Politik (vgl. dazu § 4) erfüllt dabei verschiedene *Funktionen* (nachstehend Rz. 2656 ff.), erscheint in unterschiedlichen Formen (*Erlassformen*; nachstehend Rz. 2668 ff.), wird nach demokratisch-rechtsstaatlich aufgeteilten *Regelungsbefugnissen* von Parlament und Regierung, ausnahmsweise auch von Privaten, geschaffen (Rz. 2716 ff.) und in verfassungsrechtlich vorgesehenen *Verfahren* erlassen (Rz. 2746 ff.). 2655

b. Funktionen der Rechtsetzung

1. Allgemeines

2656 Als Funktionen der Rechtsetzung werden die spezifischen Leistungen bezeichnet, welche die Rechtsetzung im Vergleich zu den Beiträgen anderer Staatsfunktionen für die Rechtsverwirklichung zu erbringen vermag. Die folgende Übersicht folgt im Wesentlichen der Darstellung von GEORG MÜLLER, Elemente, Rz. 13 ff. (vgl. auch RENÉ RHINOW, Politische Funktionen des Rechts, in: ZSR 2008 I 181 ff., 188 ff.). Zu den besonderen Funktionen des Verfassungsrechts vgl. Rz. 61 ff.

2. Ordnungsfunktion

2657 Mit der Schaffung von Recht wird menschliches Verhalten zu ordnen versucht. Diese *Ordnungsfunktion* der Rechtsetzung soll «Komplexität reduzieren», Rechtssicherheit vermitteln und Vertrauen in die Geltung, Realisierung (Durchsetzung) und den Bestand (Kontinuität) von Rechtsnormen gewährleisten. Gerade in der gegenwärtigen schnelllebigen Zeit mit ihrer «Gesetzesinflation» kommt der stabilisierenden Funktion, namentlich der Beständigkeit und Vollzugstauglichkeit von Regelungen, ein erhöhtes Gewicht zu.

3. Steuerungsfunktion

2658 Neben der ordnenden und stabilisierenden Funktion übernimmt das Recht auch eine *Steuerungsfunktion*. Menschliches Verhalten soll durch Normen in eine bestimmte Richtung gelenkt werden (zB. im Umweltrecht); eine bestimmte gesellschaftliche Entwicklung soll gefördert oder gehemmt werden. Es ist ein Kennzeichen des modernen Leistungs- und Ordnungsstaates, dass dem Recht die Aufgabe zugewiesen wird, künftiges Geschehen lasse sich durch Rechtsnormen (zB. durch finale Regelungen, Ge- und Verbote oder positive und negative Anreize) programmieren. Die Fähigkeit des Rechts als «social engineering» ist allerdings begrenzt, so dass dem Recht oft die Aufgabe des «Nachvollzugs» oder der Kanalisierung bereits eingetretener Entwicklungen, manchmal auch deren symbolhafter Darstellung zukommt.

4. Begrenzungsfunktion

2659 Als weitere Funktion des Rechts tritt die *Machtbegrenzung* hinzu. Vor allem das öffentliche Recht beschränkt staatliche Macht gegenüber Gesellschaft und Wirtschaft und schützt dadurch Freiheiten und Gestaltungsspielräume der Einzelnen.

2660 Im Besonderen kommt dem Verfassungsrecht mit seinen Grundrechten und verfassungsgestaltenden Prinzipien die Aufgabe der Rationalisierung, Kanalisierung und Limitierung staatlicher Gewalt zu.

5. Legitimations- und Integrationsfunktion

2661 Die spezifische Ausgestaltung des Verfahrens der Rechtsetzung (mit seiner Öffentlichkeit, den vielfältigen Partizipationsrechten und den gewaltenkooperierenden

Prozeduren) führt zu einer demokratischen Legitimation des politischen Ergebnisses und zu einer integrierenden Wirkung.

Die in einem öffentlichen Willensbildungsprozess zustande gekommene Rechtsordnung findet Akzeptanz bei den Rechtsunterworfenen und ermöglicht so eine legitimierende Identifikation mit dem Staat. Eine wesentliche Rolle spielen dabei die Mitwirkungsrechte des Volkes. 2662

6. Konsensfunktion

Das Verfahren der Rechtsetzung dient auch der politischen Willensbildung; in ihm finden Auseinandersetzungen über politische Richtungen und Inhalte statt, werden Lösungen vorgeschlagen, Kompromisse gesucht und gefunden, Mehrheiten gebildet. 2663

Rechtsetzung erweist sich als Gefäss der Politik, die auf mehrheitsgetragene und umsetzungsfähige Konsenslösungen angewiesen ist. Oft sind solche «Formelkompromisse» nur auf relativ unbestimmt-abstrakter Ebene realisierbar, sodass das Recht an normativem Gehalt, Steuerungskraft und Effektivität verliert. Eine der Folgen besteht darin, dass die politischen Auseinandersetzungen auf einer tieferen Rechtsetzungsebene fortgesetzt werden (müssen), zB. im Rahmen der Verordnungsgebung durch die Regierung oder aber in einem Rechtsschutzverfahren. 2664

c. Informalisierung, Deregulierung, Selbstregulierung (Exkurs)

1. Informalisierung

Vor dem Hintergrund einer abnehmenden Steuerungsfähigkeit der formalen Rechtsetzung gewinnen informelle, konsensuale politische Entscheidungsmechanismen, wie zB. sog. «Runde Tische», mit welchen sich die massgeblichen politischen (und oft auch gesellschaftlichen) Kräfte ausserhalb des Rechtsetzungsverfahrens (oder diesem vorgeschaltet) zu einigen versuchen, an praktischer Bedeutung und erweisen sich oft als effiziente Problemlösungsinstrumente (siehe etwa die Analyse der Erfolgsbedingungen für den Runden Tisch zum Flughafen Zürich in AMT FÜR VERKEHR DES KANTONS ZÜRICH, Runder Tisch Flughafen Zürich – Analyse seiner Stärken und Schwächen, Zürich 2003, einsehbar unter http://www.vd.zh.ch/internet/vd/de/Themen/Flughafen/Downloads/Studien.SubContainerList.SubContainer2.ContentContainerList.0021.DownloadFile.pdf). 2665

2. Deregulierung

Die staatliche Regelungskapazität stösst zudem immer mehr an Grenzen, etwa wenn es darum geht, mit der rasanten Entwicklung in zum Teil äusserst komplexen Materien Schritt zu halten. Der Staat muss sich daher in gewissen Bereichen damit begnügen, einen Rahmen zu setzen für Regulierungen durch *nicht staatliche* Organisationen. Er verzichtet damit auf eigene Vorschriften zugunsten einer Normierung durch Dritte (Deregulierung). Deregulierung bedeutet aber nicht das Ausblei- 2666 ben von Regulierung, sondern ihre *Verschiebung* (ALEXANDER RUCH, ZBl 2002, 506). Diese Auslagerung der Rechtsetzung auf die private Ebene rückt die Deregulierung in die Nähe der Selbstregulierung.

3. Selbstregulierung

2667 Neben die rein private Selbstregulierung ohne staatliche Beteiligung (Standesregeln der freien Berufe etc.) tritt die staatlich gesteuerte Selbstregulierung. Hier gibt es verschiedene Methoden und Steuerungsintensitäten. Der Staat kann Rechtsetzungsbefugnisse an Private delegieren (allenfalls innerhalb eines Rahmengesetzes oder mit Genehmigungsvorbehalt) oder auf private Normen verweisen (vgl. dazu eingehend Rz. 2739ff.). Eine besondere Form der Normierung unter Mitwirkung Privater stellt die *Allgemeinverbindlicherklärung* verbandlicher Regelungen dar (insb. Gesamtarbeitsverträge, Rahmenmietverträge).

II. Erlassformen

Literatur

AUBERT JEAN-FRANÇOIS, in: Petit commentaire, Art. 163; AUER ANDREAS, Les actes de l'Assemblée fédérale et les droits populaires, LeGes 2000/3, 61 ff.; BEUSCH MICHAEL, Der Gesetzesbegriff der neuen Bundesverfassung (Art. 164 BV), in: Akzente, 227 ff.; EHRENZELLER BERNHARD, Die neue Regelung der Erlassformen der Bundesversammlung, LeGes 2000/3, 13 ff.; FEUZ ROLAND, Materielle Gesetzesbegriffe, recht 2002, 17 ff. (zit. Gesetzesbegriffe); DERS., Materielle Gesetzesbegriffe, Bern 2002 (zit. Materielle Gesetzesbegriffe); GRAF MARTIN, Die Erlassformen der Bundesversammlung in der Totalrevision des Geschäftsverkehrsgesetzes, LeGes 2000/3, 71 ff.; KLEY ANDREAS/FELLER RETO, Die Erlassformen der Bundesversammlung im Lichte des neuen Parlamentsgesetzes, ZBl 2004, 229 ff.; MAHON PASCAL, L'article 163 de la Constitution et les «autres» actes de l'Assemblée fédérale, LeGes 2000/3, 41 ff.; MÜLLER GEORG, Formen der Rechtsetzung, in: BTJP, 249 ff.; DERS., Der verfassungswidrige Bundesbeschluss – Nachlese zum Parlamentsgesetz, LeGes 2004/2, 159 ff. (zit. Nachlese); SÄGESSER THOMAS, Neuordnung der Erlassformen der Bundesversammlung, AJP 1998, 677 ff.; TSCHANNEN PIERRE, in: St. Galler Kommentar, Art. 163; WIEDERKEHR RENÉ, Die Wesentlichkeitstheorie gemäss Art. 164 BV im Lichte der Verwaltungspraxis, recht 2007, 25 ff.

a. Übersicht

2668 Rechtsetzende Normen werden in den Formen völkerrechtlicher Verträge, der Verfassungsgebung, der Gesetzgebung und der Verordnungsgebung erlassen. Die geltende Bundesverfassung hat die Erlassformen der Bundesversammlung gegenüber dem früheren Rechtszustand konstitutionalisiert und gleichzeitig vereinfacht (Art. 163 BV). Dabei erfasst sie unter dem Oberbegriff «Erlasse» auch nicht rechtsetzende Akte.

2669 Die frühere Vielfalt der Erlass- oder Regelungsformen war durch eine beträchtliche Unübersichtlichkeit und mangelnde Kohärenz gekennzeichnet. Neben das

Bundesgesetz traten verschiedene Arten des allgemeinverbindlichen Bundesbeschlusses (vgl. Art. 4 ff. GVG idF. vor dem 8. Oktober 1999), solche mit oder ohne, mit fakultativem oder obligatorischem und mit vorgängigem oder nachträglichem Referendum. Daneben gab es den einfachen Bundesbeschluss und verschiedene Arten der Verordnung. Die Neuregelung wurde im Rahmen der Verfassungsreform von der Bundesversammlung eingeführt (vgl. dazu RENÉ RHINOW, BV 2000, 178 f.).

Die nachfolgende Übersicht klammert die Erlassformen der Verfassung (vgl. dazu Rz. 25 ff.) und der völkerrechtlichen Verträge (vgl. dazu Rz. 3591 ff.) aus; sie beschränkt sich auf die Erlasse *unterhalb der Verfassungsstufe*, namentlich auf die in Art. 163 und 182 Abs. 1 BV «definierten» Erlassformen Bundesgesetz, Bundesbeschluss, Verordnung (der Bundesversammlung), einfacher Bundesbeschluss, Verordnung (des Bundesrates). Diese können aufgrund von vier verschiedenen Kriterien unterteilt werden: 2670

– nach ihrer *rechtsetzenden Natur:* Rechtsetzende Bestimmungen sind in Bundesgesetze oder Verordnungen zu kleiden;

– nach ihrer *Referendumspflichtigkeit:* Bundesgesetze und Bundesbeschlüsse unterstehen dem Referendum, andere Erlasse nicht;

– nach der *erlassenden Behörde* (Bundesversammlung oder Bundesrat);

– nach ihrer *Selbständigkeit* (Verfassungsunmittelbarkeit): Alle Erlasse – ausser den Bundesgesetzen – können sich entweder unmittelbar auf die Verfassung stützen oder bedürfen einer Ermächtigung (Delegation) durch den Gesetzgeber.

Erlassformen von Bundesversammlung und Bundesrat (Gliederung nach der rechtsetzenden Natur) 2671

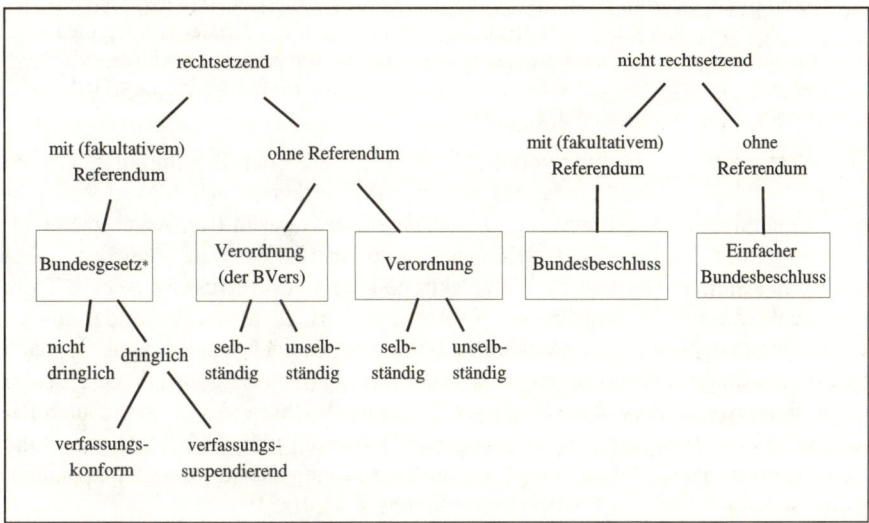

* Die Erlassform des Bundesgesetzes steht freilich auch für Anordnungen nicht rechtsetzender Natur zur Verfügung (vgl. anschliessend Bst. b).

2672 Erlassformen der Bundesversammlung

	(idR.) rechtsetzend	nicht rechtsetzend
referendumspflichtig	Bundesgesetz	Bundesbeschluss
kein Referendum	Verordnung	einfacher Bundesbeschluss

b. Bundesgesetze

1. Allgemein

2673 Nach Art. 163 Abs. 1 BV iVm. Art. 164 und 141 Abs. 1 Bst. a BV erlässt die Bundesversammlung rechtsetzende Bestimmungen grundsätzlich in der Form des Bundesgesetzes. Bundesgesetze bilden also das «normale Gefäss» für Rechtssätze. Sie werden durch die Bundesversammlung erlassen und unterstehen dem fakultativen Referendum.

2674 *Rechtssätze* sind generell-abstrakte Regelungen, die sich entweder an eine unbestimmte Zahl von Adressaten richten, eine unbestimmte Zahl von Fällen erfassen und Rechte und Pflichten der Privaten begründen oder die Organisation, Zuständigkeit oder Aufgaben der Behörden oder das Verfahren regeln (vgl. etwa HÄFELIN/MÜLLER/UHLMANN, Verwaltungsrecht, Rz. 383f.; vgl. auch die Legaldefinition in Art. 22 Abs. 4 ParlG). Rechtssätze werden nicht durch die Form und das Verfahren, in dem sie erlassen werden, definiert, sondern durch ihre *Struktur*.

2675 Unglücklicherweise spricht die herkömmliche Lehre von der «materiellen» Natur der Rechtssätze oder von Gesetzen im materiellen Sinn; jene würde durch ihren Inhalt bestimmt. Dies trifft aber jedenfalls für die Generell-Abstraktheit der Normen nicht zu. Besser erscheint es, den Begriff des *Inhalts* von Normen für den eigentlichen Regelungsgegenstand, also für die geregelte sachliche *Materie* zu reservieren (in diesem Sinne nun auch HÄFELIN/MÜLLER/UHLMANN, Verwaltungsrecht, Rz. 105a).

2676 Die Verfassung schreibt zwar vor, dass (alle) rechtsetzenden Bestimmungen in der Form von Bundesgesetzen (oder Verordnungen) zu erlassen sind. Sie verbietet aber die Aufnahme von Regelungen *nicht rechtsetzender* Natur in Bundesgesetze nicht, auch wenn mit den Formen des Bundesbeschlusses und des einfachen Bundesbeschlusses spezielle Gefässe für Einzelaktregelungen zur Verfügung stehen. Trotz der Legaldefinition des Begriffs «rechtsetzend» in Art. 22 Abs. 4 ParlG, der nur generell-abstrakte Normen zu anerkennen scheint, ist es nach wie vor zulässig, auch individuell-konkrete Anordnungen in der Form des Bundesgesetzes zu erlassen (kritisch zu Art. 22 Abs. 4 ParlG GEORG MÜLLER, Nachlese, 161 f.; siehe auch BIAGGINI, BV Kommentar, Art. 163, Rz. 5). Tschannen hält dafür, dass jedenfalls reine Einzelfallgesetze, die keine generell-abstrakten Bestimmungen enthalten, nicht zulässig wären (TSCHANNEN, Staatsrecht, § 45, Rz. 19).

2677 Hingegen zwingt Art. 164 Abs. 1 BV die Bundesversammlung, «alle *wichtigen* rechtsetzenden Bestimmungen» im Rahmen eines Gesetzes zu beschliessen. Daraus kann aber nicht abgeleitet werden, die Erlassform des Bundesgesetzes stehe *nur* für solche wichtige Regelungen zur Verfügung. Dem Parlament steht es nach dem Willen des Verfassungsgebers frei, auch weniger wichtige Rechtssätze ins Gesetz aufzunehmen. Dies bringt Art. 22 Abs. 2 ParlG klar zum Ausdruck (so auch etwa AUER/MALINVERNI/HOTTELIER I, Rz. 1476; die Expertenkommission GEORG MÜLLER hatte demgegenüber vorgeschlagen, das Parlament zu verpflichten, «sich von weniger wichtigen Regelungen zu entlasten»; BBl 1996 II, 449).

Insofern erscheint auch der häufig verwendete Terminus des «materiellen Gesetzesbegriffes» irreführend. Abgesehen davon, dass er zu Verwechslungen mit dem – verfassungsrechtlich überholten und zu verabschiedenden – Begriff des «Gesetzes im materiellen Sinn» Anlass bietet, wird das Bundesgesetz gemäss Art. 164 Abs. 1 BV nicht durch seinen Inhalt «definiert». Was Inhalt des Gesetzes sein *kann*, bleibt weiterhin offen. Das Verfassungsrecht kennt keine «materiellen Gesetze», sondern nur *Bundesgesetze*. 2678

Konstituierende Elemente des Bundesgesetzes sind das *erlassende Organ* (Bundesversammlung) und die *Referendumspflichtigkeit*. Zusätzlich verankert die BV einen *Vorbehalt* des Gesetzes, schreibt also vor, was vorwiegend aus rechtsstaatlich-demokratischen Gründen Gegenstand einer Regelung im Bundesgesetz bilden *muss*. Insofern kennt die neue Verfassung einen materiellen Gesetzes*vorbehalt* (und nicht einen materiellen Gesetzes*begriff*, wie dies teilweise im Rahmen der Verfassungsreform dargestellt wurde). 2679

2. Dringliche Bundesgesetze

Bundesgesetze, deren Inkrafttreten keinen Aufschub erträgt, bedürfen der Zustimmung der absoluten Mehrheit in beiden Räten und der Befristung (Art. 165 Abs. 1 BV). Beruhen sie auf einer Grundlage in der Bundesverfassung, unterstehen sie dem *nachträglichen fakultativen Referendum*. Wird dieses ergriffen und das Gesetz vom Volk abgelehnt, fällt es ein Jahr nach Inkrafttreten dahin (Abs. 2) und kann auch nicht erneuert werden (Abs. 4). 2680

Können sich die dringlich erklärten Bundesgesetze hingegen nicht auf die Verfassung abstützen, unterstehen sie der *obligatorischen Abstimmung* mit Volks- und Ständemehr. Sie treten ein Jahr nach Annahme durch die Bundesversammlung ausser Kraft, wenn sie abgelehnt werden. 2681

Es ist also zulässig, dringliche Gesetze (höchstens) für die Dauer eines Jahres ohne Zustimmung des Volkes resp. von Volk und Ständen zu erlassen; es handelt sich bei diesem Referendum um ein abrogatives Referendum. 2682

Dringliche Bundesgesetze ohne Grundlage in der Verfassung bleiben an die Grundrechte gebunden; Eingriffe in die Grundrechte können allerdings aufgrund des dringlichen öffentlichen Interesses, das sie verfolgen, in besonders weitgehendem Masse gerechtfertigt sein (dazu MARKUS SCHEFER, Die Kerngehalte von Grundrechten, Bern 2001, 162–167 mH.). 2683

c. Verordnungen

1. Begriff

2684 Verordnungen enthalten im schweizerischen Staatsrecht Rechtssätze (wie normalerweise auch die Gesetze). Sie werden zusätzlich dadurch gekennzeichnet, dass sie einerseits unterhalb der Verfassungs- und Gesetzesstufe stehen und keine autonomen Satzungen darstellen; anderseits unterstehen sie nicht dem Referendum. Es handelt sich herkömmlicherweise um Erlasse der Regierung, uU. der Verwaltung (oder des Bundesgerichts). Die geltende Bundesverfassung hat die Kategorie der Verordnung der Bundesversammlung hinzugefügt.

2685 Damit sind auch im Bundesrecht *Parlamentsverordnungen* und *Regierungsverordnungen* voneinander zu unterscheiden. Beiden ist – neben ihrer rechtsetzenden Natur und der fehlenden Referendumspflichtigkeit – gemeinsam, dass sie sowohl als *selbständige*, unmittelbar auf die Verfassung abgestützte Verordnungen als auch als *unselbständige* Verordnungen, die auf einer Ermächtigung des Gesetzgebers beruhen, ergehen können.

2686 Nicht zu den Erlassformen zählen die sog. *Verwaltungsverordnungen* (Dienstanweisungen, Rundschreiben, Kreisschreiben etc.), welche in erster Linie Regeln für das verwaltungsinterne Verhalten aufstellen, sich an das Personal untergeordneter Amtsstellen richten und «mannigfaltigste Zwecke verwaltungsinterner und organisatorischer Natur» verfolgen (BGE 128 I 167, 171; 121 II 436, 439; Urteil in ZBl 2005, 424 ff.).

2687 Diese können organisatorischer oder verhaltenslenkender Natur sein, enthalten aber idR. keine Rechte und Pflichten der einzelnen Rechtssubjekte. Trotzdem vermögen sie uU. Aussenwirkung zu entfalten und indirekt auf die Rechtsstellung von Rechtsadressaten einzuwirken. Um den Grundrechtsschutz auch in diesen Fällen sicherzustellen, können solche Verwaltungsverordnungen unter gewissen Voraussetzungen selbständig angefochten werden (vgl. BGE 128 I 167, 171 ff.; Urteil in EuGRZ 2003, 45 ff.; siehe auch GIOVANNI BIAGGINI, Die vollzugslenkende Verwaltungsverordnung: Rechtsnorm oder Faktum?, ZBl 1997, 1 ff. sowie Rz. 1099).

2. Verordnungen der Bundesversammlung

2688 Mit der Verordnung der Bundesversammlung soll dem Parlament die Möglichkeit offen gehalten werden, rechtsetzende Bestimmungen aufgrund einer Ermächtigung durch die Verfassung oder den Bundesgesetzgeber ohne Referendumsvorbehalt zu erlassen. Die Parlamentsverordnung eignet sich vor allem für den Regelungsbedarf bei ausserordentlichen Umständen (so die selbständigen Verordnungen gestützt auf Art. 173 Abs. 1 Bst. c BV) und für das parlamentseigene Organisationsrecht (vgl. etwa die Verordnung der Bundesversammlung vom 3. Oktober 2003 zum Parlamentsgesetz und über die Parlamentsverwaltung (Parlamentsverwaltungsverordnung, ParlVV, SR 171.115), aber auch für eine uU. demokratisch gebotene und politisch zweckmässige «Zwischenerlassstufe» auf der Konkretisierungsachse zwischen Gesetz und bundesrätlicher Verordnung.

Eine solche Zwischenstufe stellt etwa die Kompetenz der Bundesverfassung nach Art. 159 Abs. 4 BV dar, die Beträge mit einer Verordnung der Teuerung anzupassen, oberhalb derer die Schuldenbremse zur Anwendung gelangt. Bemerkenswert erscheint, dass das Parlament dadurch mit einer Verordnung die im Text der *Bundesverfassung* selber verankerten Schwellenwerte abändern darf. 2689

Das Parlament konnte früher aufgrund von Art. 7 GVG (in der Fassung vor dem 8. Oktober 1999) solche Verordnungen erlassen, doch war deren Verfassungsmässigkeit umstritten; Anwendungsfälle gab es nur wenige. Die Expertenkommission Georg Müller riet von dieser Erlassform, die auch in einigen Kantonen (oft unter der Bezeichnung «Dekret») üblich ist, (vergeblich) ab. Das ParlG erwähnt die Erlassform der Verordnung der Bundesversammlung in Art. 22 Abs. 2. 2690

3. Verordnungen des Bundesrates

Die Verordnungen des Bundesrates bedürfen gemäss Art. 182 Abs. 1 BV einer Ermächtigung in Verfassung («selbständige Verordnungen») oder Gesetz («unselbständige Verordnungen»). Es sind drei Kategorien zu unterscheiden: 2691

– Der Bundesrat erlässt gestützt auf Art. 182 Abs. 2 BV *Vollziehungs*verordnungen – der nach wie vor wichtigste Anwendungsfall der selbständigen Verordnungen. 2692

TSCHANNEN zählt die Vollziehungsverordnungen nicht zu den selbständigen Verordnungen, weil sie nicht unmittelbar gestützt auf die Verfassung ergehen, sondern ihre Grundlage im Gesetz finden. Auch er anerkennt aber, dass sich die Zuständigkeit des Bundesrates zu ihrem Erlass unmittelbar aus der Bundesverfassung ergibt (TSCHANNEN, Staatsrecht, § 46, Rz. 13; vgl. auch BIAGGINI, BV Kommentar, Art. 182, Rz. 5, der in Art. 182 Abs. 2 BV eine «schlummernde» Vollzugskompetenz erblickt). 2693

Art. 182 Abs. 2 BV stellt keine Kompetenznorm dar, die den Bundesrat ermächtigen würde, ohne Grundlage im Gesetz Verordnungen zu erlassen. 2694

Problematisch erscheint deshalb, dass der Bundesrat die Verordnung über den Einsatz privater Sicherheitsfirmen durch den Bund vom 31. Oktober 2007 (VES; SR 124; i.K. seit 1. Dezember 2007) nur auf Art. 182 Abs. 2 BV stützte. Erst mit Inkrafttreten des Zwangsanwendungsgesetzes (ZAG) am 1. Januar 2009 wurde die notwendige gesetzliche Grundlage geschaffen. 2695

– Er wird aufgrund weiterer Verfassungsbestimmungen ermächtigt, in einzelnen Politikbereichen anstelle des Gesetzgebers selbständige Verordnungen zu erlassen (Art. 84 Abs. 2 BV: Alpenquerender Gütertransitverkehr; Art. 184 Abs. 3 BV: Verordnungen zur Wahrung der äusseren Interessen des Landes; Art. 185 Abs. 3 BV: Polizeinotverordnungen). 2696

– Weiterhin kann er sog. «gesetzesvertretende» Verordnungen aufgrund einer besonderen Ermächtigung des Gesetzgebers erlassen (Art. 164 Abs. 2 und 182 Abs. 1 BV). 2697

2698 Damit wird die heute kaum mehr durchführbare Unterscheidung von Vollziehungsverordnungen, für deren Erlass dem Bundesrat eine eigene Kompetenz zusteht, und gesetzesvertretenden Verordnungen, für deren Erlass ihm eine Kompetenz jeweils delegiert werden muss, beibehalten.

2699 Herkömmlichweise unterscheiden sich gesetzesvertretende Verordnungen und Vollziehungsverordnungen im Ausmass, in welchem die Verordnung durch das Gesetz vorbestimmt ist (vgl. etwa HÄFELIN/MÜLLER/UHLMANN, Verwaltungsrecht, Rz. 135 ff.). *Vollziehungsverordnungen* führen den Gesetzesinhalt näher aus und machen ihn «anwendungsbereit» (vgl. etwa BGE 130 I 140, 149; 126 II 283, 291). *Gesetzesvertretende Verordnungen* ergänzen das Gesetz mit neuen inhaltlichen Normen. Die Übergänge zwischen den beiden Verordnungstypen sind indes fliessend.

2700 *Vollziehungsverordnungen* dürfen die vom Gesetz geregelte Materie nicht überschreiten, dieses bloss spezifizieren, aber nicht abändern; auch dürfen sie den Adressaten keine neuen Rechte einräumen oder Pflichten auferlegen. Sie haben sich an den Zielsetzungen des Gesetzes auszurichten.

2701 *Polizeinotverordnungen* (Art. 185 Abs. 3 BV) darf der Bundesrat nur unter bestimmten Voraussetzungen erlassen: Es muss eine schwere Störung der öffentlichen Ordnung oder der inneren oder äusseren Sicherheit eingetreten sein oder unmittelbar drohen. Die getroffenen Anordnungen müssen notwendig, zeitlich dringlich, durch überwiegende öffentliche Interessen gerechtfertigt und verhältnismässig sein. Polizeinotverordnungen sind zu befristen.

2702 Sie müssen die Verfassung (keine Befugnis zum Erlass von extrakonstitutionellem Notrecht) und grundsätzlich auch die Erlasse der Bundesversammlung respektieren (Befugnis zur Rechtsetzung praeter, nicht aber contra legem). URS SAXER tritt demgegenüber dafür ein, dass der Bundesrat vom Gesetz abweichen darf, soweit es sachlich dringend geboten ist (St. Galler Kommentar, Art. 185, Rz. 42). Der Bundesrat kann von seiner Befugnis zum Erlass von Polizeinotverordnungen nur soweit Gebrauch machen, als die Bundesversammlung, die eine analoge Kompetenz besitzt (Art. 173 Abs. 1 Bst. c BV), nicht selber tätig wird.

2703 *Verordnungen zur Wahrung der äusseren Interessen des Landes* (Art. 184 Abs. 3 BV) kommen vor allem dann in Betracht, wenn die aussenpolitische Lage rasches Handeln durch Erlass von Verordnungsrecht erfordert.

2704 Ihr möglicher Inhalt beschränkt sich nicht auf polizeiliche Regelungen, sondern erfasst vorwiegend aussenpolitische Gesichtspunkte (BBl 1997 I, 418). Wenn eine solche Verordnung aber neben aussenpolitischen Interessen auch polizeiliche Ziele verfolgt, muss sie die Voraussetzungen für Polizeinotverordnungen (Art. 185 Abs. 3 BV) beachten. Beispiele solcher Verordnungen sind die Verordnung über das Verbot der Gruppierung «Al-Qaïda» und verwandter Organisationen vom 7. November 2001 (SR 122), deren Zulässigkeit zumindest diskutiert werden kann (vorne Rz. 1724), oder die Verordnung über die Einziehung eingefrorener irakischer Gelder und wirtschaftlicher Ressourcen und deren Überweisung an den Development Fund for Iraq vom 18. Mai 2004 (SR 946.206.1) dar.

Bis zum Inkrafttreten des Embargogesetzes am 1. Januar 2003 (EmbG; 2705
SR 946.231) erliess der Bundesrat Wirtschaftssanktionen im Nachgang zu entsprechenden Beschlüssen des UNO-Sicherheitsrates mit selbständiger Verordnung; seither stützen sie sich auf Art. 2 EmbG. Beispiele sind die Verordnung vom 2. Oktober 2000 über Massnahmen gegenüber Personen und Organisationen mit Verbindungen zu Usama bin Laden, der Gruppierung «Al-Qaïda» oder den Taliban (SR 946.203) und etwa die Verordnung vom 19. März 2002 über Massnahmen gegenüber Simbabwe (SR 946.209.2).

Die Figur der *gesetzesvertretenden Verordnung* wird in Art. 182 Abs. 1 BV eigentlich aufgehoben (einheitlicher Verordnungsbegriff), doch wird sie wegen Art. 164 Abs. 2 BV (Gesetzesdelegation; vgl. Rz. 2732 ff.) trotzdem weitergeführt. 2706

So wird weiterhin im Anschluss an die Gesetzgebung zu prüfen sein, in welchem Umfang der Bundesrat im Rahmen seiner Vollzugskompetenz selbständige Verordnungen erlassen darf oder auf eine Delegationsnorm als Ermächtigungsgrundlage angewiesen ist. 2707

Zudem bleibt eine alte *Kognitionsproblematik* im Rahmen des Rechtsschutzes 2708
vor Bundesgericht bestehen: Selbständige bundesrätliche Verordnungen können weiterhin im Anwendungsfall auf ihre Verfassungsmässigkeit überprüft werden. Ergeht eine Verordnung allerdings gestützt auf eine Delegation in einem Bundesgesetz, schliesst das für Bundesgesetze geltende Anwendungsgebot (Art. 190 BV) die Verordnung mit ein. Überprüft werden kann (und muss) dann lediglich, ob die Verordnung sich innerhalb des durch die delegierende Norm bestimmten Rahmens bewegt. Ist das der Fall, so ist auch eine allenfalls verfassungswidrige Verordnungsbestimmung anzuwenden, soweit sie durch das ermächtigende Gesetz gedeckt ist (vgl. etwa BGE 128 II 34, 40 f.).

d. Bundesbeschluss

Als Bundesbeschluss wird ein Erlass der Bundesversammlung bezeichnet, der 2709
nicht rechtsetzende Bestimmungen enthält und dem fakultativen Referendum untersteht (Art. 163 Abs. 2, 141 Abs. 1 Bst. c BV). Er bedarf einer Ermächtigung durch Verfassung oder Bundesgesetz; es können deshalb auch hier selbständige und unselbständige Bundesbeschlüsse unterschieden werden.

Selbständige Bundesbeschlüsse sind in Art. 53 Abs. 3 BV (Genehmigung von Ge- 2710
bietsveränderungen zwischen Kantonen) und Art. 141 Abs. 1 Bst. d BV (Genehmigung von völkerrechtlichen Verträgen, die dem fakultativen Staatsvertragsreferendum unterstehen) sowie in Art. 48a Abs. 2 BV (Allgemeinverbindlicherklärung von interkantonalen Verträgen) vorgesehen.

Die Form des *unselbständigen Bundesbeschlusses* ist vor allem für Fälle bestimmt, 2711
in welchen aufgrund einer spezialgesetzlichen Grundlage und im Hinblick auf eine besondere demokratische Abstützung von wichtigen politischen Entscheidungen ein *Einzelaktreferendum* («Verwaltungs- oder Finanzreferendum») eingeführt werden soll. Nach Art. 28 Abs. 3 ParlG «kann» die Bundesversammlung für Grundsatz- und Planungsbeschlüsse von grosser Tragweite die Form des Bundesbe-

schlusses «wählen». Art. 29 Abs. 2 ParlG schafft zudem eine (in dieser Allgemeinheit verfassungsrechtlich problematische; siehe GEORG MÜLLER, Nachlese, 159 ff.; BIAGGINI, BV Kommentar, Art. 173, Rz. 24) Grundlage für sog. «Einzelfall-Bundesbeschlüsse». Auf diese Weise kann die Bundesversammlung auf eine (individuell-)konkrete Sachlage reagieren mit einer Anordnung, die eigentlich einer gesetzlichen Grundlage bedürfte, welche der Gesetzgeber aber nicht geschaffen hat.

e. Einfacher Bundesbeschluss

2712 Bundesbeschlüsse, die dem Referendum nicht unterstehen, heissen einfache Bundesbeschlüsse (Art. 163 Abs. 2 BV). Es handelt sich ebenfalls um ein Gefäss für nicht rechtsetzende Anordnungen.

2713 *Selbständige* einfache Bundesbeschlüsse sind in der Bundesverfassung nicht zahlreich: vgl. etwa Art. 166 Abs. 2 BV (Genehmigung gewisser völkerrechtlicher Verträge), Art. 167 BV (Finanzen), Art. 172 Abs. 2 BV (Gewährleistung von Kantonsverfassungen), Art. 172 Abs. 3 BV (Genehmigung von Verträgen unter den Kantonen oder mit dem Ausland auf Einsprache hin), Art. 173 Abs. 1 Bst. c BV (innere oder äussere Sicherheit), Art. 173 Abs. 1 Bst. i BV (Zuständigkeitskonflikte zwischen Bundesbehörden).

2714 Art. 173 Abs. 1 Bst. h BV enthält eine Grundlage für *unselbständige einfache Bundesbeschlüsse*. Danach entscheidet die Bundesversammlung über Einzelakte, soweit ein Bundesgesetz dies ausdrücklich vorsieht. Auch hier geht es darum, auf dem Gesetzesweg zu ermöglichen, dass das Parlament politisch wichtige Beschlüsse ausserhalb des Rechtsetzungsverfahrens fassen oder genehmigen kann.

f. Weitere nicht rechtsetzende Akte

2715 Nicht alle nicht-rechtsetzenden Akte der Bundesversammlung ergehen in der Form des Bundesbeschlusses oder einfachen Bundesbeschlusses. Ein Beispiel stellen etwa Wahlbeschlüsse der Vereinigten Bundesversammlung dar (JEAN-FRANÇOIS AUBERT, in: Petit commentaire, Art. 163, Rz. 3 und 27).

III. Verteilung der Regelungsbefugnisse

Literatur: Vgl. die Hinweise zu Ziff. II.

a. Rechtsetzung als Funktion von Parlament und Regierung

2716 In das Verfahren der Rechtsetzung als Staats- und Rechtsfunktion sind in der modernen Demokratie sowohl das Parlament wie Regierung und Verwaltung einbezogen.

Insofern entspricht die Bezeichnung des Parlaments als gesetzgebende Behörde 2717
der Realität der modernen Demokratie schon lange nicht mehr. Nach dem Modell der «kooperierenden Gewalten» (vgl. Rz. 2267 ff.) tragen Parlament und
Regierung je spezifische Teilverantwortungen im Bereich der Rechtsetzung.

Dies zeigt sich einmal daran, dass der Grossteil der Erlasse *von der Verwaltung vor-* 2718
bereitet und ausgearbeitet wird (sog. *Vorverfahren* der Gesetzgebung, Art. 181 BV
und Art. 7 RVOG), unabhängig davon, ob der Anstoss zur Gesetzgebung vom Parlament ausgegangen ist oder auf einer Initiative der Regierung beruht. Dieser präparativen Rechtsetzungsfunktion der Regierung kommt ein grosses Gewicht zu,
wird doch die Inhaltsgebung der Erlasse in diesem Vorverfahren zu einem beträchtlichen Teil «vorgespurt», namentlich auch durch die Prozeduren der Ermittlung der
Konsensfähigkeit oder «Referendumstauglichkeit» der Gesetzesentwürfe mit Expertenkommissionen und Vernehmlassungsverfahren.

Zum anderen war schon unter dem Geltungsbereich der alten Bundesverfassung 2719
nach Lehre und Rechtsprechung unbestritten, dass der Gesetzgeber nicht *alle*
rechtsetzenden Bestimmung zu erlassen hat, ja dazu gar nicht in der Lage wäre. Er
ist seit langem dazu gezwungen, einen grossen Teil seiner Rechtsetzungskompetenz (idR.) an die Regierung abzutreten. Beide erscheinen somit als rechtsetzende
Instanzen, was die geltende Verfassung in Art. 163 Abs. 1 BV (für die Bundesversammlung) und Art. 182 Abs. 1 BV (für den Bundesrat) ausdrücklich anerkennt.
Zu beantworten ist also die Frage, *wie die Verantwortlichkeiten für die Rechtsetzung zwischen Bundesversammlung und Bundesrat* aufzuteilen sind, oder, ins Praktische gewendet, wo und in welchem Umfang die Bundesversammlung ihre
Rechtsetzungsbefugnisse selbst wahrnehmen soll oder sie dem Bundesrat überlassen kann (oder muss). Es geht also vor allem um die richtige Bestimmung der
Rechtsetzungsstufe Gesetz oder Verordnung.

b. Materieller Gesetzesvorbehalt

Art. 164 Abs. 1 BV enthält einen materiellen *Gesetzesvorbehalt* in dem Sinne, dass 2720
alle *wichtigen* Rechtssätze in Bundesgesetze gekleidet werden müssen. Damit wird
das in der Lehre mehrfach verlangte und in vielen neueren Kantonsverfassungen
ebenfalls eingeführte Kriterium der *Wichtigkeit* zur Abgrenzung von Gesetz und
Verordnung – und somit vor allem der Grundsatz der Verteilung der Regelungsbefugnisse zwischen Parlament und Regierung – ausdrücklich verfassungsrechtlich
verankert. Dieser Vorbehalt ist insofern «materiell», als er inhaltlich und substantiell bedeutsame Rechtsetzungsakte anvisiert; diese sollen im parlamentarisch-demokratischen Verfahren ergehen und dem fakultativen Referendum unterstehen
(BGE 131 II 13, 26 f.; 133 II 331, 346 ff.).

> Was in concreto «wichtig» erscheint und der Gesetzesform bedarf, muss anhand 2721
> von Gesichtspunkten bestimmt werden, die in Lehre und Rechtsprechung entwickelt worden sind. Art. 164 Abs. 1 BV enthält keine diesbezüglichen Elemente.

2722   Nach GEORG MÜLLER (Elemente, Rz. 211) sind folgende Kriterien für die Bestimmung der Wichtigkeit einer Regelung heranzuziehen: die *Intensität eines Eingriffs* in Rechte und Freiheiten des Einzelnen, die *Zahl* der von einer Regelung betroffenen Personen, die *Bedeutung der Norm* für das politische System, die *finanzielle Tragweite* einer Norm und die *Akzeptierbarkeit* von Massnahmen durch die davon berührten Menschen.

2723   Neben der Wichtigkeit von Regelungen spielen auch andere Faktoren eine Rolle bei der Bestimmung der Rechtssetzungsstufe, so etwa das Bedürfnis nach *Flexibilität* einer Regelung, die uU. rasch an veränderte Verhältnisse angepasst werden können muss (zB. bei technologischen oder wirtschaftlichen Entwicklungen, kantonalem Vollzug von Bundesrecht oder Umsetzung von internationalem Recht). Aber auch die *Eignung* des rechtsetzenden Organs zur Regelung der in Frage stehenden Materie kann für die Bestimmung der Rechtssetzungsstufe von Bedeutung sein (zB. politische Grundentscheidungen oder technisch schwierige Detailregelungen).

2724   Immerhin konkretisiert die Verfassung das Anliegen des materiellen Gesetzesvorbehaltes, indem sie festlegt, dass «*grundlegende Bestimmungen*» in gewissen einzeln aufgelisteten *Rechts- und Politikbereichen* jedenfalls zu den erwähnten wichtigen, ins Gesetz zu kleidenden Regeln gehören.

2725   Zu diesen Rechts- und Politikbereichen sind zu zählen: die Ausübung der politischen Rechte (Bst. a), die Einschränkungen verfassungsmässiger Rechte (Bst. b), die Rechte und Pflichten von Personen (Bst. c), der Kreis der Abgabepflichtigen sowie der Gegenstand und die Bemessung von Abgaben (Bst. d), die Aufgaben und die Leistungen des Bundes (Bst. e), die Verpflichtungen der Kantone bei der Umsetzung und beim Vollzug des Bundesrechts (Bst. f) und die Organisation und das Verfahren der Bundesbehörden (Bst. g).

2726   Diese Aufzählung ist *nicht abschliessend*: Sie umfasst Bereiche, die aufgrund der Staatspraxis in besonderem Ausmass der Regelung in einem (Bundes-)Gesetz bedürfen, wo also aufgrund der höchstrichterlichen Rechtsprechung im Rahmen des Legalitätsprinzips eine Grundlage im (sog. formellen) Gesetz verlangt wurde. Teilweise übernimmt der Katalog Vorbehalte, welche in der Verfassung bereits an anderer Stelle, oft in konkreter Fassung, enthalten sind.

2727   *Beispiele*: Art. 28 Abs. 4 BV: Streikverbot; Art. 29a BV: Rechtsweggarantie; Art. 30 Abs. 1 BV: gesetzlicher Richter; Abs. 3: Öffentlichkeit von Gerichtsverhandlungen; Art. 31 Abs. 1 BV: Freiheitsentzug; Art. 36 Abs. 1 BV: Grundrechtseingriffe; Art. 46 Abs. 1 BV: Umsetzung von Bundesrecht; Art. 127 Abs. 1 BV: gesetzliche Grundlage von Steuern; Art. 153 Abs. 4 und 169 Abs. 2 BV: Informationsrechte von Kommissionen; Art. 162 Abs. 2 BV: Immunität; Art. 173 Abs. 3 BV: Aufgaben der Bundesversammlung; Art. 187 Abs. 2 BV: Aufgaben des Bundesrates; Art. 189 Abs. 3, Art. 191a Abs. 3 BV: Zuständigkeiten des Bundesgerichts und anderer richterlicher Behörden des Bundes; Art. 191 BV: Zugang zum Bundesgericht.

2728   Mit der Beschränkung auf die «grundlegenden» Bestimmungen wird klargestellt, dass auch in den einzeln aufgeführten Bereichen eine *Unterscheidung von wichtigen und weniger wichtigen Bestimmungen* zu treffen ist. Erstere dürfen *nur* vom

Gesetzgeber erlassen werden, letztere können vom Gesetzgeber, aber auch von der
Bundesversammlung oder vom Bundesrat im Rahmen einer Verordnung ergehen.

Richtig ist der in der Literatur erhobene Vorwurf (GEORG MÜLLER, BTJP, 2729
259 f., THOMAS SÄGESSER, Erlassformen, 684), die aufgelisteten Bereiche würden sich überschneiden. Doch ist eine kategoriale Abgrenzung gar nicht möglich. Der Verfassungsgeber wollte lieber Schnittflächen als Lücken in Kauf nehmen. Auch die Verwendung des Begriffs der «grundlegenden» Bestimmungen neben resp. nach dem Terminus der «wichtigen» Bestimmungen lässt Fragen offen. Die Auffassung von GEORG MÜLLER und JEAN-FRANÇOIS AUBERT (Petit commentaire, Art. 164, Rz. 15 ff.) verdient Zustimmung, dass die Begriffe als Synonyme aufzufassen sind.

Der materielle Gesetzesvorbehalt gilt *nicht ausnahmslos*. Er wird durch die Befug- 2730
nisse des Bundesrates zum Erlass selbständiger Verordnungen durchbrochen (vgl.
vorne Rz. 2691 ff.).

Mit dem materiellen Gesetzesvorbehalt wird der Bundesversammlung nicht 2731
grundsätzlich verwehrt, (zB. aus politischen Gründen) auch nicht rechtsetzende
Bestimmungen oder weniger wichtige Angelegenheiten im Bundesgesetz zu regeln. Davon sollte aber nach dem der BV zugrunde liegenden Verständnis der
Bundesversammlung als oberstem Organ sowie wegen der die Verfassungsgerichtsbarkeit limitierenden Funktion von Art. 190 BV sparsam Gebrauch gemacht werden (vgl. auch Rz. 2676 f.).

c. Gesetzesdelegation auf Bundesebene

Gemäss Art. 164 Abs. 2 BV können Rechtsetzungsbefugnisse «durch Bundesge- 2732
setz übertragen werden, soweit dies nicht durch die Bundesverfassung ausgeschlossen wird». Danach muss der Bundesrat (oder die Bundesversammlung) im Gesetz
zum Erlass «näherer» Bestimmungen auf Verordnungsebene ermächtigt werden.
(Zur Gesetzesdelegation im Allgemeinen vgl. Rz. 2618).

Der angeführte *materielle Gesetzesvorbehalt* der Verfassung bedeutet, dass die in 2733
Abs. 1 erwähnten «wichtigen Bestimmungen» vom Gesetzgeber nicht aus der
Hand gegeben werden dürfen; eine Übertragung ist hier verboten. Das zulässige
Delegationsfeld betrifft also nur die an sich nicht wichtigen Bestimmungen sowie
die zwar in Abs. 1 Bst. a–g BV erfassten, aber nicht «grundlegenden» Rechtssätze.

Im Rahmen der Verfassungsreform waren die Meinungen über die Zweckmäs- 2734
sigkeit der Aufnahme einer Delegationsregel in den Verfassungstext geteilt.
Nach der von den Staatspolitischen Kommissionen beider Räte (im Anschluss
an die Expertenkommission Müller) vertretenen Auffassung hätte die Einführung des materiellen Gesetzesvorbehaltes in der Verfassung die (überholte)
Konstruktion der «Übertragung» einer bei der Bundesversammlung angesiedelten Rechtsetzungskompetenz an den Bundesrat überflüssig gemacht. Im Bereich der von den Räten nicht als «wichtig» qualifizierten Rechtsetzung wäre
der Bundesrat («selbständig») befugt gewesen, im Rahmen und im Anschluss
an Gesetze ergänzende Verordnungen zu erlassen. Damit wäre auch die kaum
mehr praktikable Unterscheidung von Vollziehungsverordnungen und gesetzes-

vertretenden Verordnungen hinfällig geworden (vgl. im Einzelnen zum Werdegang RENÉ RHINOW, Die Bundesverfassung 2000, Basel 2000, 187f.).

2735 Die Zulässigkeit einer Delegation von Rechtsetzungsbefugnissen setzt nach Art. 164 Abs. 2 BV voraus, dass die Delegation in einem *Bundesgesetz* erfolgt und dass die Bundesverfassung die Delegation nicht ausschliesst. Weitere *Voraussetzungen* stellt die Bundesverfassung nicht auf.

2736 Die Bundesverfassung verbietet die Delegation dort, wo sie ausdrücklich eine Regelung im Gesetz verlangt, wie etwa bei schwerwiegenden Einschränkungen von Grundrechten (Art. 36 Abs. 1 BV), bei Anordnungen eines Freiheitsentzugs (Art. 31 Abs. 1 BV) und im Rahmen der Grundsätze der Besteuerung (Art. 127 BV).

2737 Insbesondere lässt Art. 164 Abs. 2 BV offen, wer *Adressat* einer Delegation von Rechtsetzungsbefugnissen sein kann. Im Vordergrund stehen Bundesversammlung und Bundesrat; für Parlamentsverordnungen gelten demnach die gleichen Voraussetzungen wie für Verordnungen des Bundesrates. Als Adressaten kommen aber auch das Bundesgericht oder andere Behörden in Betracht.

2738 Die Bundesverfassung äussert sich nicht zur *Subdelegation*, verbietet eine solche aber nicht. Der Bundesrat kann gestützt auf Art. 48 Abs. 1 RVOG Rechtsetzungsbefugnisse an die Departemente übertragen. Die Subdelegation darf allerdings nicht durch das Gesetz untersagt sein. Für eine Subdelegation an Gruppen und Ämter braucht es eine Ermächtigung des Gesetzgebers (Art. 48 Abs. 2 RVOG). Bei der Frage, ob eine Subdelegation am Platz ist, hat sich der Bundesrat an der Tragweite der Rechtssätze zu orientieren.

d. Delegation an Private

Literatur

BRUNNER URSULA, Rechtsetzung durch Private, Zürich 1992; MARTI ARNOLD, Selbstregulierung anstelle staatlicher Gesetzgebung?, ZBl 2000, 561 ff.

2739 Art. 164 Abs. 2 BV schliesst nicht aus, dass ein *Bundesgesetz* Rechtsetzungsbefugnisse an *Private* überträgt (vgl. THOMAS SÄGESSER, Bundesbehörden, Rz. 482; HÄFELIN/HALLER/KELLER, Rz. 1890; BIAGGINI, BV Kommentar, Art. 164, Rz. 11; vgl. aber BBl 1997 I, 390, wo eine Verfassungsgrundlage verlangt wird). Das wird allgemein anerkannt, obwohl die BV die Möglichkeit zur Übertragung von Rechtsetzungsbefugnissen an Private nicht ausdrücklich vorsieht.

2740 Immerhin lässt sich eine solche Befugnis allenfalls aus Art. 178 Abs. 3 BV ableiten, indem der dort verwendete Begriff «Verwaltungsaufgaben» weit ausgelegt und auch der Erlass untergeordneter Regelungen darunter subsumiert wird (in diesem Sinne GIOVANNI BIAGGINI, in: St. Galler Kommentar, Art. 178, Rz. 29; ähnlich ARNOLD MARTI, ZBl 2000, 569).

2741 Rechtsetzung durch nicht staatliche, in der Verfassung nicht verankerte Organisationen greift allerdings stark in die demokratisch legitimierte Ordnung der Regelungszuständigkeiten ein und sollte daher *inhaltlich* an enge Schranken gebunden sein. Die hL. limitiert die Delegation von Rechtsetzungsbefugnissen an Private auf

Fragen untergeordneter, vor allem technischer Natur (vgl. etwa HÄFELIN/HALLER/
KELLER, Rz. 1890; RENÉ RHINOW, in: Kommentar BV, Art. 32 [1991], Rz. 81).
Dass nur sekundäre Regelungen delegiert werden dürfen, ergibt sich bereits aus
Art. 164 Abs. 1 BV.

Eine (indirekte) Übertragung von Rechtsetzungsbefugnissen kann namentlich 2742
durch *Verweisungen* erfolgen. Mit einer Verweisung verzichtet der an sich zuständige Rechtsetzer auf eine eigene Regelung unter Bezugnahme auf eine andere, bereits bestehende Vorschrift.

Während bei der *statischen* (oder starren) Verweisung auf eine bestimmte Fassung 2743
der Verweisregelung verwiesen wird, kommt bei der *dynamischen Verweisung* die
jeweils geltende Fassung der Verweisregelung zur Anwendung. Problematisch erscheint dies, wenn auf Regeln von nicht staatlichen Organisationen verwiesen wird.
Denn der Rechtsetzer entledigt sich mit einer dynamischen Verweisung der Möglichkeit, auf den Inhalt der anwendbaren Vorschriften Einfluss zu nehmen («Blankettvollmacht»). Er kann lediglich die dynamische Verweisung zurücknehmen,
wenn eine Änderung der Verweisregelung seinen Vorstellungen nicht entspricht
oder sich gar als rechtswidrig herausstellt.

> Die Auffassungen über die *Verfassungsmässigkeit* solcher dynamischer Verweisungen sind geteilt. Nach dem Bundesamt für Justiz sind sie grundsätzlich unzulässig (Gesetzgebungsleitfaden, 3. Aufl., Bern 2007, 365). Das Bundesgericht hat es demgegenüber im Rahmen einer abstrakten Überprüfung des Genfer Transplantationsgesetzes für verfassungsmässig befunden, dass das Gesetz für die Bestimmung des Zeitpunktes des Todes auf die Richtlinien der Schweizerischen Akademie für medizinische Wissenschaften verweist (BGE 123 I 112, 128 ff. mH.; vgl. dazu die Besprechung von YVO HANGARTNER, AJP 1997, 1415 ff.). 2744

> Vor allem im Rahmen technischer Regelungen verwendet der Gesetzgeber in neuerer Zeit eine weitere Verweisungsmethode (sog. «new approach»): Das Gesetz formuliert nur die grundlegenden Anforderungen an die technische Ausgestaltung eines Produktes und überlässt die Regelung von Detailregelungen gewissen Fachverbänden. Erfüllt ein Produkt deren Anforderungen, so wird vermutet, dass es den gesetzlich festgelegten Voraussetzungen entspricht (vgl. etwa BG über die Sicherheit technischer Einrichtungen und Geräte [STEG, SR 819.1]). 2745

IV. Verfahren der Rechtsetzung

Literatur

MÜLLER GEORG, Rechtsetzung und Staatsverträge, in: Verfassungsrecht der Schweiz,
1101 ff.; SÄGESSER THOMAS, Die Bundesbehörden, Bern 2000.

Die folgende Darstellung gibt einen Überblick über das Verfahren der Gesetzgebung, der Verfassungsgebung und des Erlasses von Verordnungen (für das Verfahren des Abschlusses völkerrechtlicher Verträge vgl. Rz. 3665 ff.). 2746

a. Verfahren der Gesetzgebung

1. Einleitung (Initiativphase)

2747 Das Recht, der Bundesversammlung den Erlass, die Änderung oder die Aufhebung von Erlassen vorzuschlagen (*Initiativrecht*), besitzen:

- der Bundesrat (Art. 181 BV),

- jedes Ratsmitglied, jede Fraktion, jede parlamentarische Kommission (parlamentarisches Initiativrecht; Art. 160 Abs. 1 BV) und

- jeder Kanton (Standesinitiative; Art. 160 Abs. 1 BV).

2748 Kein Initiativrecht für Gesetzes- und Verordnungsbestimmungen besitzt das *Volk*. Es kann lediglich den Erlass, die Revision oder die Aufhebung von Verfassungsbestimmungen initiieren.

2749 Am 9. Februar 2003 haben Volk und Stände der Einführung der *allgemeinen Volksinitiative* zugestimmt (Art. 139a BV, AS 2003, 1949; nicht in Kraft). Mit diesem Instrument muss nicht zwingend eine Änderung der Verfassung initiiert werden. Vielmehr kann in Form einer allgemeinen Anregung die Annahme, Änderung oder Aufhebung von Verfassungs- *oder Gesetzesbestimmungen* verlangt werden. Die Bundesversammlung setzt das Anliegen dann stufengerecht in der Verfassung oder im Gesetz um. Erforderlich für dieses im Vergleich zur formulierten Verfassungsinitiative schwächere Volksrecht sind ebenfalls 100 000 Unterschriften, was seine Attraktivität schmälert. Aller Voraussicht nach wird die Allgemeine Volksinitiative nicht umgesetzt und wieder aus der Verfassung entfernt werden (siehe Rz. 2172 ff. bei § 22).

2750 Die Mehrheit der Erlassentwürfe geht zurück auf Initiativen des *Bundesrates*, dem für die aufwändigen Rechtsetzungsvorarbeiten die Bundesverwaltung zur Verfügung steht. Das Parlament kann den Bundesrat mit dem Mittel der Motion beauftragen, sein Initiativrecht auszuüben und den Entwurf zu einem Erlass der Bundesversammlung vorzulegen (Art. 120 ParlG). Auf diese Weise behält das Parlament letztlich die Regie im Rechtsetzungsprozess. Nicht immer ist der Bundesrat aber willens, eine überwiesene Motion zeitgerecht und im Sinne des Parlaments umzusetzen.

2751 Das *parlamentarische Initiativrecht* bildet daher ein wichtiges Element im Kräfteverhältnis der Gewalten. Es erlaubt der Legislative, ihre Gesetzgebungsfunktion unabhängig von der Exekutive zu aktivieren.

2752 Mit einer parlamentarischen Initiative kann der Entwurf zu einem Erlass der Bundesversammlung oder können Grundzüge eines solchen Erlasses vorgeschlagen werden (Art. 107 ParlG). Dieses Instrument gewinnt zunehmend an praktischer Bedeutung (vgl. die diesbezüglichen Ausführungen im Bericht der Staatspolitischen Kommission des Nationalrates vom 1. März 2001 zur Parlamentarischen Initiative «Parlamentsgesetz», BBl 2001, 3509 ff.).

2. *Vorverfahren (Ausarbeitungsphase)*

Unter Vorbehalt des parlamentarischen Initiativrechts leitet der Bundesrat das Vorverfahren der Gesetzgebung (Art. 7 RVOG). Er kann in diesem Stadium massgebend auf die Rechtsetzung Einfluss nehmen. Das federführende Departement erarbeitet einen *Gesetzesvorentwurf*. Bei komplexen Gesetzgebungsprojekten wird oftmals ein Experte oder eine Expertenkommission mit der Ausarbeitung eines Gesetzesvorentwurfs beauftragt. 2753

Der Vorentwurf (samt Begleitbericht) geht bei den Kantonen, den (in der Bundesversammlung vertretenen) politischen Parteien und den interessierten Kreisen in die *Vernehmlassung*. 2754

> Das Vernehmlassungsverfahren ist grundsätzlich öffentlich. Jedermann kann in die entsprechenden Unterlagen einsehen und eine Stellungnahme abgeben. Das BG über das Vernehmlassungsverfahren vom 18. März 2005 (VlG; SR 172.061) und die Verordnung über das Vernehmlassungsverfahren vom 17. August 2005 (VlV; SR 172.061.1) regeln die Einzelheiten des Vernehmlassungsverfahrens (vgl. zum Vernehmlassungsverfahren eingehend unten Ziff. 3). 2755

> Das zuständige Departement fasst die Forderungen, Anregungen und Meinungen zusammen und wertet sie aus. Die Vernehmlassungsergebnisse sind in der Botschaft zuhanden des Parlaments darzustellen. 2756

Das Vorverfahren findet seinen Abschluss mit der *Botschaft* und dem Antrag des Bundesrates an die Bundesversammlung. Die Botschaft samt Gesetzesentwurf wird im Bundesblatt publiziert. 2757

> Bei *parlamentarischen Initiativen* liegt bereits das Vorverfahren in der Hand des Parlaments (Art. 109–112 ParlG). 2758

Im Gegensatz zur alten Regelung des GVG (vgl. Art. 21bis–21^{sexies} GVG), wonach es genügte, wenn der zuständige Rat der Initiative Folge gab, verstärkt das Parlamentsgesetz die Vorprüfung durch Einbezug des Zweitrates. Ein Beschluss der zuständigen Kommission des Rates, in dem die Initiative eingereicht wurde, einer Initiative Folge zu geben, bedarf der Zustimmung der zuständigen Kommission des anderen Rates. Stimmt sie nicht zu, so wird der Initiative nur Folge gegeben, wenn beide Räte zustimmen. 2759

> Wird einer Initiative Folge gegeben, so arbeitet die zuständige Kommission des Rates, in dem die Initiative eingereicht wurde, innert zwei Jahren eine Vorlage aus. 2760

Bei komplexeren Gesetzgebungsvorhaben kommt sie kaum umhin, für Rechts- und Sachauskünfte auf die Bundesverwaltung zu greifen. Der Bundesrat kann zur Vorlage Stellung nehmen (Art. 112 ParlG). 2761

> Analog zum Prozedere bei parlamentarischen Initiativen verläuft das Vorverfahren zur Ausarbeitung eines Erlassentwurfs bei *Standesinitiativen*, denen Folge gegeben wird (vgl. Art. 115–117 ParlG). 2762

2763 Bei parlamentarischen Initiativen und Standesinitiativen geht das Vorverfahren meist schneller, als wenn der Bundesrat eine Botschaft ausarbeiten muss.

3. Insbesondere Vernehmlassungsverfahren

2764 Art. 147 BV sieht vor, dass die Kantone, die politischen Parteien und die interessierten Kreise bei der Vorbereitung wichtiger Erlasse und anderer Vorhaben von grosser Tragweite sowie bei wichtigen völkerrechtlichen Verträgen zur Stellungnahme eingeladen werden. Die Mitwirkungs- und Informationsrechte der Kantone werden in Art. 45 BV besonders betont. Die Entstehungsgeschichte von Art. 147 BV ist eng mit der schweizerischen Demokratie verknüpft.

2765 Der Beizug von Kantonen oder interessierten Kreisen bei der Gesetzgebung war in der alten Verfassung punktuell in verschiedenen Bestimmungen verankert (Art. 22bis, 27ter, 27^{quater}, $27^{quinquies}$, 32, 34ter, 34^{sexies}, 45bis aBV). Grosse Bedeutung kam insb. Art. 32 Abs. 3 aBV zu, welcher den zuständigen Organisationen der Wirtschaft die Mitwirkung beim Erlass der Ausführungsgesetzgebung und der Ausführungsvorschriften im Bereich der 1947 erlassenen Wirtschaftsartikel sicherte. Diese Bestimmung kann als Grundlage für den engen Einbezug der wirtschaftlichen Interessenorganisationen in den politischen Entscheidungsprozess der Nachkriegsjahre gesehen werden.

2766 Das Vernehmlassungsverfahren bezweckt die rechtzeitige Information über Gesetzgebungsvorhaben und dient dazu, einen möglichst «referendumssicheren» Kompromiss zu erreichen. Die umstrittenen Punkte kommen früh im Verfahren zutage und können durch allseits oder zumindest mehrheitlich akzeptable Lösungen geregelt werden. Dadurch werden Referenden vermieden. Notwendig wird die breite Abstützung parlamentarischer Entscheide also insb. auch durch die Möglichkeit des Referendums. Da es vor allem finanzstarke Verbände und Organisationen sind, welche Referenden ergreifen, gilt es, diese möglichst frühzeitig in den Entscheidungsprozess zu integrieren.

2767 Das in der vorparlamentarischen Phase durchgeführte Vernehmlassungsverfahren gibt den Interessenverbänden grosses Gewicht im Entscheidungsprozess, kommen diese doch zu einem relativ frühen Zeitpunkt zum Zug. Das Parlament hingegen sieht sich oft vor das *fait accompli* eines ausgehandelten Kompromisses gestellt. Jüngere Entwicklungen weisen jedoch darauf hin, dass die Tragweite des vorparlamentarischen Entscheidungsverfahrens eher abnimmt, indem immer mehr wichtige Entscheidungen erst in der parlamentarischen Phase getroffen werden oder Kompromisse zwischen den Interessenorganisationen sogar erst auf dieser Stufe zustande kommen.

2768 Das VlG (oben Rz. 2755) öffnet das Vernehmlassungsverfahren für die folgenden Teilnehmer:

2769 Jede Person und jede Organisation kann sich an einem Vernehmlassungsverfahren beteiligen. Speziell zur Stellungnahme eingeladen werden die Kantone, die in der Bundesversammlung vertretenen politischen Parteien, die gesamtschweizerischen Dachverbände der Gemeinden, Städte, Berggebiete und der Wirtschaft sowie die weiteren, im Einzelfall interessierten Kreise (Art. 4 VlG).

Parteien, aber auch andere Vernehmlassungsadressaten klagen regelmässig 2770
über die (zu grosse) Flut durchgeführter Vernehmlassungen innert relativ kurzer
Fristen. Ende Juni 2003 kündigte zB. der Bundesrat an, bis Endes des Jahres
rund 30 Geschäfte in eine Vernehmlassung zu schicken.

4. Beratung und Verabschiedung (Parlamentarische Phase)

An das Vorverfahren schliesst sich die parlamentarische Phase an. Der Erlassent- 2771
wurf wird vom Parlament behandelt. Der Nationalrat und der Ständerat beraten getrennt. Erforderlich sind *übereinstimmende Beschlüsse beider Räte*. Die Ratspräsidenten bestimmen den Erstrat. Können sie sich nicht einigen, entscheidet das Los.

Eine wichtige Rolle nehmen die *vorberatenden Kommissionen* ein. Sie stellen dem 2772
Ratsplenum Antrag. Zudem haben jedes Ratsmitglied und der Bundesrat das Recht,
Anträge zu stellen (*Antragsrecht*, Art. 160 Abs. 2 BV).

Jeder Rat berät und beschliesst zuerst, ob er auf den Erlassentwurf eintreten will 2773
(*Eintretensdebatte*). Die Eintretensdebatte wird mit einem positiven oder (selten)
negativen *Eintretensbeschluss* abgeschlossen. Ist Eintreten unbestritten, wird auf
eine förmliche Abstimmung verzichtet.

Hat der Rat Eintreten beschlossen, berät er den Erlassentwurf artikelweise unter der 2774
Federführung des oder der Kommissionssprecher(s) (*Detailberatung*). Dabei wird
über die einzelnen Erlassartikel (soweit unbestritten formlos, oft auch über mehrere
Artikel gemeinsam, «in globo») und über allfällige Anträge der Ratsmitglieder abgestimmt.

Nach Schluss der ersten Detailberatung führt jeder Rat eine *Gesamtabstimmung* 2775
über den ganzen Erlass durch.

Falls die Beschlüsse der beiden Räte nicht übereinstimmen, greift das *Differenzbe-* 2776
reinigungsverfahren. Kommt nach drei Runden keine Einigung zustande, wird eine
Einigungskonferenz eingesetzt.

> Die Einigungskonferenz setzt sich aus je 13 Mitgliedern beider Räte zusam- 2777
> men; sie hat eine Verständigungslösung zu suchen und stellt einen Einigungsan-
> trag, der alle verbliebenen Differenzen gesamthaft bereinigt (Art. 91/92 ParlG).

Lehnt ein Rat den Einigungsantrag ab, so ist die Vorlage definitiv gescheitert 2778
(Art. 93 ParlG).

Stimmen die Beschlüsse der Räte überein, finden nach der Redaktion des Textes 2779
(durch die parlamentarische Redaktionskommission) in beiden Räten am letzten
Tag der Session die *Schlussabstimmungen* statt, denen idR. nur noch eine formelle
Bedeutung zukommt.

> Zuweilen sind aber Vorlagen (erst) in der Schlussabstimmung aus politischen 2780
> Gründen gescheitert (Konsumkreditgesetz 1986, Aufhebung der Sperrfrist für
> Grundstücksverkäufe 1991, Währungsartikel 1999, Familienname der Ehegat-
> ten 2001).

5. Teil: Rechtsverwirklichung

5. Referendum

2781   Der Beschluss des Parlaments wird im Bundesblatt veröffentlicht. Ab Veröffentlichung läuft eine 100-tägige Referendumsfrist. Das Referendum kann von 50000 Stimmberechtigten oder von acht Kantonen ergriffen werden (Art. 141 BV).

6. Publikation und Inkraftsetzung

2782   Erlasse des Bundes müssen idR. mindestens fünf Tage vor ihrem Inkrafttreten in der *Amtlichen Sammlung* publiziert werden (Art. 7 Abs. 1 Publikationsgesetz vom 18. Juni 2004, SR 170.512). Die Publikation erfolgt in den drei Amtssprachen des Bundes, die alle in gleicher Weise massgebend sind. Das ist namentlich für die Auslegung von Bedeutung.

2783   Die Bekanntmachung auf andere Weise als durch Veröffentlichung in der Amtlichen Sammlung ist nur statthaft, wenn dies zur Sicherstellung der Wirkung des Erlasses unerlässlich ist, zeitliche Dringlichkeit oder andere ausserordentliche Verhältnisse vorliegen (*ausserordentliche Bekanntmachung*, Art. 7 Abs. 3 Publikationsgesetz). Die Veröffentlichung in der Amtlichen Sammlung ist so bald als möglich nachzuholen.

2784   Erlasse verpflichten den Einzelnen nur, sofern sie in Übereinstimmung mit dem Publikationsgesetz veröffentlicht worden sind (Art. 8 Publikationsgesetz). Ohne formgültige Veröffentlichung kann ein Erlass *keine Verpflichtungen* (wohl uU. aber Rechte) der Bürger begründen (Art. 8 Abs. 1 Publikationsgesetz e contrario).

2785   Die Erlasse des Bundes werden ferner in der *Systematischen Sammlung des Bundesrechts* veröffentlicht (Art. 11 ff. Publikationsgesetz).

2786   Die *Inkraftsetzung* kann im Gesetz selbst angeordnet ein; dieses kann aber auch das Parlament oder den Bundesrat damit beauftragen. Letzteres bildet die Regel. Die Inkraftsetzung durch den Bundesrat macht insbesondere deshalb Sinn, weil der Bundesrat die nötigen Vollziehungsverordnungen ausarbeiten und gleichzeitig in Kraft setzen muss.

b. Verfahren der Verfassungsgebung

1. Grundsatz

2787   Die Revision der Verfassung erfolgt grundsätzlich auf dem Weg der *Gesetzgebung* (Art. 192 Abs. 2 BV). Es kommt also kein spezielles Verfahren mit einem Verfassungsrat zum Tragen, wie es einige Kantone kennen.

2788   Kennzeichnend für das Verfahren der Verfassungsgebung ist, dass Verfassungsänderungen dem *obligatorischen Referendum* unterliegen, wobei das *Volk und die Stände* zustimmen müssen (Erfordernis des doppelten Mehrs, Art. 140 Abs. 1 Bst. a BV).

Eine weitere Besonderheit gilt in Bezug auf das *Inkrafttreten*: Verfassungsänderungen treten mit deren Annahme durch Volk und Stände in Kraft (Art. 195 BV). 2789

> Davon abweichend bestimmt die geltende Verfassung, dass die Bundesversammlung das Inkrafttreten bestimmt (Ziff. IV Abs. 2 BV). Dementsprechend ist sie nicht schon am 18. April 1999, sondern erst am 1. Januar 2000 in Kraft getreten. Eine gleiche Regelung sieht der Bundesbeschluss vom 8. Oktober 1999 über die Reform der Justiz vor (Ziff. II Abs. 2; AS 2002, 3148). Dieser wurde am 12. März 2000 angenommen und vollständig erst auf den 1. Januar 2007 in Kraft gesetzt (zur teilweisen Inkraftsetzung des an der Urne am 9. Februar 2003 angenommenen Bundesbeschlusses vom 4. Oktober 2002 über die Änderung der Volksrechte [BBl 2002, 6485; AS 2003, 1949] siehe vorne in § 22, Rz. 2236 f.). 2790

2. Totalrevision

Nach Art. 193 BV kann eine Totalrevision vom Volk (100 000 Unterschriften, Art. 138 Abs. 1 BV) oder von einem der beiden Räte vorgeschlagen werden. Sie kann aber auch von der Bundesversammlung beschlossen werden, wobei ihr jedes Ratsmitglied, jede Fraktion, jede parlamentarische Kommission, jeder Kanton (Art. 161 Abs. 1 BV) und der Bundesrat (Art. 181 BV) dazu den Anstoss geben darf. 2791

Folgende *Verfahrenshürden* sollen die Tragweite und Bedeutung einer Totalrevision unterstreichen (vgl. auch Rz. 461 ff.): 2792

> Geht der Anstoss zur Totalrevision vom Volk aus, oder sind sich die beiden Räte über deren Durchführung uneinig, so muss die Frage, ob eine Totalrevision durchzuführen sei, in einer *Vorabstimmung* geklärt werden. Bei dieser Abstimmung entscheidet das Volksmehr (Art. 140 Abs. 2 Bst. a und c BV). Lautet das Abstimmungsergebnis befürwortend, werden die Räte aufgelöst und *neu gewählt*. Das soll gewährleisten, dass ein reformfreundliches Parlament die neue Bundesverfassung ausarbeitet. Hingegen entfällt eine Vorabstimmung, wenn die Totalrevision von der Bundesversammlung beschlossen wird. 2793

Die Totalrevision der Bundesverfassung darf die *zwingenden* Bestimmungen des *Völkerrechts* nicht verletzen. Diese Schranke kommt bei der Ausarbeitung der neuen Verfassung zum Tragen. Volksinitiativen auf Totalrevision der Bundesverfassung sind auf die Form der allgemeinen Anregung beschränkt, was den Behörden erlaubt, bei der Ausarbeitung der Vorlage das zwingende Völkerrecht zu beachten. 2794

> Unter die *zwingenden Bestimmungen des Völkerrechts* fallen Normen, die aufgrund ihrer Bedeutung für die internationale Rechtsordnung unbedingte Geltung beanspruchen, zB. die notstandsfesten Garantien der EMRK, das Gewaltverbot, das Aggressionsverbot sowie das Genozid-, Sklaverei- und Folterverbot (vgl. dazu eingehend Rz. 3595 ff.). 2795

Anders als bei der Teilrevision muss bei der Totalrevision das Erfordernis der Einheit der Materie nicht vorbehalten werden. Denn bei einer Totalrevision geht es wesensmässig um eine Überprüfung *aller* Fragen, die in der Verfassung zu regeln sind 2796 (vgl. zur Unterscheidung Totalrevision und Teilrevision Rz. 445 ff.). Zur Diskussion steht die Gesamtheit der Verfassungsthemen, die je einzeln verschiedene, sachlich nicht unbedingt zusammenhängende Bereiche beschlagen.

2797 Allerdings kann eine Totalrevision auch in Etappen (*paketweise*) erfolgen (dazu Rz. 2076). Bei diesem Vorgehen muss das einzelne Paket einen bestimmten Bereich betreffen (zB. Justizverfassung, Finanzordnung, Volksrechte). Dabei gilt insofern eine an das Erfordernis der Einheit der Materie angelehnte Schranke, als *innerhalb des Pakets keine themenfremden Bestimmungen* enthalten sein dürfen.

3. Teilrevision

2798 Das *Initiativrecht* ist bei der Teilrevision gleich geregelt wie bei der Totalrevision (vgl. Rz. 2157 ff.), mit dem einzigen Unterschied, dass die Teilrevision nicht von einem der beiden Räte allein verlangt werden kann (Art. 194 Abs. 1 BV).

2799 Die Teilrevision ist an bestimmte *Schranken* gebunden (Art. 194 Abs. 2 und 3 BV):

Jede Teilrevision muss die zwingenden Bestimmungen des Völkerrechts respektieren (vgl. Rz. 469 f.) und die Einheit der Materie wahren (vgl. Rz. 473–476).

Volksinitiativen auf Teilrevision müssen zudem die *Einheit der Form* wahren, das heisst, entweder in der Form der allgemeinen Anregung oder in der Form des ausgearbeiteten Entwurfs gekleidet sein (vgl. Rz. 477 ff.).

2800 Wenn eine Volksinitiative diese Schranken verletzt, erklärt sie die Bundesversammlung für ganz oder teilweise ungültig. Die Bundesversammlung entscheidet endgültig. Ihr Beschluss kann nicht an das Bundesgericht weitergezogen werden.

2801 Aufgrund des voraussichtlich im Jahr 2009 zur Abstimmung gelangenden neuen Art. 139 BV (BBl 2008, 2903; siehe vorne § 22, Rz. 2158) sieht das Abstimmungsprozedere wie folgt aus:

2802 Ergeht die Volksinitiative in Form des *ausgearbeiteten Entwurfs*, wird sie Volk und Ständen zur Abstimmung unterbreitet. Die Bundesversammlung kann die Initiative zur Annahme oder zur Ablehnung empfehlen. Sie kann ihr auch einen Gegenvorschlag gegenüberstellen. Dieser wird Volk und Ständen gleichzeitig mit der Initiative zur Abstimmung vorgelegt (Art. 139b Abs. 1 BV, BBl 2008, 2904).

2803 Das Vorlegen eines Gegenentwurfs ist nicht mehr – wie früher (vgl. den mit der Änderung der Volksrechte vom 9. Februar 2003 aufgehobenen Art. 139 Abs. 5 BV) – an die Voraussetzung gebunden, dass die Bundesversammlung die Volksinitiative zur Ablehnung empfiehlt.

2804 Bei der allgemeinen Volksinitiative, die in Form der *allgemeinen Anregung* ergeht, ist zu unterscheiden, ob die Bundesversammlung mit dem Begehren einverstanden ist oder nicht.

2805 Lehnt sie das Begehren ab, ist zunächst in einer *Vorabstimmung* zu klären, ob die Bundesversammlung eine Vorlage ausarbeiten muss oder nicht. Bejaht das Volk diese Frage (erforderlich ist lediglich das Volksmehr, Art. 140 Abs. 2 Bst. b BV, BBl 2008, 2904), arbeitet die Bundesversammlung einen entsprechenden Entwurf aus. Ist die Bundesversammlung mit dem Begehren einverstanden, setzt sie dieses durch eine entsprechende Änderung der Bundesverfassung oder der Bundesgesetzgebung um. Sie kann der Änderung im Sinne der Initiative einen Gegenentwurf gegenüberstellen, der gleichzeitig zur Abstimmung gelangt.

Mit der Änderung der Volksrechte vom 9. Februar 2003 ist auch das *Verfahren bei Volksinitiative und Gegenentwurf* neu geregelt worden (vgl. Art. 139*b* Abs. 2 und 3 BV; i.K. seit 1. August 2003): Bei einem Überkreuzen von Volks- und Ständemehr in der Stichfrage gilt nicht mehr die Nullentscheidregel (keine der Vorlagen tritt in Kraft), sondern das Prozentsummenmodell (die Vorlage mit der grösseren Summe des prozentualen Anteils der Volks- und Standesstimmen tritt in Kraft). 2806

Neben der formulierten Initiative steht die Initiative in der Form der *allgemeinen Anregung* zur Verfügung (Art. 139 Abs. 4 BV, BBl 2008, 2903). Das Verfahren gestaltet sich wie folgt: 2807

Ergeht die Volksinitiative in Form der *allgemeinen Anregung* und ist die Bundesversammlung mit dem Begehren einverstanden, erarbeitet sie einen entsprechenden Entwurf. Stimmen hingegen nicht beide Räte dem Begehren zu, ist in einer *Vorabstimmung* zu klären, ob die Bundesversammlung eine Vorlage ausarbeiten muss oder nicht. Bejaht das Volk diese Frage (erforderlich ist lediglich das Volksmehr), arbeitet die Bundesversammlung einen entsprechenden Entwurf aus. 2808

c. Verfahren des Erlasses von Verordnungen

1. Verordnungen der Bundesversammlung

Das Verfahren des Erlasses von Verordnungen der Bundesversammlung ist nicht bedeutend schneller und einfacher als dasjenige des Erlasses von Bundesgesetzen. Namentlich erfordern auch Verordnungen der Bundesversammlung *übereinstimmende Beschlüsse beider Räte*. 2809

Die Form der Parlamentsverordnung existierte zwar schon früher, lebt aber erst seit der neuen Bundesverfassung richtig auf. Normalerweise werden Verordnungen der Bundesversammlung vom Bundesrat mit einer *Botschaft* in die Räte eingebracht (vgl. zB. Botschaft vom 7. September 2005 zur Verordnung der Bundesversammlung über die Finanzierung der amtlichen Vermessung, BBl 2005, 6029). 2810

Möglich ist ferner, dass der Entwurf für eine Verordnung der Bundesversammlung aufgrund einer parlamentarischen Initiative eingebracht wird (vgl. zB. Bericht der Aussenpolitischen Kommission des Ständerates über die Verordnung der Bundesversammlung über ihre Delegationen in internationalen parlamentarischen Versammlungen und zur Pflege der Beziehungen mit Parlamenten anderer Staaten vom 23. Januar 2003, BBl 2003, 3943, oder Parlamentarische Initiative Verordnung der 2811

Bundesversammlung zum Parlamentsgesetz und über die Parlamentsverwaltung, VPP, Bericht des Büros des Ständerates vom 16. Mai 2003, BBl 2003, 5051 ff.).

2812   Es kommt aber auch vor, dass erst im Laufe der parlamentarischen Behandlung einer Gesetzesvorlage gewisse Regelungsgegenstände auf die Verordnungsstufe verwiesen werden. In diesem Fall kann die zuständige Parlamentskommission einen Verordnungsentwurf samt *Zusatz*bericht (zur Gesetzesvorlage) vorlegen (vgl. zB. Zusatzbericht der Kommission für Rechtsfragen des Ständerates vom 23. Mai 2002 zum Entwurf für eine Verordnung der Bundesversammlung über das Arbeitsverhältnis und die Besoldung der Richter und Richterinnen des Bundesstrafgerichts, BBl 2002, 5903 ff.). Der Weg läuft in diesen Fällen demnach nicht über eine parlamentarische Initiative, und das diesbezügliche Verfahren kommt nicht zur Anwendung. Die entsprechende Verordnung wird als *Folgeerlass* zu einer vom Parlament beschlossenen Änderung des bei der Bundesversammlung hängigen Gesetzesentwurfs angesehen.

2813   Da Verordnungen der Bundesversammlung – entsprechend dem materiellen Gesetzesvorbehalt von Art. 164 BV – *nicht* wichtige Bestimmungen enthalten, kann bei ihnen in aller Regel auf ein Vernehmlassungsverfahren verzichtet werden (dazu Art. 3 Abs. 2 und 3 VlG). Zudem *entfällt ein Referendum.* Das ist der bedeutendste Unterschied zum Verfahren der Gesetzgebung. Er bewirkt höhere Flexibilität. Mit Verordnungen kann die Bundesversammlung (im Rahmen des Gesetzes) schneller auf gewandelte Anforderungen reagieren.

2. *Verordnungen des Bundesrates*

2814   Verordnungen des Bundesrates werden weitgehend unter Ausschluss der Öffentlichkeit erlassen. Das federführende Departement erarbeitet einen Verordnungsentwurf, der den anderen Departementen zum *Mitbericht* vorgelegt wird (Art. 15 RVOG).

2815   Im Mitberichtsverfahren werden die Stellungnahmen der anderen Departemente und der Bundeskanzlei eingeholt. Das federführende Departement kann auf allfällige Mitberichte mit einer Stellungnahme reagieren. Ziel des Mitberichtsverfahrens ist es, möglichst viele interdepartementale Differenzen vor der Bundesratssitzung auszuräumen. Die Einzelheiten regelt die Bundeskanzlei (Art. 15 Abs. 2 RVOG).

2816   Bei *wichtigen* Verordnungen muss der Bundesrat den Entwurf der zuständigen *parlamentarischen Kommission zur Konsultation* vorlegen, wenn sie dies verlangt (Art. 151 ParlG, vgl. auch Art. 22 Abs. 3 ParlG). Ebenso muss er ihr Einsicht in die Unterlagen gewähren, soweit diese nicht der unmittelbaren Entscheidfindung des Bundesrates dienen (Art. 150 ParlG).

2817   Ist eine Verordnung unmittelbar im Anschluss an einen Erlass der Bundesversammlung zu ändern oder zu erlassen, so beschliesst die Kommission bei der Gesamtabstimmung über den Erlassentwurf, ob sie konsultiert werden will (Art. 151 Abs. 1 ParlG). Das Ergebnis der Konsultation bindet den Bundesrat nicht.

Früher galt die Konsultationspflicht nur bei Verordnungen, welche in erhebli- 2818
chem Ausmass ausserhalb der Bundesverwaltung (namentlich in den Kantonen) vollzogen wurden (Art. 47a GVG).

Der Bundesrat beschliesst in geheimer Beratung über den Verordnungsentwurf und 2819
bestimmt das Inkrafttreten. Die Verordnung entfaltet erst Rechtskraft, wenn sie in der Amtlichen Sammlung publiziert worden ist.

§ 28 Rechtsschutz im Allgemeinen

Literatur

AUER CHRISTOPH, Auswirkungen der Reorganisation der Bundesrechtspflege auf die Kantone, ZBl 2006, 126 ff.; DERS./MÜLLER MARKUS/SCHINDLER BENJAMIN (Hrsg.), Kommentar zum Bundesgesetz über das Verwaltungsverfahren, Zürich/St. Gallen 2008; BIAGGINI GIOVANNI, Rechtsprechung, in: Verfassungsrecht der Schweiz, 1153 ff.; GÄCHTER THOMAS/THURNHERR DANIELA, Neues Bundesgerichtsgesetz – Rechtsschutz gewahrt, plädoyer 2/2006, 32 ff.; KARLEN PETER, Das neue Bundesgerichtsgesetz, Basel/Genf/München 2006; KOLLER HEINRICH, Grundzüge der neuen Bundesrechtspflege und des vereinheitlichten Prozessrechts, ZBl 2006, 57 ff.; NIGGLI MARCEL ALEXANDER/UEBERSAX PETER/WIPRÄCHTIGER HANS (Hrsg.), Basler Kommentar Bundesgerichtsgesetz, Basel 2008 (zit. BSK BGG); SEILER HANSJÖRG/VON WERDT NICOLAS/GÜNGERICH ANDREAS, Bundesgerichtsgesetz (BGG), Bern 2007; TSCHANNEN PIERRE (Hrsg.), Neue Bundesrechtspflege, BTJP 2006, Bern 2007.

I. Rechtsschutz auf Verfassungsstufe

a. Allgemeines

Zur Rechtsstaatlichkeit gehören Einrichtungen und Verfahren, welche die richtige Anwendung des Rechts garantieren und dafür sorgen, dass das Recht durchgesetzt werden kann. «Es ist Aufgabe des Rechtsstaates, das Recht jedes Bürgers auf staatlichen Rechtsschutz zu gewährleisten» (BGE 103 V 190, 198). Zum Rechtsschutz sind insbesondere zu zählen: 2820

– Institutionen der *Rechtspflege,* namentlich die *Justiz* als «dritte Gewalt» (vgl. § 29);

– die Garantie der *Unabhängigkeit* der richterlichen Behörden in ihrer rechtsprechenden Tätigkeit (vgl. Rz. 2887 ff.);

– Individuelle *Rechtsschutzgarantien*, insbesondere als Grundrechte konzipierte *Verfahrensrechte* (vgl. § 30).

> Die neue *Rechtsweggarantie* (Art. 29a BV), die seit dem 1.1.2007 in Kraft ist, gehört zwar ebenfalls zu den Verfahrensgrundrechten. Sie bildet aber gleichzeitig eine institutionelle Garantie der Gerichtsbarkeit und wird daher im vorliegenden Kapitel über den Rechtsschutz im Allgemeinen dargestellt (vgl. Rz. 2834 ff.).

– Die *bundesstaatliche Kompetenzausscheidung* im Rechtspflegebereich (vgl. Rz. 2898 ff.).

Mit Art. 190 BV wird der Rechtsschutz jedoch dadurch beschränkt, dass Bundesgesetze und Völkerrecht (teilweise) von der Verfassungsgerichtsbarkeit ausgeschlossen sind (vgl. Rz. 2853 ff.). 2821

b. Verfassungsrechtliche Rechtsschutzbestimmungen

1. Geltendes Recht

2822 Die Bundesverfassung ordnet den Rechtsschutz vor allem im Katalog der Grundrechte (Art. 29–32 BV) sowie im Kapitel über das Bundesgericht und die anderen richterlichen Behörden (Art. 188–191c BV). Art. 122 und 123 BV regeln die bundesstaatliche Kompetenzausscheidung für das Zivil- und Strafrecht; für das öffentliche Recht sind die Art. 3, 42 und 43 BV massgebend, aus welchen die grundsätzliche Organisations- und Verfahrenshoheit der Kantone abgeleitet wird.

2823 Unter der alten Bundesverfassung bildeten die Rechtsschutzgarantien grösstenteils *ungeschriebenes* Recht, vom Bundesgericht aus den Art. 4 aBV (Verbot formeller Rechtsverweigerung), 58, 59 und 65 aBV abgeleitet. Die Art. 106–114bis aBV über die Organisation und die Befugnisse des Bundesgerichts sowie die verfahrensrelevanten Kompetenzbestimmungen (Art. 64, 64bis aBV) gaben das früher geltende Justizverfassungsrecht nur unvollständig wieder.

2. Justizreform

2824 Mit der Annahme des Reformpaketes «*Justizreform*» durch Volk und Stände am 12. März 2000 sind wichtige Neuerungen der Justizverfassung beschlossen worden.

2825 Die Justizreform wurde schrittweise in Kraft gesetzt: auf den 1. April 2003 Art. 123 und 191a Abs. 1 BV (AS 2002, 3147) und per 1. September 2005 Art. 191a Abs. 2 und 3 BV betreffend die Bestellung richterlicher Behörden für die Beurteilung von öffentlich-rechtlichen Streitigkeiten aus dem Zuständigkeitsbereich der Bundesverwaltung und betreffend die Einsetzung weiterer richterlicher Behörden des Bundes (AS 2005, 1475). Mit dem Bundesbeschluss vom 8. März 2005 über das vollständige Inkrafttreten der Justizreform vom 12. März 2000 beschloss die Bundesversammlung, die Artikel 29a, 122, 188–191, 191b und 191c zusammen mit dem Inkrafttreten des Bundesgerichtsgesetzes vom 17. Juni 2005 – also per 1. Januar 2007 – in Kraft zu setzen (AS 2006, 1059).

2826 Dass diese Verfassungsbestimmungen über die Justizreform schrittweise in Kraft gesetzt wurden, bedeutet eine Abweichung von der Regel, wonach Verfassungsänderungen mit ihrer Annahme durch Volk und Stände in Kraft treten (Art. 195 BV). Diese Abweichung findet ihre Grundlage in Ziff. III Abs. 2 des Bundesbeschlusses über die Reform der Justiz. Er sah vor, dass die *Bundesversammlung* das Inkrafttreten beschliesst (AS 2002, 3148).

2827 Bei den neuen Vorschriften der Justizverfassung handelt es sich um folgende Bestimmungen:

– Aufnahme einer *Rechtsweggarantie* (Art. 29a BV; vgl. Rz. 2829 ff.);

– Schaffung einer Bundeskompetenz für die *Vereinheitlichung des Zivilprozess- und Strafprozessrechts* (Art. 122 und 123 BV; vgl. Rz. 2898 ff.);

– Neufassung des *4. Kapitels* des 5. Titels (Bundesbehörden) mit der neuen Überschrift «Bundesgericht und andere richterliche Behörden» (vgl. § 29);

– Verankerung des Grundsatzes der *Selbstverwaltung* des Bundesgerichts (Art. 188 Abs. 3 BV; vgl. Rz. 2912 ff.);

– Neufassung und Erweiterung der *Zuständigkeiten des Bundesgerichts* (Art. 189 BV), zu denen neu auch die Beurteilung von Stimmrechtsbeschwerden betreffend die politischen Rechte des Bundes gehören (Art. 189 Abs. 1 Bst. f BV; vgl. Rz. 2917 ff.);

– Neuregelung des *Zugangs zum Bundesgericht* (Art. 191 BV; vgl. Rz. 2946 ff.);

– Verpflichtung des Bundes zur Schaffung eines (erstinstanzlichen) *Bundesstrafgerichts* und von richterlichen Behörden für die Beurteilung von *öffentlich-rechtlichen Streitigkeiten* aus dem Zuständigkeitsbereich der Bundesverwaltung (Art. 191a BV; vgl. Rz. 2957 ff.);

– Verpflichtung der Kantone, in allen Bereichen, neu auch im Bereich des *kantonalen* Verwaltungsrechts, *richterliche* Behörden einzurichten; sowie Kompetenz der Kantone, *gemeinsame* richterliche Behörden einzusetzen (Art. 191b BV; vgl. Rz. 2964 ff.);

– ausdrückliche Garantie der *richterlichen Unabhängigkeit* (Art. 191c BV; vgl. Rz. 2876 ff.).

II. Rechtsweggarantie und massgebendes Recht

a. Rechtsweggarantie

Literatur

AUER CHRISTOPH, Auswirkungen der Reorganisation der Bundesrechtspflege auf die Kantone, ZBl 2006, 121 ff.; BEUSCH MICHAEL, Auswirkungen der Rechtsweggarantie von Art. 29a BV auf den Rechtsschutz im Steuerrecht, ASA 2005, 709 ff.; HANGARTNER YVO, Recht auf Rechtsschutz, AJP 2002, 131 ff.; KÄLIN WALTER, Die Bedeutung der Rechtsweggarantie für die kantonale Verwaltungsjustiz, ZBl 1999, 49 ff.; KISS CHRISTINA, Rechtsweggarantie und Totalrevision der Bundesrechtspflege, ZBJV 1998, 288 ff.; KLEY ANDREAS, Der richterliche Rechtsschutz gegen die öffentliche Verwaltung, Zürich 1995; KOLLER HEINRICH, Grundzüge der neuen Bundesrechtspflege und des vereinheitlichten Prozessrechts, in: Ehrenzeller Bernhard/Schweizer Rainer J. (Hrsg.), Die Reorganisation der Bundesrechtspflege – Neuerungen und Auswirkungen in der Praxis, 9 ff. und in: ZBl 2006, 57 ff.; DERS., Rechtsweggarantie als Grundrecht, in: Rapports suisses présentés au XVème Congrès international de droit comparé à Bristol, Zürich 1998, 305 ff.; MÜLLER/SCHEFER, Grundrechte, 907–926; MÜLLER MARKUS, Rechtsschutz gegen Verwaltungsrealakte, in: Tschannen Pierre (Hrsg.), Neue Bundesrechtspflege, BTJP 2006, Bern 2007, 313 ff. (zit. Verwaltungsrealakte); DERS., Die Rechtsweggarantie – Chancen und Risiken. Ein Plädoyer für mehr Vertrauen in die öffentliche Verwaltung, ZBJV 2004, 161 ff. (zit. Rechtsweggarantie); SCHAUB LUKAS, Die gerichtlichen Verfahrensgarantien: verkannter Gehalt der Rechtsweggarantie nach Art. 29a BV, AJP 2008, 1124 ff.; TOPHINKE ESTHER, Bedeutung der Rechtsweggarantie für die Anpassung der kantonalen Gesetzgebung, ZBl 2006, 88 ff.

1. Grundsatz

2828 Die Rechtsweggarantie gemäss Art. 29a BV, welche im Rahmen der Justizreform bzw. in der Volksabstimmung vom 12. März 2000 in die Bundesverfassung aufgenommen worden war, trat erst per 1. Januar 2007 in Kraft. Sie befand sich bis dahin in «einem aus grundrechtlicher Sicht unwürdigen Schwebezustand von fast sieben Jahren» (BIAGGINI, BV Kommentar, Art. 29a, Rz. 1). Ein allgemeiner verfassungsmässiger Anspruch auf gerichtlichen Rechtsschutz liess sich vor deren Inkrafttreten weder aus Art. 5 BV noch aus den Grundrechten und den Verfahrensgarantien der Verfassung ableiten (BGE 130 I 388, 392f.). Zudem lehnte es das Bundesgericht ab, der Rechtsweggarantie vor Inkrafttreten Rechtswirkungen zuzugestehen (BGE 129 I 12, 35).

2829 Art. 29a BV räumt jeder Person das Recht ein, Rechtsstreitigkeiten durch eine *richterliche Behörde* beurteilen zu lassen. Die Rechtsweggarantie verschafft den Betroffenen in *Rechtsstreitigkeiten* den *Zugang zu wenigstens einem Gericht, welches Rechts- und Sachverhaltsfragen umfassend prüfen kann*. Mit der Einführung des Art. 29a BV hat die Schweiz ihr Verfassungsrecht an den internationalen Standard angepasst (KLEY, in: St. Galler Kommentar, Art. 29a, Rz. 4). So enthalten verschiedene europäische Verfassungen (zB. Art. 19 Abs. 4 GG), aber insbesondere auch die EMRK (Art. 6 Abs. 1) und der UNO-Pakt II (Art. 14 Abs. 1) eine Rechtsweggarantie.

2830 *Art. 6 Abs. 1 EMRK* verbürgt – nebst anderen Verfahrensgarantien – zwar ebenfalls eine Rechtsweggarantie, dh. einen Anspruch auf Beurteilung durch ein Gericht. Der *sachliche Anwendungsbereich* der Rechtsweggarantie von Art. 29a BV geht aber weiter und erstreckt sich auf alle Rechtsstreitigkeiten. Die Rechtsweggarantie von Art. 6 Abs. 1 EMRK greift demgegenüber nur bei Streitigkeiten über zivilrechtliche Ansprüche und Verpflichtungen (sog. civil rights), die allerdings über den klassischen zivilrechtlichen Bereich hinausreichende Ansprüche verwaltungsrechtlicher Natur umfassen, sofern sie sich auf vermögenswerte Rechte der Betroffenen auswirken (vgl. BGE 132 V 6, 9; 134 I 140, 147) sowie bei der Beurteilung strafrechtlicher Anklagen. *Art. 14 Abs. 1 UNO-Pakt II* umfasst einen im Allgemeinen vergleichbaren Geltungsbereich.

2831 Noch eingeschränkter ist der sachliche Anwendungsbereich von *Art. 5 Abs. 4 EMRK* (und Art. 31 Abs. 4 BV), der bei Freiheitsentzug einen Anspruch darauf vermittelt, dass ein Gericht über die Rechtmässigkeit des Freiheitsentzuges entscheidet und bei Widerrechtlichkeit die Entlassung anordnet. Anderseits ist der Anspruch auf gerichtliche Beurteilung im beschränkten Anwendungsbereich von Art. 5 Abs. 4 und Art. 6 Abs. 1 EMRK *ausnahmslos* gewährleistet, während die Rechtsweggarantie nach Art. 29a BV unter restriktiven Voraussetzungen gesetzliche Ausnahmen zulässt.

2832 Die Rechtsmittelgarantie von *Art. 13 EMRK* (Recht auf eine wirksame Beschwerde) hat zwar ebenfalls einen umfassenden Anwendungsbereich, unterscheidet sich von Art. 29a BV aber vor allem in zwei wesentlichen Punkten: Sie gewährleistet, dass derjenige, der mit vertretbaren Gründen eine Verletzung der durch die EMRK garantierten Rechte und Freiheiten geltend macht, bei einer nationalen Instanz Beschwerde einlegen kann. Der Fokus liegt also bei der

Durchsetzung der EMRK-Garantien. Der Strassburger Gerichtshof soll dafür nicht allein zuständig sein. Vielmehr wird ihm ein innerstaatliches Beschwerdeverfahren vorgelagert, das eine gewisse Filterfunktion übernimmt. Die Rechtsweggarantie von Art. 29a BV bezweckt demgegenüber eine Rechtsschutzgewährleistung in umfassender Hinsicht (also auch Schutz vor anderen Rechtsverletzungen als der Verletzung von EMRK-Garantien). Der zweite Unterschied besteht darin, dass die Beschwerdeinstanz nach Art. 13 EMRK *nicht unbedingt ein Gericht* sein muss. Eine Beschwerdemöglichkeit an eine hinreichend unabhängige und unparteiische Verwaltungsbehörde genügt (BGE 133 I 49, 55). Insofern bilden Art. 5 Abs. 4 und Art. 6 Abs. 1 EMRK, die in ihrem (beschränkten) Anwendungsbereich einen Anspruch auf *gerichtliche* Beurteilung einräumen, Spezialnormen zu Art. 13 EMRK. – Zur Problematik der Unanfechtbarkeit von Akten der Bundesversammlung und des Bundesrates vgl. Rz. 2937ff.

Da das Bundesgericht keine volle Sachverhaltskontrolle ausübt (Art. 105 BGG), erfüllt es die Anforderungen an die Rechtsweggarantie gemäss Art. 29a BV jedenfalls dann nicht, wenn Sachverhaltsfragen streitig sind. Entsprechend hat der Bund im Zuge der Justizreform mit dem Bundesstrafgericht und dem Bundesverwaltungsgericht *zwei neue Vorinstanzen* des Bundesgerichts geschaffen (Art. 191a Abs. 1 und 2 BV iVm. Art. 1 Abs. 2 SGG bzw. VGG). Ausserdem verpflichtet die Rechtsweggarantie zusammen mit Art. 191b BV – auf Gesetzesstufe, ausgeführt in Art. 75 Abs. 1, Art. 86 Abs. 2 und Art. 114 BGG – die Kantone, zur Beurteilung von zivilrechtlichen und öffentlich-rechtlichen Streitigkeiten sowie von Straffällen richterliche Behörden zu bestellen; die kantonalen Vorinstanzen des Bundesgerichts sind als *Gerichte* auszugestalten (AUER, 122f.) Als solche kantonalen gerichtlichen Vorinstanzen haben die Kantone obere Gerichte – das sind Gerichte, die statusmässig beispielsweise den heutigen Ober-, Appellations- oder Verwaltungsgerichten entsprechen – als letzte kantonale Instanzen einzurichten. 2833

Die Rechtsweggarantie von Art. 29a BV verlangt *volle Sachverhalts- und Rechtskontrolle* des überprüfenden Gerichts, hingegen nicht zwingend eine Angemessenheitskontrolle (BBl 1997 I, 523). Damit verbessert sich der Rechtsschutz des Individuums, denn die abschliessende Beurteilung einer Streitigkeit durch eine nicht-richterliche Behörde (wie zB. durch ein Departement, den Bundesrat oder, auf kantonaler Ebene, durch den Regierungsrat) gewährt wegen der fehlenden richterlichen Unabhängigkeit Rechtsschutz nicht im gleichen, rechtsstaatlich gebotenen Mass. 2834

Art. 130 BGG gewährt den Kantonen für die Vorinstanzenregelung eine nach Rechtsgebiet unterschiedlich begrenzte gesetzliche Übergangsfrist: in Straf- und Zivilrechtssachen dauert diese bis zum 31. Dezember 2012, kann aber vom Bundesrat verlängert werden, um sie mit dem Inkrafttreten der Schweizerischen Strafprozess- bzw. Zivilprozessordnung zu koordinieren. In öffentlich-rechtlichen Angelegenheiten betrug die Übergangsfrist zwei Jahre bis zum 1. Januar 2009, ohne Ermächtigung des Bundesrates zur Verlängerung. Die Kantone sind deshalb bis zum Ablauf dieser Übergangsfristen (Art. 130 Abs. 1 bis 3 BGG) von der Erfüllung der als verfassungsmässiges Verfahrensgrundrecht geltenden Rechtsweggarantie dispensiert. Dabei handelt es sich um eine zeitlich befristete 2835 gesetzliche Ausnahme im Sinne von Art. 29a Satz 2 BV (BSK BGG-BRÜHL-MOSER Art. 130 N 5 m.w.H.; zu Recht kritisch zu diesem verlängerten «Schwebezustand» BIAGGINI, BV Kommentar, Art. 29a, Rz. 1). Für Zivilrechts- und Strafsachen statuiert Art. 130 iVm. Art. 75 Abs. 2 und Art. 80 Abs. 2 BGG den Grundsatz der doppelten Instanz. Demnach haben die oberen kantonalen Gerichte in diesen beiden Rechtsbereichen als Rechtsmittelinstanzen zu entscheiden. Diese Rechtsmittelgarantie ergibt sich aus dem BGG (im Bereich der Strafgerichtsbarkeit auch aus Art. 32 Abs. 3 BV), nicht aber aus Art. 29a BV. Im Bereich der öffentlich-rechtlichen Angelegenheiten gilt dieser Grundsatz der doppelten Instanz nicht.

2836 Die neue Rechtsweggarantie ist als *direkt anwendbares prozessuales Individualrecht* ausgestaltet; dementsprechend ist sie in den Katalog der Grundrechte, nach den allgemeinen Verfahrensgarantien (Art. 29 BV), aufgenommen worden. Sie garantiert «einen substanziellen Anspruch auf eine tatsächlich wirksame gerichtliche Kontrolle der Rechts- und Tatsachenfragen» (KLEY, in: St. Galler Kommentar, Art. 29a, Rz. 9). Der garantierte Rechtsweg besteht dabei «nur im Rahmen der jeweils geltenden Prozessordnung» und verbietet es nicht, «das Eintreten auf ein Rechtsmittel von den üblichen Sachurteilsvoraussetzungen abhängig zu machen» (Urteil 2C_532/2007 [2007] E2.3). Übermässig strenge Sachurteilsvoraussetzungen sind mit der Rechtsweggarantie jedoch nicht vereinbar (MÜLLER/SCHEFER, Grundrechte, 915 f.).

2837 Art. 29a BV enthält *keinen* Anspruch auf Überprüfung von Rechtsnormen ausserhalb eines konkreten Streitfalles (sog. *abstrakte Normenkontrolle*; BBl 1997 I, 523).

2838 Hingegen haben die Kantone gemäss Art. 87 Abs. 2 BGG ein *gerichtliches* Verfahren vorzusehen, wenn das kantonale Recht die abstrakte Normenkontrolle zulässt. Eine letztinstanzliche Überprüfung der kantonalen Rechtssätze durch das Bundesgericht ist hier möglich, da der Ausschlusskatalog von Art. 83 BGG nicht zur Anwendung kommt (KLEY, in: St. Galler Kommentar, Art. 29a, Rz. 13).

2839 Ebenso wenig verlangt Art. 29a BV eine Ausdehnung des gerichtlichen Rechtsschutzes auf jegliche *Realakte*. Nach dem Verständnis des historischen Verfassungsgebers bringt der Begriff «*Rechts*streitigkeit» zum Ausdruck, dass nicht jedes faktische Verwaltungshandeln Gegenstand gerichtlicher Beurteilung bilden muss (AB SR 1998, 257; zum Begriff der «Rechtsstreitigkeit» vgl. MÜLLER/SCHEFER, Grundrechte, 912–914.). Die verfassungsrechtliche Rechtsweggarantie entfaltet sich nicht nur innerhalb des einschlägigen Verfahrensrechts (anders MARKUS MÜLLER, Rechtsweggarantie, 173). Der Begriff der «*Rechts*streitigkeit» wird deshalb vom einfach-rechtlichen Verfahrensrecht nicht abschliessend umschrieben; er bleibt ein Verfassungsbegriff und ist als solcher autonom auszulegen. In jedem Fall erforderlich ist, dass ein tatsächliches Interesse vorliegt, das in einem gewissen Näheverhältnis zum Recht steht; wie eng dieses Verhältnis sein muss, erscheint heute noch weitgehend ungeklärt.

2840 Art. 29a BV definiert weder die zulässigen Anfechtungsobjekte, noch die Legitimation. Er garantiert lediglich (aber immerhin), dass dort, wo die Verfahrensordnung Rechtsmittel vorsieht, die Beurteilung (mindestens auf einer Stufe) durch ein unabhängiges *Gericht* mit voller Kognition in Sachverhalts- und Rechtsfragen erfolgen muss. Dass der Verwaltungsrechtsschutz – auf Bundesebene und mehrheitlich auch auf kantonaler Ebene (Ausnahme zB. Art. 28 Abs. 4 bzw. Art. 49 Abs. 3 VGR-GR: in Rechtspositionen eingreifender Realakt als zulässiges Anfechtungsobjekt) – immer noch an den Verfügungsbegriff anknüpft, hält vor Art. 29a BV stand, sofern der erforderliche Rechtsschutz anderweitig sichergestellt wird. In Umsetzung dieser Rechtslage sieht der neue, im Rahmen der Justizreform eingefügte Art. 25a VwVG auf Bundesebene einen hinreichenden Rechtsschutz bei Streitigkeiten über einen Realakt vor, der sich auf öffentliches Recht des Bundes stützt und in Rechtspositionen des Betroffenen eingreift. Der Betroffene kann danach den Erlass einer anfechtbaren Verfügung verlangen, sofern er ein schutzwürdiges Interesse hat. Diese Bestimmung gilt nicht für kantonale (und kommunale) Realakte. Die Kantone sind jedoch im Lichte von Art. 29a BV angehalten, entweder eine Art. 25a VwVG nachgebildete Regelung in ihre Verfahrensordnungen aufzunehmen, oder den in schützenswerte Rechtspositionen eingreifenden Realakt direkt zum Anfechtungsobjekt zu erklären. Zudem können Kantone unter den jeweiligen Anwendungsvoraussetzungen kraft Art. 29a BV, Art. 6 Ziff. 1 EMRK (gerichtliche Beurteilung) oder Art. 13 EMRK (wirksame Beschwerde) verpflichtet sein, Rechtsschutz gegen Realakte zu gewähren (vgl. dazu BGE 130 I 388, 394; 130 I 369, 377; 128 I 167, 174; vgl. auch MARKUS MÜLLER, Verwaltungsrealakte, 313 ff.; BSK BGG-WALDMANN Art. 82, Rz. 14). Sollen diese Entscheide über Realakte ans Bundesgericht im Sinne von Art. 82 Bst. a BGG weiterziehbar sein, müssen die Kantone die oben erwähnte Vorinstanzenregelung gemäss Art. 130 Abs. 3 BGG – Einsetzen oberer Gerichte als letzte kantonale Instanzen – beachten.

Die Rechtsweggarantie enthält den Anspruch, an ein Gericht zu gelangen, nicht jedoch den Streitfall bis vor das Bundesgericht tragen zu können. Die Bestimmungen über die Zuständigkeiten des Bundesgerichts und über den Zugang zu ihm gehen im Allgemeinen vor (Art. 189, 191 BV). 2841

Dem Gesetzgeber bleibt es unbenommen, vor der Zuständigkeit eines Gerichts ein *verwaltungsinternes* Verfahren vorzuschalten. Dies darf jedoch nicht dazu führen, dass die Verfahren zu lange dauern (Art. 29 Abs. 1 BV). 2842

2. *Ausnahmen*

Die Rechtsweggarantie gilt nicht absolut. Art. 29a Satz 2 BV erlaubt Bund und Kantonen, je für ihren Zuständigkeitsbereich die gerichtliche Beurteilung *durch (formelles) Gesetz auszuschliessen,* allerdings nur «in Ausnahmefällen». Die notwendige Konkretisierung dieser vagen Formulierung ist noch im Fluss. Grundsätzlich bedeutet sie, dass Ausnahmen von der Rechtsweggarantie nicht nur den Anforderungen von Art. 36 BV genügen müssen (vgl. etwa BGE 130 I 312, 327; kritisch MÜLLER/SCHEFER, Grundrechte, 920–926; BIAGGINI, BV Kommentar, Art. 29a, Rz. 9, denen die vorbehaltlose Anwendung von Art. 36 BV bei Art. 29a BV durch das Bundesgericht zu weit geht). Auch an die Stichhaltigkeit und Sachlichkeit der Begründung von Ausnahmen sind hohe Anforderungen zu stellen. Art. 6 Abs. 1 EMRK, Art. 14 Abs. 1 UNO-Pakt II und Art. 11 Abs. 3 FZA bilden dabei die völkerrechtliche Grenze. 2843

2844 Ausnahmen kommen vor allem für Akte in Frage, die nicht justiziabel erscheinen, so etwa für Entscheide mit vorwiegend politischem Charakter (vgl. auch BBl 1997 I, 524). Durch das BGG sind auf Bundesebene Verfügungen auf dem Gebiet der inneren und äusseren Sicherheit, der Neutralität, des diplomatischen Schutzes und der übrigen (eng auszulegenden) auswärtigen Angelegenheiten von gerichtlicher Überprüfung ausgeschlossen, es sei denn, das Völkerrecht räume einen gerichtlichen Schutz ein (Art. 32 Abs. 1 Bst. a VGG und Art. 83 Bst. a BGG). Es erscheint fraglich, ob diese Sachbereiche insgesamt nicht justiziable Fragen aufwerfen und deshalb von der gerichtlichen Überprüfung ausgenommen werden dürfen (MÜLLER/SCHEFER, Grundrechte, 921 ff.). Auf kantonaler Ebene muss zumindest bei schweren Eingriffen in die Rechte Privater – uE. insbesondere bei Rayonverboten, Meldeauflagen und Polizeigewahrsam gemäss der Änderung des Bundesgesetzes über Massnahmen zur Wahrung der inneren Sicherheit (BWIS; Gewaltpropaganda und Gewalt bei Sportveranstaltungen) – eine gerichtliche Überprüfung garantiert sein.

2845 Für Bund und Kantone bildet das zentrale Kriterium für einen Ausnahmetatbestand die *Justiziabilität* (TOPHINKE, 98). Die Botschaft nennt als Ausnahmen sodann auch die spezielle Ausgestaltung der demokratischen Mitwirkungsrechte in einem Kanton und – damit verbunden – Argumente der Gewaltenteilung (zB. referendumsfähige Beschlüsse des Parlamentes; BBl 1997 I, 524). Der «politische Charakter» liegt hier weniger im Inhalt der konkreten Angelegenheit als vielmehr «im Nebeneinander der Gewalten» und dient der Verantwortungsabgrenzung zwischen politischen Entscheidungsträgern und der Justiz (RUTH HERZOG, Auswirkungen auf die Staats- und Verwaltungsrechtspflege in den Kantonen, in: Pierre Tschannen, Neue Bundesrechtspflege, BTJP 2006, 68). Gerade in Bezug auf die Fragen der politischen Rechte der Stimmberechtigten in kantonalen und kommunalen Angelegenheiten (Art. 88 Abs. 2 Satz 1 BGG) hat das Bundesgericht, entgegen der Botschaft zur Totalrevision der Bundesrechtspflege (BBl 2006, 4327) und einem Teil der Lehre, den Begriff des «Rechtsmittels» im Sinne von Art. 88 Abs. 2 Satz 1 BGG deshalb zu Recht dahingehend ausgelegt, dass die Kantone im Lichte von Art. 29a BV (und im Zusammenhang des Gesamtsystems und der Ziele des BGG) zur Einrichtung eines kantonalen Gerichts als Rechtsmittelinstanz bzw. einer gerichtlichen Vorinstanz zwingend verpflichtet sind. Mangels politischen Charakters der Fragen der politischen Stimmberechtigung hält das Bundesgericht deshalb eine Bezugnahme zu Art. 86 Abs. 3 BGG nicht für geboten (Urteil vom 12. Februar 2007, 1P.338/2006, E. 3.10, in: ZBl 2007, 313; bestätigt in Urteil vom 17. März 2008, 1C_451/2007, E. 1.2; ausführlich BSK BGG-BRÜHL-MOSER, Art. 130, Rz. 24 f. mwH.).

2846 In der Lehre wird zwischen *unechten* und *echten* Ausnahmen unterschieden (vgl. MÜLLER/SCHEFER, Grundrechte, 921–923; BIAGGINI, BV Kommentar, Art. 29a, Rz. 6, 10). Als sog. *unechte* Ausnahmen gelten Materien mit mangelnder Eignung zur gerichtlichen Überprüfung, dh. mit mangelnder Justiziabilität. Sog. *echte* Ausnahmen sind dagegen an sich justiziable Rechtsstreitigkeiten, die aus besonderen Gründen von der gerichtlichen Überprüfung ausgeschlossen sind. Dazu zählen etwa Rechtsstreitigkeiten, in denen nicht-justiziable Fragestellungen einen grossen Stellenwert einnehmen (zB. Fragen der äusseren Sicherheit und Neutralität; vgl. aber BGE 125 II 417 und 133 II 450, 454 f. zu aussenpolitischen Fragestellungen) sowie traditionellerweise den politischen Behörden vorbehaltene Materien (zB. Begnadigungen; zur Überprüfung von Einbürgerungsentscheiden vgl. aber BGE 129 I 217 und 129 I 232). Nicht in den Anwendungsbereich von Art. 29a BV fallen hingegen Streitigkeiten, zu deren Lösung die rechtlichen Massstäbe fehlen und die deshalb einer gerichtlichen Überprüfung nicht zugänglich sind.

Bei Entscheidungen mit vorwiegend politischem Charakter gewährt Art. 86 Abs. 3 BGG den Kantonen eine Ausnahme von der in Art. 29a BV gewährten umfassenden Rechts- und Sachverhaltskontrolle. Im Lichte von Art. 29a Satz 2 BV kann es dabei nur um politische Erwägungen gehen, die ein Gericht nicht selbständig beurteilen kann. Die politische Tragweite eines Entscheids oder die Tatsache, dass der Entscheid von den obersten politischen Behörden ausgeht, kann – solange die Materie justiziabel ist – einen Ausschluss der gerichtlichen Überprüfung nicht rechtfertigen. Dass aber in der Schweiz traditionellerweise der Legislative, und teilweise auch der Exekutive, Vorrang vor der Judikative zukommt, zeigt sich etwa an Art. 189 Abs. 4 BV (vgl. unten Rz. 2850–2852).

2847

Das VGG nimmt bestimmte Verfügungen auf dem Gebiet der Fachhochschulen, der Kernenergie, des Eisenbahnwesens und der Spielbanken von der Rechtsweggarantie aus (Art. 32 Abs. 1 Bst. d, e, f, h VGG). In der Lehre wird allerdings zu Recht bezweifelt, ob dieser Ausnahmekatalog des Art. 32 VGG den Anforderungen von Art. 29a BV genüge. Durch Art. 190 BV ist er jedoch «immunisiert» (BIAGGINI, BV Kommentar, Art. 29a, Rz. 10). Im Steuerrecht gilt Art. 29a BV ausnahmslos (BEUSCH, 752 f.).

2848

Keinen Grund für eine Ausnahme vom gerichtlichen Rechtsschutz kann ein grosser *Ermessensspielraum* der entscheidenden Behörde bilden. Die rechtlichen Grenzen der Ermessensausübung (namentlich Willkür) sind richterlich überprüfbar.

2849

Art. 189 Abs. 4 BV enthält eine wichtige Ausnahme von der Rechtsweggarantie bereits auf Verfassungsebene: *Akte der Bundesversammlung und des Bundesrates* können nur in gesetzlich bestimmten Ausnahmefällen (vgl. zB. Art. 33 Bst. a und b VGG) beim Bundesgericht bzw. bei allen anderen Gerichten angefochten werden. Hier ist das System also gerade umgekehrt: Es gilt grundsätzliche *Un*anfechtbarkeit, es sei denn, besondere Gründe (zB. die Rechtsweggarantie von Art. 6 Abs. 1 EMRK und Art. 14 Abs. 1 UNO-Pakt II oder das Recht auf eine wirksame Beschwerde nach Art. 13 EMRK) sprechen dafür, dass das Gesetz ausnahmsweise eine Anfechtungsmöglichkeit vorsieht (vgl. dazu Rz. 2938).

2850

Im Bereich der Streitigkeiten über die *politischen Rechte* können in eidgenössischen Angelegenheiten lediglich Verfügungen der Bundeskanzlei und der Kantonsregierungen vom Bundesgericht überprüft werden (Art. 88 Abs. 1 Bst. b BGG; Art. 32 Abs. 1 Bst. b VGG). Gerichtlicher Überprüfung *entzogen* sind damit die Ungültigerklärung einer Volksinitiative durch die Bundesversammlung (Art. 139 Abs. 3 BV) und die bundesrätlichen Abstimmungserläuterungen, was sich aus Art. 88 BGG ergibt und vor allem im zweiten Fall problematisch erscheint.

2851

2852 Nicht ausgeschlossen durch Art. 189 Abs. 4 BV ist die vorfrageweise Überprüfung der Gesetzes- und Verfassungskonformität einer Verordnungsbestimmung der Bundesversammlung oder des Bundesrates im Zusammenhang mit einer anfechtbaren Verfügung (Botschaft, BBl 1997 I, 531; MÜLLER/SCHEFER, Grundrechte, 920; BIAGGINI, BV Kommentar, Art. 189, Rz. 19).

b. Eingeschränkte Verfassungsgerichtsbarkeit

Literatur

AUBERT JEAN-FRANÇOIS, Le contrôle judiciaire de la constitutionnalité des lois fédérales; méthode, organisation, procédure, in: Schweizerischer Anwaltsverband (Hrsg.), Verfassungsgerichtsbarkeit, Zürich 1988; AUER ANDREAS, Grundlagen und aktuelle Probleme der schweizerischen Verfassungsgerichtsbarkeit, JöR 40/1991–1992, 111 ff.; DERS., Die schweizerische Verfassungsgerichtsbarkeit, Basel/Frankfurt a. M. 1984; HALLER WALTER, in: Kommentar BV, Art. 113 (1995); DERS., Demokratie kommt vor Rechtsstaatlichkeit, plädoyer 1/2006, 28 ff.; HANGARTNER YVO, Ausbau der Verfassungsgerichtsbarkeit, AJP 1995, 101 ff.; KÄLIN WALTER, Verfassungsgerichtsbarkeit, in: Verfassungsrecht der Schweiz, 1167 ff.; DERS., Das Verfahren der staatsrechtlichen Beschwerde, 2. Aufl., Bern 1994, insb. 9 ff.; DERS., Verfassungsgerichtsbarkeit in der Demokratie, Bern 1987; KELLER HELEN, Das Bundesgericht umgeht die Verfassung. Überprüfung von Bundesgesetzen im Bereich der EMRK, NZZ Nr. 167 vom 20. Juli 2005, 15; KLEY-STRULLER ANDREAS, Der richterliche Rechtsschutz gegen die öffentliche Verwaltung, Zürich 1995; MÜLLER JÖRG PAUL, Verfassung und Gesetz. Zur Aktualität von Art. 1 Abs. 2 ZGB, recht 2000, 119 ff. (zit. Verfassung), DERS., Die Verfassungsgerichtsbarkeit im Gefüge der Staatsfunktionen, VVDStRL 39/1981, 53 ff.; PFISTER ALOIS, Was heisst «massgebend»? Bemerkungen zu Art. 113 der Bundesverfassung, in: Mélanges Robert Patry, Lausanne 1988, 391 ff.; RHINOW RENÉ, Überprüfung der Verfassungsmässigkeit von Bundesgesetzen durch das Bundesgericht – ja oder nein?, in: Schweizerischer Anwaltsverband (Hrsg.), Verfassungsgerichtsbarkeit, Zürich 1988; RHINOW RENÉ/KOLLER HEINRICH/KISS CHRISTINA, Öffentliches Prozessrecht und Justizverfassungsrecht des Bundes, Basel/Frankfurt a. M. 1996, insb. 322 ff.; SCHUBARTH MARTIN, Die Bedeutung der verfassungsmässigen Ordnung für das Verhältnis von Richter und Bundesgesetz, ZSR 2003 I, 169 ff.; ZIMMERLI ULRICH, Verfassungsgerichtsbarkeit, ZSR 2002 I, 445 ff.

1. Allgemeines

2853 Gemäss Art. 190 BV sind Bundesgesetze und Völkerrecht für das Bundesgericht und die anderen *rechtsanwendenden* Behörden, dh. die exekutiven und judikativen Organe von Bund und Kantonen, massgebend. Auch der *Gesetzgeber* hat den Vorrang von Verfassung und Völkerrecht unbedingt zu beachten – sei es bei der Gesetzgebung in materiellen Belangen oder bei Verfahrensbestimmungen und beim Erlass von Verordnungen (vgl. auch Rz. 3634 ff.). Der Text von Art. 190 BV ist insofern deutlicher als jener von Art. 113 Abs. 3 aBV, als er zusätzlich zum Bundesgericht auch «die anderen rechtsanwendenden Behörden» nennt.

2854 Damit wird die *Verfassungsgerichtsbarkeit* in empfindlichem Masse *eingeschränkt*, indem Bestimmungen in Bundesgesetzen (auch im Anwendungsfall) in einem

Rechtsschutzverfahren auch dann angewandt werden müssen, wenn sie gegen die Bundesverfassung verstossen (vgl. aber Rz. 2860 ff.).

Beispiel: Art. 11 des Bundesgesetzes über die Harmonisierung der direkten Steuern der Kantone und Gemeinden (StHG) vom 14. Dezember 1990 (SR 642.14) verpflichtet die Kantone, alleinerziehenden Steuerpflichtigen genau gleiche – und nicht bloss «gleichwertige» – tarifliche Ermässigungen einzuräumen wie Verheirateten mit Kindern. Nach Ansicht des Bundesgerichts verstösst diese Regelung in zweifacher Hinsicht gegen die Bundesverfassung: Sie verletze nämlich die Tarifautonomie der Kantone (Art. 129 Abs. 2 Satz 2 BV) und widerspreche zudem Art. 127 Abs. 2 BV (Besteuerung nach der wirtschaftlichen Leistungsfähigkeit). Der klare Wortlaut in allen drei Amtssprachen und die Entstehungsgeschichte der Norm schlössen nach Meinung des Bundesgerichts eine verfassungskonforme Auslegung aus: Dem alleinerziehenden Elternteil sei die exakt gleiche steuerliche Ermässigung wie den verheirateten Steuerpflichtigen einzuräumen, obwohl eine alleinerziehende Person a priori wirtschaftlich leistungsfähiger sei als ein Ehepaar mit dem gleichen Gesamteinkommen und der gleichen Anzahl Kindern. Statistisch lasse sich nämlich nachweisen, dass eine alleinstehende Person mit Kind signifikant geringere Ausgaben zu tätigen habe, als ein Ehepaar mit Kind. Besonders stossend sei dies, wenn zwei alleinerziehende Elternteile im Konkubinat zusammenlebten, beide vom Familientarif und den Kinderabzügen profitierten, aber ihre Einkommen steuerlich nicht addiert würden. Dennoch sah sich das Bundesgericht aufgrund von Art. 190 BV (damals Art. 191 BV) an die Regelung im StHG gebunden (BGE 131 II 697).

2855

Hingegen trifft die oft erhobene Kritik nicht zu, die Schweiz kenne auf Bundesebene überhaupt keine Verfassungsgerichtsbarkeit. Diese kann vielmehr gegenüber anderen Rechtsakten des Bundes gegeben sein. Das trifft vorab auf *Rechtsanwendungsakte* von Bundesbehörden zu. Sodann können aber auch *Normen* des Bundes, die nicht den Rang von Bundesgesetzen haben (also namentlich Verordnungen der Bundesversammlung und des Bundesrates) akzessorisch auf ihre Verfassungsmässigkeit überprüft werden (dazu unten Rz. 2859 f.).

2856

2. «Massgeblichkeit» im Sinne von Art. 190 BV

Dass Bundesgesetze und Völkerrecht massgeblich sind, bedeutet nicht, dass diese von den anwendenden Behörden stricto sensu nicht «überprüft» werden dürfen. Massgeblichkeit heisst vielmehr Anwendungspflicht oder Verbot, eine entsprechende Bestimmung aufzuheben, und dies unabhängig davon, ob mit ihr bewusst gegen höherrangiges Recht verstossen oder ein Verstoss dagegen in Kauf genommen worden ist (vgl. dazu die sog. Schubert-Praxis und ausführlicher dazu unten Rz. 3639 ff.). Art. 190 BV statuiert somit – wie früher Art. 113 Abs. 3 aBV – kein eigentliches Prüfungsverbot, sondern bloss ein *Anwendungsgebot*, was etwa dem Bundesgericht kritische Bemerkungen zur Verfassungsmässigkeit in den Urteilserwägungen erlaubt (vgl. etwa BGE 105 Ia 166, 168).

2857

Nach Ansicht des Bundesrates ist ein Bundesgesetz jedoch dann nicht «massgeblich» – und muss somit im konkreten Fall nicht angewendet werden – wenn es einer

2858

später erlassenen, unmittelbar anwendbaren und gesetzlich nicht mehr konkretisierungsbedürftigen Norm der Bundesverfassung widerspricht (Botschaft BBl 1997 I, 429).

3. Bundesgesetze und Völkerrecht

2859 Dass im Unterschied zu Art. 113 Abs. 3 aBV nur noch von *Bundesgesetzen* die Rede ist, hat mit der neuen Definition der Erlassformen in Art. 163 BV zu tun. Nicht zu den *massgebenden Erlassen* gehören – wie früher – die Verordnungen des Bundesrates, nun aber auch die Verordnungen der Bundesversammlung.

2860 Diese sind einer akzessorischen Überprüfung auf ihre Verfassungsmässigkeit grundsätzlich zugänglich. Dies gilt vor allem für Vollziehungsverordnungen, sofern sie nicht bloss Regelungen des Gesetzes wiederholen und konkretisieren. Sog. delegierte Verordnungen des Bundesrates, die der Verfassung zuwiderlaufen, sind trotzdem anzuwenden, sofern die Verfassungsverletzung von der delegierenden Norm gedeckt wird (BGE 130 I 26, 32; 128 II 34, 40; vgl. dazu auch Rz. 2708).

2861 Art. 190 BV ist keine Aussage über das gegenseitige *Verhältnis von Völkerrecht und Bundesgesetzen* zu entnehmen. Beide, Völkerrecht und Bundesgesetze, sind «massgebend».

2862 Der Terminus *Völkerrecht* stellt klar, dass das für die Schweiz verbindliche internationale Recht nicht nur aus Staatsvertragsrecht, sondern auch aus dem Völkergewohnheitsrecht, den allgemeinen Regeln des Völkerrechts und den für die Schweiz verbindlichen Beschlüssen internationaler Organisationen besteht (so auch die Botschaft, BBl 1997 I, 428).

4. Gespaltener Grundrechtsschutz

2863 In den letzten Jahren ist das Bundesgericht richtigerweise dazu übergegangen, (auch) Bundesgesetze auf ihre Übereinstimmung mit den (direkt anwendbaren) Garantien der EMRK zu überprüfen (vgl. zB. BGE 133 II 450, 454f.; 128 III 113, 116; 125 II 417 ff.; 123 II 193 ff., vgl. demgegenüber BGE 128 IV 117, 122; 128 IV 201, wo die Frage wiederum offengelassen wird). Damit ist es indirekt zu einer gewissen «Verfassungsgerichtsbarkeit» gegenüber Bundesgesetzen gekommen, weil die Grundrechte der Bundesverfassung über weite Strecken mit den EMRK-Garantien übereinstimmen.

2864 Diese Praxis führt allerdings zu einer *unhaltbaren Teilung* der Grundrechte in zwei Kategorien: in die (auch) durch die EMRK gewährleisteten Rechte einerseits, für welche – gerade auch mit Rücksicht auf den Revisionsgrund (Art. 122 BGG; Art. 45 VGG; Art. 66 Abs. 2 Bst. d VwVG) – die «Massgeblichkeit» von Art. 190 BV nicht gilt, und die «übrigen» Gewährleistungen andererseits, die sich gegenüber Bundesgesetzen nicht durchzusetzen vermögen. Es sind dies insbesondere der allgemeine Gleichheitssatz, das Willkürverbot, die Wahl- und Abstimmungsfreiheit, die Niederlassungsfreiheit, die Eigentumsgarantie, die Wirtschaftsfreiheit, das Recht auf Grundschulunterricht und das Recht auf Hilfe in Notlagen (vgl. die Auflistung der Unterschiede im Einzelnen in Rz. 1058 ff.). Dies ist zwar in der Tat unbefriedigend, doch kann nicht die Rede davon sein, dass das Bundesgericht die Verfassung «umgeht» (so aber HELEN KELLER, 15). Vielmehr gelingt es dem Bundesgericht, mit dieser Praxis sowohl die Vorgaben der Verfassung als auch diejenigen der EMRK zu erfüllen.

Die «Zweiteilung der Grundrechte» ist umso unbefriedigender, als bisher das 1. und 4. Zusatzprotokoll zur EMRK noch nicht ratifiziert worden sind. Das erste Zusatzprotokoll (Eigentumsgarantie, Recht auf Bildung, freie und geheime Wahlen der Legislative) hat die Schweiz immerhin unterzeichnet (und damit anerkannt, nichts zu unternehmen, was eine allfällige spätere Ratifizierung erschweren könnte). Den Vorschlag zur Ratifizierung macht der Bundesrat aber insbesondere von der Zustimmung aller Kantone abhängig, die bisher nicht vorliegt (vgl. 7. Bericht über die Schweiz und die Konventionen des Europarates vom 19. Januar 2000, BBl 2000, 1141 ff., 1146). Der Beitritt zum Zusatzprotokoll Nr. 4 (Niederlassungs- und Auswanderungsfreiheit, Beschränkung der Ausweisungsmöglichkeiten) sollte erst nach Abschluss der Revision der Ausländergesetzgebung geprüft werden (BBl 2000, 1147); gegenwärtig (Ende 2008) sind jedoch keine entsprechenden Bestrebungen im Gange (entsprechend wird im Neunten Bericht über die Schweiz und die Konventionen des Europarates vom 21. Mai 2008 (BBl 2008, 4533 ff.) nicht auf das 4. Zusatzprotokoll hingewiesen. Weder unterzeichnet noch ratifiziert hat die Schweiz ferner das Zusatzprotokoll Nr. 12 (allgemeiner Gleichheitssatz). 2865

Ungelöst bleibt ferner auch das Spannungsverhältnis zur Kerngehaltsgarantie von Art. 36 Abs. 4 BV. JÖRG PAUL MÜLLER schlägt deshalb vor, letztere Bestimmung als lex specialis zu Art. 190 BV zu betrachten (Verfassung, 127; KÄLIN, in: Verfassungsrecht der Schweiz, Rz. 77). Darüber hinaus wird angeregt, die Praxis zu Art. 1 Abs. 2 ZGB, die bei extrem stossenden Auslegungsergebnissen Normkorrekturen zulässt, für die Auslegung von Art. 190 BV fruchtbar zu machen (JÖRG PAUL MÜLLER, Verfassung, 125 f.). 2866

5. (Bislang gescheiterte) Reformbestrebungen

Bis anhin sind Versuche, die Verfassungsgerichtsbarkeit auf Bundesebene auf formellem Wege auszubauen, gescheitert. Es ist zu hoffen, dass es vor allem im Interesse des Menschenrechtsschutzes bald gelingen wird, diese rechtsstaatlich unhaltbare Lücke im Rechtsschutz zu schliessen. 2867

Der Reformvorschlag des Bundesrates im Rahmen der *Justizreform* (Art. 178 VE 96) sah eine Lösung vor, die es (nur) dem Bundesgericht erlaubt hätte, Bundesgesetze im Anwendungsfall auf ihre Übereinstimmung mit den verfassungsmässigen Rechten und dem Völkerrecht zu überprüfen und im Falle einer Verletzung nicht anzuwenden (konkrete Normenkontrolle mit konzentriertem System). Die Kantone hätten eine Verletzung ihrer verfassungsmässigen Zuständigkeiten rügen können. Der Vorschlag des Bundesrates wurde in den eidg. Räten einerseits mit dem Hinweis auf die «bewährte» bisherige Praxis und andererseits mit der übergeordneten Stellung des demokratischen Gesetzgebers bekämpft und scheiterte schliesslich in der Einigungskonferenz (vgl. zur Debatte in der Bundesversammlung RENÉ RHINOW, Die Bundesverfassung 2000, Basel 2000, 198). 2868

5. Teil: Rechtsverwirklichung

2869 Ein späterer – wohl noch zu früh lancierter – Versuch ist bereits in den Anfängen gescheitert. Am 2. Oktober 2000 hat der Nationalrat beschlossen, einer parlamentarischen Initiative von Nationalrat Zwygart, welche den bundesrätlichen Vorschlag (Art. 178 VE 96 Justizreform) wieder aufnahm, keine Folge zu geben (AB NR 2000, 1089 ff.).

2870 Im Rahmen der Botschaft vom 14. November 2001 zur Neugestaltung des Finanzausgleichs und der Aufgaben zwischen Bund und Kantonen (*NFA*; BBl 2002, 2291 ff.) schlug der Bundesrat eine Öffnung der Massgeblichkeit von Bundesgesetzen vor. Danach hätte das Bundesgericht in Streitigkeiten zwischen Bund und Kantonen auch die Verletzung verfassungsmässiger Kompetenzen der Kantone durch Bundesgesetze prüfen können (Änderung von Art. 189 Abs. 2 BV; lex specialis zu Art. 190 BV). Der Gesetzgeber wäre frei gewesen, für diese Prüfung die abstrakte oder die konkrete Normenkontrolle zu wählen (BBl 2002, 2466), wobei im Grunde nur der Klageweg in Frage gekommen wäre, wenn dieses Instrument hätte greifen sollen. Der Vorschlag scheiterte am Widerstand des Ständerates (AB SR 2002, 881), was bemerkenswert ist, handelte es sich doch um ein Anliegen der Konferenz der Kantonsregierungen. Der Nationalrat schloss sich der Ablehnung an (AB NR 2003, 1187).

2871 Noch hängig ist die Parlamentarische Initiative von Heiner Studer (eingereicht am 7. Oktober 2005; Geschäftsnummer 05.445), welche die konkrete Normenkontrolle einführen und den Kantonen eine verstärkte Stellung in Rechtsanwendungsverfahren geben möchte, in deren Rahmen die Zuständigkeiten der Kantone betroffen sind.

2872 Ebenfalls noch im parlamentarischen Verfahren befindet sich die Parlamentarische Initiative von Vreni Müller-Hemmi (eingereicht am 5. Oktober 2007; Geschäftsnummer 07.476), die verlangt, Art. 190 BV dahingehend abzuändern, dass das Bundesgericht und die anderen rechtsanwendenden Behörden nicht gezwungen sind, Bestimmungen eines Bundesgesetzes, die verfassungswidrig sind, anzuwenden.

2873 Zudem hat der Ständerat am 26. September 2007 ein Postulat von Thomas Pfisterer überwiesen (Geschäftsnummer 07.3360), wonach der Bundesrat aufgefordert wird, einen Bericht darüber zu erstatten, wie die präventive Verfassungskontrolle bei der Vorbereitung insbesondere der Gesetz- sowie Verordnungsgebung und von sekundärem Völkerrecht durch Bundesversammlung, Bundesrat und Verwaltung institutionell verstärkt werden kann. Dieses Postulat zielt primär auf die Stärkung der Stellung des Bundesamtes für Justiz im Rahmen der präventiven Verfassungskontrolle.

2874 Von den Gegnern eines Ausbaus der Verfassungsgerichtsbarkeit wird wenig beachtet, dass auch die *Verfassung demokratisch legitimiert* ist, ja aufgrund des zusätzlich erforderlichen Ständemehrs sogar über eine höhere Legitimation verfügt. Noch zentraler erscheint der Hinweis auf die notwendige *Verknüpfung von Demokratie und Rechtsstaat*. Die an der Menschenwürde ausgerichtete und auf der Autonomie der Rechtssubjekte beruhende Demokratie muss die Grundrechte des einzelnen Menschen, welche eben diese Autonomie schützen, achten, wenn sie nicht ihre eigenen Grundlagen untergraben will.

Es kommt hinzu, dass in der Verfassungsrealität mögliche Grundrechtsverletzungen beim Erlass von Vorschriften *«abstrakt» oft noch nicht festgestellt* werden können, es somit bei der konkreten Normenkontrolle idR. gar nicht um eine eigentliche «Korrektur» des Gesetzgebers geht. Jedenfalls würde höchstens das Parlament «korrigiert», denn bei ausgebliebener Referendumsabstimmung kann kaum behauptet werden, eine angefochtene Bestimmung entspreche dem ausdrücklichen Volkswillen.

2875

III. Grundsatz der richterlichen Unabhängigkeit

Literatur

BERTOSSA BERNHARD, Séparation des pouvoirs: l'indépendance des juges en danger?, in: Justice – Justiz – Giustizia, 2006/1; EICHENBERGER KURT, Die richterliche Unabhängigkeit als staatsrechtliches Problem, Bern 1960; FISCHBACHER ALAIN, Verfassungsrichter in der Schweiz und in Deutschland, Diss. Zürich, Zürich/Basel/Genf 2006; KIENER REGINA, Richterliche Unabhängigkeit, Bern 2001 und dort zitierte Literatur; DIES., Sind Richter trotz Wiederwahl unabhängig?, plädoyer 5/2001, 36 ff.; MÜLLER GEORG, Justiz, Politik und Medien, in: Hänni Peter (Hg.), Mensch und Staat. FS Thomas Fleiner, Fribourg 2003, 545 ff.; RHINOW RENÉ/KOLLER HEINRICH/KISS CHRISTINA, Öffentliches Prozessrecht und Justizverfassungsrecht des Bundes, Basel/Frankfurt a. M. 1996, 29 ff.; MÜLLER/SCHEFER, Grundrechte, 937 ff.; SCHUBARTH MARTIN, Die Freiheit des Richters, Studia philosophica 1990, 193 ff.; WALTER HANS PETER, Interne richterliche Unabhängigkeit, 1/2005 [www.richterzeitung.ch].

a. Umfassendes Prinzip

In Art. 191c BV wird das Prinzip der richterlichen Unabhängigkeit ausdrücklich verankert. Zudem wird die richterliche Unabhängigkeit in Art. 6 Abs. 1 EMRK und Art. 14 Abs. 1 UNO-Pakt II garantiert.

2876

> Der Grundsatz der richterlichen Unabhängigkeit war im Text der alten BV nicht enthalten, sondern wurde dem ungeschriebenen Verfassungsrecht zugeordnet und vom Bundesgericht als Teilgehalt von Art. 58 aBV anerkannt. Auf der Ebene des Bundesgesetzes wurde er lediglich für das Bundesgericht festgehalten (Art. 21 Abs. 3 OG).

2877

Der Wortlaut von Art. 191c BV spricht nicht nur vom Bundesgericht, sondern von richterlichen Behörden allgemein. Das Erfordernis richterlicher Unabhängigkeit betrifft nicht nur Richterinnen und Richter, sondern auch Personen, die etwa als Gerichtsschreiber oder Protokollführer an der Rechtsfindung beteiligt sind (BGE 124 I 255, 265). Die Berücksichtigung der Systematik – «4. Kapitel: Bundesgericht und andere richterliche Behörden» – ergibt, dass damit auch die weiteren richterlichen Behörden des Bundes (Art. 191a BV) und alle richterlichen Behörden der Kantone (Art. 191b BV) gemeint sind, somit sämtliche Gerichte von Bund und Kantonen überhaupt (inkl. Schiedsgerichte; BGE 133 I 89, 92), sowie andere Behörden, welche typische richterliche Funktionen ausüben (zum grundrechtlichen Anspruch auf ein gesetzmässiges, zuständiges, unabhängiges und unparteiisches Gericht gemäss Art. 30 BV vgl. unten Rz. 3060–3071).

2878

2879 Die Aufnahme im 5. Titel «Bundesbehörden» ändert daran nichts. Vielmehr handelt es sich dabei um eine systematische Unebenheit. Art. 2 Abs. 1 BGG bzw. Art. 2 VGG halten die richterliche Unabhängigkeit spezifisch für das Bundesgericht bzw. das Bundesverwaltungsgericht fest.

2880 Art. 191c BV dient vornehmlich der institutionellen Absicherung der Unabhängigkeit der richterlichen Behörden in ihrer rechtsprechenden Tätigkeit. Er richtet sich an den Verfassungs- und den Gesetzgeber mit der Forderung zu entsprechender Umsetzung und Ausgestaltung. Gleichzeitig sind aber auch alle anderen «Akteure im gewaltenteiligen Rechtsstaat» (STEINMANN, in: St. Galler Kommentar, Art. 191c, Rz. 4) gehalten, diesem Grundsatz Nachachtung zu verschaffen. Art. 30 Abs. 1 BV dagegen schützt den konkretisierten, individuellen grundrechtlichen Anspruch auf ein unabhängiges und unparteiisches Gericht.

2881 Nach schweizerischem Verständnis ist die richterliche Unabhängigkeit einem *Individualrecht der Parteien* nachgebildet, auf das sich Träger hoheitlicher Aufgaben nicht berufen können (REGINA KIENER, 381). Richterliche Unabhängigkeit ist daher kein Grundrecht des Richters, sondern vielmehr ein «Schattenbild der Gewaltenteilung» im Dienst der Funktionsfähigkeit der Justiz (HANS PETER WALTER, Rz. 9).

2882 Die richterliche Unabhängigkeit bezweckt eine rechtsstaatlich einwandfreie Rechtsprechung, indem Einmischungen in die Rechtsfindung, die Korrektur oder Ungültigerklärung von Urteilen, vor allem durch Regierung (BGE 120 Ia 19 E. 4a) und Parlament, oder durch Verweigerung der Urteilsvollstreckung ausgeschlossen werden sollen (Bericht GPK-N/S vom 6. Oktober 2003, Untersuchung von besonderen Vorkommnissen am Bundesgericht, BBl 2004, 5659 f.). Sie bedarf daher der Verpflichtung auf das aus dem demokratischen Rechtsetzungsverfahren hervorgegangene Recht, dessen Verwirklichung sie im streitigen Einzelfall dient. Die Bindung an das Recht ist eine dem Prinzip «immanente Einschränkung» (KURT EICHENBERGER). Gemäss Art. 5 Abs. 1 BV ist das Recht Grundlage und Schranke allen staatlichen Handelns, auch der richterlichen Funktionen. Die enge Verknüpfung zwischen richterlicher Unabhängigkeit und Rechtsbindung kommt im Wortlaut von Art. 191c BV klar zum Ausdruck. Dementsprechend schützt der Grundsatz der richterlichen Unabhängigkeit auch das «notwendige Vertrauen der Rechtssuchenden» auf einen unabhängigen Richter (BGE 124 I 255, 266). Wenn der Gesetzgeber pro futuro neues Recht schafft, wird die Unabhängigkeit der Rechtsprechung dadurch nicht tangiert (STEINMANN, in: St. Galler Kommentar, Art. 191c, Rz. 6).

2883 Die richterliche Unabhängigkeit verpflichtet nicht nur andere, nicht rechtsprechende staatliche Behörden, sondern gilt auch innerhalb von *Kollegialgerichten* und innerhalb des *Instanzenzugs*. Sie entbindet richterliche Behörden aber weder von einer kohärenten, weitgehend konstanten Rechtsprechung, noch vom Zwang, zu entscheiden (HANS PETER WALTER, Rz. 19). Überdies darf nach den Worten der GPK der eidgenössischen Räte in der Tat erwartet werden, dass sich Mitglieder eines Kollegialgerichts «um einen Umgang im gegenseitigen Respekt und die Beilegung von Konflikten im Richtergremium bemühen, allenfalls mit Hilfe von Mitrichtern oder der Gerichtsleitung.» (BBl 2005, 1889 ff., 1917).

Folgerichtig kann das Bundesgericht auch Reglemente über «die Schlichtung von Streitigkeiten zwischen Richterinnen und Richtern» erlassen (Art. 15 Abs. 1 Bst. a BGG).

Seinem Inhalt nach ist das Prinzip der richterlichen Unabhängigkeit ein *defensives Prinzip*, das sich gegen Abhängigkeiten richtet. Es verlangt nach KURT EICHENBERGER Unparteilichkeit (Unabhängigkeit von den Prozessparteien), Selbständigkeit (Unabhängigkeit von den anderen Staatsgewalten, Weisungsfreiheit), Eigenständigkeit (Unabhängigkeit von anderen Trägern der richterlichen Gewalt), Sozialfreiheit (Unabhängigkeit gegenüber Einwirkungen politischer und interessenbedingter Provenienz) und schliesslich innere Entscheidungsfreiheit. Die erwähnte *Unparteilichkeit* kann etwa dann tangiert sein, wenn bei einem als nebenamtlicher Richter amtenden Anwalt zu einer Prozesspartei ein noch offenes Mandat besteht oder er für eine der Prozessparteien mehrmals anwaltlich tätig wurde (BGE 116 Ia 485, 489; vgl. dazu auch unten Rz. 3068).

2884

REGINA KIENER betont die dualistische Natur des Grundsatzes der richterlichen Unabhängigkeit (13 f.): Sie unterscheidet einen personenbezogenen Gehalt (innere Unabhängigkeit des Richters) und einen institutionenbezogenen Gehalt (institutionell-organisatorische Separierung der Justiz von den anderen Staatsgewalten). Den Kern der richterlichen Unabhängigkeit ortet sie bei der personenbezogenen Dimension. Mit den Regeln über die Unvereinbarkeit (Art. 144 BV; Art. 6 BGG; Art. 14 Bst. a und b ParlG) und teilweise durch die Pflicht zum Vollamt und den Ausschluss von Nebentätigkeiten ergänzt (Art. 144 Abs. 2 BV; Art. 6 BGG), wird diese personelle Unabhängigkeit der Richter und Richterinnen rechtlich abgesichert.

2885

Die Garantie der *inneren Unabhängigkeit* entzieht sich staatlicher Reglementierung weitgehend. Wird sie nicht wahrgenommen, «ist dies nicht Ausdruck eines strukturbedingten Zwangs zu fremdbestimmter Entscheidung, sondern Sinnbild richterlichen Unvermögens.» (HANS PETER WALTER, Rz. 5). So entscheidend eine unabhängige und integre Persönlichkeit der Richter und Richterinnen in der Tat ist, so schwierig lässt sie sich sicherstellen. Besondere Bedeutung erlangt in diesem Zusammenhang das Verfahren der Richterwahlen. Das Bundesgericht hat dabei die Wahl einer richterlichen Behörde durch die Exekutive regelmässig als mit der richterlichen Unabhängigkeit für vereinbar erklärt (BGE 119 V 375, 378).

2886

Die richterliche Unabhängigkeit bezieht sich auf die *rechtsprechende Tätigkeit*, nicht auf andere Funktionen, welche den Gerichten zukommen. Der Grundsatz der Selbstverwaltung des Bundesgerichts, der sich aus Art. 188 Abs. 3 BV ergibt, bedeutet dabei eine wichtige Verstärkung und Absicherung der Unabhängigkeit in der Rechtsprechung.

2887

Nach schweizerischer Tradition sind Gerichte einer *parlamentarischen oder administrativen Aufsicht* unterstellt. So übt die Bundesversammlung die Oberaufsicht über das Bundesgericht aus (Art. 169 Abs. 1 BV iVm. Art. 3 Abs. 1 BGG). Dasselbe gilt auch für das Bundesverwaltungsgericht, wo allerdings die «administrative Aufsicht über die Geschäftsführung» dem Bundesgericht zukommt (Art. 3 VGG). Einwirkungen auf die rechtsprechende Tätigkeit

2888

der Streitentscheidung sind diesen Behörden untersagt (Art. 191c BV). Die institutionelle Aufteilung der drei Gewalten kann indessen indirekte Auswirkungen auf die richterliche Unabhängigkeit zeitigen. Aufgrund der Budgethoheit des Parlamentes (Art. 3 Abs. 2 BGG) und seiner Kompetenz, die Anzahl der Richter am Bundesgericht im Rahmen der gesetzlichen Vorgabe zu bestimmen (Art. 1 Abs. 3 und 5 BV), ist die Bundesversammlung dafür verantwortlich, den Gerichten auch in finanziell angespannten Zeiten jene Ressourcen zur Verfügung zu stellen, welche sie für eine hoch stehende, effiziente Rechtsprechungstätigkeit benötigen (siehe HANS PETER WALTER, Rz. 24 f.). Legislative und Exekutive sind ihren «Bürgern gegenüber zur Gewährung einer ordnungsgemässen Rechtspflege» verpflichtet und können für allfällige «Versäumnisse haftbar gemacht werden» (BGE 119 III 3 f.). Zu beachten ist, dass Grundlage für den Verkehr zwischen Bundesversammlung und eidgenössischen Gerichten (einzig) Art. 162 ParlG ist.

2889   Die richterliche Unabhängigkeit gerät aber auch dann in Gefahr, wenn *politische Behörden* oder *Behördenvertreter* Urteile in *unsachlicher Weise* kritisieren und so die Justiz als Ganzes in Misskredit bringen.

2890   So hatte der damalige Vorsteher des EJPD BLOCHER einzelne Entscheide der heute im Bundesverwaltungsgericht aufgegangenen Asylrekurskommission kritisiert, indem er letzterer sinngemäss unterstellte, zwei nicht rechtskräftig verurteilten, als «Kriminelle» bezeichneten Albanern den Flüchtlingsstatus zuerkannt zu haben. Daraufhin hielt die GPK-S Folgendes fest:

«Nach Auffassung der GPK-S ist nicht jede kritische Äusserung von Behördenmitgliedern zur Rechtsprechung der Gerichte bereits als Verletzung der richterlichen Unabhängigkeit zu werten. Insbesondere müssen sie Tendenzen der Rechtsprechung etwa im Hinblick auf Rechtsänderungen oder Fragen des Vollzugs diskutieren und kritisieren können. Der Justizminister muss mit Rücksicht auf seine besondere Stellung jedoch grosse Zurückhaltung bei der Kritik an Gerichtsurteilen üben. Wenn schon, muss er seine Kritik sachlich und ausgewogen vorbringen und die Begründung der Urteile miteinbeziehen. Dies hat der Vorsteher EJPD im vorliegenden Fall unterlassen. Er hat in keiner seiner Stellungnahmen darauf hingewiesen, dass und aus welchen Gründen die ARK die beiden Albaner für unschuldig ansah. Er hat konsequent in seinen Äusserungen durchblicken lassen, dass er selbst die Albaner für schuldig hält. Das kommt einer grundsätzlichen Kritik an den Urteilen beziehungsweise deren Missachtung gleich.» (GPK des Ständerates, Untersuchung von öffentlichen Aussagen des Vorstehers des EJPD zu Gerichtsurteilen vom 10. Juli 2006, Bern 2006, 33 f.).

2891   Auch von Seiten der «öffentlichen Meinung», namentlich durch politische Parteien und Medien, kann die richterliche Unabhängigkeit unter Druck kommen. Besonders ausgeprägt ist diese Gefahr in einem System, in welchem sich Richter in relativ kurzen Zeitabständen *Wiederwahlen* stellen müssen.

2892   Dies wurde nach der Entscheidung BGE 116 Ia 252 betreffend religiösen Symbolen in der öffentlichen Schule von Cadro/TI deutlich. Die Vertreter der Mehrheitsmeinung wurden mit einem deutlich schlechteren Stimmenverhältnis wiedergewählt (Amtl. Bull NR 1990, 2520 f.). Im Nachgang zu politisch kontrovers behandelten Entscheidungen zur Auslegung der Strafnorm betreffend Rassendiskriminierung (BGE 130 IV 111) und zum Rechtsschutz im Einbürgerungsverfahren (BGE 129 I 217; 129 I 232) wurden unverhohlen Drohungen seitens einzelner Parlamentarier im Hinblick auf die nächsten Richterwahlen geäussert. In dieser Hinsicht erweist sich das *Wahlverfahren* für das Bundesgericht mit der im internationalen Vergleich kurzen Amtsdauer für Bundesrichter von sechs Jahren (Art. 145 Satz 2 BV iVm. Art. 9 Abs. 1 BGG) im Lichte der richterlichen Unabhängigkeit als *problematisch*. Prüfenswert erscheint daher der Vorschlag von Bundesrichter NICCOLÒ RASELLI, zu einem System mit einmaliger Ernennung der Richter auf eine lange Amtsdauer ohne Möglichkeit der Wiederwahl, verbunden mit der Möglichkeit eines Amtsenthebungsverfahrens bei Amtsunfähigkeit und Amtsunwürdigkeit, überzugehen. So sind beispielsweise die Richter des deutschen Bundesverfassungsgerichts für eine 12-jährige Amtsdauer gewählt, ohne wiedergewählt werden zu können (§ 4 BVerfGG und dazu KLAUS SCHLAICH/STEFAN KORIOTH, Das Bundesverfassungsgericht, 7. Aufl., München 2007, Rz. 42 ff.). Vgl. zum Ganzen auch REGINA KIENER, Sind Richter trotz Wiederwahl unabhängig?, plädoyer 5/2001, 36 ff.

Für die Vorbereitung der Wahl und einer allfälligen Amtsenthebung von Richterinnen und Richtern der eidgenössischen Gerichte ist die *Gerichtskommission der Vereinigten Bundesversammlung* zuständig (Art. 40a Abs. 1 ParlG). Sie unterbreitet ihre Wahlvorschläge der Bundesversammlung (Art. 40 Abs. 3 Satz 1 ParlG). 2893

Die Rechtskommission des Ständerates schlug für die Vorbereitung der Wahl und Wiederwahl von Richtern und Richterinnen des Bundesgerichts, des Bundesstrafgerichts und des Militärkassationsgerichts ursprünglich die Schaffung einer als Fachbehörde ausgestalteten Justizkommission vor (BBl 2002, 1183 f.). Sie sollte sich gemäss dem Entwurf aus Mitgliedern mit je verschiedenartiger juristischer Erfahrung (Universität, Gericht, Advokatur) zusammensetzen (vgl. BBl 2002, 1199 ff.). Dieser Vorschlag scheiterte aber in der parlamentarischen Debatte. 2894

b. Grundsatz und Grundrecht

Art. 191c BV verankert die richterliche Unabhängigkeit als Verfassungsgrundsatz. Er entfaltet seine Wirkungen vor allem in *organisatorischer Hinsicht*. Er bedarf der Konkretisierung durch den Gesetzgeber auf allen bundesstaatlichen Stufen und einer verfassungskonformen Praxis aller Staatsorgane. Er verlangt aber auch, dass der Justiz «die zur Funktionsausübung erforderlichen Mittel zur Verfügung» gestellt werden (STEINMANN, in: St. Galler Kommentar, Art. 191c, Rz. 7). Fraglich erscheint, ob Art. 191c BV als «Teilaspekt des Grundsatzes der Gewaltenteilung» auch «ein verfassungsmässiges Recht auf die entsprechende institutionelle Sicherung aller Gerichte von Bund und Kantonen» enthält (so RAINER J. SCHWEIZER, in: in: St. Galler Kommentar, Vorbem. zur Justizverfassung, Rz. 3). UE. verankert Art. 30 Abs. 1 BV mit dem Anspruch auf ein gesetzliches, zuständiges, unabhängiges und unparteiisches Gericht diese *grundrechtliche* Dimension der richterlichen Unabhängigkeit (vgl. Rz. 3060 ff.). 2895

2896   Die Frage der richterlichen Unabhängigkeit im grundrechtlichen Sinn der Unvoreingenommenheit stellt sich insbesondere dann, wenn – wie beim Vorsitzenden des Kollegialgerichts oder bei der Einzelrichterin üblich – im Verfahren verschiedene Funktionen ausgeübt werden. So ist etwa der Anspruch auf unentgeltliche Rechtspflege, den der Vorsitzende oder die Einzelrichterin vor dem Sachentscheid zu beurteilen hat, regelmässig davon abhängig, dass das Verfahren nicht aussichtslos erscheint. Auch vorsorgliche Massnahmen sind nur zulässig, wenn das Hauptbegehren voraussichtlich begründet ist. In diesen Fällen ist eine vorläufige Beurteilung der Prozesschancen notwendig. Doch wird hier nach Ansicht des Bundesgerichts – entgegen der gut begründeten Lehre (insbesondere KIENER, 166 f.) – die richterliche Unabhängigkeit durch die Personalunion zwischen der Richterin, die den Anspruch auf unentgeltliche Rechtspflege oder über vorsorgliche Massnahmen beurteilt, und der Richterin, die in der Hauptsache entscheidet, in der Regel nicht tangiert (BGE 131 I 113, 118 ff.).

2897   Immer wieder Anlass zu Zweifel an der richterlichen Unabhängigkeit gibt aber auch die Verbindung von nebenamtlicher Richterfunktion und hauptberuflicher Anwaltstätigkeit (dazu MÜLLER/SCHEFER, Grundrechte, 945–947). Nach der bundesgerichtlichen Rechtsprechung (BGE 133 I 1, 6 f.; 131 I 113, 116; 131 I 24, 25; 128 V 82, 85; 124 I 121, 124) ist entscheidend, ob – objektiv betrachtet – äussere Gegebenheiten funktioneller und organisatorischer Natur oder ein bestimmtes Verhalten des betreffenden Richters vorliegen, die den Anschein der Befangenheit erwecken und die Gefahr der Voreingenommenheit begründen. Tatsächliche Befangenheit wird nicht verlangt. Der Prozess muss aus Sicht aller Beteiligten als offen erscheinen. Demnach akzeptiert das Bundesgericht den Umstand, dass das Mitglied eines Gerichts gleichzeitig als Anwalt tätig ist und in anderen Verfahren vor demselben Gericht als Anwalt auftritt, nicht in allgemeiner Weise als hinreichenden Ausstandsgrund – was uE. zu hinterfragen wäre. Das Bundesgericht betrachtet die Gefahr der Befangenheit bei hauptberuflich als Anwalt tätigen Richtern bis zu einem gewissen Grad als «systemimmanent». Auf Bundesebene verbieten Art. 6 Abs. 2 VGG und Art. 6 Abs. 2 SGG den – auch nur teilzeitlich angestellten – Richterinnen und Richtern am Bundesverwaltungsgericht und am Bundesstrafgericht, berufsmässig Dritte vor Gericht zu vertreten. Den Richterinnen und Richtern des Bundesgerichts ist hingegen bloss die berufsmässige Vertretung vor dem Bundesgericht selbst verboten (Art. 6 Abs. 2 BGG).

IV. Einheitliches Zivil- und Strafprozessrecht

Literatur

BÄNZIGER FELIX, Die schweizerische Strafprozessordnung – ein Projekt mit Zukunft, ZSR 2002, 527 ff.; BERTI STEPHEN V., Zivilprozessrecht – gestern und morgen, ZSR 2008 I, 329 ff.; MEIER ISAAK, Vorentwurf für eine Schweizerische Zivilprozessordnung. Überblick mit Kritik und Änderungsvorschlägen, Zürich/Basel/Genf 2003; SCHMID NIKLAUS, Strafprozessrecht, 4. Aufl., Zürich/Basel/Genf 2004; SPÜHLER KARL (Hrsg.), Die neue schweizerische Zivilprozessordnung, Basel/Genf/München 2003; SUTTER-SOMM THOMAS, Der Vorentwurf zur Schweizerischen Zivilprozessordnung, ZSR 2002 I, 545 ff.; DERS./HASENBÖHLER FRANZ (Hrsg.), Die künftige schweizerische Zivilprozessordnung, Zürich 2003; DERS.,

Schweizerisches Zivilprozessrecht, Zürich 2007; DERS., Die Vereinheitlichung des schweizerischen Zivilprozessrechts de lege lata – ausgewählte Aspekte, insbesondere die Fortführungslast, in: Noll Daniel/Olano Oskar, (Hrsg.), Liestal 2004, 205 ff.; VOGEL OSCAR/SPÜHLER KARL, Grundriss des Zivilprozessrechts, 8. Aufl., Bern 2006.

a. **Allgemeines**

Im Rahmen der Justizreform wurde die Verfassungsgrundlage dafür geschaffen, dass der Bundesgesetzgeber das Zivil- und das Strafprozessrecht vereinheitlichen kann. Danach ist die Gesetzgebung auf dem Gebiet des Zivilrechts und des Zivilprozessrechts (Art. 122 Abs. 1 BV) sowie auf dem Gebiet des Strafrechts und des Strafprozessrechts (Art. 123 Abs. 1 BV) «Sache des Bundes», während für die Organisation der Gerichte und die Rechtsprechung in Zivil- und Strafsachen (sowie den Straf- und Massnahmenvollzug) die Kantone zuständig sind; dies allerdings nur, soweit ein Bundesgesetz nichts anderes vorsieht.

2898

Auf dem Gebiet des Zivilrechts und des *Zivilprozessrechts* waren früher der Bund für das materielle Zivilrechts, die Kantone dagegen für das (formelle) Zivilprozessrechts zuständig, Letztere regelten «die Organisation der Gerichte, das gerichtliche Verfahren und die Rechtsprechung» (Art. 64 Abs. 3, 64bis Abs. 2 aBV). Soweit zur Durchsetzung des Bundesprivatrechts notwendig, durfte der Bund den Kantonen zivilprozessuale Vorgaben machen, um zu verhindern, dass das materielle Privatrecht aufgrund des kantonalen Zivilprozessrechts wirkungslos bleibt (OSCAR VOGEL/KARL SPÜHLER, Kap. 2, Rz. 19). Mit Annahme der Justizreform wurde Art. 122 BV neu formuliert. Die Verfassungsbestimmung wurde mit dem Bundesbeschluss vom 8. März 2005 über das vollständige Inkrafttreten der Justizreform vom 12. März 2000 auf den 1. Januar 2007 in Kraft gesetzt (AS 2006 1059). Das EJPD setzte am 26. April 1999 eine Expertenkommission ein, die Ende 2002 einen Vorentwurf für eine Schweizerische Zivilprozessordnung vorlegte. 2006 legte der Bundesrat dem Parlament die Botschaft zum Entwurf für eine Schweizerische Zivilprozessordnung vor (BBl 2006, 7221 ff.). Im Rahmen der Revision des Vormundschaftsrechts des ZGB von 1912 wurde (anders als ursprünglich vorgesehen) auf ein spezielles Verfahrensgesetz zum Kindes- und Erwachsenenschutz verzichtet, sodass die entsprechenden Verfahrensbestimmungen nun in den materiellen Teil (Art. 443 ff. E-ZGB) integriert werden sollen (BBl 2006, 7001 ff.).

2899

Seit 1898 war der Bund aufgrund von Art. 64bis aBV zwar für das materielle Strafrecht, nicht aber für das Strafprozessrecht zuständig. Diese Kompetenzausscheidung erwies sich schon lange als überholt: Einerseits wirkten internationale Übereinkommen wie die EMRK und der UNO-Pakt II stark auf das Strafprozessrecht ein, andererseits griff der Bund mit den Verfahrensgarantien, den Grundrechten und zahlreichen Spezialgesetzen in die kantonale Autonomie ein; etwa zur Opferhilfe (Opferhilfegesetz, SR 312.5), zur Brief- und Telefonüberwachung (Bundesgesetz betreffend die Überwachung des Post- und Fernmeldeverkehrs, SR 780.1) oder zur verdeckten Ermittlung (Bundesgesetz über die verdeckte Ermittlung, SR 312.8). Diese Rechtszersplitterung erwies sich als nicht mehr verantwortbar (SCHMID, Rz. 22). Durch den Bundesbeschluss über

2900

die Reform der Justiz vom 8. Oktober 1999 wurde die neue Fassung von Art. 123 BV per 1. April 2003 in Kraft gesetzt (AS 2002 3148). Eine 1994 eingesetzte Expertenkommission legte 1997 unter dem Titel «Aus 29 mach 1» (gemeint sind die 26 kantonalen Strafprozessordnungen sowie die 3 Strafprozessordnungen auf Bundesebene [Bundesstrafprozess, Militärstrafprozess und Verwaltungsstrafrecht]) ein Konzept für eine eidgenössische Strafprozessordnung vor. Der Bundesrat unterbreitete der Bundesversammlung am 21. Dezember 2005 die Botschaft zur Vereinheitlichung des Strafprozessrechts sowie den Gesetzesentwurf (BBl 2006, 1085 ff.). Die Bundesversammlung verabschiedete am 5. Oktober 2007 die Schweizerische Strafprozessordnung StPO (Referendumsvorlage in BBl 2007, 6977 ff.; voraussichtliches Inkrafttreten 1. Januar 2011). Am 22. August 2007 verabschiedete der Bundesrat einen Zusatzbericht zur Schweizerischen Jugendstrafprozessordnung (JStPO; BBl 2008, 3121 ff.); sie steht gegenwärtig (Dezember 2008) in der parlamentarischen Beratung. In diesen Gesetzen werden Garantien der Bundesverfassung, etwa Art. 31 Abs. 2 und Art. 32 Abs. 2 BV, in verschiedenen Bestimmungen – insbesondere im Abschnitt zu den Rechten der beschuldigten Person – näher ausgeführt, womit sich die Bedeutung des Strafprozessrechts als konkretisiertes Verfassungsrecht verdeutlicht (siehe auch BBl 2006, 1384).

2901 Die Organisation der Strafbehörden des Bundes wird zudem an die neue StPO angepasst. Der Bundesrat hat zu diesem Zweck am 10. September 2008 den Entwurf und die Botschaft für ein Bundesgesetz über die Organisation der Strafbehörden des Bundes verabschiedet (BBl 2008, 8125 ff.).

b. Umfassende Gesetzgebungskompetenz

2902 Die Formulierung «ist Sache des Bundes» in Art. 122 Abs. 1 und Art. 123 Abs. 1 BV weist auf eine *ursprünglich derogierende Bundeskompetenz* hin, was bedeuten würde, dass das kantonale Recht in diesen Bereichen mit dem Inkrafttreten der Justizreform sofort hinfällig wird. Trotz der gewählten Formulierung werden aber die kantonalen Prozessgesetze bis zum Inkrafttreten der ausführenden Bundesprozessgesetze wohl gültig bleiben. Es handelt sich folglich entgegen der üblichen Bedeutung der gewählten Ausdrucksweise um eine konkurrierende oder *nachträglich derogierende* Bundeskompetenz (so auch die Botschaft, BBl 1997 I, 525 f.; LEUENBERGER, in: St. Galler Kommentar, Art. 122, Rz. 4; VEST, in: St. Galler Kommentar, Art. 123, Rz. 2). Die Kantone bleiben zuständig, solange der Bund nicht legiferiert hat.

2903 Die Bundeskompetenzen für den Erlass einheitlicher Prozessgesetze gehören nicht zu den Rechtsschutzbestimmungen im engeren Sinn. Weil die bestehende Rechtsvielfalt, ja Rechtszersplitterung im Zivil- und Strafprozessrecht die Rechtsdurchsetzung erheblich erschwert, bedeutet jedoch auch diese Neuerung eine Verbesserung des Rechtsschutzes.

c. **Das Anwendungsgebot nach Art. 190 BV**

Mit dem Erlass von Bundesprozessgesetzen verändert sich der Rechtsschutz gegenüber der früheren föderalistischen Lage insofern, als das Bundesgericht künftig wegen Art. 190 BV an die prozessrechtlichen Bundesgesetze gebunden ist. Es kann diese zwar auf ihre Vereinbarkeit mit den verfassungsmässigen Rechten prüfen, muss sie aber auch bei einem allfälligen Verstoss gegen die BV sowohl im abstrakten Normenkontrollverfahren als auch im konkreten Einzelfall anwenden. Damit sind auch *Gefahren* verbunden, kam doch der bundesgerichtlichen Rechtsprechung zu den Verfahrensgarantien besonders im Strafprozessrecht eine überragende Bedeutung zu (siehe NIKLAUS SCHMID, Rz. 26). Umso wichtiger werden damit die *Verfahrensgarantien der EMRK* und eine durchgängige *verfassungskonforme Auslegung der neuen Bundesprozessordnungen*.

2904

§ 29 Gerichte des Bundes und Rechtschutzsystem

Literatur

AUER/MALINVERNI/HOTTELIER I, 641 ff.; BIAGGINI GIOVANNI, Abstrakte und konkrete Normenkontrolle, ius.full 2006, 164 ff.; DERS., in: Verfassungsrecht der Schweiz, § 73; DERS., BV Kommentar, Art. 188 ff.; GASS STEPHAN, Wie sollen Richterinnen und Richter gewählt werden?, Wahl und Wiederwahl unter dem Aspekt der richterlichen Unabhängigkeit, AJP 2007, 593 ff.; HÄFELIN/HALLER/KELLER, § 58 f., 64–66; HALLER WALTER, in: St. Galler Kommentar, Art. 189 (Volkrechtsreform); HALLER/KÖLZ/GÄCHTER, Staatsrecht, 275 ff.; HANGARTNER YVO, in: St. Galler Kommentar, Art. 190; JUSTIZREFORM, Internationales Symposium vom 13. Juni 1998 am Bundesgericht, Lausanne 1998; HEER MARIANNE (Hrsg.), Der Richter und sein Bild, Bern 2008; JAGGI EMANUEL, Das neue Bundesgerichtsgesetz, recht 2/2007, 49 ff.; KÄLIN WALTER, in: Verfassungsrecht der Schweiz, § 74; KIENER REGINA, Richterliche Unabhängigkeit, Bern 2001; KISS CHRISTINA/KOLLER HEINRICH, in: St. Galler Kommentar, Art. 188 sowie Art. 191–Art. 191b; KOLLER HEINRICH, Grundzüge der neuen Bundesrechtspflege und des vereinheitlichten Prozessrechts, ZBl 107/2006, 57 ff.; LIENHARD ANDREAS, Controllingverfahren des Bundesgerichts, «Justice – Justiz – Giustizia» 2007/2; MAHON PASCAL, in: Petit commentaire, Art. 188 ff., 1421 ff.; NAY GIUSEP, Das Bundesgericht im Wandel und Sorge um Unabhängigkeit, SJZ 102/2006, 567 ff.; NIGGLI MARCEL/UEBERSAX PETER/WIPRÄCHTIGER Hans (Hrsg.), BGG, Basler Kommentar zum Bundesgerichtsgesetz, Basel 2008; SÄGESSER THOMAS (Hrsg.), Die Bundesbehörden, Bern 2000; SCHINDLER BENJAMIN/SUTTER PATRICK (Hrsg.), Akteure der Gerichtsbarkeit, Zürich/St. Gallen 2007; SCHUBARTH MARTIN, in: Verfassungsrecht der Schweiz, § 68; DERS., Die Zukunft des Bundesgerichts, SJZ 1999, 61 ff.; SCHWEIZER RAINER J., Die neue Justizverfassung des Bundes, in: FS 25 Jahre juristische Abschlüsse an der Universität St. Gallen (HSG), Zürich 2007, 589 ff.; DERS., in: St. Galler Kommentar, Vorbemerkungen zur Justizverfassung; STEINMANN GEROLD, in: St. Galler Kommentar, Art. 191c; TOPHINKE ESTHER, Neue Bundesrechtspflege, Evaluation der Wirksamkeit der Totalrevision, «Justice – Justiz – Giustizia» 2008/2; TSCHANNEN, Staatsrecht, § 11; TSCHENTSCHER AXEL, Demokratische Legitimation der dritten Gewalt, Tübingen 2006.

I. Gerichte und Justizverfassung

Die Gerichte nehmen die Funktion der *dritten Gewalt im Rechtsstaat* wahr, dh. sie dienen der *Durchsetzung des Recht*s. Dabei kennzeichnen sie sich durch ihre funktionelle, organisatorische und personelle Unabhängigkeit von den übrigen Staatsorganen (dazu Rz. 2876 ff.). Auch hinsichtlich der Gerichte ist die Gewaltengliederung allerdings nicht vollständig umgesetzt, hängen diese doch namentlich bei der Bestellung (Wahl der Richter) als auch bei den Ressourcen von Parlament und Regierung, in den Kantonen zT. auch vom Volk, ab (vgl. Rz. 2277 ff.). Die *Hoheitlichkeit der Rechtsprechung* lässt sich nur dann legitimieren, wenn die Zuweisung entsprechender Zuständigkeiten an die Gerichte und die damit verbundene Herrschaftsausübung in die demokratischen Strukturen und Kontrollmechanismen eingebunden sind. Die Gerichte erfüllen eine wichtige und aus moderner Sicht unerlässliche Rechtsschutzfunktion. Gerade der Grundsatz der Rechtsstaat-

2905

lichkeit verlangt, dass für den Entscheid über Rechtsstreitigkeiten wenigstens letztinstanzlich Gerichte eingesetzt werden, die mit dem erforderlichen Mass an Unabhängigkeit versehen und mit den nötigen Kompetenzen und Mitteln ausgestattet sind, um ihre Aufgabe sachgerecht auszuüben. Die Gerichte sind damit auch die unausweichliche Folge der Rechtsweggarantie nach Art. 29a BV (vgl. Rz. 2828 ff.).

2906 Die Bundesverfassung befasst sich mit den Gerichten im 4. Kapitel «Bundesgericht und andere richterliche Behörden» des 5. Titels über die «Bundesbehörden», nämlich in Art. 188–191c BV. Auch wenn es sich dabei um den *Kern der Justizverfassung* handelt, greift es zu kurz, einzig dieses Kapitel als Justizverfassung zu bezeichnen, umfasst diese doch alle verfassungsrechtlichen Bestimmungen, die sich auf die Justiz beziehen, mithin also insb. auch Art. 29a, 30 und 31 Abs. 3 und 4 BV.

2907 Die Bundesverfassung regelt insb. die Gerichte des Bundes, dh. das Bundesgericht (Art. 188–191 BV) und die weiteren richterlichen Behörden des Bundes (Art. 191a BV), und verpflichtet auch die Kantone zur Einrichtung bestimmter richterlicher Behörden (Art. 191b BV). Schliesslich enthält die Verfassung die Garantie der richterlichen Unabhängigkeit (Art. 191c BV; dazu Rz. 2876 ff.).

II. Stellung und Zuständigkeiten des Bundesgerichts

a. Stellung

1. Oberstes Gericht

2908 Art. 188 Abs. 1 BV bezeichnet das Bundesgericht als die *oberste rechtsprechende Bundesbehörde*. Damit wird einerseits die Überordnung im Instanzenzug über alle anderen Gerichte, andererseits aufgrund der analogen Formulierung in Art. 174 BV (Bundesrat als oberste leitende und vollziehende Bundesbehörde) die prinzipielle Gleichordnung mit dem Bundesrat zum Ausdruck gebracht. Demgegenüber ist die *Bundesversammlung* (unter Vorbehalt der Rechte von Volk und Ständen) oberste Gewalt des Bundes überhaupt, nicht nur in einer bestimmten Funktion (Art. 148 BV).

2909 Mit der Bezeichnung des Bundesgerichts als oberste *rechtsprechende* Behörde wird auch klargestellt, dass primär das Bundesgericht und nicht die Bundesversammlung oder der Bundesrat höchste justizielle Funktionen auszuüben befähigt und berechtigt ist.

2910 Die den anderen Gerichten übergeordnete Stellung des Bundesgerichts ist allerdings *nicht flächendeckend gewährleistet*. Die diversen Zugangsbeschränkungen (dazu Rz. 2946 ff.) bringen es mit sich, dass das Bundesgericht trotz seiner grundsätzlichen Funktion als oberste rechtsprechende Behörde des Bundes nicht in allen Fällen, ja nicht einmal in allen Rechtsgebieten angerufen werden kann. In der Rechtsprechung wird die oberste Stellung des Bundesgerichts somit punktuell durchbrochen. So gesehen kommt auch anderen richterlichen Behörden, insb. den unteren richterlichen Behörden des Bundes, eine beschränkte höchstrichterliche Funktion zu. Teilweise wird dies wiederum dadurch kompensiert, dass dem Bundesgericht die Aufsicht über die Geschäftsführung der unteren Gerichte des Bundes übertragen ist (vgl. Art. 1 Abs. 2 BGG, Art. 3 Abs. 1 VGG und Art. 3 Abs. 1 SGG sowie das Urteil des Bundesgerichts 12T.1/2007 vom 29.5.2007), was ihm allerdings nur eine Administrativ- und nicht eine Rechtsprechungskontrolle erlaubt.

Das Bundesgericht ist das oberste Gericht des *Bundes und der Schweiz überhaupt.* 2911
Seine Urteile können innerstaatlich nicht angefochten werden. Vorbehalten bleibt aber die Individualbeschwerde an den *Europäischen Gerichtshof für Menschenrechte* (EGMR) in Strassburg wegen Verletzung der in der EMRK garantierten Rechte. Dieser kann ein Urteil des Bundesgerichts jedoch nicht aufheben; dafür ist das Verfahren der Revision nach Art. 122 BGG einzuschlagen (zur analogen Vorgänger-Bestimmung Art. 139a OG siehe BGE 125 III 185, 124 II 480, 123 I 329 und 123 I 283; zum Ganzen MAYA HERTIG RANDALL/XAVIER–BAPTISTE RUEDIN, L'exécution des arrêts de la Cour européenne des droits de l'homme à la lumière de l'arrêt Verein gegen Tierfabriken c. Suisse, AJP 2008, 651 ff.).

2. *Organisation und Verfahren*

Die Verfassung enthält sich näherer Bestimmungen über die *Organisation* des Bun- 2912
desgerichts und das *Verfahren* vor dem Gericht.

Art. 188 Abs. 2 BV verweist dafür auf das Gesetz. Seit dem 1. Januar 2007 gilt 2913
das neue Bundesgerichtsgesetz (BGG). Der Gesetzgeber ist freilich bei der entsprechenden Legiferierung an die in der Verfassung selbst (und der EMRK) festgelegten Schranken gebunden (vgl. insb. Art. 189 BV über die Zuständigkeiten des Bundesgerichts und Art. 191 BV über den Zugang zum Gericht).

Art. 188 Abs. 3 BV enthält den Grundsatz der *Selbstverwaltung* des Bundesge- 2914
richts. Dieser stärkt die Unabhängigkeit des Bundesgerichts von der Exekutive und dient damit letztlich auch den Rechtsschutzinteressen. Das Bundesgericht besorgt seine Verwaltung selbständig (einschliesslich Finanzautonomie). Es bleibt jedoch der Oberaufsicht der Bundesversammlung unterstellt (vgl. Art. 169 Abs. 1 BV sowie Art. 3 Abs. 1 BGG; dazu Rz. 2277 ff.) und hat dieser jährlich die Rechnung und den Budgetantrag vorzulegen sowie Bericht über den Geschäftsgang zu erstatten (vgl. Art. 3 Abs. 2 BGG).

Bei der Justizverwaltung hat das Bundesgericht die gesetzlichen Vorgaben und 2915
die von der Bundesversammlung aufgestellten finanziellen Rahmenbedingungen zu beachten. Es ist der Bundesversammlung als Oberaufsichtsbehörde für die korrekte Wahrnehmung seiner Selbstverwaltungskompetenzen verantwortlich.

Die Neuorganisation des Bundesgerichts auf den 1. Januar 2007 warf verschie- 2916
dene Fragen der Zusammenarbeit zwischen den Staatsgewalten auf. So erscheint vor allem die – vom Parlament mit der Verordnung der Bundesversammlung vom 23. Juni 2006 über die Richterstellen am Bundesgericht

(SR 173.110.1; AS 2006, 2739) vorgesehene – *Kontrolle der Gerichtstätigkeit* des Bundesgerichts nicht unproblematisch. *Verfassungsrechtlich* ist nicht zu beanstanden, dass die Bundesversammlung im Rahmen der Oberaufsicht vom Bundesgericht eine moderne Organisation und eine effiziente Geschäftstätigkeit sowie Auskünfte darüber verlangt, wie dies umgesetzt werden soll (vgl. zu den entsprechenden Möglichkeiten BBl 2002, 7641 ff.). Der Entscheid über konkrete Massnahmen muss aber dem Bundesgericht selbst zustehen. Die beschlossene Regelung schreibt dem Bundesgericht nun ein Controlling vor, was grundsätzlich bedenklich erscheint. Sie beschränkt sich allerdings darauf und überlässt dessen nähere Ausgestaltung dem Gericht selbst, sodass sich die Regelung im Rahmen der Verfassung hält (Art. 2 der genannten Verordnung der Bundesversammlung; vgl. auch BBl 2008, 5120 ff.).

b. Zuständigkeiten

1. Allgemeines

2917 Art. 189 BV listet die Zuständigkeiten des Bundesgerichts in Form eines *Kataloges von Beschwerdegründen* auf. Die Umschreibung der Beschwerdebefugnis obliegt jedoch der Festlegung durch den Gesetzgeber.

2918 Dieser Zuständigkeitskatalog ist indessen nicht abschliessend. Im Sinne einer notwendigen Flexibilität gibt Art. 189 Abs. 3 BV dem Bundesgesetzgeber die Möglichkeit, weitere Zuständigkeiten des Gerichts zu begründen.

2. Verletzung von Bundesrecht

2919 Zentrale Aufgabe des Bundesgerichts ist die Beurteilung von Streitigkeiten wegen Verletzung von *Bundesrecht* (Art. 189 Abs. 1 Bst. a BV), was Verfassungs-, Gesetzes- und Verordnungsrecht einschliesst.

2920 Auf die Aufzählung einzelner Rechtsbereiche (wie Privatrecht, Strafrecht, Verwaltungsrecht usw.) verzichtet die Verfassung zu Recht, da sie im Oberbegriff «Bundesrecht» enthalten sind. Die umfassende Formulierung bildet überdies die Grundlage für die sog. *Einheitsbeschwerden* (vgl. dazu Rz. 2971 ff.), was vom Verfassungstext her aber nur ermöglicht, nicht jedoch zwingend gefordert wird.

3. Verletzung von Völkerrecht

2921 Art. 189 Abs. 1 Bst. b BV weist dem Bundesgericht die Aufgabe zu, die Einhaltung von *Völkerrecht* zu prüfen. Obwohl das für die Schweiz gültige Völkerrecht weitgehend Bestandteil des Bundesrechts ist, rechtfertigt sich die Anführung als eigenständige Rechtsquelle, dies nicht zuletzt auch deshalb, weil das kantonale Staatsvertragsrecht nicht zum Bundesrecht gehört.

2922 Sofern das Völkerrecht der Umsetzung in Landesrecht bedarf, haben sich Rechtsuchende auf diese Umsetzungsnormen zu berufen. Die Anrufung von Völkerrecht bedingt, dass dieses direkt anwendbar (self-executing) ist. Dafür ist vornehmlich gefordert, dass die betreffende völkerrechtliche Bestimmung justiziabel, dh. hinreichend bestimmt ist, um eine Entscheidungsgrundlage in einem konkreten Fall abzugeben (vgl. dazu Rz. 3645 ff.).

4. *Verletzung kantonalen Rechts*

Die Verletzung *kantonalen* Rechts kann beim Bundesgericht weiterhin nicht allgemein gerügt werden. 2923

Ausnahmen sieht die Verfassung in drei Fällen vor: bei der Verletzung kantonaler verfassungsmässiger Rechte (Art. 189 Abs. 1 Bst. d BV), bei den Garantien der Kantone zugunsten der Gemeinden und anderer öffentlich-rechtlicher Körperschaften (Art. 189 Abs. 1 Bst. e BV) und bei den kantonalen Bestimmungen über die politischen Rechte (Art. 189 Abs. 1 Bst. f BV). 2924

5. *Verletzung interkantonalen Rechts*

Zusätzlich wird dem Bundesgericht die Aufgabe zugewiesen, die Einhaltung *interkantonalen Rechts* zu prüfen (Art. 189 Abs. 1 Bst. c BV). Damit werden nicht nur eigentliche Verträge zwischen Kantonen im Sinne von Art. 48 BV bzw. Konkordate erfasst, wie dies früher zutraf (vgl. Art. 189 Abs. 1 Bst. c BV in der früheren Fassung vom 18. April 1999 bzw. Art. 113 Abs. 1 Ziff. 3 aBV), sondern auch ausservertragliches Recht unter den Kantonen wie interkantonales Gewohnheitsrecht (BBl 1997 I, 529). Ebenfalls fallen die von interkantonalen Organen erlassenen Rechtsnormen darunter. 2925

Der Einzelne kann nur *direkt anwendbare* Bestimmungen von Verträgen zwischen Kantonen anrufen, dh. solche, welche ihm direkt Rechte einräumen oder Pflichten auferlegen und nicht allein die Beziehungen zwischen den Kantonen regeln (BGE 115 Ia 215). Streitigkeiten zwischen Kantonen über die Einhaltung von Verpflichtungen aus interkantonalen Verträgen fallen unter Art. 189 Abs. 2 BV. 2926

Besondere Bedeutung erlangt die bundesgerichtliche Kompetenz bei der Überprüfung der im Rahmen der NFA geschaffenen erweiterten Möglichkeiten der interkantonalen Zusammenarbeit, insb. bei der Kontrolle der Einhaltung von Verträgen, die nach Art. 48a BV allgemeinverbindlich erklärt oder mit einer Beteiligungspflicht verbunden werden. 2927

6. *Autonomiebeschwerde*

Art. 189 Abs. 1 Bst. e BV weist dem Bundesgericht die Beurteilung von Streitigkeiten wegen Verletzung der *Gemeindeautonomie* und anderer Garantien (zB. Bestandesgarantie) der Kantone zu Gunsten von *öffentlich-rechtlichen Körperschaften* (Gemeinden und zB. Landeskirchen) zu (vgl. etwa das Urteil des Bundesgerichts 1C_384/2007 (2008); BGE 129 I 410; 128 I 3, 7; ZBl 107/2006, 382 sowie 478, und 103/2002, 481). Die Autonomiebeschwerde beruhte früher bloss auf der Praxis des Bundesgerichts (vgl. etwa BGE 120 Ia 204). 2928

5. Teil: Rechtsverwirklichung

7. Verletzung von Bestimmungen über die politischen Rechte

2929 Nach Art. 189 Abs. 1 Bst. f BV beurteilt das Bundesgericht Streitigkeiten wegen Verletzung von eidgenössischen und kantonalen Bestimmungen über die politischen Rechte.

2930 Die Bestimmungen über die *politischen Rechte* fallen zwar bereits unter das «Bundesrecht» gemäss Art. 189 Abs. 1 Bst. a BV. Es dient aber der Klarstellung, wenn in Zusammenhang mit der Stimmrechtsbeschwerde festgehalten wird, dass diese nicht nur bei der Verletzung kantonaler Bestimmungen über die politischen Rechte zulässig ist, sondern auch bei *eidgenössischen Volksabstimmungen und Nationalratswahlen* zur Verfügung steht.

2931 Die Gewährleistung der politischen Rechte ist in Art. 34 BV geregelt (vgl. dazu Rz. 2059 ff.); die Ausweitung der Stimmrechtsbeschwerde dient der Verwirklichung des *gerichtlichen Rechtsschutzes* im Bereich der politischen Rechte.

2932 Neben dem besseren Rechtsschutz erreicht diese Bestimmung zugleich eine konsequentere Umsetzung des funktionellen Gewaltengliederungsprinzips und eine Entlastung des Nationalrates und des Bundesrates von den justiziellen Aufgaben, die ihnen nach altem Recht (vor der Verfassungsreform 1999) oblagen.

2933 Eine weitere Kompetenz im Bereich der politischen Rechte hätte das Bundesgericht durch den Bundesbeschluss vom 4. Oktober 2002 über die Änderung der Volksrechte (BBl 2002, 3954; AS 2003, 1949) erhalten sollen, der von Volk und Ständen am 9. Februar 2003 angenommen worden ist. Nach Art. 189 Abs. 1bis BV (der mit der Anpassung des einschlägigen Gesetzesrechts hätte in Kraft treten sollen, vgl. BBl 2003, 3957) wäre das Bundesgericht zuständig geworden, Beschwerden wegen *Missachtung von Inhalt und Zweck einer allgemeinen Volksinitiative* durch die Bundesversammlung zu beurteilen. Art. 189 Abs. 1bis BV hätte insofern eine Ausnahme von der grundsätzlichen Unanfechtbarkeit von Akten der Bundesversammlung nach Art. 189 Abs. 4 BV (vgl. Rz. 2938 ff.) mit sich gebracht. Die allgemeine Volksinitiative soll aber nach einem Beschluss der Bundesversammlung wieder abgeschafft werden, ohne je umgesetzt und angewandt worden zu sein, womit auch die entsprechende Kompetenz des Bundesgerichts obsolet wird.

8. Föderative Streitigkeiten

2934 Streitigkeiten in einem föderalistischen Staat zwischen den *Bundesgliedern unter sich* oder zwischen *Bundesgliedern und Zentralstaat* sollen – sofern die nach Art. 44 Abs. 3 BV gebotenen Verständigungs- und Vermittlungsbemühungen gescheitert sind – ausschliesslich vom obersten Gericht beurteilt werden. Art. 189 Abs. 2 BV weist deshalb dem Bundesgericht die Zuständigkeit zu, solche Streitfälle zwischen Bund und Kantonen oder zwischen Kantonen zu entscheiden.

2935 Da in diesen Fällen idR. keine Vorinstanz tätig wird, werden sie nicht mittels Beschwerde, sondern *klageweise* vor das Bundesgericht gebracht (vgl. BGE 129 I 419, 421). Die bundesstaatlichen Streitigkeiten verbleiben als einzige Fälle, für welche die Verfassung die direkte Klage an das Bundesgericht vorsieht (aber nicht vorschreibt). Mit der Justizreform wurden die Direktprozesse aus Gründen der Entlastung des Bundesgerichts auf das notwendige Minimum beschränkt.

Die geltende Bundesverfassung verzichtet auf die verfassungsrechtliche Verankerung der *zivilrechtlichen Direktprozesse* (im Unterschied zu den früheren Art. 110 und 111 aBV). 2936

c. **Anfechtungsobjekte**

Die Bundesverfassung äussert sich grundsätzlich *nicht* zu den vor Bundesgericht anfechtbaren Akten. Es obliegt deshalb dem Gesetzgeber, diese im Lichte der Rechtsweggarantie von Art. 29a BV und des in Art. 191a und 191b BV zum Ausdruck kommenden Grundsatzes der richterlichen Vorinstanzen zu bestimmen. 2937

Hingegen bezeichnet – neben Art. 190 BV (vgl. Rz. 2853 ff.) – Art. 189 Abs. 4 BV Rechtsakte, welche vor Bundesgericht *nicht* angefochten werden können. Dies betrifft grundsätzlich Akte der *Bundesversammlung* und des *Bundesrates;* das Gesetz kann allerdings *Ausnahmen* vorsehen. 2938

Mit dieser Regelung wird – im Interesse der Balance zwischen den Gewalten – eine prinzipielle Ausnahme von der allgemeinen Rechtsweggarantie nach Art. 29a BV begründet, die ihrerseits ausnahmsweise durchbrochen werden kann. Damit ergibt sich auch die eigenartige Situation, dass im Allgemeinen die Rechtsweggarantie die Regel, deren Einschränkung die Ausnahme darstellt, während bei Akten der Bundesversammlung und des Bundesrates der Ausschluss die Regel, die Rechtsweggarantie aber die Ausnahme darstellt. 2939

Vom Ausschluss der Anfechtbarkeit von Akten der Bundesversammlung und des Bundesrates werden nicht nur individuell-konkrete Anordnungen, sondern auch *rechtsetzende Akte* (generell-abstrakte Anordnungen) erfasst. Diese können nicht *abstrakt* angefochten werden. 2940

Nicht untersagt wird damit aber die *vorfrageweise* Überprüfung auf die Vereinbarkeit mit übergeordnetem Recht im Rahmen eines Anwendungsfalles. Denn bei der akzessorischen Normenkontrolle bildet nicht die Norm, sondern ein Anwendungsakt das Anfechtungsobjekt. Für Bundesgesetze wird die akzessorische Überprüfung allerdings durch Art. 190 BV ausgeschlossen (vgl. dazu Rz. 2853 ff.). 2941

Die Möglichkeit, gesetzliche *Ausnahmen* vom Anfechtungsverbot vorzusehen (Art. 189 Abs. 4 Satz 2 BV), betrifft nicht allein individuell-konkrete Akte, sondern kann in beschränktem Ausmass auch die direkte Anfechtbarkeit von Normen der Bundesversammlung und des Bundesrates erfassen. Vorbehalten bleibt indessen auch hier Art. 190 BV, so dass bei den Erlassen nur *Verordnungen* beider Organe in Frage kommen. 2942

Gesetzliche Ausnahmen von der Unanfechtbarkeit von Akten der Bundesversammlung und des Bundesrates sind namentlich vorzusehen, wenn solche Akte in den Anwendungsbereich der Rechtsweggarantie von Art. 6 Abs. 1 EMRK fallen und deshalb der Überprüfung durch ein Gericht unterliegen müssen. Eine Anfechtungs- 2943 möglichkeit von erstinstanzlichen Verfügungen des Bundesrates kann ferner im Hinblick auf die Rechtsmittelgarantie von Art. 13 EMRK geboten sein (Recht auf eine wirksame Beschwerde an eine innerstaatliche Instanz zur Geltendmachung von Verletzungen der EMRK-Garantien).

2944   Der Bundesrat wollte im Rahmen der Verfassungsreform 1999 das Problem so lösen, dass die Zuständigkeit für Entscheide, welche Menschenrechtsgarantien berühren, nicht bei der Bundesversammlung oder beim Bundesrat, sondern beim *Departement* angesiedelt wird (BBl 1997 I, 532). Das ist im Grundsatz richtig. Doch mag es Entscheide geben, die von der politischen Tragweite her in der Zuständigkeit des Bundesrates bleiben sollten. Dem trägt die Möglichkeit gesetzlicher Ausnahmen von der Unanfechtbarkeit Rechnung (vgl. BGE 129 II 193, 204).

2945   Das Problem bestand schon unter dem früheren Recht vor Inkrafttreten der Justizreform bzw. der Revision der Bundesrechtspflege. In BGE 129 II 193 diskutierte das Bundesgericht die Frage, die es dann aber offen liess, ob es im Hinblick auf Art. 13 EMRK auf eine Beschwerde gegen ein vom Bundesrat gestützt auf Art. 184 Abs. 3 BV verfügtes Einreiseverbot eintreten müsse, obwohl das Gesetzesrecht den Zugang zum Bundesgericht an sich ausschloss (BGE 129 II 193, 207). In BGE 125 II 417 trat das Bundesgericht bei analoger Ausgangslage gestützt auf Art. 6 Abs. 1 EMRK auf eine Beschwerde gegen einen Einziehungsentscheid des Bundesrates ein. Ebenso entschied es in BGE 132 I 229 (insb. 234 ff.) im Zusammenhang mit einer vom Bundesrat (erneut gestützt auf Art. 184 Abs. 3 BV) angeordneten Vermögenssperre.

d. Zugang zum Bundesgericht

2946   Gemäss Art. 191 BV hat das *Gesetz* grundsätzlich den *Zugang* zum Bundesgericht zu gewährleisten (Abs. 1). Es kann aber – wie dies früher etwa im Zivilrecht zutraf (vgl. Art. 46 des früheren Bundesrechtspflegegesetzes [OG]) – eine *Streitwertgrenze* vorsehen. Bei *Rechtsfragen von grundsätzlicher Bedeutung* muss der Zugang aber auch dann gewährt werden, wenn die Streitwertgrenze nicht erreicht wird (Abs. 2).

2947   Mit dem Ausnahmevorbehalt der Rechtsfragen von grundsätzlicher Bedeutung soll verhindert werden, dass Grundsatzfragen, vor allem des Arbeits-, Dienst- und Mietrechts, vom Bundesgericht nicht beurteilt werden können, weil der Streitwert praktisch nie erreicht wird.

2948   Art. 191 Abs. 3 BV ermächtigt den Gesetzgeber, *bestimmte Sachgebiete* von der Zuständigkeit des Bundesgerichts auszuschliessen. Solche Ausschlüsse können namentlich bei mangelnder Justiziabilität, besonderen technischen Fragestellungen oder im Interesse der Funktionsfähigkeit des Bundesgerichts in Gebieten mit einer ausserordentlich hohen Zahl von Beschwerden angezeigt sein.

2949   In Art. 191 Abs. 3 BV wiederholt die Verfassung den Vorbehalt von Rechtsfragen von grundsätzlicher Bedeutung nicht. Verfassungsrechtlich ist es daher zulässig, den Beschwerdeweg ans Bundesgericht in den ausgenommenen Sachgebieten *vollständig auszuschliessen*.

§ 29 Gerichte des Bundes und Rechtschutzsystem

Eine Schranke gegen allzu grosse Prozessfreudigkeit stellt Art. 191 Abs. 4 BV auf, indem das Gesetz für *offensichtlich unbegründete Beschwerden* ein vereinfachtes Verfahren vorsehen kann. Es handelt sich hier aber nicht um eine eigentliche Zugangsbeschränkung, sondern um ein besonderes *Erledigungsverfahren*. 2950

> Die *Spielräume* bei der Auslegung von Verfassung und Gesetz belassen dem Bundesgericht gewisse (beschränkte) Möglichkeiten, den Zugang zu steuern. Dabei dürfen jedoch die verfassungsrechtlichen Anforderungen nicht untergraben werden. 2951

> Die Frage des Zugangs zum Bundesgericht war im Rahmen der *Justizreform* heftig *umstritten*. Der Bundesrat schlug eine Verfassungsregelung des Zugangs zum Bundesgericht vor, welche der Überlastung des Bundesgerichts noch mehr hätte Rechnung tragen sollen und die den Gesetzgeber generell ermächtigt hätte, die Vorinstanzen und den Zugang zum Bundesgericht zu bestimmen. Dabei hätte der Zugang aber bei Rechtsfragen von grundlegender Bedeutung oder wenn der Ausgang des Streits für eine Partei schwerwiegende Folgen hat, gewährleistet werden müssen. Der Zugang zum Gericht hätte für bestimmte Sachgebiete gesetzlich ausgeschlossen werden können, unter Vorbehalt eines Vorlageverfahrens bei gewissen Auslegungszweifeln der unteren Letztinstanzen. Die vorgeschlagene Lösung wurde vor allem und erfolgreich mit dem Argument bekämpft, dadurch würden berechtigte Rechtsschutzinteressen unterlaufen. Dies führte zur nunmehr geltenden Verfassungsordnung. 2952

e. **Unzulänglichkeit der Verfassungsregelung**

Die Verfassungsordnung über die Zuständigkeiten des Bundesgerichts vermag weiterhin *nur bedingt zu befriedigen*. 2953

> Noch immer ist die verfassungsgerichtliche Überprüfung wesentlicher Entscheide der Bundesversammlung (wie insb. Bundesgesetze, aber auch Beschlüsse über die Zulässigkeit von Volksinitiativen) erheblich beschränkt. Hier ist eine rechtsstaatliche Öffnung bzw. ein *Ausbau der Verfassungsgerichtsbarkeit* zu fordern, wobei verschiedene Möglichkeiten denkbar sind (vgl. dazu Rz. 2853 ff.). 2954

> Zudem richtet sich der *Zugang* ans Bundesgericht nicht in einem wünschbaren Ausmass an *Wichtigkeitskriterien* aus. Das Bundesgericht sollte – unabhängig von Streitwerten oder Rechtsgebieten – überall dort angerufen werden können, wo sich grundsätzliche Rechtsfragen stellen oder solche Streitigkeiten vorliegen, die subjektiv nachvollziehbar oder objektiv von gewichtigem (privatem oder öffentlichem) Interesse sind. In vielen Fällen, die heute ans Bundesgericht getragen werden können, braucht es nicht unbedingt einen Entscheid des obersten Gerichtes. Der Zugang zu einem Gericht ist heute bereits durch Art. 29a BV gewährleistet, was dem Rechtsschutzinteresse auf Überprüfung durch eine unabhängige Instanz grundsätzlich Rechnung trägt. Für etliche Streitigkeiten gibt es sodann eine doppelte Gerichtsinstanz; in Strafverfahren ist dies sogar verfassungsrechtlich vorgeschrieben (Art. 32 Abs. 3 BV; dazu Rz. 3096 f.). 2955

> Für den Zugang ans Bundesgericht als höchste nationale Instanz würde sich daher eine Triage rechtfertigen, die zu einer *Verwesentlichung des Rechtsschutzes* 2956

führen und dem Bundesgericht eine Konzentration auf wichtige Fälle erlauben würde. Diese Triage kann nach vorweg festgelegten generell-abstrakten Kriterien vorgenommen oder über prozessuale Vorkehren gesteuert werden. In Frage kommen ein Vorlageverfahren (Überweisung einer strittigen Rechtsfrage an das Bundesgericht durch eine untere Instanz zwecks Vorabklärung) oder ein Annahmeverfahren (Kompetenz des Bundesgerichts, selbst nach mehr oder weniger vorgegebenen Kriterien über die Behandlung einer bei ihm eingereichten Beschwerde zu entscheiden). Generell-abstrakte Kriterien weisen den Vorteil auf, dass sie den Zugang objektiv regeln, während eine Vorlage von einem entsprechenden Entscheid der unteren Instanz und eine Annahme von einem solchen des Bundesgerichts selbst abhängen, was solche Mechanismen für die Rechtsuchenden als weniger vorhersehbar erscheinen lässt (vgl. im Übrigen auch Rz. 2988 ff.).

III. Weitere richterliche Behörden

a. Richterliche Behörden des Bundes

1. Allgemeines

2957 Art. 191a BV schafft eine verfassungsrechtliche Grundlage für die weiteren richterlichen Behörden des Bundes. Dabei geht es einerseits um *zwingend zu führende* Gerichte und andererseits um solche, deren Einrichtung auf dem Gesetzesweg zwar *ermöglicht*, von der Verfassung aber nicht vorgeschrieben wird.

2. Bundesverwaltungsgerichtsbarkeit

2958 Art. 191a Abs. 2 BV sieht zwingend *richterliche* Behörden für die Beurteilung von *öffentlich-rechtlichen Streitigkeiten* aus dem Zuständigkeitsbereich der Bundesverwaltung vor. Damit werden das Prinzip der richterlichen Vorinstanzen des Bundesgerichts und die Rechtsweggarantie von Art. 29a BV organisationsrechtlich auf Bundesebene umgesetzt.

2959 Die Formulierung von Art. 191a Abs. 2 BV deckt die früheren eidgenössischen Rekurskommissionen, die Einrichtung weiterer solcher Kommissionen und die Schaffung eines (zentralen oder in regionale Zentren aufgeteilten) *Bundesverwaltungsgerichts* ab. Die Verfassung legt nicht fest, welche Art richterlicher Behörden einzurichten ist, sondern überlässt die Wahl dem Gesetzgeber.

3. Bundesstrafgerichtsbarkeit

2960 Art. 191a Abs. 1 BV gebietet die Errichtung eines *Bundesstrafgerichts*. Dieses beurteilt in erster Instanz diejenigen Strafsachen, die das Gesetz der Gerichtsbarkeit des Bundes zuweist.

2961 Ausserdem besteht die Möglichkeit, auf dem Weg der Gesetzgebung *zusätzliche Zuständigkeiten* des Bundesstrafgerichts zu begründen. Diese Ermächtigung wahrt eine gewisse Flexibilität für die Zukunft und ermöglicht bei Bedarf die Zuweisung weiterer Aufgaben an das Bundesstrafgericht (etwa wo eine gerichtliche Überprüfung von Verfahrensentscheiden der Strafverfolgungsbehörden des Bundes erforderlich ist oder auf dem Gebiet der internationalen Rechtshilfe).

4. Unabhängige Beschwerdeinstanz für Radio und Fernsehen

Art. 93 Abs. 5 BV verpflichtet den Bund, für Programmbeschwerden im Bereich von Radio und Fernsehen eine unabhängige Beschwerdeinstanz einzurichten. Er ist dieser Verpflichtung mit der «Unabhängigen Beschwerdeinstanz für Radio und Fernsehen» (UBI; siehe Art. 82–85 RTVG) nachgekommen. Sie ist zuständig zur Behandlung von Beschwerden über den Inhalt redaktioneller Sendungen und wählt und beaufsichtigt die Ombudsstellen nach Art. 91 RTVG. Gegen ihre Entscheide ist die Beschwerde in öffentlich-rechtlichen Angelegenheiten an das Bundesgericht zulässig (Art. 99 RTVG; Art. 86 Abs. 1 Bst. c BGG). 2962

5. Zusätzliche richterliche Instanzen

Art. 191a Abs. 3 BV gestattet die Einrichtung weiterer richterlicher Behörden des Bundes auf dem Weg der Gesetzgebung. Damit werden einerseits bereits *bestehende* richterliche Behörden verfassungsrechtlich abgedeckt (zB. Militärgerichte mit dem Militärkassationsgericht als oberster Instanz; vgl. dazu den Militärstrafprozess vom 23. März 1979, MStP; SR 322.1). Anderseits können bei Bedarf *neue* Gerichte geschaffen werden (zB. ein erstinstanzliches Bundeszivilgericht für Streitigkeiten aus dem Immaterialgüterrecht). 2963

b. Richterliche Behörden der Kantone

Die Kantone haben gemäss Art. 191b BV *richterliche* Behörden bereitzustellen für die Beurteilung von *zivilrechtlichen* Streitigkeiten und von *Straffällen*. Dies gilt auch für die Beurteilung von allen *öffentlich-rechtlichen* Streitigkeiten, vor allem für den Bereich der Anwendung von *kantonalem* Verwaltungsrecht. 2964

Ausnahmen von der Verpflichtung zur Einsetzung richterlicher Behörden sind im engen Rahmen von Art. 29a Satz 2 BV und unter Vorbehalt der Rechtsweggarantie von Art. 6 Abs. 1 EMRK sowie weiterer entsprechender staatsvertraglicher Garantien zulässig. 2965

> Die Kantone sind ermächtigt, *gemeinsame* richterliche Behörden einzurichten (Art. 191b Abs. 2 BV). Sie können sich zusammenschliessen, um die verfassungsrechtlichen Anforderungen an ihr Rechtsschutzsystem gemeinsam zu erfüllen. Aufgrund ihrer föderalen Autonomie sind die Kantone in der Organisation ihrer Gerichte weitgehend frei. Sie haben jedoch die verfassungsrechtlichen Anforderungen an die Unabhängigkeit und das Verfahren zu wahren (vgl. insb. Art. 29a–32 BV). Hinzu kommen bestimmte bundesgesetzliche Anforderungen (zB. nach Art. 110–112 BGG, dazu BGE 134 III 141; 131 III 687). Gemäss Art. 75 Abs. 2, Art. 80 Abs. 2 und Art. 86 Abs. 2 BGG müssen die Kan- 2966

tone insb. als unmittelbare Vorinstanzen des Bundesgerichts – von bestimmten Ausnahmen abgesehen – obere Gerichte einrichten (dazu BGE 134 III 141 und 524, 528; 133 I 270, 284; Urteil des Bundesgerichts 2C_10/2009 [2009] und 2C_25/2009 [2009] [zur Publikation bestimmt]).

2967 Die Führung gemeinsamer richterlicher Behörden mag aus Kostengründen oder wegen der erhöhten Professionalität eines grösseren (und mit mehr Fällen befassten) Gerichts für kleinere bis mittelgrosse Kantone empfehlenswert sein; die Möglichkeit wird aber praktisch nicht genutzt.

IV. Grundzüge der Bundesrechtspflege

2968 Die Justizreform erfolgte nicht nur durch eine Anpassung der Justizverfassung, sondern wurde v.a. auch auf Gesetzesstufe durch die Totalrevision der Bundesrechtspflege umgesetzt. Dazu ergingen drei wesentliche neue Erlasse (vgl. insb. die diesbezügliche Botschaft des Bundesrates vom 28. Februar 2001; BBl 2001, 4202), mit denen das Bundesgericht neu geordnet und die beiden unteren eidgenössischen Gerichte, das Bundesverwaltungs- und das Bundesstrafgericht, geschaffen wurden, nämlich das Bundesgerichtsgesetz (BGG), das Verwaltungsgerichtsgesetz (VGG) und das Strafgerichtsgesetz (SGG). Eine Vielzahl weiterer Gesetze wurde überdies an die Neuregelung angepasst. Die Bestimmungen über das Bundesstrafgericht traten im Wesentlichen am 1. April 2004, die übrigen und damit der Grossteil der neuen Bundesrechtspflege am 1. Januar 2007 in Kraft.

a. Bundesgericht

Literatur

AEMISEGGER HEINZ, Zulässigkeitsanforderungen bei Individualrechtsbehelfen nach dem neuen Schweizerischen Bundesgerichtsgesetz, EuGRZ 2006, 500 ff.; DERS., Die vier Rechtsmittel des neuen Bundesgerichtsgesetzes (BGG), Anwaltsrevue 9/2006, H. 11/12, 419 ff.; AESCHLIMANN ARTHUR, Justizreform 2000 – Das Bundesgericht und sein Gesetz, ZBl 8/2008, 397 ff.; AUER CHRISTOPH, Auswirkungen der Reorganisation der Bundesrechtspflege auf die Kantone, ZBl 107/2006, 121 ff.; DERS., Die Beschwerdebefugnis nach dem neuen Bundesgerichtsgesetz, in: Aus der Werkstatt des Rechts, Festschrift für Heinrich Koller, Basel/Genf/München 2006, 197 ff.; BELLANGER FRANÇOIS/TANQUEREL THIERRY (Hrsg.), Les nouveaux recours fédéraux en droit public, Genf/Zürich/Basel 2006; BERNASCONI GIORGIO A./PETRALLI ZENI CLAUDIA (Hrsg.), La nuova legge sul Tribunale federale, Lugano/Basel/Bellinzona 2007; BESSON MICHEL, Der Schutz der politischen Rechte auf Bundesebene, in: Aus der Werkstatt des Rechts, Festschrift für Heinrich Koller, Basel/Genf/München 2006, 219 ff.; BTJP (Berner Tage für die Juristische Praxis) 2006, hrsg. von Tschannen Pierre, Neue Bundesrechtspflege, Bern 2007; CORBOZ BERNARD, Introduction à la nouvelle loi sur le Tribunal fédéral, Semaine judiciaire 128/2006, 2, 319 ff.; DAUM MICHEL/MARTI URSULA, Die öffentlich-rechtliche Einheitsbeschwerde, plädoyer 3/2006, 34 ff.; DONZALLAZ YVES, Loi sur le Tribunal fédéral, Commentaire, Bern 2008; EHRENZELLER BERNHARD/SCHWEIZER RAINER J. (Hrsg.), Die Reorganisation der Bundesrechtspflege – Neuerungen und Auswirkungen in der Praxis, St. Gallen 2006; FELBER MARKUS, Traditionelles Richterbild und Wirklichkeit am Bundesgericht, SJZ 103/2007, 435 ff.; GÄCHTER THOMAS/THURNHERR DANIELA,

§ 29 Gerichte des Bundes und Rechtschutzsystem

Neues Bundesgerichtsgesetz: Rechtsschutz gewahrt, plädoyer 2/2006, 32 ff.; GERBER PHILIPPE, Le recours constitutionnel susidiaire: un dérivé du recours unifié, in: Aus der Werkstatt des Rechts, Festschrift für Heinrich Koller, Basel/Genf/München 2006, 245 ff.; GÖKSU TARKAN, Die Beschwerden ans Bundesgericht, Zürich/St. Gallen 2007; KARLEN PETER, Das neue Bundesgerichtsgesetz, Basel/Genf/München 2006; KIENER REGINA, Richterliche Unabhängigkeit, Bern 2001; KIENER REGINA/KUHN MATHIAS, Das neue Bundesgerichtsgesetz – eine (vorläufige) Würdigung, ZBl 107/2006, 141 ff.; KOLLER HEINRICH, Grundzüge der neuen Bundesrechtspflege und des vereinheitlichten Prozessrechts, ZBl 107/2006, 57 ff.; MARTI ARNOLD, Die aktuelle Justizreform – Abschluss einer über hundertjährigen Entwicklung hin zur umfassenden Verwaltungsgerichtsbarkeit in der Schweiz, in: Individuum und Verband, Festgabe zum Schweizerischen Juristentag 2006, hrsg. im Auftrag der Rechtswissenschaftlichen Fakultät der Universität Zürich, Zürich/Basel/Genf 2006, 505 ff.; NAY GIUSEP, Das Bundesgericht im Wandel und Sorge um Unabhängigkeit, SJZ 102/2006, 567 ff.; NIGGLI MARCEL/UEBERSAX PETER/WIPRÄCHTIGER HANS (Hrsg.), BGG, Basler Kommentar zum Bundesgerichtsgesetz, Basel 2008; PORTMANN URS (Hrsg.), La nouvelle loi sur le Tribunal fédéral, Lausanne 2007; RASELLI NICCOLÒ, Bundesrichterwahlen und richterliche Unabhängigkeit, in: Diskriminierung und Integration, Zum 60. Geburtstag von Frau Professor Marie Theres Fögen, Zürich/St. Gallen 2006, 33 ff.; SEILER HANSJÖRG/VON WERDT NICOLAS/GÜNGERICH ANDREAS, Bundesgerichtsgesetz (BGG), Bundesgesetz über das Bundesgericht, Bern 2006; SPÜHLER KARL/DOLGE ANNETTE/VOCK DOMINIK, Kurzkommentar zum neuen Bundesgerichtsgesetz (BGG), Zürich/St. Gallen 2006; WURZBURGER ALAIN, La nouvelle organisation judiciaire fédérale, JdT 153/2005 I, 631 ff.; SUTER MATTHIAS, Der neue Rechtsschutz in öffentlich-rechtlichen Angelegenheiten, Bamberg 2007; ZIEGLER PHILIPP, Von der Rechtsmittelvielfalt zur Einheitsbeschwerde, Basel/Genf/München 2003.

Das Bundesgericht als oberstes schweizerisches Gericht steht naturgemäss im Zentrum der gesetzlichen Regelung. Es ist aber nicht das grösste schweizerische Gericht und nicht einmal das grösste Gericht des Bundes. Diese Stellung hat das Bundesverwaltungsgericht inne. Der Internetauftritt des Bundesgerichts findet sich unter www.bger.ch. 2969

Das Bundesgericht wurde 1848 bei der Entstehung des Bundesstaates mit damals noch beschränkter Zuständigkeit und mit elf Bundesrichtern, welche die Richtertätigkeit im Nebenamt ausübten, geschaffen. Die Totalrevision von 1874 führte neu ein ständiges Bundesgericht mit vollamtlichen Richtern und erweiterten Kompetenzen ein, das am 1. Januar 1875 seine Arbeit aufnahm. 1917 wurde parallel dazu das ursprünglich unabhängige Eidgenössische Versicherungsgericht (EVG) eingeführt, das von 1969 an eine organisatorisch selbständige Abteilung des Bundesgerichts bildete und auf den 1. Januar 2007 in dieses integriert wurde. 2970

1. Rechtsmittelordnung

Das Bundesgerichtsgesetz führte ein *neues Rechtsmittelsystem* ein, das die frühere Vielfalt von Klagen und Beschwerden ablöste. Für jedes der drei grossen Rechtsgebiete gibt es hauptsächlich noch ein einziges umfassendes Rechtsmittel, die sog. *Einheitsbeschwerde*. Es handelt sich um die *Beschwerde in Zivilsachen, in Strafsachen und in öffentlich-rechtlichen Angelegenheiten*. Diese Einheitsbeschwerden werden ergänzt durch die sog. *subsidiäre Verfassungsbeschwerde*. 2971

5. Teil: Rechtsverwirklichung

2972 Ziel dieser Neuerung ist die *Verbesserung des Rechtsschutzes*. Der Übergang zu den Einheitsbeschwerden entlastet alle Verfahrensbeteiligten (wenigstens teilweise) von den schwierigen Abgrenzungsfragen, die das frühere komplizierte System mit sich brachte. Eine weitere Vereinfachung ergibt sich aus dem Umstand, dass die Beschwerde an den Bundesrat weitestgehend abgebaut wurde. Trotz etlicher Vereinheitlichungen handelt es sich im Ergebnis aber nicht um eine einzige Einheitsbeschwerde, sondern um drei nicht gänzlich identische Beschwerdearten. Wesentlich ist immerhin für alle, dass *sämtliche Rügen*, die das Bundesgericht prüft, mit der gleichen Beschwerde vorgebracht werden können, also insb. die Verletzung von Gesetzes- und Verordnungsrecht des Bundes, von verfassungsmässigen Rechten (auch der Kantone) sowie von Völkerrecht und interkantonalem Recht (vgl. Art. 95 BGG). Insofern rechtfertigt sich die Bezeichnung als Einheitsbeschwerden trotz der weiterhin bestehenden Unterschiede.

2973 Besonders die *Beschwerde in öffentlich-rechtlichen Angelegenheiten* ist sodann unabhängig davon zulässig, ob sich die angefochtene Verfügung auf Bundesrecht oder auf kantonales Recht stützt. Es lassen sich mit ihr überdies nicht nur Einzelfallentscheide, sondern auch (im Verfahren der sog. «abstrakten Normenkontrolle»; vgl. Rz. 556 ff. und 2940 ff.) kantonale Erlasse anfechten (Art. 82 Bst. b BGG), nicht aber Erlasse des Bundes, für die es keine abstrakte Normenkontrolle gibt (dazu Rz. 2853 ff. und 2941 ff.). Dieselbe Beschwerde steht ebenfalls zur Verfügung in Stimmrechtssachen (vgl. Art. 88 und 89 Abs. 3 BGG; «Stimmrechtsbeschwerde»), sowie um die Verletzung besonderer Garantien (insb. der Gemeindeautonomie) durch Gemeinden oder andere öffentlich-rechtliche Körperschaften geltend zu machen (vgl. Art. 89 Abs. 2 Bst. c BGG; «Autonomiebeschwerde»).

2974 Beim *Zugang zum Bundesgericht* macht das Bundesgerichtsgesetz von allen Möglichkeiten Gebrauch, welche die Verfassung (Art. 191 BV) dem Gesetzgeber einräumt. Ausser bei den Entscheiden mit besonderem politischen Charakter (vgl. Art. 32 Abs. 1 Bst. a VGG sowie Art. 83 Bst. a BGG) bleibt aber der Gerichtszugang auf unterer Stufe gestützt auf Art. 29a BV in jedem Fall gewahrt. Sind die Einheitsbeschwerden ausgeschlossen, entscheiden die unteren Instanzen (Bundesstraf- und Bundesverwaltungsgericht sowie kantonale Gerichte) grundsätzlich abschliessend. Vorbehalten bleibt lediglich die subsidiäre Verfassungsbeschwerde gegen kantonal letztinstanzliche Entscheide.

2975 Das Gesetz kennt in verschiedener Hinsicht *Streitwertgrenzen*. So gilt für vermögensrechtliche Zivilsachen eine allgemeine Streitwertgrenze von 30 000 Franken und eine solche von 15 000 Franken in arbeits- und mietrechtlichen Fällen (Art. 74 BGG). Für Staatshaftungsfälle findet ebenfalls eine Streitwertgrenze von 30 000 Franken, für Streitigkeiten aus öffentlich-rechtlichen Arbeitsverhältnissen eine solche von 15 000 Franken Anwendung (Art. 85 BGG). Wie die Verfassung dies vorschreibt, bleibt der Zugang – unabhängig vom Streitwert – gewahrt, wenn sich eine *Rechtsfrage von grundsätzlicher Bedeutung* stellt. Allerdings definiert das Bundesgerichtsgesetz ebenso wenig wie die Verfassung, was unter «Rechtsfrage von grundsätzlicher Bedeutung» zu verstehen ist. Damit obliegt dem Bundesgericht die Konkretisierung (siehe etwa BGE 133 III 645, 649 und 134 III 354, 357).

2976 Im öffentlichen Recht sind *bestimmte Sachgebiete* von der Zuständigkeit des Bundesgerichts ausgenommen. Je nachdem ist die Einheitsbeschwerde für ein fragliches Sachgebiet gänzlich ausgeschlossen (*Totalausschluss*, zB. auf dem Gebiet der internationalen Amtshilfe gemäss Art. 83 Bst. h BGG) oder nur teilweise unzulässig (*Teilausschluss*, zB. auf dem Gebiet des Ausländerrechts nach Art. 83 Bst. c BGG).

Die Anwendungsfälle lassen sich in *drei Kategorien* gliedern: 2977

– Erstens handelt es sich um Bereiche, die einen *besonderen politischen Charakter* («actes de gouvernement» bzw. «political questions») aufweisen und damit als nicht oder kaum justiziabel erscheinen, wie Entscheide auf dem Gebiet der Neutralität oder der innern oder äusseren Sicherheit (vgl. Art. 83 Bst. a BGG). Allerdings gilt dann eine *Gegenausnahme*, wenn sich aus dem Völkerrecht, insb. aus Art. 6 Ziff. 1 EMRK, ein Anspruch auf gerichtliche Überprüfung ergibt. Unklar erscheint, wie insofern mit allfälligen Entscheiden des Bundesrates umzugehen sein wird, können diese doch grundsätzlich nicht direkt beim Bundesgericht angefochten werden (vgl. Art. 86 Abs. 1 BGG e contrario). Entweder wird – wie früher unter der Geltung des alten Verfahrensrechts (vgl. BGE 125 II 417, 420, und 129 II 193, 207, sowie Rz. 2943 ff.) – aufgrund des Vorrangs des Völkerrechts davon ausnahmsweise abgewichen, oder es ist zuerst – mit nachfolgender Beschwerdemöglichkeit beim Bundesgericht – beim Bundesverwaltungsgericht Beschwerde zu führen (vgl. Art. 32 Abs. 1 Bst. a VGG). Auch vor dem Bundesverwaltungsgericht ist allerdings die Anfechtbarkeit von Bundesratsentscheiden nur beschränkt zulässig (vgl. Art. 33 Bst. a und b VGG). Überdies erscheint es fragwürdig, statt gar keiner gerade eine doppelte gerichtliche Überprüfung einzurichten, wovon auch das Gesetz selbst bei der Anfechtung von kantonalen Entscheiden mit politischem Charakter ausgeht, dispensiert es die Kantone doch in solchen Fällen von der Einrichtung einer gerichtlichen Vorinstanz (vgl. Art. 86 Abs. 3 BGG). Die Rechtsprechung wird hier eine Klärung bringen müssen (zur Rechtslage bei der politischen Ausweisung nach Art. 121 Abs. 2 BV vgl. Rz. 402–406). 2978

– Zweitens ist die Beschwerde ausgeschlossen in Rechtsgebieten, in denen sich *besonders technische Fragen* stellen, uU. verbunden mit sich rasch ändernden technischen und wirtschaftlichen Entwicklungen (BBl 2001, 4324). Als Beispiele gelten Entscheide über die Typengenehmigung von Fahrzeugen oder die Ausnahmen auf dem Gebiet des Fernmeldeverkehrs (vgl. Art. 83 Bst. o und p BGG). 2979

– Die dritte Kategorie bilden Anwendungsfälle mit einem *speziell hohen Beschwerdeaufkommen*, welches zu einer nicht zu bewältigenden Überlastung des Bundesgerichts führen könnte. Dies trifft etwa für Entscheide auf dem Gebiet des Asyls zu (vgl. Art. 83 Bst. d BGG). 2980

In zwei Fällen gelten *Spezialregelungen*, die besondere Formen der Zugangsbeschränkung schaffen: 2981

– Für Entscheide auf dem Gebiet der *öffentlichen Beschaffungen* ist die Einheitsbeschwerde ausgeschlossen, wenn der geschätzte Wert des zu vergebenden Auftrags den nach dem einschlägigen Sonderrecht massgeblichen Schwellenwert nicht erreicht und sich keine Rechtsfrage von grundsätzlicher Bedeutung stellt (vgl. Art. 83 Bst. f BGG). Der nicht eindeutige Wortlaut ist so zu verstehen, dass die Beschwerde nur dann offen steht, wenn der fragliche Schwellenwert erreicht ist und sich zusätzlich (kumulativ) eine Rechts- 2982 frage von grundsätzlicher Bedeutung stellt (vgl. BGE 133 II 369). Damit besteht ein recht weitreichender Beschwerdeausschluss.

2983 – Im Gebiet der *internationalen Rechtshilfe in Strafsachen* ist die Einheitsbeschwerde nur gegen bestimmte im Gesetz aufgezählte Entscheidkategorien zulässig und auch dann nur, wenn es sich um einen sog. *«besonders bedeutsamen Fall»* handelt (vgl. Art. 84 Abs. 1 BGG). Das Bundesgerichtsgesetz schafft damit eine neue, eigene Kategorie der Zugangsbeschränkung. Das Kriterium des besonders bedeutsamen Falles ist in der Verfassung an sich nicht vorgesehen. Wenn es aber zulässig ist, ein Sachgebiet ganz auszuschliessen, dann erscheint es auch mit der Verfassung vereinbar, bei einem solchen Ausschluss den Zugang gestützt auf ein lediglich gesetzlich definiertes Kriterium teilweise wieder zu öffnen. Der besonders bedeutsame Fall unterscheidet sich von der Rechtsfrage von grundsätzlicher Bedeutung. Er soll insb. dann vorliegen, wenn Gründe für die Annahme bestehen, dass elementare Verfahrensgrundsätze verletzt worden sind oder das Verfahren im Ausland schwere Mängel aufweist (vgl. Art. 84 Abs. 2 BGG; dazu BGE 134 IV 156, 160 ff.; 133 IV 131 und 132, 134 sowie 215, 217 f.). Damit wird etwa ermöglicht, Rechtshilfeverfahren gegen abgesetzte Staatsoberhäupter fremder Staaten vor Bundesgericht zu tragen, obwohl sich keine Rechtsfragen von grundsätzlicher Bedeutung stellen. Aussenpolitisch wäre es auch kaum zu erklären, wenn in solchen Fällen der Zugang ans höchste nationale Gericht verschlossen bliebe.

2984 Ist die Ergreifung einer Einheitsbeschwerde ausgeschlossen, gelangt ergänzend allenfalls die *subsidiäre Verfassungsbeschwerde* zur Anwendung (Art. 113 ff. BGG). Diese steht allerdings nur gegen Entscheide letzter kantonaler Instanzen offen. Somit lassen sich mit ihr keine Entscheide von Bundesbehörden, auch nicht solche des Bundesverwaltungsgerichts, anfechten. In diesem Sinne kann gegen kantonal letztinstanzliche Entscheide subsidiäre Verfassungsbeschwerde beim Bundesgericht geführt werden, wenn es am erforderlichen Streitwert fehlt oder es sich um eine Streitigkeit im Ausnahmebereich (gemäss Art. 83 BGG) handelt. Mit der subsidiären Verfassungsbeschwerde lässt sich indessen nur die Verletzung von verfassungsmässigen Rechten (des Bundes und der Kantone) rügen (Art. 116 BGG), wozu freilich auch die Rechte der EMRK und weiterer Menschenrechtskonventionen wie der UNO-Menschenrechtspakte zählen.

2985 Nicht gerügt werden kann mit der subsidiären Verfassungsbeschwerde die Verletzung von anderem als Verfassungsrecht, namentlich von Gesetzesrecht. Immerhin handelt es sich bei der behaupteten willkürlichen Anwendung von Bundesrecht oder kantonalem Recht um eine Verfassungsrüge. Bei der subsidiären Verfassungsbeschwerde gelten überdies strengere Anforderungen an die Legitimation als bei der Einheitsbeschwerde in öffentlich-rechtlichen Angelegenheiten. Während bei dieser ein schutzwürdiges Interesse, das rein tatsächlicher Natur sein kann, zur Beschwerdeberechtigung genügt (vgl. Art. 89 Abs. 1 Bst. c BGG), braucht es für jene ein rechtlich geschütztes Interesse an der Aufhebung oder Änderung des angefochtenen Entscheids (vgl. Art. 115 Bst. b BGG). Nach Auffassung des Bundesgerichts (BGE 133 I 185) vermitteln das Willkürverbot nach Art. 9 BV oder das allgemeine Rechtsgleichheitsgebot nach Art. 8 Abs. 1 BV für sich allein das erforderliche rechtlich geschützte Interesse nicht; dies nicht im Unterschied zu den sonstigen (den sog. «spezifischen») Grundrechten. Das Gericht hielt demnach an seiner früheren Praxis fest, die es im

Rahmen der sog. Staatsrechtlichen Beschwerde entwickelt hatte (vgl. BGE 129 I 217 E. 1.3 und insb. BGE 126 I 81; dazu Rz. 1984 ff.). Damit behält das Bundesgericht die unhaltbare Kategorisierung der Grundrechte in eigentliche (spezifische, «prozessual starke») Grundrechte und solche («prozessual schwache») ohne besonderes Schutzobjekt bei.

Nur in wenigen Fällen gibt es noch einen Direktprozess am Bundesgericht, wo dieses als einzige Instanz amtet. In diesem Sinne kann beim Bundesgericht *Klage* erhoben werden wegen Kompetenzkonflikten zwischen Bundesbehörden und kantonalen Behörden, in zivilrechtlichen und öffentlich-rechtlichen Streitigkeiten zwischen Bund und Kantonen oder zwischen verschiedenen Kantonen sowie bei Schadenersatz- und Genugtuungsforderungen gegenüber dem Bund aus der Amtstätigkeit der Bundesräte und der Bundesrichterinnen (vgl. Art. 120 BGG). 2986

2. Unzulänglichkeiten des Rechtsmittelsystems

Das geltende Rechtsmittelsystem weist verschiedene Mängel auf. Vor allem unter dem Gesichtspunkt des Rechtsschutzes sowie teilweise der einheitlichen Anwendung von Bundesrecht vermag die neue Regelung *nicht zu befriedigen* 2987

Als Mangel erweist sich insb. die Beschränkung der subsidiären Verfassungsbeschwerde auf *kantonale Hoheitsakte*. So können sich etwa im Bereich des Asylrechts (zB. bei der Anwendung von Art. 25 BV) grundlegende Verfassungsfragen stellen, zu denen eine einheitliche Rechtsprechung mit analogen Fragen des Ausländerrechts sinnvoll erschiene. Auch allfällige vom Bundesverwaltungsgericht begangene Verfassungsverletzungen (etwa eine Gehörsverweigerung) oder übersehene Verfassungsverstösse unterer Instanzen in den ausgeschlossenen Sachgebieten lassen sich beim Bundesgericht nicht anfechten. Überdies wird mit dem *System der Zugangsbeschränkungen* auch die Stellung des Bundesgerichts als oberste rechtsprechende Behörde des Bundes durchbrochen (vgl. Rz. 2910). So überzeugt es nicht, dass im Fernmelderecht der Zugang ans Bundesgericht nur beschränkt offen steht. Einerseits ist bei (nicht nur für die Parteien, sondern auch volkswirtschaftlich) wichtigen Streitfällen, in welchen es um Hunderte von Millionen Franken gehen kann, die Beschwerde ans Bundesgericht nicht (bzw. im Unterschied zu früher nicht mehr; vgl. BGE 132 II 257 und 284 oder BGE 131 II 13) zulässig (vgl. Art. 83 Bst. p BGG). Anderseits lassen sich aber weniger bedeutende Streitigkeiten wie beispielsweise solche über Bagatellbussen oder über geringfügige Gebühren unabhängig von ihrer Wichtigkeit weiterhin vor Bundesgericht anfechten. Auch das angebliche Interesse an einer raschen Erledigung (so BBl 2001, 4324, sowie BBl 2003, 1758) rechtfertigt diese Ungereimtheit nicht, liesse sich das Argument doch für viele andere Streitfälle gleichermassen anführen. Schliesslich leuchtet es nicht ein, dass uU. sehr wohl der Europäische Gerichtshof für Menschenrechte (EGMR), nicht aber das Bundesgericht angerufen werden kann, wenn im Bereich einer Zugangsbeschränkung die Verletzung eines Rechts der EMRK gerügt wird. Die Frage des Zugangs zum Bundesgericht erscheint daher nicht definitiv gelöst. 2988

Ziel einer auch unter Rechtsschutzaspekten befriedigenden Lösung müsste sein, einen thematisch *flächendeckenden Zugang ans Bundesgericht* zu gewähren, der sich gegebenenfalls jedoch nach einem Wichtigkeitskriterium (mehr oder weniger weit- 2989 gehend) auf grundsätzliche Fragen oder – ausgerichtet am Modell der Rechtshilfe (vgl. Art. 84 BGG) – auf besonders bedeutende Fälle beschränken könnte.

2990 Dies würde der Stellung des Bundesgerichts nicht nur von der Bedeutung der Fälle her, sondern auch im Hinblick auf dessen Funktion als oberste rechtsprechende Behörde besser entsprechen. Im Vergleich zu heute würde damit der Rechtsschutz teilweise (in weniger bedeutsamen Fällen) reduziert, in anderer Hinsicht (in wichtigeren Fragen) jedoch ausgebaut. Mit einem solchen System liesse sich auch die Belastung des Bundesgerichts – verglichen mit heute – in Balance halten. Sogar die Möglichkeit eines *Annahmeverfahrens*, bei dem das Bundesgericht (ähnlich wie der US-amerikanische Supreme Court) aufgrund von Wichtigkeitskriterien selbst darüber entscheidet, eine Beschwerde zu behandeln oder nicht, sollte vorurteilsfrei diskutiert werden. Dies müsste wenigstens dort der Fall sein, wo der Zugang heute gänzlich ausgeschlossen ist, denn damit würde im Ergebnis der Rechtsschutz verbessert und nicht eingeschränkt. Ein solches Zugangssystem wäre mit dem geltenden Verfassungsrecht vereinbar (vgl. im Übrigen auch Rz. 2952–2956).

3. Organisation des Bundesgerichts

2991 Das Bundesgericht besteht aus 35 bis 45 ordentlichen Bundesrichtern und Bundesrichterinnen sowie aus nebenamtlichen Richtern, deren Zahl höchstens zwei Drittel der Zahl der ordentlichen Richterinnen beträgt (Art. 1 Abs. 3 und 4 BGG). Die genaue Anzahl wird von der Bundesversammlung in einer Verordnung festgelegt (Art. 1 Abs. 5 BGG).

2992 ZZt. gilt die Verordnung der Bundesversammlung vom 23. Juni 2006 über die Richterstellen am Bundesgericht (SR 173.110.1; AS 2006, 2739), mit der die Anzahl der ordentlichen Richterinnen auf 38 und diejenige der nebenamtlichen Richter auf 19 festgelegt wurde (vgl. Art. 1 der Verordnung). Die Geltung der Verordnung ist beschränkt bis Ende 2011. Dannzumal soll die Frage, nicht zuletzt anhand des Ergebnisses eines gleichzeitig angeordneten Controllings (vgl. Art. 2 der Verordnung), nochmals geprüft werden. Im Vergleich zu früher bedeutet die von der Bundesversammlung beschlossene Anzahl Stellen einen Abbau von drei ordentlichen und mehr als 20 nebenamtlichen Richterstellen, was insb. damit begründet wurde, das Bundesgerichtsgesetz bringe eine Entlastung des Bundesgerichts mit sich. Ob dies zutrifft, erscheint aber fraglich, weshalb die Gefahr besteht, dass die Verkleinerung der Anzahl der Richterstellen zulasten des Rechtsschutzes geht.

2993 Das Bundesgericht gliedert sich in Abteilungen, die jeweils für zwei Jahre bestellt werden (Art. 18 BGG). Gegenwärtig bestehen am Bundesgericht *sieben Abteilungen*: zwei öffentlich-rechtliche Abteilungen, zwei privatrechtliche Abteilungen, eine strafrechtliche Abteilung sowie zwei sozialrechtliche Abteilungen (Art. 26 des Reglements für das Bundesgericht vom 20. November 2006, BGerR; SR 173.110.131; zu den Zuständigkeiten vgl. Art. 29 ff. BGerR).

2994 Die Zuständigkeit der sozialrechtlichen Abteilungen ist nicht mehr nur auf sozialversicherungsrechtliche Fragen beschränkt. Insb. die erste sozialrechtliche Abteilung behandelt nunmehr auch Streitfälle über die Sozialhilfe und das Recht auf Hilfe in Notlagen nach Art. 12 BV (Art. 34 lit. g BGerR).

Im Vergleich zu früher wurde mit dem Bundesgerichtsgesetz die Zuständigkeit des *Gesamtgerichts* (Versammlung aller ordentlichen Gerichtsmitglieder) beschränkt, das insb. noch die für das Bundesgericht anwendbaren Reglemente erlässt (Art. 15 BGG). Die *administrative Leitung* obliegt hingegen dem Präsidenten und der dreiköpfigen Verwaltungskommission, deren Stellungen im Vergleich zu früher deutlich gestärkt wurden (vgl. Art. 14 und 17 BGG). Für die *Koordination der Rechtsprechung* ist die Präsidentenkonferenz zuständig, die sich aus den Abteilungspräsidenten zusammensetzt (Art. 16 BGG).

2995

4. Wahl und Rechtsstellung der Mitglieder des Bundesgerichts

Gewählt werden die Bundesrichter von der *Vereinigten Bundesversammlung* (Art. 157 Abs. 1 Bst. a iVm. Art. 168 Abs. 1 BV), wobei die Gerichtskommission (als Kommission der Vereinigten Bundesversammlung; vgl. Art. 40a ParlG) die Wahlen vorbereitet. Grundsätzlich sind alle in eidgenössischen Angelegenheiten Stimmberechtigten in das Bundesgericht wählbar (Art. 143 BV; Art. 5 Abs. 2 BGG; zu den Unvereinbarkeiten vgl. Art. 144 BV sowie Art. 6 und 8 BGG). Üblich ist, wenn auch weder von der Verfassung noch vom Gesetz vorgeschrieben, dass die Bundesrichterinnen über eine juristische Ausbildung verfügen und einer politischen Partei angehören, wobei die Sitze nach einem von der Bundesversammlung freiwillig bestimmten Parteienproporz auf die in der Bundesversammlung vertretenen grösseren Parteien aufgeteilt werden. In der Regel *rekrutieren* sich die Bundesrichter aus den unteren Gerichten, aus der Professorenschaft der Universitäten oder aus der Advokatur. Die Amtsdauer der Richter beträgt sechs Jahre (Art. 145 BV; Art. 9 Abs. 1 BGG), sie scheiden jedoch spätestens aus dem Bundesgericht aus, wenn sie das 68. Altersjahr vollenden (Art. 9 Abs. 2 BGG). Weder die Verfassung noch das Gesetz kennen die Möglichkeit der Absetzung eines Richters während der Amtsperiode.

2996

> In Art. 188 Abs. 4 BV in der Fassung vom 18. April 1999 fand sich noch die ausdrückliche Vorschrift, dass bei der Wahl der Gerichtsmitglieder auf eine *Vertretung der Amtssprachen* des Bundes Rücksicht zu nehmen sei. Diese Bestimmung fiel mit der Justizreform weg, weil sie Fragen der Normverbindlichkeit und der systematischen Eingliederung in der Bundesverfassung aufwarf. In der Literatur wird dies allerdings verschiedentlich bedauert (etwa bei ANNETTE GUCKELBERGER, Das Sprachenrecht in der Schweiz, ZBl 106/2005, 625 f.; ALEXANDRE PAPAUX, Droit des langues en matière judiciaire, «Justice – Justiz – Giustizia» 2006/2, Rz. 34 ff.). Immerhin schreibt das Gesetz vor, dass bei der Bestellung der Abteilungen neben den Fachkenntnissen der Richter auch die Amtssprachen angemessen zu berücksichtigen sind (Art. 18 Abs. 2 BGG), was entsprechende Rücksichtnahmen bei den Wahlen bedingt.

2997

> Immer wieder in Frage gestellt wird die *politische Auswahl* der Bundesrichter. Wohl ist das Bundesgericht einzig dem Recht verpflichtet; es fällt lediglich rechtlich, keine politischen Entscheide und es darf sich dabei nicht durch politische Motive leiten lassen. Doch die Rechtsprechung erfolgt nicht losgelöst vom politischen Umfeld. Dem Bundesgericht stellen sich dabei wohl oder übel regelmässig Fragen, die in einem (gerade aktuellen) politischen Gesamtzusammenhang stehen und auch politische Auswirkungen zeitigen. Überdies hat das Bundesgericht Rechtsnormen auszulegen, die immer politisch zustandegekom-

2998

5. Teil: Rechtsverwirklichung

men sind, und setzt insofern, auch wenn es nach rechtlichen Kriterien vorgeht, einen politischen Prozess fort. Und schliesslich kommt ihm dort, wo ihm der Verfassungs- und Gesetzgeber Entscheidungsspielräume zuweist, sogar eine gewisse eigene, wenn auch in einen engen rechtlichen Rahmen eingebettete politische Funktion zu. Der politische und der rechtliche Prozess fliessen in diesem Sinne immer wieder ineinander über und lassen sich nicht strikt voneinander abgrenzen (dazu RENÉ RHINOW, Politische Funktionen des Rechts, in: ZSR 127 I, 2008, 181 ff., insb. 194 ff.). Nur schon aus Gründen der Transparenz rechtfertigen sich daher die Offenlegung der politischen Zugehörigkeit der Richter und damit auch das politische Wahlkriterium, das dazu führt, dass die Zusammensetzung des Bundesgerichts den Parteienproporz in der Bundesversammlung widerspiegelt. Bei der Wahrnehmung ihrer Funktion müssen die Richterinnen indessen aufgrund der erforderlichen Unabhängigkeit frei bleiben und dürfen keinem externen (insb. politischen) Druck unterliegen. In der Praxis zeigt es sich denn auch regelmässig, dass die Bundesrichter grundsätzlich frei von politischen Einflüssen zu entscheiden vermögen und dass die politische Herkunft für ihre juristischen Überzeugungen meist nicht eine so grosse Rolle spielt, wie mitunter befürchtet wird.

2999   Dennoch gibt es immer wieder (und in jüngster Zeit zunehmend) Versuche, die Bundesrichter *politisch* unter *Druck* zu setzen. So sahen sich in den letzten Jahren einzelne Richter aufgrund politisch offenbar ungeliebter Urteile (wie das Kruzifixurteil [BGE 116 Ia 252], die Entscheide über das Einbürgerungsverfahren [insb. BGE 129 I 217 und 232] oder die Rechtsprechung zum strafrechtlichen Verbot diskriminierender Äusserungen [insb. BGE 130 IV 111]) wiederholt der Drohung der Nichtwiederwahl gegenüber. Auch die öffentliche, unsachliche und mit teilweise tatsachenwidrigen Äusserungen verbundene Kritik an Bundesgerichtsurteilen durch einzelne Vertreter anderer Gewalten gefährdet die Unabhängigkeit des Bundesgerichts (vgl. dazu BBl 2006, 9051 und 9095). Diese Entwicklung wirft nicht nur die Frage der *Unabhängigkeit* der Richterinnen und Richter auf. Zunehmend in Frage gestellt wird dadurch auch das *System der beschränkten Amtsdauer* in Verbindung mit der periodischen Wiederwahl. Durch die Einführung eines Abberufungsverfahrens bei unverändert beibehaltener Amtsdauer von sechs Jahren, wie es mitunter diskutiert wird, würde die Situation sogar noch verschärft. Zu prüfen wäre vielmehr die institutionelle Sicherung der richterlichen Unabhängigkeit durch die *einmalige Ernennung* der Gerichtsmitglieder entweder für eine längere Amtsdauer (von etwa 12 oder 15 Jahren) oder auf Lebenszeit, aber mit Altersbeschränkung (zB. in Anlehnung an den heutigen Art. 9 Abs. 2 BGG). Eine solche Wahl könnte und sollte mit einem Abberufungsverfahren wegen Amtsunfähigkeit oder Amtsunwürdigkeit verbunden werden. Dies liesse sich auch rechtfertigen, wenn die Voraussetzungen einer Amtsenthebung strikt auf Umstände beschränkt werden, welche die Unabhängigkeit bei der Rechtsprechung nicht berühren (vgl. auch die Möglichkeit der Amtsenthebung von Richtern am Bundesstrafgericht und am Bundesverwaltungsgericht in Art. 10 SGG und Art. 10 VGG).

3000   Im Übrigen haben die Mitglieder des Bundesgerichts eine *Rechtsstellung*, die mit derjenigen der Bundesräte vergleichbar ist. Insb. verfügen sie über straf- und (gegenüber Dritten) zivilrechtliche Immunität für Handlungen im Zusammenhang mit ihrer amtlichen Stellung (vgl. insb. Art. 3 Abs. 3 iVm. Art. 1 und 2 VG sowie Art. 11 BGG). Auch ihre Besoldung ist wie bei den Bundesräten speziell geregelt (vgl. das Bundesgesetz vom 6. Oktober 1989 über Besoldung und berufliche Vorsorge der Magistratspersonen; SR 172.121). Die Bundesrichter müssen Wohnsitz in der Schweiz nehmen, und zwar so, dass sie das Gericht in kurzer Zeit erreichen können (Art. 12 BGG). Grundsätzlich unterstehen sie *keiner disziplinarischen Verantwortlichkeit*; eine solche kann weder aus dem parlamentarischen Oberaufsichtsrecht noch aus der Selbstverwaltungsbefugnis des Bundesgerichts abgeleitet werden (VPB 68/2003 Nr. 49, 600 ff.).

Im Jahre 2003 *schloss* das Bundesgericht allerdings einen Bundesrichter, der eine Person angepöbelt hatte, *von der Mitwirkung an der Rechtsprechung aus*, was einer Art «disziplinarischer Suspendierung» von der Kernaufgabe eines Bundesrichters gleichkam. Das Parlament erwog in der Folge die Ergreifung weiterer Massnahmen gegen den Betroffenen, obwohl es für solche, wie auch heute noch, keine gesetzliche Grundlage gab (vgl. BBl 2004, 5647). Der entsprechende Druck führte jedoch schliesslich zum – mehr oder weniger freiwilligen – Rücktritt, woraufhin das Parlament auf weitere Schritte verzichtete. 3001

5. Verfahren

Die *Verfahrensleitung* obliegt dem Abteilungspräsidenten oder einem von diesem dafür beigezogenen anderen Richter (Art. 32 BGG). Die Parteien können sich im Verkehr mit dem Bundesgericht einer der vier Amtssprachen bedienen; Prozesssprache bildet jedoch grundsätzlich die Sprache des angefochtenen Entscheides (vgl. Art. 54 BGG). Über ihr vorgelegte Beschwerden entscheidet eine Abteilung in der Regel in der Besetzung mit drei Richtern. Über Rechtsfragen von grundsätzlicher Bedeutung oder auf Antrag einer Richterin wird in Fünferbesetzung geurteilt (vgl. Art. 20 BGG). Eine wichtige Rolle nehmen auch die *Gerichtsschreiber* ein, die seit geraumer Zeit nicht mehr nur die Urteile des Bundesgerichts begründen, sondern zunehmend auch für einen Richter oder den Abteilungspräsidenten Urteilsentwürfe erstellen und über beratende Stimme verfügen (vgl. Art. 24 BGG). 3002

Eine *mündliche Beratung* findet nur statt, wenn dies der Abteilungspräsident anordnet oder eine Richterin verlangt oder wenn sich keine Einstimmigkeit ergibt (Art. 58 BGG). Erfahrungsgemäss werden rund 97 % der Entscheide einstimmig und ohne mündliche Beratung, dh. im Zirkulationsverfahren, gefällt. In besonderen Konstellationen gelangt ein *vereinfachtes Verfahren* zur Anwendung, in dem insb. der Entscheid lediglich summarisch begründet wird (Art. 108 f. BGG). Offensichtlich unzulässige, offensichtlich ungenügend begründete oder querulatorische oder rechtsmissbräuchliche Beschwerden kann ein Richter sogar allein erledigen (Art. 108 BGG). 3003

Das Bundesgericht wendet das Recht grundsätzlich *von Amtes wegen* an. Ausnahmsweise prüft es die Verletzung von Grundrechten des Bundes und des Völkerrechts sowie von kantonalem Verfassungsrecht und interkantonalem Recht nur, wenn eine entsprechende Rüge in der Beschwerde erhoben und auch begründet wird (vgl. für die Einheitsbeschwerden Art. 106 BGG sowie für die subsidiäre Verfassungsbeschwerde Art. 117 iVm. Art. 106 Abs. 2 BGG). Der Sachverhalt wird bei den Einheitsbeschwerden prinzipiell nur dann überprüft, wenn er offensichtlich unrichtig (dh. im Wesentlichen willkürlich) oder unter Verletzung wesentlicher Bestimmungen, idR. von Verfahrensnormen, erhoben 3004 worden ist (vgl. Art. 105 iVm. Art. 95 BGG). Bei der subsidiären Verfassungsbeschwerde setzt die Überprüfung voraus, dass die Sachverhaltsfeststellung unter Verletzung von verfassungsmässigen Rechten zustandegekommen ist (vgl. Art. 118 iVm. Art. 116 BGG).

3005 Bei seinem Entscheid ist das Bundesgericht *an die Begehren der Parteien gebunden.* Sowohl die Einheitsbeschwerden als auch die subsidiäre Verfassungsbeschwerde sind aber *reformatorische Rechtsmittel.* Das Bundesgericht kann demnach den bei ihm angefochtenen Entscheid im Falle einer Gutheissung nicht nur aufheben, sondern es darf auch in der Sache neu entscheiden (vgl. Art. 107 BGG sowie Art. 117 iVm. Art. 107 BGG).

3006 Schliesslich kann es mitunter unklar sein, welche Beschwerde zulässig ist, etwa weil nicht eindeutig erscheint, ob sich bei einem Streitwert unterhalb der anwendbaren Streitwertgrenze eine Rechtsfrage von grundsätzlicher Bedeutung stellt. Führt eine Partei in diesem Sinne gegen einen Entscheid sowohl ordentliche Einheitsbeschwerde als auch subsidiäre Verfassungsbeschwerde, so hat sie *beide Rechtsmittel in der gleichen Rechtsschrift* einzureichen und behandelt das Bundesgericht beide Beschwerden *im gleichen Verfahren* nach den jeweiligen Vorschriften über die entsprechende Beschwerdeart (Art. 119 BGG).

6. Besonderheiten im Bereich des Sozialversicherungsrechts

3007 In der höchstrichterlichen *Sozialversicherungsgerichtsbarkeit* brachte das Bundesgerichtsgesetz wichtige Neuerungen mit sich. Es gibt nur noch ein einziges Bundesgericht unter einem gemeinsamen Präsidium, und die Richter des früheren Eidgenössischen Versicherungsgerichts können nunmehr ohne Neuwahl in die übrigen Abteilungen des Bundesgerichts wechseln und umgekehrt (sog. *Teilintegration*). Gleichzeitig ging allerdings die administrative Autonomie verloren, über die das Eidgenössische Versicherungsgericht altrechtlich verfügte.

3008 Die früher umfassende Überprüfungsbefugnis des Versicherungsgerichts in sozialversicherungsrechtlichen Leistungsstreitigkeiten wurde weitgehend an die Kognition der übrigen öffentlich-rechtlichen Abteilungen angepasst (grundsätzlich nur *Rechtskontrolle* mit Ausnahme für die Militär- und Unfallversicherung, wo eine Überprüfung des Sachverhalts vorläufig noch vorbehalten bleibt; vgl. Art. 105 Abs. 3 BGG). Schliesslich sieht das Bundesgerichtsgesetz für Verfahren vor dem Bundesgericht neu auch in sozialversicherungsrechtlichen Leistungsstreitigkeiten eine *generelle Kostenpflicht* vor, allerdings mit deutlich tieferem Kostenrahmen als in den meisten übrigen Rechtsgebieten (vgl. Art. 65 BGG).

b. **Bundesverwaltungsgericht**

Literatur

AUER CHRISTOPH/MÜLLER MARKUS/SCHINDLER BENJAMIN, Kommentar zum Bundesgesetz über das Verwaltungsverfahren (VwVG), Zürich/St. Gallen 2008; BANDLI CHRISTOPH, Die Rolle des Bundesverwaltungsgerichts, in: BTJP (Berner Tage für die Juristische Praxis) 2006, hrsg. von Tschannen Pierre, Neue Bundesrechtspflege, Bern 2007, 195 ff.; BEUSCH MICHAEL, Il Tribunale amministrativo federale nuovo attore nel sistema giudiziario svizzero, Rivista ticinese di diritto, 2007, H. 1, 227 ff.; DERS., Rechtsschutz durch das Bundesverwaltungsgericht, Jusletter vom 18. Dezember 2006; BUNDI CHRISTINA, Die Einführung von Bundesverwaltungsgerichten erster Instanz, in: Schindler Benjamin/Schlauri Regula (Hrsg.), Auf dem Weg zu einem einheitlichen Verfahren, Zürich 2001, 283 ff.; KOLLER HEINRICH, Grundzüge der neuen Bundesrechtspflege und des vereinheitlichten Prozessrechts, ZBl 107/2006, 57 ff., insb. 71 ff.; MANFRINI PIERRE LOUIS, Le Tribunal administratif fédéral, in: Bellanger François/Tanquerel Thierry (Hrsg.), Les nouveaux recours fédéraux en droit public, Genf/Zürich/Basel 2006, 25 ff.; MARTI ARNOLD, Die aktuelle Justizreform – Abschluss einer über hundertjährigen Entwicklung hin zur umfassenden Verwaltungsgerichtsbarkeit in der Schweiz, in: Individuum und Verband, Festgabe zum Schweizerischen Juristentag 2006, Zürich/Basel/Genf 2006, 505 ff.; MOSER ANDRÉ/BEUSCH MICHAEL/KNEUBÜHLER LORENZ, Prozessieren vor dem Bundesverwaltungsgericht, Basel 2008; MOSER ANDRÉ/UEBERSAX PETER, Prozessieren vor eidgenössischen Rekurskommissionen, Basel/Frankfurt a.M. 1998; RIVA ENRICO/OLING BRIGITTE, Totalrevision der Bundesrechtspflege, Gegenüberstellung des VwVG in alter und neuer Fassung, Jusletter vom 12. Juni 2006; SCHWERPUNKTHEFT «Ein Jahr Bundesverwaltungsgericht», ZBl 109/2008, 1 ff.; SCHWEIZER RAINER J., Die erstinstanzliche Verwaltungsgerichtsbarkeit des Bundes durch Rekurs- und Schiedskommissionen – aktuelle Situation und Reformbedürfnisse, Beiheft 26 zur ZSR 1998; WEISSENBERGER PHILIPPE, Das Bundesverwaltungsgericht, AJP 2006, 1491 ff.; DERS., Ziel ist eine einheitliche Rechtsprechung, plädoyer 6/2006, 41 ff.

Das Bundesverwaltungsgericht löste als *zentrale untere gerichtliche Behörde im Verwaltungsrecht des Bundes* die früheren eidgenössischen Rekurs- und Schiedskommissionen sowie die Beschwerdedienste der Departemente ab. Es verfügt über 50 bis 70 Richterstellen und nahm seine Tätigkeit am 1. Januar 2007 auf. Der Internetauftritt des Bundesverwaltungsgerichts findet sich unter www.bvger.ch . 3009

Hauptaufgabe des Bundesverwaltungsgerichts ist die Beurteilung von Beschwerden gegen Verfügungen der Bundesverwaltung. Verfügungen letzter kantonaler Instanzen können nur ausnahmsweise beim Bundesverwaltungsgericht angefochten werden, nämlich dann, wenn ein Bundesgesetz dies ausdrücklich vorsieht. Das Bundesverwaltungsgericht prüft die bei ihm angefochtenen Entscheide auf Vereinbarkeit mit dem Bundesrecht und kontrolliert die Sachverhaltsfeststellungen. Die von einer Bundesbehörde ergangenen Entscheide kann es auch auf Angemessenheit überprüfen, was für ein Gericht an sich atypisch und aus Sicht der Verwaltungskontrolle unbefriedigend erscheint, doch Folge der weitgehenden Abschaffung der verwaltungsinternen Rechtspflege auf Bundesebene ist. 3010

Das Bundesverwaltungsgericht setzt den Anspruch auf Zugang zu einem Gericht (nach Art. 29a BV) in Administrativstreitigkeiten des Bundes um und bildet dort, wo seine Entscheide beim Bundesgericht angefochten werden können, dessen gerichtliche Vorinstanz. Die Organisation gleicht derjenigen des Bundesgerichts. Für das Verfahren sind ergänzend weiterhin die Bestimmungen des Bundesgesetzes vom 20. Dezember 1968 über das Verwaltungsverfahren (VwVG; SR 172.021) anwendbar (vgl. Art. 37 VGG). 3011

Gewählt werden die Richter – wie beim Bundesgericht – durch die Bundesversammlung, wobei ebenfalls die Gerichtskommission (als Kommission der Vereinigten Bundesversammlung) die Wahlen vorbereitet. Im Unterschied zu den Bundesrichtern kennt das Gesetz die Möglichkeit einer Amtsenthebung unter bestimmten Voraussetzungen (Art. 10 VGG). Die Richterinnen unterstehen 3012 nicht der Personalgesetzgebung des Bundes, sondern ihr Arbeitsverhältnis und ihre Besoldung werden in einer besonderen Verordnung der Bundesversammlung geregelt (Richterverordnung vom 13. Dezember 2002; SR 173.711.2).

c. Bundesstrafgericht

Literatur

BERTOSSA BERNARD, I primi due anni di esperienze del Tribunale penale federale di Bellinzona, Bolletino, A cura dell'Ordine degli Avvocati del Cantone Ticino, 2006, H. 32, 2 ff.; ERNI LORENZ, Prozessieren vor Bundesstrafgericht aus Sicht der Advokatur, forumpoenale 5/2008, 295 ff.; FINGERHUTH THOMAS, Das Verfahren vor Bundesstrafgericht, plädoyer 4/2004, 31 ff.; KISS CHRISTINA, Das neue Bundesstrafgericht, AJP 2003, 141 ff.; KOLLER HEINRICH, Grundzüge der neuen Bundesrechtspflege und des vereinheitlichten Prozessrechts, ZBl 107/2006, 57 ff., insb. 69 ff.; SCHUBARTH MARTIN, Die Zukunft der Bundesstrafgerichtsbarkeit, Anwaltsrevue 3/2000, 4 ff.; STAUB ALEX, Il nuovo Tribunale federale a Bellinzona, in: Bernasconi Giorgio A./Postizzi Mario/Piccirilli Fernando (Hrsg.), La revisione della parte generale del Codice penale, Lugano/Basel/Bellinzona 2005, 161 ff.

3013 Beim Bundesstrafgericht handelt es sich um das untere, eigenständige Strafgericht des Bundes mit 15–35 Richterstellen. Das Gericht nahm seine Tätigkeit am 1. April 2004 auf. Sein Internetauftritt findet sich unter www.bstger.ch.

3014 Das Bundesstrafgericht umfasst:

- eine (oder mehrere) *Strafkammer(n)*, welche diejenigen Strafsachen erstinstanzlich beurteilt, die in die Gerichtsbarkeit des Bundes fallen;

- eine (oder mehrere) *Beschwerdekammer(n)*, welche weitere Aufgaben wie insb. die Beurteilung von Beschwerden gegen Amtshandlungen und Säumnis des Bundesanwalts und der eidgenössischen Untersuchungsrichter oder in Rechtshilfesachen übernimmt.

3015 Das Bundesstrafgericht bildet die gerichtliche Vorinstanz des Bundesgerichts, soweit seine Entscheide bei diesem angefochten werden können, was bei den eigentlichen Strafurteilen von der Bundesverfassung selbst vorgeschrieben wird (vgl. Art. 32 Abs. 3 BV; dazu Rz. 3096 f.).

3016 Für die Wahl, das Arbeitsverhältnis und die Besoldung der Richterinnen und Richter gelten analoge Rechtsregeln wie beim Bundesverwaltungsgericht (vgl. Rz. 3012; für die Frage der Amtsenthebung vgl. Art. 10 SGG).

d. Sitz der Gerichte des Bundes

3017 Die Verfassung lässt den *Sitz* der Gerichte des Bundes offen, was wiederholt zu politischen Auseinandersetzungen führte.

3018 Schon um den Sitz des mit der Bundesverfassung von 1874 eingeführten ständigen Bundesgerichts entbrannte ein freundeidgenössischer Konkurrenzstreit. Der Sitz wurde schliesslich *Lausanne* zugewiesen. Das spätere Eidgenössische Versicherungsgericht, das im Jahre 1917 eingerichtet wurde, erhielt seinen Sitz in *Luzern*. Noch heute führt das nunmehr fusionierte Bundesgericht den Sitz Lausanne, wobei eine oder mehrere Abteilungen (zZt. – wie früher das Eidgenössische Versicherungsgericht – die beiden sozialrechtlichen Abteilungen) ihren Standort in Luzern haben (Art. 5 BGG). Für den Sitz des Bundesstrafgerichts schlug der Bundesrat Aarau und für denjenigen des Bundesverwaltungsgerichts Fribourg vor (Zusatzbotschaft vom 28. September 2001, BBl 2001, 6409 ff.). Die eidgenössischen Räte entschieden sich aber für *Bellinzona* und *St. Gallen* (Bundesgesetz vom 21. Juni 2002 über den Sitz des Bundesstrafgerichts und des Bundesverwaltungsgerichts; SR 173.72). Im Vordergrund standen dafür regionalpolitische Überlegungen. Die geographische Distanz des Bundesverwaltungsgerichts zur Bundesverwaltung in Bern eröffnet ihm zudem jene Unabhängigkeit, die für eine wirksame Überprüfung unabdingbar ist. Der vom Bundesrat geltend gemachte Vorzug der guten Erreichbarkeit für die Prozessbeteiligten tritt angesichts der eher seltenen mündlichen Verhandlungen vor diesem Gericht in den Hintergrund. Der Vielsprachigkeit der Schweiz wird durch die Verteilung der drei eidgenössischen Gerichte auf Lausanne, Bellinzona und St. Gallen Rechnung getragen.

Das Bundesverwaltungsgericht hat vorerst jedoch ein Provisorium in Bern bezogen, bis die erforderlichen Räumlichkeiten in St. Gallen (voraussichtlich frühestens im Jahr 2010) erstellt sind.

§ 30 Verfahrensgarantien

Literatur

ALBERTINI MICHELE, Der verfassungsmässige Anspruch auf rechtliches Gehör im Verwaltungsverfahren des modernen Staates, Diss. Bern 2000; BIAGGINI, BV Kommentar, Art. 29–32; DE VRIES REILINGH JEANINE, Les garanties de procédure et en cas de détention: de la CEDH à la Constitution fédérale en un quart de siècle, ZBl 2000, 16 ff.; HANGARTNER YVO, Recht auf Rechtsschutz, AJP 2002, 131 ff.; HÄNNI PETER, Grundrechte des Angeschuldigten im Strafprozess, in: Merten/Papier, Handbuch, § 226; HOTTELIER MICHEL, Les garanties de procédure, in: Verfassungsrecht der Schweiz, § 51; KELLER HELEN, Garantien fairer Verfahren und des rechtlichen Gehörs, in: Merten/Papier, Handbuch, § 225; MAHON PASCAL, in: Petit commentaire, Art. 29–32; JAAG TOBIAS, Die Verfahrensgarantien der neuen Bundesverfassung, in: Gauch Peter/Thürer Daniel (Hrsg.), Die neue Bundesverfassung, Analysen, Erfahrungen, Ausblick, Zürich 2002, 25 ff.; MEICHSSNER STEFAN, Das Grundrecht auf unentgeltliche Rechtspflege (Art. 29 Abs. 3 BV), Diss. Basel 2008; MÜLLER/SCHEFER, Grundrechte, 817 ff.; RHINOW RENÉ/KOLLER HEINRICH/KISS CHRISTINA, Öffentliches Prozessrecht und Justizverfassungsrecht des Bundes, Basel/Frankfurt a.M. 1996; SCHINDLER BENJAMIN, Die Befangenheit der Verwaltung, Diss. Zürich 2002; STEINMANN GEROLD, in: St. Galler Kommentar, Art. 29 und 30 BV; VEST HANS, in: St. Galler Kommentar, Art. 31 und 32 BV.

I. Allgemeines

a. Zur Bedeutung von Verfahrensrecht und Verfahrensgarantien

Das formelle Recht besteht nicht um seiner selbst willen; es wird geschaffen, um dem materiellen Recht zur Entstehung, Anwendung und Durchsetzung zu verhelfen. 3020

Die Legitimation von staatlichen Entscheidungen beruht unter anderem auch auf der *Art und Weise des Verfahrens*, in dem sie getroffen werden. Ziel ist ein möglichst faires Verfahren und ein möglichst gerechtes Resultat. Der Verwirklichung dieses Ziels dienen ua. die verfassungsrechtlichen Verfahrensgarantien. In der Rechtsphilosophie spricht man in diesem Zusammenhang auch von Grundsätzen der *Verfahrensgerechtigkeit* (vgl. etwa JÖRG PAUL MÜLLER, Demokratische Gerechtigkeit, München 1993, 178–180). 3021

b. Verfahrensgarantien im Grundrechtskatalog

Die Bundesverfassung enthält im Katalog der Grundrechte wesentliche Garantien für rechtsstaatliche Gerichts- und Verwaltungsverfahren (Art. 29–32 BV). In der Formulierung lehnen sich diese zum Teil an die entsprechenden EMRK-Artikel an. 3022

Die Verfahrensgarantien der EMRK (insbesondere Art. 5, 6 und – grösstenteils – auch Art. 13 EMRK) sind einerseits in der Schweiz *direkt anwendbar*, anderseits 3023 beeinflussen ihre Gehalte das Bundesgericht bei der Auslegung der *nationalen* Verfassungsnormen.

3024   Die Verfahrensgarantien sind zwischen den wirtschaftlichen Grundrechten und den politischen Rechten positioniert. Von den vorangestellten materiellen Grundrechten unterscheiden sie sich durch ihre Eigenschaft als *formelle Rechte*. Eine stärkere Verwandtschaft verbindet die Verfahrensrechte mit dem nachfolgenden Petitionsrecht und den politischen Rechten. Diese sind auch «verfahrenslastige» Bestimmungen, indem sie die Art und Weise des Vorgehens bei Petitionen, Abstimmungen etc. vorschreiben. Zu denken ist etwa an die garantierte Entgegen- und Kenntnisnahme der Petition, den Schutz des Prozesses der freien Willensbildung und der unverfälschten Stimmabgabe, Vorbereitung und Durchführung des Urnenganges (zB. durch klare und korrekte Formulierung der Abstimmungsfrage oder durch die Gewährleistung geheimer Stimmabgabe). Damit erfüllen auch das Petitionsrecht und die politischen Rechte Funktionen der Verfahrensgerechtigkeit.

3025   Art. 29 BV enthält *allgemeine Verfahrensgarantien*. Er gilt in Gerichts- und Verwaltungsverfahren. Die *Rechtsweggarantie* von Art. 29a BV ist im Rahmen der Justizreform eingefügt worden (vgl. Rz. 2828 ff.). Anschliessend folgen spezielle Verfahrensrechte: Art. 30 BV umfasst Grundsätze für *gerichtliche* Verfahren und Art. 31 BV Mindestgarantien bei *Freiheitsentzug*, Art. 32 BV statuiert die Rechte des Angeschuldigten im *Strafverfahren*.

3026   Die verfassungsrechtlichen Verfahrensgarantien verankern *Minimalstandards*. Daran misst sich das in concreto anwendbare Prozessrecht.

3027   Die alte BV kannte nur wenige geschriebene Verfahrensgarantien (vgl. etwa Art. 58 und 59 aBV). Das Bundesgericht hat aber in einer schöpferischen Rechtsprechung zahlreiche Verfahrensgarantien des ungeschriebenen Verfassungsrechts unter dem Titel des Verbotes der formellen Rechtsverweigerung anerkannt. Ihre Bedeutung war und ist va. dort gross, wo das kantonale Verfahrensrecht Lücken und Mängel aufweist. Methodisch hat das Bundesgericht die Verfahrensgarantien aber nicht als ungeschriebene (Grund-)Rechte bezeichnet, sondern als *Ableitungen* aus der Rechtsgleichheit (Art. 4 aBV) qualifiziert. Diese Anknüpfung der formellen Garantien an das Grundrecht der Rechtsgleichheit zeigt, wie wichtig und eng die Verbindung von materiellem und formellem Recht ist.

3028   Mit der einheitlichen Regelung des Straf- und des Zivilverfahrens auf Bundesebene ist zu erwarten, dass die bisher ausserordentlich schöpferische und intensive Verfassungsrechtsprechung zu den Verfahrensgarantien etwas an Schwung verlieren wird. Denn die einfachrechtliche Verankerung des Verfahrensrechts in Bundesgesetzen entzieht die entsprechenden Fragestellungen aufgrund von Art. 190 BV in weitem Masse grundrechtlicher Weiterentwicklung.

3029   Die folgende *artikelweise* Darstellung beschränkt sich auf verfassungsrechtlich relevante Grundzüge. Für die Ausprägungen der Verfahrensgrundrechte, wie sie vor allem in der Gerichtspraxis ihren Niederschlag gefunden haben, wird auf die entsprechenden Lehrbücher und Monographien verwiesen.

II. Allgemeine Verfahrensgarantien

a. Übersicht und Anwendungsbereich

Art. 29 BV enthält den Anspruch auf gleiche und gerechte Behandlung, das Verbot der Rechtsverweigerung und Rechtsverzögerung (Abs. 1), den Anspruch auf rechtliches Gehör (Abs. 2) und den Anspruch auf unentgeltliche Rechtspflege (Abs. 3). 3030

Der *Geltungsbereich* von Art. 29 BV ist insofern *umfassend,* als er in (Rechtspflege-)Verfahren sowohl vor Gerichten als auch vor Verwaltungsinstanzen und in sämtlichen Rechtsbereichen (Zivil-, Straf- und Verwaltungsrechtssachen) anwendbar ist. 3031

Demgegenüber finden die entsprechenden Garantien im *internationalen* Recht (Art. 6 Abs. 1 EMRK, «fair trial», Beschleunigungsgebot; Art. 14 Abs. 1 UNO-Pakt II) nur in *Gerichts*verfahren Anwendung. Ihr sachlicher Geltungsbereich ist zudem beschränkt auf die Beurteilung von Streitigkeiten über *zivilrechtliche Ansprüche und Verpflichtungen* und von *strafrechtlichen Anklagen.* 3032

b. Verbot der Rechtsverweigerung und Rechtsverzögerung

Art. 29 Abs. 1 BV räumt jeder Person einen Anspruch auf *gleiche und gerechte Behandlung* vor Gerichts- und Verwaltungsinstanzen ein. Erfasst sind damit mehrere, vom Bundesgericht zu Art. 4 aBV entwickelte Teilaspekte des Verbots der formellen Rechtsverweigerung. 3033

> Die Formulierung «Anspruch auf gleiche und gerechte Behandlung» macht die enge Verzahnung von formellem Recht und (materieller) Rechtsgleichheit (Art. 8 BV) deutlich. 3034

Garantiert wird namentlich das Verbot der *Rechtsverweigerung im engeren Sinn.* Eine solche liegt vor, wenn ein Anspruch auf ein Verfahren besteht und die Behörde sich weigert, die Sache trotz des Begehrens des Berechtigten an die Hand zu nehmen und zu behandeln (BGE 134 I 229, 232). Eine Rechtsverweigerung kann auch darin liegen, dass die Behörde zwar tätig wird, aber nicht im geforderten Mass (zB. den Sachverhalt nicht umfassend abklärt oder ihre Kognition nicht ausschöpft). 3035

Unter Abs. 1 fällt sodann das *Verbot des überspitzten Formalismus.* Dieses stellt insofern eine besondere Form der Rechtsverweigerung dar, als der Rechtsweg durch übertriebene, sachlich nicht gerechtfertigte Formstrenge versperrt wird (BGE 134 II 244, 248; 127 I 31). 3036

> Die Garantie einer gleichen und gerechten Behandlung kann ferner einen (grundsätzlich in allen Verfahren geltenden) verfassungsunmittelbaren Anspruch auf Revision eines rechtskräftigen Entscheids begründen (BGE 127 I 133, 138; MÜLLER/SCHEFER, Grundrechte, 826). 3037

Art. 29 Abs. 1 BV bestimmt im Weiteren, dass jede Person in Verfahren vor Gerichts- und Verwaltungsinstanzen Anspruch «auf Beurteilung innert angemessener 3038

Frist» hat. Verboten wird damit eine Unterform der Rechtsverweigerung, die *Rechtsverzögerung*. Sie ist gegeben, «wenn eine zum Handeln verpflichtete Behörde ein Verfahren über Gebühr verschleppt und damit dem Betroffenen sein Recht abschneidet» (MÜLLER/SCHEFER, Grundrechte, 837). Soweit das Gesetz keine bestimmten Behandlungsfristen aufstellt, ist die Frage, was als *angemessene* Verfahrensdauer gilt, anhand der besonderen Umstände des Einzelfalls zu beurteilen (vgl. dazu etwa BGE 130 IV 54, 56; 119 Ib 311, 325f.).

3039 Wegen der grossen Bedeutung der Rechtsverzögerung wurde diese – obwohl sie gleichzeitig einen Teilaspekt der formellen Rechtsverweigerung darstellt – in Art. 29 BV mit der Wendung «Anspruch ... auf Beurteilung innert angemessener Frist» gesondert erwähnt (vgl. BBl 1997 I, 182).

c. Anspruch auf rechtliches Gehör

3040 Art. 29 Abs. 2 BV gewährleistet den Parteien Anspruch auf rechtliches Gehör. Er ist ein wichtiger und deshalb eigens aufgeführter Teilaspekt des allgemeinen Grundsatzes des fairen Verfahrens nach Art. 29 Abs. 1 BV (BGE 131 I 272, 276; 129 I 85, 88).

3041 Die Parteien sollen im Verfahren mitwirken können. Der Anspruch auf rechtliches Gehör (iwS.) umfasst den Anspruch *auf vorgängige Äusserung und Anhörung* (rechtliches Gehör ieS.), den Anspruch auf *Akteneinsicht*, das Recht, *am Beweisverfahren teilzunehmen* und den Anspruch auf *Begründung* eines Entscheids.

3042 Um deutlich zu machen, dass diese umfassenden Konkretisierungen über die «Anhörung» hinausreichen, schlagen MÜLLER/SCHEFER, Grundrechte, 846, die Bezeichnung «Garantien verfahrensrechtlicher Kommunikation» vor.

3043 Der Anspruch auf rechtliches Gehör besteht grundsätzlich auch dann, wenn ein individueller Hoheitsakt, der die Rechtsstellung eines Einzelnen unmittelbar berührt, ausnahmsweise nicht von einer Verwaltungs- oder Justizbehörde, sondern vom *Parlament* ausgeht (BGE 119 Ia 141, 151). Dementsprechend hat das Bundesgericht im Einbürgerungsverfahren den Anspruch des Gesuchstellers auf Gewährung des rechtlichen Gehörs und auf Begründung eines ablehnenden Entscheids – zu Recht – bejaht (BGE 129 I 232, 236). Ausgeschlossen ist der Anspruch auf rechtliches Gehör dagegen grundsätzlich im Rechtsetzungsverfahren (BGE 130 I 174, 178).

3044 Der Anspruch auf rechtliches Gehör steht Schweizern und Ausländern, natürlichen und juristischen Personen zu, die im Verfahren *«Partei»* sind (so der Wortlaut von Art. 29 Abs. 2 BV).

3045 In der Anhörung liegen primär *zwei Funktionen:* Sie dient der Sachaufklärung im Prozess und stellt ein persönlichkeitsbezogenes Mitwirkungsrecht der betroffenen Person dar. Diese soll im Verfahren nicht Objekt sein, sondern als Subjekt wahrgenommen werden und mitwirken können. Hierin liegt eine enge Verbindung zur Menschenwürde (Art. 7 BV).

Der Anspruch auf rechtliches Gehör ist *formeller Natur*; das bedeutet, dass eine 3046
Verletzung des Anspruchs zur Aufhebung des Entscheids führt, auch wenn die
Verletzung keinen Einfluss auf das Ergebnis hatte und keine Änderung des Entscheids in Sicht ist. Die Verletzung kann in gewissen Fällen allerdings «geheilt»
werden (zurückhaltend zur «Heilung» MÜLLER/SCHEFER, Grundrechte,
855–858; für eine weitergehende Heilungspraxis dagegen HANSJÖRG SEILER,
Abschied von der formellen Natur des rechtlichen Gehörs, SJZ 2004, 379).

Teilaspekte und *Konkretisierungen* des Anspruchs auf rechtliches Gehör finden 3047
sich in der BV auch in Art. 31 Abs. 2 BV (Freiheitsentzug) und Art. 32
Abs. 2 BV (Strafverfahren).

d. Anspruch auf unentgeltliche Rechtspflege

Der Anspruch auf unentgeltliche Rechtspflege gemäss Art. 29 Abs. 3 BV stellt ei- 3048
nen prozessualen Ausfluss der Rechtsgleichheit dar (grundlegend schon BGE 13,
251, 254). Niemand soll wegen Bedürftigkeit auf den Rechtsschutz verzichten
müssen; zwischen den Parteien soll vielmehr «Chancen- und Waffengleichheit»
(vgl. BGE 131 I 350, 355) bestehen. Dabei sind zwei gesonderte Ansprüche zu unterscheiden, für die teilweise unterschiedliche Voraussetzungen gelten:

Der *Anspruch auf unentgeltliche* Rechtspflege ieS. oder auf unentgeltliche *Prozess-* 3049
führung (Satz 1) bewirkt, dass der Betroffene vorläufig von den Verfahrens- und
Gerichtskosten befreit wird. Es müssen dafür zwei Bedingungen erfüllt sein: Erstens muss die Person *bedürftig* sein, was zutrifft, wenn sie nicht für die Prozesskosten aufkommen könnte, ohne Mittel anzugreifen, die zur Deckung des Grundbedarfs für sie und ihre Familie notwendig sind (BGE 127 I 202, 205; 128 I 225, 232).
Zweitens darf das Rechtsbegehren *nicht aussichtslos* erscheinen, dh. es muss ausreichende Prozesschancen aufweisen (BGE 133 III 614, 615).

Als aussichtslos gelten nach der bundesgerichtlichen Rechtsprechung Prozess- 3050
begehren, «bei denen die Gewinnaussichten beträchtlich geringer sind als die
Verlustgefahren und die deshalb kaum als ernsthaft bezeichnet werden können»
(BGE 129 I 129, 135). Kommt der Betroffene später wieder zu Mitteln, kann
der Staat die erlassenen Kosten nachträglich einfordern.

Der *Anspruch auf unentgeltlichen Rechtsbeistand* ermöglicht auch Bedürftigen, ei- 3051
nen Anwalt beizuziehen. Er besteht nur, soweit der Beizug eines Rechtsbeistandes
zur Wahrung der Rechte des Betroffenen notwendig ist (Satz 2). Zu den beiden Voraussetzungen der unentgeltlichen Prozessführung kommt somit als drittes Erfordernis die *Notwendigkeit* einer Verbeiständung hinzu (zur Abgrenzung zur notwendigen Verteidigung siehe BGE 134 I 92, 99).

Beide Ansprüche stehen idR. nur *natürlichen Personen* zu, dies aber unabhängig 3052
von ihrer Nationalität und ihrem Wohnsitz. Juristische Personen haben lediglich in
Ausnahmesituationen einen Anspruch auf unentgeltliche Rechtspflege, etwa wenn
eine Aktiengesellschaft eine Forderung einklagt, die ihr einziges Aktivum darstellt
(BGE 131 II 306, 327).

3053 Durch die Bundesverfassung grundsätzlich *nicht* gewährleistet ist ein Anspruch auf unentgeltliche Rechtsberatung *ausserhalb* eines Verfahrens (BGE 128 I 225, 231).

3054 Grundrechtstheoretisch handelt es sich beim Anspruch auf unentgeltliche Rechtspflege um ein *Leistungsrecht* gegenüber dem Staat. Ohne diesen Anspruch wären finanziell schwachen Personen im Vergleich mit Bessergestellten der Zugang zu den Gerichten erschwert oder verstellt und die Chancen im Prozess herabgesetzt. Der Anspruch auf unentgeltliche Rechtspflege ist deshalb ein Anwendungsfall eines *sozialen Grundrechts* (vgl. dazu § 36).

III. Garantien im gerichtlichen Verfahren

a. Übersicht und Anwendungsbereich

3055 Art. 30 BV enthält die Garantie des gesetzlichen, zuständigen, unabhängigen und unparteiischen Richters sowie das Verbot von Ausnahmegerichten (Abs. 1), die (beschränkte) Garantie des Wohnsitzgerichtsstandes (Abs. 2) und den Öffentlichkeitsgrundsatz (Abs. 3).

3056 Das in der alten BV enthaltene Verbot der geistlichen Gerichtsbarkeit (Art. 58 Abs. 2 aBV) fand keinen Eingang in die neue BV, da eine solche Bestimmung als obsolet betrachtet wurde (vgl. BBl 1997 I, 183). Trotzdem wird es in der Gerichtspraxis angerufen (vgl. BGE 129 I 91).

3057 Die Garantien von Art. 30 BV gelten lediglich in Verfahren vor *Gerichten*. Der *Geltungsbereich* von Art. 30 BV ist also enger als derjenige von Art. 29 BV, der auch die Verfahren vor Verwaltungsinstanzen einschliesst.

3058 Art. 30 BV findet immer dann Anwendung, wenn eine Behörde eine spezifisch *gerichtliche Funktion* wahrnimmt, dh. auch etwa auf einen Untersuchungsrichter oder einen Staatsanwalt, sofern diese ausnahmsweise in richterlicher Funktion tätig sind und die Rolle eines eigentlichen Richters übernehmen (BGE 127 I 196, 198).

3059 Die Garantien von Art. 30 Abs. 1 und 3 sind mit Einschränkungen hinsichtlich des sachlichen Geltungsbereichs in Art. 6 Abs. 1 EMRK und Art. 14 Abs. 1 UNO-Pakt II enthalten.

b. Anspruch auf ein gesetzmässiges, zuständiges, unabhängiges und unparteiisches Gericht

1. Richterliche Behörde

3060 Das Bundesgericht definiert den verfassungsrechtlichen *Gerichtsbegriff* übereinstimmend mit dem konventionsrechtlichen Terminus: «Als Gericht im Sinne der Menschenrechtskonvention bzw. von Art. 30 Abs. 1 BV gilt eine Behörde, die nach Gesetz und Recht in einem justizförmigen, fairen Verfahren begründete und bindende Entscheidungen über Streitfragen trifft. Sie braucht nicht in die ordentliche Gerichtsstruktur eines Staates eingegliedert zu sein; sie muss jedoch organisatorisch und personell, nach der Art ihrer Ernennung, der Amtsdauer, dem Schutz vor äusseren Beeinflussungen und nach ihrem Erscheinungsbild sowohl gegenüber anderen Behörden als auch gegenüber den Parteien unabhängig und unparteiisch sein» (BGE 126 I 228, 230; siehe auch BGE 134 I 16, 17f.). Keine Rolle spielt die Bezeichnung der Behörde. Begriffswesentlich ist die Streitentscheidung in einem justizförmigen Verfahren, und zwar unabhängig von Weisungen irgendwelcher Organe, aber gebunden an das Recht. Darunter fallen nicht allein die klassischen Gerichte, sondern auch Rekurskommissionen oder anders bezeichnete Behörden, solange sie die von Art. 30 Abs. 1 BV geforderten Merkmale erfüllen. Die BV bringt dies zum Ausdruck, indem sie an anderer Stelle den Begriff «richterliche Behörde» verwendet (Art. 29a, 191a, 191b und 191c BV).

2. Gesetzmässiges Gericht

Gesetzmässiges Gericht bedeutet, dass dieses durch ein eigentliches Gesetz (Gesetz im sog. formellen Sinn) geschaffen worden ist; das formelle Gesetz muss auch die Zuständigkeit des Gerichts festlegen (BGE 134 I 125, 133). Die interne Besetzung des Spruchkörpers braucht nicht durchwegs normativ bestimmt zu sein. Jedoch müssen sachfremde Einflüsse ausgeschlossen sein (MÜLLER/SCHEFER, Grundrechte, 934). 3061

> Der Anspruch auf ein gesetzmässiges Gericht ist auch dann verletzt, wenn das Gericht nicht in der vorgeschriebenen Besetzung tagt (vgl. BGE 127 I 128, 131, wo das Bundesgericht diesen Sachverhalt allerdings – unpräzis – als formelle Rechtsverweigerung abhandelt). 3062

Eine rechtssatzmässige Gerichtsorganisation umfasst das ausdrücklich garantierte Verbot der *Ausnahmegerichte*, dh. von Gerichten, die eigens für einen oder mehrere bestimmte Fälle errichtet oder besonders besetzt werden (BGE 131 I 31, 34). 3063

> Keine Ausnahmegerichte sind *Spezialgerichte*. Ihnen wird zum voraus durch Rechtssatz ein bestimmter Sachbereich oder eine spezielle Kategorie von Fällen zur Beurteilung zugewiesen (zB. Arbeitsgerichte, Haftgerichte, Mietgerichte, Spezialverwaltungsgerichte, Militärgerichte). 3064

3. Zuständiges Gericht

Das Gericht muss sodann zuständig, dh. in seinem formell-gesetzlich determinierten Zuständigkeitsbereich tätig sein. 3065

4. Unabhängiges Gericht

Zentrale Bedeutung kommt der Unabhängigkeit des Gerichts zu. In einem Rechtsstaat müssen Justizeinrichtungen zur Verfügung stehen, die einen wirksamen Rechtsschutz gewährleisten. Konflikte dürfen nicht durch Selbstjustiz ausgetragen werden. Nun kann aber nur ein *unabhängiger* Dritter echter Mittler in einem 3066

Rechtsstreit sein und die Anerkennung des Urteilsspruchs erlangen. Die Unabhängigkeit der Justiz steht insofern im Dienste des Rechtsfriedens und einer der Gerechtigkeit angenäherten Rechtsverwirklichung. Vgl. zur richterlichen Unabhängigkeit eingehend Rz. 2876 ff.

3067 Das Erfordernis der Unabhängigkeit des Gerichts konkretisiert zunächst das *Gewaltenteilungsprinzip* im Justizbereich. Weder die Legislative noch die Exekutive dürfen auf die Rechtsprechung einwirken, Urteile aufheben oder den Richter gar an der Entscheidung hindern.

5. Unparteiisches Gericht

3068 Die spezifische Unabhängigkeit der Gerichte ist aber mehr als die aus dem Gewaltenteilungsgrundsatz fliessende Selbständigkeit gegenüber den beiden anderen Staatsgewalten. Sie impliziert auch Unabhängigkeit gegenüber den Prozessparteien und dem Prozessgegenstand. Zur Unabhängigkeit gehört demnach die *Unparteilichkeit*, dh. der urteilende Richter muss in der Sache und im Verhältnis zu den Prozessparteien unvoreingenommen und unbeteiligt sein. Nur so kann er als neutraler Mittler Recht sprechen. Dabei ist bereits der blosse *Anschein* der Befangenheit zu vermeiden (BGE 134 I 238, 240; 134 I 20, 21; 127 I 196, 198; grundlegend BGE 114 Ia 50, 54). Es dürfen keine Umstände vorliegen, die bei objektiver Betrachtungsweise geeignet sind, Misstrauen in die Unparteilichkeit des Richters zu erwecken. Die Befangenheit kann in der Person des Richters begründet sein (zB. eigenes Interesse am Ausgang des Verfahrens, spezielle Beziehung zu den Prozessparteien, Vorbefassung) oder auch von äusserem Druck oder Beeinflussung herrühren.

3069 Die Unparteilichkeit wird vor allem durch Ausstandsvorschriften sichergestellt; siehe etwa Art. 34 BGG.

3070 Damit überprüft werden kann, ob das Gericht ordnungsgemäss zusammengesetzt ist und keine befangenen Richter mitwirken, haben die Parteien Anspruch auf Bekanntgabe der personellen Zusammensetzung des Spruchkörpers (BGE 134 I 20, 22; 117 Ia 322, 323; zu den Modalitäten der Bekanntgabe vgl. BGE 128 V 82, 85).

3071 Art. 30 Abs. 1 BV verleiht selber im Allgemeinen keinen Anspruch auf gerichtliche Beurteilung. Vielmehr garantiert er die genannten Eigenschaften des Gerichts, wenn und soweit aufgrund anderer Vorschriften Anspruch auf Beurteilung der Sache in einem gerichtlichen Verfahren besteht, wie dies aufgrund der Rechtweggarantie von Art. 29a BV und Art. 6 Abs. 1 EMRK zutrifft (vgl. dazu Rz. 2828 ff.).

c. Garantie des Wohnsitzgerichtsstandes

Literatur

DONZALLAZ YVES, L'art. 30 al. 2 nCst. féd., AJP 2002, 530 ff.; LEUENBERGER CHRISTOPH, in: St. Galler Kommentar, Art. 30; MÜLLER/SCHEFER, Grundrechte, 957–963; SURBER RETO ANDREA, in: Spühler Karl/Tenchio Luca/Infanger Dominik (Hrsg.), Bundesgesetz über den

Gerichtsstand in Zivilsachen (GestG) mit Kommentierung von Art. 30 Abs. 2 BV, Basel/ Genf/München 2001.

Art. 30 Abs. 2 BV verankert den Gerichtsstand des Wohnsitzes der beklagten Person in streitigen privatrechtlichen Angelegenheiten. Keine Anwendung findet er auf Zivilklagen, die adhäsionsweise im Strafprozess geltend gemacht werden (BGE 133 IV 171, 180f.). Vom Wohnsitzgerichtsstand können durch Gesetz (und Staatsvertrag) *Ausnahmen* vorgesehen werden. 3072

> Mit diesem in der alten Bundesverfassung nicht enthaltenen Zusatz wurde die Verfassung einerseits an die gelebte Rechtswirklichkeit (schon früher bestehende Ausnahmen vom Wohnsitzgerichtsstand in der Bundesgesetzgebung) und anderseits an die internationale Rechtslage (Beseitigung von Widersprüchen zum Lugano-Übereinkommen) angepasst. 3073

> Die nähere Regelung findet sich im Gerichtsstandsgesetz vom 24. März 2000 (SR 272). 3074

d. Öffentlichkeit des Verfahrens

Literatur

AEMISEGGER HEINZ, Öffentlichkeit der Justiz, in: Tschannen Pierre (Hrsg.), Neue Bundesrechtspflege, BTJP 2006, Bern 2007, 383 ff.; BOMMER FELIX, Öffentlichkeit der Hauptverhandlung zwischen Individualgrundrecht und rechtsstaatlich-demokratischem Strukturprinzip, in: FS Stefan Trechsel, Zürich 2002, 689 ff.; MÜLLER/SCHEFER, Grundrechte, 964 ff.; RASELLI NICCOLÒ, Das Gebot der öffentlichen Urteilsverkündung, in: Mieth Dietmar/Pahud de Mortanges René (Hrsg.), Recht – Ethik – Religion, Festgabe für Giusep Nay zum 60. Geburtstag, Luzern 2002, 23 ff.; SCHUBARTH MARTIN, Öffentliche Urteilsberatung, in: Festschrift Jörg Rehberg, Zürich 1996, 303 ff.; STEINMANN GEROLD, in: St. Galler Kommentar, Art. 30, Rz. 28–40; TSCHÜMPERLIN PAUL, Öffentlichkeit der Entscheidungen und Publikationspraxis des Schweizerischen Bundesgerichts, SJZ 2002, 265 ff.; WIPRÄCHTIGER HANS, Bundesgericht und Öffentlichkeit, in: Mieth Dietmar/Pahud de Mortanges René (Hrsg.), Recht – Ethik – Religion, Festgabe Giusep Nay zum 60. Geburtstag, Luzern 2002, 11 ff.

Der Öffentlichkeitsgrundsatz nach Art. 30 Abs. 3 BV erstreckt sich auf *alle* Gerichtsverfahren, sein sachlicher Anwendungsbereich ist umfassend. Er gilt auch aufgrund von Art. 6 Abs. 1 EMRK (und Art. 14 Abs. 1 UNO-Pakt II), dessen Anwendungsbereich aber auf civil rights und Strafsachen beschränkt ist. 3075

> Der Öffentlichkeitsgrundsatz war in der alten BV nicht enthalten und wurde vom Bundesgericht auch nicht als ungeschriebener Grundsatz der Bundesverfassung anerkannt. 3076

> Das Bundesgericht erachtet Art. 30 Abs. 3 BV ohne tragfähige Begründung (dazu MÜLLER/SCHEFER, Grundrechte, 966f.) nur dann als anwendbar, wenn sich aus dem einfachen oder aus dem internationalen Recht ein Anspruch auf ein gerichtliches Verfahren ergibt (BGE 128 I 288, 293f.). Diese Auslegung von Art. 30 Abs. 3 BV ist nicht haltbar; die Lehre folgt ihr denn zu Recht auch nicht (siehe die Hinweise in MÜLLER/SCHEFER, Grundrechte, 966 mit Fn. 13). 3077

3078 Nicht alle Verfahrensstadien müssen jedoch öffentlich durchgeführt werden. Verfassungsrechtlich vorgeschrieben ist die Öffentlichkeit der *Gerichtsverhandlungen* und der *Urteilsverkündungen*.

3079 In erfreulich unformalistischer Weise erachtet das Bundesgericht jedoch einen vollständigen Ausschluss der Öffentlichkeit etwa vom Untersuchungsverfahren als unvereinbar mit Art. 30 Abs. 3 BV; denn dadurch könnten sich «unzulässige Reservate möglicher behördlicher Willkür oder intransparenter ‹Geheimjustiz› ... öffnen» (BGE 134 I 286, 290).

3080 Die Urteilsberatung darf demgegenüber unter Ausschluss des Publikums (und der Parteien) erfolgen. In diesem Punkt deckt sich das verfassungsrechtliche Öffentlichkeitsprinzip mit demjenigen nach Art. 6 Abs. 1 EMRK.

3081 Die Prozess*gesetze* gehen teilweise über die verfassungsrechtliche Minimalgarantie hinaus und sehen auch die Öffentlichkeit der *Urteilsberatung* vor. So ist die mündliche Urteilsberatung vor Bundesgericht öffentlich (Art. 58 Abs. 1 und Art. 59 Abs. 1 BGG und dazu STEFAN HEIMGARTNER/HANS WIPRÄCHTIGER, in: Niggli/Uebersax/Wiprächtiger [Hrsg.], Basler Kommentar Bundesgerichtsgesetz, Basel 2008, Art. 58 Rz. 6ff. und Art. 59 Rz. 35). Die Öffentlichkeit der Urteilsberatung kommt allerdings nur selten zum Tragen, weil das Bundesgericht die meisten Fälle im Zirkulationsverfahren (also ohne mündliche Beratung) entscheidet.

3082 Das Gesetz kann *Ausnahmen* vom Öffentlichkeitsprinzip vorsehen. Typische Ausnahmegründe, die auch in Art. 6 Abs. 1 EMRK aufgeführt sind, bilden die Gefährdung der Sittlichkeit, der öffentlichen Ordnung oder der Staatsicherheit, aber auch berechtigte Interessen von Beteiligten.

IV. Garantien bei Freiheitsentzug

3083 Entzieht der Staat einer Person die Freiheit – etwa durch Festnahme oder Untersuchungshaft, Freiheitsstrafen, strafrechtliche Massnahmen (Verwahrung) oder fürsorgerische Freiheitsentziehung (Art. 397a ff. ZGB) – greift er empfindlich in ihre Persönliche Freiheit ein. Art. 31 BV, der Verfahrensgarantien bei Freiheitsentzügen vorsieht, stellt insofern eine Ergänzung zu Art. 10 Abs. 2 BV (Recht auf Persönliche Freiheit) dar.

3084 Der Zusammenhang zwischen dem Grundrecht auf Freiheit und Sicherheit und den Verfahrensgarantien bei Freiheitsentzug wird auch im internationalen Recht deutlich (Art. 5 EMRK und Art. 9 UNO-Pakt II). Das materielle Grundrecht und die Verfahrensgarantien werden in der gleichen Bestimmung zusammengefasst.

3085 Art. 31 Abs. 1 BV konkretisiert das in Art. 5 Abs. 1, 36 Abs. 1 Satz 2 und 164 Abs. 1 BV verankerte *Legalitätsprinzip* (iS. des materiellen Gesetzesvorbehaltes; dazu nun auch Art. 212 StPO) sowohl hinsichtlich des Tatbestands, der zu Freiheitsentzug führt, als auch der Art und Weise des Eingriffs. Beides muss «im Gesetz selbst» (dh. in einem sog. Gesetz im formellen Sinn) vorgesehen sein.

Abs. 2 gewährleistet der vom Freiheitsentzug betroffenen Person eine «unverzüg- 3086
lich[e] und in einer ihr verständlichen Sprache» gehaltene *Unterrichtung* «über die
Gründe des Freiheitsentzugs und über ihre Rechte». Der Informationsanspruch desjenigen, dem die Freiheit entzogen wird, umfasst also zwei Teilgehalte: Information über die Gründe des Freiheitsentzugs und Rechtsaufklärung. Daraus fliesst
eine allgemeine Fürsorge-und Aufklärungspflicht der mit der Inhaftierung betrauten Behörden (BGE 131 I 350, 361; Urteil 1B_120/2007 E. 2.2).

> Der Anspruch auf Information über die *Gründe* der Festnahme geht schon aus 3087
> internationalen Verträgen hervor; vgl. Art. 5 Abs. 2 EMRK, für den Angeklagten vor Strafgericht insbesondere Art. 6 Abs. 3 Bst. a EMRK und die entsprechenden Bestimmungen in Art. 9 Abs. 2 und 14 Abs. 3 Bst. a UNO-Pakt II.

Der Anspruch auf Information über die *Rechte* bezieht sich ausschliesslich auf 3088
Rechte, welche der Person, der die Freiheit entzogen wird, nach geltendem Recht
zustehen. Die Information knüpft an die Ansprüche an, welche die betroffene Person bereits heute aufgrund internationaler Gewährleistungen, der Bundesverfassung und der einschlägigen eidgenössischen und kantonalen Gesetzgebung geltend
machen kann. Die Unterrichtung muss unverzüglich erfolgen, dh. unmittelbar nach
der Festnahme (so deutlich Art. 9 Abs. 2 UNO-Pakt II).

> Art. 31 Abs. 2 BV bringt gegenüber der alten Rechtslage insofern eine Klärung, 3089
> als nun ausdrücklich festgehalten wird, dass der Person, der die Freiheit entzogen wird, nicht nur Rechte zukommen; sie besitzt vielmehr auch einen Anspruch darauf, zu erfahren, *welches diese Rechte sind* – im Sinne einer Konkretisierung des Anspruchs auf rechtliches Gehör, wie er in Art. 29 BV verankert
> ist, und des Anspruchs, von den staatlichen Organen nach Treu und Glauben behandelt zu werden (Art. 9 BV). Zudem soll sie die Möglichkeit haben, diese
> Rechte auch geltend zu machen.

Zu den Ansprüchen, über die informiert werden muss, gehören zum Beispiel das 3090
Recht auf Schweigen, das Recht auf gerichtliche Kontrolle des Freiheitsentzugs
oder das – in Art. 31 Abs. 2 BV explizit aufgeführte und über Art. 5 EMRK hinausgehende – Recht auf Benachrichtigung der nächsten Angehörigen. Das Recht auf
Beizug eines Verteidigers schon an der ersten polizeilichen Einvernahme fliesst aus
Art. 32 Abs. 2 Satz 2 BV (entsprechend gewährleistet Art. 129 StPO den Beizug
des Verteidigers «auf jeder Verfahrensstufe»; siehe auch MÜLLER/SCHEFER,
Grundrechte, 995).

> Mit der Pflicht zur Information nähert sich die Bundesverfassung der Praxis des 3091
> US Supreme Court zu den sog. *«Miranda Warnings»* an. Diese geht zurück auf
> ein Urteil des amerikanischen Supreme Court aus dem Jahre 1966 (Miranda v.
> Arizona, 384 US 436, 444 f., 478 f.). Darin wurden verschiedene Rechte der
> festgenommenen Person statuiert. Dazu gehört das Recht, vor jeder Einvernahme darüber belehrt zu werden, dass sie das Recht hat, die Aussage zu verweigern, dass jede Aussage im späteren Verfahren gegen sie verwendet werden
> kann und dass sie darauf Anspruch hat, sofort einen Anwalt beizuziehen, bevor
> die Einvernahme stattfindet. Das Urteil hält weiter fest, dass keine Einvernahme
> stattfinden darf, wenn die festgenommene Person zu erkennen gibt, dass sie zuerst einen Anwalt konsultieren möchte, bevor sie aussagt, oder aber, dass sie

nicht wünscht, befragt zu werden. Einvernahmen, die unter Missachtung dieser Garantien durchgeführt werden, sind unverwertbar. Vgl. dazu MÜLLER/SCHEFER, Grundrechte, 99 mH. in Fn. 98.

3092 Art. 31 Abs. 3 und 4 BV räumen verschiedene Ansprüche auf *richterliche Kontrolle* des Freiheitsentzugs ein. Sie sind mit Fristen verbunden, innert denen ein Entscheid gefällt werden muss. Fristüberschreitungen können Schadenersatzansprüche auslösen (Art. 5 Abs. 5 EMRK).

V. Garantien im Strafverfahren

3093 Nach den allgemeinen und den gerichtlichen Verfahrensgarantien sowie den Rechten bei Freiheitsentzug hält Art. 32 BV den grundrechtlichen Minimalstandard für das Strafverfahren fest. Hier kann der Staat im öffentlichen Interesse besonders empfindlich und weitgehend in die Rechte des Einzelnen eingreifen.

3094 Im Gegenzug stehen dem Angeschuldigten auch besondere Garantien zu. Die Garantien von Art. 32 BV greifen nur, soweit eine strafrechtliche Anschuldigung erhoben wird, dann aber unabhängig davon, ob ein Freiheitsentzug erfolgt ist oder nicht (zum Geltungsbereich von Art. 32 BV MÜLLER/SCHEFER, Grundrechte, 991 f.).

3095 Art. 32 Abs. 1 BV verankert die *Unschuldsvermutung*. Abs. 2 konkretisiert den *Anspruch auf rechtliches Gehör;* er vermittelt einen Informationsanspruch und garantiert die Möglichkeit zur Ausschöpfung der Verteidigungsrechte. Die Abs. 1 und 2 finden auf europäischer Ebene ihre Entsprechung in Art. 6 Abs. 2 und 3 EMRK.

3096 Das Recht, Strafurteile durch ein höheres Gericht überprüfen zu lassen (Abs. 3), ergänzt als *Rechtsmittelgarantie* die Rechtsweggarantie von Art. 29a BV, indem in Strafsachen ein Anspruch auf eine *zweistufige* Gerichtsbarkeit besteht. Im Rahmen der analogen Garantie von Art. 14 Abs. 5 UNO-Pakt II genügt es, wenn das zweitinstanzliche Gericht die Rechtsfragen frei, die Tat- und Beweisfragen hingegen bloss auf Willkür hin überprüfen kann (UNO-Menschenrechtsausschuss, General Comment No. 32 [2007] Ziff. 48; BGE 128 I 237, 239).

3097 Abs. 3 korreliert mit Art. 2 Abs. 1 Zusatzprotokoll Nr. 7 zur EMRK (SR 0.101.07). Auf globaler Ebene verlangen Art. 14 Abs. 5 UNO-Pakt II und Art. 40 des UNO-Kinderrechtsübereinkommens (SR 0.107) die Weiterzugsmöglichkeit von Strafurteilen an ein höheres Gericht (zu den Ausnahmen nach Art. 32 Abs. 3 Satz 2 BV siehe MÜLLER/SCHEFER, Grundrechte, 919 f.).

Sechster Teil
Wirtschafts-, Finanz- und Arbeitsverfassung

§ 31 Wirtschaftsverfassung

Literatur

AUBERT JEAN-FRANÇOIS, in: Petit commentaire, Art. 94–107; AUER/MALINVERNI/HOTTELIER I, 393 ff.; BIAGGINI, BV Kommentar, Art. 94–107; DERS., Von der Handels- und Gewerbefreiheit zur Wirtschaftsfreiheit, ZBl 2001, 225 ff.; DERS., Die Wirtschaftsfreiheit und ihre Einschränkungen, ius.full 2003, 2 ff.; DERS., Verfassung und Marktwirtschaft, in: Jahrbuch des öffentlichen Rechts der Gegenwart, Bd. 52, Tübingen 2004, 393 ff.; DERS., Wirtschaftsfreiheit, in: Verfassungsrecht der Schweiz, Zürich 2001, § 49; DERS./MÜLLER GEORG/RICHLI PAUL/ZIMMERLI ULRICH, Wirtschaftsverwaltungsrecht des Bundes, 5. überarbeitete Aufl., Basel/Genf/München 2009; FREY RENÉ L., Wirtschaft, Staat und Wohlfahrt: Eine Einführung in die Nationalökonomie, 11. Aufl., Basel 2002; GRISEL ETIENNE, Liberté économique, Libéralisme et droit économique en Suisse, Bern 2006; HÄFELIN/HALLER/KELLER, § 23; HÄFELIN/MÜLLER/UHLMANN, Verwaltungsrecht, 549 ff.; HANGARTNER YVO, Das Grundrecht der Wirtschaftsfreiheit, recht 2002, 53 ff.; HERDEGEN MATTHIAS, Internationales Wirtschaftsrecht, 6. Aufl., München 2007; HOFMANN DAVID, La liberté économique suisse face au droit européen, Bern 2005; RHINOW RENÉ, Wirtschafts- und Eigentumsverfassung, in: Verfassungsrecht der Schweiz, § 35 (zit. Wirtschaftsverfassung); DERS., Wirtschafts-, Sozial und Arbeitsverfasssung, in: BTJP, 157 ff. (zit. Arbeitsverfassung); DERS./SCHMID GERHARD/BIAGGINI GIOVANNI, Öffentliches Wirtschaftsrecht, Basel 1998, 58 ff.; RICHLI PAUL (Hrsg.), Wirtschaftsstrukturrecht – unter besonderer Berücksichtigung des Agrar- und Filmwirtschaftsrechts, in: Koller Heinrich/Müller Georg/Rhinow René/Zimmerli Ulrich (Hrsg.), Schweizerisches Bundesverwaltungsrecht (SBVR), Basel 2005; SAXER URS, in: St. Galler Kommentar, Art. 107; THÜRER DANIEL/WEBER ROLF H./PORTMANN WOLFGANG/KELLERHALS ANDREAS (Hrsg.), Bilaterale Verträge I & II Schweiz – EU, 2. Aufl., Zürich 2009; VALLENDER KLAUS A., Wirtschaftsfreiheit, in: Merten/Papier, Handbuch, § 222; DERS./HETTICH PETER/LEHNE JENS, Wirtschaftsfreiheit und begrenzte Staatsverantwortung, Grundzüge des Wirtschaftsverfassungs- und Wirtschaftsverwaltungsrechts, 4. Aufl., Bern 2006; VEIT MARC D., Die Ordnungsfunktion der Eigentumsgarantie: eine ökonomische Analyse der bundesgerichtlichen Rechtsprechung, St. Galler Diss. 1999; DERS./LEHNE JENS B., in: St. Galler Kommentar, Art. 99–103 und Art. 105–106; VOGEL STEFAN, Der Staat als Marktteilnehmer, Zürcher Diss. 2000.

I. Wirtschaftsverfassung im Überblick

a. Allgemeines

Unter dem Begriff der *Wirtschaftsverfassung* sind jene Verfassungsnormen zu verstehen, die sich entweder auf den Regelungsgegenstand «Wirtschaft» beziehen (wie etwa die Wirtschaftsfreiheit, Art. 27 BV, entsprechende Bundeskompetenzen und Verfassungsaufträge; sog. Wirtschaftsverfassung ieS.), oder die für die Wirtschaft relevant erscheinen, obwohl sie primär nichtwirtschaftliche Ziele verfolgen (wie etwa Verfassungsnormen über Umweltschutz oder Raumplanung). 3098

Zur Wirtschaftsverfassung gehören somit alle geschriebenen und ungeschriebenen Normen mit Verfassungsrang, welche die Wirtschaft direkt oder indirekt 3099 ordnen und lenken. Die Wirtschaftsverfassung überschneidet sich teilweise mit anderen Verfassungsbereichen und Lebenssachverhalten, namentlich mit der Arbeits-, Finanz- und Sozialverfassung.

b. Verfassungsnormen

3100 Die Bundesverfassung gibt der Wirtschaftsverfassung ieS. – in Anlehnung an die frühere Entwicklung unter der alten BV in Rechtsprechung und Lehre – eine geraffte und übersichtliche Form.

3101 Demgegenüber war die Wirtschaftsverfassung der alten Bundesverfassung 1874 durch *mangelnde Struktur und Kohärenz* gekennzeichnet. Sie bildete ein Sammelsurium geschriebenen und ungeschriebenen Rechts, enthielt vielfältige, schwer über- und durchschaubare Normen, die aus unterschiedlichen Zeitepochen stammten; sie spiegelte auch nicht das immer bedeutsamer werdende internationale Recht wieder – was freilich auch für die aktuelle Bundesverfassung zutrifft. Zur alten Bundesverfassung von 1874 trat eine reichhaltige bundesgerichtliche Praxis, die ihrerseits nicht gerade von einer vorbildlichen Kohärenz geprägt war und teilweise als rückwärtsgewandt bezeichnet werden muss (etwa bei den Begriffen der Wirtschafts- und Sozialpolitik sowie der Wirtschaftspolizei).

3102 Die Wirtschaftsverfassung spiegelt sich in unterschiedlichen Normtypen wider: in Verfassungsgrundsätzen und Grundrechten, Kompetenz- und Aufgabennormen, Verfassungsaufträgen, Staatszielbestimmungen und Programmartikeln (Art. 2 und 94 Abs. 2 BV) sowie Grundrechtsbeschränkungen und Organkompetenzen. Von besonderer Bedeutung erscheinen einzelne Grundrechte und der 7. Abschnitt «Wirtschaft» (Art. 94–107 BV) sowie Bestimmungen über die Finanz-, Sozial- und Arbeitsverfassung (vgl. hinten §§ 33–35) und über die Monopole (wie etwa Art. 87 BV betreffend Eisenbahnen und andere Verkehrsträger oder Art. 92 BV über Post- und Fernmeldewesen). In der folgenden Darstellung wird ein geraffter Überblick über die wirtschaftsbezogenen Grundrechte vermittelt.

II. Wirtschaftsrelevante Grundrechte

3103 Verschiedene Grundrechtsgewährleistungen erlangen im Bereich der Wirtschaft eine besondere Tragweite. Neben den spezifischen Garantien der Wirtschaftsfreiheit und der Eigentumsgarantie prägen auch die Koalitionsfreiheit und die Niederlassungsfreiheit die schweizerische Wirtschaftsverfassung.

a. Wirtschaftsfreiheit

3104 Die Wirtschaftsfreiheit (Art. 27 BV) schützt die wirtschaftliche Entfaltung der Privaten, die freie Berufswahl sowie den Zugang zu einer privatwirtschaftlichen Erwerbstätigkeit und deren freie Ausübung. Ihr kommt eine zentrale Bedeutung für die Ausgestaltung der schweizerischen Wirtschaftsordnung zu (vgl. § 32). Von grosser Tragweite erscheint Art. 94 BV, der ein besonderes, zusätzliches Schrankenelement einrichtet: Bund und Kantone sind an den Grundsatz der Wirtschaftsfreiheit gebunden; Abweichungen von diesem Grundsatz – und dazu zählt die Verfassung insbesondere Massnahmen, die sich gegen den Wettbewerb richten – müssen in der Verfassung selbst vorgesehen oder durch kantonale Monopole begründet sein (vgl. dazu Rz. 3229–3240).

b. Eigentumsgarantie

Die Eigentumsgarantie (Art. 26 BV) schützt das sachenrechtliche Eigentum und weitere vermögenswerte Rechte. Privateigentum ist eine unverzichtbare Grundlage einer privatwirtschaftlichen Ordnung. Ohne Vertrauen in den Bestand der Eigentumsrechte kann eine Marktwirtschaft nicht funktionieren. Die *Institutsgarantie* verlangt vom Gesetzgeber, dass er die für den Wirtschaftsverkehr nötigen Verfügungs- und Nutzungsrechte einrichtet und schützt. Die *Bestandesgarantie* schirmt die tatsächlichen Rechtspositionen gegen staatlichen Eingriff und Entzug ab. Durch die *Wertgarantie* wird schliesslich sichergestellt, dass die Wirtschaftssubjekte für enteignete Rechtspositionen vollen Wertersatz erhalten (vgl. Rz. 1808 ff.). 3105

c. Koalitionsfreiheit

Die Koalitionsfreiheit (Art. 28 BV) garantiert Arbeitnehmern wie Arbeitgebern das Recht, sich zu Interessenverbänden zusammenzuschliessen oder ihnen fernzubleiben (vgl. Rz. 3331). Streitigkeiten zwischen den «Sozialpartnern» sollen durch Verhandlung oder Vermittlung beigelegt werden. Erst wenn dies nicht gelingt, können die Arbeitskampfmassnahmen Streik und Aussperrung rechtmässig sein (Ultima-ratio-Prinzip; vgl. Rz. 3348). 3106

d. Niederlassungsfreiheit

Die Niederlassungsfreiheit (Art. 24 BV) verleiht Schweizer Bürgern das Recht, sich überall in der Schweiz niederzulassen oder aufzuhalten (vgl. Rz. 1729 ff.). Damit verbunden ist die Möglichkeit des freien Verkehrs von Arbeitnehmern und der Wohnsitznahme in einem einheitlichen schweizerischen Wirtschaftsraum (Art. 95 Abs. 2 BV). 3107

III. Wirtschaftspolitik des Bundes

a. Allgemeines

Die Verantwortlichkeiten des Bundes im Bereich der Wirtschaftspolitik finden sich im Aufgabenteil der Bundesverfassung, vor allem im 7. Abschnitt «Wirtschaft» (Art. 94–107 BV). 3108

3109   Die Wirtschaftspolitik zielt darauf ab, die Volkswirtschaft zu beeinflussen und deren Rahmenbedingungen zu fixieren; sie wird aus ökonomischer Sicht traditionellerweise nach ihren Zielen in die drei Kategorien der Ordnungs-, Ablauf- und Strukturpolitik unterteilt.

3110   Die *Ordnungspolitik* bezweckt die Sicherstellung der institutionellen Rahmenbedingungen und beinhaltet insbesondere die Wirtschaftsaufsicht, die Wettbewerbs-, Preis- und Konsumentenpolitik sowie die Landesversorgungspolitik. Die Regelung des Geld- und Währungswesen ist einerseits unabdingbare Voraussetzung einer Marktwirtschaft und insofern ebenfalls Teil der Ordnungspolitik, steht aber anderseits im Dienste der Konjunkturpolitik. Zur Ordnungspolitik gehören auch andere Rechtsbereiche, welche Funktionsvoraussetzungen der Volkswirtschaft bilden, so Teile des Zivilrechts (vor allem das Sachen-, Vertrags-, Handels- und Gesellschaftsrecht) sowie Erlasse der Eigentumspolitik (wie etwa das Raumplanungsrecht oder das Bundesgesetz über den Erwerb von Grundstücken durch Personen im Ausland) oder des Umweltschutzes.

3111   Die *Ablauf- oder Prozesspolitik* soll die auf eine Volkswirtschaft und deren Abläufe wie Produktion und Absatz einwirkenden Kräfte beeinflussen. Zu ihr zählen namentlich die Konjunktur-, Geld- und Kredit- sowie Aussenwirtschaftspolitik, aber auch die Finanzpolitik und die Arbeitsmarktpolitik (im Rahmen der Begrenzung der Zahl der erwerbstätigen Ausländer).

3112   Die *Strukturpolitik* erfasst Teilbereiche der Gesamtwirtschaft und bezweckt die Steuerung der regionalen oder sektoralen Zusammensetzung der Wirtschaft. Es handelt sich um Strukturerhaltungs- oder Strukturanpassungen für einzelne Wirtschaftszweige oder Berufsgruppen (wie etwa die Landwirtschaft; 104 BV) sowie um die regionale Strukturpolitik (vor allem zugunsten wirtschaftlich bedrohter Landesteile; Art. 103 BV).

3113   Die eindeutige Zuordnung einer staatlichen Massnahme zu den verschiedenen Bereichen der Wirtschaftspolitik ist nicht immer möglich. Im Verfassungstext wird ebenfalls keine klare Unterteilung vorgenommen. Es folgen innerhalb des 7. Abschnitts im wesentlichen *ordnungspolitische, ablaufpolitische und strukturpolitische Bundesaufgaben* aufeinander.

3114   Wirtschaftpolitik erfolgt in mehreren Rechtsformen und durch unterschiedliche Massnahmen. So werden von der Ökonomie etwa direkte und indirekte, marktkonforme und wettbewerbswidrige, globale und sektorielle sowie lenkende, verbietende und fördernde Massnahmen unterschieden. Zudem lassen sich wirtschaftpolitische Massnahmen oft nach ihrer Lenkungsintensität voneinander abgrenzen. Juristisch können die Massnahmen öffentlich- wie zivilrechtliche Formen aufweisen, hoheitlich oder vertraglich getroffen werden und auch informell, durch Aufrufe (Appelle, Ermahnungen, «moral suasion») mit dem Ziel der Verhaltensbeeinflussung oder durch Gespräche (etwa zwischen den Sozialpartnern) ergehen.

b. Einzelne Zuständigkeiten des Bundes (Auswahl)

1. Ausübungsbeschränkungen der privatwirtschaftlichen Erwerbstätigkeit

Der Bund ist gemäss Art. 95 Abs. 1 BV befugt, die Ausübung der privatwirtschaftlichen Erwerbstätigkeit, also Tätigkeiten, die unter dem Schutz der Wirtschaftsfreiheit (Art. 27 BV) stehen, zu regeln. Diese Bundeskompetenz mit nachträglich derogatorischer Kraft bietet die Grundlage für vielfältige berufs- und branchenspezifische Normierungen. Die darauf gestützte Gesetzgebung darf allerdings nicht gegen die Wirtschaftsfreiheit verstossen. Insbesondere darf sie Art. 94 Abs. 1 BV (Grundsatz der Wirtschaftsfreiheit) nicht verletzen (vgl. Rz. 3180 ff.). Es geht in der überholten Terminologie um sog. wirtschaftspolizeiliche Massnahmen (BGE 131 I 223 ff., 231, E. 4.2; 97 I 499 ff., 507 E. 5b; vgl. PAUL RICHLI, Grundriss des schweizerischen Wirtschaftsverwaltungsrechts, Bern 2007, Rz. 287 ff.), also um den Schutz von öffentlicher Ruhe und Ordnung, öffentlicher Sicherheit, öffentlicher Gesundheit, Sittlichkeit sowie Treu und Glauben im Geschäftsverkehr. Oft treten derartige Bestimmungen auch im Zusammenhang mit anderen, etwa sozialpolitischen Normen auf.

3115

2. Wirtschaftsaufsicht

Literatur

JAMETTI GREINER MONIQUE/PFENNINGER HANSPETER, Der Schutz des schweizerischen Bankgeheimnisses im Abkommen zur Assoziierung der Schweiz an Schengen, AJP 2005, 159 ff.; MÄCHLER-ERNE MONICA, Finanzmarktrecht und Versicherungen: Stand und Perspektiven, AJP 2005, 53 ff.; DIES., Versicherungsaufsicht in Bewegung, in: Nobel Peter (Hrsg.), Aktuelle Rechtsprobleme des Finanz- und Börsenplatzes Schweiz, Bd. 13, Bern 2006, 27 ff.; NOBEL PETER, Zur Regulierungsarchitektur im Finanzmarktbereich, in: von der Crone Hans Caspar (Hrsg.), Aktuelle Fragen des Bank- und Finanzmarktrechts, FS für Dieter Zobl zum 60. Geburtstag, Zürich 2004, 105 ff.; DERS., Entwicklungen im Bank- und Kapitalmarktrecht, SJZ 2008, 10 ff.; DERS., Schweizerisches Finanzmarktrecht: Einführung und Überblick, 2. Auflage, Bern 2004; SCHNYDER ANTON K., Europäisches Banken- und Versicherungsrecht: eine systematisch-vergleichende Darstellung, Heidelberg 2005; SISKA JOSEF, Die Geldwäsche und ihre Bekämpfung in Österreich, Deutschland, der Schweiz und Liechtenstein, 2. Aufl., Wien 2007; WALDMEIER JÜRG (Hrsg.), Versicherungsaufsicht: Solvenz, Risikomanagement, verantwortlicher Aktuar, Kontrollsysteme, Gruppen & Konglomerate, Versicherungsvermittler, Zürich 2007; WATTER ROLF/KÄGI URS, Öffentliche Information über Verfahren und Entscheide in der Finanzmarktaufsicht – zwischen Transparenz und Pranger, AJP 2005, 39 ff.; WATTER ROLF/VOGT NEDIM PETER/BAUER THOMAS/WINZELER Christoph (Hrsg.), Bankengesetz, Basler Kommentar, Basel 2005; WEBER ROLF H./UMBACH PATRICK, Versicherungsaufsichtsrecht, Bern 2006.

Bei der Wirtschaftsaufsicht handelt es sich um einen besonderen, bedeutenden Teil der wirtschaftpolizeilichen Befugnisse des Bundes. Der Bund beaufsichtigt aufgrund seiner Kompetenzen in der Bundesverfassung Banken, Börsen und Anlagefonds (Art. 98 Abs. 1 BV), Privatversicherungen (Art. 98 Abs. 3 BV), Spielbanken (Art. 106 Abs. 1–3 BV) und die Kantone die Lotterien und gewerbsmässigen Wetten (Art. 106 Abs. 1 BV).

3116

3117   Die Wirtschaftsaufsicht verfolgt das primäre Ziel, den (polizeilichen) Schutz der Kunden oder Gläubiger durch Zulassungs- und Ausübungsvorschriften sicherzustellen. Bei der Bankenaufsicht geht es angesichts der grossen Bedeutung des Bankensystems für die Volkswirtschaft zusätzlich um dessen Funktions- oder Systemschutz, also um ein ordnungspolitisches Anliegen. Bei den Spielbanken wie bei den Lotterien und Wetten wird der Polizeigüterschutz mit sozialpolitischen Anliegen ergänzt.

3118   Die Aufsicht über die Banken, Versicherungsunternehmen sowie weitere Finanzintermediäre wurde bislang durch verschiedene Kontrollinstanzen des Bundes wahrgenommen (Eidgenössische Bankenkommission, Bundesamt für Privatversicherungen). Mit dem neuen Bundesgesetz über die Eidgenössische Finanzmarktaufsicht vom 22. Juni 2007 (FINMAG, AS 2007, 4625 ff.), das am 1.1.2009 in Kraft getreten ist, wird die Finanzmarktaufsicht (über Banken, Versicherungen und bezüglich Geldwäscherei) in einer öffentlich-rechtlichen Anstalt mit eigener Rechtspersönlichkeit zusammengefasst.

3119   Eine besondere politische Tragweite weist in der Schweiz das *Bankgeheimnis* auf. Es beruht nicht auf einer besonderen verfassungsrechtlichen Grundlage (eine solche wird aber aus politischen Gründen immer wieder postuliert); insbesondere stellt es kein geschriebenes oder ungeschriebenes verfassungsmässiges Recht dar (BGE 104 Ia 49, 53). Es handelt sich vielmehr um eine vertragliche Pflicht der Bank, die ihr anvertrauten oder im Rahmen der Geschäftsbeziehung wahrgenommenen Daten ihrer Kunden geheim zu halten; deshalb wird es oft auch Bankkundengeheimnis genannt. Dieses stützt sich primär auf Zivilrecht (Persönlichkeitsrecht, Art. 28 ZGB; Auftrag, Art. 398 Abs. 2 iVm. Art. 321 OR), kann aber als gesetzliche Konkretisierung von Art. 13 BV verstanden werden. In Art. 47 Abs. 1 des Bundesgesetzes über Banken und Sparkassen (Bankengesetz; SR 952.0) wird das Bankgeheimnis auch strafrechtlich geschützt; im Unterschied zum Berufsgeheimnis (Art. 321 StGB) ist es als Offizialdelikt ausgestaltet.

3120   Das Bankgeheimnis gilt indessen *nicht absolut*. Zum einen ist der Bankkunde Geheimnisherr und kann die Geheimnisträger (Bank) von der Geheimhaltungspflicht befreien. Zum anderen enthält Art. 47 Abs. 4 Bankengesetz einen Vorbehalt für Bestimmungen über die Zeugnis- und Auskunftspflicht auf Bundesebene und nach kantonalem Recht. Eine Auskunftspflicht besteht überdies gegenüber Erben, bei gerichtlicher Anordnung (Art. 170 Abs. 2 ZGB), gegenüber dem Ehegatten und im Rahmen des Schuldbetreibungs- und Konkursrechts (vgl. URS EMCH/HUGO RENZ/RETO ARPAGAUS, Das schweizerische Bankgeschäft, Rz. 421, 426, 436). Im Strafprozess geht in Bund und Kantonen das Interesse an der Verbrechensaufdeckung dem privaten Interesse an der Wahrung des Geheimnisses vor (vgl. Art. 47 Abs. 4 BankG).

3121   Wesentliche Beschränkungen des Bankgeheimnisses ergeben sich aus den Regeln über die internationale Rechtshilfe; Gegenüber Zwangsmassnahmen zur Informations- und Aktenerhebung auf der Grundlage dieser Regeln entfaltet das Bankgeheimnis keine Wirkung. Rechtshilfe wird aber ua. nur gewährt, wenn die im Ausland verfolgte Handlung die objektiven Merkmale eines nach schweizerischem Recht strafbaren Tatbestandes aufweist (Prinzip der beidseitigen Strafbarkeit; Art. 64 Abs. 1 des Bundesgesetzes über die internationale Rechtshilfe in Strafsachen; SR 351.1).

Differenzierte Regelungen bestehen in Steuerangelegenheiten: Im Steuerstrafverfahren sind einfache Steuerwiderhandlungen (wie die Verletzung von Verfahrensregeln) und *Steuerhinterziehungen* unter Wahrung des Bankgeheimnisses zu verfolgen; nur beim *Abgabe- und Steuerbetrug* erfolgt eine strafgerichtliche Beurteilung, sodass das Bankgeheimnis aufgehoben werden kann. Rechtshilfe wird deshalb bei fiskalischen (wie auch bei politischen und militärischen) Delikten grundsätzlich nicht gewährt (vgl. Art. 3 IRSG), es sei denn, es handle sich um Steuerbetrug. Da die meisten europäischen Länder die Unterscheidung von Steuerbetrug und Steuerhinterziehung nicht kennen, gibt diese eingeschränkte Rechtshilfe bei Vermögen von Ausländern auf Schweizer Banken zunehmend Anlass zu politischen Kontroversen. (Zum gegenseitigen Verhältnis von Rechtshilfe und Amtshilfe vgl. die Kurzübersicht unter http:/www.efd.admin.ch/dokumentation/zahlen/00579.)

3122

3. Verwirklichung des Binnenmarktes

Literatur

BIAGGINI GIOVANNI, Das Abkommen über bestimmte Aspekte des öffentlichen Beschaffungswesens, in: Daniel Thürer et al., Bilaterale Verträge I & II, Schweiz – EU, 2. Aufl., Zürich etc. 2007, 651 ff.; BOVAY BENÔIT, La non-discrimination en droit des marchés publics, RDAF 2004, 227 ff.; COTTIER THOMAS/OESCH MATTHIAS, Schweizerisches Bundesverwaltungsrecht: Allgemeines Aussenwirtschafts- und Binnenmarktrecht: Bd. 11, Basel 2007; DIGGELMANN OLIVER/ENZ MARC, Vorbefassung im Submissionsrecht: Was verlangt der Gleichbehandlungsgrundsatz?, ZBl 2007, 577 ff.; FELLMANN WALTER/ZINDEL GAUDENZ G. (Hrsg.), Kommentar zum Anwaltsgesetz: Bundesgesetz über die Freizügigkeit der Anwältinnen und Anwälte (Anwaltsgesetz, BGFA), Zürich 2005; FRENZ WALTER, Grundrechte und Vergaberecht, EuZW 24/2006, 748 ff.; GALLI PETER/MOSER ANDRÉ/LANG ELISABETH/CLERC EVELYNE, Praxis des öffentlichen Beschaffungsrechts, 2. Aufl., Zürich 2007; GROLIMUND PASCAL, Ökologische Aspekte im öffentlichen Beschaffungswesen, Basel 2004; JACOBS RETO, in: St. Galler Kommentar, Art. 95; KELLERHALS ANDREAS/BAUMGARTNER TOBIAS, Das «Cassis de Dijon»-Prinzip und die Schweiz, SJZ 2006, 321 ff.; MARTENET VINCENT/RAPIN CHRISTOPHE, Le marché intérieur suisse. Les mesures restrictives du droit suisse à la lumière du droit européen, Bern/Zürich 1999; MESSERLI BEAT, Der Planungs- und Gesamtleistungswettbewerb im öffentlichen Beschaffungsrecht, 2. Aufl., Bern 2007; RAPPO AURÉLIA, Les marchés publics: champ d'application et qualification, RDAF 2005, 165 ff.; STÖCKLI HUBERT (Hrsg.), Das Vergaberecht der Schweiz: Rechtsgrundlagen und Rechtsprechung, 6. Aufl., Fribourg 2004; TERCIER PIERRE (Hrsg.), Loi sur le marché intérieur, Commentaire romand – Droit de la concurrence, Genf/Basel/München 1999; WALDMANN BERNHARD, Rechtsmittelwege und Rechtsweggarantien im öffentlichen Vergabeverfahren, BR 2002, 143 ff.; ZIMMERLI ULRICH, Auswirkungen des Abkommens über bestimmte Aspekte des öffentlichen Beschaffungswesens auf das Vergaberecht insbesondere der Gemeinden, in: Cottier/Oesch (Hrsg.), Die sektoriellen Abkommen Schweiz-EG, BTJP 2002, 153 ff.; ZUFFEREY JEAN-BAPTISTE/MAILLARD CORINNE/MICHEL NICOLAS, Droit des marchés publics, Fribourg 2002.

Art. 95 Abs. 2 BV überträgt dem Bund die Sorge für einen *einheitlichen Wirtschaftsraum.* Diese Bestimmung trägt dem bundesstaatlichen Aspekt der Wirtschaftsverfassung Rechnung (vgl. Rz. 3184 ff.).

3123

Bereits in der alten Verfassung war die Handels- und Gewerbefreiheit «im ganzen Umfange der Eidgenossenschaft» gewährleistet (Art. 31 Abs. 1 aBV). Das

3124

6. Teil: Wirtschafts-, Finanz- und Arbeitsverfassung

Bundesgericht hat aus dieser Formulierung den Auftrag zur Schaffung eines einheitlichen schweizerischen Wirtschaftsraums herausgelesen (vgl. BGE 125 I 276, 287; 322), blieb aber sehr zurückhaltend mit dessen Umsetzung (vgl. zB. BGE 128 I 92).

3125 Das Bundesgesetz über den Binnenmarkt vom 6. Oktober 1995 (BGBM, SR 943.02) und erst recht dessen Teilrevision vom 16. Dezember 2005 (BBl 2005, 465; AS 2006, 2363), das Bundesgesetz über das öffentliche Beschaffungswesen vom 16. Dezember 1994 (BoeB, SR 172.056.1) sowie die interkantonale Vereinbarung zum öffentlichen Beschaffungswesen vom 25. November 1994 dienen dem alten Anliegen, einen einheitlichen Wirtschaftsraum zu schaffen.

3126 Sinn der Verpflichtung zur Schaffung eines einheitlichen Wirtschaftsraums ist die Verwirklichung eines *Binnenmarktes*, die nationale Gewährleistung des freien Verkehrs von Waren, Personen (Arbeitnehmern und Selbständigerwerbenden), Dienstleistungen und Kapital, und zwar für jede nichthoheitliche Erwerbstätigkeit. Diese Freizügigkeiten und das damit verbundene *Herkunftsortsprinzip* sind von den Kantonen zu respektieren. Insbesondere die unterschiedlichen Regelungen für ortsansässige und ortsfremde Wirtschaftssubjekte stehen dazu im Widerspruch. Einschränkungen der Binnenmarktfreiheiten durch die Kantone sind nur in engem Rahmen zulässig; das Gesetz zählt die verbotenen unverhältnismässigen Beschränkungen explizit auf, vor allem ist besonders zu begründen, wenn ein höheres Schutzniveau verlangt wird (vgl. Art. 3 BGBM).

3127 Die Zielsetzungen des BGBM konnten bis zur Teilrevision von 2005 kaum erreicht werden (BBl 2000, 6027). Wesentlich zu diesem Ungenügen beigetragen hat die bundesgerichtliche Rechtsprechung, welche die Niederlassungsfreiheit vom Grundsatz des freien Marktzugangs (Art. 2 BGBM) ausklammerte: Wer nämlich zur Berufsausübung auf eine gewerbliche Niederlassung in einem anderen Kanton angewiesen war, konnte sich nicht auf die Bestimmungen des Herkunftskantons berufen (BGE 125 I 276). Mit der *Revision des BGBM* wurde das Prinzip des freien Marktzugangs nach Massgabe der Vorschriften des Herkunftsortes auf die gewerbliche Niederlassung ausgedehnt (BBl 2004, 465–504, 481). Zudem wurde die Ausnahmebestimmung von Art. 3 BGMB zur Verweigerung des Marktzugangs verschärft, das Anerkennungsverfahren für kantonale Fähigkeitsausweise wurde jenem für Bürger aus der EU angeglichen und ein Beschwerderecht der Wettbewerbskommission gegen Entscheide, die den Zugang zum Markt in unzulässiger Weise beschränken, eingeführt. Das revidierte Binnenmarktgesetz trat am 1. Juli 2006 in Kraft.

3128 Der binnenmarktliche Grundsatz der Nichtdiskriminierung ortsfremder Anbieter, sei dies durch direkte (Dassonville, EuGH Rs. 8/74) oder indirekte (Cassis de Dijon, EuGH Rs. 120/78) Benachteiligung, findet auf europäischer Ebene Ausdruck im sog. *Cassis de Dijon-Prinzip*. Demnach darf eine Ware auf dem gesamten Territorium des einheitlichen europäischen Wirtschaftsraumes vertrieben werden, sofern die entsprechenden Voraussetzungen am Herkunfts- (Dassonville) bzw. Einfuhrort (Donckerwolcke, EuGH Rs. 41/76) erfüllt sind. Einschränkungen der produktebezogenen Verkaufsmodalitäten, welche keinen Unterschied zwischen in- und ausländischen Waren vorsehen, jedoch de facto einen solchen bewirken (sog. indirekte Diskriminierung; vgl. Rz. 1895 ff.), sind

§ 31 Wirtschaftsverfassung

unzulässig, soweit sie nicht aus sachlichen Gründen notwendig (Cassis de Dijon, Rz. 8) sind. In seinem Urteil vom 20. Februar 1979 hielt der EuGH fest, dass eine deutsche Regelung betreffend Mindestweingeistgehalt alkoholischer Getränke einem Importeur und Vertreiber von französischem Cassislikör nicht entgegengehalten werden könne; es gäbe «keinen stichhaltigen Grund dafür, zu verhindern, dass in einem Mitgliedstaat [der EU] rechtmässig hergestellte und in Verkehr gebrachte alkoholische Getränke in die anderen Mitgliedstaaten eingeführt» würden (Cassis de Dijon, Rz. 14).

Die Garantie des *freien Personenverkehrs* wird durch die Wirtschaftsfreiheit und Niederlassungsfreiheit ergänzt. Letztere gewährleistet die freie Wahl des Aufenthalts und der Wohnsitznahme natürlicher Personen mit Schweizer Bürgerrecht (Art. 24 BV, vgl. Rz. 1729 ff.). Die Wirtschaftsfreiheit ergänzt die Personenfreizügigkeit dahingehend, dass sie allen natürlichen Personen, idR. auch Ausländern, die freie Wahl des Ortes der Berufsausübung, juristischen Personen die freie Wahl des Sitzes gewährt. Die Garantie gilt nach Art. 1 Abs. 3 BGBM für jede nicht hoheitliche, auf Erwerb gerichtete Tätigkeit (zur bewusst weiten Fassung dieser Bestimmung die Botschaft BGBM, BBl 2005, 484). 3129

Art. 95 Abs. 2 Satz 2 BV (mit Übergangsbestimmung, Art. 196 Ziff. 5 BV) regelt einen wichtigen Aspekt der Personenfreizügigkeit, die *gegenseitige Anerkennung von Diplomen* durch die Kantone. Die nach Art. 33 Abs. 2 aBV nur für die wissenschaftlichen Berufe geltende Regelung wurde mit der neuen Bundesverfassung auf alle privatwirtschaftlichen Berufe ausgeweitet. Inhaber eines ausserkantonalen Fähigkeitsausweises dürfen demnach keiner weiteren Prüfung ihrer fachlichen Fähigkeiten unterzogen werden, es sei denn, es bestünden legitime Beschränkungen nach Art. 3 BGBM (Art. 4 BGBM). 3130

Die Freizügigkeit wird heute bereits durch fachliche Anforderungen für die *Anwaltstätigkeit* und bei den *ärztlichen Berufen* mit dem Bundesgesetz vom 23. Juni 2000 über die Freizügigkeit von Anwältinnen und Anwälten (Anwaltsgesetz, BGFA; SR 935.61; in Kraft seit 1. Juni 2002) und dem Bundesgesetz vom 23. Juli 2006 über die universitären Medizinalberufe (Medizinalberufegesetz, MedBG; SR 811.11) in einheitlichen Bundesregelungen auf Gesetzesstufe garantiert. Das BGFA ist mehr als ein Freizügigkeitsgesetz; es stellt ein eigentliches Anwaltsgesetz auf Bundesebene dar, weil es für die im Anwaltsregister eingetragenen Personen abschliessend die wesentlichen fachlichen und persönlichen Voraussetzungen für die Berufsausübung, so namentlich die Berufsregeln und das Disziplinarrecht, enthält (vgl. etwa BGE 130 II 87; 270; 131 I 223; 467; zum Verhältnis zwischen BGFA und BGBM siehe BGE 134 II 329, 333 f.). 3131

Das MedBG regelt die universitäre Aus- und die berufliche Weiterbildung, die Voraussetzungen für das Erlangen eines eidgenössischen Diploms und eines eidgenössischen Weiterbildungstitels, die Akkreditierung der entsprechenden Ausbildungsgänge, die Anerkennung ausländischer Titel, die selbständige Berufsausübung sowie ein Register für Inhaberinnen und Inhaber von Diplomen und Weiterbildungstitel für die Berufe Arzt, Zahnarzt, Chiropraktor, Apotheker und Tierarzt. Für die Psychologieberufe ist ein *Bundesgesetz über die Psychologieberufe* (Psychologieberufegesetz, PsyG) in Vorbereitung. Dazu wurde bereits eine Vernehmlassung durchgeführt (vgl. BBl 2005, 4297). Das EDI wurde 3132

611

vom Bundesrat beauftragt, bis Mitte 2009 eine Botschaft und einen Gesetzesentwurf vorzulegen.

4. Wettbewerbspolitik

Literatur

BORER JÜRG, Kartellgesetz, 2. Aufl., Zürich 2005; DAVID LUCAS, in: von Büren Bruno/David Lucas (Hrsg.), SIWR I/3, Lexikon des Immaterialgüterrecht, Basel 2005; DERS./JACOBS RETO, Schweizerisches Wettbewerbsrecht, 4. Aufl., Bern 2005; DIETRICH MARCEL/BÜRGI ALEXANDER, Abgrenzung der Zuständigkeiten von Wettbewerbskommission und Preisüberwacher, sic! 2005, 179 ff.; HANGARTNER YVO, Das Verhältnis von verwaltungs- und zivilrechtlichen Wettbewerbsverfahren, AJP 2006, 43 ff.; HEINEMANN ANDREAS, Schutzrechte und Wettbewerbsrecht: Perspektiven für die schweizerische Rechtsentwicklung, sic! 2008, Sonderheft, 33 ff.; HETTICH PETER, Wirksamer Wettbewerb. Theoretisches Konzept und Praxis, Bern 2003; RICHLI PAUL, Kartellverwaltungsverfahren in: von Büren Roland/David Lucas (Hrsg.), Schweizerisches Immaterialgüter- und Wettbewerbsrecht, Band V/2: Kartellrecht, Basel 2000, 417 ff.; SAURER MARKUS, Zur schweizerischen Wettbewerbspolitik: Schutz des Wettbewerbs oder der Wettbewerber?, Zürich 2008; STRAHM RUDOLF/MEYER FRUND AGNES/NIEDERHAUSER BEAT, Preisüberwachung schafft Transparenz bei kommunalen Wasser-, Abwasser- und Kehrrichtgebühren, Newsletter EVD, Preisüberwachung PUE vom 22. Januar 2008, Nr. 1/08 (abrufbar unter: http://www.preisueberwacher.admin.ch/dokumentation, letztmals besucht am 26.6.2008); TROLLER KAMEN, Grundzüge des schweizerischen Immaterialgüterrechts, 2. Aufl., Basel 2005; VALLENDER KLAUS A., Wirtschaft, in: Thürer Daniel/Aubert Jean-François/Müller Jörg Paul, § 61; VOGEL STEFAN, Der Staat als Marktteilnehmer, Zürich 2000; VON BÜREN ROLAND/MARBACH EUGEN/DUCREY PATRIK, Immaterialgüter- und Wettbewerbsrecht, 3.CAufl., Bern 2008; ZÜRCHER JOHANN, Drei Jahre revidiertes Kartellrecht, SJZ 2008, 1 ff.

3133 Unter den Begriff der Wettbewerbspolitik wird sowohl die Kartellpolitik und die Preisüberwachung als auch die Bekämpfung des unlauteren Wettbewerbs subsumiert. Sie findet ihre verfassungsrechtlichen Grundlagen primär in Art. 96 BV, doch wird traditionellerweise auch Art. 122 BV (Zivilrechtskompetenz) beigezogen.

3134 Unter dem Geltungsbereich der alten Bundesverfassung war die verfassungsmässige Grundlage für die Kartellpolitik unter den *Abweichungen* von der Handels- und Gewerbefreiheit (Art. 31bis Abs. 3 Bst. d) aufgeführt, was zu grundlegenden Auseinandersetzungen über das Verhältnis von Wettbewerb und Wirtschaftsfreiheit führte. Die geltende Bundesverfassung stellt klar, dass die Wettbewerbspolitik gemäss Art. 96 Abs. 1 BV eine eigenständige Bundesaufgabe darstellt, die in Übereinstimmung mit dem Sinngehalt der Wirtschaftsfreiheit dem Schutz der wettbewerbsgesteuerten Privatwirtschaftsordnung dient. Der Wirtschaftsfreiheit ist ein ordnungspolitisches Bekenntnis zur marktwirtschaftlichen Orientierung der Wirtschaft und eine Ablehnung wettbewerbslimitierender Gruppenvereinbarungen (Kartelle) zu entnehmen, doch kann sie in ihrer individualrechtlichen Dimension auch gegen staatliche Regelungen angerufen werden, welche die private Wirtschaftsgestaltung durch Gruppenvereinbarung einschränken. Die Zivilrechtskompetenz bildet die Grundlage für den (Persönlichkeits-)Schutz des einzelnen Wirtschaftssubjekts gegen Beschränkungen durch konkurrierende Private (vgl. auch Art. 35 Abs. 3 BV).

Die Wettbewerbspolitik dient in erster Linie dem Schutz des marktwirtschaftlichen 3135
Systems, der Koordination von Angebot und Nachfrage durch den Preismechanismus. Ziel der Wettbewerbspolitik ist ein funktionierender, resp. wirksamer Wettbewerb. Wettbewerbsabreden zwischen Konkurrenten sind jedoch nach Art. 96 Abs. 1 BV nur dann unzulässig, wenn sie volkswirtschaftlich oder sozial schädliche Auswirkungen zeitigen. Dies trifft insbesondere zu, wenn Preise zu Lasten der Abnehmer künstlich hochgehalten werden oder der Innovationswettbewerb geschwächt wird. Wettbewerbsrechtlich problematisch sind idR. auch Zusammenschlüsse marktmächtiger Unternehmen.

Mit dem *Bundesgesetz über Kartelle und andere Wettbewerbsbeschränkungen* 3136
vom 6. Oktober 1995 (Kartellgesetz, KG; SR 251) soll nach dessen Art. 1 der Wettbewerb im Interesse einer freiheitlichen marktwirtschaftlichen Ordnung gefördert werden; das Bundesgesetz verbietet dementsprechend Wettbewerbsbeeinträchtigungen durch unzulässige Wettbewerbsabreden, unzulässige Verhaltensweisen marktmächtiger Unternehmen sowie durch Unternehmenszusammenschlüsse und sieht sowohl zivilrechtliche als auch verwaltungsrechtliche Verfahren und Sanktionen vor. Vom KG nicht erfasst werden die kollektiven Abreden über das Arbeitsverhältnis; diese unterstehen den Regeln der Arbeitsverfassung (vgl. § 34). Hingegen gilt das Gesetz auch für marktbeherrschende öffentliche Unternehmen (Art. 2 Abs. 1 KG).

Als *Wettbewerbsabreden* gelten «rechtlich erzwingbare oder nicht erzwingbare 3137
Vereinbarungen sowie aufeinander abgestimmte Verhaltensweisen von Unternehmen gleicher oder verschiedener Marktstufen, die eine Wettbewerbsbeschränkung bezwecken oder bewirken» (Art. 4 Abs. 1 KG). Damit werden horizontale Absprachen wie auch vertikale Bindungen zwischen Marktteilnehmern erfasst. Unter dem Begriff der *marktbeherrschenden Unternehmen* versteht das KG einzelne oder mehrere Unternehmen, die auf einem bestimmten Markt «als Anbieter oder Nachfrager in der Lage sind, sich von anderen Marktteilnehmern in wesentlichem Umfang unabhängig zu verhalten» (Art. 4 Abs. 2 KG). *Unternehmenszusammenschlüsse* sind nach Art. 4 Abs. 3 KG sowohl durch Fusion von bisher unabhängigen Unternehmen als auch durch die Erlangung der unmittelbaren oder mittelbaren Kontrolle über bisher unabhängige Unternehmen denkbar.

Mit der verfassungsrechtlichen Einschränkung der Wettbewerbspolitik auf «volks- 3138
wirtschaftlich oder sozial schädliche Auswirkungen von Kartellen und anderen Wettbewerbsbeschränkungen» wird ein durchgängiges und absolutes Verbot von Kartellen ausgeschlossen. Daraus wird abgeleitet, es sei nur eine «Missbrauchsgesetzgebung» zulässig, keine «Verbotsgesetzgebung». Der Gesetzgeber hat sich aber nicht an diese plakativen Begriffe zu halten, sondern an den Verfassungstext. Das KG konkretisiert diese Vorgaben (Art. 5 KG) ua., indem es Wettbewerbsabreden als grundsätzlich unzulässig erklärt, die den Wettbewerb auf einem Markt für bestimmte Waren oder Leistungen erheblich beeinträchtigen (sog. weiche Kartelle) und die sich nicht durch Gründe der wirtschaftlichen Effizienz rechtfertigen lassen. Auch sind Abreden verboten, die zur Beseitigung wirksamen Wettbewerbs führen (sog. harte Kartelle wie Preis-, Gebiets- oder Mengenabsprachen; diese können nicht durch wirtschaftliche Effizienz gerechtfertigt werden; Art. 5 KG). Im Gesetz

werden Tatbestände formuliert, bei welchen die Beseitigung wirksamen Wettbewerbs vermutet wird; diese Vermutung kann (primär durch die an der Abrede Beteiligten) widerlegt werden.

3139 Der Bundesrat kann Wettbewerbsabreden und Verhaltensweisen marktbeherrschender Unternehmen, die unzulässig erklärt wurden, auf Antrag der Beteiligten zulassen, wenn sie in Ausnahmefällen nötig sind, um überwiegende öffentliche Interessen zu verwirklichen (Art. 8 KG).

3140 Gemäss Art. 96 Abs. 2 Bst. a BV trifft der Bund Massnahmen zur Verhinderung von Missbräuchen in der Preisbildung durch marktmächtige Unternehmen und Organisationen des privaten und öffentlichen Rechts. Auf diesen verfassungsrechtlichen Auftrag für eine *wettbewerbspolitisch motivierte Preisüberwachung* stützt sich das Preisüberwachungsgesetz vom 20. Dezember 1985 (PüG; SR 942.20). Es hat zum Zweck, die Nachfrager bei fehlendem Wettbewerb auf einem bestimmten relevanten Markt vor überhöhten Preisen zu schützen; sein sachlicher und persönlicher Geltungsbereich ist grundsätzlich identisch mit demjenigen des Kartellgesetzes.

3141 Eine konjunkturpolitisch oder sozialpolitisch motivierte Preisüberwachung kann sich nicht auf Art. 96 Abs. 2 Bst. a BV stützen.

3142 Art. 96 Abs. 2 Bst. b BV verpflichtet den Bund, Massnahmen gegen den *unlauteren Wettbewerb* zu treffen. Das Bundesgesetz gegen den unlauteren Wettbewerb vom 19. Dezember 1986 (UWG; SR 241) stützt sich auf diese Verfassungsgrundlage, aber auch auf Art. 122 BV. Es verbietet täuschende oder in anderer Weise gegen den Grundsatz von Treu und Glauben verstossende Verhaltensweisen, welche zu einer Verfälschung des Wettbewerbs führen können und enthält verwaltungsrechtliche sowie zivilrechtliche Elemente. Das Gesetz bezweckt den Schutz der Fairness auf dem Markt und mit dem KG zusammen das gute Funktionieren des Wettbewerbs in der freien Marktwirtschaft.

5. Konsumentenschutz

3143 Gemäss Art. 97 BV trifft der Bund Massnahmen zum Schutz von Konsumentinnen und Konsumenten. Konsumentenpolitik verfolgt primär das Ziel der Herstellung und Erhaltung der *Konsumentensouveränität*: Der private Endverbraucher soll sich auf dem Markt jene Leistungen beschaffen können, welche seinen Interessen subjektiv am besten dienen. Art. 97 BV hat seit dem Erlass seines «Vorgängers» in der alten Verfassung (Art. 31^{sexies} aBV) zum Zweck, dass der Bund Konsumentenanliegen vermehrt berücksichtigt. Die Bestimmung knüpft nicht an einzelne Rechtsgebiete an, sondern erscheint als Querschnittsaufgabe. Sodann soll mit den Rechtsschutzbestimmungen in Abs. 2 und 3 die Rechtsdurchsetzung verbessert werden. Entsprechend ist der Konsumentenschutz Bestandteil der Wirtschafts- und Sozialpolitik. Dabei ist aber der Grundsatz der Wirtschaftsfreiheit zu wahren (keine Ermächtigung zur Abweichung vom Grundsatz der Wirtschaftsfreiheit).

3144 Zur Stärkung der individuellen Konsumentenstellung kommen verschiedene Instrumente in Frage. Im Vordergrund stehen die Pflicht zu Konsumenteninformationen (Produktedeklarationen, staatliche Informationskampagnen etc.) sowie kollektive Aktionen im Interesse der Konsumenten (Die Förderung der Selbstorganisation der Konsumenten durch ein Klagerecht von Konsumentenschutzorganisationen ist in Art. 97 Abs. 2 BV, Erleichterungen im Rahmen des Zivilprozesses sind in Art. 97 Abs. 3 vorgesehen).

Ein allgemeines Konsumentenschutzgesetz fehlt. Hingegen besteht ein Bundesgesetz vom 5. Oktober 1990 über die Information der Konsumentinnen und Konsumenten (Konsumenteninformationsgesetz, KIG; SR 944.0).

6. Geld- und Währungspolitik

Literatur

GIOVANOLI MARIO, Vers l'abolition du principe constitutionnel de la stabilité monétaire? Quelques réflexions sur les dispositions sur la monnaie dans le projet de mise à jour de la Constitution fédérale du 20 novembre 1996, in: Mélanges Ch.-A. Junod, Basel/Frankfurt a.M. 1997, 111 ff.; HIRSZOWICZ CHRISTINE, Schweizerische Bankpolitik, 5. Aufl., Bern 2003; KLAUSER PETER, Wie sichert der Staat die Geldwertstabilität? Gedanken zur Reform der Geldverfassung, in: Mélanges Ch.-A. Junod, Basel/Frankfurt a.M. 1997, 185 ff.; DERS., Das neue Währungs- und Zahlungsmittelgesetz (WZG), in: Aktuelle Rechtsprobleme des Finanz- und Börsenplatzes Schweiz, Bd. 8, Bern 2000, 15 ff.; KUHN HANS, Die Systemüberwachung im Rahmen der Revision des Nationalbankengesetzes, in: Nobel Peter (Hrsg.), Aktuelle Rechtsprobleme des Finanz- und Börsenplatzes Schweiz, 2004, 89 ff.; MERZ PETER, Notenbankinstrumentarium und Deregulierung, in: Festgabe für J.-P. Chapuis, Freiheit und Ordnung im Kapitalmarktrecht, Zürich 1998, 89 ff.; MEYER HANS, Zur Geldpolitik der Schweizerischen Nationalbank, Schweizerische Nationalbank (Hrsg.), Die Schweizerische Nationalbank 1907–2007, Zürich 2007; NOBEL PETER, Schweizerisches Finanzmarktrecht, Bern 1997, 140 ff.; DERS., Entwicklungen im Bank- und Kapitalmarktrecht, SJZ 2004, 10 ff.; VOGEL STEFAN, Die spezialgesetzliche Aktiengesellschaft, ZBl 2003, 418 ff.

Auch eine geregelte Währungsordnung ist Funktionsvoraussetzung einer Volkswirtschaft. Der Währungsartikel, Art. 99 BV, bestimmt zunächst, dass die Geld- und Währungspolitik, insbesondere die Ausgabe von *Münzen und Banknoten*, alleinige Sache des Bundes ist. Das Notenmonopol ist auf Gesetzesstufe der *Schweizerischen Nationalbank* übertragen, da das Monopol untrennbar zur Führung der Geld- und Währungspolitik gehört (Art. 4 des Bundesgesetzes über die Schweizerische Nationalbank vom 3. Oktober 2003, Nationalbankgesetz, NBG; SR 951.11). Münzen werden vom Bund selbst, durch die «Swissmint», einer selbständigen Einheit der Eidg. Finanzverwaltung, ausgegeben. Kantonales oder gar von Privaten herausgegebenes Geld, wie es bis 1891 zirkulierte, ist unzulässig. Die einheitliche Währung erleichtert den Zahlungs- und Kapitalverkehr und fördert den Binnenmarkt.

Geld ist das vom Staat anerkannte und von ihm gewährleistete allgemeine Zahlungsmittel. Es muss von jedermann im Staatsgebiet als Zahlung angenommen werden. Währungseinheit ist der Franken (Art. 1 des Bundesgesetzes vom 22. Dezember 1999 über die Währung und die Zahlungsmittel, WZG; SR 941.10).

3148 Trägerin der Geld- und Währungspolitik ist von Verfassungs wegen die *Schweizerische Nationalbank* als Zentralbank *der Schweizerischen Eidgenossenschaft*; die Nationalbank ist eine spezialgesetzliche Aktiengesellschaft (Art. 1 NBG). Durch die Kompetenz zur *Steuerung der Geldmenge* und die Verpflichtung, das Finanzsystem durch ausserordentliche Liquiditätszufuhr in Krisensituationen stabil zu halten (sog. «Lender of the last resort»–Funktion), kommt ihr eine *zentrale volkswirtschaftliche Funktion* zu (vgl. Botschaft über die Revision des Nationalbankgesetzes vom 26. Juni 2002, BBl 2002, 6097–6303, 6133).

3149 Die Nationalbank hat die *Aufgabe*, die *Geld- und Währungspolitik im Gesamtinteresse des Landes* zu führen und in diesem Rahmen *Preisstabilität* zu gewährleisten und dabei der *konjunkturellen Entwicklung* Rechnung zu tragen (Art. 5 Abs. 1 NBG). Bei der Wahrnehmung der geld- und währungspolitischen Aufgaben ist die Nationalbank *unabhängig* (Art. 99 Abs. 2 BV), sodass ihre Organe und Mitglieder weder Weisungen einholen, noch entgegennehmen dürfen (Art. 6 NBG). Die geld- und währungspolitischen Befugnisse obliegen dem dreiköpfigen, vom Bundesrat auf Vorschlag des Bankrates auf eine Amtsdauer von sechs Jahren gewählten Direktorium (Art. 43 Abs. 1 und Art. 46 Abs. 2 lit. d NBG). Zur Wahrnehmung der geld- und währungspolitischen Aufgaben kann die Nationalbank Geschäfte mit Finanzmarktteilnehmern, insbesondere Kreditgeschäfte mit Banken, eingehen (Art. 9 Abs. 1 NBG).

3150 Traditionell ist namentlich der Aufgabenkreis von Zentralbanken politisch umstritten (siehe Art. 5 NBG). Kontrovers diskutiert wird dabei vor allem, ob die Zentralbank neben der Preisstabilität auch andere Ziele (Vollbeschäftigung, konjunkturelle Entwicklung) berücksichtigen soll (vgl. dazu Botschaft NBG, a. a. O., 6179 ff.).

3151 Die *Golddeckungs- und Goldeinlösungspflicht*, welche das Vertrauen in die eigene Währung sichern sollte, wurde vor geraumer Zeit in der Praxis aufgehoben und ist mit der Nachführung der Bundesverfassung auch formell abgeschafft worden. Stattdessen sind nach Art. 99 Abs. 3 BV ausreichende Währungsreserven zu bilden. Die Verpflichtung, für die Gewährleistung der Preisstabilität besorgt zu sein (Art. 5 Abs. 1 NBG), bildet einen gewissen Ersatz für die formelle Aufhebung der Goldbindung des Frankens.

3152 Durch die Aufhebung der Goldbindung des Frankens verfügte die Nationalbank über mehr Währungsreserven als sie für die Führung der Geld- und Währungspolitik benötigte. Insgesamt 1 300 Tonnen Gold im Gegenwert von rund CHF 20 Mia. standen somit für andere Zwecke zur Verfügung. Ein Teil dieses Vermögens sollte nach Ansicht des Bundesrates in eine neu zu gründende *Solidaritätsstiftung*, welche Bedürftige im In- und Ausland unterstützen sollte, fliessen (vgl. BBl 2000, 3979). Gegen dieses Vorhaben hat die SVP mit einer Volksinitiative, wonach das gesamte Vermögen der AHV zukommen sollte, opponiert. Sowohl die Volksinitiative als auch der Gegenvorschlag der Bundesversammlung, welcher das Vermögen in seiner Substanz erhalten und die Erträge zu je einem Drittel an die AHV, die Kantone und die Solidaritätsstiftung ausschütten wollte (vgl. BBl 2001, 1403 sowie BBl 2002, 2742), wurden am 22. September 2002 von Volk und Ständen abgelehnt. Im Februar 2005 beschloss der Bundesrat, das Vermögen und die Erträge zu zwei Dritteln an die Kantone und zu einem Drittel an den Bund fliessen zu lassen (vgl. in diesem Sinne auch Art. 99 Abs. 4 BV und das Bundesgesetz vom 16. Dezember 2005 über die Verwendung des Bundesanteils am Nationalbankgold (SR 951.19; in Kraft seit 1. März 2007).

Die am 9. Oktober 2002 eingereichte Volksinitiative «Nationalbankgewinne für die AHV» (sog. «KOSA-Initiative») verlangte eine Änderung von Art. 99 Abs. 4 BV (und indirekt Art. 31 NBG) mit dem Ziel, den künftigen jährlichen Reingewinn der Nationalbank dem Ausgleichfonds der Alters- und Hinterlassenenversicherung zuzuweisen, unter Vorbehalt einer Milliarde Franken jährlich, welche den Kantonen zukommen sollte (BBl 2003, 6176 ff.). Sie wurde am 24. September 2006 von Volk und Ständen abgelehnt. 3153

7. Konjunkturpolitik

Nach Art. 100 Abs. 1 BV hat der Bund Massnahmen für eine ausgeglichene konjunkturelle Entwicklung zu treffen, insbesondere zur Verhütung und Bekämpfung sowohl von Arbeitslosigkeit als auch der Teuerung. Er berücksichtigt dabei die wirtschaftliche Entwicklung der einzelnen Landesgegenden und arbeitet mit Kantonen und Wirtschaft zusammen. 3154

Die Konjunkturpolitik steht in engem Zusammenhang mit der Geld- und Währungspolitik, aber auch mit der Wirtschaftsaussenpolitik. Sie soll volkswirtschaftlichen Ungleichgewichten – sie zeigen sich etwa in *Inflationen* in Phasen wirtschaftlicher Überhitzung und *Arbeitslosigkeit* in Phasen der Rezession – entgegenwirken. Entsprechend zählen Preisstabilität, Vollbeschäftigung, Wirtschaftswachstum und aussenwirtschaftliches Gleichgewicht zu ihren – einander teils widersprechenden – Zielen. 3155

Zu den *Massnahmenbereichen* der Konjunkturpolitik gehören einerseits die Geld- und Währungspolitik des Bundes, andererseits die Finanzpolitik (vgl. dazu § 33) der öffentlichen Haushalte von Bund, Kantonen und Gemeinden. Gemäss Art. 100 Abs. 3 BV kann der Bund im Geld- und Kreditwesen, in der Aussenwirtschaft und im Bereich der öffentlichen Finanzen «nötigenfalls» von der Wirtschaftsfreiheit abweichen. Die Verfassung nennt auch einzelne Instrumente, die der Stabilisierung dienen. Dazu zählen etwa Zuschläge oder Rabatte auf bundesrechtlichen Abgaben (Abs. 5) und Arbeitsbeschaffungsreserven (Abs. 6). Auch die Begrenzung der Zahl der erwerbstätigen Ausländer kann in den Dienst der Stabilitätspolitik gestellt werden. 3156

Da Konjunkturpolitik vor allem Makropolitik darstellt, sind zwei Aufgaben des Bundes von besonderer Bedeutung: einerseits die Kompetenz des Bundes zur Erhebung *statistischer Daten*, welche in Art. 65 BV eine ausdrückliche Verfassungsgrundlage gefunden hat (vgl. Bundesstatistikgesetz (BstatG) vom 9.10.1992, SR 431.01) und andererseits die darauf beruhende Konjunkturbeobachtung, welche sich auf den Konjunkturartikel (Art. 100 BV) abstützt (vgl. Bundesgesetz vom 20.6.1980 über die Konjunkturbeobachtung, SR 951.95). 3157

8. Aussenwirtschaftspolitik

3158 Der Aussenwirtschaftspolitik kommt eine sehr grosse Bedeutung zu. Nach Art. 101 Abs. 1 BV hat der Bund die Interessen der schweizerischen Wirtschaft im Ausland zu wahren. Die Aussenwirtschaftspolitik als Teil der Aussenpolitik des Bundes wird in § 37 näher dargestellt.

9. Strukturpolitik

Literatur

AEBI PETER/BÖTSCH MANFRED/FÉLIX OLIVIER et al., Das Abkommen über den Handel mit landwirtschaftlichen Erzeugnissen: Eine politische und wirtschaftliche Würdigung, in: Felder D./Kaddous Ch. (Hrsg.), Bilaterale Abkommen Schweiz – EU, Basel/Genf/München 2001, 577 ff.; DONZALLAZ YVES, Traité de droit agraire suisse: droit public et droit privé, Bern 2006; GÄCHTER THOMAS, Die Familienzulagen für Kleinbauern zwischen Struktur-, Regional- und Sozialpolitik, in: Schmid Jörg/Seiler Hansjörg (Hrsg.), Recht des ländlichen Raums: Festgabe für Paul Richli zum 60. Geburtstag, Zürich 2006, 165 ff.; MATHIS KLAUS, Landwirtschaftliche Genossenschaften – Entwicklung, Bedeutung, Perspektiven. Landesbericht der Schweiz für den XXIII. Europäischen Agrarrechtskongress und Kolloquium des C. E. D.R. Roros 2005, BlAR 2005, 39 ff.; NUSSBERGER-GOSSNER NICOLE, Ökologische Ausgleichsflächen in der Landwirtschaftszone, Zürich 2005; POPP HANS, Agrarfonds als bewährte Instrumente der Agrarpolitik: Aufhebung in der AP 2007?, BlAR 2002, 51 ff.; RICHLI PAUL, Konvergenzen im schweizerischen und europäischen Agrarrecht, in: FS für Roger Zäch, Zürich 1999, 773 ff.; SENTI RICHARD, Abkommen über den Handel mit landwirtschaftlichen Erzeugnissen, in: Thürer Daniel et al. (Hrsg.), Bilaterale Verträge I & II, Schweiz EU, Zürich 2007, 731 ff.; DERS., Abkommen über landwirtschaftliche Verarbeitungserzeugnisse, in: Thürer Daniel et al. (Hrsg.), Bilaterale Verträge I & II, Schweiz EU, Zürich 2007, 789 ff.; UNTERNÄHRER ROLAND, Presseförderung versus Filmförderung?, in: Medialex 2005/2, 63 ff.; WEBER ROLF H./UNTERNÄHRER ROLAND/ZULAUF RENA, Schweizerisches Filmrecht, Zürich 2003.

3159 Strukturpolitik greift lenkend in den freien Wettbewerb ein und steht deshalb in einem Spannungsverhältnis zu einer marktwirtschaftlichen Wirtschaftsordnung. Art. 103 BV ermächtigt den Bund, für den Fall, dass zumutbare Selbsthilfemassnahmen nicht ausreichen, bestimmte Landesgegenden, Wirtschaftszweige oder Berufe durch solche Massnahmen zu fördern. Er kann dabei nötigenfalls vom Grundsatz der Wirtschaftsfreiheit abweichen.

3160 Eine *sektorale Strukturpolitik* erfolgt gemäss Art. 103 BV durch die Förderung einzelner Wirtschaftszweige oder Berufe, wenn diese in ihrer Existenz bedroht sind und Selbsthilfemassnahmen zu deren Sicherung nicht ausreichen. Zur sektoralen Strukturpolitik ist vor allem die *Landwirtschaftspolitik* zu zählen, die in Art. 104 BV eine eigene Verfassungsgrundlage aufweist. Gefördert werden traditionellerweise die Uhrenindustrie (bis 1991), der Tourismus und das Filmwesen (vgl. auch Art. 71 BV). Das Bundesgesetz vom 14. Dezember 2002 über Filmproduktion und Filmkultur (Filmgesetz, FiG; SR 443.1) basiert auf einem modernen Prinzip der Filmförderung und einer liberalisierten Regulierung, wodurch das Weiterbestehen der heute vielfältigen Filmlandschaft «durch Vielfalt und Qualität» gewährleistet werden soll. Zur Finanzierung der Filmförderung für Produktion und Auswertung existiert ein mehrjähriger, vom Parlament festgelegter Zahlungsrahmen (vgl. Botschaft vom zum Filmgesetz vom 18. September 2000, BBl 2000, 5429 ff.).

Bei der *regionalen Strukturpolitik* geht es um die Förderung von Landesteilen, die wirtschaftlich bedroht sind und damit wegen ihrer geographischen Lage am wirtschaftlichen Fortschritt nicht teilhaben, in ihrer Entwicklung zurückbleiben oder stillstehen, sodass die wirtschaftliche Existenz ihrer Bewohner als bedroht erscheint. Dazu zählen seit langem die Förderung des Berggebietes und die Finanzierungsbeihilfen zugunsten wirtschaftlich bedrohter Berggebiete (sog. Bonny – Beschluss). Seit 2008 sind diese Instrumente eingebettet in ein neues Bundesgesetz vom 6. Oktober 2006 über Regionalpolitik (integral in Kraft seit dem 1. Januar 2008; SR 901; vgl. dazu vorne Rz. 658 f.).

3161

10. Infrastrukturpolitik

Der Bund übernimmt wichtige Aufgaben im Bereich der Infrastrukturpolitik; diese hat zum Zweck, der Volkswirtschaft die notwendigen *öffentlichen Werke und Güter* bereitzustellen. Zu nennen sind etwa die Kompetenzen des Bundes im Bereich der Bildung (Art. 61a–68 BV), des Verkehrs (Art. 82–87 BV), der Energie (Art. 89–91 BV) sowie der Post und Telekommunikation (Art. 92 BV). In vielen Bereichen sind Kantone und Gemeinden an der Infrastrukturpolitik im Sinne eines vertikalen kooperativen Föderalismus beteiligt (Bildungswesen, Energie, Strassenverkehr). Die Infrastrukturpolitik gehört nicht zur eigentlichen Wirtschaftspolitik; sie wird deshalb hier nicht näher beleuchtet.

3162

IV. Introvertierte Wirtschaftsverfassung

Abgesehen von den wenigen Bestimmungen zur Aussenwirtschaftspolitik in Art. 101 BV hat das für die Schweiz gültige *internationale Wirtschaftsrecht* keinen Eingang in die Bundesverfassung gefunden. In Anbetracht der Tatsache, dass das Wirtschaftsrecht zunehmend von regionalen und globalen Normen bestimmt wird und die Schweiz immer stärker international verflochten ist, entsteht damit ein verzerrtes Bild. Die in wirtschaftlichen Belangen immer noch introvertierte Verfassung erweckt den irrigen Anschein, die Wirtschaft sei in erster Linie ein innenpolitisches Betätigungsfeld. Es kommt hinzu, dass vor allem im Wirtschaftsrecht zunehmend ausländisches Recht auch für die Schweiz eine wichtige Rolle spielt, indem das Recht US- und EU-kompatibel ausgestaltet wird, nicht nur im sog. autonomen Nachvollzug, sondern auch in gleichzeitigen Rechtsetzungs- oder Umsetzungsvorgängen.

3163

Die Schweiz ist durch zahlreiche *bilaterale Abkommen* mit der EU/EG (bzw. ihren Mitgliedstaaten: FZA) verbunden: So besteht zwischen der Schweiz und der EG ein wichtiges *Freihandelsabkommen* vom 22. Juli 1972 (FHA; SR 0.632.401). Zusätzlich existiert ein Versicherungsabkommen von 1989, welches den Versicherungsgesellschaften Niederlassungsfreiheit gewährleistet und am 1. Januar 1993 in Kraft getreten ist. Hinzu kommen aus jüngerer Zeit

3164

sektorielle Verträge (Bilaterale Abkommen I von 1999 und Bilaterale Abkommen II von 2004) in den Bereichen Forschung, öffentliches Beschaffungswesen, Abbau technischer Handelshemmnisse, Landwirtschaft, Luft- und Landverkehr, Personenverkehr, polizeiliche und justizielle Zusammenarbeit (Schengen), Asyl und Migration (Dublin), Zinsbesteuerung, Betrugsbekämpfung, verarbeitete Landwirtschaftsprodukte, Umwelt, Kultur, Statistik und audiovisuelle Medien sowie Regelungen über die Doppelbesteuerung von in der Schweiz ansässigen ehemaligen Beamten der Europäischen Gemeinschaft, die Ruhegehälter der EU-Beamten sowie die EU-Programme Bildung, Berufsbildung und Jugend (vgl. die Übersicht der Abkommen unter http://www.europa.admin.ch/themen). Die Schweiz ist überdies Mitglied der *Europäischen Freihandelsassoziation* (EFTA) und der *Organisation für wirtschaftliche Zusammenarbeit und Entwicklung* (OECD). Auf globaler Ebene ist die Schweiz insbesondere in der OECD, der *Welthandelsorganisation* (WTO) und den *Institutionen von Bretton Woods* (internationaler Währungsfonds und Weltbankgruppe) eingebunden.

V. Freiheitliche, wettbewerbsorientierte, sozial- und umweltverpflichtete Wirtschaftsverfassung

3165 Die Bundesverfassung enthält *kein explizites Bekenntnis* zu einem bestimmten Wirtschaftssystem. Eine Bestimmung, welche die Wirtschaftsordnung allgemein umschreiben oder ein bestimmtes Modell oder System festschreiben würde, fehlt. Eine Charakterisierung der Wirtschaftsverfassung ergibt sich erst aus einer Gesamtschau und Gewichtung der verschiedenen wirtschaftsbezogenen und -relevanten Normen der Verfassung.

3166 Demgegenüber nennt Art. 4 Abs. 1 EGV (Vertrag zur Gründung der Europäischen Gemeinschaft, in der konsolidierten Fassung vom 1. Februar 2003; 2002/C 325/01) den «Grundsatz einer offenen Marktwirtschaft mit freiem Wettbewerb». Durch den Vertrag von Lissabon (ABl C 306/10), welcher am 13. Dezember 2007 von den europäischen Staats- und Regierungschefs unterzeichnet wurde, kam es zur institutionellen Reform der EU. In Art. 2 Abs. 4 des entsprechenden Vertrags wird die Wirtschafts- und Währungsunion festgehalten und in Art. 2 Abs. 5 wird der «freie und gerechte Handel» unter Schutz gestellt.

3167 Bei der Annahme eines eindeutigen Grundentscheides der Bundesverfassung ist indessen *Vorsicht geboten*. Schon früher schieden sich die Geister bei der Frage, welches Wirtschaftssystem in der Verfassung angelegt sei. Für die wenig klare alte BV wurden von der Lehre verschiedene Deutungen vorgeschlagen. Es ging dabei vor allem um abweichende Auffassungen bezüglich Funktion und Stellung der Handels- und Gewerbefreiheit innerhalb der Wirtschaftsverfassung.

3168 Bei der Deutung der Grundelemente der schweizerischen Wirtschaftsverfassung ist die *ganze Verfassung* im Auge zu behalten und nicht nur auf einzelne wichtige Bestimmungen abzustellen. Unbestritten ist, dass *die Wirtschaftsfreiheit und die Eigentumsgarantie als Grundrechte tragende Säulen* der Wirtschaftsverfassung darstellen. Im internationalen Vergleich sticht als schweizerische Eigenart insbesondere das eigentümliche Schrankenregime (Kombination von Art. 27 und 94 BV) hervor. Von grosser Bedeutung erscheint so die Verpflichtung von Bund und Kantonen, sich an den *Grundsatz der Wirtschaftsfreiheit* zu halten (Art. 94 Abs. 1 BV) sowie das Erfordernis einer Verfassungsgrundlage für Abweichungen von diesem Grundsatz, insbesondere für staatliche Massnahmen, die sich gegen den Wettbewerb richten (Art. 94 Abs. 4 BV). Damit gehört auch die direktdemokratische Dimension zur Eigenheit der schweizerischen Wirtschaftsverfassung. Ferner obliegen dem Bund im Bereich *der Ordnungs-, Struktur- und Ablaufpolitik* verschiedene bedeutsame wirtschaftspolitische Befugnisse (vgl. oben Rz. 3109–3114).

Aus der Bindung an den Grundsatz der Wirtschaftsfreiheit haben Lehre und Rechtsprechung ein Gebot der Wettbewerbsneutralität staatlicher Massnahmen (BGE 133 I 126 E. 7.4; 133 I 165 E. 3.6.2; 121 I 132) sowie den Grundsatz der Gleichbehandlung der Konkurrenten abgeleitet (BGE 132 I 97 ff.; 131 I 205 ff.; 128 I 136 ff.; 128 II 292 ff.; 128 II 297). Gewichtige öffentliche Interessen können aber diesen Grundsatz relativieren. Prinzipiell bedeutet das Gebot der Bindung an den Grundsatz der Wirtschaftsfreiheit, dass die zentralen Elemente des Marktmechanismus respektiert werden und eine Verzerrung des Wettbewerbs oder gar Ausschaltung des Spiels von Angebot und Nachfrage durch den Staat untersagt sind (vgl. RHINOW, Wirtschafts- und Eigentumsverfassung, 572, sowie BGE 131 I 223 ff. und nachstehend die Ausführungen zur Wirtschaftsfreiheit, Rz. 3180–3182). Dementsprechend stellen protektionistische Massnahmen zugunsten einzelner Betriebsformen oder Erwerbszweige sowie preisrelevante Massnahmen ohne polizeiliche, sozialpolitische, energiepolitische oder umweltpolitische Motivierung verpönte Abweichungen vom Grundsatz der Wirtschaftfreiheit dar, welche nur aufgrund einer besonderen Ermächtigung in der Bundesverfassung getroffen werden dürfen. Solche Abweichungen sind nach dem Wortlaut der Bundesverfassung für den Bund unter einschränkenden Voraussetzungen zulässig aufgrund von Art. 100 Abs. 3 BV (Konjunkturpolitik), Art. 101 Abs. 2 BV (Aussenwirtschaftspolitik), Art. 102 Abs. 2 BV (Landesversorgung), Art. 103 Satz 2 BV (Strukturpolitik) und Art. 104 Abs. 2 BV (Landwirtschaftspolitik). Von dieser Abweichungskompetenz wird aber gegenwärtig nur im Bereich der Landwirtschaftspolitik Gebrauch gemacht. Den Kantonen sind Abweichungen grundsätzlich untersagt; eine Ausnahme bilden die historischen kantonalen Regalrechte (Art. 94 Abs. 4 BV) und das Gastgewerbe (Art. 196 Ziff. 7 BV, befristet bis Ende 2009).

3169

Wirtschaftsfreiheit und privatwirtschaftliche Ordnung sind nicht Zweck für sich allein; sie entsprechen einerseits dem Grundbedürfnis freiheitlicher und selbstverantwortlicher Lebensgestaltung und stellen andererseits auch ein Mittel zur Verwirklichung gerechter Lebensverhältnisse und zur Förderung der gemeinsamen Wohlfahrt dar.

3170

Die Verfassung verpflichtet in Art. 94 Abs. 2 BV Staat und Privatwirtschaft, zur Wohlfahrt und wirtschaftlichen Sicherheit der Bevölkerung beizutragen. Daneben sind als weitere Bestimmungen mit ähnlicher Stossrichtung zu nennen: die *Präambel* (insb. Abs. 7 «Wohl der Schwachen»), der *Zweckartikel* (Art. 2 Abs. 2 BV «gemeinsame Wohlfahrt», Abs. 3 «Chancengleichheit») und die *So-*

3171

zialziele (Art. 41 BV). Hinzu kommen wirtschaftsrelevante Normen der Umweltverfassung, insb. der Grundsatz der Nachhaltigkeit (Art. 73 BV).

3172 Insgesamt entsteht in der Bundesverfassung somit das Gesamtbild einer *freiheitlichen, wettbewerbsorientierten sowie sozial- und umweltverpflichteten Wirtschaftsverfassung.*

§ 32 Wirtschaftsfreiheit

Literatur

AUER/MALINVERNI/HOTTELIER II, Rz. 876 ff.; BIAGGINI, BV Kommentar, Art. 27; DERS., Sind öffentliche Unternehmen grundrechtsberechtigt?, in: FS Peter Forstmoser zum 60. Geburtstag, Zürich 2003, 623 ff. (zit. Öffentliche Unternehmen); DERS., Wirtschaftsfreiheit, in: Verfassungsrecht der Schweiz, § 49 (zit. Wirtschaftsfreiheit); DERS., Von der Handels- und Gewerbefreiheit zur Wirtschaftsfreiheit, ZBl 2001, 225 ff. (zit. Handels- und Gewerbefreiheit); GRISEL ETIENNE, Liberté économique, Bern 2006; HÄFELIN/HALLER/KELLER, § 23; HANGARTNER YVO, Das Grundrecht der Wirtschaftsfreiheit, recht 2002, 53 ff.; HÄSLER PHILIPP, Geltung der Grundrechte für öffentliche Unternehmen, Diss. Bern 2005; HOFMANN DAVID, La liberté économique suisse face au droit européen, Diss. Genf, Bern 2005; MAHON PASCAL, in: Petit commentaire, Art. 27; RHINOW RENÉ, in: Kommentar BV, Art. 31 (1988); DERS./SCHMID GERHARD/BIAGGINI GIOVANNI, Öffentliches Wirtschaftsrecht, Basel 1998, 89 ff.; RICHLI PAUL, Grundriss des Wirtschaftsverfassungsrechts, Bern 2007; UHLMANN FELIX, Gewinnorientiertes Staatshandeln, Diss. Basel 1997; VALLENDER KLAUS A./HETTICH PETER/LEHNE JENS, Wirtschaftsfreiheit und begrenzte Staatsverantwortung, 4. Aufl. Bern 2006; VALLENDER KLAUS A., in: St. Galler Kommentar, Art. 27; DERS., Wirtschaftsfreiheit, in: Merten/Papier, Handbuch, §C222; VOGEL STEFAN, Der Staat als Marktteilnehmer, Diss. Zürich 2000.

I. Funktionen der Wirtschaftsfreiheit

a. Allgemeines

Die Wirtschaftsfreiheit (Art. 27 BV; früher «Handels- und Gewerbefreiheit», Art. 31 aBV) wurde 1874 bundesweit gewährleistet und hat seither eine herausragende Rolle gespielt. Ihre Bedeutung gründet sowohl auf der Vielzahl ihrer *Funktionen* als auch auf ihrem international einmaligen, umfassenden *Schutzbereich*. Zudem wirkt ihre *Schrankendogmatik* als zentraler Dreh- und Angelpunkt für das gesamte öffentliche Wirtschaftsrecht. 3173

Als grundlegendes objektives Gestaltungsprinzip hat die Wirtschaftsfreiheit – wie auch die Eigentumsgarantie – die gesetzliche Ausgestaltung der Wirtschaftsordnung massgeblich geprägt. Neben ihrer *individualrechtlichen Schutzfunktion* kommen der Wirtschaftsfreiheit deshalb auch *ordnungspolitische* sowie *bundesstaatliche* und *demokratische* Funktionen zu. 3174

b. Individualrechtliche Funktion

Wie bei anderen Grundrechten steht bei der Wirtschaftsfreiheit die individualrechtliche Schutzfunktion im Vordergrund. Als Freiheitsrecht dient sie primär dem einzelnen Wirtschaftssubjekt zur *Abwehr staatlicher Eingriffe* in seinen Tätigkeitsbe- 3175 reich (Abwehrrecht). Prozessual kann dieser Schutz auf dem Wege der *Verfassungsgerichtsbarkeit* durchgesetzt werden (Art. 189 BV, vgl. Rz. 2820 ff.).

3176 Neben die negatorische, abwehrende Schicht der individualrechtlichen Funktion tritt in jüngerer Zeit in verstärktem Masse ein positiver, *anspruchsbegründender Gehalt* (vgl. Rz. 1140 ff.).

3177 So anerkennt das Bundesgericht gestützt auf die Wirtschaftsfreiheit einen bedingten Anspruch auf Zugang zu öffentlichem Grund, oder es verpflichtet das Gemeinwesen, die Gleichbehandlung der Konkurrenten auch durch aktive Vorkehren zu garantieren (vgl. hinten Rz. 3204 ff.).

3178 Der Staat ist durch die verfassungsrechtlich abgesicherte Wirtschaftsfreiheit überdies objektiv verpflichtet, dem Einzelnen möglichst *optimale Rahmenbedingungen* für seine wirtschaftliche Entfaltung bereitzustellen (konstitutiv-objektivrechtliche Bedeutungsschicht).

3179 Art. 94 Abs. 3 BV nimmt diesen Aspekt auf, indem Bund und Kantone verpflichtet werden, im Rahmen ihrer Zuständigkeiten für günstige Rahmenbedingungen für die Wirtschaft zu sorgen.

c. Ordnungspolitische Funktion

3180 Die ordnungspolitische Funktion der Wirtschaftsfreiheit (teilweise auch als «institutionelle» oder wirtschaftssystembezogene Funktion bezeichnet) kommt in Art. 94 BV zum Ausdruck, indem in Abs. 1 Bund und Kantone zur Wahrung des sog. *Grundsatzes der Wirtschaftsfreiheit* verpflichtet werden. Nach Abs. 4 zählt namentlich der Schutz des Wettbewerbs zur Wahrung dieses Grundsatzes (vgl. dazu hinten Rz. 3226).

3181 Die nähere inhaltliche Bestimmung dieses Grundsatzes der Wirtschaftsfreiheit definiert somit das Verhältnis von wirtschaftspolitischen Handlungsbefugnissen und deren grundrechtlichen Schranken, mithin auch das Ausmass des verfassungsrechtlichen Schutzes des Wettbewerbes als Hauptpfeiler einer marktwirtschaftlichen Ordnung. Das Bundesgericht bezeichnet die Wirtschaftsfreiheit als «Hüterin einer privatwirtschaftlichen Ordnung» (BGE 124 I 11, 18). Insofern gehört auch der Grundsatz der «Staatsfreiheit der Wirtschaft» sowie der Grundsatz der *Wettbewerbsneutralität* (BGE 132 V 6, 16; 131 II 271, 292 f.; 125 I 431, 435) zum ordnungspolitischen Gehalt dieses Grundrechts (BGE 126 I 133, 140).

3182 Die ordnungspolitische Funktion der Wirtschaftsfreiheit ist insbesondere auch angesprochen, wenn das Gemeinwesen als *Marktteilnehmer* auftritt. Das Anbieten von Gütern und Dienstleistungen im Rahmen *unternehmerischer Staatstätigkeit* steht in einem Spannungsverhältnis mit dem Postulat einer staatsfreien Wirtschaft, welches mitunter dem Grundsatz der Wirtschaftsfreiheit zugeordnet wird. Das *staatliche Beschaffungswesen*, die staatliche Mittelbeschaffung von privaten Anbietern, gerät leicht in Konflikt mit dem ordnungspolitischen Gebot der Wettbewerbsneutralität. Entsprechend wird das Zuschlagsverfahren heute von einem dichten Regelwerk auf kantonaler, eidgenössischer und internationaler Ebene beherrscht.

d. Demokratische Funktion

Für Einschränkungen der Wirtschaftsfreiheit gilt im Sinne der demokratischen Funktion ein besonderes Schrankenregime: Massnahmen, die vom Grundsatz der Wirtschaftsfreiheit abweichen, bedürfen der Legitimation durch den *Verfassungsgeber,* nicht nur einer (gewöhnlichen) gesetzlichen Grundlage (Art. 94 Abs. 1 und 4 BV). Damit unterstehen abweichende Massnahmen dem obligatorischen Doppelreferendum von Volk und Ständen. 3183

e. Bundesstaatliche Funktion

Historisch von grosser Bedeutung ist die bundesstaatliche Funktion. Die Wirtschaftsfreiheit garantiert seit ihrer bundesrechtlichen Verankerung die Freiheit des *interkantonalen Wirtschaftsverkehrs* (zur historischen Entwicklung WALTHER BURCKHARDT, in: Kommentar BV, 223 f.). Sie wendet sich gegen den offenen oder versteckten kantonalen Wirtschaftsprotektionismus. Erwerbstätige, Güter, Dienstleistungen und Kapital können auf dem ganzen Gebiet der Schweiz frei zirkulieren. 3184

> Die bundesstaatliche Funktion wird in Art. 95 Abs. 2 BV ausdrücklich verankert, indem der Bund in Satz 1 verpflichtet wird, für einen einheitlichen schweizerischen Wirtschaftsraum zu sorgen (vgl. dazu Rz. 3123 ff.). 3185

> Auf Gesetzesebene konkretisiert insbesondere das Binnenmarktgesetz (BGBM, SR 943.02) die bundesstaatliche Funktion der Wirtschaftsfreiheit. 3186

II. Zum Geltungsbereich der Wirtschaftsfreiheit

a. Sachlicher Geltungsbereich

1. Allgemeines

In Art. 27 Abs. 2 BV wird die Wirtschaftsfreiheit in ihrem grundrechtlichen Gehalt schwerpunktartig und beispielhaft konkretisiert. Sie garantiert insbesondere die *freie Wahl des Berufes* sowie den *freien Zugang zu einer privatwirtschaftlichen Erwerbstätigkeit* und deren *freie Ausübung.* Gemäss bundesgerichtlicher Rechtsprechung wird hingegen der *Konsum des Endverbrauchers* von der Wirtschaftsfreiheit nicht geschützt (BGE 102 Ia 104, 121), was nicht gerechtfertigt erscheint (dazu auch etwa MÜLLER/SCHEFER, Grundrechte, 1054 mwH.). 3187

> Das Grundrecht bietet Schutz gegen prohibitiv wirkende *besondere Gewerbesteuern* (BGE 128 I 102, 110) und gegen Abgaben, die den Wettbewerb unter direkten Konkurrenten verzerren (BGE 131 II 271, 291), nicht aber gegen allgemeine Steuern (BGE 125 II 326, 347). 3188

3189 Ebenfalls vom Schutz ausgenommen sind die rechtmässig errichteten staatlichen *Monopole* und Regale. Monopole ermächtigen den Staat zu einer bestimmten ausschliesslichen wirtschaftlichen Tätigkeit; doch kann diese ganz oder teilweise Privaten überlassen werden. Durch Rechtsatz begründete Monopole beseitigen den Wettbewerb auf einem bestimmten Markt.

3190 Monopole des *Bundes* bedürfen einer Spezialgrundlage in der BV (vgl. zB. Rohrleitungsanlagen, Art. 91 Abs. 2 BV; Münzen und Banknoten, Art. 99 BV; Alkohol, Art. 105 BV).

3191 Bei Monopolen und Regalen der *Kantone* ist zu differenzieren: Die in Art. 94 Abs. 4 BV genannten (historischen) Regalrechte wie die Grund- und Bodenregale unterstehen dem Grundsatz der Wirtschaftsfreiheit nicht. Bei den übrigen Monopolen ist die Rechtslage unklar. Teilweise wird verlangt, diese müssten grundsatzkonform sein, was aber einen Widerspruch in sich selbst darstellen dürfte, da sich Monopol und Wettbewerb ausschliessen. Jedenfalls unterliegen sie der allgemeinen Schrankenregelung von Art. 36 BV (vgl. etwa die Darstellung bei HÄFELIN/MÜLLER/UHLMANN, Verwaltungsrecht, Rz. 2574–2584). So ist nach der Rechtsprechung die Errichtung neuer Monopole gestattet, wenn sie «durch hinreichende Gründe des öffentlichen Wohls, namentlich polizeiliche und sozialpolitische Gründe, gerechtfertigt und verhältnismässig» sind und zudem «nicht als Fiskalmonopole ausgestaltet» sind (BGE 124 I 11, 14).

3192 In BGE 128 I 3 (siehe auch BGE 128 I 295) hat das Bundesgericht seine Rechtsprechung zur Zulässigkeit kantonaler Monopole punktuell gelockert und festgehalten, dass ein *rechtliches Monopol* des Gemeinwesens für den Plakataushang auf *privatem Grund* nicht verhältnismässig sei und eine Bewilligungspflicht ausreiche. In BGE 100 Ia 445 hatte das Bundesgericht noch gegenteilig entschieden (vgl. zum Plakataushangmonopol auch BGE 125 I 209). Ein Verbot von Fremdreklamen in privaten, begrünten Vorgärten erachtet das Bundesgericht aus ästhetischen Gründen als zulässig (Urteil 2P.247/2006 [2007], in: ZBl 2008, 378 ff.).

2. *Erwerbstätigkeit*

3193 Geschützt ist einmal jede *privatwirtschaftliche Tätigkeit*, die der Erzielung eines Gewinns oder eines Erwerbseinkommens dient (BGE 132 I 282, 287; 124 I 310, 313). Die Erwerbstätigkeit kann selbständig oder unselbständig, hauptberuflich, nebenberuflich oder auch nur gelegentlich ausgeübt werden.

3194 Unerheblich erscheint, ob sie nach dem Empfinden einer Mehrheit als sittlich anstössig erscheint (zB. eine Peepshow, BGE 106 Ia 267, 269; die Prostitution, BGE 101 Ia 473, 476; Werbung für pornographische Bilder, BGE 133 II 136, 150) oder ob sie zu den traditionell vom Staat wahrgenommenen Aufgaben zählt (zB. eine Privatschule, BGE 97 I 116, 121).

3195 Nicht geschützt wird nach Ansicht des Bundesgerichts das Betteln (BGE 134 I 214, 216).

3. Berufsfreiheit

Als *Berufswahlfreiheit* (BGE 133 I 156, 165) untersagt die Wirtschaftsfreiheit ua. eine staatliche Ausbildungslenkung nach dem Bedarf (BGE 103 Ia 394, 401). Sie vermittelt das Recht auf freie Wahl der Ausbildung, nicht aber einen unbeschränkten Anspruch auf Zugang zu einer staatlichen Bildungseinrichtung (BGE 121 I 22, 24). 3196

> In mehreren Entscheiden hatte das Bundesgericht Einschränkungen zum Zugang zu kantonalen *Universitäten* («numerus clausus») zu beurteilen (vgl. BGE 103 Ia 369; 121 I 22; 125 I 173). Es hielt dabei stets fest, dass angesichts der grossen Bedeutung der Ausbildung für die Persönlichkeitsentfaltung die Zulassungskriterien im Lichte des Rechtsgleichheitsgebots zumindest in den Grundzügen in einem Gesetz im sog. formellen Sinn enthalten sein müssen. Einen grundrechtlichen Anspruch auf Zugang zu staatlichen Universitäten, welcher sich aus der Persönlichen Freiheit oder aus der Berufswahlfreiheit im Rahmen der Wirtschaftsfreiheit ableiten liesse, hat das Bundesgericht hingegen nicht anerkannt. 3197

> Verboten ist ferner etwa eine Pflicht- oder *Zwangsarbeit* (dazu Art. 4 EMRK) oder ein sog. *Amtszwang*. 3198

Der Teilgehalt der *Berufszugangsfreiheit* schützt gegen staatliche Massnahmen, die den Marktzutritt (zB. die Aufnahme einer selbständigen Erwerbstätigkeit) verhindern oder übermässig erschweren. 3199

> Verboten ist der numerus clausus oder eine Bedürfnisklausel für den Zugang zur Erwerbstätigkeit. 3200

Unter die *Berufsausübungsfreiheit* fallen grundsätzlich alle mit der Erwerbstätigkeit zusammenhängenden Bereiche. 3201

> Dazu gehören etwa die Wahl der Betriebsmittel, der betrieblichen Organisation und der Unternehmensform sowie des Geschäftsdomizils (BGE 116 Ia 355) und des Unternehmensnamens (BGE 128 I 19), die Auswahl der Mitarbeitenden, die Werbung (BGE 128 I 295), die Bestimmung der Vertragspartner und die Gestaltung der Vertragsinhalte (unter Einschluss der Preisbildungsfreiheit). 3202

> Insofern lässt sich die *Vertragsfreiheit* (Art. 19 OR) auch (aber nicht unbedingt nur) auf die Wirtschaftsfreiheit abstützen (BGE 131 I 333, 339). 3203

4. Gleichbehandlung der Konkurrenten

Die Wirtschaftsfreiheit enthält auch das *Prinzip der Wettbewerbsneutralität* staatlicher Massnahmen. Diese dürfen den Wettbewerb unter direkten Konkurrenten nicht verzerren. 3204

> Als direkte Konkurrenten gelten nach der bundesgerichtlichen Praxis «Angehörige der gleichen Branche, die sich mit dem gleichen Angebot an dasselbe Publikum richten, um das gleiche Bedürfnis zu befriedigen» (BGE 125 I 431, 436; 132 I 97, 100). Diese Umschreibung erscheint zu eng. Abzustellen ist vielmehr 3205

auf den in casu relevanten Markt (vgl. VALLENDER, in: St. Galler Kommentar, Art. 27, Rz. 29).

3206 Dem entspricht ein individualrechtlicher Anspruch auf *Gleichbehandlung der Konkurrenten (der «Gewerbegenossen»* in der früheren und antiquierten Ausdrucksweise des Bundesgerichts; vgl. BGE 121 I 279). Der Schutz dieser Garantie gegenüber Benachteiligungen geht über das allgemeine Rechtsgleichheitsgebot von Art. 8 BV hinaus, gilt aber nicht absolut (BGE 132 I 97, 100).

3207 Das Gebot der Wettbewerbsneutralität unterliegt Einschränkungen aus triftigen Gründen (gewichtigen öffentlichen Interessen). Doch sind spürbare Wettbewerbsverzerrungen zu vermeiden (BGE 125 II 129, 150), und es sollen «möglichst faire Wettbewerbsverhältnisse» geschaffen werden (BGE 125 I 431, 439; 121 I 279).

3208 Werden direkte Konkurrenten privilegiert, so kann sich aus dem Gleichbehandlungsgebot der Wirtschaftsfreiheit auch ein Anspruch auf *positive Leistungen* des Gemeinwesens ergeben.

3209 Grundsätzlich *unzulässig* sind aus dieser Perspektive Massnahmen, die bestimmten Marktteilnehmern (den bereits Etablierten, den Einheimischen usw.) vorteilhafte Positionen verschaffen oder die einen Markt abriegeln und neue Konkurrenz behindern oder fernhalten. Die Markzutrittschancen der verschiedenen Anbieter dürfen vom Staat nicht gesteuert werden.

3210 In BGE 121 I 129 war unter dem Grundsatz der Gleichbehandlung der Gewerbegenossen eine unterschiedliche Gebühr für Taxistandplätze je nach dem, ob das Taxi an eine Funkzentrale angeschlossen ist oder nicht, für verfassungswidrig erklärt worden. In mehreren Fällen hatte das Bundesgericht die Zuteilung von Standplätzen an Zirkusunternehmen zu beurteilen (vgl. BGE 121 I 279 und 119 Ia 445). In BGE 128 I 136 wurde die St. Galler Praxis zur Platzvergabe an Riesenradbetreiber anlässlich des Herbstjahrmarkts, welche regelmässig dem grössten Riesenrad den Vorzug gab, geschützt (vgl. auch Rz. 1874).

5. Kein Anspruch auf staatliche Leistungen

3211 Aus der Wirtschaftsfreiheit lassen sich grundsätzlich keine Ansprüche auf Leistungen des Gemeinwesens ableiten (BGE 130 I 26, 40; 124 I 107, 113).

3212 So kann gestützt auf Art. 27 BV zB. keine Bewilligungserteilung oder keine Vergabe eines öffentlichen Auftrages verlangt werden. Auch schützt das Grundrecht nicht vor privater Konkurrenz.

6. Benutzung öffentlichen Raumes

3213 Ein aus der Wirtschaftsfreiheit fliessender Anspruch auf staatliche Leistungen besteht hingegen dort, wo die *Benutzung öffentlicher Sachen* zur Ausübung einer Erwerbstätigkeit erforderlich ist (vgl. dazu auch Rz. 1176). So hat das Bundesgericht einen bedingten Anspruch auf gesteigerten Gemeingebrauch des öffentlichen Grundes etwa als Standplatz für Taxis oder Zirkuszelte (vgl. BGE 108 Ia 135;

119 Ia 445; 121 I 279), oder zum temporären Aufstellen eines Marktstandes (BGE 132 I 97, 100) anerkannt.

Auch Prostituierte haben gemäss BGE 101 Ia 473 einen durch die Wirtschaftsfreiheit geschützten bedingten Anspruch auf gesteigerten Gemeingebrauch des öffentlichen Grundes zum Zwecke der Kundenanwerbung; sie müssen jedoch, etwa aus Gründen des Anwohnerschutzes, weitreichende Einschränkungen gewärtigen. 3214

b. Persönlicher Geltungsbereich

1. Allgemein

Das Grundrecht der Wirtschaftsfreiheit steht natürlichen und juristischen Personen des Privatrechts mit Sitz in der Schweiz zu. Zu den berechtigten natürlichen Personen gehören Schweizer Staatsangehörige sowie *Ausländer*, die fremdenpolizeilich uneingeschränkt auf dem schweizerischen Arbeitsmarkt zugelassen sind (BGE 131 I 223, 226), dh. über eine Niederlassungsbewilligung verfügen oder einen Anspruch auf Erteilung einer Arbeitsbewilligung haben (BGE 123 I 212). Ausländische juristische Personen stehen insoweit unter dem Schutz der Wirtschaftsfreiheit, als sie zur Ausübung einer Erwerbstätigkeit in der Schweiz zugelassen sind (BGE 131 I 223, 226 mit Bezug auf einen Anspruch auf Zulassung gestützt auf das Freizügigkeitsabkommen FZA). 3215

Selbständig- und *Unselbständigerwerbende* sind gleichermassen geschützt. 3216

Nicht auf die Wirtschaftsfreiheit kann sich berufen, wer eine *öffentliche Aufgabe* erfüllt, etwa als öffentliche Urkundsperson oder Offizialverteidiger (BGE 133 I 259, 261; 124 I 297, 298). 3217

Personen, die in einem *besonderen Rechtsverhältnis* zum Gemeinwesen stehen, werden von der Wirtschaftsfreiheit auch geschützt. So ist ein Beamter bezüglich einer Nebenerwerbstätigkeit Grundrechtsträger, auch wenn sich uU. weitreichende Beschränkungen aufdrängen können (BGE 121 I 326, 329). 3218

2. Juristische Personen des öffentlichen Rechts

Ausserhalb des Schutzbereichs der Wirtschaftsfreiheit liegen dagegen grundsätzlich *juristische Personen des öffentlichen Rechts*. Ob dies uneingeschränkt auch dann gelten soll, wenn der Staat sich mittels öffentlicher Unternehmen am Wettbewerb beteiligt, ist zumindest fraglich (dazu BGE 131 II 13, 27 f.; BIAGGINI, Öffentliche Unternehmen, 623 ff.). Differenzierungen sind umgekehrt auch angebracht, wenn die Grundrechtsbindung öffentlicher Unternehmen, die als Marktteilnehmer auftreten, zu bestimmen ist. 3219

Öffentliche resp. gemischtwirtschaftliche Unternehmen sind privatrechtlich konstituierte Gesellschaften, in denen ein Gemeinwesen durch bestimmte Vorrechte oder eine qualifizierte Beteiligung einen erheblichen Einfluss ausübt. Die Frage, ob sich gemischtwirtschaftliche Unternehmen auf die Wirtschaftsfreiheit 3220 berufen können oder ob sie ihr selbst unterliegen, ist umstritten und differenziert zu beantworten. Öffentliche Unternehmen sind höchstens ausnahmsweise und unter bestimmten Voraussetzungen Träger der Wirtschaftsfreiheit, jedenfalls nicht allein deswegen, weil sie sich auf dem Boden des Privatrechts bewegen oder mit anderen Wirtschaftssubjekten im Wettbewerb stehen.

3221 In BGE 126 I 250 hat das Bundesgericht entschieden, dass die Vergabe von Standplätzen an der Kunstmesse ART durch die gemischtwirtschaftliche Messe Basel keinen anfechtbaren Hoheitsakt darstelle, sondern rein privatrechtlicher Natur sei. Dies bedeutet, dass die Messe grundsätzlich eine gewisse Privatautonomie bezüglich der Auswahl ihrer Geschäftspartner (Aussteller) besitzt.

3222 In BGE 127 II 8, 17 und 131 II 13, 27 f. liess das Gericht die Frage offen, ob sich die Swisscom «als zur Erfüllung einer öffentlichen Aufgabe konzessionierte gemischtwirtschaftliche Aktiengesellschaft, an welcher der Bund von Gesetzes wegen die kapital- und stimmenmässige Mehrheit hält (...), überhaupt auf die Wirtschaftsfreiheit berufen kann ...».

III. Zu den Schranken der Wirtschaftsfreiheit

a. Schrankenregelung im Allgemeinen

3223 Das *Individualrecht der Wirtschaftsfreiheit* gemäss Art. 27 BV unterliegt zunächst der normalen *Schrankendogmatik* gemäss Art. 36 BV. Demnach muss ein Eingriff in die Wirtschaftsfreiheit auf einer ausreichenden gesetzlichen Grundlage beruhen, im überwiegenden öffentlichen Interesse liegen, dem Erfordernis der Verhältnismässigkeit genügen und den Kerngehalt des Grundrechts wahren (BGE 132 II 257, 283; 125 I 322, 327; vgl. Rz. 1092 ff.).

3224 Der *menschenrechtliche Kerngehalt* der Wirtschaftsfreiheit kann etwa verletzt sein, wenn eine staatliche Massnahme elementare Elemente der Berufswahlfreiheit beschneidet (vgl. auch BIAGGINI, Wirtschaftsfreiheit, 785).

3225 *Polizeiliche* Einschränkungen der Wirtschaftsfreiheit dürfen nicht über das hinausgehen, was erforderlich ist, um den polizeilichen Schutzzweck zu erfüllen (vgl. zum Verhältnismässigkeitsprinzip bei der Wirtschaftsfreiheit etwa BGE 131 I 425, 434 f.; 125 I 335, 339 mit einer Zusammenfassung der Rechtsprechung).

b. Grundsatz der Wirtschaftsfreiheit

1. Allgemeines

3226 Zusätzlich zur Schrankenregelung von Art. 36 BV enthält Art. 94 BV eine weitere, ordnungspolitisch und demokratisch motivierte Anforderung an Eingriffe in die Wirtschaftsfreiheit. Gemäss Art. 94 Abs. 1 BV müssen sich Bund und Kantone an den sog. *Grundsatz der Wirtschaftsfreiheit* halten; sie haben somit «grundsatzkonforme» Wirtschaftspolitik zu betreiben. Abweichungen von diesem Grundsatz sind nach Abs. 4 nur zulässig, wenn sie von der *Bundesverfassung* vorgesehen oder durch *kantonale Regalrechte* begründet werden.

Die *Kantone* benötigen zwar im Rahmen ihrer Autonomie keine bundesverfassungsrechtliche Ermächtigung zur Erfüllung wirtschaftsbezogener Aufgaben. Wenn sie aber vom *Grundsatz der Wirtschaftsfreiheit* abweichen und somit grundsatzwidrige Massnahmen erlassen wollen, sind sie auf eine solche Ermächtigung angewiesen. Gegenwärtig sind die Kantone – ausserhalb der Regalrechte – nur bei der Ordnung des Gastgewerbes gemäss Art. 196 Ziff. 7 BV von der Verpflichtung auf den Grundsatz der Wirtschaftsfreiheit entbunden. Die Bundesversammlung hat diese Ermächtigung – im Bestreben, das schweizerische Gastgewerbe zu liberalisieren – auf längstens 10 Jahre ab Inkrafttreten der BV, dh. auf den 1. Januar 2010 befristet.

3227

Auch der *Bund* darf nur grundsatzwidrige Massnahmen treffen, sofern und soweit er über eine entsprechende besondere Ermächtigung in der BV verfügt. Dies ist bei zahlreichen Kompetenzbestimmungen der Fall, bei welchen es *ausdrücklich* heisst, der Bund könne nötigenfalls von der Wirtschaftsfreiheit abweichen (vgl. zB. Art. 100 Abs. 3; Art. 101 Abs. 2; Art. 102 Abs. 2; Art. 103 und Art. 104 Abs. 2 BV). Die Ermächtigung kann sich aber auch *implizit* aus einer Bundeskompetenz ergeben (vgl. Art. 87, Art. 90, Art. 92, Art. 105, 106 Abs. 2 BV).

3228

2. *Grundsatzkonforme und grundsatzwidrige Massnahmen*

Grundsatzwidrig sind nach konstanter bundesgerichtlicher Rechtsprechung Massnahmen, die (gemäss gängiger Formel) *«den freien Wettbewerb behindern, um gewisse Gewerbezweige oder Bewirtschaftungsformen zu sichern oder zu begünstigen»* (BGE 131 I 223, 231; 118 Ia 175, 176) bzw. um «das Wirtschaftsleben nach einem festen Plan zu lenken» (BGE 111 Ia 184, 186). Die Intervention «nel gioco della libera concorrenza» ist grundsätzlich untersagt (BGE 119 Ia 378, 382).

3229

Als grundsatzwidrige Massnahmen gelten etwa:

3230

– Bedürfnisklauseln oder zahlenmässige Beschränkungen der Gewerbetreibenden;

– generelle Verbote bestimmter Bewirtschaftungsformen und strukturpolitisch motivierte Behinderung gewisser Gewerbezweige;

– Privilegierung ortsansässiger oder etablierter Anbieter (BGE 132 I 97).

Das Bundesgericht und ein Teil der Lehre bezeichneten früher diese verbotenen Beschränkungen – in einem veralteten und nicht auf den Verfassungstext abgestützten Sprachgebrauch – als «wirtschaftspolitische» Massnahmen und stellten diese den zulässigen wirtschaftspolizeilichen und (später) sozialpolitischen Massnahmen gegenüber.

3231

Dies erschien wenig sinnvoll, weil damit insbesondere vom ökonomischen Begriff der Wirtschaftspolitik, welcher sämtliche staatlichen Massnahmen mit Bezug zum Wirtschaftsleben umfasst, abgewichen wird. Heute hat sich deshalb das Begriffspaar der grundsatzkonformen und grundsatzwidrigen Massnahmen

3232

mehrheitlich durchgesetzt (so auch etwa MÜLLER/SCHEFER, Grundrechte, 1068 f.).

3233 Als *grundsatzkonform* und damit als grundsätzlich zulässig gelten demgegenüber:

3234 – *wirtschaftspolizeiliche* Massnahmen, dh. Massnahmen zum Schutz der traditionellen Polizeigüter (Gefahrenabwehr), insbesondere Bewilligungspflichten (vgl. BGE 128 I 92; 125 I 267; 125 I 322);

3235 – *sozialpolitische Massnahmen*; dies seit dem viel diskutierten Urteil Griessen aus dem Jahre 1971 (BGE 97 I 499), in der Sache freilich schon zuvor.

3236 Als sozialpolitische Massnahme wurden vom Bundesgericht etwa das Verbot der Abgabe von Medikamenten durch Ärzte (Selbstdispensation) zugunsten eines dichten Netzes von Apotheken (vgl. BGE 118 Ia 175 und 119 Ia 433) oder Regelungen zur Linderung der Wohnungsnot sowie zur Sicherstellung eines ausreichenden Angebots von günstigem Wohnraum beurteilt (vgl. BGE 131 I 333; 119 Ia 348; 116 Ia 401, 410 und 113 Ia 126). Auch etwa ein kantonales Verbot von Geldspielautomaten kann sozialpolitisch gerechtfertigt erscheinen (BGE 120 Ia 126).

3237 – andere Massnahmen, die *nicht primär ökonomische Ziele* verfolgen (Raumplanung, Natur- und Heimatschutz, Umweltschutz, Sprachenpolitik usw.).

3238 In BGE 116 Ia 345 wurde das Verbot, in einer rätoromanisch-sprachigen Gemeinde ein Lokal mit dem italienischen Namen «Bar Amici» anzuschreiben, vom Bundesgericht geschützt. In BGE 102 Ia 104 wurden verschiedene Auflagen für Verkaufslokale (etwa maximale Nettoladenfläche und Erreichbarkeit mit öffentlichen Verkehrsmitteln) als mit dem Grundsatz der Wirtschaftsfreiheit vereinbar beurteilt. In BGE 103 Ia 586 hat das Bundesgericht eine Neuenburgische Regelung, welche in bestimmten Zonen nur den Rebbau als Bewirtschaftungsform zuliess, akzeptiert (weitere Kasuistik bei MÜLLER/SCHEFER, Grundrechte, 1076).

3239 Den «Grundsatz wahren» bedeutet demnach im Wesentlichen: Bindung an die zentralen Elemente des *Marktmechanismus*, Verbot einer Verzerrung oder gar Ausschaltung des Spiels von Angebot und Nachfrage und folglich des Preismechanismus, Wettbewerbsneutralität des Staates.

3240 Im Einzelnen bleibt die *Abgrenzung* zwischen grundsatzwidrigen und grundsatzkonformen Massnahmen *heikel*. Dies liegt primär daran, dass es oft schwer fällt, das Eingriffsmotiv eindeutig zu bestimmen. Ausserdem ist mitunter unklar, inwiefern neben dem *Motiv* auch die konkreten *Auswirkungen* auf den vorhandenen Markt zu berücksichtigen sind. So ist es durchaus möglich, dass eine an sich polizeilich oder sozialpolitisch begründete Massnahme die bestehenden Wettbewerbsverhältnisse stark verändert. Es ist deshalb zu fordern, dass bei der Prüfung der Grundsatzkonformität einer Regelung sowohl deren Ziel resp. Motiv als auch deren objektive Auswirkungen auf die Wirtschaft, insbesondere auf den Wettbewerb, in Anschlag zu bringen sind (vgl. aber etwa BGE 130 I 26, 53).

c. Förderungsmassnahmen

In Art. 94 Abs. 3 BV sowie in anderen Bestimmungen der Bundesverfassung findet sich die Verpflichtung der Gemeinwesen, für günstige Rahmenbedingungen für die Wirtschaft zu sorgen oder einzelne Wirtschaftssektoren zu unterstützen. Förderungsmassnahmen wie Subventionen oder Steuererleichterungen können in ihren Auswirkungen auch zu Wettbewerbsverzerrungen führen.

3241

> Es fällt oft nicht leicht, bei Förderungsmassnahmen reale Einwirkungen auf einen relevanten Markt festzustellen. Dennoch sind auch solche staatliche Vorkehrungen an den Schrankenvoraussetzungen der Wirtschaftsfreiheit zu messen; insbesondere dürfen sie nicht zu echten Verzerrungen des Wettbewerbes und damit zur krassen Benachteiligung von Konkurrenten führen.

3242

d. Schema zur Schrankendogmatik der Wirtschaftsfreiheit

Die Prüfung, ob eine staatliche Massnahme die Wirtschaftsfreiheit in unzulässiger Weise verletzt, kann nach dem folgenden Schema vorgenommen werden:

3243

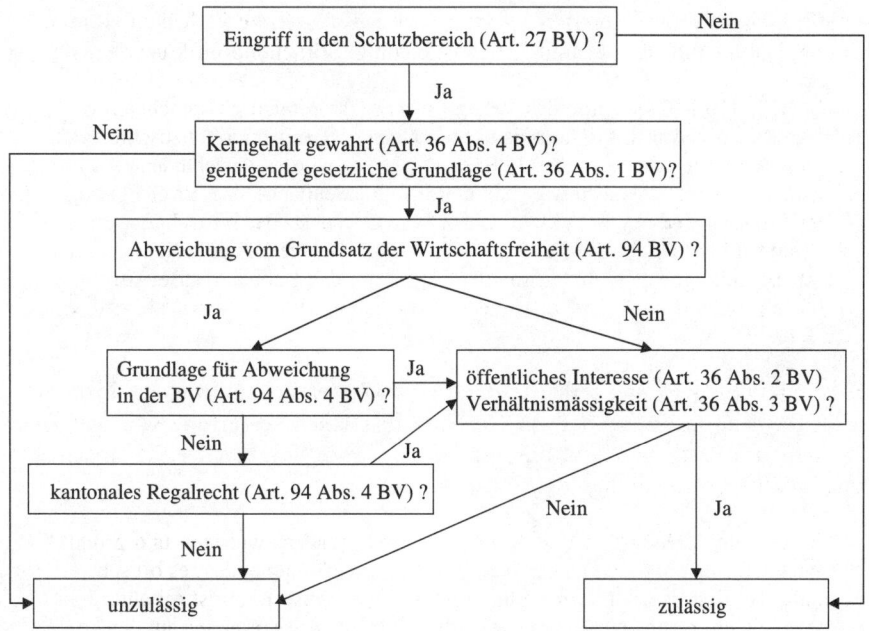

§ 33 Finanzverfassung

Literatur

BIAGGINI, BV Kommentar, Art. 126–135 sowie Art. 126; JAAG TOBIAS, Grundsätze der Finanzverfassung in der Schweiz, VVDStRL 52/1993, 123 ff.; LOCHER PETER, Finanzordnung des Bundes, in: Verfassungsrecht der Schweiz, 1211 ff.; MANNHART ANNJA/STAIBLE DOMINIC, Finanzautonomie im neuen Finanzausgleich, ZBl 2006, 21 ff.; PIPPIG ANNA, Verfassungsrechtliche Grundlagen des Finanzausgleichs, Zürich 2002; REICH MARKUS, Grundzüge der föderalistischen Finanzordnung, in: Verfassungsrecht der Schweiz, 1199 ff.; STAUFFER THOMAS, in: St. Galler Kommentar, Art. 126; UHLMANN FELIX, Finanzrecht, in: Denise Buser (Hrsg.), Neues Handbuch des Staats- und Verwaltungsrechts des Kantons Basel-Stadt, Basel 2008, 523 ff.; VALLENDER KLAUS A., Leitlinien der Bundesfinanzordnung, AJP 1999, 687 ff.

I. Allgemeines

Die Finanzverfassung umfasst alle Normen der Bundesverfassung, die sich auf die Grundlegung und Umsetzung der *Finanzpolitik* beziehen. Sie legen die Basis für die staatliche Mittelbeschaffung und regeln die Verfahren zur Steuerung der Ressourcenverwendung und -verteilung. 3244

Unter dem Titel «Finanzordnung» ist den zentralen Bestimmungen der Finanzverfassung in den Art. 126–135 BV ein eigenes Kapitel gewidmet. Dieses enthält Bestimmungen über die Haushaltsführung (Art. 126 BV), über die Grundlagen der Bundessteuern und Grundsätze der Besteuerung sowie über den Finanzausgleich. 3245

> Wandel und Ausbau von Staatstätigkeit und Staatsaufgaben finden ihr Abbild in der Ausgestaltung der *Finanzordnung*. Der komplexe zeitgenössische Sozial- und Leistungsstaat erfordert ein ebenso differenziertes und umfassendes Steuer- und Finanzregime. Aufgabenpolitik und Ausgabenpolitik sind in diesem Sinne untrennbar miteinander verknüpft und bedingen einander gegenseitig. 3246

> Die öffentlichen Haushalte der Gemeinwesen aller Stufen, aber insbesondere der Bundeshaushalt, spielen heute eine gewichtige Rolle in der schweizerischen Volkswirtschaft. Der Bund beschäftigt die grösste Zahl von Arbeitnehmerinnen und ist der umsatzstärkste Konsument der schweizerischen Wirtschaft. 3247

Im Jahr 2007 betrugen die ordentlichen *Einnahmen des Bundes* CHF 58,1 Milliarden, wovon CHF 51,5 Milliarden (88%) auf die Steuereinnahmen entfielen. Den Einnahmen standen ordentliche *Ausgaben* in der Höhe von CHF 53,9 Milliarden gegenüber, sodass im Jahr 2007 ein Überschuss von CHF 4,2 Milliarden resultierte. Die Bruttoschulden verringerten sich dadurch auf CHF 120,9 Milliarden. Für die Schuldzinsen musste der Bund im Jahr 2007 CHF 3,6 Milliarden oder 6,9% seiner Steuereinnahmen aufwenden (Angaben gemäss EIDG. FINANZVERWALTUNG, Staatsrechnung: Bericht zur Bundesrechnung 2007, einsehbar unter 3248

http://www.efv.admin.ch/d/dokumentation/downloads/themen/bundesfinanzen/
rechnung/2007/RG1_FBE-d.pdf).

3249 Die *Gesamtschulden der öffentlichen Hand* (Bund, Kantone, Gemeinden und Sozialversicherungen) erreichten 2006 CHF 231,9 Milliarden, was einem Anteil am Bruttoinlandprodukt (Schuldenquote) von 47,7 % entsprach. Die Konvergenzkriterien für den Euro legen einen Höchstanteil von 60 % fest. Das Bruttoinlandprodukt weist den Gesamtwert aller im Inland hergestellten Güter und Dienstleistungen aus.

3250 Die *Staatsquote,* also der *Anteil der Ausgaben der öffentlichen Verwaltung und der Sozialversicherungen am gesamten schweizerischen Bruttoinlandprodukt*, hat von 31,2 % im Jahr 1990 auf 35,9 % im Jahr 2006 zugenommen. Gemäss der internationalen vergleichbaren Berechnungsmethode der Volkswirtschaftlichen Gesamtrechnung entspricht dies einer Staatsquote von 34,3 %, was nach Irland (34,1 %) der zweittiefste Wert in der OECD darstellt. Im Euro-Raum der Europäischen Union beträgt die Staatsquote durchschnittlich 47,1 %, in den USA 36,7 % und in der OECD 40,6 %. (Angaben gemäss EIDG. FINANZVERWALTUNG, Statistik der öffentlichen Haushalte und Sozialversicherungen, Stand 29. Februar 2008, Bern 2008.)

II. Finanzhaushalt des Bundes

a. Allgemeines

3251 Der Finanzhaushalt eines Gemeinwesens umfasst – entsprechend dem Geschäftsbericht und der Jahresrechnung privater Unternehmen – das Zusammenspiel von Erträgen und Aufwänden (Erfolgsrechnung), Einnahmen und Ausgaben (Finanzierungs- und Mittelflussrechnung) sowie die Übersicht über die Vermögens- und Kapitalstruktur (Bilanz). Er wird in der *Staatsrechnung* wiedergegeben. Art. 126 Abs. 1 BV verpflichtet den Bund, «seine Ausgaben und Einnahmen auf Dauer im Gleichgewicht» zu halten.

3252 Während die Höhe der Einnahmen des Bundes durch Verfassungs- und Gesetzesrecht sowie durch die Wirtschaftsentwicklung weitgehend determiniert ist, besteht bei der Verteilung der zur Verfügung stehenden Mittel ein gewisser Spielraum. Die Bundesausgaben sind jedoch in erheblichem Umfang rechtlich oder faktisch gebunden, sodass der verfügbare Spielraum in der Praxis eng begrenzt erscheint. Dementsprechend mussten im Rahmen zahlreicher Sanierungsprogramme immer wieder bestehende Rechtsgrundlagen abgeändert werden.

3253 Zusätzlichen Handlungsspielraum zur Übernahme neuer Aufgaben oder zur Stützung der Wirtschaft in Ausnahmesituationen gibt es nur, wenn für die Erhaltung gesunder öffentlicher Finanzen gesorgt wird. Der Staatshaushalt erweist sich daher als ein wesentliches Mittel zur politischen Steuerung des Gemeinwesens.

3254 Neben den einschlägigen Bestimmungen der BV enthält das *Bundesgesetz über den eidgenössischen Finanzhaushalt vom 7. Oktober 2005* (Finanzhaushaltgesetz, FHG, SR 611.0) die näheren Bestimmungen über die Führung des Bundesfinanzhaushalts. Das FHG löste das gleichnamige Gesetz vom 6. Oktober 1989 ab und wurde auf den 1. Mai 2006 in Kraft gesetzt. Der Bundesrat begründete die Notwendigkeit einer Totalrevision insbesondere mit der konsequenteren Entflechtung der strategisch-politischen Steuerung von der operativen Ebene der Verwaltungs- und Betriebsführung. Die einzelnen Verwaltungseinheiten haben daher eine auf ihre Bedürfnisse ausgerichtete Kosten- und Leistungsrechnung zu führen. Die Rechnungslegung des Bundes richtet sich weitgehend nach den International Public Sector Accounting Standards (IPSAS). Dieses allgemein anerkannte Regelwerk findet zunehmend auch in anderen Gemeinwesen Anwendung. Das Instrument des Zahlungskredits wurde durch den Aufwand- und Investitionskredit (Voranschlagskredit) abgelöst (vgl. Botschaft zur Totalrevision des Bundesgesetzes über den eidgenössischen Finanzhaushalt vom 24. November 2004, BBl 2005, 5108).

b. Kompetenzen und Verfahren

1. *Bundesversammlung*

Für den Finanzhaushalt des Bundes ist gemäss Art. 167 BV die Bundesversammlung verantwortlich. Sie beschliesst aufgrund eines Entwurfs des Bundesrates, der jeweils bis Ende August zu unterbreiten ist, jährlich in der Form eines einfachen Bundesbeschlusses über den *Voranschlag* (auch «Budget» genannt; Art. 29 FHG). Der Voranschlag enthält die Bewilligungen der Aufwände und der Investitionsausgaben (Voranschlagskredite), die Schätzung der Erträge und der Investitionseinnahmen sowie die bewilligten Gesamtausgaben und die geschätzten Gesamteinnahmen (Art. 30 Abs. 2 FHG).

3255

> Über die im Voranschlag bewilligten Aufwände oder Investitionsausgaben hinaus kann ein zusätzlicher Finanzbedarf durch *ordentliche* oder *dringliche Nachtragskredite* gedeckt werden. Ordentliche Nachtragskredite werden auf Antrag des Bundesrates durch die Bundesversammlung beschlossen (Art. 33 FHG). Im Falle der Dringlichkeit beschliesst der Bundesrat selbst über den Nachtragskredit, holt aber nach Möglichkeit die Zustimmung der Finanzdelegation ein (Art. 34 Abs. 1 FHG). Die vom Bundesrat allein oder mit Zustimmung der Finanzdelegation beschlossenen Aufwände und Investitionsausgaben sind der Bundesversammlung zur nachträglichen Genehmigung zu unterbreiten (Art. 34 Abs. 2 FHG). Mit *Verpflichtungskrediten* können über das laufende Voranschlagsjahr hinaus wirkende finanzielle Verpflichtungen eingegangen werden (vgl. Art. 21 FHG); mit *Zusatzkrediten* sind Mehrkosten, die über einen bewilligten Verpflichtungskredit hinausgehen, zu decken (vgl. Art. 27 FHG).

3256

> Die *Finanzdelegation* der eidgenössischen Räte wird aus je drei Mitgliedern der beiden ständigen Finanzkommissionen von SR und NR gebildet. Ihr obliegt die nähere Prüfung und Überwachung des gesamten Finanzhaushaltes (vgl. Art. 51 ParlG). Bei zeitlicher Dringlichkeit kann sie auf Antrag des Bundesrates Voranschlags- und Verpflichtungskredite beschliessen.

3257

2. Bundesrat

3258 Der Bundesrat hat gemäss Art. 183 BV die Aufgabe, jedes Jahr einen mehrjährigen *Finanzplan* aufzustellen sowie den Voranschlag zuhanden der Bundesversammlung zu entwerfen. Voranschlag und Finanzplan werden vom Eidgenössischen Finanzdepartement zuhanden des Bundesrates entworfen (Art. 58 Abs. 2 FHG). Die Finanzplanung umfasst die drei dem Voranschlagsjahr folgenden Jahre und weist den in der Planungsperiode erwarteten Finanzierungsbedarf, die Deckung des erwarteten Finanzierungsbedarfs sowie die voraussichtlichen Aufwände und Erträge aus (Art. 19 Abs. 1 FHG). Der Bundesrat hat ferner darauf zu achten, dass der von der Bundesversammlung beschlossene Voranschlag eingehalten wird. Gegebenenfalls muss er der Bundesversammlung ergänzende Kredite (Nachtragskredite) beantragen.

3259 Sachplanung und Finanzplanung sind eng miteinander verbunden. Dementsprechend hat der Bundesrat zu Beginn jeder Legislaturperiode die Ziele und Massnahmen der Legislaturplanung und den Legislaturfinanzplan sachlich und zeitlich miteinander zu verknüpfen (vgl. Art. 146 Abs. 4 ParlG).

3260 Nach Ablauf des Rechnungsjahres unterbreitet der Bundesrat der Bundesversammlung die *Staatsrechnung* zur Abnahme (Art. 4 FHG). Verwirft ein Rat die Rechnung in der Gesamtabstimmung, so beschliesst er Rückweisung an den Bundesrat (Art. 74 Abs. 5 ParlG). Indem es der Staatsrechnung die Genehmigung versagt, kann das Parlament seine politische Missbilligung ausdrücken.

3261 Die *eidgenössische Finanzkontrolle* ist eine Verwaltungseinheit der dezentralen Bundesverwaltung, die im Rahmen der gesetzlichen Vorschriften selbständig und unabhängig ist. Als oberstes Finanzaufsichtsorgan überprüft sie den Finanzhaushalt des Bundes nach den Kriterien der Ordnungsmässigkeit, der Rechtmässigkeit und der Wirtschaftlichkeit. Sie verfügt gestützt auf das Bundesgesetz über die eidgenössische Finanzkontrolle vom 28. Juni 1967 (Finanzkontrollgesetz, FKG, SR 614.0) über weitreichende Kontrollbefugnisse und Einsichtsrechte.

c. Haushaltsgleichgewicht

3262 Art. 126 Abs. 1 BV verpflichtet den Bund, Ausgaben und Einnahmen auf Dauer im Gleichgewicht zu halten.

3263 Politische Begehrlichkeiten auf der Ausgabenseite und Unwägbarkeiten auf der Einnahmenseite bescheren dem Staatshaushalt leicht Ausgabenüberschüsse und lassen das Staatsdefizit anwachsen. Ein chronisch unausgewogener Staatshaushalt schränkt den finanzpolitischen Handlungsspielraum ein und gefährdet die volkswirtschaftliche Stabilität.

3264 Art. 126 Abs. 1 BV, verbunden mit der inzwischen aufgehobenen Verpflichtung des Bundes, «einen allfälligen Fehlbetrag seiner Bilanz» abzutragen (vgl. Abs. 2 in der Fassung vom 18. April 1999; AS 1999, 2586), fand in der Finanzrealität nicht die erforderliche Beachtung. Angesichts anhaltender Haushaltsdefizite wurde deshalb in der BV 1999 zunächst eine Übergangsbestimmung in

§ 33 Finanzverfassung

die Verfassung aufgenommen, welche bestimmte Vorgaben für die Stabilisierung des Bundeshaushalts aufstellte (Art. 196 Ziff. 12 BV). Am 2. Dezember 2001 haben Volk und Stände mit einer Revision von Art. 126 BV diese befristete Regelung durch eine unbefristete *Schuldenbremse* ersetzt. Die Ausführungsbestimmungen finden sich in Art. 13–18 FHG. Sie wurden inhaltlich unverändert in das totalrevidierte FHG übernommen (Botschaft FHG, a. a. O., 74).

Aufgrund der Schuldenbremse sollen Ausgaben und Einnahmen über einen Konjunkturzyklus hinweg grundsätzlich ausgeglichen sein. Der Höchstbetrag der im Voranschlag zu bewilligenden Gesamtausgaben hat sich unter Berücksichtigung der Wirtschaftslage nach den geschätzten Einnahmen zu richten (Art. 126 Abs. 2 BV). Dieser Höchstbetrag kann bei ausserordentlichem Zahlungsbedarf angemessen erhöht werden (Abs. 3). Die Erhöhung bedarf jedoch der Zustimmung der Mehrheit der Mitglieder jedes der beiden Räte (Art. 159 Abs. 3 Bst. c BV). 3265

Überschreiten die in der Staatsrechnung ausgewiesenen Gesamtausgaben den (allenfalls nach Art. 126 Abs. 3 erhöhten) Höchstbetrag, so sind die Mehrausgaben in den Folgejahren zu kompensieren (Art. 126 Abs. 4 BV). Für die Einzelheiten verweist die Verfassung auf das Gesetz (Art. 126 Abs. 5 BV). Der dort geregelte Vollzugsmechanismus stützt sich wesentlich auf ein Ausgleichskonto, dem regelwidrige Mehrausgaben zu belasten sind (Art. 16 FHG). Fehlbeträge des Ausgleichskontos müssen in den Folgejahren durch Kürzung der Gesamtausgaben ausgeglichen werden (Art. 17 FHG). 3266

Der Bundesrat schlägt der Bundesversammlung vor, die Schuldenbremse so zu ergänzen, dass künftig nicht nur der ordentliche, sondern auch der ausserordentliche Haushalt nach bestimmten gesetzlichen Regeln ausgeglichen werden muss. Damit soll möglichen Missbräuchen bei der Inanspruchnahme der Ausserordentlichkeitsregel gemäss Art. 126 Abs. 3 BV vorgebeugt werden (siehe Botschaft über die Ergänzungsregel zur Schuldenbremse vom 19. September 2008, BBl 2008, 8491 ff.; das Geschäft steht gegenwärtig, Dezember 2008, in der parlamentarischen Beratung, Nr. 08.068). 3267

d. Kein Finanzreferendum

Im Gegensatz zu den Kantonen kennt der Bund kein Finanzreferendum. 3268

Nach Art. 25 Abs. 2 ParlG ergehen Finanzbeschlüsse (Beschlüsse über das Budget und seine Nachträge sowie über Verpflichtungskredite und Zahlungsrahmen) als einfache Bundesbeschlüsse. Sie sind somit dem fakultativen Referendum von Gesetzes wegen entzogen (vgl. Art. 163 Abs. 2 in Verbindung mit 141 Abs. 1 Bst. c BV). 3269

Verschiedene Vorstösse zur Einführung des Finanzreferendums auf Bundesebene sind gescheitert, zuletzt eine parlamentarische Initiative der SVP-Fraktion vom 13. März 2003 (vgl. BBl 2007, 8373 und AB 2008 N, 453). 3270

Die direktdemokratische Ausgabenkontrolle mit Bezug auf Einzelprojekte ist jedoch wiederholt mit dem Instrument der Volksinitiative auf Partialrevision der Bundesverfassung ausgeübt worden. 3271

639

3272 Dies gilt insbesondere für die verworfene Volksinitiative «für eine Schweiz ohne neue Kampfflugzeuge», welche die beschlossene Anschaffung von 34 F/A-18 Kampfflugzeugen rückwirkend zu verhindern suchte (vgl. BBl 1992 IV, 471), sowie für verschiedene Initiativen gegen den Ausbau des Autobahnnetzes.

III. Steuern

a. Verfassungsrechtliche Grundsätze der Besteuerung

3273 Steuern sind dem Gemeinwesen geschuldete öffentlich-rechtliche Abgaben, die voraussetzungslos, dh. ohne Bezug zu einer konkreten staatlichen Gegenleistung zu entrichten sind. Sie dienen der Alimentierung des allgemeinen Staatshaushalts.

3274 Der Steuerzwang bedeutet einen schweren Eingriff in die Rechtssphäre des Individuums und dessen Vermögen. Historisch betrachtet hat die Steuerbelastung oft zu sozialen Konflikten geführt und politische Umwälzungen ausgelöst. Die Entwicklung des Parlamentarismus in England entzündete sich massgeblich am Steuerbewilligungsrecht («no taxation without representation»). Es gehört deshalb zu den Grundpfeilern des demokratischen Rechtsstaats, dass die Steuern einerseits in angemessenen Verfahren festgelegt und demokratisch legitimiert werden und andererseits gewissen fundamentalen materiellen Gerechtigkeitsanforderungen genügen.

3275 Verfassungsrechtliche Grundsätze der Besteuerung wurden früher von Lehre und Rechtsprechung ausgehend von allgemeinen Verfassungsprinzipien und spezifischen Grundrechtsgehalten entwickelt. In Art. 127 BV sind nunmehr das *abgaberechtliche Legalitätsprinzip*, die *Grundsätze der Allgemeinheit, der Gleichmässigkeit und der Leistungsgerechtigkeit der Besteuerung* sowie das *Doppelbesteuerungsverbot* ausdrücklich verankert.

3276 Art. 127 Abs. 1 BV bestimmt, dass der *Gesetzgeber* Steuersubjekt, Steuerobjekt und die Steuerbemessung regeln muss. Das allgemeine Legalitätsprinzip (Art. 5 Abs. 1 BV) erfährt damit im Bereich des Abgaberechts eine besondere Konkretisierung.

3277 In Art. 127 Abs. 2 BV wird das allgemeine Rechtsgleichheitsgebot (Art. 8 Abs. 1 BV) dahingehend spezifiziert, dass Steuerabgaben grundsätzlich von allen Rechtssubjekten geschuldet sind (Allgemeinheit), dass die Steuerlast ausgewogen auf die Abgabepflichtigen zu verteilen ist (Gleichmässigkeit) und dass diesbezüglich namentlich die wirtschaftliche Leistungsfähigkeit relevant sein soll.

3278 In BGE 133 I 206 stellte das Bundesgericht fest, dass *degressive Durchschnittssteuersätze* gegen das Gebot der Besteuerung nach der wirtschaftlichen Leistungsfähigkeit und den allgemeinen Gleichheitssatz verstossen und daher die Bundesverfassung verletzen. Es hob damit Bestimmungen des Steuergesetzes des Kantons Obwalden auf, welche ab einem steuerbaren Einkommen von CHF 300 000 degressive Steuersätze vorsah, sodass zusätzliches Einkommen ab CHF 300 000 relativ geringer (dh. zu einem tieferen Steuersatz) belastet wurde. Andere Kantone sind diesem Modell gefolgt oder haben es zu jenem Zeitpunkt bereits praktiziert.

Die einleitende Formulierung «Soweit es die Steuer zulässt [...]» soll anzeigen, 3279
dass die genannten Grundsätze auf die *direkten Steuern* auf dem Einkommen und
dem Vermögen natürlicher Personen bzw. auf dem Ertrag und dem Kapital juristischer Personen zugeschnitten sind. Im Bereich der *indirekten* Steuern, insbesondere bei der Mehrwertsteuer, haben sie eine sehr eingeschränkte Geltung.

Die *interkantonale Doppelbesteuerung*, dh. die gleichzeitige Abschöpfung von 3280
Steuern vom gleichen Steuersubjekt und demselben Steuerobjekt durch verschiedene Kantone, wird in Art. 127 Abs. 3 BV verboten.

Das Doppelbesteuerungsverbot ist nicht nur eine Bundeskompetenz und objek- 3281
tivrechtliche Verpflichtung, sondern nach der langjährigen (richterrechtlichen)
Praxis des Bundesgerichts auch ein verfassungsmässiges Recht des Bürgers,
welches mit der Beschwerde in öffentlich-rechtlichen Angelegenheiten nach
Art. 82 BBG geltend gemacht werden kann (BGE 133 I 300, 302; 134 I 303,
305). Der Bund ist zuständig, entsprechende Kollisionsregeln aufzustellen.
Diese ergeben sich mangels eines entsprechenden Erlasses bis heute aus der
Rechtsprechung des Bundesgerichts. Einkommen aus unselbständiger Erwerbstätigkeit ist demnach grundsätzlich im Wohnsitzkanton (BGE 132 I 36), solches
aus selbstständiger Erwerbstätigkeit im Kanton der Berufsausübung, in welchem auch eine Betriebsstätte besteht, zu versteuern (vgl. Urteil 2P.249/2006
und BGE 121 I 259). Bewegliches Vermögen muss grundsätzlich im Wohnsitzkanton (vgl. BGE 111 Ia 44), Liegenschaften und deren Erträge müssen im
Kanton, in dem sie liegen, versteuert werden (vgl. Urteil 2P.139/2005 und BGE
121 I 14). Unternehmenserträge und -kapitalien werden im Kanton der Geschäftsniederlassung versteuert (vgl. Urteile 2P.165/2006 und BGE 121 I 14).

Die Bundeskompetenz zum Abschluss von Staatsverträgen zur Beseitigung der 3282
internationalen Doppelbesteuerung ergibt sich aus Art. 54 und 101 BV.

b. Steuern des Bundes und der Kantone

1. Bundessteuern

Die Kompetenzen zur Erhebung von *Bundessteuern* müssen sich aus der Bundes- 3283
verfassung ergeben (Art. 3 und 42 Abs. 1 BV). Entsprechend enthält die BV an
verschiedenen Stellen explizite Ermächtigungen zur Abgabenerhebung. Die wichtigsten Bundessteuern finden ihre Grundlage im 3. Kapitel.

Der Bund erhebt in erster Linie eine *direkte Bundessteuer* (DBST, Art. 128 BV) 3284
und die *Mehrwertsteuer* (MWST, Art. 130 BV), daneben besondere Verbrauchssteuern (Art. 131 BV), die Stempel- und Verrechnungssteuer (Art. 132 BV) sowie
die Zölle (Art. 133 BV). Gewisse Abgabenbefugnisse finden sich auch ausserhalb
des 3. Kapitels (Wehrpflichtersatz, Art. 59 Abs. 3; Schwerverkehrsabgabe und Abgabe für die Benützung der Nationalstrassen, Art. 85 und 86; Spielbankenabgabe,
Art. 106 BV).

Bestimmte Bundeseinnahmen sind *zweckgebunden* zu verwenden, so diejeni- 3285
gen aus den Spielbanken-, Nationalstrassen- und Schwerverkehrsabgaben.

3286 In einem Bericht des Bundesrates über die Verbesserung der Mehrwertsteuer wurde im Jahre 2006 eine radikale Vereinfachung der Mehrwertsteuer angeregt: Die Mehrwertsteuer soll ohne Ausnahmen und mit einem Einheitssatz als nur den Endkonsum belastende Steuer ausgestaltet werden (vgl. Bericht des Bundesrates über Verbesserungen der Mehrwertsteuer, Bern 2006, 44). Mit der Botschaft des Bundesrates vom 25. Juni 2008 (BBl 2008, 6885 ff.) zuhanden des Parlamentes wurde diese Stossrichtung konkretisiert.

3287 Bis zum Inkrafttreten des Bundesbeschlusses über eine neue Finanzordnung waren die Erhebung der direkten Bundessteuer und der Mehrwertsteuer aufgrund von Art. 196 Ziff. 13 und 14 BV bis Ende 2006 *befristet* (BBl 2003, 1531 ff.). Der Beschluss, der eine neuerliche Verlängerung bis Ende 2020 vorsieht, wurde am 28. November 2004 von Volk und Ständen angenommen und trat per 1. Januar 2007 in Kraft (AS 2006, 1057 f.).

2. Kantonale Steuern

3288 Die Kantone verfügen über eine *originäre Kompetenz* zur Steuererhebung. Der Bund ist gehalten, den Kantonen «ausreichende Finanzierungsquellen» zu belassen (Art. 46 Abs. 3 BV), dh. das Steuersubstrat der Kantone nicht durch eigene Steuern übermässig zu schmälern.

3289 Sämtliche Kantone erheben eine Einkommens- und eine Vermögenssteuer der natürlichen Personen, eine Gewinn- und Kapitalsteuer der juristischen Personen und eine Grundstückgewinnsteuer. Die Erhebung dieser direkten Steuern wird ihnen durch Art. 2 des Steuerharmonisierungsgesetzes (StHG, SR 642.14) bundesrechtlich vorgeschrieben. Daneben erheben gewisse Kantone besondere Steuern wie die Erbschaftssteuer, die Billettsteuer, die Liegenschaftssteuer, Handänderungssteuern oder Kurtaxen.

3290 Die Kantone sind jedoch gewissen bundesrechtlichen Vorgaben und *Einschränkungen* unterworfen.

3291 Zunächst haben die Kantone die verfassungsmässigen Grundsätze der Besteuerung (Art. 127 BV) zu beachten. Der Bund ist zudem gestützt auf Art. 129 BV befugt, für die direkten Steuern von Bund, Kantonen und Gemeinden (formell) harmonisierende Regelungen aufzustellen. Er hat diese Kompetenz mit dem Erlass des StHG wahrgenommen. Schliesslich verbietet Art. 134 BV den Kantonen, Objekte der indirekten Steuern des Bundes mit einer gleichartigen Steuer zu belasten.

IV. Finanzausgleich

a. Finanzausgleich im weiteren und engeren Sinn

3292 Beim Finanzausgleich wird zwischen *Finanzausgleich im weiteren Sinn* und *Finanzausgleich im engeren Sinn* unterschieden. Der *Finanzausgleich im weiteren Sinn* umfasst sämtliche Finanzbeziehungen zwischen dem Bund und den Kantonen, namentlich auch jene, die unmittelbar an die bundesstaatliche Aufgabenteilung geknüpft sind. Der *Finanzausgleich im engeren Sinn* dagegen schliesst lediglich jene Transferleistungen ein, die der Angleichung der Unterschiede in der Finanzkraft und der Finanzbelastung zwischen den Kantonen dienen. Die folgenden Ausführungen zum Finanzausgleich haben einzig den *Finanzausgleich im engeren Sinn* zum Gegenstand.

b. Grundsatz

Als Element des kooperativen Föderalismus bezweckt das System des Finanzausgleichs die Kompensation von Unterschieden in der Finanzkraft und Finanzbelastung zwischen den Kantonen. Angesichts struktureller und regionaler Verschiedenheiten, Differenzen im Steueraufkommen sowie besonderen Lasten fördert die *Umverteilung öffentlicher Mittel* das bundesstaatliche Gleichgewicht und stellt die Aufgabenerfüllung durch die Kantone sicher. Der Finanzausgleich nimmt somit unmittelbar Bezug auf die Verteilung der Staatsaufgaben zwischen Bund und Kantonen, auf die bundesstaatliche Ausscheidung der Finanzkompetenzen sowie auf die interkantonale Zusammenarbeit (vgl. dazu vorne Rz. 665 ff.).

3293

c. Ausgestaltung

Am 1. Januar 2008 ist im Rahmen der von Volk und Ständen am 28. November 2004 gutgeheissenen *Neugestaltung des Finanzausgleichs und der Aufgabenteilung zwischen Bund und Kantonen (NFA)* ein *völlig neu gestaltetes Finanzausgleichssystem* in Kraft getreten (vgl. dazu grundsätzlich die Darstellung im 2. Teil «Bundesstaat», Rz. 665 ff.). Dabei wurde das bisherige System *wesentlich vereinfacht*. Als hauptsächlichste Neuerung ist der neue Finanzausgleich *politisch steuerbar:* Die eidgenössischen Räte legen jeweils für eine Vierjahresperiode die Ausgleichszahlungen fest. Im neuen Ausgleichssystem entfällt die im bisherigen System praktizierte Abstufung der Bundesbeiträge sowie der Kantonsanteile an Bundeseinnahmen und am Nationalbankgewinn nach der Finanzkraft der Kantone. Neu besteht der Finanzausgleich im engeren Sinn nur noch aus einem Ressourcen- und einem Lastenausgleich (vgl. Rz. 665 ff.). Dabei stehen die entsprechenden Finanzmittel den Kantonen *zweckfrei* zur Verfügung.

3294

Kernbestimmung des neuen Finanzausgleichs ist *Art. 135 BV.* Danach kommt dem Bund die Kompetenz zu, Vorschriften für den vertikalen und den horizontalen Finanzausgleich zu erlassen (Art. 135 Abs. 1 BV). Als Ziele des Finanzausgleichs nennt Art. 135 Abs. 2 BV die Verringerung der Unterschiede zwischen den Kantonen in der finanziellen Leistungsfähigkeit, die Gewährleistung minimaler finanzieller Ressourcen der Kantone, den Ausgleich übermässiger finanzieller Lasten der Kantone aufgrund ihrer geografisch-topographischen oder soziodemografischen Bedingungen, die Förderung der interkantonalen Zusammenarbeit mit Lastenausgleich sowie die Erhaltung der steuerlichen Wettbewerbsfähigkeit der Kantone im nationalen und internationalen Verhältnis.

3295

3296   Der Bund nimmt seine Kompetenz mit dem *Bundesgesetz über den Finanz- und Lastenausgleich* (FiLaG; SR 613.2) vom 3. Oktober 2003 wahr. Das Gesetz sieht einen Ressourcenausgleich durch Bund und Kantone (Art. 3–6), einen Lastenausgleich durch den Bund (Art. 7–9) und interkantonale Zusammenarbeit mit Lastenausgleich (Art. 10–17) vor. Im *vertikalen* Bereich zwischen Bund und Kantonen wird somit zwischen einem *Ressourcenausgleich* (Umverteilung von finanziellen Ressourcen) und einem *Lastenausgleich* (Beitrag für Sonderlasten) unterschieden.

3297   Der *Ressourcenausgleich* wird gemeinsam vom Bund (vertikaler Ressourcenausgleich) und von den ressourcenstarken Kantonen (horizontaler Ressourcenausgleich) finanziert. Dabei legt Art. 135 Abs. 3 BV fest, dass die Leistungen der ressourcenstarken Kantone mindestens zwei Drittel und höchstens 80 Prozent der Leistungen des Bundes betragen. Grundlage für den Ressourcenausgleich ist der neue Ressourcenindex. Er widerspiegelt das Ressourcenpotenzial der Kantone, dh. die fiskalisch ausschöpfbare Wertschöpfung. Kantone mit einem Ressourcenindex, der über 100 Punkten liegt, sind ressourcenstarke (zahlende) Kantone, solche mit einem Index, der unter 100 Punkten liegt, sind ressourcenschwache (empfangende) Kantone.

3298   Der *Lastenausgleich* besteht aus einem geografisch-topografischen und einem soziodemografischen Lastenausgleich und wird vollständig vom Bund getragen. Während der geografisch-topografische Lastenausgleich die durch eine dünne Besiedlung und die topografischen Verhältnisse bedingten Sonderlasten der peripheren Kantone abgilt, kommt der soziodemografische Lastenausgleich hauptsächlich den urbanen Kantonen zugute. Er entschädigt diese für Sonderlasten, welche aufgrund der Bevölkerungsstruktur oder der Zentrumsfunktion der Kernstädte entstehen.

§ 34 Arbeitsverfassung

Literatur

ALBRECHT ANDREAS C., Der Begriff der gleichwertigen Arbeit im Sinne des Lohngleichheitssatzes «Mann und Frau haben Anspruch auf gleichen Lohn für gleichwertige Arbeit» (Art. 4 Abs. 2 BV), Basel 1998; ANDERMATT ARTHUR et. al., Handbuch zum kollektiven Arbeitsrecht, Basel 2009; BELSER EVA MARIA, The white man's burden – Arbeit und Menschenrechte in der globalisierten Welt, Bern 2007; BERSET BIRCHER VALÉRIE, L'impact de l'article 8 CEDH sur le droit du travail, analyse comparée des droits suisses et français, in: Besson Samantha/Hottelier Michel/Werro Franz (Hrsg.), Human Rights at the Center – Droits de l'homme au centre, Genf/Zürich/Basel 2006, 579 ff.; BIAGGINI GIOVANNI, Die Vereinigungsfreiheit – Streiflichter auf ein Bundes-Grundrecht der ersten Stunde, in: Individuum und Verband, Festgabe zum Schweizerischen Juristentag 2006, hrsg. im Auftrag der Rechtswissenschaftlichen Fakultät der Universität Zürich, Zürich/Basel/Genf 2006, 415 ff.; BUNTENBROICH DAVID, Menschenrechte und Unternehmen, Frankfurt a.M. 2007; CARDINAUX BASILE, Das Personenfreizügigkeitsabkommen und die schweizerische berufliche Vorsorge, Zürich/Basel/Genf 2008; DOLIVO JEAN-MICHEL/TAFELMACHER CHRISTOPHE, Combattre véritablement le travail au noir?, plädoyer 1/2008, 58 ff.; GÄCHTER THOMAS, in: St. Galler Kommentar, Art. 110; GARRONE PIERRE, in: Verfassungsrecht der Schweiz, § 50; GEISER THOMAS, Gibt es ein Verfassungsrecht auf einen Mindestlohn?, in: Ehrenzeller Bernhard et. al. (Hrsg.), Der Verfassungsstaat vor neuen Herausforderungen, St. Gallen/Lachen 1998, 809 ff.; GEISER THOMAS/MÜLLER ROLAND, Arbeitsrecht in der Schweiz, Bern 2005; HEINE ALEXIA, Schwarzarbeit – die Quadratur des Kreises, AJP 2006, 1227 ff.; KIESER UELI, in: St. Galler Kommentar Art. 111; MADER LUZIUS, in: St. Galler Kommentar, Art. 111; MAHON PASCAL, in: Petit commentaire, Art. 28, 110 und 111; MEIER-SCHATZ CHRISTIAN J., in: St. Galler Kommentar, Art. 110; MÜLLER/SCHEFER, Grundrechte, 1087–1102; MOLO ROMOLO, Le gouvernement suisse blâmé par l'OIT, plädoyer 2/2008, 56 ff.; MURER ERWIN, in: Verfassungsrecht der Schweiz, § 62; ÖZDEN MELIK, Le droit au travail, Genf 2008; PORTMANN WOLFGANG/STÖCKLI JEAN-FRITZ, Schweizerisches Arbeitsrecht, 2. Aufl., Zürich/St. Gallen 2007; PULVER BERNHARD, Die Verbindlichkeit staatlicher Schutzpflichten am Beispiel des Arbeitsrechts, in: Schweizerischer Gewerkschaftsbund, Grundrechte und Modernisierung des schweizerischen Arbeitsrechts, Bern 2005, 54 ff.; REHBINDER MANFRED, Schweizerisches Arbeitsrecht, 15. Aufl. Bern 2002; REITER CATHERINE, Die Reformbedürftigkeit des Rechts der missbräuchlichen Kündigung im Lichte des Menschenrechtsschutzes, AJP 2006, 1087 ff.; RHINOW RENÉ, Wirtschafts-, Sozial- und Arbeitsverfasssung, in: BTJP, 157 ff.; DERS./SCHMID GERHARD/BIAGGINI GIOVANNI, Öffentliches Wirtschaftsrecht, Basel 1998, 234 ff.; RICHLI PAUL, Grundriss des schweizerischen Wirtschaftsverfassungsrechts, 3. Aufl. Bern 2007; TIEFENTHAL JÜRG MARCEL, Flankierende Massnahmen zum Personenfreizügigkeitsabkommen Schweiz-EU, Jusletter vom 28. April 2008; TSCHUDI HANS PETER, Die Ordnung der Arbeit durch die neue Bundesverfassung, ArbR 2000, 9 ff.; DERS., Die Ordnung der Arbeit im Entwurf zur revidierten Bundesverfassung, Mitteilungen des Instituts für Schweizerisches Arbeitsrecht 1996, 12 ff.; DERS., Die Ordnung der Arbeit durch die Bundesverfassung, in: Haller Walter et al. (Hrsg.), Im Dienst an der Gemeinschaft, FS für Dietrich Schindler zum 65. Geburtstag, Basel/Frankfurt a.M. 1989, 773 ff.; DERS./GEISER THOMAS/WYLER RÉMY, Einleitung, in: Geiser Thomas/von Kaenel Adrian/Wyler Rémy (Hrsg.), Arbeitsgesetz, Bern 2005; VALLENDER KLAUS A., in: St. Galler Kommentar, Art. 28; VISCHER FRANK/ALBRECHT ANDREAS C., Zürcher Kommentar, Obligationenrecht, Bd. V/2c, Der Arbeitsvertrag, Art. 356–360 f OR, 4. Aufl. Zürich 2006.

I. Überblick

a. Allgemeines

3299 Unter *Arbeitsverfassung* ist die Gesamtheit der Verfassungsnormen zu verstehen, die dem Regelungsgegenstand «Arbeit» gewidmet sind oder zu diesem in engem Bezug stehen.

3300 *Arbeit* ist zunächst ein Teilbereich der Wirtschaft. Sie kann definiert werden als jede planmässige Tätigkeit (körperlicher oder geistiger Art) des Menschen, die auf die Befriedigung eines Bedürfnisses gerichtet ist. Arbeit stellt (neben Boden, Kapital und Wissen) einen Produktionsfaktor dar. Im Gegensatz zu anderen Produktionsfaktoren ist die Arbeit untrennbar mit Personen verknüpft. Damit tritt neben die wirtschaftliche Komponente die wichtige persönlichkeitsbezogene und *soziale Dimension* der Arbeit.

3301 Der Regelungsgegenstand Arbeit wird in der Bundesverfassung an verschiedenen Stellen angesprochen. Verglichen mit der hohen Bedeutung der Arbeitstätigkeit in Staat und Gesellschaft erscheint die verfassungsrechtliche Normierung aber immer noch als recht knapp. Neben arbeitsrelevanten Grundrechtsgewährleistungen und Sozialzielbestimmungen nehmen einige Kompetenznormen direkt auf die Arbeit Bezug. Im Zentrum steht diesbezüglich der *Arbeitsartikel* (Art. 110 BV; vgl. Rz. 3317 ff.). Die entsprechende Gesetzgebungskompetenz erhielt der Bund erstmals mit der BV-Totalrevision von 1874.

3302 Arbeitsrechtliche Regelungen finden sich auch im Völkerrecht. Danach ist insb. die *Zwangsarbeit verboten*, wobei diese Garantie aber in Notstandszeiten aufgehoben werden kann (vgl. Art. 8 Abs. 3 Bst. a iVm. Art. 4 Abs. 4 UNO-Pakt II und Art. 4 Abs. 2 iVm. Art. 15 Abs. 2 EMRK). Vom Zwangsarbeitsverbot gibt es verschiedene Ausnahmen (vgl. Art. 4 Abs. 3 EMRK), so namentlich die Arbeitsverrichtung in der Haft, der Militär- oder allenfalls der an dessen Stelle tretende Zivildienst, Pflichtleistungen bei Notständen oder Katastrophen sowie die üblichen Bürgerpflichten (wie Feuerwehrdienst usw.; vgl. auch Rz. 278 ff.). Unter das Verbot fällt jedoch nach herrschender Auffassung ein verpflichtender allgemeiner Sozialdienst im Fall der Abschaffung der Wehrpflicht. Vor Ausbeutung geschützt werden sodann die Kinder; *Kinderarbeit* ist zwar nicht verboten, deren Zulässigkeit wird aber erheblich eingeschränkt (dazu auch Rz. 3323). Definiert werden weiter *internationale arbeitsrechtliche Standards*, die in erster Linie dem Arbeitnehmerschutz dienen (wie Gesundheitsschutz und Arbeitssicherheit, aber auch soziale Absicherung und uU. sogar Arbeitnehmermitsprache). Die UNO hat dazu eine besondere Untereinheit, die *Internationale Arbeitsorganisation (ILO)*, eingerichtet, welche va. arbeitsrechtliche Minimalstandards festlegt, deren Einhaltung überprüft und weitere entsprechende Verbesserungen anstrebt. Dabei bekämpft sie auch sämtliche Formen der Diskriminierung (ua. nach Rasse, Glaubensbekenntnis, Klassenzugehörigkeit, Alter oder Geschlecht). Andere Verträge kennen ein *Recht auf Arbeit*, das von der Schweiz aber nicht als individuell durchsetzbares Grundrecht anerkannt wird (vgl. dazu Rz. 3440 f.).

b. Grundrechte

1. Freizügigkeitsrechte

Im Rahmen des Grundrechts der Wirtschaftsfreiheit ist die *freie Berufs- und Arbeitsplatzwahl* ausdrücklich verankert (Art. 27 Abs. 2 BV; vgl. Rz. 3187 ff.). Das Anliegen der *Freizügigkeit der Berufstätigen* wird in Art. 95 Abs. 2 BV speziell hervorgehoben. Personen mit einer wissenschaftlichen Ausbildung oder einem eidgenössischen, kantonalen oder kantonal anerkannten Ausbildungsabschluss sollen ihren Beruf demnach in der ganzen Schweiz ausüben können. Die Übergangsbestimmung in Art. 196 Ziff. 5 BV verpflichtet die Kantone zur gegenseitigen Anerkennung der Ausbildungsabschlüsse.

3303

> Mit der Neuordnung der Bildungsverfassung vom 16. Dezember 2005 (vgl. Art. 61a–67 BV; AS 2006, 3033) werden die Kantone nicht nur zur Harmonisierung und zur gegenseitigen Anerkennung von Schulabschlüssen, sondern zusätzlich auch zur Förderung der *Mobilität* verpflichtet (vgl. Rz. 731, 3329), womit die Verfassung die berufliche Freizügigkeit weiter stärkt. Auch die *Chancengleichheit* soll verbessert werden. Ebenfalls der beruflichen Unabhängigkeit dient sodann das sog. *Freizügigkeitsgesetz* vom 17. Dezember 1993 (FZG), das weitgehend gewährleistet, dass bei einem Stellenwechsel die erworbenen Ansprüche aus der Berufsvorsorge (vgl. Rz. 3425) beibehalten (bzw. zur Vorsorgeeinrichtung des neuen Arbeitgebers «mitgenommen») werden können und nicht verlustig gehen.

3304

> Analoge Ziele verfolgt – jedenfalls teilweise – auch die *Freizügigkeitsordnung zwischen der Schweiz und der EG und der EFTA* (vgl. insb. das FZA), mit der ua. der Stellenwechsel über die Landesgrenzen hinaus – va. in migrations-, bildungs- und sozialrechtlicher Hinsicht – durch entsprechende Koordinationsmassnahmen erleichtert werden soll. Gewisse Unvollständigkeiten bestehen allerdings weiterhin, so etwa bei der beruflichen Vorsorge. Die Freizügigkeit wird zum Schutze des Arbeitsmarktes vor Lohn- und Sozialdumping mit sog. *flankierenden Massnahmen* abgefedert, die diskriminierungsfrei auf schweizerische und ausländische Betriebe bzw. Erwerbstätige anwendbar sind. Dazu zählen insb. die Überwachung des Arbeitsmarktes durch sog. «tripartite Kommissionen» (die sich aus der Arbeitgeber- und Arbeitnehmerschaft sowie Vertretern des Staates zusammensetzt; vgl. Art. 360b OR), die besondere gesetzliche Regelung der vorübergehenden Entsendung von Arbeitnehmenden in die Schweiz (vgl. das Entsendegesetz vom 8. Oktober 1999; EntsG) sowie die Verstärkung der staatlichen Handlungsmöglichkeiten im Bereich der Gesamt- und Normalarbeitsverträge (vgl. dazu Rz. 3343). Nach den bisherigen Erfahrungen hat die Freizügigkeit mit der EU und der EFTA im Übrigen zu einer vermehrten Einwanderung von vorwiegend qualifizierten Arbeitskräften in die Schweiz geführt.

3305

2. Gleichstellungsrechte

Im Hinblick auf das Berufsleben enthält die Bundesverfassung den *Gesetzgebungsauftrag zur Gleichstellung* von Frau und Mann im Arbeitsverhältnis sowie das *Lohngleichheitsgebot* (Art. 8 Abs. 3 zweiter und dritter Satz BV; vgl. Rz. 1946 ff.

3306

und 1955 ff.). Letztere Bestimmung garantiert Arbeitnehmerinnen und Arbeitnehmern einen direkten Anspruch gegenüber privaten oder öffentlichen Arbeitgebern auf geschlechtsneutral gleichen Lohn für gleichwertige Arbeit.

3307 Das *Lohngleichheitsgebot* wurde 1981 im Rahmen der Revision von Art. 4 aBV («Gleiche Rechte für Mann und Frau») in die Verfassung aufgenommen und befindet sich heute im entsprechenden Art. 8 Abs. 3 BV. Seither hatte sich das Bundesgericht wiederholt damit zu befassen, wie die «gleichwertige Arbeit» näher zu bestimmen sei. Insb. mit Bezug auf sog. typische Frauenberufe im Sozialbereich sind vergleichende Arbeitsplatzbewertungen zu (auch) von Männern besetzten, neutralen Berufen vorzunehmen (vgl. dazu Rz. 1959 f.). Dazu existiert eine inzwischen umfangreiche bundesgerichtliche Rechtsprechung, so etwa im öffentlichen Bereich BGE 117 Ia 262 (Kindergärtnerin), BGE 124 II 409 (Handarbeitslehrerin), BGE 125 I 71 (Krankenschwester), BGE 125 II 385 (Physiotherapeutin), BGE 126 II 217 (Lehrerin für psychiatrische Krankenpflege), BGE 131 II 393 (Krankenpflegerin, Ergotherapeutin und Hebamme). Fragen der Geschlechterdiskriminierung stellen sich freilich nicht nur bei der Entlöhnung, sondern auch in anderen Zusammenhängen, etwa bei der Anstellung (vgl. BGE 131 II 361 betr. Privilegierung der Frauen bei der Berufung für eine Assistenzprofessur) oder bei der Ausrichtung von Zulagen (vgl. BGE 129 I 265, wo die Privilegierung des Vaters gegenüber der Mutter bei Familien- und Kinderzulagen zu beurteilen war).

3308 Die geschlechtsspezifische Lohngleichheit gilt wegen ihrer *direkten Drittwirkung* auch für privatrechtliche Arbeitsverhältnisse, weshalb sie grundsätzlich ebenfalls in privatrechtlichen Arbeitsstreitigkeiten angerufen werden kann. Aufgrund des ausgeprägten Machtgefälles im privaten Sektor konnte das Lohngleichheitsgebot bis heute aber nicht im gebotenen Masse durchgesetzt werden. Um den Rechtsschutz und die Rechtsdurchsetzung für die benachteiligten Arbeitnehmerinnen zu verbessern, wurde das *Gleichstellungsgesetz* vom 24.3.1995 (GlG) erlassen. Dieses konkretisiert das Diskriminierungsverbot im Erwerbsleben und sieht ua. eine Beweislasterleichterung sowie ein Verbandsklagerecht vor. Zur Anwendung gelangte das GlG bisher freilich vorwiegend im öffentlichen Sektor, doch finden sich erste Entscheide, die auch den privaten Bereich betreffen (vgl. etwa BGE 133 III 545 betr. diskriminierende Entlöhnung; BGE 130 III 145 betr. diskriminierende Entlöhnung und Beförderung; BGE 127 III 207 betr. diskriminierende Beförderungspraxis in einem Unternehmen).

3309 Abgesehen vom geschlechtsspezifischen Lohngleichheitsgebot gilt im öffentlichen Sektor gestützt auf das allgemeine Rechtsgleichheitsprinzip von Art. 8 Abs. 1 BV ein genereller Anspruch auf gleiche Arbeitsbedingungen, insb. auf gleichen Lohn für gleichwertige Arbeit. Insofern wird in analoger Weise flächendeckend, dh. nicht beschränkt auf den Vergleich typischer Männer- und Frauenberufe, auf vergleichende Arbeitsplatzbewertungen zurückgegriffen (vgl. etwa BGE 131 I 105, Kleinklassenlehrkräfte).

3. Recht auf Mindestlohn?

3310 Die Bundesverfassung enthält kein Individualrecht auf einen bestimmten *Mindestlohn*. Als Sozialziel wird in Art. 41 Abs. 1 Bst. d BV immerhin angezeigt, dass das

Erwerbseinkommen den Lebensunterhalt ermöglichen sollte. Ähnliche Bestimmungen enthalten auch die Art. 6 und 7 UNO-Pakt I (vgl. WALTER KÄLIN/JÖRG KÜNZLI, Universeller Menschenrechtsschutz, 2. Aufl. Basel 2008, 482 ff.).

Vereinzelt findet sich die Auffassung, aus verschiedenen Gesetzesbestimmungen (insb. Art. 19 OR, 27 ZGB und 349a OR) lasse sich ein Rechtsanspruch auf einen existenzsichernden Lohn im Sinne eines fundamentalen Rechtssatzes der schweizerischen Privatrechtsordnung ableiten. Obwohl es sich hierbei um eine Minderheitsmeinung handelt, belegt deren Begründung, dass sich aus der Rechtsordnung gewisse *allgemeine Leitlinien* für die Bestimmung eines minimalen Lohnsatzes ableiten lassen. Auch ohne verfassungsrechtlichen Anspruch auf einen Mindestlohn gibt es einzelne Rechtsnormen, die zumindest *indirekt das Gebot einer minimalen Entlöhnung in einem konkreten Rechtsbereich* enthalten, so etwa im Ausländerrecht, wo die Erteilung von Arbeitsbewilligungen an Drittausländer (dh. an solche, die nicht dem Freizügigkeitsrecht mit der EG und der EFTA unterstehen) grundsätzlich die Einhaltung der «orts-, berufs- und branchenüblichen Lohn- und Arbeitsbedingungen» voraussetzt (vgl. Art. 22 AuG). Dieser Schutz vor Lohndumping führt zur behördlichen Durchsetzung einer Art Mindestlohn bei der Bewilligungserteilung. Ist die Bewilligung ausgestellt, ergibt sich daraus ein Anspruch auf den festgelegten Minimallohn, der zivilrechtlich bindend und durchsetzbar ist (vgl. BGE 129 III 618, 621). Analoges gilt für die im Entsendegesetz vom 8. Oktober 1999 (EntsG) vorgeschriebenen minimalen Arbeits- und Lohnbedingungen. Schliesslich können staatlich verordnete Mindestlöhne auch die Folge der Allgemeinverbindlicherklärung von Gesamtarbeitsverträgen oder der behördlichen Einführung von Normalarbeitsverträgen sein, sofern die entsprechenden Voraussetzungen erfüllt sind (vgl. dazu Rz. 3341 ff.). 3311

4. Koalitionsfreiheit

Art. 28 Abs. 1 und 2 BV gewährleisten ausdrücklich die *positive und negative Koalitionsfreiheit* (dazu unten, Rz. 3330 ff.). 3312

5. Indirekte Wirkung arbeitsrechtlicher Grundrechtspositionen

Schliesslich erlangen *verschiedene Menschenrechte* im Sinne der indirekten Drittwirkung der Grundrechte für die Regelung des Arbeitsverhältnisses Bedeutung, namentlich wenn es darum geht, ein ausgeprägtes Machtgefälle zwischen Arbeitgeber und Arbeitnehmer auszugleichen, was vor allem *im Zusammenhang mit der Ausgestaltung von Arbeitsverhältnissen* vorkommen kann. 3313

Insb. die Bestimmungen über die *missbräuchliche Kündigung* (vgl. Art. 336 ff. OR) nehmen eine wichtige Stellung im Bereich des Menschenrechtsschutzes ein. So schützt Art. 336 Abs. 1 Bst. a OR ua. vor Kündigungen aufgrund des Geschlechts, der Rasse, der sexuellen Orientierung oder des Alters, womit auf privater Ebene Diskriminierungen gemäss Art. 8 Abs. 2 BV verhindert werden sollen (vgl. BGE 130 III 699, 701 f.). Eine Kündigung kann auch missbräuchlich sein, weil sie lediglich die Ausübung eines verfassungsmässigen Rechts wie etwa der Religionsfreiheit (Art. 15 BV), der Meinungsäusserungsfreiheit 3314

(Art. 16 BV) oder der Niederlassungsfreiheit (Art. 24 BV) durch die andere Partei sanktionieren soll (vgl. Art. 336 Abs. 1 Bst. b OR sowie BGE 130 III 699, 702). Ein Spannungsfeld besteht sodann zur Koalitionsfreiheit. So ist eine Kündigung in diesem Sinne missbräuchlich, wenn sie ausgesprochen wird, weil der Arbeitnehmer einem Arbeitnehmerverband angehört oder nicht angehört oder weil er eine gewerkschaftliche Tätigkeit rechtmässig ausübt (vgl. Art. 336 Abs. 2 Bst. a OR). Die Internationale Arbeitsorganisation (ILO) erachtet dazu allerdings die gesetzliche Sanktion eines Schadenersatzanspruchs als ungenügend und forderte die Schweiz im Jahre 2006 auf, die gesetzliche Möglichkeit der Wiedereinstellung bei unzulässiger Entlassung wegen gewerkschaftlicher Tätigkeit einzuführen (vgl. JAR 2007, 43). Schliesslich können auch die *Regelung des Arbeitsortes bzw. des privaten Domizils* durch den Arbeitgeber sowie sonstige *betriebsinterne Anordnungen, welche die Privatsphäre betreffen* (wie die Videoüberwachung am Arbeitsplatz oder die Überwachung der postalischen oder elektronischen Korrespondenz des Arbeitnehmers), grundrechtliche Fragen aufwerfen (zB. mit Blick auf Art. 24 BV [Niederlassungsfreiheit; vgl. insb. Rz. 1748 ff.] oder Art. 13 BV bzw. Art. 8 EMRK [Schutz der Privatsphäre bzw. des Privat- und Familienlebens; dazu Rz. 1236 ff., 1432 ff.]).

3315   Zunehmend an Bedeutung gewinnen sodann *freiwillige Verhaltenskodizes*, mit denen sich Unternehmen verpflichten, die Menschenrechte gerade auch im Hinblick auf die bei ihnen geltenden Arbeitsbedingungen zu beachten. Solche Verhaltensstandards, die nicht nur national, sondern va. bei multinationalen Unternehmen auch international von Bedeutung sind, stellen regelmässig sog. «soft-law» dar, können teilweise aber auch zivilrechtlich verbindliche Wirkung erlangen.

c. Sozialziele

3316   Im Katalog der *Sozialziele* finden sich zwei speziell die Arbeit betreffende, nicht justiziable Verfassungsaufträge: Bund und Kantone haben sich dafür einzusetzen, dass Erwerbsfähige ihren Lebensunterhalt durch Arbeit zu angemessenen Bedingungen bestreiten können (Art. 41 Abs. 1 Bst. d BV) und dass jede Person gegen die wirtschaftlichen Folgen der Arbeitslosigkeit gesichert ist (Art. 41 Abs. 2 BV).

d. Arbeitsartikel

1. Arbeitnehmerschutz

3317   Art. 110 BV enthält die Grundlagen zur Regelung grosser Teile des öffentlichen Arbeitsrechts. Die darin enthaltene, dichte Normierung steht in engem Zusammenhang mit verschiedenen anderen Bestimmungen der Bundesverfassung. Danach kann der Bund insb. Regelungen im Bereich des *Arbeitnehmerschutzes*, des Verhältnisses zwischen Arbeitgeber- und Arbeitnehmerseite und der Arbeitsvermittlung erlassen (Art. 110 Abs. 1 Bst. a–c). Die Verantwortung des Bundes zum Schutz der Gesundheit am Arbeitsplatz findet eine zusätzliche Abstützung in Art. 118 BV.

Im Bereich des *öffentlichen Arbeitsrechts* (bzw. des Arbeitnehmerschutzes) war die Schweiz im 19. Jahrhundert insb. mit dem damals fortschrittlichen eidgenössischen Fabrikgesetz von 1877 führend, das sich wiederum am glarnerischen Gesetz über die Fabrikpolizei von 1864 ausrichtete. Heute gilt das Arbeitsgesetz vom 13. März 1964 (ArG). Der Arbeitnehmerschutz spielt noch immer eine wichtige Rolle, etwa im Zusammenhang mit der Frage der Ladenöffnungszeiten und der Sonntagsarbeit (vgl. zB. BGE 134 II 265; 131 II 200; 130 I 279; 126 II 106; ZBl 104/2003, 82) oder mit Bestimmungen über die Arbeits- und Ruhezeit (vgl. ZBl 104/2003, 97) sowie über die Sicherheit und Gesundheit (zB. Schutz vor Passivrauchen) am Arbeitsplatz (vgl. BGE 133 I 110, 115 ff.; 132 III 257).

3318

Ebenfalls auf Art. 110 Abs. 1 BV stützt sich das Bundesgesetz gegen die *Schwarzarbeit* vom 17. Juni 2005 (BGSA), mit dem über administrative Erleichterungen sowie Kontroll- und Sanktionsmassnahmen die Schwarzarbeit bekämpft werden soll. Insb. sieht das Gesetz ein vereinfachtes Verfahren für Sozialversicherungsbeiträge sowie Kontrollen der Einhaltung der Melde- und Bewilligungspflichten gemäss Sozialversicherungs-, Ausländer- und Quellensteuerrecht vor. Arbeitgeber, welche die gesetzlichen Pflichten nicht einhalten, können von der Vergabe öffentlicher Aufträge und von Finanzhilfen ausgeschlossen werden. Die Arbeitnehmer sind behördlich auf ihre Rechte aufmerksam zu machen.

3319

Schliesslich beruht auch das *Entsendegesetz* vom 8. Oktober 1999 (EntsG) auf Art. 110 Abs. 1 BV, das minimale Arbeits- und Lohnbedingungen für in die Schweiz entsandte Arbeitnehmerinnen und Arbeitnehmer und weitere flankierende Massnahmen (insb. vor Lohndumping) vorsieht. Dadurch soll der entsprechende Druck abgefedert werden, der durch die Öffnung des Arbeitsmarktes gegenüber der EU und der EFTA entstehen könnte.

3320

2. *Übrige Inhalte des Arbeitsartikels*

In Art. 110 Abs. 1 Bst. d und Abs. 2 BV werden die Bundeskompetenz für die Regelung der *Allgemeinverbindlicherklärung von Gesamtarbeitsverträgen* und die entsprechenden inhaltlichen Voraussetzungen umschrieben; gemäss Art. 110 Abs. 3 BV ist der 1. August Bundesfeiertag, der «arbeitsrechtlich den Sonntagen gleichgestellt und bezahlt» wird (mit Übergangsbestimmung, Art. 196 Ziff. 9 BV).

3321

Die geltende Bundesverfassung übernimmt mit dieser Normierung auslegungsbedürftige und unbefriedigende Textteile aus der alten Verfassung. So wird zwar wiederum die eher seltene Allgemeinverbindlicherklärung von Gesamtarbeitsverträgen geregelt, nicht aber der viel wichtigere Gesamtarbeitsvertrag selbst. Die Tragweite der umstrittenen Klausel, wonach der Bund Vorschriften über die gemeinsame Regelung «betrieblicher und beruflicher Angelegenheiten» erlassen kann (Abs. 1 Bst. b), wurde unverändert übernommen. Eine Klarstellung ist immerhin insofern erfolgt, als neu eine – kaum verfassungswürdige – Lohnzahlungspflicht für den arbeitsfreien 1. August verankert wird.

3322

Im Parlament abgelehnt wurde im Rahmen der Verfassungsreform 1999 ein Vorschlag, das *Verbot der Kinderarbeit* ausdrücklich in Art. 110 BV aufzunehmen. Unabhängig davon ist das Kinderarbeitsverbot Teil der schweizerischen

3323

Rechtsordnung (vgl. Art. 30 ArG; Art. 6 Heimarbeitsgesetz) und überdies als Schutz vor Ausbeutung in der Kinderrechtekonvention (Art. 32 KRK) sowie im UNO-Pakt I (Art. 10) gewährleistet. Zudem ist die Schweiz dem Übereinkommen Nr. 182 vom 17. Juni 1999 der ILO über das Verbot und unverzügliche Massnahmen zur Beseitigung der schlimmsten Formen der Kinderarbeit (SR 0.822.728.2) beigetreten.

e. Weitere Bestimmungen der Arbeitsverfassung

3324 Die Bundesverfassung enthält die Grundlage für die rechtliche Ordnung der Arbeitsverhältnisse mit Ausnahme des Staatspersonals der Kantone (und Gemeinden). Dabei ist insb. die Kompetenz zur Regelung des *Arbeitsvertragsrechts* in Art. 122 Abs. 1 BV enthalten, der dem Bund die Zuständigkeit zur Gesetzgebung auf dem Gebiet des Zivilrechts zuweist.

3325 Geregelt ist der privatrechtliche Arbeitsvertrag in Art. 319 ff. OR. Die Rechtsstellung des Bundespersonals beruht demgegenüber auf dem Bundespersonalgesetz vom 24. März 2000 (BPG), das sich auf die subsidiäre Kompetenz der Bundesversammlung nach Art. 173 Abs. 2 BV stützt, Geschäfte in der Zuständigkeit des Bundes zu regeln, die keiner anderen Behörde zugewiesen sind.

3326 Wesentlich für die Arbeitsverfassung sind auch Art. 100 BV *(Konjunkturpolitik)* mit dem Auftrag zur Bekämpfung der Arbeitslosigkeit (Abs. 1) sowie die verschiedenen *Vorsorge-* und *Sozialversicherungsbestimmungen* (Art. 111–117 BV).

3327 Die *Bekämpfung der Arbeitslosigkeit* stellt dabei nur eines von mehreren Zielen der Konjunkturpolitik dar und ist mit den anderen Zielen in Einklang zu bringen. Zur Erreichung derselben steht das spezifische Instrumentarium der Konjunkturpolitik gemäss Art. 100 BV zur Verfügung (dazu Rz. 3154 ff.).

3328 Die verfassungsrechtliche *Vorsorgeordnung* ist geprägt vom sog. «*Drei-Säulen-Prinzip*» für die anspruchsvolle Vorsorge der drei Grossrisiken Alter, Tod und Invalidität (Art. 111 BV). Danach wird die *erste* Säule durch die obligatorische staatliche Sozialversicherung (AHV/IV) getragen, die sich aus paritätischen Beiträgen der Arbeitnehmer und Arbeitgeber sowie aus Leistungen des Bundes und der Kantone finanziert (dazu Art. 112 BV). Die *zweite* Säule bildet die berufliche Vorsorge, die nur für Arbeitnehmer obligatorisch ist und einzig durch Beiträge der Sozialpartner gespiesen wird; umgesetzt wird die Berufsvorsorge durch entsprechende Vorsorgewerke der Arbeitgeber, die teilweise in Zusammenarbeit mit Versicherungsgesellschaften und Banken eingerichtet und geführt werden (vgl. Art. 113 BV). Als *dritte* Säule gilt die Selbstvorsorge («Alterssparen»), die teilweise durch Steuerprivilegien gefördert wird (vgl. Art. 111 Abs. 4 BV) und von Versicherungsgesellschaften und Banken vollzogen wird (vgl. dazu auch Rz. 3430).

3329 Zur Arbeitsverfassung in einem weiteren Sinn gehören schliesslich verschiedene Bestimmungen über die *Bildung* (Art. 62 ff. BV), wie etwa diejenigen über die Berufsbildung (mit einer umfassenden Bundeskompetenz, Art. 63 BV) und das Sozialziel zur Bildung (Art. 41 Abs. 1 Bst. f BV). Mit der *Neuordnung der Bildungsverfassung* vom 16. Dezember 2005 (AS 2006, 3033) sieht die Bundesverfassung die Einrichtung eines *Bildungsraumes Schweiz* vor (vgl.

Art. 61a BV), mit verstärkten Bundeskompetenzen und einer Verpflichtung der Kantone, sich im Bereich der Bildung auf allen Stufen (von den Grund- bis hin zu den Hochschulen) vermehrt zu koordinieren. Geregelt werden auch die Weiterbildung (Art. 64a BV) und die ausserschulische Arbeit mit Kindern und Jugendlichen (Art. 67 Abs. 2 BV).

II. Koalitionsfreiheit

a. Einleitung

Art. 28 BV enthält einerseits die *Koalitionsfreiheit*, andererseits *verfassungsrechtliche Grundsätze zu den Arbeitsstreitigkeiten*. 3330

Insb. werden folgende Bereiche geregelt: Das Recht von Arbeitnehmern sowie von Arbeitgeberinnen, sich zum Schutz ihrer Interessen zusammenzuschliessen, Vereinigungen zu bilden und solchen beizutreten oder diesen fernzubleiben (Abs. 1), das analoge Recht der Arbeitgeber- und Arbeitnehmerorganisationen (Abs. 1) sowie die Zulässigkeit von Streik und Aussperrung (Abs. 2 und 3). 3331

Mit der verfassungsrechtlichen Anerkennung der Koalitionsfreiheit der Sozialpartner wurde internationales Recht konstitutionalisiert, in welchem die «Gewerkschaftsfreiheit» gewährleistet wird (Art. 11 Ziff. 1 EMRK, Art. 22 Abs. 1 UNO-Pakt II, Art. 8 UNO-Pakt I; vgl. auch Art. 3 des ILO-Übereinkommens Nr. 87 vom 9. Juli 1948 über die Vereinigungsfreiheit und den Schutz des Vereinigungsrechts, SR 0.822.719.7). 3332

b. Zum Geltungsbereich der Koalitionsfreiheit

Die Arbeitsverfassung ist stark auf die *kollektive Aushandlung* von Arbeitsbedingungen ausgerichtet. Sowohl Arbeitgeber als auch Arbeitnehmer können sich zu Verbänden zusammenschliessen, um ihre Interessen gemeinsam wahrzunehmen, gegenüber der anderen Seite zu vertreten und einen Ausgleich zu suchen. *Gewerkschaften* und *Arbeitgeberverbände* werden als *Koalitionen* bezeichnet und sind privatrechtlich organisiert, idR. als Vereine. 3333

Die *Koalitionsfreiheit* vermittelt Arbeitnehmern sowie Arbeitgeberinnen das Recht, sich zu Interessenverbänden zusammenzuschliessen (*positive* Koalitionsfreiheit) oder diesen fernzubleiben (*negative* Koalitionsfreiheit; Art. 28 Abs. 1 BV). Neben den einzelnen Arbeitnehmerinnen sowie Arbeitgebern als Rechtssubjekten gilt die Koalitionsfreiheit auch für «ihre Organisationen». Damit sind auch *juristische Personen* Träger des Grundrechts. Die Koalitionsfreiheit stellt damit ein individuelles wie auch ein kollektives Recht dar. 3334

Dies kann von Bedeutung sein, wenn die Vereinstätigkeit beeinträchtigt wird oder wenn mehrere Vereine oder Verbände einen Dachverband gründen wollen. Angesichts der Bundesgerichtspraxis zur Vereinsfreiheit konnte die Legitimation juristischer Personen früher zweifelhaft sein (vgl. BGE 100 Ia 277). 3335

3336 Einen analogen Schutz wie Art. 28 BV gewährt Art. 11 EMRK, worin die Koalitionsfreiheit zusammen mit der Versammlungsfreiheit garantiert wird (vgl. etwa EGMR Sørensen & Rasmussen v. Denmark [GC], 52562/99 [2006]; Demir & Baykara v. Turkey [GC], 34503/97 [2008]).

3337 Die Koalitionsfreiheit wirkt im öffentlich-rechtlichen wie im privatrechtlichen Anstellungsverhältnis.

3338 Mit Bezug auf privatrechtlich geregelte Arbeitsverträge erklären Art. 336 Abs. 2 Bst. a und b OR Kündigungen wegen Zugehörigkeit bzw. Nicht-Zugehörigkeit zu einer Gewerkschaft oder gewerkschaftlicher Tätigkeit für missbräuchlich. Eine Kündigung aus wirtschaftlichen Gründen ist aber zulässig (BGE 133 III 512). Art. 356a OR enthält eine Regelung über Einschränkungen der Koalitionsfreiheit in Gesamtarbeitsverträgen. Im Übrigen gilt auch für die Koalitionsfreiheit das (Grund-)Rechtsverwirklichungsgebot von Art. 35 BV (vgl. Rz. 1130 ff.).

c. Tarifautonomie

3339 Der Staat schützt und fördert die Suche nach einvernehmlichen Lösungen, indem er sich neutral verhält und die Tarifautonomie der Verhandlungspartner respektiert.

3340 Unter der Tarifautonomie ist das Recht der Koalitionen zu verstehen, durch Gesamtarbeitsvertrag die Arbeitsbedingungen zu regeln und damit für Dritte Recht zu setzen. Dabei sind die Tarifpartner aber an die absolut zwingenden Normen der Rechtsordnung gebunden.

d. Gesamtarbeitsverträge

Literatur

ANDERMATT ARTHUR et. al., Handbuch zum kollektiven Arbeitsrecht, Basel 2009; DUNAND JEAN-PHILIPPE, Arbeitsrecht, Bundesgesetze und Beispiele von allgemeinverbindlichen Gesamtarbeitsverträgen, Basel/Genf/München 2005; GEISER THOMAS, Probleme des Gesamtarbeitsvertragsrechts in der Schweiz, in: Schweizerischer Gewerkschaftsbund, Grundrechte und Modernisierung des schweizerischen Arbeitsrechts, Bern 2005, 30 ff.; METZ MARKUS, Die bundesgerichtliche Rechtsprechung zum kollektiven Arbeitsrecht, Arbeitsrecht, Zeitschrift für Arbeitsrecht und Arbeitslosenversicherung 3/2006, 161 ff.

3341 Gesamtarbeitsverträge (GAV) gehen aus dem kollektiven Verhandlungsprozess der Verbände hervor. Sie enthalten Bestimmungen über Mindestlöhne und über andere Punkte, die das Arbeitsverhältnis betreffen; sie binden die Vertragsparteien und ihre Mitglieder. Gesetzlich sind die Gesamtarbeitsverträge in Art. 356 ff. OR geregelt.

3342 Um zu verhindern, dass Unternehmungen, die nicht Mitglieder eines Verbandes sind, die ausgehandelten Vertragsbedingungen unterlaufen, kann der Staat Gesamtarbeitsverträge *allgemeinverbindlich erklären* (Art. 110 Abs. 1 Bst. d BV).

3343 Konkretisiert wird diese Verfassungsbestimmung im Wesentlichen im Bundesgesetz vom 28. September 1956 über die Allgemeinverbindlicherklärung von

Gesamtarbeitsverträgen (AVEG). Mit der *Allgemeinverbindlicherklärung* von Gesamtarbeitsverträgen («AVE von GAV») wird ein privatrechtlicher Vertrag zwischen «Koalitionen» durch einen staatlichen Hoheitsakt für alle Arbeitnehmerinnen derselben Branche als verbindlich erklärt. Es findet also eine «Umwandlung» eines privatrechtlichen Rechtsgeschäftes in eine verbindliche Norm statt. Dies geschieht jedoch nicht auf dem ordentlichen Weg der Rechtsetzung, sondern durch eine Abfolge von vertraglicher Einigung zwischen Verbänden und einer verfügungsmässigen Ausdehnung des Geltungsbereiches des Vertragsinhaltes auf sog. Aussenseiter, die nicht dem Vertragswerk unterstehen. Die Inhaltgebung des auf diese Weise allgemein Angeordneten obliegt innerhalb der rechtlichen Schranken allein den Vertragspartnern. Die Unterstellung eines Unternehmens unter einen allgemeinverbindlich erklärten Gesamtarbeitsvertrag führt zuweilen zu Rechtsstreitigkeiten (vgl. etwa BGE 134 III 11 sowie die Urteile des Bundesgerichs 4C.191/2006 [2006] und 4P.49/2006 [2006]). Im Falle von Missbräuchen besteht ein erleichtertes Verfahren der Allgemeinverbindlicherklärung von Gesamtarbeitsverträgen (vgl. Art. 1a AVEG), das als flankierende Massnahme zur Freizügigkeit mit der EG und EFTA zwecks Schutz vor Lohn- und Sozialdumping eingeführt wurde. Wo es keine Gesamtarbeitsverträge gibt, greift die staatliche Kompetenz, in Missbrauchsfällen Normalarbeitsverträge mit zwingenden Mindestlöhnen einzuführen (vgl. 360a–360f OR).

Die Übertragung von Regelungsbefugnissen des Staates auf private Organisationen öffnet ein Spannungsfeld zum Demokratieprinzip, werden doch auf diese Weise sowohl das vom Volk gewählte Parlament wie auch das Volk selbst von der Mitwirkung an der Rechtsetzung ausgeschlossen. Die Allgemeinverbindlicherklärung stellt regelmässig einen Regierungsakt dar, der nicht überprüfbar ist (vgl. aber zur Überprüfbarkeit einer kantonalen Verfügung über die Ausdehnung der Allgemeinverbindlicherklärung BGE 128 II 13). 3344

Art. 110 Abs. 2 BV nennt die *Voraussetzungen* für die Allgemeinverbindlicherklärung: die Gesamtarbeitsverträge müssen begründeten Minderheitsinteressen und regionalen Verschiedenheiten angemessen Rechnung tragen und dürfen die Rechtsgleichheit sowie die Koalitionsfreiheit nicht beeinträchtigen. 3345

Neben der Allgemeinverbindlicherklärung besteht kein Raum, Gesamtarbeitsverträge zwangsweise staatlich durchzusetzen. So ist es insb. unzulässig, die staatliche Hilfe (Förderungsmassnahmen) für Unternehmen an die Voraussetzung des Abschlusses eines Gesamtarbeitsvertrages zu knüpfen (vgl. BGE 124 I 107). 3346

Arbeitnehmerinnen sowie Arbeitgeber (als «Koalitionen») verstehen sich heute idR. nicht als soziale Gegner, sondern als *Sozialpartner*. Sie versuchen, Streitigkeiten nach Möglichkeit durch Verhandlungen oder Vermittlung beizulegen (Art. 28 Abs. 2 BV). Dabei dient das Druckmittel des Arbeitskampfes der Überwindung einer Patt-Situation auf nicht-staatlichem Weg. Erst wenn diese «friedlichen» Bemühungen scheitern, soll und darf es zum Arbeitskampf kommen. 3347

III. Streik und Aussperrung

Literatur

ANDERMATT ARTHUR, Koalitions- und Streikrecht, in: Andermatt Arthur et al., Handbuch zum kollektiven Arbeitsrecht, Basel 2009, 3 ff.; DERS., Zutrittsrecht der Gewerkschaften in die Betriebe, in: Schweizerischer Gewerkschaftsbund, Grundrechte und Modernisierung des schweizerischen Arbeitsrechts, Bern 2005, 72 ff.; DERS., Das Streikrecht in der neuen Bundesverfassung, plädoyer 5/1999, 30 ff.; GABATHULER THOMAS, Bundesgericht konkretisiert Streikrecht, plädoyer 1/2006, 31 ff.; KUSTER ZÜRCHER SUSANNE, Streik und Aussperrung aus verfassungs- und völkerrechtlicher Sicht, Art. 28 Abs. 2–4 als Teilgehalt des Rechts auf Streik und Aussperrung, Jusletter vom 7. März 2005; DIES., Streik und Aussperrung – vom Verbot zum Recht, Diss. Zürich 2004; METZ MARKUS, Die bundesgerichtliche Rechtsprechung zum kollektiven Arbeitsrecht, Arbeitsrecht, Zeitschrift für Arbeitsrecht und Arbeitslosenversicherung 3/2006, 161 ff.; MÜLLER JÖRG PAUL, Verfassung und Gesetz: Zur Aktualität von Art. 1 Abs. 2 ZGB, recht 2000, 119, 121; PORTMANN WOLFGANG, Das Streikrecht – Recht des Individuums oder des Verbandes?, in: Individuum und Verband, Festgabe zum Schweizerischen Juristentag 2006, hrsg. im Auftrag der Rechtswissenschaftlichen Fakultät der Universität Zürich, Zürich/Basel/Genf 2006, 209 ff.; SCHIESS RÜTIMANN PATRICIA M., Politische und wilde Streiks im Lichte von Art. 28 Abs. 3 BV besehen, in: Gächler Thomas/Bertschi Martin (Hrsg.), Neue Akzente in der «nachgeführten» Bundesverfassung, Zürich 2000, 135 ff.; SCHWANK ALEXANDRA/STÄHELIN SALOME, Die Rechtmässigkeit von Streiks der öffentlich-rechtlichen Angestellten, insbesondere im Kanton Basel-Stadt, BJM 3/2002, 113 ff.; STÄHELIN SALOME, Das Streikrecht in unerlässlichen Diensten, Basel/Genf/München 2001; STÖCKLI JEAN-FRITZ, Das Streikrecht in der Schweiz, BJM 1997, 169 ff.; WAEBER JEAN-BERNARD, Droit de grève: exercice soumis à conditions, plädoyer 6/2006, 64 ff.; WENGER SARAH, Zulässige Mittel im Arbeitskampf, Bern 2007; WIDMER CORINNE, Die Haftung der Gewerkschaft im Arbeitskampf, ArbR 2007, 65 ff.

a. Allgemeines

3348 Streik und Aussperrung sind *Arbeitskampfmassnahmen*. Ein Arbeitskampf kann ausbrechen, wenn die Arbeitgeber- und Arbeitnehmerverbände keine Einigung über die Gestaltung der Arbeitsbedingungen erzielen. Die Sozialpartner werden gewissermassen zu Gegnern; durch wirtschaftliche Schädigung der anderen Seite sollen günstigere Arbeitsbedingungen durchgesetzt oder die Beibehaltung der bestehenden Arbeitsbedingungen erreicht werden.

3349 *Streik* ist die «kollektive Verweigerung der geschuldeten Arbeitsleistung zum Zwecke der Durchsetzung von Forderungen nach bestimmten Arbeitsbedingungen gegenüber einem oder mehreren Arbeitgebern» (BGE 134 IV 216, 223; 125 III 277, 283).

3350 *Aussperrung* heisst die Gegenmassnahme des Arbeitgebers zum Streik. Mit ihr werden mehrere Arbeitnehmer von der Arbeit und vom Bezug des Arbeitsentgelts durch einen oder mehrere Arbeitgeber zum Zwecke der Durchsetzung bestimmter Arbeits- und Wirtschaftsbedingungen ausgeschlossen.

3351 IdR. wird die Aussperrung als Reaktion auf Arbeitskampfmassnahmen der Arbeitnehmerseite angeordnet (Abwehraussperrung). Eröffnet hingegen der Arbeitgeber den Arbeitskampf durch eine Aussperrung, liegt eine Angriffsaussperrung vor. *Angriffsaussperrungen* sind *unzulässig*.

Geschichtlich sind Streik und Aussperrung nicht miteinander gewachsen. Im Vordergrund stand bisher – auch in Rechtsprechung, Lehre und in den Diskussionen zur Verfassungsreform – der Streik. Die Aussperrung ist aus Gründen der Symmetrie in die geltende Bundesverfassung aufgenommen worden (BBl 1997 I, 179). 3352

> Das *Friedensabkommen* von 1937 in der Maschinen- und Metallindustrie schloss erstmals Streik und Aussperrung aus. Auch heute noch sind Arbeitskämpfe eher selten. Von 1995 bis 2004 gab es in der Schweiz gesamthaft 48 Streiks, die mindestens 24 Stunden dauerten. Vereinzelt gibt es – entsprechend medienwirksame – längere Streiks wie etwa 2006 der Streik bei Swissmetal in Reconvilier oder 2008 derjenige bei SBB Cargo in Bellinzona. Auch im Baugewerbe kam es in den letzten Jahren wiederholt zu Streiks. 3353

> Im *UNO-Pakt I über wirtschaftliche, soziale und kulturelle Rechte* wird in Art. 8 Abs. 1 Bst. d ebenfalls ein Streikrecht gewährleistet. 3354

> Die frühere Rechtsprechung und die Lehre anerkannten mehrheitlich das Streikrecht an, doch bestanden über die Herleitung und Verankerung der Arbeitskampffreiheiten sowie über deren Rechtsnatur erhebliche Differenzen, da die alte Bundesverfassung keine ausdrückliche Normierung enthielt. Dementsprechend war die Aufnahme eines Streikrechts in den Verfassungstext im Rahmen der Verfassungsreform äusserst umstritten. 3355

b. Zulässigkeit von Streik und Aussperrung

Gemäss der bundesgerichtlichen Rechtsprechung und der überwiegenden Lehre gelten *vier Voraussetzungen für die Rechtmässigkeit* von Streik und Aussperrung (vgl. BGE 132 III 122, 133f.; 125 III 277ff., 284), wovon drei in Art. 28 Abs. 2 und 3 BV ausdrücklich genannt werden: 3356

- Streitigkeiten sollen nach Möglichkeit durch Verhandlung oder Vermittlung beigelegt werden (*Ultima-Ratio-Prinzip*; so ausdrücklich Art. 28 Abs. 2 BV). Lehre und Rechtsprechung leiten daraus ein allgemeines Gebot ab, dass Arbeitskampfmassnahmen *verhältnismässig* sein müssen. 3357

- Streik und Aussperrung müssen die *Arbeitsbeziehungen* betreffen, dh. durch Gesamtarbeitsvertrag regelbare Ziele verfolgen, womit der sog. «politische Streik» (der in keinem Zusammenhang mit den Arbeitsbeziehungen steht) ausgeschlossen wird (Art. 28 Abs. 3 BV). Nur beschränkt zulässig sind daher auch sog. «Solidaritätsstreiks», mit denen Arbeitskämpfe in anderen Betrieben unterstützt werden sollen. 3358

- Es dürfen keine Verpflichtungen entgegenstehen, den Arbeitsfrieden zu wahren oder Schlichtungsverhandlungen zu führen (Abs. 3; Vorrang von gesamtarbeitsvertraglichen *Friedenspflichten;* vgl. Art. 357a Abs. 2 OR). 3359

Nicht in Art. 28 BV genannt, aber von herrschender Lehre und Rechtsprechung anerkannt, gilt als weitere (vierte) Voraussetzung, dass das Recht, einen Streik als Kollektivmassnahme zu beschliessen, nur *tariffähigen Organisationen* zusteht («Streikmonopol der Gewerkschaften»; «Verbot wilder Streiks»). 3360

3361 Ungefähr zwei Monate nach Annahme der geltenden Bundesverfassung durch Volk und Stände, aber noch vor deren Inkrafttreten hat das Bundesgericht in einem Entscheid vom 28. Juni 1999 (BGE 125 III 277, 283) das «Streikrecht im schweizerischen Arbeitsrecht» anerkannt. Es erblickte in Art. 28 Abs. 3 BV kein verfassungsmässiges Individualrecht auf Arbeitsniederlegung, schloss aber auf die Zulässigkeit des Streiks unter den genannten Voraussetzungen. Obwohl sich das Bundesgericht auch zu Art. 28 Abs. 3 BV äusserte, anerkannte es das Streikrecht «lückenfüllend ... im schweizerischen Arbeitsrecht». Es sah im Streikrecht eine objektive Norm, die die Zulässigkeit des Streiks unter gewissen Voraussetzungen anordnet. Diese wirke in einem Rechtsverhältnis zwischen Privaten, nämlich zwischen Arbeitnehmer und Arbeitgeber.

3362 Dieser in der Begründung unhaltbare Entscheid ist in der Lehre auf Kritik gestossen. Nach JÖRG PAUL MÜLLER handelt es sich hier um die «kühnste richterliche Rechtsfortbildung in der gesamten schweizerischen Privatrechtsgeschichte seit der Kodifikation» – falls es sich wirklich um eine Fortbildung des Privatrechts handle, was der Autor zu Recht bezweifelt. In BGE 132 III 122 hielt das Bundesgericht im Ergebnis jedoch an seinem Entscheid fest; es führte – unter Hinweis darauf, Art. 28 BV sei in der Zwischenzeit in Kraft getreten – aus, diese Bestimmung entfalte eine indirekte Drittwirkung auf privatrechtliche Arbeitsverhältnisse, weshalb die verfassungsrechtlichen Garantien bei der Beurteilung einer arbeitsrechtlichen Streitigkeit zu berücksichtigen seien (BGE 132 III 122, 133).

3363 Im *neueren Schrifttum* finden sich zunehmend Auffassungen, Art. 28 BV sei, insb. mit Blick auf entsprechende völkerrechtliche Garantien, in einem weiteren Sinne auszulegen, als dies das Bundesgericht und die vorherrschende Lehre bisher getan hätten.

3364 Eine völkerrechtskonforme Auslegung führe zunächst zur Annahme der Zulässigkeit von «wilden Streiks», also von solchen, die nicht von einer tariffähigen Organisation, sondern lediglich individuell oder von kleinen, evtl. abtrünnigen Gruppierungen getragen würden. Weiter sei die Notwendigkeit des bisher eng verstandenen Bezugs auf den Gegenstand von Arbeitsbeziehungen zu lockern. Zwar bleibe der eigentliche politische Streik oder Solidaritätsstreik ohne Bezug zum betroffenen Unternehmen ausgeschlossen; Streiks im Zusammenhang mit der Unternehmenspolitik müssten aber auch dann zulässig sein, wenn nicht direkt die Arbeitsbeziehungen im Spiel stünden oder wenn es um die Unterstützung von Kampfmassnahmen in einem rechtlich verselbständigten anderen Betrieb des gleichen Unternehmens gehe. Ferner sei anzuerkennen, dass Art. 28 BV nicht nur die Arbeitsniederlegung, sondern auch andere Arbeitskampfmassnahmen wie die friedliche Absperrung durch Streikposten (sog. «peaceful picketing») schütze. Schliesslich dürfe das Ultima-Ratio-Prinzip von Art. 28 Abs. 2 BV bei Streiks und Aussperrungen nicht zu einem allgemeinen Verhältnismässigkeitsgrundsatz ausgeweitet werden, sondern sei auf den Vorrang von Verhandlungslösungen sowie die Erforderlichkeit der eingesetzten Mittel (im Sinne eines Übermassverbots) zu beschränken; einzig bei anderen Arbeitskampfmassnahmen dürfe von einem weiteren Verständnis des Verhältnismässigkeitserfordernisses ausgegangen werden.

Das *Bundesgericht hielt* aber in BGE 132 III 122 vorerst im Wesentlichen an 3365
seiner Auffassung *fest*. Dies gilt jedenfalls, soweit die Voraussetzungen eines
rechtmässigen Streiks zu beurteilen waren. Die in der jüngeren Lehre vorgetragenen Argumente erscheinen jedoch beachtlich. Die Rechtsprechung richtet
sich noch immer stark an den parlamentarischen Beratungen aus. Mit der Zeit
wird der Blick nicht nur auf die historische Ausrichtung, sondern auch auf andere Kriterien wie insb. die entsprechenden völkerrechtlichen Schutznormen zu
richten sein. Immerhin hat das Bundesgericht in BGE 132 III 122 die Anwendbarkeit von Art. 28 BV auf andere Arbeitskampfmassnahmen als den eigentlichen Streik, konkret auf den friedlichen Einsatz von Streikposten («peaceful
picketing»), ausgeweitet. Zivilrechtlich zeichnet sich eine weitere Problematik
ab: Zunehmend sind die Arbeitgeber geneigt, gegen die Streikenden bzw. die
einen Streik organisierenden Gewerkschaften haftungsrechtlich vorzugehen.
Dabei hängt die Haftung im Wesentlichen von der Unrechtmässigkeit des
Streiks ab. Das Verfassungsrecht gebietet allerdings, nicht über eine weite Anwendbarkeit von Haftungsnormen die Handlungsmöglichkeiten des Arbeitskampfes in unverhältnismässiger Weise zu beschränken.

Probleme bereitet mitunter auch die Beurteilung von Aktivitäten, die zwar dem 3366
Arbeitskampf dienen, damit aber lediglich in einem weiteren Sinne zusammenhängen. Kennzeichnend ist das (strafrechtliche) Urteil des Bundesgerichts BGE
134 IV 216, wo es um die Blockade einer Autobahn durch eine Kundgebung auf
der Baustelle eines Autobahntunnels aus Arbeitskampfgründen ging. Das Bundesgericht beurteilte die Aktion als strafbare Nötigung, die verfassungsrechtlich
nicht zu rechtfertigen sei. Dabei prüfte es insb. deren Vereinbarkeit mit der Meinungsäusserungs- und Versammlungsfreiheit. Zum Streikrecht hielt es etwas
orakelhaft fest, die Blockadeaktion stelle keine Arbeitskampfmassnahme dar,
die unter der gebotenen Berücksichtigung des verfassungsmässigen Streikrechts rechtmässig sein könnte. Unklar bleibt damit, ob die Aktion in den
Schutzbereich des Streikrechts fällt oder nicht. Der verfassungsmässige Schutz
darf indes nicht auf den unmittelbaren Arbeitskampf begrenzt werden, weil dadurch das legitime Bedürfnis ausser Acht gelassen würde, mit geeigneten Aktionen eine grössere Öffentlichkeit auf die Kampfmassnahmen aufmerksam zu
machen und dafür zu gewinnen. Ein gewisser Zusammenhang zwischen der
konkreten Kampfmassnahme und einer arbeitsrechtlichen Streitigkeit ist jedoch
erforderlich. Eine andere Frage ist, ob die Aktion konkret zu weit ging, wobei es
sich wiederum unter Verhältnismässigkeitsaspekten fragt, ob sich denn gleich
der Rückgriff auf das Strafrecht als erforderlich erweist oder ob es gegebenenfalls nicht mildere Sanktionsmassnahmen gäbe. Vergleichsweise kann auf ein
Urteil des EuGH verwiesen werden, wonach die Blockade von Baustellen
durch eine gewerkschaftliche Organisation unter das Ziel des europarechtlichen
Arbeitnehmerschutzes fällt, wenn damit die Garantie der Arbeits- und Beschäftigungsbedingungen bezweckt wird; allerdings sah der EuGH in der Blockadeaktion aufgrund der konkreten Verhältnisse dennoch einen Verstoss gegen das
Recht auf freien Dienstleistungsverkehr (Urteil C-341/05 des EuGH vom
18. 12. 2007 iS. Laval c. Schwedische Bauarbeitergewerkschaft).

c. **Grundrechtsnatur des Streikrechts?**

3367 Obwohl sich der Begriff des «Streikrechts» in der Rechtssprache eingebürgert hat (vgl. etwa auch BGE 125 III 277), herrscht über dessen Grundrechtsnatur *keine Einigkeit*.

3368 Im Rahmen der Verfassungreform 1999 wurde die Rechtsnatur des Streikrechts nicht geklärt. Die Meinung war allerdings vorherrschend, mit der Streichung der Wendung «Recht auf Streik ...» sei klargestellt worden, dass Art. 28 Abs. 3 BV keinen verfassungsrechtlichen Individualanspruch «auf Streik» enthält.

3369 Dem ist insofern zuzustimmen, als *im (horizontalen) Verhältnis* zwischen Arbeitgeber- und Arbeitnehmerseite kein Individualrecht geschaffen worden ist, das von den Betroffenen allein geltend gemacht werden könnte; Arbeitnehmer können das Streikrecht nur im Rahmen tariffähiger Organisationen geltend machen. Das Streikrecht gewährleistet insofern keinen individuellen Anspruch eines *einzelnen* Arbeitnehmers, die Arbeit niederzulegen. Trotzdem entfaltet es Rechtswirkungen im Verhältnis zwischen den Privaten (näher MÜLLER/SCHEFER, Grundrechte, 1095 f.; vgl. insb. Rz. 3375).

3370 Unbestritten ist, dass Art. 28 Abs. 3 BV in der *vertikalen Dimension Grundrechtsqualität* aufweist, indem es dem Staat, namentlich dem Gesetzgeber, verwehrt ist, den Streik über Art. 28 Abs. 4 BV hinaus zu verbieten. Art. 28 Abs. 3 BV können demnach grundrechtliche Gehalte im Sinne von Abwehrmassnahmen gegen staatliche Handlungen entnommen werden, die darauf abzielen, durch hoheitliche Anordnungen Streik oder Aussperrung zu untersagen oder zu erschweren.

3371 So darf zB. die Polizei nicht gegen einen (rechtmässigen) Streik vorgehen (vgl. auch Art. 8 UNO-Pakt I). Auch bei der strafrechtlichen Verfolgung von Streikenden ist Art. 28 BV zu beachten. Sodann kann sich das Staatspersonal im Hinblick auf seine personalrechtliche Stellung auf das Streikrecht berufen, sofern dem nicht ein zulässiges Streikverbot entgegensteht (dazu Rz. 3372 ff.). Schliesslich ist die Zulässigkeit von Streiks ebenfalls in der Zivilgerichtsbarkeit zu berücksichtigen. Dies gilt insb. bei der Beurteilung von Kündigungen wegen der Teilnahme an rechtmässigen Streiks (vgl. dazu hinten Rz. 3375). Offen erscheint hingegen, inwiefern sich aus dem Streikrecht staatliche *Schutzpflichten* ergeben können.

d. **Streikverbot**

3372 Art. 28 Abs. 4 BV sieht die Möglichkeit eines *Streikverbots* für bestimmte Kategorien von Personen vor. Dabei wurde va. an den öffentlichen Dienst gedacht (BBl 1997 I, 180). Eine am Völkerrecht und am Verhältnismässigkeitsprinzip ausgerichtete Auslegung der Verfassung ergibt, dass das Streikverbot lediglich für *unerlässliche Bereiche* des öffentlichen Dienstes (wie etwa Polizei, Feuerwehr, gesundheitliche Notversorgung und Krankenpflege) zulässig ist.

Das *Bundespersonalgesetz* vom 24. März 2000 (BPG) enthält kein generelles Streikverbot. Art. 38 BPG hält fest, dass gewisse Bestimmungen, die sonst in Ausführungsbestimmungen des Bundesrates stünden, in *Gesamtarbeitsverträgen* zwischen Arbeitgebern sowie Personalverbänden ausgehandelt werden. Mit dieser Annäherung an das private Arbeitsrecht hat sich die Situation des Personals des Bundes verändert. Es hat fortan – wie Arbeitnehmer in der Privatwirtschaft – die Möglichkeit, im Falle von stockenden Verhandlungen mit Streik zu drohen. Die Gesetzesänderungen stehen im Einklang mit Art. 28 Abs. 3 BV. 3373

Art. 24 BPG sieht jedoch gestützt auf Art. 28 Abs. 4 BV eine *Beschränkung des Streikrechts im öffentlichen Dienst* vor: Im Kernbereich staatlichen Handelns, bei der Staatssicherheit, der Wahrung von wichtigen Interessen in auswärtigen Angelegenheiten oder für die Sicherstellung der Landesversorgung mit lebensnotwendigen Gütern und Dienstleistungen, kann das Streikrecht für bestimmte Kategorien von Angestellten aufgehoben oder beschränkt werden. Diese Regelung ist mit der Verfassung und dem Völkerrecht vereinbar (zum Streikrecht im öffentlichen Dienst Demir & Baykara v. Turkey [GC], 34503/97 [2008]). 3374

e. Rechtswirkungen des rechtmässigen Streiks

Ist ein Streik rechtmässig, so dürfen die Arbeitnehmer daran teilnehmen. Die damit verbundene Arbeitsniederlegung stellt keine Verletzung des Arbeitsvertrages dar. Insofern entfaltet die Bundesverfassung unmittelbare Rechtswirkung zwischen Privaten (vgl. Rz. 1172). Die Arbeitgeberin muss umgekehrt während des Streiks keinen Lohn bezahlen, denn die vertraglichen *Hauptpflichten* sind auf beiden Seiten *suspendiert*. Spricht der Arbeitgeber wegen des rechtmässigen Streiks eine ordentliche Kündigung aus, ist diese im Sinne von Art. 336 OR rechtsmissbräuchlich, weil andernfalls das Streikrecht illusorisch bliebe (BGE 125 III 277, 284). Fristlose Kündigungen gemäss Art. 337 OR sind in diesem Fall ungerechtfertigt. Grundsätzlich entfallen muss auch eine Haftung der Streikenden bzw. der den Streik organisierenden Gewerkschaften gegenüber dem bestreikten Arbeitgeber, wenn der Streik rechtmässig ist und in zulässigen Handlungsformen umgesetzt wird (vgl. dazu BGE 132 III 122 sowie Rz. 3356–3366). 3375

Siebter Teil
Sozialverfassung

§ 35 Die Schweiz als Sozialstaat

Literatur

BAUMANN MERET, Das Solidaritätsprinzip im schweizerischen Sozialversicherungsrecht, Zürich/Basel/Genf 2008; BIAGGINI, BV Kommentar, Art. 41; BIGLER-EGGENBERGER MARGRITH, in: St. Galler Kommentar, Art. 41; DIES., Nachgeführte Verfassung, Sozialziele und Sozialrechte, in: Ehrenzeller Bernhard et al. (Hrsg.), Festschrift für Ivo Hangartner, St. Gallen 1998, 497 ff.; DANACI DENIZ, Der Einfluss der Sozialziele auf die Beschlüsse der Bundesversammlung seit dem Inkrafttreten der neuen Bundesverfassung, Jusletter vom 30. April 2007; EPINEY ASTRID/WALDMANN BERNHARD, in: Merten/Papier, Handbuch, § 224, Rz. 51 ff.; GÄCHTER THOMAS, Sozialversicherungsrecht, Zürich/Basel/Genf 2007; GREBER PIERRE-YVES, Le droit international de la sécurité sociale: des normes supérieures à la lutte contre la pauvreté, in: Temi scelti di diritto delle assicurazioni sociali, hrsg. von der Commissione ticinese per la formazione permanente dei giuristi, Basel/Genf/München 2006, 39 ff.; HÄFELIN/HALLER/KELLER, Rz. 185 ff., 911 ff.; HALLER/KÖLZ/GÄCHTER, Staatsrecht, 135 ff.; HOFMANN RAINER/HOLLÄNDER PAVEL/MERLI FRANZ/WIEDERIN EWALD, Armut und Verfassung, Sozialstaatlichkeit im europäischen Vergleich, Wien 1998; KAHIL-WOLFF BETTINA/GREBER PIERRE-YVES, Sécurité sociale: aspects de droit national, international et européen, Basel/Genf/München/Brüssel/Paris 2006; KEHRLI CHRISTIN/KNÖPFEL CARLO, Handbuch Armut in der Schweiz, Luzern 2006; LEISNER WALTER GEORG, Existenzsicherung im Öffentlichen Recht, Tübingen 2007; MADER LUZIUS, Die Sozial- und Umweltverfassung, AJP 1999, 698 ff.; MAHON PASCAL, in: Petit commentaire, Art. 41; MASTRONARDI PHILIPPE, in: St. Galler Kommentar, Vorbemerkungen zur Sozialverfassung, 771 ff.; MAURER ALFRED/SCARTAZZINI GUSTAVO/HÜRZELER MARC, Bundessozialversicherungsrecht, 3. Aufl. Basel 2009; MEYER ULRICH, Soziale Sicherheit, SBVR (Schweizerisches Bundesverwaltungsrecht), Bd. XIV, 2. Aufl. Basel/Genf/München 2007; MEYER-BLASER ULRICH/GÄCHTER THOMAS, in: Verfassungsrecht der Schweiz, § 34; MÜLLER/SCHEFER, Grundrechte, 668 f.; MURER ERWIN, in: Verfassungsrecht der Schweiz, § 62; PILLER OTTO, Die soziale Schweiz, Bern/Stuttgart/Wien 2006; RIEMER-KAFKA GABRIELA, Schweizerisches Sozialversicherungsrecht, Bern 2008; SCHMID GERHARD, Sozialstaatlichkeit, Sozialverfassung und direkte Demokratie in der Schweiz, in: Ruland Franz et al. (Hrsg.), Verfassung, Theorie und Praxis des Sozialstaates, FS für Hans F. Zacher, Heidelberg 1998, 933 ff.; SCHULTE BERND, Der herausgeforderte Sozialstaat im europäischen Vergleich, Sozialalmanach 2002, 89 ff.; SCHWEIZERISCHES BUNDESARCHIV, Geschichte der Sozialversicherungen, Bern 2007; SOZIALALMANACH 2007, Schwerpunkt: Eigenverantwortung, Luzern 2006; SOZIALALMANACH 2008, Bedrängte Solidarität, Luzern 2007; TSCHANNEN, Staatsrecht, § 6 Rz. 32 ff.; TSCHUDI HANS PETER, Die Sozialziele der neuen Bundesverfassung, SZS 1999, 364 ff.; DERS., Soziale Sicherheit – Bekämpfung der Armut, in: Sozialstaat, Arbeits- und Sozialversicherungsrecht, Schriften aus den Jahren 1983–1996, Zürich 1996, 357 ff.; DERS., Die Sozialverfassung der Schweiz, Bern 1986; UEBERSAX PETER, Stand und Entwicklung der Sozialverfassung der Schweiz, AJP 1998, 3 ff.; VVDStRL, Berichte und Diskussionen auf der Tagung der Vereinigung der Deutschen Staatsrechtslehrer in Jena vom 6. bis 9. Oktober 2004, Bd. 64, Berlin 2005; WALDMANN BERNHARD, Das Recht auf Nothilfe zwischen Solidarität und Eigenverantwortung, ZBl 107/2006, 341 ff., insb. 343 ff.

I. Bekenntnis zur Sozialstaatlichkeit

a. Sozialverfassung und Sozialstaatlichkeit

3376 Die *Sozialverfassung* als Bereichsverfassung umfasst sämtliche sozialrelevanten Bestimmungen der Bundesverfassung. Das «Soziale» erscheint als wichtiger Regelungsgegenstand in den Verfassungen moderner westlicher Staaten. Dementsprechend gilt die Sozialstaatlichkeit unbestrittenermassen als Strukturelement und Wesensmerkmal der Schweiz. Der Bundesverfassung ist der Begriff als solcher zwar nach wie vor fremd. Dennoch legt die Verfassung ein eindeutiges *Bekenntnis zur Sozialstaatlichkeit* ab (vgl. dazu Rz. 210ff.).

3377 Aus *historischer* Sicht findet die Sozialstaatlichkeit ihre Grundlage bereits im späten 18. Jahrhundert in der US-amerikanischen Unabhängigkeitserklärung (insb. im Recht auf «pursuit of happiness» [«Streben nach Glück»]) und in der französischen Revolution (vgl. insb. die «Fraternité» [«Brüderlichkeit»] als Pfeiler der Revolution und die in der Menschenrechtserklärung enthaltene Verpflichtung des Staates, «soziale Unterschiede nur im gemeinen Nutzen» anzuerkennen). Im 19. Jahrhundert wurde der Sozialstaatsgedanke von christlichen und später auch marxistischen Lehren weiter entwickelt. In der Schweiz setzte er sich erst spät durch. Die Bundesverfassung von 1848 beschränkte die Sozialstaatlichkeit – ausgerichtet am Modell des sog. «liberalen Nachtwächterstaats» – im Wesentlichen auf die allgemeine Wohlfahrtsförderung. 1865 regelte ein Konkordat die interkantonale Zuständigkeit für die Fürsorge (Unterstützung bei «Armengenössigkeit» bzw. Bedürftigkeit; heute: Sozialhilfe) und knüpfte dafür am Gemeindebürgerrecht an. Um 1870 übernahm der Staat eine gewisse Schutzfunktion gegenüber den Arbeit(nehm)ern. 1874 erhielt der Bund die Kompetenz, die Zuständigkeit bei der Fürsorge in einem Bundesgesetz zu regeln, wobei weiterhin das Gemeindebürgerrecht bestimmend blieb. 1890 wurde die Bundeskompetenz geschaffen, im Bereich der Krankenversicherung zu legiferieren. Obwohl der Bund davon schon früh Gebrauch machte, überliess er die Durchführung der Versicherung bis heute weitgehend den Privaten.

3378 Eine grosse sozialstaatliche Errungenschaft bildete die weitreichende Einrichtung der übrigen – im Wesentlichen öffentlich-rechtlichen – Sozialversicherungswerke anfangs bis Mitte des 20. Jahrhunderts. Langsam setzte sich dabei die Einsicht durch, dass es auch Rechtsansprüche auf sozialstaatliche Leistungen geben kann. Eigentliche Sozialrechte iSv. verfassungsrechtlichen Leistungsansprüchen anerkannte die Schweiz freilich bis heute nur ausnahmsweise. 1975 erfolgte bei der Sozialhilfe ein Paradigmenwechsel: Die interkantonale Zuständigkeitsausscheidung richtet sich seither nicht mehr nach dem Gemeindebürgerrecht, sondern nach dem Wohnsitz, wobei wesentliches Motiv des Systemwechsels war, damit die Niederlassungsfreiheit der Schweizerinnen und Schweizer zu stärken. Einen vorläufigen Abschluss findet die Entwicklung mit der ausdrücklichen Aufnahme des Rechts auf Hilfe in Notlagen (Art. 12 BV) sowie der Sozialziele (Art. 41 BV) in die neue Bundesverfassung.

3379 Aus einer modernen Sicht verpflichtet die Sozialstaatlichkeit den Staat auf die Gewährleistung und Umsetzung einer gewissen *Solidarität* zwischen den Menschen, die nicht nur durch staatliche Zielsetzungen, sondern auch durch feste soziale Einrichtungen und erzwingbare Rechte zu verwirklichen ist. Soweit die gesellschaftliche Selbststeuerung nicht genügt, um Verteilungsgerechtigkeit zu fördern, Chancengleichheit zu realisieren und die Daseinsvorsorge der Individuen sicherzustellen, bedarf es dazu einer *aktiven staatlichen Sozialgestaltung*. Die solchermassen verstandene Sozialstaatlichkeit wirft allerdings Fragen *der Grenzen des staatlichen Interventionismus*, insb. von Ausgleichs- bzw. Umverteilungsmassnahmen, der Finanzierung staatlicher Leistungen sowie der Durchsetzbarkeit sozialrechtlicher Regelungen auf. Insofern besteht ein Spannungsfeld zwischen Anspruch und Möglichkeit, dessen rechtliche Tragweite nicht völlig geklärt ist und sowohl in der Wissenschaft als auch in der Politik immer wieder zu Diskussionen führt. Nachdem sich die geltende Bundesverfassung nunmehr aber eindeutig zur Sozialstaatlichkeit bekennt, steht diese aus verfassungsrechtlicher Sicht dem Grundsatz nach nicht mehr in Frage, auch wenn die konkreten sozialstaatlichen Gehalte und Auswirkungen ergänzender Analyse bedürfen.

Die Sozialverfassung ist in besonderem Masse vom Zusammenspiel *verschiedener Normtypen* geprägt. Dadurch entsteht ein differenziertes Gefüge, in dem die staatliche Sozialverantwortung bereichsweise unterschiedlich stark fixiert ist und damit der Dynamik des Sozialstaats Rechnung trägt. 3380

In diesem Sinne reihen sich neben *soziale Grundrechte* (vgl. § 36) *programmatische* Bestimmungen sowie *Kompetenznormen* und *Gesetzgebungsaufträge*. 3381

Eine Vielzahl sozialrechtlicher Bestimmungen finden sich auch im *Völkerrecht* bzw. in *Staatsverträgen*. Ein grosser Teil davon gilt freilich als non self-executing, dh. als nicht direkt anwendbar und individuell durchsetzbar, bzw. ist lediglich als Auftrag an die nationalen Behörden ausgestaltet (so insb. etwa der UNO-Pakt I; vgl. dazu Rz. 1070 ff.). Andere Vereinbarungen entfalten hingegen direkte rechtliche Wirkungen wie etwa die umfassende sozialversicherungsrechtliche Harmonisierungsregelung im Freizügigkeitsabkommen zwischen der Schweiz und der EG (vgl. insb. den Anhang II zum FZA). Auch mit einzelnen Drittstaaten gibt es entsprechende bilaterale Abkommen. Schliesslich bestehen vereinzelt eigentliche internationale Institutionen, die (auch) sozialrechtliche Ziele verfolgen, wie etwa die Internationale Arbeitsorganisation (ILO) für den Bereich des Arbeitsrechts (vgl. Rz. 3302). 3382

Auch die *Kantone* unterliegen dem Grundsatz der Sozialstaatlichkeit, obschon die Bundesverfassung dies nicht ausdrücklich vorsieht (vgl. demgegenüber Art. 51 Abs. 1 für das Demokratieprinzip). Wie die anderen Grundrechte verpflichten die Sozialrechte auch die Kantone und deren Behörden (vgl. Art. 35 BV). Die programmatischen Sozialnormen richten sich ebenfalls an die Kantone, die namentlich in Art. 41 BV ausdrücklich als Adressaten der Sozialziele genannt werden. Analoges gilt für die verschiedenen Kompetenznormen und Gesetzgebungsaufträge sozialen Gehalts. 3383

In sozialstaatlichen Bestimmungen wird regelmässig an die *Eigen- und Mitverantwortung* des Einzelnen gegenüber der Gemeinschaft appelliert, oder es wird über den Vorbehalt des sog. *Subsidiaritätsprinzips* gewährleistet, dass staatliche Verpflichtungen von grundsätzlich vorgehenden Eigenleistungen abhängen, soweit 3384 solche möglich und zumutbar sind (vgl. etwa Art. 6, 12, 29 Abs. 3 oder Art. 41 Abs. 1 BV). Dadurch ergibt sich zwar ein gewisses Spannungsfeld zwischen Eigen- und Mitverantwortung einerseits und dem Solidaritätsgrundsatz andererseits. Damit wird jedoch das Sozialstaatsprinzip nicht relativiert, sondern lediglich dessen Vielschichtigkeit unterstrichen.

b. Begriff und Umfang der Sozialpolitik (Exkurs)

3385 Die sozialrelevanten und sozialpolitisch ausgerichteten Normen der Bundesverfassung lassen sich nicht eindeutig von anderen Verfassungsnormen abgrenzen, weil der Begriff «sozial» *keine klaren Konturen* aufweist.

3386 Dem Begriff werden mindestens drei verschiedene Gehalte zugeschrieben: sozial iSv. gesellschaftlich, auf die Gesamtgesellschaft bezogen (wie zB. in «Sozialprodukt»), iSv. gemeinschaftlich, gemeinschaftsbezogen (wie zB. in «Sozialkompetenz») und iSv. dem *Schwächeren* gewährte Hilfe, Ausgleich seiner Defizite, Solidarität.

3387 Heute versteht man unter *Sozialpolitik* «die Gesamtheit der Bestrebungen, die auf eine Korrektur und Verbesserung der gesellschaftlichen Zustände abzielen, welche als unbefriedigend empfunden werden und deshalb zu Konflikten im sozialen Gefüge geführt haben oder zu führen drohen» (HANS PETER TSCHUDI).

3388 Die *Ziele der Sozialpolitik* umfassen insb. die *soziale Gerechtigkeit* bzw. den sozialen Ausgleich, welche im freiheitlichen Sozialstaat aber stets in einem Spannungsverhältnis zum Grundsatz der Eigenverantwortung stehen und deshalb nur relative Ziele sein können, die *soziale Sicherheit*, den *sozialen Frieden* sowie die *Hebung und Verbreitung des Wohlstandes*.

3389 Die einzelnen Ziele stehen in engem Bezug zueinander. Die Sicherung des *sozialen Friedens* ist eine anerkannte Staatsaufgabe. Es bedarf dazu einer Gesellschaftsordnung, die von allen als genügend *gerecht* empfunden wird. Individuelle *soziale Sicherheit* wird vom Einzelnen als erster, entscheidender Schritt zu einer gerechten Ordnung erfahren. Die Zugehörigkeit zu einer Gesellschaft, die den Menschen von der fundamentalen Existenzangst befreit, wirkt integrierend. Je besser die Primärversorgung funktioniert, dh. je mehr allgemeiner Wohlstand durch die private Wirtschaft generiert wird, desto weniger wird ein durch staatliche Eingriffe bewirkter *Ausgleich* nötig.

3390 Die sozialpolitischen Ziele sind offen formuliert, was darauf hinweist, dass dem Sozialstaat ein *dynamischer Charakter* eigen ist. Die einzelnen Elemente der sozialen Gerechtigkeit und die Methoden zu deren Verwirklichung ändern sich im Laufe der Zeit. Auch deshalb weist die Sozialverfassung offene Ränder zu anderen Bereichsverfassungen auf, insb. zur Wirtschafts- und Arbeitsverfassung, aber auch zu den Verfassungsbereichen von Bildung und Kultur, Sicherheit und Gesundheit.

3391 *Armutsgefährdet* sind heute va. Geschiedene, Alleinstehende, Alleinerziehende, junge Familien mit mehreren Kindern und junge Erwachsene, die um den Einstieg ins Erwerbsleben kämpfen müssen. Hingegen hat sich die Situation bei den Betagten, Verwaisten und Behinderten grundsätzlich dank den bestehenden Sozialversicherungseinrichtungen und sonstigen Sozialwerken im Vergleich zu früher verbessert. Die Armutsquote schwankt jährlich und hängt erheblich von der Konjunktur ab. Je nach den verwendeten Kriterien sind in der Schweiz zZt. zwischen 400 000 und 700 000 Menschen von Armut betroffen. Selbst wer arbeitet, ist vor Armut nicht gefeit. Zwischen 150 000 und 250 000 Personen im Alter von 20 bis 59 Jahren gelten als *Working Poor*, also trotz Erwerbstätigkeit als arm. Der Anteil der Working Poor an den Erwerbstätigen liegt zwischen 7 und 9 %. Gleichzeitig bilden sie regelmässig einen Anteil von zwischen 40 und 50 % aller Armen. Frauen, ausländische Staatsangehörige und kinderreiche Familien sind unter den Working Poor übervertreten. *Schlechte Bildung* stellt heute die grösste Armutsursache dar. Massnahmen zur Verbesserung der Bildungschancen sind daher sozialpolitisch von grosser Bedeutung. In diesem Zusammenhang fallen etwa die Förderung von Lehrstellen oder Vorkehren zur besseren Koordination der Erwerbstätigkeit der Eltern mit dem Schulbesuch der Kinder (wie Kinderkrippen, Blockzeiten, Tagesschulen, Mittagstische usw.) in Betracht. Politisch stellt sich auch die Frage, ob der sog. «Generationenvertrag» zwischen den Jungen und den Alten, der die Grundlage der Sozialversicherungswerke und dabei insb. der Altersvorsorge bildet, nicht künftig einerseits auf eine «Mehr-Generationen-Gesellschaft» und andererseits auf eine vermehrte nachhaltige Förderung der nachwachsenden Generation auszurichten ist.

c. Sozialstaatlichkeit in Bund und Kantonen

Sowohl der Bund als auch die Kantone übernehmen sozialpolitische Verantwortung. Die Bundesverfassung spricht in den programmatischen Bestimmungen und in den sozialen Grundrechten *beide Ebenen des Bundesstaates* an, während im Aufgabenteil grundsätzlich *nur der Bund* in die Pflicht genommen wird. Demgegenüber richtet sich Art. 94 BV über die Grundsätze der Wirtschaftsordnung an Bund und Kantone. 3392

Die *Kantone* erfüllen im Rahmen ihrer Autonomie wichtige sozialpolitische Aufgaben. Entsprechend wird die sozialstaatliche Wirklichkeit der Schweiz von der Bundesverfassung bei weitem nicht umfassend abgebildet. 3393

> Im Bereich der *sozialen Sicherheit* erbringen die Kantone die Leistungen der Sozialhilfe und stellen daneben spezielle Unterstützungssysteme (wie zB. Altersbeihilfen und Taggelder für ausgesteuerte Arbeitslose) bereit. Art. 115 BV regelt die Abgrenzung der Zuständigkeiten zwischen verschiedenen in Betracht kommenden Kantonen. Als Grundregel gilt danach, dass der Wohnkanton die Unterstützung zu leisten hat. 3394

> Die *medizinische Versorgung* durch Spitäler und Polikliniken ist weitgehend eine Aufgabe der Kantone und Gemeinden. Die Kantone fördern den *sozialen Wohnungsbau* oder unterstützen diesen mit Mietzinszuschüssen. Auch der *Schulbetrieb* liegt fast ausschliesslich in den Händen der Kantone. 3395

II. Sozialzielartikel

a. Zum Geltungsbereich

3396   Im 2. Titel der Bundesverfassung findet sich – nach den beiden Kapiteln über die Grundrechte und die Bürgerrechte – ein Kapitel über die *Sozialziele*, das aus einem einzigen Artikel (Art. 41 BV) besteht. In dieser Bestimmung, die während der Verfassungsreform besonders stark umstritten war, konkretisieren sich Begriff und Ausrichtung des schweizerischen Sozialstaats in besonderer Weise.

3397   Art. 41 Abs. 1 BV enthält *sieben grundlegende Felder* der Sozialpolitik. Es sind dies der Reihe nach:

– die *soziale Sicherheit*, welche in Abs. 2 als Sicherung vor den wirtschaftlichen Folgen eines sozialen Risikos noch konkretisiert wird (Bst. a);

– die *Gesundheitspflege* (Bst. b);

– Schutz und Förderung der *Familie* als Gemeinschaft von Erwachsenen und Kindern (Bst. c), und zwar in allen möglichen Lebensformen;

– die Bereitstellung von *Arbeit,* damit Erwerbsfähige ihren Lebensunterhalt zu angemessenen Bedingungen bestreiten können (Bst. d);

– die Verfügbarkeit von *Wohnraum* zu tragbaren Bedingungen, auch für die Familien (Bst. e);

– die Förderung der *Bildung* für Kinder, Jugendliche und Erwerbsfähige (Bst. f), und

– der Jugendschutz sowie Förderung und Integration der *Jugendlichen* allgemein (Bst. g).

3398   Die Auswahl ist nicht zufällig. Wie die Botschaft zur Verfassungsreform 1999 ausführte, werden diejenigen Felder der Sozialpolitik angesprochen, «in denen es um *elementare Aspekte* menschlichen Daseins in einer modernen, hochkomplexen Gesellschaft geht» (BBl 1997 I, 202).

3399   Die Bundesverfassung folgte dabei dem Beispiel verschiedener Kantonsverfassungen: etwa Art. 30 der Verfassung des Kantons Bern vom 6. Juni 1993 (SR 131.212); Art. 22 der Verfassung des Kantons Solothurn vom 8. Juni 1986 (SR 131.221); § 17 der Verfassung des Kantons Basel-Landschaft vom 17. Mai 1984 (SR 131.222.2); Art. 25 der Verfassung des Kantons Appenzell-Ausserrhoden vom 30. April 1995 (SR 131.224.1) sowie § 25 der Verfassung des Kantons Aargau vom 25. Juni 1980 (SR 131. 227).

b. Sozialziele als Staatszielbestimmungen

3400   Von entscheidender Bedeutung ist die Bestimmung des Normgehalts und der Tragweite der Sozialziele im einleitenden Satz von Art. 41 Abs. 1 BV sowie in den Abs. 3 und 4. Diese weisen die Sozialziele unzweifelhaft als *Staatszielbestimmun-*

gen aus, indem Bund und Kantone sich für die angegebenen Ziele «einzusetzen» (Abs. 1 und 2) resp. diese «anzustreben» (Abs. 3) haben.

Die Sozialziele richten sich an die Behörden von Bund und Kantonen, entfalten aber Schutzwirkung für die *gesamte Bevölkerung*. Weder Landesteile noch Bevölkerungsgruppen, auch nicht ausländische Personen, dürfen davon ausgeschlossen werden. 3401

Als Staatszielbestimmungen kommt den Sozialzielen nur eine *begrenzte normative Tragweite* zu. Es bleibt den Gesetzgebern von Bund und Kantonen überlassen, die einzelnen Ziele gegeneinander abzuwägen und die Mittel der Sozialpolitik zu bestimmen. Die Wirksamkeit und Einfluss der Sozialziele auf die Gesetzgebung und die Rechtspraxis erweisen sich damit zwangsläufig als eher beschränkt. 3402

Die Sozialziele nehmen insofern eine Mittelstellung zwischen den Grundrechten und den Kompetenznormen ein, was auch aus ihrer Platzierung im Verfassungstext hervorgeht. Sie richten sich in erster Linie an den Gesetzgeber, allenfalls an die weiteren Staatsorgane, von Bund und Kantonen. Sie räumen keine eigentlichen Rechte ein (BGE 126 II 377, 391; BBl 1997 I, 200) und begründen für sich allein kein rechtlich geschütztes Interesse (Urteil des Bundesgerichts 2P.73/2005 vom 17.6.2005, E. 2.2). Eine beschränkte verfassungsrechtliche Bedeutung erlangen sie immerhin etwa als Faktoren zur Konkretisierung des öffentlichen Interesses (vgl. BGE 130 I 16, 20; 127 I 6, 25 f.) oder als Hilfsmittel bei der Auslegung anderer Bestimmungen, insb. des Verfassungsrechts (Urteil des Bundesgerichts 2P.203/2001 [2001] E. 2c). 3403

c. Fünffacher Vorbehalt

Die Sozialziele stehen unter einem fünffachen Vorbehalt: 3404

– Sie begründen *keine neuen Bundeskompetenzen*. Sie ändern an der Kompetenzaufteilung zwischen Bund und Kantonen nichts. Aus Art. 41 Abs. 1 und 2 BV wird ersichtlich, dass sich die Verpflichtung an alle Gemeinwesen sämtlicher Stufen richtet. Abs. 3 bekräftigt dies nochmals ausdrücklich. 3405

– Die Sozialziele enthalten *keine unmittelbaren Ansprüche Privater gegenüber dem Staat*. Insofern unterscheiden sie sich von den Grundrechten, auch von den sozialen Grundrechten oder Sozialrechten (vgl. § 36). 3406

– Sozialziele *ermächtigen* Bund und Kantone *nicht,* vom Grundsatz der Wirtschaftsfreiheit (Art. 94 Abs. 1 und 4 BV) *abzuweichen.* 3407

– Der Einleitungssatz von Art. 41 Abs. 1 BV bezeichnet das staatliche Handeln zur Erreichung der Sozialziele als *subsidiär* gegenüber persönlicher Verantwortung und privater Initiative. Die Umsetzung und Konkretisierung dieses Vorbehaltes ist Sache des Gesetzgebers. 3408

Die Selbstverantwortung kann allerdings nur «eingefordert» werden, wo entsprechendes Verhalten auch zumutbar erscheint. Gesellschaftliche Solidarität setzt ein, wo das Individuum seine Bedürftigkeit nicht (mehr) aus eigener Kraft beheben und somit auch nicht verantworten kann. 3409

3410 – Art. 41 Abs. 3 BV stellt klar, dass die *verfügbaren Mittel* der Verfolgung sozialer Ziele Grenzen setzen. Die Erwähnung dieser an sich finanzpolitischen Schranke will einem unbegrenzten Anspruchsdenken entgegenwirken.

3411 Die Limitierung staatlichen Handelns durch die vorhandenen Mittel trifft aber nicht allein die Sozialziele. Auch bei der Verfolgung anderer Staatsziele und der Erfüllung verfassungsmässig definierter Aufgaben stehen Bund und Kantonen keine unbegrenzten Ressourcen zur Verfügung.

3412 Zudem ist dieses Kriterium sehr unscharf, denn im Gegensatz zu einem privaten Haushalt wird der Umfang der zur Verfügung stehenden Mittel im Staat durch politische Entscheidungen bestimmt, welche die Mittelbeschaffung und die Verwendung für andere Zwecke betreffen. Es lässt sich also aus dem letzten Teil von Abs. 3 nicht ableiten, dass die Verwendung staatlicher Mittel zugunsten der Sozialziele im Vergleich zu anderen staatlichen Aufgaben und Pflichten grundsätzlich sekundär sein soll.

III. Andere Sozialzielbestimmungen

3413 Die in Art. 41 BV genannten Sozialziele stellen nicht die einzigen Staatszielbestimmungen mit sozialpolitischer Relevanz dar. Schon die *Präambel* führt das Wohl der Schwachen und die Solidarität gegenüber der Welt an. *Art. 2 BV* erwähnt die gemeinsame Wohlfahrt und eine möglichst grosse Chancengleichheit als Staatszwecke. In Art. 54 Abs. 2 BV wird die Linderung von Not und Armut in der Welt zu einem *aussenpolitischen Ziel* der Bundespolitik erklärt.

3414 Auch verschiedene *Kompetenzartikel* enthalten programmatische Elemente, so etwa Art. 94 BV (Wohlfahrt und wirtschaftliche Sicherheit der Bevölkerung, Gemeinwohlverpflichtung der privaten Wirtschaft), Art. 96 BV (Vorschriften ua. gegen sozial schädliche Auswirkungen von Kartellen), Art. 97 BV (Konsumentenschutz), Art. 100 BV (Bekämpfung von Arbeitslosigkeit und Teuerung im Rahmen der Konjunkturpolitik), Art. 108 BV (Wohnbauförderung) und natürlich die Zieldefinitionen im eigentlichen Sozialversicherungsbereich (Art. 111–114 BV).

3415 Die *normative Tragweite* dieser verschiedenen programmatischen Elemente kann nicht generell bestimmt werden.

3416 Während die Präambel höchstens eine sehr schwache Bindungswirkung entfalten kann, sind Zielnormen wie Art. 2 BV zumindest als Auslegungshilfen für die Kompetenzausübung heranzuziehen. Die zu erreichenden Ziele in den verschiedenen Sozialversicherungsbestimmungen weisen eine erhöhte Verbindlichkeit auf. Zwar sind sie wegen der fehlenden Verfassungsgerichtsbarkeit gegenüber Bundesgesetzen (Art. 190 BV; Rz. 2853 ff.) nicht einklagbar. Sie müssen aber als Massstab im Rahmen einer verfassungskonformen Auslegung und Konkretisierung auf Gesetzes- und Verordnungsebene Beachtung finden.

IV. Sozialpolitische Zuständigkeiten des Bundes im Allgemeinen

Den in praktischer Hinsicht bedeutsamsten Teil der geschriebenen Sozialverfassung bilden die verschiedenen *Kompetenzbestimmungen* und *Gesetzgebungsaufträge* im sozialen Bereich, allen voran diejenigen, welche die verschiedenen Sozialversicherungen, die Sozialvorsorge und die Sozialhilfe betreffen. Darin wird der Bund mit dem Aufbau eines Systems der sozialen Sicherheit betraut. 3417

>Daneben enthalten etliche weitere Bestimmungen, auf die hier nicht im Einzelnen eingegangen werden kann, sozialstaatliche Komponenten, so etwa der Konsumentenschutz (Art. 97 BV), die Wohnbauförderung (Art. 108 BV), der Mieterschutz (Art. 109 BV), der Arbeitnehmerschutz (Art. 110 BV) oder die Opferhilfe (Art. 124 BV) usw. Der Grossteil der sozialen Zuständigkeiten wird im 8. Abschnitt «Wohnen, Arbeit, soziale Sicherheit und Gesundheit» zusammengefasst. 3418

Unter sozialer Sicherheit wird die *angemessene Sicherung des Lebensunterhalts* in allen Wechselfällen des Lebens verstanden. Die Instrumente zur Verwirklichung sozialer Sicherheit stellen somit das Kernstück der Sozialverfassung dar. 3419

>Das *rechtliche Instrumentarium* zur Förderung der sozialen Sicherheit in der Schweiz folgt keinem einheitlichen Konzept, so dass auch nicht von einem eigentlichen System gesprochen werden kann. Die einzelnen Institute und Instrumente sind Produkte einer langen Entwicklung und gingen aus jeweils historisch bedingten speziellen Bedürfnissen hervor. Insgesamt lässt sich eine Entwicklung diagnostizieren, in der zunehmend Sicherungsfunktionen von der Grossfamilie auf den Staat übergegangen sind. 3420

V. Sozialversicherungen und Sozialvorsorge

a. Allgemeines

Der Schutz durch *Sozialversicherungen* greift primär bei einem Verlust der Verdienstmöglichkeit ein. Sozialversicherungen knüpfen als Versicherungen dabei an den Eintritt spezifischer *Risiken* an. 3421

>Als sog. *soziale Risiken*, gegen welche die Sozialversicherungen gerichtet sind, bezeichnet man die Wechselfälle des Lebens, deren Eintritt weite Teile der Bevölkerung in ihrer *wirtschaftlichen Existenz* trifft, weil sie typischerweise zu Erwerbsausfällen und/oder vermehrten Kosten führen. Welche Risiken in einem Sozialschutzsystem erfasst werden, liegt in der Entscheidungskompetenz des Verfassungsgebers, ist aber zT. auch durch internationales Recht vorgegeben. 3422

In der Schweiz sind dies das Alter, der Tod des Versorgers, Invalidität (Art. 111–113 BV; AHV/IV), Krankheit, Unfall (Art. 117 BV), Arbeitslosigkeit (Art. 114 BV; ALV), Krankheit und Unfall im Militär (Art. 59 BV), Erwerbsausfall im Militär, Familienlasten sowie die Mutterschaft (Art. 116 BV). 3423

3424 Die Sozialversicherungsleistungen hängen von der blossen Verwirklichung eines Risikos ab. Eine konkrete Bedürftigkeit braucht nicht vorzuliegen. Nach dem System der *kausalen Anknüpfung* entsteht der Rechtsanspruch auf Leistung mit Eintritt des versicherten Risikos. Die Sozialversicherungen richten daher auch *typisierte Leistungen* aus, welche nicht einem individuellen Bedarf angepasst werden. Eine Ausnahme zu diesem Prinzip bilden die Ergänzungsleistungen zur AHV/IV.

3425 Im Vordergrund stehen die grossen Sozialversicherungswerke der *Alters-, Hinterlassenen- und Invalidenvorsorge (*dazu Rz. 3429 ff.) und der *Berufsvorsorge* sowie die *Arbeitslosen-, Kranken- und Unfallversicherungen.* Diese Versicherungseinrichtungen beruhen auf umfassenden gesetzlichen Regelungen des Bundes, welche die verfassungsrechtlichen Vorgaben umsetzen. Die Sozialversicherungen haben einen hohen Anpassungsbedarf und sind daher praktisch permanent im Umbau, womit sie andauernd über grosse politische Aktualität verfügen. Sozial- und familienpolitisch wichtig sind aber auch die ergänzenden Bestimmungen über die *Familienzulagen* und die *Mutterschaftsversicherung.* Die Familienzulagen sind vorwiegend kantonal geregelt; am 1. Januar 2009 ist jedoch das Familienzulagengesetz vom 24. März 2006 (FamZG) vollständig in Kraft getreten, das für alle Kantone einheitliche Kinder- und Ausbildungszulagen mit gesetzlicher Mindesthöhe vorschreibt. Mit der Revision der Erwerbsersatzordnung (Erwerbsersatzgesetz, EOG) im Jahre 2003 (in Kraft seit dem 1. Juli 2005) wurde endlich auch der jahrzehntelang unerfüllt gebliebene Verfassungsauftrag zur Einrichtung einer Mutterschaftsversicherung verwirklicht (die Verpflichtung des Bundes zur Einführung einer Mutterschaftsversicherung war mit Art. 34^{quinquies} Abs. 4 BV 1874 in der Volksabstimmung vom 25. November 1945 angenommen worden).

3426 Dem Versicherungsprinzip entsprechend werden die Sozialversicherungen im Wesentlichen durch *Beiträge* der versicherten Personen gespiesen. Im Gegensatz zu den privaten Versicherungen zeichnen sich die Sozialversicherungen insb. dadurch aus, dass für bestimmte Personenkategorien ein *Versicherungsobligatorium* besteht und dass sowohl die Beiträge als auch die Leistungen unmittelbar durch das *Gesetz* festgelegt werden. Verschiedene Sozialversicherungswerke kämpfen zZt. allerdings mit Finanzierungsproblemen, was entsprechende politische Herausforderungen mit sich bringt.

3427 Unterschieden wird bezüglich des Finanzierungssystems prinzipiell zwischen dem *Umlageverfahren* und dem *Kapitaldeckungsverfahren.* Beim Umlageverfahren, das etwa in der AHV dominiert, werden die Beiträge einer Rechnungsperiode zur Finanzierung der laufenden Ausgaben verwendet. Beim Kapitaldeckungsverfahren, nach welchem die berufliche Vorsorge (2. Säule) funktioniert, wird aus den geleisteten Beiträgen einer Person ein Deckungskapital geäufnet, aus dem bei Eintritt des Versicherungsfalles Leistungen entrichtet werden.

3428 Auch wo der Bund die Erfüllung einer sozialversicherungsrechtlichen Aufgabe an Private überträgt, bleibt er letztlich dafür verantwortlich, dass der gesetzliche Auftrag korrekt ausgeführt wird (*Gewährleistungsverantwortung*). Erforderlich ist daher eine effiziente Aufsichtsorganisation. Die Sozialversicherungswerke sind in ihrem Handeln entweder unmittelbar als öffentlich-rechtliche Organe (zB. öffentliche AHV/IV- und ALV-Ausgleichskassen) oder mittelbar als zur Aufgabenerfüllung

Beauftragte (Beliehene; zB. private Ausgleichskassen oder Krankenkassen) an die Grundrechte (vgl. Art. 35 Abs. 2 BV) und weitgehend an die Grundsätze des öffentlichen Rechts gebunden.

b. Alters-, Hinterlassenen- und Invalidenvorsorge

Die Sozialversicherungsleistungen sollen die gewohnte Lebenshaltung sowie die Deckung der vermehrten Kosten ermöglichen. Diese Zielsetzung ist allerdings nur für die *AHV/IV*, welche die Risiken Alter, Tod des Versorgers und Invalidität abdeckt, von der Verfassung selbst vorgeschrieben. In diesem Bereich gilt nach Art. 111 Abs. 1 BV das sog. *Drei-Säulen-Prinzip* (dazu Rz. 3328). 3429

> Gemäss Art. 112 Abs. 2 Bst. b BV (iVm. Art. 196 Ziff. 10 BV) decken die *Sozialversicherungen* AHV, IV und Ergänzungsleistungen den *angemessenen Existenzbedarf* (1. Säule). Die *berufliche Vorsorge* soll nach Art. 113 Abs. 2 Bst. a BV zusammen mit den Sozialversicherungsleistungen die Weiterführung der *gewohnten Lebenshaltung* ermöglichen (2. Säule). Durch eine *freiwillige Selbstvorsorge* sollen Arbeitnehmer und Selbständigerwerbende *zusätzliche Bedürfnisse* abdecken können. Bund und Kantone fördern nach Art. 111 Abs. 4 BV die Selbstvorsorge (3. Säule). 3430

Die Sozialversicherungen AHV/IV werden durch Beiträge der Versicherten (*Prämien*), meist in Form von prozentualen Abgaben auf dem Lohn, sowie durch Leistungen des Bundes und allenfalls der Kantone finanziert (Art. 112 Abs. 3 BV). In dieser Finanzierungsordnung liegt ein Element der Selbstvorsorge. Die Sozialversicherungsabgaben für die AHV/IV sind grundsätzlich für alle in der Schweiz lebenden oder erwerbstätigen Personen obligatorisch und durch das Gesetz bemessen. 3431

c. Sozialhilfe

Literatur

BIAGGINI, BV Kommentar, Art. 115; MADER LUZIUS, in: St. Galler Kommentar, Art. 115; MAHON PASCAL, in: Petit commentaire, Art. 115; PÄRLI KURT, Verfassungsrechtliche Aspekte neuer Modelle in der Sozialhilfe, AJP 1/2004, 45 ff.; PILLER OTTO, Die soziale Schweiz, Bern/Stuttgart/Wien 2006, 159 ff.; THOMET WERNER, Kommentar zum Bundesgesetz über die Zuständigkeit für die Unterstützung Bedürftiger (ZUG), 2. Aufl. Zürich 1994; WOLFFERS FELIX, Grundriss des Sozialhilferechts: eine Einführung in die Fürsorgegesetzgebung von Bund und Kantonen, 2. Aufl. Bern 1999.

Wer trotz des Schutzes durch die Sozialversicherungen seinen Lebensunterhalt nicht decken kann, wird durch die *kantonale Sozialhilfe* unterstützt. Dieses sekundäre System, das als «Netz unter dem Netz» bezeichnet werden kann, ist notwendig, weil der sozialversicherungsrechtliche Schutz nicht lückenlos ist. 3432

Dies ist etwa der Fall, wenn 3433

- die Not aus nicht versicherten Gründen eintritt (zB. Working Poor);
- die Versicherungsleistung zeitlich begrenzt ist (zB. ausgesteuerte Arbeitslose);

- die betroffene Person überhaupt nicht zu den obligatorisch Versicherten gehört (zB. Erwerbslosigkeit eines Selbständigerwerbenden); oder ganz allgemein, wenn

- der durch die Sozialversicherungen ausgerichtete Betrag den Lebensunterhalt nicht deckt. Nur für AHV/IV-Bezüger wird das Existenzminimum durch Ergänzungsleistungen sichergestellt (Art. 196 Ziff. 10 BV als Übergangsbestimmung zu Art. 112 BV).

3434 Die Sozialhilfe ist, im Gegensatz zu den kausalen, an die Verwirklichung eines bestimmten Risikos anknüpfenden Sozialversicherungen, *final* ausgerichtet. Einzige Leistungsvoraussetzung ist die *Bedürftigkeit* der ansprechenden Person. Auf die Ursache der Not kommt es hingegen nicht an. Die Sozialhilfe bietet somit ein lückenloses Sicherungssystem nach dem Grundsatz der *Universalität*.

3435 Als bedürftig und damit sozialhilfewürdig gilt nur, wer seinen Bedarf nicht selbst oder aus Ansprüchen gegenüber Dritten (inkl. Sozialversicherungen) decken kann; die Sozialhilfe ist maW. *subsidiär*. Die Leistungen der Sozialhilfe sind auf die Deckung des *Existenzbedarfs* (Existenzminimums) ausgerichtet. Dieser muss daher in jedem einzelnen Fall berechnet und nachgewiesen werden. *Finanziert* werden die Sozialhilfeleistungen durch den allgemeinen Staatshaushalt.

3436 Die Sozialhilfe ist nach *Art. 115 BV* eine Aufgabe der *Kantone*. Primär zuständig ist der Wohnkanton; der Bund regelt die Kompetenzen und Ausnahmen. Dessen Ausführungsgesetzgebung (vgl. insb. das Zuständigkeitsgesetz vom 24. Juni 1977 [ZUG]) ist namentlich bei Kompetenzkonflikten zwischen den Kantonen massgeblich (vgl. etwa die Urteile des Bundesgerichts 8C_829/2007 [2008], 2A.714/2006 [2007], 2A.485/2005 [2006] und 2A.253/2003 [2003] sowie ZBl 101/2000, 539). Vollzogen wird die Sozialhilfe zumeist durch die Gemeinden.

3437 Die Bundesverfassung kennt *kein umfassendes verfassungsmässiges Recht auf Sozialhilfe*. Es liegt an den Kantonen, im Rahmen ihrer Zuständigkeit, einen derartigen individuellen Rechtsanspruch auf Unterstützungsleistungen vorzusehen. Das *Grundrecht auf Hilfe in Notlagen* (Art. 12 BV) gibt immerhin jedem Menschen einen Rechtsanspruch auf die Sicherung einer menschenwürdigen Existenz (vgl. Rz. 3447 ff.). Minimale Unterstützungsansprüche können gegenüber den Kantonen daher im Sinne eines Mindeststandards grundrechtlich geltend gemacht und gerichtlich durchgesetzt werden.

3438 Nicht alle Armen erhalten *Sozialhilfe*, dh. staatliche Unterstützung. Teilweise leben sie von anderen Sozialwerken (wie den Sozialversicherungen). In den letzten Jahren bezogen in der Schweiz rund 200 000 Personen, also etwa 3 % der Bevölkerung, Sozialhilfeleistungen. Knapp unter 50 % der Sozialhilfeempfänger bzw. etwas mehr als 60 % der jungen Sozialhilfebezüger haben keinen Berufsabschluss. Eine deutliche Mehrheit lebt in urbanen Gegenden (knapp die Hälfte in Städten sowie ein weiteres Drittel in Agglomerationen). Etwas mehr als 40 % sind ausländischer Nationalität (bei einem Anteil an der gesamten Wohnbevölkerung von rund 20 %). Fast 30 % der Sozialhilfeempfänger gehören zu den Working Poor, sind also erwerbstätig, ohne dass sie mit ihrem Einkommen den Lebensunterhalt bestreiten können. Hilfswerke gehen davon aus, dass deutlich mehr als die rund 200 000 Personen, die statistisch als Sozialhilfeempfänger ausgewiesen werden, unter der Armutsgrenze leben.

§ 36 Soziale Grundrechte

Literatur

AUER/MALINVERNI/HOTTELIER II, Rz. 1498 ff.; BIGLER-EGGENBERGER MARGRITH, Nachgeführte Verfassung, Sozialziele und Sozialrechte, in: Ehrenzeller Bernhard et al. (Hrsg.), Festschrift für Ivo Hangartner, St. Gallen 1998, 497 ff.; EPINEY ASTRID/WALDMANN BERNHARD, in: Merten/Papier, Handbuch, § 224, Rz. 1 ff.; GÄCHTER THOMAS, Soziale Grundrechte, Das nackte Überleben – oder mehr?, ius.full 3 und 4/2007, 138 ff.; HÄFELIN/HALLER/KELLER, Rz. 907 ff.; HALLER/KÖLZ/GÄCHTER, Staatsrecht, 328 f.; KÄLIN WALTER/KÜNZLI JÖRG, Universeller Menschenrechtsschutz, 2. Aufl. Basel 2008, 338 ff.; KIENER/KÄLIN, Grundrechte, 379 ff.; MALINVERNI GIORGIO, Die Sozialrechte in der Schweiz, in: Erweitertes Grundrechtsverständnis: internationale Rechtsprechung und nationale Entwicklungen, Kehl am Rhein 2003, 289 ff.; MEYER-BLASER ULRICH/GÄCHTER THOMAS, in: Verfassungsrecht der Schweiz, § 34, Rz. 27 ff.; MÜLLER/SCHEFER, Grundrechte, 763 ff.; TSCHANNEN, Staatsrecht, § 7, Rz. 12, 94.

I. Allgemeines

Soziale Grundrechte garantieren den einzelnen Menschen *subjektive Ansprüche auf bestimmte staatliche Leistungen*. Sie sind wie die übrigen Grundrechte unmittelbar anwendbar und grundsätzlich gerichtlich durchsetzbar. 3439

> Die Verfassung enthält nur *wenige eigentliche Sozialrechte*. Was im Allgemeinen unter diesem Begriff verstanden wird (insb. Recht auf Arbeit, Wohnung, Bildung, Nahrung und medizinische Versorgung) ist in der Bundesverfassung vor allem als Sozialziel konzipiert. Trotzdem haben sich einige grundrechtlich abgesicherte oder mit Grundrechten zusammenhängende soziale Ansprüche herausgebildet, so das Recht auf Hilfe in Notlagen (Art. 12 BV; vgl. Ziff. II), der Anspruch auf Grundschulunterricht (Art. 19 BV; vgl. Ziff. III), der Anspruch auf unentgeltliche Rechtspflege (Art. 29 Abs. 3 BV; vgl. Rz. 3048 ff.) sowie allenfalls der noch wenig geklärte Förderungsanspruch der Jugendlichen (Art. 11 Abs. 1 BV). Grundrechtlich konzipiert ist zudem der Anspruch auf gleichen Lohn für Mann und Frau (Art. 8 Abs. 3 BV). Positive Wirkungen mit einem ergänzenden Leistungscharakter entfalten schliesslich auch andere Grundrechte wie der Schutz des Familienlebens (Art. 13 BV; vgl. Rz. 1358 ff.) und die Versammlungs- bzw. Demonstrationsfreiheit (Art. 22 BV; vgl. Rz. 1687 ff.), die gemeinhin jedoch nicht zu den Sozialrechten gezählt werden. 3440

Die Schweiz hat die *Europäische Sozialcharta* zwar unterzeichnet, aber nicht ratifiziert. Zuletzt schrieb der Nationalrat am 17. Dezember 2004 eine parlamentarische Initiative zur Ratifizierung der Sozialcharta ab (AB NR 2004, 2168). Die darin vorgesehenen Sozialrechte erlangen daher für die Schweiz keine Geltung. Im Gegensatz dazu will der Europarat die Sozialcharta ausbauen und den Sozialschutz weiter verstärken. Bis heute ist die Schweiz ebenfalls dem *1. Zusatzprotokoll zur EMRK* fern geblieben, das ua. ein Erziehungs- und Bildungsrecht gewährleistet. Demgegenüber enthält der von der Schweiz ratifizierte *UNO-Pakt I* eine Reihe von Sozialrechten, deren rechtliche Tragweite aber gering ist, da das Bundesgericht 3441 diese Rechte bisher regelmässig – mit zu absoluter Begründung – als weitgehend nicht direkt anwendbar beurteilt (vgl. etwa BGE 130 I 113; 126 I 240, 242).

3442 Das Bundesgericht stützt sich dabei va. auf die angeblich *fehlende Justiziabilität der Sozialrechte*. Die vom Staat zu erbringenden Leistungen setzen entsprechende Mittel va. finanzieller, aber auch organisatorisch-institutioneller Art (zB. Schulen) voraus. Insofern erscheinen die Möglichkeiten der gerichtlichen Durchsetzbarkeit tatsächlich beschränkt. Dennoch wird die Einhaltung der Sozialrechte in den entsprechenden Übereinkommen regelmässig durch eigene Organe garantiert, die teilweise auch individuell angerufen werden können. Mit der fehlenden Justiziabilität allein lässt sich die direkte Anwendbarkeit der in den internationalen Abkommen anerkannten Sozialrechte mithin nicht ausschliessen. Überdies gibt es auch andere Rechte (wie Entschädigungsansprüche), mit denen gegenüber dem Staat positive Leistungen gerichtlich durchgesetzt werden können. Es greift daher zu kurz, die Sozialrechte ähnlich wie die Sozialziele zu beurteilen und lediglich als Gesetzgebungsaufträge bzw. Programmnormen zu behandeln. Das Bundesgericht sollte deshalb seine Rechtsprechung zur Anwendbarkeit der völkerrechtlich gewährleisteten Sozialrechte überdenken. Nicht bestritten werden kann die Justiziabilität ohnehin bei den von der Bundesverfassung anerkannten sozialen Grundrechten, geht doch insoweit bereits die Verfassung von einem individuell durchsetzbaren Anspruch aus. Allfällige Unklarheiten über die Finanzierung oder Organisation einer staatlichen Leistung schliessen daher die gerichtliche Durchsetzbarkeit der Sozialrechte der Bundesverfassung nicht zwingend aus.

3443 Der UNO-Sozialausschuss macht demgegenüber die komplexere und in ihrer Wirkung weitergehende normative Struktur solcher Rechte deutlich (UNO-Sozialausschuss, General Comment No. 3 (1990) und dazu WALTER KÄLIN/JÖRG KÜNZLI, Universeller Menschenrechtsschutz, 2. Aufl. Basel 2008, 339 ff.).

3444 Vereinzelt kennen die *Kantone* weitergehende soziale Grundrechte als die Bundesverfassung. In ihrem entsprechenden Handlungsspielraum sind sie aber teilweise eingeschränkt, weil ihnen die bundesrechtliche Ordnung nicht beliebige Entfaltungsmöglichkeiten belässt. Namentlich können staatliche Aufgaben, die der Umsetzung des Rechts auf Arbeit oder Wohnung dienen sollen, mit dem höherrangigen Bundesrecht in Konflikt geraten, weshalb ihre rechtliche Verankerung auch in einer Kantonsverfassung unzulässig ist (vgl. etwa BGE 112 Ia 382).

3445 Beispielsweise garantiert die Verfassung der Republik und des Kantons Jura vom 20. März 1977 (SR 131.235) in Art. 19 Abs. 1 bzw. Art. 22 Abs. 1 die Rechte auf Arbeit und Wohnung, deren Tragweite allerdings umstritten ist, auch weil diese nicht bei den Grundrechten, sondern bei den Staatsaufgaben aufgeführt werden. Demgegenüber findet sich das Recht auf Wohnung nach Art. 10A Abs. 1 der Verfassung der Republik und des Kantons Genf vom 24. Mai 1874 (SR 131.234) im Grundrechtskatalog; auch hier lassen die Abs. 2 und 3 der Bestimmung jedoch darauf schliessen, dass es sich weniger um einen durchsetzbaren Anspruch als eher um eine Ziel- und Aufgabennorm handelt. Dennoch gibt es auf kantonaler Ebene auch eigentliche Sozialrechte iSv. individuell einklagbaren und durchsetzbaren Grundrechtsgarantien. Das trifft etwa für das in § 11 Abs. 2 Bst. a der neuen Verfassung des Kantons Basel-Stadt vom 23. März 2005 (SR 131.222.1; vgl. auch BBl 2006, 5114 und 5122) vorgesehene Recht auf Tagesbetreuung zu, wonach Eltern innert angemessener Frist zu finanziell tragbaren Bedingungen eine staatliche oder private familienergänzende Tagesbetreuungsmöglichkeit für ihre Kinder angeboten wird, die den Bedürfnissen der Kinder entspricht. Ebenfalls iSv. durchsetzbaren Sozialrechten enthält Art. 29 Abs. 2 und 3 der Verfassung des Kantons Bern vom 6. Juni 1993 (SR 131.212) besondere Schutz- und Unterstützungsansprüche für Kinder und Opfer schwerer Straftaten. Schliesslich dürften auch verschiedene Bestimmungen der Verfassung des Kantons Waadt vom 14. April 2003 (SR 131.231) weitergehende Leistungsansprüche enthalten als die Bundesverfassung (dies könnte zB. auf Art. 34, der ein Recht auf wesentliche medizinische Behandlung und auf nötige Unterstützung zur Verringerung eines Leidenszustandes vorsieht, auf Art. 35, wo den Frauen die materielle Sicherheit vor und nach der Geburt garantiert wird, oder auf Art. 37, der im Bedarfsfall die staatliche Unterstützung für eine erste Berufsausbildung gewährleistet, zutreffen).

Ungeklärt ist, wieweit soziale Grundrechte eingeschränkt werden können. *Ausgeschlossen* erscheinen *Eingriffe in ihren Schutzbereich*, soweit die Sozialrechte einen *Mindeststandard* gewährleisten. Gemäss der bundesgerichtlichen Rechtsprechung nennt die Rechtsordnung bei Grundrechten, die Ansprüche auf positive Leistungen begründen, anstelle der bei den Freiheitsrechten üblichen Schranken die *Voraussetzungen*, unter denen das Recht ausgeübt werden kann. Allfällige durch den Gesetzgeber erlassene einschränkende Konkretisierungen sind danach in sinngemässer (Teil-) Anwendung von Art. 36 BV daran zu messen, ob sie mit dem verfassungsrechtlich garantierten Minimalgehalt noch zu vereinbaren sind (BGE 131 I 166, 176; 129 I 12, 19 ff.). Diese Rechtsprechung erscheint heikel. Bei der Beurteilung der Zulässigkeit von Eingriffen in soziale Grundrechte ist zu gewährleisten, dass die Anforderungen an den Schutz der Menschenwürde gewahrt bleiben und die Sozialrechte nicht ihres Gehalts beraubt werden. In diesem Sinne erweisen sich Einschränkungen bei den sozialen Grundrechten, wenn überhaupt, dann nur sehr beschränkt und ausnahmsweise als zulässig. 3446

II. Recht auf Hilfe in Notlagen

Literatur

AMSTUTZ KATHRIN, Anspruchsvoraussetzungen und -inhalt, in: Tschudi Carlo (Hrsg.), Das Grundrecht auf Hilfe in Notlagen, Bern/Stuttgart/Wien 2005, 17 ff.; DIES., Das Grundrecht auf Existenzsicherung: Bedeutung und inhaltliche Ausgestaltung des Art. 12 der neuen Bundesverfassung, Bern 2002; AUER/MALINVERNI/HOTTELIER II, Rz. 1520 ff.; BIAGGINI, BV Kommentar, Art. 12; BIGLER-EGGENBERGER MARGRITH, in: St. Galler Kommentar, Art. 12; BREINING-KAUFMANN CHRISTINE/WINTSCH SANDRA, Rechtsfragen zur Beschränkung der Nothilfe, ZBl 106/2005, 497 ff.; EPINEY ASTRID/WALDMANN BERNHARD, in: Merten/Papier, Handbuch, § 224, Rz. 9 ff.; GÄCHTER THOMAS, Rechtsmissbrauch im öffentlichen Recht, Zürich 2005; GYSIN CHARLOTTE, Der Schutz des Existenzminimums in der Schweiz, Basel/Genf/München 1999; KIENER/KÄLIN, Grundrechte, 394 ff.; MAHON PASCAL, in: Petit commmentaire, Art. 12; MALINVERNI GIORGIO/HOTTELIER MICHEL, La réglementation des décisions de non-entrée en matière dans le domaine du droit d'asile, aspects constitutionnels, AJP 2004, 1348 ff.; MÜLLER/SCHEFER, Grundrechte, 763 ff.; TSCHUDI

CARLO (Hrsg.), Das Grundrecht auf Hilfe in Notlagen, Bern/Stuttgart/Wien 2005; DERS., Nothilfe an Personen mit Nichteintretensentscheid, Jusletter vom 20. März 2006; UEBERSAX PETER, Nothilfe: Gesetze auf Verfassungsmässigkeit prüfen, plädoyer 4/2006, 44 ff.; WALDMANN BERNHARD, Das Recht auf Nothilfe zwischen Solidarität und Eigenverantwortung, ZBl 107/2006, 341 ff.

a. Entstehungsgeschichte

3447 Im Jahr 1995 hat das Bundesgericht erstmals ein Recht auf Existenzsicherung als ungeschriebenes Grundrecht der Verfassung anerkannt (BGE 121 I 367, 370). Mit der Totalrevision der Bundesverfassung von 1999 wurde dieses Recht als sog. Recht auf Hilfe in Notlagen – nach längerer politischer Auseinandersetzung – in Art. 12 BV in den Verfassungstext aufgenommen.

3448 Im Rahmen der Verfassungsreform wurde gegenüber der bundesrätlichen Fassung, die ein «Recht auf Existenzsicherung» vorgeschlagen hatte, nicht nur der Begriff geändert (Recht auf Hilfe in Notlagen), sondern auch ein Passus hinzugefügt, der die *Eigenverantwortlichkeit des Einzelnen* und die *Subsidiarität des Grundrechts* betont (zur Eigenverantwortung im Sozialverfassungsrecht vgl. Rz. 3388): Anspruchsberechtigt soll nur eine Person in Notlage sein, die «... nicht in der Lage ist, für sich zu sorgen». Keinen «Anspruch auf staatliche Leistungen zur Existenzsicherung hat, wer solche Leistungen beansprucht, obwohl er in der Lage ist, sich die für das Überleben erforderlichen Mittel selber zu verschaffen» (BGE 130 I 71; Urteil des Bundesgerichts 2P.147/2002 [2003]).

3449 Art. 11 UNO-Pakt I anerkennt ein *Recht auf angemessenen Lebensstandard und Schutz vor Hunger*. Offen ist, ob die Kürzung oder der Entzug der Nothilfe eine unmenschliche Behandlung im Sinne von Art. 3 EMRK oder allenfalls einen Verstoss gegen das Recht auf Leben nach Art. 2 EMRK darstellt. Die Frage wurde, soweit ersichtlich, vom EGMR bisher so noch nie entschieden, doch ist erhärtet, dass sich aus Art. 2 und 3 EMRK auch positive Schutz- und Gewährleistungspflichten ableiten lassen.

b. Geltungsbereich

1. Allgemeiner Schutzbereich

3450 Das Recht auf Hilfe in Notlagen steht in engem Konnex zum Schutz der Menschenwürde in Art. 7 BV und garantiert, «was für ein menschenwürdiges Dasein unabdingbar ist und vor einer unwürdigen Bettelexistenz zu bewahren vermag» (BGE 134 I 65, 69; 131 I 166, 172; 130 I 71, 74; 121 I 367, 373). Gemeint sind elementare menschliche Bedürfnisse wie Nahrung, Kleidung, Obdach und medizinische Versorgung. Im Wesentlichen garantiert Art. 12 BV die *Überlebenshilfe* (BGE 131 I 166, 172). Auch wenn damit die Tragweite der Bestimmung in quantitativer Hinsicht beschränkt bleibt, kann ihr eine erhebliche qualitative verfassungsrechtliche Bedeutung nicht abgesprochen werden. Als soziales Grundrecht enthält Art. 12 BV sowohl einen *Leistungsanspruch* gegenüber dem Staat als auch einen *Abwehran-*

spruch (vgl. BGE 122 I 101, 104) gegen staatliche Eingriffe in die vorhandenen Daseinsgrundlagen des Individuums.

> Ergänzend verfügt Art. 12 BV über einen *prozessualen Schutzgehalt*, indem die Behörden die erforderlichen Verfahrensrechte, allenfalls auch von Amtes wegen, gewähren müssen, damit der Leistungsanspruch überhaupt geltend gemacht werden kann. Heikel erscheint demgegenüber, das Recht auf Hilfe in Notlagen zur Begründung des öffentlichen Interesses an der Zwangsmedikation und damit der Verfassungsmässigkeit derselben beizuziehen (so aber das Bundesgericht, vgl. BGE 130 I 16, 20; 127 I 6, 25 und 29 f.). Das Leistungsrecht trägt damit zur Rechtfertigung einer Duldungspflicht bei, womit die Schutzrichtung des Grundrechts gewissermassen umgekehrt wird. Nicht problematisch ist es demgegenüber, die Verhältnismässigkeit eines Bettelverbots ua. damit zu begründen, Art. 12 BV schaffe zusammen mit anderen sozialrechtlichen Massnahmen ein enges soziales Netz, das eine Abhängigkeit vom Betteln ausschliesse (vgl. BGE 134 I 214, 220 f.). 3451

2. *Träger*

Das Recht auf Hilfe in Notlagen gilt für *alle Menschen*, die sich in der Schweiz – ob legal oder illegal – aufhalten, und unabhängig davon, aus welchen Gründen die Notlage entstanden ist. 3452

3. *Begriff der Notlage*

Der *Begriff der Notlage* ist vom Bundesgericht noch wenig konkretisiert worden. Dem um Hilfe Ersuchenden muss es jedoch an den erforderlichen Mitteln für ein menschenwürdiges Dasein fehlen. In zeitlicher Hinsicht muss die Notlage eingetreten sein oder kurz bevorstehen. Massgebend sind die *aktuellen, tatsächlichen Verhältnisse*. Der Leistungsansprecher hat bei der Feststellung der Notlage mitzuwirken, soweit ihm dies zumutbar ist (BGE 131 I 166, 175). 3453

> Doktrin und Rechtsprechung befassten sich bisher fast ausschliesslich mit der *finanziellen Notlage*. Daneben gibt es aber auch *andere faktische Notsituationen* wie die Berg- oder Seenot oder medizinische Notfälle. Gestützt auf Art. 12 BV existiert auch in solchen Fällen gegenüber dem Staat ein Anspruch auf Nothilfe, falls deren faktische Erbringung möglich und den zuständigen Behörden nach den Umständen zumutbar ist, wobei an die Zumutbarkeit hohe Anforderungen zu stellen sind. Hingegen erscheint eine Rückerstattungs- bzw. Entschädigungspflicht nach erfolgter Hilfeleistung und Behebung der Notlage verfassungsrechtlich nicht ausgeschlossen, sofern dafür eine genügende gesetzliche Grundlage besteht und die Rückerstattung finanziell und persönlich zumutbar ist. 3454

4. *Staatliche Leistungspflicht*

Auch der *Umfang der Leistungspflicht* ist noch nicht vollständig geklärt. Das Recht auf Hilfe in Notlagen gewährleistet kein zahlenmässig festgelegtes Mindesteinkommen. «Es ist in erster Linie Sache des zuständigen Gemeinwesens, auf Grundlage seiner Gesetzgebung über Art und Umfang der im konkreten Fall gebotenen Leistungen zu bestimmen», wobei der Grundrechtsschutz durch Sach- oder Geld- 3455 leistungen sichergestellt werden kann (BGE 131 I 166, 181 f.; 121 I 367, 373). Wie die Leistung erbracht wird, entscheidet der Staat; für den Bezüger besteht grundsätzlich kein Recht, nach eigener Priorität unter verschiedenen geeigneten Hilfsmitteln ein bestimmtes auszuwählen. Das Bundesgericht hat immerhin festgehalten, uU. seien Sachleistungen grundsätzlich vorzuziehen, ohne jedoch gleichzeitig Geldleistungen ausdrücklich als unzulässig zu beurteilen. Konkret ging es dabei um die Frage der Unterstützung illegal anwesender Asylbewerber, auf deren Asylgesuch nicht eingetreten worden war (BGE 131 I 166, 182 ff.). Gemäss der Rechtsprechung sind sodann sachlich begründete Unterscheidungen nach den Umständen des Einzelfalles zulässig, zB. nach dem Alter und Gesundheitszustandes oder auch nach dem Anwesenheitsstatus des Ansprechers, soweit die Menschenwürde garantiert bleibt (BGE 131 I 166, 182 f.). Erhärtet ist insofern, dass jedenfalls die physische Integrität zu respektieren ist; analoges muss aber auch für die psychische Integrität gelten. Unklar bleibt, wieweit der Staat ebenfalls die Möglichkeit zur Pflege sozialer Beziehungen zu gewährleisten hat; hier ergeben sich am ehesten Möglichkeiten zu Differenzierungen, wobei allerdings nicht übersehen werden darf, dass minimale Sozialkontakte zu einem menschenwürdigen Dasein gehören.

3456 Diese Rechtsprechung ermöglicht *angezeigte Differenzierungen*, steht aber auch in Gefahr, einer eigentlichen Ungleichbehandlung Vorschub zu leisten, selbst wenn der verfassungsrechtliche Minimalanspruch grundsätzlich erfüllt wird. Die Lehre ihrerseits nennt verschiedene Konkretisierungsgesichtspunkte (MÜLLER/SCHEFER, Grundrechte, 771 ff.). Das Bundesgericht wird sich in seiner zukünftigen Praxis mit diesen Anregungen weiterhin auseinandersetzen müssen. Wesentlich erscheint dabei die Orientierung am Grundsatz der *Menschenwürde* (Art. 7 BV).

5. Kerngehalt und Subsidiaritätsprinzip

3457 Das Recht auf Hilfe in Notlagen ist *unantastbar*; Schutzbereich und *Kerngehalt* fallen zusammen (BGE 131 I 166, 172; 130 I 71, 75). Damit sind Eingriffe in Art. 12 BV ausgeschlossen (BGE 131 I 166, 176 f.). Kein solcher liegt auch dann vor, wenn sich die Sozialbehörde weigert, ausstehende Wohnungsmietzinse nachzuzahlen, den zu unterstützenden Personen jedoch eine Notwohnung zuweist (Urteil des Bundesgerichts 8C_139/2008 [2008] E.9.2; vgl. auch das Urteil 8C_347/2007 [2008]). Die überwiegende Lehre hält überdies dafür, dass auch für die Annahme von Rechtsmissbrauch kein Raum verbleibt; das Bundesgericht schliesst dies indessen für den Fall nicht aus, dass Unterstützungsmittel zweckwidrig verwendet werden (BGE 131 I 166, 177 ff.).

3458 Die Fragen des Umfangs und der Beschränkbarkeit des Grundrechts stehen in einem engen Konnex. «Je weiter das garantierte Minimum ausgedehnt wird, desto eher drängt sich auf, gewisse Missbrauchs- und Verschuldenstatbestände zu anerkennen. Dadurch geht die Qualität des Grundrechts als Kerngehalt verloren und es entsteht die Gefahr, dass auch tatsächlich Bedürftige ... von seinem Schutz ausgeschlossen bleiben. Dies würde der Grundkonzeption dieses Grundrechts widersprechen» (MÜLLER/SCHEFER, Grundrechte, 776).

Ungeklärt blieb während längerer Zeit die *Tragweite des Subsidiaritätsprinzips*, 3459
mit dem letztlich der Grundsatz der Eigenverantwortung umgesetzt wird. Klar ist
heute immerhin, dass der Schutzbereich von Art. 12 BV gar nicht erst berührt ist,
wenn es an der erforderlichen Subsidiarität fehlt. So gesehen, greift eine Art «Alles
oder Nichts»-Grundsatz: Entweder besteht die Notlage und die Subsidiaritätsvoraussetzung ist gewahrt, womit der volle (dh. unkürzbare) Unterstützungsanspruch
gegeben ist, oder es fehlt an der einen oder anderen Voraussetzung, womit der Leistungsanspruch ganz entfällt.

> Schon früh hielt das Bundesgericht in diesem Sinne fest, ein unbefristeter Entzug 3460
> sämtlicher Fürsorgeleistungen sei unzulässig, solange es einer Person «rechtlich
> verwehrt oder objektiv unmöglich ist, [ihren] Lebensunterhalt selber zu bestrei
> ten» (BGE 122 II 193, 201). Das Subsidiaritätserfordernis wird hingegen nicht
> erfüllt, wenn Dritte aufgrund einer gesetzlichen oder vertraglichen Verpflichtung
> für den Notleidenden aufkommen müssen und sich dies rechtzeitig durchsetzen
> lässt. Freiwillige private Hilfeleistung (etwa durch kirchliche oder soziale Hilfs
> organisationen) verdrängt den Leistungsanspruch gegenüber dem Staat nur,
> wenn sie tatsächlich in Anspruch genommen und erbracht wird. Der Staat kann
> sich jedoch nicht unter Hinweis auf nicht durchsetzbare private Hilfsangebote
> seiner Leistungspflicht entziehen. Hingegen ist es ihm unbenommen, mit priva
> ten Hilfsorganisationen zusammenzuarbeiten bzw. die Erbringung der Nothilfe
> an solche zu übertragen. Besteht in diesem Sinne ein Leistungsangebot, von dem
> in zumutbarer Weise Gebrauch gemacht werden kann, liegt grundsätzlich keine
> Notlage vor (vgl. zB. das Urteil des Bundesgerichts 2P.73/2005 [2005] E.5).

> Gemäss BGE 130 I 71 erfüllt die Anspruchsvoraussetzungen ebenfalls nicht, 3461
> wer objektiv in der Lage wäre, sich insb. durch Annahme einer zumutbaren Ar
> beit bzw. durch Teilnahme an Beschäftigungs- und Integrationsmassnahmen
> aus eigener Kraft die für das Überleben erforderlichen Mittel zu verschaffen.
> Selbst wenn allerdings jemand mit- oder selbstverschuldet in eine tatsächliche
> Notlage fällt, indem er etwa freiwillig Vermögenswerte weggibt, ist ihm das
> Überleben zu sichern (BGE 134 I 65). Auch Nebenbestimmungen wie Auflagen
> sind nur zulässig, soweit sie dem Zweck von Art. 12 BV, der Sicherung des
> menschenwürdigen Daseins, dienen. So ist es gemäss der bundesgerichtlichen
> Rechtsprechung insb. verfassungswidrig, illegal anwesenden Ausländern die
> Nothilfe wegen Missachtung ihrer asyl- oder ausländerrechtlichen Mitwir
> kungspflichten zu verweigern (BGE 131 I 166).

> Die Lehre begrüsste den letztgenannten Entscheid weitgehend einhellig. Dem- 3462
> gegenüber bekundete der Bundesgesetzgeber damit erhebliche Mühe. Bei der
> Revision der Sozialhilferegelung im Asylgesetz war er versucht, entgegen der
> bundesgerichtlichen Rechtsprechung die Möglichkeit der Kürzung bzw. des
> Ausschlusses des Nothilfeanspruches gesetzlich einzuführen (vgl. insb. AB SR
> 2005, 360). Es kann aber kein Zweifel bestehen, dass sich auch der Bundesge
> setzgeber an die verfassungsmässige Garantie von Art. 12 BV zu halten hat.
> Die Räte vermochten sich schliesslich auf einen Gesetzestext zu einigen, der
> nicht im offenen Widerspruch zur Verfassung steht; danach setzt die Ausrich
> tung der Nothilfe voraus, dass die betroffene Person beim Vollzug einer rechts
> kräftigen Wegweisung, die zulässig, zumutbar und möglich ist, sowie bei der
> Ermittlung der Voraussetzungen der Nothilfe mitwirkt (Art. 83a der Asylge
> setz-Novelle vom 16. Dezember 2005; AS 2006, 4745, 4753).

3463　So oder so erscheint die fragliche Gesetzgebung noch immer *verfassungsrechtlich heikel*. Inhaltlich betrifft dies nicht nur die Pflicht, bei der Ermittlung der Voraussetzungen der Nothilfe mitzuwirken, sondern auch die Mitwirkungspflicht beim Vollzug der Wegweisung. Selbst wer diese Pflicht nicht erfüllt, darf vom Staat nicht im Stich gelassen werden. Überdies gewährleistet Art. 12 BV einen Mindeststandard mit individualrechtlichem Charakter. Die Bestimmung stellt eine subsidiäre, letzte Auffanggarantie dar mit einzelfallbezogener und flexibel umsetzbarer Wirkung. Es ist daher fragwürdig, generell ganze Bevölkerungsgruppen, namentlich illegal anwesende Personen aus dem Asylbereich, von den grundsätzlich vorgehenden übrigen Sozialsystemen wie insb. der Sozialhilfe auszuschliessen und auf die Nothilfe zu verweisen (dazu MÜLLER/SCHEFER, Grundrechte, 781). Abgesehen davon ist auch zu bezweifeln, dass der Bund über die Kompetenz verfügt, die – nach Art. 115 BV grundsätzlich für die Sozialhilfe zuständigen – Kantone zu einer solchen Ordnung zu verpflichten. Das Bundesgesetz regelt insofern an sich einzig die den Kantonen vom Bund zu leistenden Beiträge (Subventionen) für die Unterstützung von Menschen aus dem Asylbereich. Damit ist grundsätzlich davon auszugehen, dass die Kantone verfassungsrechtlich frei bleiben, von den Voraussetzungen gemäss Art. 83a AsylG abzuweichen und insb. dem betroffenen Personenkreis (unter Belastung der eigenen Ressourcen) eigentliche Sozialhilfe zu gewähren.

c. Weitere Instrumente zur Daseinssicherung

3464　Der Schutz und die Gewährleistung der Daseinsgrundlagen werden in der Rechtsordnung unter verschiedenen Aspekten angesprochen. Die primären Instrumente zur Sicherung der wirtschaftlichen Existenz sind die *Sozialversicherungen* und die *Sozialhilfe* (vgl. dazu Rz. 3421 ff.).

3465　Berücksichtigung findet der Schutz des Existenzminimums aber auch im *Schuldbetreibungs- und Konkursrecht*, im *Steuerrecht* und im *Familienrecht*. Kaum verwirklicht ist dieser Schutz hingegen bis heute im Arbeitsrecht. Die genannten Regelungen auf Gesetzesstufe definieren je für sich, mit welchen Instrumenten und in welchem Umfang ein Existenzminimum respektiert werden muss, dürfen aber den Mindeststandard von Art. 12 BV nicht unterschreiten.

III. Anspruch auf Grundschulunterricht

Literatur

AUER/MALINVERNI/HOTTELIER II, Rz. 1534 ff.; BIAGGINI, BV Kommentar, Art. 19; BORGHI MARCO, in: Kommentar BV, Art. 27 (1988); EHRENZELLER BERNHARD/SCHOTT MARKUS, in: St. Galler Kommentar, Art. 62; EPINEY ASTRID/WALDMANN BERNHARD, in: Merten/Papier, Handbuch, § 224, Rz. 30 ff.; FRÜH BEATRICE, Die Uno-Kinderrechtskonvention, Ihre Umsetzung im schweizerischen Schulrecht, insbesondere im Kanton Aargau, Zürich/St. Gallen 2007; HÄFELIN/HALLER/KELLER, Rz. 920 ff.; HÖRDEGEN STEPHAN, Grundziele und -werte der «neuen» Bildungsverfassung, ZBl 108/2007, 113 ff.; HORVÁTH SÁNDOR, Der verfassungsmässige Anspruch auf einen zumutbaren Schulweg, ZBl 12/2007, 633 ff.; KÄGI-DIENER REGULA, in: St. Galler Kommentar, Art. 19; KIENER/KÄLIN, Grundrechte, 386 ff.; MAHON PASCAL, in: Petit commentaire, Art. 19 und Art. 62; MÜLLER/SCHEFER, Grundrechte, 782 ff.; PFENNINGER-HIRSCH KARIN/HAFNER FELIX, Ausländische Schulkinder und ausländische Studierende, in: Uebersax/Rudin/Hugi Yar/Geiser (Hrsg.), Ausländerrecht, 2. Aufl., Basel 2009, 1267 ff.; PLOTKE HERBERT, Die Bedeutung des Begriffes Grundschulunterricht in Art. 19 und in Art. 62 Abs. 2 der Bundesverfassung, ZBl 106/2005, 553 ff.; DERS., Schweizerisches Schulrecht, 2. Aufl., Bern 2003; RÜSSLI MARKUS, Begabtenförderung an öffentlichen Schulen, ZBl 104/2003, 352 ff.

a. Geltungsbereich

Art. 19 BV garantiert jedem Menschen in der Schweiz den *Genuss eines unentgeltlichen Grundschulunterrichts*. Grundrechtsträger sind sowohl Schweizerinnen und Schweizer als auch Personen ausländischer Nationalität. Auf den Anwesenheitsstatus kommt es dabei nicht an. 3466

Gegenüber dem früheren Recht auf unentgeltlichen Primarunterricht gemäss Art. 27 Abs. 2 aBV ist nun, der Praxis entsprechend, von *Grundschulunterricht* die Rede, welcher *über die Primarschulstufe hinausreicht*. 3467

> Eine völkerrechtskonforme Interpretation von Art. 19 BV (insb. im Lichte von Art. 13 Abs. 2 Bst. b UNO-Pakt I) führt nach der hier vertretenen Auffassung zum Schluss, dass unter den Begriff des Grundschulunterrichts auch verschiedene Formen des höheren Schulwesens einschliesslich des höheren Fach- und Berufsschulwesens fallen. Es fragt sich überdies, ob nicht Gehalte der Wirtschaftsfreiheit, insb. die Berufswahlfreiheit, zur Abstützung heranzuziehen wären, um dem Normziel einer ausreichenden beruflichen Ausbildung Nachachtung zu verschaffen. 3468

> Demgegenüber besteht nach Ansicht des Bundesgerichts und dem überwiegenden Teil der Lehre kein bundesverfassungsrechtlicher Anspruch auf den Besuch weiterer, über den Grundschulunterricht während der obligatorischen Schulzeit hinausgehender Bildungsstufen wie Mittel- oder Hochschulen (vgl. BGE 125 I 173, 176 und 121 I 22, 24, sowie, gestützt auf die geltende Verfassung, das Urteil 2P.203/2001 [2001] E. 2b). Danach gewährleistet Art. 19 BV jedem Kind eine unentgeltliche, seinen Fähigkeiten entsprechende Grundschulbildung während der *obligatorischen Elementarschulzeit* von mindestens neun Jahren (BGE 129 I 35, 39) und ein weitergehender Anspruch lässt sich insb. nicht aus der Wirtschaftsfreiheit ableiten (vgl. dazu Rz. 3196 ff.). Allerdings sind die Gemeinwesen aufgrund von Art. 8 BV gehalten, den Zugang zum bestehenden Gymnasial- und Hochschulunterricht in rechtsgleicher Weise zu gewährleisten, wobei die Zulassungskriterien zumindest in den Grundzügen in einem Gesetz im formellen Sinn enthalten sein müssen (vgl. für die Mittelstufe das Urteil des Bundesgerichts 2P.304/2005 [2006] das sich an die Rechtsprechung zur Zulassung zum Hochschulstudium – dazu etwa BGE 130 I 113, 125 I 173, 121 I 22 und 103 Ia 369 – anlehnt). 3469

> Selbst der Unterricht an einer Mittelschule während der obligatorischen Schulzeit zählt nach Auffassung des Bundesgerichts nicht zum verfassungsrechtlich geschützten Grundschulunterricht (BGE 133 I 156; das Gericht weist jedoch darauf hin, dass im konkreten Fall nur die Transportkosten in Frage standen und lässt ausdrücklich offen, ob die Frage mit Bezug auf die Erhebung von Schulgeldern anders zu entscheiden wäre). Jedenfalls erscheint diese Rechtsprechung 3470

als zu eng, werden damit doch sachlich nicht vertretbare Ungleichheiten je nach absolvierter Schulstufe geschaffen. Unabhängig davon, an welcher Stufe die Schule besucht wird, gehören daher zumindest die ganzen obligatorischen Jahre der Grundausbildung zum verfassungsrechtlich garantierten Schulunterricht. Eine andere Frage ist, ob ausserhalb der eigentlichen Ausbildung (wie etwa bei der Unentgeltlichkeit von Transportkosten) gewisse Beschränkungen unter Einhaltung bestimmter Voraussetzungen wie insb. einer gesetzlichen Grundlage und unter Wahrung der Verhältnismässigkeit zulässig sein können.

3471 Obwohl Einschränkungen von sozialen Grundrechten, die einen Mindeststandard gewährleisten, nur bedingt zulässig erscheinen, kann nach Auffassung des Bundesgerichts ein *vorübergehender, verhältnismässiger* Ausschluss eines Schülers vom Unterricht im öffentlichen Interesse liegen und verfassungsmässig sein. Darüber hinaus ist zu fordern, dass Einschränkungen sozialer Rechte nur insoweit zulässig sind, als sie zur Auflösung unvermeidbarer Konflikte mit Grundrechten Dritter zwingend erforderlich erscheinen; andere öffentliche Interessen genügen nicht (dazu MÜLLER/SCHEFER, Grundrechte, 799).

3472 Dies gilt dann, wenn sonst «ein geordneter und effizienter Schulbetrieb nicht mehr aufrechterhalten werden kann und dadurch der Ausbildungsauftrag der Schule in Frage gestellt wird» (BGE 129 I 12, 23). Das Bundesgericht erachtete einen solchen *Schulausschluss* bis zu zwölf Wochen als zwar einschneidend, aber noch nicht verfassungswidrig (BGE 129 I 12, 30). Ein definitiver Schulausschluss setzt demgegenüber voraus, dass erfolglos ersatzweise ein Schulunterricht an einer anderen geeigneten staatlichen Einrichtung angeboten worden ist (vgl. BGE 129 I 35, 48 f.).

3473 Art. 19 BV ist – nach altem Sprachgebrauch – ein sog. «kleines Sozialrecht», das einen Anspruch auf staatliche Leistung, nämlich auf eine grundlegende Bildung, vermittelt. Es gewährleistet ein Minimum an Chancengleichheit, indem es alle jungen Menschen an der elementaren Schulbildung teilhaben lässt. Insofern sollte der Begriff des *«kleinen»* Sozialrechts fallen gelassen werden.

b. Verfassungsrechtliche Anforderungen an den Grundschulunterricht

3474 Der Grundschulunterricht fällt in die *Schulhoheit der Kantone*. Diese haben jedoch für einen Grundschulunterricht zu sorgen, der folgenden Anforderungen genügen muss (vgl. insb. Art. 62 Abs. 2 BV):

3475 – Er muss *allen* Kindern offen stehen, also auch den wenig Begabten, Behinderten oder den Kindern von sich illegal in der Schweiz aufhaltenden Ausländerinnen und Ausländern, und ist grundsätzlich am Wohnort zu erbringen. Aus Art. 19 BV ergibt sich demnach auch ein Anspruch auf Übernahme der *Transportkosten*, wenn dem Kind der Schulweg wegen übermässiger Länge oder Gefährlichkeit nicht zugemutet werden kann (Urteile des Bundesgerichts 2P.101/2005 [2005] und 2P.101/2004 [2004]). Es gilt aber kein Recht auf unentgeltlichen Besuch einer Schule nach freier Wahl, weder im Aufenthalts- oder Wohnort noch an einem anderen Ort (vgl. BGE 125 Ia 347, 360; ZBl 105/2004, 276). Auch Art. 11 BV hilft hier nicht weiter (vgl. das Urteil des Bundesgerichts 2P.324/2001 [2002]; bestätigt in 2C_495/2007 [2008], in: ZBl 2008, 494 ff.).

– Der Unterricht muss *ausreichend* sein, um den jungen Menschen zu ermöglichen, ihr Leben in einer sich verändernden Umwelt selbständig zu meistern, von den Freiheitsrechten Gebrauch zu machen, einen Beruf auszuüben und die demokratischen Rechte auszuüben. Indessen besteht kein Anspruch auf die optimale bzw. geeignetste Schulung eines Kindes, insb. auf private Sonderschulung eines einseitig hochbegabten Kindes, dessen Fähigkeiten auch im Rahmen spezieller Fördermassnahmen an einer öffentlichen Schule, evtl. in einer anderen Schulgemeinde mit besonderer Begabtenförderung, Rechnung getragen werden kann (Urteil des Bundesgerichts 2P.216/2002 [2003], vgl. auch das Urteil 2C_187/2007 [2007] E.2.4.2).   3476

– Der Unterricht ist *obligatorisch* und an öffentlichen Schulen *unentgeltlich*, sodass er von allen Jugendlichen besucht werden kann und muss. Der Schulbesuch ist zwingend; insofern gilt eine Schulpflicht, die zu den Grundpflichten gezählt werden kann (vgl. Rz. 1197). Die Kostenlosigkeit erstreckt sich auf die Ausbildung und das dafür notwendige Schulmaterial. Privatschulkosten muss der Staat nur dann übernehmen, wenn er keinen eigenen ausreichenden öffentlichen Schulunterricht anzubieten vermag. Insb. braucht er den freiwilligen Besuch einer Privatschule nicht zu bezahlen.   3477

> Zwischen dem Obligatorium des Schulunterrichts und dem Grundsatz, dass es auf den Anwesenheitsstatus nicht ankommt, kann sich ein *Zielkonflikt* ergeben. Wenn die Schulbehörden nämlich verpflichtet wären, illegal anwesende Schüler den Migrationsbehörden zu melden, könnte das diese dazu verleiten, sich dem Schulbesuch zu entziehen. Das Verfassungsrecht verpflichtet damit zu Regelungen, welche solche Zielkonflikte vermeiden. Dabei ist idR. das Interesse des illegal anwesenden Kindes höher zu gewichten als das ausländerrechtliche Interesse an einem geregelten Aufenthaltsstatus.   3478

– Der Unterricht muss *staatlicher* Leitung oder Aufsicht unterstehen. Dabei gilt der Grundsatz der konfessionellen Neutralität, der sich aus Art. 15 Abs. 4 BV ergibt (und früher in Art. 27 Abs. 3 aBV ausdrücklich enthalten war). Bei der Aufsicht über konfessionelle Schulen ist die Religionsfreiheit (Art. 15 BV) zu wahren.   3479

> *Private Schulen* sind demgemäss grundsätzlich zulässig; es besteht kein bundesrechtliches Schulmonopol des Staates. Das Grundschulobligatorium kann auch durch den Besuch privater Schulen erfüllt werden. Private Bildungseinrichtungen stehen im Übrigen unter dem Schutz verschiedener Grundrechte. In den Schutzbereich der Wirtschaftsfreiheit fällt namentlich die Erhebung eines *Schulgelds* durch Privatschulen. Ein umfassendes Grundrecht der *Privatschulfreiheit* kennt die Bundesverfassung indessen nicht.   3480

– Bereits unter dem allgemeinen Erfordernis eines ausreichenden Unterrichts galten besondere verfassungsrechtliche Anforderungen für *Behinderte* und *weniger Begabte*. Solche Kinder haben Anspruch auf eine den individuellen Fähigkeiten und der Persönlichkeitsentwicklung entsprechende Grundschulausbildung (BGE 130 I 352; 117 Ia 27). Insbesondere ist die behinderungsbedingte Nichteinschu-   3481 lung in die Regelschule qualifiziert zu rechtfertigen. Diese kann aber dem Wohl des behinderten Kindes entsprechend zulässig sein, selbst wenn eine angemessene Sonderschulung nur ausserhalb des Wohnsitzkantons möglich ist (BGE 130 I 352). Nach der im Rahmen der NFA beschlossenen neuen Bestimmung von Art. 62 Abs. 3 BV sorgen die Kantone ausdrücklich für eine *ausreichende Sonderschulung* aller behinderten Kinder und Jugendlichen bis längstens zum vollendeten 20. Altersjahr. Die verfassungsrechtliche Regelung gilt insofern über das Alter hinaus, für das der Anspruch auf Grundschulunterricht gemeinhin Anwendung findet. Ergänzende Bestimmungen finden sich überdies im Behindertengleichstellungsgesetz vom 13. Dezember 2002 (BehiG; vgl. dazu Rz. 1969).

3482 Mit der *Neuordnung der Verfassungsbestimmungen zur Bildung* vom 16. Dezember 2005 (vgl. Art. 61a–67 BV; AS 2006, 3033) werden die Kantone ua. zur *gesamtschweizerischen Harmonisierung* auch des Grundschulunterrichts beim Schuleintrittsalter, bei der Schulpflicht, bei der Dauer und den Zielen der Bildungsstufen, bei den Übergängen im System sowie bei der Anerkennung von Abschlüssen verpflichtet. Kommt auf dem Koordinationsweg keine Harmonisierung zustande, erlässt der Bund die notwendigen Vorschriften (Art. 62 Abs. 4 BV). Darüber hinaus regelt der Bund den Beginn des Schuljahres (Art. 62 Abs. 5 BV), wobei er nicht an eine bestimmte Jahreszeit gebunden ist.

3483 *Koordinationsbestrebungen im Schulwesen* gab es schon seit geraumer Zeit. Nachdem in der BV-Totalrevision von 1874 die kantonalen Verpflichtungen zum Grundschulunterricht (bzw. gemäss dem damaligen Wortlaut der Verfassung «Primarunterricht») geschaffen worden waren, sollte ein Bundesgesetz, das ua. die Einrichtung eines eidgenössischen «Schulsekretärs» vorsah, für eine gewisse Harmonisierung sorgen. 1882 wurde dieses Schulgesetz jedoch nicht zuletzt wegen kantonalen Vorbehalten gegenüber dem eidgenössischen «Schulvogt», wie damals argumentiert wurde, in der Volksabstimmung abgelehnt. In der Folge gab es verschiedene Koordinationsbemühungen auf dem Weg der interkantonalen Zusammenarbeit, die aber nie zu einer gesamtschweizerischen Harmonisierung führten und teils auch kleinräumige Unterschiede nicht zu beseitigen vermochten. Am 4. März 1973 scheiterte eine Verfassungsreform (Bildungsartikel) mit ua. der Anerkennung eines eigentlichen Rechts auf Bildung sowie der Einführung einer Bundeskompetenz für eine weitgehende Schulharmonisierung knapp am Ständemehr (bei Erreichen des Volksmehrs). Verfassungsrechtlich waren die Koordinationsbestrebungen erst 1985 mit der Einführung des einheitlichen Schuljahresbeginns für den obligatorischen Schulunterricht (damals ausdrücklich für den Spätsommer vorgeschrieben) erstmals in kleinem Umfang erfolgreich. Zusätzliche Vorstösse zur Koordination im Schulbereich führten nunmehr zur deutlich weitergehenden neuen verfassungsrechtlichen Lage (vgl. dazu etwa den historischen Abriss in BBl 2005, 5479, 5485 ff.).

3484 *Ziel der Harmonisierung* ist es, Hindernisse für die Mobilität der Bevölkerung zu beseitigen und in der ganzen Schweiz eine vergleichbare Qualität des Unterrichts zu sichern. Die verfassungsrechtlichen Vorgaben sollen durch eine Angleichung des Schuleintrittsalters und der einheitlichen Abfolge der Schulstufen, durch vereinheitlichte Unterrichtsprogramme (inkl. Fremdsprachenregelung) sowie durch inhaltliche und leistungsbezogene Bildungsstandards umgesetzt werden. Im Vordergrund steht eine *Konkordatslösung*. Die entsprechende *Bundeskompetenz* ist *subsidiär*, greift aber dann, wenn die Kantone innert vernünftiger Frist keine Koordination zustande bringen. Eine feste zeitliche Vorgabe gibt es dazu allerdings nicht.

c. **Grundschulunterricht und öffentliche Gesundheit**

Dem obligatorischen Unterricht kommt seit geraumer Zeit eine grosse Bedeutung bei der *Umsetzung öffentlicher Gesundheitsinteressen* zu. Schul-, Gesundheits- und Sozialpolitik verfolgen dabei häufig (teilweise) deckungsgleiche Ziele. Dass sowohl die Bildung und die Sozialhilfe als auch die öffentliche Gesundheit weitgehend in die Zuständigkeit der Kantone fallen, erleichterte entsprechende staatliche Massnahmen. Dennoch bedarf es einer gewissen Koordination zwischen den verschiedenen Gemeinwesen, verfügt doch auch der Bund über ergänzende Kompetenzen, namentlich im Bereich der Bekämpfung übertragbarer Krankheiten (vgl. Art. 118 BV sowie das Epidemiengesetz vom 18. Dezember 1970). Dabei stellen sich immer wieder heikle verfassungsrechtliche Fragen zur bundesstaatlichen Kompetenzausscheidung sowie zur Zulässigkeit staatlicher Massnahmen im Verhältnis zu den Grundrechten der Schülerinnen und Schüler. 3485

Nicht zuletzt dank des obligatorischen Schulunterrichts konnte die Bevölkerung *flächendeckend* über die Bedeutung einer nachhaltigen Hygiene und über Erfolg versprechende Vorkehren gegen verbreitete Krankheiten aufgeklärt werden. An den Schulen wurden erfolgreich Massnahmen gegen Mangelernährung (wie die Abgabe der «Schulsuppe» oder von «Pausenmilch») und gegen Parasitenbefall (insb. Lausbefall) ergriffen. Auch für Präventionsvorkehren (zB. Schirmbildaktionen im Kampf gegen Tuberkulose [vgl. BGE 104 Ia 480]) und Impfkampagnen (zB. gegen Kinderlähmung [Polio] oder Masern, Keuchhusten und Diphtherie [vgl. BGE 99 Ia 747]; dazu auch Art. 23 des Epidemiengesetzes) sowie für vorsorgliche Gesundheitsuntersuchungen (inkl. der Zahnkontrolle [vgl. BGE 118 Ia 427]) stellte die Schule eine gute Möglichkeit dar, um die gesamte junge Bevölkerung abzudecken. Auch heute noch kommt der obligatorischen Schule für *Vorsorgeuntersuchungen* und *Präventionskampagnen* (etwa noch immer bei Lausbefall sowie im Kampf gegen Ansteckung mit dem HIV [Humanes Immundefizienz-Virus] bzw. gegen AIDS [Erworbenes Immundefektsyndrom] oder gegen sonstige Infektionskrankheiten) sowie bei der *Informationsvermittlung* (zB. über eine gesunde Ernährung sowie über die gesundheitlichen Risiken beim Geschlechtsverkehr) eine bedeutende Rolle zu. 3486

Umgekehrt vermögen Interessen der öffentlichen Gesundheit die *Beschränkung des obligatorischen Unterrichts* zu rechtfertigen. Dies kann etwa dazu führen, dass wegen des Ausbruchs einer hochansteckenden Krankheit (zB. von Hirnhautentzündung [Meningitis] oder künftig evtl. einer neuartigen Krankheiten wie SARS [Schweres akutes Atemwegssyndrom] oder der sog. Vogelgrippe [H5N1-Virus]) der Schulunterricht in einem bestimmten Schulhaus oder allenfalls sogar lokal oder regional suspendiert, dh. vorübergehend eingestellt, werden muss. Auch kann angesteckten Schülern und deren Geschwistern die Teilnahme am Schulunterricht untersagt werden (so etwa im Jahre 2008 in verschiedenen Kantonen wegen des damaligen Ausbruchs der Masern). 3487

Achter Teil
Aussenverfassung

§ 37 Die Schweiz als kooperativer Verfassungsstaat

Literatur

BIAGGINI GIOVANNI, Die Öffnung des Verfassungsstaates als Herausforderung für Verfassungsrecht und Verfassungslehre, in: Ehrenzeller Bernhard et al. (Hrsg.), FS Hangartner, St. Gallen 1998, 957 ff.; DERS., Das Verhältnis der Schweiz zur internationalen Gemeinschaft. Neuerungen im Rahmen der Verfassungsreform, AJP 1999, 722 ff.; COTTIER THOMAS, Die Globalisierung des Rechts – Herausforderungen für Praxis, Ausbildung und Forschung, ZBJV 4/1997, 217 ff.; DERS./WÜGER DANIEL, Auswirkungen der Globalisierung auf das Verfassungsrecht: Eine Diskussionsgrundlage, in: Sitter-Liver Beat (Hrsg.), Herausgeforderte Verfassung. Die Schweiz im globalen Kontext, Freiburg i.Ü. 1999, 241 ff.; DERS./HERTIG MAYA, Das Völkerrecht in der neuen Bundesverfassung: Stellung und Auswirkungen, in: BTJP, 1 ff.; DIES., The Prospects of 21st Century Constitutionalism, Max Planck Yearbook of United Nations Law 2003, 261 ff.; DAHM GEORG/DELBRÜCK JOST/WOLFRUM RÜDIGER, Völkerrecht, Band I, 2. Aufl. Berlin/New York 1989; DIGGELMANN OLIVER, Der liberale Verfassungsstaat und die Internationalisierung der Politik, Bern 2005; EHRENZELLER BERNHARD, «Im Bestreben den Bund zu erneuern». Einige Gedanken über «Gott» und die «Welt» in der Präambel des «Bundesbeschlusses über eine neue Bundesverfassung», in: Ehrenzeller Bernhard et al. (Hrsg.), FS Hangartner, St. Gallen 1998, 981 ff.; DERS., Legislative Gewalt und Aussenpolitik, Basel/Frankfurt a. M. 1993; DERS./KLEY ROLAND/LUTZ MARTIN/PFISTERER THOMAS, in: St. Galler Kommentar, Art. 54; EPINEY ASTRID, in: Verfassungsrecht der Schweiz, § 55; HOFFMANN BENEDIKT, Neuere Entwicklungen im Verhältnis von Völkerrecht und Landesrecht, SJZ 1998, 459 ff.; KÄLIN WALTER, Der Geltungsgrund des Grundsatzes «Völkerrecht bricht Landesrecht», in: Die schweizerische Rechtsordnung in ihren internationalen Bezügen, Festgabe zum Schweizerischen Juristentag 1988, Bern 1988, 45 ff. (zit. Geltungsgrund); DERS., Verfassungsgrundsätze der schweizerischen Aussenpolitik, ZSR 1986, 251 ff. (zit. Verfassungsgrundsätze); DERS., Völkerrecht: eine Einführung, Bern 2006; KELLER HELEN, Rezeption des Völkerrechts, Berlin etc. 2003; DIES., Offene Staatlichkeit: Schweiz, in: Armin von Bogdandy/Pedro Cruz Villalón/Peter M. Huber (Hrsg.), Handbuch Ius Publicum Europaeum, Band II, Offene Staatlichkeit – Wissenschaft vom Verfassungsrecht, Heidelberg 2008, § 23; KLEY ROLAND/PORTMANN ROLAND, in: St. Galler Kommentar, Vorbemerkungen zur Aussenverfassung, 967 ff.; KOLLER HEINRICH, Der Einleitungstitel und die Grundrechte in der neuen Bundesverfassung, AJP 1999, 659 ff.; KREIS GEORG (Hrsg.), Die Schweizer Neutralität, Zürich 2006; MAHON PASCAL, in: Petit commentaire, 456 ff.; MALINVERNI GIORGIO, L'indépendance de la Suisse dans un monde interdépendant, Referate und Mitteilungen des Schweizerischen Juristenvereins, H. 1, Basel 1998, 1 ff.; MICHEL NICOLAS, in: Verfassungsrecht der Schweiz, § 4; MÜLLER JÖRG PAUL/WILDHABER LUZIUS, Praxis des Völkerrechts, 3. Aufl., Bern 2001; ODENDAHL KERSTIN, in: St. Galler Kommentar, Bundesverfassung und Völkerrecht in Wechselbeziehung, 21 ff.; PETERS ANNE, Völkerrecht Allgemeiner Teil, 2. Aufl. Zürich 2008; PETERSMANN ERNST-ULRICH, Die Verfassungsentscheidung für eine völkerrechtskonforme Rechtsordnung als Strukturprinzip der Schweizerischen Bundesverfassung, AöR 1990, 538 ff.; PFISTERER THOMAS, in: Verfassungsrecht der Schweiz, § 33; DERS., in: St. Galler Kommentar, Art. 55, 56 und Nachbemerkungen zu Art. 55 und 56; SÄGESSER THOMAS, Die Bundesbehörden, Bern 2000, 305 ff.; SAXER URS, in: St. Galler Kommentar, Art. 185, Rz. 11 ff.; SCHINDLER DIETRICH, Der Weg vom «geschlossenen» zum «offenen» Verfassungsstaat, in: Ehrenzeller Bernhard et al. (Hrsg.), FS Hangartner, St. Gallen 1998, 1027 ff.; SCHMID GERHARD, Verfassungsgebung in einer zusammengewachsenen Welt, in: Ehrenzeller Bernhard et al. (Hrsg.), FS Hangartner, St. Gallen 1998,

1043 ff.; SCHWAB RENÉ, Ziele der Aussenpolitik (Art. 54 BV), in: Gächler Thomas/Bertschi Martin (Hrsg.), Neue Akzente in der «nachgeführten» Bundesverfassung, Zürich 2000, 183 ff.; SCHWEIZER RAINER J., Auswirkungen einer Mitgliedschaft in der europäischen Union auf das schweizerische Verfassungsrecht, in: Cottier Thomas/Kopse Alwin R. (Hrsg.), Der Beitritt der Schweiz zur Europäischen Union, Zürich 1998, 515 ff.; SEGER PAUL, Was bedeutet das Staatsziel einer friedlichen und gerechten Weltordnung für die schweizerische Aussenpolitik?, in: Breitenmoser Stephan (Hrsg.), FS Wildhaber, Zürich 2007, 1105 ff.; THÜRER DANIEL, in: Verfassungsrecht der Schweiz, § 11 (zitiert THÜRER, Verfassungsrecht); DERS., in: St. Galler Kommentar, Art. 197; TOMUSCHAT CHRISTIAN (Hrsg.), Völkerrecht, Baden-Baden 2001; TSCHANNEN, Staatsrecht, § 9; WILDHABER LUZIUS, Wechselspiel zwischen Innen und Aussen: Schweizer Landesrecht, Rechtsvergleichung, Völkerrecht, Basel 1996.

I. Zur Stellung der Schweiz in der Völkergemeinschaft

a. Vom introvertierten Nationalstaat zum weltoffenen, kooperativen Verfassungsstaat

3488 Die geltende Bundesverfassung zeichnet den epochalen Wandel sowohl der Stellung der Schweiz in der Völkergemeinschaft seit Mitte des letzten Jahrhunderts, als auch der Entwicklung des Völkerrechts vom Recht der Koexistenz zum Recht der Kooperation und Integration, ja zu einem «Recht der Weltgemeinschaft» (THÜRER, Verfassungsrecht) mit der zunehmenden Interdependenz von internationalem und nationalem Recht nach. Sie nimmt teil an der Internationalisierung des Verfassungsrechts, öffnet sich der multilateralen Völkerrechtsordnung, die auch als «Nebenverfassung» (CHRISTIAN TOMUSCHAT) oder «Parallelverfassung» (THÜRER, Verfassungsrecht) qualifiziert worden ist, und konstitutionalisiert Teile dieses ergänzenden Völkerrechts (vgl. nachstehend Rz. 3492 ff.). Die geltende Verfassung regelt heute explizit viele Aspekte der Aussenbeziehungen und enthält damit ein eigentliches *Foreign Relations Law*.

3489 Zudem betont sie die Völkerrechtsoffenheit im Verfassungstext, indem sie Aspekte der Aussenbeziehungen mehrfach textualisiert, etwa in Verpflichtungen der Schweiz zur Zusammenarbeit auf internationaler Ebene oder in der materiellen Schranke des zwingenden Völkerrechts bei der Gültigkeit von Volksinitiativen auf Verfassungsrevision. Die Bundesverfassung bildet somit eine sowohl «völkerrechtlich flankierte» (GIOVANNI BIAGGINI) als auch völkerrechtlich durchtränkte rechtliche Grundordnung des Staates. Dem neuen Verfassungsrecht kann deshalb nicht nur eine «Verfassungsentscheidung für eine völkerrechtskonforme Rechtsordnung» (ERNST-ULRICH PETERSMANN), sondern auch ein Bekenntnis für einen *weltoffenen und kooperativen Verfassungsstaat* entnommen werden.

3490 Die alte Bundesverfassung spiegelte in ihrem Text den klassischen, weitgehend auf sich selbst gestellten Nationalstaat wider, der eine vorrangige Legitimation in der «Behauptung der Unabhängigkeit des Vaterlandes gegen aussen» (Art. 2 aBV) sah.

3491 Immerhin war bereits die alte BV «völkerrechtsfreundlich» (DIETRICH SCHINDLER) konzipiert: So leitete das Bundesgericht aus Art. 113 Abs. 1 und Abs. 3 sowie Art. 114bis Abs. 3 aBV den grundsätzlichen Vorrang der völkerrechtlichen

§ 37 Die Schweiz als kooperativer Verfassungsstaat

Verträge vor dem innerstaatlichen Recht ab, und es galt seit jeher der Grundsatz des Monismus für die innerstaatliche Geltung des Völkerrechts (vgl. Rz. 3607). Die Vertragskompetenz des Bundes (Art. 8 aBV) erstreckte (und erstreckt) sich auch auf den Zuständigkeitsbereich der Kantone. Daneben wird auch die Völkerrechtsfähigkeit der Kantone anerkannt. Das Staatsvertragsreferendum öffnete den Weg zur rechtlichen Kooperation und Einbindung in internationale und supranationale Strukturen, womit das Unabhängigkeitsziel in Art. 2 aBV relativiert wurde.

b. Aussendimensionen der verfassungsgestaltenden Prinzipien

Die steigende Bedeutung der auswärtigen Angelegenheiten und des Völkerrechts betrifft immer mehr alle *Strukturprinzipien des Verfassungsstaates*: rechtsstaatliche Demokratie, Bundesstaatlichkeit, wettbewerbsorientierte Wirtschaftsverfassung, Nachhaltigkeit, Subsidiarität und in geringerem Ausmass auch die Sozialstaatlichkeit. Die Massgeblichkeit des internationalen Rechts zieht sich durch alle Verfassungsprinzipien und Verfassungsbereiche hindurch. Dies gilt nicht nur für die Zunahme des für die Schweiz massgeblichen Völkerrechts und damit für die «Nebenverfassung», sondern auch bezüglich der *Aussendimensionen* von Gehalten der «Hauptverfassung», vor allem von Grundrechten, Zielnormen, Verfassungsaufträgen und Aufgabenbestimmungen. Zudem weitet sich die innerstaatliche Willensbildung auf aussenpolitische Angelegenheiten aus. 3492

Aussen- und Binnendimensionen der Verfassungsprinzipien und Grundwerte können nicht mehr getrennt gedacht und behandelt werden. Diesen Tendenzen versucht die geltende Bundesverfassung – in den engen Grenzen von rechtstechnischer Normierbarkeit auf Verfassungsstufe und staatspolitischen Erfordernissen der nationalen Handlungsfähigkeit – gerecht zu werden. 3493

Diese nachfolgend auszuführende These bedarf allerdings zweier Einschränkungen. 3494

> Einmal enthält sich der Verfassungstext einer Aussage zur *europäischen Integration*. Die Verfassungsreform 1999 sollte «das Haus in Ordnung bringen», bevor weitere europapolitische Schritte erwogen oder gar beschlossen werden. Zudem wollten Parlament und Regierung die Volksabstimmung nicht mit der Auseinandersetzung über das Verhältnis der Schweiz zur Europäischen Union belasten. Im Falle eines EU-Beitritts wäre deshalb zu prüfen, inwiefern die BV einer weiteren Anpassung zu unterziehen ist. 3495

> Zum anderen wird die für die Schweiz zentrale *Aussenwirtschaftspolitik* eher stiefmütterlich behandelt, als ob es sich um eine untergeordnete Bundeskompetenz im Wirtschaftsbereich handeln würde (vgl. dazu Rz. 3549 ff.). Die Wirtschaftsverfassung spiegelt das Bild eines Verhältnisses von Staat und Wirtschaft «gewissermassen in binnenstaatlicher Abgeschottetheit» (GERHARD SCHMID) wider, obwohl sich die Wirtschaftsfreiheit auch in ihrer Aussendimension als entfaltungsfähig erweist (vgl. auch Rz. 3163 ff.). Das Fehlen von Verfassungsregeln zur Aussenwirtschaftspolitik ist allerdings eher als Ausdruck einer von wirtschaftlichem Liberalismus und Freihandel geprägten Grundhaltung des Verfassungsgebers zu werten. Der Bundesrat versteht seine Rolle im We- 3496

sentlichen darin, der Aussenwirtschaft die erforderlichen rechtlichen Rahmenbedingungen zur Verfügung zu stellen, damit diese sich möglichst frei entwickeln kann. Die von ihm abgeschlossenen Freihandels-, Doppelbesteuerungs- oder Investitionsabkommen verfolgen diesen Zweck. Wenn man vom wichtigen Bereich der Landwirtschaft sowie vom Spezialfall des Kriegsmaterials absieht, so vertritt der Bundesrat auch im Rahmen multilateraler Wirtschaftsverhandlungen (WTO oder bei den schliesslich gescheiterten Verhandlungen über ein multilaterales Investitionsübereinkommen) konsequent eine liberale Position.

c. Aussenbeziehungen und Verfassungsrecht

3497 Der aktualisierte Stellenwert der Aussenbeziehungen in der Verfassung gelangt vielerorts und in verschiedener Hinsicht zum Ausdruck, vor allem in der Präambel, in der Umschreibung der Staatszwecke und der aussenpolitischen Ziele, in der Verankerung der Querschnitts-Staatsaufgabe «Aussenpolitik» im Textganzen, im Vorbehalt des zwingenden Völkerrechts als Schranke des Initiativrechts und der Verfassungsrevision, aber auch in der Kompetenzaufteilung zwischen Bund und Kantonen, in den Zuständigkeitskatalogen der Bundesbehörden und der Regelung des Staatsvertragsreferendums.

3498 Im 2. Kapitel der BV über die Zuständigkeiten des Bundes findet sich der Abschnitt über die Beziehungen zum Ausland *an erster Stelle* (Art. 54–56 BV). Damit wird deutlich gemacht, dass der Verfassungsgeber den Aussenbeziehungen einen hohen Stellenwert zuerkennt. Es bleibt unter der neuen Bundesverfassung dabei, dass die auswärtigen Angelegenheiten grundsätzlich *Sache des Bundes* sind (zu den Zuständigkeiten der Kantone vgl. Rz. 3706 ff.). Diese Kompetenz ist nun expressis verbis im Verfassungstext verankert, während nach der alten Verfassungslage die allgemeine aussenpolitische Zuständigkeit des Bundes als stillschweigendes Verfassungsrecht anerkannt wurde (DIETRICH SCHINDLER, in: Kommentar BV, Art. 8 (1988).

3499 Die Aussenbeziehungen werden aber nicht nur in diesem besonderen Kapitel der BV geregelt. Es ist gerade ein Kennzeichen des modernen, kooperativen Verfassungsstaates, dass beinahe alle Bundesaufgaben eine aussenpolitische Komponente aufweisen (vgl. dazu Rz. 3492 ff.).

d. Konstitutionalisierung von Völkerrechtsnormen

3500 Im Zuge der Verfassungsreform wurden grundlegende völkerrechtliche Verpflichtungen in der neuen Verfassungsurkunde verankert, quasi von der Parallelverfassung in die «Hauptverfassung» überführt. Dies betrifft in erster Linie Grundrechte internationaler Abkommen wie die EMRK, die UNO-Pakte I und II oder die UNO-Kinderrechtskonvention, deren für die Schweiz verbindlicher Gehalt in den Katalog der Grund- und Menschenrechte integriert wurde. Ausgehend vom Prinzip der transformationslosen Geltung des Völkerrechts in der Schweiz (zum Monismus vgl. Rz. 3607 ff.) stellte das Bundesgericht diese Grundrechte schon bisher verfahrensmässig den Grundrechten in der Bundesverfassung gleich (bezüglich der EMRK vgl. zB. BGE 117 Ib 367, 371 mwH.; Rz. 1050 ff.). In der neuen BV findet diese Konstitutionalisierung von internationalem Recht ihren sichtbaren Ausdruck in textlich neuen Gewährleistungen.

Dies gilt etwa für den Schutz der Kinder und Jugendlichen (Art. 11 BV), die Redaktionsfreiheit (Art. 17 Abs. 3 BV) oder das Ausschaffungsverbot (Art. 25 Abs. 2 und 3 BV). In Art. 29–32 BV wurden zahlreiche, zT. detailliert umschriebene *Verfahrensgarantien* verankert, wie sie sich teilweise bereits aus der Rechtsprechung zu Art. 4 aBV, vor allem aber auch aus der Praxis zu Art. 5 und 6 EMRK sowie Art. 14 und 15 UNO-Pakt II ergeben (vgl. dazu BBl 1997 I, 181 ff., MÜLLER/SCHEFER, Grundrechte, 817 ff., sowie § 30). Zudem lehnt sich Art. 41 BV an die Zielvorgaben des UNO-Pakts I (sowie an Vorbilder neuerer Kantonsverfassungen) an, indem verschiedene *Sozialziele* aufgezählt werden (vgl. dazu BBl 1997 I, 197 ff., sowie § 35). Dem Bund und den Kantonen wird die Verwirklichung sozialpolitischer Anliegen (soziale Sicherheit, Gesundheit, Arbeit, Wohnen, Bildung und Jugend) zum Ziel gesetzt. Art. 12 BV hält – entsprechend UNO-Pakt I, der auch minimale Kerngehalte sozialer Rechte schützt – das Recht auf Hilfe in Notlagen als soziales Grundrecht fest (vgl. Rz. 3447 ff.). 3501

II. Verfassungsgrundlagen der Aussenpolitik

a. Zum Wesen der Aussenpolitik

Aussenpolitik befasst sich grundsätzlich mit den Tätigkeiten und Entwicklungen, welche eine grenzüberschreitende Dimension haben. Aussenpolitik kann also nicht thematisch von den anderen Politikbereichen abgegrenzt werden, vielmehr haben Wirtschaftspolitik, Umweltpolitik, Sicherheitspolitik, Drogenpolitik und zahlreiche andere Bereiche je eine aussenpolitische Dimension; Aussenpolitik definiert sich insbesondere durch den Adressaten. 3502

«Aussenpolitik ist Interessenpolitik. Sie bezweckt, die politische und wirtschaftliche Stellung der Schweiz in der Welt zu sichern und zu stärken. Aussenpolitik ist [auch] Übernahme von Verantwortung. Die ethischen Grundsätze der schweizerischen Aussenpolitik finden ihren Ausdruck in der humanitären Tradition unseres Landes, im Einsatz für Wahrung und Förderung von Sicherheit, Frieden, Solidarität und Wohlfahrt in der Welt sowie der Mitwirkung an der Verbesserung der Handlungsfähigkeit der internationalen Gemeinschaft. Aussenpolitik stützt sich schliesslich auf das Recht als Schutz kleinerer Staaten. Diese haben ein besonderes Interesse daran, dass sich die internationalen Beziehungen auf der Grundlage und im Rahmen einer allgemein anerkannten Rechtsordnung abspielen.» (Aussenpolitischer Bericht 2000; BBl 2001, 261.) 3503

Zur Aussenpolitik gehören ua.: 3504

– Aushandlung, Unterzeichnung, Ratifikation, Interpretation und Beendigung völkerrechtlicher Verträge;

– Teilnahme an internationalen Konferenzen, Entsendung von Vertretungen bei internationalen Organisationen;

- Pflege von diplomatischen Beziehungen;
- Lagebeurteilung von Ländern und Organisationen;
- Einseitige Erklärungen mit rechtlicher oder politischer Verbindlichkeit;
- Ergreifen von Sanktionen;
- Schutze schweizerischer Interessen (insb. konsularischer und diplomatischer Schutz); und
- die Zurverfügungstellung sog. Guter Dienste.

b. Präambel und Zweckartikel

3505 Bereits in der *Präambel* wird auf die Einbettung der Schweiz in die Völkergemeinschaft mit der Formulierung hingewiesen, die Verfassung werde (ua.) im Bestreben erlassen, «den Bund zu erneuern, um Freiheit und Demokratie, Unabhängigkeit und Frieden in Solidarität und Offenheit gegenüber der Welt zu stärken». Im *Zweckartikel* werden zum Teil dieselben Anliegen wiederholt. So hat die Eidgenossenschaft gemäss Art. 2 Abs. 1 BV «die Unabhängigkeit und Sicherheit des Landes» zu wahren sowie sich für eine «dauerhafte Erhaltung der natürlichen Lebensgrundlagen und für eine friedliche und gerechte Ordnung» der Welt einzusetzen (Abs. 4). In einem gewissen Sinne ergänzen sich so Präambel und Bundeszweck in ihren Aussagen.

c. Ziele der Aussenpolitik

1. Allgemeines

3506 Art. 54 Abs. 2 BV verpflichtet den Bund im Sinne einer nicht abschliessenden Aufzählung, sich «für die Wahrung der Unabhängigkeit der Schweiz und für ihre Wohlfahrt» einzusetzen; er hat «namentlich ... zur Linderung von Not und Armut in der Welt, zur Achtung der Menschenrechte und zur Förderung der Demokratie, zu einem friedlichen Zusammenleben der Völker sowie zur Erhaltung der natürlichen Lebensgrundlagen» beizutragen.

3507 Im *Aussenpolitischen Bericht* 2000 konkretisiert der Bundesrat diese Ziele (in etwas anderer Reihenfolge) wie folgt:

2. Friedenspolitik

3508 Als ersten Schwerpunkt nennt der Bundesrat das *friedliche Zusammenleben der Völker*. Die Schweiz soll einen wesentlichen und deutlich sichtbaren Beitrag zur Verhütung gewaltsamer Konflikte leisten. «Die thematischen Schwerpunkte umfassen den Aufbau von Demokratie und Rechtsstaat, die Förderung des Dialogs im Konfliktfall sowie Bemühungen für den Wiederaufbau.»

3509 Die Friedenspolitik zählt zu den am stärksten wachsenden Bereichen der Aussenpolitik. Seit 2004 verfügt der Bundesrat erstmals über einen vierjährigen

Rahmenkredit von CHF 220 Millionen für die zivile Friedensförderung und die Stärkung der Menschenrechte (vgl. Botschaft, BBl 2002, 7975), welcher sich auf das Bundesgesetz vom 19. Dezember 2003 abstützt (SR 193.9). Schwerer tut sich die Schweiz mit den Auslandeinsätzen der Armee für Friedensoperationen. Seit der Revision des Militärgesetzes (SR 510.10) im Jahre 2000 sind zwar solche Operationen unter Mandat der UNO oder der OSZE möglich (Art. 66 ff.), und zwar auch mit Bewaffnung zum Selbstschutz, aber das bisherige Engagement bleibt im internationalen Vergleich bescheiden. Es handelt sich im Wesentlichen um das rund 200-köpfige «Swisscoy»-Kontingent im Kosovo.

3. Humanitäre Politik

Den zweiten Schwerpunkt bildet eine eigenständige und profilierte *humanitäre Politik*. Die Bestrebungen zur Achtung und Förderung von Menschenrechten, Demokratie und Rechtsstaat sollen mit entsprechenden Massnahmen verstärkt werden. Die Menschenrechtspolitik soll nach den Grundsätzen der Universalität und Unteilbarkeit der Menschenrechte geführt werden. 3510

Zunächst sind die beiden Kernbereiche der humanitären Aussenpolitik besonders zu fördern; einmal die humanitären Aktionen und insb. die humanitäre Hilfe der Schweiz, aber auch das *humanitäre Völkerrecht* und dessen weltweite Verankerung und Weiterentwicklung. Das humanitäre Völkerrecht (HVR) umfasst die Gesamtheit des Völkervertrags- und Völkergewohnheitsrechts, welches in bewaffneten Konflikten (internationalen oder nicht-internationalen) gilt (ius in bello). Es soll vor allem den vom HVR erfassten Personenkreis (Zivilbevölkerung, Verwundete, Kranke, Gefangene) vor den Folgen des Krieges schützen. Dem Grundsatz folgend, dass die Konfliktparteien in der Wahl ihrer Mittel, um den Gegner militärisch zu schlagen, nicht völlig frei sind, schreibt es zudem gewisse Mindestregeln betreffend die erlaubte Kriegführung vor (Verbot gewisser Waffen oder Kampfmethoden). 3511

Für die Schweiz als Wiege der vier *Genfer Konventionen* und Depositarin dieser Abkommen und ihrer drei Zusatzprotokolle kommt der Einsatz für das Recht der bewaffneten Konflikte traditionell eine besondere Bedeutung zu (vgl. Die Aufgaben der Schweiz als Depositar der Genfer Konventionen, BBl 2007, 5565). Nach Auffassung des Bundesrates wird der Einsatz für das humanitäre Völkerrecht in der Schweiz wie im Ausland gar als integraler Bestandteil «der schweizerischen Identität» aufgefasst (Bericht des Bundesrates an die Bundesversammlung über die Sicherheitspolitik der Schweiz [SIPOL B 2000] vom 7. Juni 1999, BBl 1999, 7702, Ziff. 6.1.5). Eine neue Herausforderung für das HVR bildet die Zunahme nicht-staatlicher bewaffneter Gruppen (Befreiungsbewegungen, Rebellen, Terrororganisationen etc.). Bei der Mehrzahl der bewaffneten Auseinandersetzungen handelt es sich inzwischen nicht mehr um internationale bewaffnete Konflikte im Sinne der Genfer Konventionen oder des Zusatzprotokolls I, sondern um so genannte «asymmetrische Konflikte». Diese neuen Konfliktformen werfen Definitions- und Rechtsanwendungsfragen auf (Bericht des Bundesrates über asymmetrische Kriegführung und humanitäres Völkerrecht, BBl 2007, 5575). 3512

3513 Im Weiteren kommt der Verbesserung der *guten Regierungsführung* ein hoher Stellenwert zu. Rechtsstaatlichkeit, Demokratie und Menschenrechte spielen eine Schlüsselrolle im Dialog der internationalen Zusammenarbeit.

3514 Schliesslich stellt die Achtung der *Menschenrechte* eine aussenpolitische Handlungsanweisung dar. Die Menschenrechte bilden eine juristische und eine bedeutsame ethische Grundlage der schweizerischen Aussenpolitik. Der Bundesrat geht dabei von einem umfassenden Menschenrechtsbegriff aus, der wirtschaftliche soziale und kulturelle Rechte ebenso einschliesst, wie bürgerliche und politische Rechte. Der Ausgestaltung und Durchsetzung juristischer Instrumente kommt eine besondere Bedeutung zu (vgl. Bericht über die Menschenrechtsaussenpolitik der Schweiz [2003–2007], BBl 2006, 6087). Die Methoden im Kampf gegen den internationalen Terrorismus haben der Diskussion um die Respektierung der Menschenrechte neue Aktualität verliehen. Die Schweiz setzt sich international dafür ein, dass nationale und internationale Anti-Terrormassnahmen die internationalen Menschenrechtsgarantien und das humanitäre Völkerrecht beachten. Sie hat wiederholt gegen die Verwendung von Foltermethoden, unmenschlicher Behandlung oder das Verschleppen von Personen in «Geheimgefängnisse» interveniert. Gemeinsam mit anderen Staaten wirkt sie zudem bei der UNO darauf hin, dass die Sanktionen gegen Individuen wegen des Verdachts auf terroristische Unterstützung (UNO-Sanktionslisten) elementare Rechtsschutzstandards und Grundfreiheiten respektieren (vgl. unten Rz. 3623).

3515 Humanitäres Völkerrecht und Schutz der Menschenrechte unterscheiden sich in mehrfacher Hinsicht. Ersteres dient dem Schutz der Opfer bewaffneter internationaler oder nationaler Konflikte; es weist einen intergouvernementalen Durchsetzungsmechanismus auf, doch spielt auch das Internationale Komitee vom Roten Kreuz (IKRK) diesbezüglich eine wichtige Rolle als Sachwalter der Opfer. Menschenrechte schützen die Freiheitsinteressen aller Menschen in einem bestimmten Staat; den Betroffenen steht ein Individualrechtsschutz offen. Offen erscheint zurzeit, inwieweit sich auch Opfer bewaffneter Konflikte auf die Wahrung ihrer Menschenrechte berufen können (vgl. etwa MICHAEL BOTHE, Humanitäres Völkerrecht und Schutz der Menschenrechte, in: Humanitäres Völkerrecht – Informationsschriften/Journal of International Law of Peace and Armed Conflict I/2008, 5–8).

4. Aussenwirtschaftspolitik

3516 Dritter Schwerpunkt ist die Sicherung der bestmöglichen *Rahmenbedingungen für die schweizerische Wirtschaft* im In- und Ausland, um damit die Voraussetzungen für ihren Erfolg auf internationaler Ebene zu sichern (vgl. unten Rz. 3549ff.).

5. Entwicklungspolitik

3517 Zu den fünf Verfassungszielen der Aussenpolitik zählt die Linderung von Not und Armut in der Welt. Der Bund setzt dieses Ziel in erster Linie durch die Entwicklungspolitik um. Diese beruht im Wesentlichen auf den drei Pfeilern Entwicklungszusammenarbeit (EZ), humanitäre Hilfe (HH) und Ostzusammenarbeit. Die klassische EZ bezweckt in erster Linie die Armutsminderung, die Reduktion von

Sicherheitsrisiken sowie das Mitgestalten einer entwicklungsfördernden Globalisierung (vgl. Botschaft des Bundesrates vom 14. März 2008 über die Weiterführung der technischen Zusammenarbeit und der Finanzhilfe zugunsten von Entwicklungsländern, BBl 2008, 2959). Die HH will nach Naturkatastrophen oder bewaffneten Konflikten Leben retten und Leiden lindern. Ihr wichtigstes Instrument ist das Schweizerische Korps für humanitäre Hilfe (SKH). Die Ostzusammenarbeit schliesslich unterstützt die Länder Osteuropas auf dem Weg zu Demokratie und Marktwirtschaft. Als Rechtsgrundlagen für die erwähnten Tätigkeitsbereiche dienen das Bundesgesetz von 1976 über die internationale Entwicklungszusammenarbeit und humanitäre Hilfe (SR 974.0), das Bundesgesetz von 2006 über die Zusammenarbeit mit den Staaten Osteuropas (SR 974.1) sowie die Rahmenkredite der Bundesversammlung zur Finanzierung der Entwicklungspolitik.

>Die öffentlichen Entwicklungsausgaben der Schweiz betrugen im Jahr 2007 rund 2 Mia. CHF oder 0,37 Prozent des BSP. Sie befinden sich damit knapp im Mittelfeld der industrialisierten Länder. Ziel ist, diesen Anteil bis 2015 auf 0,7 Prozent des BSP zu konsolidieren. — 3518

>Der Mitteleinsatz liegt hauptsächlich in der Zuständigkeit der Direktion für Entwicklungszusammenarbeit (DEZA) des EDA, während das SECO (EVD) etwa 15% abdeckt. Eine an sich wünschbare Konzentration der Entwicklungsfragen in einem Departement scheiterte bis anhin an politischen Widerständen. Rund 60% der DEZA-Hilfe erfolgt bilateral. Der Bundesrat hat im Jahre 2008 die Schwerpunktländer der EZ auf 14 Staaten in Afrika, Lateinamerika und Asien reduziert und ist damit der Forderung des Parlaments nach einer stärkeren geographischen und thematischen Konzentration entgegengekommen. Globale Themen wie zum Beispiel Umwelt, Bildung, Gesundheit oder menschliche Sicherheit bilden jedoch weiterhin einen wichtigen Aspekt der EZ. Viele dieser Fragen werden auch multilateral behandelt. Die Schweiz zählt deshalb zu den wichtigen Geberländern der internationalen Entwicklungsorganisationen wie dem UNO-Entwicklungsprogramm (UNDP), dem UNO-Kinderhilfswerk (UNICEF) oder dem UNO-Hochkommissariat für Flüchtlinge (UNHCR). Zudem unterstützt sie Finanzinstitutionen wie die Internationale Entwicklungsagentur (IDA) mit namhaften Beiträgen (2007: 200 Millionen CHF.). — 3519

>Die wirtschaftliche EZ umfasst Unterstützungsmassnahmen im Rahmen der *bilateralen* Zusammenarbeit mit Entwicklungsländern und Staaten Osteuropas und der Gemeinschaft unabhängiger Staaten (GUS; 2007 insgesamt rund 200 Millionen CHF), *Zollkonzessionen*, welche den am wenigsten fortgeschrittenen Entwicklungsländern einen umfassenden zoll- und kontingentsfreien Zugang für ihre Produkte zum Schweizer Markt verschaffen, Zahlungsbilanzhilfen und Entschuldungen zugunsten solcher Länder sowie die Investitionsförderung. Dieser Teil der EZ liegt in der Verantwortung des Eidgenössischen Volkswirtschaftsdepartementes, namentlich des SECO. — 3520

6. Umweltpolitik

Schliesslich will sich der Bundesrat in seiner internationalen *Umweltpolitik* für die Weiterentwicklung und Durchsetzung von Rechtsinstrumenten einsetzen, die ein starkes internationales Umweltsystem schaffen. Dabei ist der Ausbau der bestehen- — 3521 den Abkommen, insb. in den Bereichen Klima, biologische Vielfalt und Chemikalien und die Normen zum Schutz der Wälder und des Wassers, sein wichtigstes Anliegen. Am Erdgipfel von Johannesburg 2002 (10 Jahre nach der Konferenz von Rio über Umwelt und Entwicklung) konnten allerdings bloss kleine Erfolge erzielt werden.

7. Berichterstattung

3522 Der Bundesrat erstattet dem Parlament regelmässig und umfassend Bericht über die Verfolgung der aussenpolitischen Ziele, so zB. in den bundesrätlichen Berichten «über die Menschenrechtsaussenpolitik der Schweiz (2003–2007)» (BBl 2006, 6087) oder über die Aussenpolitik (Aussenpolitischer Bericht 2007, BBl 2007, 5531).

d. Neutralität

Literatur

COTTIER THOMAS/LIECHTI RACHEL, Schweizer Spezifika: direkte Demokratie, Konkordanz, Föderalismus und Neutralität als politische Gestaltungsfaktoren, in: Die Schweiz im europäischen Integrationsprozess, Baden-Baden 2008, 39 ff.; KREIS GEORG (Hrsg.), Die Schweizer Neutralität: beibehalten, umgestalten oder doch abschaffen?, Zürich 2007 (mit Beiträgen von RHINOW RENÉ ua.); THÜRER DANIEL, Neutralität der Schweiz – Illusionen oder (humanitäre) Chance?, in: FS Konrad Ginther, Frankfurt a.M. 1999, 741 ff.

1. Neutralitätsrecht

3523 Das völkerrechtliche Institut der Neutralität bedeutet Nichtteilnahme eines Staates an Kriegen zwischen anderen Staaten. Neutralität bezieht sich ausschliesslich auf Kriege oder bewaffnete Konflikte zwischen Staaten. Sie gilt auch nur für die Zeit einer kriegerischen Auseinandersetzung. Eine Ausnahme gilt für dauernd Neutrale wie die Schweiz. Das Neutralitätsrecht ist – der Zeit seiner Schaffung entsprechend – ein Kind der wachsenden Nationalstaaten und ihrer Konflikte im 19. und zu Beginn des 20. Jahrhunderts.

3524 Das Neutralitätsrecht beinhaltet eine Reihe von Rechten und *Pflichten*. Diese ergeben sich aus den beiden Haager Abkommen von 1907 (insb. aus dem Abkommen vom 18. Oktober 1907 betreffend die Rechte und Pflichten der neutralen Mächte und Personen im Falle eines Landkriegs, SR 0.515.21) sowie aus dem Völkergewohnheitsrecht. So darf der Neutrale im Kriegsfall die Krieg führenden Parteien nicht unterstützen, also keine Streitkräfte oder eine Operationsbasis zur Verfügung stellen, keinen Durchmarsch fremder Truppen oder Überflüge gestatten, kein Kriegsmaterial liefern, keine militärischen Nachrichten übermitteln etc. Es obliegt ihm eine Pflicht zur Verteidigung seines Territoriums in zumutbarem Umfang. Von daher stammt denn auch der – problematische – Begriff der «bewaffneten Neutralität», denn bewaffnet ist das Land resp. das Volk, nicht ein Rechtsstatus. Aus seiner Pflicht zur Unparteilichkeit ergibt sich auch, Regelungen über die Ausfuhr kriegswichtiger Güter auf alle Kriegführenden gleichmässig anzuwenden. Davon abgesehen umfasst das Neutralitätsrecht keine Wirtschaftsneutralität.

Diesen Pflichten entsprechen *Rechte*. Dazu gehören das Recht auf bewaffnete Abwehr von Neutralitätsverletzungen, die Gewährung von Asyl und auf Gestattung des Durchzugs von Verwundeten und Kranken der Kriegführenden, also auf humanitäre Aktionen jeglicher Art, sowie das Recht auf diplomatischen Verkehr mit den Kriegführenden, insbesondere auch auf Vermittlung und Zurverfügungstellung so genannt guter Dienste. Schliesslich bleibt die Meinungsäusserungsfreiheit der Menschen im neutralen Staat unangetastet, was oft in die Worte gekleidet worden ist, es gebe keine Gesinnungsneutralität. 3525

Der *dauernd Neutrale* übernimmt die *Pflicht*, in allen kriegerischen Konflikten, auch in noch unbekannten künftigen, das Neutralitätsrecht anzuwenden. Er hat bereits vor dem Ausbruch kriegerischer Handlungen eine so genannte *Neutralitätspolitik* zu führen, die seine Neutralität unter allen Umständen glaubwürdig erscheinen lässt. Namentlich darf er nichts unternehmen, was ihm die Wahrung der Neutralität im Kriegsfall erschwert oder verunmöglicht, also keine Kriege auslösen, keine Bündnisse eingehen und keine Stützpunkte einräumen. Daraus wird im Allgemeinen das Verbot abgeleitet, einer Verteidigungsallianz wie der NATO beizutreten. Umgekehrt hat er für eine ausreichende Rüstung zu sorgen. Neutralitätspolitik ist also (nur) derjenige Ausschnitt aus der Aussen- und Sicherheitspolitik, welcher die Glaubwürdigkeit der Wahrung der Neutralität des dauernd Neutralen im klassischen Kriegsfall betrifft. Da nur die Schweiz diesen Rechtsstatus einnimmt, gibt es keine gefestigten internationalen Auffassungen darüber, was alles unter «Neutralitätspolitik» fällt. 3526

Jeder Neutrale besitzt das *Recht*, bei Verletzung seiner Neutralität resp. seiner Unabhängigkeit die ihm richtig erscheinenden Massnahmen zu treffen, um Land und Volk zu schützen. So ist völlig unbestritten, dass der Neutrale Bündnisse eingehen kann oder fremde militärische Hilfe in Anspruch nehmen darf, wenn er selbst in den Krieg gezogen wird. Seine Neutralitätspflichten gehen unter, wenn die Neutralität ihre Funktion nicht erfüllt hat. Doch unter modernen Kriegsbedingungen kann es sehr schwierig sein, den Moment zu bestimmen ist, in welchem das Recht auf eine Verteidigung mit Erfolgsaussichten die Neutralitätspflichten ablösen kann und muss. 3527

Jeder Staat hat das Recht, neutral zu werden und auch wieder auf seine Neutralität zu verzichten. Dies gilt auch für den dauernd Neutralen, der allerdings seinen Verzicht nicht zur Unzeit, dh. unter Verletzung von Vertrauensgesichtspunkten, erklären darf. Dies gilt selbstverständlich auch für die Schweiz. Niemand kann ihr verbieten, die Neutralität aus eigenem Willen aufzugeben. 3528

Es ist freilich nicht zu übersehen, dass das moderne Völkerrecht als Friedensvölkerrecht, wie es namentlich der UNO – Charta zugrunde liegt, den Anwendungsbereich des klassischen Neutralitätsrechts stark zurück drängt. 3529

2. *Zur Neutralität der Schweiz*

Die Schweiz hat ihre Neutralität seit der Niederlage von Marignano 1515, vor allem aber seit dem Dreissigjährigen Krieg in der Mitte des 17. Jahrhunderts, als an- 3530 passungsfähiges Mittel ihrer Sicherheitspolitik aufgefasst und angewandt. Dank dieser Neutralität wurde sie vom 16. bis zum Ende des 18. Jahrhunderts von den Religions- und Erbfolgekriegen weitgehend verschont. Nach der französischen Revolution wurde unser Land aber zum Kriegsschauplatz; die Neutralität wurde nicht beachtet. Am Wiener Kongress und in den Pariser Akten von 1815 erreichte die Schweiz ihre völkerrechtliche Anerkennung als neutraler und, erstmals auch, als *dauernd* neutraler Staat. Bei der Gründung des *Bundesstaates* 1848 und der Schaffung der ersten Bundesverfassung wurde bewusst darauf verzichtet, die Neutralität als rechtliche Verpflichtung in die neue Verfassung aufzunehmen (vgl. auch PETERS, 208).

3531   Die Bundesverfassung (Präambel, Art. 2 und Art. 54 BV) formuliert Ziele der Aussen- und Sicherheitspolitik, die von allen Behörden zu verfolgen sind. Die Neutralität figuriert nicht unter diesen Zielen der Schweizerischen Aussenpolitik. Bei den Zuständigkeitskatalogen von Bundesversammlung und Bundesrat wird die Neutralität freilich erwähnt («Wahrung der Neutralität der Schweiz»; Art. 173 Abs. 1 Bst. a, Art. 185 Abs. 1 BV), doch kommt dieser Aufzählung nicht die Bedeutung einer Erweiterung des Zielkataloges von Art. 54 BV zu.

3532   Anlässlich der Totalrevision der Bundesverfassung 1999 wurden Bestrebungen, die Neutralität ebenfalls in den Zielkatalog aufzunehmen, deutlich verworfen. Anderseits wurde die Streichung des Begriffs der Neutralität in den Zuständigkeitskatalogen von Bundesversammlung und Bundesrat ebenfalls abgelehnt. Bei der Aktualisierung der Verfassung wurde alles vermieden, was einerseits einer Verstärkung oder aber umgekehrt einer Relativierung der Neutralität gleichgekommen wäre, um die Verfassungsreform nicht mit einer Debatte über die reale Bedeutung der Neutralität heute und morgen zu belasten. Auch spätere Versuche blieben erfolglos (06.3446 Motion Hans Fehr, 05.3213 Motion Schibli).

3533   Die Neutralität stellt ein Instrument der Sicherheitspolitik dar, keine übergeordnete Maxime. Diese Auffassung entspricht nach wie vor der offiziellen Neutralitätskonzeption des Bundesrates, wie sie im Bericht vom 29. November 1993 entwickelt und im späteren Bericht «Die Neutralität auf dem Prüfstand im Irak-Konflikt» vom 2. Dezember 2005 bestätigt wurde. Das latente Spannungsverhältnis zwischen Neutralität und aktiver Aussenpolitik versucht der Bundesrat heute mit zwei Formeln zu überbrücken: Neutralität dürfe – unter Vorbehalt des Neutralitätsrechts – kein Hindernis für internationale Zusammenarbeit sein, wo sie den Interessen der Schweiz dient (Sicherheitspolitischer Bericht 2000) und die Neutralitätspolitik der Schweiz müsse so angewendet werden, dass sich die Neutralität in den Dienst des Völkerrechts und des Systems der kollektiven Sicherheit stellt (vgl. Anhang I «Neutralität» zum Aussenpolitischen Bericht des Bundesrates 2007, BBl 2007, 5557).

3534   Sicherheitspolitisch ist die Neutralität durch eine Politik der «Sicherheit durch Kooperation» zu ergänzen. Die völkerrechtliche Neutralität als Instrument der Sicherheitspolitik kann nicht einer Aussenpolitik, die sich auf die verfassungsmässigen Ziele abstützt, als absolute Schranke entgegengehalten werden.

3. Zur Diskussion über die Neutralität in der Schweiz

Im politischen Alltag gehen die Auffassungen weit, ja zum Teil diametral auseinander, was Neutralität heute und morgen bedeutet. Entgegen der bundesrätlichen Neutralitätskonzeption wird in der Neutralität teilweise nach wie vor ein unverzichtbares Sinnbild schweizerischer *Identität* erblickt. Immer wieder wird sie angerufen, um aussenpolitisches Handeln zu rechtfertigen oder im Gegenteil zu kritisieren. 3535

> Einerseits wird versucht, unter dem Stichwort der «aktiven Neutralität» tendenziell wesentliche Teile der Aussenpolitik unter die Neutralitätspolitik zu subsumieren. Aktive Neutralität heisse Wahrnehmung einer aktiven Rolle für eine gerechtere, sichere und friedlichere Weltordnung. Anderseits erblicken rechtsnational-konservative Kreise demgegenüber in der gegenwärtigen aussenpolitischen Entwicklung eine Aushöhlung, ja Abschaffung der Neutralität. Diese sei immer noch das erfolgreichste Instrument der schweizerischen Aussenpolitik, die beste Überlebensstrategie des Kleinstaates. 3536

In der *Wissenschaft* wird demgegenüber die schweizerische Neutralität zunehmend zu den Mythen unseres Landes gezählt. Nach DIETRICH SCHINDLER, einem der besten Kenner des Neutralitätsrechts, hat die Neutralität als Maxime der Sicherheitspolitik ihre Bedeutung weitgehend verloren. 3537

4. Veränderungen im neutralitätsrelevanten Umfeld

Die völkerrechtliche Neutralität ist in der ersten Hälfte des 19. Jahrhunderts als Antwort auf die damalige Welt der kriegerischen Auseinandersetzungen und auf dem Boden des damals vorherrschenden «Kriegsvölkerrechts» geschaffen und anerkannt worden. Dieses Umfeld der Neutralität hat sich aber in den letzten Jahrzehnten massiv, ja epochal verändert. 3538

> Dazu beigetragen haben namentlich eine massive Veränderung des *Kriegsbildes,* weil die Mehrzahl der Konflikte heute nicht mehr zwischen Nationalstaaten, sondern innerhalb von Staaten, oft als Bürgerkriege, und zwischen ungleichen (staatlichen und nichtstaatlichen) Gegnern stattfinden, nichtstaatliche Akteure in der internationalen Politik und als Konfliktverursacher auftreten sowie Formen des Terrors, des gewalttätigen Extremismus und der organisierten Kriminalität ineinander fliessen. Das veraltete Neutralitätsrecht kennt keine Antwort auf diese Entwicklung. Die modernen Gesellschaften sehen sich zudem einer Reihe von weiteren *existenziellen Gefahren und Bedrohungen* gegenüber, auf die das Neutralitätsrecht nicht anwendbar ist: Weiterverbreitung von Massenvernichtungswaffen und Waffensystemen von grosser Reichweite, Einschränkungen des freien Wirtschaftsverkehrs und wirtschaftlicher Druck, wirtschaftliche, soziale und ökologische sowie sicherheitspolitisch relevante technologische Entwicklungen, Bedrohung der Informatik- und Kommunikationsinfrastruktur, Spionage, demografische Entwicklungen, Migrationen sowie natur- und zivilisationsbedingte Katastrophen. 3539

> Es kommt hinzu, dass sich das *Völkerrecht* und die Staatengemeinschaft fundamental *verändert* haben. Kriegerische Handlungen sind nicht nur den Neutra- 3540

len, sondern nach der UNO-Charta allen Staaten untersagt. Das Neutralitätsrecht steht nicht mehr im Bewusstsein der Staatengemeinschaft. Internationale Sicherheitsstrukturen, vor allem die UNO und die OSZE, aber auch die Nato und die EU, versuchen, die internationale Sicherheit global oder regional zu gewährleisten, zu fördern oder wiederherzustellen. Die *Menschenrechte* sind zum «rocher de bronze» des Völkerrechts geworden. Elementare Grundrechte gelten als zwingendes, für alle und weltweit geltendes Recht, dem die Souveränität von Nationalstaaten nicht entgegengehalten werden kann. Gegenüber Massnahmen der UNO oder der OSZE gibt es keine Neutralität.

3541   Auch die *geopolitische Lage* in Europa ist heute eine andere. Die Schweiz ist von den Ländern der Europäischen Union umgeben, also von lauter Freunden «umzingelt». Damit sind Kriege wohl bald in ganz Europa, sicher innerhalb der wachsenden EU, praktisch undenkbar, jedenfalls in höchstem Masse unwahrscheinlich geworden. Die europäischen Staaten und die EU als Ganze haben kein eigenes Interesse mehr an der schweizerischen Neutralität – im Gegenteil: Sie erwarten tendenziell eine solidarische Mitwirkung bei der Bewältigung der gemeinsamen Sicherheitsrisiken. Eine militärisch ausgerichtete Neutralität könnte bei einem wenig wahrscheinlichen, aber nie auszuschliessenden Angriff auf Europa ohnehin nicht zum Tragen kommen.

3542   Schliesslich haben die wachsenden *wirtschaftlichen Verflechtungen*, insbesondere mit der EU, (auch) die Schweiz in ein Stadium der Integration geführt, das sich im Krisen- oder gar Kriegsfall als faktische Abhängigkeit erweisen muss. Jedenfalls ist die wirtschaftliche Autarkie der Schweiz gering. Damit schwinden die faktischen Grundlagen einer glaubwürdigen Neutralität in Europa – und dies unabhängig davon, ob die Schweiz dereinst Mitglied der EU sein wird oder nicht.

5.   *Neutralität und UNO-Mitgliedschaft*

3543 Nach herrschender Auffassung in der Völkerrechtslehre und der Staatenpraxis findet das Neutralitätsrecht bei Zwangsmassnahmen der UNO keine Anwendung. Seit ihrem Beitritt zu den Vereinten Nationen im Jahre 2002 ist die Schweiz zudem aufgrund ihrer Mitgliedschaft zur Umsetzung der rechtsverbindlichen Beschlüsse des UNO-Sicherheitsrates *verpflichtet* (Artikel 25 der UNO-Charta).

3544   Die anlässlich des UNO-Beitritts vom Bundesrat deponierte Neutralitätserklärung ändert daran nichts. Diese dürfte denn auch mehr zur Beruhigung an der «inneren Front» angebracht worden sein als zur (unnötigen) rechtlichen Absicherung.

3545   Bis zum Ende des Kalten Krieges war der Bundesrat der Auffassung, die Neutralität stünde einer integralen Anwendung von Zwangsmassnahmen des UNO-Sicherheitsrates entgegen (vgl. UNO-Bericht 1969, BBl 1969 I, 1521 ff.). Infolge der fundamentalen geopolitischen Umwälzungen änderte er jedoch seine Haltung. Die einhellige Verurteilung des irakischen Überfalls auf Kuwait durch die Weltgemeinschaft leitete diese Wende ein. Folglich wandte der Bundesrat die vom UNO-Sicherheitsrat im August 1990 beschlossenen Massnahmen gegen den Irak erstmals autonom an, weil ein Abseitsstehen der Schweiz einer Parteinahme für den Aggressor gleichgekommen wäre. Diese Praxisänderung

setze der Bundesrat dann bis zum UNO-Beitritt der Schweiz konsequent fort
(zB. gegenüber Haiti, Liberia, Libyen oder Ex-Jugoslawien). Er begründete
seine freiwillige Teilnahme mit der internationalen Solidarität, dem Interesse
der Schweiz an der Durchsetzung grundlegender Normen des Völkerrechts.
Ferner begann er auch Wirtschaftssanktionen ausserhalb der UNO mitzutragen,
wenn es sich um Massnahmen einer regional relevanten Staatengruppe gegen
einen Rechtsbrecher handelte (zB. Wirtschaftsmassnahmen der EG gegen das
damalige Jugoslawien).

Auch militärische Zwangsmassnahmen, welche der UNO-Sicherheitsrat gestützt 3546
auf Kapitel VII der UNO-Charta ergreift, werden nicht vom Neutralitätsbegriff erfasst, da es sich trotz der Anwendung von Waffengewalt nicht um einen Krieg im
Rechtssinne, sondern um eine «Polizeiaktion» zur Wiederherstellung des völkerrechtskonformen Zustandes handelt (Anhang I «Neutralität» zum Aussenpolitischen Bericht des Bundesrates 2007, BBl 2007, 5561):

Dies war der Fall beim so genannten 2. Golfkrieg von 1991 zur Befreiung Ku- 3547
waits von der irakischen Besetzung gestützt auf die Resolution 678 (1990). Hingegen beruhte der 3. Golfkrieg von 2003 nicht auf einer solchen Rechtsgrundlage, weswegen hier die Neutralität zur Anwendung kam (vgl. Bericht des
Bundesrates über die Handhabung der Neutralität während des Irak-Konflikts,
BBl 2005, 6997).

Eine *Pflicht zur Teilnahme* an militärischen Zwangsmassnahmen, welche vom 3548
UNO-Sicherheitsrat angeordnet oder genehmigt werden, ergibt sich aus der
Schweizer UNO-Mitgliedschaft *nicht*. Immerhin dürfen solche Aktionen nicht behindert werden. So muss die Schweiz ausländischen Streitkräften den Transit durch
ihr Hoheitsgebiet gestatten, wenn es sich um einen Einsatz handelt, der auf einem
UNO-Mandat beruht. Sie hat das beispielsweise bei den KFOR-Truppen zum
Schutz des Kosovo im Jahre 1999 getan.

e. Aussenwirtschaftspolitik

Literatur

ARPAGAUS REMO, Zollrecht, 2. Aufl. Basel 2007; AUBERT JEAN-FRANÇOIS, in: Petit commentaire, 782 ff.; BIAGGINI, BV Kommentar, Art. 101 ; COTTIER THOMAS/OESCH MATTHIAS
(Hrsg.), Allgemeines Aussenwirtschafts- und Binnenmarktrecht, 2. Aufl., Basel 2007; HERDEGEN MATTHIAS, Internationales Wirtschaftsrecht: ein Studienbuch, 7. Aufl. München
2008; KUONI WOLFRAM, Die Exportrisikogarantie des Bundes, Diss. Zürich 2004; VALLENDER KLAUS A./HETTICH PETER/LEHNE JENS, Wirtschaftsfreiheit und begrenzte Staatsverantwortung, 4. Aufl. Bern 2006, § 16; VEIT MARC D./LEHNE JENS B., in: St. Galler Kommentar,
Art. 101.

Art. 101 BV konkretisiert die umfassende Bundeskompetenz zur Regelung der aus- 3549
wärtigen Angelegenheiten (Art. 54 BV) im Bereich der Aussenwirtschaft. Nach
Abs. 1 hat der Bund die Interessen der schweizerischen Wirtschaft im Ausland zu
wahren.

3550   Im Text der alten BV schien die Aussenwirtschaftskompetenz des Bundes lediglich unter dem Aspekt der Zollhoheit des Bundes (Art. 8 aBV) auf. Zölle sind eine besondere Art indirekter Steuern, die für den grenzüberschreitenden Warenverkehr geschuldet sind (RENÉ RHINOW, in: Kommentar BV, Art. 28 [1988] Rz. 6). Das Zollgesetz vom 18. März 2005 (ZG; SR 631.0) löste per 1. Mai 2007 dasjenige vom 1. Oktober 1925 ab. Mit der Revision wurde vor allem eine Angleichung ans internationale Recht, ein zeitgemässerer Vollzug staatlicher Aufgaben und die Aktualisierung der grundsätzlichen Befugnisse der Zollverwaltung beabsichtigt (Botschaft über ein neues Zollgesetz vom 15. Dezember 2002, BBl 2003, 567–680, 579).

3551   Aussenwirtschaft umfasst die Summe aller grenzüberschreitenden Wirtschaftstätigkeiten, den Güter-, Kapital- und Dienstleistungsverkehr. Die Aussenwirtschaftspolitik kann nach der vom Bundesrat verfolgten Strategie in *drei Dimensionen* gegliedert werden. Bei der ersten Dimension geht es um den *Marktzugang im Ausland und internationale Regelwerke* (etwa durch Handelserleichterungen im Rahmen der WTO oder bilaterale Abkommen, wie namentlich die bilateralen Abkommen I und II mit der EU). Die zweite Dimension beschlägt den *Binnenmarkt Schweiz* und umfasst etwa die Entwicklung der Agrarpolitik (insbesondere in Form der protektionistischen Ausgestaltung dieses Bereichs); die dritte Dimension schliesslich betrifft den *Beitrag zur wirtschaftlichen Entwicklung in Partnerländern* (Bericht zur Aussenwirtschaftpolitik 2004 und Botschaften zu Wirtschaftsvereinbarungen vom 12. Januar 2005, BBl 2005, 1089–1234, 1102 f.).

3552   Im Bericht zur Aussenwirtschaftspolitik 2007 (vom 16. Januar 2008; BBl 2008, 839) wird die Aussenwirtschaftspolitik aufgefächert in:

– die *multilaterale* Wirtschaftszusammenarbeit (WTO, OECD);

– die *europäische* Wirtschaftsintegration auf der Basis des Freihandelsabkommens von 1972, 16 bilateralen Abkommen mit der EU und der EFTA-Konvention;

– *Freihandelsabkommen* mit Partnern ausserhalb der EU und der EFTA, mit dem Hauptziel, Diskriminierungen auf wichtigen Auslandsmärkten zu vermeiden und zur Intensivierung der Handelsbeziehungen mit wichtigen Partnern beizutragen;

– *horizontale* Politiken (dazu gehören etwa die Bereiche Dienstleistungen, Investitionen, technische Handelshemmnisse, internationale Wettbewerbspolitik, öffentliches Beschaffungswesen und handelsrelevante Aspekte des geistigen Eigentums);

– das internationale *Finanzsystem* als wichtiger Teil des Rahmens für den grenzüberschreitenden Waren-, Dienstleistungs- und Kapitalverkehr, die wirtschaftliche Entwicklungszusammenarbeit;

– *bilaterale* Wirtschaftsbeziehungen;

– Exportkontroll- und Embargomassnahmen sowie

– Exportförderung, Standortpromotion und Tourismus.

Während in Art. 54 Abs. 2 BV die Ziele der Aussenpolitik im Allgemeinen verankert sind, verzichtet die Verfassung auf eine Formulierung der *Ziele der Aussenwirtschaftspolitik*. Auch die weit- und tiefgreifende internationale Verpflichtung und Einbindung der Schweiz wird in keiner Weise angedeutet (vgl. dazu oben Rz. 3163 f.). Ausserdem fehlen auch Anhaltspunkte, wie die – unvermeidlichen – Konflikte zwischen den fünf aussenpolitischen Zielen gemäss Art. 54 Abs. 2 BV zu behandeln sind. Wie etwa soll verfahren werden, wenn die Gewährung der Exportrisikogarantie für ein umstrittenes Projekt mit der Menschenrechts- oder Umweltaussenpolitik der Schweiz kollidiert? Hier liegt es letztlich an der Gesamtverantwortung des Bundesrates bzw. an der Oberaufsicht des Parlaments, den notwendigen Ausgleich zwischen punktuellen Interessen und längerfristigen Zielen herzustellen. (Leider oft nicht erreichtes) Ziel muss es sein, die *Kohärenz* der Aussenpolitik sicherzustellen.

3553

Die Schweiz strebt seit langem die Förderung der Exportwirtschaft und deren internationaler Wettbewerbsfähigkeit sowie eine Liberalisierung des Welthandels an. Als traditionelle Freihandelsnation steht der möglichst freie Zugang zu ausländischen Absatz- und Versorgungsmärkten im Vordergrund (Ausfuhr schweizerischer Produkte und Einfuhr ausländischer Rohstoffe und Produkte).

3554

Die Förderung der *Exportindustrie* erfolgt einerseits durch staatsvertragliche Abkommen bilateraler und multilateraler Natur, welche den Handelsverkehr erleichtern. Anderseits unterstützt der Bund den Export gestützt auf das Bundesgesetz vom 6. Oktober 2000 über die *Förderung des Exports* (Exportförderungsgesetz; SR 946.14) vor allem durch Information, Beratung und Unterstützung des Auslandmarketings, sowie mit zwei versicherungsähnlichen Instrumenten: mit der *Exportrisikoversicherung* (Bundesgesetz vom 16. Dezember 2005 über die Schweizerische Exportrisikoversicherung, in Kraft seit 1. Januar 2007; SR 946.10), aber auch durch die *Investitionsrisikogarantie* (Bundesgesetz vom 20. März 1970 über die Investitionsrisikogarantie; SR 977.0 – allerdings basierend auf Art. 103 BV, indem die Exportwirtschaft etwas kühn als «Wirtschaftszweig» aufgefasst wird; VPB 1968 Nr. 7). Der Bund kann auch die schweizerische Wirtschaftswerbung im Ausland unterstützen («Standortpromotion LOCATION Switzerland»; Bundesgesetz über die Pflege des schweizerischen Erscheinungsbildes im Ausland; SR 194.1; Bundesgesetz vom 5. Oktober 2007 zur Förderung der Information über den Unternehmensstandort Schweiz; BBl 2007, 7181 f.; SR 194.2) – eine Aufgabe, die seit dem 1. Januar 2008 an die Osec Business Network Switzerland übertragen worden ist.

3555

Der Exportförderung dienen auch *Abbau und Beseitigung technischer Handelshemmnisse*. Das Bundesgesetz vom 6. Oktober 1995 über die technischen Handelshemmnisse (THG, SR 946.51) verfolgt das Ziel, Beeinträchtigungen des grenzüberschreitenden Warenverkehrs auszuschliessen oder zu verringern. Zu diesem Zweck werden die schweizerischen Produktevorschriften auf die Produktenormen der wichtigsten Handelspartner sowie auf deren Anwendung abgestimmt, wobei gleichzeitig das erreichte Schutzniveau gewahrt werden soll. Mit einer Teilrevision des THG soll das sog. Cassis-de-Dijon-Prinzip (vgl. oben Rz. 3128) von der Schweiz unilateral eingeführt werden, sodass Produkte, die im EG/EWR – Raum rechtmässig in Verkehr gebracht worden sind, grundsätzlich auch in der Schweiz ohne zusätzliche Kontrollen frei zirkulieren

3556

können. Damit sollen der Wettbewerb gefördert sowie die Kosten für die Unternehmen und die Preise für die Konsumenten gesenkt werden. Am 25. Juni 2008 hat der Bundesrat die Botschaft zur Teilrevision verabschiedet (BBl 2008, 7275 ff.).

3557 Die Schweiz ist Mitglied in der Welthandelsorganisation (WTO), im Internationalen Währungsfonds (IWF), in der Weltbankgruppe, den wirtschaftspolitisch relevanten Sonderorganisationen bzw. Konferenzen der UNO (UNCTAD, UNCED, IAO, WHO, WIPO) und der OECD. Zentrales Tätigkeitsfeld der schweizerischen Aussenwirtschaftspolitik bleibt jedoch weiterhin das europäische Umfeld. Mit dem Inkrafttreten der bilateralen Verträge mit der EU konnte das Verhältnis zur EU auf eine solide institutionelle Basis gestellt werden. Daneben ist die Schweiz Mitglied der auf vier Staaten geschrumpften Freihandelszone der European Free Trade Association (EFTA: Island, Liechtenstein, Norwegen und die Schweiz). Ferner ist die Schweiz in zahlreichen bilateralen Wirtschaftsabkommen Bindungen mit einzelnen Ländern eingegangen (Wirtschaftskooperationsabkommen, Investitionsschutzabkommen, Doppelbesteuerungsabkommen und Abkommen über die gegenseitige Anerkennung von Konformitätsbewertungen).

3558 Gemäss Art. 101 Abs. 2 BV kann der Bund Massnahmen zum *Schutz der inländischen Wirtschaft* treffen, dies allerdings – nach einer im Rahmen der Verfassungsreform vom Parlament eingefügten Klausel – nur «in besonderen Fällen». Er kann dabei nötigenfalls auch vom Grundsatz der Wirtschaftsfreiheit abweichen.

3559 Rechtsgrundlage für *handelspolitisch motivierte aussenwirtschaftliche Massnahmen* ist das Bundesgesetz vom 25. Juni 1982 über aussenwirtschaftliche Massnahmen (SR 946.201). Danach kann der Bundesrat Einfuhr, Ausfuhr und Durchfuhr von Waren und Dienstleistungen überwachen, beschränken oder verbieten, wenn ausländische Massnahmen oder ausserordentliche Verhältnisse im Ausland den Waren-, Zahlungs- oder Dienstleistungsverkehr der Schweiz derart beeinflussen, dass wesentliche schweizerische Wirtschaftsinteressen beeinträchtigt werden. Solche Massnahmen sind der Bundesversammlung im Rahmen einer Berichterstattung innert 6 Monaten zu unterbreiten; diese kann verlangen, dass die Massnahmen aufgehoben, ergänzt oder geändert werden.

3560 Aussenwirtschaftliche Massnahmen können auch durch andere, *nicht handelspolitische Gründe* gerechtfertigt sein und etwa protektionistisch (vor allem für die Landwirtschaft), aussenpolitisch (wie etwa bei wirtschaftlichen Sanktionen der internationalen Gemeinschaft gegenüber einzelnen Staaten oder bei der Kontrolle des Handels mit Kriegsmaterial), polizeilich (aus Gründen der Gesundheit, Sicherheit oder Sittlichkeit), völkerrechtlich (Nichtverbreitung von Kernwaffen) oder durch die Sicherstellung der Landesversorgung motiviert sein. Solche Massnahmen müssen sich auf andere Verfassungsgrundlagen und darauf basierende Erlasse abstützen können.

3561 In seinen jährlichen *Berichten zur Aussenwirtschaftspolitik* berichtet der Bundesrat ausführlich über die Bedeutung und die Instrumente der schweizerischen Aussenwirtschaftspolitik in der globalisierten Weltwirtschaft (vgl. zB. den oben unter Rz. 3552 erwähnten Bericht zur Aussenwirtschaftspolitik 2007). Diese Berichte zeigen klar auf, wie eng die Schweiz schon jetzt – auch ohne Mitgliedschaft in der EU – in die multilaterale Wirtschafts- und Finanzstruktur eingebettet ist.

Mit der *Globalisierung* stellt sich zunehmend auch die Frage nach der Rolle der multinational tätigen Wirtschaftsunternehmen als wichtige Akteure. Gerade die Schweiz mit ihrer international stark vernetzten Wirtschaft kann sich dieser Fragestellung kaum entziehen. Die regelmässigen Proteste gegen das Davoser Weltwirtschaftsforum WEF bilden wohl den augenfälligsten Ausdruck öffentlichen Unbehagens gegenüber der vermeintlichen Allmacht der «Multis». Der vom ehemaligen UNO-Generalsekretär Kofi Annan ins Leben gerufene «Global Compact» (www.unglobalcompact.org) versucht, die Wirtschaft auf freiwilliger Basis gewissen sozialen und ökologische Leitlinien zu verpflichten. Der um sich greifende Trend zur Privatisierung staatlicher Aufgaben sowie soziale und ökologische Sünden von multinationalen Unternehmen in der Vergangenheit lassen den Ruf nach einer rechtsverbindlichen Regelung internationaler Unternehmensverantwortung lauter erschallen (vgl. die zurückhaltende Antwort des Bundesrates vom 15. Oktober 2003 auf die Motion Gysin 03.3375, siehe dazu auch PAUL SEGER, Neue Tendenzen im Bereich internationaler Unternehmensverantwortung, SZIER 3/2005, 459 ff.). 3562

f. Aussendimension von Staatsaufgaben

Die meisten der in der BV verankerten Aufgaben und Kompetenzen weisen heute Aussendimensionen auf. Es gilt dies insbesondere für die Verfassungsgrundlagen über Sicherheit, Armee und Wehrpflicht, Zivilschutz, Waffen und Kriegsmaterial, Aufenthalt und Niederlassung von Ausländerinnen und Ausländern, internationale Wasservorkommen, Alpenschutzartikel, Export von Energie aus Wasserkraft, Filmeinfuhr und die Zölle. Die Verknüpfung mit dem Ausland ist freilich in aller Regel nicht aus der textlichen Umschreibung ersichtlich, sondern schlägt sich in der Mitgliedschaft in internationalen Organisationen oder in zahlreichen Staatsverträgen nieder, welche der Bund bilateral oder multilateral abgeschlossen hat – zuletzt und grundlegend in den sieben sektoriellen Abkommen mit der Europäischen Union vom 21. Juni 1999 (vgl. nachstehend Rz. 3565 ff.). 3563

> Wenn teilweise kritisiert wird, die Aussendimension materieller Kompetenznormen sei bis heute noch zu wenig reflektiert worden, so ist dem zuzustimmen. Dies führt zur grundsätzlichen Infragestellung der überkommenen Anschauung, der Bund sei im Rahmen seiner auswärtigen Gewalt (überhaupt) nicht an die (innengerichteten) materiellen Verfassungsnormen gebunden. Auf der anderen Seite kann die Aussendimension textlich kaum auf überzeugende und die Handlungsfähigkeit des Bundes wahrende Weise zum Ausdruck gebracht werden. 3564

III. Verhältnis der Schweiz zur Europäischen Union

a. Überblick

3565 Die Europäische Union (EU) ist die wichtigste Partnerin der Schweiz – politisch, kulturell und wirtschaftlich. Die EU und die Schweiz gründen auf gemeinsamen Grundwerten wie Demokratie, Achtung der Menschenrechte und Rechtsstaatlichkeit.

3566 Die EU ist die weitaus wichtigste *Handelspartnerin* der Schweiz: Drei Fünftel der Exporte gehen in den EU-Raum, vier Fünftel der Importe stammen von dort. Die Schweiz hat denn auch enge vertragliche Beziehungen mit der Europäischen Union. 1972 wurde das Freihandelsabkommen (für Industrieprodukte) abgeschlossen, 1999 sieben bilaterale Verträge in den Bereichen Personenverkehr, Landverkehr, Luftverkehr, Landwirtschaft, Forschung, technische Handelshemmnisse und öffentliches Beschaffungswesen. Alle sieben Abkommen sind vom Volk in der Abstimmung vom 21. Mai 2000 gutgeheissen worden (BBl 2000, 3773) und am 1. Juni 2002 in Kraft getreten. Diese Abkommen wurden inzwischen auf die neu beigetretenen EU-Mitglieder erweitert. Die Ausdehnung des Freizügigkeitsabkommens (FZA, SR 0.142.112.681) auf die beiden jüngsten EU-Mitgliedstaaten Bulgarien und Rumänien wurde in der Volksabstimmung vom 8. Februar 2009 gutgeheissen. Parlament und Volk haben im Jahre 2006 ein zweites Paket bilateraler Verträge («Bilaterale II») angenommen. Dieses betrifft namentlich die Themen Zinsbesteuerung, Betrugsbekämpfung, die Assoziation zum Schengener und Dubliner Abkommen sowie weitere Bereiche wie Landwirtschaft, Bildung, Umwelt und Kultur (vgl. Botschaft Bilaterale II vom 1. Oktober 2004, BBl 2004, 5965). Zu erwähnen sind schliesslich die Beiträge an die soziale Kohäsion in Europa, welche die Schweiz aufgrund einer Verständigung mit der EU im Zeitraum von zehn Jahren an die EU-Mitglieder aus Mittelosteuropa leisten wird (sog. «Kohäsionsmilliarde»).

3567 Mit der Assoziation zu «Schengen» erhält die Integration der Schweiz in Europa eine neue Dimension, indem sie Teil des europäischen Binnenraums ohne Personenkontrollen an der Grenze wird. Im Gegenzug beteiligt sie sich an den Massnahmen zur öffentlichen Sicherheit und Verbrechensbekämpfung. Im Unterschied zu den «klassischen» bilateralen Abkommen mit der EU handelt es sich bei «Schengen/Dublin» um ein dynamisches Abkommen, welches die vertraglich eingesetzten Institutionen fortlaufend weiterentwickelt. Der Schweiz ist ein institutionelles Mitsprache-, aber kein eigentliches Mitbestimmungsrecht gewährt.

b. Europapolitik des Bundesrates

3568 Im Zentrum der Integrationspolitik des Bundesrates stehen die bilateralen Verträge (Pakete I und II). Die Umsetzung und graduelle Erweiterung des bilateralen Vertragsnetzes gilt als Hauptachse der gegenwärtigen integrationspolitischen Strategie.

Am 4. März 2001 haben Volk und Stände die Volksinitiative «Ja zu Europa!» deutlich verworfen. 3569

Mit dieser Initiative sollte der Bundesrat verpflichtet werden, mit der Europäischen Union unverzüglich Verhandlungen über einen EU-Beitritt der Schweiz aufzunehmen. Die Stimmbürgerinnen und Stimmbürger sind der Empfehlung des Bundesrates gefolgt, dieses Volksbegehren abzulehnen, weil die Voraussetzungen für die Aufnahme von EU-Beitrittsverhandlungen zurzeit nicht gegeben sind. 3570

In Sachen EU-Beitritt zeigt sich der Bundesrat hingegen zurückhaltender als auch schon. Das 1992 deponierte Beitrittsgesuch wird zwar nicht formell zurückgezogen, gilt aber als «eingefroren». Die Beitrittsperspektive hat sich von einem ehemals «strategischen Ziel» zu einer blossen «längerfristigen Option» gewandelt. Nach Ansicht des Bundesrates soll das Verhältnis Schweiz – EU nicht so sehr von der institutionellen Debatte «EU-Beitritt oder nicht» beherrscht werden, sondern «über den Ansatz pragmatischer Interessenwahrung» (vgl. Europabericht 2006, BBl 2006, 6815, 6828). Die Mehrheit des Parlaments ist dieser Sichtweise gefolgt. 3571

Der *Europabericht 2006* des Bundesrates stellt die Auswirkungen des bilateralen Weges, des EWR und eines EU-Beitritts auf das schweizerische Recht und die Institutionen sachlich einander gegenüber: 3572

– Er kommt zum Schluss, dass der bilaterale Weg keine Änderungen des institutionellen Gefüges nach sich zieht. Demokratie und Föderalismus blieben gewahrt. Immerhin wird ein möglicher Ausbau der föderalistischen Zusammenarbeit erwogen, um die Mitwirkung der Kantone bei der Weiterentwicklung der bilateralen Abkommen zu verbessern (BBl 2006, 6886). 3573

– Der Bericht schildert ferner die *Auswirkungen* eines EWR- und eines EU-Beitritts auf zentrale Bereiche des *schweizerischen Staatswesens*. Hinsichtlich der Konsequenzen eines EWR-Beitritts fasst der Bundesrat seine bisherige Haltung zusammen: Ein solcher Beitritt würde keine wesentlichen institutionellen Konsequenzen nach sich ziehen. Die Zusammenarbeit zwischen Bund und Kantonen wäre zu intensivieren, da auf die Kantone aufgrund der Übernahme des EWR-Rechts erhebliche Mehraufgaben zukämen. Auch bei den institutionellen Auswirkungen eines EU-Beitritts enthält der Europabericht 2006 keine grundlegend neuen Erkenntnisse. Von einem EU-Beitritt betroffen wären insbesondere der Föderalismus (Aufgaben- und Kompetenzverteilung sowie Zusammenarbeit zwischen Bund und Kantonen), die direkte Demokratie (Volksrechte), die Finanzordnung (Neuer Finanzausgleich: Neuordnung der Finanzströme zwischen Bund und Kantonen), die Wirtschafts- und Währungspolitik, die Ausländer- und Migrationspolitik, die Aussen- und Sicherheitspolitik sowie die Landwirtschaftspolitik. 3574

Im Rahmen seiner Europapolitik prüft der Bundesrat derzeit weitere Optionen, so zum Beispiel den Abschluss eines Rahmenvertrages mit der Europäischen Gemeinschaft, welcher sämtliche bilaterale Abkommen überspannen und das Gefäss für eine institutionalisierte Zusammenarbeit schaffen würde (vgl. Antwort des Bundesrates vom 26. Oktober 2005 auf das Postulat Stähelin 05.3564). Ferner steht auch die Übernahme des sogenannten «Cassis de Dijon»-Prinzips zur Diskussion. Damit 3575 würde die Schweiz Konformitätsbescheinungen der EU-Staaten akzeptieren, so dass entsprechende Produkte ohne weitere Hindernisse oder Vorschriften in der Schweiz in den Handel gebracht werden könnten. Der Bundesrat schlägt der Bundesversammlung im Rahmen der Revision des Bundesgesetzes über die technischen Handelshemmnisse (THG; SR 946.51) die autonome Einführung des „Cassis de Dijon"-Prinzips für bestimmte Importe aus der EG und dem EWR vor; für Lebensmittel soll eine Sonderregelung gelten (BBl 2008, 7275 ff.).

IV. Legalitätsprinzip und Aussenpolitik

3576 Das Legalitätsprinzip umfasst im Wesentlichen die Grundsätze des Gesetzesvorrangs und des Gesetzesvorbehalts (vgl. Rz. 2720 ff.). Es gilt nicht nur für die Eingriffsverwaltung, sondern grundsätzlich auch für die Leistungsverwaltung resp. für die Verwaltungstätigkeit allgemein.

3577 Umstritten ist indessen, inwieweit der Grundsatz der Gesetzmässigkeit auch für die *aussenpolitischen* Tätigkeiten Geltung beanspruchen kann.

3578 Die Verfassung statuiert an verschiedener Stelle Aspekte des Legalitätsprinzips; bezüglich der Aussenbeziehungen sind nur Art. 173 Abs. 1 c BV, wonach aussenpolitische Massnahmen durch die Bundesversammlung und den Bundesrat direkt gestützt auf die BV erlassen werden können, und Art. 185 Abs. 3 BV über die Notverordnungen der Bundesversammlung und des Bundesrates zu erwähnen. Beide sind aber als Ausnahmen vom Legalitätsprinzip zu betrachten.

3579 In der Lehre wird zT. argumentiert, dass die auswärtigen Angelegenheiten schon aufgrund ihrer Komplexität grundsätzlich für gesetzliche Normierungen *ungeeignet* seien.

3580 Dies wird etwa mit der mangelnden Vorhersehbarkeit und der fehlenden nationalstaatlichen Entscheidautonomie begründet. Angeführt wird auch das Erfordernis der Flexibilität und der Notwendigkeit, Kompromisse eingehen zu können und einzelfallgerechte Lösungen zu finden. Aus diesen Gründen müsse Gesetzgebung im Bereich der Aussenpolitik notwendigerweise inhaltlich substanzarm bleiben und sich auf Kompetenznormen beschränken.

3581 Unseres Erachtens ist jedoch eine *differenzierte* Betrachtung des Spannungsverhältnisses zwischen Aussenpolitik und Legalitätsprinzip angezeigt. Es ist offensichtlich, dass sich die Aussenpolitik flexibel und pragmatisch am Verhalten anderer Staaten und Organisationen ausrichten können muss. Die aussenpolitische Tätigkeit bedarf daher unbestrittenermassen einer erhöhten *Handlungsfreiheit*, die nicht übermässig durch Bundesgesetze eingeschränkt werden sollte. Anderseits können gewisse *Ziele*, *Grundsätze* und *Schwerpunkte* der Aussenpolitik durchaus gesetzlich erfasst werden. Das Legalitätsprinzip darf demnach vom Bereich der Aussenpolitik nicht ausgeschlossen werden; es muss vielmehr differenziert nach Materie und Regelungsbedürfnis Anwendung finden. Die Praxis hat einen pragmatischen Mittelweg gefunden, indem das Parlament auf Vorschlag des Bundesrates bestimmte strategische Bereiche der Aussenpolitik in Gesetze gefasst hat (zB. Entwicklungshilfe, Aussenwirtschaft, Menschenrechtspolitik, Friedensförderung und internationale Gaststaatpolitik der Schweiz).

V. Ordensverbot (Exkurs)

Art. 12 aBV kannte einen sog. Ordensartikel; dieser verbot den Angehörigen eidgenössischer und kantonaler Parlamente und Regierungen sowie Bundesangestellten und Armeeangehörigen die Entgegennahme von Zuwendungen und Auszeichnungen ausländischer Regierungen. Dieser Artikel wurde nicht in die geltende BV aufgenommen. Für den Bereich des Bundes besteht aber seither trotzdem ein entsprechendes Bundesgesetz, das am 1. Februar 2001 in Kraft getreten ist (Bundesgesetz über Titel und Orden ausländischer Behörden vom 23. Juni 2000; vgl. BBl 1999, 7942 ff. sowie BBl 2000, 3609) und eine Teilrevision entsprechender, bereits bestehender Erlasse vornimmt. 3582

Für Mitglieder der eidgenössischen Räte und des Bundesrates, Bedienstete des Bundes, Bundesrichter und Angehörige der Armee gilt nach wie vor, dass die Ausübung einer amtlichen Funktion für einen ausländischen Staat sowie die Annahme von Titeln, Orden oder sonstigen Zuwendungen verboten sind. Für Mitglieder der Bundesversammlung wurde insofern eine Ausnahme gemacht, als auf das Tragen von Orden oder Titeln ausländischer Regierungen ausschliesslich während der Dauer der Amtszeit verzichtet werden muss. Grundsätzlich wird somit die frühere Regelung materiell weitergeführt. 3583

§ 38 Völkerrecht und Landesrecht

Literatur

ACHERMANN ALBERTO, Der Vorrang des Völkerrechts im schweizerischen Recht, in: Cottier Thomas et al. (Hrsg.), Der Staatsvertrag im schweizerischen Verfassungsrecht, Bern 2001, 33 ff.; AUER/MALINVERNI/HOTTELIER I, Rz. 1294–1306; BIAGGINI, BV Kommentar, Art. 5, Rz. 26–31; DERS. Das Verhältnis der Schweiz zur internationalen Gemeinschaft – Neuerungen im Rahmen der Verfassungsreform, AJP 1999, 722 ff.; COTTIER THOMAS u. a. (Hrsg.), Der Staatsvertrag im Schweizerischen Verfassungsrecht, Bern 2001; DAHM GEORG/DELBRÜCK JOST/WOLFRUM RÜDIGER, Völkerrecht Band I/1, 2. Aufl. Berlin ua. 1989 (zit. Völkerrecht); EPINEY ASTRID, Das Primat des Völkerrechts als Bestandteil des Rechtsstaatsprinzips, ZBl 95 (1994), 537 ff.; HANGARTNER YVO, Das Verhältnis von Völkerrecht und Landesrecht, SJZ 1998, 201 ff. (zit. Verhältnis); DERS., Völkerrecht und schweizerisches Landesrecht, in: Schluep R. Walter et al. (Hrsg.), Festschrift für Arnold Koller, Stuttgart/Wien 1993 (zit. Völkerrecht); DERS., in: St. Galler Kommentar, Art. 5, Rz. 44–50; KELLER HELEN, Rechtsvergleichende Aspekte zur Monismus – Dualismus – Diskussion, SZIER 1999, 225 ff.; MAHON PASCAL, in: Petit commentaire, Art. 5, Rz. 17–23; MICHEL NICOLAS, in: Verfassungsrecht der Schweiz, § 4; MÜLLER JÖRG PAUL/WILDHABER LUZIUS, Praxis des Völkerrechts, 3. Aufl. Bern 2001; PETERS ANNE, Völkerrecht Allgemeiner Teil, 2. Aufl. Zürich/Basel/Genf 2008, 197–205; REICH JOHANNES, Due Process and Sanctions Targeted Against Individuals Pursuant to U. N. Resolution 1267 (1999), Yale Journal of International Law 2008, 505 ff. (zit. Sanctions); STONE SWEET ALEC/KELLER HELEN, The Reception of the ECHR in National Legal Orders, in: Keller Helen/Stone Sweet Alec (Hrsg.), A Europe of Rights: the impact of the ECHR on National Legal Systems, Oxford 2008, 3–28; DIES., Assessing the impact of the ECHR on National Legal Systems, in: Keller Helen/Stone Sweet Alec (Hrsg.), A Europe of Rights: the impact of the ECHR on National Legal Systems, Oxford 2008, 677–712; THÜRER DANIEL, Verfassungsrecht und Völkerrecht, in: Verfassungsrecht der Schweiz, § 11; DERS., Völkerrecht und Landesrecht – Thesen zu einer theoretischen Problemumschreibung, SZIER 1999, 217 ff.; TSCHANNEN, Staatsrecht, § 9.

I. Allgemeines zur Regelung in der Verfassung

Angesichts zunehmender internationaler Interdependenz gewinnt die Frage der Stellung des Völkerrechts im nationalen Recht für eine moderne Verfassung grössere Bedeutung als in der Vergangenheit. Der Verfassung kommt in diesem Sinne vermehrt eine Scharnier- bzw. *Brückenfunktion* zwischen internationaler und nationaler Ebene zu. 3584

> Das Verfassungsrecht unter der alten BV schwieg sich weitgehend über das Verhältnis von Völkerrecht und Landesrecht aus. Es musste auf geschriebene und ungeschriebene Normen, die sich im Laufe der Zeit aus dem Völker- und Landesrecht heraus entwickelt hatten, und vor allem auf die von Lehre und Praxis erarbeiteten und anerkannten Regeln zurückgegriffen werden, so zB. für den Konflikt zwischen völkerrechtlichen und landesrechtlichen Normen (BBl 1997 I, 134). 3585

3586 Die geltende BV unternimmt den Versuch, das Verhältnis von Völkerrecht und Landesrecht in Ansätzen normativ zu regeln. Sie äussert sich an *mehreren Stellen* zum Verhältnis von Völkerrecht und Landesrecht (Art. 5 Abs. 4, 139 Abs. 3, 189 Abs. 1 Bst. b, 190, 193 Abs. 4 und 194 Abs. 2 BV).

3587 Diese äusserst wichtige Thematik ist auch zum Gegenstand politischer Auseinandersetzungen im Rahmen der Verfassungsreform 1999 geworden. Das ist, trotz aller Bedenken, insofern gerechtfertigt, als es in diesem sensiblen Bereich um rechtsstaatliche und demokratische Legitimationsfragen geht, die nicht wie früher der herrschenden Lehre und bundesrätlichen oder bundesgerichtlichen Praxis allein überlassen werden dürfen.

3588 Im Zuge dieser Diskussionen wurde aber auch offenkundig, dass es unmöglich ist, sämtliche Aspekte des Verhältnisses von *Völkerrecht und Landesrecht* zu konstitutionalisieren. Vieles entzieht sich einer rechtsatzmässigen Regelung überhaupt oder ist im Fluss und bedarf der differenzierenden, fortschreitenden Praxis. Da eine neue, «brückenbildende» Verfassung das Thema nicht übergehen konnte, wurde eine Lösung gefunden, die den Vorrang des Völkerrechts grundsätzlich hervorhebt, anderseits aber der künftigen Weiterentwicklung durch Rechtsetzung und Judikatur das Tor offen hält.

II. Begriff und Rechtsquellen des Völkerrechts

a. Überblick

3589 Die Rechtsquellen des Völkerrechts geben eine Antwort darauf, wie positives Völkerrecht erzeugt wird. Art. 38 des Statuts des Internationalen Gerichtshof vom 26. Juni 1945 hält folgende Rechtsquellen des Völkerrechts fest:

– die völkerrechtlichen *Verträge*;

– das internationale *Gewohnheitsrecht* als Ausdruck einer allgemeinen, als Recht anerkannten Übung;

– die allgemeinen *Rechtsgrundsätze*;

– und als Hilfsmittel die *Entscheide* internationaler Gerichte und Schiedsgerichte und die *Völkerrechtslehre*.

3590 Daneben werden als Rechtsquellen auch einseitige Rechtsakte und die Beschlüsse internationaler Organisationen genannt.

b. Staatsverträge

3591 Ein völkerrechtlicher Vertrag ist eine dem Völkerrecht unterstehende, ausdrückliche oder durch konkludente Handlung zustande gekommene Willenseinigung zwischen zwei oder mehreren Staaten oder anderen Völkerrechtssubjekten, in dem sich diese zu einem bestimmten Verhalten verpflichten. Völkerrechtliche Verträge oder Staatsverträge lassen sich in verschiedener Hinsicht unterscheiden:

- Je nach den beteiligten Völkerrechtssubjekten werden Verträge zwischen Staaten und Verträge zwischen Staaten und/oder zwischen internationalen Organisationen unterschieden. Das Wiener Übereinkommen über das Recht der Verträge (WVK; SR 0.111) regelt das Recht für Verträge zwischen Staaten. Eine entsprechende Konvention von 1986 regelt Verträge, an welchen internationale Organisationen beteiligt sind. 3592

- Nach der Zahl der Vertragsparteien wird zwischen *bilateralen* und *multilateralen* Verträgen unterschieden. 3593

- Verträge können im Weiteren *rechtsgeschäftlicher* und *rechtsetzender* Natur sein. In rechtsgeschäftlichen Verträgen verpflichten sich Staaten zur Erbringung einer Leistung in einem konkreten Einzelfall. Bei rechtsetzenden Verträgen verpflichten oder berechtigen sich Staaten in generell-abstrakter Weise. 3594

c. Insbesondere das zwingende Völkerrecht

Literatur

BAUMANN ROBERT, Völkerrechtliche Schranken der Verfassungsrevision, ZBl 2007, 181–210; KADELBACH STEFAN, Zwingendes Völkerrecht, Berlin 1992; KÄLIN WALTER, Internationale Menschenrechtsgarantien als Schranke der Revision von Bundesverfassungsrecht: Das Beispiel völkerrechtswidriger Asylinitiativen, AJP 1993, 243 ff. (zit. Schranke); KELLER HELEN/LANTER MARKUS/FISCHER ANDREAS, Volksinitiativen und Völkerrecht: die Zeit ist reif für eine Verfassungsänderung, ZBl. 2008, 121–154; KORNICKER EVA, Ius cogens und Umweltvölkerrecht: Kriterien, Quellen und Rechtsfolgen zwingender Völkerrechtsnormen und deren Anwendung auf das Umweltvölkerrecht, Basel 1997; REICH JOHANNES, Verletzt die «Ausschaffungsinitiative» zwingende Bestimmungen des Völkerrechts?, ZSR 2008 I, 499 ff.; WILDHABER LUZIUS, Neues zur Gültigkeit von Initiativen, in: Zen-Ruffinen Piermarco/Auer Andreas (Hrsg.), De la Constitution. Études en l'honneur de Jean-François Aubert, Basel/Frankfurt am Main 1996, 293–299.

1. Allgemeines

Sowohl die Total- wie die Teilrevision der Verfassung dürfen gemäss Art. 193 Abs. 4 und 194 Abs. 2 BV «die zwingenden Bestimmungen des Völkerrechts nicht verletzen». Diese Normen werden durch Art. 139 Abs. 3 BV ergänzt. Danach hat die Bundesversammlung eine Volksinitiative auf Teilrevision der Bundesverfassung für ungültig zu erklären, wenn «zwingende Bestimmungen des Völkerrechts verletzt werden». Dies entspricht der Praxis von Bundesversammlung und Bundesrat, wie sie 1996 anlässlich der Initiative «für eine vernünftige Asylpolitik» begründet worden ist. 3595

Die von der Partei «Schweizer Demokraten» 1992 lancierte Asylinitiative verstiess gegen das Prinzip des Non-Refoulement (kein Abschieben von Asylsuchenden in ein Land, in dem sie an Leib und Leben gefährdet sind) und somit gegen zwingendes Völkerrecht (vgl. BBl 1996 I, 1355, sowie die Erläuterungen in der Botschaft des Bundesrates, BBl 1994 III, 1493 ff. und WALTER KÄLIN, 3596

Schranke, 243 ff.); das Prinzip des Non-Refoulement ist nun in Art. 25 Abs. 2 und 3 BV verankert worden (vgl. dazu Rz. 1766 ff.).

3597 Das *zwingende Völkerrecht* als «minimal world order» (DANIEL THÜRER) umfasst diejenigen Fundamentalnormen des Völkerrechts, die absoluten Schutz geniessen und als hierarchisch übergeordnetes Völkerrecht allen übrigen Normen vorgehen. Diese sichern einen Kernbestand minimaler Rechte und Pflichten zur Gewährleistung eines friedlichen Zusammenlebens der Menschheit und eines menschenwürdigen Daseins.

3598 Zum zwingenden Völkerrecht (ius cogens) gehören insbesondere das in der UNO-Charta verankerte Gewaltverbot, der Kerngehalt der Menschenrechte und des humanitären Völkerrechts, insb. das Recht auf Leben und der Schutz vor Folter und erniedrigender Behandlung, die Freiheit von Sklaverei und Menschenhandel, das Verbot von Kollektivstrafen und das Non-Refoulement-Gebot (als Ableitung aus dem Folterverbot), das Verbot der systematischen Rassendiskriminierung, die Strafbarkeit von Kriegsverbrechen und Verbrechen gegen die Menschlichkeit und das Verbot des Völkermords (vgl. BGE 133 II 450 im Zusammenhang mit der Geltung einer Resolution des UN Sicherheitsrates).

3599 Die Bundesversammlung genehmigte am 9. März 2000 das Übereinkommen über die Verhütung und Bestrafung des Völkermords vom 9. Dezember 1948 und eine entsprechende Gesetzesänderung. Ein neuer Straftatbestand ist am 15. Dezember 2000 in Kraft getreten (Art. 264 StGB; AS 2000, 2725, BBl 1999, 5327).

3600 Gemäss Art. 53, 64 und 71 der WVK ist eine zwingende Norm des allgemeinen Völkerrechts «eine Norm, die von der internationalen Staatengemeinschaft in ihrer Gesamtheit angenommen und anerkannt wird (...), von der nicht abgewichen werden darf und die nur durch eine spätere Norm des allgemeinen Völkerrechts derselben Rechtsnatur geändert werden kann». Die entsprechenden Rechte sind in multilateralen Menschenrechts- und humanitären Konventionen als unbedingte, nicht reziproke Verpflichtungen ausgestaltet, die auch im Notstand nicht ausser Kraft gesetzt werden dürfen (vgl. zB. Art. 15 Abs. 2 EMRK und Art. 4 UNO-Pakt II).

3601 In der *Praxis* zeichnet sich ab, dass Bundesrat und Bundesversammlung – anlässlich der Prüfung der Völkerrechtskonformität von Volksinitiativen – von einem engen, auf die völkerrechtliche Anerkennung abgestützten Begriff des zwingenden Völkerrechts ausgehen (illustrativ zur Minarett-Initiative die Ausführungen in der Botschaft, BBl 2008, 7609–7612). Dementsprechend haben sie Volksinitiativen, die gegen andere Bestimmungen des Völkerrechts verstiessen, Volk und Ständen zur Abstimmung unterbreitet. Die meisten dieser Initiativen wurden an der Urne verworfen. Bei den beiden angenommenen Initiativen (der Alpeninitiative 1994 und der Verwahrungsinitiative 2004) zogen Parlament und Regierung eine möglichst völkerrechtskonforme einer initiativgetreuen Umsetzung im Gesetzesrecht vor. Das Bundesgericht verfolgt demgegenüber im Zusammenhang mit der Anwendung von internationalen Abkommen eher die Tendenz, den Begriff des ius cogens auszuweiten (vgl. dazu näher BAUMANN, 190 ff.; REICH, 506–510).

2. Erweiterung der völkerrechtlichen Schranken?

Die ausdrückliche textuelle Verankerung der Schranke des zwingenden Völkerrechts – und *nur* des *zwingenden* Völkerrechts – bei der Verfassungsrevision schliesst uE. nicht a priori aus, dass die Bundesversammlung in ihrer künftigen Praxis auch andere völkerrechtliche Verpflichtungen von grundlegender Bedeutung für die Schweiz zu den Schranken der Verfassungsrevision zählen könnte. Die Nichterwähnung des übrigen («einfachen») Völkerrechts, namentlich des Völkervertragsrechts, weist nicht die Bedeutung eines «qualifizierten Schweigens» auf. Dies ist wichtig, weil sich insbesondere bei möglichen Verstössen gegen Völkervertragsrecht heikle Kollisionsprobleme ergeben können.

3602

> Jüngere Beispiele wie die Verwahrungsinitiative (BBl 2001, 3433), die – schliesslich abgelehnte – Volksinitiative «für demokratische Einbürgerungen» (BBl 2006, 8953), die Initiative gegen den Bau von Minaretten (Botschaft in BBl 2008, 7603) oder jene für die Ausschaffung krimineller Ausländer (BBl 2007, 4971) zeigen in unterschiedlichem Ausmass das Konfliktpotential mit dem Völkerrecht auf. Es fragt sich, ob diese Entwicklungen einen Trend in Richtung eines Inkaufnehmens von Völkerrechtsverstössen signalisieren, oder ob es sich bloss um eine konjunkturelle Erscheinung handelt. Jedenfalls wird das Thema der völkerrechtlichen Schranken der Volksinitiativen auch im Parlament intensiver diskutiert als früher.

3603

In der *Lehre* ist diese Frage umstritten. Einerseits wird gestützt auf die Materialien der Verfassungsreform 1999 dafür plädiert, der Begriff des zwingenden Völkerrechts sei – jedenfalls für Bundesrat und Bundesversammlung – eng und «heteronom», im völkerrechtlichen Sinne, auszulegen. In diesem Begriff sei eine Verweisung auf die jeweils *völkerrechtlich* anerkannte Kategorie des «zwingenden Völkerrechts» zu erblicken, mit der Folge, dass sich deren Inhalt und Umfang der konkretisierenden Handhabung durch die Bundesbehörden entzieht. Ein potentieller Konflikt zum Völkerrecht sei in Kauf zu nehmen, politisch auszutragen und «auszusitzen», anstatt das Initiativrecht weitergehenden Schranken zu unterwerfen. Anderseits wird bestritten, dass die BV (abschliessend) auf einen völkerrechtlichen Begriff verweist, sodass der Begriff des zwingenden Völkerrechts ein eigenständiger, autonomer Begriff des nationalen Rechts bilde. Jedenfalls ergebe sich aus der umstrittenen Tragweite des ius cogens auf internationaler Ebene ein beträchtlicher Interpretationsspielraum, und dieser sei im Sinne einer Fortentwicklung des ius cogens auszunützen. Ein «integrierender» Ansatz postuliert unter Berufung auf den Wortlaut, die Entstehungsgeschichte und die Systematik, «zwingende Bestimmungen des Völkerrechts» (Art. 139 Abs. 2 BV) zweistufig auszulegen, sodass ein völkerrechtlich gewonnener Norminhalt anhand der landesrechtlichen Normtelos zu konkretisieren und zu ergänzen sei (vgl. REICH, 506). Nach weiteren Lehrmeinungen ist die Frage nicht beantwortet, ob über die Schranke der zwingenden Bestimmungen des Völkerrechts hinaus mit der Zeit weitere (ungeschriebene) *autonome* Schranken zu anerkennen wären. Schliesslich wird de constitutione ferenda gefordert, die BV sei in dem Sinne zu ändern, dass auch Initiativen ungültig zu erklären sind, welche Bestimmungen des Völkerrechts verletzen, die für die Schweiz von

3604

vitaler Bedeutung sind (vgl. KELLER/LANTER/FISCHER) oder die offensichtlich und schwerwiegend Völkerrecht verletzen (WILDHABER, 299).

3605 UE. hat der schweizerische Verfassungsgeber die Auslegung der Bundesverfassung nicht abschliessend der internationalen Praxis und Lehre des Völkerrechts überlassen. Insofern handelt es sich um einen autonomen Begriff des Verfassungsrechts, der Spielräume der Interpretation eröffnet. Insbesondere sprechen gute Gründe dafür, weitere elementare, auf der Garantie der Menschenwürde basierende Normen und Gewährleistungen des Völkerrechts, die auch in der BV ihren Niederschlag gefunden haben, zu den zwingenden Bestimmungen des Völkerrechts im Sinne der Bundesverfassung zu zählen (vgl. dazu auch das Vorwort der Herausgeber der ZSR, in: ZSR 2007 I 429ff.). Geht es jedoch um Fragen im Zusammenhang mit der zwingenden Rechtsnatur spezifischer völkerrechtlicher Normen, wird es im Interesse der Schweiz liegen, die Verfassungshandhabung unter Berücksichtigung von völkerrechtlicher Praxis und Lehre wahrzunehmen.

3606 Unabhängig von dieser Diskussion ist die Frage der Geltung *autonomer Schranken* der Verfassungsdiskussion wieder aufzunehmen. Es mutet seltsam an, den Vorrang elementarer Grundwerte, wie sie in der Schweizerischen Bundesverfassung verankert sind, allein dem Völkerrecht zu überlassen (vgl. vorne Rz. 471 f.).

III. Innerstaatliche Geltung des Völkerrechts

a. Grundsätze des Monismus und des Dualismus im Allgemeinen

3607 Die Theorien des Monismus und Dualismus geben Antwort auf die Frage, wie eine völkerrechtliche Norm im Landesrecht zur Geltung gelangt, bzw. umgesetzt wird.

3608 Gemäss der Theorie des *Dualismus* sind Völkerrecht und Landesrecht zwei verschiedene und von einander gänzlich getrennte Rechtsordnungen mit unterschiedlichen Quellen, Adressaten und Regelungsgegenständen. Dualistische Staaten, wie zB. die Bundesrepublik Deutschland, erachten demgemäss eine vertragliche Verpflichtung gegenüber anderen Staaten erst dann als landesrechtlich verbindlich, wenn der Gesetzgeber die innerstaatliche Geltung angeordnet hat. Der Dualismus hat zur Folge, dass ein völkerrechtlicher Vertrag erst mit dem Transformationsakt *Wirkungen im Inland* entfalten kann.

3609 Gemäss der Theorie des *Monismus* hingegen unterscheiden sich Völkerrecht und Landesrecht zwar in verschiedener Hinsicht, beide werden jedoch als integrale Bestandteile ein und derselben einheitlichen Rechtsordnung erachtet. Völkerrechtliche Verträge müssen demnach nicht in das Landesrecht transformiert werden, sondern gelten automatisch auch im Landesrecht, sobald der Vertragsstaat völkerrechtlich verpflichtet ist.

3610 Der *innerstaatliche Systementscheid* zwischen Monismus und Dualismus ändert nichts an der *völkerrechtlichen Verbindlichkeit* einer ratifizierten Vertragsnorm. So kann sich nach Art. 27 WVK eine Vertragspartei nicht auf ihr innerstaatliches Recht berufen, um die Nichterfüllung eines Vertrags zu rechtfertigen.

Das Völkerrecht selber «fordert nur, *dass* es, aber es sagt nicht, *wie* es im inländi- 3611
schen Recht durchgesetzt werden soll» (DAHM/DELBRÜCK/WOLFRUM, Völkerrecht,
101). Das Völkerrecht schreibt also nur das Ergebnis vor und überlässt den einzelnen Staaten die Auswahl zwischen den verschiedenen Methoden zur Verwirklichung des völkerrechtlich Gebotenen (MÜLLER/WILDHABER, 153).

b. Monismus in der Schweiz

Nach schweizerischer Auffassung bilden Völkerrecht und Landesrecht eine *ein-* 3612
heitliche Rechtsordnung. Das Völkerrecht gilt automatisch und direkt, dh. ohne
dass vorgängig der Erlass entsprechender landesrechtlicher Normen erforderlich
wäre, auch im Landesrecht und wird als Völkerrecht von den landesrechtlichen Organen angewendet (MÜLLER/WILDHABER, 153). Die Schweiz folgt damit auch unter der geltenden Bundesverfassung gemäss langjähriger ungeschriebener Praxis
dem sog. *«monistischen» Modell* (vgl. zB. BGE 120 Ib 360, 366 zum Prinzip der
transformationslosen, direkten Geltung völkerrechtlicher Verträge; Botschaft zur
Genozid-Konvention vom 31. März 1999, BBl 1999, 5344; BBl 1997 I, 135; Gemeinsame Stellungnahme des Bundesamtes für Justiz und der Direktion für Völkerrecht vom 26. April 1989, Verhältnis zwischen Völkerrecht und Landesrecht im
Rahmen der schweizerischen Rechtsordnung, VPB 53 (1989) Nr. 54, 394, 402). Bis
anhin hat sich der Bundesrat parlamentarischen Vorstössen widersetzt, zu einem
dualistischen System zu wechseln (vgl. zB. Antwort des Bundesrates vom 23. Februar 2005 auf eine Interpellation Mörgeli, 04.3802).

> Die Bundesverfassung äussert sich nicht ausdrücklich zur Frage, ob sie einem 3613
> monistischen oder dualistischen System folgt. Die Möglichkeit der Rüge der
> Völkerrechtsverletzung beim Bundesgericht nach Art. 189 Abs. 1 Bst. b BV
> deutet jedoch auf ein monistisches Verständnis hin.

> Fraglich erscheint das gegenseitige Verhältnis von Art. 5 Abs. 1 und Abs. 4 BV. 3614
> Angesichts der in der Schweiz geltenden monistischen Rechtsauffassung umfasst der Begriff «Recht» in Art. 5 Abs. 1 BV auch das Völkerrecht (BBl 1997
> I, 132), so dass bereits nach Abs. 1 alles staatliche Handeln auch an das Völkerrecht gebunden ist. Dass in Abs. 4 das Völkerrecht noch gesondert erwähnt und
> behandelt wird, indem der vage Begriff des *Beachtens* (des Völkerrechts) verwendet wird, kann nicht als Einbruch in das Prinzip des Monismus verstanden
> werden, sondern deutet auf die der Staatspraxis offen stehenden differenzierenden Spielräume der Konfliktlösung hin. Die Botschaft zur neuen BV schweigt
> sich zum Verhältnis zwischen Art. 5 Abs. 1 und 4 aus, hält aber wenigstens fest,
> dass es sich bei Art. 5 Abs. 4 nicht um eine Kollisionsnorm handelt, welche
> festlegt, wie ein Konflikt zwischen einer völker- und einer landesrechtlichen
> Norm im konkreten Fall zu lösen ist.

IV. Innerstaatlicher Rang des Völkerrechts

a. Grundsatz des Vorrangs des Völkerrechts

3615 In Art. 5 Abs. 4 BV heisst es lapidar, Bund und Kantone hätten das Völkerrecht *zu beachten*. Mit dieser offenen Formulierung wird der in der Schweiz schon seit längerem geltende Grundsatz des *Vorrangs des Völkerrechts* grundsätzlich zum Ausdruck gebracht. Doch soll weiterhin der Praxis überlassen bleiben, ob der Vorrang für alle Normstufen des Völkerrechts oder des Landesrechts gilt und wie ein Konflikt zwischen Normen beider Rechtsbereiche im konkreten Fall zu behandeln ist.

3616 Rechtsprechung, Praxis der Bundesorgane und Lehre haben den Grundsatz des Vorrangs des Völkerrechts wiederholt anerkannt und bestätigt.

3617 So hielt das Bundesgericht in BGE 122 II 234, 239 klar fest: «Die Eidgenossenschaft kann sich der völkerrechtlichen Verpflichtung nicht unter Berufung auf inländisches Recht entziehen; das Völkerrecht hat grundsätzlich Vorrang»; vgl. auch BGE 125 II 417, 425.

3618 Der Bundesrat seinerseits bekennt sich ebenfalls grundsätzlich zum Vorrang des Völkerrechts im Falle eines Konflikts zwischen einer völker- und einer landesrechtlichen Norm: «Die Organe des Bundes – hauptsächlich der Bundesrat und das Bundesgericht – haben, im Einklang mit der in der Schweiz herrschenden Lehre, den Vorrang des Völkerrechts wiederholt anerkannt und bestätigt. Die rechtsanwendenden Behörden des Bundes und der Kantone haben, wann immer möglich, nationales und internationales Recht auf dem Wege der Auslegung in Einklang zu bringen. [...] Da davon ausgegangen werden kann, dass sich der Gesetzgeber an das geltende Völkerrecht halten will, wird in den meisten Fällen eine Interpretation möglich sein, welche einen Widerspruch zwischen Völkerrecht und Landesrecht vermeiden hilft. Der Anwendungsbereich dieser völkerrechtskonformen Auslegung vermag nicht allen Fällen gerecht zu werden. Im Konfliktfall gilt die Regel ‹Völkerrecht bricht Landesrecht›, wodurch die völkerrechtliche Bestimmung den Vorrang erhält und die landesrechtliche Norm nicht angewendet wird.» (Botschaft über die Genehmigung des Abkommens über den EWR, BBl 1992 IV, 1, 91; BBl 1997 I, 135; Gemeinsame Stellungnahme des Bundesamtes für Justiz und der Direktion für Völkerrecht vom 26. April 1989, Verhältnis zwischen Völkerrecht und Landesrecht im Rahmen der schweizerischen Rechtsordnung, VPB 53 [1989] Nr. 54, 394).

3619 Gemäss Wortlaut von Art. 190 BV ist nun aufgrund des geschriebenen Verfassungsrechts das *ganze Völkerrecht* für alle rechtsanwendenden Organe verbindlich. Demnach kann sich die Schweiz *nach innen* (also gegenüber den ihrem innerstaatlichen Recht unterworfenen Personen) nicht unter Berufung auf inländisches Recht ihren völkerrechtlichen Verpflichtungen entziehen. *Nach aussen* bestimmt dies das Völkerrecht selbst und nicht die Verfassung eines Staates. Das Landesrecht ist dementsprechend in erster Linie völkerrechtskonform auszulegen. Ergibt sich ein Konflikt zwischen einer Norm des nationalen Rechts und verbindlichen staatsvertraglichen Regelungen, ist dieser «unter Rückgriff auf die allgemein anerkannten Grundsätze des Völkerrechts zu lösen (...), die für die Schweiz als Völkergewohnheitsrecht verbindlich sind und zugleich geltendes Staatsvertragsrecht darstellen» (BGE 125 II 417, 424).

Die völkerrechtsgemässe Auslegung von Landesrecht gestaltet sich allerdings *nicht immer einfach:* Bei der *Verwahrungsinitiative (*BB1 2000, 3336; siehe nun Art. 123a BV) sah sich der Bundesrat vor die schwierige Aufgabe gestellt, für die Überprüfung einer lebenslangen Verwahrung von Straftätern eine Lösung zu finden, welche die Umsetzung des Volksbegehrens im Einklang mit Artikel 5 EMRK gewährleisten sollte. Nach dem Willen der Initianten hätten nur «neue wissenschaftliche Erkenntnisse» eine solche Überprüfung rechtfertigen können. Der Gesetzgeber erliess hingegen ein Gesetz, welches entgegen der eigentlichen Stossrichtung der Initiative auch eine in der Therapierbarkeit des Straftäters begründete neue Erkenntnis als Überprüfungsgrund zulässt. In der Botschaft erklärte er ausdrücklich, diese Auslegung des Volksbegehrens dränge sich aus Gründen der Völkerrechtskonformität auf (siehe AS 2008, 2961–2964; BBl 2006, 907).

3620

Hinsichtlich des Völkervertragsrechts bestimmen Art. 26, 27 und 46 der WVK, dass ein Vertrag die Parteien bindet (pacta sunt servanda), von ihnen nach Treu und Glauben zu erfüllen ist und dass sich die Vertragsparteien nicht auf ihr innerstaatliches Recht berufen können, um die Nichterfüllung eines Vertrages zu rechtfertigen. Die Völkergemeinschaft ist eine Rechtsgemeinschaft und deshalb müssen sich die Völkerrechtssubjekte an das Völkerrecht als das Recht dieser Gemeinschaft halten.

3621

Da diese völkerrechtlichen Prinzipien unmittelbar anwendbar sind und sämtliche Staatsorgane binden, *geht das Völkerrecht auch aus völkerrechtlicher Sicht im Konfliktfall dem Landesrecht grundsätzlich vor.* Eine völkerrechtswidrige Norm des Landesrechts darf deshalb nicht erlassen und im Einzelfall nicht angewendet werden (BGE 125 II 417, 425). Für das Bundesgericht drängt sich in diesem Fall diese Folgerung «um so mehr» auf, wenn sich der Vorrang aus einer menschenrechtsschützenden Norm ableitet, während es offen lässt, ob in anderen Fällen «davon abweichende Konfliktlösungen» zu erwägen seien (vgl. zu diesem Urteil die Besprechung von ANDREAS KLEY, AJP 11/1999, 1491 ff.). Nach SCHEFER, Kerngehalte, 175–177 (daran anschliessend THOMAS COTTIER/MAYA HERTIG [BTJP, 23]) geht der *Kerngehalt nationaler Grundrechtsgarantien* entgegenstehenden völkerrechtlichen Bestimmungen vor (vgl. auch die EWR-Botschaft, BBl 1992 IV, 91 f. sowie BVerfGE 75, 223 [Maastricht-Urteil des deutschen Bundesverfassungsgerichts]).

3622

Im Zuge der weltweiten Bekämpfung des Terrorismus, insbesondere der Terrorismusfinanzierung, ist der UNO-Sicherheitsrat seit dem 11. September 2001 vermehrt dazu übergegangen, Sanktionen direkt gegen Individuen ohne Verbindung zu Staaten (sog. «nicht-staatliche Akteure») zu verhängen (solche Sanktionen werden als «targeted» oder «smart» bezeichnet). Da die diesbezüglichen Verfahrensgarantien auf der Ebene der UNO oft auch minimalen rechtsstaatlichen Anforderungen nicht genügen, stellt sich die Frage, ob es nationalen Gerichten erlaubt sein soll, die aufgrund des Embargogesetzes innerstaatlich wirksamen Sanktionen auf ihre Rechtmässigkeit zu überprüfen. Im Einklang mit Art. 103 der UNO-Charta hat dies das Bundesgericht abgelehnt, sofern keine

3623

zwingenden Bestimmungen des Völkerrechts (ius cogens) verletzt worden sind (BGE 133 II 450; vgl. zum Ganzen REICH, Sanctions). Im Verbund mit Dänemark, Deutschland, Liechtenstein, den Niederlanden und Schweden setzt sich die Schweiz auf internationaler Ebene für erhöhte rechtsstaatliche Standards des Sanktionsregimes ein (vgl. UNO-Dokument A/62/891–S/2008/428 vom 2. Juli 2008).

3624 Dem Vorrangprinzip wird umgekehrt auch dadurch Rechnung getragen, dass gemäss langjähriger Praxis Staatsverträge nur dann ratifiziert und entsprechend nur dann der Bundesversammlung zur Genehmigung unterbreitet werden, wenn deren Bestimmungen mit der geltenden Gesetzgebung vereinbar sind. Diese Praxis wurde jedoch (im Zusammenhang mit dem Übereinkommen Nr. 138 über das Mindestalter von Kindern für die Zulassung zur Beschäftigung) dahingehend abgeändert, dass neu bei *grundlegenden Übereinkommen* kleine Gesetzesanpassungen vorgenommen werden, wenn Übereinkommen und Gesetzgebung im Grossen und Ganzen in Einklang stehen (Bericht und Botschaft über die von der IAO genehmigten Instrumente vom 20. September 1999; BBl 2000, 352 f.).

3625 Mit der ausdrücklichen Verankerung des Vorrangprinzips wird die bisherige Rechtsauffassung bestätigt und bekräftigt, ohne einer differenzierten Weiterentwicklung der Praxis einen Riegel zu schieben. Die völkerrechtliche Verpflichtung, Verträge nach Treu und Glauben zu erfüllen, bildet in der internationalen Rechtsordnung die Grundlage des Vorranges des Völkerrechts vor dem Landesrecht. Diese Bindung an das Völkerrecht ist gerade für Kleinstaaten, und damit auch für die Schweiz, von besonderer Tragweite.

b. «Massgebendes» Völkerrecht

3626 In Art. 190 BV werden Bundesgesetze und *Völkerrecht* für das Bundesgericht und die anderen rechtsanwendenden Behörden – analog zu Art. 113 Abs. 3 BV (1874) – als «massgebend» erklärt. Zum Völkerrecht gehören nach der Praxis des Bundesgerichts neben Staatsverträgen «auch das Völkergewohnheitsrecht, die allgemeinen Regeln des Völkerrechts und Beschlüsse von internationalen Organisationen, die für die Schweiz verbindlich sind» (BGE 133 II 450, 460).

3627 Mit dieser Formulierung ist die früher geltende Regelung, samt ihren heiklen Auslegungsfragen (vgl. dazu etwa WALTER HALLER, in: Kommentar BV, Art. 113 (1987), Rz. 157ff., sowie ERNST-ULRICH PETERSMANN, Die Verfassungsentscheidung für eine völkerrechtskonforme Rechtsordnung als Strukturprinzip der schweizerischen Bundesverfassung, AöR 1990, 552ff.), im Sinne einer «klassischen» Nachführung übernommen worden, jedoch mit einigen redaktionellen Präzisierungen: Der Begriff «Staatsverträge» in Art. 113 BV (1874) ist – praxiskonform – ersetzt worden durch den umfassenden Terminus «Völkerrecht». Entsprechend wurde im Rahmen der Justizreform die Zuständigkeit des Bundesgerichts zur Beurteilung von Streitigkeiten wegen Verletzung von Staatsverträgen «ausgeweitet» auf Verletzung von «Völkerrecht» (Art. 189 Abs. 1 Bst. b BV).

Massgebend sind – neben dem Völkerrecht – die *Bundesgesetze*. Damit stellt der 3628
Wortlaut klar, dass alle anderen Rechtsquellen, insbesondere die Verordnungen der
Bundesversammlung (Art. 163 Abs. 1 BV), nicht unter Art. 190 BV fallen.

Zudem werden nun ausdrücklich *alle rechtsanwendenden Behörden* als gebunden 3629
erklärt. Durch die Ablehnung der Ausweitung der Verfassungsgerichtsbarkeit
durch die Bundesversammlung bleibt es diesbezüglich beim früheren Rechtszustand.

> Es kann die Frage aufgeworfen werden, warum in Art. 190 BV von *Völkerrecht* 3630
> *allgemein* die Rede ist. Gilt die Massgeblichkeit für Völkerrecht aller, auch untergeordneter Stufen? Gilt sie auch für Staatsverträge, welche von den Kantonen abgeschlossen worden sind (vgl. dazu WALTER HALLER, in: Kommentar BV, Art. 113 [1987], Rz. 176)? Beides ist uE. eher zu verneinen. Auch hier
> muss der Praxis ein Feld flexibler Fortentwicklung offen bleiben

c. Unterschiedliche Formulierungen des Vorrangprinzips

Ein Überblick über die den Vorrang des Völkerrechts regelnden Bestimmungen in 3631
der geltenden Verfassung ergibt eine unterschiedliche Normierungsdichte, die auch
textuell zum Ausdruck gelangt.

Einmal ist das Völkerrecht insgesamt für alle staatlichen Organe *Grundlage* und 3632
Schranke ihres Handelns (Art. 5 Abs. 1 BV). Gemäss Abs. 4 ist es aber «nur» zu
beachten. Bei der Verfassungsrevision ist das zwingende Völkerrecht *verbindlich*.
Schliesslich wird das Völkerrecht insgesamt für alle rechtsanwendenden Behörden
als *massgebend* erklärt.

Die nicht leicht verständlichen Differenzierungen deuten an, dass es schwierig ist, 3633
das Verhältnis von Völkerrecht und Landesrecht normativ-abstrakt zu erfassen.

d. Die einzelnen Vorrangregeln

Im schweizerischen Verfassungsrecht können folgende Vorrangregeln ausgemacht 3634
werden:

> Vorweg ist festzuhalten, dass idR. allfällige Konflikte zwischen völker- und lan- 3635
> desrechtlichen Normen zunächst auf dem Weg der *völkerrechtskonformen Auslegung* des Landesrechts gelöst werden können.

1. Absoluter Vorrang

Absoluten Vorrang gegenüber landesrechtlichen Normen hat das Völkerrecht in 3636
folgender Hinsicht:

> – *Zwingendes* Völkerrecht geht allem Landesrecht vor. Dabei ist zu beachten,
>   dass ius cogens auch im Verhältnis zum Verfassungsrecht Vorrang hat.
>
> – Völkerrecht geht allen *Verordnungen* des Bundesrechts vor (Art. 190 BV).

729

- Völkerrecht geht allen *kantonalen* (und kommunalen) Normen vor. Dies ergibt sich aus Art. 49 Abs. 1 BV (derogatorische Kraft des Bundesrechts).

2. *Grundsätzlicher Vorrang*

Literatur

HANGARTNER YVO, Ende der Weiterführung der Schubertpraxis?, AJP 1997, 634 ff.; KÄLIN WALTER, Schubert und der Rechtsstaat oder: sind Bundesgesetze massgeblicher als Staatsverträge?, ZSR 1993, 73 ff.; SALADIN PETER, Die Kunst der Verfassungserneuerung, Basel und Frankfurt a. M. 1998, 401 ff.

3637 Grundsätzlich gehen völkerrechtliche Normen *Bundesgesetzen* vor.

3638 Zum Verhältnis von *Völkerrecht und Gesetzgebung* findet sich in der Verfassung allerdings keine explizite Aussage. Damit bleibt es auch weiterhin der Praxis, dh. vor allem dem Bundesgericht überlassen, unter welchen Voraussetzungen eine allfällige Verletzung von völkerrechtlichen Verpflichtungen durch die Bundesversammlung auf Gesetzesebene als «massgebend» erscheint und nicht auf ihre Völkerrechtskonformität überprüft wird.

3639 In BGE 99 Ib 37 begründete das Bundesgericht die sog. «*Schubert-Praxis*»: Diesem Entscheid lag folgender Sachverhalt zugrunde: Der in Wien wohnhafte österreichische Staatsangehörige Schubert, Eigentümer eines Hauses mit Umschwung im Kanton Tessin, kaufte im März 1972 angrenzendes Land hinzu. Die Tessiner Behörden verweigerten ihm indes die dafür gemäss dem (damaligen) Bundesbeschluss über die Bewilligungspflicht für den Erwerb von Grundstücken durch Personen im Ausland vom 23. März 1961 erforderliche Bewilligung. Schubert wehrte sich mit Verwaltungsgerichtsbeschwerde gegen die Verweigerung und machte geltend, der Bundesbeschluss verstosse gegen den Vertrag zwischen der Schweiz und der österreichisch-ungarischen Monarchie zur Regelung der Niederlassungsverhältnisse aus dem Jahr 1875, welcher in Art. 2 ua. festhält, dass beim Erwerb von Liegenschaften Angehörige jedes der vertragsschliessenden Teile in dem Gebiet des anderen die Rechte der Inländer geniesse. Das Bundesgericht machte geltend, dass der Bundesgesetzgeber gültig abgeschlossene Staatsverträge gelten lassen wolle, sofern er nicht bewusst in Kauf nehme, dass das von ihm erlassene Landesrecht dem internationalen Recht allenfalls widerspreche. Das Bundesgericht hielt fest, dass dem Parlament bekannt gewesen sei, dass der Bundesbeschluss Bedenken über seine Vereinbarkeit mit dem internationalen Recht erwecken könne, und sah sich somit – unter Hinweis auf Art. 113 Abs. 3 BV (1874) – gehalten, den Bundesbeschluss als bindend zu qualifizieren und die Beschwerde abzuweisen.

3640 Zu betonen ist, dass diese sog. Schubert-Praxis nur die *Kognition des Bundesgerichts* betrifft und zudem ausschliesslich dann Anwendung findet, wenn der Gesetzgeber die Völkerrechtsverletzung «bewusst» in Kauf genommen hat. Daraus kann jedoch keine verfassungsrechtliche Ermächtigung des Gesetzgebers abgeleitet werden, Völkerrecht nach Belieben zu missachten.

3641 «Die Möglichkeit einer bewussten Abweichung seitens des Gesetzgebers gestattet es, Härten zu mildern und berechtigte Interessen zu wahren. Eine solche bewusste Abweichung kann zwar völkerrechtliche Rechte und Pflichten eines

Staates nicht ändern, ist aber im innerstaatlichen Bereich für das Bundesgericht verbindlich (Art. 113 Abs. 3 aBV)» (BGE 94 I 669, 678, bestätigt in BGE 112 II 13; 117 Ib 367, 370; 119 V 171, 175; offener BGE 122 III 414, 416).

In einem Bundesgerichtsurteil aus dem Jahr 1999 wurde die Schubert-Praxis für den Fall, dass es sich um eine völkerrechtliche Norm zum Zwecke des Menschenrechtsschutzes handelt, relativiert: 3642

> Dass im Konfliktfall das Völkerrecht dem Landesrecht prinzipiell vorgeht, «hat zur Folge, dass eine völkerrechtswidrige Norm des Landesrechts im Einzelfall nicht angewendet werden kann. Diese Konfliktregelung drängt sich umso mehr auf, wenn sich der Vorrang aus einer völkerrechtlichen Norm ableitet, die dem Schutz der Menschenrechte dient. Ob in anderen Fällen davon abweichende Konfliktlösungen in Betracht zu ziehen sind (...), ist vorliegend nicht zu prüfen» (BGE 125 II 417, 425). 3643

3. Bedingter Vorrang

Im Verhältnis zwischen Völkerrecht und Verfassungsrecht muss zudem in folgender Hinsicht differenziert werden: 3644

- Wie schon erwähnt geht zwingendes Völkerrecht zweifellos schweizerischem *Verfassungsrecht* vor.

- Darüber hinaus muss unterschieden werden nach fundamentalen und nichtfundamentalen verfassungsrechtlichen Normen, nur bei letzterem hat das Völkerrecht eindeutig Vorrang.

- Den Garantien der EMRK kommt nach schweizerischer Praxis Verfassungsrang zu (vgl. Rz. 1050 ff.).

V. Anwendbarkeit von Staatsverträgen

Literatur

HANGARTNER YVO, Unmittelbare Anwendbarkeit völker- und verfassungsrechtlicher Normen, ZSR 2007 I, 137 ff.; WÜGER DANIEL, Die direkte Anwendbarkeit von Staatsverträgen, in: Der Staatsvertrag im schweizerischen Verfassungsrecht, Bern 2001, 93 ff.

Von der Bundesverfassung nicht angesprochen wird die Frage nach der *direkten* oder bloss *indirekten* (mittelbaren) *Anwendbarkeit* staatsvertraglicher Normen. 3645

> Nach ihr entscheidet sich, ob sich Einzelne direkt auf Bestimmungen eines Staatsvertrages berufen können oder ob diese zuerst der Konkretisierung durch den (nationalen) Gesetzgeber bedürfen. 3646

Nach der ständigen Praxis des Bundesgerichts ist eine Bestimmung *self-executing*, dh. direkt anwendbar, wenn sie inhaltlich hinreichend bestimmt und klar ist, um im Einzelfall Grundlage eines Entscheides zu bilden; die Norm muss mithin justiziabel sein, Rechte und Pflichten des Einzelnen zum Inhalt haben, und Adressaten der Norm müssen die rechtsanwendenden Behörden sein (BGE 126 I 240). 3647

3648   In diesem Entscheid stellte sich die Frage, ob Art. 12 der UNO-Kinderrechtskonvention – das Anhörungsrecht des Kindes in allen das Kind berührenden Angelegenheiten – direkt anwendbar sei oder nicht. Das Bundesgericht hält zunächst fest, dass die Frage der direkten Anwendbarkeit von Art. 12 weder von der Kinderrechtskonvention selbst noch von der bundesrätlichen Botschaft zum Beitritt der Schweiz beantwortet werde. Die Botschaft begnüge sich mit dem Hinweis, es werde Sache der rechtsanwendenden Behörde sein, die Frage der Justiziabilität von Art. 12 zu entscheiden. Nach einer Analyse des Wortlauts von Art. 12 kommt das Bundesgericht zum Ergebnis, dass diese Bestimmung sich sowohl in ihrer inhaltlichen Zielsetzung als auch in der notwendigen Umsetzung durch einen hohen Grad an Konkretheit auszeichne und sich als inhaltlich hinreichend bestimmt und klar erweise. Es handle sich daher bei Art. 12 der UNO-Kinderrechtskonvention um einen direkt anwendbaren Rechtssatz, dessen Verletzung beim Bundesgericht angefochten werden könne.

3649   THOMAS COTTIER/MAYA HERTIG (BTJP, 22) unterbreiten dazu zwei interessante Vorschläge: einerseits soll für die Frage der direkten Anwendbarkeit das Kriterium der *Eignung* des betreffenden Organs zur Umsetzung der völkerrechtlichen Norm beigezogen werden. Anderseits sollen jene Regelungsgegenstände, die innerstaatlich durch Gesetz normiert werden müssen (Art. 164 Abs. 1 BV), auch bei völkerrechtlicher Regelung in einem referendumspflichtigen Vertrag verankert werden. Gelingt dies nicht, so fehlt es an der unmittelbaren Anwendbarkeit.

3650   Je nach Rechtsgebiet oder Sachbereich werden an die Bestimmtheit der in Frage stehenden Vertragsbestimmungen besonders *hohe Anforderungen* gestellt. Der Bundesrat hielt dies zB. in der Botschaft zur Genozid-Konvention fest, da es sich bei der Genozid-Konvention um ein Übereinkommen des *Völkerstrafrechts* handle. Im Bereich des Strafrechts müsse nach schweizerischer Auffassung auf Grund des Bestimmtheitsgebots gewährleistet sein, dass Individuen als Normadressaten wenigstens in Umrissen das Risiko einer Bestrafung aus dem Tatbestand herauslesen könnten. Der Bundesrat schlug daher eine Ergänzung des schweizerischen Strafgesetzbuches mit einem Tatbestand des Völkermords vor (Art. 264 StGB; vgl. auch BBl 1999, 5327). Er führte aus, der innerstaatliche Rechtsakt schaffe dabei die völkerrechtliche Norm nicht neu. Die Qualität des völkerstrafrechtlichen Tatbestands als Völkerrecht werde bewahrt und bei Auslegungsschwierigkeiten sei der Tatbestand in Anerkennung der autonomen Geltung des Konventionstextes völkerrechtskonform auszulegen.

§ 39 Demokratie und Aussenbeziehungen

Literatur

BUNDESAMT FÜR JUSTIZ, Verfassungsrechtliche Fragen im Zusammenhang mit Staatsverträgen, Gutachten vom 6. Januar 2004 zuhanden der aussenpolitischen und staatspolitischen Kommissionen von National- und Ständerat, überarbeitet im Mai 2004, VPB 68/2004 Nr. 83; COTTIER THOMAS/GERMANN CHRISTOPHE, Die Partizipation bei der Aushandlung neuer völkerrechtlicher Bindungen, in: Verfassungsrecht der Schweiz, § 5; EHRENZELLER BERNHARD, Legislative Gewalt und Aussenpolitik: Eine rechtsvergleichende Studie zu den parlamentarischen Entscheidungskompetenzen des deutschen Bundestages, des amerikanischen Kongresses und der schweizerischen Bundesversammlung im parlamentarischen Bereich, Basel 1993; FRANK DANIEL, Verantwortlichkeit für die Verletzung der EMRK durch internationale Organisationen, Basel 1999; RHINOW RENÉ, Volksrechte und Aussenpolitik in der Schweiz, in: Epiney Astrid/Siegwart Karin (Hrsg.), Direkte Demokratie und Europäische Union, Freiburg i.Ü. 1998, 93 ff.; KELLER HELEN, Rezeption des Völkerrechts, Berlin ua. 2003; SCHULTE CHRISTIAN, Direkte Demokratie und Aussenpolitik in der Schweiz: Eine Analyse direkt-demokratischer Partizipationsmöglichkeiten nach der BV 2000 unter Berücksichtigung der «Reform der Volksrechte 2003», Berlin 2006; WILDHABER LUZIUS, Aussenpolitische Kompetenzordnung im schweizerischen Bundesstaat, in: Riklin Alois et al. (Hrsg.), Neues Handbuch der schweizerischen Aussenpolitik, Bern/Stuttgart/Wien 1992, 121 ff.; ZELLWEGER VALENTIN, Die demokratische Legitimation staatsvertraglichen Rechts, in: Cottier Thomas et al. (Hrsg.), Der Staatsvertrag im schweizerischen Verfassungsrecht, Bern 2001, 251 ff.

I. Führung der Aussenpolitik

a. Allgemeines

Die Zuständigkeiten im Bereich der auswärtigen Angelegenheiten sind zwischen Volk, Kantonen, Parlament und Regierung aufgeteilt. Die BV kennt im auswärtigen Bereich auf Bundesebene keine starre Kompetenzaufteilung zwischen Bundesversammlung und Bundesrat, hält beide Gewalten jedoch zu Kooperation und Koordination an. 3651

> Die Aussenpolitik lässt sich nicht ins Prokrustesbett der Gewaltenteilung pressen; aus dieser kann daher auch nicht eine Kompetenzvermutung zugunsten des Bundesrates abgeleitet werden. Es ist vielmehr die konkrete Verfassungsordnung, welche die Kompetenzaufteilung und -zuordnung im immer wieder neu zu überprüfenden Spannungsfeld von demokratischer Legitimation des aussenpolitischen Handelns einerseits sowie Handlungsfähigkeit, Zielerreichung und Glaubwürdigkeit der Schweiz anderseits vornimmt. Insofern steht die Aussenpolitik Bundesversammlung und Bundesrat «zu gesamter Hand» zu. 3652

> Der aussenpolitische Einfluss des Parlaments hat seit dessen Stärkung durch das Parlamentsgesetz (siehe Art. 24 ParlG) im Vergleich zu früher zugenommen. Trotzdem klafft zwischen dem verfassungsrechtlich verankerten Anspruch der Bundesversammlung, gestaltend an der Aussenpolitik mitzuwirken, und der politischen Wirklichkeit ein Graben. Initiative und Themenherrschaft im Bereich 3653

der auswärtigen Angelegenheiten bleiben oft beim Bundesrat und der Verwaltung. Das Parlament mag bestenfalls zu reagieren und zu kontrollieren, aber kaum proaktiv zu determinieren.

b. Bundesrat und Bundesversammlung

1. Bundesrat

3654 Gemäss Art. 184 Abs. 1 BV besorgt der Bundesrat die auswärtigen Angelegenheiten; er vertritt die Schweiz nach aussen. Insbesondere führt er Vertragsverhandlungen mit dem Ausland, unterzeichnet die Verträge und ratifiziert sie. Nach «aussen» treten somit vor allem der Bundesrat und sein diplomatisches Korps, aber im Zuge der Internationalisierung der Politik auch alle Departemente des Bundes in ihren jeweiligen sachpolitischen Verantwortungen in Erscheinung. Bundesrat und Bundesverwaltung obliegt das «Tagesgeschäft», aber auch die stete Bereitschaft, die Interessen der Schweiz und ihrer Bevölkerung zu wahren und notfalls die erforderlichen Massnahmen zu treffen.

3655 Die zunehmende Tragweite der Aussenbeziehungen in allen Departementen des Bundes wirft ein schwerwiegendes Problem der Koordination und Kohärenz der schweizerischen Aussenpolitik auf. An sich obliegt es dem Departement für Auswärtige Angelegenheiten, zuhanden des Bundesrates die Aussenpolitik federführend zu leiten und zu begleiten. Indessen zeichnet sich immer mehr ab, dass es dem Bundesrat als Kollegialorgan *nur schwer gelingt*, für eine nach aussen und innen kohärente und *einheitliche Politik* zu sorgen. Vielmehr zerfällt die Aussenpolitik immer mehr in Departemental- oder sogar Ressortaussenpolitiken. Immerhin sollen regelmässige aussenpolitische Berichte sowie so genannte «Strategiepapiere» zu bestimmten Schwerpunktregionen dazu dienen, mehr Planung und eine gesamtheitliche Betrachtungsweise in der Aussenpolitik zu gewährleisten.

2. Bundesversammlung

Literatur

BIAGGINI, BV Kommentar, Art. 166; EHRENZELLER BERNHARD, Legislative Gewalt und Aussenpolitik, Basel/Frankfurt a.M. 1993; DERS./THÜRER DANIEL/ISLIKER FRANZISKA, in: St. Galler Kommentar, Art. 166; GRAF MARTIN, Mitwirkung der Bundesversammlung an der staatsleitenden Politikgestaltung, insbesondere durch Grundsatz- und Planungsbeschlüsse, in: Bundesbehörden, Bern 2000, 111 ff.; MOERI JACQUELINE, Die Kompetenzen der schweizerischen Bundesversammlung in den auswärtigen Angelegenheiten, St. Gallen 1990; WILDHABER LUZIUS, Aussenpolitische Kompetenzordnung im schweizerischen Bundesstaat, in: Riklin Alois et al. (Hrsg.), Neues Handbuch der Schweizerischen Aussenpolitik, Bern/Stuttgart/Wien 1992, 121 ff.; ZELLWEGER VALENTIN, Die demokratische Legitimation staatsvertraglichen Rechts, in: Cottier Thomas et al. (Hrsg.), Der Staatsvertrag im schweizerischen Verfassungsrecht, Bern 2001, 254 ff.

3656 Die Bundesversammlung *beteiligt* sich gemäss Art. 166 Abs. 1 BV an der Gestaltung der Aussenpolitik und beaufsichtigt die Pflege der Beziehungen zum Ausland. Entsprechend wird der Bundesrat als zuständig erklärt, die auswärtigen Angelegenheiten und die Vertretung nach aussen «unter Wahrung der Mitwirkungsrechte der Bundesversammlung» zu besorgen (Art. 184 Abs. 1 BV). Ihre Beteiligung und Mitwirkung findet dabei im Rahmen des Gesetzgebungsverfahrens, in den verschiedenen Formen der parlamentarischen Vorstösse und in den parlamentarischen Verfahren im Bereich der Finanzen, der Oberaufsicht und der Evaluation statt.

Während die alte Bundesverfassung im Bereiche der Aussenpolitik der Bundesversammlung und dem Bundesrat parallele Kompetenzen zugewiesen hatte, hebt die geltende BV die *Rolle des Parlamentes* im aussenpolitischen Prozess hervor. Der Bundesversammlung werden nun Mitwirkungsrechte nicht nur wie bisher ausdrücklich auf Gesetzes-, sondern bereits auf Verfassungsstufe zugestanden. Sie übernimmt damit auch eine gesteigerte Verantwortung für die Führung der Aussenpolitik. 3657

Gemäss Art. 24 ParlG wird die Bundesversammlung dazu angehalten, die internationale Entwicklung zu verfolgen und bei der Willensbildung über wichtige aussenpolitische Grundsatzfragen und Entscheide *mitzuwirken* (Abs. 1). Sie *genehmigt* die völkerrechtlichen Verträge (vgl. dazu nachstehend Rz. 3667ff.), wirkt in internationalen parlamentarischen Versammlungen, wie beispielsweise jener des Europarates, mit und pflegt die Beziehungen zu *ausländischen Parlamenten* (Abs. 4). 3658

Die für die *Aussenpolitik zuständigen Kommissionen* und der Bundesrat haben nach Art. 152 ParlG einen gegenseitigen Meinungsaustausch zu pflegen (Abs. 1). Der Bundesrat informiert die Ratspräsidien und die zuständigen Kommissionspräsidenten regelmässig, frühzeitig und umfassend über wichtige aussenpolitische Entwicklungen (Abs. 2) und konsultiert die zuständigen Kommissionen zu wesentlichen Vorhaben (wie dies etwa bei der Anerkennung Kosovos durch die Schweiz der Fall war) sowie zu den Richt- und Leitlinien zum Mandat für bedeutende internationale Verhandlungen (Abs. 3). Die Kommissionen können vom Bundesrat verlangen, dass er sie informiert und konsultiert (Abs. 4). 3659

Die Bundesversammlung kann somit erst am Ende eines längeren Entscheidungsprozesses formelle Entscheide fällen; sie ist aufgrund der zu diesem Zeitpunkt entstandenen faits accomplis oft faktisch zur Vertragsgenehmigung «gezwungen». Die parlamentarischen Kommissionen können hingegen im Rahmen ihrer Konsultationsrechte auf den Inhalt der Verträge und auf übrige Bereiche der Aussenpolitik Einfluss nehmen (Art. 152 ParlG). Überhaupt üben die parlamentarischen Kommissionen, allen voran die Aussenpolitischen (und zunehmend auch die Sicherheitspolitischen) Kommissionen, wichtige aussenpolitische Funktionen aus. 3660

Eine tradierte Form der Ausübung der *Aufsicht* der Bundesversammlung über die «Pflege der Beziehungen zum Ausland» gemäss Art. 166 BV bildet die Prüfung und Kenntnisnahme von bundesrätlichen Berichten zu verschiedenen Aktionsfeldern der bundesrätlichen Aussenpolitik. Der Bundesrat unterbreitet der Bundesversammlung regelmässig – teils gestützt auf eine ausdrückliche gesetzliche Grundlage wie in Art. 10 des Bundesgesetzes über aussenwirtschaftliche Massnahmen (SR 946.201), teils ohne eine solche – ausführliche Berichte strategischer oder thematischer Natur. Als exemplarische Beispiele seien erwähnt: Die aussenpolitischen 3661

Berichte 1993 und 2000, die Berichte zur Europapolitik (zB. BBl 2006, 6815), der sicherheitspolitische Bericht 2000, die Berichte zu den Tätigkeiten der Schweiz im Europarat oder – seit neuerem – Jahresberichte über die aussenpolitischen Tätigkeiten des Bundesrates (Bericht 2007, BBl 2007, 5531).

3662 Zentrales Anliegen einer *Staatsleitungsreform* müsste es sein, den Handlungsspielraum der Regierung auch im internationalen Bereich zu erweitern (wie dies mit der gescheiterten Staatsleitungsreform 2002 beabsichtigt wurde; BBl 2002, 2106). Eine Reform erweist sich nicht nur im Falle eines künftigen EU-Beitritts als unausweichlich, sondern wäre auch im sog. Bilateralismus notwendig, weil die Beanspruchung durch internationale Kontakte angesichts der Internationalisierung der Politik weiter zunehmen wird.

c. Nichtregierungsorganisationen

3663 Intermediäre Organisationen wie Parteien, Verbände und Nichtregierungsorganisationen (Non-Governmental Organizations, NGOs) sind zunehmend wichtige informelle Akteure in der Aussenpolitik. Zwar sind diese nicht an der Beschlussfassung über völkerrechtliche Akte beteiligt, doch spielen insb. die NGOs uU. eine entscheidende Rolle beim vorangehenden Willensbildungsprozess.

3664 Die NGOs haben va. im Rahmen von internationalen Konferenzen und bei der Aushandlung und Ausarbeitung von multilateralen Vertragswerken aufgrund ihrer Fachkompetenz und ihrer Vernetzung einen grossen Einfluss. Sie werden deswegen zT. auch neben den Staatenvertretungen als Teilnehmer an Konferenzen zugelassen, dies insbesondere im Rahmen des Wirtschafts- und Sozialrats (ECOSOC) der UNO.

II. Abschluss von Staatsverträgen

a. Verfahrensstadien

1. Allgemeines

3665 Gegenüber der landesinternen Rechtsetzung besteht im Vertragsabschlussverfahren ein beträchtlicher Demokratieverlust: Das Verfahren der Vertragsaushandlung ist einmal weniger transparent. Zudem haben Parlament und Volk geringere Einwirkungsmöglichkeiten auf den Inhalt eines Vertrags, da die Inhaltsgebung im Wesentlichen auf Stufe der Exekutive stattfindet. Das Parlament wird vom beratenden und beschliessenden zum genehmigenden Organ. Schliesslich sind auch die Änderungsmöglichkeiten angesichts des Konsensbedarfes für die Anpassung eines Vertrags deutlich eingeschränkt.

2. Verfahrensstadien im Einzelnen

3666 Nach Vorgesprächen auf Verwaltungsebene verabschiedet der Bundesrat das *Verhandlungsmandat* der Schweizer Verhandlungsdelegation. Im Rahmen von

Art. 152 ParlG werden auch die aussenpolitischen Kommissionen der Bundesversammlung zur Festlegung des Verhandlungsmandats konsultiert. Im Anschluss wird der *Inhalt* des Vertrags im Rahmen bilateraler oder multilateraler *Verhandlungen* erarbeitet. Der Vertrag wird sodann von den zuständigen Vertretungen der Staaten *unterzeichnet*. Für die Unterzeichnung ist nach schweizerischem Verfassungsrecht der *Bundesrat* zuständig. Anschliessend folgt je nach Inhalt und Tragweite der bundesrätliche oder parlamentarische *Genehmigungsakt;* letzterer kann einem obligatorischen oder fakultativen Staatsvertragsreferendum unterstehen. Schliesslich wird der Vertrag *ratifiziert*. Die Ratifikation besteht üblicherweise in der *Hinterlegung einer Ratifikationsurkunde* beim vertraglich vereinbarten *Depositarstaat* (diese Rolle hat die Schweiz beispielsweise bezüglich der Genfer Konventionen inne) oder, bei bilateralen Abkommen, durch den Austausch der Ratifikationsurkunden. Erst dieser letzte formelle Akt begründet die völkerrechtliche Verbindlichkeit eines Vertrags.

b. Vertragsabschlusskompetenzen

Es obliegt dem *Bundesrat*, Vertragsverhandlungen zu führen, Verträge zu unterzeichnen und – nach Abschluss des Genehmigungsverfahrens – zu ratifizieren (Art. 184 Abs. 2 BV). Die *Bundesversammlung* ist im Regelfall zuständig für die Genehmigung der Staatsverträge (Art. 166 Abs. 2 BV). 3667

Mit der geltenden BV hat die Kompetenz des Bundesrates zum *selbständigen Abschluss völkerrechtlicher Verträge* eine neue Ausgestaltung erfahren. Gemäss Art. 166 Abs. 2 BV kann nun der Bundesrat durch Gesetz oder in einem völkerrechtlichen Vertrag abschliessend zum Vertragsschluss ermächtigt werden. 3668

> Gestützt auf eine jahrzehntelange, ständige Praxis verfügte der Bundesrat früher ohne explizite Grundlage im geschriebenen Verfassungsrecht über eine selbständige Kompetenz, gewisse Verträge ohne Genehmigung der Bundesversammlung und ohne fakultatives Referendum abzuschliessen. 3669

Art. 7a RVOG enthält nun eine entsprechende Grundlage in doppelter Hinsicht: 3670

Einerseits kann die Abschlusskompetenz des Bundesrates auf einer Ermächtigung in einem *besonderen Bundesgesetz* oder in einem von der Bundesversammlung genehmigten *Vertrag* beruhen (Art. 7a Abs. 1 RVOG). Anderseits erhält der Bundesrat – im RVOG selbst – die Abschlusskompetenz für *völkerrechtliche Verträge mit beschränkter Tragweite* (Art. 7a Abs. 2 RVOG). 3671

> Die in Art. 7a Abs. 2 RVOG aufgestellten Kategorien von Verträgen mit beschränkter Tragweite stützen sich weitgehend auf die nach früherer Rechtslage anerkannte Verfassungspraxis ab, weisen jedoch keinen abschliessenden Charakter auf (BBl 1999, 4827). 3672

Als Verträge von beschränkter Tragweite gelten Verträge, 3673

> – die keine neuen Pflichten begründen oder keinen Verzicht auf bestehende Rechte zur Folge haben (Bst. a);

- die dem Vollzug von Verträgen dienen, die von der Bundesversammlung genehmigt worden sind (Bst. b);

- die Gegenstände betreffen, die in den Zuständigkeitsbereich des Bundesrates fallen und für die eine Regelung in Form eines völkerrechtlichen Vertrages angezeigt ist (Bst. c); und

- die sich in erster Linie an die Behörden richten, administrativ-technische Fragen regeln oder die keine bedeutenden finanziellen Aufwendungen verursachen (Bst. d).

3674 In Art. 48a RVOG wird schliesslich die Subdelegation der Vertragsabschlusskompetenz auf Departemente, Gruppen und Ämter geregelt. Wichtig ist die in Abs. 2 verankerte Pflicht des Bundesrates, die Bundesversammlung jährlich über die von ihm oder der Verwaltung abgeschlossenen Verträge *zu informieren*. Diese Information erfolgt in Form eines vom Bundesrat verfassten Berichtes über die von ihm oder von untergeordneten Einheiten der Bundesverwaltung abgeschlossenen Staatsverträge. Dieser Bericht wird vom Parlament geprüft und genehmigt.

3675 Von den völker- und landesrechtlich verbindlichen Staatsverträgen sind die bloss *politisch verpflichtenden* aussenpolitischen Instrumente zu unterscheiden (zB. Absichtserklärung, Memorandum of Understanding etc.). Die Unterzeichnung solcher Verständigungen ist Bestandteil des aussenpolitischen Tagesgeschäfts und fällt daher in die Zuständigkeit des Bundesrates (Art. 184 BV). Ausnahmsweise können auch untergeordnete Verwaltungseinheiten solche Instrumente verwenden. Einen letzten Spezialfall bilden schliesslich transnationale Vereinbarungen zwischen Verwaltungen oder juristischen Personen des öffentlichen Rechts (Post, SBB, ETH, Nationalbank), welche gesetzlich nicht erfasst sind (vgl. dazu die Mitteilung der Direktion für Völkerrecht des EDA und der Bundesamtes für Justiz des EJPD vom 14. Juni 2006 in VPB 70.69).

3676 Nicht thematisiert – und weder in der RVOG noch im ParlG geregelt – wird die wichtige Frage, ob die Bundesversammlung bei der *Kündigung* von Staatsverträgen ein Mitspracherecht oder zumindest ein Anrecht auf Konsultation besitzt. Die Frage wird in der Literatur nicht beantwortet. UE. müsste mindestens ein Konsultationsverfahren bei der Bundesversammlung (bei den Büros oder zuständigen Kommissionen beider Räte) durchgeführt werden, sofern es sich um wichtige Staatsverträge handelt.

c. Voranwendung von Staatsverträgen

3677 Nach Völkerrecht können Staaten einvernehmlich die vorläufige Anwendung eines Vertrags oder von Teilen davon vor dessen Inkrafttreten beschliessen (Abs. 25 WVK). In der Schweiz stellt sich die Frage der Zuständigkeit für die Anordnung einer solchen Massnahme nur für Abkommen, welche der parlamentarischen Genehmigung unterstehen. Vereinbarungen, die der Bundesrat in eigener Zuständigkeit abschliessen kann, darf er auch provisorisch anwenden. Der Bundesrat verfügt über spezifische Ermächtigungen zur provisorischen Anwendung genehmigungspflichtiger Staatsverträge im Aussenwirtschafts- und Zolltarifbereich (Art. 2 des BG über aussenwirtschaftliche Massnahmen, SR 946.201; Art. 4 des BG über den schweizerischen Zolltarif, SR 632.10). Eine Generalvollmacht enthält die BV hingegen nicht.

> Der Bundesrat stützte seine langjährige Praxis der vorläufigen Anwendung auch völkerrechtlicher Verträge, die der Genehmigung durch die Bundesversammlung unterliegen, auf Verfassungsgewohnheitsrecht (VPB 51.58). Das Parlament billigte diese Haltung während langer Zeit widerspruchslos, bis der Bundesrat im Jahre 2002 das Abkommen mit Deutschland über die Anflüge nach Zürich/Kloten (BBl 2002, 3392) vorläufig anwandte. Diese politisch umstrittene Massnahme führte im Parlament zu Diskussionen und einer parlamentarischen Initiative der Staatspolitischen Kommission (BBl 2004, 761), welche schliesslich in eine Revision des RVOG mündete. 3678

Der seit 2004 geltende Art. 7b RVOG erlaubt dem Bundesrat die vorläufige Anwendung von Staatsverträgen, «wenn es die Wahrung wichtiger Interessen der Schweiz und eine besondere Dringlichkeit gebieten». Gemäss Absatz 2 muss der Bundesrat innert sechs Monaten dem Parlament eine Botschaft zur Genehmigung des Abkommens unterbreiten, ansonsten endet die vorläufige Anwendung. Wahrt er die gesetzliche Frist, läuft die Anwendung weiter, bis die Bundesversammlung über den Staatsvertrag beraten hat. 3679

III. Staatsvertragsreferendum

a. Obligatorisches Staatsvertragsreferendum

Dem obligatorischen Referendum (Volk- und Ständemehr) unterstehen der Beitritt zu *Organisationen für kollektive Sicherheit* oder *zu supranationalen Gemeinschaften* (Art. 140 Abs. 1 Bst. b BV). 3680

> Als supranationale Gemeinschaften gelten Organisationen mit nach Mehrheitsprinzip entscheidenden Organen, deren Entscheidungen auch für die nicht zustimmenden Staaten verbindlich sind. So hielt der Bundesrat die Voraussetzungen für die Unterbreitung des Assoziationsabkommens zu Schengen/Dublin unter das obligatorische Staatsvertragsreferendum zu Recht nicht für erfüllt. Weder war das notwendige Kriterium der Supranationalität gegeben, noch handelte es sich um einen Beitritt im Rechtssinne (siehe Botschaft des Bundesrates zur Genehmigung der bilateralen Abkommen zwischen der Schweiz und der Europäischen Union, BBl 2004, 6288). Das Parlament ist dem Bundesrat in seiner Beurteilung gefolgt. Wie der Bundesrat lehnte es im Übrigen auch die Durchführung eines obligatorischen Referendums aufgrund eines angeblichen Verfassungsrangs des Abkommens ab. 3681

> Am 3. März 2002 hat das Schweizervolk mit klarem Volksmehr und 12 zu 11 Standesstimmen dem Beitritt der Schweiz zur UNO zugestimmt. Das obligatorische Referendum basierte in diesem Fall – anders als beim ersten Anlauf 1986 – nicht auf einem Staatsvertragsreferendum gemäss Art. 140 Abs. 1 Bst. b, sondern auf Art. 139 Abs. 5 BV, da das Beitrittsanliegen auf einer Volksinitiative auf Partialrevision der BV beruhte (vgl. die UNO-Botschaft, BBl 2000, 1183, 1275). 3682

b. Fakultatives Staatsvertragsreferendum

3683 Dem *fakultativen* Referendum unterstehen gemäss Art. 141 Bst. d BV völkerrechtliche Verträge, die *unbefristet und unkündbar* sind (Ziff. 1), den *Beitritt zu einer internationalen Organisation* vorsehen (Ziff. 2) und die *wichtige rechtsetzende Bestimmungen* enthalten oder deren Umsetzung den Erlass von Bundesgesetzen erfordert (Ziff. 3).

3684 Bei der Kategorie der unbefristeten und unkündbaren Verträge müssen beide Elemente kumulativ erfüllte sein, damit ein Vertrag zwingend dem fakultativen Referendum untersteht.

3685 *Internationale Organisationen* beruhen auf einem völkerrechtlichen Vertrag, dessen Parteien Völkerrechtssubjekte sind, die über eigene Völkerrechtspersönlichkeit und eine von den Mitgliedern unabhängige Willensbildung verfügen.

3686 Ziff. 3 ist im Rahmen der Reform der Volksrechte von Volk und Ständen am 9. Februar 2003 beschlossen und vom Bundesrat auf den 1. August 2003 in Kraft gesetzt worden. Im Zusammenhang mit dieser Bestimmung stellte sich in der Folge die Frage, ob hinsichtlich des Referendums nun ein eigentlicher Parallelismus von staatsvertraglicher und innerstaatlicher Rechtsetzung gelte. Das Parlament hat diesen Parallelismus jedoch verneint. Der Begriff der «*wichtigen*» rechtsetzenden Bestimmungen wurde aufgrund einer Motion der Staatspolitischen Kommission des Nationalrates (04.3203) im Jahre 2005 dahingehend interpretatorisch präzisiert, dass als «wichtig» im Sinne von Artikel 141 BV diejenigen Bestimmungen qualifiziert werden, «die im Falle innerstaatlicher Rechtsetzung gemäss Artikel 164 als wichtig eingestuft werden. Nicht als wichtig gelten Bestimmungen, welche im Vergleich zum Inhalt von früher abgeschlossenen Abkommen keine wichtigen zusätzlichen Verpflichtungen vorsehen». Das Parlament erachtete diesen Versuch einer Klarstellung als erforderlich, nachdem der Bundesrat genehmigungspflichtige Verträge rechtsetzender Natur nicht dem Staatsvertragsreferendum gemäss Artikel 141 Ziff. 3 BV unterstellte, wenn es sich um bilaterale Standardabkommen handelte, welche in gleicher oder ähnlicher Form mit einer Mehrzahl von Staaten abgeschlossen wurden (zB. Doppelbesteuerungs-, Sozialversicherungs- oder Freihandelsabkommen). Diese bundesrätliche Praxis hat das Parlament akzeptiert (AB 2005 S, 639; AB 2005 N, 1462).

3687 Am 21. Mai 2000 wurden dem Volk in einem fakultativen Referendum gemäss Art. 141 Abs. 1 Bst. d BV die sieben bilateralen Abkommen mit der EG *en bloc,* dh. in einem Beschluss unterbreitet. Der Bundesrat begründete die gemeinsame Genehmigung wie folgt: «Die Genehmigung der sieben Abkommen durch einen Beschluss ist eine einfache, praktische und transparente Lösung, da die Ablehnung eines einzigen Abkommens das Inkrafttreten der anderen sechs Abkommen verhindern würde» (BBl 1999, 6128, 6133).

3688 Am 13. Juni 2008 beschloss die Bundesversammlung, die Frage der Weiterführung des Freizügigkeitsabkommens mit der EG und die Ausdehnung von dessen Geltungsbereich auf Rumänien und Bulgarien en bloc dem fakultativen Referendum zu unterstellen (BBl 2008, 5323). In der Volksabstimmung vom 8. Februar 2009 hat das Volk der Weiterführung und Ausdehnung deutlich zugestimmt.

Die Bundesversammlung genehmigte am 22. Juni 2001 den Beitritt der 3689
Schweiz zum Römer Statut des Internationalen Strafgerichtshofs (BBl 2001,
2939). Der Beschluss unterstand gemäss Art. 141 Abs. 1 Bst. d BV dem fakultativen Referendum, weil es sich um den Beitritt zu einer internationalen Organisation handelte. In der Botschaft wurde ebenfalls geprüft, ob das Römer Statut nicht einen Beitritt zu einer supranationalen Gemeinschaft darstelle. Diese These wurde verworfen, da das vierte Kriterium für eine supranationale Gemeinschaft – deren relativ umfassenden materiellen Befugnisse – beim Strafgerichtshof nicht erfüllt ist. Die weitere Frage, ob der Beitritt zum Römer Statut nicht eine Änderung des Auslieferungsverbots für Schweizer Staatsangehörige (Art. 25 Abs. 1 BV) erforderlich mache und daher ein obligatorisches Verfassungsreferendum nötig sei, wurde ebenfalls verneint. Insb. wurde argumentiert, die Überstellung an den Internationalen Gerichtshof falle nicht unter den Anwendungsbereich von Art. 25 BV, weil diese Bestimmung nur von Auslieferung – und nicht von Überstellung – spreche (BBl 2000, 484 ff.). Gleichzeitig verabschiedete das Parlament das Bundesgesetz über die Zusammenarbeit mit dem Internationalen Gerichtshof.

Früher konnte die Bundesversammlung in eigener Kompetenz «weitere völker- 3690
rechtliche Verträge» dem fakultativen Referendum unterstellen (Art. 141 alt
Abs. 2; sog. *fakultativ-fakultatives Staatsvertragsreferendum*). Dieses Behördenreferendum war für solche Verträge vorgesehen, die nicht unter den Kriterienkatalog des obligatorischen oder fakultativen Referendums fielen, denen aber dennoch eine gewisse (va. politische) Bedeutung zukam. Aufgrund der Reform der Volksrechte vom 9. Februar 2003 (vgl. dazu Rz. 2219) mit ihrer Erweiterung des fakultativen Staatsvertragsreferendums auf alle Verträge, die wichtige rechtsetzende Bestimmungen enthalten oder zur Umsetzung den Erlass von Bundesgesetzen erfordern, wurde das fakultativ-fakultative Referendum gestrichen.

c. **Kein fakultativ-obligatorisches Staatsvertragsreferendum**

Im Rahmen der Verfassungsreform wurde darüber diskutiert, ob auch ein sog. 3691
fakultativ-obligatorisches Staatsvertragsreferendum in die Verfassung aufzunehmen sei. Damit hätte die Bundesversammlung neu die explizite Befugnis erhalten, in besonders wichtigen Fällen einen Staatsvertrag von sich aus der obligatorischen Abstimmung von Volk und Ständen zu unterbreiten. Der Vorschlag basierte auf der Überlegung, dass die Bundesversammlung bereits unter dem früheren Verfassungsrecht mehrmals von dieser Befugnis Gebrauch gemacht habe – zB. beim Beitritt zum Völkerbund, beim Abschluss des Freihandelsabkommens mit der EG 1972 und (je nach Sichtweise) beim EWR – und die bestehende Praxis in der neuen Bundesverfassung festzuschreiben sei. Der Vorschlag fand zu Recht keine Mehrheit. Der Bundesversammlung als oberster Gewalt bleibt es nach Auffassung des Bundesrates aber vorbehalten, in einer ausserordentlichen Lage einen Staatsvertrag aus staatspolitischen Gründen quasi extrakonstitutionell dem obligatorischen Referendum zu unterstellen. Bei der parlamentarischen Genehmigung des Assoziationsabkommens zu Schengen/Dublin lehnten die beiden Kammern Anträge aus der Ratsmitte ab, das Abkommen einem solchen Staatsvertragsreferendum *sui generis* zu unterwerfen (AB 2004 S, 728 ff. und 2004 N, 1968 ff.).

IV. Wahrung der äusseren Sicherheit

a. Allgemeines

3692   Im Bereich der Wahrung der äusseren Sicherheit, der Unabhängigkeit und Neutralität sind sowohl Bundesversammlung wie Bundesrat befugt, entsprechende Massnahmen zu treffen (Art. 173 Abs. 1 Bst. a, 185 Abs. 1 BV). Der Bundesrat kann seine Kompetenz aber nur solange und soweit in Anspruch nehmen, als die Bundesversammlung davon keinen Gebrauch gemacht hat (BBl 1997 I, 418).

b. Bundesversammlung

3693   Die Bundesversammlung ist befugt, zur Wahrung der *äusseren* (und inneren) *Sicherheit* bei Vorliegen ausserordentlicher Umstände Verordnungen oder einfache Bundesbeschlüsse zu erlassen (Art. 173 Abs. 1 Bst. a und c BV; vgl. dazu auch Rz. 2383 ff.). Anders als beim Dringlichkeitsrecht in Art. 165 BV ist es der Bundesversammlung bei Vorliegen ausserordentlicher, gravierender Umstände (Bst. c) möglich, eine gestützt auf Art. 173 Abs. 1 Bst. a BV erfolgte Anordnung in der Form der Verordnung oder des einfachen Bundesbeschlusses zu beschliessen und damit dem Referendum zu entziehen.

3694   Diese Konstellation ist jedenfalls bei aussenpolitischen Bedrohungen sinnvoll, da nicht von Anfang an beurteilt werden kann, wie lange internationale Krisen andauern. Im Bereich der Existenzgefährdung kann es hinderlich sein, eine Massnahme zwangsläufig innerhalb eines Jahres dem Referendum unterstellen zu müssen. Wann eine solcherart ergriffene Massnahme ausser Kraft gesetzt wird, muss in der Verantwortung des Parlamentes belassen werden.

3695   Mit der Befugnis, gemäss Art. 173 Abs. 1 Bst. c BV bei Vorliegen ausserordentlicher Gefährdungsmomente Verordnungen oder einfache Bundesbeschlüsse (dh. ohne Referendum) zu erlassen, erhält die Bundesversammlung aber keine eigentliche Notrecht-Kompetenz, denn die Erlasse haben abgesehen von ihrer speziellen Entstehungsweise die Verfassung zu beachten (BBl 1997 I, 399).

3696   Die Anordnung des *Aktivdienstes* und das Truppenaufgebot liegen grundsätzlich in der Zuständigkeit des Parlamentes (Art. 173 Abs. 1 Bst. d BV). Dieses wählt auch den General (Art. 168 Abs. 1 BV).

c. Bundesrat

3697   Der Bundesrat ist ebenfalls ermächtigt, zur Wahrung der äusseren (und inneren) Sicherheit Verordnungen oder Verfügungen zu erlassen (Art. 185 Abs. 1 und 3 BV). Solche Verordnungen sind zu *befristen*.

3698   Im Gegensatz zur Bundesversammlung ist der Bundesrat nicht befugt, generell bei Vorliegen «ausserordentlicher Umstände» Verordnungen und Verfügungen zu erlassen. Vielmehr werden die Voraussetzungen zu entsprechenden Massnahmen in Art. 185 Abs. 3 BV detailliert umschrieben. In Anlehnung an die polizeiliche Generalklausel sind solche Verordnungen und Verfügungen nur zulässig, «um eingetretenen oder unmittelbar drohenden schweren Störungen der öffentlichen Ordnung oder der inneren oder äusseren Sicherheit zu begegnen» (vgl. Rz. 2383 f.).

Der Bundesrat kann von sich aus (zB. für Katastropheneinsätze, Flughafenbewachungen oder generell zu Wahrung der inneren Sicherheit) *Truppen aufbieten*. Dies darf nur in dringlichen Fällen geschehen, und die Bundesversammlung ist unverzüglich einzuberufen, wenn der Einsatz voraussichtlich länger als drei Wochen dauert und das Aufgebot für den Aktivdienst *mehr als 4000 Angehörige* der Armee betrifft (Art. 185 Abs. 4 BV). 3699

V. Aussenpolitische Generalklausel

Der Bundesrat ist befugt, zur «Wahrung der Interessen des Landes» Verordnungen und Verfügungen zu erlassen (Art. 184 Abs. 3 BV). Bereits nach früherem Verfassungsrecht war der Bundesrat befugt, selbständige, dh. verfassungsunmittelbare Verordnungen und Verfügungen im Interesse der Schweiz zu erlassen. Während aber die auf diese Weise erlassenen Verordnungen keiner – oder zumindest keiner ausdrücklichen – zeitlichen Befristung unterstanden, verlangt Art. 184 Abs. 3 BV ausdrücklich, dass solche Verordnungen zu *befristen* sind. 3700

> Bundesgericht und Bundesrat haben während langer Zeit eine zeitliche Befristung verneint; jedoch wurde anerkannt, dass solche Verordnungen nur so lange in Kraft bleiben dürfen, als sie notwendig erscheinen und ihnen keine später getroffenen gesetzlichen Regelungen entgegenstehen (vgl. BGE 64 I 372). Das Bundesgericht hat später festgehalten, dass die vom Bundesrat gestützt auf Art. 102 Ziff. 8 aBV erlassenen selbständigen Verordnungen grundsätzlich zeitlich zu befristen seien und bei Andauern der regelungsbedürftigen Situation eine ausreichende formell-gesetzliche Grundlage geschaffen werden müsse (BGE 132 I 229; 122 IV 258, 262). 3701

> Art. 83 Bst. a. BGG (SR 17.110) hat die früher vom Bundesgericht entwickelte Praxis kodifiziert, Beschwerden im Bereich der auswärtigen Angelegenheiten zuzulassen, wenn ein völkerrechtlicher Anspruch auf gerichtliche Beurteilung besteht. 3702

§ 40 Bundesstaat und Aussenbeziehungen

Literatur

AUBERT JEAN-FRANÇOIS, Mitwirkung der Kantone an der europäischen Politik im Falle eines Beitritts der Schweizerischen Eidgenossenschaft zur Europäischen Union, in: Konferenz der Kantonsregierungen (Hrsg.), Die Kantone vor der Herausforderung eines EU-Beitritts, Zürich 2001, 159 ff.; COTTIER THOMAS/GERMANN CHRISTOPHE, Die Partizipation bei der Aushandlung neuer völkerrechtlicher Bindungen: verfassungsrechtliche Grundlagen und Perspektiven, in: Verfassungsrecht der Schweiz, § 5; EHRENZELLER BERNHARD et al., Federalism and Foreign Relations, in: Blindenbacher Raoul/Koller Arnold (Hrsg.), Federalism in a Changing World – Learning from Each Other, Montreal 2002, 51 ff.; EPINEY ASTRID, Beziehungen zum Ausland, in: Verfassungsrecht der Schweiz, § 55; HÄNNI PETER (Hrsg.), Schweizerischer Föderalismus und europäische Integration/Die Rolle der Kantone in einem sich wandelnden internationalen Kontext, Zürich 2000, 201 ff.; KONFERENZ DER KANTONSREGIERUNGEN (Hrsg.), Zwischen EU-Beitritt und bilateralem Weg, Zürich 2006; PFISTERER THOMAS, Von der Rolle der Kantone in der Aussenpolitik, Ein Beitrag zur aktuellen politischen Diskussion, ZBl 1996, 544 ff. (zit. Aussenpolitik); DERS., Auslandbeziehungen der Kantone, in: Verfassungsrecht der Schweiz, § 33 (zit. Auslandbeziehungen); DERS., Über Konsens- und Mediationslösungen, ZSR 2002 I, 169 ff.; DERS., Der schweizerische Föderalismus vor der Herausforderung eines möglichen Beitritts der Schweiz zur Europäischen Union, in: Konferenz der Kantonsregierungen (Hrsg.), Die Kantone vor der Herausforderung eines EU-Beitritts, Zürich 2001, 320 ff. (zit. Herausforderung); SÄGESSER THOMAS, Vernehmlassungsgesetz: BG vom 18. März 2005 über das Vernehmlassungsverfahren, Bern 2006; SCHMITT NICOLAS, La participation des cantons au processus de décision au niveau fédéral et aux affaires étrangères, in: BV-CF 2000, 191 ff.; SCHWEIZER RAINER J., Die neue Bundesverfassung: die revidierte bundesstaatliche Verfassungsordnung, AJP 1999, 666 ff.; SIEGWART KARINE, Die Kantone und die Europapolitik des Bundes, Freiburg i.Ü. 1997; STURNY THIEMO, Mitwirkungsrechte der Kantone an der Aussenpolitik des Bundes, Freiburg i.Ü. 1998, 78 f.; WILDHABER LUZIUS, Aussenpolitische Kompetenzordnung im schweizerischen Bundesstaat, in: Riklin Alois ua. (Hrsg.), Neues Handbuch der schweizerischen Aussenpolitik, Bern 1992, 121 ff.; ZIMMERLI ULRICH, Bund – Kantone – Gemeinden, in: BTJP, 35 ff.

I. Allgemeines

Die Verteilung der Kompetenzen zwischen Bund und Kantonen sowie deren wechselseitiges Zusammenwirken in der Aussenpolitik spiegelt auf besondere Weise das der geltenden BV zugrunde liegende Verständnis eines «mitwirkungsorientierten und kooperativen Föderalismus» (THOMAS PFISTERER) wieder. Obwohl dem Bund grundsätzlich und explizit nach Art. 54 Abs. 1 BV die Wahrnehmung der auswärtigen Angelegenheiten obliegt, soll er diese Befugnis zurückhaltend ausüben, wenn der innerstaatliche Kompetenzbereich der Kantone betroffen wird (vgl. nachstehend Rz. 3706 ff.). Zudem wird der Bund verpflichtet, die Kantone in die aussenpolitische Mitverantwortung durch Partizipation einzubeziehen (Rz. 3715 ff.). Schliesslich geht es darum, den Kantonen Autonomie in ihrer eigenen, sog. «kleinen» Aussenpolitik zu gewährleisten (Rz. 3728 ff.).

3703

3704 Die alte Bundesverfassung spiegelte in ihrem Text noch ein im 19. Jahrhundert vorherrschendes Verständnis wider, das auf einer strikten Trennung zwischen Aussen- und Innenpolitik einerseits und Bundespolitik und kantonaler Politik anderseits beruhte. Die Globalisierung und zunehmende internationale Verflechtung hat jedoch zu einem Wandel in der Verfassungswirklichkeit geführt. Folge davon ist, dass Stellung und Rolle der Kantone im Bundesstaat, vor allem in den Beziehungen der Kantone untereinander und zum Bund, immer mehr vom Anliegen gegenseitiger Rücksichtnahme und wechselseitiger Zusammenarbeit geprägt werden müssen. Sinnbildlich kommt dies etwa in dem von Lehre und Praxis entwickelten bundesrechtlichen Gebot zum Ausdruck, der Bund habe sich bei der Wahrnehmung seiner umfassenden Staatsvertragskompetenz «zurückzuhalten», wenn er den innerstaatlichen Kompetenzbereich der Kantone berührt.

3705 Die bundesstaatliche Kompetenzverteilung zwischen Bund und Kantonen ist für nicht mit dem schweizerischen politischen System Vertraute nicht immer verständlich. Dies zeigt sich etwa bei Äusserungen von internationalen Überwachungsgremien, welche Berichte der Schweiz zur Umsetzung internationaler Menschenrechtsverträge zu prüfen haben. Trotz grosser Unterschiede im Bereich der Umsetzung durch die Kantone bestehen diese Gremien auf der völkerrechtlichen Verpflichtung des Bundes, seine vertraglichen Verpflichtungen gegen aussen trotz innerstaatlicher Zuständigkeit der Kantone wahrzunehmen.

II. Aussenpolitische Kompetenz des Bundes

a. Grundsatz

3706 Gemäss Art. 54 Abs. 1 BV werden die auswärtigen Angelegenheiten ausdrücklich zur *Sache des Bundes* erklärt. Gegenstand der aussenpolitischen Kompetenz des Bundes ist grundsätzlich die gesamte Aussenpolitik. Insbesondere steht der Abschluss von Staatsverträgen mit anderen Staaten wie mit internationalen Organisationen in der alleinigen Kompetenz des Bundes.

3707 Früher wurde die aussenpolitische Kompetenz des Bundes aus Art. 8 aBV abgeleitet und bildete eine stillschweigende Bundeskompetenz (sog. inherent power).

3708 Die Kompetenzvermutung zugunsten der Kantone, wie sie in Art. 3 und 42 Abs. 1 BV verankert ist, kommt nicht zum Tragen. Entsprechend langjähriger Lehre und Praxis ist somit der Bund befugt, auch Verträge in Bereichen abzuschliessen, die nach der internen Kompetenzausscheidung in den Zuständigkeitsbereich der Kantone fallen (zB. die Doppelbesteuerungsabkommen).

b. Verfassungsauftrag zur Rücksichtnahme und Interessenwahrung

3709 Art. 54 Abs. 3 BV schreibt ausdrücklich vor, der Bund habe gerade bei der Inanspruchnahme «kantonaler» Kompetenzen in den auswärtigen Angelegenheiten *Rücksicht auf die Zuständigkeiten der Kantone* zu nehmen und *ihre Interessen zu wahren*.

Dieser an den Bund gerichtete und föderalistisch gebotene Verfassungsauftrag, bei der Wahrung seiner aussenpolitischen Zuständigkeiten auch die Anliegen der Kantone einzubeziehen, ist gerade angesichts der wachsenden Ausdehnung der Aussenpolitik in Bereiche, die landesintern den Kantonen anvertraut sind oder von ihnen umgesetzt werden müssen, gerechtfertigt.   3710

> Dieses Prinzip der Rücksichtnahme wird in allen Bundesstaaten angewandt und ist Ausdruck der Notwendigkeit, die Interessen des Landes in seiner Gesamtheit gegenüber dem Ausland zu wahren (vgl. BBl 1994 II, 624, 629). Die «Courtoisie fédéraliste» hat zum Beispiel dazu geführt, dass die Schweiz das 1. Zusatzprotokoll zur EMRK mit seinem Recht auf Bildung nicht unterzeichnet hat.   3711

> In seiner Botschaft zum Europäischen Übereinkommen über Menschenrechte und Biomedizin führte der Bundesrat aus, dass bei internationalen Vereinbarungen der Grundsatz gelte, dass der Bund Verträge über beliebige Gegenstände abschliessen könne, ob diese nun in die eidgenössische oder die kantonale Gesetzgebungskompetenz fallen würden. «Der Bund macht jedoch von seiner Kompetenz nur zurückhaltend Gebrauch, wenn die zu regelnden Bereiche wie hier zu einem grossen Teil in die Zuständigkeit der Kantone fallen. (...) Im vorliegenden Fall haben sich die Kantone im Rahmen des Vernehmlassungsverfahrens einhellig für eine Ratifizierung ausgesprochen. Der Ausübung der verfassungsmässigen Vertragsschlusskompetenz des Bundes steht demnach nichts entgegen» (BBl 2002, 271, 332).   3712

> Interessant ist auch, welches Gewicht der Stellungnahme des direkt vom Luftverkehrsabkommen mit Deutschland betroffenen Zürcher Regierungsrats im Hinblick auf die parlamentarische Genehmigungsdebatte auf Bundesebene zukam. Nach der abschlägigen Stellungnahme der Zürcher Kantonsexekutive vom 26. April 2002 wurde wie erwartet das Luftverkehrsabkommen – insbesondere aus Rücksichtnahme auf die kantonalen Interessen – von den eidgenössischen Räten nicht genehmigt.   3713

> Eine weitergehende, im Rahmen der Verfassungsreform 1999 von der Konferenz der Kantonsregierungen vorgeschlagene Formulierung, wonach der Bund in seiner Aussenpolitik nicht nur die Interessen, sondern auch die Zuständigkeiten der Kantone zu wahren habe, fand keinen Eingang in die BV. Wegleitend war insbesondere, dass eine solche Pflicht die Handlungsfähigkeit der Schweiz im Verkehr mit der Staatengemeinschaft über Gebühr eingeschränkt hätte (BBl 1997 I, 231).   3714

III. Mitwirkung der Kantone an der Aussenpolitik des Bundes

a. Verfassungslage

Für die Wahrung der Interessen der Kantone in der Aussenpolitik, aber auch zur Effektuierung ihrer föderalistischen Partizipationsrechte auf Bundesebene, erscheint ihre Mitwirkung an der Aussenpolitik des Bundes von grosser Bedeutung.   3715

In Art. 55 Abs. 1 BV wird festgehalten, dass die Kantone an der Vorbereitung aussenpolitischer Entscheide mitwirken, «wenn ihre Zuständigkeiten oder wesentliche   3716

Interessen betroffen sind». Diese *Mitwirkungsgarantie* geht weiter als die erwähnte «Courtoisie fédéraliste»; sie geht auch über die Kooperation bei den (innerstaatlich definierten) kantonalen Zuständigkeiten hinaus, weil sie immer dann stattzufinden hat, wenn *wesentliche kantonale Interessen* auf dem Spiel stehen. Allerdings bemisst sich die Intensität der kantonalen Mitwirkung danach, ob ihre Zuständigkeiten oder (bloss) ihre Interessen berührt werden.

3717 Vorgängig wird der Bund in Abs. 2 verpflichtet, die Kantone rechtzeitig und umfassend zu *informieren* sowie ihre *Stellungnahmen* einzuholen. Wenn die Zuständigkeiten der Kantone betroffen sind, soll den Stellungnahmen ein besonderes Gewicht zukommen (vgl. BBl 1997 I, 231). Stellungnahmen der Kantone binden den Bund rechtlich nicht. Er muss ihnen jedoch die massgeblichen Gründe für sein Abweichen mitteilen (Art. 4 Abs. 3 BGMK).

3718 Einem Vorschlag der Konferenz der Kantonsregierungen im Rahmen der Verfassungsreform 1999, den einheitlichen Stellungnahmen der Kantone eine eigentliche Bindungswirkung zukommen zu lassen, war kein Erfolg beschieden.

3719 Zusätzlich sollen gemäss Art. 55 Abs. 3 BV die Kantone dann, wenn sie in ihren Zuständigkeitsbereichen betroffen sind, sogar «in geeigneter Weise» an internationalen Verhandlungen mitwirken können. Auch diese Bestimmung entspricht einer bereits bestehenden Praxis, zieht doch der Bund seit längerem regelmässig Vertreterinnen und Vertreter derjenigen Kantone, deren Interessen besonders berührt sind, zu Vertragsverhandlungen bei.

3720 Mit Art. 55 BV wurde eine bereits etablierte frühere Praxis des Bundes, bei wichtigen aussenpolitischen Vorhaben den Austausch mit den Kantonen zu suchen sowie deren Stellungnahmen besonders zu beachten, auf Verfassungsstufe festgehalten.

3721 Bereits die EWR-Vorlage der Bundesversammlung 1992 enthielt einen Verfassungsartikel, der die Mitwirkung der Kantone in der Europapolitik festhielt und näher konkretisierte (vgl. die Botschaft zur Genehmigung des Abkommens über den Europäischen Wirtschaftsraum vom 18. Mai 1992, BBl 1992 IV, 95 ff.).

3722 Auch während den Verhandlungen zu den bilateralen Abkommen I und II mit der EU (BBl 1999, 6144; BBl 2004, 5995) waren die Kantonsregierungen während des gesamten Verlaufs der Verhandlungen sowohl auf technischer als auch auf politischer Ebene in die Verhandlungen miteinbezogen. Insbesondere in den Dossiers, welche stark in die Kompetenz der Kantone fallen, nahmen die kantonalen Fachpersonen als vollwertige Mitglieder der Schweizer Delegationen an den Verhandlungen teil (Bilaterale I: öffentliches Beschaffungswesen, Personenfreizügigkeit, Anerkennung von Diplomen und Landverkehr; Bilaterale II: Zinsbesteuerung, Betrugsbekämpfung und Schengen/Dublin). Der Informationsfluss wurde durch den Informationsbeauftragten der Kantone im Integrationsbüro EDA/EVD sichergestellt. Dieser hatte, im Rahmen der Geheimhaltungsregeln des Bundes, uneingeschränkten Zugang zu den internen Akten und Sitzungen der schweizerischen Verhandlungsstruktur. Zudem befasste sich die Plenarversammlung der KdK regelmässig mit den Entwicklungen in den Verhandlungen. Und schliesslich übermittelte eine Delegation der Kantonsregierungen in regelmässigen Abständen die Haltung der Kantone.

Da vor allem das Assoziationsabkommen zu Schengen/Dublin für die Kantone erheblichen Umsetzungs- und Anpassungsbedarf mit sich bringt, nahm das Parlament auf Antrag des Ständerates eine Zusatzbestimmung in den Genehmigungsbeschluss auf, wonach Bund und Kantone vor Inkrafttreten dieser Abkommen im Rahmen von Bundesverfassung und Mitwirkungsgesetz in einer Vereinbarung die Beteiligung der Kantone an der Umsetzung und Weiterentwicklung des Schengen- und Dublin-Besitzstandes regeln (BBl 2004, 7149). 3723

b. Mitwirkungsgesetz

Die Mitwirkungsrechte der Kantone werden seit 1. Juli 2000 auch im Bundesgesetz über die Mitwirkung der Kantone an der Aussenpolitik des Bundes (BGMK) vom 22. Dezember 1999 festgehalten (BBl 2000, 58 ff.; SR 138.1; AS 2000, 1477). 3724

Bezüglich der Zusammenarbeit zwischen Bund und Kantonen sieht das BGMK in den Art. 3 bis 5 drei Formen vor, die bereits in Art. 55 BV umschrieben werden: Erstens die *Information* der Kantone durch den Bund über aussenpolitische Vorhaben, zweitens die *Anhörung* der Kantone bei der Vorbereitung aussenpolitischer Entscheide sowie drittens die *Mitwirkung* von Kantonsvertreterinnen und Kantonsvertretern bei der Vorbereitung von Verhandlungsmandaten, sofern aussenpolitische Vorhaben die Zuständigkeiten der Kantone betreffen. 3725

Über den Verfassungstext hinausgehend wird hingegen der *Zweck* der Mitwirkung umschrieben (Art. 2 BGMK), die *Vertraulichkeit* der Informationen gewährleistet (Art. 6 BGMK) und den Kantonen die Pflicht zur Mitwirkung bei der *Umsetzung* von internationalem Recht auferlegt (Art. 2 BGMK). Ausserdem muss der Bundesrat gemäss Art. 4 Abs. 3 BGMK ein allfälliges Abweichen von Stellungnahmen gegenüber den Kantonen *begründen*. 3726

c. Mitwirkung am Vollzug von Staatsverträgen

Gemäss Art. 46 BV setzen die Kantone das Bundesrecht, und zu diesem sind auch die Staatsverträge zu zählen, nach Massgabe von Verfassung und Gesetz um. Dabei überlässt der Bund den Kantonen einen möglichst grossen Gestaltungsfreiraum. Dies gilt insbesondere in all denjenigen Bereichen, die nach bundesstaatlicher Kompetenzausscheidung in die kantonale Kompetenz fallen. 3727

IV. Kompetenzen der Kantone in der Aussenpolitik

a. Vertragsautonomie

Den Kantonen kommen ebenfalls *autonome aussenpolitische Kompetenzen* zu. Sie können ausdrücklich «in ihren Zuständigkeitsbereichen mit dem Ausland Verträge schliessen» (Art. 56 Abs. 1 BV; vgl. dazu die grundsätzliche Stellungnahme der Direktion für Völkerrecht vom 22. August 2005 in VPB 70/III Nr. 47). 3728

3729   Der frühere Verfassungswortlaut erwähnte nur die Staatswirtschaft, den nachbarlichen Verkehr und die Polizei als zulässige Gegenstände der kantonalen Vertragsautonomie (Art. 9 aBV), doch wurde in Übereinstimmung mit herrschender Lehre und Praxis die Kompetenz zum Abschluss völkerrechtlicher Verträge auf die Zuständigkeitsbereiche der Kantone allgemein ausgeweitet (BBl 1994 II, 625, 662, mit dem entsprechenden Zugeständnis des Bundesrates; vgl. ferner VPB 1987, 138). Gerade die grenzüberschreitende Zusammenarbeit der Kantone liess sich längst nicht mehr nur auf einzelne Gebiete eingrenzen; sie hat sich – im Rahmen von Bundesrecht und internationalen Vereinbarungen – vor allem auf Gebiete wie Raumplanung, Verkehr, Energienutzung und Umweltpolitik ausgedehnt.

3730   Heute stehen ca. 140 kantonale Verträge mit dem Ausland in Kraft. Deren Zahl lässt sich nicht genauer bestimmen, da über die Hälfte der Abkommen weder in den kantonalen Gesetzessammlungen veröffentlicht worden, noch – trotz alter Rechtslage – vom Bundesrat je genehmigt worden sind.

3731   Den Kantonen kommt eine eigene Staatsvertragskompetenz in ihren Zuständigkeitsbereichen allerdings nur zu, falls der Bund nicht selbst entsprechende Verträge abgeschlossen hat, die keinen Raum mehr für ein kantonales Handeln lassen. Die Vertragsschlusskompetenz der Kantone stellt daher eine *konkurrierende* und dementsprechend *subsidiäre* Kompetenz dar.

3732   Gemäss Art. 56 Abs. 2 BV Satz 1 dürfen die kantonalen Verträge «dem Recht und den Interessen des Bundes sowie den Rechten anderer Kantone nicht zuwiderlaufen» (vgl. hierzu BBl 1997 I, 232; zur früheren Verfassungslage vgl. LUZIUS WILDHABER, 128; kritisch demgegenüber RAINER SCHWEIZER, 671, der die subsidiäre kantonale Kompetenz in Frage stellt und aus Art. 56 Abs. 1 BV eine parallele Vertragsabschlusskompetenz von Bund und Kantonen ableiten will).

3733   Gemeinsame allgemeine Rechtsgrundlage zur Förderung der regionalen und kommunalen grenzüberschreitenden Zusammenarbeit in Europa bildet das *Madrider Übereinkommen* vom 21. Mai 1980 (SR 0.131.1, mit Zusatzprotokollen) als Instrument des Europarates, welches für die Schweiz am 4. Juni 1982 in Kraft getreten ist. Eine zusätzliche Legitimation für die sog. kleine Aussenpolitik stellt das 1997 in Kraft getretene *Karlsruher Übereinkommen* vom 21. Januar 1996 zwischen der Schweiz, Frankreich, Deutschland und Luxemburg dar. Es enthält auf staatsvertraglicher Ebene ua. Bestimmungen über Kooperationsvereinbarungen, grenzüberschreitende Institutionen und Zweckverbände. Es stellt ein Abkommen der Kantone Solothurn, Basel-Stadt, Basel-Landschaft, Aargau und Jura (in deren Namen der Bundesrat gehandelt hat) mit den Regierungen Deutschlands, Frankreichs und Luxemburgs dar (und wurde somit nicht in der SR publiziert).

b.   Informationspflicht

3734   Den Kantonen obliegt die Pflicht, den Bund vor Abschluss von Verträgen mit ausländischen Behörden zu informieren (Art. 56 Abs. 2 Satz 2 BV). Damit wird vorerst ein Weg der Beratung und Kooperation eröffnet. Der Bundesrat hat bei seines

Erachtens unzulässigen Vertragsentwürfen geeignete Vorkehrungen zu treffen. So kann er gemäss Art. 186 Abs. 3 BV gegen Verträge der Kantone mit dem Ausland Einsprache erheben. Kommt es dazu, so steht der Bundesversammlung der Entscheid über die Vertragsgenehmigung zu (Art. 172 Abs. 3 BV).

> Auf Gesetzesstufe ist dies in Art. 62 RVOG konkretisiert worden. 3735
>
> Nach früherem Verfassungsrecht (Art. 85 Ziff. 5, 102 Ziff. 7 aBV) bedurften 3736 kantonale Staatsverträge einer eigentlichen *Genehmigung des Bundes*. Die Praxis war allerdings alles andere als einheitlich und teilweise auch nicht verfassungskonform (vgl. dazu ausführlicher THIEMO STURNY, 88), denn Staatsverträge wurden von den Kantonen oft gar nicht oder erst nach der Unterzeichnung vorgelegt, unter Hinweis auf eine vom Bund tolerierte Praxis oder unter Berufung auf die kantonale Souveränität. Zum Teil wurde die Genehmigungspflicht von den Kantonen auch verneint.

c. Vertragsschlussverfahren

Das bewilligungsfreie Verfahren bei kantonalen Staatsverträgen erleichtert den 3737 Kantonen auch den Verkehr mit ausländischen Behörden. Die Kantone können gemäss Art. 56 Abs. 3 BV mit «untergeordneten» Behörden, dh. mit Behörden auf lokaler oder regionaler Ebene sowie mit Regierungen und Verwaltungen von Gliedstaaten, direkt in Kontakt treten. In den übrigen Fällen erfolgt der Verkehr von Kantonen mit dem Ausland (wie bis anhin) durch Vermittlung des Bundes.

d. Kontakte und Konferenzen

Obwohl de constitutione lata der Bund die Kantone nach aussen vertritt, besteht 3738 heute va. in Grenzkantonen eine Vielfalt von offiziellen und inoffiziellen Kontakten mit den benachbarten Ämtern und Körperschaften. Diese institutionalisierten oder Ad-hoc-Kontakte bestimmen die kantonale Aussenpolitik nachhaltig. Die vielfältigen transnationalen Kooperations- und Koordinationsmechanismen und die damit verbundenen regen Kontakte mit den anderen Behörden überragen in der Praxis die eigentlichen Verträge an Bedeutung.

> Basel-Stadt ist ein typisches Beispiel eines Kantons mit vielfältigen und sehr 3739 verschiedenartigen Beziehungen über die Grenze. Als Beispiele von grenznachbarlichen Institutionen seien etwas die EUCOR (Zusammenarbeit im universitären Bereich), die Nachbarschaftskonferenz (Zusammenarbeit der Parlamente), die Trinationale Agglomeration Basel (Zusammenarbeit in der Raumordnung und beim Verkehr) und die Oberrheinkonferenz (Zusammenarbeit auf Stufe der Regierungen) genannt. Die Zusammenarbeit erfolgt je nach Gremium in ganz unterschiedlicher Weise. Die Gremien haben auch eine unterschiedliche räumliche Ausdehnung. Die Kooperation findet je nach Forum auf Stufe der Regierungsspitzen, zwischen Verwaltungsangestellten, Gemeinden und mit oder ohne Beteiligung von Privaten statt.

Sachregister

Abberufung 2356, 2359
Absolutismus 963
Abstimmungsfrage 2070, 2078
Abstimmungsfreiheit 2063–2102
Acquis hélvétique 121
Adoption 310, 333
Agenda setting 1596
Agglomeration 648–653, 657
AHV 3429–3431
Akteneinsicht 1391–1393, 3041
Allgemeine Anregung 2169–2171, 2807, 2808
Allgemeinverbindlicherklärung
– von Gesamtarbeitsverträgen 2667, 3321, 3322, 3341–3347
– im Rahmen der NFA 895
Amtliche Sammlung 2782
Amtsgeheimnis 2448
Amtshilfe 859
Amtssprachen 129, 1512–1513, 1532
Amtsunfähigkeitserklärung 2360, 2361
Änderung von Erlassen 1881
Anerkennung von Diplomen 3130
Anspruch auf Begründung 346
Anstalten, öffentlich-rechtliche 2578
Antragsrecht der Ratsmitglieder 2438
Anwalt, Beizug eines 3090
Anwendbarkeit, Interkantonaler Verträge 877
Anwendungsgebot 2857
Arbeit, Begriff 3300
Arbeitsartikel 3301, 3302, 3317–3323
Arbeitskampfmassnahmen 3348–3375
Arbeitsverfassung 3299–3375
Asylwesen 382
Aufgaben
– Begriff 77
– politische Festlegung 79
– Übertragung durch die BV 78
AuG 396, 405, 426
Auskünfte, unrichtige 2002
Ausländer

– Begriff 371
– Flüchtlingskonvention 391
– Grundrechtsschutz 408–415, 1111–1115
– Kompetenz des Bundes 395–401
– multilaterales Völkervertragsrechtssystem 371–394
– Niederlassung 385, 386, 1740–1745
– politische Ausweisung 402–406
– politische Rechte 800–802
– Rückübernahmeabkommen 388
– Schutz des Familienlebens 1363–1375
Auslandschweizer
– allgemeine Rechte und Pflichten 367
– Begriff 362
– politische Rechte 364–366, 369, 370, 2124
– verfassungsrechtliche Stellung 361
– Wahlkreisproblematik 366
Auslegung
– Funktion 555–559
– grundrechtskonforme 552–554, 1179
– historisches Element 514–519
– integrale Auslegung 493, 521, 539
– Notwendigkeit 483–487
– Systematik 520–535
– teleologisches Element 508–513
– der Verfassung 480–482, 486, 487
– verfassungskonforme 548–554
– Verfassungskonformität 436
– völkerrechtskonforme 528, 562–566, 3619, 3635
– nach dem Wortsinn 501–507
– Ziel 490–496
Auslegungselemente 497–541
Auslieferung
– von Flüchtlingen 1766–1769
– von Schweizerinnen 1759–1765
Ausnahmegerichte, Verbot 3063
Ausschaffungsverbot 1766–1777
Aussenbeziehungen 3497–3499, 3703–3739

Aussenpolitik
- Bereiche 3503
- Bundesrat 2486, 3654, 3655
- Generalklausel 3700–3702
- kantonale Kompetenzen 3728–3739
- kantonale Konferenzen 3738, 3739
- kantonale Mitwirkung 3715–3727
- Kompetenzen des Bundes 3706–3714
- menschenrechtliche Dimension 3514
- Mitwirkung der Kantone 859
- Prinzipien 19
- Verfassungsgrundlagen 3502–3564
- Ziele 3506–3522

Aussenwirtschaftspolitik 3158, 3496, 3549–3562
Aussperrung 3348–3375
Ausstand 2462, 2559, 2639, 2897, 3069
Ausweisung 1759, 1760
Autonomie
- anerkannter Religionsgemeinschaften 1495–1504
- der Gemeinden 644–646
- kantonale Aufgabenautonomie 811–813
- kantonale Finanzautonomie 814–817
- kantonale Organisationsautonomie 798–810
- kantonale Umsetzungsautonomie 818–830
- Verletzung als Beschwerdegrund 2928
- Vertragsautonomie der Kantone 831–832

Bedürfnisklausel 3200, 3230
Bedürftigkeit, Begriff 3435
Beendigung des Lebens 1271–1277
Befugnisse, Begriff 77
Beginn des Lebens 1267–1269
Begründungsgebot 1833
Begründungspflicht 346–349, 3041
Beizug eines Anwalts 3090
Berufsausübung 3201–3202
Berufsfreiheit 3196–3203
Berufswahl 3196, 3197, 3198, 3303
Berufszugang 3199
Beschaffungswesen 2013
Beschleunigungsgebot 3032

Beschwerdegründe 2917
Bestimmtheitsgebot 1203, 1204, 2624–2626
Bevölkerung 264–273
Bevölkerungsentwicklung 273
Bevölkerungsstruktur 269–273
Bewegungsfreiheit 1297–1307
Bewilligungspflicht 1215
Bilaterale Abkommen 3164, 3722
Bill of Rights of Virginia (1776) 54, 964–968
Binnenmarkt 3123–3132
- Verwirklichung 3126
Bistumsartikel 980, 1457
Bretton Woods 3164
Bundesaufsicht 784–796
Bundesbeschluss, einfacher 2712–2714
- selbständig 2710, 2713
- unselbständig 2711, 2714
Bundesexekution 796, 2383
Bundesgericht 2277–2282
- Anfechtungsobjekte 2937–2945
- Ausnahmen der Zuständigkeit 2948, 2949, 2974–2983
- Selbstverwaltung 2827, 2887, 2888, 2914, 2915, 3000
- Stellung 2908–2916
- Zuständigkeiten 2917–2936
Bundesgesetze 2673–2683
- dringliche 2680–2683
Bundesintervention 931–932
Bundeskanzlei, Funktion 2580
Bundeskompetenzen 691–693, 696–702
- Ermittlung durch Auslegung 718–721
- ungeschriebene 16
Bundespräsidium 2551–2557
Bundesrat 2478–2564
- Amtsdauer 2528
- Antragsrecht 2438–2443
- aussenpolitische Berichte 2345
- äussere Sicherheit 3697–3699
- Gesamterneuerung 2520
- Initiativrecht 2506, 2507, 2750
- Inkraftsetzen von Erlassen 2512, 2786
- Rechtschutz 2944, 2945
- Rechtsprechung 2518, 2519

- Regierungsobliegenheiten 2339, 2485, 2486, 2502–2505
- Repräsentationsfunktion 2494–2497
- Stellung 2478
- Verhandlungen 2558–2561
- Verordnungskompetenz 2514, 2515, 2691–2708
- Vollmachtenbeschlüsse 973
- Vollzug der Gesetzgebung 2516
- Vorstand der Bundesverwaltung 2498–2501, 2571–2574
- Wahl 2522–2526, 2528
- Wählbarkeit 2521
- Zauberformel 2038, 2527, 2533

Bundesrecht
- Umsetzung 589, 741, 785, 2570
- Verletzung als Beschwerdegrund 2919, 2920

Bundesstaat 570–575, 620, 621
- Dreistufigkeit 639–659
- Internationalisierung 671–680

Bundesstaatsreform 108

Bundesstrafgericht 2356, 2827, 2894, 2897, 2960, 2961, 3013–3016

Bundestreue 860, 861, 919

Bundesverfassung, Entstehungsgeschichte 98–108

Bundesversammlung
- absolutes Mehr 2433
- äussere Sicherheit 3693–3696
- einfaches Mehr 2432
- Einkommen 2473–2477
- Einzelakte 2377–2381
- Finanzen 2346–2350
- Gegenentwurfsrecht 2189–2191
- Gewährleistung 918–922
- Grundsatz der getrennten Verhandlung 2412, 2424, 2425
- Informationsrechte 2444–2449
- Instruktionsverbot 2461, 2462
- Interessenbindung 2140, 2146, 2462, 2463, 2465, 2466
- Koordinationskonferenz 2405, 2421
- Mitwirkung in der Aussenpolitik 2343–2345, 3656–3662
- Oberaufsicht der Justiz 2368
- Oberaufsicht 2277, 2278, 2358–2362

- Präsidium 2397–2401
- Rechtskontrolle 918
- Rechtssetzung 2340–2342
- Staatsleitung 2338, 2339
- Stellung im Bund 2272–2275, 2382–2388
- vereinigte 2400, 2425, 2317
- Verhandlungsfähigkeit 2430–2431
- Vertragsgenehmigung 2344, 2345
- Wahlbefugnis 2351–2361
- Wahlbestätigung 2354, 2355
- Wahlen 2435

Bundesverwaltung 2498–2501, 2565–2579
- dezentralisierte 2576

Bundesverwaltungsgericht 405, 2281, 2353, 2833, 2958, 2959, 2969, 2984, 2988, 3009–3012

Bürgerrecht 274–290
- Erwerb durch Abstammung 298, 299
- Erwerb 308–330
- Prinzipien 291–307
- Verlust 331–341, 1031

Cassis de Dijon 2128, 3556, 3575
Chancengleichheit 211, 1104, 2139, 3171, 3379, 3413, 3473
Charta der Grundrechte der EU 1063
Charta von Paris, für ein neues Europa 204
Checks and balances 2266, 2275, 2277
Chilling effect 1189, 1564, 1565
Commercial speech 1123, 1588

Daten
- DNA 1129
- persönliche 1383, 1406, 1376–1411
Déclaration des droits de l'homme 965
Delegation
- von Gesetzesgebungsbefugnissen 739, 740, 1205, 2618–2663
- an Private 2739–2745
- von Verwaltungsbefugnissen 1156
Demokratie, halbdirekt 189, 2041
- und Globalisierung 2056
- Kernelemente 2026
- ökonomischer Aspekt 2056–2058

755

- schweizerische Variante 2030–2054
- soziologische Voraussetzungen 2027
- Umschreibung 2028
Demokratiedefizit 912
Demokratieprinzip 198
Demokratische Legitimation 349, 2354, 3587
Demonstrationen 1694, 1696
Departementalprinzip 2035, 2536–2542
Deregulierung 2666
Derogative Kraft, des Bundesrechts 743, 2902
Dienstaufsicht 2364
Dienstpflicht, militärische 73
Differenzbereinigungsverfahren 2316, 2776
Differenzierungsgebot 1833–1835
Direkte Demokratie 199–202, 2298
Direktorenkonferenz 854, 882, 883
Diskriminierung 1885–1971
- affirmative actions 1911, 1912, 1951, 1967
- asymmetrische 1905
- aufgrund des Alters 1327, 1920–1926
- aufgrund der DNA 1390
- aufgrund einer Behinderung 1151, 1901, 1914, 1930–1932, 1963–1971
- aufgrund des Geschlechts 1933–1938
- aufgrund des Glaubens/Gewissens 1448
- aufgrund der Lebensform 1360, 1899, 1927–1929
- aufgrund der Sprache 1537
- Begriff 1889, 1890
- indirekte 1895–1897, 3128
- internationale Garantien 1885, 1886
- Merkmale 1915–1919
- qualifizierte Begründungspflicht 1890
- symmetrische 1900
- Vermutung 1890, 1892
Diskriminierungsverbot 172, 205, 345, 346, 1016, 1885–1971
DNA–Profile 1129, 1392–1393
Doppelbesteuerung 83, 2953, 3164, 3275, 3280–3282, 3557
Doppelbürger 243, 305

Drei–Säulen–Prinzip 3328, 3429
Dringlichkeitsrecht, verfassungssuspendierend 21, 23
Drittwirkung 1136, 1145, 1164–1180

EFTA 273, 379, 394, 398, 1375, 3305, 3320, 3343
Egalisierungsgebot 1946–1954
EGMR 1053–1057, 2911
- Wirkung der Urteile 1057
Ehefreiheit 1150, 1416–1431
Ehehindernisse des ZGB 1436–1438
Eigentum 1778–1822
- Begriff 1782
- Bestandesgarantie 1797–1807
- Institutsgarantie 1792–1796
- Substanzgarantie 1815
- Wertgarantie 3105, 1791, 1808–1822
Eigentumsgarantie 3105
- Sonderopfer 1817, 1876, 2025
Einberufung der Räte 2393–2396
Einbürgerung 301, 312
- Entscheide 208
- erleichtert 302, 321–325
- durch die Gemeindeversammlung 348
- ordentlich 329, 312–320
- Rechtsschutz auf Bundesebene 342–353
- an der Urne 342–353
- Verfahren 342–353
- Wiedereinbürgerung 312, 326–328
Einheit der Form 463, 477–479
Einheit der Materie 448–452, 2070–2077, 2178, 2796
Einheitliches Zivil– und Strafprozessrecht 2898–2904
Einheitsbeschwerde 758, 1006, 1993, 2971–2990
Einheitsstaat 468, 570, 572–574, 946
Einigungskonferenz 2412, 2429, 2456, 2776, 2777
Einordnungsgebot 775
Eintretensdebatte 2773
Elemente des Verfassungsrechts 7–12
Embryonenforschung 180–184
Empfangsfreiheit 1615, 1616
EMRK 974, 1048–1060
- Schranken 1232–1235

Enteignung, formell 1809–1813, 1818, 1819
– materiell 1813–1816
Erbgut 180
Erfolgsunrecht 2014
Erforderlichkeit 1221, 2629
Erlassformen 2668–2715
– Bundesrat 2671
– Bundesversammlung 2672
– Einteilungskriterien 2670
Erledigungsverfahren 2950
Ermessen 2623
EU
– Abkommen von Schengen und Dublin 379, 382, 1064, 1390, 3164, 3566–3567, 3681, 3691, 3722–3723
– acquis communautaire 1114
– sektorielle Verträge 60, 394, 671, 2219–2220, 3164, 3382, 3520, 3551–3556, 3566–3575, 3593, 3666, 3681, 3687, 3722,
– Subsidiaritätsprinzip 611–615
EUGH 1061–1062, 1688, 3128, 3366
Europäische Integration 675, 3495
Europapolitik 3568–3575
Europarat 594, 974, 1047–1066, 2865, 3441, 1309, 3441, 3658, 3661, 3733
EVG 2970
EWG–Assoziationsvertrag 22
Exekutive 2478–2564
Expansivkraft, des kant. öffentlichen Rechts 783

Fair trial 3032
Familienleben 1358–1375
– im Ausländerrecht 1363–1375
Fernmeldegeheimnis 1125, 1150, 1406–1408
Fernsehfreiheit 1643–1654
Finanzausgleich 667–669, 3292–3298
– vertikal und horizontal 620, 621
Finanzdelegation 2363, 2366, 3257
Finanzierungsquellen der Kantone 816, 827, 3288
Finanzkontrolle 3261
Finanzordnung 3245–3247, 3287
Finanzplan 3258

Finanzplanung 828, 3259
Finanzpolitik 3244
Finanzreferendum 2075, 2216, 2217, 3268–3271
Finanzvermögen 2012
Flüchtlingskonvention 1756
Föderale Ordnung, Verletzung als Beschwerdegrund 2934–2036
Föderalismus 191, 192, 248, 292, 567–617, 620, 621, 639–643
Föderalismusreform 660–670
Folterverbot 1058, 1289–1296, 2795
Förderungsmassnahmen 3241, 3242
Foreign Relations Law 3488
Formelle Rechte 3024
Fraktionen 2142, 2416–2419, 2440,
Frauenstimmrecht 980
Freihandelsabkommen 3164, 3552, 3566
Freiheitsentzug 1065, 1297, 1299, 3083–3092
Freiheitsrechte 70, 282, 1191, 1572, 2594
Freizügigkeit der Berufstätigen 3303–3305
Freizügigkeitsabkommen 379, 389, 394, 1743

GATS 393
GATT 393, 2013
Geeignetheit 1221–1223
Geheimsphäre 1378, 1403, 1406
Gemeindeautonomie 644–646, 2928
Gemeinden 137, 292, 597, 639–643, 647, 649, 801, 2095
Genehmigung
– Einspracherecht 904
– interkantonaler Verträge 702, 872, 905
– kantonaler Erlasse 793
Gerichte
– Begriff 3060
– Erfordernis der Gesetzmässigkeit 3061–3064
– Erfordernis der Unabhängigkeit 2108, 2840, 3066, 3067
– Erfordernis der Unparteilichkeit 1230, 2884, 3068, 3069, 3524
– öffentliches Verfahren 3075–3082
– als Verfassungsorgane 435

Sachregister

- Zuständigkeitserfordernis 3065
Gerichtsstand, Wohnsitzprinzip 1058, 3055, 3072–3074
Gesamtarbeitsverträge 3311, 3373
Gesetzesdelegation 739, 1204, 1205, 2618–2621, 2732–2745
- auf Bundesebene 2732–2738
- an Private 2739–2745
Gesetzeslücken 2623
Gesetzesvorbehalt 197, 820, 823–825, 881, 2679, 2720–2731, 2733
- Ausnahmen 2730
- Kriterien der Wichtigkeit 2728, 2729
- materiell 197, 2274–2776, 2720–2731
Gesetzesvorentwurf 2753
Gesetzgeber, als Verfassungsorgan 434
Gesetzgebungsauftrag 81–84, 150, 1937, 1938, 1946–1950, 3417
- Nichterfüllung 82–84
Gesetzliche Grundlage 1198–1206, 1234, 1574, 1575
Gewährleistung, der Kantonsverfassungen 913–928
- Nichtigkeit 927, 928
- Pflicht der Kantone 915–922
- Praxis des Bundesgerichts 925, 926
- Widerruf 924
Gewaltengliederung, Grundsatz 18, 49, 2262–2299, 2592
Gewaltenhemmung 2275, 2281
Gewaltenkooperation 2267–2270
Gewaltenteilung 2262–2299
- funktionell 2263
- organisatorisch 2263
- personell 2283–2290
Gewerkschaftsfreiheit 3332
Gewissensfreiheit, Begriff 1119, 1192, 1447–1504, 1718
Glaubensfreiheit, Begriff 1447–1504
Gleichbehandlung
- der Bürger 357–360
- der Konkurrenten 3181, 3204–3210
- der Stimmbürger 2064, 2067–2069
- im Unrecht 1859, 1862–1865
- aufgrund des Wohnsitzes 360
Gleichgeschlechtliche Paare 1359, 1360, 1374, 1413, 1414, 1418–1429

Gleichstellung der Geschlechter 307, 378, 980, 1870, 1939–1962, 2337, 3307
Globalbudgets 2350, 2576
Good Governance 3513
Grundgesetz 4, 951, 969, 995
Grundordnung
- materiale 61
- oberste 6
- staatliche 1
Grundpflichten 65, 72–74, 1195–1197
Grundrecht auf eine natürliche Umwelt 232
Grundrechte
- Abgrenzung zu den Grundfreiheiten 1047, 1048
- Abwehrfunktion 983, 1140, 1168, 1572
- allgemeiner Teil 1034, 1035
- Beschränkung durch Grundpflichten 73
- Bindungsintensität 1161
- flankierende Schicht 1131
- gespaltener Rechtsschutz 2863–2866
- institutionelle Garantien 1064
- justiziable Schicht 1132
- Konkretisierung 1147, 1148
- mittelbare Anwendbarkeit 1149–1152
- programmatische Schicht 86, 1144
- punktuelle Natur 956
- Rechtsposition 997–1002
- Rechtsträger 130, 286, 993, 1034, 1108, 3218, 3466
- Schutzbedürfnis 1175, 1181
- Schutzobjekt 1081, 1091
- Schutzpflichten 233, 1143, 1173–1185, 1252–1260
- soziale Rechte 212, 1001, 3439–3446
- Systematik 1029
- ungeschriebene 15, 539, 540, 976, 1026
- unverjähr- und -verzichtbare 1010–1013
- verfassungsmässige Rechte 1003–1006, 1022, 1037, 1050
Grundrechtsbindung, Ausmass 1158,
Grundrechtseingriff 1090, 1092, 1185–1190
Grundrechtsgenerationen 1043
Grundrechtskatalog 196, 965, 1014–1028
Grundrechtskollision 1126–1129

Grundrechtskonkurrenz 1122–1125
Grundrechtsmündigkeit 1331, 1356, 1357
Grundrechtsschranken 1195
– allgemein 1034, 1035, 1182–1235
– praktische Prüfung 1185
Grundrechtsträger 130, 286, 993, 1034, 1108, 3218, 3466
Grundsatz der Wirtschaftsfreiheit 219, 1058, 1112, 1121–1124
Grundsatzkonformität 3191, 3226, 3229, 3232, 3233, 3240
Grundschulunterricht 212, 235, 1059, 1072, 1351, 1473, 1969, 3466–3487
Günstigkeitsprinzip 1037, 1044

Habeas-Corpus-Akte 964
Haftvollzug 1251, 1308–1311
Halbberufsparlament 2473
Handlungsfreiheit, allgemeine 1246, 1314, 1338
Handlungsunrecht 2014
Hausfriedensbruch 1398
Haushaltsgleichgewicht 3262–3267
Haushaltshoheit 2346

Immunität
– der Bundesräte 2468, 2562–2564
– der Parlamentarier 2385, 2467–2471
– relative 2469, 2470
Impeachment 2534
Implied powers 720
Informalisierung 2665–2667
Informationsflut 1595
Informationsfreiheit 1539, 1545, 1591–1616, 2051
– amtliche Dokumente 1600
– Begriff 1598
Informationsgesellschaft 1593
Infrastrukturpolitik 3162
Inherent powers 16, 720
Inkrafttreten 2782–2786, 2790, 2791
Inspektionen 791
Instruktionsverbot 2307, 2461, 2462
Instrumentalisierung, des Menschen 183
Interessen
– Abwägung 1220, 1227
– Dritter 1217–1220

– geschützte 1218
Interessengruppen 2137, 2227
Interkantonaler Wirtschaftsverkehr 3184–3186
Interkantonales Recht, Verletzung als Beschwerdegrund 2925–2927
Internationaler Strafgerichtshof 1076–1080
– Zuständigkeit 1079
Internationales Wirtschaftsrecht 3163
Interpellation 2453, 2458
Invocatio dei 1448, 1457, 1460, 1461
Israelitische Gemeinden 1495
Ius cogens 1094, 1772, 3595–3601, 3604, 3636
Ius sanguinis 298, 299
Ius soli 299
IV 1964, 3425, 3429–3431

John Locke 966
Jugendartikel 1019, 1058, 1245, 1327–1357
Juristische Personen 1102, 1117–1121, 1249, 1470, 1503, 1525, 1555, 1695, 1714, 3052, 3219–3222
Justiziabilität 1074, 1134, 1341, 1342, 3442
Justizreform 107, 110, 757, 758, 760, 907, 2076, 2105, 2824–2828, 2898, 2899, 2968

Kanton Jura, Gründung 921, 938
Kantonale Aufgaben 668, 685, 717
Kantonale Gerichte 2964–2967
Kantonale Grundrechte 1028
Kantonale Grundrechtsgarantien 1036–1038
Kantonale Kompetenzen 699, 712, 713
– Aussenpolitik 3728–3739
– delegierte 738–742
Kantonale Konferenzen 882–886
Kantonale Monopole 3104
Kantonale Parlamente 910
Kantonales Recht, Verletzung als Beschwerdegrund 2923, 2924
Kantonale Regalrechte 3169, 3191, 3226, 3227

759

Kantonale Steuern 3288–3291
Kantonale Vertragsautonomie 620, 797,
  831, 832, 3728, 3729
Kantonale Volksinitiativen 776, 777,
  2097, 2101, 2102
– Ungültigerklärung 2101, 2102
Kantone
– Bestandesänderung 935
– Bestandesgarantie 933–945
– Bestandesreform 945
– Gebietsgarantie 947–950
– Grenzbereinigung 949
Kantonsverfassungen 161, 213, 559, 715,
  748, 778–779, 793, 913–928, 970,
  1036, 2292
Karlsruher Übereinkommen 3733
Keimzellen 1661
Kernfamilie 1365
Kerngehalt 178, 530, 1012, 1082, 1092–
  1100, 1127–1129, 1182
– der Bewegungsfreiheit 1305
– der Religionsfreiheit 1489
– Kollision 1127
Kinder 235, 298, 302, 309, 334,
  338, 354, 392, 1058, 1245, 1315,
  1327–1357, 1361, 1365, 1370,
  1469, 1472, 1477, 1886, 1921,
  2855, 3323, 3391, 3397, 3475,
  3481
Kinderarbeit 3302, 3233, 3323
Kirchenhoheit der Kantone 1448
Koalitionsfreiheit 955, 958, 1018, 1719,
  3106, 3312, 3330, 3347
– positive und negative 3334
Kodifikation 11, 12, 114, 3362
Kodifikationsidee 114
Kollegialprinzip 2266, 2524, 2536, 2542,
  2547, 2550, 2585
Kommissionen 2406
– Bedeutung 2410, 2411
– Delegation 2414, 2415
– ständige 2409
– Zuständigkeiten 2412
Kommunikation, demokratische Funktion
  1629
Kommunikationsgrundrechte 1013,
  1539–1728

Kompetenzen des Bundes 75–77, 671,
  812, 3162
– ausschliessliche 725
– konkurrierende 727
– parallele 729
Kompetenzkollision 746, 772, 773
Kompetenzübertragung an den Bund 901,
  902
Kompetenzverteilung 709, 719
Konferenz
– der Kantonsregierungen 854, 864, 883,
  887–891
– der Konferenzsekretäre 886
Konfessionsneutralität des Staates 1471–
  1480
Konjunkturpolitik 3110, 3154–3157,
  3326
Konkordanz, praktische 66
Konkordanzsystem 2035, 2038
Konkordate 604, 748, 870–912
Konkubinat 1414, 1426, 1430, 1431,
  1445, 1824, 1943, 2855
Kontrahierungspflicht 1163
Kooperativer Föderalismus
– Entstehung 835
– vertikal 838
Kopftuchfall 1476, 1480
Kreisschreiben 791
Kruzifixfall 1475
Kulturartikel 192, 585
Kulturförderung 16, 586
Kultusfreiheit 971, 1462, 1467, 1487
Kunstfreiheit 1123, 1539, 1549, 1655–
  1686

Landeskirchen 1491, 1495, 1498, 1503
Legalitätsprinzip 197, 823, 881, 1199,
  1213, 1842, 1862, 1996, 2006, 2023,
  2592, 2609, 2620, 2624, 2626, 2628,
  3085, 3576–3581
Legislaturplanung 2372–2376, 3259
Legitimität staatlichen Handelns 2043
Lehrfreiheit 1664–1666
Lobbying 2147, 2148
Lohngleichheit 1935, 1955–1961, 3306–
  3309
Lückenfüllung 492, 536–541

Sachregister

Magna Charta 962
Majorzwahlen 2069, 2309, 2322
Marktmechanismus 3169, 3239
Medienfreiheit 591, 1084, 1557, 1617, 1654
Medienkonzentration 1618
Mehrwertsteuer 95, 816, 3279, 3284–3287
Meinung, Begriff 1586
Meinungsfreiheit 15, 205, 964, 976, 1538, 1544, 1545–1548, 1582–1590, 1655–1656, 1674, 1697–1699
Menschenhandel 423, 3598
Menschenwürde 70, 158–184, 203, 246, 421–427, 494, 530, 539, 1012, 1100, 1138, 1150, 1267, 1306, 1428, 1751, 1827, 2616, 2874, 3045, 3450, 3456
– Biomedizin 180–184, 1267
– Entwicklung 158–165
– justiziables Individualrecht 171–175
– Kant'scher Begriff 163
– als Konstitutionsprinzip 176–179
– und Migration 371–427
– offene Minimalgarantie 166–170
– rechtliche Stellung 171–175
– subsidiäre Natur 174
– im Völkerrecht 159
– und Volkssouveränität 177
Methode 488–489, 497–500
Methodenpluralismus 498
Migration 240, 371–426, 1455, 3305, 3539
– Chancen 416–427
– und Menschenwürde 421–427
Milizparlament 2289, 2472
Minderheiten 192, 568, 576–580, 587–594, 1464, 1484, 1507–1511, 1528, 2026, 2034, 2081, 2157, 2201, 2243, 2309
Minderheitenschutz 587–594
Minderjährige 280, 420, 1116, 1347, 1365
Mindestlohn 3310–3311, 3341, 3343
Minelli-Entscheide 1309
Miranda Warnings 3091
Mitberichtsverfahren 2545, 2815
Modo legislatoris 2623

Monismus
– und Dualismus 3607–3611
– in der Schweiz 3491, 3500, 3612–3614
Monopole 3189–3192
Motion 2452, 2750
– unechte 2454
Münzen und Banknoten 2161, 3146, 3190

Nachführung der BV
– Interpretation des Bundesrates 112
– Interpretation des Parlaments 123
– Ziele 115
Nachhaltigkeitsprinzip 135, 226–233
Nachtragskredite 3256, 3258
Nachzählung 2100
Nationalbank 475, 3146–3153, 3294, 3675
Nationalrat 2300–2477
– Büro 2402–2405
– Proporzwahl 2321–2333
– Wählbarkeit 2319–2320
Nebenverfassung 3488, 3492
Neutralität 3533
– der Behörden 2079–2091
New Public Management 2350, 2571, 2576
NFA 108, 126, 220, 224, 444, 597, 605, 610, 616, 619, 663, 665–669, 682, 687, 731, 813, 816, 829, 869, 872, 880, 887, 873, 2870, 2927, 3294, 3481
– Allgemeinverbindlicherklärung 669, 731, 893, 895, 2667, 2710
– Beteiligungsverpflichtung 669, 893, 896–898
NGOs 2141, 2148–2152, 2227, 3663–3664
Nichtigkeit 341, 754–755
– kantonaler Verfassungsnormen 927–928
Niederlassungsfreiheit 277, 287, 408, 971–972, 993, 995, 1112, 1729–1750, 1760, 2864, 3107, 3127, 3129, 3314, 3378
Non-Refoulement 391, 1766–1769, 1776, 3596, 3598
Normenkollision 762, 766

761

Normenkontrolle, abstrakte 209, 557, 559, 777, 925–926, 1186, 1978–1979, 2837–2838, 2875, 2973
Notlage
- Begriff 3453–3454
- Umfang der staatlichen Leistungspflicht 3455–3456
Notrecht 21, 24, 378, 973, 2702, 3695

OECD 3164, 3552, 3557
Offensichtliche Unbegründetheit 2950
Öffentliche Korporationen 1119
Öffentliche Mittel, Umverteilung 3293
Öffentliche Werke und Güter 3162
Öffentlicher Raum, Nutzung 1176, 1215–1216, 1566–1579, 3213–3214
Öffentliches Interesse 195, 683, 1194, 1217–1220, 1576, 1750, 2631
Öffentlichkeit 2028
Öffentlichkeitsgebote 1606–1614, 2052
Öffentlichkeitsprinzip 1602–1605, 2426–2429, 2489–2493, 3075–3082
- Ausnahmen 3082
Ordensverbot 3582–3583
Ordnung, normative 4
Organisationsnormen 65, 68–69
OSZE 204, 2345, 3509, 3540

Parlament, Opposition 2045
Parlamentarische Initiative 2436, 2751–2752, 2758
Parlamentsdienste 2420–2423
Parlamentssuprematie 2272–2275
Parlamentsvorbehalt (materieller Gesetzesvorbehalt) 2677–2679
Parteien 2127–2142, 2322
- Funktionen 2128
- Struktur 2130
Parteienfinanzierung 2138–2140
Parteienregister 2133–2135
Parteiverbote 1725–1728
Personenverkehr 1742, 3129, 3164
Persönliche Freiheit 1236
Persönlichkeitsentfaltung 1312–1318
Persönlichkeitsschutz 1236
- Geltungsbereich 1246–1251
- Hilfe in Notlagen 3447–3465

- Informationelle Selbstbestimmung 1376
- Privatsphäre 1376
- des ZGB 553, 1170, 1258, 1559, 1681, 1894, 1935, 3119
Petition of Rights 964
Petitionsrecht 1020, 1551, 2107–2110
Politik 439–442
Politische Rechte 70, 999, 2059–2126
- Ausübung 2121–2126
- staatliche Funktion 2117
- Übersicht 2258–2261
- Verletzung als Beschwerdegrund 2929–2933
Polizeiliche Generalklausel 1207–1210, 1286, 1701
Polizeinotverordnungen 2701
Postulat 2373, 2453
Präambel 56, 86–88, 127, 3416, 3505
Praxisänderung 495, 1882–1884
Preferred-Position-Doktrin 1544
Pressefreiheit 1617
Prinzipien
- begrenzte Einzelermächtigung 694–702
- Lückenlosigkeit 719
- Aussendimensionen 3492
- organisationsrechtliche 18
- verfassungsgestaltende 185–188
Privatisierung 1159, 2576, 3562
Privatleben 1241
Privatschulen 1471, 3480
Privatsphäre 347, 1376–1411
Privatwirtschaftliche Tätigkeit 3193
Programmartikel 85, 3102
Propaganda 1559, 2082, 2090, 2492, 2844
Proporzwahlen 2321–2333
Publikation 2782–2786
PUK 2366, 2448

Querschnittskompetenz 695
Quotenregelung 809, 1953, 2337

Radiofreiheit 1643–1654
Realakt 1189–1190, 2021, 2839–2840
Recht
- auf Antenne 1647–1648

- auf Familie 1432
- auf Leben 172, 182, 1177, 1244, 1263–1277, 1751, 3449, 3598
- auf physische Unversehrtheit 1278–1282
- auf psychische Unversehrtheit 1283–1288
- auf ein schickliches Begräbnis 172, 1325
- Begriff 2608
- nachführungsresistentes 120
- vefassungsgeeignetes 115, 119, 121, 152
- verfassungswürdiges 25, 29–31, 111–124, 152, 467, 2604

Rechtliches Gehör 3040–3047, 3089
Rechtsatz, Begriff 2674
Rechtsetzung
- Begriff 2654
- Funktionen 2656–2664
- Prärogativ 2268, 2619

Rechtsgleichheit 1823
- Gesetzgeber 1830, 1841–1854
- Massstab 1824–1827
- Rechtsanwendung 1831, 1855–1865
- Qualifizierungen 1872–1877
- im Verfahren 1866–1867

Rechtshilfe 859, 2983, 3121
Rechtsmissbrauch 862, 1997, 2637–2640, 3457
Rechtsmittel, gegen Einbürgerungsentscheide 208, 342–345
Rechtsmittelgarantie 2832, 2835, 2943, 3096
Rechtsprechungsdelegation 742
Rechtsstaat 193–197, 203–209, 2590–2644
Rechtsstaat und Demokratie 203–209
- Einbürgerung 350
Rechtsvereinheitlichung, gesamtschweizerische 601, 604, 873
Rechtsverständnis 2615
Rechtsverweigerung 2823, 3027, 3033–3039
Rechtsverzögerung 3030, 3038–3039
Rechtsweggarantie 208, 344, 2820, 2828–2852, 2905, 2939

- Ausnahmen 2843–2852

Redaktionsgeheimnis 1172, 1630–1631
Referendum 2202–2237
- von acht Kantonen 629, 847–849, 2781
- fakultativ 2210–2221
- Gegenstand 2204, 2207–2209, 2211–2221
- Integrationswirkung 2230
- obligatorisch 2205–2209
- suspensive oder abrogativ 2203
- System des doppelten Ja 2251

Regelungskonflikt 772–773
Regierungsreform 2583–2589
Regierungssystem 2048–2050, 2523, 2529, 2531, 2534
Reneja–Praxis 1364
Repräsentationsprinzip 2026
Residenzpflicht 1748–1750
Responsive Government 2053–2054
Revision, der Bundesverfassung 2787–2808
Richterrecht 14, 83, 435, 540, 560
Römer Statut 1076, 1739, 1762, 3689
Rundfunkordnung 1643–1654

Schächtverbot 1468
Schaden
- durch hoheitliches Handeln 2008–2009
- durch privatrechtliches Handeln 2010–2013

Schranken
- der Ehefreiheit 1441–1443
- der Grundrechte 1034–1035, 1182–1235
- der kantonalen Organisationsautonomie 804–809
- der Kunstfreiheit 1675–1683
- der Medienfreiheit 1634–1640
- der Niederlassungsfreiheit 1746–1750
- der Rechtsgleichheit 1878–1884
- der Vereinigungsfreiheit 1721–1728
- der Verfassungsänderung 461–479, 3595–3606
- der Versammlungsfreiheit 1700–1705
- der Wissenschaftsfreiheit 1660–1663
- interkantonaler Verträge 899–903

763

Sachregister

- Teilrevision 2799–2800
Schrankenrecht 2616
Schrankenschranke 1182, 1194
Schubert Praxis 2857, 3637–3643
Schuldenbremse 2433, 2689, 3262–3267
Schutz, der inländischen Wirtschaft 235, 3558
Schutzpflichten
- grundrechtliche, 233, 1128, 1136, 1143, 1173–1181, 1185, 1252–1262, 1415, 1493, 3371
- Persönlichkeitsschutz 1273, 1484–1494
- Schutz behinderter Menschen 1963–1971
- Wahlen und Abstimmungen 2079–2091
Schweiz
- moderne 156
- Verhältnis zur EU 3565–3575
Scientology 1464, 1491–1492
Sektorielle Abkommen 671, 1062, 1064, 1114, 1742, 3563
Selbstbestimmung, nach dem Tod 1110, 1271–1274
Selbstregulierung 2667
Self–Executing–Klauseln 1072–1074, 1333, 2922, 3382, 3647–3650
Sessionen
- ordentliche und ausserordentliche 2392–2395
- Sondersessionen 2392
- Teilnahmegarantie 2469, 2471
Sezessionsrecht 934
Sicherheit
- äussere 16, 318, 324, 327, 1411, 2713, 2844, 2978, 3692–3699
- innere 16, 2488, 2713, 2844, 2978
- öffentliche 672, 730, 3115, 3567
Solidaritätsstiftung 3152
Sonderopfer 1817, 1876, 2025
Sonderstatusverhältnis 1211–1213, 1229–1231, 1285–1288, 1307, 1749
Souverän 251
Souveränität, Volk 245
Soziale Grundrechte 70, 212, 1001, 1019, 1066, 3381, 3439–3487
Soziale Risiken, Begriff 3422

Soziale Sicherheit, Begriff 3419
Sozialhilfe 3432–3438
Sozialpartner 3106, 3114, 3328, 3332, 3347–3348
Sozialpolitik 3385–3391
- Bereiche 3396–3399
Sozialstaat, dynamischer Charakter 3390
Sozialstaatsprinzip 210–216
Sozialverfassung 3376–3438
Sozialversicherungen 3421–3431
- Neuerungen 3007
Sozialziele 56, 86, 135, 213, 222, 510, 697, 1032, 1104, 1877, 3171, 3301, 3310, 3316, 3396–3416, 3417–3420
- normative Tragweite 3416
Sperrminorität 2249
Spezialgerichte 3064
Sprachenfreiheit 415, 581–584, 591, 976, 1086, 1243, 1505–1535, 1539–1540
Sprachenregelung 581–584
Sprachliche Minderheiten 192, 1514–1519, 1533
Sprachregionen 192, 577, 1970, 2496, 2522–2523
Staat als Körperschaft 244
Staatenbund 570–571
Staatliche Aufgaben 1155
Staatliches Beschaffungswesen 677, 2013, 3125, 3164, 3182, 3552, 3566, 3722
Staatsangehörigkeit 241, 251, 256, 274–290
Staatsfunktionen 722–723
Staatshaftung 2005–2025
- Ermessen 2018
- Kausalität 2022
- objektive Widerrechtlichkeit 2014–2021
- rechtmässig zugefügter Schaden 2023–2025
- wesentliche Pflichtverletzung 2019–2020
Staatsleitungsreform 108, 2586, 3662
Staatsrechnung 2346, 2349, 3251–3254, 3260, 3266
Staatsrechtliche Klage 760, 907, 938
Staatsverträge

- Abschlussverfahren 3665–3672
- fakultatives Referendum 3683–3690
- obligatorisches Referendum 3680–3682

Städte 576, 648–657, 661, 664, 3298, 3438
Stammzellen 180–184, 1663
Ständemehr 589, 704, 841–843, 2162, 2169, 2244–2250, 2252, 2304, 2681, 2806, 2874, 3680
Ständerat 844–856, 2303–2311
- Büro 2404

Standesinitiative 850–851, 2436, 2747, 2762–2763
Sterbehilfe 1218, 1271–1274
Steuererhebung, durch Religionsgemeinschaften 1502
Steuern 3273–3291
- direkte Bundessteuern 3284
- direkte 730
- direkte und indirekte 3279
- kantonale 3288–3291, 814–817
- Mehrwertsteuer 3284
- Status von Ehegatten 1444–1445, 1943

Stimmabgabe
- elektronische 2123, 2255–2257
- geheime 2092–2098

Stimmfähigkeit 2118–2120
Stimmrechtsbeschwerde 2105, 2827, 2930–2931, 2973
Stimmregister 365, 368, 2062, 2121, 2125
Störerprinzip 1701
Streik 1070, 1072, 1172, 1201, 3106, 3331, 3338–3375
- Rechtswirkungen 3375

Streikverbot 3371, 3372–3374
Streitwertgrenze 2946–2947, 2955, 2975, 2984, 3006
Strukturpolitik 3109, 3112, 3159–3161, 3169
Subsidiäre Generalkompetenz der Kantone 686, 706–717
Subsidiaritätsprinzip 220–225, 595–617, 647, 687, 930, 2648, 3384, 3457–3463
Subventionen 869, 3241, 3463
Syllogismus 544
Systematische Sammlung 2785

Tarifautonomie 2855, 3339, 3340
Teilrevision 126, 140, 445–455, 462, 473, 477, 593, 704, 2071, 2076, 2155, 2157, 2158, 2166–2176, 2796, 2798–2808, 3595
Teilverfassungen 6
Territorialitätsprinzip 363, 581, 1508–1513, 1520, 1522, 1528, 1530, 1538
Theorie
- des Anknüpfungsverbotes 1898–1904
- des spezifischen Schutzes 1905–1906

Todesstrafe 1093, 1098, 1244, 1275–1277
Todeszeitpunkt 1270
Totalrevision 2076, 2157–2158, 2160–2165, 2209, 2259–2260, 2791–2797
Traditionsanschluss 120, 128, 132, 627, 630, 1460
Treu und Glauben
- Gebot 17, 195, 489, 862, 1058, 1218, 1989–1997, 2634–2642
- Vertrauensschutz 1998–2004

Übergangsbestimmungen
- Katalog in Art. 196 BV 92–95
- Aufnahmekriterien 97

Überspitzter Formalismus 3036
Umweltpolitik 3521
Unabhängigkeit
- Bindung an das Recht 2882
- grundrechtliche Dimension 2895–2897
- institutionsbezogener Gehalt 2885
- personenbezogener Gehalt 2885
- der Richter 2876–2897

Unabhängigkeitserklärung der USA (4. Juli 1776) 966
Unbestimmte Gesetzesbegriffe 2622
Unentgeltliche Prozessführung 3049, 3051
Unentgeltlicher Rechtsbeistand 212, 3051
Unentgeltliche Rechtspflege 2896, 3030, 3048–3054, 3440
Unlauterer Wettbewerb 1559, 1634–1640, 3142
UNO 97, 146, 3543–3548, 3557
- Beitritt der Schweiz 93, 97, 146
- Erklärung der Menschenrechte 159, 974

- Pakt I 159, 213, 1070, 1072–1074
- Pakt II 159, 554, 996, 1040, 1068–1075
- UNHCR 391, 3519
UNO-Konvention 1075
- gegen die Diskriminierung der Frau 1075
- gegen Folter 1075
- gegen Rassismus 1075
- für die Rechte des Kindes 309, 1075, 1332
Unschuldsvermutung 3095
Unterstützungspflicht des Wohnsitzkantons 1745
Unvereinbarkeiten 2283–2290
Urteilsfähigkeit 1352–1357

Vellerat 950
Verantwortung
- des Einzelnen 2645–2653
- für die Rechtsetzung 2719
Verantwortungsumfang, Begriff 77
Verbände 1706, 2028, 2043, 2143–2151, 3333–3335, 3341–3345, 3348, 3663–3664, 1935–1938
Verbandsaufsicht 786–788
Verbot
- der Ausweisung 277, 390, 1031, 1059, 1112, 1265, 1751–1777
- der Körperstrafe 1290
- der Kinderarbeit 3302, 3323
- unmenschlicher Behandlung 1289–1296, 1757, 1770, 1776, 3449
Verbundaufgaben 682, 829–830, 869
Vereinigungsfreiheit 591, 1119, 1539, 1550, 1706–1728, 1735
- positive und negative 1708–1711
Verfahrensgarantie
- allgemeine 1537, 2836, 3025, 3030–3054
- der EMRK 3023
- Freiheitsentzug 3083–3092
- gerichtlich 3055–3082
- Kommunikation 3042
- Strafverfahren 3093–3097
Verfahrensgerechtigkeit 3021
Verfassung
- Begriff 2

- demokratische Legitimation 349, 2354, 3587
- faktische 5
- formeller Sinn 25–26
- Gliederung 131–151
- als Grundkonsens 32, 50
- Integrationsfunktion 85
- Konsistenz 126, 505
- materieller Sinn 25, 27
- normative 5
- als Organisationsstatut 61
- poröse 6
- Teilrevision 449–455
- Totalrevision 456–460
- und Wirklichkeit 428–433
Verfassungsaufträge 56, 65, 81, 455, 701, 3316, 3492
Verfassungsfunktionen 46–47
Verfassungsgebende Gewalt 443
Verfassungsgerichtsbarkeit 2853–2875
Verfassungsgesetze 12
Verfassungsgrundsätze, ungeschriebene 17
Verfassungsmässige Rechte, Gewaltenteilung 2291–2295
Verfassungsprinzipien 33, 50, 176, 203, 216–235, 510, 530, 3275, 3492–3493
Verfassungsrecht
- gemeineuropäisches 127, 204, 535
- heteronome Erzeugung 8
- nur–formelles 28, 29
- nur–materielles 28, 29
- ungeschriebenes 9, 13–20, 152, 976, 1209, 1236, 1303, 1521, 1570, 1581, 1687, 1698, 1778, 1784, 2059, 2608, 2823, 3119, 3447
Verfassungsreform
- Geschichte 98–108
- Konzept 109–110
Verfassungsrevision
- Abgrenzungen 445–452
- materielle Neuerungen 152–154
- Schranken 461–479
Verfassungsstaat, Weltoffenheit 234–235
Verfassungsvorbehalt 686, 694–702, 716–717

Verfassungswirklichkeit 112, 251, 430, 516, 977, 2479, 3704
Verfassungszusätze 21–22
Verhältnismässigkeit 195, 318, 494, 931, 1182, 1192, 1194, 1221–1231, 1382, 1440, 1576, 2627–2633
Vermummungsverbot 1704–1705
Vernehmlassung 202, 853, 859, 2052, 2131, 2145–2146, 2152, 2266, 2508, 2718, 2753–2770, 2813
Verordnungen 2684–2708
– des Bundesrates 825, 2691–2708
– der Bundesversammlung 2684, 2688–2690, 2811
– gesetzesvertretende 2706–2708
– Kognition des BGer 2708
– Wahrung der Sicherheit 2071–2702
Versammlungs- und Vereinigungsfreiheit 1550
Versammlungsdemokratie 2035, 2095, 2265, 2298
Versammlungsfreiheit 1215, 1539, 1566–1571, 1687–1705
Verträge
– interkantonale 870–912
– internationale Konventionen 974
– politische 903
– völkerrechtliche 2344, 3591–3594
Vertrauensgrundlage 2000–2004
Vertrauensschutz 1998–2004
– Bestandesschutz 2004
– Güterabwägung 1220, 2003
Verwaltungsdelegation 741
Verwaltungsverordnung 1088, 2500, 2622, 2686–2688
Verweisung
– dynamisch 2743–2744
– statisch 2743
Volk 236–273
– und Auslandschweizer 256
– Begriff der Art. 148 und 149 BV 263
– Begriff, enger 261
– Begriff des Schweizervolks 252–263
– Begriff, weiter 260
– und Bevölkerung 264
– als Genehmigungsinstanz 909

– Merkmale des Schweizervolks 257
– als Staatsorgan 246, 350
Völkerbund 22
Völkerrecht 3615
– Beachtungsgebot 2643–2644
– humanitäres 3515
– innerstaatliche Geltung 3607–3614
– Massgeblichkeit 3626–3630
– Quellen 3589–3606
– Verhältnis zum Landesrecht 20, 2859–2862, 3626–3630
– Verletzung als Beschwerdegrund 2921–2922
– Vorrangprinzip 750–753, 3615–3625, 3631–3633
– zwingendes 67, 469–470, 530, 2186, 3595–3606
Völkerrechtsnormen 3500–3501
Völkerstrafrecht 3650
Volksinitiative 2157–2201
– ausgearbeiteter Entwurf 477, 2074, 2166–2168, 2177, 2799, 2802
– Einheit der Form 2177
– Einheit der Materie 448–452, 460, 463, 473–476, 2070–2077, 2160, 2176, 2178, 2185, 2796, 2797, 2799
– Funktion 2039, 2196–2201
– Gegenentwurf 2187–2194, 2209, 2251–2252, 2803, 2805–2806
– Ungültigerklärung 2178–2186
– Vorabstimmung 2259, 2793, 2805, 2808, 2161–2162, 2169
Volksinitiativrecht 30
Volksmehr 2238–2243
– und Ständemehr 2244–2250
Volkssouveränität
– Fiktion 198, 250
– und die Kantone 247
– Schranken 248–249
Volksrechte, Formalien 2231–2237
– Reform 107, 110, 2173, 2190, 2192, 2235, 3686, 3690
Vollziehungsverordnungen 2515, 2692–2693, 2698–2700, 2734, 2786, 2860
Vollzugsföderalismus 821
Voranschlag 2280, 2346–2348, 2503, 3254–3258, 3265

Vorrang
- des Bundesrechts 743–783, 917
- des Völkerrechts 3615–3644
Vorverfahren der Gesetzgebung 2718
Vorverständnis 127, 543

Wahlen, Einzelstimmenkonkurrenz 2331
Wahlfreiheit 2063–2106
Wahlkampfkosten 2139
Wahlkreiseinteilung 2068
Wahllisten 2139, 2323, 2325–2328
Wahlverfahren 2065, 2093, 2321–2333, 2892
Währungspolitik 3146–3153
Wehrprivileg 2471
Weltanschauung 1461, 1463, 1466
Wettbewerbsneutralität 3169, 3181–3182, 3204–3210, 3239
Wettbewerbspolitik 3133–3142
Widersprüchliches Verhalten 2641–2642
Wiedereinbürgerung 312, 326–328, 343
Wiedervereinigung, beider Basel 936
Wiener Vertragsrechtskonvention 562, 3592, 3600, 3610, 3621, 3677
Wille der Verfassung 432
Willensbildung der Stimmbürger 2079–2091
Willenskundgabe, unverfälschte 2063–2066
Willensnation 113, 257–258, 579
Willkürkognition 1206, 1988
Willkürverbot 345, 415, 489, 494, 591, 809, 1016, 1139, 1160, 1881, 1972–1988
- Rechtsanwendung 1980–1981
- Rechtsetzung 1977–1979
- selbständiger Charakter 1984–1988
- Subsidiarität 1983
Wirksamkeitsüberprüfung 2369
Wirtschaftsfreiheit 41, 219, 408, 713, 1013, 1023, 1058, 1112, 1121, 1123, 1192, 1219, 1243, 1397, 1525, 1538, 1720, 1735, 1805, 1873, 3098–3104, 3115, 3129, 3134, 3143, 3156, 3159, 3168–3170, 3173–3243
- Abgrenzung zur Meinungsfreiheit 1588
- bundesstaatliche Funktion 3184–3186
- demokratische Funktion 3183
- individualrechtliche Funktion 3175–3179
- juristische Personen des öff. Rechts 3219–3222
- Kerngehalt 3223–3224, 3243
- ordnungspolitische Funktion 3180–3182
- persönlicher Geltungsbereich 3215–3222
- polizeiliche Einschränkungen 3225
- Schema zur Schrankendogmatik 3243
- Schrankendogmatik 3173, 3223, 3243
Wirtschaftsordnung 40, 176, 214, 217–219, 1784–1785, 3104, 3159, 3165, 3174, 3392
Wirtschaftspolitik 3108–3162
Wirtschaftssystem 3165–3172
Wirtschaftsverfassung 3098–3172
Wissenschaftsfreiheit 1539, 1549, 1655–1668
Wohnsitzprinzip 1745
Wohnung 1174, 1241, 1394–1401, 1408, 2559, 3444–3445
WTO 3164, 3552, 3557

Zauberformel 2038, 2527, 2533
Zensurverbot 1557–1560
Zentralismus 567
Zeugnisverweigerungsrecht 1630–1631
Zivilrecht, Abgrenzung zum kant. öff. Recht 780–783
Zumutbarkeit 1221, 1224–1226
Zuständigkeiten, Begriff 77
Zweckartikel 56, 86, 192, 211, 229, 510, 578, 3171, 3505
Zweikammersystem 2175, 2266, 2300–2318, 2424
Zwei-Kreise-Regierung 2587–2588